中华人民共和国地方志

福建省志

烟草志（1991—2008）

福建省地方志编纂委员会 编

社 会 科 学 文 献 出 版 社

图书在版编目（CIP）数据

福建省志.烟草志：1991～2008/福建省地方志编纂委员会编.—北京：社会科学文献出版社，2015.10
ISBN 978－7－5097－7356－7

Ⅰ.①福…　Ⅱ.①福…　Ⅲ.①福建省－地方志 ②烟草工业－概况－福建省－1991～2008　Ⅳ.①K295.7

中国版本图书馆CIP数据核字（2015）第069836号

福建省志·烟草志（1991—2008）

编　　者 / 福建省地方志编纂委员会

出 版 人 / 谢寿光
项目统筹 / 王　菲　陈　颖
责任编辑 / 陈　颖

出　　版 / 社会科学文献出版社·皮书出版分社 （010）59367127
　　　　　　地址：北京市北三环中路甲29号院华龙大厦　邮编：100029
　　　　　　网址：www.ssap.com.cn
发　　行 / 市场营销中心 （010）59367081　59367090
　　　　　　读者服务中心 （010）59367028
印　　装 / 福州力人彩印有限公司

规　　格 / 开　本：889mm× 1194mm　1/16
　　　　　　印　张：50.25　插页：1　字　数：1085千字
版　　次 / 2015年10月第1版　2015年10月第1次印刷
书　　号 / ISBN 978－7－5097－7356－7
定　　价 / 480.00元

1993年3月国家烟草专卖局局长江明
（前左）视察厦门卷烟厂

1998年2月国家烟草专卖局局长倪益谨
（左二）视察华美卷烟厂

2008年11月国家烟草专卖局局长姜成康
（右四）与福建烟草工商双方领导班子座谈

2002年6月中国烟草高级顾问左天觉博士和中国工程院院士朱尊权在南平邵武考察烟叶

现代烟草农业核心示范区

自主培育的烤烟品种——翠碧1号

自主培育的烤烟品种——永定1号

小开盘烟株

旺长期烟株

烟花

烟叶待烤

密集烤房群

丰收

福建中烟工业公司大楼

全国首家中美合资卷烟厂
——华美卷烟有限公司

福建武夷烟叶有限公司

易地技改后的龙岩烟厂

易地技改后的厦门烟厂

烟叶松散回潮

开包切尖

卷接包生产线

制丝生产线

远程监控生产

产品质量检测

成分化验

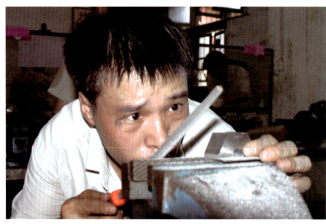

机器维修

福建省烟草专卖局计算机房

职工岗位技能比赛

向零售户提供无偿使用柜台
签字仪式

与零售户签订协议

电话访销

卷烟零售户向消费者诚信
经营承诺场面

品牌宣传

配送分拣

卷烟配送车

山区送货

川闽烟草工商协同营销座谈会

海晟连锁店

2000年1月省烟草专卖
稽查总队成立

卷烟防伪贴标宣传

专卖法规宣传

与公安等有关部门联合检查烟草市场

海上抓走私烟

教消费者鉴别假烟

涉险侦察

卷烟制假窝点

焚烧假烟

本志部份编辑与联络员

稿件评审

福建省地方志编纂委员会

主　　任：冯志农（专职）

副 主 任：陈祥健　陈书侨　李　强　陈　澍　方　清（专职）
　　　　　俞　杰（专职）

委　　员：陈　安　石建平　翁　卡　杨丽卿　黄　玲　林　真
　　　　　林双先　林锡能　胡渡南　王永礼　陈志强　蒋达德
　　　　　黎　昕　晏露蓉

《福建省志·烟草志（1991—2008）》
编 纂 委 员 会

主　　任：卢金来　李跃民

副 主 任：张　卉　李仰佳　揭柏林　李晓陆　林则森　陈子强
　　　　　黄星光（常务）

成　　员：（排名不分先后）
　　　　　游文忠　孔祥统　詹小强　尤清河　刘添毅　黄宗淦
　　　　　姜林灿　黄端启　黄学良　赖鞍山　林建红　林师训
　　　　　林茂新　皮效农　王建勇　石建闽　张海昌　陈顺辉
　　　　　李长鲁　李跃武

《福建省志·烟草志 (1991—2008)》
编 辑 室

主　　编：黄星光

副 主 编：林师训　李长鲁　皮效农（2009 年 2 月前为常务）
　　　　　赵明春（2009 年 2 月后为常务）

顾　　问（兼总纂）：陈秀琴

编　　辑：陈秀琴　简维政　陈学铃　康廷坦　黄德荣　蔡惠松

《福建省志·烟草志 (1991—2008)》
审 稿 人 员

俞　杰　吕秋心　郑　羽　曾永志　赖鞍山　陈顺辉　林茂新

《福建省志·烟草志 (1991—2008)》
验 收 小 组

冯志农　方　清　俞　杰

序　一

　　福建省第二部省志烟草志付梓了。该志书以大量翔实的资料，全面科学地再现福建烟草（1991—2008）的历史。这是距上世纪末福建省首部《福建省志·烟草志》出版以来的又一力作，对于福建烟草总结历史和聚集前行的动力颇有裨益。

　　本志书记载的18年中，党中央、国务院对烟草专卖制度作出了一系列重大决策，大大推动了烟草行业的改革向纵深发展。1991年，全国人大常委会审议通过《中华人民共和国烟草专卖法》，以国家立法形式进一步确立和巩固国家烟草专卖制度。1993年，国务院发出进一步加强烟草专卖管理的通知，要求毫不动摇地坚持烟草专卖制度。1997年，国务院发布《中华人民共和国烟草专卖法实施条例》，强化了专卖执法力度。2005年，国务院下发重要文件，为新时期深化烟草行业改革指明了方向。此后，全国人大常委会对《中华人民共和国烟草专卖法》5项条款作出修改，使这部法律更趋完善。这一切，为烟草行业的健康发展提供了有力保障。

　　综观福建烟草18年，我们感受到八闽烟草蒸蒸日上的步伐。闽烟人走过的每一步，都体现了深化改革、不断创新的精神。在国家烟草专卖政策指引下，闽烟人结合本省实际，步步为营，在不同时期有针对性地提出实施行业发展的新举措，使福建烟草的改革发展不断取得显著成绩。比如，优质原料保障能力明显增强；技术改造、技术装备水平显著提高；卷烟市场营销水平全面提升；卷烟知名品牌、重点骨干品牌加快培育和发展；烟草专卖管理进一步强化；干部职工队伍素质整体提升等等，许多方面在全国行业先行先试，创造了经验，得到了推广。这一切不仅勾画出闽烟人解放思想，锐意进取的实践轨迹，而且再次雄辩地证明，国家烟草专卖制度和管理体制是福建烟草行业的发展之基，立身之本。

　　深刻的变革离不开思想的先导，"硬实力"的增强离不开"软实力"的支撑。18年来，闽烟人在艰难中起步，在拼搏中前行，形成宝贵的行业精神。面向未来，战鼓催征人。我们需要为之奋斗的事业仍在继续。我们的每一个岗位，都是党和人民赋予的职责，都是一份重托。我希望，闽烟人要时刻不忘肩负的重担。要站在更加崭新的起点上，看得更远，谋得更深，继续坚持以科学发展为主题，以加快转变发展方式为主线，紧紧围绕全面推进"卷烟上水平"的基本方针和战略任务，以更加奋发有为的精神状态，推动各项工作取得新的进步。要发扬勤俭节约，艰苦创业的精神；努力推进行业稳定发展。要发扬改革创新，开拓进取的精神；努力推进行业持续发展。要发扬奉献国家，回报社会的精神；努力推进行业协调发展。要发扬注重效率，严格自律的精神，努力推进行业健康发展，从而在壮丽的征程中谱写更加美丽的篇章。

国 家 烟 草 专 卖 局 局 长
中 国 烟 草 总 公 司 总 经 理　姜成康
原福建省烟草专卖局（公司）局长（经理）

2012 年 9 月

序 二

　　20世纪末福建首部《福建省志·烟草志》出版以来，沿着时空隧道往前追溯，福建烟草前进的脚步又走过近20年的历史。《福建省志·烟草志（1991—2008）》是福建省第二部省志烟草专业分志。"以史为镜，可知兴衰"，对于一个行业来说，重温历史，总结经验，是激励教育当代、传之于后世的宝贵财富。所以，该志书付梓是福建烟草行业又一丰硕的文化成果，可喜可贺！

　　在历史的长河中，每一朵浪花都印证现实；每个行业的发展都与时代的步伐交相辉映。18年来，伴随着国家改革发展的脉搏，闽烟人奋斗在福建这片充满改革和希冀的热土上，经过春的播种和夏的耕耘，不断收获着梦想与光荣，书写着辉煌与传奇，在福建烟草发展史上写下浓墨重彩的一笔。在这条风雨兼程的路上，无论遇到怎样的艰难险阻，勤劳智慧的闽烟人都能演奏出动人的乐章。他们以闪光的足迹创造一个个动人的故事，谱写一曲曲感人的颂歌，推动着行业日新月异地发展。比如，全省烤烟生产从"大起大落"到"控得住，稳得住"，实现从"规模效益"到"质量效益"转变，进而实现"规模效益和质量效益"的同步发展。工商分离、卷烟工业企业重组和品牌整合的顺利进行，推动着福建卷烟工业进入健康发展的快车道。卷烟销售网络和现代营销方式的建立并不断完善，提高了烟草公司对卷烟市场的控制力，不断促进卷烟市场的规范和卷烟营销上水平，实现全省卷烟销量、结构、效益的稳步增长。专卖工作实现从重外打轻内管向两者并重、从专卖部门单兵作战向多部门联合执法、从传统单一的监管方式向以信息化为支撑的现代监管方式等方面的转变，有效地遏制走私烟和制售假烟的反弹，维护了良好的市场秩序。人事制度改革促进员工队伍素质和形象的全面提升，调动了员工的积极性。烟草科技力量的加强和信息化网络的普及使福建烟草行业走上良性循环道路。18年来，全省卷烟产销量实现翻番；年税利从7.1亿元上升至169.7亿元；共上缴税利1043.6亿元；工业总资产从数千万元增至百亿元，商业总资产达111.48亿元；至2008年，全省行业净资产达253.9亿元，许多经济指标名列全国同行业前茅；成为全省富有经济实力的企业。

　　烟草行业的发展史是社会发展史的缩影。是国家改革开放的政策造就了福建烟草这个年轻而又充满活力的行业。所以，我们要感谢这个时代；要感谢十几年如一日风雨同舟的员工们的忠诚执着与真诚付出；同时，在本志书付梓之际，我们还要感谢用汗水和心血点燃志书这盏永不熄灭灯光的领导与工作人员。

　　飞逝的时光已翻开了崭新的一页。我们的明天即将开始。在未来的征途中，经过历练的闽烟人要继续发扬创新、规范、奉献、廉洁、和谐的企业精神，用辛勤的劳动铺设更加美丽的幸福之路，为闽烟谱写新篇章，为福建建设添砖加瓦。

国 家 烟 草 专 卖 局 副 局 长

原 福 建 烟 草 专 卖 局 局 长　　杨培森

原中国烟草总公司福建省公司总经理

2012 年 5 月

序　三

在闽烟面临发展转折的关键时刻，长达百万字的《福建省志·烟草志（1991—2008）》编纂成书了。该志书以大量翔实的材料，真实记录闽烟健康快速发展的辉煌业绩，见证闽烟人投身烟草行业改革发展的风雨足迹。它既是闽烟18年积淀的承载，也是奉献给全省烟草行业精美的精神食粮，达到了承上启下，鉴今启后的目的。

18年，在历史的长河中只是短暂的一瞬，但是在闽烟的改革发展过程中却不乏流光溢彩的篇章。18年来，全省烟草职工奋力探索，埋头苦干，使闽烟实现快速发展与跨越。全省形成各具特色的三大烟叶产区，优质烤烟的收购量由近百万担增至280多万担。卷烟工业经过企业重组和品牌整合，确立了"一优一特"的品牌发展战略，其中"七匹狼"成为福建的优势品牌，进入全国行业10多个重点骨干品牌的行列。卷烟销售网络和现代营销制度的建立规范了市场，卷烟销售量从77万箱左右增至近150万箱，居全国第12位。烟草专卖工作顺利实现转型。这一切充分证明，国家经济体制改革为烟草行业注入了生机，也使闽烟插上翱翔的翅膀。可以说，没有国家改革开放的政策、没有烟草专卖体制的确立，就没有闽烟发展的今天。我们回望闽烟的发展史，要更加珍惜改革开放的契机、更加珍惜烟草专卖体制的确立。

在看到闽烟不菲业绩的同时，我们还要看到闽烟的发展史，实际是人才培养和科技兴烟史。在社会主义市场经济下，机遇与挑战同在。对于烟草行业来说，人才是不可复制的竞争力，它既是行业发展的长远之计，也是当务之急。18年来，闽烟的每一个进步，都离不开创新人才的无私奉献；离不开科学技术的新突破与广泛运用。比如，在农业方面，烤烟新品种、集约化育苗、配色膜覆盖栽培、平衡施肥、密集式烤房和烟草农业机械等新技术的推广应用，清香型、"好中选优"特色优质烟叶，无公害烟叶和有机烟叶的研究与开发以及现代烟草农业建设的实施，大大提高福建烟叶可持续发展的能力。在工业方面，大型技改项目的实施、卷烟加工工艺的创新、减害降焦技术的推广及自动化、信息化新技术的推广运用等，进一步增强福建卷烟产品和工业企业的竞争力。面对充满希望和挑战的形势，闽烟比以往任何时候都更需要人才与科技；只有把人才与科技摆在行业发展的战略地位，闽烟才能赢得发展主动权，才能实现企业的腾飞。

18年弹指一挥间。回眸历史，展望前程，我们又站在了新的起点上，新的形势赋予我们神圣而光荣的使命。烟草行业的发展，比以往任何时候都更加迫切地需要创新精神和有力的技术支撑；更加迫切需要闽烟人不懈地进行创造性的实践。让我们放飞理想，追求卓越，沿着前人走过的成功之路，继续振奋精神，开拓进取，再创无愧于时代的骄人业绩，筑就闽烟发展的新丰碑！

福 建 省 烟 草 专 卖 局 局 长

中国烟草总公司福建省公司总经理　　卢金来

原 福 建 中 烟 工 业 公 司 总 经 理

2012 年 5 月

序　四

第二部《省志·烟草志（1991—2008）》记载了福建烟草发展的重要历程。续编好《省志·烟草志》并非易事，编撰工作量大、难度大，意义也很大，是福建烟草工商企业的一件大事。重温福建烟草18年的发展历程，总结经验，发现不足，对于推进福建卷烟工业系统持续健康发展具有重要的借鉴作用。

1991—2008年是福建烟草深化改革、持续发展的重要时期，也是福建卷烟工业全面提升、加快发展的关键阶段。在此期间，福建卷烟工业以品牌培育为主线，大力开展技术改造、技术创新，加强企业管理，积极开展卷烟工业企业重组整合，不断完善体制机制，取得了显著成效。行业改革不断深入。在国家烟草专卖局统一部署下，福建烟草大力推进企业联合重组，卷烟工业企业由7家调整为2家。2003年福建工商分设，成立福建中烟工业公司，进一步优化资源配置。技术装备和工艺技术持续提升。相继完成了"八五"、"九五"、"十五"重大技改，全面实施"十一五"技改。2003年，龙岩、厦门卷烟厂先后完成易地技改，技术装备、工艺技术大大提升，生产能力在20世纪90年代末80万箱的基础上实现翻番。品牌集中度和品牌价值加快提升。20世纪90年代以来，福建卷烟工业加强骨干品牌市场培育，加快推进品牌整合，名优品牌脱颖而出。"七匹狼"品牌进入全国性重点骨干品牌行列，2008年"七匹狼"品牌销售突破100万箱，销售收入突破100亿元。"金桥"品牌也纳入全国性重点骨干品牌考核之列。2008年，福建卷烟工业系统生产卷烟158万箱，实现税利106亿元。

回顾历史，福建卷烟工业走过的每一步，都得益于国家烟草专卖局、省委、省政府的关心、支持与厚爱，得益于烟草专卖体制和管理体制，也是几代福建烟草人解放思想、勇于探索、锐意进取的实践轨迹，展现出福建烟草人的良好精神面貌。

总结历史，展望未来。当前，烟草行业正紧紧围绕"卷烟上水平"战略任务，加快推进"532"、"461"重点品牌目标的实现。福建卷烟工业系统作为中国烟草的一分子，要充分认识面临的新情况、新问题、新挑战，以更加奋发有为的精神状态，攻坚克难，持续推进"七匹狼"上水平，努力实现新的更高目标，促进福建烟草持续健康发展。

福建中烟工业公司总经理　李跃民

2012 年 5 月

《福建省志》凡例

本志按国务院颁布的《地方志工作条例》和中国地方志指导小组制定的《地方志书质量规定》要求进行编纂。

一、以马克思列宁主义、毛泽东思想、邓小平理论、"三个代表"重要思想和科学发展观为指导,坚持辩证唯物主义和历史唯物主义的立场、观点和方法。

二、以福建省现行行政区划为记述的区域范围(未含金门、马祖)。

三、使用规范的现代语体文记述,行文除引文外,用第三人称记述。

四、1949年10月1日以前的纪年,标示朝代、年号、年份,括注公元纪年;1949年10月1日起,用公元纪年。

五、各个时期的政权机构、职务、党派、地名,均以当时名称或通用之简称记述。古地名均括注今地名,乡(镇)、村地名前冠以市、县(市、区)名。

六、除引文外的人名,直书姓名,不在姓名后加身份词;必须说明身份的,在其姓名前说明。

七、各种机构、会议、文件等专有名称使用全称,如多次出现需用简称的,在第一次出现时括注简称。

八、凡外国的国名、地名、人名、党派、政府机构、报刊等译名,均以新华社译名为准。新华社没有译名的,首次使用译名时括注外文全称,全书保持中文译名一致。

九、数字、量和单位、标点符号的使用,执行国家有关部门颁布的标准规定。书中同一名称、事实、数据、时间、度量衡、术语的表述,前后一致。

十、图、照、表突出存史价值,样式统一。

十一、采用国家统计部门公布的统计数据和业务主管部门的统计数据;如使用其他数据,则说明其来源。

十二、采用资料一般不注明出处;引文、辅文和需要注释的专用名词、特定事物加页末注释,注释形式全书统一。

编 辑 说 明

一、本志所用数据采用福建省烟草专卖局统计汇编资料，计量单位除采用法定单位外，专业计量部分沿用传统计量单位，如卷烟计量用箱、件、条为计量单位，烟叶计量用担（每 20 担为 1 吨）为计量单位，种植面积用亩为计量单位。

二、为弥补上届《福建省志·烟草》资料之不足，正文中部分内容的时间上限有所延伸。

三、本志中，福建省人民代表大会简称省人大、福建省人民代表大会常务委员会简称省人大常委会；中国人民政治协商会议福建省委员会简称省政协；中共福建省委简称省委（企业党委简称同上）；福建省人民政府简称省政府；中国共产党福建省纪律检查委员会简称省纪委（省以下各级上述机构冠地名类推）。国家烟草专卖局、中国烟草总公司联合出现时简称国家局（总公司）；单独出现时则为国家局、总公司；福建省烟草专卖局、福建省烟草公司联合出现时简称省局（公司），单独出现时则为省局、省公司；市烟草专卖局、市烟草公司联合出现时简称市局（公司），单独出现时简称市局、市公司；县（市）烟草专卖局，县（市）烟草分公司联合出现时简称县（市）局、分公司，单独出现时简称县（市）局、县（市）分公司；福建中烟工业公司（简称福建中烟）。

目　录

Contents

概　　述

　　1991—2008 年，是福建烟草组建以来改革力度最大、业绩最辉煌的 18 年。在国家对烟草专卖品的生产、销售和进出口实行垄断经营、统一管理的专卖管理体制下，福建烟草对行业的农工商、人财物实行全面改革。农业方面，惠农政策的实施与烟草农业科学技术的投入促进了福建烟叶品质的提高，使福建烟叶走出一条从规模效益型到质量效益型的路子。卷烟工业采取的兼并（收购）重组、管理体制改革等措施，增强了福建卷烟工业企业的活力；福建卷烟品牌战略的确立、"名优烟"工程的实施，国际先进卷烟设备与生产技术的不断引进以及通过卷烟产品结构调整、组织结构调整、战略性调整，实现了资源整合，提高了福建卷烟品牌的竞争力。商业方面，卷烟销售网络建设、现代营销模式的建立和地产名优烟品牌的成功培育，提高了烟草公司对市场的调控力和优质卷烟对市场的占有率。烟草专卖管理工作的转型使卷烟的市场管理日趋规范化和法制化，卷烟打私打假逐步成为政府行为。劳动工资、人事制度改革进一步调动干部职工的积极性；党风廉政建设和思想政治工作逐年得到加强；企业发展不断走上良性循环。全省烟草行业年税利从 1990 年的 7.1 亿元上升至 2008 年的 169.7 亿元；18 年共上缴税利 1043.6 亿元。全省烟草工商总资产达 298.7 亿元（其中工业总资产 124.8 亿元）；全省行业净资产达 253.9 亿元（其中工业净资产达 103.3 亿元）。

（一）

　　20 世纪 80 年代以前，福建省的烟叶种植以龙岩、漳州为主。之后，全省陆续开发三明、南平新烟区。由于区域经济的发展、国家政策的调控及地理位置、气候条件不同等原因，漳州及福州等地区的烟区不断萎缩；而龙岩、三明、南平三大烟区逐步发展壮大。至 21 世纪初期，全省烟叶种植集中于龙岩、三明、南平三个地区。

　　福建省的三大烟区地处闽西、闽北，武夷山和戴云山两大山脉是当地阻隔沿海台风和海山水气的天然屏障。这里山岭纵横、丘陵遍布，具有"八山一水一分田"的特征。其土地以亚热带红壤为主和充足的水分条件都适宜烟田养料的分解；同时，闽西北气候温和，日照充足；无霜期在 250 天以上，年均气温在 17℃ 以上、全年月平均气温在 20℃ 以上的天气在 5 个月以上，年日照为 1700～2300 小时，这些自然条件较之该省的其他地区更能满足优质烟叶生产的要求，因此，这三个地区是全省烟叶生产的适宜区。

1993年，在全国烟叶生产总量超计划的大环境下，福建省的烤烟收购量创历史最高。国务院要求对当年计划收购烤烟的税金全部上缴中央财政，对超计划或无计划交售的烤烟收购价向下浮动20％，从而抑制了烟叶扩展的政府行为和过热的状态。全省对烟叶生产开始向"以销定购、以购定产"的经营体制过渡。第二年，由于受粮食价格上涨，烟用物资涨价，种烟经济效益下降等原因的影响，加上百年不遇的特大洪涝灾害，全省烟叶生产面积大幅度萎缩，收购量仅为1993年的1/3。漳州市的平和、云霄等县，福州市的永泰和宁德地区均停止种植烟叶，全省烟叶种植区域开始快步向龙岩、三明、南平三个地区转移。为了调动烟农的积极性，1996年，全省烟草行业制订烟叶生产目标考核奖励办法，并在落实面积中更加重视抓好大县、大乡、大村和集中连片烟叶的种植，培养了一批烟叶种植的专业户。南平市开展中美"菲莫"烤烟生产技术合作试点。1997年，全省烟叶生产和全国一样，再次出现烟叶生产严重产大于销的状况。1998年，在国家局提出的"市场引导、计划种植、主攻质量、调整布局"的烟叶生产方针指导下，全省严格控制烟叶种植生产计划，实施生产计划"控得住、稳得住"，实现了烟叶生产的"软着陆"。通过合同管理，逐步实现烤烟供需的总量平衡。省局（公司）与烟叶产区各地（市）局（公司）、县局（公司）层层签订控制和种植烟叶生产面积的领导责任状，一户不漏地与烟农签订烟叶种植收购合同。全省烤烟收购量控制在120万担以内，规模小的烟叶产区继续萎缩。1999年以后，福建省烟叶生产实施"稳定规模、调整布局、主攻质量、提高效益"的指导思想，加强烟叶计划合同管理，防止烟叶生产大起大落的现象，实现了"控得住，稳得住"的局面。全省烟叶生产走上平稳发展和良性循环的道路。在此基础上，省局不断调整烟叶生产布局，分别于2002年、2004年、2006年先后取消了漳州市漳浦县、福州市罗源县和漳州市南靖县的烤烟种植计划。至此，全省烟叶种植区划全部分布在龙岩、三明和南平三个烟区。这三个烟区发挥各自的优势，全部被列入全国31个重点产烟区。龙岩、三明、南平均形成各具特色的优质烟叶特色烟区。

龙岩、三明、南平三个烟区共有宜烟耕地面积450万亩。20世纪90年代，其农田水利设施建设项目只有修桥补路等零星少量的投入。进入21世纪以后，鉴于全省烟区土壤普遍偏酸等状况，各级烟草不断投入资金，帮助烟农通过施用石灰或白云石粉溶田、结合稻草回田等改良土壤。从2005年起，全省烟草系统对三大烟区加大基础设施建设资金投入，逐步加强机耕道、排灌设施等配套建设；制定土地保护制度、整体规划和用养结合等措施、建立以烟稻为主的耕作制度。同时，在实行区内土地流转、规模经营等方面建立基本烟田规划和保护制度。三明烟区首批规划80万亩（53333公顷）基本烟田保护区和30万亩（20000公顷）核心保护区；龙岩烟区共投入185万元资金，新建烟田基础设施项目76个，受益面积达1.4万亩（933公顷）。三大烟区均规划基本烟田保护区和核心保护区。

2005—2008年，省局（公司）响应中共中央"工业反哺农业"的号召，在三大烟区开展烟叶生产基础设施建设。通过三年的烟田基本建设，三大烟区的烟田基础设施得到了改善：水利排灌和田间道路顺畅，农业耕作、运输机械较好地得到使用，烟叶生产操作进一步简化。同时，全省建立了一批省、地（市）、县三级现代烟草农业试点村。中共中央领导在视察闽西北时高度评价这一做法。全国 14 家主流新闻媒体对此进行专题报道。

（二）

福建卷烟工业企业在改革中实现了兼并重组。1993 年以前，龙岩、厦门两家卷烟厂被确定为全国烟草行业大型二类工业企业，云霄、泉州、畲山三家卷烟厂及华美卷烟有限公司被确定为小型工业企业。

20 世纪 90 年代初，福建省卷烟工业企业设备年生产能力 80 万箱（其中滤嘴卷烟生产能力为 40 万箱）。卷烟品牌有富健、乘风、沉香、友谊等 29 个牌号。1992 年以后，福建卷烟工业企业更新了制丝生产线，引进先进高速卷接包设备，淘汰普通卷烟生产线，提高了滤嘴烟的比例。同时，配套扩建烟叶仓库等公共工程。至 1995 年，福建省卷烟工业生产技术装备水平达到国内的先进水平。1995 年 7 月，根据国家局关于对单箱成本亏损 100 元以上的小烟厂停产整顿的规定，泉州卷烟厂实行停产。第二年，龙岩卷烟厂永定分厂也停产转向生产纸箱等产品。之后，国家局对 10 万箱以下的小烟厂实行关停并转，龙岩卷烟厂与云霄卷烟厂、厦门卷烟厂与畲山卷烟厂实行联合兼并或资产重组。1996 年后，卷烟生产以制丝线片烟改造为重点，陆续兴建烟叶打叶复烤厂，完善制丝工艺技术装备和制丝线片烟化生产工艺设备，实现片烟投料。同时，引进国外先进的硬盒翻盖包装机组，配套嘴棒气力输送及装封箱系统设备。至 1997 年。全省卷烟产品全部实现滤嘴化，并增加硬盒翻盖卷烟产品。全省卷烟牌号达 35 个，50 种规格。20 世纪末期，福建省共有卷烟工业企业 4 家，年卷烟生产能力达 110 万箱；烟叶复烤企业 16 家，复烤能力为 25 万吨。进入 21 世纪后，投资 16 亿元的龙岩、厦门两家卷烟生产骨干企业异地技改项目相继建成。卷烟生产实现片烟自动化投料，配套先进卷接包设备和片烟、辅料、成品物流全自动化系统，实现了信息化管理。2003 年，龙岩、厦门卷烟厂先后迁入新厂，全省卷烟工业企业设备生产能力达到 160 万箱以上，企业装备达到世界先进水平。是年，中外合资华美卷烟有限公司合同期满，该公司的他方股权由厦门卷烟厂收购，在原经营场所成立厦门卷烟厂金桥生产中心。经过重组和整合，福建省卷烟工业企业由 7 家整合为龙岩卷烟厂和厦门卷烟厂 2 家；并跻身全国卷烟工业 36 家重点企业和重点技术改造的骨干企业。从 2004 年开始，围绕"大企业、大市场、大品牌"的三大发展战略，福建烟草工业以品牌扩张带动工业企业规模扩张为目标，推进"企业、市场、品牌"三个战略性的调整。在实施品牌与市场整合中，加大做强"七匹狼"和"石狮"两大名优品牌的力度，"七匹狼"、"石狮"品牌商标成为"中国驰名商标"。2005 年，福建省卷烟工业综合指数在全国 17 家工业公司排名位居第 4 位。两家卷烟工业企业的综合竞争指数在全国排名双双比 2004 年前进了 6 位。2006 年，福建中烟所属的龙岩、厦门两卷烟厂分别改制为龙岩烟草工业有限责任公司和厦门烟草工业有限责任公司，成为福建省烟草工业公司的全资子公司，并成立了董事会和监事会。新成立的福建中烟由管理型公司转变为经营实体，继续推进品牌整合、营销整合和技术整合。全省工业系统建立统一的市场营销、生产管理、技术研发、物资采购4个中心，优化资源配置、实现品牌共享，全面提高经营管理水平。是年，"石狮"被整合纳入"七匹狼"品牌系列，新开发的七匹狼（金典、庆典）、国际金桥等产品上市，并得到市场的认可。福建卷烟工业"一优一特"品牌发展战略正式确立。2007年以后，随着精品"七匹狼"和"金桥"等品牌的生产线以及合资建设造纸法再造烟叶生产线的实施，全省卷烟精细化加工有了设备保障与技术研发平台。2008年，"七匹狼"品牌卷烟进入全国20个骨干品牌目录；"七匹狼"系列卷烟销量达到100万箱以上，销售收入达到100多亿元。"金桥"品牌卷烟也跨入全国性重点骨干品牌考核之列。全省卷烟生产组织一体化、集约化的经营管理模式基本形成。

<h2 style="text-align:center">（三）</h2>

20世纪90年代初期，卷烟销售处于传统商业阶段。省级烟草公司下辖11个二级批发公司，64个三级批发公司（每个县设一个三级批发公司）；卷烟工业企业设5个调拨单位。三级批发公司是卷烟销售批发网络的终点，其任务是向二级批发公司进货，开展批发销售。全省卷烟批发销售通过这些单位及其委托的供销社（或联营联建）等代理批发网点销售给各卷烟零售户。至1994年，由于卷烟销售处于卖方市场等原因，所以烟草公司仍沿袭官商经营方法，"卖大户"、"体外循环"的现象时有发生，造成企业经济效益和国家财政收入的流失。1995年初，省局对全省卷烟下伸批发网点工作进行全面部署。半年后在三明市召开全省卷烟下伸网点建设现场会，推广三明烟草"四定一统"（定点、定时、定量、定报酬和统一管理）的卷烟送货制，并全面启动"以我为主，由我调控，归我管理"的城乡卷烟批发销售网络建设。至此，卷烟销售走上以销售网络建设统揽整个卷烟销售工作的轨道。年底，全省初步建立一批覆盖城乡、渠道畅通、可调控、有实效的卷烟批发网点。此后，经过三年的不断投入和完善，至1998年，全省烟草自建网点占全省卷烟销售网点总数的97％。同时，初步实现了省、市、县三级电脑联网运行管理，卷烟批发销售从坐店批发向访销送货转轨。在网点管理上，通过建立有效的激励机制和制约机制，不断提升网络运行质量和效率。烟草公司对市场的控制力明显提高。

1999年以后，全省卷烟批发网络建设开始从追求设点求数量转为进行合理布局。城市卷烟销售网络建设逐步走向建立配送中心，实行集约化高效运行的模式；农村则以漳平为样板，突出抓好网点送货服务和做好专销结合。经过漳平经验的推广，福建省卷烟销售网络建设进入了以送货服务为主要特征的传统商业行商阶段。漳平经验也成为全国农网的先进典型。从2002年开始，在厦门、福州城市卷烟销售网络高起点的示范下，各地逐步按照标准和要求建立配送中心，实行"全面访销、全面配送、专销结合、访送分离"的模式，做到信息、销售、物流和专卖管理"四网"并举，访销、配送、稽查"三员"分离、职责明确。至是年7月，全省九地（市）区全部建立卷烟配送中心并实行访送分离。在全省烟草访销配送现场会上，省局部署"城市网建学厦门、农村网建学漳平"的经验，推进了卷烟大配送工作。全省统一制作壁挂式、站立式卷烟零售展示柜13万个；向客户无偿提供卷烟零售专用柜台。此后，全省烟草系统召开厦门网建大配送现场会，并以此为标志，开展卷烟销售网络建设的攻坚战。2003年开始，全省卷烟网建进入建设现代流通营销网络时期，建立和完善"电话订货、电子结算、网上配货、现代物流"的网络运行模式。着手实施客户管理和零售终端建设，下发《卷烟明码标价暂行办法》，组织实施卷烟明码标价工作，提高零售户获利水平。接着，全省取消县级烟草公司法人资格，地（市）级烟草公司成为经营主体，业务模式从分散走向集中，逐步构建以市级公司为经营主体的现代卷烟营销模式。同时，采取扩大卷烟零售连锁店等措施。2004年，全省卷烟销售网络建设强化地（市）级公司的经营主体建设，完善电话订货、电子结算、明码标价、限量销售、商物分流、质量管理、队伍转型、农网创新和建立新型工商关系，提高客户满意度等一系列具有福建特色的卷烟营销网络模式。2005年，全省卷烟销售网络建设通过实施基础管理工程，不断提升客户关系管理水平。全省统一客户星级评定标准；设立统一投诉中心，开通统一投诉热线。2006年则侧重于打造零售终端形象工程，改善零售客户经营环境。是年底，国家局将福建省等四省列为全国卷烟网络建设免检单位。2007—2008年，全省网络建设的外延不断拓展，市场化、效率化和信息化水平不断提升。按客户订单组织货源为主要内容的销售模式，扭转和优化了传统的推式营销业务流程。全省以农村客户服务工作站建设为依托，重心下移、深耕农村，全面深化农村卷烟销售网络；网上订货、语音订货、终端机订货等手段的采用，丰富了零售客户的订货方式；信息化手段的使用，提高了客户满意度。

卷烟销售网络建设的发展，推动了卷烟品牌和卷烟市场的培育。1994年以前，福建省卷烟销售网络建设尚未全面开展，卷烟营销方式主要采取产销见面、签订合同方式。1995年，福建省烟草局提出"创名牌、增效益"的规划和实施意见，成立专门领导小组，加快中高档卷烟新产品的开发和卷烟市场的培育。2000年以后，卷烟销售通过工商协同营销、订单供货，品牌整合、做大做强了"七匹狼"核心品牌，使"七匹狼"、"石狮"跻身全国行业36个名优品牌。2003年烟草工商分设后，围绕"大市场、大企业、大品牌"的发展战略，着重在培育全国性的名优品牌上下功夫，"七匹狼"、"石狮"成为全国20个卷烟重点骨干品牌，全省规范有序的大市场基本形成。

卷烟物流管理方面。1995—2001年，实行总库和网点卷烟仓储并存的安全管理责任制，2002年，实行"一库式"大配送和撤销全市城乡所有批发网点，仓储（物流）管理，卷烟"贴标"改为"喷码"，仓库设置卷烟分拣、喷码、配货作业流水线，实行配货和送货到户的"一户式"大配送模式。2003年后，实行"一户一码"配送到户。2004年，实行"零库存"管理。2008年，撤销配送中心及卷烟仓库，全省先后建立完善物流公司。

福建烟草是全国烟草价格改革的先行区。从1991年开始，福建烟草连闯三关，实行省、地、县三级批发单位有权调整浮动批发价，获得一亿多元的经济效益，在全国开了卷烟价格改革的先河。在此基础上，1995—2000年，又对一些卷烟牌号实行最低保护价。进入21世纪以后，地（市）级单位实行卷烟统一批发价，某些牌号卷烟实行全省统一零售价。全省逐步试行区域统一联动价和统一零售价。2003年7月，省局与省物价局联合发文，规定从是年8月起全省实施《卷烟零售明码标价暂行办法》，同时，推广漳州市局对卷烟零售明码标价的经验，将价格的管理延伸至终端。2005年以后，全省卷烟实行统一零售价，并走上稳价和规范之路。在卷烟仓储、品牌培育方面也进行不断创新，推动了行业经济的稳步发展。2008年，全省行业年税利从2005年的95亿元增至169.7亿元。

（四）

从20世纪90年代开始，福建省烟草行业的烟草专卖管理工作以宣传贯彻《烟草专卖法》、《烟草专卖法实施条例》和《福建省烟草专卖管理办法》等法律法规为契机，制定各类相关配套规章制度，形成部门有制度、办事有标准、行为有规范的制度体系。省、地（市）、县（市）烟草专卖部门利用报刊、广播、电视宣传媒体以及黑板报、专栏、宣传手册、标语等行之有效的宣传载体进行宣传。在地方政府支持下，各级烟草部门定期或不定期召开政府和有关部门的协调会、通报会、联系会和动员会等进行沟通协调，使烟草专卖有关法律法规家喻户晓，深入人心，为烟草专卖政策的贯彻落实打下坚实的基础。根据国务院指示精神，省政府确定对卷烟走私活动以海关等部门为主，进行"海上抓、岸边堵"，以烟草、工商等部门为主进行"陆上查，市场管"协同配合作战的方针。

1992年，省政府同意烟草部门在全省建立17个与有关部门联合执法的检查站。1994年，全省设立3个专门拍卖走私卷烟的拍卖行，对卷烟走私活动加大打击力度。随着各地专卖管理所的建立，全省烟草行业不断向社会招聘专卖管理人员，加强了卷烟市场管理工作的力量。各级烟草部门确立各自卷烟打私打假的重点区域，制定具体行动方案，有针对性地进行打击。

1995年，省政府根据省局《关于云霄县卷烟制假问题的报告》，确定该县为全省卷烟打假的重点。与此同时，全省加强了对车站、码头、交通要道来往车辆人员的检查，在全省开展"查处大案要案，端窝打点，治理市场"的"三大战役"，并提高卷烟打假的奖励标准、对各卷烟厂派出驻厂员，加强卷烟生产的监督。

1996年，根据省政府通知，各地联合执法检查站撤除。针对烟草专卖人员无权上路检查等情况，省政府领导指示：要对卷烟制假重点地区实行一把手负责制，像抓计划生育一样责任到人，一票否决。是年开始，全省烟草部门对卷烟市场管理实行责任制，确立各级烟草专卖局局长为第一责任人。

1997 年，鉴于省局领导带队在云霄下坂、阳下村实施卷烟打假时遭遇暴力抗法事件受《检察日报》等内参通报的情况，省委书记陈明义，副书记林兆枢，省长贺国强，副省长黄小晶、施性谋以及漳州市委书记曹德淦等先后分别对福建省卷烟打私打假作出重要批示，进一步加大了卷烟打假力度。是年，随着《中华人民共和国烟草专卖法实施条例》（简称《烟草专卖条例》）的公布，漳州市、泉州市的卷烟打私打假呈现新的局面，各地查获一批特大走私假冒卷烟案。

1998 年 3 月，中共中央纪律检查委员会查处"4·20"走私案件。7 月，福建省打私打假领导小组出台《福建省打击卷烟走私行动方案》，确立落实卷烟打私责任制，开展卷烟打私专项行动，并制定防止以罚代刑的政策。在卷烟打假方面，省局采取由被侵权企业税前列支经费的方式，对卷烟打假办案单位的办案经费实行补贴，并公布举报电话，重点地区实行 24 小时监控；地方政府以块块为主，条块结合，层层签订了责任状。

1999 年以后，各级烟草部门执行"内管外打，守土有责"的工作方针，采取"路上查、地面抓、地下挖、进山打"的策略，不断取得战果。

2000 年开始，全省专卖工作推广三明市烟草建立专卖管理所的做法，建立 100 个专卖管理所，把烟草专卖触角延伸到基层。专卖工作实行管理到户、服务到户、宣传到户，逐步通过信息技术建立卷烟零售户档案，对零售户做到标准、布局、考核三统一。

2001 年，福建省在全国率先提出卷烟打假要由依靠行政处罚向依靠刑事处罚转变，由端窝打点上升到法律管理和打击制售假烟网络的建议。全省烟草系统贯彻国务院 10 号令《做好涉嫌犯罪案件移送工作的有关通知》精神，重点解决在卷烟打私打假中以罚代刑，降格处理等问题。

2002 年，为提高烟草专卖诚信执法、文明执法的水平，各地专卖管理所面向卷烟零售户开展"至诚至信，全心全意"的服务，全省卷烟顺利实行货源限量供应。此后，逐步实施对卷烟零售户的户籍化管理，做到"服务在先，管理在后；宣传在先，执法在后；教育在先，处罚在后"。对卷烟零售户实行评分制，分层次，评优劣的服务管理；对边远山区，宾馆酒楼开始实行发证销售。同时，开展"诚信管理年"活动，明确对市场的管理办法和各部门的职责、考核标准。2002 年，省局在全国率先出台"烟草专卖管理人员行为规范"手册，专卖人员的执法水平和零售户守法水平进一步提高。10 月 1 日，《福建省烟草专卖管理办法》正式实施，卷烟打假在漳州、泉州等 10 个市、县的卷烟打假重点地区实施"端窝打点，惩处罪犯，摧毁网络，监控后台"的指导方针，采取"举报重奖，设点检查，专人督导，挂牌督办，异地用警，网上追逃，办案奖励"等一系列超常规的做法，取得福建省十年来卷烟打假最显著的成效。

2004 年，省政府把卷烟打假上升到检验各级政府执政能力的高度，列入"平安福建"建设内容。烟草与公安等部门建立了打击制售假烟长效协作机制。在全省确定的五个重点区域（云霄、漳浦、诏安、南安、永定），把卷烟打假的各项指标分解到各设区市局，作为重要内容纳入年终烟草专卖管理目标责任考核，使之落到实处。

2005年开始，省局把卷烟打私打假作为专卖工作的中心任务，层层签订责任状，列入年终考核和"平安福建"治理工程。福州、厦门、莆田、龙岩、三明、南平等地相继成立打击制售假烟网络行动专案组，在卷烟打假重点地区，先后开展了"天鹰"、"断链"（断原料、断生产、断运输）等专项行动，一大批制售假烟网络案相继告破。

2007年，烟草系统协同公、检、法和物价等部门先后出台一批规范性文件，为卷烟打假提供法律依据。省局在各设区市局、县级局组建稽查支队和直属行动大队，并配备越野车；同时围绕"打网络、打团伙、抓逃犯"等重点，量化打击任务。

2008年，省、市烟草、公安部门联合组织专业卷烟打假队长驻云霄县进行常年驻点打假。省局对云霄卷烟制假重灾区实行"疏堵结合，综合治理"的方针，一手继续保持卷烟打假高压打击的方法，一手大力支持云霄发展地方经济。省局每年向云霄县出资100万元开展教育扶贫，出资500万元帮助建设工业园区、发展劳动密集型产业，力求通过引导投资、增加就业、减少辍学等措施，协助云霄县引导劳动力和民间资金退出制假活动。是年，全省卷烟打私打假逐步实现"三个转变"：即从有效遏制向基本根除转变，阶段性打假向长年性打假转变，单纯打假向打假打私结合转变。

（五）

烟叶品种是提高烤烟品质的关键，20世纪90年代以后，福建烟区的烟叶种植品种形成了以本地品种翠碧1号和外引品种K326共存的基本格局，根据因地制宜和市场需求的原则，各烟区也安排G80、岩烟97、K346和云烟85等烟叶品种的种植。这些烟叶优良品种的选择保证了烤烟品质的提高。经过良种的统一繁殖、统一供种，奠定了烤烟优质种子的质量。在育苗方面，先后推广假植育苗、营养袋育苗、漂浮育苗、湿润育苗，使烟苗的质量有了保证。栽培方面，在20世纪90年代实行单垄种植以后，又全面推广地膜栽培和平衡施肥技术。全省烟区加强了壮苗深栽、肥水管理、烟草化学抑芽、打顶抹杈、成熟采收和病虫害的综合防治，提高了烟叶的种植水平。烘烤方面，推广新型节能烤房、三段式烘烤工艺、密集式烤房等一批实用技术。1995年，全省烟区推广"三段式"烘烤技术。1997年，推广热风循环烤房。全省烟区分别于1993年、2001年和2003年建成投产龙岩卷烟厂打叶复烤分厂、三明金叶复烤有限公司和南平武夷烟叶发展有限公司，为提高烟叶烘烤质量提供保证。

国际交流与合作方面。1996年，邵武市成为中国烟草公司与美国菲莫公司开展优质烟生产技术合作的试点。在之后五年的技术合作中，美国农业部顾问、美国烟草专家左天觉博士，中国工程院朱尊权院士等国内外著名烟草专家多次到场讲课和指导，美国烟叶种植技术人员亲临实地、传授烟叶种植技术，使国际型烟叶的一些技术取得突破和推广，推动了福建烟叶与国际接轨。1998年，美国环球烟叶有限公司与南平市烟草公司进行烟叶生产技术合作。通过国际型烟叶的种植、烘烤技术的推广，大多数烟区有了实际练兵的机会。三大烟区都建立了高料烟开发基地，并分别建立了国际型优质烟叶基地，生产替代进口烟叶。同时，与省内外28家卷烟厂合作建立了厂办基地，为全国各重点卷烟厂生产高档名牌卷烟提供了优质原料。十几年来，福建烟区建立了从选种到栽培到成熟采收到烘烤到复烤等一系列完善规范的技术措施，特别是在优化品种结构、育苗技术、土壤改良、播栽期、群体结构、施肥技术、水分管理、成熟采收、烤房结构、烘烤等关键技术都得到新的突破，使福建烟叶以其色泽好、结构疏松、油分足、化学成分协调、香气质好而名闻全国，受到全国各卷烟重点企业的青睐。

卷烟配方工艺方面。福建烟草每间隔五年为一个提升发展过程。20世纪90年代，福建省烟草行业以配方改革为突破口，以提高卷烟香气量、增加烟味浓度和烟叶成熟度为重点，优化化学成分，重视抓好香精香料的开发和应用，并强化了优质烟叶基地的建设，为卷烟工业的配方改革提供原料保障。全省工业企业执行《福建省卷烟产品配方改革奖励办法》，开发了"梅花山"、"沉香"、"喜来宝"等卷烟品牌。各卷烟企业先后进行了制丝线技术改造，广泛采用烟丝在线膨胀工艺，改善和提高了成品烟丝的配方质量，并开始使用烟草薄片作为配方材料。1995年以后，烟草农业推广使用了40级制烤烟标准，卷烟配方全部采用烟叶自然醇化模式。所确立的"主料烟、辅料烟、填充烟"的烟叶组配方模式更突出了原烟香气，使之更加丰满细腻、醇和甜韵。还成功配制了"七匹狼"、"石狮"和特级低焦油"金桥"等品牌。其间，共有"富健"、"乘风"、"鼓浪屿"、"金五福"四个产品荣获全国卷烟优质产品称号，13个产品荣获省优质产品奖；"七匹狼"获评全国优等品牌号，"石狮"获福建省著名商标称号，"金桥"被评为全国优质卷烟。进入21世纪以后，卷烟配方以降焦减害为重点，实施配方品牌的集中切换、烟叶分组加工和配方打叶。在保持原有配方风格基础上，汲取先进制丝设备的工艺优点，进一步提升配方质量。成功开发了"石狮（超醇）"、"七匹狼（烟魁SP500）"等低焦油品种。龙岩、厦门两厂易地技改投产后，两家卷烟工业企业均把卷烟配方技术深化到烟叶化学成分和各项品质因素的合理配比上，提升了核心技术，拓宽了配方设计的创新点。此后，福建中烟技术中心成立，加快了技术资源的整合，开展卷烟配方开发基础研究及香精香料、添加剂、卷烟材料等配套研究。"七匹狼（金典）"、"金桥（国际）"等品牌改进了原产品配方缺陷、增强了配方品牌的市场适应性、进一步顺应国际化大潮流。卷烟工艺以"打造特色工艺，提高产品市场适应能力"为主线，开展了产品开发基础研究和分组加料工艺的技术研究与应用，使工艺技术参数优化，产品感官质量、风格特征得到稳定和提高。

信息化建设方面。20世纪90年代初以来，计算机开始在全省多行业逐步普及。1995年，福建省烟草公司实施管理信息系统建设，提高了管理工作效率，为企业经营管理工作提供了更加准确、时效、科学和方便的技术支持。比如，烟叶收购从试行微机收购开始，在各收购站点、复烤厂等安装微机并实行联网管理，建立烟农信息档案，IC 卡管理，应用烟叶管理信息系统，使生产、收购、复烤、调拨、库存等各个环节数据信息的网络传输，烟叶的原收原调采取了"一打三扫"；卷烟销售网络建设实现了规范经营、精细管理，从网点的销售电脑开单到四级联网管理、客户关系管理系统和卷烟生产经营决策管理系统的建立，使销售网络得到全面提升，电话订货、网上订货、物流配送、订单供应等信息系统的开发应用，为零售客户提供了更加便捷优质服务。基层烟草专卖实行了户籍化管理，使市场管理更加细化，专销结合更为紧密。此外，财会管理信息系统、办公自动化系统等已在行业管理和生产经营活动中发挥重要作用。2000 年以后，全省烟草行业基本建成计算机广域网体系，各单位局域网建设也初建成效，从而实现了产、供、销、专卖、人事、财务和科技等管理业务的自动化。

烟草科技机构、人员方面。先后成立科技教育处、烟草质量监督检测站和行业特种技能鉴定站；各主产烟区成立生产技术科，全省建有省级烟草科学研究所和三个科研分所，13 个县级复烤试验站等科研单位和 197 个烟草站，有一大批博士、硕士和烟草科技人员，为福建烟草科技水平的提高提供了有力保证。

（六）

1996 年 8 月，省局（公司）行政级别从副厅级升格为正厅级。2003 年 11 月，福建中烟正式与省局脱钩分离，亦为正厅级单位，负责领导和管理龙岩、厦门等所属的卷烟工业企业。2004 年 6 月，全省卷烟纯销区县级公司法人资格全部取消，县级公司更名为县（市）卷烟营销部。同年 11 月，县（市）卷烟营销部更名为县（市）分公司。2006 年，省局向国家局上报全省烟草商业系统母子公司体制改革方案和章程，获国家局正式批复。同时批准取消龙岩、三明、南平三烟区 25 家县级公司法人资格。至此，全省县级公司法人代表全部取消。

人事劳工制度改革方面。1992 年，省局（公司）机关确定七个等级职务系列（局长、副局长、中层正职、中层副职、业务主办、科员、办事员），所辖地（市）、县局也根据实际确定相应等级。1994 年，全省行业推广企业工效挂钩工资改革试点的经验。下半年，逐步推行岗位效益工资改革（岗位效益工资由岗位工资、效益工资和年功工资构成），推行易岗易薪制。其后在 1997 年、1999 年、2002 年和 2004 年对岗位效益工资又进行四次调整。福建中烟公司成立后，对人事劳工制度也进行了改革。2007 年 7 月，全省烟草在泉州、龙岩开始用工分配制度改革的试点工作。全省商业系统县级单位和三家烟叶复烤厂、教育中心、烟叶科技研究所等单位取消法人的资格并推广两个市级烟草公司的经验，全面部署用工分配制度改革，并在当年完成设区市局（公司）岗位设置和工作流程图的制订和绩效考核指标体系。2008 年，全省烟草商业系统把用工分配制度改革作为工作重点，在试点基础上全面推进。年底，烟草商业省级下属单位有 13 家子公司、70 家分公司、8 家多元化合资企业公司；烟草工业下属有 2 个子公司。

生产经营目标方面。福建省烟草系统在 1991 年提出五年内实现"2215"奋斗目标（烤烟生产 200 万担、上等烟叶比例 20％、卷烟单箱税利 1500 元，全省行业实现税利 15 亿元）。围绕这个生产经营的总目标，全省烟草系统实行经营利润承包制。省局层层分解落实承包指标，与 75 家商业企业签订相应的利润承包合同；工业企业把承包合同指标落实到企业、车间、班组和个人，全行业层层签订责任书并实现工效挂钩，使生产指标处于在控状态，企业经营连年实现"两位数三同步"增长。1996 年以后，省局（公司）不断完善生产经营目标考核体系，并实施了地产中高档卷烟生产销售、工业企业生产经营责任制和烟叶生产收购调拨考核办法。1999 年后，卷烟商业系统增加毛利率考核，实行经营责任目标与奖金挂钩，各级烟草充分照顾企业间的利益，调整利润分成，调动了各方的积极性。工商分离后，福建烟草商业、工业从各自企业的实际出发，单独制订经济运行考核办法。

企业管理方面。20 世纪 90 年代，烟草工业企业突出以提（质）降耗、提高设备有效作业率为重点，着重抓好生产现场管理。1996 年后，在创新卷烟品牌的同时，抓住技术进步的中心，按照优势企业标准，建立各种创新体系。在管理上，贯彻 ISO9000 标准，实施《设备管理办法》、《设备考核办法》，提高设备的有效作业率，进一步降低企业成本，提高经济效益。进入 21 世纪，龙岩、厦门两家卷烟厂设备和管理得到加强，经济运行分析制度进一步完善，并实行精细化管理，两大卷烟厂构建了生产过程分析体系，加强综合协调和宏观调控。

财务管理方面。1994 年后，福建烟草执行新的财务转换，向"统一管理、集中换算、统一对外"的形式过渡，企业强化会计基础管理，推行会计电算法，做到向管理要效益。2000—2002 年三年间，分别对 106 家烟草工商多元化企业开展清产核资，共清理各类资产损失 1.65 亿元。2002 年，全省行业成立资金管理中心，共有 75 家成员单位参加电脑上线运行。还有 86 家单位开展多元化经营的清产核资工作。为探索取消法人资格后的财务管理办法，全省商业系统建立 14 个会计基础工作示范点，制订取消法人资格后的各种制度规定。工商分离后，福建中烟实施会计信息质量考核管理办法，加强内控制度建设。商业系统开展清理"账外账"和"小金库"，并实行财务主管委派制、例会制以及重大情况报告制度，形成了"预算控制、授权审批、统一审计、统一核算"的财务管理模式。2005 年，为加强对生产经营的监督，全省商业系统强化资金预算、资金决算、薪酬管理和企业投资等工作。2006 年后，全省烟草工商系统分别对主业和主业外投资的各种经营企业进行清产核资。在此基础上，烟草工商系统分别成立福建中烟置业有限公司和福建烟草海晟投资管理有限公司，进一步加强对主业以外的生产经营的管理。

（七）

1990—1993 年，全省烟草系统在制定出台一批廉政制度的同时，清理、废止了一批不适应改革开放和廉政建设要求的制度规定，做到门门有制度，人人有规范。党风廉政建设围绕生产经营的重点进行，加强纪检监察的人员配备和案件的自查自纠力度。1997 年，成立省局机关纪委，建立党风廉政建设责任制，聘请党风廉政建设信息员，对卷烟厂派出驻厂员。1999 年，省局机关通过自办、联办、协办的手段查处行业内的一批违法违纪案件。2001 年以后，实行党风廉政建设与生产经营同部署、同研究、同检查、同考核，并兑现奖金。抓住卷烟销售、网络建设、大宗物资采购和大工程项目招标、企业重大问题的决策等关键问题，建立健全效能监察制度，纪检监察人员全面介入生产经营工作。2003 年，制定《福建省烟草行业（执法）监察工作规范》，全年共立项 49 个，发出整改通知书 210 份。2004 年，开展预防职务犯罪教育，在宣传教育中，坚持以反腐抓源头为重点，盯住人、财、物等重点环节，加强全过程监督。2005 年，全省烟草系统加强内部管理工作，汇总、梳理、制定内管制度，加大内部监管工作，仅烟草商业系统就被立案和移送司法机关 25 人、受党纪处分 4 人、政纪处分 7 人，依法逮捕 10 人（包括上年遗留案件）。2006 年，全系统建立健全 53 项具体制度，处级以上干部进行年度廉政述职，5 名干部受诫勉谈话。全省开展专项治理商业贿赂工作，重点检查副科级以上干部，对 2001 年以来在商业活动中接受现金、有价证券、贵重物品等进行填表登记。是年起，烟草商业系统在全国率先成立监督委员会、实行审计工作派驻制，审计工作试行"双重领导、垂直管理、监督驻地、参审异地"的审计体制，卷烟纯销区成立财务办公室等。各级审计的内容主要有：财务收支审计、承包经营责任审计、基本建设项目审计、厂长经理离任审计、专项审计等，从源头上堵住不正之风。2008 年，全省烟草商业系统制定《建立健全惩治和预防腐败体系 2008—2012 年工作规划》，对之后 5 年行业的反腐倡廉工作作了部署。

全省烟草系统大兴理论学习之风，不断加强对干部职工的正面教育，开展企业文化建设和学雷锋、行业树新风活动，推进行风评等活动，激励干部职工树立"国家利益至上和消费者利益至上"的行业价值观，树立正确的世界观、人生观和价值观。各级烟草部门发挥行业优势，开展形式多样的文化体育活动，兴建职工活动场所和活动室，图书馆、健身房和老干部活动室，活跃职工文化生活。

第一章 烤烟种植区域与设施

1990—1995年，省内各产区通过推广良种、单行种植、成熟采收等适用技术扩大种植面积。同时，烟叶种植区域向闽西北转移，1994年，漳州区域的平和、云霄、华安，福州区域的永泰，宁德地区，停止种烟。1996—2008年，各地重点抓大乡、大村、大户、集中连片种植和烟田耕作条件及水利排灌设施改善等关键问题，开展烤烟生产布局优化，提倡集中连片规划种植，适当扩大生产条件较好、便于轮作的单晚田种植，淘汰病害较重的烟区。进入21世纪，烤烟种植区域集中到列入全国31个重点产烟区的龙岩、三明、南平三地。截至2008年，全省有28个县（市、区）、326个乡镇、2902个村种植烤烟，其中10万担以上的有宁化、建宁、永安、泰宁、清流、将乐、长汀、上杭、武平、连城、邵武、建阳、浦城、武夷山、光泽等15个县（市），5万～10万担的有明溪、尤溪、大田、松溪、永定等5个县，5万担以下的有沙县、三元、梅列、漳平、建瓯、政和、顺昌、南平延平区等8个县（市、区）。

第一节 种植区域

一、龙岩烟区

龙岩烟区地处福建省西部，属中亚热带南部季风气候，日照雨量充足，烟区年平均气温17.7℃～20℃，无霜期长达250～305天，烤烟生育期≥10℃的积温达3300℃～4400℃，日平均气温≥20℃有5～7个月，年日照为1600～2100小时，烤烟成熟期≥20℃的持续天数达70余天，年降水量1500～1800毫米。土壤多为酸性中壤，肥力中等，通透性良好，自然生态条件适合烤烟生长发育。

1991年，龙岩地区行政公署采取"以烟养烟"的政策，鼓励烤烟"上山进单"（山指山坡地，单指单季稻田），发展单季稻田种烟，并实行粮、肥差价奖励等生产扶持措施，种植面积不断扩大，烟叶产量每年以10万担速度递增。

1992年，推广应用烤烟生产新技术，烟畦由原双行改为高垄单行，全区单垄种植面积占总种植面积的94.3%。是年，营养袋假植育苗、平走式烤房改造、施用微肥以及病毒激抗剂防治花叶病等新技术措施全面推行。烟区普遍种植K326和G80良种，限制、淘汰密目烟、湖里种等老品种，提高了烟叶产量质量。

1993 年，控制烟叶生产，对盲目发展烟叶生产的势头采取措施进行控制，逐步向"以销定购，以购定产"的经营管理体制过渡。永定、上杭两县部分种植冬烟的乡（镇），采取行政责任落实办法和经济手段，全面改为春烟。

1994 年受粮食、农用物资价格大幅度上涨的影响，种烟比较效益下降，全区烤烟生产收购数量大幅度下滑。烟农种烟收入下降，地方政府财政收入减少。

1995 年，龙岩市局（公司）贯彻省公司关于把烤烟生产任务的落实作为烟叶产区领导考核的主要指标的精神，制定有关奖励措施，稳定烤烟种植面积。

1996 年，国家提高烟叶收购奖励金，平均每担增加 72.26 元，龙岩地委、行政公署把烤烟生产列入"九五"发展的五大产业之一，把发展烤烟生产作为农村"脱贫致富奔小康"的主要措施。各级党政和烟草部门制定行政措施和经济责任制度，落实面积，恢复烤烟生产规模。永定县实行县、乡、村三级层层建立目标责任制和风险抵押制。上杭县实行领导包片制，规定烤烟生产若干责任，成立全县烟农代表大会，监督落实烤烟生产。长汀县把烤烟生产当做农村经济工作的一个新的增长点来抓，县委、县政府、人大、政协、纪委五套班子成员及烟草部门干部职工分片包干，实行工资、奖金与种植面积及烟叶收购挂钩办法。通过上述措施，全区收购烟叶上等烟比例上升为 68.3%，平均收购价为每担 276.1 元，综合价每担 591.60 元。

1997 年，由于严重超计划生产，加上大面积推广地区烟科所培育的"岩烟 97"品种，加之配套栽培技术落实不当，造成烟叶薄、颜色淡、品质下降，上等烟比例下降到 16.5%，烤烟亩产值降低到千元以下。12 月 19 日，国务院办公厅下发《关于做好 1998 年烟叶种植和收购工作有关问题的紧急通知》。省公司随即确立"严格控制种植面积，严格控制生产总量，狠抓科技兴烟，提高质量，提高单产，实现烟叶生产供需总量平衡"的烟叶生产指导思想，下发《关于继续抓好 1998 年烟叶质量的几点意见》，将工作重心从抓规模转移到抓质量、抓管理上来。

1998 年，龙岩烟区各县（市、区）政府、种烟乡（镇）层层召开烟叶生产专题会议，任务早下达早落实，同时，通过电视、广播、报纸等媒体，宣传烟叶生产收购价格、政策、经济地位及烟叶产销形势，以调动烟农生产优质烟叶的积极性。在工作措施上，采取抓重点带动一般的办法，加强连城、长汀、上杭、武平等县的发展，把计划任务安排在生产水平高、病害轻、质量意识强的乡（镇）、村，确保计划落实。为加强和完善合同管理，各地普遍签订细致的产购合同，按计划收购量分解落实种植面积，做到"稳、控"结合。

1999 年，推行国际型优质烟生产技术模式，通过优化施肥、成熟采收、科学烘烤调制等措施，提高上等烟比例，提高烟叶品质，增加种烟收益。全区种植烤烟农户达 11.6 万户。

2000 年，建立"龙岩清香型"优质烟叶中心示范片 1.05 万亩，开展"东南烟区清香型烤烟生产综合技术开发研究"的课题研究。当年中国科学院院士谢联辉教授及全国烟草界著名专家，到连城县、长汀县实地考察清香型烟叶开发现场后认为：龙岩是全国烟草种植区划最适宜区之一，具备生产清香型烟叶的生态条件，清香型烟叶示范区均达到技术规范标准。龙岩"清香型"基地烟叶香气清香飘逸，吃味醇和，劲头适中，刺激性较轻，叶片颜色金黄，油分充足。

2001年以后，龙岩烤烟生产规模基本稳定在50万～60万担。

2001年，全面规范烤烟生产技术，生产具有福建风格"高香气、中烟碱、低焦油"的优质烟叶。进行"清香型烟叶"生产综合技术开发研究，实施"控碱提质"关键生产技术，集约化、规模化水平逐步提高，烤烟科技与经营管理手段得到普及应用，全市种植烤烟农户9.62万户。各地技术推广形式多样，连城县烟草公司组织女工委利用"三八"节期间到乡下开展科技宣传活动，发放《烟草大田管理技术要点》、《烟草专用肥及膜上烟栽培技术要点》等材料1000多份。永定县烟草公司组织30多名机关职工到基层站协助抓烤烟田管工作，并采取"三定三包"（定田块、农户、任务，包技术指导、培训、材料发放）责任制，发放《烤烟田管技术培训意见》2万多份，组织千名烟农到高陂示范片参观学习，烟农开阔眼界，加快了新技术推广。

2002年，龙岩烟草分公司出台全市烤烟合同签订管理办法，把合同签订与购买农用物资相挂钩。为生产出适应市场需求的优质烟叶，提出"控氮降碱"生产技术方案，全面启动"增香降碱"工程，一方面加快普及和优化常规技术，另一方面，落实土壤改良，增加种植密度，控制氮肥施用量，提高追肥比例，加强水肥管理，推迟打顶时间，坚持成熟采收和三段式烘烤等生产技术方案。针对龙岩烟区绝大部分处于比较贫困的山区，烤烟生产成本又大，为调动烟农生产优质上等烟的积极性，全区投入2000多万元用于肥料、地膜、烤房、技术培训和优质上等烟产后奖励等生产扶持，落实优质烟叶技术措施，提高烟叶内在品质。年内，注册"闽特"烟叶商标，扩展烟叶市场空间。

2003年，针对烟碱偏高问题，龙岩烟区根据省公司"提质控碱"方案，对提升烟叶产品质量进行总体策划，从品种选育、平衡施肥、成熟采收、烘烤到收购调拨实行质量控制。重视常规技术的到位，落实烟叶"提质控碱"工作，加快新技术推广步伐，实施国家烟草专卖局"东南地区清香型烤烟生产综合技术开发研究"项目。

2004年，全国主要粮食、经济作物价格小幅上涨，国家又减免了农业税，种烟比较效益下降，就此，烟叶生产围绕"稳定规模、控制总量、提高质量、优化结构"的工作重点，增加投入，稳定规模，巩固烟叶基础地位，加强客户关系管理，推进厂办基地建设，加大实用新技术的推广力度。龙岩烟草分公司制定《龙岩市烤烟生产技术意见》，规范烤烟生产技术管理。发展大户进行规模种植，烟区向适宜区和最适宜区集中，向烟叶质量好和效益高的乡村集中，向科技水平高的种植大户集中，生产布局更加优化。同时，出台一系列优惠政策，重点扶持大户。永定县对种植15亩以上的大户，每亩补贴100元，并在技术指导和服务上对大户倾斜。全市种植10～20亩的烟农2545户、20～50亩的烟农658户、50亩以上的烟农143户。10亩以上种植户面积达到56769亩，占全市总种植面积的20.7％。技术上，全区严格实行水旱隔年轮作模式，并对历年病虫害严重的田块，强制轮作。新罗区因生产规模小而自然消失，烟区分布由 7 个县（市、区）变为 6 个县（市）。

全市集中资金、技术力量开发连城县姑田、北团镇，永定县高陂镇等重点乡镇，其他县也列出重点新烟区乡镇的开发，长汀县在原有 13 个种烟乡镇的基础上，开发红山、羊牯、庵杰 3 个新烟区。是年，龙岩市被国家烟草专卖局列为全国八个"优质烟叶生产科技示范基地"之一。

2005 年，烤烟生产科技取得突破，自主研发出密集烤房的炉膛耐火材料，更新了供热系统，烟叶烘烤条件得到改善，还研究并推广了湿润育苗及环保型育苗基质。

2006 年，受农资价格上涨、农村劳动力大量转移及多次严重自然灾害影响，出现生产计划落实难的压力。由此，龙岩烟区以稳定规模为烤烟生产工作主线，采取加大扶持，引导大户适度规模生产，开发新区，加强诚信烟农管理，层层落实生产责任制等措施，各县公司及时调整生产布局，在稳定老烟区的基础上，努力开发新烟区和发展大户规模种植，全市种植大户达 5818 户，大户种植面积 9.3 万亩，占总面积的 34%。此外，还探索烟农管理方式，对烟农进行诚信（等级、星级）管理，转变烟农经营思想，减轻边界外流压力。

2007 年，全市烤烟生产面临稳定规模的压力，市局（公司）实行领导挂片、科室挂县的工作制度，组织相关人员驻点，协同县（市）分公司落实好生产任务。通过召开烟农座谈会，发放宣传年画，送平安保险贺卡等形式，广泛宣传优惠扶持政策，鼓励烟农多种烟、种好烟；与龙岩联通、移动公司共建"闽西新农村农业信息网"、"农信通"信息平台，为烟农朋友提供烤烟生产扶持政策、栽培管理技术、天气预报等资讯，密切烟农情感联系，调动广大烟农种烟积极性。各县（市）分公司采取各种措施，抓好稳定烟叶生产规模，上杭县政府对种烟大户进行扶持奖励；长汀县各乡（镇）政府出台优惠政策促进烤烟种植；武平县优化布局，压缩病重区发展有潜力的新烟区。各县（市）分公司统一购置 2600 台翻土起垄机，统一实施烟田翻土起垄作业，提高烟田耕作效率，减轻烟农负担。全市种植烤烟户为 34473 户；10 亩以上种植大户 4379 户，占总户数的 12.7%，占全市种植面积的 44%。

2008 年，各级政府把烟叶生产作为富乡、富民的重点工作来抓，纷纷从烟叶税中提取部分返还乡镇，作为生产扶持奖励，有的还设立烟叶生产基础设施建设工程管护基金和烤烟种植风险基金。市烟草部门也投入资金扶持烟叶生产，减轻烟农种烟负担。围绕稳定生产规模，开展规模化种植，集约化经营，专业化分工，信息化管理，推动烟区现代烟草农业建设。全市种植 15 亩以上大户共种植烤烟 14.4 万亩，占总种烟面积的 52.7%。户均种植面积从上年 6.6 亩提高到 8.1 亩，规模程度提高 22.7%。各地还尝试并推广专业化中耕培土、专业化植保、专业化编烟、专业化烘烤、专业化分级等。全市推广机械旋耕机、起垄机 2600 多台，试用起垄、施肥、盖膜一体机 215 台、中耕培土机 160 台、自动编烟机 43 台。农业机械化作业得到进一步推广。全市烟农售烟收入 5.33 亿元，烟农户均收入 17258.98 元，实现烟叶税 1.17 亿元。

表 1—1　　　　1991—2008 年龙岩烟区烟叶种植面积与收购1量一览表

年度	种植面积（万亩）	总收购量（万担）	上等烟比例（%）
1991	30.15	42.67	16.32
1992	31.00	50.10	31.10
1993	42.45	67.80	25.80
1994	24.43	25.69	34.30
1995	20.27	26.25	51.70
1996	24.95	42.28	68.40
1997	31.74	65.61	16.50
1998	23.52	26.27	25.60
1999	22.89	39.85	33.80
2000	23.42	41.65	28.19
2001	26.34	47.17	40.50
2002	28.02	54.99	34.36
2003	27.24	49.46	38.50
2004	27.50	61.52	50.10
2005	29.52	59.50	43.60
2006	26.55	63.38	44.70
2007	22.61	59.72	57.67
2008	25.30	77.21	57.29

二、三明烟区

三明烟区属中亚热带季风气候，年平均气温 17℃～19.5℃，全年日照时数 1721.1～1897.5 小时，年降雨量 1564～1913 毫米，烟田海拔高度在 200～400 米左右，为省内优质烤烟种植适宜区，是全省最大的烟叶产区。

1991 年，为解决粮烟争地的矛盾，三明烟草分公司组织研究并实施了"进单上山"烤烟种植模式，该模式受到全国烟草农业专家的重视，并得以推广，当年种植面积迅速扩大到 20.35 万亩，收购烟叶 43.46 万担，产量首次跃居全省第一位。

1992 年，把推广先进栽培技术当做提高产量、质量的主要手段，邀请全国知名的烟草专家研究制定生产技术方案，聘请科研院校、兄弟省烟草公司专家作为技术顾问，召开各种技术讲座，解决生产上遇到的技术难题。是年，到三明指导的专家教授达 280 多人次。新技术新成果的推广应用开始普及，全面推广高垄单畦地膜覆盖栽培，当地群众称之为三明烟区的"白色革命"，落实营养袋假植育苗，建立一千多户科技示范户，开展打顶抹杈、等级质量等专项工作评比竞赛活动，还新建烤房 18096 座，基础设施得到进一步完善，保证烟叶质量。

1993 年，全区把抓单产、抓总产、抓等级质量作为烟叶生产的主攻方向，"三化"（良种化、规范化、区域化）措施得力，全区农民售烟收入 1.7 亿元。当年烟叶生产早准备，早落实，100％单行种植，拉绳整畦，营养袋育苗与清沟高培土到位，人工抹叉与推广抑芽剂相结合，使用饼肥，增施钾肥、微肥和改进施肥方法，扭转以往烟株生长营养不足的状况，为保证成熟采收，还向烟农们发放了"准采证"。

1994 年，针对烟叶种植面积出现下滑情况，烟区加强烤烟生产收购合同的落实，与烟农签订合同 7.6 万份，并抓好配套服务，在生产季节召开现场会，请全国各地专家研讨烤房改造，对全市 7 万余座小烤房进行全面摸底调查，分批进行改造，还为烟农组织优质硫酸钾 4000 多吨，调入地膜 35 吨。

1995 年，布局上采取巩固宁化、清流老烟区，开发将乐、泰宁、建宁新烟区的策略。生产上做到三个转移，即：重病区向轻病区转移；双晚区向单晚区转移；零星种植户向善经营的大户转移。全市建立 7 万亩优质高效示范工程，培育 10 万担县、1 万担乡、1000 亩村种植规模的基地，涌现出一大批种烟亩产值达到 1500～2000 元的农户，提高种烟效益，起到示范作用，推动全市优质烟叶生产的发展。

1996 年，突出抓好规模经营和科技兴烟，适当提高奖励金标准，并制定烟叶生产目标考核奖励办法，调动产区烟草部门和烟农种烟积极性。当年全国烟叶收购工作会议在三明召开，三明烟草分公司以此为契机，狠抓烟叶质量的提高。市委、市政府成立"烟叶生产质量年"活动领导小组，由市委常委任组长，副市长任副组长，每个成员抓一片 50～100 亩活动示范片，制定 68 项质量考核指标，组织 5 次大检查，召开 6 次现场观摩交流会，举办 9 期技术培训班。

1997 年，三明烟叶大幅度超产，超计划 56.3％。面积扩大后，出现管理不善，新烟农烘烤、初分、保管技术水平低，烟叶质量下降，以及收购时间延长、增加仓储压力等问题。通过多方筹措资金，烟叶收购未出现向烟农打白条现象，保证了烟叶收购、复烤加工顺利进行。但是受全国烟叶供过于求的市场形势影响，库存积压 40 多万担，巨额资金占用和产销失衡，烟叶保管、资金周转压力大，货款无法回笼，企业背上了沉重的包袱，烟叶生产经受严峻考验。

1998 年，三明烟草分公司推广有针对性的实用新技术、新措施，如包衣种子育苗、烤房定距挂竿等，全面使用金明农资公司定点生产的烟草专用肥，烟叶内在质量和上等烟比例得到较大提高。

1999 年，落实烟叶生产收购合同制度，加大品种更新、布局调整力度，择优选种，强化轮作，建立病虫预测预报网络，加强病虫害综合防治，并大力推广漂浮育苗、移栽器移栽、热风循环烤房烘烤等新技术，烟叶质量得到恢复。全市烟农售烟收入 3.42 亿元，烟叶特产税 7500 万元。

2000 年，根据国家局《关于严格控制烟叶种植面积的紧急通知》的要求，三明烟草分公司执行"控制面积、稳定规模、提高质量"的烟叶生产工作方针，确立"稳规模，优布局；抓科技，提质量；建特色，创一流"的烟叶生产指导思想，落实合同计划种植。坚持"先签订合同，后安排种植"的原则，把合同管理列入全年烟叶工作考核项目，提高合同计划执行质量，共签订烤烟种植合同 8.4 万份，合同种植面积 32.29 万亩。三明烟区通过与烟厂和科研院所合作，并建立两大基地和一个园区，推动全区优质高香气烟叶的发展，三明烟叶在全国率先注册"金三明"烟叶商标。

2001 年 5 月，全国烤烟标准化现场会在三明市召开，扩大了"金三明"烟叶品牌知名度。

2002 年，针对烟叶烟碱含量偏高的问题，抓好"两控一降"工程（控氮、控硫、降碱），推广漂浮育苗，热风循环烤房，配色膜控草，施用生物有机肥和硝态氮专用肥等四项新技术，烟株营养协调，缺素症状明显减少，此外，农药残留等烟叶安全性问题引起重视，并得到有效控制。发展适度规模经营，推进烟草农业产业化，全市户均种植 10～30 亩的有2907 户，面积为 3.5 万亩；30～50 亩的有 53 户，面积为 0.18 万亩；50 亩以上的有 28 户，面积为 0.24 万亩。全区烤烟种植农户 9.04 万户，烟农售烟收入 4.36 亿元，烟叶特产税0.95 亿元。

2003 年，三明烟区调整烟叶发展战略，以"增香降碱"为目标，加快技术创新步伐，把改进烟叶成熟采收和三段式烘烤技术作为提高烟叶香气、降低烟碱含量的突破口来抓。投入大量人力物力，改造老式烤房，统一新式烤房的规格，使所有烤房都具备三段式烘烤的工艺技术要求。全市适度规模经营发展步伐加快，户均种烟面积提高到 5.42 亩，基本达到户均单独使用一个小烤房的目标。全区烟农售烟收入 3.64 亿元，烟叶特产税 0.8 亿元。

2004 年，在普及稻草回田、漂浮育苗、掀膜培土等适用技术的同时，技术创新实现两方面突破，一方面在漂浮育苗的基础上，率先推广 6.3 万亩湿润育苗，有效解决中下部烟叶身份偏薄的问题；另一方面开展烟叶"烘烤年"活动，通过设备更新和技术创新，全市共示范推广智能化烤房 5130 座，半密集式烤房 78 座，推广上部叶带茎采收烘烤，有效降低劳动强度，提高全市烟叶烘烤整体水平。全区烟农售烟收入 5.67 亿元，烟叶特产税 1.2亿元。

2005 年，烤烟生产抓土壤改良、湿润育苗、平衡施肥、揭膜培土、上部叶带茎烘烤等实用技术的推广应用，推广智能化烤房改造和新建密集式烤房。做好"翠碧 1 号"特色品种和生态型"无公害"烟叶工作，实行"翠碧 1 号"特色品种补贴政策，全区"翠碧 1 号"种植面积占总种植面积 40.6%。全区烟农售烟收入 4.92 亿元，烟叶特产 1.08 亿元。

2006 年，三明烟区受前期低温阴雨寡日照和 5—6 月持续暴雨引发的洪涝灾害的影响，烟叶产量也受到一定影响。全市烤烟种植农户5.2户，10亩以上大户1.45万户，占总种植面积43.76%，户均种植规模达到8.2亩，全市烟农售烟收入5.32亿元，户均10217元，烟叶税收1.17亿元。

2007年，农村劳动力缺乏，计划面积落实困难，各级政府一方面通过建立奖惩机制，层层制定目标考核，调整财税政策等，调动基层发展烟叶的积极性。另一方面以抓烟农增收为目标，加强政策引导，加快科技创新，推进规模种植和集约化生产，稳定烟农种烟效益。永安、清流等县通过烟农联合体、烟农夜校等组织形式，稳定烟农队伍。在资金扶持、技术指导等方面为种植大户提供个性化服务，采取转包、互换、租赁、入股等土地流转办法确保大户种植所需烟田。全市种烟农户4.38万户，10～20亩的大户有1.62万户，种植面积19.89万亩；20～50亩的大户有1428户，种植面积3.49万亩；50～100亩的大户有47户，种植面积0.31万亩；100亩以上大户有24户，种植面积0.43万亩。沙县、明溪、尤溪、将乐、泰宁、城区等烟区的户均种植规模超过10亩，沙县的户均种植面积达到23.3亩，明溪最大种烟户达到2000亩。开展专业化服务，全面推广机耕起垄，成立机耕专业化服务队902支，起垄机4018台，作业面积39.47万亩；示范植保打药机，建立植保专业化服务队21支，专业机防人员62人；建立烤房安装维护专业化服务队216支；引进示范培土机和烟叶编缝机等小型机械设备。全区建立福建清香型特色烟叶科技示范基地1.85万亩。

当年，烟区加强烟叶生产五大体系建设（烟叶基层组织体系、经营体系、服务体系、设施体系与队伍体系），加快发展烟叶规模化种植步伐，积极培育职业烟农，深入拓展专业化分工，把烟农从劳动强度大、技术要求高的环节解放出来，实现烟叶生产方式从粗放型向集约型转变。6月中旬，全国烟叶基层建设暨收购工作现场会在三明市召开。会前，国家局姜成康局长来福建调研烟叶工作，评价福建烟叶工作做到"狠抓基础、注重提升、科技领先、创新发展"；并要求全面推进烟田基础设施建设，实现"规模化种植、集约化经营、专业化分工、信息化管理"，加快实现烟叶生产从传统农业向现代烟草农业转变。

2008年，以"提高烟叶可用性"为核心，以"围绕工业需要发展烟叶、围绕品牌需求培育特色"为方向，突出三明特色，强化基础建设，注重科技创新，提升基地水平，推进传统烟叶生产向现代烟草农业转变。依靠多年来烟草行业稳定而优惠的价格和补贴政策、周到的生产和技术服务以及烟叶生产基础设施的不断完善，烟农种烟信心稳定；加上良好气候条件，当年烟叶大田生长表现出多年来未见的良好长势，烟株大田生长整齐均衡、发育充分、株型合理、落黄层次分明、病害发病率低，出现产质俱佳的丰收年景。全市烟农4.40万户，户均种烟面积突破10亩，达10.21亩。全市烟农售烟收入达8.2亿元（不含补贴），烟叶税1.8亿元。"翠碧1号"品种烟叶的风格特色进一步凸显，通过品种的合理布局，建立"翠碧1号"种植保护区，种植面积上升为22.80万亩，占总面积的50.8%，收购数量近60万担。

表 1—2　　　　　**1991—2008 年三明烟区烟叶种植面积与收购量一览表**

年度	种植面积(万亩)	总收购量(万担)	上等烟比例(%)
1991	20.35	43.46	11.30
1992	31.61	60.79	13.80
1993	46.31	78.58	8.80
1994	25.38	29.67	25.40
1995	23.80	36.46	40.30
1996	32.88	72.29	65.90
1997	51.00	128.15	20.00
1998	27.90	47.93	38.62
1999	32.24	68.95	46.52
2000	32.29	67.14	42.92
2001	36.25	73.50	50.17
2002	40.67	94.75	35.80
2003	38.08	78.45	43.00
2004	40.99	104.88	52.30
2005	44.30	91.97	52.56
2006	42.53	97.11	57.31
2007	40.83	108.75	57.21
2008	45.08	121.28	56.52

三、南平烟区

南平烟区属中亚热带气候，以丘陵地为主，土壤质地为红黄壤土，土层深厚，日照充足，年平均气温 17℃～19℃，平均相对湿度 79%～82%，年降雨量 1750～1990 毫米，无霜期 249～280 天，烤烟可利用≥10℃有效积温 3300℃～3800℃，成熟期可利用 20℃持续天数为 62～75 天，是烤烟种植适宜区。

1991 年，在邵武、浦城、松溪、武夷山、延平等 5 个县（市）种植，由于刚开始种植烤烟，烟农的栽培、烘烤技术还较陌生，没有经验，烤房设施不足，烟叶的产量和质量比较低。

1992 年，从龙岩、三明聘请烟技员 30 名，举办冬翻土备耕现场会、移栽现场会、田管现场会、烟叶分级培训班等各种形式培训共 300 多次，受训人员达 3000 多人次，提高烟技员和烟农种烟技术水平。省公司下拨 200 万元支持南平烟区建设，南平分公司拨付 30 万元给种烟县用于烤房建设补助，产区县也投入人力和资金扶持烤房建设。

1993 年，建瓯、建阳、顺昌、光泽 4 个县（市）开始种植烤烟。

1994 年，全区实行"三免一补"优惠政策，即免费提供种子，免费提供营养袋，免费提供技术服务，每吨烟草专用化肥省公司补贴 200 元，南平分公司补贴 200 元。年初，南平分公司与安徽合肥经济技术学院联合在建阳举办为期两个月的烤烟培训班，参加培训 120 人。邀请福建省农业大学教授、美国烟草专家左天觉博士、中国烟草青州科研院朱尊权院长等到南平烟区进行技术讲座，指导烤烟生产，300 多名烟技员参加培训。并广泛开展烤烟科技宣传活动，在南平电视台播放烤烟生产技术讲座，《闽北日报》连续刊登烤烟生产技术文章，普及推广烤烟种植技术。

1995 年，在主攻单产，提高质量，提高经济效益上下功夫，推广地膜覆盖栽培（南平新烟区推广地膜覆盖栽培 580 亩），推广烤房改造新技术，建成下扎式烤房 15 座，改造旧烤房的加热、排湿系统，使烤房升温快，排湿通畅，节省燃料，提高烟叶烘烤质量。组织调运 1100 吨复混肥，1100 吨硫酸钾，84 吨地膜，落实专用肥、地膜农用物资。补贴烟农每吨专用肥 400 元，烟农种植烤烟每亩可免息赊销硫酸钾 20 公斤、复混肥 40 公斤。种植高料烟的农户，增加供应饼肥每亩 30～40 公斤。全市烟农售烟收入 1599.4 万元，地方烟叶税收入 293.3 万元。

1996 年，南平烟区与美国"菲莫"公司进行 5 年技术合作，在与国外生产技术合作过程中，吸收合作烟区的先进技术经验，同时，印发《烤烟地膜覆盖栽培》、《包衣种子育苗及岩烟 97 品种栽培、烘烤技术》等辅导资料，做到烟农人手一份，推动南平烟区种烟技术水平提高。全区烟农售烟收入 4950 万元。

1997 年，光泽县恢复烤烟生产，政和县开始种烟，再加上邵武、松溪、浦城、武夷山、建瓯、建阳、延平 7 县（市、区），烟叶生产规模逐步扩大，当年以中美"菲莫"烤烟基地为龙头，全面推广"菲莫"改进施肥、成熟采收、科学烘烤等技术，并把旧烤房改造为标准化烤房，改造好的烤房每座补助 100 元，共改造旧烤房 4421 座。

1998 年，南平烟叶的基础设施、技术队伍不断壮大，生产规模扩大，种植区域发展到 10 个县（市），分布在：邵武、松溪、武夷山、建瓯、浦城、建阳、光泽、延平、政和、顺昌。当年开始又与美国"环球"公司进行 5 年技术贸易合作。南平烟区以"菲莫"和"环球"两个合作为契机，高起点、高技术、高质量地引进先进技术和管理经验，促进南平烟叶生产技术进步，使之成为国际型优质烟叶基地的窗口。

1999 年，着重抓计划种植，提高质量，加强管理，开拓市场。为生产适应烟厂需要的烟叶，当年以质量为中心，增加产前投入，加大科技兴烟力度，各项规范化技术措施得到有效落实，把合同的签订作为烟叶生产稳步发展的基础工作来抓，稳定种植规模。全市签订烤烟种植合同 1.9 万份。

2000 年，全市种烟农户 22732 户，烟叶总产值达 1.2 亿元。邵武被国家烟草专卖局确定为国际型优质烟叶开发基地示范点。经过几年努力，南平烟区烤烟生产基础设施逐步健全、技术队伍更加完善，并对烟技员进行技术培训和烟农的技术指导，以技术推广站为培训基地，举办技术培训班，经过 5 年的发展，培养了烟叶生产技术人员 120 多人，农民烟技员 900 多人，经验丰富的烟农 2 万多户，兴建 2 万多座初烤房，成立南平市烟叶技术推广站和 46 个基层烟草工作站。通过同美国"菲莫"和"环球"公司的烤烟生产技术合作，烟叶质量也得到较大的改进，所产"武夷山"牌烟叶内在与外观质量协调，受到厂家和客户的好评，分别销往宁波、郑州、青岛、常德、龙岩、厦门等省内外烟厂，进入了"大红鹰"、"七匹狼"、"黄金叶"等名牌卷烟的主配方，被国家烟草专卖局列为全国优质烟叶储备基地和出口烟基地。

2001 年，南平烟区注重烟叶质量及烟叶基础地位，加大新技术推广力度，推广使用烟草专用肥、白云石粉改良土壤、配色膜覆盖栽培技术，改造旧烤房并新建热风循环烤房。全区种烟烟户达 21373 户。

2002 年，南平分公司加大烟叶生产扶持力度，各县（市）烟草公司也投入大量人力、物力、财力，县（市、区）政府在烟叶特产税上给予一定比例的返还，用于烟叶生产的扶持投入。新发展的烟区均取得成功，并在技术上做到高起点，重点发展武夷山、浦城、建瓯、建阳、光泽 5 个县（市），其规模迅速扩大。全市烟农种烟收入 1.69 亿元，特产税 3450 万元。

2003 年，全市烟农种烟收入 1.7 亿元，特产税 3437.6 万元。

2004 年，南平烟叶生产总量突破了 50 万担规模。烤烟生产布局更加优化，适度规模经营继续扩大，武夷山、浦城、光泽三个县（市），种植面积分别比上年增长 39.83％、85.57％和 99.95％。创新生产管理模式，落实面积做到"四配套"，即田块、烤房、苗地、烟农相配套，培养以烟为主业的职业化烟农，全市 10 亩以上的适度规模种植户 2871 户，占 13.1％，适度规模种植面积 4.59 万亩，占 29.8％，建立烘烤"110"，推行烟农互助组的烘烤技术指导模式，解决烟叶烘烤质量问题。上海卷烟厂首次在南平市定点采购烟叶，南平烟叶进入全国一流的卷烟工业企业产品配方。

2005 年，国家局更加重视烟叶基础地位，提出努力解决好烟叶、烟区、烟农问题。省烟局（公司）成立福建省烟叶发展战略领导小组，制定烟叶生产扶持办法和烟技员管理办法等一系列调动农民和基层烟技员积极性的政策措施。产区开展"关爱烟农，共同发展"为主题的服务年活动。南平烟区被国家局列入全国最具发展潜力的重点烟区。5 月，南平分公司邀请国家局计划司、科教司、烟叶生产购销公司，省局（公司），上海、长沙等 19 个全国重点烟厂，青州烟草研究院等领导、专家到武夷山，研讨南平市烟叶发展战略问题，规划南平"十一五"烤烟发展目标，确立南平烟叶发展的指导思想为：以市场为导向，以质量为中心，充分利用生态优势，生产出可用性强，有地域风格和特点的烟叶。

2006 年，严格按计划组织生产，突出合同管理，把合同制作为落实和稳定面积、调整种植布局和规范生产经营的重要措施。全市烟叶生产布局更加优化，武夷山、光泽和浦城等县（市）烟叶接近 10 万担，建阳市首次突破 5 万担；顺昌县从上年的 0.33 万担发展到 1.2 万担；邵武、浦城、光泽、武夷山、松溪和建阳等六个县（市）烟叶种植面积占全市的 90.6％，收购量占全市的 90.36％。适度规模种植进一步发展，全市种植农户 25277 户，平均户均种烟面积 8.7 亩；10 亩以上烟叶种植大户 7210 户，种烟面积达 10.8 万亩。同时，烟叶生产扶持标准提高，在上年每亩 220 元的基础上提高到 280 元，分公司每亩提取 10 元、各县（市）从烟叶特产税中提取 10％，共同配套建立烟叶生产风险基金，用于弥补烟农的因灾损失，稳定烟农种烟积极性。全市烟农种烟总收入 3.37 亿元，烟叶特产税 7400 多万元。

2007 年，烟叶生产仍然承受着"稳得住"压力。省局（公司）客观分析形势，提出具体措施，下发《福建省烟草公司关于认真做好 2007 年烤烟种植计划落实工作的紧急通知》，并及时向国家局反馈，得到国家局的政策支持，适当提高烟叶收购价格和投入补贴标准。南平市公司及时召开会议部署烟叶工作，分解烟叶生产计划，层层签订责任状；开展调查研究，及时掌握生产动向。加快实现"两个转变"，即由规模发展转变为特色发展，由速度发展转变为可持续发展，走质量特色发展战略。克服农资价格升高、劳动力成本不断上涨、农民积极性受到较大影响等不利因素，推广普及先进适用技术，积极推进烟叶生产的专业化和社会化服务，推进现代烟草农业建设，确保了计划面积的落实和生产规模的稳定。通过清香型特色烟叶开发，打造"名、特、优"烟叶原料。在浦城、武夷山、政和、邵武四个县（市）种植"翠碧 1 号"、F－35、C2 和红花大金元等清香型特色烟叶品种 7383 亩。启动"红花大金元综合配套技术开发及烤烟新品种（系）筛选利用研究"和"南平市烟叶质量评价与特色定位研究"两个合作项目，努力培育烟叶质量特色。全市种烟农户 20571 户，户均面积 10.7 亩，其中 10 亩以上规模户 9705 户，占种植面积的 63.3％。烟叶产量达到 67.8 万担，跃居为福建第二大烟区。

2008 年，为充分挖掘南平烟叶的发展潜力，推动传统烟叶生产方式向现代烟草农业的方式转变，全面实行商品化育苗，建立完善的烟苗管理和供应机制；全面推进专业化机械起垄的运作机制；积极推进烟农互助组的生产组织模式。全市共开展现代烟草农业试点乡（镇）、村 11 个，示范面积 1.28 万亩。烟用机械的推广与研发加快步伐，推广多功能起垄机 170 台，推广培土机 190 台，应用面积 27183 亩；购置移动式喷雾器 11 台，应用面积 2965 亩；试验示范 48 台机械式编烟机。依靠科技进步、提高劳动生产效率。当年生产计划任务全面落实，烟叶生产总体形势良好，各地烟株长势平衡。全市种烟农户 21575 户，种烟户数比上年增加 1004 户，户均规模 14.33 亩，其中 15 亩以上 7968 户，规模面积 16.66 万亩。烟农种烟收入 5.8265 亿元，烟叶税 12818 万元。是年，清香型特色烟叶开发规模进一步扩大，在邵武、浦城、武夷山、政和、顺昌、建阳等 6 个县（市）建立清香型特色烟叶生产示范点，面积 7.15 万亩。

表 1—3　　　　**1991—2008 年南平烟区烟叶种植面积与收购量一览表**

年度	种植面积(万亩)	总收购量(万担)	上等烟比例(%)
1991	1.30	1.24	5.70
1992	3.80	6.00	12.30
1993	12.88	19.02	18.00
1994	2.60	4.39	8.50
1995	1.75	3.39	69.9
1996	3.82	9.80	64.65
1997	9.82	26.68	34.94
1998	7.00	17.20	30.60
1999	7.20	20.95	42.00
2000	9.00	24.48	40.00
2001	11.82	29.52	45.80
2002	14.50	41.21	40.88
2003	12.10	36.60	42.80
2004	15.40	50.27	46.70
2005	18.10	51.77	54.10
2006	22.19	63.27	53.49
2007	22.10	67.80	53.33
2008	30.93	88.17	50.40

四、其他烟区

1991 年，省内还有漳州市的漳浦县、平和县、云霄县、南靖县、华安县，福州市的罗源县、连江县、永泰县，宁德地区的福鼎县、福安县、宁德县、柘荣县、霞浦县、寿宁县、周宁县等地零星种植烤烟。到 2004 年，除南靖县每年尚种植有 3000 亩左右外，其他地区全部停止种烟。

漳州烟区，该区除南靖县外都是种植冬烤烟。冬烤烟种植，在晚稻收割后开始移栽，利用冬季空闲田地种植，翌年早稻插秧前采摘结束。冬烟弱点是烟叶产量低、质量差，上等烟比例低（达不到 5%），达不到优质烟叶的要求。漳州冬烟的成熟期大于 20℃ 的天数不足 20 天，且烤烟进入成熟期一般从 3 月下旬开始，这一时段正是春雨连绵、阴湿不断的时节，这些客观条件的缺陷，造成烟叶油分低、成分差且组织粗糙。还有沿海地区多为盐碱地，土壤中氯元素含量高，所产烟叶燃烧性差，降低了烟叶使用效果。90年代，由于烤烟与其他经济作物的比较效益差，农民纷纷放弃种烟。20世纪90年代漳州烤烟生产开始走向衰退。1994年云霄县、平和县、华安县不再种植烤烟。1995年漳州地区只剩下漳浦县和南靖县种植烤烟。2001年云霄烤烟试验场划归云霄县烟草公司管理，资产所有权归属漳州烟草分公司。1991—2001年全市共收购烟叶50.246万担。2002年漳浦县也停止烤烟种植。全市只剩下南靖县三个镇（书洋、梅林、奎洋）种植烤烟，保持在1万担左右规模。2002—2005年全市收购烟叶3.344万担。2006—2008年，南靖仅有少部分种植烤烟，烟叶收购业务交由永定县烟草专卖局（公司）经营管理。

宁德烟区，1988年开始试种烤烟，先在柘荣、宁德、福安等县种植，宁德烟草分公司成立了烟叶科，抽调部分人员负责烟叶生产，1990年扩大到福鼎、霞浦、寿宁、周宁等县种植，由于煤炭靠外运，价格贵，烤房设施和烘烤技术又跟不上，到1994年就停止烤烟种植。1990—1993年共收购烟叶4721担。

福州烟区，1971年永泰县首次从龙岩永定县引种烤烟获得成功，其后，连江、闽清、罗源等县也相继引种推广。1984年种植面种上万亩，总产量20124担，烟草公司组建后，罗源、永泰两县纳入省烤烟生产基地，此后产量均在2万担左右。1990年，罗源、连江、永泰三个县继续种植烤烟，收购烟叶4198担。1991年三个县共收购烟叶10252担。1992年连江停止种植，罗源收购烟叶14590担，永泰收购4068担。1993年永泰停止种植，只剩下罗源县种植烤烟，当年罗源县种植烤烟最多的一年，面积有30250亩，收购烟叶45431担。1994年罗源县收购量回落至10300担。罗源县种植烤烟延续至2003年结束，当年种植面积4000亩，收购烟叶10900担。

第二节　基础设施建设

一、烟田及配套

龙岩、三明、南平三个烟叶产区共有宜烟耕地面积450万亩。

20世纪90年代，各产区烟草分公司和县烟草公司对烟田配套设施建设是以烟叶生产扶持形式进行投入，每年拨付部分资金给当地村用于修桥补路。三明的将乐、宁化、泰宁等县烟田配套建设项目最多。其中，将乐县在烟田配套建设中较为突出，采取"村里支持点、农民投工投劳点、烟草给一点"的办法兴建烟田道路、水利设施，2001年统计全县共修建烟区道路23条、桥梁46座。

进入21世纪，产区仍以"一烟一稻"耕作制度为主，强调水旱轮作养护烟田，采取2～3年为周期的轮作制度，以此作为解决病害严重发生和改善烟田土壤的根本措施，改善土壤的理化性状，提高土壤肥力，提高烟叶产量和品质。

2004年以后，三个烟叶产区着手规划基本烟田区域，制定具体措施建立基本烟田保护制度：以当地政府部门为主，采取乡规民约等方式，竖碑公示，制定保护制度，确立保护内容。烟田实行整体规划，用养结合，合理利用，建立以烟稻为主的耕作制度，严禁农药污染环境。规划区内农田逐步加强机耕道、排灌设施等配套设施建设。三明烟区在基本烟田保护上，首批规划80万亩基本烟田保护区和30万亩核心保护区。龙岩烟区率先着手烟田基础设施建设的试点工作，全市新建烟田配套设施项目76个，其中机耕路25条、桥梁6座、沟渠43条、水坝1座、电灌站1座，共投入资金185.53万元，受益烟农3920户，受益面积1.4万亩。

2005年，全省启动以烟田基础设施建设和烤房建设为主的烟叶生产基础设施建设工作。3月，省公司组织进行一个多月的调研，在摸清上年宜烟生产面积的基础上，对全省烟田基本建设项目进行摸底。省公司成立烟叶生产基础设施建设领导小组和工作小组，龙岩、三明、南平烟草分公司组织专职人员，负责烟基建设项目的规划制定，预算编制，项目可行性论证，计划汇总，项目上报，组织实施，管理监管等。各产烟县由县政府牵头成立相应的领导机构，设立基础办。国家局出台《全国烟叶生产基础设施建设实施方案》和《烟草行业烟叶生产基础设施建设项目补贴资金管理办法（试行）》，省公司出台《福建省烟草行业烟叶生产基础设施建设项目补贴资金管理办法（试行）》。9月22日，全省召开烟叶生产基础建设座谈会，进行前期准备工作。10月中旬，省局（公司）组织调研组，赴龙岩、三明、南平分公司和上杭、长汀、宁化、建宁、泰宁、将乐、邵武、武夷山、建阳、浦城、建瓯等县（市）了解烟基建设开展情况。10月24日，在福州召开烟基建设汇报会，提出抓进度、抓关键、抓典型、抓领导四项工作。11月8日，全省召开烟叶工作会，确立烟基建设在项目立项中坚持"三个为主"方针，即：以行业独立建设为主，以烟水配套为主，以今年项目今年完成为主。11月17日，省局领导就烟基建设情况专题向省委书记卢展工书面汇报。11月底，在上杭召开全省烟田基础设施建设现场会，参观上杭兰溪镇、庐丰镇烟田基础设施建设现场，会上省公司领导与龙岩、三明、南平分公司一把手签订2005年烟叶生产基础设施建设责任状。12月初，省公司领导到龙岩市长汀县，三明市宁化、建宁、泰宁、将乐、沙县等县烟区察看烟田基础设施建设工作及建设现场，并强调各地要抓紧施工进度，注重抓好工程质量。

是年，全省共有28个产烟县（市）280个乡（镇）开展烟基建设，完成烟田水利道路工程项目4312个，工程总造价24948.29万元，烟草投入补助金额24489.67万元，政府配套及农民投劳458.62万元。受益基本烟田面积59.45万亩，受益农户19.27万户。分项目建设情况是：水池6个，机井2个，水塘6个，水坝668座，电灌站69座，沟渠2225条，管网26个，田间道路879条（672.38千米），简易桥梁242座，防洪堤141条，河道清理8条（17.86千米），土壤改良40个。龙岩、三明、南平烟区分别实施烟田水利、道路建设项目 1557 个、1887 个、868 个。此项工作的完成受到当地政府和农民赞颂，有的项目建设完工后农民自发送来锦旗。

2006 年，省公司制定《福建省烟田基础设施建设项目竣工验收管理实施细则（试行）》，使烟基验收工作既把好工程质量，核实工程数量，确保资金，又便于操作。全省开展以烟田水利、道路为主的基础设施建设，通过改善烟田的基础设施，使水利排灌和田间道路更为顺畅，农业耕作、运输机械得到较好的使用，烟叶生产操作进一步简化。当年全省烟田基础设施项目工程总投入 30906 万元，烟草行业投入补贴资金 30157 万元；建设烟水配套工程项目 4470 个，受益农户 13.90 万户，受益基本烟田面积 34.48 万亩。分项目建设情况是：水池 1 个，机井 1 个，水塘 6 个，水坝 292 座，沟渠 2263 条（1624.47 千米），管网 23 个，提灌站工程 37 个，田间道路 718 条（535 千米），简易桥梁 190 座，河道清理 1 条，防洪堤 147 条（4.116 千米），土壤改良 791 个。

2007 年，省公司统一全省项目概（预）算编制办法及项目档案管理办法。各级烟草公司按照统一管理档案的原则，建立项目档案管理制度，确保档案资料的完整、准确、安全和有效利用。省公司编印《福建省烟叶生产基础设施建设规范文件汇编》，形成一套系统的烟基建设运作流程与制度规范，完善了项目的规划、立项、设计、报批、招投标、施工现场签证、验收程序、资金支付等环节的操作流程和工作规范，烟基建设管理更加规范有序。各地以行政村为单位，建设项目相对集中，重点更加突出。通过逐村逐片进行实地调查和勘测，科学规划、系统设计，使烟基建设与烟叶生产布局调整、烟叶轮作相结合，与社会主义新农村建设相结合。比如：2006 年烟草部门出资 366.58 万元对长汀县濯田镇千工陂水利设施进行全面大维修后，16 个行政村受益，解决长年水渠无力整修的难题。武夷山市烟草部门投入 267.9 万元，在武夷山市兴田镇南岸村兴建水利道路工程，项目建成后宜烟面积从原来的 900 多亩增加到 2000 亩，700 多亩的冷烂低产田改造成优质的宜烟耕地。

当年，全省共有 27 个县（市、区）291 个乡镇开展烟叶生产基础设施建设。完成烟田设施建设项目 5103 个，受益基本烟田面积 34.48 万亩，受益农户 12.82 万户。项目工程总造价 38321.74 万元，烟草行业补贴资金 37793.47 万元（其中：国家局补贴资金为 13963 万元、省内烟草行业补贴资金为 23830.47 万元），政府配套及农民投劳 528.27 万元。具体项目完成情况：水坝 244 座，提灌站工程 25 座，沟渠 2218 条（1502.9 千米），其中：主干渠 286 条（217.5 千米）、Ⅰ型支渠 1594 条（1071.5 千米）、Ⅱ型支渠 157 条（106 千米）、排洪渠 181 条（107.9 千米），管网 19 条（30.2 千米），防洪堤 135 处，河道清理 2 处，简易桥梁 237 座，田间道路 1195 条（909.7 千米）；土壤改良 1028 处（26.44 万亩）。

2008 年，全省完成烟田基础设建设项目 4676 个，项目工程总造价 45278.64 万元，其中烟草行业补贴资金为 43894.30 万元，政府配套及农民投劳 1384.34 万元，受益基本烟田面积 35.69 万亩，受益农户 12.80 万户。具体项目完成情况：水池 2 个（400 立方米），水塘 1 个（11157.7 立方米），水坝 229 座（25019.6 立方米），提灌站 14 座，沟渠 1797 条（1326.82 千米），其中：主干渠 147 条（121.61 千米）、Ⅰ型支渠 1461 条（1094.41 千米）、排洪渠 189 条（110.81 千米），管网 22 条（31.56 千米），防洪堤 120 处（44.79 千米），简易桥梁 232 座，田间道路 1429 条（1161.69 千米）；土壤改良 830 处（20.59 万亩）。其中龙岩完成 1288 个项目，总投入 12567.97 万元；三明完成 2054 个项目，总投入 18995.73 万元；南平完成 1334 个项目，总投入 13714.94 万元。当年，福建省加强烟田基础设施运行管护，对管护主题、管护责任，管护机制、管护经费、监督办法、监督责任提出具体要求。南平、三明、龙岩市政府先后出台加强烟叶生产基础设施建设工程管护工作的通知，落实管护经费来源。各地烟草部门分别制定相应的管护措施，使管护工作走向常规化。

二、收购站点

90 年代，烟叶产区的收购站点主要以烟草公司自建为主，也有部分是租赁房屋，烟叶产区县（市）烟草公司在烤烟主产乡（镇）规划建设烟叶收购站。收购网点的布局是：收购量在 1 万担以内的烟草站，以烟草站集中收购为主，不增设收购点。收购量在 2 万担以上的烟草站，每个站增设一个收购点，一个烟草站设点不超过两个。收购站点的设置执行申报、审批和发放烟叶收购许可证制度，由县烟草公司申报，市烟草分公司审核，省公司审批管理，对未经省局主管部门批准的烟叶收购站点进行关闭、取缔。1998 年龙岩产区设置 57 个烟叶收购站、131 个收购场点（其中 85 个固定收购点、46 个临时收购点）；三明产区设置 59 个烟叶收购站、143 个收购场点（其中固定收购点 79 个、临时收购点 64 个）；南平产区设置 10 个烟叶收购站，59 个收购点（其中固定收购点 17 个，临时收购点 42 个）。1999 年，省公司制定《福建省烟草基层烟叶收购站（点）建设管理办法》。

2000 年，根据国家局要把烟草站建成烟叶生产技术指导站，烟用物资供应站和烟叶收购的服务站要求，省公司下发《关于加强标准化烟草站建设的通知》，各产区着手进行基层收购站点改善工作，统一按标准化要求进行改建，统一烟草站的 VI 形象标识，标准化站布局做到工作区、仓储区、办公生活区三区分离，互不干扰；收购工作流程按省公司制定的流程示意图，收购工作区设立候烟检区、初检区、评级区、司磅区、结算室、烟农休息室等设施，并配备计算机，实行计算机收购管理。当年省公司对批准建设及改造的 24 个烟叶收购站共下拨建设补助资金 201.17 万元。

2001—2002 年，全省共设置 325 个烟叶收购站、点，其中龙岩 113 个，三明 129 个，南平 74 个，漳州、罗源 9 个。

2003—2004 年，全省推进烟草标准化烟草站建设，当年完成 17 个县（市）的 38 个烟草站的标准化建设，省公司共拨付补贴资金702.682万元，其中：龙岩15个烟草站，补贴253.294万元；三明12个烟草站，补贴229.388万元；南平11个烟草站，补贴220万元。改造后的标准化烟草站布局合理，环境舒适，并设有烟农休息区，提供茶水、防暑药品等服务。2004年，全省改造烟草收购站34个，三明对宁化、将乐、尤溪、永安、明溪、建宁等县10个收购站进行标准化改造；龙岩对上杭、连城、武平、长汀等县17个收购站进行标准化改造；南平对邵武、浦城、建阳、建瓯、光泽等县（市）7个收购站进行标准化改造，新建松溪郑墩、光泽止马、武夷山兴田等3个收购站。省公司共拨付给三个烟区标准化烟草站补助资金680万元。龙岩分公司用三年时间（2001—2004年）把全市54个烟草站全部建成标准化烟草站。当年，全省设275个烟叶收购站（点），其中：龙岩92个，三明121个，南平58个，漳州南靖4个。收购站点总面积为35.4万平方米，收购场面积为5.8万平方米，仓库面积为10.4万平方米，生活区面积为11.9万平方米。

2005年，全省加快推进烟草站标准化改造建设工作，下发《福建省烟草公司关于做好2005年度烟草站标准化改造工作的通知》，并对新建标准化烟草站每座补助50万元、标准化烟草站改造每座补助20万元，共投入标准化烟草站建设改造资金2910万元。当年全省设置276个烟叶收购站（点），三个产区进行烟叶编码收购试点工作，收购站（点）改造收购流程，按编码划分工作区域，设计流程和岗位，南平市在武夷山、松溪的收购站试点改造为编码收购站，龙岩市在永定县的湖雷站和长汀县的河田站进行编码收购流程改造，开展封闭式试点收购。

2006年，省局下发《福建省基层烟草站建设规范（试行）》，新建烟草站做到规划合理，功能完善，划分办公区、生活区和收购区。为便于编码收购运行，对收购场所进行流程优化，加快烟叶收购进度，提高工作效率，更好做到烟叶收购"公正、公平、公开、合理"，杜绝"人情烟、关系烟"现象。6月28日，在龙岩召开全省烟叶收购工作会议，讨论《烟叶编码收购操作规程》，对新建和改建的烟草站按编码收购模式执行。当年，全省设置收购站点274个，其中龙岩87个，三明115个，南平69个，南靖3个。实行编码收购站点88个。南平完成编码式收购站改造43个，编码式收购烟叶占总收购量的50％以上。龙岩有28个烟草站实行编码收购。

2007年，根据国家局"重心下移、着眼基层、突出服务，加强基础"的烟叶工作方针，省公司加强烟叶基层建设，提出标准化烟草站要"统一名称格式、统一功能设计、统一流程管理、统一外观标识"的要求，制定《烟叶工作站典型设计方案》、《烟叶工作站VI形象规范化设计》等管理规范，按照"功能齐全、流程优化、环境整洁、经济实用、管理科学"的要求，对生产规模与设站条件、建设征地面积、基本设施要求、辅助设施要求、外观VI标识等6个方面做出明确规定。各地本着宜改则改、宜建则建的原则，结合烟区布局搞好建设规划，开展基层站建设工作。当年全省设置269个收购站点，新建和改建烟草站22个，改建为编码收购流程的收购站有137个。

2008 年，省局（公司）对烟草站建设进行专题调研，查找建设中存在的问题和解决的办法。加强基层烟草站配套设施建设，统一规范烟草站点收购场所模式，提高其运行效率。新建烟草站按标准化要求，统一采用烟草行业 VI 标识，做到环境优美、规划合理。各地对烟草站的管理更为重视，管理水平也在逐渐提高。

表 1—4　　　　　**2008 年福建省烟叶收购站点分布一览表**

单位	收购站（点）名称		站点位置	收购区域
	站别	下设站（点）		
长汀县	馆前站	馆前站	馆前镇	馆前镇
		陈莲点	陈莲村	陈莲、东庄
	新桥站		新桥镇	新桥镇、庵杰乡
	童坊站	童坊站	童坊镇	童坊镇
		大埔点	大埔村	下坑、大埔、刘陈、彭坊、红明、龙坊、葛坪
	大同站	大同站	大同镇	大同乡
		东埔点	东埔村	李岭、翠丰、东埔
	策武站		策武乡	策武乡
	河田站	河田站	河田镇	河田镇
		刘源村	刘源镇	刘源、南山下、红中、迳背、芦竹、黄坑、车寮、半坑
	三洲站		三洲乡	三洲乡
	南山站	中复点	中复村	塘背、洋谢、官坊、五杭、长窠头、中复、蔡复、黄家庄、官坊农场
		南山站	南山村	南山镇
	涂坊站	涂坊站	涂坊镇	涂坊镇
		洋坑点	洋坑村	中华、元坑、罗屋岗、洋坑
	宣城站	宣城乡	宣城乡	宣城乡
	濯田站	濯田站	濯田镇	濯田镇
		水口点	水口村	腾背、连湖、陈屋、路潭、南安、水口、河东、刘坊、永巫、梅迳、长兰、上塘、美溪
	四都站	四都站	四都乡	四都乡
		红山点	红山乡	红山乡
	古城站	古城站	古城乡	古城乡
		南岩点	南岩村	南岩、元口、黄陂、丁黄、杨梅溪

续表 1—4

单位	收购站（点）名称		站点位置	收购区域
	站别	下设站（点）		
连城县	文亨站		文亨乡	文亨乡
	莒溪站		莒溪镇	莒溪乡
	朋口站		朋口镇	朋口镇
	宣和站		宣和乡	宣和乡
	北团站		北团镇	北团镇
	罗坊站		罗坊乡	罗坊乡
	四堡站		四堡乡	四堡乡
	文川收购点		流动点	塘前乡、揭乐乡、隔川乡、林坊乡
	姑田收购点		姑田镇	姑田镇
	新泉收购点		新泉镇	新泉镇、庙前镇
上杭县	庐丰烟草站	庐丰站	庐丰乡	庐丰乡
		横岗点	安 乡	横岗、黄坊、三坪
	兰溪烟草站	兰溪站	兰溪镇	兰溪镇
		黄潭点	黄潭村	黄潭、沈田
		太拔点	太拔村	太拔乡
	稔田站	稔田站	稔田镇	稔田乡
		官田点	官田村	官田、石牌、叶坑、南坑、蔡坑、大燕
	溪口站	溪口站	溪口乡	溪口乡
		茶地点	茶地乡	茶地乡
	蛟洋烟草站	蛟洋站	蛟洋乡	古田镇、文地、杨梅坑、桃源、崇头、坪埔、下道湖、蛟洋、梅坑
		丘坊点	丘坊村	丘坊、苏康、丰源、秋竹、小和、塘下、东乾、陈坊、达里、华家、贵竹、文都、中村、邹杭、坪上、再加、再兴
	白砂站	白砂站	白砂镇	白砂镇
		泮境点	泮境乡	泮境乡
	临城烟草站		临城镇	临城镇
	湖洋烟草站		湖洋乡	湖洋乡
	中都烟草站		中都镇	中都镇
	下都烟草站		下都乡	下都乡
	南阳站	南阳站	南阳镇	南阳镇、通贤乡
		旧县点	旧县乡	旧县乡、才溪乡
	官庄站	官庄站	官庄乡	官庄乡
		珊瑚点	珊瑚乡	珊瑚乡

续表1—4

单位	收购站(点)名称		站点位置	收购区域
	站别	下设站(点)		
武平县	武东站		武东乡	武东乡
	中堡站		中堡镇	中堡镇
	十方站		十方镇	十方镇、中赤乡
	岩前站		岩前镇	岩前镇
	象洞站		象洞乡	象洞乡
	永平站		永平乡	永平乡、桃溪镇、湘店乡、大禾乡
	东留站		东留乡	东留乡
	城关站		平川镇	城厢乡、平川镇、万安乡
	中山站		中山镇	中山镇、民主乡、下坝乡
永定县	虎岗站	虎岗站	虎岗乡	虎东村、虎北村、虎西村、城下村
		灌　洋	灌洋村	汉洋村、龙溪村
	高陂站		高陂镇	高陂镇
	培丰站	田　地	田地村	田地村
		文　馆	文馆村	坎市镇
	抚市站	抚市站	抚市镇	抚市镇
		龙　潭	龙潭镇	龙潭镇
	陈东站	陈东站	陈东乡	陈东乡
		岐　岭	岐岭乡	岐岭乡
		下　洋	下洋镇	下洋镇
		湖　山	象湖村	湖山乡
	湖坑站	大　溪	大溪乡	大溪乡
		湖坑站	湖坑乡	新街村、洪坑村、六联村、西片村
		奥　杳	奥杳村	吴屋村、山下村、奥杳村、楼下村
	古竹站		古竹乡	古竹乡、高头乡
	湖雷站		湖雷镇	湖雷镇
	堂堡站	汤　湖	汤湖村	汤湖片
		堂堡站	堂堡乡	堂堡乡、合溪乡
	城关站	城关站	城　关	城郊乡、西溪乡、金砂乡
		仙　师	仙师乡	仙师乡、峰市镇、洪山乡

续表 1—4

单位	收购站（点）名称		站点位置	收购区域
	站别	下设站（点）		
漳平市	赤水站		赤水镇	赤水镇
	双洋站		双洋镇	双洋镇
	新桥站		新桥镇	新桥镇
	灵地点		灵地村	灵地乡
	附城点		和平镇	南洋乡、象湖镇、溪南镇、拱桥乡、新罗区
宁化县	城郊站	城郊站	翠江镇小溪村	城郊乡、翠江镇
		旧墩点	城郊乡旧墩村二组	旧墩村、巫坊村、扬禾村、马元村
	城南站	城南乡横锁村街上	城南乡	城南乡
	石壁站	石壁站	石壁镇红旗村	石壁镇
		石碧点	石壁镇石碧村街上	石碧村、桃金村、江家村、拱桥村、陈塘村、三坑村、邓坊村、张家地村、江口村、南田村、江头村
	淮土站	淮土乡街上	淮土乡	淮土乡
	方田站	方田乡街上	方田乡	方田乡
	济村站	济村乡街上	济村乡	济村乡
	安乐站	安乐站	安乐乡街上	安乐乡
		丁坑口点	安乐乡	赖畲村、罗坊村、丁坑口村
	曹坊站	曹坊站	曹坊乡	曹坊乡
		滑石点	曹坊乡	滑石村、黄坊村
	治平站	治平乡街上	治平乡	治平乡
	湖村站	湖村站	湖村镇	湖村镇
		渔钦点	湖村镇	邓坊村、陈家村、凉农村
	泉上站	泉上站	泉上镇	泉上镇
		泉下点	泉上镇	泉正村、泉永村、黄新村、豪亨村、新军村
	中沙站		中沙乡	中沙乡
	水茜站	水茜站	水茜乡	水茜乡
		庙前点	水茜乡	儒地村、庙前村、邱山村、石寮村、杨城村
	河龙站		河龙乡	河龙乡
	安远站	安远站	安远乡	安远乡
		营上点	安远乡	硝坊村、营上村、马家村、割畲村、杜家村、井坑村

续表 1—4

单位	收购站（点）名称		站点位置	收购区域
	站别	下设站（点）		
清流县	东华站		东华乡	东华乡
	里田站		里田乡	里田乡
	长校站		长校镇	长校乡
	林畲站		林畲乡	林畲乡
	嵩溪站		嵩溪镇	嵩溪镇、余朋乡
	嵩口站		嵩口镇	嵩口镇
	邓家站		邓家乡	邓家乡
	灵地站		灵地镇	灵地乡
	李家站		李家乡	李家乡
	赖坊站		赖坊乡	赖坊乡
	田源点		田源乡	田源乡
	沙芜点		沙芜乡	沙芜乡
将乐县	城关站		将乐县水南二桥	古镛镇、水南镇、漠源乡
	光明站		光明乡光明村	光明乡
	高唐站		高唐镇高唐新街	高唐镇
	南口站		南口乡南口村	南口乡
	白莲站		白莲镇白莲村	白莲镇
	黄潭站		黄潭镇黄潭村	黄潭镇
	万全站		万全乡万全村	万全乡
	万安站		万安镇万安村	万安镇
	安仁站		安仁乡安仁街	安仁乡
	大源站		大源乡大源村	大源乡
	余坊站		余坊乡余坊村	余坊乡
泰宁县	下渠站		下渠乡	下渠乡
	杉城站		杉城镇	杉城镇
	开善站		开善乡	开善乡、大龙乡、官江村、江家岭村
	大布站	大布站	大布乡	大布村、显口村、善溪村、双坪村、里坑村、东坑村
		龙安点	大布乡龙安村	龙安、陈坑、焦溪、角溪、坪上、张地、李地村
	朱口站	朱口站	朱口镇	朱口镇
		龙湖点	朱口镇龙湖村	龙湖、凹头、黄厝、神下、渠高、南坑、洋发、官田、龙元村
	大田站		大田乡	大田乡
	新桥站		新桥乡	新桥乡
	上青站		上青乡	上青乡
	梅口站		梅口乡	梅口乡

续表 1—4

单位	收购站（点）名称		站点位置	收购区域
	站别	下设站（点）		
建宁县	客坊站		客坊乡客坊村	客坊乡
	黄埠站	黄埠站	黄埠乡黄埠村	黄埠乡
		贤河点	黄埠乡贤河村	贤河村、陈余村、桂阳村、大余村
	里心站		里心镇里心村	里心镇
	黄坊站		黄坊乡黄坊村	黄坊乡
	溪源站		溪源乡溪源村	溪源乡
	城郊站		建宁县濉城镇	溪口镇、金溪乡、濉城镇
	均口站		均口镇均口村	均口镇
	伊家站		伊家乡伊家村	伊家乡
沙县	夏茂点		夏茂镇	夏茂镇
	高桥点		高桥镇高桥	高桥镇
	富口点		富口镇富口粮站	富口镇
	琅口点		琅口乡粮站	虬江街道、高砂镇、大洛镇、南阳乡、南霞乡
永安市	槐南站		槐南乡街道	槐南乡
	青水站	青水站	青水乡街道	青水乡
		炉丘点	青水乡	炉丘村、新村、龙头村、早安村、三溪村
	西洋站		西洋镇街道	西洋镇
	洪田站		洪田镇街道	洪田镇
	小陶站	小陶站	小陶镇街道	小陶镇
		罗坊点	罗坊乡街道	罗坊村、左拔村、掩双村、吴坊村、半村
	安砂站		安砂镇	安砂镇
	城郊站	城郊站	曹远镇埔头	曹远镇、贡川镇、上坪乡
		大湖点	大湖镇街道	大湖镇
大田县	桃源站	桃源站	桃源镇街道	桃源镇、良种场
		东风点	东风农场	东风农场
	上京站		上京镇街道	上京镇
	太华站	太华站	太华镇街道	太华镇、建设镇
		奇韬点	奇韬镇街道	奇韬镇、文江乡
		梅山点	梅山乡街道	梅山乡
		广平点	广平镇铭溪村	广平镇
	石牌站	石牌站	石牌镇街道	石牌镇、均溪镇、吴山乡、湖美乡、华兴乡、大石分场
		武陵点	武陵乡街道	武陵乡

续表1—4

单位	收购站（点）名称		站点位置	收购区域
	站别	下设站（点）		
尤溪县	台溪站	台溪站	台溪乡清溪村	台溪乡
		台溪点	台溪乡洋头村小学	台溪村、洋头村、坑美村、陈坑村
	中仙站	中仙站	中仙乡西华村中仙	中仙乡
		竹峰点	中仙乡竹峰村村部	竹峰、剑溪、双溪、苏峰、长门、文井、岭下村
	新阳站	新阳站	新阳镇新阳	新阳镇
		双鲤点	新阳镇双鲤村	中心村、双鲤村
	坂面站		坂面乡	坂面乡
	管前站		管前镇	管前镇、八字桥乡
	汤川站		汤川乡	汤川乡、台溪乡山头村
	溪尾站		溪尾乡	溪尾乡、台溪乡安阳村
	洋中站		洋中镇龙洋村	洋中镇、西滨镇
	城郊站	下村点	城关镇下村	城关镇、梅仙镇、联合乡
		后洋点	西城镇后洋村	西城镇
三元区	岩前站	岩前站	岩前镇岩前村	岩前镇
		星桥点	岩前镇星桥村	星桥乡
	莘口点		莘口镇镇政府	莘口镇
	中村点		中村乡中村村	中村乡
	陈大点		陈大镇长溪村	陈大镇、洋溪乡
明溪县	城郊站		城关乡坪埠村	城关乡、瀚仙镇
	沙溪站		沙溪乡沙溪村	沙溪乡
	夏阳站		夏阳乡夏阳村	夏阳乡
	胡坊站		胡坊镇胡坊村	胡坊镇
	盖洋站	盖洋站	盖洋镇盖洋村	盖洋镇
		大陂点	盖洋镇湾内村	湾内、姜坊、常坪、白岚、衢地、白叶、温庄村
	夏坊站		夏坊乡夏坊村	夏坊乡
	枫溪站		枫溪乡枫溪村	枫溪乡
光泽县	李坊站		李坊乡	李坊乡
	止马站		止马镇	止马镇

续表1—4

单位	收购站（点）名称		站点位置	收购区域
	站别	下设站（点）		
光泽县	华桥站		华侨乡华桥村	华桥乡
	鸾凤站		光泽武林路	鸾凤乡
	崇仁站		崇仁乡	崇仁乡
	寨里站		寨里镇	寨里镇
	司前站		司前乡	司前乡
邵武市	肖家坊站		肖家坊	肖家坊镇
	和平站		和平镇	和平镇
	大埠岗站		大埠岗	大埠岗镇
	城郊站		城郊镇	城郊镇
	沿山站	沿山站	沿山镇	沿山镇
		百樵点	百樵村部	红路村、百樵村、上樵村、下樵村、里居村
	大竹烟草站		大竹镇	大竹镇
	水北烟草站		水北镇	水北镇、下沙镇
	吴家塘烟草站		吴家塘	吴家塘镇
	拿口烟草站		拿口镇	拿口镇
	卫闽烟草站		卫闽镇	卫闽镇
	洪墩烟草站		洪墩镇	洪墩镇、张厝乡
	金坑烟草站		金坑乡	金坑乡
	桂林烟草站		桂林乡	桂林乡
顺昌县	郑坊点		郑坊乡	郑坊乡
	埔上点		埔上镇	埔上镇
	际会点		际会乡	际会乡
	仁寿点		仁寿镇	仁寿镇
武夷山市	兴田站	兴田站	兴田镇黄土村	兴田镇
		汀浒点	兴田镇汀浒村	虹桥村、汀前村、汀浒村、双西村
	五夫站		五夫镇	五夫镇
	星村站		星村镇	星村镇
	武夷站		武夷街道	武夷街道、新丰街道、崇安街道、洋庄乡
	上梅站		上梅乡	上梅乡
	吴屯站	吴屯站	吴屯乡	吴屯乡
		岚谷点	岚谷乡	岚谷乡

续表1—4

单位	收购站（点）名称		站点位置	收购区域
	站别	下设站（点）		
建阳市	麻沙站	麻沙站	麻沙镇	麻沙镇
		书坊点	书坊乡	书坊乡
	莒口站		莒口镇	莒口镇
	将口站		将口镇	将口镇
	崇雒站		崇雒乡	崇雒乡
	回龙站		回龙镇	回龙、水吉镇
	漳墩站		漳墩镇	漳墩镇
	小湖站		小湖镇	小湖镇
	童游站		童游镇	童游、徐市镇
建瓯市	东游站		东游镇	东游镇、顺阳乡、东峰镇
	水源站		水源乡	水源乡
	川石站		川石乡	川石乡
	玉山站		流动点	玉山镇、小桥镇、房道镇、小松镇
浦城县	水北街站		水北街	水北街镇
	富岭站		富岭镇	富岭镇
	仙阳站		仙阳镇	仙阳镇
	管厝站		管厝乡	管厝乡
	忠信站		忠信镇	忠信镇
	永兴站		永兴镇	永兴镇
	临江站		临江镇	临江镇
	石陂站		石陂镇	石陂镇
松溪县	溪东站		溪东乡	溪东乡
	渭田站		渭田镇	渭田镇
	旧县站		旧县乡	旧县乡
	城关站		原复烤厂	河东乡、松源镇、茶平乡
	郑墩站		郑墩镇	郑墩镇
	花桥站		花桥乡	花桥乡
	祖墩站		祖墩乡	祖墩乡
政和县	东平站		东平镇	东平镇
	石屯站		石屯镇	石屯镇、星溪乡、稻香茶场
	城区站		城关镇	铁山镇、岭腰乡、杨源乡、镇前镇（20个村）

续表1—4

单位	收购站（点）名称		站点位置	收购区域
	站别	下设站（点）		
延平区	巨口站		巨口乡	巨口乡
	赤门站	赤门站	赤门乡	赤门乡
		洋后点	洋后乡	洋后乡
	王台站		王台镇	王台镇
	塔前站		炉下镇	塔前镇、炉下镇

三、烤 房

（一）普通烤房

20世纪90年代，受当时烤房建造水平所限，所用烤房存在耗煤量大，结构不合理，温湿度不均匀，排湿性能差，烘烤操作费工费力等问题。因此各产区技术人员和烟农不断探索烤房改造方案，研究改进加热系统、排湿系统，烤房改造先后经历了火管排列平走式、下扎式，热风洞，一次性加煤烤房，MY双炉烤房，热风循环烤房等过程。

1993年冬，三明烟草分公司邀请全国烟草烘烤专家到三明烟区会诊小烤房，召开"烤房与烘烤"研讨会。当年提出小烤房改造方案，加热系统：炉膛长方形改为腰鼓形，火管安装由平走式、跨越式改下扎式，分火管由砖砌改为火管，烟囱下设沉灰池和火力调节板并伸出屋面50厘米。排湿系统：热风洞改成风槽式风洞，顶层档梁距排气窗小于50厘米的天窗改成"梅花形"，顶层档梁距离排气窗小于80厘米的改为80厘米。保温系统：墙体有裂缝或漏洞的进行内外墙粉刷，门有裂缝的内包一层塑料纸或改双层门，天花板上用砂浆加厚5厘米。挂烟系统：底层档梁距过桥砖小于180厘米的改成200厘米，层距小于65厘米的改成75～80厘米，墙边档梁贴紧墙体。观察系统：矫正观察窗位置，尤其是温度计位置统一放置第二层中间档梁下方。

1994年，全省普遍进行冷风洞改热风洞，天花板翻盖加厚，火管改为下扎式（倒虹吸式）等改造，提高烤房热效率，节能效果明显。三明烟区全市共改造小烤房3406座。1995年，全省各烟区拥有普通烤房16万座左右，基本为家庭式小烤房，适应烟叶生产规模和种植水平。龙岩分公司引进蜂窝煤一次性加煤烘烤技术，在漳平赤水乡进行一次性加煤烤房改造示范；三明烟区也进行以蜂窝煤为燃料的"MY双炉烤房"改造示范，均取得成功。由原烧散煤改为烧蜂窝煤，操作方便，减轻烘烤工作量。

1996年，省公司印发《福建省烤房结构和烘烤技术模式》，针对全省烤房多为烟叶生产大上规模时兴建，存在着把关不严，标准不同，安装不到位等问题，提出烤房标准化建设意见，按不同烟区，采用分类改造，总的原则是：龙岩烟区以"一次性蜂窝煤炉膛，连通式火管，非字形风道，屋脊式长天窗"为主；三明、南平烟区以"双炉膛蜂窝煤烤房，下扎式火管，风槽风洞，屋脊式天窗"为主。是年龙岩烟区推广一次性加煤烤房 3800 座；三明烟区示范改造 300 座旧烤房为 MY 双炉烤房，作为全区推广的样板。

　　1997 年，省公司在福建省烟科所、永定烟草试验站和 12 个县公司进行蜂窝煤烤房示范，实践结果：蜂窝煤烤房具有操作简易、省工节煤、提高烟质、利于保护生态环境等优点，各项性能指标优于普通烤房。省公司下拨 23 万元补助每个示范单位 1.5 万元。是年全省烟区对烤房主要进行 6 个方面的技改：改炉旁、炉尾、炉底热风洞为风槽式热风洞；改平走式、跨越式火管为下扎式火管，并提高烟窗高度；改天花板排湿为屋脊长天窗排湿；改四层档梁为五层档梁；改屋面板为天花板粉刷，墙体密封；条件成熟的炉膛改为 MY 双炉烤房或一次性加煤烤房。省公司组织在漳平、上杭、泰宁等地进行热风循环烤房试验。在原有普通双炉（或单炉）烤房的基础上，通过热风槽增置热风循环管道，配制定时调速风机，强制烤房内气流循环流动，实现合理利用热能；在热风循环管道中设置上、下及进出风调节板，运用三个调节板根据需要调整为内循环、半内（外）循环、自然循环、循环风机排湿、自然排湿等工艺模式。实践结果：热风循环烤房与原有自然通风气流上升式烤房相比，明显改善烤房的通风状况，平衡烤房内部各位置的温湿度，减少局部烤坏烟的问题，烤出的烟叶颜色色泽鲜亮，具有明显的增质、节能和省工的效果。热风循环烤房还可以用于烟叶烤后快速回潮处理。

　　1998 年，为扩大推广热风循环烤房，省公司对每座热风循环烤房改造补助 300 元。

　　1999 年，在全面推广蜂窝煤烤房基础上，加快热风循环烤房推广步伐，全省改造热风循环烤房 7513 座。当年调查，热风循环烤房烘烤的烟叶比普通烤房上等烟比例提高 5～15 个百分点，平均每亩产值提高 100 元左右。

　　2000 年，全省新建的烤房均按标准化要求建造，并推进烤房改造，主要是热风循环烤房改造，全省完成标准化烤房改造 5.2 万座，其中热风循环烤房 5.1 万座。将乐县投入 60 多万元，改造双炉热风循环烤房 3050 座；宁化县投入 280 多万元改造双炉热风循环烤房 12000 座。长汀县共有 7600 座热风循环烤房投入使用。

　　2001 年，南平烟区新建热风循环烤房 3865 座，旧烤房改造 2422 座。

　　2003 年，全省热风循环烤房改造基本完成。据统计全省普通烤房 12.75 万座。此后，各产区着力在烤房的性能上加以完善，推广烤房墙体粉刷、双层门、炉门、排湿系统改造，如泰宁、武夷山等地专门组织木工队和水泥队进行现场改造。示范推广数字温度计，具有温、湿度显示灵敏、读数准确和便于观察等特点。试验小烤房自控烘烤技术，开展半密集式烤房烘烤试验工作。

　　2004 年以后，随着烤烟集约化规模经营的扩大，普通烤房容量小、架层高、装卸烟费劲，而且烘烤过程费工、费煤。为此，全省各烟区不再建设及改造普通型烤房，烤房建设转向推广建设密集式烤房为主。

（二）密集式烤房

1999年，三明分公司在明溪建设"金三明"烟叶高新技术园区，园区烤房建设从北京普照机电公司、河南平顶山金果实公司引进20台密集式烤机，并对其供热系统进行改造（由燃油改成燃煤）。经过2年的试验示范，烤机在集约化烘烤方面具有较强的优势。烘烤容量大，每座烤机可烘烤大田烟叶20亩，是传统烤房的4～5倍；集约化程度高，烤机烟叶装卸方便，劳动力集中，采取电脑智能控制，20台烤机只需要10个技术员进行操作管理，劳动效率可提高10倍以上；烤机性能稳定，温、湿度控制灵敏，烤出烟叶颜色鲜亮，上等烟比例较高，香气量足、质好。但成本较高，当时尚未推广。

21世纪初，集约化烤房在福建烟区逐步形成。2002年底，省公司组织技术人员到安徽考察学习密集式烤房建造与烘烤技术，借鉴广东、安徽的做法，并总结多年研究试验成果，提出适合福建烟区实际的密集式烤房建造模式，并在宁化县建成两座进行试验，取得成功。密集式烤房根据密集烘烤原理而设计的烟叶烘烤加工设备，在较高的装烟密度下，通过强制通风，加热室的热空气在机械动力（风机）的作用下，均匀地加热烟叶并带走水分的不断加热干燥的循环过程，密集式烤房分为气流上升式和气流下降式两种类型。

2003年，省公司下发《关于做好密集式烤房示范推广工作的通知》，并在龙岩烟科所、宁化、上杭、将乐、邵武、松溪等县示范建造14座密集式烤房烘烤，均取得成功。12月9日，全省在宁化举办密集式烤房建造与烘烤技术培训。

2004年，全省新建密集式烤房281座，其中：三明67座，龙岩138座，南平76座。省公司对新建密集式烤房每座补助5000元，共投入140.5万元。广大烟农和技术人员，在建造和使用过程中也对一些技术提出改进意见。密集式烤房基本特征是装烟密度大（为普通烤房装烟密度的2～3倍）、强制通风、热风循环、温湿度控制。每座烤房可烘烤大田烟叶15～20亩左右，适应规模生产，烘烤操作简便，装烟、出烟方便，升温、排湿容易调节，烤出烟叶优于普通烤房；在耗煤方面比普通烤房减少10％～20％，节省烘烤成本。

2005年，全省加快密集式烤房推广建设，省公司下发《关于做好密集式烤房推广工作的通知》，并制定《福建省密集式烤房建造技术规范（试行）》。各产区指派熟悉烤房与烘烤的技术人员负责密集式烤房建造工作，做到"统一建造规格、统一技术规范、统一质量标准、统一验收办法"，保证每座密集式烤房建造合格。由于密集式烤房建造成本较高，全省建造形式实行烟农自建，烟草部门补贴，产权归烟农的原则。由烟农提出申请，县级烟草公司审批后与烟农签订《密集式烤房项目补贴合同》。密集式烤房建好后，实行统一编号，并在烤房装烟室的侧墙醒目位置上用油漆标出。资金补贴标准：以现金和提供烤房设备相结合的办法，经验收合格，每座烤房国家局补贴5000元，省公司补助5000元，分公司、县公司配套补贴5000元。当地政府也实行无偿提供土地、优先审批等措施鼓励烟农建设密集式烤房。全省各地烟农纷纷规划申请建设密集式烤房。当年，全省密集式烤房建设投入资金21764.21万元，其中烟草行业补助金额15306.27万元，政府配套及农民投劳6457.94万元，新建密集式烤房 9320 座，其中，龙岩烟区 2852 座，三明烟区 4084 座，南平烟区 2345 座，漳州南靖县 39 座。

2006 年，全省各产区在密集式烤房建造过程中，对密集式烤房的某些技术环节进行改进，采用 4/6 极双速电机，每烤可省电 50～100 度；改进炉膛和散热管结构，每烤节省 200～300 个煤球，省工 4～5 天。龙岩市把炉膛的散热管改为耐火材料；宁化县把散热管材料由铁管改为陶管，解决铁管生锈难题，每座成本降低 2000 多元。龙岩烟区探讨实践普通烤房改为密集式烤房，利用密集式烤房技术原理，将加热室外置，采用耐火替代材料，对普通烤房进行改造。当年全省共投入密集式烤房建设资金 23044 万元，其中烟草行业补助资金 15808 万元，新建密集式烤房 9043 座，普改密 3020 座；其中龙岩新建 553 座、普改密 2960 座，三明新建 5743 座，南平新建 2747 座、普改密 60 座。密集式烤房的推广，降低烟叶烘烤的劳动强度，提高烟叶质量，降低能耗。

2007 年，全省扩大建密集式烤房建设，全省共投入资金 46003.3 万元，其中烟草行业补助资金 35902.87 万元，政府配套及农民投劳 10100.43 万元，新建密集式烤房 17255 座，改建密集式烤房 2288 座。其中龙岩新建 3387 座、改建 1464 座，三明新建 7439 座，南平新建 6429 座、改建 824 座。

2008 年，省公司多次召开密集式烤房建设研讨会和座谈会，总结经验，分析问题，完善技术。各地开展烤房技术改造研究，改进烤房设备结构设计。三明采用风机、电机一体化设计，用钢管替代一号陶制散热管；龙岩用铸铁炉盖取代耐火材料炉盖，增加换热器的散热面积，改变散热器走火流程。省公司对密集式烤房建设进行整体规划，要求与基本烟田规划相匹配，与适度规模种植相匹配，做到适度集中、长期使用的原则。由于烤房性能较优越，减轻劳动强度，提高烟叶烘烤质量，适应适度规模生产，特别是烟草部门给予补贴，烟农建设积极性较高，福建成为全国密集式烤房建设最快的烟区。当年全省共投入资金 22856.07 万元，其中烟草行业补助资金 17841.1 万元，政府配套及农民投劳 5014.97 万元，新建和改建密集式烤房 9087 座（新建 8473 座，改建 614 座），其中龙岩新建 2608 座，三明新建 2847 座，南平新建 3018 座、改建 614 座。

四、烟叶复烤

90 年代以前，烟叶复烤均采用挂杆复烤，全省在主要产区县建有复烤厂。烟叶经复烤加工以后，水分降到 11.5%～13.5%，以适合烟叶长期贮存，醇化和人工发酵。由于挂杆复烤对复烤烟叶的水分控制不均匀，而且挂杆复烤后工业使用时还需进行打叶加工，为了使烟叶质量更趋于规范化，有利于卷烟工业配方使用，国家局提出烟叶复烤由挂杆复烤转为打叶复烤。2002 年以后，福建省逐步关闭挂杆复烤企业，全面实行烟叶打叶复烤。

（一）挂杆复烤

90 年代，烟叶的复烤均采用挂杆复烤生产。1992 年，省公司经国家局批准列入定点烟叶复烤企业的有8家（永定复烤厂、上杭复烤厂、龙岩复烤厂、宁化复烤厂、清流复烤厂、明溪复烤厂、三明复烤厂、漳浦复烤厂）。1994年，平和、云霄复烤厂停产，全省有19家复烤企业23条挂杆复烤生产线。1997年，长汀、邵武、尤溪、永安、大田、武平、漳平、连城、松溪、罗源等10家复烤厂统一补办生产许可证，漳州南靖复烤厂尚未补办生产许可证。这期间的复烤设备是挂杆式蒸汽复烤机，配备锅炉、液压打包机。2001年，龙岩新罗区烟叶复烤厂上划龙岩烟草分公司。2002年，国家局连续下发《国家烟草专卖局关于对已关停的挂杆复烤企业进行检查验收的通知》、《国家烟草专卖局关于印发〈挂杆复烤企业关于关停验收办法〉的通知》、《国家烟草专卖局关于挂杆复烤厂关闭后资产处置问题的通知》等文件，省公司据此下发《福建省烟草公司关于做好挂杆复烤企业关停申报的通知》，并成立"福建省烟叶挂杆复烤企业关停验收工作领导小组"，各产区也成立专门工作领导小组，全省烟区开始关闭挂杆复烤厂，并做好关停的挂杆复烤企业申报工作，国家局拨出专项资金对关停挂杆复烤企业给予适当补贴。当年推行"原烟交接、委托加工"，并加快打叶复烤企业建设和改制工作。2003年，省公司下发《关于对全省已关闭的挂杆复烤企事业进行验收的紧急通知》，2月底，验收完成已经关闭挂杆复烤厂16家，并通过国家局验收。分别是：云霄县烟叶复烤厂，平和县烟叶复烤厂，漳浦县烟叶复烤厂，南靖县烟叶复烤厂，漳平市烟叶复烤厂，新罗区烟叶复烤厂，永定县烟叶复烤厂，武平县烟叶复烤厂，上杭县烟叶复烤厂，连城县烟叶复烤厂，明溪县烟叶复烤厂，三明市烟叶复烤厂，大田县烟草公司烤烟厂，尤溪金叶发展有限公司，清流县烟叶复烤厂，松溪烟叶复烤厂。2004年又关闭剩余的5家挂杆复烤厂，分别是：宁化、永安、长汀、邵武、罗源。是年，福建省已全部完成挂杆复烤企业关闭工作，复烤机械全部拆除、拍卖，并通过国家局验收小组验收。

表1—5 　　　　　　　　　　**福建省烟叶挂杆复烤厂关停情况表**

厂名	所在地	复烤生产线	挂杆复烤能力（万担）	1997年加工计划（吨）	类型（土、机烤）	关闭时间
永定县烟叶复烤厂	永定坎市庵排	1	21.6	7000	机烤	2003年
上杭县烟叶复烤厂	上杭城东丁家山	1	21.6	9000	机烤1991年增加出口加工线	2003年
新罗区浮蔡复烤厂	龙岩曹溪镇浮蔡	1	8	2095	机烤	2001年改制，2003年关闭
武平县烟叶复烤厂	武平十方镇	1	5	3340	机烤	2003年
长汀县烟叶复烤厂	长汀河田镇朱溪村	1	15	8355	机烤	2004年

续表 1—5

厂名	所在地	复烤生产线	挂杆复烤能力（万担）	1997年加工计划（吨）	类型（土、机烤）	关闭时间
连城县烟叶复烤厂	连城文亨班竹	1	10	2820	机烤	2003年
漳平市烟叶复烤厂	漳平城关	1	10	2830	机烤	2003年
宁化县烟叶复烤厂	宁化城关	3	30	16765	机烤1991年增加两条生产线	2004年
清流县烟叶复烤厂	清流龙津镇城西路	1	10	6530	机烤	2000年停产
永安市烟叶复烤厂	永安市永浆	1	4	3965	机烤设备由泰宁转来	2000年停产2004年关闭
大田县烟草公司烤烟厂	城关白央山北路	1	10	3700	机烤	2000年停产
尤溪金叶发展有限公司	尤溪通演村	1	16	6330	机烤	2003年
明溪县烟叶复烤厂	城关乡张坪埠村	1	10	5350	机烤	2000年停产
泰宁县烟叶复烤厂	泰宁城关				机烤（未投产）	2000年
三明市烟叶复烤厂	三明三元区	3	20	14000	机烤1991年增加出口加工线	2001年改制
邵武市烟叶复烤厂	邵武市东环路	1	10	5400	机烤	2001年改制
松溪烟叶复烤厂	松溪县工业路	2	20	6950	机烤	2003年
罗源县烟叶复烤厂	罗源城关三道南侧	1	0.3	455	土烤1992年改为机烤	2004年
宁德地区烟叶复烤厂	宁德城关	1	—	—	土烤	1998年
南靖县烟叶复烤厂	南靖山城镇荆江路	1	3	750	土烤（1989年从靖城迁往山城）	2002年
漳浦县烟叶复烤厂	漳浦绥安镇	1	10	475	土烤1991年改为机烤	2002年停产关闭

续表1—5

厂名	所在地	复烤生产线	挂杆复烤能力（万担）	1997年加工计划（吨）	类型（土、机烤）	关闭时间
平和县烟叶复烤厂	平和小溪镇	3	15	0	土烤	1994年停产2002年关闭
云霄县烟叶复烤厂	云霄九尾	2	15	0	土烤1979年改为机烤	1994年停产1998年关闭

备注：1. 挂杆复烤厂关停时设备进行销毁处理。

2. 邵武烟叶复烤厂于2002年1月撤销，厂内所有固定资产及办公用品以实物形式评估后投资福建武夷烟叶发展有限公司。

3. 浮蔡（新罗区）复烤厂2001年改制为"福建省龙岩闽特烟叶复烤有限责任公司"，2003年该公司关闭。

（二）打叶复烤

1995年，龙岩卷烟厂打叶复烤车间建成投产，拥有一条年打叶复烤能力30万担的生产线。2000年，国家局提出推行"原烟交接、委托加工"，并对全国打叶复烤企业实施改革与资源重组，要求卷烟工业企业所属的打叶复烤车间与卷烟厂脱钩，实行自主经营、自负盈亏、自我发展。根据国家局的部署，省公司据此开始进行打叶复烤项目筹备工作。2003年，完成龙岩卷烟厂打叶复烤分厂的改制，成立福建省龙岩金叶复烤有限责任公司；福建武夷烟叶有限公司打叶复烤工程基本建成，进行调试；福建省三明金叶复烤有限公司完成技术改造；福建省形成了以三家打叶复烤企业为龙头的烟叶产业格局。到2004年，全省烟叶销售方式全部实行烟草公司与卷烟厂按原烟交接验收结算，由卷烟厂委托复烤加工企业进行打叶复烤。此后至2008年，三家烟叶复烤企业均接收卷烟工业企业委托打叶复烤加工业务。

附录：打叶复烤企业简介

福建省三明金叶复烤有限公司 公司位于三明市三元区沙洲路，厂区占地面积112亩。公司前身为原三明市烟叶复烤厂。1988年4月，三明市机砖厂划归三明烟草分公司。1989年2月，机砖厂改为三明市烟叶复烤厂。1991年，机砖厂停止生产，全面转向烟叶复烤。有DK86-31型复烤机三台及相应的配套设备，人工抽梗生产流水线一条。1998年，经国家局、省局和省经贸委批准立项，由省公司、三明分公司、厦门卷烟厂共出资1.85亿元，以股份制形式投资建设打叶复烤项目，1998年9月18日，正式注册成立福建省三明金叶复烤有限公司。经营范围：烟叶收购、打叶复烤加工、调拨销售等。1999年，拆除了原三明复烤厂设备，建设打叶复烤车间、成品库。打叶复烤项目总投资3.2亿元，配套新建仓库

22000 平方米。建有两条不同配置的打叶复烤生产线，设计年打叶加工能力 60 万担，单线每小时加工烟叶 120 担，每月加工能力 18 万担，采用国内消化吸收的美国 MacTavish 技术、Fishburn 技术以及美国 Proctor 与意大利 Garbuio 技术相结合的设备，配备物料水分、叶片结构、箱内密度偏差、烟叶理化分析等精密检测设备，2000 年 6 月投产。2001 年公司注册资本变更为 10000 万元，其中：省公司出资 1200 万元，占股本 12%；厦门卷烟厂出资 2000 万元，占股本 20%；三明分公司出资 6800 万元，占股本 68%。并对董事会进行调整。2002 年 6 月，公司进行资产重组并调整股权结构，注册资本为人民币 5000 万元。其中：三明分公司出资 65%，占 3250 万股；省公司出资 30%，占 1500 万股；厦门卷烟厂出资 2.5%，占 125 万股；龙岩卷烟厂出资 2.5%，占 125 万股。2003 年，公司进行技术改造，烟叶加工质量提高，加工能力增强。2004 年，通过了上海烟草（集团）公司与江苏中烟工业公司严格的资质认证，并被两公司确定为"片烟加工定点单位"。2001—2005 年，共加工烟叶 411 万担，产出成品片烟 274.2 万担。2005 年，与上海、昆明、武汉、徐州、南京、淮阴、厦门、宁波、长沙、合肥、芜湖、南昌等国内 30 多家卷烟工业企业建立打叶加工业务关系，打叶复烤加工烟叶 86.6 万担，成品合格率 100%。是年，公司设六个职能部门：综合部、财务部、原料部、生产部、质管部、经营部。有正式员工 170 人，其中大专以上学历员工 70 人，各类专业技术人员 61 人，通过技能鉴定的技术工人 69 人。2006 年，共加工烟叶 86.35 万担。2007 年，共打叶复烤加工烟叶 89.59 万担。2008 年，共加工烟叶 92.74 万担，成品合格率 100%，加工费收入 7998 万元，利润 2914 万元，税利 4297 万元。

福建省龙岩金叶复烤有限责任公司 公司位于龙岩市永定县坎市镇，厂区占地面积 110 亩。公司改制前为龙岩卷烟厂打叶复烤分厂。1995 年建成投产，建设一条年打叶复烤能力 15000 吨的仿科马斯生产线，主机设备从秦皇岛烟机设备厂引进。是年，与郑州烟草研究院合作开展《打叶复烤工艺参数优化》科研项目，获国家烟草专卖局科技成果奖。1997 年，改为龙岩卷烟厂打叶复烤分厂，属于非独立核算车间制。1999 年，增加一条生产线，设备采用昆明船舶设备集团公司 KG242 型叶片复烤机，120 担/小时，年打叶复烤生产能力 30 万担，两条生产线的打叶复烤能力达到 60 万担。1995—2002 年，主要生产加工本厂的烟叶，也加工上海、宁波、滁州、广州等烟厂的烟叶。2003 年，经国家局、省局批准，龙岩卷烟厂打叶复烤分厂进行改制，组建福建省龙岩金叶复烤有限责任公司，公司注册资金 5000 万元。股份比例为：省公司持 25% 股份，龙岩卷烟厂持 50% 股份，厦门卷烟厂持 5% 股份，龙岩烟草分公司持 20% 股份。2004 年，工商分设后划归福建省中烟工业公司，公司实行董事会领导下的总经理负责制，公司设有综合部、生产部、业务部、工艺质管部、财审部 5 个部门，公司固定资产总额 2.27 亿元。2004—2005 年，公司投入 4300 万元进行设备技改，主机设备采用北京长征高科技公司节能型马克技术打叶机组、光电除杂系统，昆明船舶设备集团公司的 KG242 改进型叶片复烤机，昆明风动实业公司风力除杂系统及 KY16ALY 预压打包机。通过技改，拥有 120 担/小时的仿 MacTavish 线、仿科马斯线各一条，年打叶加工能力 80 万担。配套 4 幢烟叶仓库，面积 5.4 万平方米，烟叶清选房 5000 平方米。配备在线微波水分仪，叶片复烤机出口使用德国 MW3260 在线微波水分仪，成品片烟使用以色列 MMA－4020 在线烟包微波水分仪，可从 9 个截面检测片烟水分，对箱装片烟水分进行在线预检；实验室全套引进美国 MacTavish 公司的叶片结构、水分检测设备；配备有片烟密度检测装置，荷兰 SKALAR 公司新型化学分析仪可提供烟叶理化各项指标检测。2004 年，福建中烟确定为原料精加工基地，并通过 ISO9001：2000 质量体系认证。2003 年改制后，公司除了加工龙岩、厦门烟厂的烟叶外，还发展对外加工业务，与上海烟草集团、玉溪红塔集团、武汉烟草集团、宁波卷烟厂、哈尔滨卷烟厂、广东卷烟总厂、长沙卷烟厂、呼和浩特卷烟厂、福建进出口公司等 10 多家国内知名的卷烟企业集团，建立了紧密的业务合作关系，2003—2005 年，累计打叶加工烟叶 243 万担。2005 年，各股东委派的正式员工共计 261 人（其中龙岩卷烟厂 236 人，龙岩烟草分公司 23 人，厦门卷烟厂 2人），生产加工季节雇用临时工人 800 多人。2006 年，征地 66.9 亩，用于扩建仓库、冷冻仓库、办公楼等。

福建武夷烟叶有限公司　公司位于南平邵武市熙春东路 400 号，占地 124 亩（原邵武挂杆复烤厂占地 26 亩，新征地 98 亩）。经国家局批准，由中国烟叶生产购销公司、中国烟草进出口（集团）公司、省公司、中国烟草福建进出口有限责任公司、南平分公司等烟草企业共同出资组成，于 2000 年 12 月 26 日注册成立，注册资金 13875 万元。2001 年 6 月 25 日正式挂牌运营，主要经营烟叶生产、收购、加工、调拨等业务，设人事部、财务部、生产部、质检部、物流管理部、计划供应部等 6 个部门。2002—2003 年，投资 1.46 亿元进行打叶复烤技术改造，建成一条年处理原烟 30 万担打叶复烤生产线。采用仿国外先进技术的国产打叶复烤设备，真空回潮机采用巩义建设机械设备有限公司的设备，打叶线采用北京长征高科技公司的设备，复烤线采用昆明船舶设备集团公司的设备、预压打包采用昆明市风动实业公司的设备。投入 550 万元人民币购置了一台美国产 TS480111 光电除杂机，可将麻绳子、纸片、鸡毛、橡胶、霉变烟叶等杂物轻易剔除，剔除率高达 80％以上，产品制造工艺和装备自动化程度高，达到了国内先进水平。2003—2005 年，共销售原烟 135 万担，为兰州、青州、新郑、长沙、宁波、郑州、宝鸡、南京、延吉、南昌、杭州、黄山、红河、青岛、济南、石家庄、许昌、新疆、厦门、龙岩卷烟厂，福建进出口公司及国外南洋、泰国烟草公司等国内外 20 多家单位复烤加工烟叶，累计 83 万担。2003 年，试打叶 10 万担。是年，召开第三次股东会议，吸纳浙江省烟叶物资公司成为新股东，并重新确认各股东的投资金额及股本比例。2004 年，更名为福建武夷烟叶有限公司。2005 年，又对打叶复烤生产线预处理段、打叶段的部分设备进行技术改造，将原加工能力 120 担/小时扩大为 160 担/小时。建立了 ISO9000 质量管理体系，产品质量和服务水平提高。是年，有正式员工 57 人，聘用工 78 人，生产加工季节雇用临时工人 1056 人。2006 年 4 月，公司烟叶经营调拨业务划归南平市烟草公司经营管理，专营打叶复烤加工业务。2007 年，打叶复烤烟叶 48.57 万担（其中出口备货 6.4 万担），片烟质量跃居全国前列。2008 年，同 13 家工业企业签订打叶加工合同 63.53 万担，为美国菲莫公司打叶加工 1.5 万担，为南洋兄弟烟草公司、印尼盐仓烟草公司打叶加工 5 万担。

第三节　优质烟基地建设

一、与国外合作项目基地

1996 年以来，根据国家局的安排，福建省先后与美国菲利普莫里斯（中国）集团公司和美国环球烟叶有限公司合作，开发生产国际型优质烟叶。

（一）中美（菲莫）合作项目基地

1996 年，中国烟草总公司与美国菲利普莫里斯（中国）集团公司（简称菲莫公司）开展优质烟生产技术合作，在全国 5 个省建立烤烟、白肋烟、香料烟合作基地，福建省南平市邵武为全国烤烟合作试点之一，当年试点作为辅点，翌年转为正点。基地安排在南平邵武市大埠岗镇河源、竹源两个村，烟区为丘陵梯田，排灌方便，土壤质地以壤土为主，耕层厚度 18～20 厘米，当年土壤化验，pH 值：4.7～4.9，有机质：37.98g/kg，速效 N：22.52mg/kg，速效 P：27.21mg/kg，速效 K：50.39mg/kg。当年省公司成立国际型优质烟叶生产基地开发领导小组，由省公司黄锦江副总经理任组长，在烟叶处设立办公室，南平分公司也相应成立领导机构。合作基地有 489 户烟农参加，普通烤房 382 座。为搞好中美技术合作，省公司对基地每亩补助 100 元，作为基地风险基金、烤房改造技术指导费用。3 月上旬外方专家第一次到邵武，合作基地按中国烟草总公司与菲莫公司共同确定的技术方案进行生产，种植品种 70％是 G80、30％是 K326。生产技术措施有四个方面改变：肥料与施肥方法改变：常规施用的铵态氮改为硝态氮，全部施用硝酸铵和硝酸钾肥，禁止施用尿素和碳铵，施肥方法上常规追肥多次浇施改为二次干施。栽培技术改变：提早播种，由原来常规 12 月 25—30 日播种，提前到 12 月 15—20 日播种，育苗采用营养袋假植，营养袋排列紧密，苗床地用溴甲烷熏蒸消毒；提早移栽，由原来常规的 3 月 25 日—4 月 5 日移栽，提前到 3 月 10—15 日移栽结束；采取高畦单垄种植，拉大株行距，行距 120 厘米，株距 50 厘米，畦高 30 厘米；移栽时施足基肥，采用高苗深种，栽后不做穴，畦作成馒头形；采用药剂除芽，留叶 18～21 片。烟叶成熟度观念改变：菲莫公司对不同部位烟叶的成熟采收标准为：下部叶（5 片左右）叶片青黄色，达生理成熟，采收时要有清脆的响声，断面整齐而不拉丝；中部叶（6 片左右），主脉 2/3 发白，基部仍微带青，叶面发皱，茸毛脱落、叶尖下垂，叶面与地面平行，采收时有清脆响声，断面不拉丝；上部叶（6～7 片）叶面变黄、有明显的成熟斑、叶片下垂、侧脉全白、枯尖式焦边，顶叶留 4 片叶待熟透后一次性采收，采收时断面整齐而不拉丝，断声清脆；还采用两次停烤手段使不同部位烟叶达到成熟后采收。

烘烤调制技术改变：原温湿度计放置第二层改为放第一层，把整个烘烤期分为变黄、凋萎、干叶、干筋四个时期，与传统烘烤方法相比，有几个差别：烘烤曲线简单明了，下部、中部、上部烟叶统一适用；降低变黄期温度，要求烟叶在40℃之前全部变黄；重视湿球温度计，根据烟叶变化情况严格控制干湿球差；强调变黄应与失水同步，在干球温度43℃之前烟叶要充分凋萎，防止硬变黄；在54℃之前注意通风排湿，使烟叶大卷筒，防止蒸片烟黑糟烟。烘烤目标观念改变：以烤干转为以烤香为目标。合作基地生产的烟叶颜色深橘黄，成熟度好，组织结构疏松，油分足、色泽强。烟叶成熟度提高后，也出现枯尖、焦边的烟叶较多。经菲莫公司专家验收，85％下部叶、83％中部叶、26％上部叶符合菲莫公司的质量要求，基本上接近巴西、津巴布韦等国烟叶生产水平。选送的样品经有关专家鉴定，认为烟叶香气好于非合作烟区的烟叶，烟叶质量有较大改进，可以替代进口烟叶。当年菲莫公司调走烟叶4660担。

1997年，中美合作基地分布在邵武市大埠岗镇河源、竹源、宝积3个村，有1119户烟农参加，初烤房978座，菲莫公司专家布彻尔先生在合作区巡回检查指导。当年合作基地增加生产扶持投入，合作区除享有非合作区的优惠政策外（无底纸带直播育苗每亩补贴3元，改造烤房每座补助100元）。另增加：一是基地生产所需化肥，农药均由邵武市烟草公司赊销，硝态氮肥成本高，对超出非合作区化肥成本水平的部分由烟草部门补贴。二是补助基地村每亩10元。三是每亩施用110公斤的石灰或白云石粉由烟草部门无偿提供。当年在上年成功的基础上，又进行改进措施。一是更换品种，全部种植K326品种。二是施用石灰或白云石粉，调整土壤pH值，增施钙镁磷肥每亩用50公斤。三是育苗采用无底纸带直播育苗，促进烟苗根系发育，对烟苗进行2～3次剪叶练苗，提高烟苗的素质；适时集中移栽，做到一个烤房的烟田3天种完，大田生长一致，利于烘烤；使用地膜覆盖。四是全面改造烤房，新建烤房全部是5层，旧烤房4层改为5层，传统的竹竿串烟改麻绳绑烟。重点解决土壤偏酸和烤房结构问题。通过施石灰调节土壤pH值到5.5以上，提高土壤P、K的有效性，促进烟株对P、K、Mg等元素的吸收利用，也降低AL、Fe、Mn等元素的活性，减少根系受毒害。省公司和南平分公司共投入8万元在河源、宝积修建两个收购点专门收购基地烟叶，实行单独收购、单独调运。基地烟叶接近国际烟叶质量水平，除菲莫公司调走烟叶3100担外，剩下烟叶全部被省内烟厂调走。在中美合作取得成功的基础上，省公司投入资金110万元在全省主产烟区开展仿中美菲莫合作技术，把基地的经验辐射到全省烟区，以南平市邵武生产技术为样板，在泰宁、宁化、三元、漳平、武平、尤溪等县（市、区）各开展1000亩技术嫁接。通过吸收、消化中美合作技术，南平烟区的生产技术水平和烟叶质量得到提高，这一年全国烟叶超产积压，南平25万担烟叶中，国家储备10万担，调出各烟厂14万担，库存仅1万担。

1998年，中美合作基地种植品种全部是K326，分布在邵武市大埠岗镇和城郊镇，有1884户烟农参加，初烤房1731座；其中正点基地分布在山口、竹源两个村。当年生产栽培技术上注重烟株养分充足与均衡，烟田在 12 月底前铲除前作稻苑、杂草，进行冬翻、晒白 90 天，提高土壤养分有效性；地膜栽培每亩施纯氮 9 公斤，N：P_2O_5：K_2O 为 1：1.2：2.5，肥料施用采用以株定量，二次施肥，条肥、穴肥在烟苗移栽时施用，留 30％ 氮钾肥作追肥，在烟株团棵前打洞干施在烟株两侧，烟株生长后期不脱肥早衰；施用适量微肥，补充钙镁磷肥，每亩施硫酸镁 15～20 公斤、硼砂 0.5～1 公斤，直接补充 Mg、B 元素，使烤烟生长的必需养分得到均衡满足，解决烟田顶叶开面和大田烟叶缺镁问题。受后作水稻插秧季节影响，造成上部叶未充分成熟采收，烟碱含量偏高，尤其是上部叶仍然超过 3.5％，评吸浓度、劲头较大。菲莫公司没有调走烟叶，龙岩烟厂、厦门烟厂调走合作基地所有烟叶。是年全省仿中美"菲莫"合作技术，试点面积扩大到三明、龙岩烟区，分布于新罗、漳平、武平、三元、尤溪县（市、区）各 2000 亩；宁化、永安、泰宁县（市）各 1000 亩。南平分公司又与龙岩卷烟厂开发生产国际型优质烟叶，收购烟叶 1.5 万担全部被龙岩卷烟厂调走。

1999 年，中美合作基地分布在邵武市大埠岗镇和城郊镇，有 2367 户烟农参加，初烤房 2093 座。其中正点基地分布在大埠岗镇竹源村，城郊镇香铺、山口村，种植品种以 K326 为主，柯克 176 为辅，并引进试种云烟 85。经过前期三年合作，不但生产出一部分具有国际风格的优质烟叶，烟叶的产质效益也好于非合作区，生产上重点解决烟碱偏高和上部烟烘烤问题，采用调整品种，适当降低施氮量，适时重打顶，充分成熟采收等技术措施。改变烟叶成熟度标准两种观念，一方面是田间成熟度标准观念，改变过去以叶色定成熟为工艺成熟，即茎叶角度加大呈 90°，采摘时响声清脆，断面整齐，不带茎皮，烟叶成熟度标准更直观、更准确，又易于掌握；另一方面是烤后烟叶分级成熟度标准观念，改变过去单一看形状（部位）、颜色定级为综合定级，即查形定部位，观色定组别，感柔定成熟，闻香定优劣。所产烟叶尤其是上部叶质量较上年有所提高，烟叶内在成分更协调，烟碱含量有所下降。菲莫公司调走烟叶 1300 担，福建省烟草进出口公司及龙岩卷烟厂调走基地其余烟叶。环球、大陆、德孟全球三大烟叶供应商均派人员到合作基地考查、取样，菲莫公司把烟叶大样拿到集团内部展示。是年全省开展仿菲莫基地面积扩大到 2.8 万亩，龙岩卷烟厂在南平烟区建立国际型优质烟叶基地扩大到 1 万亩，收购烟叶 2.94 万担全部调走。

2000 年，中美合作基地分布在邵武市大埠岗镇和城郊镇，有 2060 户烟农参加，初烤房 2026 座，其中正点基地安排在大埠岗镇河源村、城郊镇山口村，种植品种 K326 占 70％，云烟 85 占 30％。经过几年合作，烟农改变以颜色为核心的评价烟叶质量的旧观念，掌握了成熟的烟叶具有明显成熟斑，结构疏松、有弹性、油分足、颜色橘黄、色泽强，手摸有颗粒感的特征。当年烟叶烟碱含量有所降低，上部烟可用性得到提高。菲莫公司调走烟叶 4000 担，中国烟草福建进出口公司与龙岩卷烟厂调走基地其余烟叶。全省开展仿中美菲莫合作技术扩大到 3.65 万亩，分布在龙岩、三明、南平各烟区。

中国烟草总公司与美国菲莫公司在南平邵武开展了 5 年优质烟生产技术合作，先后有美国农业部、中国烟草总公司顾问左天觉博士，美国北卡罗来纳州州立大学让尔教授，菲莫公司农业事务部经理史密斯先生，中国工程院朱尊权院士等国内外著名烟叶生产专家到邵武举办科技讲座，培训大批技术员和烟农。通过中外专家具体指导和传授，合作区引进、消化、吸收生产国际型优质烟叶的新技术，不断改进和完善传统的技术体系，育苗技术、采收成熟度、烘烤技术等取得新的突破，生产出接近、达到国际标准的优质烟叶。合作基地把先进技术辐射到全省烟区，如苗床剪叶、施用硝态氮肥等在全省均得到较大面积推广应用，推动福建省烟叶生产、烟叶质量标准与国际接轨。通过技术合作，国内烟厂对基地烟叶的认识也有大的改变，由尝试使用转为大量定购，龙岩卷烟厂大量使用基地生产的具有国际型风格的烟叶，并进入部分新品牌产品配方。

表1—6　　　　1996—2000年南平市邵武中美（菲莫）合作基地五年效益情况统计表

年度	总面积（亩）	总产量（担）	总产值（万元）	菲莫购烟（担）	正点面积（亩）	亩产量		亩产值		均价（元/公斤）	上等烟	
						公斤	比增%	元	比增%		%	比增%
1996	2505	7452	417.8	4660	2505	149	10.40	1667.3	14.4	11.19	77	9
1997	5142	17200	774.35	3100	2500	162	19.12	1520.8	18.9	9.39	45.7	25.4
1998	8480	24752	1088.6	/	2500	152	4.11	1304	3.8	8.58	44	12.3
1999	10047	34444	1400.1	1300	3310	170.1	21.50	1424.9	8.8	8.38	46.5	13.4
2000	9116	28128	1208	4000	3036	154	2.67	1360.5	8.25	8.83	42.5	1.4

（二）中美（环球）合作项目基地

为扩大福建烟叶的出口业务，继中美菲莫技术合作之后，经中国烟草进出口公司介绍，1998年，美国环球烟叶有限公司（下称环球公司）与南平烟草分公司进行烟叶生产技术合作。当年，南平与中美环球公司在建瓯市进行试验性的技术合作种植品种K326。1999年正式进行紧密型的技术合作，主要安排在建瓯县东游镇张屯村52户面积306亩、水源乡吴墩村90户面积454亩，并在浦城、松溪、武夷山各建立190亩、100亩、97亩的合作示范片。建瓯县的基地村烟农除享受非基地的优惠政策外，每亩增加肥料补贴40元，拨给基地村政府每亩10元作为生产补贴。环球公司派高级农艺师安德森先生为技术指导，中方派省公司陈光和南平烟草分公司周泽启为技术总负责，安德森先生先后6次到南平，并举办技术培训班和召开现场会，培训烟技员和烟农。环球基地烟叶生产技术方案有几项改变：一是移栽方式，在移栽前2天，每天浇透营养袋苗，移栽时，先在穴里浇足500～1000毫升水，再将苗直接栽入水中，待水分吸收后再盖土，培育高茎壮苗，烟苗深栽。二是施肥方法，基肥分穴施和侧施两部分，农家肥、钙镁磷肥和其他微肥用穴肥，剩余基肥条施在畦面距烟株10厘米处；追肥分三次，施在距烟株10厘米处两侧10厘米左右深的穴里，栽后7～10天第一次施硝铵每亩2公斤，后两次施20和6公斤的硝酸钾，与菲莫公司的施肥相比较，方法更简单，肥料也不易流失。三是烤房改造，把五道火管改为三道直径为 28 厘米的铁皮火管，炉膛大部分露在烤房外墙，不设热风洞，只设 4 个 30×30 厘米的地窗，烟囱改为直径 35 厘米的铁皮管，并高出房顶。是年，田间烟叶长势均衡，落黄正常，烤出烟叶组织结构疏松，香气质、香气量较好。受前期低温气候影响，也出现早花，打顶太早，株型偏矮，烤房超容量装烟，影响烟叶的烘烤质量。建瓯示范区 760 亩，收购烟叶 2382 担，亩产量 156.8 公斤，亩产值 1418.61 元，上等烟占 41.7%，中等烟占 42.5%，示范区与非示范区相比，单产增加 11.4 公斤，上等烟提高 6.7 个百分点。浦城、松溪、武夷山示范片分别收购烟叶 597 担、331 担、259 担，亩产值分别是 1561.85 元、1812.25 元、900 元。当年南平烟叶出口 2.7 万担。

2000 年，在建瓯县东游镇溪屯和水源乡吴墩两个村建立 1066 亩示范片，并在周边地区安排浦城 400 亩、松溪 205 亩、武夷山 196 亩、延平 176 亩的合作示范片，共有 2041 亩，收购烟叶 6120 担。示范片除享受非合作区优惠政策外，还增加一些优惠补贴措施，建瓯、延平每亩补贴 50 元；浦城每亩免费供应饼肥 20 公斤。针对上年栽培技术中的薄弱环节，当年在打顶留叶、烤房装烟量、鲜烟分类、成熟采收和烘烤等方面加大了指导力度，通过打顶留叶培育合理株型，改变上年顶叶开面过大，烟株株型不合理的现象，烤房装烟量也得到较好控制，烟农的成熟度掌握以及鲜烟分类技术较到位，出烤烟叶组织结构及色度好于上年。当年，环球公司安德森先生在建瓯水源乡进行两种不同施氮水平对烟叶产量、质量影响的试验，试验结果：每亩施纯氮 7.6 公斤的烟田，烟株落黄整齐，田间病虫害发生少，烟叶易烘烤，烤后组织结构及色度好，杂色面少，容易上等级，虽然产量不如每亩施纯氮 8.5 公斤对照，但产值提高。

2001 年，环球合作基地在布局上作适当的调整，合作基地安排南平市 6 个县，种植面积 2926.6 亩（其中：武夷山 1069.6 亩，建瓯 831.4 亩，浦城 400 亩，松溪 223 亩，延平 205 亩，建阳 198 亩），经过技术合作的不断论证，环球合作基地在几项关键技术问题也有新的突破：一是育苗方式，安德森先生认为传统的两段式育苗易给烟苗造成伤害，烟苗易感病和早花，安德森先生还在武夷山、建瓯、南平技术推广站分别进行沙基托盘育苗的试验，三个试验点表现，这种方式育苗可以减少用工量，移栽后不易早花且烟株长势较旺，叶片数达到 20～22 片以上，上部叶比例小。二是移栽期，通过对不同移栽期试验，南平市烤烟适宜的移栽期为 3 月中下旬，早栽的烟株较早就出现烟杈，叶片偏厚、结构紧密。三是纯氮的施用量，当年安德森先生又在武夷山、建瓯两地进行了不同纯氮用量的比较试验，每亩施纯氮 7.6 公斤的烟株，大田生长整齐，落黄层次分明，烟叶结构比每亩施 8.5 公斤纯氮的烟叶疏松，身份适中，烟碱含量较低。四是打顶留叶，环球合作基地特别强调打顶时机，对烟叶叶片数足够的烟株，等到烟株现蕾拔高到 8～10 厘米时打顶，对叶片数不够的烟株要等到烟株蕾拔高到一定程度，不会伤到有效叶时，再打顶留杈。五是烤房容量，南平烟区烤房大多为 5 层，少部分为 4 层，大多数烟农烘烤时装烟量均超过烤房容量。安德森先生在武夷山试验两座烤房，以 3.3 米×2.8 米的烤房，提出"一层一亩、上下均匀"的原则，由于环球合作基地的烘烤工艺与当地烤房性能和结构不配套，最后烘烤结果没有出来。但是"一层一亩、上下均匀"的烘烤观点在生产上也起到指导作用。在 6 个合作点中武夷山西郊村合作基地做得较成功，基地烤烟田间总体表现：长势较旺，株高与株形均较理想，烟叶开面好。是年合作基地共收购烟叶 8109.04 担，亩产量 137.59 公斤，比非基地烟叶增产 13.09 公斤，亩产值 1449.3 元，比非基地烟叶增加 202.34 元，上等烟比例达 49.8%，比非基地烟叶增长 4 个百分点。烟叶外观评定结构疏松，色泽鲜亮，油分足，具有国际型优质烟叶特色。

2002 年，环球合作基地以武夷山、建瓯为中心配合松溪、建阳两个县，基地面积：武夷山 1092 亩，建瓯 1088.2 亩，松溪 281 亩，建阳 202 亩；收购上中等烟叶 7532.1 担，亩产量 139 公斤，亩产值 1332.6 元，上等烟比例 36.75%。合作基地在前几年的基础上形成一套较为完整的国际型优质烟叶生产技术方案，采取控氮降碱的综合技术措施，全面推广漂浮育苗，推迟播栽期，控制施氮量，推迟打顶，合理留叶，成熟采收，科学烘烤等技术措施，并一项一项落实到位，烟叶的田间长势长相接近、达到国际先进水平。合作基地的烟叶品质有很大的改观，烟叶表现为色度好、油分足、结构疏松、厚薄适中、弹性好，烟叶香气足、香气质好，烟碱含量降低，内在化学成分更趋协调。7 月，环球公司总部中国区贸易代表到合作基地考察，对环球合作基地的烟叶比较满意，特别是对下低等烟较有兴趣，带走部分基地烟叶样品。环球合作基地对国际型烟叶的种植，起到实际练兵的作用，积累了经验。省内外知名厂家纷纷到南平烟区开展基地合作，建立国际型优质烟叶基地。

二、优质和替代进口烟叶生产示范基地建设

90 年代初期，为配合省内卷烟厂实施名牌计划，开发高档卷烟品牌，省公司提出开发具有福建特殊风味的高级卷烟原料，为省内烟厂提供优质烟叶。随着烟草行业产品结构的调整，工业企业对优质主料烟特别是对进口烟叶的需求不断增加，进口烟叶供给与需求出现矛盾，为减少使用进口烟叶，生产出国际型的优质烟叶，实现优质原料安全稳定供应。福建省提出开发主料烟，即尼古丁含量高、香味浓的烟叶。

1992 年，省公司要求主料烟的质量应达到：烟叶外观呈橘黄色，油分足，富有弹性，成熟度好；单叶重较高，平均下部烟叶 4 克以上，中部烟叶 6 克以上，上部烟叶 8 克以上。省公司成立以公司领导为组长的主料烟开发领导小组，5 月底，全省在邵武市召开主料烟生产现场会。会后，全省在 14 个县 24 个乡（镇）建立 10 万亩主料烟生产基地，龙岩烟区有 5 万亩。

1993 年，省公司下发《1993 年福建省主料烟开发方案》，全省主料烟开发种植面积扩大到 23 万亩。4 月，全省组织开展主料烟生产大检查，对各烟区主料烟生产进行评分。各地在主料烟生产上做到优良品种相互搭配，既安排一定面积的 K326、G80 品种，又安排适

应性比较强的"翠碧1号"，集中人力、物力、财力，普及主料烟生产技术措施（普及营养袋育苗，普及单垄单行高畦种植，普及合理密植和定叶打顶、合理留叶、及时抹杈，普及成熟采收，普及科学烘烤）。当年生产的主料烟叶成熟度好，上等烟比例25％以上，中等烟比例65％以上，内在品质达到香气足、吃味醇和，无杂气，各部位化学指标协调。各地通过主料烟开发，对烟叶生产起到示范作用，推动全省"三化"技术措施的落实和产量、质量提高。10月，省公司在永定召开高级卷烟原料基地研讨暨省烟草品种审评委员会，会议落实了生产具有福建特色风味的高级卷烟原料基地的布局及相应的配套技术方案。11月，全省对当年主料烟开发进行总结表彰。

1994年，全省在主要产区建立高级卷烟原料示范基地，省公司制定《1994年高级卷烟原料基地开发方案》，成立福建省高级卷烟原料基地开发领导小组，并投入600万元用于开发高级卷烟原料基地建设。基地分布在龙岩、三明、南平3个地（市）的17个县（市）、21个乡（镇）、49个自然村，面积2.85万亩。各基地县在省公司的统一布置下，推行基地与烟厂挂钩。开发片区树立标牌，统一种植"翠碧1号"、G80、K326品种。是年高料烟基地收购烟叶5.2万担，上等烟比例占36.16％，基地烟叶调供龙岩、厦门烟厂使用。南平烟区建立高级卷烟原料基地3000亩，分布四个点，平均亩产量259公斤，亩产值782元，担烟均价302元。省公司开展两次基地烤烟评比，邵武竹源村的1500亩高料烟基地均获得好评。11月，省公司对高料烟开发工作较好的邵武、长汀、上杭、明溪、宁化、漳平等6个县（市）进行了表彰。

1995年起，全省高料烟基地扩大到6万亩，安排在龙岩、三明、南平3个地（市）15个县（市）23个乡（镇）。高料烟生产省公司每担奖励80元，用于肥料、技术培训、新技术推广等费用开支。三明市选择10个自然条件好，烟农积极性高、技术好的村建立基地3万亩，由专人负责，配套各种优惠政策进行扶持。全省高料烟基地全部按40级制单独收购、单独复烤、单独贮运，烟包还注明某县基地标志。全省烟区通过高料烟基地开发，生产出近清香型、香吃味俱佳的福建特殊风味烟叶，不仅为省内龙岩、厦门两家卷烟厂开发卷烟高档品牌提供优质原料，也推动产区新技术普及提高。

1998年，国家局提出开展国际型优质烟叶和替代进口烟叶的生产示范研究。福建省在三个主产区建立2万亩国际型优质烟生产基地，分布龙岩6000亩，三明7000亩，南平邵武7000亩。基地烟叶调给龙岩、厦门两家烟厂。5月，省公司烟叶处组织开展国际型优质基地的全面检查，促进生产面积、技术措施落实到位。龙岩产区在漳平市、新罗区、武平县各建立2000亩国际型优质烟基地，参照邵武基地引进的技术经验，专人负责，烟叶单收、单烤、单独贮运，统一标志，武平县基地与非基地比较，上等烟提高8.5个百分点，综合收购价每公斤提高0.75元，烟叶质量明显提高。

1999年，在三个烟区再开发国际型优质烟叶生产示范基地2.8万亩，分布在邵武、尤溪、宁化、永安、武平、漳平等地，省公司成立国际型优质烟叶基地开发领导小组，基地县也成立相应机构。省公司每亩给予 100 元用于增加产前投入，技术指导、培训等补助。是年，国际型基地烟叶品质明显改善，但仍然存在烟碱偏高，香气量不足。

2000 年，国家局安排在福建、广东、湖南、云南、贵州、河南等 6 省，集成国内外先进烟叶生产技术、产学研结合、工业与农业联合开发国际型优质烟叶，由中国烟叶生产购销公司牵头，以河南农业大学和郑州烟草研究院为技术依托，开发国际型优质主料烟，6 个省共建立基地 1.2 万亩。福建省在三个主产区的七个县继续开展国际型优质烟生产示范，基地分布：邵武市 8000 亩，尤溪县、宁化县各 3000 亩，永安市、武平县各 5000 亩，漳平市、松溪县各 2000 亩，种植"翠碧 1 号"、云烟 85、K326 等三个品种。省公司成立"福建省国际型优质烟示范基地领导小组和技术小组"，下达《国际型优质烟生产技术工作方案》，制定生产技术措施，并给予每亩 100 元的经济补助。中国烟叶生产购销公司组织国内专家对南平的邵武、三明的明溪（邵武 2000 亩、明溪 1000 亩为国家局的示范点）进行烟叶田间现场鉴评，专家认为福建田间烟叶和烤后烟叶达到较高水平，开发基地烟叶质量达到或接近国际先进水平，部分可以替代进口烟叶。当年，三明分公司还与青州烟草研究所、省烟科所、上海烟草集团等单位合作，开展优质高香气烤烟综合技术开发与应用等科研项目。同时，建立 2 万亩"三明特色优质烟叶基地"和 1.1 万亩"国际型优质烟叶基地"，并与上海烟草集团等厂家签订共同开发特色烟的协议，投资 500 万元在明溪县城关、雪峰两镇建立 1000 亩"金三明高新技术园区"。龙岩分公司在永定、上杭、长汀、连城建立万亩"龙岩清香型烟叶"中心示范开发区。

2001 年，福建省承担中国烟叶生产购销公司 3000 亩国际型优质烟叶开发，国家局每亩补助 100 元，省公司配套每亩补助 35 元。结合国家局国际型优质烟开发项目，福建省还开展福建特色国际型优质烟基地 10 万亩，分为中心示范基地 3.1 万亩和辐射示范基地 6.9 万亩。中心示范基地安排在邵武、武平、宁化、永安、尤溪、漳平、松溪、三明高科技园区等县（市）10 个乡镇，辐射示范基地安排在宁化、尤溪、永安、明溪、三元区、武平、永定、漳平、上杭、邵武、松溪、建瓯、武夷山等县（市、区）19 个乡镇。省公司下拨基地补助经费 350 万元，基地种植云烟 85、K326、"翠碧 1 号"三个品种，按《2001 年福建省烤烟生产技术规范》要求组织生产，并把各项技术落实到每一农户、每一田块。基地烟叶着重解决上部烟叶身份偏厚、叶片结构偏紧和中上部烟叶烟碱偏高、糖碱比不协调的问题。

2002 年，南平的邵武和三明的明溪承担国家局中国烟叶生产购销公司的国际型优质烟示范点，面积 3000 亩。基地开发取得成效，受到国家局"国际型优质烟叶开发项目"专家鉴评组的一致好评。6 月，世界烟草专家左天觉博士一行先后考察了福建省南平市邵武国际型优质烟叶基地和武夷山福建风格优质烟叶（厂办）基地。专家指出：福建烟叶仍然存在三个问题，一是价格高；二是颜色深；三是尼古丁高。提出颜色深问题的解决办法，要控制好下烤后烟叶回潮湿度，下烤保管时烟叶含水量控制在 14%，收购时烟叶含水量控制在 16% 左右。

2002年，津巴布韦烟叶资源短缺，为解决国外优质卷烟原料国内供应问题，国家局在全国选择生态条件最适宜地区，工商携手，以津巴布韦烟叶质量为参照，开发替代进口烟叶生产。

2003年底，国家局在全国15个重点烟叶产区试点生产替代进口烟叶，全国有云南、福建、贵州、四川、湖南、湖北、广东、安徽等8省14个地区（市）的18个县（市）参与，替代烟叶生产示范的重点卷烟工业企业14家。根据国家局的计划，福建省安排南平市邵武与龙岩卷烟厂、安徽芜湖烟厂合作，各建立3000亩国际型优质烟叶示范基地；浦城县与杭州卷烟厂合作建立2000亩国际型优质烟叶示范基地。替代进口烟叶示范区在政策、资金上给予倾斜，抽调资金专用于农用物资补贴、烤房改建等项目，国家局给予农药、化肥贴补每亩100元，南平分公司每亩增加补贴30元，成立市场（卷烟厂）需求的优质烟叶鉴定体系，基地根据"中式卷烟"优质烟叶的要求进行生产，以"控碱提质，提高下二棚叶和上部叶的可用性"为目标，烟叶质量有较大幅度的改善，受到国内厂家的喜爱，在国外也有一定市场，安徽芜湖卷烟厂从基地调拨烟叶1万担，泰国烟草专卖局在邵武进口上部烟叶0.75万担，翌年又进口1万担。基地烟叶实现从单纯的技术开发向商品开发转变。

2004年，福建省部分替代进口烟叶生产示范开发项目扩大到8000亩，分布在南平市的邵武、松溪、武夷山、浦城四个县（市），其中：以成熟度为中心配套生产技术试验示范与推广项目2000亩，烤烟优化灌溉理论和技术研究与应用项目2000亩。项目开发基地烟叶的田间长势长相、烘烤后烟叶外观质量及各项工作得到国家局检查组的充分肯定。10月，杭州卷烟厂技术中心主任到浦城县部分替代进口烟叶生产点永兴镇，对示范点的上部烟B_2F等级评价认为："成熟，颜色中度橘黄，油分有，色度强，身份中等"。现场评吸结果：香气醇厚，有甜润感，鼻腔略有刺激，余叶较舒适，略有涩感，劲头适中略大，灰度25%以下，燃烧性好，速度中等，有晒烟特殊特色。当年三明分公司开展以"无公害"烟叶课题为中心的科研项目，建立生态型"无公害"烟叶示范基地3万亩。

2005年，福建省在产区7个县安排替代进口烟叶生产示范基地4.3万亩，合作卷烟厂8家。宁化县与武汉烟草（集团）有限公司合作0.3万亩，将乐县与贵阳卷烟厂合作0.2万亩；长汀县与上海烟草（集团）公司和武汉烟草（集团）有限公司合作1.5万亩，上杭县与龙岩、厦门卷烟厂合作0.5万亩，连城县与云南红塔集团合作0.5万亩；邵武市与芜湖、龙岩卷烟厂合作0.8万亩，浦城县与杭州卷烟厂合作0.5万亩。国家局组织专家组对烟叶田间长势长相进行现场鉴评，专家认为邵武基地烟叶外观质量好，特别是上部烟叶组织疏松，厚薄适中，油分足，光泽好，烟叶的可用性明显提高，在全国9个开发国际型烟叶县（市）中邵武名列第一。三明烟区建立10万亩生态型"无公害"烟叶基地和优质烟叶生产科技示范基地。

2006年，福建省安排全国部分替代进口烟叶项目生产点为：厦门卷烟厂在云南省保山市建立4000亩基地；龙岩卷烟厂在云南省昆明市宜良县建立4000亩基地，在邵武市建立4000亩基地。芜湖卷烟厂在邵武市建立5000亩基地；杭州卷烟厂在浦城县建立6000亩基地。当年三明烟区建立 10 万亩的优质烟叶生产科技示范基地和"无公害"烟叶示范基地，其中"无公害"烟叶生产技术及应用通过了专家组的田间鉴评。

2007 年，国家局对全国部分替代进口烟叶示范点进行整合，福建省只有浦城县继续承担国家局部分替代进口烟叶示范项目，与浙江中烟公司合作，规模面积扩大到 1 万亩，调拨烟叶 3 万担。示范点烟叶烤后香气突出，基本达到进口烟叶的质量要求。三明烟区建立全国优质烟叶生产科技示范基地 10.5 万亩，烟叶"无公害"生产技术示范基地 10.5 万亩。

2008 年，部分替代进口烟叶示范点安排在浦城、邵武 2 个县（市），浦城与浙江中烟工业公司合作，面积 1 万亩，品种 K326、云烟 85，调拨 3 万担；邵武市与安徽中烟工业公司合作，面积 0.5 万亩，品种 K326，调拨烟叶 1.5 万担。替代进口基地做到及时采收烘烤，成熟度控制较好，烘烤技术也较到位，烤后烟叶香气量足，闻香突出，正反色差小，橘黄烟多，整体质量较高。

三、厂办基地

90 年代中后期，省外的卷烟厂开始与烟叶产区合作，建立烟叶基地。烟厂选择适合自己配方需要的烟叶产地，由厂家提出烟叶质量要求，产区组织专家提出生产技术措施方案，并负责组织实施。实行划片管理，体现互利互惠，生产出符合卷烟工业需求的优质原料。1995 年，三明、龙岩分公司与上海卷烟厂签订协议，把长汀、泰宁、建宁、将乐等县定为上海卷烟厂基地，上海卷烟厂在将乐县基地调拨烟叶 5.25 万担。1996 年，龙岩烟区厂办基地达到 18.3 万亩。

1997—1998 年，福建省开展优质烟基地开发，重点开展国际型优质烟叶开发。当年上海卷烟厂、蚌埠卷烟厂在龙岩烟区建立 6000 亩的紧密型烟叶原料基地，又有武汉、颐中、白沙等烟草（集团）公司，韶关、芜湖、龙岩、厦门卷烟厂等相继在龙岩、三明、南平烟区建立优质烟叶基地。在烟叶基地建设上，烟区与工业企业双方加强合作，共同制定技术方案，烟叶产区按工业企业的需要，定品种、定地区，组织指导烟叶生产。通过基地合作，共同实施，基地烟叶香气质有较大的改善，香气量明显增加，基地开发促进了生产水平的提高。

1999 年，将乐县与上海、厦门两家烟厂建立厂办基地，基地烟叶调拨量占 80%。邵武市烟草公司与龙岩卷烟厂合作，建立厂办基地。

2000 年，通过国际型优质烟叶开发，省公司鼓励省内外烟厂兴建紧密型烟叶基地，为厂家提供稳定的优质原料，基地生产采用分片管理，厂家派员参与技术指导和质量管理，产区负责制定配套生产技术方案，投入科技力量，保质保量提供优质烟叶。当年有省内的龙岩、厦门烟厂，省外的上海、武汉、宁波、安徽芜湖等烟厂在福建产区建立厂办基地，上海卷烟厂对基地投入每担烟叶增加 200 元。上海、龙岩、厦门卷烟厂在三明基地调拨烟叶分别为 7.14 万担、3.6 万担、8.49 万担。厦门卷烟厂还在松溪县建立 1 万亩厂办基地，双方成立领导小组，建立技术方案，围绕烟叶工业可用性、安全性和效益性等问题，提出烟叶的品种结构、成熟度、油分、烟碱、糖碱比、香气质、香气量等环节的技术措施，厦门卷烟厂拨给基地款 64 万元，派出农业专业技术员常驻烟区，基地烟叶直调给厦门卷烟厂 2.43 万担，上等烟比例为 65.3%，烟叶质量和等级合格率均得到厦门烟厂有关专家的较高评价。同年，厦门卷烟厂还与贵州省黔南州长顺和毕节黔西县建立烟叶生产基地。翌年，厦门卷烟厂在松溪的基地面积扩大到 1.7 万亩。

2001 年，本着"双赢双惠"的原则，全省产区与龙岩、厦门、上海、宁波、武汉等厂家建立优质烟叶基地和产销关系，通过"厂办基地"形式调拨的烟叶占总调拨量的 60%。9 月，上海烟草集团，省烟科所，三明、龙岩分公司在泰宁召开申闽烟叶基地生产技术交流会，厂商合作更加紧密。当年宁化县与龙岩卷烟厂合作，建立 1.5 万亩福建风格优质烟叶基地。

2002 年，全省烟区进行"福建风格优质烟叶基地"（厂办基地）开发，省公司更加重视烟叶基地开发工作，成立烟叶基地开发工作领导小组，下拨专项开发扶持经费 477 万元，并把厂办基地工作列入年度生产经营责任目标考核。厦门卷烟厂也成立专门的领导机构和办事机构，基地开发强调工商联手，建立紧密型厂办基地，以基地开发为依托，加大技术、资金和物资投入，以市场为导向，烟叶产区和烟草工业企业加强协作、共同研究，着重解决烟草农业生产和卷烟工业应用之间的矛盾，生产福建风格的工业可用性高的优质原料。厦门卷烟厂还分别在武夷山、上杭、泰宁召开南平、龙岩、三明厂办基地座谈会，交流、协商基地开发与烟叶生产的具体事宜；龙岩卷烟厂组织了由有关领导和技术人员组成的检查组，到长汀县濯田，连城县朋口、莒溪，永定县虎岗、高陂等生产第一线，检查基地乡镇的烤烟生产情况。"厂办基地"资金专款专用，基地的烟叶采取单独收购，原烟直调。当年全省共建立 16 万亩"福建风格优质烟叶基地"，分布在三个产区 15 个县（市）。龙岩卷烟厂在三明的宁化、清流、尤溪，南平的武夷山、浦城，龙岩的长汀、永定、连城等地建立厂办基地 16 万担，完成基地烟叶调拨 15.2 万担。厦门卷烟厂在三明的泰宁、将乐、明溪、尤溪、永安，南平的松溪，龙岩的上杭、武平等县建立厂办基地 15.8 万担，调拨基地烟叶 18.6 万担。龙岩、厦门卷烟厂对基地投入每担烟叶增加 25 元。当年基地烟叶质量达到：烟叶外观质量表现成熟度好、结构疏松、油分足、身份中等至稍薄，色度强，橘黄烟比重大；化学成分表现含糖和含钾较高，糖碱比协调；评吸表现香气质好、香气量足，香气飘逸，余味舒适，劲头适中，杂气少，刺激性小。11 月，厦门卷烟厂与南平分公司在厦门召开基地座谈会，总结松溪基地 3 年合作经验；12 月，厦门卷烟厂又与龙岩分公司召开基地座谈会，交流了与上杭、武平基地合作经验，探讨技术，双方加强沟通、增进友谊。

2003 年，国家局对厂办基地提出两个 80% 的三年目标，即 30 万担以上市级分公司 80% 的烟叶实行厂办基地，重点烟厂国内烟叶 80% 从基地采购。福建省厂办基地采取不同形式，加强技贸合作，互通信息，烟厂也了解基地的烟叶特点，加大烟叶的配方，实现合作双赢。省公司共下拨扶持经费 472.5 万元。龙岩、厦门两家烟厂在产区 14 个县开发烟叶基地 15.5 万亩，调拨基地烟叶 31 万担，龙岩卷烟厂专门成立了烟叶基地领导小组，下设烟叶基地管理办公室（简称厂基地办），负责省内外厂办基地烟叶的日常管理工作。上海、武汉等烟厂在福建省建立了稳固的烟叶基地，安徽省烟草公司首次与省公司签订18万担烟叶基地开发协议。全省厂办基地调拨烟叶数量累计达到69万担，占全省调拨量的40％。三明烟区与龙岩、厦门、上海、武汉等烟厂，安徽省中烟工业公司建立厂办基地，基地烟叶调拨量32万担，占总收购量的40％。龙岩烟区基地建设突出"清香风格"特点，扩大市场空间，厂办基地发展到5.5万亩。三明的泰宁县与厦门卷烟厂建立1.6万亩，品种为"翠碧1号"，在基地片区立"标识牌"，标明"福建风格优质烟叶开发基地厦门卷烟厂泰宁县生产片"。

2004年，工商合作更加紧密。烟厂从生产一开始就参与了基地生产技术方案的制定，并加大基地投入，培训烟技员，派人员长驻烟区，配合产区抓好基地开发工作，把基地当做"卷烟工业的第一车间"。龙岩卷烟厂在移栽、田管和烘烤三个阶段邀请河南农大的专家为基地烟技员授课培训，帮助产区提高烟技员的理论和实践操作水平。当年省公司与福建、安徽中烟工业公司，上海、武汉烟草集团，贵阳、芜湖卷烟厂建立紧密型合作关系，又与江苏、浙江中烟工业公司，颐中、红塔、昆烟烟草集团等19家工业企业建立厂办基地。全省共与22家烟厂建立了厂办基地，面积达67万亩，调拨烟叶141.08万担，比上年增加近一倍。三明烟叶基地紧跟卷烟品牌扩展，探索厂办基地新模式，建立新型工商合作体系，与14家工业企业建立厂办基地，基地规模扩大到9个县（市），基地调拨77.9万担，占总收购量的74.3％。其中，有8家调拨量都在5万担以上，客户集中度大为提高。昆明、上海、长沙、贵阳、徐州等一些重要厂家调拨量明显增加，烟叶销售市场逐步得到优化；同时，与昆明烟厂签订建立"以县为单位，实行全等级收购调拨"总规模达20万担的烟叶基地。南平烟区与12家烟厂建立厂办基地，基地调拨烟叶29.4万担，占烟叶收购总量的70.1％。龙岩烟区有上海、武汉、云南、青岛、济南、安徽、韶关、厦门、龙岩等烟厂在长汀、武平、上杭、连城、永定等烟区建立烟叶原料基地，基地调拨烟叶43.5万担，占烟叶收购总量的70.7％。

2005年，省公司按照"互动、互信、双赢"的原则，推进厂办基地建设。南平烟区有中外合作的基础，烟叶质量得到国内工业企业的好评，基地规模不断扩大，有上海、杭州、宁波、青岛、芜湖、龙岩、厦门等21家全国重点卷烟工业企业到南平采购烟叶，与17家烟厂建立厂办基地，基地调拨量49.14万担，占收购量83.2％。三明烟区有14家工业企业建立厂办基地或签订定点采购协议，基地烟叶调拨量达82.5万担，占总量90％，基地规模超过10万担的有上海卷烟厂和红云集团昆明卷烟厂。昆明卷烟厂在三明推行"以县为单位，实行全等级收购调拨"的新型烟叶基地，徐州、张家口两家烟厂是年也在基地尝试该调拨模式。

2006—2008年，在卷烟工业企业重组和品牌扩张推动下，大多数卷烟厂原有的厂办基地采购均由中烟工业公司进行重新认定，统一安排，厂办基地和定点采购烟叶的厂家出现一定的变化。各产区遵循互动互信、和谐双赢的原则，探索厂办基地更加高效运作的工作机制，开展与各地中烟工业公司合作，尝试"基地到县、定点到站、全程参与、工商双赢"的厂办基地建设模式，根据双方的需要在烟叶质量特色培育、质量控制和持续稳定供应等方面共同开展协作攻关，使基地烟叶质量能够符合卷烟工业的要求。

表 1—7　　　　　**1993—2008 年福建省烟叶生产收购计划一览表**

单位：万担

年份	全省生产计划	龙岩烟区	三明烟区	南平烟区	其他烟区
1993	150	58.4	64.6	17.4	9.6
1994	150	58.4	64.6	17.4	9.6
1995	150	62	62	20	6
1996	110	40	60	8	2
1997	154	55	80	15	4
1998	120	43	60	15.5	1.5
1999	120	37	63	18.5	1.5
2000	130	43	64	21.5	1.5
2001	150	46	73	30	1
2002	165	51	81	32	1
2003	180	55	86.5	37	1.5
2004	208.7	61.5	100.5	46	0.7
2005	226	65	105	55	1
2006	233.6	66	106	60.6	1
2007	245.26	69.3	107.9	67.06	
2008	262.26	71	111	80.26	

表 1—8　　　　　**1991—2008 年福建省烤烟种植面积与收购量一览表**

年份	面积（万亩）	收购量（万担）	上等烟比例（%）	中等烟比例（%）	下低等烟比例（%）
1991	61.43	101.04	11.67	74.00	13.50
1992	73.90	128.55	21.77	70.90	7.33
1993	113.60	178.40	15.32	72.41	12.16
1994	56.00	62.08	27.40	64.37	8.23
1995	50.36	67.20	52.43	41.63	5.20
1996	56.50	126.26	66.81	29.24	3.95
1997	83.78	223.66	24.18	67.58	8.24
1998	55.66	93.48	25.20	67.04	7.76
1999	58.68	123.44	34.43	62.81	2.76
2000	67.82	132.93	39.44	59.37	1.19
2001	71.93	151.65	45.94	52.03	2.03
2002	80.90	187.01	37.05	57.06	5.89
2003	77.61	166.55	41.51	50.81	7.68
2004	84.64	217.54	50.41	43.99	5.60
2005	92.43	203.97	50.30	36.58	13.12
2006	91.51	224.73	52.52	34.59	12.36
2007	86.01	236.27	56.22	30.78	12.15
2008	104.46	286.66	54.84	34.04	11.11

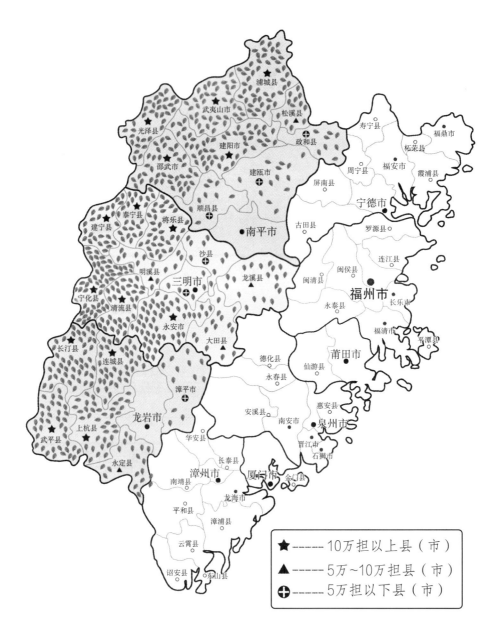

图1—1　2008年福建省烟区产量分布示意

第二章　烤烟生产与销售

1991—2008 年，福建省加强技术队伍建设，采取一系列奖励扶持政策，引导烟农科学种烟，在烤烟生产环节，建立起比较完善的服务体系，发展集约化适度规模经营。在烟叶收购环节，坚持合同收购，完善烟叶收购管理办法，推行入户预检、开展编码收购，推行原收原调，保证了烟叶收购秩序和烟叶等级质量。

第一节　种植与调制

一、品　种

（一）引进与更新

90 年代，福建烟区形成了本地品种（翠碧 1 号）和外引品种（K326、G80）共存的基本格局。

1991 年 2 月，省公司在上杭县召开外引品种推广现场会，组织参观上杭县大面积推广外引品种育苗、移栽和田管的现场，并对外引品种实行肥料补贴等优惠扶持政策。此时，外引品种配套栽培技术的研究也取得成功并得以推广。是年，外引品种种植面积扩大。各产烟区也把推广外引品种、主攻质量作为烟叶生产的中心来抓，全省落实烤烟种植面积 61.43 万亩，其中外引品种（主要有 G28、G80、K326）面积 20 多万亩。

1992 年起，各产区在品种安排上因地制宜，相对集中，不插花种植，一般一个乡镇只种植一个品种，由烟草公司统一供种。全省均以翠碧 1 号、G80、K326 为主栽品种，尤其是 K326 品种具有易烘烤，上等烟比例较高、叶片较厚、产量较稳定、色泽鲜亮等优点，适应 40 级烟叶收购标准，受到多数烟农喜爱，种植面积逐年扩大；而 G80 品种因叶片偏薄，产量、产值较低等原因，种植面积逐年减少。为了寻找新的烤烟替代良种，省公司开始引进一批抗性好、品质优良的品种进行区域试验。

1993 年，全省安排在永定、武平、连城、宁化、永安、尤溪、邵武、浦城、罗源、南靖等 10 个县（市）对引进的"岩杂 2 号"、"B9324－2"、"N32－5"、"金烟 6 号"、"云杂 2 号"、"红花大金元"等 6 个品种（以翠碧 1 号、G80 为对照）进行区域试验。

1994 年，试验种植云杂 2 号、B9315－10、N32－5、金烟 6 号、岩烟 97 等 5 个品种。

1995年，参试品种在保留上年区试的五个品种外，增加从广东引进的品种丰字一号（401×K326），以翠碧1号为对照。区试结果认为：龙岩烟科所选育的岩烟97，品种产质兼优，抗病性较好，适应性较广。

1996年，扩大示范岩烟97品种的种植。各产区对品种布局各有侧重，龙岩市巩固G80、翠碧1号种植面积，适当压缩K326品种，重点抓好岩烟97的示范推广和良种良法的配套栽培技术研究；三明市以翠碧1号为主，适当搭配G80和K326品种，重点抓翠碧1号品种的成熟采收与烘烤技术的研究，提高黄烟率，适应40级烟叶标准收购；南平市以推广G80、K326品种为主，抓岩烟97和丰字1号品种的示范推广工作。

1997年，全省大面积扩种岩烟97品种，减少G80种植面积，以翠碧1号、K326、岩烟97三大品种为主，少量种植柯克176。当年福建省承担全国东南区的品种区域试验工作，在龙岩、三明各安排一个点，参试的品种是全国推荐的RG11、K346、K730、K358、RG17、9201等6个品种和岩烟97，以K326为对照。

1998年，考虑到烟叶市场销路，品种布局以翠碧1号、K326为主，控制岩烟97的种植面积，对花叶病严重的烟区，适当搭配柯克176品种，保留G80品种，产烟5万担以上的县示范种植新品种K346（5～10亩）。当年全国烟草品种审定委员会安排福建对中烟90、MZ8、云烟87、CF965、K730、RG17、VA116及K326（对照）共8个品种进行小区试验，小区试验点安排在福建省烟科所和长汀县濯田镇；同时在泰宁县对RG17、VA116、K326等3个品种进行区域示范，每个示范品种各50亩，示范表明：K326表现最好，产值位居第一，适应性强，外观质量好，色泽均匀，颜色深，油分足，但易感花叶病和气候斑点病。

1999年，对烤烟品种进行较大的调整，推广K346品种，全省烤烟品种布局以K326、翠碧1号、K346为主栽品种，适当扩大示范云烟85、RG11、RG17、CF965品种，大力压缩柯克176品种。

2000年，省公司对品种布局安排提出三个原则：因地制宜；试验示范、推广；品种轮换种植。主栽品种1～2年要轮换，保持抗病性。全省推广种植翠碧1号、K326、云烟85、K346，同时示范种植云烟87、CF965、RG11、RG17等新品种，改变了品种单一的局面。由于2月底、3月初气温偏低，不少提前移栽的烟株都出现早花现象，仅12片叶左右就已现蕾，尤其是K326和云烟85比较严重。9月初，省公司组织召开全省烤烟品种布局研讨会，提出全省品种布局必须统一部署，防止品种"多、乱、杂"，做到以销定品种。

2001年，品种布局仍以翠碧1号、K326、云烟85、K346为主，搭配少量RG11和其他品种。省烟科所和龙岩烟科所选育的烤烟新品系9804、F_1—35、F_1—38分别在长汀县、宁化县进行示范种植。

2002—2005年，全省烤烟品种以K326、翠碧1号为主栽品种，搭配云烟85和云烟87两个品种。示范种植新品系F_1—35、F_1—38。

2006年，全省烤烟以K326、翠碧1号、云烟85为主栽品种。全省清香型烟叶开发选定翠碧 1 号、F_1-35、C2、永定 1 号、红花大金元等 5 个品种为候选种植品种，当年表现较好是翠碧 1 号、F_1-35、C2。

2007 年，在龙岩、三明、南平三个烟区开展全省烤烟良种区域试验，研究新品种在福建烟区不同生态区的适应性、抗病性、经济效能、质量特点和工业利用价值等，为品种省级审定、推广、择优合理布局、生产利用提供科学依据。区域试验分为小区试验和生产试验两部分，生产试验品种（系）主要有：F_1-35、C2、F123、LY－1、F119，以翠碧 1 号、K326 为对照。

2008 年，分别在龙岩分所、长汀试验站、三明分所、泰宁试验站、南平分所、浦城试验站、松溪试验站等地进行早春烟与春烟的小区试验，试验品种（品系）为 FL86、FL88F、B07－2、B08－2、B08－4、K06－5、F210、F211、F9－2、F31－2、CF202、CF212，以翠碧 1 号、K326 为对照。分别在上杭、长汀、尤溪、宁化、武夷山、浦城、泰宁、邵武、松溪等安排早春烟与春烟的生产试验，生产试验品种（系）主要有：F_1-35、9804、C2、F209、0507、K－2、LY－1，以翠碧 1 号、K326 为对照。在上杭、长汀、泰宁、宁化、邵武、松溪等地进行引种试验，引进示范种植的品种有云烟 202、云烟 203、中烟 102、中烟103。生产大田试种了红花大金元、闽烟 7 号等品种。

表 2－1　　　　　　　　**1997—2008 年福建省烤烟种植品种情况表**

单位：万亩

年份	合计	K326	翠碧1号	岩烟197	G80	云烟85	云烟87	K346	F_1-35	F_1-38	闽烟7号	红花大金元	其他
1997	83.78	19.80	30.30	28.50	0.45	—	—	—					4.73
1998	55.66	25.55	21.35	7.00	—								1.76
1999	58.68	24.15	14.55	2.05	—			13.90					4.03
2000	67.82	35.90	16.60	—		4.90		5.70					4.72
2001	71.93	27.56	20.96	—		18.66		2.00					2.75
2002	80.90	39.60	20.20	—		16.50							4.60
2003	77.61	45.25	15.49	—		14.57	1.73						0.57
2004	84.64	41.99	15.73	—		15.80	9.97						1.15
2005	92.43	39.13	19.24	—		16.55	16.08		0.05	1.02			0.36
2006	91.51	37.16	17.06	—		22.17	13.46		1.14	0.50			0.02
2007	86.01	27.50	18.57	—		19.69	16.83		2.00	0.66			0.76
2008	104.46	24.45	27.46	—		26.20	23.92		0.89	—	0.20	0.49	0.85

（二）主要品种（品系）

翠碧 1 号

翠碧 1 号是福建本地品种，20 世纪 70 年代，从宁化石壁乡"特字 401"烟田变异株选育而成，1991 年全国烟草品种审定委员会认定其为烤烟良种。该品种表现种性稳定，烟叶香气质好、香气量足，配伍性强，受到烟厂的青睐，烟叶进入全国名优卷烟品牌配方。该品种田间长势旺盛、整齐，株式塔形，打顶株高 95～105 厘米，茎秆粗壮，可采叶数 18～20 片。该品种适应性好，较耐寒、耐旱，需肥量少，生长前期遇低温不易早花，大田生育期 145 天左右，亩产 125～150 公斤。缺点是烟叶田间较不耐熟，光滑叶多，不易烘烤，易感根茎病害、花叶病等。福建开发清香型特色烟叶，该品种成为主栽品种。

K326

K326 是美国 1981 年育成的烤烟新品种，亲本是 MC225×（MC30×NC95）。1988 年，该品种引进福建烟区试验、示范种植。20 世纪 90 年代开始在福建烟区大面积推广。该品种大田生育期 110～125 天，株式筒型，打顶株高 80～90 厘米，茎围 8～9 厘米，节距 3～4 厘米，有效叶 20 片左右，叶形长椭圆，叶色绿，叶尖渐尖，叶面较皱，叶脉稍粗，花序较集中，花色粉红。产质较高，耐肥，对温、光反应较敏感。移栽后田间长势中等，前期生长慢，后期生长快，烟叶分层落黄好，易烘烤。产量适中，一般亩产 125～160 公斤，上等烟比例高。中抗黑胫病、青枯病，对炭疽病、气候性斑点病、花叶病抗性较差。烤后烟叶多呈橘黄，色较深，身份好，香气质好，香气量足。为福建烟区累计种植面积最大的外引品种。

K346

是美国 NK 种子公司用 McNair926×80241 杂交育成，1990 年在美国通过审定推广。1997 年，该品种引进福建烟区进行小面积试种。1999 年，全省种植面积达到 13.9 万亩，此后逐步萎缩。该品种具有一定耐寒能力，大田生产期 120～130 天，农艺性状表现：株型较高大，中下部叶片薄，株高 102～110 厘米，节距 3.71～4.02 厘米，有效叶 20～21 片，大田长势较强。该品种大田前期生长慢，对肥料需求量较 K326 少，成熟期叶色浓绿，褪黄较慢。抗病性较 K326 强，尤其抗青枯病、黑胫病，对花叶病和气候斑点病抗性较差。该品种的烘烤特性与 K326 基本一致，烟叶较薄，叶片变黄快，易烘烤，由于主脉较粗，易烘出青筋烟。

云烟 85

云烟 85 是中国烟草育种研究（南方）中心、云南省烟草研究所选育的烤烟新品种，根据基因重组和累加效应原理，用红花大金元与 G28 杂交选育的云烟 2 号为母本，K326 作父本杂交，于 1995 年育成。1997 年，该品种引进福建烟区，进行区域试验和较大规模的生产试验，表现性状稳定、性能优良。该品种株式塔形，打顶后为筒形，打顶株高 80～90 厘米，有效叶数 18 片左右，叶片长椭圆形，叶色绿，叶面较皱，叶尖渐尖，叶缘波浪状。移栽后前期生长势弱，后期强，团棵较早，生长整齐，大田生育期 120 天，亩产 150 公斤左右。该品种耐成熟，烟叶分层落黄，分层成熟。该品种易烘烤，定色期脱水较快，容易定色，黄烟率高。该品种高抗黑胫病，中抗青枯病、花叶病和气候斑病。烤后烟叶多为橘黄色，光泽强，油分多，外观质量良好，香气质较好，香气量较足。

云烟 87

云烟 87 是云南烟草科学研究所用云烟 2 号与 K326 杂交选育的品种，为云烟 85 的姐妹系。2001 年，该品种引进福建试种。其田间长势长相、烘烤特性、烤后外观等均与云烟 85 相近。打顶株高 90 厘米左右，有效叶 18～20 片。对低温敏感，易早花，容易发生气候斑点病。该品种较耐肥，对肥料需求较大，特别对钾肥需求量更大。耐成熟，田间落黄层次明显，易烘烤，变黄快，烤后烟叶颜色鲜净，上等烟比例高。2003 年在福建烟区少量种植，2004 年全省扩大到近 10 万亩。之后，种植面积逐年扩大。

岩烟 97

岩烟 97 系龙岩地区烟科所选育，以 401－2 作母本与 G80 作父本杂交，后以 G80 作轮回亲本回交后代选育的新品系。吸收了其父本 G80 易种、易烤、耐肥、长势强、有效叶多（23 片以上）等特点，田间表现：不早花、腋芽少、产量高、高抗青枯病、耐花叶病，全生育期 200～230 天，其中苗期 75～80 天，大田期 120～130 天。1993 年在上杭县试种，1994、1995 两年参加福建省第三轮烤烟品种区域试验，综合性状居参试品种首位，其产量、产值和上等烟比例高于对照品种，烟叶外观质量、化学成分及评吸结果均较理想。1995 年在龙岩、三明、南平等地多点试种 2 万亩，1996 年全省迅速扩大示范种植近 10 万亩，普遍长势良好，受到烟农欢迎，是年 5 月底召开省烟草品种审定委员会工作会议，岩烟 97 通过省级农业审评。该品种农艺性状优良，植株筒形，株型紧凑，节距较均匀，不早花，有效叶数较多，一般 20～22 片，腋芽长势较弱，大田长势强，较耐肥；抗根茎病害，较耐花叶病，叶片耐热，落黄好，成熟较集中，烟叶易烘烤等特点。一般亩产 140～160 公斤，烟叶内在品质、香气质好，香气量有，化学成分协调。但该品种下部烟叶偏薄，颜色偏淡，对镁敏感，栽培上提出适时早播早栽，重打底脚叶，多留上部烟，控制单株留叶数 20～22 片，并增施农家肥和镁肥。1997 年全省种植面积扩大到 28.5 万亩，由于该品种存在下部叶颜色偏淡，身份偏薄，烟叶贮存一定时间后颜色变淡，又尚未进行全国品种审定，1998 年后逐渐萎缩，2000 年该品种在福建烟区基本停止种植。

闽烟 7 号

闽烟 7 号（代号 K07）是福建省烟草农业科学研究所选育的烤烟新品种。是以云烟 85 为母本、Coker347 为父本杂交选育而成的品种。该品种从 1997 年开始配组，历经 10 余年的选育、试验、示范过程，分别通过了省级烤烟品种试验示范、全国烤烟品种区试和生产试验、全国农业评审和工业评价、全国烟草品种审定委员会审定等过程。该品种植株筒形，平均自然株高 143 厘米，打顶株高 98 厘米，有效叶 20～21 片。叶形长椭圆，叶尖渐尖，叶色绿，主脉粗细中等，花序较集中，花色淡红色。大田生育期 120 天左右，移栽至中心花开放 59 天。叶片成熟特征明显，易烘烤，烤后原烟颜色橘黄，光泽强，油分多，结构疏松。抗黑胫病，中抗青枯病，感花叶病、赤星病和气候性斑点病，其根茎病抗性好于对照 K326 品种。福建省内多年试验结果平均亩产量 139.6 公斤，上等烟比率 52.9%，全国区试试验结果平均亩产量 165.2 公斤，上等烟比例 34.9%。主要化学成分比例协调，烟叶感官质量优于或相当于对照 K326。在福建烟区种植，中等肥力地块每亩施氮量 8.5 公斤，$N：P_2O_5：K_2O$ 为 $1：0.8：2.5～3.0$。播种期比 K326 适当提早 5～7 天。

F_1－35

F_1－35 是龙岩烟科所在 20 世纪 90 年代中后期以翠碧 1 号不育系为母本（CB－1×9811）配制的烤烟杂种一代组合。2001 年在龙岩烟区试验、示范，表现烟叶烘烤性好、产质较高等优势。2002—2004 年在长汀县河田及龙岩烟科所进行小区对比试验。该品系性状：全生育期 210～220 天（苗期 60～70 天，大田期 140～150 天），株高 100～105 厘米，可采收有效叶 20～22 片，株型一般显桶型；需肥量中等；较耐寒、耐旱；较耐花叶病和黑胫病，易感青枯病、赤星病；较耐熟、易烘烤。上等烟比例高，中部叶颜色橘黄，油分充足，色泽饱满，叶片结构疏松，下部叶稍薄。2005 年入选为福建清香型烟叶开发品系，在福建部分烟区试种。该品种通过福建省烟草品种审评委员会农业评审。

蓝玉 1 号

蓝玉 1 号（LY－1）是三明烟草分公司选育的新品系。1998 年在大田县桃源镇兰玉村浮山自然村烟农翁成满的 K326 花叶病（TMV）重病田，选择变异单株，进而育成烤烟新品系。2001—2006 年在三明市各县（市）示范种植。该品系特点：植株筒型，打顶株高 95 厘米，有效叶 20 片左右，叶片为长椭圆形，主脉相对较粗，叶耳中等，叶色浅绿，大田生育期 120 天。花枝较松散，花冠淡红色，蒴果卵圆形，大田生长势强，植株生长整齐，落黄层次明显，烟叶较耐熟、易烘烤。该品种通过福建省烟草品种审评委员会农业评审。

（三）良种繁育

1991 年，省公司依据中国烟草总公司印发的《全国烟草种子管理办法》、《全国烟草品种审定委员会章程》、《全国烟草品种审定办法及标准》、《全国烟草品种区域试验和生产试验管理办法》等文件，制定《福建省烟草种子管理实施办法》，规定良种繁育、推广、供应的程序与办法。烤烟种子繁殖严格执行原种、良种两级繁育制度，原种繁殖由国家局指定的单位负责，良种繁殖由省公司制订计划，统一组织良种繁育和良种推广，分公司具体组织实施。烤烟种子由烟草公司统一繁殖、统一供种，免费供应，保证烟叶质量的稳步提高。

1993—1994 年，省公司指定永定、漳平、宁化 3 个县为良种繁殖单位提供原种（永定提供 K326 原种，漳平提供 G80 原种，宁化提供翠碧 1 号原种），良种繁育安排在龙岩、三明、南平、漳州 4 个烟草分公司所属 7 个基层单位，种子田面积共 150 亩，生产种子 1500 公斤，省公司和分公司对良种繁育单位每亩补助 200 元。1995 年，良种繁育工作由宁化、上杭、漳平、邵武县（市）烟草公司和三明烟科所、福建尤溪金叶发展有限公司承担，种子田面积共 75 亩，留种量 750 公斤。负责良种繁育单位较为重视，做到组织管理到位、物资到位、技术措施到位，并指定专人负责，各项技术措施严格按照《烟草种子繁殖操作规程》组织生产。当年，省、市烟草公司给良种繁育单位每亩补助 300 元，用于技术指导和肥料补贴。良种繁育田有具体要求，选择隔离条件好，烤烟与水稻隔年轮作，土层深厚、排灌条件好的田块。栽培技术管理上适当增施肥料，特别是有机肥料，每亩施 30 公斤饼肥，1200 公斤腐熟猪、牛栏粪作基肥；适当稀植，行距 120 厘米，株距 55 厘米，亩栽株数 1000～1100 株。烟株生产过程及时进行去杂去劣，选留具有品种典型性状的优良单株，去除杂株、劣株、病株，及时疏花疏果，单株留蒴果不超过 80 个，每亩留种数量不得超过 10 公斤。种子田的烤烟适当推迟采收中上部叶片，在种子采收之前至少保留5～6 片有效叶片。种子采收后进行选种、消毒、妥善保管。

1995 年，国家局开展烟草种子包衣丸粒化和育苗配套技术研究课题取得成功。省公司委托龙岩烟科所购进一台包衣种子加工机器，对烤烟种子进行包衣加工。

1996 年，全省开始推广包衣种子育苗。包衣种子是用含杀菌剂，水溶性氮、磷、钾肥料，微量元素及生物激素等溶剂，包裹于种子外围，将种子体积放大几十倍，形成包衣丸粒烟草种子，具有省工、省种、方便等特点，有利于统一供种、机械化播种和集中育苗。是年，全省推广包衣种子育苗 3.4 万亩，其中龙岩 1.5 万亩，三明市 0.8 万亩，南平 0.5 万亩，罗源 0.5 万亩，南靖 0.1 万亩，省公司每亩补贴技术指导费 1 元。为做好包衣种子育苗的推广工作，10 月底，省公司委托龙岩地区烟科所举办包衣种子播种育苗培训班。随后福建省烟科所（三明）也购进包衣种子加工机器，进行种子包衣加工。经过 1～2 年推广，全省烟区全部使用包衣种子育苗。

1997 年，良种繁育经营实行许可证管理制度，由国家局发放"烟草良种生产许可证"和"烟草良种经营许可证"。原种由国家局统一管理，专业单位繁殖，坚持一年繁殖，多年使用的原则。良种由省公司统一管理，实行统一供种。福建省烟科所三明良繁基地被国家局确定为福建省唯一的良种繁育基地。省公司完善和健全品种繁育体系和供种办法，各烟叶产区的品种布局，供种形式采取签订当年品种合同加工数量，预约来年品种繁育计划的两年制"滚动式"管理方法，（即：1998 年要上报 1999 年的品种合同加工数量，预约 2000 年的品种需求计划），福建省烟科所三明良种繁育基地根据省公司下达的品种繁育数量，组织生产、加工和经营。

1998—2000 年，省烟科所三明良种繁育基地，在龙岩、三明、南平烟草区建立三个繁育点，龙岩市建立 G80 良种繁育与岩烟 97 新品系研究基地点，三明市建立翠碧 1 号良种繁育基地点，南平市建立 K326 良种繁育基地点。K326 原种由云南省烟科所提供，翠碧 1 号原种由福建省烟科所提供，岩烟 97 原种由龙岩烟科所提供。为防止品种退化，保证种子纯度，原种繁殖采用"单株选择、分系比较、混系繁殖"的方法进行。福建省烟科所三明良种繁育基地负责良种繁育的技术指导和培训工作。

2001年，省公司依据国家局发布的《烟草种子管理办法》、《全国烟草品种审定委员会章程》、《烟草品种审定办法》、《烟草品种试验管理办法》等文件，制订《福建省烤烟种子生产经营管理实施细则》，规定省局（公司）管理全省烟草种子工作，并指定福建烤烟良种由福建省烟科所三明良种繁育基地负责繁育、生产、加工、包装和供应。良种繁育基地繁育K326为310公斤，翠碧1号为165公斤，K346为65公斤，云烟85为190公斤，RG11为20公斤。2002年，省公司向中国烟叶生产购销公司购买优质原种45克，其中K326品种35克，云烟85品种10克，用于良种繁育。

2003年，省烟科所良种繁育基地在三明市建立K326良种繁殖田50亩；在龙岩市建立K326良种繁殖田10亩，翠碧1号良种繁殖田3亩，云烟85良种繁殖田4.5亩；在南平市建立K326良种繁殖田20亩，云烟85良种繁殖田10亩。当年南平烟草分公司也在南平烟科所建立包衣种子生产车间，加工生产包衣种子。

2004—2005年，省公司向玉溪中烟种子有限公司购买K326原种，用于良种繁殖。2004年福建省建立良种繁殖田：三明市翠碧1号为16亩，K326为40亩；龙岩市K326为20亩；南平市K326为20亩。2005年建立良种繁殖田K326为33亩（其中：龙岩13亩，南平20亩），三明市种子库存量大，当年暂停繁殖。2005年，国家局印发《烟草育种工程方案》，福建省提出烤烟育种的指导思想、工作目标、主攻任务。

2006年，国家局重新修订下发《烟草种子管理办法》、《烟草品种审定办法》、《烟草品种试验管理办法》。

2007年，省局（公司）制订《福建省烤烟品种审定办法》和《福建省烤烟品种试验管理办法》，并对《福建省烟草品种审评委员会章程》进行修订。同时，成立第五届烟草品种审评委员会，加快福建省烟草新品种选育步伐，加强烟草种子管理，规范烟草品种审定和试验示范工作。省烟科所三明分所进行良种繁育，分别繁育翠碧1号、K326、K07、蓝玉1号的良种面积分别为15亩、15亩、5亩、5亩；省烟科所龙岩分所分别在永定抚市繁育K326品种6亩，在连城繁育云烟87品种20亩、F_1—38品种2亩；省烟科所南平分所繁育K326品种40亩、云烟85品种18亩。各良种繁育点安排专人负责，精心进行技术指导，烟株生长旺盛，各项技术落实到位，种子饱满、质量好。

2008年，省烟科所三明分所分别在三元区和明溪县两个地方良种繁育翠碧1号品种40亩。省烟科所龙岩分所分别在连城繁育云烟87品种31.5亩，收种子415.3公斤；在永定F_1—35制种2亩，收种子18公斤。省烟科所南平分所主要繁育K326和云烟85良种。

二、栽培技术

（一）育　苗

1. 苗床育苗与假植育苗

20世纪90年代，苗床育苗以选择背风向阳，水源方便，地势平坦，土地肥沃且结构好，之前作为非茄科作物和蔬菜地，以稻田地为佳；苗厢采用烧土消毒，播种后搭架覆盖地膜，出苗后做好肥水管理，进行间苗、定苗、练苗。但此法育苗，烟苗素质较差，烟苗过密易形成高脚苗，移栽后还苗期长，烟株大田整齐度差。

1991—2005 年，假植育苗以假植苗床铺成 3 厘米左右厚的营养土，取普通苗床上有 4～5 片真叶的烟苗植于假植床上，假植苗间距 8 厘米见方，假植后浇足定根水，及时盖膜，其余管理与普通育苗相同。采用假植育苗，烟苗素质提高，根系发达，移栽后成活率高，还苗快，大田生长整齐一致，产量和产值均高于普通育苗。故而，全省烟区广为推广。

2. 营养袋育苗

20 世纪 90 年代，省公司在假植育苗的基础上，在烟区试验推广营养袋育苗，即利用塑料袋装好配制的营养土，营养袋整畦排列，把苗床上有 4～5 片真叶的烟苗移栽到营养袋，按假植育苗进行管理。营养土配制：用腐熟的猪牛栏粪 30% 和化肥土 70%（按 100 公斤营养土加 0.25 公斤复合肥，另加少量过磷酸钙）一起拌匀（按体积比计算）。经几年的试验、示范，营养袋假植育苗技术被广大烟农认可。采用营养袋假植育苗，烟苗粗壮、须根多，还能保护完整根群，栽后无还苗期，延长营养生长期，加快烟株的出叶速度，增强抗逆能力，增加光合效率，提高产质。1993 年省公司与龙岩市永光塑料厂合资兴办烤烟专用营养袋生产线，生产烤烟专用营养袋，当年调拨价格 10 元/万只，各产区烟草公司提供育苗营养袋免费供应烟农。是年营养袋假植育苗技术在全省烟区迅速铺开。1994 年全省各烟区把推广营养袋假植育苗作为培养壮苗、提高烟苗素质的重要措施来抓。上杭县烟草公司采取"五个到户"推广工作，即：营养袋免费供应到户，种子免费发放到户，技术资料分发到户，落实清点种植株数到户，硫酸钾化肥供应运送到户。是年，全省烤烟育苗全部实现营养袋假植。1996 年，宁化、长汀县试验使用客土（山皮净土）做营养土，减少病害的初侵染，取得好的效果。1997 年，南平邵武"中美（菲莫）"合作技术提出营养袋密排，配合剪叶练苗，培育高茎壮苗。三明市示范溴甲烷熏蒸育苗，全市开展熏蒸苗床 15 万平方米（移植大田面积 3 万亩），每 15 平方米节省用工 2～3 天、节约费用 33～43 元，还能较好地防治病虫害。至 1998 年，采用营养袋假植育苗仍然是福建烟区主要推广的技术之一，并提倡用客土配制营养土，培育无病菌烟苗。

3. 漂浮育苗与湿润育苗

1998 年以后，福建烤烟育苗方式，在营养袋假植育苗的基础上，试验、示范、推广漂浮育苗与湿润育苗技术。福建省烟科所在营养袋育苗的基础上，借鉴湖北和国外漂浮育苗技术，通过就地取材多方选择和大量试验，研制出理化性质稳定、适宜烟苗健壮生长的基质配方，筛选出新型的营养液配方，烤烟营养液漂浮育苗技术取得突破。漂浮育苗是在无土条件下培育壮苗，需准备育苗盘、基质、营养液、地膜等，搭建大棚，建造漂浮池等一系列工序。具体育苗过程为：建造塑料育苗大棚，在单个育苗池上方再搭高 50 厘米左右的小棚架，实现双层膜保温。建造漂浮池，池建成槽状，池底铺上黑膜，池不能有漏水，在漂浮池中加入自来水，水的深度保持在 10 厘米，再添加营养液。育苗盘由泡沫塑料制成，盘长 61 厘米，宽 41 厘米，高 6 厘米；每盘 216 孔（18×12）或每盘 187 孔（17×11）。配好基质，将湿润均匀的基质铺在育苗盘上，每个育苗穴内播 1~2 粒包衣种子，然后将育苗盘移入配好营养液的漂浮池中，立即喷水至盘面润湿见到种子裂解。进行苗床管理，做好间苗、定苗，剪叶，练苗。

1999 年，全省 15 个县（市）示范漂浮育苗 920 亩获得成功。全省总结漂浮育苗经验，与常规苗相比，亩产量增加 9~36.2 公斤，上等烟比例增加 5~16 个百分点，亩产值增加 100 元左右。当年各烟区对漂浮育苗充满信心，做好基质、营养盘、地膜、拱棚等物资准备，省公司对漂浮育苗每亩补助 5.2 元，共补助 26 万元。经几年推广，营养液漂浮育苗具有明显优点：可培育出根系发达的大小整齐一致烟苗；可消除烟苗潜伏带病因素；减轻育苗和移栽的劳动力，便于生产操作，降低生产成本；可促进栽后烟苗生长均衡、叶片开展、提高产量质量、增加收益；有利于集约化管理，提高育苗技术水平，实现工厂化育苗。

2000 年，省公司组织三个烟区的技术骨干到云南学习湿润育苗技术。此后，三明分公司探索湿润育苗技术，通过借鉴漂浮育苗和营养袋育苗的优点，对湿润育苗进行试验示范。湿润育苗的育苗盘采用长 32 厘米、宽 59 厘米、高 4.5 厘米的 100 孔塑料托盘，基质配制采用膨化珍珠岩、碳化谷壳、泥炭土等为材料，按不同配比配制并与新鲜干净无毒的黄泥土按一定比例混合，具有保水保肥好，苗床管理与漂浮育苗相同。湿润育苗培育的烟苗生长整齐、根系发达、根系活力强，抗逆性提高，移栽后缩短返苗期。2 月，全国烟草漂浮育苗技术现场观摩暨培训会在三明市召开，来自全国 14 个烟叶产区的代表，观摩三明金明农资有限公司地膜、专用肥、漂浮育苗盘和基质的加工现场，察看明溪县沙溪乡瑶奢村、宁化县安乐乡漂浮育苗大棚和移栽烟田现场。全省漂浮育苗面积扩大到 3.8 万亩。

2001 年，全省示范推广漂浮育苗技术达到 6.2 万亩。各产区因地制宜推广大、中、小棚育苗，通过召开现场会和举办培训班等方法，广大烟农对这项新技术掌握得较好，操作比较规范，烟苗长势较好。三明烟区漂浮育苗面积达 5 万亩，仅宁化县就推广漂浮育苗技术 1.1 万亩，有的村镇面积达总育苗面积的 70%~80%。此时，全省烟区的育苗均以漂浮育苗和营养袋假植育苗两种形式存在。2002 年，全省加快漂浮育苗推广步伐，育苗专用肥由福建省烟科所三明分所统一生产、统一价格，省公司拨款 78 万元补助专用肥。是年，全省以漂浮育苗种植的面积有 27.8 万亩，占种植面积 34%，其中：三明 23.2 万亩（占总面积的 57%），龙岩 2.7 万亩，南平 1.9 万亩。龙岩烟草分公司采取相应扶持措施，加大漂浮育苗推广力度，漂浮育苗每亩补助 21 元。

2003 年，全省推广漂浮育苗种植面积达 48.9 万亩，比上年增加 21.1 万亩，占总面积的 63%。三明推广漂浮育苗面积位于全国首位，漂浮育苗种植面积达到 90%。全省各烟区经过几年示范推广，对漂浮育苗技术操作比较熟练，部分烟区冬季遭遇两场大雪，烟苗仍没受害，烟苗素质较高，移栽后大田长势均衡。上杭县在推广漂浮育苗的基础上，推行商品化育苗，全县育苗户由上年的 7864 户减到 1915 户，兰溪、庐丰、蛟洋 3 个乡（镇）实现百分百集中育苗。泰宁、尤溪、将乐等县 100％实行了漂浮育苗，将乐县还对漂浮育苗实行"三统一"，即：统一规范建棚，统一播种时间，统一剪叶练苗。邵武市采取托盘育苗与漂浮育苗相结合的形式。2004 年，全省采用漂浮育苗种植的烟田有 62.8 万亩，占种植面积的74.2％，并示范推广一部分湿润育苗种植。各烟区积极探索推行商品化育苗途径，龙岩烟草分公司推行集中育苗、供苗，建立商品化育苗基地，全市集中育苗和商品化育苗占 50％，南平松溪县培养一批育苗专业户，将商品化育苗推向市场，提高烟苗质量，减少种烟环节。2005 年，全省推广漂浮和湿润育苗种植面积 81.98 万亩，占种植面积的 88.7％。

至 2008 年，全省烟区育苗基本上采用漂浮育苗和湿润育苗两种形式。通过漂浮育苗和湿润育苗推广，各产区相继建立一大批商品化育苗基地，发展了一大批育苗专业户，全省集约化育苗，商品化育苗全面普及。2008 年全省烟区商品化育苗种植面积达 54.2 万亩，占总种植面积 51.89％。

（二）移　栽

移栽期　福建烟区烤烟移栽期是依据当地气候条件、种植制度以及品种特性、播种期等因素来综合考虑，主要以气候条件为主，做到充分利用有利的气候条件，适时移栽。烟农在生产实践中常常是同品种、同烤房的移栽时间控制在 2～3 天内，这样有利田间管理和烟叶烘烤。

表 2—2　　　　　　**1991—2008 年福建烤烟主产区移栽期情况表**

地区	品种	移栽期	备注
龙岩	迟熟品种	1 月下旬	龙岩南部有适度提早移栽，北部适当推迟。
	早熟品种	2 月中下旬、3 月上旬	
三明	迟熟品种	1 月下旬、2 月上旬	高海拔地区有适当推迟移栽。
	早熟品种	2 月下旬、3 月上中旬	
南平	迟熟品种	2 月上中旬	
	早熟品种	3 月上中旬	

20 世纪 90 年代以来，福建烟区着重推广了土壤改良、高垄单行种植、地膜覆盖栽培等生产技术。

土壤改良　福建烟区都进行冬翻晒白，在秋收结束后冬至前进行。冬翻土具有疏松土壤、改良土壤结构、消灭冬病虫源等多种功效。由于化学肥料的大量施用和有些烟田无法得到有效轮作，土壤理化性质不断发生劣变，烟叶的产量和品质也受到影响。据省公司与福建农业大学对福建主要烟区土样进行测定：土壤 pH 值在 4.5～5.0 的占 53.6％，pH 值在 5.1～5.5 的占 33.7％，pH 值在 5.6～6.0 的占 7.7％，pH 值在 6.1～6.5 的占 5.0％，分析结果福建烟区土壤普遍偏酸。在酸性土壤环境下，多数养分的有效性低而且 AL、Mn 活性提高，影响烟株对磷、钾、镁等元素的吸收，影响到烤烟产质。此后，各烟区采取了施用石灰或白云石粉来调节土壤酸度，具体方法是：一般每亩施用 100 公斤白云石粉或 50～60 公斤石灰，分两次施入，在冬翻土前先撒施一部分，冬翻后再施入一部分；浸水溶田的结合溶田过程施用。白云石粉主要成分是 $CaMg(CO_3)_2$，含钙 32%，含镁 18.5%。

烟农在浸水溶田实践中总结出稻草回田的办法改良土壤，稻草回田成为福建烟区改良土壤的一项主要措施。通过稻草回田能增加土壤养分，改善土壤理化性状，达到提高烟叶质量、产量的目的。稻草还田成本低，操作简便易行。其做法是：当水稻收割之后，将该稻田的鲜稻草切成 3～5 段，均匀撒在田间，在 11 月初向田里灌 5 厘米深的水，经过 2～3 天的时间把稻草充分浸透，15 天内用旋耕机来回耕作三次。在第一次和第二次耕作后，每亩均匀撒施白云石粉 50 公斤，再进行第三次耕作。而后保持田间 3～5 厘米水深，使稻草腐烂，让其自然落干，约 45 天后进行机耕起垄。

2000 年以后，各烟区普遍采用烟田增施石灰或白云石粉调节土壤酸度，推广稻草溶田改善土壤结构，培肥地力。全省烟区通过施用石灰、白云石粉，稻草回田、浸水溶田等烟田土壤改良后，烟叶产量、质量得到提高，农民用地养地的意识增强。2001 年，全省烟区全面推广稻草回田改良土壤，仅宁化县、长汀县就推广稻草回田浸水溶田 6.8 万亩。龙岩、三明分公司对稻草还田给予适当的补助，长汀县还组织稻草切割专业队，帮助烟农进行稻草还田。是年，全省推广石灰、白云石粉改良土壤 28.5 万亩。南平烟区推广白云石粉改良土壤 8.52 万亩。2002—2008 年，各产区烟草公司加大稻草还田、施用石灰和白云石粉改善土壤力度，并采取补助政策鼓励烟农推广土壤改良措施。至此，农民用地养地的意识增强，通过土壤改良，提高土壤 pH 值，改善土壤理化性状，促进烟株营养协调，改善烟叶内外在质量。

表 2—3　　**2002—2008 年全省烟区稻草回田与白云石粉或石灰溶田面积情况表**

单位：万亩

年　份	稻草回田面积	白云石粉或石灰溶田面积
2002 年	20.7	36.1
2003 年	29.5	27.6
2004 年	29.0	38.0
2005 年	47.9	30.3
2006 年	38.7	17.0
2007 年	36.7	15.3
2008 年	38.9	10.8

单行种植　全省优质烟开发示范田均采用高垄单行种植，改善烟株的生长环境，增加烟田的通风透光，提高烟叶产量和质量。为提高烤烟生产"三化"水平，在规范化方面，各产区采用行政干预或资金补助等措施大力推广单行种植。随着单行种植与地膜覆盖配套栽培技术的推行，个别仍采用双行种植的老烟区也纷纷实行单行种植。单行种植一般采用宽行窄株，行距110～120厘米，株距50厘米，亩种植1100株左右。90年代中后期以后，全省烟区在条件许可的烟田地块逐步推广机耕起垄，采用机耕起垄不仅垄体饱满，整齐划一，还减轻烟农劳动强度。

地膜覆盖　90年代初期，根据南方烟区多雨生态气候特点，三明烟科所先后进行地膜覆盖与裸地栽培的对比试验，龙岩分公司在福建省农科院的支持下，对地膜覆盖栽培进行研究和示范。通过生产实践，证明地膜覆盖栽培具有防寒、增温、保肥、减少杂草、增产增质等效果；解决前期低温、肥料流失等问题；克服了裸栽烟前期生长缓慢的难题，有利于烤烟早生快发。地膜覆盖栽培还具有抑制杂草，提高肥料利用率，节省劳动力等优点。1994年以后，地膜覆盖栽培在全省不断推广，面积逐年扩大。

1996年，全省地膜覆盖栽培推广面积达到33.09万亩，占全省烤烟面积的58.6％，其中三明烟区推广28万亩，占种植面积的85.2％。浦城新区实现100％地膜覆盖栽培。当年年初气温连续偏低，采用地膜覆盖的有效解决了移栽后烟苗蹲苗问题，保证烟叶正常生长，不影响晚稻插秧季节。据调查，地膜覆盖栽培的一般亩产量可增加15公斤，减少用工4～5天，肥料成本下降20％，上等烟提高10个百分点以上，亩产值净增200元左右。1997年，省公司要求总产量在5万担以上的县（市），80％以上的面积要推广地膜覆盖技术。各产区烟草公司对地膜给予适当的补助，长汀县还实行地膜免费供应。当年全省地膜覆盖栽培面积69.4万亩，占82.8％。1998年，全省地膜覆盖栽培面积达到51.15万亩，占92％。由于大面积推广，各产区地膜覆盖栽培技术参差不齐，效果差异大，部分烟田盖膜质量较差。1999年，全省对地膜覆盖栽培提出相应的配套技术措施，要求垄体饱满；推行整畦盖膜待栽，在移栽前10～20天，结合起垄、施条沟肥作业，做好垄上盖地膜等准备工作，等待栽烟；盖膜时做好膜边压实压牢，采取"拉链式"压膜，使土膜紧密接触；并开始推广使用便携式移栽器移栽，以减轻劳动强度，提高移栽质量。当年全省地膜覆盖栽培面积53.6万亩，占全省种植面积的91.3％。

由于配色膜防杂草效果比白色膜好。2000年，部分烟区的地膜由白色膜改为配色膜。2001年，各产区全面推广配色膜覆盖控草技术。配色膜的标准是：膜宽90厘米（两侧黑膜，中间白膜宽为20厘米），厚度与普通膜一样0.005厘米，同时增加黑色素以保证黑膜部分色度不变，保证配色膜有效控草。全省共推广配色膜控草新技术11.4万亩，其中，南平烟区推广8.94万亩，占全市面积的78.4％；三明烟区推广配色膜控草技术2万亩。当年配色膜的成本为34元/亩。2003年，全省推广配色膜覆盖控草技术69.4万亩。至2008年，全省烟田采用配色膜覆盖栽培，并推广掀膜中耕培土。

（三）肥水管理

1991 年，福建烟区大量引进种植外引品种，各产区探讨了外引品种的最佳施肥量和施肥方法。龙岩烟科所、永定烤烟试验站和各试点县进行了施肥技术的研究。各地试验和大面积示范的调查结果：外引品种的施氮量为每亩施纯氮 9.5～11 公斤，比本地品种多 1～2 公斤，N：P_2O_5：K_2O＝1：1：2 为宜。由于外引品种营养生长期较短，福建烤烟生产前期又多为阴雨低温天气，施肥方法上，各地采取"攻头、保尾、重中间"的原则，即移栽前施足基肥（以农家肥为主，约占 30％～40％），移栽后早施、勤施、薄施返苗肥（约 15％），栽后 25～30 天重施团棵肥（约占 40％～50％），打顶后看烟株长势补施一次顶叶开面肥（约占 5％）。1993—1995 年，省公司与福建农林大学合作，开展福建烤烟营养调控与烟叶品质关系研究，首次对全省有代表性烟区土壤及对应田块烟叶化学成分进行分析普查，并开展相关课题研究，完成第一轮测土施肥研究应用。经调查研究，福建烟区土壤普遍偏酸，镁、硼营养元素普遍缺乏，要求通过施用石灰改良土壤，增施镁、硼营养，改善烟叶质量。1994 年开始，全省实行控氮、适磷、增钾，补充镁、硼等中微量元素肥料的施肥技术，并强调用饼肥、牛猪细粪或火烧土等有机肥作基肥，取得一定的成效。同年，省公司对施用石灰的土壤进行补贴。1996 年以后，实行平衡施肥技术，推广使用烟草专用肥。省公司根据各地土壤测验结果，每年都邀请有关专家和各级烟草公司技术人员一起对各烟区烟草专用肥配方进行科学调整、修改、论证，并将论证后的配方指定专门厂家组织生产，配制好的烟草专用肥根据土壤肥力、品种特性确定施肥量。裸栽烤烟施肥历来采用多次追肥，全省普遍采用地膜覆盖栽培后，在施肥方法上也进行改进，推行一次性施肥。地膜覆盖后，土壤养分分解释放加快，养分供应峰期提前，在施肥方面采用有机肥与无机肥配合，烤烟大田期所需肥料在移栽时一次性施完。具体操作是：整畦时按"条沟肥加穴肥"或"101 式"双侧施肥法一次性施用，对保肥能力差或基肥不足的烟田，在团棵期揭膜补肥、培土。地膜覆盖的烟田，水分管理上，强调膜内水分状况，特别是团棵期至旺长期，烟株需水量较大，出现水分不足垄体发白时，及时补充水分，又要防止沟内积水。当年 70％的烟田使用烟草专用肥。

1997—1998 年，邵武"中美"合作烟区和全省各地示范施用硝态氮肥。此前福建烟田施用氮肥均以铵态氮肥为主，改为施用一定量硝态氮肥后，促进烟株早生快长更为明显，烟叶质量也有提高。

1999 年以后，全省全面优化氮肥形态，提高硝态氮肥使用比例。在烟草专用肥配方中加入一定量硝态氮肥，硝态氮占总氮量 25％以上，同时适量补充镁、硼等中微量元素肥料，确保了烟株营养平衡。

2000 年，各烟区烟草专用肥配方为：龙岩烟区，总养分含量 38.43％，其中硝态氮占总氮量的 25％，铵态氮占 75％，专用肥配比：N：P_2O_5：K_2O＝8：7：21；三明烟区，总养分含量：41.87％，其中硝态氮占总氮量的 34％，铵态氮占 51％，专用肥配比：N：P_2O_5：

$K_2O=12:7:22$；南平烟区，总养分含量：41.4％，其中硝态氮占总氮量的38％，铵态氮占62％，专用肥配比：$N:P_2O_5:K_2O=8.5:8:21$。是年，国家局对烤烟平衡施肥项目进行立项联合研究。2001年，福建烟区开展烤烟平衡施肥技术研究与推广项目，并制定《福建省烤烟平衡施肥项目实施方案》，全省烟区开展第二次土壤和烟叶养分普查，当年全省完成三分之一烟区土壤和烟叶养分的测试分析工作，并调查建立取样点田间档案。

2001—2003年，省公司进行第二轮烟区测土配方平衡施肥研究与应用，龙岩、三明、南平的专用肥配方进行适当调整改进。全省对烟区土样和烟样检测，为合理施肥提供依据，加强烟草专用肥配方研究，提高肥料利用率。2003年，全面完成全省烟区土壤养分及相应田块烟叶样品的测试分析工作，并建立烟区土壤田间档案，根据检测烟区土壤养分丰缺情况，提出有效的施肥方式。是年，全省施肥技术进一步优化，增施有机肥，推广硝酸钾追肥，补充镁肥、硼肥，控制含硫肥料的施用，平衡施肥技术取得良好成效，有效地解决烟农盲目施肥、养分不平衡，烟株生长不整齐的问题。

2004—2005年，省公司开展第三轮烤烟专用肥示范，不断完善专用肥配方。此后，全省烟区施肥原则仍然是调节土壤酸度，控制氮磷肥，补钾、硼肥，增施镁肥，多施有机肥。

（四）打顶抹杈

1. 打顶留叶

1990年以后，烟区普遍采用定叶打顶的方法，全面推广现蕾后打顶留叶，打顶时期、打顶高度和留叶数，视土壤肥力、施肥量和烟株长势而定，一般烟株留叶18～20片，形成"腰鼓型"烟株。打顶时一般选择晴天一次性进行。进入21世纪以后，为控制上部烟叶烟碱含量偏高，提高上部叶可用性，全面推广见花打顶，合理留叶。一般在田间烟株10％～30％第一朵中心花开放期间进行打顶，当花蕾明显拔高、脱离新叶时，用手掐去或刀片斜切，留有效叶18片左右。

2. 抹 杈

1992年，三明烟科所对"一点灵"控制烟草腋芽试验，得出结果：4～6厘米以内的腋芽，杀芽率100％，抑芽效果可在20天以上，基本上达到一次性抑芽效果。化学试剂杀芽比人工抹杈省时，操作简便；产量增加，每亩可增加23.2公斤，上、中等烟比例提高，烟叶内在品质分析，总糖、烟碱比人工抹杈的高。化学抑芽药剂安全可靠，对烟株无损伤，不影响烟叶使用品质。1995年，全省推广化学药剂抑芽，并在化学抑芽方面进行研究，开展多种化学抑芽剂试验、示范。效果较好的有"除芽通"和福建省教育学院研制的"一点灵"，抑芽效果可达25天以上。1996年，扩大化学抑芽的推广面积，全省推广化学抑芽面积13.84万亩，占种烟面积的24.5％。三明、南平烟区组织科技人员深入烟区召开现场会，推广药液点滴，减少生产成本，收到很好的效果。1998年以后，全省烟区普遍采用"除芽通"抑芽，打顶后当天或第二天用"除芽通"化学剂兑水点滴或杯淋抑芽，用药一周后检查抑芽效果，抑芽效果不理想的在抹杈后补滴一次。这种抑芽技术方法沿用至2008年。

（五）成熟采收

福建烟区烟叶采收依据烟株田间长势长相而定，一般是脚叶适时早采，中部叶适熟采，上部叶成熟后采。烟农依据烤烟种植面积和烤房容量有计划地安排采收。烟农采收烟叶一般是在晴天上午9点前露水未干时或下午3点后进行，雨天在傍晚或雨后采摘。

1992年，各产区烟草公司把提高烟叶成熟度作为提高烟叶质量的重要措施来抓，在生产上仍然存在下部叶采收过熟，上部烟叶采收欠熟。下部叶采收过熟，导致下部叶颜色淡、身份薄、油分不足；上部叶采收过早，造成烘烤后的烟叶结构僵硬、光滑、油分不足，淀粉含量高，含青叶片和挂灰叶片比例大，影响烟叶质量。

1998年，中美（菲莫）邵武烤烟合作基地菲莫专家建议：下部叶的采收应比以往掌握标准提早5~7天，这时虽然烟叶外观仍未成熟，叶身仍是青色，实际上烟叶已经生理成熟。此后，全省对烟叶成熟采收标准掌握是：下部叶（5~6片）：叶色稍转青黄色，主脉变白，茸毛稍退，略见成熟特征，即为成熟，改变过去采收过熟的习惯。中部叶（6~8）片：叶色由绿变为淡黄绿色，主脉变白发亮，茸毛脱落，部分叶片叶缘下垂，茎叶角度比下部叶增大（成90度左右），具有明显成熟特征，每次采摘最多2片。上部叶（5~6片）：整片叶明显落黄并带有少量黄斑，主脉全白发亮，叶片下垂，茎叶角度在90度以上。

2000年，武汉烟草集团技术中心在龙岩长汀县河田烤烟试验站开展上部叶带茎采收烘烤试验。2001年，连城县借鉴长汀县开展上部叶带茎采收烘烤的情况，做进一步研究并取得成功，有效减少上部叶挂灰，解决上部叶颜色偏深、结构紧密等可用性问题，但烘烤时间需适当延长。

2002年，龙岩分公司示范推广上部叶带茎采收烘烤技术。

2003年，各产区在生产上提出：下部叶适时早采；中部叶成熟采；上部叶达到充分成熟采，最后5~6片烟叶集中一次性采收的原则。此后，全省烟区推广上部叶带茎采收烘烤技术。同时，由于下部叶工业可用性加大，各产区改变过去重打脚叶的做法，提倡适时早采，提高烟叶产量，增加烟农效益。

2004年，省公司成立《以成熟度为中心配套生产技术试验示范与推广》项目领导小组，开展"成熟度"为中心的栽培技术研究。此后至2008年，烤烟生产栽培上更重视烟叶成熟度，并成为提高烟叶品质的重要因素。

（六）病虫害防治

1. 病害防治

20世纪90年代，翠碧1号品种对病害的抗性减弱，在大田生长后期，若遇高温多雨的气候条件，就会造成青枯病、黑茎病蔓延流行，危害较大。局部烟区花叶病流行。烟草青枯病、黑胫病和花叶病在福建烟区常年发生，个别年份危害较重，在防治上无特效药。

21世纪以后，产区各级烟草公司均采取选用抗病品种、合理轮作、控制病原和发病条件等一系列措施，达到预防为主、综合防治的目的。具体措施是：一是轮作。一般同一田块实行隔年种烟，也采用烟地起垄前浸水溶田办法，改变病源物在土壤中的生存环境，缓解烟区因轮作困难而造成病害流行。二是冬翻土灭茬。在秋收结束后，对烟田进行一次卫生大清理，清除田边杂草、稻兜、烟杆等，并集中烧毁，消除病害的传染源，同时，施用石灰或白云石粉进行深耕冬翻晒白。三是采用客土育苗和漂浮、托盘育苗培育无病壮苗。四是平衡施肥，改善烟株营养，增强抗性。五是搞好田间卫生，讲究农事操作卫生，苗床剪叶、打顶抹杈、摘除脚叶等选择晴天进行，对清除的脚叶、烟杈、烟花集中处理销毁。六是注意清沟排水，规划好烟田排灌系统，防止串灌。七是在病害发生之前或发病初期，及早进行喷药防治。

各烟叶产区为提高病虫害综合防治技术水平，建立健全烟草病虫害预测预报体系。龙岩市公司组建烟草"植保110"服务体系，并与市邮政局合作，由各村邮递员把《病虫情报》分送到每户烟农家，让烟农及时掌握烟株各生育阶段的主要病虫情况及防治方法。将乐烟草分公司组建4支烟叶植保专业服务队，每个服务队配备一台高压动力打药车。2008年，省公司根据中国烟叶公司发布的《关于2008年度烟草农药使用的推荐意见》，公布63个推荐在烟草上使用的农药品种、17个暂停推荐使用的农药品种和47个禁止在烟草上使用的农药品种（或化合物）。

附：烟草主要病害

黑胫病　黑胫病多发生于成株期，少数在苗床期发生。幼苗染病茎基部出现黑色病斑，导致幼苗猝倒。茎基部染病后茎基部初呈水渍状黑斑，而后向上下及髓部扩展，绕茎一周时，植株萎蔫死亡。该病一般在4月下旬发生，5月中下旬进入盛发期。福建烟区4—6月是梅雨季节，田间湿度常能满足病害发生要求，温度的高低是决定病害发生早迟和危害轻重的重要因素，当平均气温在22℃以上时，黑胫病发生快，蔓延迅速。

青枯病　该病一般在4月底5月初开始发生，5月上中旬进入盛发期。该病为典型的维管束细菌性病害，高温高湿易感，34℃温度最易发病，连作与排水不良的土壤易发病，烟株根系旺长期是病原菌侵入高峰期。田间症状表现为多数病株慢性枯萎，系统症状为：病菌首先在根部侵入烟株，发病初期，在正午外观表现轻微凋萎，以后病茎产生黑色条斑，条斑可以一直延伸到叶片主侧脉及顶端，并时常造成顶芽腐烂枯死，随着病情加重，叶脉变黑腐烂，叶片凋萎加重，最终造成半边或整株叶片全部变黄干枯，拔出病株，可见根部变黑褐色腐烂；病茎髓部变黄腐烂，挤压切口有黄白色黏液渗出。重病株叶片完全腐烂脱落，髓部完全中空。

花叶病　福建烟区烤烟主要病害之一，尤其是在连续种植烤烟的田块发病较为严重。1998年，在福建烟区大流行，发病田有的发病率高达50%，有的烟田绝收。引起福建烟区花叶病的主要病毒源为普通花叶病毒（TMV）和黄瓜花叶病毒（CMV），又以普通花叶病毒最为普遍。两种病毒田间表现极为相似，很难区别，准确鉴定需借助血清学等技术才能完成。花叶病典型症状为深绿色与浅绿色的花叶，田间症状表现为斑驳、黄化、退绿，大面积褪绿斑块、疮斑、扭曲变形、皱缩、脉明等。该病在福建烟区一般是 3 月上旬开始发生，4 月中下旬进入盛发期，5 月底病情稳定或略有下降。

2. 虫害防治

20 世纪 90 年代，危害福建烟区的主要害虫仍然是小地老虎、野蛞蝓、烟蚜、烟青虫和稻绿蝽等，小地老虎、野蛞蝓主要发生在苗床期和移栽至团棵期；烟蚜、烟青虫和稻绿蝽主要发生在烤烟生长期。福建烟区气候温暖，雨量充沛，春夏季常是种植烟草和水稻，秋冬季是种植十字花科蔬菜、油菜等作物，生长季节为各种烟虫周年发生提供了丰富的寄主植物和生存环境，烤烟害虫直接危害烟叶产量和质量。对烤烟害虫的防治主要是施用化学农药，但长期施药招致烟虫抗药性不断增强，烟区积极研究烟叶害虫生物防治的办法，开展对烟草害虫天敌的调查、保护利用、移植和引进等工作，以达到综合治理烟虫的目的。

21 世纪以后，各产区对虫害的防治均讲究合理使用农药。当虫害发生达到防治指标需要用药时，选择高效、低毒、低残留农药，禁止使用甲胺磷、呋喃丹等高毒、高残留农药。烟农还根据不同害虫的危害特点，在用药方式上选择不同的施药方式，对防治蚜虫、斜纹夜蛾等食叶和刺吸汁液的害虫采用喷雾、喷粉等方式；对防治地老虎、蛞蝓等食根的害虫用灌根或土壤熏蒸等方式。

三、烘烤工艺

1991 年，烟叶烘烤技术在三个方面进行了调整，一是变黄末期温度在 44℃～45℃时，比通常烘烤时间再延长 4～6 小时，而后再升温，促进叶片基部变黄，不出现浮青烟；二是定色末期温度在 54℃～55℃时，适当延长 4～5 小时，有利于香气物质的形成；三是干筋期的最高温度不超过 68℃。并提出优质主料烟烘烤技术要点为：

变黄期：适宜温度范围 36℃～43℃，相对湿度由 85％缓慢降低为 60％。首先缩短 36℃以下低温变黄时间，延长 38℃～40℃的最佳变黄时间，掌握下部叶 3～4 小时升 1℃，中部叶 4～5 小时升 1℃，上部叶 5～6 小时升 1℃，使烟叶变黄九成以上；变黄后期慢升温、稳升温，湿球温度控制在 37℃～38℃，烟叶十成变黄后转入定色期。

定色期：适宜温度范围 43℃～55℃，湿球温度稳定在 38℃～39℃，相对湿度由变黄后期的 60％下降到 30％。定色前期温度在 45℃～50℃时，掌握每 2 小时升 1℃；定色后期温度在 50℃～55℃阶段，是香气物质形成阶段，应保持 15～20 小时，定色期注意升温要稳、不猛升、不掉温。

干筋期：适宜温度范围 55℃～68℃，相对湿度由 30％下降为 13％。干筋期注意升温速度要快，温度在 55～65℃阶段，掌握每小时升 1.5℃～2℃或采取阶段式升温，65℃以后要稳火升温。干球温度不宜超过 68℃，湿球温度掌握在 40℃，防止出现烤红和活筋。

1992—1995 年，全省烟叶产区仍采用"三段式"烘烤工艺，各地在实践中对烘烤工艺也进行不断探索改进。

1996 年，美国菲莫公司专家，在南平市邵武中美菲莫合作基地烘烤烟叶时，把整个烘烤过程分为 7 个阶段，开始阶段：干球温度从 32℃ 开始，如气温较高，则从气温开始，维护 6 小时后，每小时升温 1℃，使干球温度达到 38℃，湿球温度达 37℃。75％的烟叶变黄阶段：干球温度 38℃，湿球温度 37℃，保持干湿差 1℃。100％的叶片变黄阶段：干球温度升至 40.5℃，湿球温度升至 38℃，保持干湿差 2.5℃。叶片和叶脉青色全部消失，调萎阶段：干球温度升至 43℃，湿球温度升至 39℃，保持干湿差 4℃。叶片全部变黄，顶层的烟叶全部凋萎，低层的烟叶一半变干阶段：干球温度升高 49℃，湿球温度升至 40.5℃，保持干湿差 8.5℃。叶片干燥阶段：干球温度升至 57℃，湿球温度升至 40.5℃，保持其干湿差 16.5℃。叶脉全干阶段：干球温度升至 70℃，湿球温度升至 43℃，这段时间其干湿差越大越好。

1997 年，全省全面推广"三段式"烘烤工艺，但仍有不少烟区，烟叶烘烤时，采收烟叶过量，装烟过密，影响烟叶正常排湿，烤成光滑叶，影响产、质量；不少烟农缺乏烘烤技术，部分烟农合伙烘烤，轮流烧火，火候掌握不当，常把烟叶烤坏；还有一些专替他人烘烤，为了赚钱，装烟过密，烤坏烟叶，损失很大。对此，各产区烟草公司下大力气对烟农进行培训，采用推迟收购时间，先抓烘烤技术指导，实行鲜烟叶分类烘烤，控制装烟密度，推广定距挂竿，保证"三段式"烘烤技术落实到位。至 1999 年，基本消灭青烟、烂烟，减少了黑槽烟、硬片烟、光滑烟。

2000 年，针对部分烟区还存在串烟习惯，抓编竿方法的改进，改串烟为绑烟。由于串烟易造成烟叶茎部组织细胞受到机械损伤，烘烤后，烟叶往往留下"青头"的痕迹；且烟叶稀密不均，较易出现局部挂灰或阴筋阴片，降低烟叶整体烘烤质量。

21 世纪以后，分别对不同品种烟叶、不同类型烤房提出不同操作技术要点。省公司根据福建烟叶生产特点制订了烟叶烘烤技术图表，各产区把烟叶烘烤技术图表发放到每一个烤房，指导烟农正确地按照"三段式"烘烤工艺要求进行烘烤操作。省公司分别在三明、龙岩、南平举办三期烘烤培训班。将乐县公司在烘烤指导上采取"一证三单"办法，即：烤房合格证、成熟采收通知单、烘烤指导单、初分保管指导单。把"三段式"烘烤技术落实到每一个烟农和每一座烤房。是年，全省针对烟农烘烤水平差异比较大的情况，各地普遍加强烟叶烘烤培训，采取形式多样方式，提高烟农烘烤技术水平。三明分公司邀请烘烤专家分片区进行培训；长汀县根据生产季节举办培训班；松溪县成立烘烤技术服务队，并在烤房挂上烘烤指导小黑板；永定县抓大户烘烤指导，聘请烘烤能手，并对烟技员进行烘烤知识考试；清流县利用媒体教学手段，对全县 15 个生产落后村进行流动培训；宁化县聘请烘烤能手作为技术辅导员，分片区召开烟叶烘烤分析会，请烘烤技术强的烟农现身说法，采取座谈交流、现场诊断。

2004 年，全省抓烘烤技术的落实到位，三明烟区开展"烘烤年"活动，制定详细的烟叶烘烤技术意见；龙岩分公司成立烘烤检查考核组，加大对烘烤工作的监控力度。此时，"三段式"烘烤技术在全省烟区基本得到普及。2005—2008 年，省公司指导产区加强烟叶烘烤工艺研究，特别针对密集式烤房，各地开展密集式烤房的配套烘烤技术改进研究，使密集式烤房烘烤工艺日趋完善。通过密集式烤房烘烤，既节省了劳力，烟叶质量也得到提高。

四、烟叶品质

福建烟叶内在质量好，香气量足，香气质好，以"清香型"风格闻名，20世纪90年代以后，上海、武汉、安徽、宁波等全国几大烟厂的名牌卷烟使用福建优质烟叶，福建烟叶在省内外烟厂中的声誉越来越高。

90年代，福建省种植的烤烟品种主要是K326、G80、翠碧1号，以K326种植面积最大。

1991年，省公司委托龙岩卷烟厂对烤烟品种进行工业验证，验证结果：K326品种上等烟比例高，原烟颜色橘黄，中部三级烟叶烟碱含量2.76％，劲头和刺激性较大；G80品种上等烟比例较高，原烟颜色比K326稍淡，中部三级烟叶烟碱含量1.23％，香气量足，香气质好，吃味醇和，接近清香型；翠碧1号品种易烤青筋烟叶（青筋和含青储存后即变黄），上等烟比例、黄烟率低于K326，原烟颜色金黄，中部三级烟叶烟碱含量1.59％，香气量足，香气质好，属于清香型。

1996年，中美菲莫合作烟区邵武合作基地以中部橘黄三级（C_3F）、上部橘黄一级（B_1F）、上部橘黄二级（B_2F）、下部橘黄二级（X_2F）为代表的烟叶样品分别选送到郑州烟草研究院和龙岩卷烟厂产品开发研究所进行外观等级、化学分析及单料烟评吸。综合分析结果表明：外观等级上，基地的烟叶成熟度好于非基地烟叶，油分、光泽均较好，颜色橘黄，色度饱满，组织结构疏松且富有弹性，叶片皱褶，手摸有颗粒感；单料烟评吸上，普遍反映基地烟叶闻起来有香甜味，吸食口感舒适，香型"浓"，香气质好，香气量足，杂气较少，劲头适中，刺激性少，燃烧性好；基地烟叶，烟碱含量普遍高于对照烟样，总糖低于对照样品，尤其是K326品种烟叶表现更为明显。

表2—4　　**1996年中美（菲莫）邵武烤烟合作基地烟叶外观质量评价表**

产　地	等级	成熟度	身份	叶片结构	油分	颜色	光泽强度	叶长（厘米）	叶宽（厘米）	单叶重（克）
基　地	下部橘黄二级	成	稍薄	疏	有	橘	中	45	18.92	4.87
非基地	下部橘黄二级	成	稍薄	疏	有⁻	橘柠	中⁺	41	17.17	4.39
基　地	中部橘黄三级	成	中等⁻	疏	有	橘	强⁻	48	16.42	6.04
非基地	中部橘黄三级	成	中等⁻	疏	有	橘⁻	强⁻	49	19.33	6.43
基　地	上部橘黄二级	成⁺	稍厚	疏⁻	有	橘深	强⁻	43	18.58	7.27
非基地	上部橘黄二级	成	稍厚	稍密	有	橘深	中⁺	44	16.25	7.74

表 2－5　　　1996 年中美（菲莫）邵武烤烟合作基地烟叶样品评吸情况表

品种：G80

产地	等级	香型	香气质	香气量	浓度	杂气	劲头	刺激性	余味	燃烧性	灰分
基　地	下部橘黄二级	浓	中	有$^+$	中	有$^+$	中	有	尚$^-$	中	灰白
非基地	下部橘黄二级	中偏浓	中$^-$	有	中	有	中$^-$	有$^+$	尚	中	灰白
基　地	中部橘黄三级	浓	中$^+$	有$^+$	中$^+$	有$^+$	中	有	尚$^-$	中	灰白
非基地	中部橘黄三级	中	中$^+$	有	中	有	中	有$^+$	尚	中	灰白
基　地	上部橘黄二级	浓	中$^+$	有$^+$	中$^+$	有$^+$	大	有$^-$	尚$^-$	中	灰白
非基地	上部橘黄二级	浓	中	有	中	有	中$^+$	有	尚$^-$	中	灰白

表 2－6　　1996 年中美（菲莫）邵武烤烟合作基地烟叶样品化学成分分析比较表

品种：G80

产地	等级	总糖含量（％）	尼古丁含（％）	氯离子含量（％）	总氮含量（％）	全磷含量（％）	全钾含量（％）
基　地	下部橘黄二级	19.70	1.77	0.17	3.90	0.65	7.73
非基地	下部橘黄二级	28.06	1.72	0.14	2.94	0.65	7.69
基　地	中部橘黄三级	24.40	3.15	0.14	3.64	0.70	6.82
非基地	中部橘黄三级	29.70	2.69	0.15	3.23	0.70	6.42
基　地	上部橘黄二级	14.90	5.80	0.15	4.20	0.85	3.99
非基地	上部橘黄二级	23.89	4.90	0.28	4.00	0.88	4.66

表 2－7　　1997 年中美（菲莫）邵武烤烟合作基地烟叶化学成分分析比较表

产　地	等　级	烟碱（％）	总氮（％）	还原糖（％）	糖/碱	氮/碱
基　地	中部橘黄二级	3.09	1.79	20.43	6.6	0.58
非基地	中部橘黄二级	3.41	1.82	19.61	5.7	0.53
基　地	上部橘黄二级	4.64	2.46	15.43	3.3	0.53
非基地	上部橘黄二级	4.07	1.95	17.11	4.2	0.48

　　1997 年，龙岩、三明等地开展仿中美（菲莫）合作技术，生产的国际型优质烟叶得到省内外烟厂的好评，认为烟叶外观质量好，特别是上部烟叶组织疏松，厚薄适中，油分足，光泽好，烟叶的可用性明显提高。1999 年选送宁化、漳平、邵武等仿中美（菲莫）基地烟

叶样品，委托龙岩卷烟厂进行工业验证，综合评价结果：内在质量评吸：宁化、漳平基地烟叶均好于非基地烟叶；宁化、邵武、漳平三处基地烟叶比较，宁化最好，邵武次之，漳平较差。烟碱含量分析：宁化基地烟叶高于非基地；漳平中下部烟叶非基地高于基地，上部烟叶基地高于非基地；邵武最高，漳平次之，宁化最低。

表 2—8　　　　**1999 年中美（菲莫）邵武烤烟合作基地烟叶化学成分分析表**

品种：K326

等级	总糖（%）	总烟碱（%）	糖碱比	备　注
下部橘黄三级	13.33	3.85	3.46	等级到位
下部橘黄二级	20.70	2.91	7.11	等级到位
中部柠檬黄三级	22.02	3.76	5.86	混上部严重,颜色为橘黄色
中部橘黄三级	21.59	4.00	5.40	总体为上部烟叶
上部橘黄三级	10.99	5.62	1.96	等级到位
上部橘黄二级	15.89	5.04	3.15	等级到位

表 2—9　　　　**1999 年宁化仿菲莫基地烟叶化学成分分析表**

品种：翠碧 1 号

等级	类别	总糖（%）	总烟碱（%）	糖碱比	外观评价
下部橘黄三级	菲莫模式	24.65	1.82	13.5	菲莫样品总体较对照样偏强。
下部橘黄三级	对照样	27.25	1.52	17.9	
下部橘黄二级	菲莫模式	28.78	1.72	16.7	菲莫总体较对照样强,等级属上限。
下部橘黄二级	对照样	29.17	1.46	20.0	
中部柠檬黄三级	菲莫模式	27.10	1.63	16.6	总体菲莫较对照样强,菲莫颜色偏橘黄。
中部柠檬黄三级	对照样	26.70	1.40	19.1	
中部橘黄三级	菲莫模式	25.12	3.55	7.08	菲莫基本到位,对照样部分混部位。
中部橘黄三级	对照样	25.11	3.24	7.75	
上部橘黄三级	菲莫模式	27.62	4.41	6.27	菲莫颜色稍浅,油分稍强,身份稍薄。（较对照样）
上部橘黄三级	对照样	18.85	4.36	4.32	
上部橘黄二级	菲莫模式	21.30	4.47	4.77	菲莫比对照样稍好。
上部橘黄二级	对照样	20.77	4.11	5.05	

表 2－10　　　　　**1999 年漳平仿菲莫基地烟叶化学成分分析表**

品种：K326

等级	类别	总糖(%)	总烟碱(%)	糖碱比	外观评价
下部橘黄三级	菲莫模式	17.62	1.85	9.52	菲莫、对照样均偏强,且菲莫高于对照样。
下部橘黄三级	对　照　样	19.88	2.00	9.94	
下部橘黄二级	菲莫模式	19.18	2.17	8.83	菲莫中混有遵烟一号,对照样中混有顶叶。
下部橘黄二级	对　照　样	20.19	2.00	10.1	
中部柠檬黄三级	菲莫模式	25.76	2.17	11.87	外观对照样强于菲莫,对照样偏强,颜色偏橘黄,所送样品二者均有混部位(上部)
中部柠檬黄三级	对　照　样	23.56	2.32	10.16	
中部橘黄三级	菲莫模式	21.90	3.36	6.52	菲莫基本是上部叶,对照样上部叶较多。
中部橘黄三级	对　照　样	20.62	3.66	5.63	
上部橘黄三级	菲莫模式	18.52	3.91	4.74	外观总体偏强。
上部橘黄三级	对　照　样	18.21	4.39	4.15	
上部橘黄二级	菲莫模式	17.66	3.78	4.67	外观总体偏强。
上部橘黄二级	对　照　样	18.21	4.39	4.14	

表 2－11　　　　**1999 年福建省新引进品种示范种植烟叶化学成分分析表**

地区	品种	等级	总糖(%)	总烟碱(%)	糖碱比	备注
漳平	遵烟一号	上部橘黄二级	19.16	4.06	4.72	等级基本到位
漳平	遵烟一号	中部橘黄三级	23.11	2.58	8.96	等级稍低,部位部分偏下
漳平	遵烟一号	中部柠檬黄三级	22.91	2.34	9.79	部分部位偏下,颜色偏橘黄
松溪	云烟 85	上部橘黄二级	20.73	4.22	4.91	等级到位
松溪	云烟 85	中部橘黄三级	21.30	3.38	6.30	等级到位
松溪	云烟 85	下部橘黄二级	20.19	2.95	6.84	等级基本到位
连城	RG11	上部橘黄二级	18.69	4.32	4.33	等级基本到位
连城	RG11	中部橘黄三级	16.80	4.67	3.60	等级稍低,出油稍重,均匀性稍差
连城	RG11	下部橘黄二级	11.94	3.10	3.85	稍有褪色
尤溪	K346	上部橘黄二级	13.46	5.99	2.24	等级到位
尤溪	K346	中部橘黄三级	16.79	4.99	3.36	等级基本到位,略带褪色
尤溪	K346	下部橘黄二级	13.98	4.12	3.39	等级基本到位

1999 年，参照邵武合作基地的技术，全省在三个烟区开发国际型优质烟叶，但其烟叶的化学成分明显不协调，烟碱明显偏高。为此，省公司提出 3 万担以上的县（市）烟草公司，把烟叶内在化学成分指标列入烟叶生产经营考核范畴，并制定考核办法。各地烟草公司狠抓生产措施落实，提高烟叶内在品质。连续两年，对 3 万担以上县（市）的烟叶随机抽取下部橘黄二级（X_2F）、下部橘黄三级（X_3F）、中部橘黄三级（C_3F）、中部柠檬黄三级（C_3L）、上部橘黄二级（B_2F）、上部橘黄三级（B_3F）共 6 个等级烟叶样品进行检测，检测结果：总糖含量有所提高，烟叶含糖量普遍较高，尤其是当地品种；烟碱含量下降；总氮含量比较适宜；钾含量较高，次年稍有下降；氯含量偏低；糖碱比值比较适宜。2000 年烟叶样品检测，糖碱比平均为 7.45，检测结果反映福建烟叶的内在化学成分较协调，工业可用性提高。

表 2—12 **1999 年福建省国际型优质烟开发烟叶主要化学成分分析表**

地区	类型	等级	总糖（%）	总烟碱（%）	总挥发碱（%）	总氮（%）
尤溪台溪乡	岩烟 97 国际型	B_2F	22.2	3.76	0.28	2.08
尤溪台溪乡	岩烟 97 国际型	B_3F	22.0	4.34	0.32	2.46
尤溪台溪乡	岩烟 97 国际型	C_3F	26.9	2.64	0.26	1.99
尤溪台溪乡	岩烟 97 国际型	C_3L	22.9	1.94	0.30	1.72
尤溪台溪乡	岩烟 97 国际型	X_2F	23.4	1.98	0.32	1.90
尤溪台溪乡	岩烟 97 国际型	X_3F	13.0	1.63	0.41	2.02
永安	国际型	B_2F	23.3	5.04	0.28	2.82
永安	国际型	B_3F	22.9	5.28	0.28	2.73
永安	国际型	C_3F	26.9	4.10	0.26	2.34
永安	国际型	C_3L	29.4	3.88	0.25	1.67
永安	国际型	X_2F	20.8	3.84	0.33	2.37
永安	国际型	X_3F	16.2	2.62	0.38	2.40
永安	K326	B_2F	21.2	5.42	0.26	2.42
永安	K326	B_3F	22.5	4.76	0.24	2.40
永安	K326	C_3F	26.4	3.57	0.25	2.18
永安	K326	C_3L	25.2	4.26	0.24	1.76
永安	K326	X_2F	21.8	3.32	0.32	1.97
永安	K326	X_3F	16.5	3.75	0.40	2.16
武平城厢乡	K346	B_2F	25.1	4.18	0.21	2.00
武平城厢乡	K346	B_3F	23.6	4.38	0.24	2.09
武平城厢乡	K346	C_3F	31.1	3.68	0.18	1.84
武平城厢乡	K346	C_3L	27.5	3.40	0.23	1.78
武平城厢乡	K346	X_2F	29.9	2.94	0.28	1.70

续表 2—12

地区	类型	等级	总糖（%）	总烟碱（%）	总挥发碱（%）	总氮（%）
武平城厢乡	K346	X_3F	24.9	2.50	0.34	1.74
武　　平	国际型	B_2F	20.1	6.10	0.28	2.51
武　　平	国际型	B_3F	21.1	5.52	0.30	2.06
武　　平	国际型	C_3F	28.4	2.84	0.24	1.64
武　　平	国际型	C_3L	29.5	4.50	0.22	1.55
武　　平	国际型	X_2F	24.1	3.37	0.25	1.98
武　　平	国际型	X_3F	19.6	3.66	0.34	2.10

表 2—13　　**1999—2000 年全省（3 万担以上县）烟叶化学成分分析表**

年份	项目	总糖（%）	还原糖（%）	烟碱（%）	总氮（%）	钾（%）	氯（%）
1999	平均	25.69	—	3.27	2.03	3.61	—
	范围	8.36～37.05	—	1.06～5.42	1.34～3.07	1.61～6.37	—
2000	平均	27.55	22.79	3.06	1.81	3.12	0.28
	范围	15.27～39.01	12.26～30.29	0.87～7.58	1.05～2.62	1.63～5.64	0.06～0.88

2000—2001 年，省烟草质量检测站、省烟科所、龙岩卷烟厂、厦门卷烟厂 4 个单位对主产烟区选送的 27 个烟叶样品进行检测化验，检测结果：烟碱含量较高的烟叶样品占一定比例，上部烟叶成熟度不够，结构较紧密，身份偏厚，淀粉和烟碱含量仍然偏高，内在质量与工业可用性要求尚有差距。2002 年，为了适应卷烟工业市场需求，全省全面实施了"控氮降碱"技术，是年化验结果，全省烟叶烟碱平均含量为 2.12%，比上年下降 0.78 个百分点，其中：上部橘黄二级（B_2F）为 3.18%，比上年下降 0.88 个百分点；总糖 29.9%，还原糖 23.9%，糖碱比 11.3，烟叶内在化学成分更趋协调。福建新发展的南平烟区，通过提高科技生产水平，推行先进烘烤工艺，烟叶质量有较大幅度提高，烤后橘黄色烟叶增加，色泽鲜亮，闻香明显，烟碱含量处于适宜范围，糖碱比趋于合理，烟叶淀粉含量普遍降低。是年南平各县（市）随机取样 172 个样品进行化验分析，58 个下部和中部烟叶，烟碱平均含量为 1.6% 和 2.26%，56 个上部烟叶烟碱平均含量为 3.69%，全市烟叶的糖碱比平均为 10.4，其中：下部、中部和上部烟叶的糖碱比分别为 14.96、11.5、5.24。同时，对 K326 和云烟 85 两个品种的烟叶随机取样，送郑州烟草研究院化验，化验结果：K326 品种的上部橘黄二级（B_2F）、中部橘黄三级（C_3F）、下部橘黄二级（X_2F）烟叶的烟碱含量分别为 3.73%、2.18%、1.52%；云烟 85 品种的 B_2F、C_3F、X_2F 的烟碱含量分别为 3.73%、2.88%、2.03%。这两个品种在南平种植，烟碱含量趋于合理。2002 年 6 月，世界著名烟草专家左天觉先生和郑州烟草研究院朱尊权院士，到南平烟区考察，对南平市国际型烟叶给予较高评价。国家局组织专

家组现场鉴评，烟叶田间长势长相，名列全国第一批 9 个开发国际型烟叶县（市）第一名。此后，国家局又组织专家，到现场检查收购后的烟叶质量，认为烟叶外观质量好。

龙岩烟区实施"东南地区清香型烤烟生产综合技术开发研究"，烟叶质量大幅度提高。2002年 12 月，国家烟草质量监督检验中心、上海和武汉烟草（集团）公司、龙岩和厦门卷烟厂对龙岩烟叶进行评吸检测和工业评价，评吸检测结果：翠碧 1 号、云烟 85 品种清香风格比较明显；具浓香特征的 K326 品种，也表现较好的清香特征。上部橘黄二级（B_2F）烟叶总碱 3.0%、总糖18.7%；中部橘黄三级（C_3F）烟叶总碱 2.6%、总糖 25.3%；下部橘黄二级（X_2F）总碱 1.7%、总糖 22.4%，烟碱、总糖含量比较适中，糖碱比在比较适宜的水平。工业评价：龙岩烟叶以橘黄烟为主，香气量较足，质感较好，浓度劲头较适中，清香风格较明显，上部叶可用性强。

表 2—14   **2002 年南平市松溪烟叶化学成分分析表**

品种	等级	烟碱%	还原糖%	烟叶着生部位
K326	下部橘黄二级	1.34	20.6	5 叶位
K326	中部橘黄三级	1.76	26.3	10 叶位
K326	上部橘黄二级	3.86	20.2	15 叶位
云烟 85	下部橘黄二级	1.56	23.2	5 叶位
云烟 85	中部橘黄三级	1.91	27.6	10 叶位
云烟 85	上部橘黄二级	3.42	20.5	15 叶位

表 2—15   **2002 年南平环球合作基地烟叶化学成分分析表**

产地与品种	等级	总糖(Su%)	烟碱(Ni%)	淀粉(Starch%)
建瓯 K326	下部橘黄二级	36.88	—	—
	中部橘黄三级	35.30	2.17	—
	上部橘黄二级	30.31	3.07	—
武夷山云烟 85	下部橘黄二级	33.00	1.41	—
	中部橘黄三级	31.05	1.61	—
	上部橘黄二级	19.99	3.56	—
建阳 K326	下部橘黄二级	34.19	1.25	2.63
	中部橘黄三级	31.85	2.19	4.95
	上部橘黄二级	24.91	3.66	7.73

2003 年，在 3 万担以上的产烟县，随机抽取烟叶样品进行化验，化验结果：全省烟叶平均总糖 27%，还原糖 21.6%，烟碱 1.8%。并组织专家评吸，评吸结果：烟叶部位特征明显，口感甜润，香气细腻、飘逸，福建风格烤烟明显，特别是上部烟叶组织疏松，厚薄

适中，油分足，光泽好，烟叶的可用性较高。原来滞销的上部橘黄三级（B_3F）、上部橘黄四级（B_4F）等上部烟叶也成为烟厂争相采购的目标。

2004年，上海、宁波等卷烟厂到福建采购烟叶，认为福建烟叶降碱提质到位，烟叶外观、内在质量好，安全性高，烟叶香气细腻、幽雅，具有福建清香型风格。福建烟叶品质得到各厂家的认可。

2005年，福建烟草工商联合开展福建清香型特色烟叶综合技术开发项目，生产出具有福建特色香气风格和口味特征的烟叶。

2006年9月，福建中烟与省公司组织相关人员对2006年福建清香型示范区烟叶进行质量评价和化学成分分析。清香型特色品种在外观上表现结构疏松、弹性好、油润感好，色度较强，特色品种均具有清香型特征，清甜感比较明显，且总体质量较好，工业可用性比较高。特色品种化学成分的协调性整体较好，呈现低烟碱、高糖（总糖、还原糖）、高糖碱比、高氮碱比和高钾氯比的特点。

2007年，福建清香型示范区烟叶的感官质量评价：香型方面，翠碧1号、F_1-35、C2三个福建特色品种（品系）都表现为清香型。质量水平方面，翠碧1号质量最好，F_1-35、C2、红花大金元质量尚好。F_1-35在龙岩地区表现较好，翠碧1号、C2在三明地区表现较好，南平地区的红花大金元（尤其是中下部叶）在质量风格和质量水平方面都表现较好。是年，烟叶化学成分协调性较上年有明显改善。但不同生产点之间的化学成分协调性存在一定差异，部分产地上部橘黄二级烟叶的烟碱含量稍偏高，导致糖碱比、氮碱比偏低，协调性减弱。

表2-16　　　　　**2007年度福建清香型特色烟叶平均化学成分**

等级	品种	总氮（%）	总生物碱（%）	挥发碱（%）	氮/碱	总糖（%）	还原糖（%）	淀粉（%）	HTJ	钾（%）	氯（%）	钾/氯
上部橘黄二级	K326-对照	2.39	2.73	0.20	0.88	22.2	20.5	0.95	7.5	3.71	0.30	12.4
	翠碧1号	1.96	2.70	0.15	0.73	29.74	27.10	6.20	10.0	2.02	0.19	10.6
	F_1-35	1.98	2.79	0.15	0.71	30.93	28.09	6.43	10.1	2.01	0.22	9.1
	C2	1.46	1.71	0.10	0.85	31.41	28.77	8.42	16.8	2.31	0.19	12.2
	红花大金元	2.38	3.67	0.17	0.65	19.4	17.5	3.02	4.8	2.04	0.15	13.6
中部橘黄三级	K326-对照	1.80	2.10	0.18	0.86	32.6	31.5	2.57	15.0	3.00	0.35	8.6
	翠碧1号	1.49	1.52	0.11	0.98	35.26	31.11	6.06	20.5	2.38	0.16	14.9
	F_1-35	1.48	1.57	0.11	0.94	35.45	31.42	5.71	20.0	2.41	0.18	13.4
	C2	1.34	1.25	0.08	1.07	33.86	30.50	7.72	24.4	2.73	0.17	16.1
	红花大金元	1.44	1.49	0.09	0.97	34.2	27.7	5.57	18.6	2.45	0.11	22.3
下部橘黄二级	K326-对照	1.65	1.34	0.15	1.23	33.42	29.54	3.04	22.0	2.86	0.30	9.5
	翠碧1号	1.37	1.00	0.08	1.37	35.49	31.03	3.47	31.0	2.35	0.19	12.4
	F_1-35	1.41	0.96	0.09	1.46	34.29	29.78	3.47	30.9	2.82	0.26	10.8
	C2	1.38	0.96	0.07	1.44	32.48	28.92	4.44	30.2	3.19	0.21	15.2
	红花大金元	1.18	0.94	0.08	1.26	38.4	32.8	3.32	34.9	2.34	0.11	21.3

说明：C2为龙岩烟科所培育的新品系（下同），HTJ为还原糖/总生物碱即糖碱比（下同）。

2008年福建清香型特色烟叶质量评价：红花大金元和翠碧1号质量最好，香气质较好，香气量足，杂气较小，烟气细腻，回甜感较好，刺激较小，余味舒适干净，干燥感较小；C2次之，F_1－35质量一般。从产地上分析：以三明、龙岩地区质量较好，南平地区烟叶质量一般。烟叶化学成分化验分析，清香型特色品种含氮化合物含量均较低，均具有高糖、高HTJ特征，钾含量和氯含量均比较适宜，淀粉含量以F_1－35＞C2＞翠碧1号＞红花大金元，氮碱比、HTJ、钾/氯较高且适宜。

表 2－17　　**2008年福建清香型特色烟叶上部橘黄二级（X_2F）化学成分**

产　地	品种	烟碱（%）	还原糖（%）	总氮（%）	钾（%）	氯（%）	淀粉（%）	氮碱比	钾氯比	HTJ
宁　化	翠碧1号	1.61	28.24	1.75	2.77	0.29	3.26	1.09	9.55	17.54
尤　溪	翠碧1号	1.78	23.44	1.81	2.93	0.22	1.70	1.02	13.32	13.17
长　汀	翠碧1号	1.17	30.59	1.80	2.56	0.12	2.56	1.54	21.33	26.15
武夷山	翠碧1号	0.75	28.78	1.47	2.33	0.27	3.16	1.96	8.63	38.37
浦　城	翠碧1号	0.85	28.03	1.37	2.50	0.21	3.13	1.61	11.90	32.98
长　汀	F_1－35	0.72	26.13	1.61	3.40	0.14	2.87	2.24	24.29	36.29
武夷山	F_1－35	0.68	31.09	1.42	2.50	0.27	3.69	2.09	9.26	45.72
上　杭	F_1－35	1.08	21.6	1.74	3.36	0.37	3.68	1.61	9.08	20.00
长　汀	C2	1.14	25.72	1.69	4.07	0.25	3.13	1.48	16.28	22.56
上　杭	C2	1.54	14.02	2.35	4.53	0.83	2.05	1.53	5.46	9.10
政　和	红花大金元	1.76	25.94	1.71	2.50	0.11	2.09	0.97	22.73	14.74
平均值		1.19	25.78	1.70	3.04	0.28	2.85	1.56	13.80	25.15

表 2－18　　**2008年福建清香型特色烟叶中部橘黄三级（C_3F）化学成分**

产　地	品种	烟碱（%）	还原糖（%）	总氮（%）	钾（%）	氯（%）	淀粉（%）	氮碱比	钾氯比	HTJ
宁　化	翠碧1号	2.31	25.64	1.86	2.47	0.26	4.53	0.81	9.50	11.10
尤　溪	翠碧1号	1.06	25.75	1.41	1.95	0.14	6.69	1.33	13.93	24.29
长　汀	翠碧1号	1.41	28.51	1.67	2.15	0.12	5.65	1.18	17.92	20.22
武夷山	翠碧1号	0.67	30.04	1.22	2.03	0.19	7.25	1.82	10.68	44.84
浦　城	翠碧1号	3.07	22.58	2.25	2.14	0.31	3.89	0.73	6.90	7.36
长　汀	F_1－35	0.87	33.86	1.49	2.02	0.23	10.63	1.71	8.78	38.92
武夷山	F_1－35	0.6	32.02	1.22	2.22	0.21	6.52	2.03	10.57	53.37
上　杭	F_1－35	1.18	27.27	1.32	2.44	0.21	8.35	1.12	11.62	23.11
长　汀	C2	1.45	29.65	1.51	2.85	0.31	8.22	1.04	9.19	20.45
上　杭	C2	1.56	28.68	1.81	2.97	0.53	4.04	1.16	5.60	18.38
政　和	红花大金元	1.96	25.02	1.71	2.52	0.14	4.32	0.87	18.00	12.77
平均值		1.47	28.09	1.59	2.34	0.24	6.37	1.26	11.15	24.98

表 2—19 **2008 年福建清香型特色烟叶上部橘黄二级（B₂F）化学成分**

产　地	品种	烟碱（%）	还原糖（%）	总氮（%）	钾（%）	氯（%）	淀粉（%）	氮碱比	钾氯比	HTJ
宁　化	翠碧 1 号	3.32	23.99	2.22	2.07	0.32	4.36	0.67	6.47	7.23
尤　溪	翠碧 1 号	3.21	23.36	2.25	2.14	0.38	5.67	0.70	5.63	7.28
长　汀	翠碧 1 号	2.36	28.38	2.12	2.05	0.21	5.05	0.90	9.76	12.03
武夷山	翠碧 1 号	3.34	21.79	2.48	2.42	0.24	4.12	0.74	10.08	6.52
浦　城	翠碧 1 号	2.93	22.36	2.13	1.87	0.18	4.44	0.73	10.39	7.63
长　汀	F₁—35	1.9	26.18	2.21	2.51	0.36	7.77	1.16	6.97	13.78
武夷山	F₁—35	2.91	22.37	2.22	2.1	0.21	2.46	0.76	10.00	7.69
上　杭	F₁—35	2.18	28.17	1.83	1.78	0.23	6.63	0.84	7.74	12.92
长　汀	C2	1.91	27.05	1.81	2.33	0.28	7.91	0.95	8.32	14.16
上　杭	C2	2.34	28.62	2.08	2.56	0.39	4.34	0.89	6.56	12.23
政　和	红花大金元	3.15	21.68	2.12	1.75	0.18	4.4	0.67	9.72	6.88
平均值		2.69	24.90	2.13	2.14	0.27	5.20	0.82	8.33	9.85

五、抗灾防灾

福建省地处东南沿海，又是山区，烤烟生产季节自然灾害时常发生，特别是春夏两季，常常遇到"寒、冻、洪、涝、雹、风"等自然灾害，严重影响着烤烟的产量和质量。

1993 年 3 月中旬，全省连续遭受冰雹、龙卷风、暴雨、洪水等自然灾害，龙岩、三明、南平等主产区 21 个县（市）烟田受灾面积达 26 万亩，其中重灾面积 9 万亩，烤房倒塌 793 座。各产区烟草公司组织人员深入受灾村庄，组织烟农开展扶苗洗苗、培育二代烟、适量追肥等补救措施恢复生产，组织力量抢修烤房，把受灾损失降到最低程度，省公司及时下拨救灾款支援灾区。5—6 月，三明市烟区遇到百年来罕见的连续阴雨、少日照等恶劣气候，此后又遭受病害侵袭，烟叶受灾面积 14.5 万亩，烟叶产量损失 25 万担左右，直接经济损失 6000 多万元。

1994 年，三明烟区遭受"5·2"、"6·15"两次特大洪水灾害，导致全区 15 万亩烟田受灾，11 万亩绝收，烤房倒塌 5516 座，初烤烟冲走 1690 担，成品烟受浸 5640 担，各种物资损失 456.7 万元，烟叶产量损失达 36 万担，烟农损失 8000 余万元，烟草企业损失 1200 多万元，职工受灾 184 户损失 96 万元。三明烟草行业员工全力投入救灾工作，省公司发动全省烟草行业捐款捐物支援三明灾区。

1998 年 6 月中旬至下旬，南平市的 10 个县（市、区）连续 10 多天普降暴雨、全市遭受 150 年不遇的特大洪灾袭击，全市烤烟生产损失极为惨重，受灾烟田 4.41 万亩，受灾最严重的建瓯市。据统计，南平市烟草行业流动资产及固定资产等经营设施直接损失1531万元，烤烟生产损失5271.8万元。灾情发生后，省局（公司）领导及时赶赴南平灾区慰问，南平分公司领导连夜赶赴建瓯市指挥抗洪救灾。省局（公司）在全省烟草系统内开展向南平灾区援助行动，全省烟草系统13个单位共捐款194.70万元支援南平灾区。救灾款主要用于新建、修建烤房补助，损毁的道路、桥梁等修复补助，援助烟农重建家园的补助，烟叶绝收烟农生产资料损失的补助。

1999年5月25—26日，福建省各地普降大雨，尤其是龙岩、三明、南平部分县（市）持续降暴雨或特大暴雨。这次降雨过程强度大，历时长，洪水泛滥，致使大面积烟田受淹，部分烤房倒塌，损失惨重。据统计，全省烤烟受灾面积80673亩，其中绝收12189亩，烤房倒塌200座，被水淹378座，直接经济损失3830万元。全省受灾最重的是长汀县，全县受灾面积2.1万亩，绝收0.4万亩，烤房倒塌70座；受灾较重的还有宁化、清流、武平、连城、永定、邵武、松溪、建瓯等县（市）。灾情发生后，省公司作出"紧急动员起来，做好烟叶的防病、抗灾、救灾工作"的部署，各灾区分、县烟草公司的领导立即奔赴受灾第一线指挥抗洪救灾。各县（市、区）的党政领导、烟草部门组织人员深入灾区指导烟农进行生产自救，对灾后的烟株采取扶直清洗，清除田间断叶，做好田间卫生和施用药剂防治病害暴发流行等措施，把洪灾造成的损失减少到最低限度。

2001年3—5月，福建省龙岩、三明、南平市部分县（市）连续多次受冰雹和暴风雨袭击，造成烤烟严重受灾。据统计，全省受灾烟田22万亩，其中绝收面积3.37万亩，严重受灾面积9.28万亩，倒塌烤房548座，受损烤房5802座，直接经济损失达12787万元。灾情发生后，省公司发出慰问电报慰问基层干部职工和烟农，领导亲临灾区。各分、县烟草公司领导和技术人员到抗灾第一线，安慰受灾烟农，稳定烟农情绪，指导烟农抗灾救烟，及时清沟排水，搞好田间卫生，修复烤房，适当追施肥料，喷施药剂等措施，减少灾害带来的损失，帮助烟农树立灾后恢复生产的信心。省公司下拨给三个烟区的救灾补助资金270万元，各分、县烟草公司也投入900多万元救灾资金。

2002年3月底至4月初，南平市部分烟区连续遭受冰雹、暴风雨的袭击，其间，三明市、龙岩市部分烟区也遭受冰雹、暴风雨等自然灾害。受灾烟田烟株倒伏，叶片被冰雹打烂、打断，烤房瓦片和屋顶被掀起。此次冰雹、暴风雨来势凶猛，受灾面广，南平市受灾尤为严重。据统计，全省受灾面积达70255亩，其中：南平市10个县（市）48个乡镇共11590户烟农受灾，受灾面积达46550亩，烤房损失346座，直接经济损失达2192万元；三明市6个县（市）21乡镇，有1560户烟农受灾，受灾面积达8023亩；龙岩市3个县12乡镇，受灾烟田15682亩。雹灾发生后，各级烟草公司迅速组织人、财、物到抗灾第一线，带领烟农抗灾自救，恢复生产。

2002年6月中旬，南平各地普降暴雨，造成山洪暴发，河水猛涨。南平烟区烟叶正处于采收烘烤关键阶段，烟叶被洪水冲毁淹没，大部分烟田长时间严重积水，损失惨重。

全市被淹面积达 11170 亩，被洪水冲毁绝收的面积达 4260 亩，烤房被淹 442 座，倒塌 56 座，9000 多座烤房正在烘烤的烟叶造成烂烟，此次灾害南平烟区造成直接经济损失达 2886.2 万元。三明烟区也遭受百年未遇的洪灾，全市降雨量和洪峰量达到历史记录的最大值。建宁县出现 126 年以来的最高洪水位，烟田被泡在水中，成为一片水乡。三明烟叶损失 6662.9 万元。大灾过后，三明烟草分公司组织了捐款活动，全市烟草系统职工向灾区捐款 17.1 万元，衣物 2174 件。基层职工与广大烟农发扬"团结一心，众志成城，不畏艰险，顽强拼搏"的抗洪精神，全力以赴开展抗灾自救工作。省公司号召"一方有难，八方支援"，先后两次拨出救灾款 490 万元，沿海 6 家烟草分公司和龙岩、厦门、华美卷烟厂等单位也纷纷伸出援助之手，慷慨解囊，捐款 210 万元，帮助烟农开展生产自救。

2003 年 4—6 月，南平市的邵武、政和、浦城、建阳、武夷山、松溪等县（市）遭受冰雹、龙卷风、强降雨等灾害袭击；紧接着 6 月下旬至 8 月上旬，南平市 10 个县（市、区）又遭受连续 40 天左右的旱灾。当年，部分县（市）烟草公司建立烤烟生产风险保障机制。邵武市烟草公司出资 50 万元，为全市烟农投保烟叶生产自然灾害险，烟农自然灾害损失每亩可理赔 300 元，降低了自然灾害给烟农造成的损失。松溪县烟草公司出资 17.4 万元对全县所有烟田投保自然灾害险，当年获理赔款 15.6 万元，全部用于受灾烟农补助。建瓯市烟草公司从 2002 年开始就在烟叶特产税返还款中设立烟叶生产风险金，为此次灾害救助减轻压力。

2005 年 3 月 5—6 日，三个烟区普遍遭受烟草机构组建以来最严重的一次特大霜冻灾害，极端最低气温−6℃，烤烟受冻损失严重。全省当时已经移栽的烟田 33.45 万亩，移栽后的烟苗受冻 20.1 万亩；苗床烟苗也受到冻害影响，全省大棚烟苗受冻面积达 8.3 万平方米。灾情发生后，省局立即召集有关部门采取应急措施，及时出台抗灾自救技术意见和扶持政策。省局领导带领省公司相关部门人员分赴龙岩、三明、南平灾区指导救灾工作，烟科所科技人员及分、县公司烟叶生产领导和技术人员，及时深入灾区了解受冻情况，稳定烟区情绪，做好烟苗调剂，组织灾后补种工作。省局拨款 5000 万元帮助烟农生产自救，把烟农的损失降到最低程度。

2005 年 4 月 29 日至 5 月 5 日，全省烟区普降暴雨，烟田遭受严重的冰雹和龙卷风袭击，三个烟区 26 个县烟田不同程度受灾，烟株被连根拔起、断株断叶、叶片撕裂破洞、烟田被水淹。据统计，全省受灾面积达 24.0275 万亩，绝收面积 2.4288 万亩，烤房倒塌 34 座，烤房屋顶被掀翻 2630 座。5 月 11—15 日，全省烟叶产区再次遭受暴风雨、冰雹袭击。据统计，全省烟田受灾面积达 11.7 万亩，烤房倒塌 84 座。连续的灾害袭击给当年烟叶生产带来了严重损失。省公司多次研究部署烟叶生产抗灾救灾工作，并紧急拨出 1000 万元救灾资金。各级烟草公司组织烟叶技术人员深入灾区，给烟农免费发放肥料和农药，帮助烟农树立恢复生产的信心。

2006年6月5—7日，南平市连续强降雨，造成山洪暴发、河水猛涨，建阳、建瓯、邵武、武夷山、松溪、顺昌和光泽等县（市）烟田均遭受不同程度的洪水浸泡，烤房进水742座，倒塌219座。灾情发生后，省局领导亲自带领有关人员分别深入建阳、建瓯、武夷山等重灾区实地察看灾情，了解受灾情况，拨付救灾资金850万元。南平市局（分公司）和各县（市、区）烟草公司分别成立抗灾自救领导小组和工作组，并及时与当地党委、政府汇报抗灾自救工作进展情况和存在的困难与问题，制定救灾工作方案。筹集资金补助受灾烟农，修复损毁的烟田道路、灌渠等烟田水利设施；全市统一组织和调配农药、炉管、炉条等烟用物资，及时发放给受灾烟农；组织烟农做好烟田清沟排水和叶片清洗工作，做好灾后病虫害预防；修建倒塌烤房，并做好烤房调剂使用，适当增加烤房装烤量，缩短烘烤时间，提高烤房使用效率，尽力挽回损失。由于福建烤烟生产季节正值对流天气频发时期，冰雹时常发生，部分产区开展人工防雹作业效果明显。为此，省公司要求各市公司与气象部门合作，建立覆盖全省烟区的人工增雨防雹系统。是年，全省投入392万元购置防雹设备，在烟叶生产季节开展消雹作业，各地人工消雹作业113次，发射炮弹849发。增强了烟农种烟的信心。

2007年4月，全省大部分县（市）出现了雷雨大风、冰雹等灾害性天气。龙岩、三明、南平烟区的各级烟草部门在接到气象台的预报后立即启动了烟叶生产防灾减灾预案，配合气象部门开展人工防雹作业。全省烟区人工防雹作业173次，发射炮弹1309发，投入资金498.6万元，累计受益面积57.3万亩，减轻了冰雹灾害造成的损失。6月，龙岩、南平普降大到暴雨，大片烟田浸泡在水中，此时烤烟正值采收烘烤期，受灾较为严重的有长汀、连城、武平、建阳等地。据统计，龙岩市有三个县受暴雨影响，受灾面积24475亩，烤房倒塌20余座，烟田绝收面积2086亩。建阳市烟田受灾面积达4452.2亩，其中冲毁绝收46.2亩，被淹烤房23座。龙岩市局（公司）立刻启动防灾应急预案，市局及时组织人员前往受灾地区调查慰问。长汀、连城、建阳烟草分公司领导带领各科室、烟草站人员深入一线组织烟农加固堤坝、疏导洪水、清洗烟叶，抢险自救。

2008年2月，南方普遍遭受强冷空气的影响，各产区遇到强降温、强寒流天气，全省烟区大部分乡（镇）出现雨雪冰冻极端天气，建宁、宁化、泰宁县遭遇了50年未遇的长时间持续低温阴寒天气。各产区及时启动自然灾害预警系统，利用农信通短信平台、广播电视等手段，及时发布异常天气预报和灾害防范措施，使烟技员、育苗专业户、烟农在最短时间内做好各项防冻措施。长汀烟草分公司组织在育苗大棚里加建小棚，确保烟苗不受冻害。武夷山烟草分公司采取多种措施加强苗管，所有苗床加盖了双层拱膜或覆盖稻草保温。由于防寒防冻措施到位，烟叶受冻降到最低水平。据统计：全省苗床上严重受冻的烟苗5219亩，移栽到大田的烟苗严重受冻1172亩。各产区继续做好人工防雹减灾工作，3—6月全省累计投入资金858万元，开展人工防雹作业296次，发射炮弹2376枚，受益烟田面积累计55.5万亩，基本消除了冰雹危害。

第二节　收购与调拨

一、烟叶收购

（一）收购预检制

福建烟叶产区大部分处于相对落后的山区，种烟乡村分散，交通不便，收购季节集中，收购工作量大。烟草公司采取到产区乡镇设置收购站点的办法，组织烟叶收购。烟农运送烟叶到收购站点按先后次序排队交售。此法收购，烟农要在收购站点排队等候，工作效率低，烟农卖烟难的问题得不到解决。随后普遍实行"一证一卡三定"（合同证、售烟卡、定时、定点、定量）收购办法，加快烟叶收购进度，方便烟农。但是烟叶收购仍然采用在收购站（点）现场检验评定等级，由于烟农掌握等级标准不一，烟叶交售时往往存在混等混级、大把头、掺杂使假等现象，评级员的工作量大，等级纯度又低，与烟农等级争议的矛盾时有发生。1994年以后，各地烟草公司探索改进烟叶收购办法，解决等级纯度与方便烟农交售的途径。

1996年，在龙岩烟区尝试初分预检制收购办法。即：烟草公司派出烟技员，到每个农户家中指导烟叶初分级，初分好烟叶经烟技员预检合格后，进行打包，填写预检等级，烟农保管好，并发给售烟通知单，烟农凭通知单到指定收购站点交售。实行初分预检制收购后，广大烟农学会了烟叶初分等级，克服等级纠纷，到收购站点交售顺利，烟叶纯度提高。烟叶收购中乱把头、差烟扎把、超水分、霉变烟等现象得到遏制，烟叶收购秩序井然。

1998年，推广预检制收购办法，推行一证（收购证）、一卡（售烟卡）、一票（售烟票）、一单（预检通知单）的收购制度，执行"约时、定点、定量、定部位"的计划收购办法。烟叶预检交售整个工作程序为：预检员培训考核→仿制收购样品→预检员带样品到烟农家中指导初分级→预检员对初分好的烟叶进行预检→预检合格烟叶打包标明等级→发给烟农售烟通知单→烟农运送烟叶到烟站→评级员对烟叶进行复检→复检合格后过磅→开票付款。这样的收购流程，农户家中的烟叶必须经初评员预检合格后，才发给售烟票，把评级工作做到烟农家中，化解烟叶收购等级争议矛盾，加强烟草行业与烟农的沟通，联络烟农感情，促进烟农掌握烟叶等级意识，改进种植技术，提高烟叶生产质量水平。

1999年，各产区都把预检交售作为提高等级纯度、服务烟农的一项重要措施。在推行预检制过程中，各地都采取一些办法，如：实行预检人员责任制；没有预检的烟叶不予收购；预检和封闭收购相结合等。龙岩烟草分公司各收购站点抽调专人开展预检工作，指导烟农正确初分绑把，提高把内纯度，挑选上等烟，实现四个提高，即：烟叶等级纯度提高、等级合格率提高、上等烟比例提高、烟叶收购的工作效率提高。上杭的庐丰、兰溪收购站，往年烟农盲目绑烟，收购时抽抽拔拔，交售又慢，烟农还会与烟草站收购员争等级、闹情绪；实行预检制收购后，按预检时预约时间来交烟，方便快捷，解决多年来在收购场所与烟农的诸多矛盾。

2000—2001年，全省各产区不断完善预检制收购办法，并建立预检人员的考核制度，每个预检人员分片到户（指导80~100户烟农），责任到人，把预检人员的劳动工资报酬与工作实际挂钩，如预检烟叶合格率达不到80%，要追究有关预检人员的责任。龙岩烟草分公司制作统一预检袋免费提供烟农使用。

2002年，规范预检制收购运作，预检员不仅是宣传员、培训员，而且是管理员、指挥员，规范了烟农的初分习惯，加快烟叶收购速度，主评员一天定级烟叶达到40多担，工效提高一倍多，基本做到烟农交售时随到随收，缩短等待交售时间，收购秩序良好。龙岩烟草分公司还推行"封签预检制"收购工作方案，烟农初分预检后，初步确定等级，进行装袋、封签、交售。

烟叶产区通过实行初分预检制收购办法，在烟叶收购工作中，落实烟草行业"至诚到信，全心全意"的服务理念。预检员在烟农家中预检，初定等级的过程不仅是培训的过程，也是商讨的过程，体现了"公正、公平、公开"原则，面对面的交流、贴心的服务使烟农在心态上容易接受这一方式。规范烟叶产购合同管理，实行预检制收购对烟叶产购合同管理的可操作性更强，预检员核对种植合同，烟农凭预检通知单交售，使烟叶产购合同管理更加规范。预检工作解决了烟农的一块"心病"，即不懂等级、怕分级；通过指导初分，避免好、坏烟混合扎把的现象，解决长期存在的等级纯度差、大把头、杂色绑把、部位不清、等级不清、颜色不清等问题，提高烟叶等级纯度，增加烟农收入，烟农普遍对该办法感到满意。预检工作到位，烟农初分等级纯度高，等级清，收购时基本做到不抽片，提高了收购速度，节省烟农交售烟叶的时间。实行初分预检制收购还有利于打击烟贩子活动，烟贩子利用烟农不懂等级以及怕分级的心理，制造一些不利于烟草站点收购烟叶的谣言，鼓动烟农卖统烟给他们，从中渔利；采取预检制收购后，解决烟农初分等级问题，所有到烟草站交售的烟叶必须有合同，必须经过预检，烟贩子的活动空间大大减小，从而在源头上扼制烟贩活动。通过实行初分预检制收购等级合格率明显提高，得到厂家的认可，烟叶调拨进度加快。

2003年，龙岩烟草分公司的《初分预检制烟叶收购办法》在全国烟叶收购会上作典型专题介绍，随后全国有20多个产烟区，200多人到龙岩烟区考察和学习预检收购工作，福建省烟叶预检制收购办法在全国推广应用。

2004年，各产区把预检工作作为烟叶收购工作重点来抓，加强对预检人员的培训、考核和管理，举办预检员培训班，保证预检工作的落实。南平市通过预检收购，烟叶等级纯度明显提高，松溪县实行站长抓预检，主评员负责等级质量的分工负责制。建宁县创新预检方法，采取"三步预检法"，即：初步查看，指出问题；选好烟样，指导初分；复查预检，装袋封签；解决了烟农对初分预检的依赖性。将乐、上杭等县采取烟叶初分工作管理前移，即：烟叶下烤后指导烟农按烤次和烟叶质量的好坏进行烟叶的初分扎把，简化初分预检流程，提高效率，把初分预检工作转化为烟农的自觉行动。2005 年，将乐县烟草公司根据烟农的分级水平和诚信度将烟农分为 A、B、C 三类，A 类为免检户，B 类为一般指导户，C 类为重点指导户，提高预检工作效率，确保烟农分级到位。

2006 年以后，全省预检交售办法全面推行，提高了烟叶纯度、等级合格率和收购进度，缩短了烟叶收购期。2007 年，全省推广烟叶原收原调工作，为确保烟叶收购顺利开展，工商交接顺畅，省公司对预检工作制定一整套的工作标准、业务流程、岗位职责、管理制度等，要求各产区抓好烟叶初分预检的第一个环节。南平集中做好烟农的初分培训、指导，配足配强初分预检员，全市增加预检人员 300 余人。2008 年，各产区侧重对预检和收购人员进行烟叶等级质量的强化培训，经考试合格发放上岗证，确保收购、预检人员持证上岗，全面提升收购、预检人员的岗位技能。

（二）编码收购

2003 年，省公司借助烟叶微机收购管理，总结封闭式收购优缺点的基础上创新了编码收购。在收购量比较大的标准化烟草站点试行了编码收购。其收购模式的程序为：①烟农出售烟叶时，凭身份证、预检合格证、售烟通知单、《福建省烤烟种植收购合同》或烟农户籍 IC 卡，在约定时间内进入指定的烟叶收购站（点）候烟区并领取售烟序号。②凭售烟序号进入编码室编上密码，密码一式二份，一份交给烟农，一份装入密码袋随烟叶送入验级室。③凭售烟序号到指定的售烟窗口等待售烟，售烟时逐袋解除封签，将袋内烟叶拿出，整齐叠放，送入验级窗口验级，一袋烟叶验完后才能拆除另一袋烟叶的封签。④验级员将密码袋挂在墙上，对烟叶进行验级，验好级后，连同密码送入解码室解码。⑤经解码室解码后，与烟农对码，定好级后的烟叶由烟农过目，出售的烟叶送入微机室过磅，不售的烟叶退还给烟农。⑥烟农出售的烟叶经微机过磅，开单，烟叶入库，单据交给烟农。⑦烟农凭电脑开的单据，到结算室或指定银行进行货款结算。验级室实行封闭式管理，整个验级过程验级员无法与烟农接触，做到验级"公平、公开、公正"，克服人情因素对等级评定的干扰，烟农较为满意。

2004 年，在松溪县召开全省优化烟叶收购流程试点现场会。此后，省公司要求全面推广"指导分级、预检交售、编码收购"的烟叶收购模式，各产区加强烟叶收购站点的改造与扩建，着重开始理顺烟叶收购工作流程。

2005 年，扩大编码收购站点，建立方便、简化、公正、快捷的收购服务渠道。省公司提出烟叶收购工作以"指导分级、预检交售、编码评级"为重点，进一步优化烟叶收购流程，制定《烟叶编码收购工作规程》。是年，实行编码收购的烟草站有 88 个，其收购量占全省烟叶收购总量的 50％，推行编码收购工作后，改善了烟叶收购环境，提高了烟叶收购效率，较好地解决了烟叶收购公平、公正问题。杜绝了"人情烟、关系烟"现象。

2006—2008 年，全省 70％以上的收购站点实行了编码收购，其中，南平市实行编码收购的烟草站点 55 个，占计划收购量的 90.23％；龙岩市实行编码收购的烟草站点 35 个，占全市的 65％。

二、等级标准监管

1991 年，龙岩上杭县庐丰乡进行四十级制试收购。试点种植面积 2400 亩，收购烟叶 8370.37 担，其中：上等烟占 66.93％，中等烟占 25.11％，低次等烟占 7.96％，黄烟率为 99.4％，等级合格率平均为 86.3％。

1992 年 9 月，国家技术监督局颁布《中华人民共和国国家标准——烤烟（GB2635－92）及其检验方法》四十级制。是年，全省安排在永定古竹、龙岩大池、上杭芦丰、漳平赤水、宁化湖村等烟叶收购站实行四十级制试点收购。此后至 1995 年，为烤烟从十五级制向四十级制过渡期。全省烟叶收购实行十五级制和四十级制同时并存实施阶段，全省主料烟基地和高料烟基地全部实行了四十级收购。省公司成立了四十级制标准领导小组，各产区分别开展四十级烤烟国家标准的宣传和培训，培训工作采用层层进行，做到家喻户晓，全省各地举办烤烟四十级标准培训班，累计培训烟技员、烟农 72.2 万人次。有的产区还派出技术骨干到黑龙江、辽宁省等地考察学习四十级制标准收购经验。1995 年，国家局全国烟叶等级质量检查组到福建烟区检查四十级收购情况，检查组抽查的四个县：永定合格率 82％，上杭 80.9％，长汀 89.6％，宁化 77.5％，均基本符合国标。是年全省收购烟叶 67.2 万担，其中四十级收购 39.4 万担，上等烟占 64.54％，中等烟占 30.5％，十五级收购 27.8 万担，上等烟占 35.24％，中等烟占 57.11％。

四十级制标准不仅内容与十五级制不同，更重要的是质量观念的更新，突出了烟叶成熟度品质要素，四十级制标准的分级原则是先分组后分级，按烟叶着生部位、颜色以及其他和总体质量相关的主要特征，分为正组和副组两部分。正组划分为下部柠檬黄色组、下部橘黄色组；中部柠檬黄色组、中部橘黄色组；上部柠檬黄色组、上部橘黄色组、上部红棕色组和完熟叶组等 8 个组。副组划分为光滑叶组、中下部杂色组、上部杂色组、青黄叶组、微带青叶组等 5 个组。分级依据烟叶的成熟度、身份、油分、叶片结构、色度、长度、残伤等 7 个外观品质因素，分为下部柠檬黄色 1～4 个等级，橘黄色 1～4 个等级；中部柠檬黄色 1～3 个等级，橘黄色 1～3 个等级；上部柠檬黄色 1～4 个等级，橘黄色 1～4 个等级，红棕色 1～3 个等级；完熟叶 1～2 个等级；中、下部杂色 1～2 个等级；上部杂色 1～3 个等级；光滑叶 1～2 个等级；微带青 1～4 个等级；青黄色 1～2 个等级；共 40 个等级。

1996 年，国家标准局、国家局正式通知，取消十五级制收购，全面实行四十级标准收购，当年福建烟区全面实行四十级标准收购。4 月，全省召开烟叶标准样品审定会，请福建省技术监督局参加审定，仿制和审定四十级标准烟叶收购样品。是年，省公司下拨 26 万元给各产区县作为四十级标准培训费。省公司在烟叶收购期间加强质检巡回检查活动，平衡和稳定全省烟叶等级质量标准。各站点做到政策上墙公开，收购样品上墙公开。三明烟草分公司分阶段召开全区收购现场会，统一各县（市）烟叶收购标准技术眼光，解决新标准收购过程中的一些技术疑难问题，取得成效；龙岩烟草分公司推行按《收购规程》工作，规范收购，堵塞漏洞，保证四十级标准收购正常进行。

1997 年 1 月，省公司举办全省四十级标准分级技术培训班，培训技术骨干 170 余人。根据国家局烟叶收购标准样品由省公司统一制定，不能层层仿制的要求。4 月，召开了全省烤烟样品仿制会议，制订了全省统一收购标准样品，发给主产区县烟草公司基层收购站、复烤厂，中转仓库，卷烟厂和福建省烟草质量检测站，做到哪里有收购场所，哪里就有标准样品，做到对样收购、加工和验收烟叶。在烟叶收购期间，各产区均全面加强烟叶质量标准管理，收购场所挂样收购；开展烟叶等级平衡，每个地区每月组织检查二次以上，检查或抽查各烟叶收购站和复烤厂的原烟和成品烟，每个县公司每周组织检查一次以上，对各烟叶收购站（点）收购的烟叶进行检查平衡等级。同时，烟叶收购期间，省公司多次组织各主产区分公司、省内烟厂和省技术监督局的技术人员到各站点、复烤厂进行等级质量检查，统一眼光，统一标准，平衡等级，提高等级纯度和等级合格率。

1998—2000 年，根据国家技术监督局对烤烟标准（GB2635－92《烤烟》）修改意见，省公司对烟叶收购标准作了相应调整。

2000 年，福建省实行国家四十二级标准收购，执行国家局发布的《烟叶工商交接等级质量监督管理办法（试行）》。当年，国家局组织对福建产区烟叶收购等级标准执行情况进行检查，检查结果，福建烟叶等级合格率居全国行业首位。

表 2－20　**2000 年烤烟国家标准（GB2635－92）品质规定（四十二级制）**

组别		级别	代号	成熟度	叶片结构	身份	油分	色度	长度（cm）	残伤（%）
下部 X	柠檬黄 L	1	X_1L	成熟	疏松	稍薄	有	强	40	15
		2	X_2L	成熟	疏松	薄	稍有	中	35	25
		3	X_3L	成熟	疏松	薄	稍有	弱	30	30
		4	X_4L	假熟	疏松	薄	少	淡	25	35
	橘黄 F	1	X_1F	成熟	疏松	稍薄	有	强	40	15
		2	X_2F	成熟	疏松	稍薄	稍有	中	35	25
		3	X_3F	成熟	疏松	稍薄	稍有	弱	30	30
		4	X_4F	假熟	疏松	薄	少	淡	25	35

续表 2—20

组别		级别	代号	成熟度	叶片结构	身份	油分	色度	长度（cm）	残伤（%）
中部 C	柠檬黄 L	1	C_1L	成熟	疏松	中等	多	浓	45	10
		2	C_2L	成熟	疏松	中等	有	强	40	15
		3	C_3L	成熟	疏松	稍薄	有	中	35	25
		4	C_4L	成熟	疏松	稍薄	稍有	中	35	30
	橘黄 F	1	C_1F	成熟	疏松	中等	多	浓	45	10
		2	C_2F	成熟	疏松	中等	有	强	40	15
		3	C_3F	成熟	疏松	中等	有	中	35	25
		4	C_4F	成熟	疏松	稍薄	稍有	中	35	30
上部 B	柠檬黄 L	1	B_1L	成熟	尚疏松	中等	多	浓	45	15
		2	B_2L	成熟	稍密	中等	有	强	40	20
		3	B_3L	成熟	稍密	中等	稍有	中	35	30
		4	B_4L	成熟	紧密	稍厚	稍有	弱	30	35
	橘黄 F	1	B_1F	成熟	尚疏松	稍厚	多	浓	45	15
		2	B_2F	成熟	尚疏松	稍厚	有	强	40	20
		3	B_3F	成熟	稍密	稍厚	有	中	35	30
		4	B_4F	成熟	稍密	厚	稍有	弱	30	35
	红棕 R	1	B_1R	成熟	尚疏松	稍厚	有	浓	45	15
		2	B_2R	成熟	稍密	稍厚	有	强	40	25
		3	B_3R	成熟	稍密	厚	稍有	中	35	35
完熟叶		1	H_1F	完熟	疏松	中等	稍有	强	40	20
		2	H_2F	完熟	疏松	中等	稍有	中	35	35
杂色 K	中下部 CX	1	CX_1K	尚熟	疏松	稍薄	有	/	35	20
		2	CX_2K	欠熟	尚疏松	薄	少	/	25	25
	上部 B	1	B_1K	尚熟	稍密	稍厚	有	/	35	20
		2	B_2K	欠熟	紧密	厚	稍有	/	30	30
		3	B_3K	欠熟	紧密	厚	少	/	25	35
光滑叶 S		1	S_1	欠熟	紧密	稍薄、稍厚	有	/	35	10
		2	S_2	欠熟	紧密	/	少	/	30	20

续表 2－20

组别		级别	代号	成熟度	叶片结构	身份	油分	色度	长度（cm）	残伤（%）
微带青 V	下二棚 X	2	X_2V	尚熟	疏松	稍薄	稍有	中	35	15
	中部 C	3	C_2V	尚熟	疏松	中等	有	强	40	10
	上部 B	2	B_2V	尚熟	稍密	稍厚	有	强	40	10
		3	B_3V	尚熟	稍密	稍厚	稍有	中	35	10
青黄色 GY		1	GY_1	尚熟	尚疏松至稍密	稍薄、稍厚	有	/	35	10
		2	GY_2	欠熟	稍密至紧密	稍薄、稍厚	稍有	/	30	20

2001 年 9 月下旬，省公司召开全省烟叶工商交接质量监督工作会议，并开展全省烟叶工商交接质量监督检查，分别对龙岩、厦门卷烟厂当年购进原烟质量进行了检查，抽查结果，烟叶等级合格率达 84.6%。

2002 年，省公司对烟叶质量提出"三清两高"的要求（品种清、部位清、色组清、把头纯度高、等级合格率高）。烟叶收购过程全省烟叶等级质量仍保持较好的水平，年内，省公司组织对烟叶收购和工商交接烟叶质量进行三次检查：全省抽检 8933 把，平均合格率 76.3%，其中，三明抽检 4402 把，平均合格率 71%，龙岩抽检 3831 把，平均合格率 82.3%，南平抽检 700 把，平均合格率 77.1%。

2003 年，烟叶收购质量平稳，省公司组织全面等级检查，全省烟叶收购平均等级合格率为 76.68%。国家局抽查，工商交接平均等级合格率为 73.63%。是年，省公司实行了评级员资格任职制度，全省 448 名主评员进行了考试，有 253 人获得主评员任职资格。

2004 年，国家局组织的工商交接烟叶等级质量监督检查，对福建烟叶随机抽查了 56 个批次、3017 把烟叶，计 12 个等级，等级合格率总体平均值为 78.3%，排名全国第 5 位（全国总体平均值 68.25%），其中上、中、下等烟合格率总体平均值分别为 78.4%、78.2%、80.0%；按区域统计：南平、龙岩、三明合格率总体平均值分别为 81.9%、77.7%、76.1%。当年省公司也组织对全省产区收购等级情况进行检查，抽查结果，全省烟叶等级平均合格率为 81.6%。

2005 年 8 月，国家局重新发布了《烟叶工商交接等级质量监督抽查管理办法》及《烟叶收购及工商交接质量控制规程》，加强对烟叶工商交接等级质量的监督，规范烟叶工商交接等级质量监督抽查工作。省公司据此加强对烟叶等级质量管理和监控。各产区加强了分级指导、评级收购、交接验级、清选平衡等环节等级质量把关，每个环节专人负责，明确职责，并完善分、县烟叶交接验收管理办法，建立质量跟踪、反馈落实的烟叶质检信息系统，及时反馈烟叶等级质量信息，对烟叶收购质量进行全程监控。是年省局组织检查组对龙岩、三明复烤厂、永安烟叶仓库、武夷烟叶公司进行两次烟叶工商交接等级质量监督检查，上、中、下等烟平均等级合格率分别为 67.5％、63.7％、88.0％；全省烟叶平均等级合格率为 66.4％。

2006 年，省公司制作审定了 3064 个烟叶收购样品分发到各产区烟叶收购站（点），并对 416 位主评员进行了考核发证，各产区执行国家烟叶收购等级标准较好，烟叶等级合格率高。国家局对福建省烟叶收购等级合格率抽查，全省烟叶收购平均合格率达 81.1％。全国烟叶工商交接等级质量抽检，全国总体合格率为 63.4％，福建省合格率为 71.1％（排在全国第二位），其中龙岩 74.5％、三明 68.9％、南平 71.4％。

2007 年，国家局对福建烟叶等级质量进行 130 多个批次的检查，全省平均等级合格率 73.8％，其中，工商交接环节为 70％，收购环节为 77.7％，备货环节为 74.4％，烟叶收购、备货和交接三个环节的等级合格率较为接近。全省烟叶纯度较往年有明显的提高，烟区间、站点间收购质量标准较平衡，烟叶等级质量比上年有较大的提高，省公司组织对全省烟叶收购质量检查，全省收购平均等级合格率为 76.7％，全省工商交接平均等级合格率为 72.0％。2008 年经国家局检查，全省烟叶收购合格率达 77.7％，工商交接合格率达 70.8％，均位于全国前列。至 2008 年，龙岩、三明、南平三个烟叶产区等级质量较好，均受到国家局通报表彰，其中龙岩已连续 7 年、三明连续 5 年、南平连续 2 年受到国家局通报表彰。

三、收购价格

1990 年，为使国家和福建省政府规定的生产扶持费相衔接，省物价局规定该年上等烟生产扶持费保持不变，对中等烟的中下部金黄色三级（中三）、中下部金黄色四级（中四）、上部金黄色二级（上二）等级的生产扶持费按国家收购价提高金额相应冲减。冲减后，中三、中四、上二等级每 50 公斤生产扶持费龙岩地区为 108 元、100 元、107 元，其他地区为 103 元、95 元、102 元，上部黄色三级（上三）为 25 元。同时对烤烟收购奖售化肥作适当调整，即全省不分新老烟区，每收购 50 公斤中下部黄色一级（中一）、中下部黄色二级（中二）、上部黄色一级（上一）烤烟奖售化肥 120 公斤，中三为 80 公斤，上二为 85 公斤，中四为 40 公斤，其他等级一律不奖售化肥。

1991 年，上杭县庐丰乡试行烤烟四十级制收购，收购价格由国家物价局和国家局确定。此后至 1995 年，烤烟收购价格执行十五级制和四十级制价格。

1993 年，按国家价格调整政策，福建省取消国家规定的烟叶生产扶持费，根据优质优价的原则调整各等级的烟叶收购价格，并把原来的烟叶生产扶持费并入收购价格。针对福建烟区特点，保持烟农正常年景收入不减少，省政府规定：收购价格按国家制定收购价格执行，对扶持费高出国家规定的部分予以保留，并入收购价，由烟草公司支付给烟农，并按照福建省历年惯例，不列为征收农业特产税范围。由于下低等烟叶相对滞销，考虑到烟农利益，对烟草公司收购的下低等烟叶免征农业特产税。

1994年，为充分体现市场需求和优质优价原则，福建省烟叶收购在执行国家收购价格基础上，实行烟叶生产收购奖励金办法，奖励金作为烟叶收购综合价的一部分，一并在收购过程中直接兑现支付，收购发票上与收购价分别反映，进入收购成本，奖励金免征农业特产税。

1995年，国家提高烟叶收购价格，省公司对烟叶收购奖励金进行调整，调整后的奖励金仍在收购时一并支付给烟农，且免征特产税。由于农业生产资料价格较大幅度的上涨，粮棉及其他农产品的收购价格也都做了相应的提高，烟叶收购价格虽然有所提高，但还是显得偏低，1990年烟粮比价为1∶4.5左右，到1995年降为1∶2.7左右。

1996年，全国烟叶统一实行四十级制标准收购，当年烟叶收购均价每50公斤达到250元，国家在制定价格时，每50公斤烟叶增加6元风险金、5元网点建设维修费和1元技术推广费，共12元。为调动烟农积极性，稳定烟叶生产扶持政策，省公司对烟叶收购奖励金标准进行调整，提高上中等烟的奖励金标准，并继续执行免征农业特产税办法。

1997年，对个别等级的烟叶收购奖励金标准又作了适当的调整。

1998年，国家对烟叶收购价格进行调整，当年烟粮比价在1∶6的水平。为了控制烤烟生产过热局面，鼓励农民种好烟，省公司又调整烟叶奖励金政策，降低奖励标准，取消部分中等烟及下低等烟的奖励；福建省政府也出台烟叶奖励金征收农业特产税的具体政策。

1999年起，根据国务院调整烟叶和卷烟价格及税收政策，福建烟叶平均收购价格由当时的每50公斤242元提高为350元；烟叶特产税税率由31%降为20%。并规定各级政府和烟草部门不能出台任何形式的价外补贴，产前投入仍要给予扶持，但不得以货币形式支付。10月26日，国家计委、国家局对全国烤烟收购价格实行分区定价，共划分五个价区，福建为二价区。11月2日，国家局下发《1999年烤烟收购价格的通知》，明确烤烟各价区、各等级的收购价格。省公司严格执行国家烟叶收购价格政策，协调了龙岩、三明、南平产区，形成全省统一的烟叶生产扶持投入标准。1999年，省公司取消烟叶收购奖励金政策。此后，全省烟叶收购执行国家制定的统一价格，并加强对收购价格的管理，严禁各产区采取各种形式的价外补贴。烟叶收购价格走向规范。

2000—2008年，国家每年对烟叶收购价格均进行适当调整，福建省均严格执行。

表2—21　1994—1995年福建省烤烟（十五级制）收购价与奖励金标准表

单位：元/50公斤

等级	1994年			1995年		
	收购价	奖励金	综合价	收购价	奖励金	综合价
中一	310	175	485	395	305	700
中二	260	175	435	325	275	600
上一	230	160	390	295	245	540

续表 2-21

等级	1994 年			1995 年		
	收购价	奖励金	综合价	收购价	奖励金	综合价
中三	190	135	325	245	235	480
上二	165	105	270	200	170	370
中四	130	75	205	165	125	290
上三	110		110	130	10	140
青一	60		60	60		60
中五	65		65	75		75
上四	60		60	60		60
青二	20		20	20		20
中六	35		35	35		35
上五	20		20	20		20
青三	8		8	8		8
末级	5		5	5		5

表 2-22　**1994—1998 年福建省烟叶（四十级制）收购价与奖励金标准表**

单位：元/50 公斤

等级	1994 年		1995 年		1996 年		1997 年		1998 年	
	收购价	奖励金	收购价	奖励金	收购价	奖励金	收购价	奖励金	收购价	奖励金
上　　等										
C_1F	340	165	440	280	440	360	440	360	440	230
C_2F	285	165	375	275	375	355	375	355	375	230
C_3F	225	165	295	305	295	385	295	355	295	230
C_1L	300	150	410	240	410	320	410	340	410	180
C_2L	240	150	340	240	340	320	340	340	340	180
B_1F	280	140	360	240	360	320	360	300	360	170
B_2F	220	120	270	230	270	280	270	260	270	170
B_1L	200	100	230	230	230	270	230	270	230	170
B_1R	180	100	210	230	210	290	210	290	210	170
H_1F	230	140	290	210	290	310	290	340	290	170
X_1F	200	160	255	265	255	365	255	345	255	180
中　　等										
C_3L	180	130	250	230	250	310	250	310	250	180
X_2F	160	100	180	200	180	320	180	300	180	180
X_3F	120	20	140	60	140	160	140	160	140	80
X_1L	165	130	225	175	225	255	225	275	225	120
X_2L	130	70	160	140	160	170	160	190	160	90

续表 2—22

等级	1994 年		1995 年		1996 年		1997 年		1998 年	
	收购价	奖励金	收购价	奖励金	收购价	奖励金	收购价	奖励金	收购价	奖励金
中　等										
B_3F	150	80	170	150	170	180	170	180	170	90
B_4F	100		115	15	115	25	115	25	115	
B_2L	130	60	165	135	165	165	165	165	165	90
B_3L	90		110		110	40	110	40	110	
B_2R	130	60	140	140	140	160	140	160	140	80
B_3R	90		95		95	5	95	5	95	
H_2F	170	120	230	170	230	250	230	250	230	100
X_2V	110		110		110	10	110	10	110	
C_3V	170	80	180	200	180	320	180	320	180	120
B_2V	130	60	130	70	13.0	120	130	120	130	
B_3V	100		100		100	50	100	50	100	
S_1	100		100		100	20	100	20	100	
下　等										
B_4L	60		60		60		60		60	
X_3L	95		100		100		100		100	
X_4L	60		60		60		60		60	
X_4F	70		75		75		75		75	
S_2	60		60		60		60		60	
CX_1K	80		80		80		80		80	
CX_2K	60		50		50		50		50	
B_1K	85		90		90		90		90	
B_2K	60		60		60		60		60	
GY_1	50		50		50		50		50	
低　等										
B_3K	40		40		40		40		40	
GY_2	20		20		20		20		20	

表 2—23　　　　　　　　**1999—2008 年福建省烤烟收购价格表**

单位：元/50 公斤

等级	1999 年	2000 年	2001 年	2002 年	2003 年	2004 年	2005 年	2006 年	2007 年	2008 年
上　等										
C_1F	810	810	885	882	882	860	860	860	880	1020
C_2F	727	727	777	774	774	790	790	790	810	940
C_3F	625	625	670	667	667	690	690	690	710	830
C_1L	757	757	810	806	806	790	790	790	810	930
C_2L	645	645	700	700	700	710	710	710	730	845
B_1F	685	685	685	683	683	690	690	690	710	840
B_2F	565	565	566	564	543	560	560	560	580	715
B_1L	548	548	548	570	570	590	590	590	610	705
B_1R	565	565	566	564	564	550	550	550	570	685
H_1F	590	590	590	590	590	580	580	580	600	715
X_1F	550	550	534	554	554	605	605	605	625	730
中　等										
C_3L	545	545	490	490	570	605	605	605	625	745
X_2F	410	410	572	570	430	500	500	500	520	625
C_4F		490	410	430	490	540	540	540	560	665
C_4L		442	453	452	452	500	500	500	520	615
X_3F	318	318	302	323	323	400	400	400	420	510
X_1L	507	507	507	505	505	580	580	580	600	700
X_2L	400	400	388	398	398	465	465	465	485	600
B_3F	437	395	334	300	323	385	395	395	415	550
B_4F	325	280	194	150	150	205	235	235	255	385
B_2L	410	390	345	344	344	390	410	410	430	555
B_3L	298	280	173	160	160	215	245	245	265	395
B_2R	460	460	470	468	468	460	460	460	480	580
B_3R	357	357	275	274	274	275	285	285	305	395
H_2F	495	495	494	492	492	480	480	480	500	590
X_2V	310	310	310	310	310	310	310	310	330	395
C_3V	485	485	486	484	484	500	500	500	520	610
B_2V	368	368	378	376	376	375	375	375	395	455
B_3V	280	280	270	270	270	275	275	275	295	355
S_1	280	280	227	226	226	220	220	220	240	300

续表 2—23

等级	1999年	2000年	2001年	2002年	2003年	2004年	2005年	2006年	2007年	2008年
下　　等										
B_4L	163	150	108	62	62	110	150	150	170	255
X_3L	252	240	248	162	162	210	300	300	320	440
X_4L	130	125	120	72	72	115	180	180	200	300
X_4F	170	155	130	82	82	125	210	210	230	340
S_2	153	153	162	102	102	105	105	105	125	190
CX_1K	195	190	156	72	72	120	200	200	220	280
CX_2K	100	100	86	42	42	85	135	135	155	210
B_1K	185	180	130	62	62	110	185	185	205	270
B_2K	110	100	65	32	32	60	100	100	120	180
GY_1	85	85	60	27	27	50	80	80	100	150
低　　等										
B_3K	60	60	36	17	17	30	80	80	100	125
GY_2	38	38	22	12	12	20	60	60	80	115

四、调拨与仓储

（一）调　拨

90年代以后，烟叶的调拨管理仍实行总公司、省级公司、市级分公司三级管理。省际调拨供应，由总公司组织衔接和平衡，通过订货会签订供需合同。省内烟叶调拨供应，由省公司组织衔接与平衡，县级烟草公司不直接参与省际计划衔接。对于县级烟草公司收购的烟叶，福建省采用县级公司与市级分公司原烟或复烤烟交接的形式，省公司每年制定县公司与分公司交接价格，分公司与县公司按交接价结算。

1992年，福建烟叶质量好，深受厂家欢迎。三明的烟叶产品除供应本省烟厂外还销往云南、湖南、河北、安徽、山东、江苏、天津、新疆、内蒙古等省外30多家烟厂，并成为福建省的主要出口烟基地。中美合资厦门华美卷烟有限公司生产的主产品牌"金桥"香烟，三明烟叶用量达70％。德国GK公司、香港英美烟草公司、南洋兄弟烟草公司、大陆烟草公司、美国德宝兄弟烟草有限公司、孟克（英国）烟草公司等国外烟草商也在福建采购调拨烟叶，每年在0.2～1万担左右，采购的等级主要有中三、中四、上二等。

1993年，国家放开烟叶调拨价格，由国家定价转向企业定价。省公司注意协调好产销之间关系，确定烟叶销售以分公司为经营主体单位，统一对外调拨；省内调拨仍由省公司主持召开产销衔接会并制定调拨指导价，根据省公司下达的计划，产销双方做好衔接。省际调拨按总公司规定执行，调往省外烟叶的价格，参照省内指导价，允许上下浮动。是年，全省收购烟叶 178.4 万担，调省内烟厂共 73.66 万担，其中：龙岩 25.62 万担、厦门 24.8 万担、云霄 7.2 万担、畲山 7.04 万担、泉州 1.9 万担、华美 7.1 万担，出口备货 10 万担，其余调出河北省保定、石家庄烟厂，安徽省合肥、蚌埠烟厂，山东省济南、青岛烟厂等省外烟厂。1994 年，国家局强调烟叶购销必须纳入合同管理，省际合同的签订必须加盖省公司确认章和中国烟草总公司的确认章，准运证的开具要以有效合同为依据。当年，福建烟叶销售仍以省内烟厂为主。

1995 年，省内外厂家对福建烟叶较为关注，上等烟叶较为紧俏，为了保证省内烟厂烟叶原料供应，5 月，省公司在福州召开全省烟叶调拨工作会议，确立烟叶调拨坚持"立足省内、顾全大局"的原则，产销双方统一平衡，双方签订当年省内烟叶购销合同。省公司下达指令性省内烟厂数量、等级烟叶调拨计划，各产区优先保证省内烟厂对烟叶原料需要。调拨价格由省公司制定指导价，采取两种价格形式，一种是拼盘价，另一种是单等级价；在指导价基础上可以上下浮动，由产、销两方协商定价，计划比例内的等级数量执行省公司下达的调拨指导价，产销双方不得自行更改或擅自加价。省公司对允许浮动的价格总水平进行宏观调控，定价原则是成本价加上适当的利润，确保产区有稳定的市场。为确保省内调拨合同的完成，省公司强调：只有在省内调拨合同完成 50％的基础上，才能开始向省外调拨。翌年，全省三个产区共调给省内烟厂成品烟 57 万担，其中：三明 33 万担、龙岩 22 万担、南平 2 万担。1996 年，省公司依据国家烟叶调拨基准价制定省内和省际的烟叶调拨价格。

1997 年，全国烟叶严重供大于求，全国各产区烟叶积压包袱沉重。在产大于销的情况下，为更好加强烟叶调拨管理。国家局加强烟叶流通体制管理，省公司也下发《关于抓紧省内烟叶调拨进度的紧急通知》，要求省内烟厂加速烟叶调拨进度，早调、多调、多储，及时回笼资金，减轻烟叶产区的压力。

1998 年，全国烟叶市场处于饱和状态，陈烟库存量大，货款难以回笼。省内各产区想尽办法增加烟叶调拨量，缓解库存压力，12 月底，全省烟叶调拨总量 126.5 万担，占合同的76.2％，全省烟叶商业库存 74 万担，工业库存 122.3 万担。龙岩烟草分公司积极推销陈烟，加紧烟叶调拨，与杭州、宁波、广州、徐州、淮阴等全国 43 家烟厂签订了 50.5 万担的调拨协议。

1999 年，福建省规定各产区分、县烟草公司执行省级公司制定的省内、省际调拨价格，不得自行确定烟叶调拨价格。各产区加大促销力度，拓宽烟叶市场，省公司实行省内、省外烟叶调拨统一价格，并要求各产区合理安排上等优质烟叶的调拨比例，充分考虑相应的中下等级烟叶搭配销售工作，以免造成中下等级烟叶的滞销和积压。对于省内烟厂，各产区按实际收购上等烟比例再上浮 10％调拨烟叶；对于省外烟厂，原则上按广州全国会议上签订合同的上等烟比例进行调拨；对于建立厂办基地的省外厂家，可以按实际收购上等烟比例优惠调拨上等烟。是年，福建烟叶调往省外比例较大，占全省烟叶生产总量的三分之二，销售省外烟叶总量居全国第 4 位。

2000 年，继续对上等烟调拨比例实行控制，对省外烟厂掌握 20％的上等烟调出比例，属于 36 家重点工业企业的再加 5％ 比例。对于建立厂办基地的省外厂家，按实际收购上等烟比例调拨。在烟叶调拨价格上，继续执行省内、省外统一价。是年，根据国家局的要求全省推行了原烟交接，就地委托加工。全省原烟交接量占总调拨量的 30％。

2001 年，国家局规定烟叶的委托加工原则，明确省内、跨省委托加工后，烟叶准运证的签发，出口烟叶的委托加工，烟叶到货确认等具体规定。省公司下发《关于 2001 年烟叶调拨有关规定的通知》，强调各产区加快推进原烟交接工作，原烟交接地点安排在产区或复烤厂。是年，收购烟叶 151.65 万担，原烟交接 57.59 万担，占收购量的 38％。烟叶省际调拨量居全国第四位。

2002 年，全省加快推进原烟交接、委托加工，并建立三家打叶复烤企业。福建省平均调拨价达 1041 元/担，比国家基准价（2 价区）高出 82 元/担。

2003 年，全国烟叶调拨实行会员制交易方式，福建省同步执行会员制交易调拨，进一步规范和完善烟叶流通渠道。烟叶的购销必须签订烟叶购销合同，省际烟叶购销由工商会员按国家调拨计划在全国烟叶交易会上签订合同。省内烟叶购销由省级局烟叶主管部门统一组织签订合同。全省共与 74 家烟厂签订烟叶销售合同，其中：合同数量 3 万担以上的烟厂有 20 家，占总量的 70％；1 万～3 万担的有 29 家，占总量的 6％。

2004 年，随着烟叶信息系统的建立和完善，国家局建立烟叶电子交易系统，全国烟叶订货会改为网上订货交易，签订烟叶购销电子合同，每年在 3—4 月开展网上集中交易，供需双方及供需双方省级公司和中国烟草总公司利用电子技术，在线完成对合同审批和鉴章认证。实行网上交易和签订电子合同，代替人工签订纸质合同，保证签订合同安全、便捷、有效，简化合同变更程序；网上集中交易极大节约人力、财力，减轻供需双方人员每年签订纸质合同耗费体力、精力。当年开始，福建省烟叶调拨全部实行原烟交接，签订的烟叶购销合同为原烟购销合同，原烟交接实行就地原则，交接地点为当地复烤企业原烟仓库、烟叶产区县公司烟叶收购仓库或分公司原烟仓库。各分公司统一执行省定烟叶调拨价格，允许对超比例的中部上等烟和"翠碧 1 号"品种实行优质优价，由购销双方根据市场供求情况商定。

2005 年，部分烟区厂办基地的烟叶实行厂站直调的交接模式。

2006 年，省内省际交易均在中烟烟草交易中心交易平台上统一进行。省际交易由国家局（总公司）负责鉴章管理，省内交易由省公司和省工业公司负责鉴章管理。

2007 年，国家局把福建作为烟叶原收原调的试点省份，福建省在全国率先全面实行烟叶原收原调工作。全省各产区按"原收原调、一打三扫"的模式进行烟叶调拨。"原收原调"的调拨方式采取烟草站收购的烟叶直接调拨给工厂，再由工厂根据需要委托复烤厂进行清选、加工，改变以往先清选后调拨的做法。这种调拨形式优化流程，减少中间环节，减少经营费用，促进工商协作，增强互信，规范经营行为，防止烟叶体外循环。"一打三扫"是为保证原收原调而采取的手段。"一打"指收购时在烟包上打码，"三扫"指烟叶在烟草站出库，以及在县市烟草公司进、出库时候分别进行扫码。通过"一打三扫"及配套软硬件系统，所有进出库烟叶的等级、来源以及去处等数据得以完整保留，保证了烟叶物流的规范运作。为使烟叶原收原调工作顺利实施，省局（公司）多次召开烟叶原收原调工作座谈会、研讨会，研究部署烟叶原收原调工作，提出"等级到位、确保质量，工商对接、规范流程，一打三扫、信息管理，严格考核、落实责任"的工作要求，对烟叶预检、收购、验收和交接做出明确的规定。并多次组织对烟区的烟叶原收原调工作情况进行明察暗访，及时纠正问题。各烟叶产区建立健全工作责任制和应急预警机制，加强与工业企业的协调沟通，做好烟叶的调拨，确保了烟叶工商交接顺畅。是年，全省烟叶原收原调各项工作组织有序，烟叶收购、调拨进展顺利，烟叶等级质量提高，烟叶收购管理水平得到提升，受到国家局的肯定。

2008年，烟叶调拨运作的合同管理模式有所改变，网上集中交易调整为供需双方先签订"年度购销协议"，在调拨期间再签订烟叶购销电子"实时合同"，"实时合同"执行后，网上"年度购销协议"自动核减调拨量，直至执行完毕。全省继续全面推行烟叶原收原调模式，各产区从收购源头抓起，严把烟叶收购等级质量关，保证原收原调平稳运作。业务流转运作上，严格按原收原调"一打三扫"物流管理流程，建立了烟叶物流调度中心，实行严格的原烟入库、销售出库、烟叶移库的物流计划管理。

表2—24 **1995年烟叶调拨价格（四十级制）**

单位：元/担

级别	代号	国家基准价		福建供应指导价（复烤烟）
		初烤烟	复烤烟	
中橘一	C_1F	704.66	783.00	1208
中橘二	C_2F	602.10	673.39	1087
中橘三	C_3F	475.88	538.48	985
中柠一	C_1L	657.32	732.41	1104
中柠二	C_2L	546.88	614.37	980
上橘一	B_1F	578.44	648.10	1016
上橘二	B_2F	436.44	496.32	844
上柠一	B_1L	373.33	428.87	774
上红一	B_1R	341.77	395.14	738
完熟一	H_1F	467.99	530.05	854
下橘一	X_1F	412.77	471.03	863
中柠三	C_3L	404.88	462.60	809
下橘二	X_2F	294.44	344.55	647
下橘三	X_3F	231.33	277.10	396
下柠一	X_1L	365.44	420.44	694
下柠二	X_2L	262.88	310.82	535
上橘三	B_3F	278.66	327.69	565
上橘四	B_4F	191.88	234.94	294

续表2-24

级别	代号	国家基准价		福建供应指导价（复烤烟）
		初烤烟	复烤烟	
上柠二	B_2L	270.77	319.25	537
上柠三	B_3L	183.99	226.50	226
上红二	B_2R	231.33	277.10	499
上红三	B_3R	160.33	201.21	200
完熟二	H_2F	373.33	428.87	697
下微青二	X_2V	183.99	226.50	226
中微青三	C_3V	294.44	344.55	647
上微青二	B_2V	215.55	260.23	392
上微青三	B_3V	168.22	209.64	209
光滑一	S_1	168.22	209.64	209
上柠四	B_4L	105.11	142.19	138
下柠三	X_3L	168.22	209.64	209
下柠四	X_4L	105.11	142.19	138
下橘四	X_4F	128.77	167.48	165
光滑二	S_2	105.11	142.19	138
中下杂一	CX_1K	136.66	175.91	173
中下杂二	CX_2K	89.33	125.32	121
上杂一	B_1K	152.44	192.78	191
上杂二	B_2K	105.11	142.19	138
青黄一	GY_1	89.33	125.32	121
上杂三	B_3K	73.55	108.46	103
青黄二	GY_2	41.99	74.73	68

表2-25　　　　　　　　　　**1995年烟叶调拨价格（十五级制）**

单位：元/担

等级	国家基准价		福建供应指导价	等级	国家基准价		福建供应指导价
	初烤烟	复烤烟			初烤烟	复烤烟	
中一	633.66	707.12	1161	上三	215.55	260.23	314
中二	523.21	589.07	999	上四	105.11	142.19	138
中三	396.99	454.16	807	上五	41.99	74.73	67
中四	270.77	319.25	524	青一	105.11	142.19	138
中五	128.77	167.48	165	青二	41.99	74.73	67
中六	65.66	100.03	94	青三	23.06	54.50	48
上一	475.88	538.48	908	末级	18.33	49.44	41
上二	325.99	378.28	644				

表 2—26　　　　　　　　　　1996 年福建省烟叶调拨价格表

单位：元/担

等级	省内调拨价		省际调拨价	等级	省内调拨价		省际调拨价
	基地	非基地			基地	非基地	
上等				B_2R	619	619	800
C_1F	1376	1476	1670	B_3R	270	270	450
C_2F	1250	1350	1530	H_2F	755	755	1000
C_3F	1144	1244	1410	X_2V	302	302	500
C_1L	1268	1368	1550	C_3V	736	736	1050
C_2L	1139	1239	1420	B_2V	447	447	700
B_1F	1177	1277	1455	B_3V	324	324	500
B_2F	998	1098	1225	S_1	294	294	466
B_1L	925	1025	1120	下等			
B_1R	888	988	1108	B_4L	203	203	
H_1F	1008	1108	1295	X_3L	274	274	
X_1F	1018	1118	1297	X_4L	203	203	
中等				X_4F	229	229	下低等烟的省际调拨价格不得低于国家下达的调拨价，上调不得高于15%，由产销双方协商定价
C_3L	961	1061	1216	S_2	203	203	
X_2F	767	867	1090	CX_1K	238	238	
X_3F	516	616	800	CX_2K	185	185	
X_1L	842	942	1090	B_1K	256	256	
X_2L	655	655	850	B_2K	203	203	
B_3F	685	685	880	GY_1	185	185	
B_4F	326	326	500	低等			
B_2L	657	657	750	B_3K	167	167	
B_3L	332	332	550	GY_2	132	132	

表 2—27　　　　　　　　　　1997 年福建省烟叶调拨价格表

单位：元/担

等级	省内烟叶调拨价	等级	省内烟叶调拨价
上等		B_2R	630
C_1F	1397	B_3R	440
C_2F	1301	H_2F	861
C_3F	1121	X_2V	557

续表 2-27

等级	省内烟叶调拨价	等级	省内烟叶调拨价
C_1L	1325	C_3V	835
C_2L	1162	B_2V	630
B_1F	1204	B_3V	499
B_2F	1022	S_1	488
B_1L	950	下等	
B_1R	904	B_4L	330
H_1F	1040	X_3L	521
X_1F	1020	X_4L	356
中等		X_4F	399
C_3L	977	S_2	328
X_2F	832	CX_1K	408
X_3F	672	CX_2K	315
X_1L	892	B_1K	426
X_2L	751	B_2K	311
B_3F	753	GY_1	305
B_4F	558	低等	
B_2L	739	B_3K	259
B_3L	537	GY_2	223

表 2-28　　　　　　　**1998—1999 年烟叶调拨价格**

单位：元/担

等级	代号	1998 年国家基准调拨价		1999 年国家基准省际调拨价	1999 年福建省内、省际调拨价	
		初烤烟	机烤烟	机烤片烟	初烤烟	复烤烟
上　等						
中橘一	C_1F	921.51	1048.21	2413	1327	1461
中橘二	C_2F	805.33	919.75	2200	1201	1327
中橘三	C_3F	709.66	813.95	1937	1047	1161
中柠一	C_1L	832.67	949.97	2277	1247	1375

续表 2—28

等级	代号	1998 年国家基准调拨价		1999 年国家基准省际调拨价	1999 年福建省内、省际调拨价	
		初烤烟	机烤烟	机烤片烟	初烤烟	复烤烟
上 等						
中柠二	C_2L	709.66	813.95	1989	1077	1194
上橘一	B_1F	757.5	866.85	2092	1138	1259
上橘二	B_2F	661.82	761.05	1783	956	1064
上柠一	B_1L	572.98	622.81	1739	930	1037
上红一	B_1R	572.98	622.81	1783	956	1064
完熟一	H_1F	689.15	791.28	1847	994	1105
下橘一	X_1F	648.15	745.94	1744	933	1040
中 等						
中柠三	C_3L	620.81	715.75	1771	920	1027
下橘二	X_2F	518.30	602.36	1413	716	808
上橘三	X_3F	402.13	473.89	1169	576	659
下柠一	X_1L	593.48	685.49	1670	863	965
下柠二	X_2L	429.46	504.12	1387	701	792
上橘三	B_3F	477.30	557.02	1485	757	852
上橘四	B_4F	326.95	390.77	1188	587	671
上柠二	B_2L	463.63	541.91	1413	716	808
上柠三	B_3L	320.12	383.21	1116	546	627
上红二	B_2R	381.62	451.22	1546	792	889
上红三	B_3R	244.94	300.09	1273	635	722
完熟二	H_2F	559.31	647.70	1639	845	946
下微青二	X_2V	347.45	413.44	1148	564	646
中微青三	C_3V	538.81	625.03	1612	829	930
上微青二	B_2V	367.96	436.11	1302	652	740
上微青三	B_3V	292.78	352.99	1069	519	598
光滑一	S_1	292.78	352.99	1069	519	598
上柠四	B_4L	149.27	194.29	742	306	373
下柠三	X_3L	244.94	300.09	998	441	517

续表 2—28

等级	代号	1998 年国家 基准调拨价		1999 年国家基 准省际调拨价	1999 年福建省内、 省际调拨价	
		初烤烟	机烤烟	机烤片烟	初烤烟	复烤烟
下　等						
下柠四	X₄L	135.60	179.18	647	256	320
下橘四	X₄F	190.27	239.63	762	317	384
光滑二	S₂	149.27	194.29	713	291	357
中下杂一	CX₁K	190.27	239.63	834	355	425
中下杂二	CX₂K	121.93	164.07	561	211	271
上杂一	B₁K	203.94	254.75	805	340	409
上杂二	B₂K	135.60	179.18	590	226	287
青黄一	GY₁	108.26	148.95	518	188	247
低　等						
上杂三	B₃K	80.93	118.72	446	150	206
青黄二	GY₂	46.76	80.94	383	117	171

表 2—29　　**2000—2002 年福建省烟叶调拨价格**

单位：元/担

等级	代号	2000 年		2001 年		2002 年	
		初烤烟	复烤烟	初烤烟	复烤烟	初烤烟	复烤烟
上　等							
中橘一	C₁F	1610	1680	1814	1828	1826	1854
中橘二	C₂F	1457	1526	1607	1627	1617	1645
中橘三	C₃F	1269	1335	1403	1426	1410	1438
中柠一	C₁L	1512	1581	1670	1688	1679	1707
中柠二	C₂L	1306	1373	1460	1482	1474	1502
上橘一	B₁F	1380	1447	1431	1454	1379	1406
上橘二	B₂F	1087	1149	1109	1135	1054	1078
上柠一	B₁L	1078	1140	1118	1146	1064	1088
上红一	B₁R	1107	1170	1151	1178	1054	1078
完熟一	H₁F	1152	1215	1195	1221	1098	1122
下橘一	X₁F	1081	1144	1093	1120	1037	1061

续表 2—29

等级	代号	2000 年		2001 年		2002 年	
		初烤烟	复烤烟	初烤烟	复烤烟	初烤烟	复烤烟
中　等							
中柠三	C_3L	1067	1130	1178	1205	1217	1244
下橘二	X_2F	791	848	821	853	1016	1037
中橘四	C_4F	970	1036	1007	1036	903	923
中柠四	C_4L	845	908	897	926	864	884
上橘三	X_3F	607	659	602	636	643	662
下柠一	X_1L	909	965	944	970	949	968
下柠二	X_2L	738	792	745	776	769	788
上橘三	B_3F	708	761	635	667	604	623
上橘四	B_4F	465	509	359	391	352	365
上柠二	B_2L	614	660	573	600	577	593
上柠三	B_3L	465	509	329	362	315	327
上红二	B_2R	709	756	750	774	755	771
上红三	B_3R	569	614	473	503	477	493
完熟二	H_2F	757	805	784	807	790	806
下微青二	X_2V	505	550	523	552	529	545
中微青三	C_3V	743	791	772	796	778	794
上微青二	B_2V	584	630	620	646	623	639
上微青三	B_3V	464	509	466	496	472	488
光滑一	S_1	464	509	405	437	409	421
下　等							
上柠四	B_4L	257	300	207	242	133	146
下柠三	X_3L	380	424	405	436	324	339
下柠四	X_4L	223	266	224	259	154	167
下橘四	X_4F	264	306	238	273	167	180
光滑二	S_2	261	304	284	317	191	204
中下杂一	CX_1K	312	355	275	309	154	167
中下杂二	CX_2K	189	231	176	213	108	121
上杂一	B_1K	298	341	238	273	133	146
上杂二	B_2K	189	231	146	183	83	95
青黄一	GY_1	169	210	139	176	70	83
低　等							
上杂三	B_3K	135	176	105	143	44	57
青黄二	GY_2	105	146	85	123	32	44

表 2—30　　　　　**2003—2008 年福建省初烤烟调拨价格**

单位：元/担

等级	代号	2003 年	2004 年	2005 年	2006 年	2007 年	2008 年
上　等							
中橘一	C_1F	1827	1817	1851	1851	1857	2090
中橘二	C_2F	1618	1684	1719	1719	1725	1942
中橘三	C_3F	1411	1489	1523	1523	1530	1729
中柠一	C_1L	1680	1680	1714	1714	1720	1920
中柠二	C_2L	1475	1526	1560	1560	1566	1758
上橘一	B_1F	1254	1292	1322	1322	1526	1713
上橘二	B_2F	1018	1018	1101	1101	1272	1471
上柠一	B_1L	1064	1123	1153	1153	1332	1490
上红一	B_1R	1054	1048	1078	1078	1245	1437
完熟一	H_1F	1098	1101	1131	1131	1306	1498
下橘一	X_1F	1037	1155	1244	1244	1368	1543
中　等							
中柠三	C_3L	1217	1267	1307	1307	1313	1513
下橘二	X_2F	905	1051	1118	1118	1125	1299
中橘四	C_4F	1016	1097	1187	1187	1194	1368
中柠四	C_4L	903	978	967	967	1118	1276
上橘三	X_3F	643	780	937	937	943	1093
下柠一	X_1L	949	1068	1103	1103	1274	1440
下柠二	X_2L	769	880	1052	1052	1058	1250
上橘三	B_3F	643	751	887	900	933	1158
上橘四	B_4F	352	471	661	661	667	884
上柠二	B_2L	577	641	827	827	957	1164
上柠三	B_3L	314	414	590	590	684	901
上红二	B_2R	755	726	889	889	1028	1194
上红三	B_3R	477	469	608	608	705	855
完熟二	H_2F	789	754	922	922	1066	1216
下微青二	X_2V	528	518	644	644	746	854
中微青三	C_3V	777	787	960	960	1110	1260
上微青二	B_2V	623	608	750	750	868	968
上微青三	B_3V	471	471	588	588	681	782
光滑一	S_1	409	390	493	493	573	672

续表 2—30

等级	代号	2003 年	2004 年	2005 年	2006 年	2007 年	2008 年
下　等							
上柠四	B_4L	134	214	283	300	331	472
下柠三	X_3L	325	383	564	564	596	795
下柠四	X_4L	155	232	331	320	386	553
下橘四	X_4F	196	247	371	371	432	616
光滑二	S_2	191	228	248	248	291	399
中下杂一	CX_1K	181	239	357	357	416	516
中下杂二	CX_2K	127	178	259	259	304	395
上杂一	B_1K	156	214	326	330	381	488
上杂二	B_2K	97	130	199	199	235	334
青黄一	GY_1	70	109	166	166	197	280
低　等							
上杂三	B_3K	44	67	148	148	176	217
青黄二	GY_2	33	46	115	115	138	196

（二）仓　储

1990 年起，省公司加强对各基层烟草站和复烤厂烟叶仓储基础投资，各地烟草公司也加大烟叶收购仓储基础设施建设，并制订了"仓储岗位责任制"、"烟叶养护制度"、"安全责任制度"等规章制度。通过规范管理和健全仓储设施，福建烟叶商品养护工作得到增强，烟叶的包装均采用麻片包装，复烤成品烟的打包严格按照国家标准，烟包净重为 60 公斤，要求包体端正，标志明确，烟包内放入等级合格证，烟包正面标明产地、复烤厂名称、等级、重量、产品生产日期和班次。各地烟草公司重视烟叶的仓储管理，特别是原烟收购中注意控制烟叶水分含量，原烟水分控制在 15％±1％，防止烟叶水分超限造成仓储霉变。

1995 年，国家局下达福建省储备烟任务，省公司从龙岩、三明各调 5000 担四十级制上等烟为国家商业储备。

1997 年，烟叶大量库存积压，有的存放在产区，有的仓库超量和无序堆放，造成很多隐患。各地加强烟叶的仓储保管和安全工作。各产区通过租用仓库等办法增加烟叶储量，并加强仓储养护，在大量库存积压情况下没有出现霉变损失。

1998 年，落实"谁主管、谁负责"的安全生产责任制，加大安全监督检查力度，制定和完善本单位防火、防盗预案，逐项落实各项安全防范措施。

1999 年新烟登场后，复烤烟包装重量和包装标准由原来 60 公斤改为 50 公斤，包装材料仍用黄麻片，烟包规格：长度 80 厘米，宽度 60 厘米，高度 40 厘米。自然碎烟率不超过 3％。

21世纪后，随着烟草收购站的不断改观，基层烟叶收购站点的仓储条件也大为改善。全省实行了打叶复烤，复烤成品烟的包装为纸箱包装。福建省在龙岩、三明、南平打叶复烤厂的仓储设施更为健全，复烤成品烟的仓储设施符合烟叶的存储要求。

表 2-31　　　　　　**2008年福建省打叶复烤企业烟叶仓储设施情况表**

单位	原料库面积（万平方米）	成品库面积（万平方米）	设施情况
三明金叶复烤有限公司	0.965	1.93	除湿机7台,鼓风机25台。
龙岩金叶复烤有限责任公司	7.5	1.5	除湿机34台,电梯15台,风幕机48台;空调冻库3幢。
武夷烟叶有限公司	4.76	4.76	除湿机33台,叉车4台,抱车5台,站驾式叉车2台,输送机16台,液压车150台。

第三节　管　理

一、购销纪律

1993年，省公司制定《福建省烟叶收购工作规程》，强调烟叶生产收购的合同管理，此后，全省各地采取"一约三定"、"一证一卡"计划收购制度。"一约三定"指"约时、定点、定量、定部位"，采用票单的形式与烟农约定收购时间、指定收购站点、限定收购数量和收购部位，开展轮回计划收购工作。"一证一卡"指每一个交售烟叶的烟农必须事先与烟草公司签订烟叶产销合同证，并由烟草公司发给售烟卡，烟农凭证卡和"一约三定"票单交售烟叶。烟草部门在烟叶收购过程中积极宣传政策，做到政策上墙公开，保证收购秩序良好，促使烟叶收购工作走上制度化、规范化和标准化轨道。

1998年，省公司制定烟叶收购廉政制度。（一）不准收人情烟、关系烟、贿赂烟；（二）不准收购外地烟、无证无票烟；（三）不准倒卖售烟票从中渔利；（四）不准利用烟叶的自然升溢开假发票贪污公款；（五）不准提级上调烟叶从中牟利；（六）不准挪用收购款；（七）不准违犯烟草行业有关烟叶工作各项规章制度。否则，按《烟草行业行政处分暂行规定》进行处罚。

1999年，省公司下发《关于切实搞好烟叶收购工作的通知》，要求执行好四十级国家标准，提高等级合格率，从烟农分级开始到收购复烤加工，进行层层把关，建立责任制。并要求执行好合同收购，合同外烟叶一律不准收购，执行国家收购价格，不得再加价补价。

各产区相应成立烟叶收购督查小组，检查、监督合同收购、廉政建设、专卖管理、等级质量、制度落实等情况。

2000—2004年，相继开展烟叶生产经营秩序整顿、财经秩序整顿和治理卷烟体外循环三个专项整顿。省公司下发《全省烟叶流通秩序整顿工作方案》，成立整顿烟叶流通秩序领导小组，设立办公室，开展整顿烟叶流通秩序，查处有关案件，打击非法经营、违规经营行为等工作，维护国家和企业利益。对1998年以来的烟叶经营活动进行整顿排查，并规定烟叶调拨必须在烟草系统内已取得烟叶经营权的单位间进行，不得与非烟叶经营的单位或个人从事烟叶购销活动；烟叶货款必须通过银行由购销双方直接结算，不得以现金结算、卷烟产品抵款或通过第三者结算；烟叶调拨必须按合同执行，不得弄虚作假，少订多调或重复使用合同。通过对烟叶流通秩序的治理整顿，促进烟叶流通体制改革，建立起烟叶生产、购销的规范秩序，解决烟叶流通体外循环问题。

2002年，为规范烟叶流通秩序，省公司对烟叶收购、购销、运输，卷烟工业企业烟叶采购验收，烟叶委托加工，烟叶货款结算等作出明确规定。规范烟叶经营行为和流通秩序，完善监督制约机制，健全内部管理制度，打击各种非法经营烟叶的活动。

2003年，省公司印发《福建省烤烟收购工作规范（试行）》，实行统一规范的烟叶收购过程管理，提高烟叶收购整体管理水平。提出烟叶收购等级质量目标为"三清两高一稳"，即：部位清、颜色清、等级清，纯度高、合格率高，等级质量稳定。

2004年，省公司要求各产区严格执行国家局印发的"七条要求和五条纪律"，防止烟叶收购中的违规行为。七条要求即：严格按合同收购，制止超计划收购；完善服务措施，提高服务质量；严格执行价格政策，及时兑现烟农货款；坚持烟叶国家标准，确保等级质量；强化专卖管理；加强监督检查；健全领导责任制。五条纪律即：严禁不按合同收购，违者一经查实，视情节轻重，对直接责任者给予记过、记大过、降级、撤职处分，对负有领导责任者给予记过、记大过处分；严禁跨区收购，违者一经查实，视情节轻重，对直接责任者给予记过、记大过、降级、撤职处分；对负有领导责任者给予记过、记大过处分；严禁加价收购，违者一经查实，视情节轻重，对负有领导责任者给予记过、记大过、降级、撤职处分；严禁内外勾结，体外循环，非法从系统外收购烟叶，违者一经查实，视情节轻重，对直接责任者给予撤职、留用察看、开除处分，对负有领导责任者给予记大过、降级、撤职、留用察看处分；严禁降低标准收购烟叶，凡执行国家烟叶标准不到位、收购等级合格率和工商交接等级合格率严重偏低的，全行业通报批评，视情节轻重，分别给予直接责任者和负有领导责任者记过、记大过、降级、撤职处分。龙岩分公司采取与各县（市）公司一把手签订收购工作责任状的办法，规范收购行为，严禁收购无合同或非本辖区的烟叶。

2005年，为防止烟叶生产经营中出现违规问题，省局建立健全相关制度，从制度上保证烟叶生产经营秩序的稳定。省公司要求各产区烟草公司按"七条要求和五条纪律"规定，加强行业自律、规范烟叶收购。龙岩分公司提出"规范、质量、服务、打击"八字方针；

三明分公司提出"顾烟农、稳基地、保市场、渡难关"的烟叶工作目标。

2007—2008年，烟叶产区县级公司取消法人资格后，建立以市级公司为经营主体，省局（公司）突出对烟叶经营的监管，组织有关人员对几年来烟叶生产技术、经营管理和烟基建设工作进行总结、梳理，制定烟叶工作"三大规范"，即《福建省烟叶生产经营规范》、《福建省烟叶生产技术规范》、《福建省烟叶生产基础设施建设项目规范文件汇编》。优化烟叶生产、经营业务流程，规范福建烟叶生产、经营行为。全省烟叶生产经营管理水平得到提升，烟叶基础管理工作更加扎实。

二、合同管理

90年代以前，尽管国家在积极倡导烟叶收购合同制，力争通过合同落实国家计划，但在实际工作中合同制并没有得到执行。有的产区曾经尝试与烟农签订合同，但由于毗邻地区存在烟叶提级加价抢购烟叶现象，使合同无法履行，烟叶收购合同制只是停留在口头宣传上，没有具体的操作措施，合同制没有得到有效的推行。

1992年《烟草专卖法》实施以后，烟叶收购合同制在产区得到贯彻执行，省公司要求签订烟叶收购合同注意尊重农民的自主权，不搞行政摊派任务和层层加码。龙岩、三明烟区开始完善烟叶收购合同制，把合同签订工作与调整生产布局结合起来，签订收购合同逐步向有技术、有能力生产优质烟叶的农户转移，向最适宜种烟的土地转移。通过合同种植，优化种烟者和生产布局，推动了烟叶收购合同制的进一步落实。当年全省烟叶收购合同签订面达到90%以上。

1995年，国家局把烟叶收购合同的落实情况列入与各省签订生产经营责任书的内容之一。省公司均按照国家局的要求和下达的收购计划，与烟农签订生产收购合同，普遍实行"一证一卡三定"（合同证、售烟卡和定时、定点、定部位）收购办法，收购合同制在全省各烟区得到了推广。各产区在合同签订过程中，一方面根据各地自然气候条件、土地资源状况、种植管理水平、烟农素质等，合理规划，调整烟区布局，合同种植向大县、大乡、大村、大户倾斜，培养适度规模的种烟户，起到示范和带动作用；另一方面发展集中连片种植，有利于技术指导和各项技术措施的落实，形成规模经营。但是，至1997年期间，烟叶收购合同的签订程序、合同内容等还不规范，合同执行仍不到位。

1998年，福建省烟叶种植和收购计划由国家局下达，再由省公司分解到各分、县公司。省公司要求计划必须通过经济合同形式100%落实到农户，执行合同收购，合同外烟叶一律不收购。省公司对烟叶收购合同采取全省统一格式、统一印制、统一编号的办法，对种植品种、收购价格和数量等项目内容进行统一规范，并在执行中不断总结充实，烟叶收购合同的内容进一步完善，可操作性进一步增强。在合同中约定烟叶种植面积，规定种植品种和技术方案，约定交售的等级数量，明确国家收购政策，特别是收购价格，并规定烟农的交售时间、地点和方式以及违约责任。尤其强调超过合同的烟叶，收购部门不予收购；还规定烟草公司按约定的种植面积向烟农供应化肥、种子、农药等烟用物资，提供技术咨询、技术培训、技术指导等服务，严格按国家等级标准和价格进行收购；烟农必须按合同规定的面积、品种和技术方案搞好生产，按规定的数量交售。各产区规范合同的签订程序，根据烟农的实际生产水平和种烟意向来签订合同。签订合同分三步，首先对烟农的种烟意向做摸底调查，对下达计划进行分解；其次在烟叶育苗前草签合同，约定烟叶种植数量；最后移栽前签订正式的烟叶收购合同，张榜公布，并由烟草公司统一到公证部门进行公证。这期间，合同的内容比较全面，签订程序比较合理，对调控烟叶生产起到积极的作用，并成为落实烟叶生产计划的一项基础性和根本性工作。

1999年起，对烤烟、名晾（晒）烟（包括白肋烟、香料烟）实行烟叶收购许可证管理，在国家下达烟叶收购计划的地区设立收购站，收购站根据烟草公司或其委托单位与烟农签订的合同组织收购，不能超合同收购，也不准拒收合同内烟叶。对擅自收购烟叶，违反收购合同，扰乱收购秩序，擅自提级提价或压级压价，倒买倒卖烟叶以及为烟叶系统外的单位和个人经营烟叶提供合同、许可证、准运证等便利条件，为非法烟厂提供烟叶等违法违规行为，逐一提出处罚措施。

2000年以后，福建省烟叶产区把合同制作为烟叶生产长期稳定发展的重要措施和基础性工作，大力宣传，让烟农认识到签订烟叶种植合同的重要性。合同的内容更为完善，明确双方的权利和义务，约定种植面积、种植品种，规定交售等级数量及收购价格。建立签订合同责任制，各产区烟草公司按省公司下达的计划进行分解，在移栽前一户不漏与烟农签订种植收购合同，对合同签订和执行工作进行检查、监督。烟叶收购合同仍由省公司统一格式、统一印制、统一编号，实行微机收购的站点将合同输入微机管理。对烟叶产购合同的签订按三步走，第一步，在种子发放前先进行种烟意向摸底并与计划分解数作对照；第二步，种子发放时草签合同；第三步，在移栽前，根据计划分解数全面与烟农签订正式合同，做到一户不漏，并存入微机、联网管理。在烟叶移栽后，分阶段检查核实合同的实施情况，防止"多订少种"或"少订多种"，对无履行合同能力者，及时终止或重新调整合同；对不履行合同者，根据《合同法》追究违约责任。为提高合同履约管理，保证种植收购计划的落实，各产区在基层烟草站建立烟农"户籍化"档案，把烟农的劳动力、耕地、烤房，历年交售烟叶数量、等级等基本情况编入微机管理，作为考察烟农信誉和确定下年度续签合同的依据。

通过合同管理也促进烟叶生产规模经营，户均种烟面积逐年增加，种烟大户不断涌现。2002年，全省户均种烟面积3.75亩，其中沙县户均种烟面积达9.75亩，将乐县户均种烟面积达6亩，宁化、明溪、泰宁、三元、连城、永定等县（市、区）涌现出一批种烟大户，全省种植10亩的有5586户，其中20~50亩的有105户，50亩以上的有86户。

2003年，各产区在规范合同管理方面制定和出台一系列措施。龙岩分公司专门制定《烟叶产购合同签订及管理办法》，分公司与各县（市、区）公司一把手签订《烟叶生产收购责任状》。三明分公司出台烟农分类标准和烟农户籍卡方案，把烟农户籍化管理与合同签订结合起来，优化烟农队伍，提高合同管理质量。南平分公司实行 IC 卡管理，防止收购无合同或合同外的烟叶，维护了合同的严肃性。

2005 年，各产区建立合同档案，合同录入烟叶信息管理系统，合同档案内容包括户主姓名、身份证号、合同编码、IC 卡号、种植面积、种植株数、收购数量、生产投入补贴标准等信息。各产区按照"规范、全面、细致、严格"的要求，加强烟叶合同签订工作，按下达的计划指标与烟农全面签订产购合同，烟叶移栽前合同签约率达到 100%。并把合同签订与优化农户结合起来，借助信息化手段对合同进行全过程"户籍化"跟踪管理，提升合同管理水平。

2006 年，全省种烟面积 91.51 万亩，签订烟叶生产收购合同 12.5 万户，户均种烟面积达到 7.32 亩，其中，龙岩、三明、南平户均种植面积分别达 5.55 亩、8.25 亩、8.85 亩；全省种植 10 亩以上大户有 28003 户，比上年增加 7561 户，种植面积 31.85 万亩，占全省总面积 34.8%。

2007 年，全省种烟户数 9.93 万户，户均种植面积达 8.7 亩，适度规模种植占全省烟叶生产的一半以上，户均种植 10 亩以上的有 34005 户，种植面积达 45.8 万亩，占总面积的 53%。南平通过开发新区，推进烟叶适度规模发展，全市户均种植面积达 10.7 亩。当年烟叶收购合同内容更为详细，包括：收购数量、种植面积（种植株数）、种植品种、种烟地块、调制设施编号及其容量、烟叶工作站名称及收购时间、收购价格、烟叶生产投入补贴政策以及补贴兑现时间、兑现方式等。同时，中国烟叶购销公司统一下达合同格式，烟叶种植合同实行全国统一合同文本。烟叶种植合同更加公开、透明，合同管理更为规范。是年，福建烟区全面推行电子合同（也是全国率先推行电子合同的省份）。

2008 年，全省签订烟叶种植收购合同 9.64 万户，种植面积 103.1 万亩，户均种烟面积 10.7 亩，比上年增加了 2 亩。其中种植 15 亩以上的有 2.2 万户，面积达 45.5 万亩，占烟叶种植总面积的 44%。

三、生产扶持

（一）技术服务

90 年代以后，各产区均通过烟技员把新技术、新成果直接传输给烟农，基层烟草站成为烤烟生产技术推广主要阵地。省公司每年都组织各地技术骨干进行技术培训，1990—1996 年累计培训 600 多人次。产区各分公司和县公司也举办不同类型的烤烟生产技术培训班，提高基层一线人员的生产技术水平。福建烟叶产区处于相对落后的山区，烟农不少是文盲或半文盲。因此，不论是新烟区还是老烟区，各产区都把提高烟农的技术水平摆在发展烟叶工作的首位，根据农时农事，利用现场会、上技术课和技术咨询等方式，对烟农进行实用技术培训，以提高烟农的生产技术水平。三明分公司根据发展新烟区需要，每年都举办 4～5 期烟草种植新技术、新方法的讲座，进行系统专业培训，每期参加人数 40～150 人。同时，聘请中国烟草总公司、青州、郑州烟草科研单位，南京土壤研究所，山东农业大学，福建省农学院等单位 30 多位专家、教授来授课。烟区各县举办了各种类型培训班 620 多期，受训烟农和烟技员 25000 多人次。龙岩、南平烟草分公司及其下的各县（市）公司亦举办多次烤烟技术培训班，培训主要对象是烟草站（点）收购评级人员、烟技员，乡、村两级干部及烟农代表。1996 年全省用于烟农培训经费达 385 万元，是历年来培训规模最大的一年。在烟叶收购方面，推行烟叶收购服务承诺制，合理设置收购网点，保证收购时间，方便烟农交售。组织收购资金，做到当日交售当日兑现收购款，不向烟农打白条，烟草站在收购场所为烟农提供茶水和休息场所。烟技员开展"烟农满意我满意"的窗口文明活动，让烟农高兴而来，满意而归，维护烟农利益，提高服务质量，增加烟农对烟草站的信任感和亲切感，树立烟草行业的良好社会形象。

随着烤烟生产的发展，龙岩、三明、南平烟叶产区以基层烟草站为中心，以烟技员为教师，通过开办烟农夜校、印发科技资料、田间示范指导、宣传栏、宣传标语、有线电视播放科教片等各种形式，对烟农进行全面培训，提高烟农科技种烟水平。南平分公司还组织技术骨干编写了《烤烟栽培与调制》一书，发行 4 万册，送到烟农手中，帮助烟农学习烟草科技。

2000 年，省公司组织有关技术人员编写《2001 年福建省烤烟生产技术规范》，提出福建省烤烟生产目标，对烤烟生产布局与轮作、育苗、营养与施肥、移栽、大田管理、病虫害防治、采收烘烤、烟叶保管与分级、烤房标准化等各环节的操作技术进行详细阐述。科技小册内容全面，简洁明了，实用性强，便于生产技术人员操作指导。此后，每年都提出修改补充意见，形成福建省烤烟生产技术指导意见下发给各产区指导烟农。通过技术普及推广，全省烟区普遍推行漂浮育苗、湿润育苗、地膜覆盖栽培及整畦待栽模式、烟草专用肥、化学抑芽，带茎烘烤等技术，提高了烤烟生产效益。推广小型烟草农业机械，移栽器、机耕起垄机等设备的使用，降低了烟农的劳动强度，减少了劳动用工，降低了生产成本，让烟农体会到科技带来的好处。

2005 年，开展"关爱烟农、共同发展"为主题的烟叶服务年活动，通过关爱活动，完善烟叶生产技术服务体系建设。各烟叶产区精心组织、加强领导，把服务烟农的措施落实到烟农身上，形成各具特色的服务体系。三明烟区发挥技术优势，对全市烟农进行全方位的技术扶持；南平烟区抓住降低种烟成本，提高烟农经济效益的核心，完善长期的生产投入与技术指导机制；龙岩烟区结合保持共产党员先进性教育活动为动力，开展机关工作人员、烟技员与烟农"结对子"等科技下乡活动。省公司还加大对烟区的技术、基础设施等方面投入，完善烟叶生产收购的专业化、社会化服务体系，把烟农从技术难度高、劳动强度大的环节中逐步解放出来。完善烟叶生产技术服务网络，调动基层烟技员积极性，因地制宜地开展技术服务，引导适度规模种植，培养一批专业化服务组织，加快小型农业机械在烟叶生产中使用，如：成立机耕能手服务队，商品化育苗专业户，烘烤"110"，烟叶预检小分队，语音专线资讯，气象预报等技术服务。

2006 年以后，福建烟草在推广先进适用技术基础上，努力探讨机械化作业、专业化服务，提高对烟农服务水平。开展专业化分工，各产区通过组建机耕队、育苗专业户、烘烤专业户、烤房安装维护服务队，建立专业化病虫害防治体系等方式，建立专业化、社会化服务体系。开展烤烟农业机械化生产应用研究，开发适合福建烟区特点的小型农业机械，剪叶机、播种器、机耕起垄机、小型中耕机、编烟机等烟草农业机械逐步投入使用，在减轻烟农劳动强度和技术难度方面提供更为有效的服务。

2007 年，省公司提出烟叶生产四大保障体系建设，通过建设自然灾害防御体系，病虫害综合防御体系，产前、前中、前后综合服务体系，烟农专业化队伍建设体系，为烟农提供全方位的专业技术指导，提高烟农种烟效益。

2008 年，省公司组织有关技术人员编写《福建烤烟生产技术》，全省各产区向烟农无偿赠送《福建烤烟生产技术》科技丛书，每户一册，该书浅学易懂，实用性强，受到烟农普遍欢迎。

（二）物资与资金扶持

1993 年以前，烤烟生产扶持均采用奖励化肥或粮食的形式，烟叶的奖售标准与收购量挂钩。

1994—1998 年，采用烟叶收购时增加奖励金的办法，在烟叶收购时兑付给烟农，其间，各产区为了鼓励烟农发展优质烟叶，每年都对种子、地膜、肥料、农药、烤房改造等环节给烟农提供补贴，如：1996 年，龙岩烟草分公司对推广一次性加煤节能烤房的农户，免费赠送烤房材料 150 元；长汀县实行地膜免费提供，烟草公司每亩支付 40 多元，烤房改造每座补助 400 元，投入 160 万元；省公司也下拨 261.36 万元给各产区，用于包衣种子育苗、地膜栽培、化学抑芽、硫酸镁肥料使用等烤烟生产新技术的推广应用。

1998 年以后，全省取消烟叶收购奖励金政策，由以前货币扶持形式改为以农用物资形式支配。烤烟生产扶持只在产前进行，以物资形式支付。全省对烤烟生产扶持侧重于科技兴烟方面，各级烟草公司都出台相应的扶持措施，对包衣种子、营养袋、化肥、地膜、除芽剂、镁肥、烤房改造等进行补贴或优惠供应给烟农，促进了烟叶生产各项技术措施的落实，提高烟叶的产量质量。

2001 年，龙岩烟草分公司投入 2000 多万元，用于 16 个重点乡镇的清香型和国际型烟叶开发的生产补助，推动了全市烟叶生产水平提高。三明烟草分公司投入 3000 多万元，对地膜、专用肥等农用物资给予适当补助，并着重向新技术倾斜，如漂浮育苗、三明特色烟叶、国际型优质烟开发、热风循环烤房改造、标准化站点建设等重点科技项目，把有限的生产资金用在科技生产上。南平烟草分公司除了对新技术推广给予一定补助外，重点对仿菲莫基地和环球示范基地进行扶持，实现了新烟区高起点。将乐县投入 260 多万元资金，在种子、化肥、地膜、农药和烤房材料等方面扶持烟农，并帮助烟区群众建桥修路。

2003 年，省公司投入 1000 万元资金，重点扶持福建风格优质烟叶开发、漂浮育苗、平衡施肥、集约化烘烤及标准化站建设等技术项目。同时督促各产区分、县公司和有关烟厂对科技项目的配套扶持。完善资金投入机制，在资金投入上向厂办基地倾斜，向规模经营户倾斜。龙岩烟草分公司重点对关键项目给予适当的扶持奖励，地膜每亩补助 3 元，菜籽饼每吨补助 250 元，硝酸钾肥每吨补助 500 元，科技示范片每亩补助 100 元。烟叶收购中部上等烟 K326、云烟 85、云烟 87 品种烟叶每担奖励 20 元、翠碧 1 号品种烟叶每担奖励 40 元，这些奖励在收购结束后以烟草专用肥的形式兑现。

2004 年，全省烟叶生产的投入侧重于烤烟生产新技术投入，加快新技术开发，不断引进消化国内外先进的生产技术，应用新技术、新材料、新工艺改造传统的生产技术。并抓好农业机械在烟叶生产中的推广应用，提高劳动生产率。为推广密集式烤房建设，当年新建的密集式烤房，省公司及分、县公司分别给予补贴，每座补助共计 1.5 万元。是年，龙岩烟草分公司投入 3000 万元扶持烤烟生产，主要是对关键项目的扶持奖励：地膜每亩补助 5 元，漂浮育苗每亩补助 16 元（其中：育苗盘 6 元、基质 7 元、营养液 3 元），饼肥每吨补助 250 元，烟草专用肥每吨补助 100 元，硝酸钾肥每吨补助 500 元，科技示范片每亩补助 100 元；烟叶收购中部上等烟 K326、云烟 85、云烟 87、F_1—38 品种烟叶每担奖励 20 元，翠碧 1 号、F_1—35 品种烟叶每担奖励 40 元，这些奖励仍在收购结束后以烟草专用肥的形式兑现。三明烟草分公司投入 2000 万元用于扶持翠碧 1 号品种生产、土壤改良和新技术推广。南平烟草分公司投入 2000 万元用于生产扶持和新烟区开发。宁化县采用多种形式的生产扶持办法，投入 380 万元用于土壤改良、烤房改造与新建等基础扶持，投入 260 万元用于育苗材料、农药、贷款贴息等成本扶持，投入 860 万元用于发展大户种植、翠碧 1 号品种种植等导向性扶持；由政府和烟草部门共同出资，实行灾害保险，每亩保险金扶持 300 元。

2005 年，农业生产资料全面涨价，特别是煤炭价格上涨幅度较大，全省加大烟叶生产扶持力度，共投入烟叶生产扶持资金 22943.36 万元（含灾害补助），用于烟农的生产补助。龙岩烟草分公司出台烤烟用煤补贴政策，补贴标准为下部烟叶每担补贴 20 元，中部烟叶每公斤补贴 15 元，补贴在收购结束后，以肥料形式兑现给烟农，煤炭补贴扶持资金达 1000 万元。南平烟草分公司对烟用煤炭每吨补贴 100 元。三明烟草分公司探索烟叶风险保障机制试点工作，从特产税中提取一定比例，为烟农设立烟叶生产风险基金，保护烟农种烟积极性。

2006 年，全省重点对肥料、地膜、育苗、农药、煤炭等物资和新技术的推广等方面进行扶持，投入烟叶生产扶持资金 25715.31 万元（含灾害补助）。龙岩全市投入烤烟生产扶持资金达 7740 万元。南平及早制定出台烟叶生产扶持政策，全市扶持标准在上年每亩 220 元的基础上提高到 280 元，分公司继续每亩提取 10 元作为烟叶生产风险保障金，各县（市）从烟叶特产税中提取 10%，共同配套建立烟叶生产风险基金，用于弥补烟农的因灾损失，减少种烟风险。三明烟区加大了烟叶生产扶持力度，全市共投入扶持资金达 8600 多万元（不含烟田和密集式烤房建设），基本消化了农资上涨的部分；增加翠碧 1 号品种烟叶的补贴标准，提高烟农种植翠碧 1 号品种的积极性。

2007 年，根据国家局对烟叶投入补贴政策，制定好烟叶生产扶持措施，用好用足扶持资金，让烟农得到更多的实惠。全省共投入扶持资金 2.87 亿元（不含受灾补助）。三明市烟叶生产扶持资金标准为每担 137 元，扶持资金总量近 1.5 亿元，煤炭补贴提高到每担 55 元；龙岩全市投入的烟叶生产扶持资金达 8000 万元。2008 年，龙岩共投入 1.08 亿元资金扶持烟叶生产。三明市烟叶生产扶持资金标准为每担 191 元，扶持资金达 1.9 亿元，在农资价格短期上涨的情况下，仍按原定购的肥料价格优惠供应烟农，直接为烟农节约成本 5000 余万元。南平在种子、地膜、肥料、煤炭、科技推广、特色烟叶补贴等方面共投入 1.38 亿元烟叶生产扶持资金。

附录：晒烟种植

90 年代以后，省内晒烟种植面积减少，平和、沙县两个主产县的晒烟种植面积也逐步萎缩。1993 年沙县、平和、福鼎的晒烟，虽然只是少量种植和收购，仍列入全国名晾晒烟名录，为全国之少有。1994 年，全省晒烟种植主要分布在平和、沙县两县，福鼎已基本没有种植。1995—1997 年，全省晒烟种植基本稳定在 1 万担左右生产规模。1998 年，种植晒烟比较效益低，产品销售困难，全省种植面积大幅度下降。此后，全省晒烟种植逐步萎缩，只剩个别地区零星种植，也不再管理和收购。

表 2—32　　　　　　　　**1994—2000 年全省晒烟种植与收购情况表**

年份	种植面积（亩）	收购晒烟（担）
1994	5976	6142
1995	9295	11570
1996	7615	10360
1997	8011	12010
1998	5850	8060
1999	5650	9350
2000	5650	8850

一、平和晒烟

平和晒烟种植历史悠久，有四百多年，分布在平和县西部芦溪、霞寨、崎岭、九峰、长乐等乡（镇），其中芦溪、崎岭为主产区。种植季节春、冬烟皆有。主要品种有平板柴、芥采、蜜叶等。平和晒烟内在质量较好，气味独特，色俱佳。1988年起连续三年由郑州烟草研究院跟踪化验内在质量，检测结果为总糖6.87％，总氮3.13％，还原糖6.11％，蛋白质13.06％，烟碱6.02％，烟碱氮1.04％。外观表现为颜色橙黄，色泽鲜明，香气有，纯度中等，刺激性有，劲头中等，余味舒适，灰色白。

1984年，平和晒烟仍由平和县土产公司组织收购，交由漳州烟草分公司调拨。销往全国各地，主要有北京、上海、河北、吉林、安徽等地卷烟厂。90年代以后，平和晒烟种植规模持续减少，1994年为6000亩，2003年仅为3000亩，销售500担。2004年以后，平和县只有5个乡镇小规模少量种植晒烟，农民切成烟丝在自由市场交易，不再收购调拨。

二、沙县晒烟

沙县晒烟品质优异，久负盛名。沙县晒烟属折晒黄烟，主产于夏茂镇。中华人民共和国成立前，三明市10个县均有成片或零星种植晒烟，沙县为主要晒烟区，并具有一定规模，1949年种植2721亩，产量3600担。1951年发展到4550亩，产量11000担。1956—1958年为4000亩，产量5300～6000担。1966—1976年下降为1000～2000亩，产量1700～2000担。1981年实行联产承包责任制，农民自行种植。1985年开始晒烟收购调往山东青岛卷烟厂，用于制造混合型卷烟，市场供不应求。1986年种植4058亩，产量8100担。1988年沙县种植晒烟6014亩（其中夏茂镇5774亩），产量11800担。同年三明烟草分公司在沙县开始发展烤烟，对晒烟种植布局有一定影响。1989年沙县晒烟由沙县烟草公司经营，高桥、富口、南阳、高砂、琅口等乡镇也开始种植晒烟。1990年经中国农科院、青州烟草研究所、郑州烟草研究化验和评定，结论为：沙县晒烟，叶色黄带红棕，组织较细致，油分较足，弹性较强，气味醇和，微辣不苦，无青杂味，余味舒适有回甜感。化学成分分析结果为：总糖20.36％，还原糖18.09％，蛋白质10.38％，总氮2.34％，烟碱3.31％，施木克值1.96％，各项化学指标均达到国家规定标准。

1991年沙县种植晒烟6677亩，产量14500担，接近历史最好水平。但由于烟粮、烟丝价格比值失调，生产资料价格提高，成本费用加大，种植晒烟比较效益低，加上连续几年自然灾害影响，晒烟生产又滑向低谷。同年大田县建设镇、永安市槐南乡也有部分种植晒烟。1993年沙县种植晒烟只有3826亩，产量下降到4855担。1996年沙县晒烟调拨价格为：一级950元/担；二级850元/担；三级770元/担；四级500元/担；五级330元/担。至1998年由于烤烟严重产大于销，烟农对烤烟生产积极性不高，晒烟又有所回升，大田、永安等地也种有晒烟。1999年以后，由于种植晒烟比较效益仍然偏低，晒烟销售也出现困难，沙县等地农民发展其他产业，劳力转移，晒烟种植规模急剧减少，只有局部地区零星种植。

第三章 卷烟生产

1992—1994年，福建省卷烟工业推进技术改造，以降耗节能、提高产品质量和档次为主线；以确保龙岩、厦门卷烟厂引进高速卷接包装设备加速产品滤嘴化为重点，注重各生产企业的总体布局和生产工艺。技术改造的重点是更新生产设备，配套公共工程，提高滤嘴卷烟比例，增加名优烟产量。扩建烟叶仓库，使烟叶由人工发酵向自然醇化过渡。各卷烟厂的制丝生产线均获得技术更新，烟草薄片、膨胀烟丝和膨胀梗丝等新技术得到应用推广，并引进国外先进的卷接包装机组。卷接设备由低速向高速发展，包装机由软条包向硬条包和小包翻盖硬盒发展。与此同时，烟叶生产强化优质烟叶的基地建设。1995—1999年，卷接包装设备进行填平补齐，引进国外GDX2、佛克等翻盖包装机组，增加硬盒翻盖卷烟产品，提高卷烟产品结构档次和产品技术含量。各卷烟工业企业开始寻找合作伙伴，加快国内外技术合作步伐，联手开发新产品，开展来料来牌加工业务等。其间，重点培育七匹狼、石狮牌系列，乘风（特醇）、翻盖沉香、古田和沉香（红）六大品牌卷烟，提升地产卷烟品牌集中度。2000—2005年，推进降耗降焦减害工程，龙岩、厦门两厂被列入烟草行业29家重点发展企业和10%重点技术改造企业，相继关闭泉州、永定，兼并云霄、畲山卷烟厂。龙岩、厦门两大卷烟骨干企业的规模得到适度扩张，并先后搬迁新厂投产，双双跨入全国烟草行业技术一流的现代化卷烟工业企业行列，两厂的技术中心均升级为全国烟草行业级的技术中心。其间，龙岩、厦门卷烟厂在产的卷烟实施品牌整合，经整合后福建产的七匹狼、石狮、沉香、乘风和金桥五个牌号同登全国卷烟百牌号目录，七匹狼、石狮牌卷烟先后被认定为中国驰名商标。之后，国际金桥、七匹狼（金典、庆典）牌相继开发上市，七匹狼牌卷烟进入全国20个骨干品牌名录，金桥牌也跨入全国重点骨干品牌考核之列，成为福建特色品牌。福建卷烟工业重点投资建设的七匹狼精品生产线和金桥卷烟生产线以及造纸法再造烟叶生产线技术改造项目，进入实质性实施阶段。

第一节 工 艺

一、产品设计

1991年，省局（公司）对卷烟生产工艺提出以配方改革为重点，同步改进包装装潢，发展名优适销对路产品的工作思路。厦门卷烟厂根据产品市场消费和企业生产设备情况，开发甲级和乙级烤烟型过滤嘴烟各1种，并加强对老产品沉香、友谊牌卷烟的配方和包装装潢改造，以求更时尚和适应消费者的口味；对鹭岛牌卷烟重点进行包装改造，小包商标中英文及主图案改用烫金，打印条形码，用金头铝箔纸。开发乙级混合型肯尼迪牌，包装采用外国商标，配方突出美式风格，迎合国际流行口味。当年完成4个新产品商标设计，其中设计2个产品的配方和试样。龙岩卷烟厂研制浓郁香型的出口富健牌滤嘴烟，商标主图案以双手托着河山及手写书法"富健"二字组成，采用红、金、黑三套色装潢，小包透明纸，硬盒透明条包及塑料听装形式。对古田牌改造，配方改为浓郁香味，商标以古田会议会址为主图案，采用小包加玻璃纸、硬盒透明纸条包装。还设计研发面向农村中老年消费者的水仙牌卷烟。5月，畲山卷烟厂研制开发喜来宝（白）牌卷烟，配方创意为清香浓味，与当时畅销的南洋红双喜卷烟口味相近，又有自身特色。在装潢设计上创新，大胆选用白色为主调，主图案以"国宝"——大熊猫为标识，商标采用白铜版纸，金黄、深棕色套印。云霄卷烟厂主攻黄兰牌的配方，同步改进烟标设计，从十几个烟标设计稿中，选中广东汕头画师的设计稿。主体图案设计为商标上端至正中开放的兰花，花柄连带两个含苞待放的蓓蕾，整体为洁白底色，并重新设计条盒盒标，与小包黄兰商标配套。对云凤牌包装，聘请龙岩画师重新设计白色云凤烟标。在金凤凰标识下面的绛红、深蓝、金黄三色飘逸彩带，代表三道彩云，突出云凤的鲜明主题。泉州卷烟厂也设计开发出老君牌配方，烟标主图案以泉州市清源山老君岩为标识，包装用小包加透明纸拉线，条包硬盒加玻璃纸。

1992年，厦门卷烟厂研发推出甲级烤烟型特牌滤嘴烟，规格分软包和硬盒翻盖包装两种。配方设计突出香味自然纯正，刺激性小，吸味和顺、余味好的特点。龙岩卷烟厂研发硬盒翻盖富健牌。畲山卷烟厂在喜来宝（白）牌开发成功基础上研制喜来宝（特制）牌卷烟。

1993年，龙岩卷烟厂重点设计开发甲级烤烟型梅花山牌滤嘴烟，配方突出烟叶自然清香，口感清雅细腻醇和，余味干净、舒适隽永。使用小包翻盖加透明纸包装，商标设计以花魁——梅花为主题，主色调为金、红两色，画面平稳、对称、方圆。印刷采用先进的凹版印刷技术。采用高透气度卷烟纸卷制，帮助燃烧和降焦，利于减害和提高吸烟安全性。对富健牌进行包装和配方改造，并协助永定卷烟厂改84毫米混合型健牌为烤烟型香烟。厦门卷烟厂研制翻盖特牌和乐依来牌滤嘴卷烟，产品设计在叶组配方、加香加料及卷烟纸、滤嘴棒使用环节，吸收国外先进技术和设计特点。翻盖特牌在保持软包风格的基础上增加劲头和香气浓度，商标设计具有浓厚的特区风情。

1994年，卷烟工业全面推行名牌战略，龙岩卷烟厂设计开发出翻盖海峡、绮丽牌卷烟；厦门卷烟厂把改造产品和开发新产品结合起来，对特牌卷烟吸味不够稳定，沉香牌香气不理想等缺陷进行重新设计改造。

1995年，卷烟工业扩大技术含量高、附加值大的产品比重，并鼓励工商联手合作研制名优烟。龙岩卷烟厂设计开发每条价位在30元左右海峡牌卷烟和3个联营专销牌号：与晋江市烟草公司和晋江七匹狼制衣实业公司联营研制七匹狼（白）牌卷烟；与三明分公司联合研制大金湖牌卷烟；与南平分公司共同开发武夷山牌卷烟。其中：七匹狼牌卷烟的设计把产品价位设定在高档礼品位置上（100 元/条），同时结合七匹狼牌是全国驰名服装商标，设计理念要与其高级服装相匹配，使卷烟品牌定位与商标知名度相吻合。外观设计借鉴万宝路品牌的形象思维，把狼的品质融入品牌个性中，使其人格化，体现自由、勇气、力量的形象。包括烟标图案、用纸选料、烟丝、香气、口味等设计都注重品牌身价和时代潮流。香气口味体现烟草本香及甜感。商标主体为方块内一只白色奔狼，和"七匹狼"三个字组合成动感画面。大金湖牌的包装设计，取材国家级风景名胜——泰宁金湖悬索桥奇观，突出地域特点。采用金卡纸衬托，象征吉祥的大红色，强调时代感。应用丝网磨砂现代印刷工艺，凸版印刷，把自然风光融于商标画面中，长方形红色块与大金湖的英文组合图案。对老产品乘风牌进行优化与改造，设计出翻盖特制乘风牌新产品。配方设计定位于醇、淡、香，以适应沿海地区消费者口味为主。厦门卷烟厂设计硬盒翻盖厦门牌卷烟，金黄色包装，以鲁迅草书体"厦门"作为商标。烟支同时标有中英文"厦门"钢印。内在烟味醇和，香气均匀，烟香绵远，吸味舒适。畲山卷烟厂设计软包必得福牌及与福州分公司联合研制全包装古榕牌卷烟。必得福商标主图案为古堡；古榕烟标主图案为一棵参天古榕树。

1996 年 6 月，厦门卷烟厂与石狮市公司合作，借助石狮地域优势和名称内涵，设计开发石狮牌高档卷烟。设计烟香醇和透发，烟气浓度和生理强度适中。烟标主图案为一尊威武的石狮。同月，龙岩卷烟厂又设计改造出乘风（特醇）牌新产品。配方设计为清香型风格，浓度劲头适中偏低。商标设计对原烟标图案进行润色，保留木刻帆船，以金色为底色，配烫金处理。8 月，推出翻盖武夷山牌，产品口味设计体现自然的烟草本香，细腻柔和。商标设计以玉女峰为标志，"玉女峰"采用烫金凸版印刷工艺。画面以银色为主色调，武夷山牌名称以红色点缀。畲山卷烟厂也在叶组配方、香精香料使用、商标设计上创新创优，推出硬盒古榕、三沙、喜来宝和软包 9501、9503 牌卷烟。硬盒包装的古榕牌烟标为银卡磨砂印刷、烟标前后两面的榕树各为凸版激光电化铝和紫罗兰色印制。三沙牌设计为一类卷烟，商标主图案为三只狮子。三沙为闽东霞浦境内开放的岛屿，因与三狮谐音，取三狮呈祥之意。三沙（红）牌为白卡纸红底色，镶金线直边，烫金狮子头像。

1997 年，龙岩、厦门卷烟厂以提升七匹狼、石狮牌卷烟档次为目标，在香港即将回归祖国之际，设计开发翻盖七匹狼（红）、石狮（红）牌卷烟。七匹狼（红）的设计以提升七匹狼牌号品位为主，并注重体现烟草本香和清甜风格。商标设计正方形的金框采用磨砂工艺，框中一只凸起的红色奔狼和"七匹狼"三个字，组成商标主题图形。石狮（红）牌卷烟设计的香气飘逸、浓馥，口感净而不杂。两品牌烟标设计均以红底色为基调。龙岩卷烟厂还与日本 JT 公司技术合作，设计开发淡味混合型中低焦油华友牌卷烟。商标体现和平主题，标识为一只银色和平鸽，品牌名称字体仿隋代高僧智永墨迹。畲山卷烟厂设计推出喜来宝（精品）、麒麟山（红）牌和硬盒翻盖喜来宝（红）等牌。麒麟山牌卷烟，商标取福建省文明城市——三明市的麒麟山公园。商标主图案为一只奋蹄腾飞的麒麟。烟标装潢有金卡磨砂印刷，红色麒麟为凸版印刷；精品麒麟山（红）牌为铜版纸，大红底色镶金线横边，主图案为麒麟山的宝塔，用激光电化铝印刷。

1998年，厦门卷烟厂先后设计开发翻盖安心、远华、奋发、石狮（特醇）等新产品。其中：安心牌卷烟为疗效型卷烟，产品配方设计特点是对呼吸系统、消化系统有保健作用；石狮（特醇）牌卷烟焦油含量小于12毫克/支。畲山卷烟厂设计推出三沙（黄）牌卷烟，包装为白卡纸，淡黄图标中三只狮子拥铜钱图案用激光电化铝印刷。

1999年，卷烟工业烤烟型卷烟产品设计朝批发价在180元/条以上以及疗效型、技术含量高的产品方向转变，力求从叶组配方、加香加料、工艺处理等方面创新。龙岩卷烟厂重点提升乘风牌卷烟，改变其中低档次的产品形象。商标设计以红色为背景，以行书体"乘风"为构架，帆船图案为辅助画面。厦门卷烟厂设计清香型翻盖特（红）牌和厦门（珍品）牌卷烟。特（红）牌商标以纯红色为基调，底层图案为高楼叠起，呈现海沧大桥和三只冲天腾飞的白鹭。图案展示厦门经济特区的特色。厦门（珍品）牌配加长滤嘴棒和精美水松纸。畲山卷烟厂对三沙、喜来宝牌卷烟进行产品档次提升，三沙牌包装装潢设计为金卡纸磨砂印刷，图中三只狮子为金棕色凸版印刷。翻盖喜来宝牌外壳包装分红卡和黄卡纸两种。

2000年，省局（公司）推进实施卷烟降焦工程，要求地产骨干品牌的焦油含量降到15毫克/支左右。这一时期龙岩卷烟厂以提高科技含量、降低消耗和焦油含量为重点，在生产中大量应用水松纸加长技术，合理掺配膨化烟丝及薄片烟丝。设计低焦油翻盖七匹狼、混合型翻盖七匹狼、长滤嘴乘风（精品、专销省外）、低焦油翻盖古田（精品）。以翻盖乘风（精品）牌为主基调设计的30毫米滤棒翻盖乘风（精品）牌卷烟，烟支规格84毫米，焦油含量15毫克/支。商标印刷材料采用激光技术，突出九灯防伪效果。低焦油七匹狼牌设计目标是既达到降焦又保持原产品香气细腻、醇和，余味舒适的特点。焦油含量设计为11毫克/支，商标主题图案保留七匹狼的标志，采用局部底色变化的方法以利辨认。低焦油混合型翻盖七匹狼牌（9毫克/支），设计烟支香气细腻丰富，烟气饱满柔和，吸味干净舒适，具备国际流行混合型卷烟口味。采用激光打孔水松纸、高透气成型纸等"三纸一棒"技术。厦门卷烟厂设计开发石狮（王）牌卷烟，辅助材料上首次采用珠光烫金水松纸和石狮牌专用铝箔纸，以追求美观防伪效果。商标以绛红色为基调，正面主体仍沿用金色石狮形象，衬以霞光万道的金黄旭日。背面以简洁抽象的狮子头图案为主。整个包装色彩华丽、构图洗练、寓意深长。石狮（王）牌配方设计上，技术人员除听取各方的意见和建议外，还与业务员一起跑市场、搞调研，收集市场信息，根据市场对高档烟的需求设计产品的口味和商标，并将设计目标定位在石狮（红）牌卷烟之上。对翻盖沉香、沉香（红）牌的改造，采用加长水松纸，沉香（红）牌外包装还使用数码防伪技术。年底，厦门卷烟厂设计研发石狮（超醇）牌新产品，以其低焦油低危害的安全形象与其品牌文化融为一体。焦油含量设计与上海卷烟厂生产的红双喜牌并列为国内仅有的两个8毫克/支的品牌。设计目标体现：

低焦油、烟味足；外包装采用淡绿这一国际流行色，突出其作为环保型卷烟的特征；价位适中，每条批发价65元。

2001年，龙岩卷烟厂完成薄荷型翻盖七匹狼、富健（特醇）、七匹狼（经典）、七匹狼（枣红）、乘风（新）、七匹狼（吉祥）牌等新产品开发设计。厦门卷烟厂设计研制石狮（新）、沉香（醇）牌等有竞争力的新产品。畬山卷烟厂也完成低焦油三沙（兰）牌卷烟的设计开发和中试。设计产品焦油含量11毫克/支。水松纸采用由白色、浅黄至深黄的过渡色调，有一条明显的健康线。外包装采用蓝色调，加凸版印刷的银色主体商标图案，更具立体感和层次感。

2002年后，各卷烟厂对各自牌号进行梳理整合，围绕主打品牌设计不同规格。龙岩卷烟厂设计开发有七匹狼（经典）牌卷烟，焦油含量15毫克/支；武夷山（纯真）牌，焦油含量15毫克/支；七匹狼（银）牌，焦油含量11毫克/支及七匹狼（灰）、乘风（新红）、七匹狼（豪情），烟支规格和焦油含量均为（20＋64）×24.3毫米、15毫克/支。厦门卷烟厂设计开发鼓浪屿（礼盒）牌卷烟并对石狮（超醇）（8毫克/支）牌卷烟进行外包装改造设计。华美卷烟有限公司（下称华美公司）设计出12毫克/支硬盒金桥牌新品。2003年，省公司与龙岩卷烟厂共同设计开发高档卷烟产品七匹狼（软sp200）、七匹狼（sp300），年初开始生产。厦门卷烟厂全面实施差异化发展战略，即把高香气、低焦油、低危害中式烤烟型卷烟作为产品设计开发的主攻目标，逐步实现石狮牌由福建区域性名优品牌向全国大众强势品牌转变。

2003年11月10日，根据国际烟草控制框架公约提出的控制卷烟，降低焦油含量标准要求。厦门卷烟厂完成石狮（超醇）（8毫克/支）的产品改造。产品设计外包装采用石狮（新）牌图案，卷烟口味及风格均保持不变。

2004年8月底，厦门卷烟厂设计开发石狮（平安）牌卷烟，外包装以朝霞为背景。设计以烟气柔和、细腻、香气飘溢、丰富饱满，且具有云南烟叶的清甜香味为特点。9月底，又设计推出石狮（长城）牌卷烟，烟标设计以橘黄色为主色调，运用大气、祥和的石狮形象，映衬长城，华表底纹。龙岩卷烟厂把七匹狼（白）牌卷烟改造设计为七匹狼（白金）牌。对原七匹狼（醇红）牌进行改造，更名为七匹狼（软红），烟气烟碱量为1.3毫克/支，焦油含量均为15毫克/支。年底，为纪念七匹狼品牌诞生10周年，还设计开发七匹狼（SP500），又称七匹狼（烟魁）焦油含量为15毫克/支，烟气烟碱量为1.2毫克/支。设计的烟香清甜，吸味醇正，口感舒适纯净。包装采用独特的横向设计，打破传统中轴平衡格式。主图应用经过渐变处理的火狼形象，颜色从深褐色向浅咖啡色过渡，具虚实变化和速度感。采用镭射光柱纸，辅以光变、温变油墨等先进的印刷技术。

2005年，龙岩卷烟厂设计火狼系列（软红狼、白金狼、枣红狼）卷烟，继续丰富优化七匹狼牌产品结构。火狼系列商标主体图案采用燃烧的"火狼"。使用光束纸、镭射铝箔纸与拉线等高科技材料。内在品质秉承七匹狼产品一贯风格，突出烟草本香，香气醇和、自然、饱满，吸味细腻的特点。厦门卷烟厂对特（软）牌卷烟进行改造，更名为沉香（软特），焦油含量为15毫克/支，烟气烟碱量为1.1毫克/支；设计石狮（平安软）牌，焦油含量为15毫克/支，烟气烟碱量为1.2毫克/支；三沙（全新）牌卷烟更名为石狮（如意），焦油含量为15毫克/支，烟气烟碱量为1.2毫克/支。五福（软特制）更名为石狮（沉香），焦油含量为15毫克/支，烟气烟碱量为1.1毫克/支；富健（软）牌卷烟改为石狮（富健），焦油含量为13毫克/支，烟气烟碱量为1.2毫克/支。

2006年，龙岩卷烟厂对七匹狼（古田）牌包装进行升级设计。烟标正面的正方形"奔狼图形"替换成"火狼图形"，包装的舌头纸由原普通金卡改为环保材料；小盒的拉线由原透明拉线升级为激光烫银拉线；烟支水松纸由原黄底上的点质纹和狼图形升级为"古田"字体底纹专用水松纸，滤嘴品牌标注区的其中一组"七匹狼"字体替换为印金英文SEPTWOLVES；烟箱正反面的奔狼图形相应升级成火狼图形。升级后的包装更注重对细节的搭配，使整体视觉更为协调美观。同时把石狮（红）牌切换为七匹狼（红狮），烟包正面的雄狮图标改为七匹狼火狼图标；烟包顶部和底部的石狮字样改为七匹狼石狮字样；同时侧面标明的理化指标"一氧化碳量"改为"烟气一氧化碳量"。七匹狼（新枣红）设计以包装升级、口味升级为主题。内在品质设计烟香幽雅，香气细腻圆润、幽雅绵长、有较好的生津口甜感。产品包装传承原七匹狼（新枣红）牌的枣红色，采用镭射光柱拉丝纸，整体色彩由枣红向暗红过渡；拉线防伪应用于烟包顶部和底部，增强产品的防伪性能；此外，在包装细节上搭配镭射金箔、竖罗纹盘纸、烫金水松纸、镭射拉线等的应用。是年，龙岩卷烟厂与厦门卷烟厂联袂设计推出七匹狼（金典）牌卷烟，设计焦油含量为12毫克/支，烟气烟碱含量1.1毫克/支，一氧化碳量13毫克/支。烟盒采用金色的包装，正面通过三个标识来展现福建烟草种植的历史荣誉。背面的"闽烟传奇"用文字简要地阐述闽烟的"起源、兴盛、扬名、发展、风云"的历史，整个包装典雅脱俗、简约而不简单。7月，福建中烟技术中心以打造特色工艺，提高产品市场适应能力为主线，开展产品开发基础研究，在设计完成石狮（平安）向七匹狼（豪情）、七匹狼（古田）；石狮（红）向七匹狼（红狮）牌的切换和七匹狼（金、金典、庆典）牌的开发同时，探索新的产品设计开发模式，成功设计开发国际金桥牌产品，每条定价230元。聘请国际著名烟草大师大卫·克莱顿先生主持设计研发中式混合型卷烟，产品内在品质和外在包装设计更顺乎国际化大潮。

2007年，福建中烟技术中心设计研发七匹狼（红金、经典、豪迈、醇典）、金桥（红国际、异型包装）牌及七匹狼（雅典，350元/条低焦油）牌等储备新产品的设计试验。2008年，完成七匹狼（雅典、醇典、纯金、豪运）、金桥（英伦奶香）牌等产品设计生产及七匹狼（睿典，超低焦油3毫克/支）、金桥（茶韵、冰味）等产品设计开发储备。其中：金桥（英伦奶香）牌设计为特型产品，烟支比普通卷烟略细，烟盒外形八角包装，图案取材传统苏格兰贵族方格，突出年轻、时尚、高雅的外在气质；配方设计具烟草本香，香味香气上有独特的巧克力奶香韵味。

二、工艺规范与执行《国标》

（一）工艺规范

卷烟生产工艺由烟叶发酵、配方、回潮、制丝、加香、卷接、包装等制作流程组成。1991—1993 年，福建省卷烟工业企业继续执行 1984 年中国烟草总公司（下称总公司）制定的第一部《卷烟工艺规范》。

1991 年，各卷烟工业企业加强质量检验并结合工艺规范要求和产品创优，加强对质检人员的技术培训。龙岩、厦门卷烟厂在工艺规范达标的基础上围绕卷烟产品抽检覆盖率、抽检频率的达标，投入资金，充实检测人员和仪器，使在线产品质量不断提高。针对小型企业质量检验薄弱等问题，省公司生产部门到畲山、泉州卷烟厂，进行在线检验工作的调查、验证，发现问题找出差距。各企业通过整改，提高质量检验和质量控制的水平。当年 5家计划内卷烟厂产品综合抽检合格率均比 1990 年有不同程度的提高，并都超过省经委重点产品质量考核的计划指标，质量提高率稳定在 100％。

1992 年，龙岩卷烟厂制订出台《经济责任制考核办法》，其中：工艺达标系数占总分的5％（后增至 10％）。首次将工艺管理达标与经济责任制挂钩。10 月 1 日起，龙岩卷烟厂生产车间与相关部门全面执行《龙岩卷烟厂工艺检查考核条例》，条例规定工艺检查考核、事故报告与处理制度等内容和考核办法。

1993 年 7 月，总公司第二部《卷烟工艺规范》（下称 1993 版《工艺规范》）通过审定，省局（公司）结合福建省卷烟工业的实际提出贯彻意见，要求各卷烟厂进行具体培训，结合各厂的实际，对生产工艺进行整改。在贯彻 1993 版《工艺规范》中重点改进工艺管理，建立科学、有效的工艺管理系统。11 月，龙岩卷烟厂率先贯彻执行总公司 1993 版《工艺规范》，在滤嘴烟生产线关键工序增设"工艺技术条件检查"点，与原《工艺规程》、《工艺纪律检查》配套，形成较为完善的工艺管理手段。并在滤嘴二、滤嘴三车间推行"装箱顺序码"制度，以便质量跟踪和质量事故的善后处理。同时根据 1993 版《工艺规范》重新修订《工艺检查考核条例》中的"奖惩"部分，增设工艺达标奖项，实行达标奖励，违规受罚。

1994 年，1993 版《工艺规范》正式颁布实施，省公司在《扩创名牌烟规划和实施意见》中，要求卷烟工业企业要尽快提高工艺达标率，确保主要工序质量。对存在工艺难点作为课题，组织力量开展攻关，从中摸索经验，提高工艺水平。此后 10 年间，福建省卷烟工业依照 1993 版《工艺规范》组织卷烟生产。

2003 年 4 月，国家局修订颁布新版《卷烟工艺规范》（下简称 2003 版《工艺规范》）。2003 版《工艺规范》以实现卷烟生产及产品的优质、低耗、高效、安全为目标，建立批内批间质量概念，引入流量波动、批内焦油量、烟碱量波动值等概念，新增工序加工质量评价、关键设备工艺性能点检等内容，强调卷烟工艺对改进卷烟产品感官质量的作用。

2004 年，卷烟工业企业按照 2003 版《工艺规范》和《卷烟工艺测试与分析大纲》的要求，对生产全过程加工工艺进行综合测试。龙岩卷烟厂单箱卷烟标准原料消耗为 35.3 公斤，厦门卷烟厂为 35.2 公斤，均小于 38.5 公斤，单箱消耗达到烟草行业先进水平。

2005 年 8 月，福建中烟贯彻国家局 2003 版《工艺规范》的实施意见，要求龙岩、厦门卷烟厂和相关部门组织学习贯彻，并成立专门的贯彻实施机构具体负责。同时结合实际，对本企业工艺管理等方面的现状进行摸底分析，找出存在的突出问题和需要逐步解决的潜在问题，按计划要求进行整改。

（二）执行《国标》

1991—1996 年，福建省卷烟生产企业执行 GB5606－5610－1985 卷烟国家标准。

1996 年 4 月，国家质量技术监督局正式批准发布《卷烟卷制技术条件》等 5 项卷烟系列国家标准（下称 1996 版卷烟国标），1997 年 1 月 1 日起正式实施。此后，福建省卷烟工业各生产企业以 1996 版卷烟国标为依据，修订本企业的卷烟在线质量检测细则、卷烟成品检验标准、工艺考核办法等，组织生产经营，使卷烟卷制与包装工艺技术符合 1996 版卷烟国标要求。

2005 年，总公司又一次重新修订出台卷烟系列国家标准（GB5606－2005）（下称新版《卷烟国标》），由国家质量监督检验检疫总局和国家标准化管理委员会联合批准发布（次年 1 月 1 日正式实施）。9 月，福建中烟在邵武召开贯彻新版《卷烟国标》专题会议，研究如何解决宣贯新版《卷烟国标》过程中所出现的问题，要求各卷烟生产单位做好新版《卷烟国标》的宣传培训。针对新版《卷烟国标》的主要修改点、新增指标和强化指标所涉及的相关工艺和检测进行针对性研究，落实应对措施，提前做好包装换版等方面的准备，确保2006 年 1 月 1 日起新版《卷烟国标》顺利实施。龙岩卷烟厂全面开展新版《卷烟国标》宣传工作。邀请郑州烟草研究院化学重点实验室主任、研究员刘惠民、郑州烟草研究院产品重点研究室主任、首席研究员、全国评烟委员会副主任委员罗登山讲解新版《卷烟国标》，并在全厂范围内举行新版《卷烟国标》知识竞赛活动。在新版《卷烟国标》宣贯实施过程中，龙岩卷烟厂选送部门领导和技术骨干到郑州烟草研究院专业培训共 2 批 6 人，内部较大规模培训 6 次，共培训相关部门、配方工艺技术人员、生产车间骨干等 1000 多人次。同时集中力量及时对新版《卷烟国标》进行消化与吸收。厦门卷烟厂从人员培训、制定整改方案到商标、烟箱换版等方面做出周密安排，落实时间进度要求。从原辅料采购、配方工艺控制、生产过程、成品检验等方面严把质量标准关。9 月，厦门卷烟厂选送技术骨干参加国家局的专业培训，针对新版《卷烟国标》主要变动部分以及新增和强化指标所涉及的相关工艺和检测技术进行研究，对照自查，落实应对措施，限期整改。10 月，在企业内部组织100 余人分批分层次进行新版《卷烟国标》全程培训。

2006 年，省内各卷烟工业企业均按新版《卷烟国标》的要求，制订本企业质量检验标准，实现新老标准的平稳过渡，卷烟产品质量稳中有升，各级卷烟产品质量抽检合格率为100％。

三、生产流程

1991—1993 年，福建省卷烟工业卷烟生产工艺流程设置，执行中国烟草行业 1985 年制定的卷烟制造工艺流程。卷烟制造工艺流程是指将烟叶原料加工制造成合格的卷烟所必须经过的全部工艺过程。它由制丝（烟草薄片）、卷接（滤棒成型）、包装三个主要工序组成，分别承担原料加工、卷制成形和包装成品的各项加工任务。

制丝工艺流程包括备料、真空回潮，配叶切尖、解把，筛砂分选，烟叶回潮、打叶去梗、配叶贮叶、叶片增湿、切叶丝、烘叶丝，烟梗回潮、贮梗，烟梗二次回潮、压梗，切梗丝、梗丝膨胀，膨胀梗丝分选、贮梗丝，叶丝、梗丝、膨胀叶丝、薄片丝按比例掺配，加香，配丝贮丝等加工工序。它的工艺任务是将各种类烟叶制成配比均匀、纯净无杂质，宽度、水分、温度等均符合各等级卷烟工艺要求的烟丝。

1991 年前，龙岩永定地方卷烟厂的卷烟工艺流程分为两道工序：第一道工序是把烟叶制作成烟丝（烟叶发酵采用人工发酵方法）。第二道工序卷烟：先用卷烟机把烟丝卷成烟支，然后把烤干的烟支用接嘴机接上滤嘴棒。包装用手工把卷接好的烟支，包成 20 支 1 小包，10 小包为 1 条包，然后装封箱。1991 年 8 月，永定地方卷烟厂成为龙岩卷烟厂永定分厂后，其生产第一道制烟丝工序是在龙岩卷烟厂完成。烟丝从龙岩卷烟厂运到永定分厂加工成卷烟产品。其卷接包有 84 毫米卷烟生产线设备 2 台（套），从卷烟到成品可连续作业 1 次完成。81 毫米卷烟生产线有设备 6 台（套）。卷制、接滤嘴、烘烟支用 1 组机器，包装用另 1 组设备，分 2 次完成。80 毫米平装无嘴卷烟无连续生产线，从卷烟到成品，分别烟机分工段完成，配备卷烟机 10 台，包装机 3 台。畲山卷烟厂卷烟工艺流程中：烟叶备料→真空回潮→配叶切尖；叶片回潮→贮叶→切叶丝；压梗→贮梗；烟丝掺和、冷却加香→贮丝→卷制接装→包装→成品入库均为人工运送。制丝工艺流程从打叶去梗后叶片经回潮、贮叶、切叶丝、烘叶丝工序和烟梗经压梗、贮梗、切梗丝、梗丝膨化、烘梗丝工序后一同掺和进入冷却加香和贮烟丝工序。

1992 年，云霄卷烟厂引进的仿德国虹霓 1500 公斤/小时制丝生产线投产，1993 年和 1994 年，畲山卷烟厂和泉州卷烟厂先后进行制丝线技术改造，投产后新制丝生产线工艺流程中，气力与机械输送大部分取代人工运送，烟叶与烟梗分线加工，应用梗丝膨胀新工艺，并在关键部位增加流量控制和红外线水分仪，有效进行生产过程监控。对工艺参数和条件的控制与要求，更加科学、合理，更注重内涵和加工品质，使卷烟加工工艺水平得到提高与发展。

1994 年，厦门卷烟厂在制丝工艺中增加一台 F－11 膨胀烟丝设备，膨胀烟丝的工艺流程：烟丝来料（从制丝线加香前取出）→贮存→输送→膨胀加工→风送→贮存→定量→喂料→配比掺和（在加香前）。其生产线主要分四个部分组成：即膨胀前烟丝的贮柜系统、主机设备、风送系统及除尘和膨胀烟丝的贮柜系统。

1996 年，厦门卷烟厂进行制丝线后半段烟丝膨胀工艺流程的改造，包括改造烘丝机、HT（高温高湿）膨胀床和电子皮带秤等，形成烘丝水分自动控制及在线烟丝膨胀的流程，使烟丝膨胀率达到 6％以上，增加烟丝填充能力，实现了降耗目标。龙岩卷烟厂对制丝二车间 3000 公斤/小时的制丝线进行片烟技术改造，采用切片小线的片烟加工工艺流程。

1996－1997 年，龙岩卷烟厂制丝一车间完成主要工艺流程改造项目 11 项，制丝二车间完成 5 项较大的流程整改项目。华美公司对其整个生产工艺流程，进行详细的质和量的研究与改进。重点采用白肋烟全加料工艺，用化学方法通过添加料液进行处理，同时应用膨化烟丝工艺。对产品的烟丝色泽要求不高时，采用 G－13C 氟利昂烟丝膨化技术流程，梗丝高温高湿膨化，叶丝在线膨胀。采用以上工艺流程，降低卷烟的焦油含量，增加烟丝的填充值。在满足配方评吸要求后，单箱烟叶消耗降至 38.5 公斤。在制丝线设备的选型和工艺布局上注意加强对流量的控制，从投料到出丝，整个生产流程各环节均使用电子皮带秤，每一个入料口、每一掺和段都配有计量仪表和反馈控制装置，这些量的控制使各种专业设备均能严格按照工艺要求，发挥最稳定的效率。

1997 年，厦门卷烟厂以制丝工艺流程为重点，改造烟丝膨胀设备，提高膨胀率和综合处理效果；改造梗丝线自控系统，提高梗丝处理精度。畲山卷烟厂在制丝打叶工序前增加振筛，梗丝线增加洗梗工艺。1998 年，又在梗丝膨化前加 1 台 HT 在线膨胀隧道。

1999 年，龙岩卷烟厂第二条打叶复烤生产线建成投产，同时，对制丝一车间国产仿科马斯公司 3000 公斤/小时制丝线打叶段工艺流程进行改造，实现全片烟化生产流程，并在卷接包生产线新增嘴棒气力输送系统及自动装封箱系统。至 2001 年，龙岩卷烟厂通过技术合作先后 6 次改进生产工艺规程和参数，对工艺流程的 46 个项目做大的整改。

2003 年，龙岩、厦门卷烟厂易地技改工程竣工后，厦门卷烟厂新的工艺流程不仅可以满足生产多规格、多品种类型卷烟的生产需求，而且率先在国内烟草行业内采用"一头两尾"的独特加工方法，即："一头"指一个制叶片工段，"二尾"指一条传统的滚筒式叶丝干燥线、一条气流式干燥线。外加梗丝生产线、白肋烟处理线及二氧化碳膨胀烟丝线，整体工艺流程突显合理性、灵活性、适应性。龙岩卷烟厂 6000 公斤/小时制丝线分别采用打叶复烤后的叶片、烟梗为原料的生产加工。为保证小计量的物料（≥100 公斤/批）均匀加入生产线，烟叶切片回潮后增设小配方柜；叶丝线在切片回潮后增设叶片预混柜，使不同质量的叶片均匀混合，保证加料前水分均匀，并在加料机和梗切丝前各设 2 台振筛。在线叶丝膨胀应用 HXD（高温管道膨胀）工艺，采用从美国 SRC 公司引进的新光学除杂机。梗丝线采用水洗蒸梗工艺，在洗梗前设置振筛，洗梗后安装红外线水分测定仪；采用引进（ADMOIS）烟梗回潮机去除梗表面的水分，防止梗霉变粘连，在压梗机前设置蒸梗机；梗丝线采用 STS（隧道式）梗丝膨胀系统。白肋烟生产线在原有工艺的基础上增加一次加料，与膨胀烟丝生产共用一条切片小线。混丝加香段，各种烟丝配比后进入振筛，筛除 2 毫米以下烟丝，提高整丝率及卷制效率。龙岩卷烟厂易地技改实现生产流程再造。用现代计算机技术、网络技术、可视技术、系统集成企业生产活动和工艺流程。把制丝、嘴棒成型、卷包等工序作为企业的生产制造中心。

2004—2005 年，厦门卷烟厂在制丝车间筛分和加料工序中增加一组加料系统，并与原加料系统形成互换的功能，既解决了分组加工后可能造成生产流程不连续的矛盾，又满足了分组加工生产中施加不同料液的要求，并对不分组配方的牌号，两套加料系统可循环使用，节省加料系统回收—吹洗—再回收所需的时间（大约为 20 分钟）。同时，在 3000 公斤/小时生产线掺兑工序后增加二组预混柜，以满足配方掺兑均匀性的需求。在保持原有生产线掺配功能的前提下，增加以两条生产线暂存柜后叶丝流量相加后的总流量为主信号，膨胀烟丝、梗丝、回收烟丝等作为掺配物进行比例掺兑，掺兑后通过旁路进入预混柜，然后通过定量喂料皮带秤进入大线或小线加香工序，以加香后再进入贮丝。

2006 年，龙岩卷烟厂开展以打造龙烟特色工艺，提高七匹狼产品市场适应能力为主线的基础应用研究，并实施分组加工生产。在分组加料试验研究成果上，进行七匹狼（古田）、七匹狼（豪情）等牌号的大线生产的分组加料研究。分组加工后工艺技术参数优化，使产品感官质量、风格特征得到稳定和提高。2007 年，龙岩卷烟厂依据特色工艺生产线应用研究项目的前期成果，应用工序质量评价方法开展工艺研究，完成制丝生产线工艺流程的改进。

2008 年，龙岩烟草工业公司完成制丝工艺质量信息化管理系统开发应用，提升工艺流程的控制水平；厦门烟草工业公司开展制丝生产线数字采集系统不稳定的专项技术攻关项目，提高工艺控制精度，增强工艺流程质量预警、管控能力。

四、配方改革与烟叶醇化

（一）配方改革

1991 年初，省局（公司）根据总公司"改造烤烟型、发展混合型、开发疗效型、稳定雪茄型"的卷烟配方改革指导思想及卷烟市场需求的变化，提出福建卷烟工业以改革配方为突破口，创新创优，使产品结构适应市场需求的指导思想。把配方改革作为企业生产管理的首要任务，纳入厂长目标管理。在产品风格上提高卷烟香气量，增加烟味浓度，降低焦油；叶组配方着眼于成熟度，扩大使用 G 系、K 系烟叶、优化化学成分，并重视香精香料的开发和应用。5 月，省公司在厦门召开福建省卷烟工业配方改革工作汇报会，随后配套下达福建省卷烟产品配方改革奖励办法。评选标准按照总公司《配方改革产品技术标准及评分办法》执行，奖励办法中设立配方试制奖和综合经济效益奖两种。配方试制奖：经评选获省公司和总公司中标的牌号（或新产品代号），对有关研制人员实行奖励的办法。龙岩卷烟厂通过配方改革，改造成功 84 毫米嘴水仙牌、84 毫米硬盒翻盖古田牌和新包装新配方的 84 毫米出口滤嘴富健牌卷烟。该产品配方获省公司中标奖和总公司中标牌号。厦门卷烟厂各开发一个甲级和乙级的烤烟型滤嘴沉香、友谊牌卷烟的配方。在五福（红）牌的配方改造中，对叶组配方选料进行大胆探索试验，选用新型香精香料，调配独特风格，达到烟香大幅度改善的目的。此外，华美公司的甲级滤嘴喜必利牌，泉州卷烟厂的新产品乙级滤嘴老君牌，云霄卷烟厂的甲级滤嘴黄兰牌、乙级滤嘴云凤牌；畲山卷烟厂的乙级滤嘴喜来宝、山海等牌号通过配方创新改革，均获得新的生命力。

1992年5月，省公司将原三年期综合效益奖逐年核奖办法改为一次性重奖，并依据各卷烟厂所改造产品配方的工作难度及产品牌号市场生命力和综合效益，对1991年前配方改革有价盈的牌号给予奖励。

1993年，龙岩卷烟厂对富健牌卷烟进行配方改进，研制开发出口特制富健的配方。年底，84毫米梅花山牌新产品配方研制成功，在全国烟草配方中标牌号列第三名。华美卷烟有限公司采取全打叶、全加料、竖配方的工艺技术，对金桥牌配方选用云南、湖北和福建省的优质烤烟，按照烟叶的成熟度和化学成分平衡为主要依据进行配制。烟叶投料前进行逐包重新选级，使其完全符合配方等级的要求；采购到厂的烟叶经过一年以上自然醇化后选用；烟丝通过膨胀处理，梗丝严格按配方要求经电子皮带秤控制掺和量。使产品具有香气充足，余味干净的风格。

1994年，畲山卷烟厂为创新配方和改进老产品配方，技术人员直接走进销区开展调查，在了解消费者需求的基础上，通过车间生产现场调查摸底，并在配方技术上采取措施，使研制的必得福牌卷烟配方日趋成熟。老产品喜来宝牌进行叶组配方调整和香精香料的选择使用，在吸味风格上有新突破。

1995年3月，加强对四十级制烟叶内在质量的研究，通过采取技术和管理措施，使烟叶资源得到合理使用。同时把降低卷烟焦油含量作为产品配方改进的一项重要内容。通过调整叶组配方，改进工艺加工技术、合理使用辅助材料，降低焦油含量。是年，龙岩卷烟厂研制成功七匹狼、大金湖牌卷烟配方。七匹狼（白）卷烟配方突破原有产品风格，采用香气丰满细腻、余味舒适、有甜感并经自然醇化二年以上的福建、云南、津巴布韦优质原料调配；大金湖牌配方根据三明地区消费者吸食特性，口味细腻、醇和，并有一定的原烟香气。厦门卷烟厂开发厦门牌卷烟，以高档烟的配方组合为目标，选择国内外同档次卷烟为标杆，反复比较、评吸、构思、借鉴、吸收、创新。经过传统的口感、手感等感官手段的评测，兼用检测仪器进行物理成分及化学反应的测试，测定各种成分的最佳指标进行分析，优选叶组配方，确定配方总体设计方案并经国内外专家的修改鉴定后，生产出试样组织评吸、完善，成功完成厦门牌的配方。畲山卷烟厂开发适应福州市场需求的古榕牌卷烟配方。

1996年，卷烟工业实施名优烟工程，在不断提高配方和商标设计的基础上，综合采用先进的工艺加工和加香加料技术，确立主料烟、辅料烟、填充烟的叶组配方模式，重视研究烟叶和卷烟有关化学指标对产品内在质量的影响关系，拓宽原料的使用范围、科学合理地使用辅助材料。厦门卷烟厂研制出石狮牌卷烟配方，龙岩卷烟厂以特醇清香为新风格，改造乘风牌卷烟配方。畲山卷烟厂推出三沙牌卷烟新配方。

1997 年，龙岩卷烟厂设计的七匹狼（红）牌卷烟叶组配方，把该牌号产品的品位提升到一个新的高度。与日本合作首次开发出淡味混合型华友牌卷烟配方，为低焦油、低烟碱、低危害的产品，把烤烟香、白肋烟香、料烟香融为一体，口感舒适干净。厦门卷烟厂设计的石狮（红）牌叶组配方选用云南、贵州省烟叶为主，香气追求柔和、细腻、清雅。畲山卷烟厂新开发喜来宝（精品）和麒麟山（精制红）牌香烟配方，在吸味、加香加料上力求推陈出新。对喜来宝（白）、喜来宝（特制）、必得福牌卷烟的配方也进行优化改造，重点调整叶组配方比例和香精香料的调配，提高卷烟香气质改善吸味，并在叶组配方上开始按比例掺和使用薄片烟丝。华美公司在进行细致市场调查的基础上，选择某个外烟牌号的配方作为研究对象，从 30 种方案中筛选出 3 个配方，再在部分城市广泛征询意见，最后确定新的特级混合型低焦油金桥牌卷烟配方。

1998 年，厦门卷烟厂组织技术力量，对消费者反映的卷烟产品口感和余味方面的配方不足进行技术攻关，并对主要烟区调入的烟叶进行对比评吸，利用先进的实验设备对单料烟和成品烟的技术指标进行分析检测，首次开发成功疗效型安心牌和低焦油石狮（特醇）牌新配方。华美卷烟有限公司改造研发低焦油骆驼牌配方。

1999 年，龙岩卷烟厂开发硬盒乘风（精品）牌，设计配方为浓、透、清风格。突出香气醇和、细腻、口感纯净舒适的配方特点。厦门卷烟厂全面启用新引进价值 600 万元的液相、气相、化学自动分析仪等先进的仪器设备，对当年采购的烟叶进行化学成分分析，并建立相应档案。对片烟使用进行充分论证，为确定 2001 年后叶组配方全面使用片烟打好基础，并开发特（红）牌卷烟配方，其特点突破传统的香气风格，烟香不仅优美、高雅、圆润，而且清新、飘逸有甜韵。

2000 年后，卷烟配方以减害降焦为重点，产品配方向高档名优烟转化，同时，实施配方品牌的集中和切换。其间，各卷烟工业企业的新开发配方和老产品改造的配方焦油含量均在 15 毫克/支以下。龙岩卷烟厂还研制混合型与薄荷型七匹狼牌配方；厦门卷烟厂研发石狮（王）牌新配方。

2002 年，龙岩卷烟厂为保证迁厂后卷烟配方的顺利切换，以保持产品风格，提高产品质量，开展配方与工艺研究和创新。以七匹狼（红）牌卷烟顺利转移到新厂生产为标志，全面完成配方切换。产品在保持原有风格的基础上汲取先进制丝线烟（梗）丝膨胀（HXD、STS）的优点，提高产品配方质量。厦门卷烟厂的配方技术人员在对本厂一些牌号及省外大红鹰牌等几个重点名优品牌配方研究分析的基础上，制出小样进行对比，充分吸收外省重点品牌的配方优点。针对一些产品配方辣味刺激等缺陷，邀请郑州烟草研究院和合肥科技大学的专家参与竞标和研究，通过几方面结合确定最佳设计方案。在叶组配方上，对部分烟叶按配方打叶，将在产区采购的不同等级和数量的烤烟，按照卷烟产品等级和风格的要求，经过配方师对原料评吸鉴评后，把能作主料烟的烟叶组合一个配方，把作为半主料或填充料的烟叶组合成另一种配方，分别进行配方打叶。以拓宽烟叶使用范围，使一些可用性较好而数量较少的烟叶能充分利用，既可减少打叶等级便于生产和存放，又能减少叶组配方的调整频率。在实施中根据各种牌号各时期的侧重点，在工艺上抓香气，在配方上抓重点，进行横向、纵向比较，力求研制出最佳配方样品评吸。是年，厦门卷烟厂完成配方及辅料车间中试或试用 250 多次，烟气分析 500 个。并坚持配方样品检验合格后再正式投产，保证卷烟产品配方质量更具可控性和稳定性。

2004 年，厦门卷烟厂实施烟叶分组加工工艺，将某一牌号的片烟根据其内在特征分成 A、B、C、D 等诸多不同的模块，针对不同模块采用与之相适应的工艺参数进行分别加工，并喷施对应的特色料液，经加料后的烟叶按配方要求分成两组分别进入不同贮叶柜，根据分组的特征将这两组片烟分别通过制丝生产线，采用不同的烘丝手段加工。

2005 年，龙岩卷烟厂研制出七匹狼（烟魁 SP500）牌配方，选用"烟魁"烟叶原产地——福建永定上等原烟和国内外优质烤烟经自然醇化，再现烟草本香，香气醇和、自然、饱满，吸味细腻、柔和。

2006 年，厦门卷烟厂研制出大丰收牌 1 号叶组配方，以综合得分第一名成为总公司标杆叶组配方入选。以此为基础，用石狮牌配方嫁接七匹狼牌，实现产品配方平稳切换与品牌整合。与龙岩卷烟厂共同成功研发七匹狼（金典）配方。产品配方研制前在进行充分的市场调研和需求分析后，专家组通过对 6000 多个基础数据，以及焦油、烟气、烟碱等 4 个数学模型的科学运用，把卷烟配方技术深化到化学成分和各项品质因素的合理配比上，提升核心技术，拓宽产品配方设计的创新点。福建中烟技术中心针对七匹狼牌系列产品配方在嗅香风格、烟香清晰度、刺激性、干燥感及浓度劲头等方面的不足，开展香精香料、添加剂、卷烟材料等配套研究，在改进产品配方缺陷，增强产品市场适应性上取得一定成效。同年 12 月，厦门卷烟厂研发成功的中式混合型国际金桥牌配方，从 50 种等级烟叶中按标准挑选、逐一评吸和评估，根据高满足性和低害特点的目标，设定制作 7 个叶组配方，历经 18 个月潜心调配和数百次感官测试后，从中优选一款配方，综合 17 种世界顶级烟叶于香气、口感、燃烧性等各方面优势，既秉承高档中式烤烟型卷烟的特点，同时具备国际混合型卷烟的低害优势，具有烟香醇净明亮、烟气和谐顺爽的口味特征。

2007 年，福建中烟开发 7 个产品新配方，并开展卷烟分组加工、配方调整、减害降焦等方面的系统研究和应用。龙岩卷烟厂引入"配方比稿"模式，参与中烟技术中心研发产品新配方；厦门卷烟厂研发的七匹狼（醇典）牌配方，焦油含量仅 5 毫克/支。

2008 年，卷烟工业开展增香保润等配方和工艺技术攻关，创新和改善卷烟产品的口感和吸味。厦门烟草工业有限责任公司（以下简称厦门烟草工业公司）的金桥（英伦奶香）牌烟叶配方有丰富饱满的烟草本香，香气高雅透亮，兼有巧克力奶香味，属中性混合型卷烟。

（二）烟叶醇化

随着省内卷烟工业的发展，本地烟叶生产亦相应得到发展，烟叶的工厂库存量和库容逐年增加。为提高卷烟产品质量，追求更高的烟叶醇化质量，1991 年起，省内各卷烟工业企业处理烟叶开始从人工发酵转向自然醇化。最理想的配方用烟叶是贮存二年到三年自然醇化的烟叶，这就要求有足够的资金和仓库条件储存烟叶，保证卷烟生产的正常使用和产品的质量。1991年3月，畲山卷烟厂新烟叶仓库建成后可存放烟叶8万担，满足烟叶自然醇化条件。1992年后，其烟叶人工发酵房停止使用。1993年，龙岩卷烟厂新增烟叶仓库面积3.46万平方米，另向美丽溪、王庄驻地部队等十几个单位租用仓库9万多平方米，缓解企业烟叶库容不足的问题，使烟叶的自然醇化期由不足半年延长至一年以上。烟叶储存量达61万担，占有资金2.8亿元，其中上等烟叶占43%。1995年底，厦门卷烟厂关闭梧村烟叶发酵室停止人工发酵，开始全部采用烟叶自然醇化模式，结束长达38年的烟叶人工发酵历史。1998年以后，龙岩、厦门卷烟厂全部实现片烟化生产。2000年，厦门卷烟厂烟叶储存量达44.20万担，此后逐年增加，至2006年10月库存量达到89万担，年平均储存烟叶达71.8万担（均未含畲山分厂烟叶库存量在内）。按单箱卷烟消耗烟叶40公斤计算可满足年产卷烟80多万箱的需求。

表 3—1　　　　　**2000—2008年厦门、龙岩卷烟厂（工业公司）**
烟叶（片烟）仓库库存量表

单位：万担

年度	2000	2001	2002	2003	2004	2005	2006	2007	2008
厦门卷烟厂	44.2	63.40	70.99	71.19	78.04	85.07	89.08	82.72	94.32
龙岩卷烟厂		89.67	90.53	85.56	80.52	93.74	108.40	121.69	125.65

五、加香加料

1991年，在卷烟配方改革上，加香范围已从单纯的烟丝加香发展到梗丝加香以及卷烟纸与滤嘴棒加香等。省局（公司）要求卷烟工业企业香精香料开发应用跟上行业发展的步伐，在中低档烟叶中应用香精香料调理，提高烟叶香气和烟叶使用范围。

1992年，龙岩卷烟厂开展香精香料研制，为开发研制梅花山牌高档卷烟打基础。畲山卷烟厂在建立主料烟叶基地确保配方到位的前提下，抓香精香料的开发使用，配方技术员同供应厂家的科技人员一道研制调配产品所需的香精香料。

1994年，郑州烟草研究院编制香精香料数据库，为福建卷烟工业香精香料的应用提供方便。

1995年，龙岩卷烟厂以提高在线生产工艺水平为突破口，对制丝车间不能满足工艺预期使用要求的在线测量设备进行改造。先后完成制丝关键的加香加料工序6套测量装置和电子皮带秤的改造以及水分仪QB475/476的替换，解决了长期困扰制丝工艺中加香加料不均匀、水分波动大、物料流量不均匀等问题。厦门卷烟厂研制生产厦门牌新产品时，在加香加料系统的关键工序，严格按工艺要求做到加香均匀。经过工人和工艺技术人员的反复研究试验，采取增加喷头多向喷香，使喷出的香料成雾状的办法，达到加香均匀合理、香气饱满的目的。同时促进烟丝醇化、糖类返原和蛋白醇转化，产生特殊烟香。

1996年，龙岩卷烟厂与郑州烟草研究院、日本JT公司开展技术合作，在制丝工序中增设蒸气流量计、加水流量计、在线红外测温仪等现代化仪器。从凭经验测定改为有科学依据的数字化操作，为提高加香加料效果和产品内在质量起到重要作用。

1998年起，执行国家局颁发《烟用香料香精定点供应企业暂行管理办法》和烟草行业标准YC/T145（1～9）—1998《烟用香精酸值》等9个烟用香精质量指标检测方法标准。

1999年，厦门卷烟厂加强对香精香料的研究试验，从中积累部分单体香精的分析及技术资料，为企业单体香精的配制和使用奠定基础。

2002年，该厂根据石狮牌产品叶组配方的实际需要，采用天然单体香精香料进入卷烟配方。同时，对香精香料的供应商进行科学筛选，从中选出三家供货方的优质香精香料进行单体组合，并用气质连用仪检验每天投入的香精香料量，确保加料的准确性与精度。

2003年，龙岩、厦门卷烟厂通过易地技改，使加香加料设备获得更新。香料厨房选用国产先进设备，加强流量控制，提高计量精度和混合配比精度，同时改变加料方式，实现由原在线加料到统一配置掺兑好料液加料的转变，使料液更准确、均匀地喷到烟丝或梗丝上。香料厨房不仅满足片烟生产技术、新工艺和新产品开发的需要，同时也满足两厂各80万箱卷烟生产规模的需要。

2005年，厦门卷烟厂收购华美公司后，为保持金桥牌卷烟的原有特色，组织技术力量对该品牌配方的香精成分进行分析，调制出符合性较好的替代香精，保证了产品内在香气质量稳定和产品市场平稳过渡。

2006年，龙岩卷烟厂产品配方采用纯天然香精香料添加剂，使每支卷烟都表现出纯正的优质烟草本香。加香工艺实行精确到微克的严格控管，并特聘国外著名调香师精心配制。运用国际领先的烟丝、梗丝膨胀等工艺技术，使七匹狼（金典）牌卷烟香料配方达到协调的化学成分和优良的物理成分的结合，香气细腻，丰满柔和，余味富有甜感，纯净舒适。5月，总公司组织由厦门卷烟厂等5个试点厂家调配选送的大丰收牌10个香精香料配方，经国家局专家组统一评审，厦门卷烟厂的香精香料配方被确定为国家局第一支共享品牌大丰收的完整香精香料配方。年底，厦门卷烟厂国际金桥牌的烟香调制，精选国际香精香料公司的调香剂，经4个阶段的调香样品制作及实验室反复分析，确保所有调香指标都符合烟草行业规定，评吸感受均达到最终目标，使产品高香气特点在国内卷烟市场具有普遍性的接受度。2008年，金桥（英伦奶香）牌的加香突出创新型时尚。

六、烟草薄片

福建省卷烟工业最早生产使用烟草薄片始于1991年8月。将薄片烟丝作为填充料掺入烟丝中生产卷烟，充分利用烟草原料、降低烟叶消耗、降低产品成本、提高企业经济效益、降低或调整卷烟焦油量和烟气烟碱量。是年，省局（公司）调拨1条每小时90公斤烟草薄片试验生产线给龙岩卷烟厂，由龙岩卷烟厂与永定坎市复烤厂共同投资建成福建省首个烟草薄片生产车间。烟草薄片制作工艺为：对烟末、梗签、碎烟片等来料分别选择、净化后，进行工艺规范性的粉碎；按配方要求添加黏合剂混合均匀，用压辊压制成额定厚度标准的薄片后，烘干、冷却、定型、切丝。薄片烟丝在永定县坎市镇试产成功后，龙岩卷烟厂在产品开发研究中通过添加薄片加料测试，使薄片烟丝质量明显提高。薄片丝作为卷烟生产配方辅助材料的替代品，正常投入生产后，降低配方成本10％，实现烟叶资源的再生利用。7月，厦门卷烟厂与厦门市木材公司人造板厂签订合作加工烟草薄片项目合同。以供料加工形式合作生产烟草薄片，即由厦门卷烟厂提供生产设备、技术、工艺及质量标准并无偿提供烟梗、烟末等主要原料；由木材公司人造板厂提供厂房及水、电、汽等配套设施，并负责组织生产和设备、工艺、质量等管理。所生产的薄片烟丝由厦门卷烟厂回收并支付加工费和成本费（人造板厂承担加工收入的税金）。12月27日，厦门卷烟厂的烟草薄片生产线设备安装调试经验收合格投产。

1996年1月，随着烟草薄片使用量的增加，龙岩卷烟厂筹建薄片烟丝厂，将原在永定坎市的薄片生产线迁至龙岩市曹溪三华彩印厂内，经1个月安装调试即投入生产，薄片质量达到标准要求，日产量达1000公斤。所产薄片烟丝主要用于龙岩卷烟厂甲二级卷烟配方掺和应用。8月，薄片厂进行企业体制改革，组建成立闽西富福薄片厂，隶属于龙岩市福利企业发展公司，主营烟草薄片，兼营胶带。是集体所有制的福利企业，具有独立法人资格，实行独立经济核算。股份结构中龙岩卷烟厂工会出资80万元人民币。厦门卷烟厂为完善烟草薄片线工艺，提高薄片质量，增加薄片的有效利用率。也同时对厦门市木材公司人造板厂原有薄片生产线设备进行更新改造，包括更新物料净化、拌料、烘烤、压辊等设备硬件。同时采用自制的添加剂，新增2台红外线水分测定仪，进行水分自动监控检测，使之达到提高薄片质量，改善薄片颜色的目的。每天薄片使用量增至1.5～2吨。

1997年1月，龙岩闽西富福薄片厂进行设备技改，扩大生产规模，更换原落后的薄片生产设备，购置两条陕西省西安东风仪表厂制造的每小时90公斤的辊压法薄片生产线。实行两班制生产，年生产薄片丝能力为800吨。改造后设备超过原生产能力的15％，有效作业率提高，当年薄片丝产量达314吨。同年6月，畲山卷烟厂在制丝车间建成1条LB13型辊压法（90公斤/小时）烟草薄片生产线，由陕西省西安东风仪表厂开发研制的新一代薄片生产线。该线中高效微粒可调粉碎机，采用国际新颖的气流冲击内置分选原理，远红外线干燥机为开启式回风排潮结构。填补该厂薄片烟丝生产的空白，对降低原料消耗，节省生产成本，提高经济效益发挥过重要作用。1998年，该厂单箱烟叶消耗平均39.49公斤，比改造前1996年的43.1公斤下降3.61公斤。

1999年5月，厦门卷烟厂和郑州烟草研究院签订技术转让合同，在辊压法生产烟草薄片中引入加纤起皱烟草薄片生产和技术。经过对原薄片生产线实施相应的技术改造及反复多次的调试、完善，以及对生产线操作工的技术培训，使设备具备生产加纤起皱薄片的能力。改造后的加纤起皱薄片丝配方成本不变，吸食风格不变，而丝条状态更为接近正常的烟丝。薄片丝填充值由原 3.00 立方厘米/克提高到 3.20 立方厘米/克。由于加纤起皱，填充值提高，使燃烧性能、吸食效果相应得到改善。同时通过精心调整配方和改进添加剂，解决薄片丝韧性差、强度低、水分不稳定的弊端，提高其使用品位。

2000 年，厦门卷烟厂薄片加纤起皱技术项目通过郑州烟草研究院的验收，并获得该院的技术转让。

2001 年 10 月，畲山卷烟厂烟草薄片生产线新进 1 台 200 公斤/小时的粉碎机，更换原 90 公斤/小时的粉碎机，使整条线的薄片烟丝产量提升 1 倍多，生产效率翻一番。

2002 年，厦门卷烟厂兼并畲山卷烟厂后，省局在畲山卷烟厂原址上采用股份制的形式，共同投资建设一条造纸法烟草薄片生产线，以满足厦门、龙岩卷烟厂的配方需要，通过采用高新技术实现烟草薄片生产与应用的历史性突破，并以此作为被兼并企业的转产项目，获得国家局批准组建福建金闽再造烟叶发展有限公司（下称金闽公司）。

2004 年，厦门卷烟厂开始与云南瑞升科技有限公司共同开发造纸法再造烟叶产品与应用项目。造纸法烟草薄片生产技术工艺是借助造纸技术和设备，按薄片原料配方要求，将烟末、烟梗等原料用水浸泡萃取后，分解为可溶性物质和不溶性物质。不溶性物质以类似造纸的方法制成像原纸一样的片基，然后在片基上加入经浓缩后的可溶性物质和添加剂，再干燥后成为烟草薄片的加工方法。该薄片的特性：密度小，填充值高；物理机械性能与加工性能好；焦油释放量低；薄片丝的质量不但大大优于辊压法生产的薄片产品，而且更便于储存运输。

2005 年，金闽公司借鉴上海 10000 吨/年再造烟叶生产线模式，结合企业实际，与设计院和昆船瑞升公司及股东单位配合，对原有的造纸法再造烟叶生产线工艺设计方案进行优化与完善，形成 5000 吨/年（第一期）造纸法再造烟叶生产线新的工艺方案。生产线的工艺路线选择，结合龙岩、厦门卷烟厂的实际需要，提供产品研发的平台。生产线原料处理段、提取段、浓缩段均采取叶、梗、末分开处理，从制浆段开始混合加工的方式。

2006 年 4 月，福建中烟组织在厦门进行再造烟叶生产线抄造系统评选，邀请上海烟草（集团）公司专家指导，对云南昆船瑞升公司和法国 ABK 机械公司中国代表处提供的方案进行技术交流，提出生产线抄造系统集成商和设备配置方案的具体要求。金闽公司与两家参评单位进行技术与商务的协商，对抄造系统工艺的合理性、设备配置的可靠性以及集成商条件等再次进行论证。确定抄造系统集成商选择和设备配置，即：抄造系统的流浆箱、成型部、涂布机、烘箱等主要设备全部采用国产设备配置，其中：流浆箱、成型部（山东海天公司制造）由山东济南瑞联造纸技术有限公司提供设备并集成；涂布机、烘箱（湖北沙市轻机厂制造）由云南昆船瑞升科技有限公司提供设备并集成；抄造系统的总集成由云南昆船瑞升科技有限公司承担。

2007年11月26日，金闽公司联合工房在原畲山卷烟厂奠基，项目进入施工阶段。总体设计规模为年产烟草薄片10000吨。第一期投资1.35亿元，建设1条年产5000吨（700公斤/小时）造纸法烟草薄片生产线，劳动定员193人。

2008年，造纸法再造烟叶生产线全面进入施工建设，完成联合工房及公共配套工程建设项目，年产5000吨薄片烟丝生产线的全部设备就位安装调试，形成再造烟叶生产工艺配方方案，并确定辅助材料品种、标准和工艺指标及技术参数等。

第二节　设　备

一、制　丝

1991年前，华美公司的制丝生产线引进国外较先进设备，真空回潮机、打叶机组、烟丝膨胀等设备从美国引进，其余从德国进口。其中：美国引进的2000公斤/小时四打五分卧式打叶机组，系采用全打叶（无切尖）先进工艺。其制丝设备是当时福建省较为先进的生产线。

1991年，全省立项和实施的制丝生产线改造项目有：龙岩卷烟厂配套普烟建设的仿科马斯3000公斤/小时制丝线；购置1组G13－C氟利昂烟丝膨胀机组，由吉林省化工机械厂制造，辅联设备（贮丝柜及输送设备）为航天部一院的产品。烟丝膨胀率达73.64%，生产能力250公斤/批，膨胀后烟丝增湿1.09%。厦门卷烟厂完善制丝线，包括配套完善工艺设备，维修烘丝机、真空回潮机等。云霄卷烟厂建设1条仿德国虹霓公司1500公斤/小时制丝线；泉州、畲山卷烟厂各建设1条1500公斤/小时的仿意大利科马斯公司技术的制丝生产线。畲山卷烟厂还在原梗丝生产线上安装梗丝膨胀机，首次应用膨胀新工艺。龙岩卷烟厂与龙岩分公司筹建永定打叶复烤厂，按60万担规模分期实施，设备全部采用国产科马斯打叶复烤线。1992年3月，开始实施第一期年处理原烟30万担的打叶复烤技改工程。项目投资2980万元，由中国农业银行提供专项贴息贷款2000万元，其余980万元由企业向地方银行贷款。还贷资金由项目建成投产后提取的折旧基金及税利支付，不足部分，由龙岩卷烟厂新增卷烟产品税中支出。并成立龙岩卷烟厂永定打叶复烤厂。同年8月，永定打叶复烤技改工程完成征地110多亩；11月2日，在永定县坎市镇奠基兴建。厦门卷烟厂制丝线改造的中央项目1项和地方项目2项，包括完善制丝生产线，增设制丝设备监控装置；购置一套G13－C烟丝膨胀设备，由中国烟草机械公司分配烟机；补充增加烟丝在线膨胀项目，设备选用昆船仿德国虹霓公司的增温增湿（HT）和顺流式烘丝机、电子秤等；改造制丝车间的排汽除尘系统和卷接包车间的除尘设备；增加车间贮丝柜，延长烟丝的贮存时间；在101工房南边适当加宽加层，增加建筑面积500.23平方米，造价69.84万元，解决烟丝在线膨胀的安装场地。

1993年，厦门卷烟厂制丝开始应用烟丝膨胀设备，第1台F-11膨胀烟丝设备8月通过验收，烟丝经过膨胀加工，体积增加并富有弹性，填充值从300立方毫米/20克提高到510立方毫米/20克左右，膨胀率为70％。使用后，单箱烟叶消耗从49公斤降至46公斤，下降3公斤。另购进1套G13-C烟丝膨胀设备，即采用氟利昂膨胀加工工艺，烟丝膨胀介质使用一氟三氯甲烷（代号为R11或CFC-11），是在一定条件下烟丝与氟利昂混合，使氟利昂渗入烟丝的组织结构中，然后将浸渍后的烟丝用蒸汽加热，使烟丝中的氟利昂-R11快速气（汽）化挥发，促使烟丝的细胞间隙增加，组织结构发生膨胀。膨胀后烟丝填充值达6.4立方厘米/克～7.6立方厘米/克，膨胀率为60％～70％。额定生产能力为225公斤/批～320公斤/批。10月，畲山卷烟厂建设的国产仿科马斯制丝生产线投产，全线采用全打叶工艺，并应用国际先进的梗丝膨胀塔进行梗丝膨化工艺处理。切后梗丝经过超级回潮筒加温、加湿，随后进入膨胀塔。其工艺是用蒸汽喷射进料装置的方式管，由于高速、高温和压力的突然变化以及与方式管两层夹套的干热空气接触，使得梗丝内所含水分子以瞬间爆炸的方式脱离出来，导致梗丝体积增大，随后梗丝在气流作用下在塔内完成干燥、排潮、冷却过程。是年底，龙岩卷烟厂仿科马斯公司3000公斤/小时制丝线主体设备安装就位，第二年9月投产。

1994年，厦门卷烟厂对制丝线的后道工序进行工艺设备改进，对梗丝膨胀设备进行移位，改变真空回潮机抽真空的方式，改善梗丝膨胀效果及解决烟包回潮、回透、水渍烟等问题。将垂直提升夹送烟丝改为喂送方式，解决烟丝造碎，填充力下降的缺陷。华美公司在制丝车间安装2条HT在线膨胀隧道和2个储丝柜，设备投产后烟叶单箱消耗明显下降。泉州卷烟厂1500公斤/小时制丝生产线建成调试投产。12月，龙岩卷烟厂的1组G13-C氟利昂烟丝膨化机组投入批量生产。仿意大利科马斯制丝线建成，加上氟利昂烟丝膨胀技术的应用，降低卷烟的焦油含量和烟丝的损耗，提高产品的内在质量。

1995年，厦门卷烟厂对制丝线在线膨胀设备、自动加香系统，夹带输送装置进行配套改造；畲山卷烟厂对科马斯线的打叶、蒸梗、膨化、输送等关键工序进行局部工艺设备调整，完成叶丝输送冷却床改造，改善成品烟丝结构，烟丝填充值从每克3.7立方厘米提高并稳定在每克4.5立方厘米。华美公司完成制丝在线膨胀、打叶复烤的技术改造，在制丝车间增加两个昆明风动机械厂制造的分配式35立方米成品烟丝储柜，新增1条叶片与烟梗复烤打包线。单箱烟叶消耗由41公斤降至38公斤。

1996年，龙岩卷烟厂永定打叶复烤技改工程竣工，全线设备通过验收，项目实际投资7885.5万元。厦门卷烟厂制丝线改造项目有：加料机自动控制加料系统；贮梗柜、贮叶柜增容；烘梗丝机除尘系统以及三、四车间贮丝柜加料系统改造。料液喷射配置计量和控制装置，稳定制丝技术配方。烘梗丝机除尘改为二级除尘，提高除尘效率，降低粉尘排放浓度。新增贮丝柜出料系统各成单列，解决普烟、高档烟丝的存放与出料问题。畲山卷烟厂改造打叶机，提高打叶的大叶片率，减少烟丝造碎；完善配套储丝房空调改造，稳定贮丝环境条件，改造更换 RC4 切梗丝机的刀辊总成，提高效率并与叶丝生产能力相匹配。华美公司对制丝生产线的电控变频和膨胀烟丝喂料机进行改造。

1996 年后，龙岩卷烟厂分别对两条 3000 公斤/小时制丝生产线进行片烟化改造，主要改用切片小线，采用片烟工艺。项目共投资 800 万元人民币，建成后制丝工艺实现全片烟化生产，充分发挥打叶复烤线的优势，便于全厂叶组配方的统一管理及生产调度。并开始实施 570 公斤/小时的二氧化碳膨胀烟丝生产线项目，根据国家局下达烟草行业技术改造第二期"双加"工程导向性项目计划，开始二氧化碳膨胀烟丝技改项目前期工作。项目先期建设 1 条 570 公斤/小时的二氧化碳膨胀烟丝生产线。主机采用技术合作的方式，引进美国 BOC 公司的设备，并配置 1 条国产 1500 公斤/小时的制丝生产线。其他辅助设备、连接设备的制造及全线安装调试，由北京达特膨胀烟丝成套设备工程有限责任公司承担。总平面布置符合易地技改总体规划，土建建筑面积控制在 1.16 万平方米以内。项目总投资控制在 1.23 亿元人民币以内。由企业自筹 4750 万元，其余 7500 万元由龙岩市工商银行安排技术改造贷款解决，所需外汇由企业自行调剂解决。项目与易地技改工程一起总体规划，在易地技改一期工程中实施。厦门卷烟厂贯彻执行国家技术改造和固定资产投资的规定要求，按以设备保工艺，以工艺保质量的原则，共投入技改资金 3 亿元，重点实施制丝线改造，完善制丝工艺水平；合作建设三明打叶复烤厂，启动易地技改项目前期工作。先后得到国家局、福建省、厦门市的技改资金 1 亿元支持。主要制丝线技术改造项目有：购置 SQ36 切丝机 2 台，调拨 1 条白肋烟生产线；叶丝、梗丝、膨胀烟丝和薄片线改造、购置氟利昂烟丝膨胀设备和梗丝加香系统改造等。

1997 年，厦门卷烟厂将制丝线真空回潮机水环泵抽真空改为四级蒸汽喷射抽真空，使烟叶的回透率基本稳定在 100%，且回潮周期也从原 30 分钟缩短至 17 分钟。切尖打叶改为全打叶后叶中带梗明显降低；梗丝线增加 4 个贮梗柜并把电子皮带秤改为核子秤等，解决贮梗时间不足、梗丝流量不稳等缺陷。对经过高压罐氟利昂膨胀的烟丝结团的现象，自行设计并安装膨胀烟丝解团机，配套增添 1 台（套）G13－C 膨胀烟丝设备，使膨胀烟丝处理能力增加 1 倍，膨胀效果更好。龙岩卷烟厂对制丝二车间白肋烟加料进行改造，新增一套加香系统，增加滚筒类调速功能。蒸汽管道加装流量计，加水管道增加转子流量计。将风力送丝改为皮带送丝以及对打叶复烤车间的真空回潮、定量喂料、烟叶复烤机的改造。畲山卷烟厂对仿科马斯制丝线打叶前增加分离振筛、一、二润重新排列、加装洗梗机一台、贮梗丝柜三个，并改变贮梗丝柜铺料方式、改造加香自动控制系统、更换膨胀塔散热器等项目。提高制丝线加工精度，为新产品试制创造更有利的条件。云霄卷烟厂实施制丝线技术改造可行性研究，利用有偿转让泉州卷烟厂制丝线设备，建成一条工艺技术先进，设备完善的制丝线。后因与龙岩卷烟厂实施合并重组，制丝线的技改项目停止执行。

1998 年，龙岩卷烟厂对制丝一车间的国产 3000 公斤/小时仿科马列斯线打叶段进行改造，实现两条制丝线全片烟化生产。烟丝风送改为垂直提升，卷包线风送振盘改滚筒送丝，减少烟丝破碎降低消耗。同年 5 月，实施第二条打叶复烤生产线建设项目，编制并上报项目可行性报告。12 月，经国家局批准立项进入前期施工。项目总投资为 4394 万元，选用国产仿美国技术制造的生产设备，具有自动化程度高，监控水平先进，操作及维修方便等特点。厦门卷烟厂对烘梗丝机进行改造，并与三明分公司等联合投资建设打叶复烤厂。畲山卷烟厂主要进行冷却床改造，并在梗丝膨化前加装 1 台 HT、更新加香前 2 台电子皮带秤。

1999 年，厦门卷烟厂先后改造制丝线烘梗丝滚筒、切梗丝机、打叶前皮带秤，安装新的白肋烟生产线，持续进行工序监控装置的改造，使生产工艺更加科学合理，自控水平提高。畲山卷烟厂改造制丝叶片加料、润叶机排潮和叶片加料装置，梗丝线加装烟梗隧道式回潮机。同年，华美公司增加德国虹霓公司的制丝风送（旧）振槽 2 台（套）和美国唐纳森公司的烟丝风送系统 1 台（套）。同年 11 月，龙岩卷烟厂第二条打叶复烤生产线竣工投产，该项目被省经贸委评为"九五"技术改造优秀项目。2000 年，畲山卷烟厂进行贮丝房、加香机和贮梗丝柜、贮丝柜电控系统等五大项目技术更新改造。贮丝房从原制丝车间移至卷包车间（二楼），增加 4 个贮丝柜，满足年产 10 万箱卷烟的需求。对制丝车间原贮丝房进行重新布置，总投资额为 1500 万元。

2000 年 5 月，龙岩卷烟厂与昆明船舶公司签约，完成二氧化碳膨胀烟丝生产线主辅机设备的订货。完成工程地质勘探、施工现场三通一平、施工图设计等。6 月，完成征地 29.6 亩，土建工程正式开工。8 月底，基础工程完工，从美国 AIRCO 公司引进的二氧化碳膨胀烟丝生产线设备全部到货。10 月 15 日，二氧化碳膨胀烟丝项目、动力中心工房主体结构封顶，阶段性工期提早完成。12 月，进入车间工房装修阶段，成立二氧化碳膨胀烟丝设备安装组。由美国 AIRCO 公司负责膨胀烟丝线主机设备、管道安装的指导和系统调试；北京达特公司承接主机设备、管道安装。国内配套辅助设备及制丝小线等安装调试由昆明船舶工业公司负责。2001 年 3 月，膨胀烟丝线设备开始安装，9 月完成。制丝小线 6 月开始安装，8 月进入设备的空载与联动调试。

2000—2003 年，龙岩卷烟厂、厦门卷烟厂易地迁厂技术改造工程竣工投产后，龙岩卷烟厂新建成二氧化碳膨胀烟丝生产线和 6000 公斤/小时制丝线。二氧化碳膨胀烟丝生产线引进美国 AIRCO 公司膨胀烟丝主机，采用 HXD（高温管道）叶丝在线膨胀，水洗梗及隧道式（STS＋FBD）梗丝在线膨胀技术。二氧化碳烟丝膨胀生产线，其工艺可使烟丝膨胀率达 80%～100%，生产能力 570 公斤/小时。工作原理是在浸渍器内装入水分为 28% 的烟丝，注入二氧化碳液体，让二氧化碳充分浸透到烟丝细胞内部，然后放出冻结的干冰烟丝。将冻结成块的干冰烟丝松散后，均匀连续地送入管状升华器内。干冰在高温高湿气流作用下迅速升华，以气态从烟草细胞中冲出，同时烟丝中的水分也迅速大量地蒸发。在二氧化碳升华和水分蒸发的双重作用下，烟丝的纤维组织迅速膨胀随其形状被立即固定。排除烟杂气和降温处理后，再送入回潮系统经过回潮和平衡即成为合格的膨胀烟丝。

龙岩卷烟厂易地技改工程6000公斤/小时制丝线采用片烟生产工艺，HXD叶丝在线膨胀，水洗梗及隧道式（STS＋FBD）梗丝在线膨胀技术。HXD也称在线烟丝高温膨胀设备，其工艺是：去除叶丝的部分含水率，满足后道工序加工要求；改善和提高叶丝的感官质量；提高叶丝填充能力和耐加工性，达到二者的协调；在烘干并冷却后的烟丝中加入适量的烟用香精，以增补、衬托卷烟香气之不足，掩盖杂气，提高烟气质量。它是高温气流式叶丝干燥机。新制丝设备还引进德国虹霓公司切片回潮线，英国狄更生莱格公司HXD叶丝在线膨胀线和STS＋FBD梗丝在线膨胀线。电子秤选用德国虹霓设备。在叶片处理工序上，采用美国SRC光学除杂器。国内配套设备采用昆船HARNI模式，加香加料采用珠海仁恒公司生产的香料厨房。全线采用ST－400PLC和PROFIBUS总线技术，实现制丝生产线的集控。2001年11月8日，制丝线设备开始安装，2002年3月，全线竣工投产。

厦门卷烟厂易地技改工程购置1条每小时6000公斤制丝生产线（含梗丝线1条，叶丝线2条），并实现片烟自动化投料；配置每小时1000公斤的白肋烟生产线和二氧化碳膨胀烟丝线各1条。在制丝小线采用薄板式烘丝机干燥去湿的工艺方式烘烟丝，使烟丝膨胀后热定形。切好的烟丝进入烟丝膨胀机，经过高温、高湿，使烟丝纤维组织得到充分膨胀，膨胀状态的烟丝直接进入烘丝机，进行高温快速干燥，使得膨胀状态固定下来，同时使其具有良好的松散性和卷曲度，并且达到要求的含水率。烘丝筒采用传导和对流的联合干燥方式对烟丝进行干燥去湿。新制丝设备的切片线应用科马斯公司解包系统加虹霓公司切片回潮系统，梗线应用科马斯公司新型柜式BD流化床干燥机，叶丝线应用DICKINSONLEGG公司的HXD＋RCC回潮干燥系统。新制丝共有设备394台（套），其中主机32台（套），辅联设备362台（套），还配置香料厨房、激光异物除杂设备（HAUNI）、风力送丝系统等。搬迁新厂后，新制丝线经严格工艺测试，各道工序均能较好地完成给定的工艺指标，相对误差在万分之三以内。厦门卷烟厂项目建成后，制丝车间主要设备有：德国虹霓公司8000公斤/小时的连续性开松回潮机（切片线）；英国DICKINSONLEGG公司5000公斤/小时的叶丝高温管道膨胀设备；意大利科马斯公司1500公斤/小时的隧道式梗丝流化床膨胀机及开包机；德国虹霓公司的异物剔除器；昆明船舶集团公司的国产SQ311、SQ315切叶丝机和SQ318切梗丝机各2台（套）；生产能力为3000公斤/小时滚筒烘丝机1套、贮丝柜56个、中控设备及香料厨房各1套；电子皮带秤14台；小感量核子秤11台；英国NDC红外技术公司的红外水分仪探头18个。

2004年，省经贸委批准龙岩卷烟厂增补3000公斤/小时制丝小线项目，总投资1500万元。11月，制丝小线技改项目正式投入使用。该线可与原6000公斤/小时生产线掺配使用，分别进行独立生产。项目的建成投产，标志着产品分类加工平台的建立，为确保卷烟产品感官质量的提高提供了条件，并提高了烟叶的使用效果。满足了分组加工和与菲莫公司合作的生产条件，并达到了为提高过程可靠性和控制精度提供保障的目的。年内，还完成龙岩金叶复烤有限公司的科马斯复烤打叶线的技术改造。厦门卷烟厂重点对金桥生产中心梗处理线进行梗处理前段增加烟梗筛分、水洗梗及贮梗工艺的设备改造，提高烟梗回潮效果和整丝率，使梗丝填充值提高到 5.01 立方毫米/克。

2005 年 3—5 月，厦门卷烟厂对新厂制丝线进行分组加工的局部改造，提升制丝工艺精细加工的能力。之后，还对制丝线中央控制系统进行 ERP 管理改造，为制丝生产由自动化向信息化发展做基础。

二、卷接包与滤棒成型

1991 年后，龙岩卷烟厂实施普烟生产线改造，该项目为滤嘴烟生产线的"八五"技改工程。主要是淘汰一批中、低速二手卷接机及国产落后的包装机，将卷接包装原机群生产模式改造为机组联动模式。实施名优烟改造及降耗工程，进口意大利 GDX 包装机组。厦门卷烟厂引进普洛托斯－70 卷接机和德国佛克（FOCKE）－350 翻盖包装机各 1 台（套）（后改德国 B－1 软包机），同时引进烟支贮存器，使卷接和包装连续化；增设滤嘴棒风送系统 3 组。并设计制造新型白胶搅拌器和卷接机的滤棒卸盘架，进行国产卷接机的下搓改上搓等技术革新，提高了国产设备技术水平。华美卷烟有限公司从英国、意大利等国引进莫林斯 MK－95 卷接机组 4 台（套），莫林斯 MK－8 卷接机组 2 台（套），AMF 包装机组 1 台（套），萨西巴（SASIB）－6000 型 2 台（套）。萨西巴－6000 型包装机组，由意大利萨西巴公司制造，整个机组由 AC6 卸盘机、6000 型小盒机、CP－1 小盒玻璃纸包装机、3C－154 硬盒包装机、T－20 硬盒玻璃纸包装机等组成，可一次完成小包包装和条包包装两道工序。其中小包采用横包形式，条包可进行软包和硬包两种包装，设计能力 300 包/分钟。畲山卷烟厂购置 2 台（套）YJ14/YJ23 卷接机组，引进 1 台（套）德国斯慕门公司 B－1 横包机组；购置国产 KDF－2 滤嘴成型机组等，以达到提高滤嘴烟生产能力的目的。引进的德国 B－1 横包机组于 5 月 10 日调试完成投产。卷接主要采用 2 台法国 LOGA－2 卷接机组，该机由供丝系统、卷烟机、滤嘴接装机和烟支自动装盒机 4 大部分组成，从烟丝进入到自动装盘脱出一次完成。实际运行速度 6000 支/分钟，机组的接嘴机上有烟支缺嘴和空头检测系统装置，能自动剔除次品。烟支包装设备采用的德国斯慕门公司 B－1 包装机组（每台包装能力 400 包/分钟）。该机组由卸盘、横包、透明纸小包、硬盒条包、透明纸硬盒条包的 4 台联机组成严密的自锁、互锁系统，结构合理，配有电脑自动控制和检测系统装置，自动化程度高，对原材料适应性强，产品包装紧密挺括，质量稳定，效率高。泉州卷烟厂购置国产 YJ14/YJ23 卷接机组 5 台（套）、国产仿 AMF3000 型包装机组 3 台（套）及滤嘴成型机 2 台（套）。

1992 年，龙岩卷烟厂实施产品升级换代工程，以引进高速卷接包设备为主。省经贸委批准立项同意引进德国虹霓公司普洛托斯（ROTOS）7000 型卷接机组 3 台；意大利 GDX1 软盒包装机组 1 台，投资为 2990 万元。项目在实际审批中，经多方考察，以企业申请补偿贸易形式引进卷接包设备，根据先期使用进口设备的经验，改为进口英国莫林斯公司帕西姆 7000 型卷接机组及意大利 GDX1 包装机组各 3 台（套），投资额达 4500 万元/570 万美元。添置国产 KDF2 嘴棒成型机组，并对 MK－95 机组进行技术改进，采用希南驱动系统代替原进口驱动装置，降低造价提高调速性能。厦门卷烟厂具备普烟与滤嘴烟两条生产线，滤嘴烟生产线具有年产 30 万箱的设备能力。主要设备有莫林斯 MK－8/MAXⅢ、84 毫米 2500 支/分钟卷接机组共 20 台（套）；引进法国 LOGA－2 卷接机 5 台（套），德国普洛托斯卷接机 4 台（套）；德国 B－1 包装机 4 台（套）；佛克包装机 1 台（套）。3000 型 84 毫米的包装机组 4 台（套），200 包/分钟的玻璃纸小包机 2 台，37 条/分钟玻璃纸条包机 2 台。国产综合卷烟机（普烟）40 台，包装机 15 台，条包机 15 台。其中：德国虹霓公司生产的普洛托斯卷接机组具有操作方便、烟支质量控制稳定有效、产品质量检测系统完善、数据采集分析功能全面等优点。在普洛托斯系列卷接机中配有 ORIS 光学烟条检测系统，对烟支表面油污、色斑和烟条过轻、过重以及空头等缺陷可在线检测并剔除，其分辨率可达 1.2 毫米，检查速度为 10000 支/分钟。滤嘴接装机上配有 OTIS 光学烟支检测系统，可对水松纸卷角、褶折、双层、畸变（≥1 毫米）、空头或缺滤嘴的烟支自动剔除。德国佛克包装机组包括卸盘、小包、小包玻璃纸、条包、条包玻璃纸、装封箱机组成。每分钟可包 400 包（40 条）。设备性能好，原辅材料适应性强，有效作业率可达 95%。包装烟支排列为 7、6、7，烟支长 84 毫米，半径为 7.8 毫米，烟包规格为：宽度 55.7 毫米，高度 24.2 毫米，长度 88.7 毫米，噪音不超过 85 分贝。在不占用额外空间情况下，同一机组可使用透明薄膜和纸张外包装，包括装盒条盒外包后经过自动装箱机装箱。云霄卷烟厂引进英国莫林斯公司超九卷接机组 1 台（套），投资额为 1133.63 万元（次年 7 月投入使用）。龙岩卷烟厂永定分厂引进 1 条 81 毫米滤嘴卷烟生产线，并征用 36 亩土地扩建厂房。第二年引进 1 条 84 毫米滤嘴烟生产线并配套滤嘴棒成型机。

1993 年，为增加滤嘴烟和为硬盒新产品提供设备条件，厦门卷烟厂完成 4 台 YJ14 卷接机和佛克翻盖包装机的安装调试。YJ14 卷接机是以许昌烟机厂生产的 YJ14 卷烟机与平水机械厂和昆明市机器厂生产的 YJ23 型滤嘴接装机对接组成的卷接机组，后定名为 ZJ14 型卷接机组，该机卷接工艺与英国 MK－8 卷接机组相同，额定生产能力为 2000 支/分钟。11 月，畲山卷烟厂新增 2 台 YJ14 卷接机组，次年 8 月投产。12 月，龙岩卷烟厂实施名优烟产量翻番及部分设备更新项目。被纳入烟草行业 10% 重点骨干企业技术改造后的首批安排进口高速卷接包设备，主要进口设备有：3 台英国莫林斯公司帕西姆 7000 型卷接机组，总投资为 2850.46 万元/349.47 万美元。1 台 GDX2 硬盒翻盖包装机组及 5 套英国 MATCH·S 速接装置，投资为 2888.18 万元/354.31 万美元。华美公司卷包车间引进 1 台新 SASIB6000（萨西巴）型包装机组、1 台英国莫林斯公司（旧）MK－95 卷接机组，德国虹霓公司（旧）马克 S 接嘴机与 HC－80 烟支装盘机各 1 台（套），配套安装连接管道与电气装置。

1994 年，厦门卷烟厂实施引进 2 台普洛托斯卷接机组、1 台 B－1 包装机组技改项目，与成品烟箱输送、滤嘴棒发射机同时投入使用。龙岩卷烟厂实施进口 2 台（套）Passim/

MATCHF·S（帕西姆）卷接机组、2台GDX1包装机组项目，省经贸委批准立项，总投资为7673.43万元（647.66万美元），实际总投资为7270万元人民币。11月，又实施引进1台Passim/MATCHF·S（帕西姆）卷接机组和1台GDX1包装机组项目，省经贸委批准总投资为4374万元（355万美元），实际总投资3426万元人民币。引进帕西姆卷接机组和GD包装机组后，滤嘴烟生产能力大幅度提升。英国莫林斯公司帕西姆卷接机组具有性能稳定、自动化程度高、易于操作等优点。GDX1、GDX2型（硬盒）包装设备由意大利GD公司制造，设计能力为400包/分钟。生产效能高操作简单方便，配置可生产10～30支装，长度从70毫米到100毫米可变烟包。包装材料供应配备自动化设施，可与全自动化工厂实现一体化，并可配备与中央控制系统对话的界面。形成两条滤嘴卷烟生产线，实现年产滤嘴卷烟40万箱的规模。华美公司卷包车间安装（旧）KDF2嘴棒成型机组和E60丝束开送机各1台，配套改造嘴棒储存器、发射风送系统各2套（11月投产）；完成卷包新车间的扩建、MK－8卷烟机组、AMF包装机组的移位安装，照明系统及除尘系统的改造等；KDF2滤棒成型机由上海烟机厂与沈阳飞机制造公司共同完成消化吸收德国虹霓公司技术而制造。单机由AF2型开松上胶机、KDF2型纤维滤棒成型、DCF型装盘机组成，时速为400米/分钟（即成型滤棒3300多支/分钟）。

1995年，龙岩卷烟厂加速完善技改配套工程，对新进5台帕西姆卷接机组和6台GD包装机组进行安装调试，并陆续投入生产。厦门卷烟厂引进2台普洛托斯卷接机，1台B－1包装机也安装投产。畲山卷烟厂购置1台KDF2滤嘴成型机，淘汰4台原宁波产YL－33滤棒成型机，增加1台（套）国产YBY－22硬盒横包机组。华美公司增加MK－95卷接机组、马克S接嘴机、HCF－80装盘机及萨西巴（SASIB6000）型包装机组各1台（套）。龙岩卷烟厂永定分厂新建1条硬盒翻盖卷烟包装生产线。

1996年，经省经贸委批准，龙岩卷烟厂实施引进GDX2硬盒包装机组项目，引进意大利产GDX2硬盒包装机组1台，总投资3242万元（242.6万美元），实际总投资2390万元人民币。同时，完成3台帕西姆卷烟机和2台GDX1、1台GDX2包装机的安装调试。完成9台MK－95、SUPER9卷接机的CID6烟支检测系统的改造，4台莫林斯MK－95的PLC改造，帕西姆卷接机除梗系统的改造等。同年，厦门卷烟厂引进2台普洛托斯卷烟机和1台佛克翻盖包装机，提高卷包的生产能力和硬盒包装档次。云霄卷烟厂购进1台天津产YB41－3000型硬盒翻盖包装机组，金额120万元；硬盒条包包装，利用原有软包条包机改造，改造费20万元。另购1台YB42硬盒包装机组（双十支式）投资额为160万元。

1997—1998年，厦门卷烟厂先后引进普洛托斯、ZJ17卷接机组和佛克包装机组各1台（套）及6台（套）国产翻盖包装机组。ZJ17卷接机组是总公司引进德国虹霓公司普洛托斯70型卷接机组制造技术。由湖南省常德烟机厂与昆船公司和河南省许昌烟机厂、中国船舶工业公司709所、机电部27所等单位共同消化吸收转化设计的烟机，额定生产能力为7000支/分钟。畲山卷烟厂增加2台国产ZB－41硬盒直包包装机组，淘汰YBY22横包包装机组，提高硬盒产品包装工艺技术和质量水平。ZB—41包装机是天津二轻厂改进老式英国莫林斯公司的硬盒包装机后，试制出的产品与昆明市三机器厂生产的YB56型小盒透明纸包装机和YB92型条外透明纸包装机共同组成。该机组能自动完成7、6、7排列的20支卷烟的翻盖硬盒包装，额定生产能力为140盒（14条）/分钟。龙岩卷烟厂引进第4台GDX2硬盒包装机组，同时实施引进2台（套）GDX2包装机组项目。经省经贸委批准总投资3879万元人民币。该项目的建成使新开发的翻盖卷烟产品生产能力得以保证。华美公司为增加硬盒金桥牌新产品产量，进口1台意大利GD公司（旧）GDX2硬盒包装机组、1台（套）德国虹霓公司（旧）普洛托斯—80卷接机组（8000支/分钟），10月，安装调试投入使用。云霄卷烟厂为与天津产的YB41硬盒包装机相配套，申请购置1台昆明产的YB52C硬盒透明纸包装机，投资额8.4万元。

1999年，为提高烟支检测精度，龙岩卷烟厂对SUPER9（超九）、莫林斯MK—95、帕西姆卷烟机组的烟支组重平均重量自动控制系统进行全面改造，并再增1台GDX2硬盒包装机组；购置2台16管嘴棒气力输送系统及5套装封箱机（含2台条烟输送系统）。

2000年，为解决卷接工艺质量检测设备老化、性能落后、能力指数不足等问题，龙岩卷烟厂投资263万元购置英国费尔创纳公司生产的激光圆周仪、吸阻仪、硬度仪、烟支综合测试台等卷烟检测仪器。畲山卷烟厂从省内卷烟厂有偿调剂2台（套）B—1机组和1台（套）ZB41硬盒直包机，滤嘴棒输送采用APH1S2S发射机，发射管道10条，每管输送滤嘴棒1100支/分钟，可直接加入卷接机接嘴，结束人工运送和添加滤嘴棒的历史。同时新安装条烟集中装箱系统，实现自动化输送集中装箱，年卷接包能力提高4万箱。

2000—2003年，龙岩、厦门卷烟厂实施易地技术改造工程。龙岩卷烟厂实施卷接包设备及配套设施的技术改造，包括德国虹霓公司COMFLEX—SL卷包连接装置系统、卷包信息管理系统、装封箱机、昆船公司消化吸收莫林斯公司技术的嘴棒发射机、履带式条烟输送系统、风力送丝系统、英国DCE袋式除尘器、德国NEOTECHNIK的风力平衡控制系统和昆明格雷柏公司全液压式除尘压棒机。完成18套卷接机组、14台（套）GD包装机组、7台装封箱机（其中1台新购）、6台KDF2嘴棒成型机组的搬迁及安装与调试。

2003年，龙岩、厦门卷烟厂迁入新厂并投产。龙岩卷烟厂卷接包生产线由8台帕西姆70＋Match＋GDX2、3台Super9＋Match＋GDX1、1台Suner9＋Match＋GDX2、1台Saper9＋Match＋GDX1等设备及滤棒成型、暂存、发射、装封箱等系统配套组成。厦门卷烟厂卷烟软包生产线由6组ZJ17＋COMFLEX＋B—1卷接包装机组组成；硬盒翻盖包装生产线由6组普洛托斯＋COMFLEX＋FK350S、1组ZJ17＋COMFLEX＋GDX2、1组ZJ17＋COMFLEX＋ZB45卷包机组成；嘴棒成型由7组KDF2机组成，配套6组装封箱机组。引进德国NEOTECHNIK公司制造的风力送丝系统和德国虹霓公司制造的嘴棒风送系统。卷接包设备共14台（套），新增2台（套）ZJ17和1台ZB45包装机、1台GDX2包装机。ZB45硬盒包装机组是总公司引进意大利GD公司卷烟包装机组和MICRO—II电气控制系统专有技术，由上海烟机厂制造。5台单机分别为：YB15（A400）型卸盘机、YB45（X2）型硬盒包装机、YB555［4350（CH）］型盒外透明纸包装机、YB655型硬条包装机和YB955型条外透明纸包装机；额定生产能力为40条/分钟。

2004—2006年，为缓解卷接包设备生产压力，满足翻盖产品的生产需要，龙岩卷烟厂先后增购2台（套）国产帕西姆（ZJ19）卷接机组，生产30毫米嘴棒的七匹狼（SP200、SP300）；2台（套）国产ZB45包装机组；进口1台（套）GDX2包装机；新增滤棒成型机、装封箱机和YF12烟支连接输送装置各2台（套）；1台（套）普洛托斯－8卷接机组与GDX2翻盖包装机组相匹配，引进莫林公司产的滤棒发射机与接收机。ZJ19型卷接机组是总公司引进英国莫林斯公司帕西姆7000型卷接机组制造技术。该机组特点是作为卷接机组首次在烟支重量控制系统中使用Sr90作为放射源，应用数据收集与处理系统及烟支检测、变频调速等多项新技术。由许昌烟机厂制造。厦门卷烟厂易地技改工程竣工后，在后续工程的建设中，又先后购进意大利GD包装机组、上海ZB45包装机组各2台（套）；常德ZJ17卷接机组1台（套）。

三、公共配套

1991年，省公司将永定县坎市烟叶复烤厂技术改造的项目列为省重点技改项目。11月9日，成立永定打叶复烤厂筹建领导小组。之后，总公司批准永定打叶复烤厂技改工程分二期实施，第一期按年处理原烟30万担规模实施。项目列入龙岩卷烟厂"八五"技改配套工程总体规划的一部分，并成立龙岩卷烟厂永定打叶复烤厂。

1992年，厦门卷烟厂湖滨中路厂区外有：梧村烟叶仓库和发酵室共占地面积2.63万平方米，其中：9幢两层楼烟叶仓库面积1.05万平方米，发酵室2幢面积2252平方米；湖东路烟叶和辅助材料仓库占地面积共1.36万平方米，建3幢5层仓库面积2.16万平方米；高崎火车北站仓库占地面积5854平方米，建1幢5层面积1.15万平方米仓库。

1993年，为缓解烟叶库容紧张的状况，龙岩卷烟厂投资6000万元兴建6幢烟叶仓库，改善仓储条件，投资7000万多元建打叶复烤车间，建设6000公斤/小时仿科马斯打叶复烤生产线。年底，水、电、气等公用工程系统改造全面动工。拆除50年代建的老厂房和位于厂区中央地带的原锅炉房；新建建筑面积1870平方米的中心变电所；锅炉房建筑面积为2514平方米，配套3台蒸发量10吨/小时的锅炉，中心变电所增容4750KVA；投入使用的3台10吨/小时蒸汽锅炉，实现微机自动监控，提高设备运行的稳定性和安全性，确保制丝线的正常用汽，同时采用锅炉水膜除尘。引进比利时螺杆式无油空气压缩机及MD吸收式干燥器，解决生产用气不足和气质含油、含水等问题。高效、节能、自动化程度高的低温冷水机组，为生产车间的大型集中空调系统提供正常可靠的冷源。卷接包车间、辅料周转库的空调机为瑞士驷法楼宇自控管理系统，达到恒温恒湿功能，满足生产工艺之所需。全厂消防生产集中供水，采用变频调速恒压自动控制装置，使生产用水具有稳定的水压。美国唐纳森公司的 DTF4－64 除尘器，有效地解决车间的除尘效果，净化生产车间，改善设备维修性能。与航天部计算机应用仿真技术研究院共同开发的计算机管理信息系统（LYMIS），共涉及生产、销售、设备、物资、质量、财务、工艺技术和综合共 8 个体系，23 个子系统，80 多个工作站，覆盖企业的人财物、产供销等整个生产经营系统。厦门卷烟厂先期完成总配电室的一期改造工程，增容 660KVA，缓解车间用电紧张的状况；锅炉房设备和附属设施改造后，保证车间两条制丝线同时生产的用汽；空调保证温、湿度指标达标；自来水主进水管的改造，基本满足生产所需用水。同年，华美公司卷包车间配套安装连接管道与电气装置，实施空调系统及水循环系统的局部改造；新建 1 座建筑面积为 1.53 万平方米的烟叶仓库。云霄卷烟厂建设烟叶仓库，建筑面积为 9000 平方米。

1994 年，厦门卷烟厂 103 工房配套安装电梯、除尘设备、车间空调、空压机、冷水机组、冷却水循环系统等投入使用，完成辅助材料库、原成品库改造，新建总配电室、油锅炉房。华美公司完成照明系统、除尘系统和动力车间技术改造，动力系统改用二组英国考克兰公司（6300 公斤/小时）的转杯式重油锅炉，淘汰原二组燃煤旧锅炉。8 月，龙岩卷烟厂建筑面积 1869 平方米中心配电所的 GG－1A（F）－7 真空开关柜和 GCK1 高级型抽屉式低压开关系统投入使用，用电增容 3600KVA，全厂动力设备全面更新换代，第 1 台（1♯）ZR5 箱型固定式进口空气压缩机投入使用。建成 2500 平方米的烟叶仓库、196 套职工宿舍以及金叶大厦工程等 12 个项目。

1995 年，龙岩卷烟厂引进第 2 台（2♯）进口空压机，新锅炉安装调试实现锅炉的正常供汽。配套建设建筑面积 1.4 万平方米的联合工房。年内，龙岩卷烟厂烟叶仓库扩建项目共批准立项 6 项，总投资 5685 万元，总建筑面积 9.07 万平方米，实际总投资 7161.5 万元（含征地费等），总建筑面积 8.69 万平方米。

1996 年 9 月，龙岩永定打叶复烤生产线为龙岩卷烟厂制丝二车间"提供 100％片烟项目"实际投资 7885.5 万元。厦门卷烟厂按公共工程配套工艺要求，实施制冷空调系统和空压系统的设备改造。同时根据需要延长烟叶自然醇化时间的工艺要求，在厦门岛内的高林村租赁一处占地 50 亩的用地，先后完成 5 幢烟叶仓库及库区的三通一平、围墙、总配电室及消防水池、泵房等配套设施建设，新增建筑面积 5 万平方米，总投资额达 5358 万元。

1997 年，龙岩卷烟厂增加 2 台（3♯、4♯）进口空压机的空压站、中心恒压供水系统、配有 3 台 TSA－SCC－42 型溴化锂吸收式制冷机组的冷冻站相继投入使用。联合工房 5 月投入使用，生产车间达到恒温恒湿。

1998 年，龙岩卷烟厂对卷包一车间空调机进行改造，使之不仅能在工艺各参数上满足生产要求，而且能减少冷冻水在中间环节的流失及污染，并降低操作工的劳动强度，减少维修工作量，节约用电。同时，对卷包一、二车间真空管网进行改造。改造后真空度稳定，实现集中供气与集中管理。对 201 工房的除尘设备采用仿美国唐纳森滤筒式除尘器进行改造，并完成烟叶仓库除湿系统的改造，改善烟叶库仓储条件。同年，厦门卷烟厂投资5000万元，参股合作建设三明打叶复烤厂。畲山卷烟厂从泉州卷烟厂购入1台西安制造的6吨/小时全自动燃油蒸汽锅炉，并配套进行征地和锅炉房建设，新增1台20立方空压机，改造空压机冷却水循环系统。云霄卷烟厂公共工程淘汰2台SXZ—50C型溴化锂吸收式冷冻机组，购置2台SXA6—95D型溴化锂吸收式冷冻机组。

1999年，龙岩卷烟厂完成第二条打叶复烤生产线的技改项目，7月投入正常生产，当年实现打叶复烤51.3万担，其中对外加工12万担。项目总投资为4394万元，选用国产仿美国技术制造的生产设备，具有自动化程度高，监控水平先进，操作及维修方便等特点。该项目被福建省经贸委评为"九五"技术改造优秀项目。畲山卷烟厂对卷接包车间除尘系统进行改造，主机采用云南风动机械厂滤筒式二次除尘设备。

2000年，华美公司引进比利时产的无油螺杆空压机，淘汰原三组活塞式无油润滑气体压缩机。投产后不但降低噪音改善环境，且减少能耗每年节省电费约40万元。计算机系统开始直接应用于企业经营管理及生产操作的全过程。

2001年，龙岩卷烟厂实施易地技术改造工程，进行新厂区联合工房、办公楼及公用工程的建设。还完成东肖烟叶仓库建设征用土地37亩，工程总用地面积为81.66亩，建造烟叶仓库4幢，建筑面积5.3万平方米，还完成土建桩基工程、LYMIS系统升级、办公自动化系统（OA）投入使用等项目，并在烟草行业首次引入GIS系统（地理信息系统），实现牛坑仓库与厂区的无线网络联通等。畲山卷烟厂进行空压、除尘系统等共9项技术改造项目，投资额269万元。

2002年11月，厦门卷烟厂计算机网络系统实施综合升级改造。升级后的网络系统，安全性、稳定性、可靠性和高效性均得到较大的提高，为易地搬迁信息系统的平稳过渡创造条件。龙岩卷烟厂实施易地技改的片烟、辅料、成品物流系统的配套建设。通过国际招投标，确定昆明船舶工业公司为物流系统设备总集成供货商，系统由昆船公司负责安装与调试。采用日本村田公司巷道式堆垛起重机；成品自动化码垛系统为瑞典ABB公司的6关节工业机械人。10月，物流系统投入试产，年底完成验收。

2003年，龙岩卷烟厂东肖烟叶库区建设作为易地技改公共配套建设项目，在龙岩市东肖镇的47亩土地上建设，总建筑面积5.98万平方米。分两期实施，一期建2幢烟叶仓库、1幢办公楼、1座变电所及水泵房、地磅房、库区大门等配套工程；二期再建2幢烟叶仓库。总投资6900万元，是年1月一期工程竣工。龙岩卷烟厂迁入利处山新厂后，全面建设企业信息化平台，完善、集成生产调度、物流系统、制丝及动力中控等系统；开发生产调度系统（MES）的软件系统；完善LYMIS系统，实现与物流、生产调度等系统的接口；建立卷包信息系统项目，推进卷包信息系统建设。动力配备德国制造燃油锅炉3台、空压空调真空变压供水等设备共56台（套），并配动力集控管理系统，使整个动力中心更加现代化。厦门卷烟厂海沧新厂联合工房空调设置根据各车间、库房不同的工艺要求分别设全室空调系统或工作岗位送风系统，空调面积约 3.5 万平方米。空调设备选用组合式空调机组，机组内的过滤段采用高效滤筒式过滤器，适合卷烟厂特点。公用动力锅炉房安装 2 台德国劳斯公司 UL-S12000 型全自动重油蒸汽锅炉，该型锅炉技术含量高，喷油量由计算机控制随风汽负荷变化，节能效果显著。空压真空设备选用高效节能、噪声低的无油螺杆式空压机，真空泵选择高效节能的水环式真空泵，工作液可循环使用。建成公共配套工程项目有：配电室 4 座、12 吨锅炉 2 台、40 立方米空压机 3 台、20 立方米空压机 1 台、最大抽速 55 立方米/分钟的真空泵 3 台、2637KW 的制冷机组 7 台、每小时送风量 120000 立方米/109310 立方米的空调机组 17 套、日处理能力 400 吨的废水处理站 1 座及全厂视频监控系统、火灾自动报警系统、能源动力集中监控系统、备件库自动化物流系统；综合办公楼 1 座，面积 2.33 万平方米；烟叶仓库 3 座，总建筑面积 4.6 万平方米；辅料库和香精香料库各 1 座，总建筑面积 4764 平方米。龙岩、厦门卷烟厂易地技改公共配套设施均由自动化立体仓库系统、自动输送机系统、自动导引车（LGV）系统、工业机器人作业系统、自动控制系统、实时监控系统、计算机模拟仿真系统、计算机集成管理系统，摄像监控系统以及消防自动报警和喷淋灭火系统等。无人导引自动车（AGV）采用昆船公司开发由激光导引、计算机控制的激光导引运输车（LGV）。实现无人控制的智能化货物存取工作；卷烟成品自动化码垛系统引进瑞典 ABB 公司的 6 关节工业机器人。巷道堆垛机采用日本村田公司的巷道式堆垛起重机对烟叶配方、卷烟辅料及成品高架自动化立体仓库中的货物进行自动存取。

2004 年，龙岩卷烟厂继续实施东肖烟叶仓库的二期扩建项目。

2005 年 8 月，总投资为 5800 万元的东肖库区扩建烟叶仓库项目正式开工。

2006 年，厦门卷烟厂高林烟叶仓库消防报警系统完成改造，使系统具备抵御"磷化铝"锈蚀的功能；辅料仓库、成品仓库高架库的消防灭火系统改造全面竣工，解决辅料库、成品库不能用水或气体灭火的弊端。

2007 年 1 月，龙岩卷烟厂东肖烟叶仓库的二期扩建项目竣工投入使用。

四、生产线技改项目

（一）七匹狼精品卷烟生产线

龙岩卷烟厂七匹狼精品生产线项目是国家局在全国实施的三个精品线之一，计划总投资 10 亿元人民币。在龙岩卷烟厂（利处山）厂区北侧土地上建设，占地面积 23.18 万平方米，建筑面积 8.68 万平方米；其中：联合工房 7.4 万平方米。设计规模年产卷烟 40 万箱以上，并留有发展余地。主要生产线设备包括：综合生产能力 6000 公斤/小时的叶丝生产线、1500 公斤/小时梗丝生产线、500 公斤/小时的试验线各一条。同时配套建设生产物流系统、改造动力中心部分设备、计算机网络系统、消防安保系统、升级信息系统等。项目建成后，与原生产线形成一个完整的中式卷烟生产线。2007 年 5 月 18 日，项目通过国家局专家组论证。9月，国家局正式批准建设，场地三通一平开工。11月18日，生产线技改项目正式奠基。2008年3月，龙岩烟草工业有限责任公司（以下简称龙岩烟草工业公司）对生产线技术改造项目的配方辅料成品、烟丝箱式储存、滤棒固化等三个物流系统自动化进行招标评审，国际物流科技有限公司中标。8月25日，项目正式开工建设。年底完成生产线的制丝、卷接包车间厂房主体混凝土结构工程，制丝车间大梁—钢网架安装。

（二）金桥卷烟生产线

厦门卷烟厂金桥卷烟生产线项目是中国烟草行业混合型卷烟三个战略布局之一，并作为福建省卷烟工业又一重点技术改造项目。以把金桥牌卷烟打造成中式混合型卷烟的代表，形成系列、低档和高端相结合的产品品牌结构，为产品进入国际市场做准备。2006年12月，项目经中共厦门市委、市政府批准正式启动。征用位于厦门卷烟厂海沧厂区西侧地块实施技术改造，占地面积22.18万平方米，东西长约780米，南北宽250～320米。2007年12月，国家局正式批准金桥卷烟生产线项目按年产40万箱规模改造。购置土地333亩，新建联合工房6.88万平方米，新增每小时6000公斤的制叶丝生产线、每小时2000公斤的梗丝生产线和每小时500公斤的试验线各1条，根据生产需要更新配齐卷接包设备、装封箱机组和滤棒成型设备，建设辅料周转库和备品备件库，并配套建设相应的生产物流系统、能源动力设备、计算机网络、电信、消防及安保系统、厂区道路、围墙、管线设施及绿化工程等，总建筑面积在9.95万平方米以内。项目总投资为6.96亿元（不含烟机设备）。2008年3月，厦门烟草工业公司举行金桥卷烟生产线技改项目设计评标，经全国各地13位烟草行业专家评审，五洲工程设计研究院与总公司郑州烟草研究院联合体的设计方案以得分第一中标。11月，项目土建工程开工建设，12月19日正式奠基。年底，金桥卷烟生产线项目主体建筑完成砂石桩60％工作量。

第三节　原辅材料

福建省卷烟工业所用主要原料是烤烟和晾晒烟，历来以省内为主，省外为辅。省内供应的主要是龙岩、南平、三明地区优质烤烟，省外供应的主要是云南、贵州、河南、山东、安徽等省烤烟。中外合资卷烟企业除使用烤烟外，还使用白肋烟及进口烟叶。1993年开始，卷烟生产在以烤烟型卷烟产品为主的同时，先后开发清香型、混合型、疗效型等卷烟。烟叶原料增加白肋烟、香料烟以及进口津巴布韦、巴西等国外烟叶。

所用卷烟生产辅助材料主要是卷烟纸（盘纸）、水松纸、商标纸（含胶版纸、铜版纸、硬盒翻盖卡纸）、条包（盒）纸、内衬纸（铝箔纸）、玻璃纸、香精香料、丝束材料等。1991年前卷烟辅料的市场处于供不应求的局面，花色品种单一，可供选择的余地很小。1993年后，国内配套烟用辅料的市场逐步放开，货源充沛，供过于求，花色品种增加，质量提高，定性定量技术指标日趋稳定，新产品层出不穷，选择性增多，供货渠道可货比三家，与此同时，国家局也加强对卷烟工业企业的原辅材料购进的监管，建立辅助材料技术标准和检验方法，同时还配备大量的检测仪器。

一、烟叶

1991 年，全国上、中等烟叶紧缺，随着福建省一、二类卷烟生产的不断增加，对优质烟叶需求量增大。龙岩卷烟厂的烟叶原料，以永定县为代表的闽西烤烟为主，并长期与河南、山东、安徽等产烟区建立较为稳定的协作关系。是年，该厂结合烟叶原料市场的实际，制定采购计划，满足卷烟产品配方需求，计调入烟叶 38.06 万担，其中上等烟叶 11.01 万担，占 28.93%，中等烟叶 25.98 万担，占 68.26%。厦门卷烟厂调进烟叶 35.96 万担，其中省内 19.48 万担，省外 16.36 万担。华美公司调入烟叶 8.44 万担，其中省内 5.75 万担，省外 2.7 万担。1992 年，龙岩卷烟厂积极采购储备优质烤烟，为新产品开发和产品结构上等级打基础。

1993 年，全国烟叶生产过剩，总体质量略有下降，上、中等烟叶比例低，国家下达烟叶调拨计划上、中等烟叶偏少。福建省烟叶生产实行地区种植计划调控，上等烟叶优先供应本省烟厂。在上等烟叶供应紧张的情况下，龙岩、南平、三明烟叶产区向省内各卷烟工业企业提供 16 万担的优质上等烟叶。是年，龙岩卷烟厂调整产品结构，拓展经营门路，消化因烟叶提价及扶持费的支出。投资 500 万元在龙岩市红坊镇、白沙乡，永定县古竹、湖坑、大溪等乡兴建 3 万亩烟叶基地，使当年省内烟叶购进占总调入量的 54.5%。厦门卷烟厂与三明分公司签订开发高档卷烟原料的协议，在三明地区建立优质烟叶基地 1500 亩，投资额 18.35 万元。

1994 年，随着福建省卷烟工业新产品的研制日见成效，甲级卷烟产量增加，对优质烟叶原料的需求量大增。厦门卷烟厂库存上等烟叶一度不能满足配方需要，采取市场调剂、兄弟卷烟厂求援等办法多渠道组织货源。并与龙岩分公司及上杭县公司建立烤烟生产基地，由产区基地提供烟叶 6.5 万担，上、中等烟叶比例占 95% 以上（其中：上等占 25% 以上，中部三级、上部二级各占 50%），厦门卷烟厂支付上二、中三以上等级烟叶每担 40 元的资金补贴。龙岩卷烟厂执行国家局《烟叶购销合同暂行办法》，组织业务人员赴省内外烟区调拨烟叶。是年从省外调进烤烟 13.96 万担，其中上等烟 5.25 万担，占省外调入量的 37%，省内调进的全部为基地烟叶。1995 年 12 月，厦门卷烟厂与三明分公司签订三明烟叶基地产前投入协议，厦门卷烟厂提供每担 100 元的烟叶基地投入补贴；三明分公司翌年提供 13.5 万担上、中等优质烤烟给厦门卷烟厂使用。

1995 年后，龙岩卷烟厂七匹狼卷烟产品研制与市场开发成功，对省外烟叶的需求量每年达 20 万担，而云南烟叶又是配方的重点。

1996 年，龙岩卷烟厂调入云南烟叶 5 万担，且与河南省漯河分公司建立三年烟叶基地合作，每年由漯河地区供应上、中等烟叶 5 万担。

1997 年，龙岩卷烟厂加大原烟调拨力度，从永定、邵武、云南等地调入原烟 10.82 万担，由打叶复烤车间进行单品种和小配方打叶复烤，并以夹板严密包装，首开调入的原烟即行打叶复烤的先例。同年，成立龙岩卷烟厂烟叶等级质量工作领导小组，对等级质量进行仲裁评判，确保烟叶调拨质量符合国家标准。

1998 年，全国出现争购上等烟叶的局面，云南、贵州省的上等烟叶十分走俏。对此，省公司在龙岩、南平、三明三个烟区建立 2 万亩中美菲莫基地技术模式的国际型优质烟叶生产基地，生产上、中等优质烟叶 5 万担，龙岩卷烟厂从中采购 2.75 万担，占 55％。同时，多渠道寻求货源，加大调拨力度，全年调入烟叶 42.23 万担，上等烟占 76.7％。厦门卷烟厂也派出检验员和技术配方人员深入烟区加强烟叶采购与进货检验，烟叶等级合格率得到提高。对进库烟叶及时做好等级不到位的退赔工作，全年节约支出 700 多万元。

1999 年，国家局提出控制烟叶种植面积和控制收购总量的双控政策，各地相继开发生产高档卷烟，使上等烟叶需求量大增而成为卖方市场。为此，省局按照中美菲莫基地的技术模式，推动省内烟厂与烟区联手建立国际型优质烟叶生产合作基地。要求龙岩、厦门卷烟厂用 3 年左右的时间，以合同形式，在省内三个烟区有选择、有计划、有步骤地建立 4 万～5 万亩合作基地。以生产达到或接近国际水准的优质烟叶，缓解工厂因产品结构的上升而使优质烟叶供给不足，减少对进口烟叶的依赖。龙岩卷烟厂与南平分公司建立 1500 亩的 K326 菲莫模式烤烟合作基地，调拨上、中等烟叶 3 万担，其中：上等烟比例为 60％以上；与三明分公司建立为期 5 年的优质烟叶生产基地，每年调供上等烟叶 3 万担；还与龙岩分公司合作在连城县、漳平市建立合作期 3 年的紧密型烤烟生产基地，生产品种以"云烟 85"为主，烟叶含碱量较低，质量可靠适用。每年从连城县调进烟叶 6 万担，漳平市调进烟叶 4 万担。此外，按计划调入省内外烟叶共 44.20 万担（上等烟 35.15 万担占 80％）。厦门卷烟厂在安徽省华环打叶复烤厂进行第一批片烟加工，使省外调入烟叶逐步实现片烟化。畲山卷烟厂烟叶调拨根据生产计划及产品配方结构，严格控制等级、结构、数量，做到合理库存，资金占用控制在年计划之内。采购质量采取二次检验办法，使调入烟叶平均等级合格率达 76.5％。

2000 年 1 月，厦门卷烟厂与南平分公司签订烟草工农联办基地协议书，联合在松溪县建立烟叶基地 1 万亩，种植品种为"云烟 85"，产量 2 万担，其中：上等烟叶 1.2 万担，中等烟叶 0.8 万担；厦门卷烟厂对基地产前投入为 80 元/担，共投资 160 万元。是年，龙岩卷烟厂成为中国烟草交易中心的工业会员单位，在中国烟草交易中心进行烟叶订货和交易，签订进口津巴布韦烟叶 5.4 万担，实际调回 3.36 万担，并从法国进口薄片 160 担。

2002 年，龙岩卷烟厂在抓好省内外基地烟叶调拨的同时，不断加大省外烟叶调拨力度。全年从省内外调入原烟和机烤烟 45.54 万担，均进行单品种和小配方打叶复烤，并以蜂窝纸板箱严密包装，确保七匹狼系列产品的研制、开发和生产的使用。厦门卷烟厂调入省内外烟叶 54.65 万担，其中：省外 33.76 万担。

2003 年，国家局制定《中国卷烟科技发展纲要》，以降焦减害，提高质量，节约资源为主线，取消机烤烟，挂杆复烤厂全部下马，实行原烟交接。中、下部烟叶也逐渐走俏。龙岩卷烟厂加大进口烟叶调拨力度，减少国内烟叶调拨量。全年省内外调入烟叶总量达 43.15 万担，比上年减少 2.39 万担，厦门卷烟厂省内外共调入烟叶 44.49 万担，比上年减少 10.16 万担。

2004 年，贯彻执行国家局《推行原烟交接、委托加工实施意见》、《烟叶工商交接、等级质量监督抽查管理办法》以及《烟叶收购、工商交接质量控制规程》等五项行业标准。龙岩卷烟厂烟叶采购坚持以提高烟叶等级合格率为中心，建立健全质量保证和监督体系。派出烟叶质检员随同业务员到产区，抓好烟叶收购源头的质量把关。全年按计划调入省内烟叶 18.2 万担（其中：上等烟 8.4 万担）。

2005 年，根据国家局部分替代进口烟叶生产示范的安排，龙岩卷烟厂加强与各烟区的沟通，加大省内基地烟叶的调拨量，并承担福建省南平邵武和云南省昆明宜良两个示范点各 4000 亩的烟叶工业验证，以缓解进口烟叶供应短缺的压力，更好地认识和使用国产烟叶，提高国产烟叶的整体质量水平。两个示范点的烟叶质量有明显进步，经国家局烟叶内在质量评委的评吸，在全国 35 个示范点中均名列前茅（除津巴布韦烟叶外，宜良点排第一，邵武点排第五）。同时示范点烟叶如何实现部分替代的工业验证，还被国家局科教司确定为科技项目。同年，福建中烟针对省内工业企业对烟叶原料质量的需求特点和存在问题开展专项研究。同时组织有关烟叶采购和基地开发人员、产品研发与维护、化验、质检等人员共同研究建立福建省卷烟原料采购加工决策数据库，为全省卷烟工业在基地建设、烟叶采购、产品研发等方面提供决策依据。12 月，福建省烟草工商双方共同开发福建清香型特色烟叶项目，成立清香型特色烟叶发展战略领导小组，下设生产技术攻关、工业应用攻关和产销组织实施三个专题小组，以推进福建省烟叶可持续发展，增强福建烟叶核心竞争力，为中式卷烟的发展提供优质烟叶原料。全年福建中烟共调入烟叶 98.92 万担，其中：上等烟叶 48.09 万担占 48.62%。

2006 年，龙岩卷烟厂加强烟叶采购质量过程的监督及仓储管理，完成年度计划调拨初烤烟 70 万担。

2007 年，福建中烟应对卷烟产销扩张带来烟叶供应的压力，落实烟叶采购计划 70 万担，年底，福建省卷烟工业烟叶库存量达 189 万担。

2008 年，继续落实烟叶计划资源采购调拨，卷烟工业烟叶库存增至 250 万担，其中：片烟 170 万担。龙岩烟草工业公司完成国内烟叶采购 91.62 万担，并抓好国家局特色烟叶开发项目的福建省南平浦城和云南省昆明宜良两个烟叶示范基地；厦门烟草工业公司调入烟叶 65.98 万担（含薄片烟），改进和提升烟叶基地建设，为品牌发展提供特色优质烟叶。

表 3—2　　**1994—2008 年度龙岩卷烟厂（烟草工业公司）烟叶调入基本情况表**

单位：担

年份	上等烟	中等烟	下等烟	薄片烟	合计
1994	106237	104303	—	—	210540
1995	185531	104303	—	—	289834
1996	301210	92929	—	—	394139
1997	194984	177369	7154	—	379507
1998	295601	83669	60	—	379330
1999	350297	89419	1003	—	440719
2000	323432	243072	2118	—	568622
2001	323241	162066.7	238	4672.8	490218.5
2002	265319.2	190107.6	—	—	455426.8
2003	224898.3	206400.5	161	—	431459.8
2004	241165.2	292067	5529	327.6	539088.8
2005	329553.8	199200.6	9704.5	9655.2	548114.1
2006	308470	441965.9	5853	9676.8	765965.7
2007	423656	444376.6	7661.5	16667.4	892361.5
2008	498661.4	401702.8	3326	12513.6	916203.8

表 3—3　　**1994—2008 年度厦门卷烟厂（烟草工业公司）烟叶调入基本情况表**

单位：担

年份	上等烟	中等烟	下等烟	薄片烟	合计
1994	—	—	—	—	—
1995	259512.9	102398.6	778.4	—	362689.9
1996	337264.6	98870.2	600	—	436734.8
1997	196497.2	119029.2	2389.2	—	317915.6
1998	176312	122937.8	1559.2	—	300809
1999	240817	58697.6	578	—	300092.6
2000	222922.8	186521	5861	—	415304.8
2001	243635.2	216924.9	3939.3	—	464499.4
2002	215367.5	292677.9	38527.1	—	546572.5
2003	176174.1	261852.3	6871.8	—	444898.2
2004	241104.6	270064.2	4334.5	—	515503.3
2005	151375.3	265347.7	24363.2	—	441086.2
2006	249977.5	405490.9	28251.9	—	683720.3
2007	321667.6	266621.5	10825.7	23902.4	623017.2
2008	374017.4	253864.9	11909.6	19998	659789.9

备注：不含进口烟叶。

二、卷烟纸

1991 年后，因卷烟产品档次提高，高速卷烟机对盘纸质量要求较高，福建省卷烟工业开始进口部分盘纸用于生产甲级卷烟。

1993 年，厦门卷烟厂开始寻求国产卷烟纸替代进口产品，节约生产成本，提高经济效益。

1994—1995 年，龙岩卷烟厂卷烟纸大部分从法国、德国和奥地利进口。为避免高材低用，推广应用国产盘纸，如选用浙江省民丰造纸厂生产的全麻卷烟纸，各项质量指标符合技术要求。

1996 年 8 月后，龙岩卷烟厂四类卷烟全部使用国产盘纸。

1997 年，龙岩卷烟厂在卷烟新产品的盘纸材料应用有：B543 加深加重卷烟纸在一、二类卷烟上应用，以增强卷烟纸罗纹清晰度。50 透气度的 B553 卷烟纸用于混合型硬盒翻盖华友牌卷烟的卷制。厦门卷烟厂在过滤嘴特制友谊牌产品设计中引入高透气度卷烟纸（国产 A1 级 40CU），以达到降焦要求。

1998 年，在盘纸材料使用国产化方面，龙岩卷烟厂三类卷烟开始采用国产鹰牌、火球牌卷烟纸替代进口摩迪牌卷烟纸。浙江民丰造纸厂生产的 40 透气度卷烟纸（MRU40）通过鉴定后投入使用。

1999 年 3 月，杭州华丰造纸厂生产的 HH140 卷烟纸也在生产中使用。从此结束三类烟长期使用进口卷烟纸的历史。同年 12 月，由民丰造纸厂提供的 MRU40 加深加重卷烟纸，开始在二类卷烟产品中使用。

2000 年 1 月，开始使用杭州华丰造纸厂生产的 HH140－S 加深加重卷烟纸。

至此，龙岩卷烟厂除一类卷烟产品外，全部使用国产卷烟纸。厦门卷烟厂采用浙江民丰罗伯特纸业有限公司生产的 A240CU 卷烟纸，替代杭州华丰纸业有限公司和四川锦丰纸业有限公司提供的 A140CU 卷烟纸，用于沉香牌号生产（每吨差价达 5000 元）；使用杭州华丰纸业有限公司 A250CU 卷烟纸代替进口 50CU 卷烟纸（每吨差价达 11000 元）。并在部分产品中应用增香降焦减害功能型卷烟纸。畲山卷烟厂生产使用的盘纸主要是杭州华丰造纸厂和浙江民丰造纸厂的卷烟纸，使用量均按年产 5 万箱卷烟自行配套采购。2006 年，厦门卷烟厂生产国际金桥牌卷烟采用全麻布纹卷烟纸卷制，有良好的透气性能，使吸食过程中烟丝燃烧性更充分，并有效减低有害物质的生成。

三、丝束（滤嘴棒）

20 世纪 90 年代，国内开始自行生产醋纤维丝束，并开发新型烟用滤嘴材料——聚丙烯丝束，得到推广应用。省内各卷烟厂从 1991 年起除使用进口丝束加工滤嘴棒外，还购进国产丝束加工嘴棒。1992 年、1993 年龙岩卷烟厂进口丝束生产的滤棒用于生产富健、古田牌等甲级名优烟；国产丙纤丝束生产的嘴棒用于生产 81 毫米或 84 毫米乙级卷烟产品。1994

年，由于卷烟产品等级上调，各卷烟厂均使用进口丝束加工滤棒。龙岩卷烟厂烟用丝束全部采用进口产品，由省公司统一分配。

1991—1995年，厦门卷烟厂均用进口丝束加工滤棒，使用的二醋酸纤维丝束为：进口高旦3.3Y39000，按计划分配指标统一调拨，所有产品使用统一加工的滤棒。

1995年，进口烟用丝束价格达到最高峰，即5.10万元/吨（国产丝束4.70万元/吨），且供应紧张。每年龙岩卷烟厂的计划内丝束指标只有900吨，而实际年需用丝束1800吨。

对此，1996年起，龙岩卷烟厂推广使用低旦丝束，出棒率提高到162万支/吨。厦门卷烟厂在三车间MK－8机台试用丙纤丝束加工滤棒。通过调整设备及操作，反复摸索。采用"全面铺开，择优使用，指标调整"的方法，即每批丙纤滤棒都全部在MK－8机试用，对整班调整无法适应的机台换牌生产；能较快适应的机台继续使用，在质量指标不变的情况下，对消耗指标作适当下调，以调动机台人员使用丙纤滤棒的积极性。此期，厦门卷烟厂使用二醋酸纤维丝束按计划指标统一调入，加工的滤棒出现多规格。滤棒产品主要技术指标按产品生产规格和机台适应性要求确定。高档产品开始使用专用滤棒，并根据产品需要设计"三纸一棒"，进行低旦二醋酸纤维丝束（进口3.0Y35000）的应用研究，目的是提高出棒率，降低成本及焦油含量。

1997年，龙岩卷烟厂全面使用低旦丝束后，与1996年度相比节约丝束近90吨。厦门卷烟厂低旦二醋酸纤维丝束（进口3.0Y35000）的全面推广使用，与高旦3.3Y39000丝束相比，当年就节约成本300万元。同时，丙纤滤棒在沉香（白）牌的应用研究和推广，节约成本500万元左右。其间，厦门卷烟厂实现新型增塑剂（改性甘油酯）的更新换代，缩短固化时间，缓解成型车间场地小，滤棒供应不足的局面，且为日后异地技改搬迁实现滤棒零库存和自动发射、接收打下基础。

1998年，厦门卷烟厂统一丝束品种，整合滤棒规格，避免因滤棒规格多给各生产环节造成用错滤嘴棒的现象。

2000年，进口丝束价格降至4.3万元/吨，国产丝束降至4.2万元/吨。厦门卷烟厂开始推广使用低旦二醋酸纤维丝束（2.4Y34000），其加工的滤棒是低焦油和超低焦油产品的首选产品，此举为低焦油石狮（超醇，8毫克/支）牌产品的成功开发提供相应材料保障，同时也为其他牌号产品执行国家降焦工程作出努力。是年，厦门卷烟厂来牌加工的美国瑞湖牌卷烟各规格产品中，首次使用100毫米规格烟支的"一切四"长滤嘴棒。龙岩卷烟厂为开发低焦油产品，降低丝束单耗及卷烟生产成本，完成用2.7/35000替代3.0/35000丝束的前期试验。在低焦油产品研制过程中，配合产品配方设计进行滤棒和其他辅料的改造，通过试验和物理检测分析，并对烟支卷制过程中的控制精度进行研究，为低焦油产品开发积累试验数据。龙岩卷烟厂还从英国费尔创纳公司进口异型嘴棒，用于翻盖精品乘风牌的生产，其滤棒经分切端面呈镂空五角星状，具有较强的防伪效果。

四、其　他

福建省卷烟工业生产所用的其他辅助材料有水松纸、商标纸、滤棒成型纸、铝箔纸（内衬纸）、玻璃纸（BOPP）、金拉线、纸箱等。

水松纸　各卷烟厂生产滤嘴卷烟后大量使用上海前卫造纸厂生产的产品，间或使用上海三五造纸厂或厦门泉州等地生产的水松纸。1991—1995年，厦门卷烟厂所有产品均使用宽度为48毫米的花点黄底涂布水松纸，品种单一。1996年后，除使用48毫米涂布水松纸外，还使用宽度均为58毫米的金边水松纸、印刷水松纸、激光打孔水松纸、烫金水松纸、珠光水松纸及与之相配套的高透气度（10000CU）成型纸的推广应用。1997年，龙岩卷烟厂新开发的多色印刷型水松纸开始用于七匹狼（红）等卷烟，逐步取代卷烟纸上钢印打码传统工艺，以及使用造型更为美观、大方的标志型水松纸等，满足消费者对"新、奇、特"产品的追求。1999年，龙岩卷烟厂58毫米多色水松纸在古田（精品）、武夷山、翻盖七匹狼等牌卷烟产品中使用，使烟支外观更为协调，且更能适度降低焦油含量。2000年6月，龙岩卷烟厂翻盖产品完成宽度48毫米向58毫米水松纸的使用切换，具有较高科技含量的激光打孔水松纸开始用于低焦油卷烟产品。2001年，畲山卷烟厂三沙（兰）牌卷烟水松纸用由白色、浅黄至深黄的过渡色调，并印上一条明显的健康提示线。

卷烟商标纸　1991年后，卷烟商标纸货源充足，开始由卖方市场转为买方市场，各卷烟厂商标纸的采购直接向印刷厂订购。龙岩卷烟厂的普烟商标纸由永定、长汀、连城县印刷厂印刷。其余滤嘴卷烟商标纸主要由三明市印刷厂、龙岩地区印刷厂生产。出口富健、硬盒翻盖富健和古田牌的商标纸印制由厦门华泰包装材料有限公司承印。

1993年，龙岩卷烟厂对富健牌卷烟进行外包装装潢更新改造，富健（特制）牌商标纸，采用先进的凹版印刷技术，小盒包装纸采用90克/米高级铜版纸，商标主体颜色由朱红色改为深红色，由上海烟草工业印刷厂印刷。

1994年1月，龙岩卷烟厂开发梅花山牌卷烟，首次选用金卡纸印刷商标纸，由广东省东莞市新洲（香港）印刷有限公司负责印制。同年，华美公司在保证产品质量，降低成本的前提下，国内销售的金桥香烟所用的商标纸、条盒纸、小封印花纸、纸箱等试用国产材料替代进口材料，全部实现辅助材料国产化，降低成本节约外汇。对卷烟商标纸，华美公司不但在印刷稿样上做文章，还探讨使用的印刷油墨与外包装薄膜（玻璃纸）是否会起物理或化学反应，在热封下密封性能如何，商标纸的纸基纤维走向等问题与国内的印刷厂家一起研究探讨，用国产的纸取代进口纸印制商标。是年，为保质保量提供商标纸，厦门卷烟厂还组建五福印务公司，负责承印厦门卷烟厂及省内各卷烟工业生产所需的各种商标纸。

1995年起，省内各卷烟厂的甲级烟和部分乙级烟的商标纸大多使用白板纸和凹版印刷技术。龙岩卷烟厂为与新开发的翻盖七匹狼、绮丽、海峡、金湖牌等产品协调配套，对印刷厂家进行考察和调研，选择技术设备实力较强的广东省东莞新扬印刷有限公司和厦门五福印务公司承印烟标。1997年6月，翻盖七匹狼（红）牌新产品商标纸印刷，选用PET覆膜金卡纸，居中方块七匹狼图案，采用磨砂工艺，由上海美浓丝网印刷公司印制。应用在七匹狼（红）的商标纸上的新材料，具有温变防伪油墨等新科技含量。

1998—1999年，龙岩卷烟厂开发的翻盖丹尼（红）、梅花山（红）、七匹狼、乘风（红）及全包装乘风（红）、古田（精品）、武夷山等牌号，通过烟标印刷技术的改进，新工艺、新材料的应用，提升产品包装档次，更迎合消费者和市场的需求。厦门卷烟厂产品商标印刷主要用胶版、凹版和丝网三种技术印刷，商标原纸采用白卡纸、铜版纸、玻璃卡纸、金卡纸和银卡纸。在石狮（吉祥）产品商标上首次选用镭射纸作商标原纸。

畲山卷烟厂从1996年起，开始开发硬盒产品，首次应用白卡纸印刷烟标。1998年底，三沙牌卷烟外包装商标改用白玻璃卡纸激光电化铝印制。2001年，低焦油三沙（兰）牌硬盒卡纸商标主体图案加凸版印刷。

2003年，龙岩卷烟厂针对三华彩印公司生产的商标纸弯曲、需要拗标生产的问题，在确保古田（红）烟标设计版面及印制效果不受影响的前提下，将原玻璃卡覆膜商标纸改为白卡覆膜商标纸，既降低成本，又增强上机适应性。年底，龙岩卷烟厂对七匹狼（豪情）烟标进行改造，将商标材料切换成可降解转移的银卡纸，使商标纸上机适应性和设备有效作业率得到明显提高。

2004年，龙岩卷烟厂抓住古田（红）牌整合为七匹狼（古田）牌的时机，要求商标纸供应商提供用环保型转移卡纸印制商标纸，同时乘风（新红）商标纸改用真空镀铝纸印刷。

2006年，厦门卷烟厂国际金桥牌烟盒包装运用国际领先的金箔压纹工艺，商标纸质上呈现立体亮面的金属质感，盒面上呈菱形凹凸底纹，层次丰富，具有突出的防伪功能。

铝箔纸（内衬纸）、玻璃纸　福建省各卷烟厂有使用进口的铝箔纸、玻璃纸，也有使用国产的材料。1991年，厦门卷烟厂调进铝箔纸计687吨，其中：国产537吨，进口150吨。1993年后，省内各卷烟厂开始寻找部分国产材料替代进口材料。1994年1月，龙岩卷烟厂、石狮宏兴包装针织有限公司、省烟草物资公司共同投资成立富兴包装材料有限公司，主要向龙岩卷烟厂提供一定数量地产卷烟用铝箔纸。厦门卷烟厂生产用的玻璃纸以英国产ICIP牌BOPP取代原美国产大力士牌玻璃纸。是年第4季度，华美公司卷烟条包玻璃纸全部使用国产材料，节省人民币80万元。1996年起，厦门卷烟厂烟用薄膜，除使用ICIP牌BOPP外，还用国内广东省湛江市生产的玻璃纸，同时，350毫米收缩膜开始在生产中应用推广，解决中高档硬盒产品条盒玻璃纸起皱问题，产品外观质量明显提高。1999年5月，龙岩卷烟厂选用江苏省南京市中达公司生产的120毫米热收缩膜生产后，解决翻盖小包包装不紧凑的缺陷。七匹狼牌卷烟铝箔纸、金箔纸采用反裱印刷，增加防伪功效。2001年，厦门卷烟厂为减少包装机更换内衬纸频次，提高设备效率，将内衬纸外径从310毫米增加到350毫米。2002年，厦门卷烟厂在开发石狮（吉祥软）牌产品中，选用高定量（90克/每平方米）内衬纸及微缩型BOPP烟用薄膜等材料。2006年8月，厦门卷烟厂根据烟草工业清洁生产的要求，在大丰收（软）牌号使用单头环保型内衬纸，每吨成本降低 2000 元以上，为推广大量使用卷烟环保型内衬纸积累经验。

金拉线　1997 年，龙岩卷烟厂首次将激光全息防伪拉线用于翻盖七匹狼（红）牌卷烟包装，使之具有防伪技术。1998 年后，福建省内卷烟厂开始使用新型不干胶拉线，解决热熔胶拉线造成的上胶不均，翻盖小盒拉线易皱的问题。

第四节　产　品

一、品　牌

1991 年，省内 5 家卷烟厂及华美公司在产的卷烟牌号共 29 个，有厦门卷烟厂的鹭岛、鼓浪屿、沉香、友谊、五福、海神、肯尼迪牌，其中，前 5 个品牌被评为优质产品；龙岩卷烟厂的古田、富健（含出口富健）、武夷山、采茶灯、乘风、健牌（永定分厂）、龙门塔（混合型）、水仙牌，其中，前四个品牌为福建优质产品；云霄卷烟厂的云福、云凤、黄兰、金三角牌，其中，前二个品牌为福建优质产品；畲山卷烟厂的喜来宝、山海、华扬，其中，喜来宝牌为福建省优质产品；泉州卷烟厂的刺桐、老君牌；华美公司的骆驼、云丝顿、喜必利、金桥牌等。

1992 年，国家对卷烟产品实施限产压库政策，各卷烟厂为寻求发展，根据各自生产设备技术改造和产品市场消费需求情况，推进产品结构性调整，向高档次和名优烟的方向迈进，同时加快老产品改造的步伐。

1993 年，福建省卷烟工业企业利用福建主料烟叶生产的配套，提高产品配方档次，新开发的甲级烟品牌共 4 个，有厦门卷烟厂的特牌、乐依来牌；龙岩卷烟厂的梅花山牌；畲山卷烟厂的喜来宝（特制）牌。当年全省在产的牌号共有 26 个，其中滤嘴卷烟的生产占总产量的 78.1％。龙岩卷烟厂的富健牌系列牌号卷烟生产 15.2 万箱，形成较大批量的规模；厦门卷烟厂特牌也形成单牌号 3.8 万箱的规模，同被评为全国烟草行业名优烟。

1994 年，省局实施名牌战略，当年福建卷烟产量虽受国家宏观调控政策影响，实际产量比 1993 年减少 3.5 万箱，但产品档次结构上升，效益提高。龙岩卷烟厂富健牌系列产品增产 1.7 万箱；厦门卷烟厂特牌系列增加 6.8 万箱。全省工商税利达 18.6 亿元。龙岩卷烟厂开发海峡牌（售价为 5 元/包）和绮丽牌卷烟。福建省的富健、特牌、金桥 3 个牌号被国家局（总公司）列入 1995—1996 年度全国 49 种名优卷烟牌号。1995 年，龙岩卷烟厂推出七匹狼、金湖、武夷山 3 个高档专销牌号；厦门卷烟厂开发厦门牌（售价 60 元/条）、海堤牌及畲山卷烟厂开发的必得福、古榕牌等卷烟。

1996 年，开始实施名优烟工程，全省新推出牌号共 11 个（未含老牌号改造的新产品），有厦门卷烟厂的金海、东沙、石狮、闽都、爽爽、飞特牌；龙岩卷烟厂的王中狼、虎豹牌；

畲山卷烟厂的麒麟山、三沙、9503 牌等。至 1997 年，福建省卷烟产品牌号共有 35 个、50 种规格，其中：厦门卷烟厂 13 个牌号、19 种规格；龙岩卷烟厂 12 个牌号、17 种规格；畲山卷烟厂 6 个牌号、8 种规格；云霄卷烟厂 4 个牌号、6 种规格。是年，富健、金桥牌卷烟被国家局（总公司）评为 1997—1998 年度全国名优卷烟牌号。

1998 年，省局贯彻执行烟草行业狠抓基础，稳中求进的工作方针和省经贸委创福建名牌产品计划的要求，对卷烟生产指标按资源优化配置的原则进行动态调整，并在七匹狼、石狮、乘风（特醇）、翻盖沉香 4 个重点牌号上实行倾斜，扩大其规模，使之成为福建地产中高档名牌，并在低焦油混合型卷烟开发上有所突破。是年 7 月，福建省卷烟准产牌号（含系列）排序共有 25 个品种，其中：由龙岩卷烟厂生产的有：富健、乘风（2 种）、古田、七匹狼、采茶灯、武夷山计 7 个品种；厦门卷烟厂生产的有：特牌（2 种）、沉香、友谊、厦门、丰产计 6 个品种；华美公司生产的有：金桥（2 种）、骆驼、云丝顿、喜必利计 5 个品种；畲山卷烟厂生产的有：喜来宝（3 种）、三沙计 4 个品种；云霄卷烟厂生产的有：云福、金三角（2 种）计 3 个品种。是年，厦门卷烟厂研制出低焦油石狮（特醇）牌，焦油含量为 11 毫克/支，同时开发安心（疗效型）、远华、奋发牌，推出高档次的厦门牌新产品。形成石狮、翻盖沉香、友谊（特制）、翻盖特牌 4 大支柱系列，产量达 29.9 万箱，占厦门卷烟厂总产量的 89%，销售收入达 11 亿元，占总销售额的 92%，在当年卷烟市场疲软、销售不畅的形势下，厦门卷烟厂 4 大支柱产品牌号经受住市场竞争的考验，体现产品质量水平和牌号竞争能力。龙岩卷烟厂形成以七匹狼、乘风、古田、富健四大品牌为主的高、中、低档齐全的产品结构。其中富健牌为主干产品，年产量 20 万箱，占总产量的 60% 以上。是年七匹狼、乘风、富健三大牌号占龙岩卷烟厂总产量的 85%。全年实现调拨销售额 21 亿元，实现税利总额 10.5 亿元，其中利润 1.2 亿元，平均单箱税利 2800 多元。畲山卷烟厂形成喜来宝牌系列产品，产量达 4.4 万箱，占当年总产量的 90%。喜来宝牌获评为福州市著名商标。

1999 年，七匹狼牌卷烟被国家局（总公司）评为 1998 年度、1999 年度卷烟优等品牌号，同时被省政府授予"福建省名牌产品"称号；特牌被评为 1999 年度全国名优卷烟牌号，石狮、沉香牌荣获福建省著名商标称号。

2000 年，厦门卷烟厂开发焦油含量仅 8 毫克/支的石狮（超醇）；龙岩卷烟厂开发研制低焦油（11 毫克/支）烤烟型七匹狼和低焦油（9 毫克/支）混合型七匹狼及薄荷型七匹狼、七匹狼（吉祥）、七匹狼（豪情）。七匹狼牌系列产品成为全国十大香烟品牌，每年销售量达 8.1 万箱，实现税利 7 亿多元、利润 1 亿多元，分别占龙岩卷烟厂销售总额和销售利润额的 40%、50%。

2002 年，厦门卷烟厂的石狮系列产品被评为全国 36 种名优卷烟之一。同年 8 月 22 日，国家局根据《卷烟产品等级评定管理暂行办法》，组织全国评烟委员会对参与 2002 年度卷烟优等品评定的 126 个卷烟牌号（规格）进行评定。审核通过 99 个为 2000 年度优等品牌号（规格）。福建省的龙岩、厦门卷烟厂共有 7 个卷烟牌号（规格）名列其中

（详见下表）。是年，省公司提升七匹狼品牌品值与价位还推出七匹狼（软灰 SP200）新品种。

表 3—4　　**2002 年度福建省卷烟获全国卷烟优等品牌号（规格）表**

企业名称	牌号	类型	规格	类别
龙岩卷烟厂	乘风（新红）	烤烟	84 硬盒	三类
龙岩卷烟厂	七匹狼（红）	烤烟	84 硬盒	一类
龙岩卷烟厂	乘风（特醇）	烤烟	84 硬盒	三类
龙岩卷烟厂	翻盖七匹狼	烤烟	84 硬盒	一类
厦门卷烟厂	石狮（超醇）	烤烟	84 硬盒	二类
厦门卷烟厂	石狮	烤烟	84 硬盒	一类
厦门卷烟厂	沉香（红）	烤烟	84 硬盒	三类

2003 年，石狮牌号销售量达 8.38 万箱，占厦门卷烟厂产品总销售量 17.58％，税利达 8.62 亿元，占税利总额的 43.67％。该牌号成为厦门卷烟厂提升产品结构和经济效益的主力牌号。同年，国家局组织部分全国评烟委员会委员对参与 2003 年度卷烟优等品评定的 70 个卷烟牌号（规格）进行评定，有 51 个牌号（规格）获评，其中：福建省的古田（红）、石狮（新、红）、沉香牌 4 种卷烟被评为该年度全国卷烟优等品牌号（规格）。

2004 年，厦门卷烟厂推出软包装石狮（吉祥）和翻盖石狮（吉祥）后，又开发新一代蓝狮牌产品；龙岩卷烟厂高端价位的七匹狼（SP300）和七匹狼（SP200）牌开发投放市场后，七匹狼（软红）、七匹狼（枣红）、七匹狼（白金）、七匹狼（SP500）等火狼系列产品也相继研发成功。4 月 29 日，福建省卷烟工业申报全国 100 个重点扶持卷烟牌号为：七匹狼、石狮、乘风、沉香、金桥共 5 个牌号。

表 3—5　　**2004 年福建省申报五个全国 100 个重点扶持卷烟牌号情况表**

牌号名称	企业名称	平均价格（元/箱）	2003 年产量（万箱）	2003 年原料使用情况		
				云南烟叶用量（万担）	进口烟叶用量（万担）	其他烟叶用量（万担）
七匹狼	龙岩卷烟厂	16857	13.3866	4.4455	3.3957	4.6512
石狮	厦门卷烟厂	12705.72	8.3736	2.0187	0.8927	2.6123
乘风	龙岩卷烟厂	6377	10.5549	3.2165	0.7148	5.3609
沉香	厦门卷烟厂	5750.98	24.2328	3.6063	0.9278	10.7442
金桥	厦门卷烟厂	5380.70	2.609	0.5798	—	1.4030

2006 年，实施品牌整合和产品切换工作，石狮（平安）向七匹狼（豪情）、七匹狼（古田）牌切换；石狮（红）向七匹狼（红狮）牌切换。研制开发新一类卷烟金桥（国际）和三种规格的七匹狼（金）、七匹狼（金典）、七匹狼（庆典）牌卷烟。

2007 年初，品牌整合后，七匹狼、金桥牌被确定为福建省两大卷烟牌号，分别成为福建省优势品牌和特色品牌。

2008 年，又开发七匹狼系列 4 个牌号和金桥牌系列 1 个牌号共 5 种新产品。

表 3－6　　　**1996—2005 年七匹狼、石狮牌系列产品荣誉称号及品牌价值**

名称	荣誉称号
七匹狼（白）	1996 年度全国卷烟一等品
七匹狼（红）	1998 年度福建省卷烟一等品
七匹狼（白）	1998 年度全国卷烟优等品
七匹狼（白）	1999 年度全国名优卷烟
七匹狼（红）	1999 年度全国卷烟优等品
七匹狼（混合 9mg）	青岛评比两个配方组第一名,专家组第三名
七匹狼	2001 年度全国名优卷烟
七匹狼（商标）	2001 年度中国十大公众认知商标
七匹狼（商标）	2001 年度福建省著名商标
七匹狼	全国卷烟品牌市场竞争力调查,居全国百强品牌第 18 位（含外烟）
七匹狼（白）	2003 年度全国卷烟优等品
七匹狼（红）	2003 年度全国卷烟优等品
七匹狼品牌价值	以 2001 年 3 月 31 日为评估基准日,品牌价值达 24.62 亿元
七匹狼（系列产品）	2005 年被认定为中国驰名商标
石狮	1998 年度福建省地产最畅销产品
石狮	1999 年获评全国优等品牌号、福建省名牌产品称号
石狮（红）	2000 年被评为全国优等品牌号,2003 年通过复评
石狮（商标）	2001 年被评为福建省著名商标
石狮	2002 年复评为全国优等品牌号
石狮（超醇 8mg）	2002 年被评为全国优等品牌号
石狮（系列产品）	2002 年被评为全国名优烟
石狮（新）	2003 年被评为优等品牌号
石狮（系列产品）	2005 年被认定为中国驰名商标

二、整　合

1997 年，省局提出立支柱、上规模、创名牌、增效益的产品发展方针，1999 年在总结福建烟草行业"九五"期间经验的基础上，又提出福建卷烟工业优化产品结构，扩大名牌总量的工作目标，重点培育七匹狼、石狮、乘风、翻盖沉香、翻盖古田、沉香（红）六大牌号，以促进福建品牌集中度的提高。是年，生产的七匹狼、石狮系列牌号共 9.27 万箱，占一类烟总量的 84.54%；乘风、沉香、古田 3 个牌号计 19.6 万箱，占二类烟总量的91.19%。

2000 年，福建骨干品牌规模继续做大，且朝着七匹狼、石狮、乘风、沉香四大高、中档品牌集中。

2002 年 11 月，省局出台《福建省地产卷烟品牌整合实施意见》，首次正式提出福建卷烟品牌整合，继续做大七匹狼和沉香牌号，加快翻盖石狮向石狮（新）牌的整合步伐。

2003 年，国家局提出用 3 年左右的时间把全国 400 多个卷烟品牌压缩到 100 个左右，培育出几个几百万箱生产规模的企业和名优牌号。福建省烟草工商分立后，福建中烟品牌整合的目标是六大重点骨干品牌生产比重从 2002 年的 85% 提高到 90% 以上，龙岩、厦门卷烟厂品牌规格数从 2002 年的 57 个减少到 39 个。龙岩卷烟厂制定《〈福建省地产卷烟品牌整合实施意见〉的贯彻意见》，相继停止许多市场占有率不高或亏损牌号的生产，停产的主要牌号有：翻盖七匹狼、七匹狼（珍品）、七匹狼（白 10 支装）、七匹狼（吉祥）、低焦油翻盖七匹狼、乘风（黄）、乘风（精品）、乘风（红）、长滤嘴乘风（精品）、古田（精品）、低焦油古田（精品）、丹尼（精品）、翻盖华友、绮丽、采茶灯等牌号规格。厦门卷烟厂缩减取消五类烟和压缩四类烟的生产，梳理 8 个牌号 10 余个规格，扭转原品牌分散、规格过多的状况，初步形成以石狮、沉香和特牌为主的高、中、低档的卷烟品牌格局。经整合，福建卷烟六大骨干品牌生产比重比 2002 年提高 6 个百分点，其中：七匹狼牌系列生产 13.3 万箱，比 2002 年增长 23.8%；"石狮"系列生产 8.3 万箱，比增 11.4%。

2004 年，福建中烟提出围绕大企业、大市场、大品牌的战略，以品牌扩张带动企业规模扩张发展思路。这一年福建的七匹狼、石狮牌卷烟销量分别达到 21.8 万箱和 10.3 万箱，在全国卷烟百牌号中分别排名第 43 位、第 82 位；在 36 个名优品牌中分别排名第 17 位、第31 位。

2005 年 3 月，福建烟草工商携手共同推进福建品牌整合，双方联合下发《福建卷烟品牌整合实施意见》，从领导机构和人员配置、计划、调拨、售后服务、原料供应、信息共享等方面规定具体措施。成立福建卷烟品牌整合领导小组，全面负责《实施意见》的执行与协调。4 月，沉香牌整合更名为石狮（沉香），沉香（红）、沉香（醇）被整合为石狮（如意）；特牌、友谊（红）整合为石狮（吉庆）。石狮（富健）、石狮（沉香）牌陆续在省内市场上市；7 月，品牌整合的石狮（如意）牌在全省近一个月销售达 4430 箱。与此同时，龙岩、厦门卷烟厂进行品牌相互加工，福建中烟还在年度经济运行质量考核及奖励办法中增加品牌整合考核项目和力度。经过品牌整合与市场磨合，2005 年 1—6 月，七匹狼、石狮牌系列两个品牌在全国 36 种名优烟中销量排名第 18 位和第 20 位，分别前进 2 位、12 位，增幅排名第 4 位和第 2 位。在品牌互换加工中，龙岩卷烟厂加工厦门卷烟厂的石狮（特制）、特（软）牌和石狮（吉庆）牌卷烟；厦门卷烟厂加工龙岩卷烟厂的七匹狼（白）牌卷烟。在实施品牌整合的实践中，福建中烟总结品牌整合要调动各方面积极性、要工商携手推进、要遵循市场规律、要优化资源配置的四条经验。是年，福建中烟品牌整合计划与措施，引起各方的广泛关注。年底，福建省在产卷烟牌号6个，比2004年压缩6个牌号。七匹狼、石狮牌共调拨销售76.4万箱，其中：七匹狼牌33.4万箱，石狮牌43万箱，两牌号占福建地产卷烟总调拨量的63.3％。销量在全国名优烟中分别位居第12位、第18位，增幅分别位居第1位、第5位。七匹狼、石狮牌卷烟先后被认定为中国驰名商标。

2006年，福建省卷烟工业实施品牌资源、市场资源、技术资源的整合。石狮（红）品牌被纳入七匹狼牌系列产品，壮大七匹狼品牌规模。同时集中龙岩、厦门两家卷烟厂的研发技术和营销优势，合力开发七匹狼（金典）、七匹狼（庆典）和国际金桥牌新一类卷烟。厦门卷烟厂石狮品牌全部整合纳入七匹狼牌系列产品，七匹狼牌系列卷烟调拨量达54.29万箱，比2005年增加20.88万箱，品牌整合效果凸现，产品结构提升。2007年，福建卷烟工业确立"一优一特"品牌发展战略，做大做强七匹狼牌号，使之进入行业10多个重点骨干品牌之列，成为福建省优势品牌；重点发展混合型金桥牌，在产品档次和风格上突破，把它打造成福建省特色的品牌卷烟。2008年，七匹狼、金桥品牌开始进入全国性卷烟重点骨干品牌之列。

附录：福建省主要卷烟产品品牌简介

一、七匹狼　龙岩卷烟厂的七匹狼香烟创牌于1995年11月，创牌之初为七匹狼（白）牌，零售价格为每包10元。七匹狼卷烟品牌填补福建省地产无高档烟的空白，产品配方独特、质量上乘，很快在省内市场引起热销。1996年，七匹狼牌被国家局评为"全国卷烟一等品"，由此开始走向省外市场。1997年6月，为顺应市场需求提升七匹狼牌档次，开发七匹狼（红）受到各地消费者的青睐。2000年9月，低焦油烤烟型和混合型七匹狼牌卷烟问世后，还分别开发出薄荷型七匹狼、七匹狼（吉祥），七匹狼（豪情）。2003年初，高端价位的七匹狼（SP300）和七匹狼（SP200）同时投放市场，使七匹狼的品牌价值和知名度提高。

七匹狼牌是福建省卷烟工业的核心品牌，中国烟草行业36种名优卷烟品牌和百牌号目录之一。2001年被国家局授予全国"名优卷烟"，2002年被复评为优等品，2001年品牌价值评估达24.62亿元。获中国十大公众认知商标和福建省用户满意产品称号。2004年入选烟草行业百牌号目录，2005年被认定为中国驰名商标。2006年，又开发七匹狼（金典）和七匹狼（庆典）两个高端产品。2007年，确定为福建省卷烟工业的优势品牌，同年又推出七匹狼（醇典）低焦油产品。2008年，改为七匹狼（纯典），推出一新款七匹狼（雅典），七匹狼牌跻身全国性卷烟重点骨干品牌前20名。

二、石狮　厦门卷烟厂石狮牌卷烟创牌于1996年7月。该牌号系列产品是在总结10多年来产品设计和生产技术经验基础上开发的高档卷烟产品。新一代石狮（超醇）牌以其高香气、低焦油、低危害的特质在低焦油卷烟市场形成一定规模。在福建、东北三省、广东、深圳、江西、上海、北京、江苏、宁夏等区域具有稳定市场。

2003年，厦门卷烟厂实施品牌文化推广战略，对石狮系列卷烟的品牌形象重新定位，赋予其"吉祥平安"的文化内涵。该品牌为全国36个名优烟之一，福建省名牌产品和著名商标，2004年入选全国百牌号产品目录，被认定为中国驰名商标。2006年，石狮牌被整合纳入七匹狼牌系列产品。

三、乘风　龙岩卷烟厂乘风牌卷烟创牌于1959年。创牌之初的规格是70毫米无滤嘴香烟，至80年代中期，一直是该厂当家产品。1995年后，经过优化和改造形成乘风牌系列产品，曾多次被国家局评为卷烟优等品、一等品，是福建省著名商标和驰名商标。1995年，对商标图案和卷烟内质等进行全新的优化与改造，开发出翻盖乘风（特制）。1996年6月，新产品乘风（特醇）牌成功上市，当年销售6000多箱，第二年就达3.6万箱，到2000年增到9.2万箱。2000年，开发异型包装翻盖乘风（精品）、30毫米长滤嘴翻盖乘风（精品）牌。2002年，实行品牌整合，开发乘风（新红），并逐步取代乘风（特醇）牌。1998年11月，乘风牌卷烟被认定为福建省著名商标；翻盖乘风和乘风（特醇）牌同被国家局评为1996年度卷烟一等品和1999年度卷烟优等品。随着该品牌品质的不断改造优化，产销量迅速上升，从1996年的2.5万箱增长到2003年的10.55万箱。形成一牌多品种的结构。2001年5月，乘风牌卷烟品牌经评估商标权价值达6.68亿元。

四、沉香　厦门卷烟厂的沉香牌卷烟创牌于1981年1月，投放市场后深受中低档卷烟消费群体喜爱，在福建、广东、山西等区域具有忠实和稳定的消费群体，尤其是翻盖产品品质深受好评，销量逐年增长。2000年，沉香牌被国家局评为优等品。2003年，沉香牌号系列计销售24.12万箱，税利8.91亿元，占厦门卷烟厂产品总销量50％，占总税利45％。沉香牌号为厦门卷烟厂扩大产销量规模、提升产品结构、提高经济效益发挥过支柱作用。1999—2003年，沉香（红）卷烟被国家局评为卷烟产品牌号优等品；2002年，沉香系列被评为福建省用户满意产品；2003年，再次荣膺佳誉，并获得福建省名牌产品和福建省著名商标称号。2004年4月，品牌整合后停止生产。

五、金桥　华美公司的金桥牌卷烟诞生于1988年10月，一经问世成为中式混合型卷烟的知名品牌。曾获全国最畅销牌号称号。1994年成为全国29个名优卷烟牌号。被评为1997—1998年度全国优质卷烟，产品畅销全国20多个省市，被国家局纳入全国卷烟百牌号目录。2004年9月，华美公司合资经营期满后，中外合作的金桥牌卷烟成为厦门卷烟厂的产品。2006年底，诞生的新一类卷烟国际金桥牌成为福建省卷烟工业的特色品牌。2007年底，开发混合型金桥（英伦奶香）新产品。2008年7月，金桥牌被国家局确定为视同前20名全国性重点骨干品牌考核。

六、特牌　厦门卷烟厂特牌卷烟是1991年研制的烤烟型84毫米软包装的三类卷烟。特别自然，自然特别，是特牌卷烟的特色与灵魂。产品的外包装以厦门特区林立的高楼大厦为背景。内在吸味自然醇和，净而不杂。1992 年，被评为全国卷烟配方改革中标主品。1994 年，被中国烟草总公司评为全国 49 种名优烟之一。1999 年，被评为全国名优卷烟。2000 年产量 10.45 万箱。2004 年底停止生产。

七、富健　龙岩卷烟厂的富健牌卷烟由原福建牌更名，1985 年创牌投产。富健牌系列产品属烤烟型滤嘴卷烟，以龙岩永定特色烤烟为原料，具福建省烤烟浓、醇、厚之风格。曾获部优、省优等荣誉称号，被总公司列为中国 39 种名烟之一。90 毫米滤嘴富健牌被省公司指定为专卖外汇的卷烟。1991 年研制的浓郁香型出口富健牌在当年秋季广交会上展销，获得外商定单，首次成为福建省直接出口的卷烟品牌。1992 年新增 84 毫米翻盖富健牌。1993 年，经配方和包装改造的 84 毫米特制富健牌卷烟，1994 年被评为福建省消费者信得过产品、第五届亚洲太平洋国际贸易博览会金奖、福建省第二届工业品博览会金奖；被国家局评为 1997—1998 年度名优卷烟。1998 年度被评为福建省卷烟一等品。2000 年产量从 1994 年的 9.6 万箱增至 15.1 万箱，销量以每年 1 万箱的速度逐年递增。2001 年，该产品与七匹狼、乘风牌成为龙岩卷烟厂新世纪产品发展的高、中、低档三大支柱产品。2005 年，富健牌被整合纳入石狮牌号。

八、古田　龙岩卷烟厂的古田牌卷烟创牌于 1971 年。产品以福建省闽西上等烤烟为主要原料，品质优良香味清雅。1991 年，开发的翻盖古田牌卷烟，产品质量稳定，曾获福建省优质产品称号，是消费者信得过产品（福建省消费者委员会证书）。1994 年后，开发的翻盖古田（红）牌新品，香气细腻、飘逸，醇和度好，口感舒适。商标主体图案为革命历史旧址——古田会议会址。翻盖古田（精品）牌卷烟精选云南、福建及进口上等优质烟叶为主料，辅以高级香精香料。香气纯正，细腻优美，余味纯净舒适。商标图案以古田会址为主体，辅以扇形图案烫金衬托的有机组合。配彩丝网磨砂印刷工艺，画面装潢别具一格。1994 年，古田牌获第五届亚洲太平洋国际贸易博览会金奖；2000 年，古田（红）牌被省公司评为福建省卷烟一等品。2004 年，被整合成七匹狼（古田）牌号。

九、友谊　厦门卷烟厂的友谊牌卷烟创牌于 1972 年，原为乙级无滤嘴烤烟型卷烟，1980 年改为滤嘴烟。特点是烟香显露，劲头适中，稍有刺激性。燃烧性好，余味干净，装潢大方美观，价格适宜，颇受消费者欢迎。曾获产品产量年超十万大箱奖，曾被评为福建省优质产品、消费者信得过产品、全国畅销品牌等称号。1998 年，友谊（特制）是厦门卷烟厂石狮、沉香等四大支柱牌号之一，2003 年，福建省卷烟工业实施品牌整合后，逐步减少直到取消生产。

十、喜来宝　畲山卷烟厂的喜来宝牌卷烟创牌于 1987 年 11 月，为乙级烤烟型。1991 年 5 月，开发清香浓味喜来宝（白）牌被评为福建省优质产品。1992 年后，又相继开发喜来宝特制、翻盖喜来宝（精品）牌等系列产品。2000 年销售量达 3.98 万箱，占当年畲山卷烟厂总产量 5.5 万箱的 72.37%。至 2003 年 4 月，畲山卷烟厂停止卷烟生产止，累计生产喜来宝（白）牌卷烟 39.2 万箱，占畲山卷烟厂历年总产量 65.11 万箱的 60% 以上。1997

年、1998 年蝉联福州市著名商标。产品畅销福建省内 66 个县市和省外东北、新疆等 9 个省、市（自治区）。2003 年该牌号移归厦门卷烟厂生产。2005 年 7 月，厦门卷烟厂依据新销区消费者的意见，对喜来宝牌配方口味进行改进后，发往内蒙古自治区的 10 个地市。2007年 1 月后停止生产。

十一、云福　云福牌卷烟系原云霄卷烟厂与云南省公司联营生产的产品；1994 年后改为省公司与云南省公司联营生产牌号。该产品于 1988 年 9 月试制成功，1989 年元月投入批量生产，1989 年 7 月获准注册。云福牌卷烟系甲级烤烟型过滤嘴软包装卷烟。产品以云南等地上等烟叶为主要原料，吸味清香醇和，具有云烟风格。曾获福建省新产品开发奖。1991 年后该牌号形成系列产品，分一、二、三类卷烟档次，产品主要销往福建省内及新疆维吾尔自治区等地。1999 年 2 月停产。

十二、健牌　健牌卷烟原为龙岩卷烟厂产品，创牌于 1983 年，属混合型卷烟，有 70 毫米、84 毫米、90 毫米规格品种。商标图案以中国女排之英姿为特征。1993 年，该牌号改由龙岩卷烟厂永定分厂代加工，并由龙岩卷烟厂协助永定分厂改混合型为烤烟型卷烟。于1996 年 8 月停止生产。

十三、老君　老君牌为乙级烤烟型卷烟，是泉州卷烟厂 1992 年开发并注册的产品，与刺桐牌卷烟同为该厂的主要产品。于 1995 年 7 月后停止生产。

表 3－7　　　1991—2008 年福建省卷烟牌号一览表（含同牌号系列卷烟）

序号	牌号	类别	规格包装类型	生产（或开发、注册）年份	生产厂	联营单位（或备注）
1	肯尼迪	甲级	混合	1991	厦门卷烟厂	
2	南　风	乙级	烤烟	1992	厦门卷烟厂	
3	特　牌	甲级	烤烟	1992	厦门卷烟厂	
4	老　君	乙级	烤烟	1992	泉州卷烟厂	
5	梅花山	一类	84mm 硬盒烤烟	1993	龙岩卷烟厂	
6	乐依来	一类	84mm 硬盒烤烟	1993	厦门卷烟厂	
7	海　峡	二类	84mm 硬盒烤烟	1994	龙岩卷烟厂	
8	绮　丽	四类	84mm 软包烤烟	1994	龙岩卷烟厂	
9	七匹狼（白）	一类	84mm 硬盒烤烟	1995	龙岩卷烟厂	晋江市烟草公司
10	乘风（黄）	三类	84mm 硬盒烤烟	1995	龙岩卷烟厂	
11	绮　丽	三类	84mm 硬盒烤烟	1995	龙岩卷烟厂	
12	福　建	二类	84mm 硬盒烤烟	1995	龙岩卷烟厂	
13	采茶灯	三类	84mm 软包烤烟	1995	龙岩卷烟厂	（特制）
14	大金湖	一类	84mm 硬盒烤烟	1995	龙岩卷烟厂	三明市烟草分公司

续表 3—7

序号	牌号	类别	规格包装类型	生产（或开发、注册）年份	生产厂	联营单位（或备注）
15	必得福	二类	84mm 全包装烤烟	1995	畲山卷烟厂	
16	古 榕	二类	84mm 全包装烤烟	1995	畲山卷烟厂	福州市烟草分公司
17	厦 门	一类	84mm 硬盒烤烟	1995	厦门卷烟厂	
18	土 楼		84mm 软包烤烟	1995	永定分厂	
19	武夷山	一类	84mm 硬盒烤烟	1996	龙岩卷烟厂	南平市烟草公司
20	乘风（蓝）	三类	84mm 软包烤烟	1996	龙岩卷烟厂	
21	乘 风	二类	84mm 硬盒烤烟	1996	龙岩卷烟厂	（特醇）
22	乘 风	二类	84mm 软包烤烟	1996	龙岩卷烟厂	（特醇）
23	乘 风	三类	84mm 软包烤烟	1996	龙岩卷烟厂	（黄）
24	古 田	二类	84mm 软包烤烟	1996	龙岩卷烟厂	
25	石 狮	一类	84mm 硬盒烤烟	1996	厦门卷烟厂	石狮市烟草公司
26	金 海		烤烟	1996	厦门卷烟厂	
27	东 沙		烤烟	1996	厦门卷烟厂	
28	三 沙	二类	84mm 硬盒烤烟	1996	畲山卷烟厂	宁德市烟草分公司
29	麒麟山	二类	84mm 硬盒烤烟	1996	畲山卷烟厂	三明市烟草分公司
30	9503	二类	84mm 软包烤烟	1996	畲山卷烟厂	顺昌县烟草公司
31	喜来宝（黄）		84mm 硬盒烤烟	1996	畲山卷烟厂	漳州市烟草分公司
32	喜来宝	二类	84mm 硬盒烤烟	1996	畲山卷烟厂	（精品）
33	古 榕	二类	84mm 硬盒烤烟	1996	畲山卷烟厂	
34	飞 特		84mm 硬盒烤烟	1996	厦门卷烟厂	
35	闽 都		84mm 硬盒烤烟	1996	厦门卷烟厂	省公司
36	王中狼	一类	84mm 硬盒烤烟	1996	龙岩卷烟厂	
37	虎 豹	一类	84mm 硬盒烤烟	1996	龙岩卷烟厂	
38	爽 爽		84mm 硬盒烤烟	1996	厦门卷烟厂	
39	石狮（红）	一类	84mm 硬盒烤烟	1997	厦门卷烟厂	
40	七匹狼（红）	一类	84mm 硬盒烤烟	1997	龙岩卷烟厂	晋江市烟草公司
41	七匹狼	一类	84mm 硬盒烤烟	1997	龙岩卷烟厂	（金）
42	乘 风	一类	84mm 硬盒烤烟	1997	龙岩卷烟厂	（精品）
43	梅花山	二类	84mm 硬盒烤烟	1997	龙岩卷烟厂	（新）
44	丹尼（白）	二类	84mm 硬盒烤烟	1997	龙岩卷烟厂	香港瑞源、厦门泰成
45	采茶灯	三类	84mm 硬盒烤烟	1997	龙岩卷烟厂	

续表 3—7

序号	牌号	类别	规格包装类型	生产(或开发、注册)年份	生产厂	联营单位(或备注)
46	华　友	二类	84mm 硬盒、混合型、低焦油	1997	龙岩卷烟厂	日本 JT 烟草
47	麒麟山	二类	84mm 硬盒烤烟	1997	畲山卷烟厂	（红）
48	丹尼（红）	二类	84mm 硬盒烤烟	1998	龙岩卷烟厂	
49	丹　尼		84mm 硬盒烤烟	1998	龙岩卷烟厂	（精品）
50	闽　南	一类	84mm 硬盒烤烟	1998	龙岩卷烟厂	
51	石　狮	二类	84mm 硬盒烤烟	1998	厦门卷烟厂	（特醇）
52	安　心		84mm 硬盒烤烟	1998	厦门卷烟厂	
53	远　华		84mm 硬盒烤烟	1998	厦门卷烟厂	
54	奋　发		84mm 硬盒烤烟	1998	厦门卷烟厂	
55	喜来宝		84mm 硬盒烤烟	1998	畲山卷烟厂	（红）
56	三沙（红）	一类	84mm 硬盒烤烟	1998	畲山卷烟厂	
57	三沙（白）	一类	84mm 硬盒烤烟	1999	畲山卷烟厂	
58	石　狮	一类	84mm 硬盒烤烟	1999	厦门卷烟厂	（极品）
59	威　胜		84mm 硬盒混合	1999	厦门卷烟厂	美国雷诺士
60	七匹狼	一类	94mm 硬盒烤烟	1999	龙岩卷烟厂	（白长滤嘴）
61	黄　兰	三类	84mm 软包烤烟	1999	龙岩卷烟厂	
62	梅花山	二类	84mm 硬盒烤烟	1999	龙岩卷烟厂	（红）
63	乘风（红）	二类	84mm 硬盒烤烟	1999	龙岩卷烟厂	
64	乘风（红）	四类	84mm 软包烤烟	1999	龙岩卷烟厂	（软包）
65	古　田	一类	84mm 硬盒烤烟	1999	龙岩卷烟厂	（精品）
66	武夷山	一类	84mm 硬盒烤烟	1999	龙岩卷烟厂	（精品）
67	大金湖	一类	84mm 硬盒烤烟	2000	龙岩卷烟厂	（红）
68	七匹狼	一类	84mm 硬盒烤烟	2000	龙岩卷烟厂	（白 11mg）
69	七匹狼	二类	84mm 硬盒混合	2000	龙岩卷烟厂	（白 9mg）
70	七匹狼	一类	84mm 硬盒烤烟	2000	龙岩卷烟厂	（红五支装）
71	乘　风	一类	90mm 硬盒烤烟	2000	龙岩卷烟厂	（精品）
72	乘　风	一类	长滤嘴硬盒烤烟	2000	龙岩卷烟厂	（精品）
73	古　田	一类	84mm 硬盒烤烟	2000	龙岩卷烟厂	（精品 11mg）
74	石狮（王）	一类	84mm 硬盒烤烟	2000	厦门卷烟厂	
75	石　狮	二类	84mm 硬盒烤烟	2000	厦门卷烟厂	（超醇）
76	喜来宝		84mm 硬盒烤烟	2000	畲山卷烟厂	（黄卡）

续表 3-7

序号	牌号	类别	规格包装类型	生产(或开发、注册)年份	生产厂	联营单位(或备注)
77	喜来宝		84mm 硬盒烤烟	2000	畲山卷烟厂	（红卡）
78	三沙		84mm 硬盒烤烟	2000	畲山卷烟厂	（红卡）
79	七匹狼	一类	84mm 硬盒烤烟	2001	龙岩卷烟厂	（醇红）
80	七匹狼	一类	84mm 硬盒烤烟	2001	龙岩卷烟厂	（红 10 支装）
81	七匹狼	一类	84mm 硬盒烤烟	2001	龙岩卷烟厂	（珍品）
82	七匹狼	一类	84mm 硬盒烤烟	2001	龙岩卷烟厂	（醇红塑盒）
83	七匹狼	一类	84mm 硬盒烤烟	2001	龙岩卷烟厂	（红出口）
84	七匹狼	二类	84mm 硬盒薄荷	2001	龙岩卷烟厂	（薄荷 9mg）
85	七匹狼	二类	84mm 硬盒烤烟	2001	龙岩卷烟厂	（枣红）
86	乘风（新）	三类	84mm 硬盒烤烟	2001	龙岩卷烟厂	
87	富健（黄）	三类	84mm 硬盒烤烟	2001	龙岩卷烟厂	
88	富健（黄）	三类	84mm 软包烤烟	2001	龙岩卷烟厂	
89	富健	三类	84mm 硬盒烤烟	2001	龙岩卷烟厂	（特醇）
90	三沙（红）		84mm 软包烤烟	2001	畲山卷烟厂	
91	三沙（兰）	二类	84mm 硬盒烤烟	2001	畲山卷烟厂	
92	石狮（黑）	一类	84mm 硬盒烤烟	2001	厦门卷烟厂	
93	石狮（金）	一类	84mm 硬盒烤烟	2001	厦门卷烟厂	
94	石狮（新）	二类	84mm 硬盒烤烟	2001	厦门卷烟厂	
95	石狮	三类	84mm 硬盒烤烟	2001	厦门卷烟厂	（特制）
96	七匹狼	一类	84mm 硬盒烤烟	2002	龙岩卷烟厂	（经典）
97	七匹狼	一类	84mm 硬盒烤烟	2002	龙岩卷烟厂	（醇红出口）
98	七匹狼	二类	84mm 硬盒烤烟	2002	龙岩卷烟厂	（白 10 支装）
99	七匹狼	二类	84mm 硬盒烤烟	2002	龙岩卷烟厂	（吉祥）
100	七匹狼	二类	84mm 硬盒烤烟	2002	龙岩卷烟厂	（豪情）
101	乘风	三类	84mm 硬盒烤烟	2002	龙岩卷烟厂	（新红）
102	乘风	三类	84mm 硬盒烤烟	2002	龙岩卷烟厂	（特醇出口）
103	武夷山	一类	84mm 硬盒烤烟	2002	龙岩卷烟厂	（纯真）
104	石狮	一类	84mm 硬盒烤烟	2002	厦门卷烟厂	（经典）
105	七匹狼	一类	84mm 硬盒烤烟	2003	龙岩卷烟厂	（白出口）
106	七匹狼	一类	84mm 硬盒烤烟	2003	龙岩卷烟厂	（SP300）
107	七匹狼	二类	84mm 软包烤烟	2003	龙岩卷烟厂	（灰）
108	七匹狼	二类	84mm 硬盒烤烟	2003	龙岩卷烟厂	（白 21）

续表 3—7

序号	牌号	类别	规格包装类型	生产(或开发、注册)年份	生产厂	联营单位(或备注)
109	石狮	二类	84mm 硬盒烤烟	2003	厦门卷烟厂	(新白)
110	石狮	一类	84mm 软包烤烟	2003	厦门卷烟厂	(吉祥)
111	七匹狼	二类	84mm 硬盒烤烟	2004	龙岩卷烟厂	(白金)
112	七匹狼	二类	84mm 硬盒烤烟	2004	龙岩卷烟厂	(古田)
113	七匹狼	一类	84mm 软包烤烟	2005	龙岩卷烟厂	(SP500)
114	七匹狼	一类	84mm 软包烤烟	2005	龙岩卷烟厂	(软红)
115	乘风	三类	84mm 硬盒烤烟	2005	龙岩卷烟厂	(枣红)
116	乘风	三类	84mm 软包烤烟	2005	龙岩卷烟厂	(软枣红)
117	石狮	三类	84mm 软包烤烟	2005	龙岩卷烟厂	(软富健)
118	石狮	三类	84mm 硬盒烤烟	2005	厦门卷烟厂	(沉香)
119	石狮	三类	84mm 硬盒烤烟	2005	厦门卷烟厂	(如意)
120	石狮	四类	84mm 硬盒烤烟	2005	厦门卷烟厂	(富健)
121	石狮	四类	84mm 硬盒烤烟	2005	厦门卷烟厂	(吉庆)
122	七匹狼	一类	84mm 硬盒烤烟	2006	龙岩卷烟厂	(金典)
123	金桥	一类	84mm 硬盒烤烟	2006	厦门卷烟厂	国际
124	金桥		84mm 硬盒烤烟	2007	厦门卷烟厂	(国际红)
125	七匹狼	一类	84mm 硬盒烤烟	2007	龙岩卷烟厂	(庆典)
126	七匹狼	一类	84mm 硬盒烤烟	2007	厦门卷烟厂	(醇典)
127	七匹狼	一类	84mm 硬盒烤烟	2007	厦门卷烟厂	(豪迈)
128	七匹狼	一类	84mm 硬盒烤烟	2007	厦门卷烟厂	(红金)
129	金桥	一类	84mm 硬盒混合型	2008	厦门烟草工业公司	(英伦奶香)
130	七匹狼	一类	84mm 硬盒烤烟	2008	厦门烟草工业公司	(纯典)
131	七匹狼	一类	84mm 硬盒烤烟	2008	厦门烟草工业公司	(豪运)
132	七匹狼	一类	84mm 硬盒烤烟	2008	龙岩烟草工业公司	(雅典)
133	七匹狼	一类	84mm 硬盒烤烟	2008	龙岩烟草工业公司	(醇金)

备注：一类卷烟：每条（200 支）不含增值税调拨价格 50 元（含）以上；

二类卷烟：每条（200 支）不含增值税调拨价格 30 元（含）～50 元；

三类卷烟：每条（200 支）不含增值税调拨价格 15 元（含）～30 元；

四类卷烟：每条（200 支）不含增值税调拨价格 10 元（含）～15 元；

五类卷烟：每条（200 支）不含增值税调拨价格 10 元以下。

从 2007 年 1 月 1 日起，一至五类卷烟每条（200 支）不含增值税调拨价格依次调为：100 元（含）以上；50（含）～100 元；30（含）～50 元；16.50（含）～30 元；16.50 元以下。

第五节 联营与合作

一、联营

1991年，厦门卷烟厂与厦门经济特区贸易有限公司开展联营合作，采取借船出海的办法，即利用外商的市场及商标，开发乙级混合型肯尼迪牌香烟。联营产品突出美式混合型香烟风格，符合国际流行口味，1991年批量生产，产品为外商接受全部出口。

1993年，云霄卷烟厂与云南省公司联营生产的云福牌卷烟，根据双方联营生产协议，完成产量5000箱，云霄卷烟厂须支付给云南省公司技术转让费共计270万元。1994年，华美公司为增加卷烟出口外销产量，委托福建省烟草进出口公司代为出口烟丝，与香港雷诺士卷烟厂联合卷制部分香烟，在海外销售。1995年，华美公司共出口烟丝687.84吨，生产卷烟1.8万箱；创税前利润376.86万美元，所得税62.18万美元，净利润为298.95万美元。

1994—1995年，是福建省烟草发展最困难的时期。受"假、私、非、超"四种卷烟的冲击，卷烟集市价格下跌。当时福建省地产卷烟牌号虽多，但大多是属中低档产品，市场竞争能力弱，销售处于劣势，严重影响福建省烟草行业经营效益。鉴此，1994年，省局（公司）开始实施扩名牌计划。1995年，鼓励企业走"工商联手、共创名牌"的联产联销的新路子，省内各商业公司与卷烟厂纷纷联手开发由商业公司专销的卷烟牌号，龙岩卷烟厂率先与晋江市公司联营开发翻盖七匹狼（白）牌香烟，借名牌创品牌，开发福建中高档优质卷烟。在晋江建市三周年庆典之际面市，第一年就生产1万箱，销售8853箱，销售收入达1.52亿元，产品由晋江市公司总经销。工商双方实施名牌计划，以依靠提升地产烟质量，创造名优卷烟，增进效益内涵发展的方式带动经济增长。为福建省创名优烟，为企业增效益。之后，龙岩卷烟厂与三明分公司联营开发翻盖大金湖牌；与福州分公司联营开发全包装古田牌卷烟；与永定县公司共同开发翻盖虎豹牌；与南平分公司联营开发翻盖武夷山牌卷烟。

1996年7月，石狮市公司与厦门卷烟厂联营开发石狮专销牌号，年底共销售翻盖石狮（白）牌卷烟5000多箱，上缴税利1000多万元。龙岩卷烟厂与日本烟草株式会社共同开发焦油含量13毫克/支以下的华友牌卷烟。畲山卷烟厂先后与福建省内的长乐市、南安市，顺昌、霞浦县等公司和漳州、三明、宁德分公司，联营开发古榕、9503、硬盒翻盖喜来宝（黄）、喜来宝（精品）、麒麟山、三沙等专销牌号。1997年7月，龙岩卷烟厂与晋江市公司又联合开发翻盖七匹狼（红）牌专销卷烟；与香港瑞源公司、厦门泰成公司联合研制开发硬盒翻盖丹尼牌卷烟。1998年，龙岩卷烟厂与福州分公司联营再次推出硬盒翻盖古田（红）牌卷烟，由该公司总经销。云霄卷烟厂与云霄县公司实行翻盖金三角牌卷烟的联营专销，双方议定由云霄卷烟厂负责生产；云霄县公司新产品经营部负责包销，同时承担印制该牌号的商标设计和成本费用，1999 年后着重于来料加工。

二、来料（牌）加工

1999 年 6 月 9 日，国家局批准华美公司来料加工雷诺士公司 MORE（摩尔）、MONTECARLO（蒙地卡罗）牌卷烟。规定来料加工的卷烟必须全部出口，不得在国内销售，并与雷诺士公司具体签订《卷烟来料加工合同》。来料加工卷烟的出口统一由中国烟草进出口总公司管理并组织实施。7 月 30 日，厦门卷烟厂代替对口支援单位西藏自治区林芝地区加工国家计委批给的 0.4 万箱卷烟，由厦门卷烟厂付给有偿转让费 450 万元，产品在林芝地区销售。同年，厦门卷烟厂与印尼三宝麟公司合作，达成来牌加工生产 RAVE 牌混合型卷烟的协议。产品配方风格有全味、醇味、超醇、薄荷等口味；焦油含量有 6～15 毫克，规格有：84 毫米翻盖过滤嘴、100 毫米滤嘴混合型软包卷烟等 20～30 种。加工产品限在中国境外市场销售，不得返销中国境内市场或销售给第三方。2000 年 2 月 21 日，双方正式签订合同开始执行来牌加工业务，所加工产品主要销往美国、新加坡、马来西亚、文莱、南美等国外市场（至 2003 年 2 月，出口 1.2 万箱，创汇 300 余万美元，2004 年 12 月，结束此项代加工业务）。

2000 年 7 月，福建省烟草进出口公司与香港恒昌（集团）国际有限公司在厦门达成出口卷烟来牌加工协议，加工的牌号为 REGAL CROWN（豪华皇冠）。委托龙岩卷烟厂组织生产加工，由福建烟草进出口公司负责出口。产品商标由美国 ACT—TECHINTERNATIONAL，INC 公司在美国注册并拥有。产品通过香港恒昌（集团）国际有限公司在菲律宾及缅甸市场销售。来牌加工数量每年 0.6 万～1 万箱，规格为 84 毫米混合型和烤烟型硬盒全包装过滤嘴卷烟。原辅材料由龙岩卷烟厂在中国自行采购，生产加工的卷烟产品应符合双方合同约定的技术和质量标准。价格条件为：烤烟型 CIF 缅甸 355 美元/箱，CIF 菲律宾 360 美元/箱；混合型 CIF 缅甸 315 美元/箱，CIF 菲律宾 320 美元/箱。华美公司为厦门卷烟厂加工丰产牌卷烟 1798 箱，增加销售收入 56 万元；并与吉林省延吉卷烟厂合作加工豪士牌卷烟。

2001 年 6 月，龙岩卷烟厂为香港市场加工出口七匹狼（红）牌卷烟 60 箱（300 万支），这是福建七匹狼牌卷烟产品首次出口境外市场。2002 年 11 月，龙岩卷烟厂与沈阳卷烟厂开展联营加工七匹狼（68 吉祥）牌卷烟。12 月 9 日，首批烟丝在龙岩卷烟厂加工，次年元旦后在沈阳市市场正式投放。2003 年 3 月 18 日，首批发往沈阳卷烟厂梅花山（红）牌烟丝在龙岩卷烟厂制丝车间生产，运抵沈阳后由沈阳卷烟厂进行卷制包装并使用其生产指标。截至 9 月，龙岩卷烟厂向沈阳卷烟厂提供生产 2580 箱七匹狼（68 吉祥）和 1 万箱梅花山牌的配套辅助材料。当年联营加工计划为 1 万箱，实际完成 9994 箱。龙岩卷烟厂还为汤加共和国加工生产由福建烟草进出口公司注册的 Kuonga 牌卷烟烟丝 236.4 箱，烟丝配方根据太平洋岛国汤加的口味研制加工，烟丝出口汤加进行卷接包，由龙岩卷烟厂派员给予技术支持指导，后因当地市场销路不畅而终止生产。

2003年7月，厦门卷烟厂与美国Medallion Brands International Company达成来牌加工卷烟协议，由厦门卷烟厂生产加工美国公司的"KICKBACK"牌卷烟，专供在中国境外销售。同年，为满足福建省四类卷烟市场的需求，在省局（公司）牵头协调下，厦门卷烟厂和重庆市烟草工业公司达成委托加工友谊（软特制）牌卷烟的协议。是年，委托重庆加工友谊牌卷烟产量为3.8万箱。由厦门卷烟厂负责提供所需的原辅材料及产品配方，加工的卷烟全部由省公司购回，调拨福建省内市场销售。重庆市加工生产的友谊（软特制）牌卷烟销售价（不含增值税）为：3162.39元/箱，12.65元/条；（含增值税）3700元/箱，14.8元/条。

2006年12月，龙岩卷烟厂生产出口朝鲜妙香牌卷烟86箱（430万支）。2007年，龙岩卷烟厂七匹狼牌卷烟在省外的河北省张家口、河南省郑州、江西省赣南卷烟厂联营定向加工产量达2万箱；厦门卷烟厂与郑州卷烟厂联营加工七匹狼（豪情）牌卷烟1万箱。2008年龙岩烟草工业公司与张家口、赣南两家卷烟厂联营加工产量为5.8万箱，并来牌加工国外万宝路牌卷烟0.61万箱；厦门烟草工业公司与河南郑州卷烟厂联营加工产量为3万箱。是年，福建中烟在境外销售联营加工卷烟1199.2箱，出口朝鲜妙香牌卷烟616箱、菲律宾石狮牌79箱，金桥牌卷烟首次出口在台湾销售504箱。

三、互换加工

2005年，福建中烟开始品牌整合工作，福建省内销售的七匹狼（白）牌卷烟在厦门卷烟厂正式加工生产，产品配方烟丝由龙岩卷烟厂提供，厦门卷烟厂负责卷包。2006年，部分七匹狼（红）牌在厦门卷烟厂加工，生产模式与加工七匹狼（白）牌卷烟一致。石狮（软富健）牌开始在厦门卷烟厂进行制丝和卷包。至2006年底，厦门卷烟厂累计生产加工七匹狼（白）牌6.92万箱、七匹狼（红）牌3.51万箱，石狮（软富健）牌1.22万箱。两厂在产品互换加工过程中加强作业流程的工作梳理，完善产品互换加工的管理制度，理顺物资结算流程，实现产品的同质化生产。随着互换加工牌号数量增多，为减少材料运输等费用，在福建中烟的协调下，龙岩卷烟厂七匹狼（红）牌的烟箱、内衬纸、舌头纸、水松纸由供应商直接送达厦门卷烟厂，并委托厦门卷烟厂检验；商标纸采取检查前移到供应商仓库，合格商标纸直接送达厦门卷烟厂，其余辅助材料由龙岩卷烟厂调发。

2007年，七匹狼牌卷烟在厦门卷烟厂加工31万箱。2008年，七匹狼牌系列产品在厦门烟草工业公司生产41.7万箱。

四、国外合作

90年代以前，厦门卷烟厂率先与美国雷诺士烟草国际有限公司（下称雷诺士公司）合作经营卷烟生产，生产美国雷诺士公司的骆驼、云丝顿牌卷烟和共同创新金桥牌卷烟，此外还开发专供出口的喜必利牌卷烟。

1995 年底，龙岩卷烟厂与日本烟草株式会社签订共同开发华友牌混合型卷烟的合同。在与日本 JT 公司开展技术合作中，日方先后 6 次派专家组到该厂工作，对生产设备提出上百项整改要求并提供相当部分的技术资料、测试和检验数据。1997 年 5 月，龙岩卷烟厂与日方合作开发的混合型华友牌卷烟成功与消费者见面。中日技术合作的发展推动龙岩卷烟厂的配方技术、工艺管理技术上一个新台阶。解决制丝生产打叶整体质量差、梗丝含末率高和在线生产烟叶损耗大等问题。

1998 年，厦门卷烟厂与雷诺士公司合作研制生产混合型威胜（11 毫克/支）牌卷烟。1999 年，继续开展第二轮技术合作。由雷诺士公司提供专业技术，帮助厦门卷烟厂全面提升配方技术、工艺保证、质量控制、设备性能、加香加料、辅料选用和人员素质水平的提高等；对制丝生产线和工艺全面进行改造提升，确保卷烟设计和生产技术达到国际标准；在此基础上，协助开发生产具有国际水平的混合型卷烟新牌号。通过与雷诺士公司共同合作开发威胜牌混合型卷烟的过程，进一步学习国外企业产品开发、辅料设计的程序和方法。与 RJR 的合作，学习其配方技术、工艺技术及原辅材料的使用技术，提升低焦油和混合型卷烟产品的设计能力，为研制开发低焦油混合型卷烟产品积累技术与经验。12 月 23 日，与日本技术合作完成威胜牌混合型卷烟中试。厦门卷烟厂还与印尼三宝麟公司合作生产瑞湖（Rave）牌混合型卷烟产品。

1999—2000 年，厦门卷烟厂与雷诺士公司合作开发威胜牌混合型卷烟期间，雷诺士公司先后派出烟草工艺、烟草设备、产品配方、质量管理、烟虫防治、烟叶选定、市场销售等方面专家数 10 人（次）到厦门卷烟厂，对相关业务技术提供支持和帮助。2002 年 5 月，日本烟草（国际）有限公司［下称日本（国际）公司］收购雷诺士公司股权后，厦门卷烟厂延续与雷诺士公司的合作项目与日本（国际）公司开展技术合作。日本（国际）公司派一位专家驻厂两年，还先后派 10 多位各种专业的技术人员到厂指导合作事宜，提供易地迁厂改造工程的工艺布局、厂房设计、装备动力、人力资源等方面的技术援助，并邀请由厦门卷烟厂易地技改工程总指挥、副总指挥、技术中心、制丝车间、装备动力部等部门领导组成的考察团，到德国、俄罗斯、土耳其的日本（国际）公司所在地考察学习，为易地搬迁工程提供有借鉴参考价值的一手资料。

2004 年，龙岩卷烟厂与美国菲利普·莫里斯国际公司（下称菲莫公司）开展万宝路牌在中国生产与销售的技术合作。4 月，龙岩卷烟厂与菲莫公司正式开展生产许可与销售方式的卷烟产品技术合作项目。主要内容有：生产线的技术评估，万宝路（软红）、（软白）的中试，AIRCO 线的改造，OA 培训，二氧化碳膨胀烟丝生产线的考察，叶丝线、膨胀烟丝线、梗丝线的中试等。同时在产品中试、原辅材料进口及辅助材料国产化、工艺质量控制、设备软件系统等方面进行沟通、探讨、合作。

2005 年 1 月，菲莫公司专家来龙岩卷烟厂进行万宝路（软白）牌样烟试制，并就二氧化碳膨胀烟丝设备改造进行探讨。7月和9月，菲莫公司制丝设备专家兼副总工艺师两次来龙岩，介绍菲莫公司新的卷烟加工工艺技术和理念，讨论和交流批次生产的软件设计、质量分析、原料辅料追溯、SPC系统、测量设备的校准与核实、卷烟产品辅助设计开发、白肋烟工艺、原辅材料进口等。12月21日，总公司和菲莫公司在北京签署合作协议，就菲莫公司在中国许可生产万宝路牌卷烟，总公司的全资子公司——中国烟草进出口（集团）公司与菲莫公司在国外建立合资公司达成一致意见。同时龙岩卷烟厂与菲莫公司签署万宝路牌卷烟产品《生产与销售许可协议》，总公司正式批准龙岩卷烟厂与菲莫公司合作生产万宝路牌卷烟品牌。

2006年5月，龙岩卷烟厂经菲莫公司确认，完全符合正式生产万宝路品牌的技术规范标准，具备商业化生产条件。自此，国外名牌的万宝路卷烟在中国实现商业化生产。2007—2008年，龙岩烟草工业公司继续开展与菲莫公司的产品加工技术合作，提高企业技术和管理水平。2008年7月24日，万宝路卷烟在龙岩烟草工业公司投产下线，实现本土化生产。

五、国内合作

1993年，厦门卷烟厂为帮助湖北省江陵卷烟厂解决产量不足的困难，也为满足福建省内市场对无滤嘴友谊牌卷烟的需求，与江陵卷烟厂开展技术合作，加工生产友谊牌卷烟。以厦门卷烟厂商标使用权及技术转让的合作形式由江陵卷烟厂生产友谊牌卷烟。1993年10月6日至1994年12月31日，合作产量为1.2万箱，全部产品以1375元/箱价格由厦门分公司收购调拨销售。产量指标及生产损益归江陵卷烟厂统计与承担，厦门卷烟厂收取每箱80元的技术转让费。同年11月，省局批准厦门卷烟厂以商标使用权及技术转让方式在江陵卷烟厂生产无嘴友谊牌卷烟。1994—1995年，畲山卷烟厂也与湖北省江陵卷烟厂开展卷烟生产技术合作，生产山海、喜来宝牌卷烟。

1996年1月，郑州烟草研究院高级工程师夏正林来龙岩卷烟厂调研，通过制丝、卷接包生产车间的检查、测试和分析，对回潮筒排潮不畅造成水渍烟叶；热风循环系统未发挥应有功能；制丝过程加热、加湿喷嘴等提出技术改进方案。从5月到年底，龙岩卷烟厂对200项技术合作整改意见逐一进行改进，单箱消耗烟叶从44.5公斤降至41.35公斤。

1997年，龙岩卷烟厂在初步合作取得成果的基础上，拓展与郑州烟草研究院的技术合作领域，在烟叶仓储管理方面开展烟叶霉变的研究、烟草甲虫与烟草粉螟发生规律的研究、烟叶自然醇化与烟叶合理库存的研究等项技术合作。通过广泛的技术合作，不但使烟叶和其他辅料的消耗大幅下降（其中烟叶平均单耗由1995年的44.5公斤降到1997年的40.97公斤，物耗指标也居行业先进行列），而且整个工艺质量管理、技术创新处于行业先进水平，为企业的长远发展奠定坚实的基础。1998年，龙岩卷烟厂继续与郑州烟草研究院开展烟叶仓储管理、生物化学工程应用和烟叶配方与控焦方面的技术合作。厦门卷烟厂与郑州烟草研究院就薄片加纤起皱技术方面开展技术合作，提高薄片烟丝的质量及利用率。

2003年，厦门卷烟厂参与国家局《制丝工艺技术水平分析及提高质量的技术集成研究推广》项目中的《叶丝和梗丝在线膨胀技术应用研究》和《提高二氧化碳膨胀烟丝质量技术》两个推广应用项目技术合作。

2004年，厦门卷烟厂与郑州烟草研究院开展《滤棒成型工艺运行参数优化应用研究》项目，通过共同研究合作，掌握工艺参数对滤嘴棒的吸阻和硬度的影响程度，确定适宜的参数组合，实现从结果控制转变为过程控制，稳定滤棒质量。与郑州烟草研究院合作的《卷烟三纸一棒计算机辅助设计研究》，为卷烟配方设计在产品维护和新产品开发方面提供技术支撑，为卷烟设计的数字化进程提供必要的技术模块。还与云南瑞升科技有限公司开展《再造烟叶（造纸法）产品开发与卷烟应用》合作项目，目的是提高卷烟产品整体技术含量、替代高价进口薄片、实现卷烟的降焦减害及提质降耗；与湖南省农业大学烟草工程技术研究中心开展《我国主产烟区烟叶化学成分和工业可用性评价》项目合作研究，目的是通过建立全国烟叶采购区控制及化学成分档案管理信息系统，建立厦门卷烟厂烟叶供应系统并投入运行。

2005年，厦门卷烟厂与郑州烟草研究院承担《叶丝和梗丝在线膨胀技术应用研究》和《提高二氧化碳膨胀烟丝质量技术》两个推广应用合作项目，顺利通过国家局的验收；12月，与仲恺林业技术学院开展的《利用生物技术提高梗丝内在质量的应用研究》项目中，首创利用复合酶提高梗丝内在质量技术并申请技术专利。

2006年4月起，厦门卷烟厂与上海亚特兰帝营销咨询有限公司合作，研制具有国际卷烟风格的新型高档中式混合型卷烟——金桥（国际）牌产品。2007年7月，合作研发的金桥（红国际）中端产品面市，焦油含量为11毫克/支。年底，又一技术合作产品——低焦油金桥（英伦奶香）牌卷烟问世。

第六节 专 记

一、降耗工程

1991年，省内卷烟工业开始采用新设备、新工艺、新技术，新材料和应用烟草薄片等手段来降低生产过程烟叶等物资耗费。厦门卷烟厂烟草薄片项目开发成功投产，并在制丝生产中探索一套薄片烟丝的掺和办法，成品烟丝平均掺和3.5%，滤嘴烟2.8%，无滤嘴烟4%，烟叶单耗平均下降2.33公斤，共节约烟叶成本90万元。

1992年，在实施薄片丝掺和的基础上完善制丝生产工艺条件，烟叶单耗又比1991年降低。龙岩卷烟厂烟叶单耗为47.24公斤，比1991年48.5公斤下降2.60%，全年节支降耗达470万元。

1993 年，厦门卷烟厂二车间普烟烟丝风送改为箱装计量送丝，使烟叶单耗下降 2.84 公斤；通过改进工艺设备技术，寻求部分国产玻璃纸（BOPP）、拉线、热溶胶、卷烟纸替代进口材料，共节省差价金额 287.14 万元。通过调整烟草薄片梗末比及用料配方技术，两项共节约 350 万元。沉香卷烟条盒用白板纸节约成本 380 万元；通过加强烟叶仓库管理，使仓耗由 2.5% 降到 1.7%，节约成本 100 万元，全年共节支降耗达 2000 多万元。

1994 年，省内卷烟工业开展"双增双节"活动，通过修订生产车间经济责任方案和原辅材料消耗定额及考核办法、调整产品结构、提高设备有效作业率、加快原辅材料和设备零配件国产化进程等办法，取得降耗成效，烟叶单耗比 1993 年降低 2 公斤/箱，全年共节约烟叶 60 万公斤，价值 5000 万元。同年，华美卷烟有限公司通过更改醋酸纤维规格，醋纤单耗比 1993 年下降，年节约醋酸纤维 8648 公斤，价值达 30 万元。

1995 年，贯彻国家局实施的降耗工程，省局把降低卷烟生产过程中的物质消耗作为检验贯彻新颁布《卷烟工艺规范》成效的一个重要标志。把降低烟叶单箱消耗作为一项系统工程来抓，重点技术改造的龙岩、厦门卷烟厂年度滤嘴烟单箱烟叶消耗要降到 44 公斤以下；厦门卷烟厂、龙岩卷烟厂通过与烟草科研院校加强技术合作，重点采取制丝打叶线改切叶尖为全打叶、烟丝在线膨胀应用新工艺，加香加料、烘丝温湿度控制系统改进等工艺创新措施，解决制丝过程的质量和效果，提高在线烟丝和梗丝的质量。龙岩卷烟厂健全企业管理费、车间经费的核算考核制度，修改完善原辅材料节约奖实施办法，降耗节约达 600 多万元。华美公司通过在线膨胀、打叶复烤、嘴棒风送、卷烟机和包装机组设备工艺的技术改造后，单箱烟叶消耗由 41 公斤/箱降至 38 公斤/箱。畲山卷烟厂通过局部的工艺技术调整，改善成品烟丝结构，提高制丝效果和烟丝填充值，使全年烟叶单箱消耗平均为 43 公斤/箱，比 1994 年 48.2 公斤/箱降耗 5.2 公斤/箱。

1996—1997 年，重点推广降耗技术，使生产过程的工艺参数和设备运行参数达到经济合理、稳定受控；卷烟工业企业滤嘴烟单箱烟叶消耗降到 43 公斤/箱的目标。1996 年，制定出台福建省卷烟工业降耗工程实施方案，要求卷烟工业严格贯彻《卷烟工艺规范》，开展工艺测试，完善生产工艺流程和环境技术条件，使卷烟生产全过程的烟叶有效利用率达 93%，滤嘴烟单箱烟叶消耗降至 43 公斤以下。福建省卷烟工业年度降耗指标为 2000 万元，其中：龙岩、厦门卷烟厂各 800 万元；云霄、畲山卷烟厂各 200 万元。并在福建省烟草科技大会上把综合降耗科技作为福建省烟草科技重点发展的六大工程之一。龙岩卷烟厂实施综合降耗工程，开展烟草薄片、膨胀烟丝、低旦（丙纤）丝束及国产化辅料的应用研究，恢复烟草薄片线生产，增设 1 台 G13－C 烟丝膨胀设备并完成 8 项设备整改，烟叶单耗由年初 44.4 公斤/箱降至年底 42 公斤/箱，年平均单箱烟叶消耗比 1995 年下降 0.75 公斤/箱；厦门卷烟厂通过制定实物消耗定额，落实车间、机台，建立经济责任制；利用在线膨胀新工艺，采用新技术、新材料；全面推行辅助材料和零配件国产化进程等，加快降耗工程的进展。单箱耗烟叶平均下降 1 公斤/箱，其中：嘴烟单箱消耗 42.66 公斤/箱比 1995 年降 0.72

公斤；盘纸、商标、滤嘴棒、条盒等辅助材料消耗指标的实现创历史最好水平。

1997 年，省内卷烟工业扩大烟草薄片和膨胀烟丝的掺和使用比例。畲山卷烟厂建成的辊压法烟草薄片生产线，首次在卷烟产品配方中增加使用薄片烟丝。龙岩、厦门、云霄卷烟厂还积极应用丙纤丝束生产卷烟 5.5 万箱。对影响消耗与产量的关键工序或设备进行改造，全省烟叶消耗大幅降低，平均嘴烟单箱耗烟叶降到 41.11 公斤/箱，仅此就节约资金达 3142 万元。龙岩卷烟厂通过与郑州烟草研究院的技术合作，在降低消耗、提高产品吸味等方面实现突破。全年降耗节支达 3050 万元，其中：平均烟叶单耗 40.91 公斤/箱，比 1996 年同期的 43.47 公斤/箱降 2.56 公斤/箱，提前一年完成国家局下达的 1998 年单箱耗烟叶降至 41 公斤的目标。盘纸单耗 3337 米/箱，滤嘴棒单耗 8477 支/箱，同比各下降 77 米/箱和 77 支/箱；畲山卷烟厂全年降耗节支 550 万元，其中：原辅材料降耗节支 129 万元；合理调控资金节省利息 286 万元，超额完成省公司下达降耗节支 500 万元的目标。是年，龙岩、厦门、畲山、云霄 4 家卷烟厂降耗总金额达 7922 万元。

1998 年，省内卷烟工业平均单箱耗烟叶 39.45 公斤/箱比上年下降 1.61 公斤/箱；厦门卷烟厂推行目标成本管理，加强经济核算和财务分析，全年节支降耗 7016 万元，其中：材料采购和采用新工艺新材料节支 2290 万元。被评为福建省开展降废减损活动先进集体，受到中央电视台的采访和专题报道。龙岩卷烟厂降耗节支达 3400 万元，超额完成年计划 3000 万元的目标。平均烟叶单耗 39.38 公斤/箱，超额完成省公司下达的 39.5 公斤/箱年度目标；标煤、电能消耗同比下降 39%、31%。

1999 年，厦门卷烟厂降耗节支 4641.73 万元，其中：辅料采购国产替代进口节支 1943 万元，配方成本节支 800 万元，设备零配件国产化节支 467 万元；辅助材料降耗 160.73 万元。烟叶单箱消耗 39 公斤/箱，比 1998 年降 0.23 公斤/箱节约成本 171 万元。龙岩卷烟厂单箱烟叶消耗 38.5 公斤/箱，降耗节支 3400 万元。2000 年，厦门卷烟厂在产品研制和配方管理中，突出产品成本和效益的监控。软包装烟支单重由平均 0.94 克/支降到 0.927 克/支；硬盒烟支由 0.935 克/支下降到 0.92 克/支，且重量偏差控制在≤2.3%。龙岩卷烟厂烟叶单箱消耗 37.84 公斤/箱。华美公司的烟叶储备减至合理存量；加速辅助材料的国产化，比计划减少进口零部件 98.7 万元；制造费用比预算成本减少 119 万元。2001 年，厦门卷烟厂有针对性地适时启动一批长中期研究项目，其中完成的四类烟加胶棒应用研究的科研项目，5—11 月，节约生产成本 250 多万元。

2003 年，龙岩、厦门两家卷烟厂易地搬迁，龙岩卷烟厂先进全自动化生产线投产后，烟叶消耗量显著下降，单支含丝量下降 5.1 毫克/支，单箱净含丝量下降 0.255 公斤/箱；厦门卷烟厂海沧新厂试产期间烟叶平均单箱消耗在 36.70 公斤/箱以下。并经配方研究调整，成功在沉香牌中应用薄片烟丝和提高梗丝使用比例，单箱节省成本 13 元，年节约成本 150 万元。

2004 年，龙岩、厦门两家卷烟工业企业按照新版《卷烟工艺规范》和《卷烟工艺测试与分析大纲》要求，对生产全过程加工工艺进行综合测试。龙岩卷烟厂单箱卷烟标准原料消耗为 35.3 公斤/箱，厦门卷烟厂为 35.2 公斤/箱，均小于 38.5 公斤/箱，达到国内卷烟行业领先水平。是年，厦门卷烟厂完成降低成本研究项目 3 个，经推广应用后，1—11 月共计节约成本达 4290 万元，其中：烟叶配方研究与改进，降低烟叶成本 3500 多万元、材料成本节省 290 多万元；通过工艺技术项目研究推广，降低烟丝消耗价值 500 多万元。2005 年，龙岩卷烟厂降耗工程实施五年后，单箱烟叶消耗降至 35.35 公斤/箱，达到全国卷烟工业降耗先进水平。

2007 年，龙岩、厦门烟草工业公司结合开展创新活动和落实福建中烟节能减排的部署，制订企业能源管理目标规划和能源（资源）管理办法，将节能降耗纳入方针目标跟踪管理。龙岩烟草工业公司通过强化内部能源（资源）管理、开展清洁生产活动和推动技术创新等途径，节能减排能源消耗成效明显。万元产值综合能耗、万支卷烟综合能耗和水消耗，分别比 2006 年降 30.34％、19.51％和 11.27％。在开展特色工艺生产线应用技术研究（龙岩）项目中，自主创新成果应用于七匹狼牌系列卷烟产品，拓展烟叶使用范围，原料消耗和配方成本明显降低。

2008 年，龙岩烟草工业公司开展清洁生产评价及审核，顺利通过审核验收。卷烟综合能耗 2.64 公斤/万支，产值综合能耗 14.07 公斤/万元，水消耗 59 公斤/万支，分别低于目标值 0.08 公斤/万支、0.99 公斤/万元和 8.35 公斤/万支；厦门烟草工业公司完成能源和清洁生产的审核验收，获厦门市 2008 年度节水型企业的称号。

二、降焦（减害）工程

根据国家局推出 1996 年末全国滤嘴卷烟的焦油含量平均下降到每支 19.5 毫克，到 2000 年降至平均每支 17 毫克的降低卷烟焦油含量计划目标。1996 年，省局制定福建省卷烟降焦计划，到 2000 年（"九五"末期），滤嘴卷烟焦油含量达到 15 毫克/支以下的要占总产量的 33％，18 毫克/以下的占 66％。

1997 年，厦门卷烟厂通过应用新材料、寻找降焦的有效办法。把高透气度盘纸的应用直接纳入产品的配方设计，当年，新推出的滤嘴友谊（特制）牌卷烟，使用国产 A1 级 40CU 卷烟纸达到降焦效果，并推广使用宽度 58 毫米的印刷水松纸。降低产品焦油含量，提高卷烟安全性的理念已在企业产品技术研究中形成。

1998 年，厦门卷烟厂通过对有一定醇化期、成熟度较好的 50 种烟叶进行化学分析及感官评吸，优选香气浓、烟碱量高、含糖量低的烟叶做原料，以及充分利用菲莫基地的优质低焦油烤烟，适量添加膨胀烟丝、梗丝；合理选用底料、表香等添加剂及试用新型辅助材料等，研制开发低焦油的 11 毫克的硬盒石狮（特醇）牌卷烟，实现产品低焦油的突破，且多项物理降焦技术在生产中得到实践和应用；龙岩卷烟厂进行《低焦油烤烟型设计》、《低焦油混合型卷烟设计》项目的研究，主要内容是：配方技术研究不同叶组组合与香、吸味的关系及其同焦油生成量的关系，从而确定适合的烟叶配方；研究梗丝、膨胀烟丝、薄片的掺和量与焦油生成量的关系，从而确定适当的掺配比例；烟丝膨胀技术研究，确定合适的填丝量；辅料技术上，盘纸选定适宜的透气度及燃烧速度；滤棒选定恰当的吸阻，且充分考虑过滤性；打孔水松纸掌握稀释机理和合适的通风率，香精香料补足稀释后损失的香气，降低稀释后增大的刺激。设计开发并推广低焦油烤烟型与混合型卷烟新产品，使混合型产品的焦油生成量控制在8毫克/支。

　　1999年，省局加快低焦油混合型卷烟开发工作的力度，4月，成立省公司低焦油混合型卷烟开发工作领导小组和办公室。负责制订总体规划和《低焦油混合型卷烟开发计划和实施方案》，建立定期检查进度，制订有关政策和措施，分期分批立项实施，组织协调"五位一体"联合攻关。龙岩、厦门卷烟厂成立相应的领导小组和工作班子，成员由技术，工艺、设备、原料、辅料、生产、质检和销售等部门的人员组成。6月22日，在福州召开福建省卷烟降焦工作座谈会，特邀上海烟草集团技术中心高级工程师许建铭及郑州烟草研究院工艺配方研究室主任罗登山到会作卷烟降焦的专题学术报告。同时，根据福建省实际，采取整体降焦与低焦油产品开发并举的措施，保证降焦工作的落实。一是推进整体降焦，在保持产品质量及风格吸味基本不变的前提下，分阶段降低在产卷烟的焦油含量；二是开发低焦油新产品，并做好低焦油混合型卷烟的配方技术储备。年底前实现两个目标：其一实现单牌号降焦，使一类、二类、三类烟焦油含量分别小于17毫克/支、16毫克/支和15毫克/支；其二实现卷烟厂各开发一个低焦油烤烟型卷烟产品。由省局降焦工作小组统一组织、协调全省降焦和抓好低焦油产品的开发及市场培育。低焦油产品开发实行科研项目负责制。从7月起省公司卷烟二级检测站对省内六大牌号的卷烟产品焦油含量实行跟踪检测，并逐月通报焦油检测结果，以督促各卷烟产品的焦油含量逐月下降。是年，龙岩卷烟厂积极应用激光打孔、膨胀烟丝、烟草薄片等新材料新技术及消化、吸收与日本烟草产业株式会社和郑州烟草研究院的技术合作成果，研制成功焦油量仅为9毫克/支的混合型和烤烟型产品各1个。厦门卷烟厂经过应用气相色谱分析仪等仪器，对历年生产的卷烟牌号及200多个试制的卷烟样品进行焦油、尼古丁、水分含量的测试；用自动化学分析仪逐个分析不同品种、等级单料烟叶的总糖、总烟碱、总挥发碱、总氮的含量后，研制出安心、石狮（特醇）两个新产品。石狮（特醇）牌焦油含量仅11毫克/支，比中焦油卷烟焦油含量下降8~9毫克/支。畲山卷烟厂通过改进产品配方，使在产各品牌卷烟的焦油量比1998年平均下降2毫克/支。

　　2000年初，国家局下达全国卷烟平均焦油量降至15毫克/支，到2005年焦油量平均降至12毫克/支左右的工作目标，同时决定自2001年起，凡超过17毫克/支的卷烟不能进入全国卷烟交易市场。引导福建省卷烟工业企业通过技术创新提高卷烟产品的技术含量，降低卷烟焦油含量，增强产品的市场竞争力。一季度总公司共对全国107家卷烟生产企业333个牌号的卷烟产品进行检验，焦油加权平均值为16.2毫克/支，福建省卷烟产品平均焦油量为 16.5 毫克/支，高出全国加权平均值 0.3 毫克/支。为此，省公司加大对卷烟降焦的技术研究进度，指导工业企业合理选择原料进行卷烟叶组配方，在卷烟配方中使用焦油释放量较低的烟叶。使企业建立起一套较完整的烟叶内在质量的数据库，以运用科学技术措施，为研制和开发低焦油卷烟产品做好准备。同时突出抓制丝工艺环节，把提高填充力作为重点，在线生产中稳定各工序物料组分、流量、水分和温度，使其处于最佳工艺状态，为降焦工作创造良好条件。对卷烟单支重量及抽吸口数进行合理控制，并在配方中掺配合理比例的膨胀烟丝，扩大其使用范围，发挥烟丝燃烧效果；指导并提供合理的辅料选择，通过适当调整滤嘴棒规格、吸阻及丝束的旦数，推动企业有效降低卷烟焦油含量。6 月，通过实施有效的降焦减害技术，福建省 131 批次统检卷烟样品的检测结果，焦油量加权平均值为 15.64 毫克/支，比一季度平均值降 0.86 毫克/支。其中：龙岩卷烟厂产品焦油平均值 16.03 毫克/支；厦门卷烟厂为 15.35 毫克/支；畲山卷烟厂为 15.88 毫克/支；华美公司为 15.96 毫克/支；年底（第四季度），全省卷烟产品的焦油量加权平均值降至 15.15 毫克/支，比全年平均值又低 0.49 毫克/支。低焦油、混合型产品开发也取得重大突破，共开发 6 个低焦油卷烟产品，其中：烤烟型为七匹狼（11 毫克/支）、古田（精品）（12 毫克/支）、石狮（特醇）（11 毫克/支）、石狮（超醇）（8 毫克/支）计 4 个牌号；混合型为七匹狼（9 毫克/支）、威胜（12 毫克/支）计 2 个牌号。经卷烟产品评吸委员会评吸，以上产品的风格、吃味及其技术指标均达到国内同类卷烟产品先进水平。特别是龙岩卷烟厂混合型七匹狼（9 毫克/支）牌在国家局召开的低焦油产品研讨及评吸会上，获得配方组第一名、专家组第三名。厦门卷烟厂研发成功的低焦油石狮（超醇）牌综合运用物理降焦、化学降焦、工艺技术降焦、农业技术降焦等多种降焦减害技术，既保留烟支足够的香气和吸食的满足感，且焦油量仅为 8 毫克/支、烟气烟碱量为 0.8 毫克/支，为高香低焦低害卷烟。石狮（超醇）牌与上海卷烟厂生产的红双喜牌卷烟是国内仅有的两个超低焦油含量的成功品牌，表明企业在降焦减害方面的技术研发实力。厦门卷烟厂与日本烟草技术合作研制的典型美式混合型威胜（Vision）牌卷烟，在全国混合型卷烟青岛评吸会上名列第六名，这一年福建省低焦油卷烟产量达 2327.83 箱，其中：龙岩卷烟厂 1346 箱，厦门卷烟厂 981.83 箱。

表 3—8　　　　　2000 年福建省低焦油卷烟产品评吸结果汇总表

单位：毫克

牌　号	类型	总分	焦油量
七 匹 狼	烤烟型	89	11
特醇石狮	烤烟型	89	11
超醇石狮	烤烟型	88.5	8
七 匹 狼	混合型	89	9
威　胜	混合型	88	12

2001 年，福建省实现地产卷烟品牌平均焦油含量为 14.5 毫克/支，低于全国平均水平 0.8 毫克/支，比上年下降 1.5 毫克/支。其中：龙岩卷烟厂焦油加权平均为 15.43 毫克/支，比上年下降 0.52 毫克/支。是年全国卷烟焦油量分省统计排位，福建省在 29 个省、市、自治区中排序第 18 位，评吸检测产品数 31 个、牌次数 86 个、全年加权平均焦油量 15.45 毫克/支；厦门、龙岩卷烟厂产品焦油量在全国 119 个企业中排序为：厦门卷烟厂 40 位，产品数 14 个、牌次数 37 个、全年加权焦油量 14.91 毫克/支；龙岩卷烟厂 74 位，产品数 11 个、牌次数 33 个、全年加权焦油量 15.70 毫克/支。是年在全国 36 种名优卷烟产品中福建省的厦门、龙岩卷烟厂的石狮、七匹狼两牌号 8 种规格产品在 123 个卷烟生产企业中的排序情况（见表 3－9）。

表 3－9　　　　　**2001 年度全国名优卷烟中厦门、龙岩卷烟厂产品**
焦油量在 123 个企业中的排序

单位：毫克

序号	生产企业	牌别	类别	包装形式	全年加权焦油量	第四季度焦油量
2	龙岩卷烟厂	七匹狼（混）	混	条盒硬盒	8.30	—
3	厦门卷烟厂	石狮（超醇）	烤	条盒硬盒	8.33	8.00
12	龙岩卷烟厂	七匹狼（低）	烤	条盒硬盒	11.7	—
45	龙岩卷烟厂	七匹狼（特醇红）	烤	条盒硬盒	14.7	—
56	厦门卷烟厂	石狮（红）	烤	条盒硬盒	15.02	14.50
57	厦门卷烟厂	石狮	烤	条盒硬盒	15.08	15.40
77	厦门卷烟厂	石狮（王）	烤	条盒硬盒	15.80	—
115	龙岩卷烟厂	七匹狼（红）	烤	条盒硬盒	17.52	17.60

2002 年，福建省卷烟工业企业加快降焦技术的研究应用步伐，提出全省卷烟平均焦油量要比 2001 年下降 0.5 毫克/支的降焦目标，焦油量超过 15 毫克/支的新产品不开发。龙岩卷烟厂以"降焦、减害"为技术攻关，在保持产品原有风格和质量的前提下，焦油含量稳中有降，全年焦油加权平均 14.74 毫克/支比 2001 年下降 0.69 毫克/支。2003 年，厦门卷烟厂在日常生产技术持续改进过程中，通过工艺材料的不断改进，完成年度降焦目标。产品加权平均焦油量比 2002 年下降 0.4 毫克/支，接近完成国家局的焦油量每年下降 0.5 毫克/支的目标。

2004 年，根据国家局要求 2004 年 7 月 1 日以后不得再生产盒标焦油量超过 15 毫克的卷烟，并不得在国内市场销售此类的卷烟。福建中烟加大降焦降害新技术的研究与综合应用，在保证产品风格、质量的前提下稳步有序的实施降焦减害的决策，确保福建省在产牌号卷烟焦油实测值在 7 月 1 日前低于 15 毫克/支，焦油加权平均值比 2003 年下降 0.5 毫克/支。龙岩、厦门卷烟厂各开发储备 1~2 个低焦油低危害卷烟或保健疗效型新产品。前 6 个月，龙岩卷烟厂在产卷烟的实测焦油量加权平均值为 13.8 毫克/支。厦门卷烟厂技术中心开展《利用理化调控技术降低烟气中部分有害成分》等多项科研项目的研究设计和产品试验开发。4 月初，石狮（超醇）牌的换代产品——蓝狮新一代（8 毫克/支）开发成功并上市，被列为中国烟草行业低焦油卷烟的标杆产品。6 月，厦门卷烟厂在厦门承办中式卷烟降焦减害发展论坛并作为中式低害卷烟的首位倡导者；10 月，厦门卷烟厂技术中心开展烟叶分组加工的技术探索，从工艺上为实施降焦减害创造条件；并在 2004 年 7 月 1 日之前全面完成在产产品焦油量低于 15 毫克/支的指标，全年卷烟焦油加权平均值为 13.7 毫克/支以下。厦门卷烟厂发明的专用于低焦油卷烟的生产装置获国家实用新型专利，填补国内空白。

2005 年，福建中烟技术中心完成七匹狼系列卷烟采用不同透气度激光打孔水松纸的中试，该技术应用到生产后，七匹狼系列产品的焦油量、烟气烟碱量和一氧化碳生成量显著下降，到年底，福建卷烟工业企业产品焦油量加权平均值为 13.3 毫克/支，比 2004 年 13.56 毫克/支下降 0.26 毫克/支，与全国平均卷烟焦油量 13.2 毫克/支基本持平。龙岩卷烟厂产品焦油量加权平均值为 13.28 毫克/支，比 2004 年下降 0.55 毫克/支，比 2001 年的 15.52 毫克/支下降 2.24 毫克/支。

2006 年，福建中烟技术中心对龙岩、厦门两厂所有在用商标，进行普查取样分析，将结果反馈给供应商，根据中心制定的有机挥发物（VOCs）限量标准要求，供应商对商标有机挥发物超标部分查找原因，并采取一系列措施进行整改。年底，福建省卷烟工业产品焦油量加权平均值为 13.24 毫克/支，比 2005 年下降 0.06 毫克/支。龙岩卷烟厂从德、美、法等国引进多台先进的烟草检测设备，为降焦减害提供重要监控手段，卷烟产品降焦工作取得明显成效，产品焦油量加权平均值为 13.19 毫克/支，比 2005 年下降 0.07 毫克/支。卷烟焦油量、烟碱和一氧化碳合格率分别是 99.8%、100% 和 99.9%。

2007 年，福建中烟技术中心与厦门烟草工业公司配合完成多项新产品研发任务。其中：烤烟型七匹狼（醇典）焦油含量仅为 5 毫克/支，烟气烟碱量为 0.5 毫克/支，并保持丰满的香气，成功解决降低焦油和保持烟香烟气饱满及风味方面的矛盾。烟支吸味、香气特征均优于市场上的同类卷烟产品，在国内低焦油卷烟产品中处于领先位置和目标水平。年底，混合型金桥（英伦奶香）卷烟新品研发成功，采用国际领先降焦减害技术，焦油含量仅 6 毫克/支，烟气烟碱量 0.7 毫克/支，烟气一氧化碳 6 毫克/支。全年福建省卷烟工业企业产品的平均焦油含量 13.21 毫克/支。根据企业商标的有机挥发物（VOCs）残留现状和国家限量标准的要求，调整有机挥发物（VOCs）的限量标准，确保供应商提供的产品符合卷烟降焦减害质量标准要求。2008 年，福建中烟技术中心加大产品研发和维护力度，在新配方研发中完成超低焦油型七匹狼（3 毫克/支）的产品开发储备。

表 3—10　　**1991—2008 年（"八五～十一五"期间）福建省卷烟工业技术改造项目表**

年份	技改和引进项目名称	企业名称	实际总投资金额（万元）	设备产地
1991 年至 1997 年 5 月	（一期）无嘴烟生产线改造成滤嘴烟生产线	龙岩卷烟厂	10563	国产
1991 年 12 月至 1994 年 12 月	（二期）名优烟产品改造及降耗工程	龙岩卷烟厂	3389	意大利、国产
1992 年 10 月至 1995 年 8 月	（三期）产品升级换代工程	龙岩卷烟厂	5665	德国、意大利
1993 年 12 月至 1996 年 6 月	（四期）名优烟产量翻番及部分设备更新项目	龙岩卷烟厂	7658	英国、意大利
1994 年 7 月至 1996 年 4 月	（五期）进口 2 台（套）Passim 卷接机组，2 台（套）GDX1 包装机组	龙岩卷烟厂	7270	英国、意大利
1994 年 11 月至 1997 年 4 月	（六期）引进 1 台（套）Passim 卷接机组、1 台（套）GDX1 包装机组	龙岩卷烟厂	3426	英国、意大利
1996 年 3 月至 1997 年 8 月	（七期）引进 1 台（套）GDX2 硬盒包装机	龙岩卷烟厂	2390	意大利
1991 年 1 月至 1996 年 11 月	打叶复烤生产线专项工程	龙岩卷烟厂	7885.5	国产
1991 年 8 月至 1996 年 5 月	烟叶仓库扩建项目（由 6 个项目组成）	龙岩卷烟厂	7161.5	
1992—1994 年	中央技改专项 4 项：(1)完善制丝线，增设制丝中央监控装置；(2)引进 PROTOS—70 和德国 B—1 软包装（原为西德 FOCKE 翻盖包装机）及烟支贮存器；(3)增滤嘴棒风送系统 3 组；(4)增101 三楼西段空调装置	厦门卷烟厂	3860（其中中央技改专项调整概算 884）	德国、国产
1991—1995 年	地方项目 7 项：(9405/545 万美元)其中：(1)FOCKE 硬盒包装机	厦门卷烟厂	1020/175	德国
	(2)G13—C 膨胀烟丝	厦门卷烟厂	400	国产
	(3)新建总配电室	厦门卷烟厂	600	国产
	(4)引进空压机和除尘设备	厦门卷烟厂	400/50	国产
	(5)引进卷接包设备增加名优嘴烟	厦门卷烟厂	2320/320	德国
	(6)新建燃油锅炉	厦门卷烟厂	500	国产
	(7)补充项目(烟丝在线膨胀)	厦门卷烟厂	4165/490	国产

续表 3—10

年份	技改和引进项目名称	企业名称	实际总投资金额(万元)	设备产地
1993 年 10 月	增加莫林 9—5 卷烟机、马克 S 接嘴机、SASIB6000 包装机、HCF—80 装盘机(大修)各 1 台	华美卷烟有限公司		英国、德国
1994 年 2—10 月	增二组转杯式重油锅炉、HT23、HT10 在线膨胀装置	华美卷烟有限公司		英国、德国
1994 年 11 月	卷包增加 E60 丝束开送机、KDF—2 成型机各 1 台(套)	华美卷烟有限公司		美国、德国、国产
1995 年 1—5 月	制丝增加 1 条叶片与烟梗复烤打包线,增二个成品烟丝储柜;卷包增加莫林 9—5 卷烟机、马克 S 接嘴机、HCF—80 装盘机、SASIB6000 型包装机	华美卷烟有限公司		美国、意大利、英国、德国、国产
1991 年 6 月至 1993 年 10 月	引进包装机组及改造制丝线关键设备项目	畲山卷烟厂	3789.76	德国、国产
1994 年 12 月至 1995 年 5 月	卷包配套技改,YJ14 机组 2 台、卷包空调、KDF—2 成型机、制丝冷却床	畲山卷烟厂	400.45	国产
1992—1995 年	引进卷接包设备及配套工程项目	云霄卷烟厂	4653/302 万美元	法国、德国、国产
1991 年 4 月至 1995 年 5 月	制丝线及嘴烟生产设备技术改造	泉州卷烟厂	4264.79	国产
1991—1992 年	引进 8 台"小花旗"卷烟机和 3 台 YB13B 包装机、1 条 81 毫米滤嘴烟生产线	龙岩卷烟厂永定分厂		国产
1993 年	引进 1 条 84 毫米滤嘴烟生产线,配套嘴棒成型机	龙岩卷烟厂永定分厂		国产
1995 年	新建 1 条硬盒翻盖包装生产线	龙岩卷烟厂永定分厂		国产
1998 年 5 月至 1999 年 11 月	建设第二条打叶复烤生产线	龙岩卷烟厂	4394	国产仿美国
1998 年 3 月至 1999 年 4 月	引进 2 台(套)GDX2 翻盖包装机组	龙岩卷烟厂	3879	意大利

续表 3－10

年份	技改和引进项目名称	企业名称	实际总投资金额(万元)	设备产地
1999 年 5 月	购置 2 台嘴棒气力输送系统及 5 套装封箱机	龙岩卷烟厂	1255	国产
1996 年 10 月至 1998 年 9 月	制丝生产线片烟化改造	龙岩卷烟厂	800	国产
1996 年 9 月至 2001 年 8 月	570 公斤/小时二氧化碳膨胀烟丝生产线(与易地技改一起规划一期中实施)	龙岩卷烟厂	12250	美国、国产
1996—2000 年	制丝卷包设备工艺改造	厦门卷烟厂	20171.7	德国、国产
	高林烟叶仓库改造	厦门卷烟厂	5358	
	三明打叶复烤厂改造	厦门卷烟厂	5000	国产
	易地技改项目前期投资	厦门卷烟厂	200(设计费)	
1996 年 7 月	卷包增加 1 台(套)ZB41 硬盒包装机	华美卷烟有限公司		国产
1998 年 10 月	卷包增加(旧)PROTOS－80 卷接机和 GDX2 硬盒包装机组各 1 套	华美卷烟有限公司		德国、意大利
1999 年 2—9 月	制丝增风送振槽 2 台(套)、烟丝风送系统 1 台(套)	华美卷烟有限公司		德国、美国
2000 年 12 月	二组无油螺杆压缩机及空气干燥机	华美卷烟有限公司		比利时
1996—1997 年	制丝线局部改造、卷包增加 YBY22 硬盒包装机、贮丝房空调、薄片机、ZB41 硬盒包装机、RC4 改造	畲山卷烟厂	504.19	国产
1998 年	电脑网络、薄片线、直包硬盒包装机	畲山卷烟厂	602.36	国产
1999 年	打叶线、抽湿机、卷包除尘器	畲山卷烟厂	294.72	国产
2000 年	办公楼改造、油锅炉、B－1 包装机;机器、空调管道	畲山卷烟厂	1146.97	德国、国产
2001 年	空压、除尘改造	畲山卷烟厂	269	比利时、国产
1996 年 4 月	购置 YB41 硬盒包装机、YB42 硬盒包装机各 1 台	云霄卷烟厂	300	国产

续表 3—10

年份	技改和引进项目名称	企业名称	实际总投资金额（万元）	设备产地
1997 年 7 月	转让泉州卷烟厂制丝线设备、YJ14/YJ23 卷接机组、购 2 台溴化锂吸收式冷冻机组	云霄卷烟厂	760	国产
1998 年 10 月	申购 YB52C 硬盒透明纸包装机	云霄卷烟厂	8.4	国产
1999 年 11 月至 2001 年 10 月	(一期)动力中心(6943.15)、CO_2 膨胀烟丝生产线(11738.63)	龙岩卷烟厂	18681.78	美国、国产
2000 年 1 月至 2002 年 10 月	(二期)6000kg/h 制丝生产线、卷包生产线及配套设施	龙岩卷烟厂	43925.81	德国、国产
2001 年 9 月至 2003 年 6 月	(三期)办公科研大楼与广场	龙岩卷烟厂	23275.51	
合计	建筑工程(25459.93)、安装工程（14912.21）、设备购置(38881.34)、其他(6629.62)		85883.1	
2004 年 1—11 月	3000kg/h 制丝小线(1500)、嘴棒储存系统(3000)	龙岩卷烟厂	4500	国产
2004 年	引进 PASSIM 卷接机组、国产 GDX2 包装机组	龙岩卷烟厂	4878.6	德国、国产
2005 年	进口 GDX2 包装机、国产 GDX2 包装机组和 ZJ19 卷接机组	龙岩卷烟厂	8674	德国、国产
2001—2007 年	东肖烟叶库区建设(两期)	龙岩卷烟厂	12700	
1999 年 11 月至 2003 年 11 月	海沧新阳工业区新厂建设及配套设备项目。建筑工程(29100)、安装工程(6166.93)，设备购置(47200)，其他(1495.79)	厦门卷烟厂	83962.72	
其中：	开松回潮设备 1 套(175)，异物剔除器 1 套(110)	厦门卷烟厂	285 万马克	德国
	SDT 梗丝膨胀设备 1 套(112)、10 管嘴棒输送储存发送系统 3 套(379)、开包机(27)、风力输送系统(56)	厦门卷烟厂	574 万欧元	德国
	锅炉 2 台(44)、HXD 叶丝高温管道膨胀设备 1 套(240)	厦门卷烟厂	284 万美元	德国、英国
	GD 包装机组 1 套(230)、装封箱机 5 台(128)	厦门卷烟厂	358 万欧元	意大利

续表 3—10

年份	技改和引进项目名称	企业名称	实际总投资金额（万元）	设备产地
	红外线水分仪探头 18 个	厦门卷烟厂	21 万英镑	英国
	成品库、辅料自动化立体货架及物流系统（325）、40 立方米空压机 3 台（35）	厦门卷烟厂	360 万美元	日本、比利时
	2637KW 制冷机组 7 台	厦门卷烟厂	710	美国
	ZJ17 卷接机 2 套（1880）、ZB45 包装机 1 套（1400）	厦门卷烟厂	3280	国产
2004 年 1—12 月	GD 包装机 1 套	厦门卷烟厂	230 万欧元	意大利
	ZB45 包装机组 1 套	厦门卷烟厂	1400	国产
2005 年 1—12 月	KDF4 成型机及嘴棒发射机	厦门卷烟厂	231 万欧元	德国
	ZB45 包装机（1400）ZJ17 卷接机（940）	厦门卷烟厂	2340	国产
2007—2008 年	"七匹狼"精品生产线项目	龙岩烟草工业公司		
2006 年 1—12 月	50 立方米变频控制空压机 1 台	厦门卷烟厂	240	比利时
2006 年	ZB45 包装机（1400）、ZJ17 卷接机（940）各 1 套、YB43A 包装机 2 套（250）	厦门卷烟厂	2590	国产
2007 年 1—12 月	ZB45 包装机组 1 套	厦门烟草工业公司	1400	国产
2007—2008 年	"金桥"卷烟生产线项目	厦门烟草工业公司		
2007 年 1 月至 2008 年 6 月	ZJ17 卷接＋ZB45 包装机组共 4 套	厦门烟草工业公司	3840	国产
2005—2008 年	购置 1 条 700 公斤/小时造纸法烟草薄片生产线配套检测仪器、锅炉、供水供电、污水处理、空调排烟除尘等公共工程，设备投资总金额 11265 万元。	福建金闽再造烟叶发展有限公司	13500	国产

表 3—11

1991—2008 年福建省卷烟工业卷烟产量结构等级变化表

单位：万箱

项目\年份	1991	1992	1993	1994	1995	1996	1997	1998	1999	2000	2001	2002	2003	2004	2005	2006	2007	2008
总产量	76.93	84.66	85.92	82.75	81.35	79.41	81.44	86.15	85.14	98.62	101.33	104.81	107.81	114.61	121	128	142	150
其中:甲级	23.77	29.83	40.27	55.15	47.38													
乙级	50.95	54.79	45.65	27.6	33.97													
软盒						68.34	62.82	58.01	48.61	53.30	48.81	44.48	39.82	42.94	46.43	49.00	48.35	47.05
翻盖						8.48	16.98	28.14	36.52	45.32	52.52	60.33	68.00	71.66	74.57	79.01	93.65	102.95
一类卷烟						3.44	5.18	9.98	12.46	14.98	17.95	8.70	8.38	9.48	11.58	12.77	6.22	9.36
二类卷烟						7.29	14.02	22.94	25.42	32.24	36.57	13.36	16.96	20.82	20.78	27.91	12.56	15.58
三类卷烟						38.75	41.82	46.00	42.61	38.50	34.31	58.02	65.95	64.29	67.51	71.88	39.11	46.99
四类卷烟						29.07	20.42	7.23	4.66	12.90	12.50	19.34	14.02	18.48	15.29	14.41	50.84	49.03
五类卷烟						0.85	0	0	0	0	0	5.39	2.51	1.54	5.83	1.04	33.27	29.03
烤烟型						72.93	74.82	78.31	79.70	64.15	96.32	98.62	100.83	107.61	115.99	120.98	133.36	139.8
混合型						6.48	6.62	7.83	5.45	4.42	4.43	4.96	5.38	6.01	5.01	7.03	8.64	10.18
其他型										0.05	0	1.22	1.6	0.99	0	0	0	0

备注：2001 年（含）以前 一类卷烟为 [30（含）以上]；二类卷烟 [20（含）～30 元]；三类卷烟 [10（含）～20 元]；四类卷烟 [5（含）～10 元]；五类卷烟 [5 元以下]。

2002 年（含）以后 一类卷烟为 [50（含）以上]；二类卷烟 [30（含）～50 元]；三类卷烟 [15（含）～30 元]；四类卷烟 [10（含）～15 元]；五类卷烟 [10 元以下]。

2007 年（含）以后 一类卷烟为 [100（含）以上]；二类卷烟 [50（含）～100 元]；三类卷烟 [30（含）～50 元]；四类卷烟 [16.5（含）～30 元]；五类卷烟 [16.5 元以下]。

第四章　工业企业重组

20 世纪 90 年代，福建省共有 5 家国营卷烟厂（龙岩、厦门、畲山、云霄、泉州卷烟厂）、1 家地方烟厂（龙岩卷烟厂永定分厂）和 1 家中外合资卷烟工业企业（华美公司）。1995 年 7 月，泉州卷烟厂因单箱成本亏损停产整顿。第二年，龙岩卷烟厂永定分厂转产纸箱等产品。两年后，根据国家局对 10 万箱以下的小烟厂实行关停并转的政策。龙岩卷烟厂与云霄卷烟厂实现联合兼并和资产重组，厦门卷烟厂与畲山卷烟厂实现资产重组。中外合资卷烟工业企业华美卷烟有限公司合同期满，由厦门卷烟厂购买华美卷烟有限公司的他方股权。至 2003 年福建中烟公司成立时，福建省卷烟工业企业由 7 家调整为龙岩卷烟厂和厦门卷烟厂 2 家。

2007 年 11 月，龙岩和厦门工业公司正式成为福建中烟的全资子公司。

第一节　结构调整

一、合并重组

1994 年，省内 7 家卷烟厂累计产量仅 80 多万箱，除龙岩、厦门两厂综合生产能力分别达 40 万箱外，其余产量均在 5 万箱以下。国家局实施限产压库政策后，龙岩、厦门两个骨干烟厂经过技术改造，滤嘴卷烟的生产能力增强，但市场畅销的滤嘴烟生产却不能增加，限制企业经济效益的提高。是年，龙岩、厦门两厂共生产卷烟 63 万箱，销售额达 15 亿元。按平均单箱销售额，云霄、畲山、泉州三厂的销售额实现数与两大厂比还差 4376 万元。

1995 年，随着国内卷烟工业竞争的加剧和原辅材料的全面涨价，福建省 5 家国有工业企业累计增加成本 1.2 亿元。泉州、云霄、畲山 3 家卷烟厂的历史潜亏及遗留问题挂账共达 2225 万元。全省卷烟工业平均单箱税利和资金利税率均低于全国平均水平。厦门、龙岩卷烟厂已列入全国 10％ 的重点扶持技术改造的企业，龙岩卷烟厂单箱税利达 3000 多元，云霄卷烟厂单箱税利只有 1500 元。泉州和永定两厂产品滞销、经营亏损。而泉州卷烟厂产品档次低，税利下降，年产量被控制在 1.5 万箱以内，造成生产能力严重过剩，制丝生产线每周只开工 1～2 个班次。劳动生产率只有 54 箱/人年，为正常的 30％ 左右。单箱费用达 410元，是正常费用的两倍以上。6 月，企业总负债达 5264.44 万元，资产负债率为 85.19％。测算认为，继续生产年亏损额将达 1842 万元（单箱亏损 1228 元），势必导致企业破产。鉴于泉州卷烟厂当时的经营状况，省局（公司）根据国家局"控制总量、扶优限劣、促进发展、增加效益"的卷烟生产经营方针和加大产品结构的调度力度，对亏损滞销产品及长期经营不善的生产企业，严格加以限制，以至逐步淘汰的调整政策和对单箱成本亏损 100 元以上的卷烟厂实行停产整顿规定，泉州卷烟厂从 7 月 1 日至 12 月 31 日停产，之后不再恢复卷烟生产。

1996 年 5 月，省局出台《福建省卷烟牌号准产证管理办法实施细则》，其中准产牌号限额为：龙岩、厦门卷烟厂各为 7 个以内；云霄、畲山卷烟厂、华美公司各为 5 个以内；龙岩卷烟厂永定分厂 3 个以内。同时对商标注册和产品成本核算及亏损做出严格规定：准产牌号单箱利润不得亏损，个别牌号的单箱亏损额最高不得突破 50 元。强化卷烟生产经营调度，规定生产亏损产品的企业，其产量指标由省公司统一调剂安排到生产高效益产品的企业。龙岩卷烟厂永定分厂，属地方卷烟厂，其技术改造和设备更新受国家政策限制，产量指标 3 万箱虽列入国家计划，但生产的卷烟产品限定属地销售，该企业 1995 年经营利润亏损 548.94 万元、1996 年（1—7 月）亏损额 397.44 万元。8 月，省局根据全省卷烟工业企业组织结构调整和产品结构优化的部署，决定永定分厂停止卷烟生产，其卷烟生产计划指标有偿调剂给龙岩卷烟厂。

1997 年，省局将卷烟生产年度计划改为视产品的市场适销及经济效益下达季度计划，产量指标逐步向龙岩与厦门卷烟厂的优势企业倾斜。

1998 年 8 月，开始实施由优势企业龙岩卷烟厂兼并重组云霄卷烟厂的策略。9 月，省局局长对云霄县县长谈对云霄卷烟厂改革的意图。随后指示省局体改法规处向云霄卷烟厂领导班子传达改革设想。10 月，龙岩卷烟厂厂长到云霄卷烟厂商谈联合的初步构想。12 月 21 日，云霄卷烟厂领导班子首次召开会议，形成一致意见，决定按有利于云霄厂的利益、有利于职工利益、有利于地方利益的"三个有利"原则与龙岩卷烟厂协商资产重组事宜。当月 29 日，云霄与龙岩两厂领导在漳州市进行谈判，就联合重组方案及员工分流、待遇及地方税收等问题初步进行协商。

1999 年，省局加快实施对龙岩卷烟厂与云霄卷烟厂的联合兼并、资产重组的工作。印发《龙岩卷烟厂与云霄卷烟厂实行联合兼并宣传教育提纲》，将减员增效和再就业的形势、国家局跨世纪战略以及全国全省烟草行业发展思路、实施整体兼并的道理等，对职工进行思想动员和宣传教育。2 月 9 日，省局（公司）成立由省公司总经理任组长，副总经理任副组长的两厂资产重组领导小组，下设办公室、清产核资组、人事劳资组、经营转产组等办事机构，由省局体改法规处负责各组的联络工作，并向国家局和省政府、漳州市政府、龙岩市政府汇报。兼并工作基本原则是：两家企业资产重组，统一进行生产经营，以龙岩卷烟厂为主体，发展生产壮大经济实力。制定联合重组方案及各项实施细则。按照省局统一规划，在企业自愿的基础上，坚持以资产为纽带，平等协商，互利互惠。整体兼并重组后，在龙岩卷烟厂效益增长的情况下，保证云霄县地方政府的税费有所增长。本着"稳妥实施，尽量减少震动"的原则,做好云霄卷烟厂剩余劳动力的分流安置。4月10日,省公司同意合并重组的有关文件上报省政府。6月初,省公司领导和龙岩、云霄卷烟厂代表在东山岛与漳州市政府、云霄县政府进行协商,顺利地解决地方税收问题。即云霄县财政所得,以1998年云霄卷烟厂和调拨站税费入库数为基数,1999年起每年以上一年为基数在正负8%以内(含8%)随同龙岩卷烟厂的单箱税费增长而增长,最低保底数为1998年税费基数。7月,云霄卷烟厂召开职工代表大会,表决通过《联合兼并方案》、《云霄卷烟厂职工分流安置办法》,联合兼并进入具体实施阶段。财税问题按照省政府《大公司、大集团兼并分产值、分税利有关问题的通知》规定,解决兼并后龙岩卷烟厂的财税解缴办法和龙岩市政府、云霄县政府卷烟税基分配关系。8月12日,省局成立龙岩卷烟厂兼并云霄卷烟厂临时管理领导小组,下设人事劳工、项目开发、行政后勤管理、财务核算、卷烟销售、工会工作六个小组,负责在正式批准两厂兼并前过渡时期的管理,并帮助协调各方面关系,组建合并后的有关机构及人员安排。9月29日,受副省长黄小晶委托,省政府副秘书长洪长平主持召开专题会议,研究龙岩卷烟厂兼并云霄卷烟厂有关问题,并形成省政府专题会议纪要。10月12日,两厂达成并签署资产重组协议:由龙岩卷烟厂兼并云霄卷烟厂,取消云霄卷烟厂法人资格、厂名及卷烟生产点。原两厂的人财物、产供销由龙岩卷烟厂集中统一管理,实行资产一体化。兼并后由龙岩卷烟厂承担原云霄卷烟厂的所有债权债务,并根据《联合兼并方案》及《职工分流安置办法》,合理使用和妥善安置职工。由龙岩卷烟厂组织开发转产项目,使云霄卷烟厂尽快实施转产。随后,省局同意龙岩卷烟厂兼并云霄卷烟厂实行资产重组并上报国家局。11月,国家局批准龙岩卷烟厂对云霄卷烟厂实施整体兼并。取消云霄卷烟厂法人资格,将该厂的国有资产连同4.3万箱卷烟生产计划并入龙岩卷烟厂实行重组。取消云霄卷烟厂卷烟生产点,并依法理顺财务、人事、劳资、财税、设备调剂等关系。

2000年4月,国家局下文规定2003年卷烟生产企业全部取消打叶工序,同时限制10万箱以下的小烟厂不进行片烟投料项目的工艺改造。省局下发《加强卷烟生产调度管理规范生产经营行为的通知》和《福建省卷烟生产经营调度管理办法》,重申"控制总量、扶优限劣、促进发展、增加效益"的生产调度指导方针和工作职责、任务与纪律等,继续发挥龙岩、厦门两厂在资本营运、技术创新、市场开拓等方面的优势,联合畲山卷烟厂形成以龙岩、厦门两厂为骨干企业的优化合理的福建省卷烟工业组织结构,并适当扩张龙岩、厦门两家重点企业规模,壮大骨干企业的实力。同年12月,畲山卷烟厂根据行业组织结构调整政策,向罗源县委、县政府汇报并提出与厦门卷烟厂实施资产重组的意向。按照罗源县委、县政府主要领导意见,罗源县财政局组织有关人员对畲山卷烟厂及国家和行业相关政策进行深入调查研究,同时征求省财政厅和福州市财政局的意见。

2001年初,国家正式实施卷烟消费税率调整,提升低档卷烟的税赋;省外市场对小烟厂产品销售的封锁力度加大。厦门卷烟厂与畲山卷烟厂的合并重组也加快脚步,两厂主要领导就联合重组问题进行实质性接触。3月31日,畲山卷烟厂厂长与厦门卷烟厂主要领导在厦门首度进行正式会谈协商。4月2日，初步达成联合重组的框架性意见，主要内容为：联合后畲山卷烟厂取消法人资格，保留生产点，成为厦门卷烟厂畲山分厂。分厂的人财物、产供销由厦门卷烟厂统筹安排，统一管理使用；分厂实行属地缴税，按2000年5.5万箱产量，剔除有偿调剂1.2万箱生产喜来宝牌卷烟调往省外后的4.3万箱所实现的税费为基数；联合后畲山分厂原有正式员工的工资待遇按原制度执行，收入不低于2000年水平；以确保罗源县财政的既得利益，确保职工不下岗，确保职工收入不降低的"三个确保"原则实施资产重组。双方共同成立一个由厦门卷烟厂厂长和畲山卷烟厂厂长为组长，有关部门人员组成的领导小组。聘请会计师事务所对畲山卷烟厂所有资产、负债和权益进行清算，清算后进行财务重组。5月9日，罗源县委书记办公会议原则同意两厂联合方案。次日，罗源县成立由县长任组长的畲山卷烟厂改革工作领导小组，下分税收基数测算组、政策研究协调组和谈判工作组，进驻畲山卷烟厂协助联合工作。同日，两厂正式签订九条联合协议并呈报省局审批。11日，省局在厦门卷烟厂驻榕办召开两厂联合协调会，成立重组工作领导小组，并由省局（公司）及两厂有关人员组成人事劳资组、财务组、生产经营组。24日，制定出台《厦门卷烟厂与畲山卷烟厂实行资产重组方案》，确定资产重组的指导思想、基本原则、实施步骤、发展规划及职工分流安置办法等。6月8日，畲山卷烟厂召开第四届五次职工代表会议，省局法规处到会作行业组织结构调整的形势报告，统一职工思想和认识。会上进行职工意见调查，到会职工赞同实施联合，职工代表表决通过联合重组方案。23日，厦门卷烟厂也召开有126名职工代表参加的第十一届四次职工代表大会，审议并通过两厂联合重组方案。7月13日，两厂就重组后两地财税问题在福州进行协商形成初步意见：以确保罗源县地方财政既得利益为原则，罗源县财政的所得，以2000年畲山卷烟厂生产卷烟4.3万箱实现的税费（即7020万元，其中属罗源县地方级财力1080万元）为基数，并随同厦门卷烟厂的单箱税费增长按一定比例增长。增长率为：当年卷烟单箱税费比上年增长率在正负9%（含）以内，按实际增长率计算所得；高于9%或低于9%的，均以正负9%封顶，最低保底数为2000年税费基数。9月21日，受省政府副省长贾锡太委托，省政府副秘书长徐钢主持召开联合重组的专题会议。会前，在省经贸委牵头协调下，厦门市政府和福州市政府、厦门卷烟厂与畲山卷烟厂经过协商就税基税费的确定以及财税划转办法和人员安置等问题达成共识。会议同意省经贸委《厦门卷烟厂与畲山卷烟厂联合重组有关问题协调情况的报告》以及两厂联合重组方案，形成省政府专题会议纪要。10月10日，省局同意厦门卷烟厂与畲山卷烟厂联合重组并上报国家局。12月，在双方自愿的基础上，经过友好协商谈判，厦门卷烟厂与畲山卷烟厂顺利达成合并重组。厦门卷烟厂厂长带领部分班子成员和有关业务部门负责人到畲山卷烟厂研究联合后相关业务接口办法及转产项目问题。21日，国家局正式批准厦门卷烟厂兼并畲山卷烟厂，实行资产重组，取消畲山卷烟厂的法人资格，由厦门卷烟厂对合并后的国有资产承担保值增值的责任；在厦门卷烟厂易地改造建成前暂时保留畲山卷烟生产点，生产点的产供销、人财物由厦门卷烟厂统一管理。

2002 年 1 月，畲山卷烟厂更名为厦门卷烟厂畲山分厂，其喜来宝、三沙牌号归属厦门卷烟厂生产经营，同时转入转产项目的可行性研究与筹备。

2003 年 4 月，厦门卷烟厂畲山分厂停止卷烟生产，正式取消生产点。同年，华美公司原三方股东合资经营，已临近合同期满，而中日双方是否延续合资经营存在意见分歧。9 月，日本烟草国际有限公司代表渡边彻明确表态不延续合资合同的立场。随之，日本烟草产业株式会社斋藤泰正式致函总公司及两家股东，表示遵守原合同各条款至期满止，合同终止时按中国的法律进行合资公司资产的清算。

2004 年 3 月，为确保华美公司合资经营结束后，厦门卷烟厂能顺利地接管并延续金桥卷烟牌号的生产和销售，厦门卷烟厂成立接管领导小组，负责与中外股东的协商、合资合同终止的处理、金桥卷烟牌号移交的衔接以及人员安置分流等事宜。福建中烟同意华美公司股东会形成的意见，不再延续合资合同，并请示国家局予以确认，将合资合同终止后剩余的 2.5 万箱卷烟生产计划指标划并给厦门卷烟厂生产。4 月 19 日和 5 月 11 日，厦门卷烟厂与日方代表分别在深圳、厦门就日本烟草股权转让事宜进行两轮洽谈，达成并签署转让协议书，日方同意将其所持有的华美公司 50％股权，以及金桥等共同牌号知识产权及其生产技术（含工艺、配方、香精香料技术等）、企业名称、厂房及地上建筑物、设备资产等相关所有权转让给厦门卷烟厂，并承诺提供相应的生产技术和采购支持，协助厦门卷烟厂延续金桥牌卷烟的生产。股权转让的价格以第三方会计师事务所终审出具的（2003 年 12 月 31 日）华美公司资产负债作为计算基础，并对其中的货币资金、存货（主要指烟叶和辅助材料）、固定资产（主要指设备）等项目进行调整后按股比测算确定，经共同测算协商确定转让总价为人民币 8265 万元（2003 年度分红 1858.67 万元另付）；日方不承担 2004 年度华美公司所发生的生产经营费用，也不参与该年度的利润分红。厦门卷烟厂与厦门联合发展（集团）有限公司也同时就其股权提前转让进行协商谈判，5 月 15 日正式达成并签订股权转让协议书，联发集团同意将其所持有的华美公司 25％股权，以及金桥卷烟牌号等一切所有权转让给厦门卷烟厂，确认转让价为人民币 5571 万元，2003 年待分配利润 929 万元及参与 2004 年度 1—8 月利润分配 500 万元，三项共计人民币 7000 万元。此外华美公司所用的 41478 平方米土地继续向联发公司租用，租金 298.56 万元/年，租期暂定 5 年。7 月 30 日国家局批准厦门卷烟厂收购华美公司的日本烟草 50％股份和厦门联发集团 25％的股份。同意收购后将原华美经营场所作为厦门卷烟厂金桥牌卷烟的生产点，同时维持原华美公司的年卷烟生产计划指标不变。8 月 6 日，厦门卷烟厂以总金额 1.5 亿元人民币顺利完成收购华美公司他方股权，该公司的资产及品牌正式归到厦门卷烟厂，同时成立厦门卷烟厂金桥生产中心。9 月 1 日，厦门卷烟厂正式接收华美公司的生产经营与管理。对华美公司他方股权的受让和购买，使原华美公司 5 万箱年生产计划指标得以保留；使具有一定知名度和竞争力的金桥牌卷烟得以在厦门延续生产。

二、管理体制改革

（一）工商分离

2003 年 8 月 19 日，国家局政策法规司提出福建省烟草工商管理体制改革工作的意见后，省局成立福建省烟草工商管理体制改革领导小组，由省局（公司）局长（总经理）任组长、党组成员为领导小组成员，下设办事机构。制定《福建省烟草工商管理体制改革实施方案》和《福建中烟工业公司章程》。采取借壳组建的方式，由省烟草综合服务公司依法变更登记注册后，设立福建中烟工业公司，人员编制 40 人。工商双方讨论分家时人员调配、资金划转方面所应遵循的一般原则。在工商分开的过程中遵循"人员素质往工业倾斜，资金安排向商业倾斜"的原则，主要将年轻的、高学历的人员调配到中烟工业公司，同时为商业企业留下足够的发展资金。分开后建立工商协作机制，加强互相配合、互相支持，谋求共同发展。工业企业全力拓展省外市场，商业企业配合工业企业的发展步伐，稳步、适度降低地产烟在省内市场的比重，为工业企业开拓省外市场创造条件。9 月 12 日，省局就组建福建中烟问题请示国家局随文上报《福建省烟草工商管理体制改革实施方案》和《福建中烟工业公司章程》。其指导思想是积极稳妥，保证福建烟草行业持续、稳定、健康发展；应对国际竞争，促进全国统一市场的形成，营造公平竞争的市场环境，提高福建省卷烟工业的核心竞争力。基本原则是坚持烟草专卖制度；坚持工商体制分离，促进工业企业公平竞争；整体设计，积极推进，平稳过渡。改革原有由省局（公司）统一管理工商的体制，适应全国市场统一后趋势，引入竞争机制，培育市场竞争主体，促使福建省卷烟工业增强市场竞争和抵御风险能力，提高整体竞争实力。分设的福建中烟，负责管理福建省卷烟工业企业及其为卷烟工业配套服务的多元化生产经营企业，与省局（公司）并列，直接归国家局（总公司）领导和管理；省局与省公司仍实行"一套机构、两块牌子"设置。领导和管理所属局（公司）、烟叶复烤企业。主要负责组织烟叶生产经营、烟叶复烤加工；完成关闭挂杆复烤企业任务；开展卷烟销售及网络建设工作；实施全省的专卖管理及执法监督。地方各级烟草专卖行政主管部门仍实行"双重领导，以上一级烟草专卖行政主管部门为主"的领导体制。对许可证、准运证的管理以及其他专卖管理和执法按原规定执行。10 月 15 日，国家局批准成立福建中烟，该公司是在原有福建省卷烟工业企业基础上，登记注册成立的国有企业。领导和管理福建省所属卷烟工业企业，按干部管理权限任免所属企业的领导班子成员。保留卷烟工业企业的法人资格和原有运行机制。华美公司归中烟工业公司管理。11 月 14 日，省局（公司）党组再次召开会议，调整省局（公司）领导成员工作分工；建立工商联席会议制度，主要内容包括"两烟"产销和烟草专卖管理情况通报及有关工作的协商。为稳定福建省烟草整体发展，2004 年省公司要确保省产卷烟省内销售 87 万箱，其中 1～3 类烟以 2003 年销售量为考核基数，并要培育省产高端卷烟产品的市场。龙岩、厦门卷烟厂在省内烟叶基地的投入和烟叶调拨量应不低于 2003 年的水平。11 月底，福建中烟正式成立，由原省公司副总经理卢金来担任福建中烟法人代表，53位省公司机关职工到福建中烟工作，改革基本完成。年底，在福建中烟牵头下，龙岩、厦门卷烟厂领导在厦门签订停止福建省地产烟产品促销的协议，两厂开始从过度竞争向战略联盟转变。

2004年1月，国家局对福建省烟草管理机构工商分设有关资产无偿划转作批复。

2005年5月8日，福建中烟从福州市北环中路133号（福建省烟草大厦）搬迁到厦门市湖滨中路24号（原厦门卷烟厂旧址），6月2日正式挂牌。工商登记注册地点相应从福州市变更为厦门市。

（二）资源整合

2002年初，省局（公司）突出福建省卷烟工业的核心品牌、名优卷烟，做大品牌，做大市场，做大企业。11月20日，提出《福建省地产卷烟品牌整合实施意见》，明确福建省卷烟品牌资源整合思路：整合压缩牌号、规格，提高品牌集中度，做精做强七匹狼、石狮、乘风、沉香、富健、特牌六大骨干牌号，暂时保留厦门、武夷山、古田、三沙、梅花山、友谊六个过渡品牌。

2004年5月，国家局下达年度各省压缩卷烟生产牌号的指标，其中：福建省要压缩鼓浪屿、三沙、武夷山、梅花山、骆驼五个卷烟牌号的生产，同时下发《整合卷烟产品实现品牌扩张的意见》。福建中烟围绕国家局"大品牌、大企业、大市场"的发展战略，推进"从省内市场向省外市场调整，从区域品牌向全国品牌调整，从过度竞争向战略联盟调整。"的三个战略性调整。以七匹狼、石狮牌卷烟为聚焦点，形成协同效应，培育基于资源整合的核心竞争优势。

2005年3月9日，福建中烟和省公司协商制定出台《福建卷烟品牌整合实施意见》，品牌整合的原则为：工商双方坚持"品牌共享、税利同增、总体规划、分步实施"，加强工商沟通衔接，共同做好品牌整合工作。省内市场福建省卷烟品牌规格继续投放，通过工商双方共同培育引导，高、中档品牌重点发展七匹狼牌；中、低档重点发展石狮牌。通过双方密切配合，使七匹狼、石狮牌进入行业重点扶持的大品牌目录。在福建中烟协调下，龙岩、厦门卷烟厂签订品牌无偿使用协议，七匹狼、石狮两个牌号由两厂共同加工，弥补因产品结构调整变化对税利造成的影响，以实现两厂效益同比例增长。加大七匹狼牌号省内市场的拓展力度，3月起七匹狼（白金）牌产品在全省范围销售；4月在福建省市场分别投放零售价100元/条和150元/条的七匹狼（枣红）、（软红）牌两个新规格产品，以完善七匹狼牌产品线，增强高档产品的竞争力。对中、低档产品的整合，逐步将石狮牌向30～50元/条的价位延伸，由石狮牌整合沉香、富健及乘风，做大石狮牌，同步进行市场资源和技术资源的整合。

2006年初，福建中烟在厦门召开总经理办公会议，就如何开展市场营销整合达成共识。以营销中心统一组织福建省内市场营销为试点，逐步过渡到由营销中心统一组织全国市场营销。配套制定《营销整合方案》和《营销中心职能配置方案》。2月14日，福建中烟营销中心正式成立，与市场营销管理处合署办公，作为福建省统一领导卷烟工业系统营销工作的综合管理机构。内部机构设：综合管理部、计划部、市场部、品牌策划部4个经营管理部门及7个业务部门。7月6日，福建中烟技术中心成立，与科技开发处合署办公，作为福建省卷烟工业技术创新体系的核心和组织保障。负责统一管理、调配技术资源和原料资源、研发和维护卷烟产品、组织科技攻关等各项技术活动。主要职能包括：产品工艺研发和维护、技术标准、烟叶资源、科技管理和科研开发。内部机构设：综合管理部、产品市场研究部、原料研究部、工艺研究部、基础研究部5个部门。保留龙岩卷烟厂技术中心，其内部机构根据福建中烟技术中心的内部机构作相应调整；在厦门卷烟厂内设工艺质量管理部门，作为福建中烟技术中心的技术接口部门，负责内部组织协调和贯彻实施福建中烟技术中心对工厂所有工艺技术和产品质量的标准与要求。10月30日，福建中烟进出口处成立，福建中烟正式进入卷烟出口、烟叶进口、辅料进出口、设备及零配件进出口、丝束进口等业务领域。并筹划建立生产中心和采购中心，统一组织全省品牌生产、产品销售、物资采购及技术研发。

（三）母子公司改制

2003年3月20日，福建省烟草局在商业系统开始取消县级公司法人资格的母子公司制改革试点。确定厦门市同安区、福州市闽侯县、龙岩市新罗区、莆田市仙游县等作为全省取消县级公司法人资格的试点单位。

2006年，国家局《卷烟工业企业管理体制改革的指导意见》颁发后，福建中烟成立管理体制改革工作领导小组，按照国家局贯彻国办发57号文件，建立现代产权制度和现代企业制度的要求，坚持统一规划、分类指导、分步实施的原则和"理顺产权、调整职能、规范运作、高效运行"的总体要求，推动福建省卷烟工业管理体制改革，加大卷烟工业企业公司制改造的力度，推进在更高层次、更高水平上的企业合并重组。11月，根据福建省仅有厦门、龙岩两家卷烟厂特殊的区位及财税体制特点，保留两卷烟厂的法人资格，分别进行公司制改造，与省中烟工业公司构建母子公司的管理体制，推进福建省卷烟工业深化改革、优化资源配置、全面提升综合竞争实力。在保持原管理体制不变的情况下，将福建中烟本部和所属工业企业的净资产58.78亿元全额无偿划转到总公司，并按照原有的渠道和数额投入所属企业，完成产权划转，理顺产权关系。同时，为确保资产质量可靠，全面开展多元化投资企业清产核资工作。对12家投资企业进行资产清查，摸清企业家底，对存在问题进行整改。经主审会计师事务所审核确认，共清理资产净损失60万元。12月，福建中烟制订出台《福建省卷烟工业企业管理体制改革实施方案》、《福建中烟工业公司章程》及相关文件。改革的思路是：将所属龙岩卷烟厂改制为龙岩工业公司，所属厦门卷烟厂改制为厦门工业公司，在完成资产上划下投及相关手续后，作为福建中烟的全资子公司。在所属子公司构建规范的法人治理结构，成立董事会、监事会。除职工代表成员依法由子公司职代会选举产生外，其他成员由福建中烟委派。继续推进品牌整合、营销整合及技术中心整合，统一物资采购，逐步实现"市场营销、生产管理、技术研发、物资采购"四统一。调整内部机构设置，转变管理职能，重组业务流程，合理设定福建中烟与所属子公司的职责和权限，把福建中烟培育成充满生机和活力的生产经营主体。

2007年1月9日，国家局同意福建中烟与所属卷烟工业企业构成二级母子公司管理体制，成为总公司的全资子公司。同意《福建省卷烟工业企业管理体制改革的实施方案》和《福建中烟工业公司章程》，明确福建中烟的经营范围在现行体制条件下，探索由管理型公司向经营实体转变，建立统一的市场营销中心、生产管理中心、技术研发中心、物资采购中心。实现品牌共享，优化资源配置，提高经营管理水平；充分发挥投资委员会、预算委员会、薪酬委员会的作用，实现依法决策、科学决策、民主决策。从而构建起总公司、福建中烟、龙岩和厦门工业公司的三级母子管理体制。11月20日和21日，龙岩工业公司和厦门工业公司分别在龙岩、厦门揭牌，改制后的龙岩、厦门工业公司正式成为福建中烟的全资子公司。

第二节　人财物处置

一、人员安置

1995年8月，省局（公司）对泉州卷烟厂实行停产整顿，对停产待业期间职工生活待遇，根据省劳动局、省财政厅、省地方税务局、省经委和省总工会《关于保障困难企业职工基本生活的通知》规定和当地生活水准以及职工的实际困难，每人每月发给225元的生活费。并抽调部分人员，配合泉州分公司抓卷烟网点下伸工作，解决部分劳动力的出路。翌年5月，泉州卷烟厂出台《鼓励职工再就业实施方案》，并对原有257位职工进行妥善分流安置。一是根据职工参加工作的年限，一次性发放安置费，不再保留其国有企业固定工的身份。标准为每位职工基本金额1万元，工龄每满一年增发1400元，但总金额最高不超过3.5万元。正式职工自谋职业者有半年待业期，这期间每月发给待业金250元。二是对待岗人员实行基本生活保障金办法。待岗期间按《福建省最低工资规定》发给60％的基本生活保障金。并实行《医疗费用开支管理办法》，其中在职职工医药费包干补贴基数3元/月，工龄每满一年增发0.5元，月包干补贴不足5元的按5元发（离退休人员月包干补贴标准为10元）。年终一次性发放，如全年住院费超出医药包干费者不再发包干费。1996年后留用在岗职工有23名，基本工资由省公司发给；离退休职工有64名。

1996年8月，龙岩卷烟厂永定分厂停产后有员工312名（含退休人员），在岗人员根据该厂《关于做好停产期间有关工作的通知》规定，实行休息待岗，人员包括机台生产工人、辅助工、机修工、质检员、车间统计员及食堂人员，行政后勤科室正常上班。属正常上班人员待遇保留原岗位工资不变，另发每人每月120元停产期间补贴费。锅炉检修、设备搬迁人员除按停产休息待遇外，另加每天每人 10 元补贴。已到厂内退休年龄的职工执行《厂内退休有关规定》。职工内部提前退出岗位休养为：男 50 周岁以上、女 45 周岁以上，或经医院检查不能继续工作及在医院治疗半年以上者，按档案工资 100％发给，不再享受奖金、山区补贴以及节假日的各种补贴、加餐费、物品等。转产期间全厂有 238 人休息待岗，55 人正常上班，7 人厂内退休。转产后，待岗人员陆续转入金叶纸品公司重新上岗。符合厂内退休条件的员工继续实行企业内退安置办法。

1999 年 8 月底，云霄卷烟厂被兼并后，职工分流采取厂内退休、待岗、留用、易地上岗和解除劳动关系办法安置。厂内退休：在岗职工男年满 50 周岁，女年满 40 周岁以上；或工龄满 20 年及厂龄满 8 年以上；停薪留职的男满 55 周岁，女满 45 周岁或实际在厂工作满 14 年的职工，符合上述条件之一者经批准可办理厂内退休。工资待遇确保职工年平均收入达 1 万元，并与龙岩卷烟厂内退职工的收入同比例增减。待岗：不符合内退和留用条件的职工，实行待岗。待岗期间每月发给 600 元的生活费。留用：企业根据处理资产、安置管理职工、实施转产以及销售卷烟等工作需要，继续留用一部分业务、技术骨干。留用职工的待遇确保在 1998 年收入的基础上随龙岩卷烟厂经济效益提高而有所增长。易地上岗：年龄在 35 周岁以下有专长的在岗职工，根据龙岩卷烟厂的岗位需要，可报名参加考核，合格者经批准安排到龙岩卷烟厂上岗，实行同工同酬。解除劳动关系：凡云霄卷烟厂职工及原办理停薪留职的人员，本人自愿，经批准（距法定退休年龄 5 年以内的除外），可解除劳动关系并实行一次性经济补偿。基础补偿金每人 2 万元，按在厂实际工龄每年增加 1000 元计算，每人一次性经济补偿最多不超过 5 万元。原云霄卷烟厂在册职工 478 人、离退休职工 66 人。兼并前已办理留职停薪和厂内退养 57 人，在岗人员 355 人。1999 年重组后在册职工总数为 471 人，退休 75 人，其中：实行内部退养 312 人，解除劳动关系 48 人，实行待岗 28 人，留用 83 人。

2003 年，福建中烟成立后人员安置按照《福建省烟草工商体制改革实施方案》，其内部人员按管理机构的设置配备，编制为 55 人（不含后勤保障），从原省局（公司）的人员中调配解决。原有退休（含内部退休）人员仍由省局（公司）管理。

2004 年 4 月，厦门卷烟厂对畲山分厂职工采取内部退养、职工身份置换等办法分流安置：内部退养：凡距法定退休年龄 5 周年（含，下同）以内的或男工龄满 30 周年、女满 25 周年的，办理内部退养。这期间生活费月计发标准为：退养前本人岗位工资、年功工资、平均月奖 900 元三项之和乘以 75％发放。计算连续工龄，并享受厦门卷烟厂在岗职工同样的过节费。解除劳动关系：发给一次性经济补偿金，原合同工身份按本人在本企业工作年限，每满一年支付一个月工资，最多不超过 12 个月。原固定工按实际连续工龄，每满一年发一个月工资的补偿金。若月工资低于畲山分厂职工月平均工资的，则按分厂平均工资标准作为计算补偿金的基数。企业另给职工额外补助费：工龄满 1 年不满 5 年的补助 1 万元；满 5 年不满 9 年的 3 万元；满 9 年不满 14 年的 8 万元；满 14 年不满 19 年的 10 万元；19 年以上的补助 12 万元。凡工龄 20 年以上已办理终止劳动关系后不到金闽公司再就业的，另给自谋职业补贴金 5 万元。畲山卷烟厂合并重组时有职工 269 人（其中退休人员 14 人），办理终止劳动合同的 4 人，调出 6 人，退休 5 人，厂内退养 23 人，调厦门卷烟厂 13 人。之后，厦门卷烟厂又参照该厂的人员分流办法，对厦门卷烟厂畲山分厂在岗 255 名职工进行分流，其中办理退养 23 人，调厦门卷烟厂 17 人，解除劳动关系后选择自谋职业有 75 人，选择到金闽公司再就业并签订意向协议书的有 140 人。8 月，华美公司被厦门卷烟厂收购后，按照设立生产中心的基本架构和企业发展的需要，对原 255 名职工（包括原有日薪工 19 人）进行安置，其中继续聘任 158 人；年龄偏大、文化偏低、个人不愿留用等不再聘任的 71 人；参照厦门卷烟厂职能设置进行社会化，安排食堂、车队、保安等 25 人。并给原华美公司所有的正式员工发放补偿金和办理相应手续。经济补偿的规定是：原固定职工在劳动合同期满第一次终止劳动合同，按其在公司工龄和原单位工龄合并的连续工龄支付补偿金。合同工在 2004 年 9 月 3 日劳动合同终止时，按其在公司工作开始直至劳动合同终止之日的实际工龄支付补偿金。补偿金的计算：每满一年工龄付一个月工资。月平均工资以该员工离职前 12 个月的平均工资计算。若低于月平均工资水平的，则按当时公司员工月平均工资标准计算。

2006 年 4 月，根据《中华人民共和国劳动法》、《福建省劳动合同管理规定》及有关法律、法规，龙岩卷烟厂对合并重组后还保留劳动关系的原云霄卷烟厂职工重新按《云霄卷烟厂职工人事用工制度改革实施方案》实行厂内退养和终止劳动关系安置。厂内退养：凡距法定退休年龄 5 年内，符合省政府职工退出工作岗位休养有关政策的，重新变更办理厂内退养手续，其工资待遇按新标准执行。终止劳动关系：原内部退养及在岗的职工，由本人申请，企业与职工协商办理终止劳动关系，并按 4500 元/月发给经济补偿金。根据职工在本企业的工作年限，每满一年发给一个月工资。在 4 月 17 日至 30 日期间内提出办理终止劳动关系，除享受经济补偿金外，另给予一次性生活补助费：工龄小于 10 年的补助 7.5 万元；大于等于 10 年小于 15 年的补助 8.5 万元；大于等于 15 年小于 20 年的补助 9.5 万元；大于等于 20 年的补助 10.5 万元。同时对社会基本养老保险费缴纳不足 15 年的职工，给予补足 15 年的缴费。按年限差距，每年 160 元计算，以现金一次性支付给职工自行缴纳。职工医疗保险费，每人按 3 万元标准计发，作为终止劳动关系职工的参保费用。同时根据实际工作需要，对已办理终止劳动关系且符合转产企业所需岗位条件的职工，实行竞聘上岗，优先录用。是年，原云霄卷烟厂 362 名职工有 349 人办理终止劳动关系手续。

二、财务和资产处理

1995 年，泉州卷烟厂关闭后，卷烟生产指标有偿收归省局（公司）统一调配，财务正常运作至 7 月止。1996 年，省局将泉州卷烟厂 1.5 万箱卷烟生产计划指标外调加工卷烟，清还债务 2155 万元。1997 年 3 月，泉州卷烟厂 5 台 YJ14/YJ23 卷接机组经批准以设备净值调给甘肃省庆阳卷烟厂。同年7月，该厂委托泉州会计事务所对闲置的通用及专用设备进行资产评估，评估总价值为362.08万元。7月9日，省公司将泉州卷烟厂原有年1.5万箱生产计划以单箱效益有偿调剂由厦门卷烟厂生产，所得资金用以解决泉州卷烟厂转产问题。截至10月底，泉州卷烟厂资产总额为1182万元，其中：流动资产180万元。龙岩卷烟厂永定分厂转为金叶纸品公司生产纸箱后，仍保留原有独立法人资格和财务管理核算形式。卷接包设备8台（套）（其中YJ14/YJ23二台、YJ13B/JY23一台、YJ13B卷烟机四台和AMF3000型包装机一台）进行报废处理，设备原值120.13万元，净值80.69万元。其他通用辅助设施留金叶纸品公司使用。

1999年，云霄卷烟厂被兼并时，省局（公司）组成清产核资组，对企业资产进行全面的清产核资。至6月30日止，云霄卷烟厂（含调拨站）账面核实资产总额为2.02亿元，其中：流动资产1.21亿元，固定资产8131万元，无形资产2万元，各种负债1.39亿元。清理出的各项资产损失9626万元。重组后利用清产核资国家给予的优惠政策，核减所有者权益5590万元。云霄卷烟厂被兼并后，取消法人资格，企业财务账户及国有资产全部合并龙岩卷烟厂。

2000年9月，泉州卷烟厂剩余闲置设备处置：MK－8/MAX3卷接机组、AMF3000型包装机及成型机等专用设备共计8台（套）进行销毁性报废处理，设备原值为488.58万元。2001年6月，泉州卷烟厂将地处泉州市西北繁华地段，建筑面积9037平方米的三个生产车间租给泉州闽烟织造公司使用。至10月止，泉州卷烟厂利用总公司组织结构调整优惠政策、卷烟生产指标调剂等所产生的利润，归还"八五"期间技术改造投资、流动资金贷款及利息等5000万元。同年12月31日，国家局批准厦门卷烟厂兼并畲山卷烟厂（调拨站）后资产无偿划转给厦门卷烟厂总计1.53亿元，其中：固定资产5139万元，负债7601万元，所有者权益7686万元。2002年1月11日资产进行正式移交。移交前，畲山卷烟厂将其中部分资产进行报废，共计处理4481万元，账务处理后厦门卷烟厂实收资产总额为1.03亿元，其中：固定资产2208万元，之后厦门卷烟厂将制丝车间厂房等资产727.72万元，以实物形式投资金闽公司。

2002年1月，国家局批准注销泉州卷烟厂，企业按规定办理工商、财税、专卖等相关手续，并享受财政部取消卷烟生产点的扶持政策。省公司将原泉州卷烟厂的国有资产无偿划转到泉州分公司。资产总额1653.53万元，负债635.86万元，所有者权益1017.67万元。

2003年，福建省烟草工商分设后根据《福建省烟草工商体制改革实施方案》，在资产划转和账务处理上，将工业企业组织结构调整资金中，泉州卷烟厂的1960万元留省局（公司），龙岩卷烟厂永定分厂的1600万元划到福建中烟，分别用于处理两厂关停后遗留问题。省局（公司）资产中：货币资金2.08亿元、集中留利结余1亿元、固定资产净值1324万元、长期投资6684.7万元划转到福建中烟。属省烟草物资公司的债权债务整体划转，属该公司存货和应收账款按账面余额也划转到福建中烟。对于工效挂钩工资总额基数、工资和福利结余数额，按调配到福建中烟人员占省局（公司）人数的比例确定划转数额。2004 年 1 月，国家局同意将省公司部分资产无偿划转给福建中烟。资产划转基准日为 2003 年 10 月 31 日。无偿划转资产总计 3.03 亿元，负债总计 1.28 亿元，所有者权益总计 1.74 亿元。同年 5 月，原华美公司的资产由厦门卷烟厂收购接管，其资产经财务处理后归并到厦门卷烟厂。

2005 年 12 月，根据国家局的批复福建中烟批准厦门卷烟厂将原厦门卷烟厂畲山分厂 2002 年末账面资产净值 633.55 万元中的 50% 无偿划转给福建中烟和龙岩卷烟厂分别为 158.39 万元，各占 25%。资产划转基准日为 2002 年 12 月 31 日。

三、租赁转产及受让股权

1995 年 7 月，泉州卷烟厂关闭后，卷烟生产计划指标实行有偿调配，所得资金主要用于企业偿还债务，安置分流职工。1996 年，龙岩卷烟厂永定分厂停止生产卷烟后，成立金叶纸品公司，转为以纸箱生产经营为中心的企业。投资 600 万元建设年产 840 万平方米五层瓦楞纸箱生产项目；第二年投资 400 万元建设年产 40 万只箱包项目（2002 年 8 月箱包项目停产）。

1999 年 2 月，云霄卷烟厂停产后设立经营转产组，转产组到广东、北京、西安等地考察调研后，6 月 23 日，提出蜂窝纸板、铝塑复合管、二氧化碳超临界萃取、透明纸、可降解塑料薄膜、脱水蔬菜、纸餐具及塑钢门窗等七个项目及可行性调查报告。2000 年 9 月，正式确定蜂窝纸板作为云霄卷烟厂的转产项目，11 月，省公司批准该项目建设并成立福建贝森蜂窝新型材料有限公司（下称福建贝森公司）。

2001 年 1 月，龙岩金叶纸品公司投资 700 万元，对原有五层瓦楞纸生产线进行改造，引进一条年产 1600 万平方米七层瓦楞纸板生产线。项目建设充分利用龙岩卷烟厂永定分厂原有的锅炉、水电、场地、生活等各种基础设施，仅半年时间便顺利建成投产，节省资金近 300 万元。3 月，福建贝森公司正式注册成立，注册资本为人民币 1500 万元，为中外合资经营企业。由龙岩卷烟厂、省烟草物资公司（后变更为省公司）、昆明风动新技术发展有限公司、深圳市凯宏华实业有限公司（后变更为香港新港有限公司）、贝森新加坡有限公司五家股东共同出资创办。其中：龙岩卷烟厂出资 435 万元占股份 29%，昆明风动出资 390 万元占 26%，新加坡贝森公司出资 375 万元占 25%，省公司出资 150 万元占 10%，深圳凯宏华出资 150 万元占 10%。其生产的产品主要为龙岩卷烟厂提供烟用包装材料。5 月，省公司与华益（香港）金融财务有限公司（下称华益公司）合资创办泉州闽烟织造公司，注册资本为 360 万元人民币，其中：省公司出资 183.6 万元，占 51%；华益公司出资 176.1 万元人民币占 49%，并成立闽烟织造公司董事会。6 月 5 日，省公司正式与华益公司签订合营合同，投资总额为人民币 476 万元。计划年生产织唛专用纱 360 吨，产值 1236 万元人民币，租赁原泉州卷烟厂厂房生产。6 月 14 日，泉州卷烟厂将建筑面积 1800 平方米厂房的使用权租给闽烟织造公司，月租金为人民币 3000 元。6 月 20 日，泉州市鲤城区对外经济贸易局正式批准泉州闽烟织造公司的项目合同。闽烟织造公司主要设备有：络纱机 3 台、倍念机 16 台、纱线定型机 1 台、并线机 1 台、分条整经机 1 台、试验室仪器 1 套。

2002 年，福建贝森公司租用原云霄卷烟厂的场地、生产车间以及水、电、汽（气）等公共配套设施，引进荷兰先进技术的全自动蜂窝纸（芯）板生产线以及加工设备，生产蜂窝纸芯、纸板（箱）、运输托盘、包装内衬（缓冲）材料等产品，年生产纸板能力 600 万平方米以上。年底开始试产，投产时有员工 49 名，其中：安置云霄卷烟厂职工 44 名。畲山卷烟厂与厦门卷烟厂合并重组后，厦门卷烟厂畲山分厂所选的转产项目有：造纸法烟草薄片、商标印刷、纸箱三个依托主业的发展项目。经考察调研论证后选择造纸法烟草薄片项目。6 月 26 日，省局（公司）确定建设一条造纸法烟草薄片生产线，并利用畲山分厂原有的固定资产进行技术改造。7 月 5 日，成立烟草薄片项目领导小组。10 月 28 日，国家局批准开展该项目的前期论证工作，项目投资及产品使用立足于福建省内自主解决；同时项目实施结合福建省卷烟工业组织结构调整进行。11 月 13 日，由省公司、厦门卷烟厂、龙岩卷烟厂共同出资组建金闽公司。三方投资中厦门卷烟厂占股份 50％，其余两家股东各占 25％。

2003 年 1 月，组成金闽公司董（监）事会，由省公司副总经理卢金来任董事长。3 月，正式在罗源县注册，注册资金为 1000 万元人民币，法人代表卢金来。金闽公司正式成为厦门卷烟厂畲山分厂的转产改制企业。7 月 7 日，召开造纸法再造烟叶生产线工艺方案评选会，邀请省内外专家、股东单位代表对国产造纸法再造烟叶生产工艺方案进行评选，云南昆船瑞升科技有限公司的生产线被确定为首选工艺方案。9 月，造纸法再造烟叶生产线建设工程总体规划经省局初审。认为该项目符合国家局提出的加快造纸法再造烟叶的应用推广要求，有利于提高卷烟产品的技术含量和推进卷烟产品的降焦减害。且福建省是全国优质烟叶的主产区之一，每年可产生下低次烟叶 4100 吨，龙岩、厦门两家卷烟工业企业和龙岩、三明、南平三家打叶复烤企业，年可产生烟梗 7200 吨和烟末 1300 吨，生产原料来源基本可得保证。生产的再造烟叶产品福建省内销售，按全省卷烟产量 120 万箱，平均掺入再造烟叶 10％比例计算，每年再造烟叶需求量为 3990 吨，市场需求能得到保证。同时项目建设结合福建省卷烟工业企业的组织结构调整，有利于盘活厦门卷烟厂畲山分厂的固定资产，解决职工安置问题。为此，省局正式向国家局上报造纸法生产线建设工程总体规划。12 月 25 日，国家局正式批准项目总体规划和同意新建国产造纸法再造烟叶生产线，项目选址在原厦门卷烟厂畲山分厂厂址（福州市罗源县党校路 38 号）。技术改造的生产规模为年产 5000 吨造纸法再造烟叶，购置一条 700 公斤/小时国产造纸法再造烟叶生产线，并相应配套生产辅助设备及公用设施。新建联合生产工房、锅炉房、配电房和污水处理站各一座，以及相应配套厂区道路、停车场、绿化等室外工程；充分利用原有厂房、仓库作为原料和成品库。项目所需资金以自筹为主，贷款金额不高于总投资额的 40％。

2004 年 2 月，金闽公司造纸法再造烟叶生产线建设工程技改项目可行性研究报告（含建议书）通过省经贸委批准。6月24日，项目环境影响报告书通过福建省环保局批准。9月底后，受各种因素影响项目暂缓建设。同年，华美公司合资期限即将到期，中外三方股东：日烟国际（中国）有限公司、厦门联合发展集团有限公司和厦门卷烟厂进行充分的沟通协商后，提前将华美公司的股权包括金桥卷烟牌号转让给厦门卷烟厂，并经厦门卷烟厂报国家局、福建中烟、厦门市政府批准。8月30日，厦门卷烟厂金桥生产中心在厦门市湖里区华昌路原华美公司厂址正式挂牌成立，金桥生产中心正式成为厦门卷烟厂下属生产单位。金桥牌卷烟成为厦门卷烟厂又一重点发展的骨干品牌之一。

2005年9月，金闽公司造纸法再造烟叶生产线建设项目重新启动后，其生产工艺、技术设备又作改进与发展，对产品和市场定位、生产线工艺路线选择、生产设备制造和选型作较大调整。借鉴上海烟草（集团）公司的生产工艺路线，结合龙岩、厦门卷烟厂的实际需要和提供的产品研发平台，制定具有特色的工艺路线方案。项目建设采取一步设计，分步实施的办法。一期、二期设计生产能力各为5000吨，其中一期投资1.35亿元。该项目设计单位为中国海诚科技股份有限公司，设备制造单位是云南昆船瑞升科技有限公司和山东瑞联造纸技术有限公司。11月，福建贝森公司由于市场竞争等因素的影响，无法继续经营，为此合营的四家股东同意把所有股权按资产净值85.27%（即420万元）一次性在股东内部转让。龙岩卷烟厂以扣除自身原有股份比例后的298.2万元收购其他股东共71%的股权，福建贝森公司成为龙岩卷烟厂独家投资的公司。

2006年6月，金闽公司造纸法再造烟叶转产项目被省经贸委列为2006年省重点项目。12月26日，国家局正式批准造纸法再造烟叶生产线工程技改项目建设。2007年7月5日，金闽公司股东单位追加投资后，注册资本增至1.3亿元。8月1日，金闽公司正式获得烟草专卖生产企业许可证，准许烟草薄片委托、加工业务；烟草专用机械购进、烟叶购进和烟草薄片的生产销售。福建贝森公司新建1800平方米后续加工车间，添置部分设备，并对企业用工制度进行改革。企业通过ISO9001：2000质量管理体系认证，新型包装材料产品经福建省出入境检疫局考核合格，被评定为"福建省高新技术企业"。

2008年，金闽公司联合工房奠基开工，项目建设进入全面实质性实施阶段。生产线设备全部到位，整个项目累计签订合同近100份，设备总投资额达1.13亿元，并完成生产线所有设备的就位安装和调整。同年5月，福建贝森公司正式在原云霄卷烟厂揭牌。

附录：企业概况

一、福建中烟

2003年11月24日，经国家局批准，福建中烟正式成立。由总公司出资，注册资本为人民币2000万元，主要承担福建省烟草制品生产和销售、烟草物资、烟机零配件及其他相关的生产任务。与省公司并列，由国家局（总公司）统一领导和管理，接受省局的专卖管理和执法监督。福建中烟实行总经理负责制。公司本部设：办公室、外事办公室、人力资源管理处、市场营销管理处、生产安全管理处、体改法规处、财务审计处、科技开发处、物资供应处、进出口处 10 个部门和市场营销中心与技术中心。下辖龙岩卷烟厂、厦门卷烟厂、龙岩金叶复烤公司和金闽公司，全系统职工 4000 人。所属龙岩、厦门卷烟厂经"十五"易地搬迁改造，双双跻身全国烟草行业重点工业企业行列，分别成为福建省、厦门市第一纳税大户。主导品牌七匹狼、石狮牌系全国烟草行业名优品牌。

2005 年，福建中烟综合指数在全国 17 家工业公司中排名第 4 位。全年共销售七匹狼、石狮牌卷烟 76.4 万箱，调拨销售量增幅分别位居第 1 位、第 5 位，在名优烟中分别居第 18 位与第 12 位。七匹狼、石狮牌卷烟先后被认定为中国驰名商标。2006 年七匹狼牌卷烟调拨量达到 54.29 万箱，比 2005 年增加 20.88 万箱；销量排名在全国名优烟中从第 18 位跃升到第 11 位，增幅列第 3 位。金桥牌卷烟全年调拨量达 7 万箱，增长 40％。新一类卷烟金桥（国际）、七匹狼（金典）、七匹狼（庆典）于 2006 年底、2007 年初相继上市，福建卷烟工业"一优一特"品牌发展战略得到确立，福建省卷烟工业的综合竞争力得到较大幅度的提升。

2006 年 12 月，福建中烟对福建省卷烟工业企业的管理体制进行改革，将所属龙岩卷烟厂改制为龙岩烟草工业有限责任公司，厦门卷烟厂改制为厦门烟草工业有限责任公司，作为福建中烟的全资子公司。福建中烟成为龙岩、厦门烟草工业有限责任公司的出资人，负责组建两家子公司的董事会、监事会等法人治理结构，并对其行使资产收益、重大决策、选择管理者等出资人权利，同时依法对国有资产进行管理和监督，承担国有资产保值增值责任。2007 年 11 月，按照国家局福建省卷烟工业管理体制改革的批复，正式确立福建卷烟工业母子公司管理体制。

二、龙岩烟草工业有限责任公司（原龙岩卷烟厂）

公司前身原龙岩卷烟厂位于福建闽西革命老区，1951 年 11 月，由龙岩地区专署财政经济委员会根据国家改造民族工商业的有关政策，赎买 40 年代初创办的三友、南方两家私营卷烟厂，成立公营龙岩卷烟厂，成为福建省第一家国有卷烟工业。厂址在龙岩县五彩巷西桥头（原南方卷烟厂旧址）。厂区面积 879 平方米，固定资产原值 2.28 万元。设备简陋，仅有各 2 台小型卷烟机和切丝机，1 台 6 马力柴油机，除切丝、卷烟用机器外，其他工序全部手工操作。共有员工 36 人，实际生产工人 24 人。1956 年 1 月，更名为"地方国营龙岩卷烟厂"。1958 年，中共龙岩地委、专署决定扩建卷烟厂，厂址定在龙岩西安南路。翌年，投资 64.82 万元，兴建新厂房，建筑面积 4849.42 平方米，年生产能力增至 4 万箱。1963 年划归中国烟草工业公司上海分公司，更名为"国营龙岩卷烟厂"。1978 年，开始扩建厂房，至 1981 年厂区扩大到 5.33 万平方米，其中建筑面积 3.67 万平方米，有职工 789 人。1984 年，企业在全国 200 家资金利税率和人均利税率最佳企业中，分别名列第 20 位和 16 位。

1985 年，龙岩卷烟厂划归省公司统一管理，有职工 1355 人，固定资产原值 2339.2 万元，年产卷烟 21.7 万箱，创税利 469 万元，为中央属的大中型骨干企业之一。1986 年 11 月改名为"龙岩卷烟厂"。1988 年被国务院企业管理指导委员会核定为"国家二级企业"。1986—1990 年，共投资 1.23 亿元（其中外汇 1540.3 万美元），形成年产卷烟 35 万箱的综合生产能力。主要设备达到 80 年代水平，进入全国大中型企业行列。1992 年，产量 32.2 万箱，工业总产值 6.67 亿元，销售收入 6.02 亿元，税利总额 3.26 亿元，职工人数 1926 人，人均税利 17.7 万元，全员货币劳动生产率 36.11 万元。企业在全国 500 家大型企业排名第 256 位，在全国 500 家最佳经济效益工业企业烟草加工企业中居第 25 位。1993 年 7 月，国家局将龙岩卷烟厂列入 10％大中型骨干企业重点技术改造企业。1995 年 12 月，经国家技术监督局上海质量体系审核中心审核，企业通过 ISO9002 认证，成为全国 180 家烟草企业中第四家通过认证的企业。

在"八五"、"九五"期间，企业先后引进英国、德国、日本、美国和意大利等国家的先进制丝、卷接包设备，进行技改创新；使之拥有 90 年代国际先进水平的卷烟生产设备及配套完善的公共工程、理化检测设备；1998 年生产卷烟能力达 45 万箱。企业职工人数 2000 人，从事主业人员 1800 人，多种经营 200 人；其中大中专毕业生 500 人，高级职称 5 人、中级职称 123 人。完成卷烟产量 36.93 万箱，实现调拨销售收入 21 亿元，税利 10.8 亿元，其中利润 1.2 亿元。同年 4 月被中华全国总工会授予"全国五一劳动奖状"；2001 年 7 月，厂党委被中共中央组织部授予"全国先进基层党组织"荣誉称号；2002 年，企业荣膺中央精神文明建设指导委员会"全国精神文明建设先进单位"表彰，并被省委、省政府授予"福建省第七届文明单位"称号；2003 年 9 月，厂工会被中华全国总工会评为"全国模范职工之家"。2003 年，企业完成易地技术改造后，拥有国内一流、科技含量与国际先进水平同步的制丝生产线、卷接包设备及公共配套工程、现代检测设备以及行业级技术中心。2005 年，企业总资产 37.91 亿元，年生产能力 69.7 万箱，实际完成卷烟生产 61.5 万箱，实现销售收入 47.77 亿元，税利 33.82 亿元，其中利润 7.1 亿元，综合竞争指数位居行业第 5 位。是全国 33 家重点卷烟企业之一。企业长期保持福建纳税第一强的地位。在中国纳税百强排行榜中名列第 33 位，烟草行业位居第 13 位。2005 年 10 月，被中央精神文明建设指导委员会授予"全国文明单位"称号；2003—2007 年，连续被评为"中国企业信息化 500 强"。

1994 年开发的梅花山牌卷烟填补了福建省高档卷烟的空白。传统品牌富健牌卷烟（原福建牌），曾被总公司列为中国 39 种名烟之一；乘风牌卷烟曾被总公司评为部优产品。企业核心品牌七匹狼牌成为中国烟草行业 36 种名优品牌和百牌号目录之一，是中国十大公众认知商标，也是中国驰名商标。在实施品牌战略中，形成七匹狼系列、富健系列、乘风系列产品的品牌。2003 年，实施做大做强七匹狼品牌的发展战略。2006 年，七匹狼牌卷烟销售突破 50 万箱，达到 54 万箱。连续三年增长率超过 50％，在 36 种名优烟中名列前茅。同年，开发创新七匹狼（庆典）、七匹狼（金典）牌卷烟，企业被评为"中国信息化百强企业"。

2007 年 11 月，实施公司制改造后，更名为"龙岩烟草工业有限责任公司"，成为福建中烟的全资子公司。2008 年，生产卷烟 76.54 万箱，创税利 61 亿元。七匹狼品牌卷烟跻身全国性卷烟骨干品牌前 20 名，实现销量过百万箱，销售收入突破百亿元。

三、厦门烟草工业有限责任公司（原厦门卷烟厂）

公司前身原厦门卷烟厂位于我国最早的经济特区厦门市，是中国烟草行业重点工业企业之一，厦门市第一纳税大户。其前身是 1948 年创办的华康烟厂，1954 年完成公私合营。1960 年由厦禾路搬迁至鹭江道，产量 3 万箱，职工 500 人。1979 年，文灶新厂竣工，同年 9 月搬迁试产。1984 年 5 月，与美国雷诺士烟草公司、厦门经济特区联合发展有限公司签约共同出资创办"华美卷烟有限公司"。同年，成立厦门市局、厦门分公司，实行三位一体的管理体制，统一负责厦门地区烟草行业产供销、人财物、进出口的经营管理与执法监督。1992 年，企业拥有普烟和滤嘴烟两条卷烟生产线，设备总台数 227 台（套），年产卷烟能力 40 万箱，固定资产达 1.5 亿元。1993 年，对干部人事制度和内部分配制度进行改革，实行聘任制，打破职务终身制。将个人收入与劳动质量、数量、岗位职责挂钩，适当拉开距离，激发广大职工的积极性。1994 年，企业内部改革深化，在三个车间推行岗位合同制试点，促进车间生产效率的提高。同年，企业实施名牌计划，加大老产品改造和新产品开发的力度。1996 年，企业先后与多家烟草公司合作开发产品，成功开发首支高档卷烟——硬盒翻盖石狮牌，提升厦门卷烟厂的产品结构与档次。1997 年，ISO9000 质量管理体系在企业正式运行，卷包车间成为国家局首批"管理样板车间"。1998 年企业被国家局列入全国烟草行业"29 家重点发展企业"之一。一次性通过行业贯标工艺审核和中国质量认证中心（CQC）厦门评审中心的认证审核，并获得认证证书。1999 年，企业获福建省"'五一'劳动奖状"表彰。

2000 年，成功开发出具有国内领先水平的低焦油超醇石狮牌卷烟，成为中式卷烟的标杆产品。同时企业进行三位一体的管理体制改革，与厦门市局（分公司）机构分设。实行职工内部退养、富余人员安置、科室精简、中层干部公开竞聘等一系列劳动人事制度改革，企业管理水平再上台阶，获省思想政治工作优秀企业称号。当年实现工业销售收入 17.78 亿元，卷烟销售调拨收入 22.1 亿元，税利总额 12.8 亿元，利润总额 2.56 亿元，单箱税利 3173.2 元，经济效益综合指数在全行业排名第 15 位。

同年，选择厦门海沧新阳工业开发区 300 亩土地作为卷烟厂新厂址，实施以联合工房及辅助生产设施、片烟自动化投料制丝生产线、白肋烟生产线、物流自动化系统、计算机集成系统为主要改造内容的易地总体技术改造项目。2003 年，厦门卷烟厂完成技改搬迁后，总建筑面积 13 万多平方米，总投资 8.5 亿元，具备 70 万箱卷烟的生产能力。制丝线由德国、英国、意大利等国的世界最先进设备组成；卷包车间的卷、接、包、装箱、封箱、入库全部实现自动化；从日本引进的高架物流系统，实现辅助材料和卷烟成品储存及进出库的高度自动化、智能化；建立的计算机集成制造系统（CIMS），实现多方面技术与信息的广泛集成。优化资源配置，确保信息流、物流、资金流的统一、通畅、及时，提高企业的创新能力和市场应变能力，促进企业整体水平的全面提升。在企业内部深化改革，通过办理内养、终止劳动合同等方式，再次进行人员分流。改革后全员实物劳动生产率由369箱／人增加到504箱／人。

2002年，厦门卷烟厂兼并畲山卷烟厂实现资产重组。截至2005年，企业拥有员工1200人，平均年龄34岁，大专以上文化448人，中高级技术职称133人，工人技师8人，国家局技术能手2人。总资产33.03亿元。下辖有包装、印刷、房地产和酒店等多个行业12家企业的鑫叶集团有限公司。完成境内外卷烟销售59.5万箱，实现税利总额24.64亿元、利润总额5亿元。主要经济技术指标在全国烟草工业企业排名11位。2004年，企业收购华美公司他方股权后，成立厦门卷烟厂金桥生产中心。同时主导品牌石狮牌整合福建省内其他中低档牌号，规模不断做大。石狮系列牌号成为全国36个名优卷烟之一，获"中国驰名商标"称号。石狮、金桥牌卷烟多次获福建省和全国的各项质量奖，入选烟草行业首批颁布的百牌号目录。企业连续八届蝉联省"文明单位"表彰。企业环境管理体系和职业健康安全管理体系通过中国质量认证中心厦门评审中心的综合审核，取得环境管理体系（ISO14001：2004）和职业健康安全管理体系（GB/T28001：2001）认证证书。企业环境和职业健康实现："守法、环保、安康、和谐"。全方位构筑企业文化体系，形成"尽善尽美，精益求精"的企业精神。

2006年，企业贯彻福建中烟"一优一特"的品牌战略，增强七匹狼和金桥品牌实力。用石狮牌切换成七匹狼牌产品。成功开发的国际金桥牌卷烟，在厦门树立高档品牌的市场形象，受到国家局领导和业内人士的肯定。金桥品牌获得"福建省名牌产品"和"著名商标"称号。2007年11月，实施管理体制改革，更名为"厦门烟草工业有限责任公司"，成为福建中烟的全资子公司。蝉联福建省第九届"精神文明建设先进单位"称号。

2008年，生产卷烟73.5万箱，实现税利43.9亿元。金桥牌号卷烟产品成为福建省特色品牌，被国家局确定为视同全国性骨干品牌进行考核。公司获中国质量协会2008年颁发"实施卓越绩效模式先进企业"和"全国用户满意企业"称号；公司党委获福建省委、厦门市委"2006—2007年度先进党组织"称号。

四、云霄卷烟厂

云霄卷烟厂原为云霄县烟丝厂，1971年1月正式办厂，厂址在云霄师范校园。1978年8月正式纳入国家计划。1979年6月开始征地3.35万平方米建设新厂，1981年3月落成投产，厂址位于云霄县云陵镇西北路549号。1984年全厂职工有349人。1985年3月上划省公司管理。1990年，列入中国500家最大工业企业，位居全国卷烟工业企业第141名、福建省 50 家最大经营规模工业企业第 39 家和最佳经济效益第 5 名。至 1995 年拥有各类设备近 300 台（套）、其中卷烟专用设备 200 多台（套），拥有国内先进的仿德国虹霓 1500 公斤/小时制丝线、英国 MK－8 卷接机、超九卷接机组、AMF3000 型包装机组、德国 B－1 包装机组、日本制造嘴棒成型机和先进卷烟检测仪器设备。滤嘴卷烟年生产能力 6 万箱以上。厂区占地面积 3.3 万平方米，建筑面积 3.2 万多平方米，其中生产主车间 9600 平方米。

1999 年，云霄卷烟厂停产时，固定资产从 1971 年 6.51 万元增至 6890 万元，总资产 1.05 亿元，资产负债率 56%。1971—1998 年共生产卷烟牌号 20 个，产量 63.41 万箱，工业总产值 10.023 亿元，上缴税金 5.28 亿元，其中：1998 年生产卷烟 3.62 万大箱，工业总产值 1 亿元，实现销售收入 9991 万元，税利 5351 万元。主要产品牌号有：黄兰、金三角、云福，均为中、低档次卷烟。黄兰牌卷烟曾被评为福建省优质产品、获首届中国食品博览会铜奖。云凤牌卷烟，曾获省烟草系统包装装潢评比优秀奖、首届中国食品博览会铜奖，被评为省优质产品、省消费者信得过产品。云福牌卷烟系与云南省公司联营开发生产的卷烟，曾获福建省新产品开发奖。

云霄卷烟厂停止卷烟生产后，2001 年，转产成立福建贝森蜂窝新型材料有限公司。

五、畲山卷烟厂

畲山卷烟厂 1978 年 8 月在罗源县国营酒厂成立，1979 年 3 月正式定名。1983 年 5 月 14 日，纳入国家统一管理，成为福建省 5 个计划内卷烟厂之一。次年 1 月 1 日，与罗源县酒厂分离独立设厂，选在罗源县城西郊官山的原部队营房作为过渡厂房并实施第一期技改，改扩建厂房和完善附属设施，添置生产设备，生产能力从 5000 箱提高到 1.5 万箱。1984 年 4 月 10 日，正式迁至过渡厂房，5 月 1 日投产。

1985 年，进行第二期技改，在罗源县城西门外征地建新厂；填平补齐制丝生产设备，引进美、英国的卷接包装机组及配套滤嘴成型机等，新增 84 毫米滤嘴卷烟生产能力。1987 年 5 月 29 日迁入新址（罗源县党校路 38 号），6 月 4 日正式投产。独立建厂后在技改的同时，在厦门卷烟厂的帮助下，企业管理逐步加强，产品质量稳步提高。至 1987 年先后开发产品 14 个牌号 21 种卷烟。同年，卷烟产量突破 1 万箱，产值 894 万元，创税 545.02 万元，占当年罗源县预算内财政收入 41.5%，在福建省 300 家工业企业综合评比中，首次排名第 184 位。

1990 年 1 月至 1991 年 5 月实施第三期技改，实现卷接包设备现代化，使卷接生产能力达到 5 万箱，投产后新增效益 3496 万元。1991 年 7 月至 1993 年 10 月实施第四期技改，实现制丝生产线现代化，形成制丝年产 10 万箱生产能力。1994—1999 年以提高产品档次、质量，降低消耗、节约成本、加强环境保护、提高产品市场竞争力为目的续建改造工程，重点完善制丝线的工艺技术，增加翻盖产品的生产设备，扩大卷接包装能力。2000 年，对卷接包、制丝设备进行综合改造，完善设备，合理布局，扩大生产规模，促进产品质量更加稳定。

2001 年 12 月，畲山卷烟厂被兼并重组时有职工 263 名，其中大中专文化程度占 25.5％，平均年龄 34 岁。企业设立党委，有党员 62 人。厂区占地面积 4.5 万平方米，建筑面积 3.5 万平方米，绿化率 46.8％。主要生产设备为国内中等水平，各有一条 1500 公斤/小时国产仿科玛斯技术制丝生产线和 90 公斤/小时的国产辊压法烟草薄片生产线。年生产滤嘴烟能力 10 万大箱。主要产品喜来宝、三沙系列牌号，省外销售占 60％。企业连续 15 年列入福建省 300 大工业企业，2000 年纳税排名福州市第 3 位，连续 4 届被评为省"文明单位"称号。并分获省"民族团结进步模范单位"、"双拥先进集体"、"民族企业之星"、"模范职工之家"、"五一劳动奖状"、福州市先进基层党组织等多项荣誉称号。

1978 年建厂至 2002 年，25 年来共创税利 7.38 亿元，特别是 1993 年以来的近十年共创税利 6 亿元。2000 年经济效益综合指数 154.33％，在全国 70 家 10 万箱以下小烟厂中排第 3 位，列全国 120 家卷烟工业第 16 位。

2002 年 1 月 1 日，畲山卷烟厂被兼并后更名厦门卷烟厂畲山分厂，并按分厂新的体制运作，人财物、产供销由厦门卷烟厂统一管理、统筹安排。2003 年 4 月 8 日，厦门卷烟厂畲山分厂停产，取消卷烟生产点。建厂至取消卷烟生产点止，共生产 44 种不同规格 24 个牌号的香烟，累计生产量达 65.37 万箱，主要牌号为喜来宝、三沙牌，其中：喜来宝（白）牌产量达 39.16 万箱，占总产量 59.9％。同年在原址成立福建金闽再造烟叶发展有限公司，正式成为厦门卷烟厂畲山分厂转产改制企业。

六、华美卷烟有限公司

1983 年 3 月，由厦门卷烟厂、厦门经济特区联合发展有限公司和美国雷诺士·纳贝斯高（中国）有限公司合资兴办华美公司。1986 年 7 月成立，9 月正式动工兴建，1988 年 10 月 28 日投产，生产牌号除雷诺士公司名牌骆驼、云丝顿牌外，自主开发金桥、喜必利共同牌号系列产品。它是中国境内第一家中外合资的卷烟工业企业。合资总额为 3100 万美元（原投资额 2100 万美元，1995 年追加 1000 万美元），其中：日本烟草（中国）有限公司于 1999 年 4 月收购雷诺士公司所有海外股权，成为华美公司第一大股东。企业生产规模为年产混合型滤嘴卷烟 5 万箱。

公司的各项经济技术指标均达到国内、国际先进水平，工业企业综合经济指数在全国烟草行业工业企业及年产 10 万大箱以下规模的企业中均位居第一。1998 年通过 ISO9002 质量体系的认证，产品质量经日内瓦日烟国际部检测，达到国际同类产品标准。主要产品软包金桥牌香烟被总公司列为"1989 年全国最畅销牌号"之一，1994 年，经国家局认定为全国优质品卷烟，并保持在"1997—1998 年度全国优等品卷烟牌号"的行列。1999 年，继硬盒特级金桥牌面市后，硬盒低焦油蓝色骆驼牌系列产品也投放市场，受到消费者的普遍欢迎。2004 年 9 月，华美公司股权及牌号转让给厦门卷烟厂。华美公司历时 18 年，共生产金桥、骆驼等牌号卷烟 88.32 万箱，上缴税收 25.55 亿元，获利润 9.57 亿元，创汇 1.55 亿美元。企业曾荣获全国"环境保护先进单位"称号；7 次被评为全国"双优"外商投资企业；被省委、省政府两次授予"文明单位"称号；1998—2000 年连续三年获厦门市政府的"纳税大户"表彰。

厦门卷烟厂受让华美公司他方股权后在原址成立厦门卷烟厂金桥生产中心，生产金桥牌（15 毫克）软包混合型卷烟。2004 年 9 月至 2006 年 6 月产量共计 9.631 万箱，其中：2005 年产量 5.01 万箱，2006 年 1—6 月为 3.22 万箱。中心人员配备总数为 124 人，比原华美公司减员一半，其中：管理人员 17 人（含中层受聘人员）；制丝车间 26 人；卷包车间 61 人；动力班组 20 人。生产的设备主要利用华美公司原有的机台，制丝年生产能力可达 15 万箱左右。卷接包主要设备有英国莫林 9－5 卷烟机组和 SASIB6000 型包装机组各 4 台（套）以及 KDF2 成型机 2 台（套）。卷接包生产能力为 8 万箱（两班生产）。

七、泉州卷烟厂

泉州卷烟厂前身是泉州烟丝厂。1980 年试产雪茄烟。1981—1982 年的生产属来料加工性质。1983 年，经国务院批准列入国家计划改名"泉州雪茄烟厂"，企业基本实现机械化生产，年综合生产能力为雪茄烟 4000 箱。主要产品为细支雪茄烟及联产丙、丁级卷烟。1985 年上划省公司管理，实行省公司和晋江行署双重领导，以省公司为主的体制。1986 年试产501（烤烟型）502（混合型）牌的乙级滤嘴烟。1987 年实施第一期技术改造，引进 3 台（套）卷接包机组，形成年产滤嘴烟 1.5 万箱的生产规模。固定资产原值由 1986 年的131.51 万元增至 3000 万元。同年，与江苏省淮阴市烟草公司联营加工丰收牌卷烟；与厦门卷烟厂联营生产金麟牌卷烟。1988 年刺桐牌滤嘴卷烟产品列入国家统一牌价。1989 年，生产滤嘴烟 8000 箱、普烟 6200 箱，实现税利 1102 万元。1990 年后实施第二期技术改造。1991 年产销量达 1.5 万箱，税利 1322.8 万元，生产卷烟牌号为老君、刺桐牌。1992 年 1月，国家局批准更名为"泉州卷烟厂"，成为省公司直属卷烟工业企业，有职工 270 人，年产卷烟能力 5 万箱（其中滤嘴烟 3 万箱）。产销量达 1.9 万箱，税利 1731 万元。

1995 年，泉州卷烟厂关闭时，企业占地面积 1.33 万平方米，建筑面积 1.55 万平方米（其中主厂房 6786 平方米）。资产总值 6179.54 万元，其中固定资产原值达 1013.2 万元，净值 697.81 万元，流动资产 1693.32 万元，在建工程 3783.41 万元。拥有 1500 公斤/小时综合制丝线 1 条，卷接机组 7 台（套），包装机组 4 台（套），年生产能力为制丝 10 万箱，卷接包装 5 万箱。设有制丝、滤嘴烟、动力 3 个生产车间及 9 个职能科室，职工总数 245 人（不含退休 63 人、退职 2 人），其中：全民固定工 131 人、全民合同工 61 人、集体所有制工人 38 人、临时工 15 人，有中初级技术职称人员 20 多人。

2001 年 6 月，泉州卷烟厂转产成立泉州闽烟织造有限公司，租赁泉州卷烟厂厂房，并正式领取企业法人营业执照。2002 年 1 月，国家局正式批准注销泉州卷烟厂。

八、龙岩卷烟厂永定分厂

龙岩卷烟厂永定分厂前身为永定烟丝厂。1981年，经龙岩地区行署批准成立"龙岩卷烟厂永定分厂"，单独办理企业登记和商标注册。1983年9月，省政府和龙岩地区行署下令该厂停产。1984年冬恢复卷烟生产，为龙岩卷烟厂代加工低档卷烟产品。80年代初，试制宝莲灯、奇香、金丰、永定、凤城、401等牌号的机制卷烟。1985—1990年，代龙岩卷烟厂生产70毫米（无滤嘴）、81毫米滤嘴乘风牌香烟，年加工量约3000箱。1990年11月停产整顿。

1991年7月，国务院批准永定分厂恢复卷烟生产，为该县地方国有卷烟生产企业，年生产卷烟指标3万箱。1992年，国家局正式颁发生产许可证，生产列入国家计划，生产用烟丝由龙岩卷烟厂提供，接受龙岩卷烟厂的业务指导，行政上隶属永定县政府财贸委员会，经济独立核算。是年产量3万箱，其中：70毫米普乘风牌1.99万箱，81毫米滤嘴乘风牌1.01万箱。产值4002.3万元，人均产值17.4万元；实现税利1078.9万元，人均创税利4.69万元。

1991—1992年，该厂引进8台小花旗牌卷烟机和3台（套）YB13B包装机，1条81毫米滤嘴烟生产线，并征用36亩土地，计划扩建厂房。1993年，引进1条84毫米滤嘴烟生产线，并新建1条滤嘴棒成型生产线，1993年8月，开始生产健牌香烟。1995年，建设1条全自动卷烟翻盖硬盒包装生产线，年生产卷烟能力达5万箱，是年自主开发生产土楼牌等香烟。1996年度，经审计确认企业资本保值增值率为137.53%，资本收益率为58.22%。1996年8月，取消卷烟生产点后转产组建福建金叶纸品有限公司。

九、福建金闽再造烟叶发展有限公司

厦门卷烟厂畲山分厂停止卷烟生产后，结合福建省卷烟工业组织结构调整实际和烟叶原料的资源优势，由省公司、厦门卷烟厂、龙岩卷烟厂三方共同投资建设造纸法再造烟叶项目，组建福建金闽再造烟叶发展有限公司。2003年3月6日，在罗源县注册并正式成立。公司设董事会、监事会，实行董事会领导下的总经理负责制。同年11月，福建省烟草工商管理体制分设后，省公司投资方中变更为福建中烟，金闽公司划归福建中烟工业公司管理，成为其直属企业之一。造纸法再造烟叶是国家局"十五"科技重点推广应用项目。该项目在省经贸委立项，列入福建省和福州市的重点投资建设项目。是全国第一批布点的造纸法再造烟叶生产企业，专业从事造纸法再造烟叶的生产经营。

公司地处罗源县党校路38号的畲山卷烟厂原厂址。行政管理设办公室、财会部、工程部3个部门。占地面积97.71亩，其中：利用原畲山分厂厂区65亩，新征地32.71亩。建筑面积达3.5万平方米。2007年7月，股东单位追加投资后，注册资本由1000万元增至1.3亿元。第一期建设拥有一条国产5000吨/年（每小时700公斤）造纸法再造烟叶生产线并配套相应检测仪器设备与公用工程。生产设备在线提取、制浆、浓缩、抄造成型工艺采用三级逆流连续萃取，梗叶混合高浓磨浆、真空浓缩、低温蒸发等工艺技术；采用30％的高浓磨浆机、仿法国ABK公司纸机和引进日本技术，国内制造的先进双效浓缩蒸发器。其中，三级逆流萃取工艺及设备模式具有物料混合均匀、提取率高、能耗低等优点。生产的薄片烟丝产品整丝率高、造碎率低。2009年6月，建成投入试产。有员工180人。

第五章　卷烟销售网络

1991—1995 年，省公司商业方面设有二、三级批发公司，工业方面设有调拨站，在每个县设一个三级批发公司，其任务是向二级批发公司进货，开展批发销售。全省卷烟批发销售通过二级、三级批发单位及其委托的供销社或联营联建等代理批发网点销售给各零售户。此时，卷烟批发以坐店经营为主，存在"卖大户"现象，卷烟流通中"体外循环"时有发生。农村供销社代批点因供销社体制改革大部分名存实亡，卷烟产销又处于卖方市场状态，卷烟市场秩序、价格较乱。其间，地产烟产销形势出现供需总量不均衡的矛盾，加之受到"假、私、非、超"四种烟的冲击，产销总量失控，卷烟集市价格普遍下跌，销量下降，库存增大，全省有 23 个县（市）出现经营亏损。1995 年，全省启动城乡卷烟批发销售下伸网点建设，通过建设城乡卷烟批发销售网络，提高了市场控制力。1998 年，商业企业初步实现省、市、县三级电脑联网运行管理，卷烟批发销售从坐店批发向访销送货转轨。卷烟销售逐渐从单纯向数量要效益转为向提升结构要效益。1999 年，城市网建逐步趋向建立配送中心，卷烟销售网络建设进入以送货服务为主要特征的商业行商阶段。

进入 21 世纪，地产烟在省内具有稳固的市场基础上，省公司对网络运作流程进行整合再造，开展以县级为单位的一库式大配送，建立和完善"电话订货、电子结算、网上配货、现代物流"的网络运行模式，实现从访销批发向营销型网络转轨，构建以市级分公司为经营主体的现代卷烟营销网络体系，各市级公司建立统一的电话呼叫中心，实行物流配送，业务模式从分散走向集中，卷烟销售量和卷烟销售档次有了较大提高。2005 年以后，规范网络运行，按客户订单组织货源，加强农村客户服务工作站建设。服务重心下移。

第一节　网络建设

1991 年，全省卷烟批发主要以供销社代批为主渠道，运用供销社基层网点开展卷烟代批、代销。同时，采取赶集展销、流动批发、送货上门等方式开拓农村市场。是年，顺昌、建瓯、周宁等县烟草公司与基层供销社合作，建立下伸批发部，扩大了卷烟销售。其做法是：选择辐射面广、人口比较集中、市场潜力大、黑市批发猖獗的乡（镇）建点，批发部为烟草公司委托经营的非独立核算的报账单位，经营场所、仓库和人员由基层供销社提供，卷烟货源由烟草公司采用内部移库方式拨给，卷烟货款每日足额存入烟草公司在当地开设的银行账户，烟草公司付给基层供销社卷烟批发手续费。该经验被省公司采纳，通过《福建烟草》杂志向全省推广。年内，各地还通过多种渠道开拓城乡卷烟市场，如宁德烟草分公司经理部对供销社代批点供货实行品种、数量、分配比例"三优先"政策；福鼎、古田县烟草公司定期召开代批点负责人会议对销售工作进行指导。

1992年，福建烟草重点发展农村流通渠道，推广联营下伸或委托供销社代批的经验，设立小额批发网点，组织适销对路的品种供应农村市场。宁德烟草分公司开展与基层供销社联合批发，扩大卷烟销售，联合批发卷烟占总销量60％以上。龙岩武平县烟草公司利用烟叶收购站实行站批合一，扩大农村下伸批发网点，增加卷烟销量。泉州烟草分公司开展以条为起点的小额批发，方便零售户进货。三种不同方式均取得较好效果，都为全面开展下伸网点建设打下较好基础。

1993年，由于国营商业体制改革，国有商业、供销社的代批主渠道作用减弱，省公司要求各地应慎重稳妥地建设批发网点，对不能发挥作用的原供销社代批点，予以取消，重点发展有资金、有场所，守法诚信的国营、集体企业或个体户为代批点。此时，各地出现了集体、个体等各种渠道卷烟代批点，虽然繁荣卷烟市场供应，也给市场监管带来了困难。

1994年，全省卷烟批发网点大部分由烟草系统外经营，覆盖面也较低。全省卷烟零售户98529户，共有批发网点478个（其中代批点411个），分布城区74个，农村404个；批发网点覆盖面：城区平均206户1点，农村133户1点。有的农村供销社代批点因实行承包经营，觉得代批卷烟本大利小风险大，就此退出卷烟经营。烟草公司自身批发点因"坐商"经营无力面向广大零售户，且经营作风、营销方法、服务质量也跟不上市场要求。就此，省局（公司）对卷烟流通领域的改革提出重点抓好下伸网点建设、改善经营作风、转变卷烟批发经营现状、建立自己的批发网点，开展送货上门和小额批发、方便零售户进货的设想。各地随即开展建设卷烟下伸批发网点的试点工作。

1995年1月15日，在泉州召开的全省卷烟销售（网建）现场会上，对卷烟下伸批发网点工作进行了部署，会议确立全省下伸网点建设的模式为在重要的集镇或城市的区域中心自建网点；委托基层供销社或其他乡镇企业设立代批点；利用烟叶收购站设立批发点；借鉴建瓯、光泽县烟草公司的做法，与基层供销社或乡镇企业联营设立下伸批发点；小额批发等五种。会后，全省行业按合理布局、完善网络、总体规划、抓紧实施的原则，开展下伸网点建设工作。2月，省公司按照国家局《关于进一步建立和完善农村卷烟批发网络的意见》的要求，成立网建工作领导小组，负责全省卷烟销售网络规划、验收、管理、指导工作。并提出各分、县公司设立网点以自建为主，上半年必须在全省重要乡镇建立卷烟批发下伸网点，年底基本到位；在重点乡镇设1个以上网点，县城所在地设3～6个网点，地区所在地设6个以上网点，福州、厦门每个区设5个以上网点；网点销量占当地的总销量80％以上，对零售户送货要达到50％的目标。6月底，全省1043个乡镇，已建立下伸网点404个，占38.7％；其中县城以上的批发点199个，乡村205个；批发点的类型：自建275个，委托代批点114个，联营下伸点15个。7月21日，省公司在三明召开全省卷烟批发网点建设现场会，推广三明烟草分公司"四定一统"卷烟送货制（定点、定时、定量、定报酬、统一价格），号召全省行业各级公司学习三明烟草分公司下伸批发网点建设经验。现场会上，对全省卷烟批发网络建设提出总体目标和要求，具体为：确立全省城乡卷烟批发销售网络模式为"以我为主，由我调控，归我管理"；网络建设指导原则为加强专卖管理，实事求是建点，破除官商作风；网络建设目标为年底前全省主要乡镇要自建或建立"以我为主"的联营下伸和委托代批的批发网点800个，两年内批发网点销量占90％以上；网点建设以自建为主，联营委托为辅；省公司、分公司采用资金补助形式支持自建网点建设；网点人员由内部调剂，不扩大编制，不足采取外聘解决；网点验收标准参照三明烟草分公司网点建设验收六项规定考核；批发网点实行报账制，严格执行经营、专卖、财务、安全等相关管理规定，不准个人承包、不准搞"夫妻店"、"父子店"；开展批发网点送货服务，及时反馈商品信息。

全省各地按省公司要求加快下伸网点建设步伐。三明烟草分公司对全区1.5万零售户按1∶150比例目标，合理布局，设立卷烟批发和批零兼营销售网点102个，成立卷烟配送中心12个，平均8.5个批发点就有一个配送中心。南平烟草分公司按期完成全区81个自建下伸网点任务，80％以上地产烟由网点销售。莆田烟草分公司共设45个下伸网点，把年销售计划总量的90％分解到各个批发点。泉州烟草分公司自建批发网点62个，开展以条为单位的小额批发服务。

年底，全省共建网点699个，其中自建网点586个。山区的宁德、南平、三明、龙岩4个烟草分公司拥有自建网点374个，占全省自建总数64％，每点覆盖人口为3.07万人。沿海的福州、莆田、泉州、厦门、漳州5个烟草分公司共有自建网点212个，占全省自建总数36％，每点覆盖人口为6.33万人。初步形成覆盖全省大部分城乡的卷烟批发销售网络，并开展送货上门、小额批发等业务，方便卷烟零售户进货。通过下伸批发网点建设，并对卷烟批发经营进行建章立制，规范经营行为等措施，销区批发单位在产地卖单甩货和卖大户的行为受到遏制，烟草行业对卷烟市场的辐射和影响能力得到增强。通过下伸批发网点与专卖管理所配套，增强卷烟市场专卖管理力度。

1996年1月，为促进网点规范经营，省公司组织7个网建验收小组对各分公司网络建设情况进行检查验收，要求各分、县公司95％的卷烟货源通过网点销售，并列入年终考核。网点建立日销售台账，实行凭供货卡供货制度，禁止卖大户。网点销售在不搞个人承包，实行报账制的前提下，采取销量任务与奖惩挂钩，增强网点的生机与活力，调动网点工作人员积极性。6月，全省在福州市召开卷烟销售下伸批发网络经验交流会，各地分公司在会上汇报交流了网建经验与成果；三明烟草分公司健全网点各项规章制度，全面推行"核定贡献、连销计酬、费用包干"的网点管理办法，开展规范管理、优质服务的"五比五看"活动，网点与2360户零售户直接挂钩服务。南平烟草分公司投资150万元为配送中心购买10部送货车（重庆五十铃）。厦门烟草分公司对市区的联营点每月下达1000件地产烟指标。福州烟草分公司在大商场、大超市租借柜台，派人进驻，搞小额批发和零售兼营，效果显著。莆田烟草分公司健全网点管理考核制度，全年对网点主任、业务员、仓管员进行三次轮训，提高从业人员的素质。沿海地区有的网点实行多种形式并存，多数的联营网点能够规范管理，统一价格、统一货源，实现可调控、管得住。

是年，全省共建立卷烟批发网点784个，农村的主要乡镇均有烟草行业的自建批发点，并能正常开展业务，全省卷烟销售网络建设初具规模，网点覆盖面进一步扩大。就此，全省各地狠抓网点统一货源配送、统一财务核算、统一批发价格、实行报账制等规范卷烟批发经营行为，网点在提高市场占有率、培育新产品、市场价格调控、服务卷烟零售户和专卖市场管理发挥了作用。下伸批发网点成了烟草公司主要市场信息源，克服了原个体批发商信息虚假和滞后性，实现市场价格基本上由烟草行业调控的局面。由于规范经营，烟草批发与零售户之间的环节减少，排除了烟草行业批发之外的二道、三道非法批发商，卖大户、走私烟、假冒烟、乱渠道进货等现象得到遏制。各级烟草公司经营效益逐年提高，地产烟市场批发价位相对稳定，"富健、特牌、友谊、乘风"等牌号升值，比上年多实现利润1.6亿元。卷烟销售网络建设为行业卷烟销售的结构调整，培育省产一、二类卷烟起了一定的推动作用，当年市场占有率达76.6%。

1997年，省内不再建联营、委托等非自建形式的批发点，已有的非自建网点收归为自建网点。重点抓网点规范经营，突出发挥占领市场、培育新产品、专卖管理、信息反馈、窗口形象等五个功能作用。全省网点建设按《国家烟草专卖局网点建设验收标准》组织验收，对网点数量不足，延伸不到位或管理、配套工作不力而造成销量下降的，追究相关人员的责任。在网点布局上，山区农村每100～150户零售户或每1.5万人口乡镇，设一个网点；人口不足1.5万的两个乡镇设一个网点。沿海农村每200户零售户或每3万人口乡镇，设一个网点；人口不足2万的两个乡镇设一个网点。县（市）地（市）所在地以150～200户零售户设一个网点。网点对零售户送货量要达到销量的60%以上。在网点硬件建设上，统一标准装修，配齐交通、通信、安全、生活设施等。全省各级烟草公司把网络建设作为"一把手"工程，开展"网络建设攻坚战"。宁德烟草分公司以"转变机制，完善服务，规范管理，加强监督，发挥功能"为网络建设指导思想，投资200万元建设新网点，对个别布局不合理的网点进行调整，在规范管理前提下，实行激励机制，网点职工的奖金分配与网点卷烟总销量、覆盖面、送货量等业绩挂钩、考核，全年销售省产烟5.76万箱，比上年增长14.9%。南平烟草分公司多次召开分、县公司网建会议，落实网建达标工作，举办卷烟销售网络管理系统应用培训班，全面推进网点送货服务工作。莆田烟草分公司全年新增自建网点10个，95%以上卷烟货源到网点销售。年底，全省卷烟销售网点710个，平均每4.5万人口设一个卷烟批发点，初步形成了覆盖城乡、调控有力的卷烟销售网络。福建烟草行业通过设立批发网点，开展优质服务，送货上门，方便零售户，逐步改变"坐商"、"官商"经营行为，行业的社会形象有所改观，初步建立与市场经济相适应的经营方式和工作作风，得到消费者认可。

1998年，网络建设从追求数量型向质量效益型转变，全省网点建设更加规范统一。莆田烟草分公司网点从45个整合为30个，实行人员、资金、政策向网点倾斜，开展机关为基层、上级为下级、批发为零售、专卖为规范等服务。福州烟草分公司网点向"城乡一体、营销一体、批零一体"方向发展，网点实行统一台账报表，统一形象，统一人员服装，增配网点软、硬件设施，保障访销送货到位，全区分、县公司共9个单位全部实行配送中心100%送货到户，并建立20家零售连锁店。宁德烟草分公司通过实行"改革经营体制，增强网建活力；改进分配办法，增强网点激励机制；改善服务态度，增强网点服务功能；改善网点设施，增强发展后劲"的四改四增强措施，促进全区网点从买卖型向服务型转变。省公司把网建工作列入生产经营考核重点，印发《福建省卷烟销售网络建设工作验收评分标准》，开展全省网建工作大检查。通过加快建点布局，覆盖到位等动作，网点布局更趋合理，农村：山区1.5万人口，沿海3万人口建一个网点；城市：小县城设3～5个网点，大县城设5～7个网点，地区所在城市设10个以上网点；每个网点覆盖150～200个零售户。网点划分了辐射范围，建立档案，摸清零售户情况，密切与零售客户联系，坚持送货服务。同时开展规范管理，搞活机制，把货源100%下拨到网点，严禁网点大进大出、卖大户。5月，省公司在莆田召开"验收莆田烟草分公司卷烟批发网络"暨全省网点工作座谈会。此后，省公司组织各分公司开展网点建设轮流互相检查和验收工作。各分、县公司对网建验收组反馈的意见进行梳理、研究，对存在的问题和不足，组织力量对照《验收标准》进行整改。全省行业干部职工提高了卷烟销售网络建设的重要性、必要性、可行性的认识，烟草行业的经营作风也有明显改善，行业员工服务零售户的意识逐步增强，市场营销意识逐步形成，并培养了一批懂市场会经营的人才。是年，全省卷烟批发网点681个，其中自建661个，自有产权的312个，每个网点平均覆盖4.76万人口、1.6个乡镇、118个零售户。网点从业人员2341人，共有送货机动车307辆，网点送货率达60%。据调查，当年全国大多数省卷烟销售普遍下降，福建省通过转变经营方式，发挥网络整体功能，卷烟销售不降反而上升。

1999年，网络建设存在发展不平衡，山区好于沿海；有些县的网点还存在着"卖大户"，假送货，人员素质低，激励机制差，覆盖面、送货率低等问题。根据国家局下发的《关于进一步抓紧抓好全国卷烟销售网络建设工作的意见》，省公司对网点布局进行调整，确定"巩固山区，突破沿海"的工作重点，把"送货服务"作为网络建设工作的核心。加大自有产权网点建设；搞活网点机制，调动网点人员积极性；抓好送货制，提高送货率。7月25日，省公司在漳平市召开全省卷烟销售网络（送货）现场会，全省推广漳平市烟草公司"突出抓好网点送货服务，充分发挥网络功能"的先进网建工作经验。各分、县公司学习漳平经验，网点配备访销员、送货员岗位，在全省行业内开展评选"先进卷烟销售批发网点"、"优秀卷烟送货员"活动。把网点的送货服务，作为卷烟销售网络建设工作的突破口，从网点用工制度、分配制度和搞活激励机制入手推动送货服务、规范经营，提高卷烟销售市场占有率。泉州烟草分公司上半年取消联营挂靠网点，全区85个网点全部是自建；下半年以漳平经验为样本制定了以网点送货、奖惩、考核为主要内容的具体实施意见，并将机关科室、专卖管理与批发网点业绩挂钩考核，当年卷烟销量比上年增长16.84%。南平烟草分公司学习漳平经验，改革用工制度，公开选聘网点访销员和送货人员，提高全市网点从业人员素质；搞活激励机制，量化考核，调动网点访销、送货人员积极性，提高市场占有率和送货率，促进了卷烟销售。以此同时，各分、县烟草公司根据省公司要求，在各自辖区内开展网点复查工作，复查重点是网点自有产权、网点覆盖面、送货率、市场占有率、网点激励机制等。11月，省公司组织8个联合抽查小组，对全省9个分公司的32个县公司进行"卷烟批发网点送货率和送货面抽查工作"。抽查结果显示：网络功能进一步发挥，网点覆盖面、送货面提高，覆盖面平均达90%以上，送货面达80%以上；网点供货较均衡，供货、送货频率提高；大部分零售户守法经营，上柜卷烟基本上是烟草公司经营的品牌，走私烟、假烟和乱渠道烟少见，全省卷烟市场明显净化。各地的市场占有率、送货率、卷烟经营毛利率都得到提高。全省市场占有率达86.2%，其中山区地区为92%，沿海地区为77%；全省山区、沿海地区的送货率分别达到85%和60%以上。涌现出三明、南平、漳平、龙海、晋江、邵武、霞浦、大田、长泰等一批分、县公司卷烟销售网络建设先进单位。

是年，在城市网建试点开展建立以访销、配送为主线的运行模式，福州、厦门、莆田、泉州、漳州等沿海五个城市先行，成立配送中心，为零售户送货。网点设访销员岗位，访销员走访客户，获取订单，掌握客户情况，反馈市场信息，建立客户档案、台账，为客户提供服务。6月制订方案，7月开始实施。同年，龙岩、漳州、南平烟草分公司设立网建科，负责辖区内卷烟销售网络建设具体管理工作。

表5—1　　　　　　　　　　**1999年全省网络建设情况一览表**

地　市	人口数（万元）	建设网点数量
福　州	570	76
莆　田	285	32
泉　州	620	83
厦　门	125	10
漳　州	436	75
龙　岩	283	83
三　明	262	136
南　平	298	90
宁　德	323	78
合　计	3202	663

2000年，城市网络建设实行访销分离，全面配送。建立访销员、送货员、专管员队伍，划分访销、送货、专卖管理三个责任片区，访销员、送货员、专管员"三员"各司其职，为零售客户提供不同性质的服务。专卖管理与销售工作同向延伸、建管同步，做到"管销结合"。在县（市）以上城市设配送中心；乡镇人口2万人以上的，参照城市模式设配送中心，实行配送服务；农村网点也配备专职送货员，开展预约订货、送货上门服务。在人口

少且交通不便的边远山区、农村，设立卷烟批发点、固定送货点或采取流动送货等形式保证卷烟供应。城市卷烟销售网络的配送中心、批发自选商场、批发网点、零售连锁店统一形象，使用全国烟草行业形象标识。各分、县（市）烟草公司根据福建省卷烟销售网络建设工作部署，结合本地实际，网络运行和管理模式进行创新。福州烟草分公司由"管销一体"转变为"访送分离"，实行"专销结合，户籍管理，访送分离，全面访销，全面配送"的网络运行模式。厦门、南平、福州等烟草分公司向社会公开招聘高中以上文化水平，年轻力壮的访销、送货人员，并进行强化培训，持证上岗。厦门烟草分公司全区访销率98%，送货率97%，卷烟入网销售率100%，持证零售户入网率98.2%，送货面98%，市场占有率98%。

是年，省公司提出《2000—2002年福建省卷烟销售网络建设工作规划》，对全省网建工作进行全面规划部署，把送货服务作为网建核心，推动全省网建工作平衡发展，全省各地掀起"开展送货服务发挥网络功能"的高潮。10月，省公司在龙海市召开全省沿海地区卷烟销售网建工作现场会，着重解决沿海地区网建难的问题。同时，省公司下发《福建省行业经济行为和专卖管理行为规范》，开展规范卷烟销售网络建设工作。制定生产经营责任目标考核奖励办法，对网点建设验收情况及送货率等指标实行奖惩措施。各级烟草公司加强内部管理，规范网点经营行为，卷烟货源全部分配到网点销售。完善各批发网点制度，并加强对批发网点检查督促，建立网点人员工资、奖金与销量挂钩的奖惩制度。通过建立访销、配送体系，延伸了专卖管理，全省城乡卷烟销售网络建设整体推进，全省各地市场占有率差距缩小。福、厦、漳、莆四个沿海地区销量分别比上年增加3.89、3.92、1.38、1.84万箱，四个地区平均市场占有率达到90.6%。卷烟销售网络服务零售户、培育新品牌引导社会消费，促进销量增长等全面功能初步显现。

2001年，网建工作存在着重经营、轻管理，重送货、轻访销，重销量、轻规范，重效益、轻投入等"四重四轻"及控制市场、服务能力弱等方面的问题，城市网建离国家局要求和外省先进典型还有差距。就此，省公司制定"全省卷烟网络建设考核评估百分制标准"，组成评估考核组，对全省各地网建进行考核评估。省公司要求各地树立服务理念，推动全方位、全过程服务，用高效优质的服务去赢得市场、效益、信誉。并学习省外先进经验，树典型、抓薄弱，结合自身实际进行创新，全面推行访销配送体系，提高行业的市场占有率和控制力。为减少城乡网建差距，省公司对城市网建与农村网建分别做了具体部署，要求"城网上标准"，"农网求实效"。在城市卷烟销售网络方面：以武汉、南通为样板，9个分公司的所在城市和61个县城按照城市卷烟销售网络模式，完善配送中心建设，地级城市建1～5个配送中心，对所辖经营户实行全面访销配送。县级城市设1～2个配送中心，实行全面配送服务，送货员按每月销售300～500件卷烟或每50～80个零售户配1人。访销员和专卖管理员各地结合实际灵活而定，一般为每2～3人送货员配备访销员、专卖管理员各一人。在农村卷烟销售网络方面：借鉴三明烟草分公司和漳平市烟草公司的网建经验开展农网建设。沿海人口5万、山区人口2万以上的乡镇设立1个网点；沿海人口5万、山区人口2万以下的乡镇根据实际结合周围若干个小镇，在其交通中心设立1个网点。集镇所在地有2万人口以上的，视同县城对零售户实行全面配送服务。在确实不便设立网点的偏远乡村，设立固定的送货点或流动送货。全省各地严格按标准和要求建立配送中心，实行"全面访销，全面配送，专销结合，访送分离"的网建模式。采取这一模式后，更加规范网络运行，有利于卷烟商业集约化发展，提高了效率，降低了成本。7月，9个分公司所在地全部建立卷烟配送中心并实行卷烟销售访送分离。8月，省公司确定闽侯、仙游、南安等32个县（市）为第一批县（市）级公司所在地在11月底前建立配送中心，实行卷烟销售访送分离模式单位。厦门烟草分公司建立"三定访销，全面送货，访送分离，专销结合"的城市网建模式，强化访销、送货服务，实施IC卡刷卡进货，保障访销送货到位。泉州烟草分公司全市网点整合到73个，其中县（市、区）公司所在地配送中心10个，农村网点63个；市场占有率94.26%，入网零售户24359户，入网率95.99%，送货率93.93%，送货面93.48%。莆田烟草分公司把卷烟销售网络作为企业最具价值的工程来抓，在南日岛、湄州岛设立批发网点，结束了烟草组建以来未占领两岛市场的历史，并建立联系与沟通机制，公司机关干部每人都与零售户挂钩，了解市场动态和访、送、管三员工作质量与服务水平，提高网络运行质量。漳平市烟草公司按照经济区域的合理流向，将原有的6个网点撤并为3个配送站，同3个专管所、3个访销站相配合，形成"站式访销、库式配送"的访销配送结构。当年，全省共有卷烟配送中心90个，卷烟批发网点507个（其中农村卷烟批发网点450个），网点从业人员3223人（其中访销员374人，送货员1263人，专销结合的专卖稽查员1268人）。年内，省公司在全行业抓树立"至诚至信，全心全意，客户满意是我们永恒的追求"行业服务理念的同时，推行访送分离运作模式，以增强控制市场能力。全省卷烟零售户入网率达93%，卷烟入网销售率100%，送货率达86%，市场占有率达85.5%。同时，行业计算机系统升级和四级联网后，总功能从单纯计算汇总向分析管理功能转变，逐步实现与专卖、财务、统计等子系统无缝链接，信息技术又促进卷烟销售网络运行的标准化、规范化。

2002年，厦门烟草分公司逐步收缩回撤批发网点，实行"一库式配送"，在岛内、同安分别设立配送中心。卷烟销售网络实行"全面访销、集约配送、专销一体、三线互控、城乡同步、三方共赢、考评到位、做优流程"的运行模式。6月18日，省公司在厦门召开全省卷烟访销配送现场会，提出深入开展城网学厦门，农网学漳平，并将卷烟销售网络建设列为商业经营考核。省公司要求各地必须高起点、高标准，全面推进以县级公司为单位的一库式大配送工作。厦门访销配送现场会后，全省行业开展网络攻坚战。福州烟草分公司全面取消柜台批发方式，建立分工明确、封闭运行、相互制约的商流、物流、市管三线组织，实行分拣到户（每户卷烟包装袋采取铅封交货）的一库式大配送，卷烟全部采用喷码防伪标志。访销员在访销工作中率先使用POS机，得到中国卷烟销售总公司通报表彰。南平烟草分公司对推进大配送工作实行层层领导负责制，多次召开访销配送现场会，加强网络硬件建设，全面培训和分片辅导网络从业人员，辖区各县（市）均实现"一库式"大配送。漳州烟草分公司所属各县（市）公司8月初完成撤点，建立一库式大配送，访销、配送、市管三线分离运作，并做到平稳运行。同时，制订《大配送工作验收方案》，组成验收小组对各县（市、区）公司进行验收。龙岩烟草分公司从狠抓网络运行质量入手，不断完善"三员"培训、三线互控等网络基础管理工作，全区均实行"一库式"大配送。此外，泉州、宁德、莆田、三明等烟草分公司均坚持高起点、高标准、高质量原则，开展卷烟销售"一库式"大配送工作。

全省通过典型引路，全面推进"专销一体、分散访销、集约配送、三线互控"的卷烟大配送模式，完成网点工作大整合，实现以县为单位的一库式配送，完成了卷烟批发流程再造。全省行业共设访销部107个，设配送中心71个，访销员713人，送货员1429人，市管稽查1367人，管理人员488人，机动送货车741台，全省卷烟零售户124946户。实行"一库式"大配送后，全省各地加强营销队伍建设，分类培训基层营销人员，并引入客户关系管理，建立零售户档案，开展客户满意度、忠诚度管理。全省统一制作壁挂式、站立式两种规格13万个卷烟零售展示柜（由龙岩、厦门卷烟厂出资制作）赠送零售户，通过提高服务质量，全面提升网络管理水平和运作质量。国家局对福建省网建工作给予充分肯定。中国卷烟销售公司总经理在全国重点城市卷烟销售网络建设联动工作会上，对厦门烟草分公司一库式配送方式给予表彰，国家局进行市场调查中，厦门零售户满意率为全国第三。

2003年，福建烟草行业各级公司围绕提升卷烟销售网络运行质量，推广"电话订货、电子结算、网上配货"运行模式。各县级公司均建立了电话呼叫中心，接受客户电话订单。全省各地均实现电话订货。至此，网建开始向以客户为中心，全面实施客户关系管理发展，全省建立以客户关系管理（CRM）为核心的信息平台，着手进行访销职能转换，实现访销员向营销员、营销经理转变。卷烟销售网络通过导入客户关系管理，完成全省静态客户档案基础工作，为客户分类评级和实施差异化、个性化服务创造条件，促进配送型网络向营销型网络转变。厦门烟草分公司建立以客户关系管理信息系统，运用该系统，完成客户资料集成、星级评定等功能，并按星级分布与货源情况制定销售策略，提供个性化服务，实施电子结算户3410户，占总户数50%；全区实行信息互联互通，访、送、管三线统一运行，实施"电话订货、电子结算、一库式分拣、分段式配送"模式，完成了从传统商业向现代流通的初步转变；卷烟销售比上年增长14.56%，实现利润1.13亿元，比上年增长46.75%。福州烟草分公司建立客户关系管理系统，对客户进行星级服务管理，电话订货率达100%；同时，大力推行电子结算，物流进行总体规划，线路整合；开设了62家卷烟直营零售连锁店；卷烟销售比上年增长7.09%，实现利润2.12亿，比上年增长41.74%。

3月后，闽侯、仙游、同安、新罗区、泉港区等县级烟草公司先后实施取消法人资格试点工作，县烟草公司改为分公司下属营销部。试点单位根据实际情况打破县级行政区划，合理设置卷烟营销配送中心，实行分公司辖区内统一调拨配送，取消法人资格后的县级公司其卷烟购、销、存等并入分公司。全省网络建设工作开始向零售终端建设延伸，各地合理调整零售户布局，推行统一卷烟零售指导价，提高零售户获利能力。由于统一零售价没有政策依据，又含有硬性要求，三明烟草分公司首先提出把统一零售价改提为卷烟明码标价。漳州烟草分公司开展明码标价工作走在全省前列，尤以南靖、长泰等县公司较好。7月，全省卷烟销售网络建设现场会在漳州召开，各地观摩学习漳州卷烟零售明码标价、建立诚信客户等加强网络终端建设工作经验。漳州烟草分公司转变经营流通模式，开展为零售户服务的"六个一"系列客户服务活动，不仅推动了"明码标价"工程深入开展，而且零售户更加规范、守法经营，各方面的工作取得更大的进展。卷烟销售增长8.38%，实现利润1.33亿，比上年增长24.68%。下半年，全省行业开展"全省学厦漳，网建抓补课"活动，主要围绕规范经营、市场占有率、三线互控、队伍素质、服务工作、客户关系管理、零售连锁店、明码标价、现代流通模式等9个到位进行。全省各地试行卷烟零售明码标价工作，扭转了卷烟零售市场混乱的局面，开创了全国卷烟零售价格规划管理的先河。泉州、莆田、龙岩等烟草分公司通过开展零售终端建设，卷烟销量和利润也有较大幅度的增长。全省开设268家卷烟直营零售连锁店，作为指导全省卷烟零售市场价格，培育地产烟名优品牌，引导消费，提升结构，展示福建烟草形象的窗口。当年，国家局将福州、厦门列入全国36个卷烟网建联动城市，并肯定厦门烟草分公司卷烟网建接近上海水平。借此机会，省公司也开展全省卷烟销售网络建设联动工作，成立福建省卷烟销售网络建设联动工作领导小组，制定网建联动工作方案和工作目标，搭建联动单位交流经验平台。联动工作统一集中检查，推进了全省行业客户关系管理系统运用，调整零售户布局，推行卷烟明码标价，加快营销队伍建设。全省除福州、厦门（一类）两个全国网建联动城市外，全省联动单位有：宁德、南平、三明、龙岩、泉州、漳州、莆田7个分公司（一类）及福清、福鼎、漳浦、晋江、漳平、邵武、永安7个县（市）公司（二类）。厦门烟草分公司被评为全国重点城市网建联动达标单位，福州烟草分公司达到全国网建中等水平。全省市场占有率达97%。全省卷烟批发经营初步实现从传统商业向现代流通转变，客户关系管理和现代物流成为福建省卷烟销售网络核心竞争力的两大支柱，全省卷烟销售网络建设平衡发展。

2004年，省公司成立现代营销网络建设指导小组，依据中国卷烟销售公司制定的《卷烟销售网络标准化》，对全省卷烟网络建设进行规划、指导，并下发《关于做好全省卷烟销售网络建设的通知》，建立网建情况汇报制度。网络建设突出提高服务质量和运行效率，全面部署以分公司为经营主体的营销网络建设。3月6日，省局（公司）撤销福鼎、诏安、长汀、武夷山等四个烟草贸易中心，恢复福鼎、诏安、长汀、武夷山县（市）级公司。4月，福州烟草分公司下属县级公司取消法人资格，保留县级烟草专卖局。6月，泉州、宁德和漳州烟草分公司下属县级公司取消法人资格，保留县级烟草专卖局。全省除烟叶产区龙岩、三明、南平烟草分公司尚未取消县级公司法人资格外已全面完成取消县级法人资格工作。取消县级公司法人资格后，建立分公司为市场营销主体的组织形式，收编各县级公司电话订货呼叫中心至市级分公司统一运作，实行统一呼叫平台，集中管理，解决了线路占线多，零售户拨打难问题。同时，全省各地开展全区物流规划整合工作，推行电子结算，福州、厦门电子结算销售额 60％以上，其他地方在 40％以上。各分公司采取以客户星级管理为依托，加大对违规户的制约；以利益为中心引导客户；以客户自律和专卖、物价管理等手段加强明码标价管理。漳州烟草分公司将深化明码标价作为重点工程来抓，建立以价格协商委员会、价格监管委员会、机关全员挂钩服务的多层次、全方位管理体系。福州、龙岩烟草分公司则结合赠送零售卷烟柜台、友情营销落实明码标价与监管。莆田、厦门烟草分公司与地方物价部门联合开展卷烟市场检查行动。泉州、宁德、三明、南平烟草分公司通过成立客户自律组织，争取地方物价部门支持开展该项工作。

全省全面实施客户关系管理战略，制定《福建省卷烟客户星级评定管理实施办法》，各单位将所有卷烟零售户的基础档案信息输入 CRM 软件系统，以贡献价值、诚信价值、客户价值、发展价值等四个部分作为测定客户价值的依据。通过对客户进行分类，识别后定义成五个不同星级，市场营销部依据客户星级等级分布情况制定相应的销售策略，在公平的前提下，将紧销货源对星级较高的客户进行倾斜投放，对弱势群体客户视情况给予相应待遇，客户经理依据客户星级制定不同的拜访频率和拜访内容，实施个性化、差异化服务，最大限度地满足不同客户的差异需求。实施客户关系管理后，对客户经理的整体素质提出更高要求，各分公司从提高客户经理文化素质、细化工作职能、加强培训、量化考核等四方面入手，加快客户经理转型。三明、厦门、泉州、龙岩烟草分公司客户经理素质基本达标，并制定客户经理职责与考核办法。9 个分公司均对客户经理进行全面培训。省局机关开展"全员服务、挂钩到户"真情服务零售户活动。机关每 2 人挂钩 5 户，了解客户需要，帮助解决问题，宣传行业政策，引导社会消费，增进客户感情。福州、宁德、莆田、泉州、漳州、龙岩烟草分公司每人每月走访 3～5 户，并制定严格的监督管理考核办法。全省由各分、县公司（营销部）向优秀诚信零售户免费赠送全省统一卷烟柜台，受赠客户以城区和各县城关繁华地段、街区优质诚信客户为主。10 月 1 日起，省公司开通 800—659—6666 投诉热线，统一受理全省卷烟零售户、消费者、烟农等客户投诉。全省各地开展组织零售客户座谈、参观，向零售客户发行《海峡烟草》报刊等形式多样的客户服务活动，全省零售客户总体满意率达到 80％以上。

10 月，省公司召开全省网建现场会，分别对宁德、南平、龙岩、三明烟草分公司本部和重点县及福州的福清、莆田的湄洲岛、泉州的惠安、漳州的漳浦、厦门的杏林等地进行网建大检查。11 月 10—12 日，全国卷烟销售网络建设现场会在福建召开。国家局充分肯定福建烟草的网建成绩，对福建烟草网建工作给予高度评价。《中国烟草》杂志分别对福建网建作了多次专题报导。至此，全省网建以服务营销取代交易营销，由管理型网络转变为服务型网络，业务模式从分散走向集中，全省基本实现从传统商业向现代流通转变。是年，莆田、南平、福州、三明、龙岩等烟草分公司卷烟销量和利润均取得较大幅度增长。漳州烟草分公司卷烟销量和利润比上年增长 13.43％、25.8％；厦门烟草分公司卷烟销量和利润比上年增长 11.87％、38.73％；泉州分公司卷烟销量和利润比上年增长 11.39％、28.57％。全省实现人均消费卷烟达 8.57 条。

2005 年，网络建设工作按照"平衡发展、系统完善、全面提升、深度应用、不懈创新"的总体要求和"以客户为中心"的经营理念，开展卷烟销售网络建设"三个十"工程，即：十大基础工程、十大提升项目和客户经理十大课题，要求完善营销队伍、客户关系管理、农村市场、合理定量、送货线路、零售终端建设等网建基础工作。厦门、福州、莆田、漳州、宁德等烟草分公司整合物流中心，优化线路，推行成片送货，降低物流配送成本等方面取得成效，网络的集约经营取得实质性提升。福州烟草分公司通过树立网点单项标杆工作，以点带面推进全区网建全面提升。漳州、南平烟草分公司以流动网建现场会形式推进平衡发展。厦门、宁德烟草分公司运用项目管理突破重点课题。泉州烟草分公司采用 QC 小组解决网建难点。南平烟草分公司推出农村"1＋4"模式，"1"指"城乡一体，统一配送"，"4"指对农村边远、偏僻、交通不便的地方实行定点取货、委托代送、固定送货、联购分销等四种卷烟辅助配送方式，打破乡镇行政区划界线，按营销、专卖区域设置客户工作服务站，服务站和专卖管理所合署办公，并通过电信 ADSL 网与公司计算机网站对接，驻站专卖管理员、客户经理可运用 OA 办公系统办公，实现城乡一体运作，客户服务站内还设立客户接待室、客户之家，接受客户投诉、咨询等。通过开展"三个十"工程，山区与沿海、县公司（营销部）与分公司本部网建差距逐步缩小，各地的特色项目在全省逐步扩散，变成普遍项目，整体推进达到一个新的水平。

是年，各地开展客户分类、合理定量、协议销售等个性化服务，妥善解决客户货源、库存及经营等具体问题。通过整合物流、委托送货、电子结算等工作为零售户经营提供更多的方便。网络建设由卷烟批发向零售终端发展，网建工作中心呈现批零并重、齐头并进局面。省公司把卷烟销售网建工作列为绩效评价考核重要项目之一。各分公司加强营销主体能力建设，网络建设由粗放经营向精细化管理转变，由以我为中心向客户为中心转变；由过度依赖体制性优势向运用市场手段提高市场化水平转变。在三明召开的全省卷烟销售网络建设工作会上，提出下阶段网建重点是抓好主体能力建设、零售终端建设和营销队伍建设等"三个建设"，以及客户利益、零售业态、市场控制、订单供货、品牌培育、现代物流及队伍转型等方面。三明烟草分公司构建符合山区特色的卷烟营销网络建设经验（有烟区卷烟经营主体建设、客户经理管理制度、网络绩效考评创新、加盟店建设等）得到各地认可，现场还参观永安、大田、明溪等地卷烟零售终端建设和卷烟品牌培育、客户经理队伍建设等网建工作。10 月，为推动营销队伍转型工作，省公司举办了福建省烟草商业企业首届技能大赛。截至年底，全省直营的海晟卷烟零售连锁店整合为 146 家。全省卷烟销售比上年增长 7.02％。

2006 年，烟叶产区的龙岩、三明、南平烟草分公司也取消县级公司法人资格，福建烟草商业按母子公司体制运行。各市级公司按照省公司制定的《福建省地市级烟草公司卷烟网络运行规范》的要求，统一网建组织机构和业务流程，推进覆盖城乡、功能完善、优质高效、经济实用的卷烟现代营销网络建设，加强市场控制、科学管理、客户服务、品牌培育四大能力建设，侧重于零售终端建设和管理。在零售终端形象建设方面，全省行业开展"一十百千万"零售终端建设工程，即市级公司在辖区市、县、区城关所在地创建"终端形象示范一条街"，每位客户经理帮助十户以上的零售户维护改善终端经营环境，每个县达到一百户，每个地区达到一千户，全省力争有一万户零售户终端形象得到改造。整改内容包括店容店貌、卷烟柜、卷烟陈列、价格标签、整洁，培训零售户等。龙岩、宁德市烟草公司制作发放广告灯箱、烟架、烟套，塑造整洁、美观、统一的零售终端外在形象。各单位开展对零售户的培训和经营指导，提升零售户的经营素质与水平。开展明码标价向明码实价转变工作，开展营销人员教育培训与技能竞赛活动，举办营销管理者卷烟营销辩论赛，客户经理技能竞赛，推动管理者转型，提升客户经理服务市场的能力。泉州、厦门市烟草公司组织网建管理者、一线员工培训，开展竞聘活动，提高营销队伍素质。厦门、福州、宁德等单位试点按订单组织供货，完善供应商和市场之间关系，满足消费者、零售终端对货源的需求。省公司成立按订单组织货源工作领导小组，指导和协调全省商业企业试点推广按客户订货组织货源工作。

由于农村网建相对薄弱，省公司要求各地重视农村市场，提升农村客户服务水平。针对农村市场面广、零售客户零星分散、消费结构低等特点，探索农村市场货源供应、客户服务、物流配送的适用模式，解决农村市场订货难、送货难、满足需求难等问题。扩大农村市场的服务覆盖面，对300人以上自然村发展零售客户入网，农村零售客户办证率达到3.5‰以上。加大低档烟在农村市场的供应，四、五类烟销售向农村市场倾斜，满足农村市场需求。南平市烟草公司运用客户服务工作站、流动服务站等方式丰富农村客户服务内容，取得明显成效。8月，省公司在南平武夷山召开全省开拓农村市场座谈会，研究农村市场特点，服务农村市场，增强对农村市场控制力的措施，学习借鉴南平市公司开拓农村市场，推动农村网建工作的整体水平提升的经验。11月底，省公司又在宁德召开全省卷烟销售网络现场会。宁德市烟草公司建立科学合理的聘用工薪酬绩效管理机制；运用客户分类标准，实现货源和客户的最佳配置；建立工商协同平台，实现工业、商业、零售户、消费者之间信息共享，全面提升网络运行质量。

省公司根据国家局的要求确定当年为网络建设整体推进检查验收年，成立检查考评小组，从组织构架、网络指标、营销管理、配送、信息、监督等六个方面进行检查考评。福州重视督察考评，网络运行质量不断提升。厦门以客户星级平台为依托，科学投放货源。宁德科学划分农村市场类别，实现有效占领和销售增长。莆田规范客户投诉处理流程，持续改进客户服务。泉州开发消费者、工业、商业信息互动平台，科学开展品牌营销。漳州不断完善卷烟零售明码标价长效管理机制建设。龙岩开展精细到位的"基本服务"工作。三明、南平探索农村边远山区的配送和服务模式。当年，国家局对福建省卷烟销售网络建设整体推进工作给予充分肯定，将福建省列为全国仅有的四个免检单位之一。

2007年，母子公司体制建立后，省公司着重发挥指导、管理、监督等职能，安排各市公司抓好网络重点课题，实施重点突破。网建工作更为注重系统服务，各地按照提升形象、提高素质、提升服务的原则，强化终端建设。龙岩市烟草公司开展"诚信一条街"活动，发放专用烟柜1068个、烟架6736个、资料夹10350个。泉州市烟草公司制作2000个新式柜台和40万个烟套赠送客户，帮助客户外树形象，对客户进行业务培训与经营指导，开通客户网上订货服务、"泉州烟草客户在线"网站，搭建客户短信平台，拓宽客户服务沟通渠道。全省规范和完善客户服务体系，各市公司按照国家局下发的《烟草商业企业卷烟零售客户分类标准》进行普查，录入到 CRM 系统中，掌握客户业态变化，完善零售客户星级评价体系，建立与星级评价体系相适应的营销策略，在客户分类的基础上，分析各客户类别间的需求差异，进行有针对性的服务。

福州、厦门市二市的烟草公司试点开展"按订单组织货源"工作。厦门市烟草公司重点提高客户分析能力，从不同层次进行品牌需求预测、总量预测，在需求预测的基础上，对原有流程进行梳理和优化。呼叫中心增加原始需求采集功能模块、品牌策划中心增加个性化销售策略自动执行系统，为试点工作在数据分析、流程运转、策略执行等方面提供技术支持。在"按订单组织货源"试点过程中，通过夯实客户关系管理，建立需求拉动型的业务流程；通过工商信息互动，提高需求预测的准确性，处理好实际需求与可供货源的关系。是年，网建营销工作更为突出工商协同运作，福建省烟草商业与福建工业、上海烟草集团和红云集团召开工商协同营销研讨会，就营销协同、物流协同和信息协同达成共识，形成工商协同备忘录，明确和规范工商企业的职责和分工。建立工商互动营销机制，工商协同信息平台，探索"网上配货、订单生产"试点，开展动销趋势、市场行情分析，建立和完善订单预测报告制度，提升供应链的整体运作效率。11月，省公司在泉州召开全省网建现场会，总结提炼泉州、福州、厦门、宁德等地网建工作经验，要求从服务、管理、形象、延伸等四个终端进行内涵深化。泉州市烟草公司介绍创新营销、精益物流特色网建经验。至此，全省网建工作不断推进，继续保持全国先进水平。电子结算客户比重为 67.16%，高于全国水平（全国为 57.94%）。

2008 年，福建省网络建设按照国家局提出的"瞄准国际一流水平"目标，全面提升网建水平。把网络建设工作分解为零售终端建设、信息化建设、现代物流建设、营销队伍建设和按客户订单组织货源五个方面的内容，以课题的形式由各市公司专题负责，每个课题均由两个地市级公司进行承担，福州、宁德市公司承担现代物流建设管理课题；泉州、南平市公司承担零售终端建设课题；厦门、龙岩市公司承担品牌与计划管理课题；莆田、泉州市公司承担卷烟销售信息系统建设课题；漳州、三明市公司承担卷烟营销队伍培训与考评课题。省公司销售处相应成立五个专门小组，负责相关课题的规划、指导和服务。此后，省公司组织各市公司相互观摩点评。通过五大重点课题，形成一批可复制、可传播的经验，促进网络建设全面提升。

国家局要求"按客户订单组织货源"在全省范围内推广。1月，省公司组织召开"按客户订单组织货源"推广工作会议，福州、厦门两家试点单位作经验介绍。此后，试点单位经验迅速向全省扩散，全省完善订单组织货源的工作机制，提升适应市场的能力。开展市场调查与需求预测，进行全方位、多角度的分析与研究，了解和掌握全省卷烟消费市场、零售渠道的真实情况和发展趋势。6月，中国卷烟销售公司对原《"按客户订单组织货源"业务操作规范（试行）》进行了修订。各市公司完善本单位《"按客户订单组织货源"业务操作规范》，优化市场需求预测流程，在国家局需求预测模型基础上，增加客户与品牌两个细分，探索需求放大规律，预测准确率得到提高。选择 5% 的零售客户作为烟草公司的特约信息采集点，明确信息点的选点原则、采集主体、内容、周期、手段和方法，防止零售客户提报需求的随意性，提高信息质量。在规范订单采集工作检查中，多次得到国家局的肯定。省公司制定《福建省烟草公司卷烟零售客户服务体系规范》，全面深化终端建设，提高客户服务水平。建立以服务文化、服务内容、服务保障、服务监督、服务提升为主要内容的客户服务体系，重点对服务项目、服务程序和服务标准进行标准化和差异化设计，九个市公司制定具体的服务规范实施细则，制定服务质量控制办法，对客户服务项目、程序、标准的执行情况严格监控，不断提高服务水平。7月，省公司又修订《全省卷烟零售客户星级评定标准》。8月，9个市公司按新标准进行客户星级评定。建设形象终端，突出终端的规范陈列，建立不同业态不同店面情况的终端陈列指导意见，规划店堂形象、货架陈列位置，规范卷烟陈列标准、终端广告。开展"我的精品街"终端建设竞赛活动，每个客户经理选择一条街道进行终端建设示范。加大终端建设投入，全省共投入终端建设资金3000万元，形象改造1550户，赠送烟柜8000个，烟架12000个。组织各地市公司针对新客户、优质客户、违规客户进行分类培训，开发21个培训模块，培训零售户达41000户次，其中宁德培训达到14000户次，龙岩11000户次，零售客户的经营素质有所提高。依托信息技术提升网建上水平，注重与系统提升相匹配的管理模式和服务模式的同步改进，提升管理水平。全省推广物流管理、客户经理工作站、按订单组织货源、批零互动和工商协同等五个信息系统，着力推动电话订货向网上订货、语音电话订货等多元订货方式发展。网上订货系统在全省全面推开，网上订货达到13800户，其中泉州5398户、福州2012户，厦门1916户；建立全省统一的语音订货系统，语音订货客户达到6800户，其中莆田最早进行语音订货探索，达到5011户，占40％。全省终端机订货达到1100户，网上配货260户，形成以电话订货为主的多元订货格局。推动结算方式由移动POS机为主，向多元非现金支付结算发展，推广后台扣款，全省48952户实行后台扣款，占32％，探索利用网上支付平台付款，实现结算方式多元化。12月9日，全省在武夷山召开网建现场会，提出翌年卷烟销售目标是保增长、提结构、稳价格，介绍南平网建"三站合一"（专卖管理所、客户服务工作站、烟草站）建设经验。

第二节　结构与流程

一、结　构

20世纪90年代，卷烟批发经营主要采用设点批发销售方式。卷烟批发网点分为"烟草自建"和非自建两种类型，自建批发网点为烟草专卖局（公司）自己开设、自配人员、自投资金、自主经营、自我管理，一般每个网点配3～4人，设负责人、开单、收款、仓管员等岗位，卷烟批发交易方式以坐店等客上门为主，在城市的一般是利用公司自有或租赁店面，乡镇批发网点都以租赁店铺形式。网点由店面和仓库两部分组成，烟草公司对网点进行统一装修、统一招牌、统一柜台及配备必要的工作和生活设施。非自建卷烟批发网点是烟草部门与外部经营实体合作组建的批发网点，有联营和委托两种合作形式。联营批发的方式是烟草公司与外部经营实体联合经营，烟草公司提供货源，派人参与经营管理。委托批发的方式是受委托的经营实体自己经营，烟草公司供货并依法管理。联合经营批发网点多由联营对方提供场所、设备、工作人员，烟草公司按批发数量、金额付给联营协议规定的手续费。1991—1993 年，宁德、建瓯、顺昌等分、县公司均在辖区内设立过此类联营批发点。委托批发点在卷烟货源上实行买断方式，烟草公司一般按批发价倒扣 0.5％供给货源，受委托批发单位按烟草公司的批发价向零售户批发卷烟赚取 0.5％手续费。非自建卷烟批发网点的营销方式与自建网点基本一样。随着烟草公司自建下伸网点的不断扩张和完善，非自建网点逐步被取消，截至 1998 年，除少数山区边远农村仍保留非自建网点外，多为烟草公司自建下伸网点。

1999 年以后，全省各分公司先后设立网建科，在本部设经理部，下辖批发网点。分公司网建科负责分公司辖区各单位卷烟销售网络建设的规划、指导、规范和协调工作。县公司设立网建办（股），下辖若干批发网点。批发网点人员除原工作人员外，另增加专职送货员。卷烟批发交易则转变为以送货为主、坐店批发为辅的方式。批发网点制作送货线路图，设置送货预约登记本，零售户与批发网点之间电话预约送货。送货工具均以摩托车为主，有的网点也配备微型小汽车。有的分、县公司还建立流动批发点，方便边远山区的零售户购货。

2002—2003 年，网络建设在组织结构、人员岗位、营销方式等进行较大调整，设立访销员、送货员岗位。撤销批发网点及其仓库，实行以县级为单位的一库式大配送。各分、县公司撤销业务科、股，网建科、股，成立市场营销部、物流发展部、市场管理部，负责各自辖区市场营销配送和市场管理。

2004 年起，在组织机构上进行整合，地市级分公司设市场营销部、物流发展部。县级公司（营销部）设客户服务中心，访销员角色转换为客户经理，客户经理进行分散拜访作业。县级公司（营销部）卷烟配送业务统一由分公司物流发展部负责，设立物流分中心或转送站，转送站实行零库存管理。市场营销部下辖客户服务中心、电话呼叫中心、品牌策划中心。品牌策划中心各分公司只设一个，进行集中管理。物流发展部设配送中心和配送分中心及其下延县（市）转送站。物流发展部负责统筹规划全区卷烟物流模式，优化送货路线；负责卷烟货源的集中调配、储存保管、分拣理货、组织配车送货，送货车辆管理、卷烟配送、货款结算。这样将商流集中营销策划、决策，形成全区统一营销市场，组织管理进一步扁平化，商品、市场、人力资源在全区内整合、释放，提升客户服务效率。

2006 年，烟草理顺产权关系，建立母子公司体系，对网建工作进行加强和完善，至2008 年，福建省烟草商业销售网络形成了供应链体系与卷烟业务架构。

二、流　程

1995—1998 年，卷烟批发交易流程较为简单，卷烟货源由烟草公司一个渠道统一调配，多为卷烟移库到网点。网点销售流程：记证→开单→收款→付货。执行"统一货源，统一价格，统一渠道，内部核算"管理制度。批发网点负责所辖县（市）域内卷烟零售户供货服务。零售户凭证购货，网点每天按规定统一向所在县（市）公司或经理部报账。此外，批发网点需经常走访零售户，沟通信息、了解需求，宣传促销、培育开拓当地卷烟市场，及时向公司或经理部反馈信息。各县（市）烟草公司或经理部依靠下伸批发网点，扩展卷烟流通渠道，开辟销售阵地。

1999—2001年，福建省卷烟销售网络建设实行"访送一体"的卷烟批发营销方式。其功能：全面送货，均衡投放；全面管理，专销结合；全面轮岗，定期例会；全面考核，绩效挂钩。卷烟销售以电话预约送货、摩托车访销送货为主，辅以坐店批发。全省各地批发网点开展送货方式主要有：①电话预约送货。距离批发部3公里以内的零售户通过电话向批发部预约以后，送货员用两轮摩托车将货送达零售户商店。②摩托车访销送货。送货员主动上门访销预约，并填写预约送货登记册，回批发部后备货，用两轮摩托车将货送达零售户。③微型车定时定线流动访销送货。根据辖区内距离批发部三公里以上乡镇零售户的分布情况和需求量，制定固定送货线路及固定送货日期，送货员随车按规定线路逐户访销当场供货，一般每星期送货两次。④农村集市定点摆摊访销送货。乡镇批发部针对农村乡镇圩日赶集的特点，与辖区内偏远零售户约定，圩日集中到烟草公司集市摆摊点进货，现场供货、结算。

2002—2003年，福建省卷烟销售网络建设实行"访送分离、一库式配送"方式，其运行模式是"全面访销，集约配送，三线互控，专销结合"，这一模式特点是：访销线、配送线、稽查线三线清晰；访销员、送货员、专管员三员职责明确；专卖管理与卷烟销售两者结合，实现专卖专营。销售网络运作实行访销员分散作业，按线路定时走访客户，收集客户订单，对零售户实行100％访销，访销频率每周不少于2次，访销过程中看品牌库存、介绍新品牌、商议订货需求，了解各种品牌价格异常情况、销售趋势、对送货员服务满意程度、指导零售户销售、宣传专卖政策和营销措施。随着卷烟市场完善，市场营销部工作进一步细化，各分、县公司又陆续成立电话访销中心，部分访销员转为营销员，零售客户由人员访销改为直接电话订货，零售户拨打免费电话订货，接线员根据零售户的要货品种和数量输入计算机，完成零售户的订货工作。集约配送：卷烟物流中的配送按"减少物流环节，讲究专业分工"的原则，集约化配送、规模化运作。信息中心根据访销员、接线员采集和登记的零售户购货信息输入计算机，制成销货单；配货员按销货单品种和数量领货备货，分别装入专送各个订货零售户（客户）的包装袋；送货员向配货员领货，核对货、票是否相符，与配货员一起整车装货，按销货单的零售户地址送货上门。送货过程中确认订货零售户，核对货品、收取货款。建立商流访销线、物流配送线、专卖稽查线，实行"三线互控"，"三线"（访销员/营销员、送货员、市场管理员）科学分工、独立运作，"三线"之间通过信息平台沟通合作、交叉监督，连接成整体的"三线互控"网络。访销员/营销员、送货员、市场管理员之间通过"信息反馈表"，共同服务和管理零售户，实现网络运行规范化。"专销结合"就是专卖管理与访销服务结合，专管员和访销员共同对所有持证卷烟零售户实行户籍化管理。访销服务为专卖管理提供信息，专卖管理为访销员保驾护航，二者紧密配合，相互依存，做到访销送货服务到哪里、专卖管理就延伸到哪里，实现市场净化率、市场占有率最大化。全面访销、一库式配送，相对于访送一体营销批发更进一步，其优点在于各自所拥有的市场份额（零售户）多，初步形成县（市、区）域的市场一体化；优化卷烟市场的信息流、物流、资金流，及其监督管理机制和专卖管理机制。其弱点是各县（市、区）域市场分割，尚未形成统一的大市场。

2004年，建立以市级分公司为单位的一库式大配送后，整个运作流程又进行优化。商品（信息）运作流程主要是：各县（市）域客户服务中心初步提出各县（市）域月销售计划，上报市场营销部品牌策划中心；品牌策划中心汇总形成全市总"月销售计划"，返回（分解）到各县（市）域营销部、各客户经理。客户经理走访市场、开展零售户日常拜访服务、推介卷烟品牌；电话呼叫中心开展电访订单采集工作、推介卷烟品牌，工作日结束将订单传送物流配送中心。货品配送流程是：配送中心仓储部接收市场营销部卷烟调拨进度计划，安排仓储库容、验收卷烟入库；理货部接收电话呼叫中心传送零售户订单信息后，向仓储部领取卷烟货品、分拣配货；送货部安排送货员按已配好的卷烟货品根据零售户订单信息，送货到零售户、结算货款。调拨结算流程是：品牌策划中心根据采购计划通过中国卷烟交易中心网上的交易平台与供应商签订省际交易合同，通过省内网上交易平台与省内供应商签订省产烟交易合同；按交易合同，与供应商衔接采购商品调拨进度，按进度表传递给财务科、物流发展部，做好货款结算。卷烟仓储准备工作：根据调拨进度安排向供应商发出调拨指令，向资金结算部门发出结算指令，资金结算部门结算货款，采购计划开始执行。物流配送中心确认卷烟验收入库，信息反馈给品牌策划中心，本合同履约完成。销售结算流程是：根据呼叫中心采集零售户订单分拣配货，送货车（一级配送）送至各县转送站，再由送货员领货装车送货到零售户，向零售户提交货物、票据，经零售户清点核对无误，收取零售户支付的货款（现金）或收取零售户扣款签字单据（电子结算），现金缴存银行。

市场营销部主要是由市场营销部所属的品牌策划中心、客户服务中心和呼叫中心协调运作，确定执行工作任务、制订营销计划和开展营销工作。

物流配送流程主要是物流配送中心内部的仓储部、理货部和送货部之间的卷烟调拨、分拣、送货和提供库存信息的日常运作过程。管理配送中心、分中心、仓储部、理货部、送货部和转送站，做好彼此之间的分工与协调运作。市场营销部与物流发展部之间日常协调运作，主要是市场营销部的电话订货（单）呼叫和物流发展部的订货信息接收的业务协调，及市场营销部和物流发展部之间的信息（数据）沟通。

电话订单（货）呼叫。电话订单（货）呼叫中心接线员接听来电报货、主动向零售户推介品牌、推介与脱销品牌同价位的其他上柜品牌、推介被零售户遗忘的品牌或新上市品牌，让零售户有更多的选择余地。完成订单输入、进行备款通报。受理零售户投诉、业务咨询。订单结束后，填写工作日记，分析当日订单信息，向物流配送中心传输零售户订单信息。配送中心理货部接收订单信息后，打印领货单领货、分拣配货到零售户、装车送货，理货部汇总实销数据，反馈电访呼叫中心，实现客户订单到实施订单的运作流程。

信息（数据）沟通。市场营销部及其各县营销部和物流发展部及其各县转送站之间的整体性协调运作信息（数据）。卷烟商务信息流、商品流、物流和资金流在零售户与分公司之间直接商务流通的信息（数据），全部应用现代信息技术联网运作。

2006—2008年，卷烟销售以市级公司为经营主体，对卷烟销售流程进一步优化，形成较为完整卷烟业务流程体系。

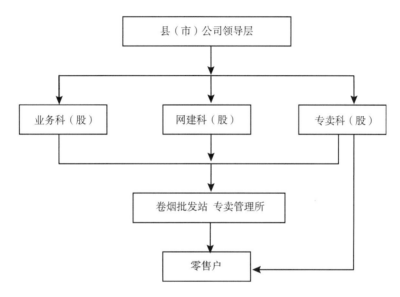

图5—1　烟草公司自建批发网点结构示意图

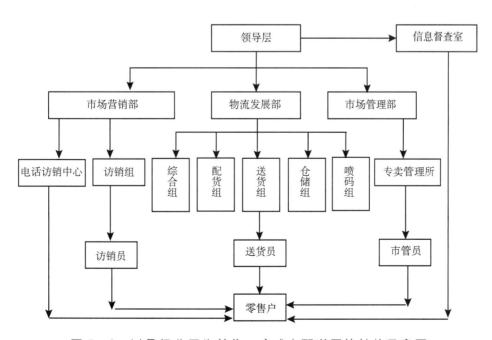

图5—2　以县级公司为单位一库式大配送网络结构示意图

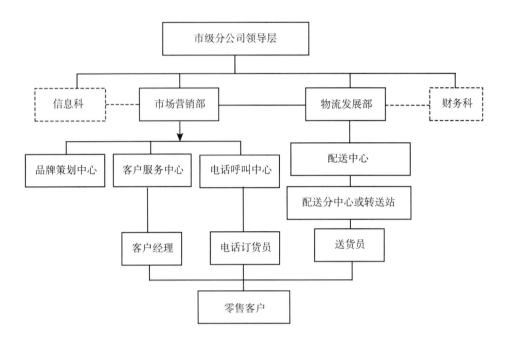

图 5－3　以市级分公司为单位一库式大配送网络结构示意图

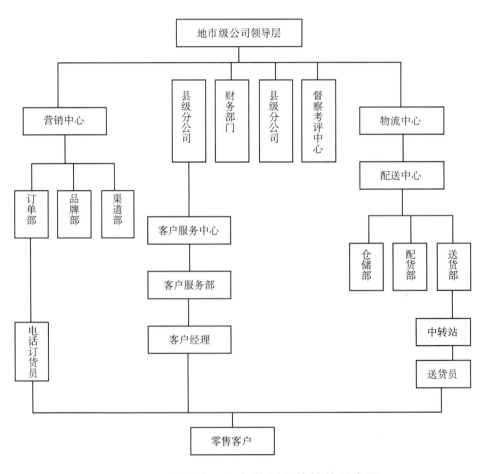

图 5－4　母子公司运行体制网络结构示意图

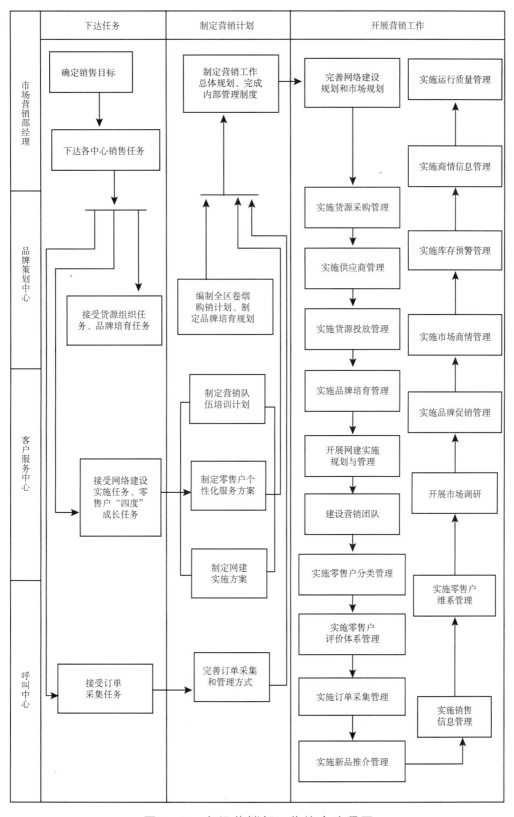

图5-5 市场营销部工作综合流程图

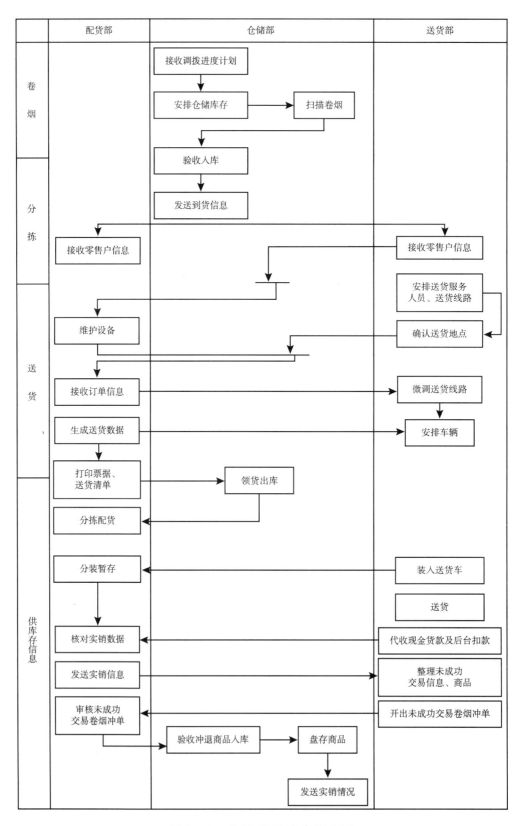

图 5—6　物流配送综合流程图

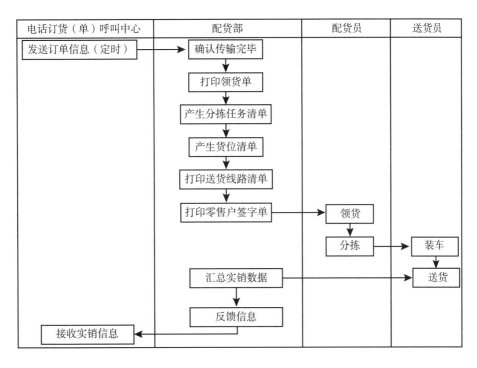

图 5—7　订单（货）信息接收流程图

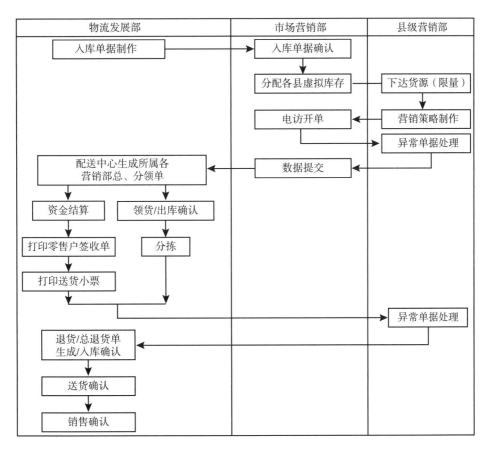

图 5—8　信息（数据）运作流程图

第三节 规范经营

1991—1993年，经营方式主要是"批发管住，零售放开"，全省卷烟销售允许在规定的范围内搞活流通，即二级批发可面向全国，三级批发可面向全省，县以下毗邻地区可以进行业务往来。为减少地下批发，促进地区间卷烟市场价格的平衡，零售进货渠道在地区内放开，代批点严格按授权范围经营，允许农村合法零售商户联购分销。省公司一方面抓地产烟生产调度和省外烟的调入，控制全省行业的供货、进货源头，保证地产烟产销协调发展。另一方面抓端正卷烟销售经营作风，执行"两公开、一监督"和五不准制度，即：卷烟批发公开货源、公开价格、群众监督；不准个人定价，不准出具证明给个人采购卷烟货源，不准委托个体户拿烟草部门介绍信及凭证到产地提货，不准烟草行业第三产业经营卷烟批发业务，不准买卖假冒伪劣卷烟。同时，将进口寄售烟、国产外汇旅游烟、侨汇烟国内销售业务收归省公司统一经营。并设立全省卷烟批发交易中心稳定省内市场和卷烟价格。

1994年，二级批发到省外计划外补充进货或三级批发企业出省采购的，须经分公司（局）同意后报省公司（局）审批。调入品种必须是弥补地产烟缺档和不冲击同档次地产烟为准，严禁重复使用全国通行的订货合同。要求卷烟批发销售不卖大户，并对零售户开展送货和以条为起点的小额批发活动。是年，全省卷烟市场相对平缓，福建省卷烟销售强调压库促销，把稳定卷烟价格放在销售工作中的突出位置，坚决制止整进整出，低价倾销现象。对地产烟骨干产品"精友谊"、"简乘风"等实行限价销售。

1995年，福建市场卷烟价格下跌，烟草公司库存增大。为不影响省内市场销售，省公司加强省内、外卷烟进货管理，特别对零售价10～25元/条的卷烟严禁从省外调进。二级批发企业商商调剂的省外烟不得在省内市场投放，边贸单位组织的省外烟不得转入省内市场。要求各单位实行单品种销售，不准拼盘和搭配销售。各批发企业和下伸批发网点不准卖大户，每月每个零售户供货数量不得超过100件，并禁止个体经营户跨区进货。对地产烟重点品牌"富健"、"特牌"实行全省统一批发价，杜绝卷烟体外循环现象。当时，网点大部分建在乡镇集贸中心、个体批发商业街，网点经营环境较为复杂，各单位均制定了网点职工守则、经营、财务、价格、信息、安全等管理制度。

1996年，卷烟销售以"控量、压库、保价、促销"为指导方针。对地产烟加强系统内调剂，销区的二、三级批发企业之间可按全省统一定价或双方协商定价调剂货源。严禁通过系统外（二道贩子）冲击其他市场，搞体外循环。地产烟批发销售执行省公司制定的统一批发价，不准用省外名优烟搭配，不准变相降价竞销。省外烟调入坚持"宁紧勿滥，择优选购"的原则，严格按计划执行，不准超调，禁止调入与地产烟冲突的10～20元/条之间的品种，与省外调剂的货源毛利率要达10%以上，并全部调出省外销售。全省二、三级卷烟批发企业的总货源90%和地产烟货源的95%以上，通过下伸的卷烟批发网点销售。禁止在公司本部或通过网点卖大户。网点建立销售台账制，实行凭供货卡供应。卷烟批发网点实行报账制，不搞个人承包。公司对网点统一定价，任务定额，费用包干，奖惩与销量挂钩，加强批发网点管理。

1997年，为加快中高档卷烟新产品的开发培育，省公司统一领导和组织协调地产烟新产品销售，实行工厂联合、销区联合、工商联合，开发销售，严格执行全省统一价。新产品营销采取由销区总经销形式，总经销单位以烟草公司渠道为主，并对零售价格进行监控，不得把烟倒卖到本区外市场，对违规的经销户停止供货。当年，省局下发《关于加强福建省烟草行业内部专卖管理的规定》，强调行业各企业依法经营，严禁销售假冒商标、非法烟厂、地方烟厂卷烟，严禁在产地就地卖单，禁止为零售户跨地域及超经营范围供货，禁止把卷烟倒卖到本辖区以外市场。同时，各单位收购的走私烟一律由分公司集中，统一组织调往省外。各单位与海关、边防、工商协调收购走私烟，遵循"让利不让权"原则。对省外烟调入坚持按计划、按报批程序进行。省公司供应各县（市）公司的货源，要分解到下伸网点供应零售户；各分、县（市）云南投标烟、打假兑奖烟、经销点供应烟一律纳入计划总量管理。8月，实行加贴专卖防伪标识销售，省公司下发《关于在推行卷烟专卖防伪标识销售中进一步加强卷烟批发网络建设工作的意见》，强调进行属地销售，防止"卖大户"跨区经营。同时，要求分、县（市）公司不再对外开展销售业务，货源全部分配到批发网点。批发网点执行分、县公司制定的统一批发价，不得自行定价。批发网点不得卖大户，货源供应零售户，每户一次总量不得超过5件，个体户每月累计不超过30件，集体、国营零售商店每月累计不超过50件，并建立档案卡和逐笔供货登记，保持均衡供货，严禁大进大出，控制"大户"进货搞二道批发。

1998年，为进一步调控好市场，省公司依据各地人口数量、消费水平、历年销量、市场容量等综合情况，对各地卷烟货源分配进行改革和调整，卷烟货源分季下达到各分公司，分公司据此对所辖县（市）公司进行货源分配。严格控制省外烟调入总量和结构，在保持地产烟省内市场占有率70％～75％前提下，才考虑以联营加工、互换市场等办法适当加大省外烟调进。同时，取消省外烟在各分、县公司之间的商商调剂，打假兑奖烟全部通过边贸中心调出省外，库存的省外烟也调出省外。省公司重申卷烟批发销售的各项规定，并强调网点不准到市场采购货源，不准卖走私烟、假冒烟、霉变卷烟，不准卖大户等。加快分、县（市）公司与省公司的计算机网络建设一体化步伐，形成反应、监控灵敏的销售信息系统。

1999年，在全国卷烟价格继续下跌、工商库存攀升的情况下，省公司采取控制省外烟调进、控制地产烟产销总量的办法来稳定市场。同时，进一步拓展农村市场，加大农网建设验收考核，对农网验收不合格的实行一票否决；并把送货率、覆盖率、市场占有率、卷烟销量等作为网点考核的主要指标，与网点职工收入挂钩，建立科学、合理、有效的网点考核机制。是年，省局（公司）下发《关于卷烟产销和专卖管理工作的若干意见》，规定培育新品牌卷烟任务由烟草系统主渠道承担，卷烟厂和销区地产烟总经销单位停止向特约个体经营户供货。并重申烟草二、三级批发企业卷烟货源必须通过批发网点销售，严禁超量卖大户。8月，为稳定全省行业卷烟销量，促进市场价格回升，省公司对分、县公司实行卷烟毛利率考核。同时，要求各单位建立卷烟批发制约机制，切实规范管理，严禁网点做假账、卖大户及其他方式的暗箱操作行为，抓好零售户的管理和服务工作。其间，平和县烟草公司出现"虚设批发部集中卖大户，违反价格纪律，让利搭配经营"的违规行为，受到漳州市烟草专卖局严肃查处，并在全省通报，省局要求全行业各单位吸取教训，引以为戒。就此，全省对网点销售管理更为细化，所有卷烟货源进入网点销售，批发网点货源一律由当地烟草公司提供。批发网点设立零售户档案、建立零售户台账，实行划片凭证供应，通过访销和签订协议等手段，规范客户经营行为。

2000年，卷烟销售强调行业内部管理，规范经营行为。省公司先后下发《关于加强行业内部管理规范卷烟生产经营行为的有关规定》和《福建省烟草行业经济运行和专卖管理行为规范》。对所有的省内外卷烟牌号执行全省统一批发价。不准卷烟批发单位或个人擅自提价、降价，严禁采取价格补贴、虚开费用等各种形式变相降价或抛售。网点销售实行一户一证供货和月限量、次限量、单品种限量供应制度。向每户供货一次不超过2件，其中单品种不超过1件，月累计不超过15件。特殊情况需经上级主管部门审批。各级烟草公司卷烟货源全部分配到网点，分、县（市）公司业务科、股不得直接经营卷烟批发业务。不准销售未经加贴当地专卖防伪标识的卷烟。完善批发网点管理制度，规范经营，配备专职送货员开展预约订货、送货上门服务，供货单据如实反映送货品种数量，做到单货相符。卷烟批发网点不准经营非法烟厂生产和烟厂超计划生产的卷烟和寄售烟。卷烟货源调入严格按计划审批，地产烟由分、县（市）公司与卷烟工业调拨单位签订每季度供货协议；省外烟坚持促进交流、培育名牌、适销对路、确保效益原则，严格实行计划管理，达到供需总量平衡。调进的省外烟在当地投放，不得冲击其他地区，不得从事为系统外过户的卷烟经营业务。省外卷烟产品在省内市场开展促销活动的，当地烟草专卖局须事先报省烟草专卖局审批。省内外卷烟生产企业和调拨企业一律不准在省内设立专卖店或经销点。国外（境外）烟草公司在省内设立办事机构或进行卷烟产品宣传、咨询活动的，地（市）局须报省局审批。各单位设立举报电话，接受零售户、消费者、群众监督，对违反规定的单位或个人进行责任追究。7月1日起，全省一律停止地产烟有奖销售活动。全省通过规范卷烟经营行为，进而全面控制卷烟市场，稳定价格，实现市场占有率、送货率、卷烟经营毛利率的提高。

2001年，鉴于省内有的批发网点仍有搭配销售，以及执行统一批发价不到位的现象，省公司加强监督检查，促进卷烟批发、零售网点规范经营。卷烟营销管理以"控量、稳价、增效"为原则，在不对地产中档卷烟造成过分冲击前提下，采取对等开放、市场互换办法适当放开沪、滇等省外烟产品市场，确保经营效益；对地产烟进行控量、限投、保价。在网络运行方面，各分、县（市）公司卷烟销售网络通过访销、配送、市场管理三线中心的封闭运行与互相监督，开展卷烟营销客户管理、服务管理和市场管理，提高经营水平和规范程度。同时，应用信息技术管理规范卷烟销售，实现计算机系统省、地、县、批发网点四级联网，建立适用、方便、科学、先进的网络信息平台。当年，省局（公司）成立行业整顿和规范市场经济秩序工作领导小组。同时印发《福建省烟草系统卷烟批发销售网点财务管理办法》，统一全省行业批发网点财务管理，对网点核算体制、账户管理、进货销售、价格、商品保管等作出具体规定。省局（公司）分别查处了龙岩的新罗区、东山、平和、仙游县烟草公司卷烟批发销售套证卖大户、分批卖大户、搭配赊销卖大户、超量供货等严重违规问题，福安市烟草公司降价搭配销售卷烟违规经营问题，屏南县烟草公司网点员工销售假烟案件，并进行全省通报。年底，省公司组织对全省 9 个分公司、20 个县公司、52 个批发网点进行效能监察，并通报了效能监察中存在的具体问题。

2002 年，省内卷烟销售依然存在一些单位强调销量忽视规范经营的问题，省公司采取调控卷烟货源，狠抓专销结合，强化行业规范的具体措施。省外烟在控量前提下，加大云南、上海名优烟和四、五类烟的调入量；地产烟进行品牌整合，控量生产，压缩商业库存，突出做强做大"七匹狼、石狮、乘风、沉香、富健、特牌"等六大骨干牌号。全面推进卷烟大配送运作，发挥网络功能作用，促进卷烟营销科学管理，促使卷烟市场规范有序。同时，对行业规范管理强化责任追究制，凡是规范工作不到位的单位，对其领导按干部管理权限进行谈话，问题严重的调离工作岗位；凡是发现系统职工参与制假、售假的立即开除，并对所在单位一把手和分管领导实行严厉的责任追究。加强对网点卖大户、假送货、跨区抛售等违规行为的监督检查。省公司把规范经营列为经济运行质量和效益评价考核重奖重罚的重点项目。全省在福州、宁德烟草分公司率先实施卷烟流通数码监控系统，该系统为行业规范市场经营秩序提供了信息平台。年内，全省行业全面推广使用卷烟流通数码监控系统。是年，省公司召开全省烟草经济运行分析会。部署网建攻坚和保卫统一批发价两个战役，重申规范卷烟市场的有关规定，明令禁止卷烟厂对销区单位和销区访销员进行促销奖励的违规行为。国家局下发《关于进一步规范卷烟经营的意见》，省公司据此对本地区规范经营进行认真检查和整改，并严肃经营纪律。不得重复使用购销合同、准运证；卷烟商业不得搞大进大出、倒买倒卖，销售不畅、滞销积压的卷烟由省公司统一调剂；所有卷烟一律通过销售网络销售，执行全省统一批发价，不得出现市场和统一价的双轨制；卷烟商业企业不得内外勾结、不得出借账户，不得出卖公司合法手续或相关证件，不得与烟贩子搞任何形式的联营等。

2003 年，省内卷烟市场存在着销往省外的地产烟倒流和乱渠道省外烟冲击省内市场情况，以及存在批发网点超量供货、一户多证、紧俏货源投放不均现象，对此，省公司全面整顿规范卷烟购销，地产烟每季度召开省内工商产销衔接会，以分公司为单位进行地产烟总量、结构、品牌衔接，经省公司和工业公司审核平衡后以合同形式确认，省外烟由省公司根据市场需求，定期按计划分解下达。全省卷烟购进、销售全部通过网上交易。全省取消特供烟，对行业三产公司供货视同系统外销售。还制订《卷烟零售连锁店经营管理若干意见》，规定行业系统内直属卷烟零售连锁店视为一般零售户，纳入其所在地烟草公司卷烟销售网络供应。对卷烟购销业务流程进行分析、改造、优化，运用过程管理代替职能管理，以信息技术为支撑，提高卷烟购销管理水平。加强卷烟市场专卖管理，执行《福建省烟草专卖管理办法》，打击假烟、走私烟、非法生产卷烟和乱渠道卷烟，从遏制转向根本治理。国家局下发《进一步整顿规范卷烟生产经营秩序五条纪律》和《关于规范卷烟促销活动暂行规定》，各单位均作了学习贯彻，进行对照开展自查自纠。省局成立以省局领导为组长的行业经济运行质量考核与督查领导小组，在全省系统内聘任 42 名特约督查员协助开展工作。制定《加强规范管理工作》，规定省内系统内商业企业参加卷烟工业企业组织的销售会议及研讨、评吸等其他形式活动需报告省公司经批准后参加，还对全省卷烟促销活动的主体、手段、价格等作相关规定。6 月 2 日，省公司规定：各级烟草公司、卷烟厂所属第三产业及劳动服务公司等经济实体经营卷烟零售业务（含独立核算的直属卷烟零售商店），全部纳入其所在地烟草公司卷烟销售网络供货，各二级调拨单位、卷烟厂不得对其直接供货，各地烟草公司按全省统一批发价格予以供货；对三产企业卷烟经营价格进行清理，卷烟进货全部进入当地三级批发网络。12 月，省局对周宁县烟草公司和福州烟草分公司闽侯营销部卷烟经营管理不规范行为进行查处和通报。

2004 年，网络的营销管理随着网络建设的深入向精细化发展。体现为卷烟货源计划调控，地产烟分牌号分地区分解均衡投放。加大省外烟货源组织与市场培育，确保价格稳定和销售任务完成。对零售户实行库存指导、协议销售、分级限量、满足供应的管理模式。卷烟销售网络业务流程在实现"电话订货、电子结算、网上配货、现代物流"模式基础上，导入 ISO9000 标准，推动业务流程标准化、规范化。全省统一卷烟零售客户星级评定标准，分、县公司（营销部）按星级类别对客户实施卷烟差异化营销和服务，并开展销售策略、客户服务等管理。对卷烟零售客户实施诚信管理，通过评估零售户守法诚信经营情况列入客户星级评定体系，零售户违法、违规、违章等给予相应扣分，促使客户参与市场监督管理，举报投诉他人违法违规行为，规范零售终端经营行为，提高卷烟销售网络的科学管理水平。省局（公司）重申卷烟促销活动有关规定，印发《福建省卷烟促销活动管理办法》，对卷烟促销活动的主体、对象、审批程序、责任等作详细规定，促销活动遵循依法、适度、公平的原则，当地烟草专卖管理部门加强对促销活动的监督管理；制定《福建省卷烟零售户限量供货和卷烟代送点及辐射户管理规定》，要求各级公司根据卷烟零售户连续三个月的平均销量确定其月供货量，以每 5 件为一档细化每户月供货限量，特殊经营场所的零售户供货不超过 30 件，普通零售户不超过 15 件。15 件以上 30 件以下的户数控制在总零售户数的 7％以内；30 件以上 50 件以下的控制在总零售户数 1％以内；50 件以上的，其户数严格控制。此外还规定零售户月限量审批权限、程序，以及卷烟代送点、辐射户设立条件和管理等。省公司还加强网络运行的内部监督管理。对网络规范经营情况组织开展大检查，分自查和复查两个阶段，重点检查有无向无证户供货、是否执行卷烟明码标价、是否存在一户多证、执行限量供货等有关规范经营问题。

2005年，卷烟营销管理围绕新型工商关系，处理"满足需求与引导消费、扩大销量与提升结构、地产烟与省外烟"三大关系。在卷烟购进管理方面，编制全年计划，通过滚动计划管理，实现计划制定与执行的良性互动。省局还下发《关于加强商业企业经济运行管理通知》，各分公司统一设立综合计划科，配备专职人员，建立分析制度，提高经济运行和计划管理水平。地产烟购进贯彻"以市场需求为导向，以价格稳定为前提，以品牌整合为基础"的原则；省外烟购进贯彻"大市场、大企业、大品牌"的战略，在充分调研了解市场的基础上，配合省外烟供应商发展整合战略思路，组织货源并协调调控计划执行，使名优烟、百牌烟在省内市场有效扩展，产销双方实现双赢。在卷烟品牌管理方面，建立品牌咨询、调研、分析、决策机构与机制，对卷烟品牌引进原则、管理流程、品牌培育与退出管理作详尽规定。地产烟进行品牌整合切换，省外烟提高品牌集中度，构建需求集中度较高、市场控制力强、价格梯次均衡、货源供应稳定、盈利能力合理的卷烟品牌体系，实现工商企业"双赢"。在卷烟销售管理方面，实施"城市抓结构、农村抓销量"策略，统一规范卷烟营销工作标准，统一配置营销资源，统一设置业务流程，充分运用科学先进手段，加强行业的内部监督管理，促进规范经营。坚持零售户合理布局、限量供货、明码标价等行之有效的办法规范卷烟批发、零售的经营行为。全省行业采取以卷烟零售价为划分卷烟品类结构（详表5—2），确定品牌经营定位，实施营销策略。

表5—2　　　　　　　　　　　福建烟草商业卷烟品类划分表

品类名称	品类结构	零售价格 P(元/条)	习惯消费价位(元/条)
低端	A类	P＜30	15/20/25
中低端	B类	30≤P≤40	30/35/40
	C类	40＜P＜60	45/50
中端	D类	60≤P≤80	60/65/70/80
	E类	80＜P≤100	95/100
高端	F类	100＜P≤150	135/140/150
	G类	150＜P≤250	170/190/200/210/220/230/250
超高端	H类	P＞250	300/400/450/500/600/700/1000

2006年，省公司制定并试行《福建省地市级烟草公司卷烟网络运行规范》，规定了地市级烟草公司（烟草商业企业）卷烟销售网络的业务流程、组织机构、岗位设置、岗位职责、工作要求，建立卷烟销售网络运行规范化管理体系，包括决策制定规范化、业务流程规范化、组织架构规范化、岗位角色规范化、企业文化规范化等五大模块，规范商流、物流、

资金流、信息流，各环节流程协调配合一体化运作。要求各地按《规范》运作，提升卷烟销售网络规范管理水平。在卷烟货源调入方面，实施工商协同滚动计划管理，省产烟总量由年初的 87 万箱滚动调整到 87.9 万箱，其中七匹狼系列由 31 万箱滚动调增到 33 万箱。全省加强省外烟品牌规划和培育工作，引进适销对路品牌，退出不适合市场需求的品牌，培育全国性品牌，形成全国统一大市场，滇、沪、湘、浙产的名优卷烟在省内市场份额有所扩大。加强对农村市场的营销管理，加大引进适销对路低档烟充实农村市场，满足农村市场需要。开展订单供货试点工作，全面预测客户需求，全面指导客户经营，为订单供货向订单生产延伸打基础。加强卷烟零售明码标价监管，构筑公正价格平台，防止价格无序竞争，卷烟零售明码标价工作从城镇向农村全面展开。

2007 年，全省以《规范》为统一标准平台，组织员工学习贯彻。省公司分四批次对 650 余名市场经理以上各级管理人员进行《规范》培训，提高贯彻执行《规范》的自觉性与主动性。8 月，省局组成三个检查组，对全省九个市公司网建整体推进及规范流程与标准进行严格检查。各地均按照《规范》要求，统一规范组织机构，确保人员基本到位，以物流运作、品牌管理、货源分配、市场预测为重点，进一步梳理优化主要业务操作流程，确保流程到位。各地按《规范》实施与运作后，降低网络运行成本，提高了企业管理水平，提升了服务质量。当年，福建烟草公司还根据国家局《关于进一步规范工商企业零售终端营销活动的通知》的要求，进一步规范卷烟促销行为。

2008 年，福建卷烟营销管理注重宏观调控，均衡销售，平稳发展。按照国家局"总量控制、稍紧平衡"的原则，规范货源供应，修订客户合理供货管理办法，进行动态月浮动管理，简化审批环节，更灵敏地反映市场。省公司每月跟踪各地的销售策略，确保紧俏品牌合理投放，顺销品牌基本满足。督促市公司通过市场、客户、品牌细分，实现销售策略单纯以星级挂钩向以客户星级为基础，融合零售业态、经营规模、市场类型、区域特征等因素的综合标准，增强货源分配合理性，实现货源投放的有效、准确，满足市场需求，提高零售客户满意度。6 月，省局下发《福建省卷烟促销活动管理办法》，卷烟促销活动由取得烟草专卖批发企业许可证、烟草专卖零售许可证的卷烟经营商组成的卷烟销售网络进行，并接受当地烟草专卖管理部门的监督；卷烟工业企业不得以任何理由直接在零售终端开展促销活动，工业企业在零售终端的一切促销活动，必须纳入当地烟草公司的营销规划，由当地烟草公司统一组织开展。省公司印发《卷烟经营服务承诺》，全省各地开展对零售商订货服务、货源分配等服务承诺制。

第四节　调拨与物流

一、调　拨

1991 年开始，省公司加强对省内卷烟产销计划衔接，各分公司每季度前 40 天，向省公司提报下一个季度本地区地产烟分品种的要货计划，省公司汇编修订后，反馈给各产地分公司（调拨站）及烟厂，产地结合原辅材料，据以安排生产计划，并上报省公司，然后召开以各分公司、烟厂为对象的季度订货预备会，协商确定分品种产销计划，再由产销双方直接见面，签订合同，最后由省公司纳入计划下达各地执行。

1992 年，省公司根据国家局流通渠道和流通体制方面进行改革的要求，强调二级批发必须为三级批发服务，保证三级批发的经济利益，逐步建立稳定的卷烟批发市场。卷烟调拨坚持"二级批发面向全国、三级批发面向全省、毗邻地区按传统习惯进行业务往来"的原则，理顺流通渠道，防止市场混乱，建立良好的流通秩序。为规范卷烟批发，搞活市场流通，适应市场经济的发展，12 月，省局成立"福建省卷烟批发交易中心"，中心面向全省，直接参与卷烟的现货和期货交易。交易中心与省公司销售部实行两块牌子一套人马的管理体制，进入"中心"交易单位限于省内烟草系统内三级批发企业（即县、市公司）。其交易货源主要来源于省内五家烟厂所提供的地产名优卷烟，后期增加了少量省外品种进行交易；交易方式主要采取现货浮动价格交易。

1993 年，福建省卷烟批发交易中心先后于 5 月 6 日和 6 月 18 日各举办了一次交易会，两次共交易地产卷烟 11815 箱。各县（市）公司认为交易中心这一做法，有利于调节供求，稳定市场。此后，"中心"每月举办一次交易会，年内共举办 8 次。交易中心以价格为杠杆进行全省性的调剂，对地产烟市场价格的形成，促进地产烟资源的合理配置，增加行业的效益都起了推动作用。这一时期，许多地方在定价上，首先看交易中心的交易价和所发布的全省性的价格行情，交易也引导和规范了卷烟资源供需双方的市场行为。

1994 年 4 月，中国卷烟批发市场在北京成立，实行会员制，分工业会员与商业会员。省公司为会员单位，于 5 月 16 日参加了第一次全国烟草集中交易，签订合同 316 份，交易量 89663 箱，交易金额 25277.83 万元。

1997 年以后，福建取消全省地产烟产销平衡衔接会，改为由省公司每年下达计划给各地（市）级分公司，再由分公司直接与龙岩、厦门卷烟厂协调，然后把计划分解给各县（市）公司，由各县（市）公司按当地销售实际与卷烟厂签订购销合同。此外，烟草系统内各种形式的联合加工，联产联销，特约经销等经营方式开始出现，旨在增强经营企业的活力，搞活卷烟流通，成为卷烟流通的补充渠道。

2000 年，省公司对全省卷烟销售计划、采购和投放的管理，依据国家局核定的年度卷烟销售计划和省外烟调入指标，综合考虑人口总量、经济发展水平等因素，对沿海（福州、莆田、泉州、漳州、厦门）和山区（宁德、南平、三明、龙岩）烟草分公司实行分类指导，分别下达卷烟销售计划指标。各烟草分公司再将销售计划合理分解下达到所属县（市）烟草公司。地产烟的调拨采取协议形式，由各烟草分公司、县（市）烟草公司与省内卷烟工业调拨企业每季度签订卷烟供货协议，并以当地卷烟市场的实际需求和库存为依据，每月签订下一个月的卷烟供货合同。市级分公司、县（市）烟草公司未履行省内月份供货合同的，应承担合同违约责任；如因市场变化等因素出现合同内品种滞销，通过全省卷烟调剂中心进行系统内调剂，禁止以变相降价等形式抛售货源、冲击市场。卷烟工业调拨企业调往省外销售的卷烟，应在小包、条包、烟箱印上区别于省内销售的专门标识。对省外卷烟的调入采取计划管理，坚持促进交流、培育名牌、适销对路、确保效益的原则，按计划采购，达到供需总量平衡。省烟草公司、各市级分公司、卷烟工业调拨企业有权参加中国烟草交易中心及国家局授权的交易单位进行卷烟交易活动。所有省外卷烟的调入按照省烟草公司有关规定，通过中国烟草交易中心，与省外卷烟工业调拨企业签订合同，并经国家局鉴章。市级分公司如超计划调入省外卷烟的需报省烟草公司审批。福建省对七种类型的省外卷烟禁止调入，分别为：通过系统外的单位和个人等中介，地方烟厂的产品，非法烟厂的产品，无注册商标的产品，无跨省经营权的系统内企业的产品，低于全省地产卷烟平均调批差率的产品，未经批准的省外拍卖产品。各市级分公司、县（市）烟草公司按合同调进的地产卷烟、省外卷烟，做到属地销售，合理投放全国名优卷烟。

2001年，国家局开通"计算机开具卷烟运输准运证系统"，并开发了"计算机合同管理系统"，3月开始投入使用。福建省卷烟调运按该系统运行操作，卷烟调拨合同管理更加规范。

2003年下半年，全国省际间卷烟调拨实行网上集中交易形式，交易活动全部通过网上实现。福建省二级批发企业均为卷烟交易会员单位，交易时登陆交易中心电子商务网，进行网上交易的相关操作。省际卷烟网上交易流程分为交易前准备工作、交易过程中及交易后的管理、查询等三部分。网上集中交易，借助信息技术，改变过去传统的集中见面、现场交易的模式；采取异地上网签订合同的形式，在客观上为交易双方提供相对良好的交易环境，实现对网上交易的实时监控，抵制各种不规范行为的发生。网上集中交易正式开始后，网络运行平稳，上下沟通顺畅，从订单制作、供需确认、订单传送，到计划调整、合同监章、信息汇总等各个流程，顺利通畅。5月8—28日网上交易期间，全国共有98家调出单位，536家调入单位参加，共签订合同61111份，其中购销合同59239份，联营合同1872份，成交总量为495.55万箱，成交金额达342.14亿元，交易品牌（规格）678个。至此，福建省际间的卷烟调拨交易活动均在网上进行。

2004年，国家局印发《烟草行业卷烟内部交易规则》。工商分设后，省局（公司）和福建中烟公司共同成立了工商协调小组，管理省内卷烟交易，负责组织省内工商卷烟交易。卷烟交易实行计划管理，卷烟交易计划分为省际卷烟交易计划和省内卷烟交易计划，省际卷进烟交易计划由国家局（公司）管理，省际卷进烟交易每年5月和11月分别集中进行一次，并签订交易合同，由中国卷烟销售公司负责鉴章并核销已完成的交易计划；省内卷烟交易计划由省级局（公司）和工业公司将计划总量分解到省内交易的企业，每季度集中交易一次，并签订交易合同，由省局（公司）和工业公司分别鉴章，并核销已完成的交易计划。

2005年，省内卷烟交易也在交易中心统一平台上进行。省内卷烟网上交易与省际基本一致，主要区别：牌号申报由省工业公司负责，交易核定量由省公司确定，交易登录进入省内交易网，鉴章工作由省公司负责。此后至2008年，省际与省内卷烟交易活动仍沿用该交易管理系统。

二、物　流

1991年，省公司以卷烟"防霉保质"为中心，完善仓管工作的各项规章制度，加强仓储人员培训，普及科学保管知识，防霉保质知识，提高仓管人员的素质和仓储管理水平。泉州烟草分公司推行安全奖罚承包责任制，公司与仓库管理员签订安全奖罚责任制，规定仓库全年无发生责任事故的奖励五百元，出现事故重罚，并按"三不放过"原则层层追究，严肃处理，增强了职工的责任感。年底，全省烟草系统拥有卷烟仓库4.8743万平方米，去湿机372台，空调机515台，水测仪54台，消防器材549件，配备仓管员210名。

1992—1996年，全省开展《卷烟仓储管理办法》和《卷烟防霉度夏工作规范（试行）》的卷烟仓储制度"学习月"活动，并组织开展全省卷烟防霉度夏大检查。莆田烟草分公司把仓储管理纳入创安工作，制定《仓库管理制度》，对仓库安全设备进行检查、维修，增购空调机2架、防盗器1台，温湿度计40个，仓管员每天登记仓库温湿度情况，发现异常，当场采取相应措施。此后，全省卷烟仓储条件逐步完善，一方面各地均投资新建或改建专用库房；另一方面配备齐全各项防护设施。同时，通过学习教育，卷烟仓储的安全防护意识增强，仓储管理水平不断提高，并落实层层责任制，对防霉、防火、防盗常抓不懈，持之以恒。

1997年，随着自身卷烟批发网点的增加，仓储管理的任务越来越重。省公司对仓储管理仍实行分级管理体制，一级抓一级。各级烟草公司加强对基层网点仓储的管理、检查，保证网点卷烟存储安全。厦门烟草分公司投入大量资金添置和更换仓储设备，在全省率先全面使用春兰牌电脑吸潮机，并与职能部门签订安全责任状，组织开展"进出万笔无差错，卷烟保管无损失，优质服务创一流"的文明优质服务竞赛活动。泉州烟草分公司开展卷烟仓储安全与防霉度夏自评自查，层层签订安全责任状，实行安全责任与经济利益挂钩，分公司本部、石狮市公司的报警系统分别与当地公安局和"110"报警中心联网。龙岩烟草分公司把基层网点的安全、防霉工作列入议事日程，经常检查督促，加大对基层卷烟防霉度夏的硬件配套建设的投入。三明烟草分公司各县（市）均成立安委会和防霉度夏领导小组，并层层签订责任状，提出仓储安全一票否决制，加大对仓储硬件方面的投入，对仓库基建项目优先考虑。南平分公司将卷烟安全、防霉度夏工作作为大事来抓，全区仓储设施配套到位，在加强仓库硬件投入的同时，注重提高仓储人员的业务素质，坚持"以防为主，防治结合，防重于治"的指导思想。莆田烟草分公司将仓库的照明全部更换成防爆灯，投入6万元新购吸潮机10台，投入2.6万元加固加高围墙。福州、宁德、漳州等地也以务实的态度开展卷烟安全、防霉度夏活动。

1998—1999 年，省公司要求各地成立卷烟防霉度夏领导小组，组织对卷烟仓库进行检查，根据雨季提前的特点，适时提前开机吸潮。省公司还制定《卷烟仓储安全与防霉工作检查评分细则》，按百分制评分细则进行检查评分。同时，组织开展卷烟安全防霉度夏互查活动，全省分为三个组，依据评分细则，进行对照评分。各地把网点卷烟防霉保质工作纳入下伸网点建设工作计划，根据国家局印发的《卷烟销售网点安全管理暂行规定》，规范网点卷烟安全仓储管理。

2001 年起，随着卷烟销售方式的改变，网点的普及，卷烟的零星配送已成为卷烟销售工作的主流，卷烟仓储管理工作更加繁重。全省卷烟仓储着重突出"安全第一，防范为主"的工作要求，对批发网点卷烟实行控制批发网点仓储规模和库存数量，加快周转速度，缩短库存时间，配置必要设备，按制度规定保管商品安全。各地将卷烟仓库安全工作摆上重要的议事日程。组织仓储职工学习国家局新颁布的《卷烟仓储管理规则》、《华东地区卷烟仓库管理规定》以及《卷烟防霉度夏工作规范》、《仓库消防安全管理细则》，提高防范意识和管理水平。省公司每年均下发《关于做好卷烟安全防霉度夏工作的通知》，组织开展全省卷烟仓储安全管理工作检查，并按《卷烟仓储安全管理工作检查考评细则》进行评分。

2002 年，卷烟销售网络实行一库式大配送，各地着手筹备物流运作配送卷烟。至此，全省形成卷烟物流配送体系，卷烟仓储工作转为物流中心管理。此时，物流配送流程：零售客户订购的卷烟，统一由配送中心按客户进行分拣、打包，然后由送货员分送至零售户店里。当年，泉州烟草分公司成立泉州天益物流有限公司，承担泉州 9 县（市、区）公司卷烟的集中统一仓储、统一喷码、统一配送。

2003 年，各地着手开展物流整合工作。厦门烟草分公司率先开展全区物流整合。福州烟草分公司将闽侯卷烟配送整合进市局本部。泉州烟草分公司成立了南安、永春（德化）两个物流配送中心。宁德烟草分公司将屏南县卷烟配送整合到古田县，将柘荣县卷烟配送整合到福鼎。三明烟草分公司将沙县、明溪卷烟配送整合进市局本部。南平烟草分公司将顺昌卷烟配送整合到延平配送中心。龙岩烟草分公司从全区角度进行配送线路的优化整合。漳州烟草分公司成立漳州金叶物流发展有限公司，对全区物流整合工作进行整体策划，着手进行全区物流整合工作。莆田烟草分公司重新规划，新建物流仓库，并投入 105 万元，向中鼎数码公司购买 3 台卷烟半自动化分拣设备，全区初步实现分拣与喷码对接和一体化运行。当年，全省在莆田召开卷烟物流分拣系统试点工作总结验收会议。

2004 年，建立以市级分公司为经营主体，取消县级公司配送中心，县级公司（营销部）不设卷烟库存，改为转送站，由市级分公司集中管理卷烟库存。各地以分公司为单位统一进行物流规划，本着经济、实用的原则开展物流整合，确定合理物流半径，科学确定库址、库容，建立区域内统一物流配送平台，形成一级配送、二级配送和组合配送的物流配送体系。运用虚拟库存管理理念，建立科学的货源指挥调度流程，以信息代替实物库存，实现物流的敏捷配送，用虚拟的信息化库存，减少卷烟商品实物的不合理流动，县级公司（营销部）全部实现零库存。同时，利用信息化手段，对零售客户推行一户一码管理，利用一户一码，追踪卷烟流向和流量，实现卷烟的痕迹管理。9月，全省在泉州安溪召开全省卷烟物流配送研讨会，研究各地物流整合中存在问题，对"一户一码"分拣系统操作和维护进行了培训。福州烟草分公司在闽侯县上街镇工贸路地段购置产业，改造为卷烟物流中心，作为所辖五区八县（市）卷烟集中分拣配送场所，总占地面积50亩，总建筑面积30586平方米，其中联合工房（分拣、仓储、中转区）面积17256平方米，管理用房2457平方米，其他辅助用房10874平方米。莆田烟草分公司全区实现一库式仓储、一库式分拣、分段配送、一户一码；进行送货线路整合，优化资源配置，根据交通状况、地形地貌等因素确定合理的辐射半径，打破行政区域，整理各片区零售客户信息，重新编排送货路线，全面推行成片送货。如：仙游县游洋镇，从仙游仓库送货到游洋镇全程76公里，线路整合后，从西天尾物流中心仓库送到游洋镇，行程只有55公里。成片送货有效降低运营成本，提高工作效率。漳州烟草分公司在芗城区和云霄县设立两个区域配送中心，各县设立转送站（为配送中心下属转送点），转送站实行零库存，形成物流配送中心与各县（市）转送站为节点的物流配送网，实现全市卷烟的集中调度、仓储、喷码、分拣和配送。

2005年，物流实行垂直管理，物流中心、转送站的人、财、物由市级分公司物流发展部统一管理，县级公司（营销部）协助分公司物流发展部解决需要协调的问题。省公司着手研究全省物流整体规划，推广厦门烟草分公司成片送货经验。省公司要求各地物流建设坚持成本管理为中心，以物流合理路径为依据，全面推广成片送货，降低送货成本，在一个地市范围内打破县级行政区划的限制，实行跨区域送货，进一步整合、优化送货线路。各分公司根据实际情况，从规模适度、线路优化、反应快速、管理精细出发，整合区域内物流配送。7月，龙岩烟草分公司成立"龙岩鑫叶物流有限公司"，新罗、漳平率先实施成片送货试点，其他县（市）公司也相继跟进，物流成本明显降低，全市线路从122条整合到80条，并推广使用银联无线POS机结算方式。福州烟草分公司在闽侯县召开"委托送货"现场会，打破行政区划推行成片送货，降低物流配送运营成本，全区的送货线路从原来99条减至77条，送货车辆从原来的101部减少至79部，全区送货人员从199人减至155人。经过一年整合，全省逐步形成以分公司为主体，区域物流中心为节点的分级配送的物流网络，实现区域内卷烟的集中调度、装卸、仓储、分拣、包装、配送为一体的物流体系。全省卷烟物流仓库由原来的72个减少到36个，卷烟库存由原来的7万多箱下降至5.5万箱，减少仓储资金占用近1.5亿元。全省配送线路由原来的812条减少至661条。全省采用半自动化分拣系统31台。

2006年，省局成立福建省烟草商业现代物流工作领导小组，下设办公室，设在综合计划处，对福建烟草商业现代物流系统建设进行总体规划。7月，省公司在福州召开全省烟草商业现代物流建设工作会，学习讨论国家局关于卷烟物流配送中心建设规划意见及费用管理办法和核算规程，制定《福建省烟草商业现代物流规划》，根据国家局要求，规范地市级烟草公司卷烟配送中心建设行为，福建省对卷烟配送中心功能和建设确定为：

卷烟配送中心设置：一个地市级烟草公司集中建设一个卷烟配送中心。在配送车辆当天能够返回的情况下，采用直接配送到户的"一级配、一级送"模式。在一级配送车辆当天不能返回的情况下，设置货物转运的中转站，采用"一级配、二级送"模式。中转站应具备车辆之间货物移交和卷烟包装物回收、暂存的场地设施条件。在中转站配送车辆当天不能返回的情况下，采用"一级配、二级送、中转站暂存"模式，中转站配置分拣后货物过夜的暂存设施。地域辽阔、交通不便、线路迂回并达到一定销量的边远地区，在所辖地区经营管理统一集中前提下，设置卷烟配送分中心，配送分中心的功能、业务流程和工艺流程与主配送中心保持一致。配送分中心及中转站的建设首先利用现有设施，其选址既要交通便利，又便于货物移交和配送到户。各地市级烟草公司根据当地实际情况，在优化线路的基础上，择优选择配送模式。

功能及流程：地市级烟草公司卷烟配送中心具有统一收货、集中存储、分拣到户、直接或经中转配送到零售户，以及对仓储、分拣、配送信息进行汇集、处理、分析、存储及传递的功能。主要工艺流程是：收货→扫码→码盘整理→入库→仓储管理→出库→出库扫码→［暂存］→分拣补货（件烟补货、条烟补货）→分拣→打码→包装→整理→［暂存］→出货。

地市级烟草公司卷烟配送中心的建设范围：

土建部分：卷烟仓库、卷烟分拣工房、管理用房、公用工程用房、停车场等；

物流设备：仓储设备（货架、堆垛机）、分拣设备、输送设备（叉车、输送带、穿梭车等）、装载工具（托盘、周转箱、笼车）、自控设备、配送车辆等；

公用工程设备：给排水、供配电、暖通空调、消防安防、综合布线、自控设备等；

物流信息化系统：仓储管理系统（入库、移库、出库、盘点、库位管理）、分拣管理系统（订单处理、配货、补货、条烟打码）、配送管理系统（线路优化、车辆调度）、综合管理系统等。

是年，各地市烟草公司纷纷提出新建卷烟配送中心规划项目。厦门烟草分公司在湖里工业小区购置产业改造为厦门烟草物流配送中心。宁德烟草分公司新征土地45亩，建设卷烟配送中心。龙岩烟草分公司征地50亩，建设配送中心，作为全区七个县（市）卷烟集中分拣配送场所。漳州烟草分公司在芗城区蓝田开发区征用土地拟建设卷烟配送中心。

2007年，随着网络建设的提升发展，全省物流相对滞后。由此，省公司提出"全面规划、合理布局；整合资源、优化线路；统一标准、规范流程；降低成本、提高效率"的行业物流建设的指导方针，省公司由销售处牵头，成立三个物流工作小组，提出建立一个"专卖体制下，以市公司为主体、工商协调，优质、高效、低成本的现代物流体系"的目标，与福建中烟工业公司建立工商对接物流工作机制。提出全省统一物流建设标准，出台了物流标准化调研报告，对关键设备、关键信息技术标准、关键作业流程等进行全省规范和统一，使全省物流在同一平台上运行。7月，中国烟草总公司福建省公司与福建中烟工业公司联合成立福建省烟草工商物流建设工作领导小组及办公室，推动工商物流一体化，整合物流资源，利用现代技术手段，提高物流运作效率，降低成本费用，实现从企业物流向行业物流转变，从销售物流向供应物流转变。同时，全省各地把物流成本核算和线路优化作为提升物流管理水平的一项举措，遵循商流协同、物流融合的原则，突破跨区送货。福州市公司与宁德市公司共同探索，试点打破市级行政区划送货，宁德的古田县由福州代配送，根据送货半径和成本，古田水口镇的零售户由福州的闽清直接送货到户，探讨全省物流的完全融合。跨区送货试点的成功，为更大范围更高层次物流资源整合迈出了实质性的一步。

2008年，按照国家局的部署，省局下发《加强现代物流建设的指导意见》，全省按照物流建设指导方针，完善组织机构，推动全省物流由垂直管理模式向公司化运作。理顺市公司、物流公司、县级分公司三者的责权关系，构建管理科学、运营顺畅、优质高效的物流公司管理模式，实现由物流公司对全区物流活动的统一经营管理。全省各市级公司恢复或成立了6家具有法人资格的物流公司，2家物流公司也在筹备成立，物流工作定位基本清晰。为了防止各地配送中心建设过程中先硬件建设后设计流程的不合理现象，省公司制定统一的配送中心建设流程，确保先规划，后选址；先工艺流程，后硬件建设；先遵循标准，再设备选购；确保硬件与软件相互融合、上下工序的设备相互配套、质量与成本相互平衡。同时，在物流运作过程中，实行精细化管理，出台《福建省地市级烟草公司现代物流运行规范》，利用信息技术手段，推广配送管理、仓储管理、分拣管理、成本费用管理和绩效管理五大模块。通过信息化管理实现流程优化，作业标准强化，不断提高效率，当年，全省配送中心减少了6个，中转站减少了17个，每万箱物流用工由17.49人降至13.01人；全省平均单箱物流费用104.23元，其中单箱仓储费用6.69元，单箱分拣费用9.39元，单箱送货费用40.81元，单箱管理费用47.34元。漳州等地开展现场管理活动，全面推进6S管理。福州对库存卷烟实行ABC分类管理，仅仓储容量就提高了12％。10月25日，宁德市烟草公司新建卷烟物流配送中心投入使用；12月3日，南平先益物流有限公司揭牌。12月24日，福建省现代物流建设现场会在宁德卷烟配送中心举行，宁德物流全面展示了物流监控、GIS监控、营销分析、呼叫运行分析、GPS车载监控、物流成本分析系统和安防监控等七大模块。是年，全省基本建立了物流公司运营模式，物流公司由市公司管理，确立专业化、一体化的物流管理体制，理顺了市公司与物流公司母子公司关系。在垂直管理基础上，将原分散各县级分公司的物流人财物，划归给物流公司进行管理、调配和优化整合，保证物流公司资产完整，边界清晰。物流公司接受市公司的委托，作为行业内第三方物流公司从事卷烟物流相关业务，成为行业内的物流运营主体。市公司作为委托方，对物流公司的服务提出明确要求；物流公司对服务方式、服务内容进行明确承诺。物流公司建立内部模拟市场运营机制，推行"集中呼叫，批次提交，滚动分拣，流水作业"的快速响应的物流配送模式，改隔日送货为次日送货，将配送时间从48小时压缩到24小时，最大限度地降低物流成本。

表5—3 **2008年全省各地物流配备情况表**

	配送中心（个）	中转站（个）	转运车（部）	送货车（部）	送货驾驶员（人）	送货员（人）
全省	15	52	43	525	528	523
福州	1	7		81	82	75
厦门	1	1	10	22	34	29
宁德	1	7	4	58	54	62
莆田	1	0		35	34	31
泉州	3	4	4	113	100	98
漳州	2	10	10	88	95	84
龙岩	1	7	5	42	44	48
三明	3	8	5	48	47	44
南平	2	8	5	38	38	52

注：转运车指配送中心送到中转站的运载车辆，送货车指配送到零售客户的车辆。福州卷烟中转业务以协议形式委托专业运输公司承运。

第五节　卷烟销售

1991年，省内卷烟销售工作按"瞄准当地、搞好城市、深入农村、立足省内、面向全国、打出国外"的扩销方针发展，城市市场向深度发展，上档次、上等级，扩大嘴烟市场占有率，引导消费向混合型和改造型方向发展；农村市场向广度发展，开拓潜在市场，以卷烟替代旱烟袋和手卷烟，提高卷烟市场占有率，逐步扩大嘴烟市场。当时城乡销售比重约各占了50%。省公司控制总量和投放品种，对地产烟销售以"立足省内，面向全国"的销售方针，开展边界贸易，扩大地产烟在省外销售，减轻地产烟在省内市场疲软的压力。对省外烟的调入实行差额控制和适销品种调剂，在平衡地产烟产销计划的基础上，市场缺口部分由各分公司统一组织省外货源补充，由省公司统一平衡后下达。对省外名优烟经营由省公司统一组织，统一定价，统一安排计划。对外汇烟和侨汇烟统一归省公司销售部统一经营。是年，福建省卷烟市场显现低速增长的趋势，整个市场呈全面复苏状态，销售等级结构有所上移，省内市场嘴烟销售达428600箱；甲级烟销售240500箱，比上年增长11%，省内市场销售额达16.34亿元。

　　1992 年，产销双方在培育市场、引导消费方面下功夫，工厂通过产品结构调整，提高产品档次，重点开发适销对路新品种，满足各个消费层次的需要。销区通过市场培育，扩大销量。省公司对全省卷烟市场进行统一安排与调控，并制定了销售地产名优高档烟奖励政策，调动了销区的积极性，促进产销协调发展。是年，行业生产经营形势出现了新的转机，卷烟产销比较平稳，显现货源紧，流通畅，行情好，市场稳，效益高的局面。

　　1993 年，省公司实行卷烟价格改革，应用经济手段调节市场供求的基本平衡，调控市场价格的基本稳定。卷烟等级结构、销售档次大幅度提高，全省卷烟销售总额迅速增长，市场显现购销两旺，淡季不淡，地产烟基本畅销，价格保持升势，商业库存正常，供需总量、结构基本平衡。全省卷烟销售达到一个小高峰，全省卷烟销量首次突破 80 万箱。

　　1994 年，三级批发企业可以直接面向全国市场，卷烟市场竞争加剧，云南烟产量增加，也给福建地产烟市场带来了压力和冲击。全省卷烟销售以"实施名牌计划，加强有效调控，增加经济效益"为指导思想，开拓市场，引导消费，培育地产高档烟市场。省公司把高档烟的培育作为销售工作重点，讲究销售策略，引导消费，通过卷烟批发交易中心，加强宏观调控，应用经济手段稳定和调控市场，起到平衡市场，平稳价格的作用。全省卷烟销售总量比上年下降 6.5％，但销售总额比上年增长 14.9％，平均单箱销售额 4037 元，比上年增加 753 元。

　　1995 年，针对地产烟出现供需总量失衡，价位下移，销量下降，库存增大，企业利润下降，生产经营陷入被动局面的状况，4 月，省局组织 7 个专题调查组分赴各产销区进行调查研究，了解的情况为全省 23 个县（市）出现经营亏损；地产烟骨干牌号"富健"、"特牌"价格持续下跌，有些牌号价格倒挂，给销区经营带来一定难度；中高档新牌号产品开发滞后，生产档次过于集中，加重了老产品在市场销售的压力。针对这一情况，省局确定"加强行业调控，保牌创新，优化结构，加大省内外市场开拓力度"的指导思想，采取措施，促进产销形势向好的方向转变，提出"限产、限调、保价、促销"的调控方针，调整产销总量平衡，上半年省内卷烟产量比上年同期减少 42147 箱，下半年省外烟调进减少了三分之二。5 月，全省召开产销工作座谈会，分析、总结当前的产销形势，对下阶段工作提出 15 条意见。7 月，省局（公司）下发"关于抓好当前行业生产经营工作的有关规定"，提出 12 条规定措施。10 月，省局成立价格调控领导协调小组，分析研究卷烟市场行情，及时、正确制定卷烟骨干产品的价格水平，督促、检查各地执行统一定价的情况，推动全省卷烟价格回升，扩大销售。经省公司极力调控，"富健"、"特牌"、"嘴乘风"、"嘴友谊"等骨干牌号的市场价格逐步反弹。12 月 20 日统计，各地工商库存已降到 6.1 万箱。此外，省局（公司）对卷烟的经营机制及经营模式进行改革重组，加快推进全省卷烟销售网络的建设，建立自己的销售网点，进行控价促销。对销售地产烟指标进行考核，对地产骨干牌号"富健"、"特牌"实行全省统一定价，其余牌号由各地区统一定价。年底，基本扭转了被动局面，卷烟库存得到控制，抑制了价格行情的回落，扩大地产烟的销量，地产烟在省内市场的主导地位基本得到巩固。全省卷烟销售总额达 771704 万元，平均单箱销售额 4349 元。

1996 年，省公司重视新产品开发，调整产品结构，实施"名优烟工程"，促进产品结构优化。全省各地全力卖好地产烟，培育好地产烟市场，做到均衡投放，并通过网点辐射功能，达到点多面广。4 月以后，全省地产烟市场出现了转机，卷烟市场价格全面回升，工商库存下降，购、销、存步入良性循环。中、高档新产品销售有突破，仅半年时间就销售中、高档新产品 6658 箱，占总销量的 1.66%，比上年全年增加了 10 倍。全省共开发含税调拨价 20 元/条以上的地产中高档新产品（含系列牌号）29 个，七匹狼的批发条价突破百元，打破了省内市场高档产品长期被省外烟占领的格局。当年全省产销量虽比上年略有下降，但地产烟价位和销售结构明显上移，一、二类烟销量达 249311 箱，占总销量 32.39%，比上年提高 15.77 个百分点，全省地产烟平均毛利率达 9.8%。

1997 年，一方面建立健全城乡卷烟销售网点，通过改变经营作风，改善服务态度，延长营业时间，方便零售客户进货，扩大卷烟销量；另一方面实行对卷烟产品加贴防伪标识的销售管理，遏制个体商贩乱渠道进货，防止省外烟冲击本省、本地市场，保证地产烟良好的市场氛围。年内，省公司加快产品结构调整，大抓地产中高档产品的培育，立支柱、上规模、创名牌，培育新的经济增长点。产销双方加快实施"名优工程"，产品结构调整步伐继续加大，地产中高档产品规模初步形成。卷烟产品销售结构档次也明显上移，市场批发价 20 元/条以上的销售比重提高 19 个百分点，15 元/条以下的则减少 19 个百分点。其中，地产中高档卷烟全年销售 150057 箱，比上年增加 83368 箱，增长 125.12%，尤其是全省重点培育的品牌有四个已初具规模，其中石狮 10954 箱、七匹狼 15490 箱、特醇乘风 35802 箱、盖沉香 36137 箱。是年，产销结构调整过程中出现两个新的变化：一个是地产烟的生产结构和销售结构日趋合理，全年高、中、低档卷烟的生产结构约为 1：4：16，而地产高、中、低档卷烟的销售结构约为 1：4：14，地产烟生产和销售正朝着协调同步方向迈进；另一个是地产烟的毛利总额与省外烟的毛利总额从上年的 4：6 转变为 7：3，企业卷烟销售毛利对省外烟的依赖性降低。

1998 年，全国卷烟市场疲软，名优烟价格持续下滑，不少省份效益下降。福建省地产烟市场也受到不同程度的影响，省局及时分析原因，寻找对策，进而加强对卷烟生产进度、品种结构的调控，对骨干产品"富健"、"特牌"实行控制产量，保持市场畅销势头。全省地产中高档产品货源采取适度从紧措施，在价格调控上以地区为单位，实行全地区统一联动价。各地加强地产烟促销工作，发挥网点主渠道销售作用，进行价格管理、余缺调剂和库存控制等方面的调控，并控制省外烟在省内市场的投放量。地产烟省内市场得到巩固，全省地产烟销售占总销量的 77.99%，地产中高档烟占地产烟总量的 34.71%，比上年提高 9.53 个百分点。

1999 年，卷烟从短缺过渡到相对过剩，特别是产品结构性过剩的矛盾日益严重。全国卷烟产销总量减少，市场价格继续下跌，工商库存再度攀升，全国只有江西、深圳、江苏、福建、河南等 5 个省市产销量增长。以"红塔山"为代表的滇产烟在卷烟市场上备受冷落，出现有价无市，价格倒挂的状况。各地名优烟崛起，同档次、同价位的卷烟牌号增多，市场选择余地扩大，使传统名优烟的垄断地位受到挑战和威胁，甚至市场份额萎缩。受其影响，福建卷烟价格行情也产生较大波动，省公司从福建卷烟市场的实际出发，采取一系列调控和管理措施，在全省范围内实行卷烟价格、市场管理和货源投放的产销联动，克服了销售恐慌心理，遏制价格下滑。在年度指令性生产计划的前提下，把工厂推向市场，加大工厂对市场和销区货源调节力度；加强产销协调和规范经营的督查，制止卷烟厂有奖销售等无序竞争手段，严格销区网点规范经营，属地销售，规范专销牌号的经营方式。同时，专卖和销售部门密切配合，取缔个体批发大户，清理整顿非法卷烟批发交易市场，扩大批发网点的覆盖面，提高烟草行业对市场的占有率和控制力。至此，全省卷烟销售市场保持产销良性的发展态势，销量较大幅度增长，全省卷烟总销量比上年增长 12.5%；销售结构上移，地产中高档产品销量占地产烟总销量 41%，比上年上升 6.3 个百分点。

2000 年，全省销售顺畅，地产烟销售不断创新高，四类烟市场供不应求，行业市场占有率比上年提高 9.34 个百分点。省公司通过抓规范经营，增强市场的控制能力，一方面控制货源，规范经营。控制省外烟进货，由省公司、分公司组织统一向省外订货，按省内市场需要投放数量，制止"大进大出"等不规范的经营行为，地产烟货源由工厂统一调拨；卷烟批发执行"一户一证"，限量供货，停止搞商商调剂，系统内多种经营企业不再从事卷烟批发业务。另一方面控制销售渠道，通过建立自己的销售网络，货源 100% 通过网点销售，杜绝卖大户，遏制卷烟的体外循环。同时，省公司在实行最低批发限价的基础上，成功地向全省统一批发定价过渡，促使销售形势健康有序发展。是年，卷烟销量增幅较大，全省卷烟销量首次突破 90 万箱，特别是地产烟在省内市场销售达到 77.7 万箱，占总销量的82.1%，为近年地产烟销量增加最多的一年，地产烟在省内市场的主体地位已经确立。而且福州、泉州、漳州、莆田等四个沿海地区卷烟销量分别比上年增加 38918 箱、39173 箱、13837 箱、18355 箱，四个地区平均市场占有率达到 90.6%，沿海地区的市场资源效应得到发挥，卷烟纯销区福清、南安、闽侯、仙游、连江、晋江、长乐、安溪等 8 个县（市）公司年利润超过 1000 万元。

2001 年，卷烟工业产品结构偏高，同价位的牌号多，价格梯次密，集中度低，地产烟产销结构有所失衡，地产烟销量增幅回落，库存压力增大，突出表现地产一类烟库存偏大，地产四类烟库存严重不足。市场价格主导能力削弱，地产烟市场价格出现较大波动，地产一、二类卷烟市场价格均明显低于统一价，地产高档烟调出省外回流问题时有发生，对统一价产生较大冲击。为此，省公司抓生产源头，加强总量和结构调控，提出优化市场布局，发挥市场资源效应的工作要求，加强和改进营销工作，合理调整省内市场销售格局。注重产品结构的调整和省内市场投放量的控制，针对地产主要骨干产品七匹狼、石狮、乘风、沉香、富健、特牌等市场行情低于统一价，特别是中高档产品卷烟价格整年低迷不振的状况，仍坚持以统一价格为依据，协调产销良性运行，进行控量、限投和保价，促进产销平稳运行。改进省外烟的购进方式和投放艺术，按照对等开放、市场互换的原则，对调入的省外烟牌号和投放严格把关，对地产中高档产品培育不造成过分冲突，放开沪产、滇产等效益好的产品市场。大力推行访送分离，提升卷烟销售网络控制市场、服务市场的能力和水平，扩大网点的销售面。全省卷烟总销量增长前三名的是厦门、泉州、福州；地产烟销量增长前三名是厦门、泉州、宁德；地产一类烟销量增长前三名的是泉州、厦门、宁德；地产烟二类烟销量增长前三名是厦门、龙岩、泉州。全省卷烟单箱销售额8192元，全省人均卷烟销量7.14条，人均地产烟销量5.9条。

2002年，福建卷烟销售量首次突破百万箱大关，达1057578箱，比上年增长8.62%。销售结构也快步上移，单箱销售收入9065元，比上年增长873元。地产卷烟销售再创新高，省内销售881172箱，比上年增长9.96%，占总销量83.3%；地产烟市场占有率77.8%。地产骨干品牌做强做大，七匹狼系列销售68700箱，比上年增长28.4%；石狮系列销售56700箱，比上年增长27.7%；沉香系列销售153800箱，比上年增长37.1%；乘风系列销售121900箱，比上年增长19.3%。卷烟经营效益大幅上升，卷烟经营毛利率达15.26%。全省全面推动大配送模式，提升卷烟销售网络整体功能，通过做实做细市场，提升品牌市场培育能力。省公司加强对全省卷烟经营指导、调控及监督检查，促进全省卷烟经营健康运行。通过网络紧实基础，对市场运作更为规范，保证市场平稳运行。8月以后，市场态势一月比一月好。当年全省陆续推出了数码仿伪监控系统技术，制止商业企业异地销售不正当行为，之后又对不规范竞争行为进行处罚并通报批评，并取消四个贸易中心，不再从事边界贸易的经营活动。省公司把2002年确定为福建烟草行业的"服务年"，通过抓服务理念宣贯和规范经营，再次推动卷烟销量增长和结构的提升。至此，福建卷烟市场步入良性发展轨道。

2003年，受"非典"以及地产低档烟生产大幅减少影响，全省卷烟销售压力增大。围绕价格、销量、提升地产烟结构的工作重点，为确保地产一二类烟销量增加，省公司加强对各地销售工作的指导、督促、协调，优化考核机制，提升销售管理水平，对各分公司的销售情况逐月进行通报，各分公司也加强对各县公司的调控与管理。处理好规范经营与扩大销售提升结构的关系，坚持不懈地抓好规范经营，坚持属地销售，杜绝卖大户，遏止体外循环，维护价格稳定。发挥网络功能，提升销售网络服务零售户水平，增强卷烟零售户对经营名优卷烟的信心，采取针对性的服务措施，促进零售户和烟草部门共同培育高档烟市场；促进访销员向营销员、市场经理的转变，通过提高队伍素质，引导消费，创造需求，提升消费结构。是年，总量继续增长，结构上移加快，全年销售量比上年增长4.83%；地产烟销量比上年增长4.64%；销售省外烟18.55万箱，比上年增长5.77%。销售一类烟

83797箱，比上年增长9.25％，占总销量比重7.56％；销售二类烟155294箱，比上年增长27.79％，比重14％；销售三类烟645593箱，比上年增长8.32％，比重58.23％；销售四类烟197829箱，比上年增长3.62％，比重17.84％；销售五类烟31752箱，比上年减少57.68％，比重2.86％。

2004年，全省卷烟销售构建以分公司为经营主体的现代卷烟营销网络体系，着力打造充满生机与活力的市场营销主体，培育企业的核心竞争力。省公司以计划调控为手段，抓好全省卷烟经营指导，实现工商平稳过渡。当年卷烟市场波动较大，地产烟表现尤为明显，1—5月，地产烟销售大幅增长，超出年初制定的增长预期，下半年地产烟又出现货源大幅短缺现象，对此，省公司一方面通过计划调控调节地产烟的投放进度，分牌号、分地区分解剩余的货源计划，做到均衡投放；另一方面加大省外烟货源组织力度，加强省外名优烟市场培育，确保下半年全省卷烟销售健康发展。经过努力全省卷烟销量仍保持较大幅度增长，销售结构继续提升，销售条均价提高。全省卷烟总销量比上年增加90788箱，增长8.19％。全省年人均消费卷烟达8.57条，比全国年人均消费卷烟的7.2条高1.37条。其中漳州销量增幅最高，为13.43％，厦门人均消费条数最多，为12.24条。全省一类烟销售117655箱，比上年增长41.54％，占总销量的9.81％，比全国水平高出1.52个百分点。二类烟销售218478箱，比上年增长41.73％，占总销量的18.21％，比全国水平高出4.33个百分点。全省卷烟销售条均价达45.02元，其中，厦门烟草分公司销售条均价最高为49.43元/条。地产烟销售与上年比略有下降，为906173箱，销售结构却有显著提高，其中地产一类烟销售86627箱，比上年增长27.06％。地产二类烟销售167545箱，比上年增长33.66％。省外烟的在省内市场的活力也得到激发，销售290918箱，比上年增加105365箱，增长56.78％；占总销量的24.25％，比上年提高了7.71个百分点。

2005年，随着全省网络建设的推进，卷烟销售网络水平已经建立在扎实的工作基础和可靠的市场基础之上，网络对卷烟市场的控制力和盈利能力逐步增强，福建卷烟市场已经形成了稳固的销售体系。3—5月，全国卷烟销售量出现持续下滑，下滑面高达21个省份，福建省卷烟市场逆势上扬，销售量和结构同步增长。全省卷烟销售总量比上年增长7％，其中一、二类烟比重分别达到12.5％和19％，卷烟条均批发价格达到49.12元，比上年增加了4.1元。福建省卷烟销售在连续几年持续快速发展，销量、结构、效益全面提升的基础上，全省各地挖掘市场发展潜力，注重企业核心能力的培养，以客户为中心，进一步理顺业务流程，加强沟通协作，发挥分公司统筹地区发展能力，调动基层一线的积极性和主动性，保证垂直管理的顺畅和各环节之间的有效衔接，建设充满生机和活力的市场营销体系。一方面加强对经营业态发展变化的研究，各单位开展对卷烟零售客户经营业态的调查研究，应用客户关系管理系统对零售客户经营业态进行全面分析，采取差异化的服务措施，寻找战略客户，有效提高企业资源与市场资源的合理配置。并对销售稳定的客户推行协议销售，提高对市场控制的主动权。另一方面，加强高端卷烟市场的开发，引进名优品牌，激发消费潜力，丰富、创新营销手段，提高客户经理队伍营销水平，扩展市场空间。当年省外烟销量大幅度增长，地产烟销售比重反复波动，比上年同期有所下降。2—8月，地产烟比重逐月下滑。9月，开始省公司加大地产烟销售力度，销量开始回升。11月，地产烟受货源限制，销量又有所回落。12月，加大供应力度，销量又有较大幅度提高。还有，各工业企业极力开发高档产品，市场低档卷烟供应严重不足，卷烟产销结构性矛盾更加突出。

2006年，卷烟销售网络建设的整体推进和全面提升，为卷烟销售起了重要的支撑作用；打假打私的高压态势，为卷烟销售净化了市场环境。当年卷烟销量稳步增长，销售结构稳步提升，全省卷烟销量再创历史新高，达到135.7万箱，比上年增长5.77％（全国增长率为4.10％）。销售一类烟190240箱，比上年增加30176箱，占总销量的14.02％；二类烟销售321743箱，比上年增加77612箱，占总销量的23.71％；三类烟销售721395箱，比上年增加29873箱；四类烟销售119014箱，比上年减少59012箱；五类烟销售4740箱，比上年减少4672箱；全省卷烟销售条均价为54.85元/条，比上年增加5.72元/条。全年累计销售低档烟35.8万箱，比上年下降4.38％，占总销量的26.38％，超额完成国家局下达的34.5万箱的计划任务。人均卷烟消费量达到9.53条，比上年的9.08条，增加0.45条。但是，卷烟市场结构性矛盾仍然突出，由于拉动低端市场的消费水平，部分原来的四、五类烟消费者已转向消费三类烟，三类烟需求与销量显增长趋势，而工业企业在品牌整合过程都将重点放在一、二类烟，对三类烟的平稳过渡重视不够，适销对路的三类烟尤其是零售价3～5元/包的货源普遍紧缺，受消费者欢迎的几个中档价位品牌如"红梅"、"牡丹"、"白沙"等计划有限，常常供应不足。

2007年，全省卷烟销量继续增长，消费结构上移，一、二、三类烟销量大幅增长，增幅均超过20％。全省卷烟销量比上年增加100104箱，增幅7.38％。销量增幅超过全省平均水平有：厦门（16.41％）、福州（9.04％）、宁德（7.57％）。全年全省一类高档卷烟累计销量111610箱，比上年增加44295箱，增幅65.8％。各地区一类烟销量同比均超43％，增幅较大的有厦门（86.95％）、泉州（70.99％）、南平（67.75％）、漳州（67.56％）、福州（65.96％）。一类烟比重7.66％，比上年上升2.7个百分点。各地区一类烟比重超过全省平均水平的有：厦门（10.15％）、漳州（9.63％）、龙岩（9.1％）、泉州（7.8％）、福州（7.68％）。各地区一类烟比重与上年比均上升，升幅较大的是厦门（3.83个百分点）、漳州（3.5个百分点）。二类卷烟销量144610箱，比上年增加24418箱，增幅达20.32％，比重为9.92％。三类卷烟销量403156箱，比上年增加78371箱，增幅24.13％，比重为27.67％。四类卷烟销量473918箱，比上年减少12654箱，降幅2.6％，比重为32.52％。五类低档卷烟销量323944箱，比上年减少34324箱，降幅9.58％，完成国家局下达的全年低档烟销售32万箱指标的101.23％，比重为22.23％。全省销售条均价格显著上升，条均批发价达61.96元，其中：厦门为68.55元、福州为65.2元、宁德为63.77元、泉州为 62.78 元，南平为 51.22 元；其中：地产卷烟销售条均批发价 55.7 元，省外卷烟销售条均批发价 73.44 元。当年福建省卷烟销售着重拓展农村卷烟市场，通过建立农村客户服务工作站、流动服务站等服务模式，扩大农村市场的覆盖面，增加农村市场供货量，组织"大丰收"（全国共享品牌）、"富健狮"等低档卷烟供应农村市场，提高农村客户满意度。同时，建立工商对接工作机制和改善零售终端形象，提升销售网络培育品牌和控制市场的功能。

2008 年，福建卷烟市场侧重于加强零售终端建设，通过建立面向零售客户的服务体系，打造坚实的市场基础。全省卷烟销量比上年又有增长，卷烟销售总量排在全国第 12 位。全年地产烟需求旺盛，销量增长较快，地产烟销售 972076 箱，比上年增加 23029 箱，增长 2.43%，占总销量的 65.08%；省外烟销售 513023 箱，比上年增加 12163 箱，增长 2.43%，占总销量的 34.35%，省外烟销售上半年下降，下半年逐步好转。销售结构稳步提高，一、二、三类烟销量快速增长，四、五类烟销量明显下降，三类烟成为销量最大、增量最多类别。一类烟销售 148711 箱，比上年增加 33690 箱，增长 29.29%，占卷烟总销量的 9.96%。二类烟销售 182737 箱，比上年增加 23894 箱，增长 15.04%，占卷烟总销量的 12.23%。三类烟销售 471199 箱，比上年增加 78774 箱，增长 20.07%，占卷烟总销量的 31.55%。四类烟销售 419244 箱，比上年减少 58964 箱，下降 12.33%，占卷烟总销量的 28.07%。全省销售批发均价为 67.62 元/条，比上年增加 5.66 元/条，增长 9.13%。其中厦门均价全省最高，为 73.75 元/条，地产烟销售批发均价为 60.32 元/条，省外烟销售均价为 81.73 元/条。低档卷烟仍供不应求，低档卷烟市场需求和结构变化明显，低档卷烟销量明显下降。全省销售低档卷烟 271807 箱，比上年减少 40932 箱，下降 13.09%，占卷烟总销量的 18.20%。9 个市公司低档卷烟销售均有不同程度下降，泉州、漳州、莆田、厦门等下降幅度较大，泉州降幅最高为 22.77%，漳州降幅为 22.65%。

第六节 专 记

一、三明网建

三明市下辖梅列、三元 2 区，永安市，明溪、清流、宁化、大田、尤溪、沙县、将乐、泰宁、建宁 9 县，人口 267 万，其中农村人口 171.2 万，占总人口的 64.1%。属福建省烟叶主产区。三明烟草分公司设立下伸网点后，注重为零售户送货服务。1995 年，针对农村市场分散的特点，创建"四定一统"卷烟送货制，方便零售户进货，扩大卷烟销量，促进烟草行业员工思想观念、经营作风、工作职能的根本转变。"四定一统"卷烟送货制主要做法是：定点：采用"二步到位"间接送货到户。在市区选择一些商业信誉好，经营作风正派，资金雄厚的国营商店、供销社和个体的零售户确定为送货对象，并挂上"三明烟草分公司直销点"的牌子。由"直销点"负责收集其周围零售户要货品种、数量，整理汇总再统一向烟草公司电话订货，网点按订购品种、数量负责送货到"直销点"，随后，零售户就可在"直销点"购到烟草公司挂牌价的卷烟。定时："直销点"每天下午及时收集其附近辐射范围的零售户订货信息，网点批发部在次日早上按规定时间送货到"直销点"。零售户从电话订货到取货非常及时。定量：要求"直销点"本着"以销定购"的原则，确定送货数量，不积压库存。定报酬："直销点"负责收集商情、中转疏散（转送）货物，烟草公司付给每件卷烟 2 元的手续费。统一价格："直销点"的卷烟一律按烟草公司挂牌价与零售户结算，不得另行加价。1995 年 7 月 21 日，省公司在三明召开由各分、县公司经理（局长）、分管领导和有关部门负责人参加的全省卷烟批发网点建设现场会，会议推广三明分公司"四定一统"卷烟送货制，现场观摩三明分公司批发网络建设。当年，三明烟草分公司网络建设经验作为先进典型，在全国网建会上介绍交流。

三明烟草分公司针对山区特点，开拓农村市场，创建服务农村市场的销售网络。2005年，三明烟草分公司开展全面调查农村市场，发放 1714 份《农村卷烟市场调查表》，组织客户经理、专管员深入全区农村，对 3500 个抽取样本进行分析，掌握城乡批发大户及下线、无证户情况。据调查，农村无证户多达 890 户，占全区总零售户的 8.8％。由此，三明烟草分公司开展农村市场合理布局，全区农村新办证 490 户，行政村办证覆盖率达 100％。同时，采取"集中检查、分散管理、日常规范和重点打击"的方式，加强农村市场监管，重点打击"批发户"，净化农村市场。落实货源，有效保障农村市场货源供应，针对农村低档烟需求量较大特点，各县确保 70％以上的低档烟货源供应农村，重点倾斜低星级客户和新办证户，实行农村客户与城区客户星级要素的差异化策略。因地制宜，解决农村市场有效服务问题。对特殊群体的客户提供针对性服务，农村部分残疾弱势客户提供定时呼出、订货提醒和补货服务。对边远客户提供特殊方式送货服务，开展"委托送货、定点取货"、"沿途约时定点交接取货"等送货方式。在零售终端建设方面，规范服务标准，建设服务体系，将零售客户服务分为基础服务、超值服务和特殊服务等不同服务类别。基础服务为零售户提供货源供应，日常拜访、送货到位等；超值服务为零售户提供形象改造，经营指导等；特殊服务为个别零售户的特殊情况提供情感关怀等服务。同时，逐步建立基于零售户需求的服务项目、服务流程和服务标准。建立卷烟营销人员的培训管理制度，试行平衡计分卡绩效管理模式，完善员工聘用、晋级、退出机制，统一员工薪酬管理办法等提高员工素质的激励机制，提高员工分析市场、服务客户、培育品牌的能力。在永安营销部进行连锁经营试点，探索加盟连锁，密切批零伙伴关系。此后，设立连锁总部，编制《加盟手册》，制定加盟章程和加盟协议，统一形象设计等，全区建立 17 家直营连锁店和 100 家加盟连锁店，形成卷烟零售连锁网络格局。三明烟草分公司构建符合山区特色的卷烟营销网络，重点突出，基础扎实，其在农网建设、卷烟零售终端建设等方面为全省创造优秀典型。

二、厦门网建

2002 年 4 月，厦门烟草分公司逐步收缩外设的 15 个批发网点，在全区设立两个配送中心、6 个访销部、6 个烟草专卖管理所，网点员工 325 人，全区持证零售户 7100 户。经过一个多月的努力，实现卷烟销售网络一库式大配送，基本达到规范有序平稳过渡。在大配送过渡阶段全区卷烟销量没有减少反而有所增长，4 月、5 月分别销售卷烟 6561 箱和 6435 箱，比 3 月 5948 箱分别增长 10.3％和 8.2％，比上年 4 月、5 月分别增长 14.4％和 12.2％。厦门率先成功实施卷烟网建大配送，为全省全面实施大配送运作树立了信心，总结了经验。其运行模式为"全面访销、集约配送，专销一体、三线互控，城乡同步、三方共赢，考评到位、做优流程"。全面访销：指商流中的访销按照"就近便利"原则，访销员分散作业，对零售户实行 100％访销，访销频率为每周每户 2 次，访销员人均负责 120～200 户。集约配送：指卷烟物流中的配送按"减少物流环节，讲究专业分工"的原则，进行集约化运作，本部物流中心对应 4 个访销部，同安配送中心对应 2 个访销部，实行"一库配送、多点式访销"。专销一体：指专卖管理与卷烟销售以"户籍化"为基础，实现信息共享，实行捆绑考核，进行一体化运作，共同管理、服务零售户，达到专销双向延伸。三线互控：指访销、物流、稽查三线，组织上科学分离，独立封闭运行，同时三线之间通过信息平台沟通合作，交叉监督，既连接成整体的营销网络又实现网络运行规范化。城乡同步：指全区的城网、农网合一，城市和农村全部访送分离，同步实行大配送模式。三方共赢：指通过网络运作，使烟草商业企业、生产厂家和零售户共同协作获利。考评到位：指对网络运行质量、工作人员实行科学的考核制度，用事前管理代替事后检查，激励和约束机制同时到位。做优流程：指对业务流程进行重组和优化，实行计算机支持下的流程化管理，达到全方位精细管理，全过程严密受控的目的。厦门烟草分公司通过转变思想观念，全员统一积极行动，结合实际创新改革；访、送、管三线互控，层层负责严格考评，专销结合，紧密协作，确保大配送实施到位，提升卷烟销售网络服务水平，全省各地纷纷组织到厦门学习一库式大配送的经验。

三、漳州网建

2002 年 6 月，漳州烟草分公司用 3 个月时间对卷烟销售网络结构进行大整合、大改造，收编原批发网点，全部整合成"专销一体、全面访销、集约配送、三线互控、优化流程、考评到位"的大配送模式。全市设立 151 条访销线路、91 条送货路线、33 个专卖管理所，全区持证零售户 17403 户。卷烟销售网络运行发生了质的变化，提升了市场控制力和市场占有率。当年就取得良好成效，全区销售卷烟 14.18 万箱，实现利润 1.14 亿元，市场占有率 93.6％，分别比上年增长 20.37％、80.39％、15.1％。

2003 年，漳州烟草分公司继续做实做精网络。着手开展构建良好客户关系，实施卷烟

"明码标价"工程，解决零售市场价格不规范和零售客户获利水平偏低问题，实现批零双方共赢。漳州卷烟明码标价较为到位，成效显著，全省各地纷纷到漳州参观学习，仿效漳州的做法和经验。其"明码标价"工程的主要做法：全员统一认识，落实领导机构。广泛深入开展宣传发动，面向零售户，全市先后召开 78 场座谈会，到会零售户达 10450 人。创办《客户之友》，介绍各地明码标价的具体做法。协调政府和有关部门，争取得到社会各界支持。分公司与市物价局联合下发《关于卷烟销售实行明码标价的具体规定》，并由市物价局监制全市统一的卷烟价格标签；诏安、南靖与当地公安、检察院、法院、工商局联合发布《关于整顿卷烟经济秩序》和《关于大力整顿卷烟市场活动的通告》；利用有线电视、街道悬挂横幅、宣传标语等形式开展群众性宣传活动。全区开设 36 家卷烟零售连锁店，指导市场价格，统一店铺品牌、形象标识、销售价格。专卖保障，营造市场环境，全区依法取缔 1500 多户无证经营，依法整合、注销 4000 多零售户。采取"集中检查和分散管理、日常规范和重点打击、明察暗访和盯梢守候"相结合方式，严厉打击非法批发大户，清理整顿市场。建立"明码标价"机制，实行自律监管。按零售户分布，引导其组织成立自律自治小组，帮助制定《零售户自律自治公约》，与零售户签订相互承诺协议书，全区签约率达 95.2％。各地成立卷烟经营业协会，开展监督检查和自我监督。聘请社会监督员督查和访、送、管"三员"面上督查，促使卷烟明码标价基本到位。

漳州烟草分公司实行一库式大配送后，开展为零售户服务的"六个一"系列客户服务活动，推动"明码标价"工程深入开展。即：每个一线员工挂钩一户特困卷烟经营户；每年利用节假日开展一次对特困卷烟经营户的送温暖集体活动；每年召开一次卷烟零售户代表大会，共同探讨烟草的经营、服务工作，加强感情沟通交流；每年向卷烟零售户送一份挂历，祝贺新年，表达诚挚问候，让零售户感受烟草企业的温暖；每年给卷烟零售户送一台戏，结合地方重大节庆活动，宣传烟草专卖法律法规，传递行业发展动态，丰富人民群众文化生活；每年组织一次零售户代表参观卷烟生产企业，让零售户代表了解卷烟生产过程和卷烟品质，提高零售户对地产名优卷烟的信心。"六个一"活动的实施，零售客户得到尊重，也就更加规范、守法经营，与零售户建立起相互责任、相互依存的亲密伙伴关系，市场控制力得到增强，行业形象得以提升，有力地推进卷烟销售网络由配送型向营销型的转变，各方面的工作取得更大的进展。"六个一"活动得到省局、国家局的肯定，2004 年《中国烟草》杂志做了专题报导。

四、漳平网建

漳平市地处闽西南山区腹地，是一个仅有 16 个乡镇 27 万人口的山区县级市。1994—1999 年，漳平市烟草公司卷烟销售网络建设经历了建点抓辐射和全面送货两个阶段。第一阶段，经历了网点和网点人员由少到多，网建管理经验从无到有和卷烟批发经营逐步规范，市场占有率逐渐上升的过程。主要做法：因地制宜建点布网，截至 1997 年，下伸网点 16

个，网点员工 64 人，平均每个网点覆盖 1.69 万人口。基本形成一个"以我为主"与零售户密切联系的农村卷烟销售批发网络。第二阶段，经历了网点和网点人员从多到少，机关下网点人员从少到多，网点员工素质从低到高，送货量由少到多，卷烟销量和市场占有率持续增长的过程。主要做法：全面开展送货服务，配送货摩托车 16 部，微型机动送货车 3 部，对全市 1500 多零售户实行全面送货，送货面达 100％，送货率在 85％以上。网点从 16 个调整为 12 个，再调整到 8 个。网点从业人员从 64 人减至 39 人。对网点用工实行"动态管理、优胜劣汰"机制，通过解聘低素质，招聘大学毕业专业人才和机关人员下网点，1999 年网点人员学历有大学本科 4 人，大专 2 人，中专 22 人，高中 10 人。机关人员下网点由原来 2人增加到 14 人，其中中层干部下网点担任批发部主任 5 人。网点与专卖管理结合，抓市场净化，专卖管理工作做到专卖服务化，执法文明化，管理军事化，市场规范化。经过第二阶段后，卷烟市场更加规范，销量明显增长，1997—1999 年销量分别为 7281 箱、7373 箱和8398 箱。1999 年人均消费 7.78 条。

漳平市烟草公司把网建作为"一把手工程"，建立严格的岗位责任制，落实网建工作；把网点的送货服务，作为网建工作的突破口；从网点的用工制度、分配制和搞活激励机制入手，充分调动网点职工积极性，发挥网络功能。抓好对零售户的管理和服务，做好建网、专卖管理相结合。建立零售户档案，了解需求，掌握市场变化。建立制约机制，切实规范经营管理，维护专卖专营地位。1999 年漳平市烟草公司被中国卷烟销售公司评为全国农网运行先进单位。《中国烟草》杂志以《漳平织起黄金网》为题，专题介绍漳平市公司网建经验。1999 年 12 月起，漳平网建加强市场化经营战略、内部管理机制的研究和定制，各岗位全部实行流程化操作，采用计算机跟踪管理系统有效监控销售频率、销售幅度和销售异常情况，运用零售户销售和专卖 ABC 管理系统逐月跟踪零售户的经营状态、经营情况，提高销售、专卖信息共享度。经历了规范经营、提质运行和瞄准先进、网络实现模式化管理运作。采用直接送货和定点、定时供货两种方法扩大网络送货和销售覆盖面。基本解决卷烟销售规范经营问题，货源均衡投放销量上升，卷烟批零价格到位，市场控制力增强，2000年人均消费 8.75 条，一、二类烟比例为 51.58％。

2000 年 5 月 29 日，中国卷烟销售公司向全国各省级公司发出《关于印发福建省漳平市公司网建经验的通知》。指出：漳平市公司的经验，既充分体现了"一要规范、二要改革、三要创新"的工作重点，又符合国家局对卷烟销售网络的总体要求，因地制宜，经验内容详尽具体，其送货、专销结合等措施可操作性强，对全国城乡网建工作具有较强的借鉴性。

2001 年，漳平又创新网络运行管理模式，实行"全面访销配送，三线分离互控；科学规范运作，服务管理并重"运作模式。直接访销送货扩大到 148 个行政村，间接送货 30 个行政村 74 户，基本辐射到农村边缘地带。全面实施访销、送货、市管、营业"四员"标准化作业。访销员实行"三步访销法"。建立客户关系档案，掌握每一个零售户销售走势、异常情况等，成立卷烟经销商工会、卷烟经营商协会，加强零售网客户沟通与管理。"访销三步法"主要内容：第一步"一问好二擦柜三整理"。进店先向零售户问好并询问生意状况、擦拭柜台、再按规定顺序整理烟架。第二步"一察看二介绍三商议"。先看零售户的卷烟库存情况，再介绍当天供应品种，商议购进品种及数量。最后将需求的品种和数量记入预约登记卡并计算总金额。第三步"一了解二询问三宣传"。先了解市场信息价格走势和销售结构是否合理，再询问满意程度，最后宣传政策和措施，填写访查单。

2002年3月，中国卷烟销售总公司印发的《2001年全国卷烟销售网络建设情况通报》，通报中在肯定江苏南通网建工作的同时，指出漳平市烟草公司"站式访销、库式配送"的成效。2002年，国家局和中国卷烟销售总公司在北京农业展览馆，举办全国烟草2002年技术创新成果展览，漳平市烟草公司作为全国唯一的农网典型单位赴京参展，其展出的卷烟销售网络沙盘被中国烟草博物馆收藏。

五、宁德网建

宁德市辖125个乡镇，2178个行政村，其中3个乡镇、49个行政村位居海岛，8个行政村不通电话，144个行政村不通公路。农村网络点多面广、线路长、客户分散，服务和管理难以到位。2006年，宁德烟草分公司实行多管齐下拓展农村网建，开展特色的海岛送货服务，提出"全面占有，系统开发，动态管理，提升服务"。根据人口、交通、销量等因素，划分出高价值村、中价值村、低价值村和无价值村的四种类别，力图全面占有，不留盲区死角；营销、物流、专卖等部门协同规划，市、县两级联动作业。采取四种农网营销方式：对乡镇所在地和交通较便利的行政村（自然村）零售客户采取直访模式；对乡镇以下交通不便、日常拜访难到位的地方采取"流动服务站"模式，专销联手，定期巡访；对偏远乡镇，当天难以往返的采取驻点模式，依托专管所或租赁地点办公，通过客户经理工作站等网络方式汇报和交流工作；对于交通极其不便的部分山区零售户，由客户经理利用零售客户到乡镇进货、赶集时机，约定时间与地点进行拜访。针对当地农网特点，采取直送、委托代送和定点取货三种不同的送货方式；对交通条件较好，有固定经营场所和固定电话、经营时段固定的客户，纳入直送范围；对交通条件较差、户数少分布散、配送耗时长且直送成本高的实行委托代送；对地处偏远、交通条件差且不具备委托代送条件的实行定点取货。形成一个功能完善，运转有序的农村卷烟销售网络基本格局。当年全市农网开发面已达93.4%，较上年增长7.9%；设立农村委托代送点、取货点186个。在海上渔排社区建立海上卷烟委托代送点，为海岛和渔排社区的零售客户运送卷烟，提供特色服务。

六、泉州网建

2006年，泉州市烟草公司建立以地市级公司为经营主体后，按照"突出服务、注重效率、优化流程、提高素质"的网建工作要求，全面提升卷烟物流管理水平，提出"垂直管理、精细作业、高效运营、数字物流”的 16 字方针，对烟草物流重新定位，优化组织架构，实施垂直管理，优化物流管理活动。2007 年，泉州市烟草公司提出“132”物流垂直管理模式，即：“1”指一个垂直管理定位，确定泉州市烟草公司与天益物流公司为母子公司，泉州市烟草公司负责天益物流公司的职能管理性工作，天益物流公司负责职能事务性工作。天益物流公司建于 2002 年 9 月，承担泉州 5 区 4 县 3 市 3.4 万多个零售户的卷烟分拣配送工作，下辖清濛、晋江、南安 3 个配送中心，安溪、惠安、永春、德化 4 个中转站。“3”指人事、财务和业务垂直管理子体系。各配送中心、中转站人员从各县级分公司完全剥离直属天益物流公司，实行统一使用、管理和考核；财务方面，以委派形式设置会计机构，天益物流为独立的成本核算中心，物流使用的资产统一租赁给物流公司。业务方面，天益物流直接管理各配送中心、中转站的仓储、配货、送货等业务环节，物流点外安全以县级分公司属地管理为主。“2”指管理组织、管理制度两个垂直管理平台，理顺了市公司、物流公司和县级分公司的关系，建立了人、财、物垂直管理的现代物流体系。

　　泉州烟草公司还开发物流信息系统，集成了物流所有的作业功能和管理功能，实现仓储管理数字化、分拣管理精细化、配送管理智能化，用条形码技术实现货位管理。并运用信息系统，打破行政区域，进行配送线路优化。全市减少 15 条送货线路及相应的送货车，车装载量由原来的 55 件提高到 65 件，减少送货人员 30 名；此外，还提出“明晰项目、理顺关系、规范核算、优化成本”的物流成本核算和财务管理方针，统一物流相关活动的成本费用核算标准，建立以“作业成本法”为核心的成本核算办法，明确了 10 个物流成本考核指标。2007 年，泉州条均物流成本为 0.306 元，比上年下降 0.023 元，处于全国烟草行业先进水准。2007 年 11 月 5 日，全省在泉州召开网络建设现场会，全省各学习了泉州市烟草公司精益物流建设经验。

　　2008 年，泉州烟草公司在卷烟营销工作中，不断实践，总结出“卷烟营销四项机制十八种方法”，并在具体市场营销工作中灵活应用，不断完善，取得良好成效。泉州烟草公司卷烟营销四项机制：星级杠杆引导机制，实施以星级为导向的货源投放策略和零售客户培养计划，用星级价值调动零售客户成长和培育品牌的主动性。诚信客户促进机制，通过经济手段的运用，借助诚信客户来促进品牌营销，又借助品牌营销来促进客户诚信，提高客户诚信经营的自觉性性。优质客户扶持机制，通过培养优质客户提高品牌营销能力，通过提高品牌营销能力促进优质客户的成长。需求预测保障机制：建立需求预测制度，确立货源采购的需求导向。卷烟营销十八种方法分为“一般性品牌基本营销方法”和“高端品牌重点营销方法”两类，具体有：计划准备法、需求分析法、反复宣传法、重点推荐法、协同营销法、情感营销法、经验传播法、陈列引导法、物质激励法、精神激励法、模拟演练法、风险化解法、星级引导法、物料促销法、销售竞赛法、入店促销法、现场品吸法、业态分析营销法等十八种。泉州烟草在品牌营销实践中，总结提炼出十八种营销方法，对卷烟品牌营销工作具有较好指导作用，省公司要求各单位学习实践泉州烟草的经验做法。

七、南平网建

南平市地广人稀、住居分散，全市 65％的零售客户和 70％的卷烟消费者以及 100％的烟农分布在农村。2004 年邵武市烟草局率先探索下派客户经理驻点进村的运行模式，在这基础上，松溪县和建瓯市烟草局于 2005 年先后首创成立农村客户服务工作站，至年底，全市设立农村客服站 23 个。客服站实行机构名称、设施设备、工作内容、作业流程、VI 标识、服务内容等"六个统一"管理，构建信息、配送、货源、控管、考评、队伍等六个配套平台。

2006 年，南平烟草分公司分别在浦城、建阳、顺昌召开三次农村客服站评估现场会，农村客服站建设突出打造"七个平台"（机构、信息、配送、货源、管控、考评、队伍）、"四个重在"（工作重心重在村级、工作内容重在服务、工作抓手重在品牌、工作成效重在管控）、"四个职责"（服务终端、培育品牌、反馈信息、拓展市场）、"四个结合监管"（直接与辅助配送结合、集中与分散访销结合、客服站点服务与客户自律互管结合、三线互控与督察考评结合），并制订农村客服站《实施意见（试行）》和《细则》，全市按此模式全面实施。当年全省在南平召开开拓农村市场座谈会，南平农网运行模式成为全省农网建设的标杆。但是，当时基层站所建设存在同一片区的客户服务站、烟草站、专管所各自建设、各自管理，造成资源浪费、效率低下、活力偏弱，全市下伸农村的服务网点还有烟草站和专管所，截至 2006 年底有烟草站 77 个、专管所 27 个。2008 年，南平分公司立足实际，科学整合资源，创建"站所合一"的农网运行新平台。由过去客服站"一站式"模式转变为与烟草站、专管所"三合一"联合办公，成立农村基层工作站的新模式，通过统一规划、统一标准、分期分批，因地制宜地将原有的 23 个客服站与烟草站、专管所，以"三站合一"或"两站合一"等形式进行整合建设、集中管理、分兵运作，取得收获。"三站合一"建设主要经验是：将各部门各自为政的纵向管理模式切换到各自业务纵向管理与站点内部横向管理相结合的模式。即日常考勤、站内卫生、安全、学习、饮食、住行等工作由选举产生或轮值制产生的负责人统筹安排，业务仍实行对口垂直管理，使三线四员的日常生活及工作都能够纳入有序和科学的管理之中，保证站点的正常运行。对站点进行标准化的硬件建设和设施配备，同时对服务与管理等进行标准化规定，要求专管员、烟技员与客户经理要紧密合作，共同维持市场稳定，保证站点服务质量。站所之间建立定期沟通机制，每周召开办公例会，及时沟通站务管理工作，快捷反映市场存在问题，并相互监督与促进。同时，借助自行开发的信息平台随时保持与对口的机关部门进行联系。由此实现农网服务的集约化和高效率。截至 2008 年共整合成立 7 个"三站合一"和 15 个"两站合一"的工作站，撤销客服站 1 个。

　　南平市系"两烟"地区，涵盖卷烟、烟叶、烟用物资"三烟"物流的运营管理。2008年以前，南平市1.26万户的卷烟零售户年销11万箱卷烟，由市烟草公司物流中心负责；2.16万户的烟农年产87万担烟叶由武夷烟叶有限公司物流部管理；与烟叶相配套且年经营5.2万吨的麻片、麻绳、地膜等烟用物资由金叶贸易公司业务部运作。即"三烟"物流由三个法人主体分治下的三个物流部门分别运作和管理。2008年初，南平市烟草公司组织人员对"三烟"的采购、生产、储配、运输等物流各环节进行专项调研，建立集卷烟、烟叶、烟资的储配、拣选、运输、信息等于一体的南平先益物流有限公司，实行卷烟、烟叶、烟资物流在一条供应链之下的三流合一，创建"三烟合一"的烟草物流管理运营体系。物流建设的站位从烟草"企业物流"升为烟草专业"物流企业"，最大限度地实现集约经营，体现整体规模效益。2008年12月，全省卷烟销售网络建设现场会在武夷山市召开，南平市公司介绍首创"两烟"物流经验和农网"站所合一"运行新模式。

表5—4　　　　　　　　　**1990—2008年福建省卷烟购进、销售情况表**

单位：箱

年份	单　位	生产者购进	其中：省外购进	销售额（万元）	销售量	其中：地产烟	售给省外	期末库存
1990	全省合计	696742	200489		775891		219360	58472
	销售处							
	福州地区		14880		100122		11623	9213
	厦门地区	299849	14571		61984		56755	7983
	三明地区		11359		86957		1945	2656
	莆田地区		4230		43444		452	1212
	南平地区		25474		98390		9114	5824
	宁德地区		19228		88815		5312	4598
	泉州地区		16599		118967		2573	5893
	漳州地区		16186		94481		3434	5381
	龙岩地区	253827	4154		47937		29796	8416
	闽诏贸易中心		39789		9073		41026	1940
	云霄卷烟调拨站	45964			1986		20232	2824
	厦门卷烟调拨站	44927					24795	
	罗源卷烟调拨站	25633			6		7021	
	省进出口公司	26542	34019		23729		5282	2532

续表5—4

年份	单　位	生产者购进	其中：省外购进	销售额（万元）	销售量	其中：地产烟	售给省外	期末库存
1991	全省合计	761831	199949		798723		265057	37844
	销售处	25079	38081		30538		6021	3062
	福州地区		18441		102463		14777	6408
	厦门地区	306428	12567		66305		67488	1053
	三明地区		12577		82785		2920	3970
	莆田地区		5565		45261		398	2271
	南平地区		22051		95185		12534	3468
	宁德地区		26927		104243		24836	3800
	泉州地区		17805		117648		5961	4957
	漳州地区		13157		89405		7555	2071
	龙岩地区	297963	5486		54258		45732	4771
	闽诏贸易中心		20655		7577		24271	608
	云霄卷烟调拨站	36934			2974		18754	1347
	厦门卷烟调拨站	40272					20526	
	罗源卷烟调拨站	37201			81		11604	
	泉州卷烟调拨站	15001					1680	58
	省进出口公司	2953	6637					
1992	全省合计	824684	218887		793478		312622	49134
	销售处	38088	46416		32212		3680	3765
	福州地区		28239		97441		8998	7770
	厦门地区	319850	7809		63534		79951	3512
	三明地区		19326		91009		4940	4979
	莆田地区		9789		45490		648	1538
	南平地区		21138		88651		14040	5330
	宁德地区		26322		100417		18254	4451
	泉州地区		17987		111321		5178	5875
	漳州地区		12035		84836		14693	3272
	龙岩地区	313768	11843		63633		67523	5971
	闽诏贸易中心		17983		7800		22888	1675
	云霄卷烟调拨站	41156			2053		29209	859
	厦门卷烟调拨站	43356					21620	

续表5-4

年份	单　位	生产者购进	其中：省外购进	销售额（万元）	销售量	其中：地产烟	售给省外	期末库存
1992	罗源卷烟调拨站	49466			636		20157	
	泉州卷烟调拨站	19000					748	137
	省进出口公司				4445		95	
1993	全省合计	801689	242532		860425		324069	29835
	销售处	93766	50859		73790		4014	3071
	福州地区		31852		100360		6506	6905
	厦门地区	272746	4299		70654		75735	4023
	三明地区		27807		96720		6728	2924
	莆田地区		9137		39507		15	1079
	南平地区		19131		87029		15682	3782
	宁德地区		27459		103147		25692	1368
	泉州地区		19595		113002		2080	4132
	漳州地区		15124		91740		19841	1019
	龙岩地区	50806	17765		71586		15096	2068
	闽诏贸易中心		19504		7936		25862	1377
	云霄卷烟调拨站	46378			441		32063	40
	厦门卷烟调拨站	40412					21885	
	罗源卷烟调拨站	50007			892		21443	
	泉州卷烟调拨站	16601					149	398
	省进出口公司							
	龙岩卷烟调拨站	230973			3621		51278	−2351
1994	全省合计	782255	256621		801268	557371	334448	39328
	销售处	55684	55110		40578	25599	8492	7426
	福州地区		30048		102951	74874	5707	5052
	厦门地区	293502	6325		71152	55861	83054	2415
	三明地区		21213		84697	64842	4404	2161
	莆田地区		8389		34335	2633	156	834
	南平地区		18309		91088	65344	23809	2903
	宁德地区		36192		98730	58045	27993	2658
	泉州地区		18908		107413	83778	2062	3954
	漳州地区		19790		83379	62602	12368	2266

续表 5—4

年份	单　位	生产者购进	其中：省外购进	销售额（万元）	销售量	其中：地产烟	售给省外	期末库存
1994	龙岩地区		20705		70581	52257	4741	2345
	闽诏贸易中心		21632		6726	1898	24669	490
	云霄卷烟调拨站	41781			238	238	32391	
	厦门卷烟调拨站	41866					21300	
	罗源卷烟调拨站	56882			445	445	28365	
	泉州卷烟调拨站	14400					504	45
	省进出口公司	592			592	592		
	龙岩卷烟调拨站	277548			8363	8363	54433	6779
1995	全省合计	824381	265587		811775	616687	307842	48132
	销售处	59012	72006		46547	12039	11587	2777
	福州地区		25187		100501	83188	10748	6742
	厦门地区	322300	5945		67445	56528	38310	3740
	三明地区		17380		85751	69259	2370	4302
	莆田地区		6705		35104	28573	1010	1862
	南平地区	60	19583		85575	69027	36888	4430
	宁德地区		32833		100118	62436	31021	3083
	泉州地区		19470		127420	107667	2258	4144
	漳州地区		26504		85108	65814	19883	4706
	龙岩地区		13970		70940	57949	5606	2288
	闽诏贸易中心		25404		3631	624	24411	1573
	云霄卷烟调拨站	42826			569	569	33690	525
	厦门卷烟调拨站	43919					22409	
	罗源卷烟调拨站	57531			266		31028	167
	泉州卷烟调拨站	6618			233	267		
	省进出口公司	2305	600		4	184	510	1315
	龙岩卷烟调拨站	289810			2563	2563	36113	6478
1996	全省合计	770496	282655	421667	769529	572890		43107
	福州地区		26334	49625	91764	72885		3726
	厦门地区	315000	5683	30931	72258	60239		6498
	三明地区		12729	33158	68309	58058		2841
	莆田地区		6395	16167	33824	29558		975

续表 5—4

年份	单　位	生产者购进	其中：省外购进	销售额（万元）	销售量	其中：地产烟	售给省外	期末库存
1996	南平地区		24299	36922	79684	62266		3836
	宁德地区		34164	49807	86376	50174		3935
	泉州地区		24648	67603	112036	96195		3553
	漳州地区		34371	69861	113583	77856		3490
	龙岩地区		15067	34018	69784	57986		2499
	省卷烟销售司	6789	71263	26635	27755	5980		5998
	中烟厦门卷烟调站	40606						
	畲山卷烟调拨站	45569		128	406	406		40
	龙岩卷烟调拨站	334796		5165	10978			4224
	闽诏贸易中心		27702	1536	2076	591		1492
	云霄卷烟调拨站	27734		111	696	696		
1997	全省合计	800688	256793	490887	732183	593710		31487
	福州地区		21092	58946	90950	77393		4451
	厦门地区	324868	5959	26149	52002	43918		2655
	三明地区		13027	41787	42615	63131		2655
	莆田地区		5778	23084	39745	35085		903
	南平地区		24080	61763	89930	67010		2371
	宁德地区		35197	84130	113170	57641		2341
	泉州地区		24558	79288	114579	102688		3758
	漳州地区		30458	47642	90161	81164		3226
	龙岩地区		13438	36835	65494	53507		2273
	省卷烟销售公司		59648	26247	22895	2632		1532
	中烟厦门卷烟调站	44879						
	畲山卷烟调拨站	48692	9	157	480	480		70
	龙岩卷烟调拨站	349329		2790	5958	5958		2513
	闽诏贸易中心		23549	1085	1114	13		1219
	云霄卷烟调拨站	32920		984	3090	3090		1520

续表 5—4

年份	单　位	生产者购进	其中：省外购进	销售额（万元）	销售量	其中：地产烟	售给省外	期末库存
1998	全省合计	832043	235628	581769	768281	567697		35195
	福州地区		20358	78300	95398	84284		4616
	厦门地区	329469	11438	32812	52481	42826		4373
	三明地区		11542	43775	67785	30525		2589
	莆田地区		7427	36776	49896	43327		1666
	南平地区		25725	57224	77320	55382		3765
	宁德地区		32636	100035	116688	56915		2938
	泉州地区		23046	100528	128380	111034		3686
	漳州地区		21284	65559	97365	83304		3600
	龙岩地区		12934	46872	69097	56940		2379
	省卷烟销售公司	8916	48578	17882	11781	1816		1759
	中烟厦门卷烟调拨站	44145						
	畲山卷烟调拨站	50922		134	365	365		257
	龙岩卷烟调拨站	368648		37	41	41		695
	闽诏贸易中心		20660	942	747	1		1984
	云霄卷烟调拨站	29943		893	937	937		888
1999	全省合计	810378	275765	702420	862675	646542		40442
	福州地区		19761	100766	117078	101332		7481
	厦门地区	328877	14904	41090	56935	46572		2936
	三明地区		9329	51976	75454	66844		3698
	莆田地区		14214	47140	57722	43784		3337
	南平地区		32763	72235	92752	61954		4571
	宁德地区		26712	104079	110031	57910		3965
	泉州地区		24609	123152	150798	121471		3998
	漳州地区		21307	82064	110728	86983		2785
	龙岩地区		28608	62778	80291	58158		3005
	省卷烟销售公司	3209	44033	15757	9527	1215		1860
	中烟厦门卷烟调拨站	40979						
	畲山卷烟调拨站	43079		149	270	270		178
	龙岩卷烟调拨站	394234		54	46	46		898
	闽诏贸易中心		39525	1180	1043	3		1730

续表 5－4

年份	单 位	生产者购进	其中：省外购进	销售额（万元）	销售量	其中：地产烟	售给省外	期末库存
2000	全省合计	666317	182016	624839	945808	876264		44563
	福州地区		15961	141115	155996	138186		8056
	厦门地区	122329	7491	38447	54791	47216		1844
	三明地区		8920	54752	78985	71457		3538
	莆田地区		13068	59773	76077	64734		4170
	南平地区		23114	62640	88934	64972		5619
	宁德地区		16148	75192	87531	161719		3481
	泉州地区		18492	142796	189971	161709		4902
	漳州地区		18622	99732	124565	98696		4335
	龙岩地区		13707	62418	82346	65988		3644
	省卷烟销售公司		44670	13424	6098	1073		3109
	中烟厦门卷烟调拨站	41024						
	畲山卷烟调拨站	43000		59	124	124		1023
	龙岩卷烟调拨站	459964	1823	1491	390	390		842
2001	全省合计	561319	171496	797575	791059	801921		53633
	福州地区		17172	148777	160484	139119		7463
	厦门地区		11749	62841	70370	58373		2638
	三明地区		7900	53256	75463	68547		4620
	莆田地区		10598	61956	74818	64252		5056
	南平地区		18840	64418	89251	64418		6418
	宁德地区		16122	77614	88412	66045		5043
	泉州地区		19433	165355	209059	177246		7284
	漳州地区		17914	99951	121639	95926		5863
	龙岩地区		10046	60712	77669	66955		5602
	省卷烟销售公司		41722	1015	3223	369		2948
	中烟厦门卷烟调拨站	41311		856	50	50		698
	畲山卷烟调拨站	38778		147	319	319		
	龙岩卷烟调拨站	481230		677	302	302		

续表 5—4

年份	单 位	生产者购进	其中：省外购进	销售额（万元）	销售量	其中：地产烟	售给省外	期末库存
2002	全省合计	891940	39994	961066	1057810	881172		38213
	福州地区	141442		183407	179776	154551		5406
	厦门地区	65294		76667	79732	67110		2496
	三明地区	62744		59709	77476	69686		1475
	莆田地区	75414		69341	80280	69432		4268
	南平地区	70066	84	72585	89052	66845		4140
	宁德地区	63857	1010	91409	87889	61790		4355
	泉州地区	180720		205364	235749	200839		5439
	漳州地区	122318		121939	141767	119039		4465
	龙岩地区	69440		73284	83919	71360		3626
	省卷烟销售公司	70	38900	7361	2170	520		2543
	中烟厦门卷烟调拨站	40575						
2003	全省合计	1121417	54714	1108079	1108648	792151		50455
	福州地区	101492		215646	190825	157196		5726
	厦门地区	59612		95097	89848	76928		3192
	三明地区	45152		70675	80750	5635		3265
	莆田地区	46690		79831	82957	69658		3117
	南平地区	41840	8	76586	89093	71585		4756
	宁德地区	39317		90154	84750	58568		4762
	泉州地区	136628		241738	249259	212527		9317
	漳州地区	84991		147336	153654	126716		6025
	龙岩地区	51174		83680	85492	12536		5924
	省卷烟销售公司	478768	54706	7336	2020	802		2529
	中烟厦门卷烟调拨站	43753						1842
2004	全省合计	1253360	3650	1350006	1199465	906173		58269
	福州地区	110703		245121	200270	155450		5587
	厦门地区	80171		124207	100514	75742		3246
	三明地区	42292		84380	83145	69045		2554
	莆田地区	53675		99028	90560	70320		6024

续表 5-4

年份	单　位	生产者购进	其中：省外购进	销售额（万元）	销售量	其中：地产烟	售给省外	期末库存
2004	南平地区	55068		96023	95842	67559		3949
	宁德地区	50993		103885	89361	55695		2980
	泉州地区	183557		309527	277654	213076		8559
	漳州地区	113145	955	189849	174283	128260		6909
	龙岩地区	66371		93295	87287	71010		5889
	省卷烟销售公司	451805	2695	4691	549	16		3272
	中烟厦门卷烟调拨站	45580						9300
2005	全省合计	1327268	750	1575820	1283156	879617		55908
	福州地区	158761		284982	218913	158729		7703
	厦门地区	99329		149779	111458	73821		4125
	三明地区	69686		95323	85727	63269		2580
	莆田地区	77624		112684	96263	69708		5472
	南平地区	78783		105061	99720	66382		4008
	宁德地区	78832		118415	92659	53328		5393
	泉州地区	265419		369111	303381	204397		11866
	漳州地区	155895		231416	185735	121522		5740
	龙岩地区	69939		104112	88631	68461		6154
	省卷烟销售公司	222943	750	4937	669			2867
	中烟厦门卷烟调拨站	50057						
2006	全省合计	1402004	20	1860891	1357133	886253		52069
	福州地区	164367	20	341530	235126	162635		8779
	厦门地区	108630		193092	126280	73100		3027
	三明地区	72717		113364	90484	63913		2420
	莆田地区	78420		131579	98622	72228		6820
	南平地区	77738		119338	104347	66793		1437
	宁德地区	79312		143142	98942	57302		3860
	泉州地区	270487		422654	314958	197666		10809
	漳州地区	162638		272238	194735	121113		7096
	龙岩地区	71594		121931	93408	71503		6412

续表 5—4

年份	单 位	生产者购进	其中：省外购进	销售额（万元）	销售量	其中：地产烟	售给省外	期末库存
2006	省卷烟销售公司	245916		2023	231			1409
	中烟厦门卷烟调拨站	70185						
2007	全省合计	1429286	487396	2287964	1482595	961021		52253
	福州地区	250730	77245	417918	256386	174853		7461
	厦门地区	139549	59086	261203	151998	83360		3255
	三明地区	93779	27192	135261	96562	67656		2899
	莆田地区	101554	27553	152673	103160	73420		6214
	南平地区	106053	35220	156494	126558	83793		2516
	宁德地区	106198	39603	169677	106432	66138		4376
	泉州地区	329821	123508	525833	335034	206407		11863
	漳州地区	206401	77892	320553	207752	129064		8688
	龙岩地区	95201	20097	145690	97304	76330		4981
	省卷烟销售公司			2662	1409			
2008	全省合计	1492480	523692	2535729	1500198			68008
	福州地区	259073	75386	450744	257502			12642
	厦门地区	150353	66279	289946	158004			5466
	三明地区	96584	27446	151595	98791			3187
	莆田地区	108149	28472	173341	106331			8385
	南平地区	108787	38742	154757	110056			3565
	宁德地区	108183	39507	182760	107784			5149
	泉州地区	347501	135626	604323	348565			13835
	漳州地区	215680	91156	367202	215106			10348
	龙岩地区	98170	21078	161061	98059			5431

第六章　品牌培育与价格管理

90年代以后，福建卷烟市场由卖方市场转为买方市场，卷烟市场中，高档产品基本被省外名优烟所占领，地产高档名优烟缺乏。由此，省公司及时调整策略，促进产品升级换代，相继研制开发了"七匹狼"、"石狮"等一系列高档品牌产品，但是产品集中度仍然较低。进入21世纪，省局（公司）开展品牌整合工作。发挥卷烟销售网络培育品牌和引导消费的功能作用，构建需求集中度较高的卷烟品牌体系，工商联手，协同营销，做大做强"七匹狼"核心品牌。

1991—1994年，在卷烟销售价格管理上，放开批发价和零售价，省、地、县三级批发单位有权上下浮动作价，并设置了福建省价改资金。1995—1999年，以稳定卷烟价格为主，各级烟草部门仅能决定上浮作价，有的品牌卷烟价格采取最低保护价或价格联动的形式来稳定卷烟价格，促进销售稳定增长。2000年，实行卷烟批发全省统一定价，为销区之间、批零之间提供较为透明的价格信息，同时也保证一定批零差率，随即，又把卷烟价格管理延伸至零售终端，推行明码标价，保护零售户合理的利润空间。

第一节　品牌培育

1991年，省内市场外省卷烟品牌多，云南省的卷烟品牌在福建市场十分畅销，主要有阿诗玛、红梅、红塔山、云烟等。本省高档名优卷烟产品缺乏，省内卷烟品牌多、乱、杂，档次低，有些品牌出现滞销。在福建市场销售的厦门卷烟厂生产的卷烟品牌有沉香、鹭岛、鼓浪屿、五福、友谊、喜洋洋、海马、金麟、三鹿、海神、双鹅、春禧、鹭江、新蕾等15个品种多种规格系列；龙岩卷烟厂生产的有古田、富健、福建、武夷、龙门塔、银球、万得福、乘风、健牌、三友、采茶灯、水仙、红霞、漳江、经济等15个品牌；云霄卷烟厂生产的有嘴黄兰、嘴云福、嘴鸿运、金三角、嘴云凤、嘴三峰、漳江；畲山卷烟厂生产的有嘴喜来宝、嘴山海、嘴华杨、嘴闽江、嘴榕牌、新古山、新罗川、新茶花等9个品种；泉州卷烟厂生产的有嘴老君、嘴刺桐、新桑莲；产品市场售价均在18元/条以下。此时，卷烟市场开始出现"产大于销、供大于求"的局面。

1992年，省公司和福建省烟草学会在东山专题研讨开拓地产高档名优卷烟市场，对开拓福建省地产高档名优卷烟市场及高档新产品开发的可行性、必要性、营销策略和发展前景等方面进行论证；认为福建高档名优卷烟具备消费市场，应着手培育高档卷烟市场，提高企业经营效益。省内厂家也加快老产品改造步伐，调整产品结构，促使产品升级换代。省公司对地产高档卷烟定为零售价在18元/条以上的品种，具体有84嘴鹭岛，84嘴云福，80嘴出口富健，84嘴翻盖古田等4个品种。省公司对这4个品种的销量进行奖励挂钩与评比。省内厂家也先后对富健、水仙、黄兰、喜来宝、沉香、特牌等牌号卷烟的配方、香精、香料、包装装潢进行开发和改造，提高卷烟产品结构的档次，满足市场需求。

1993年，省内卷烟市场的当家品牌有富健、特牌、喜来宝、云福。省局（公司）提出积极培育地产高档烟市场，省内地产高档品牌有厦门卷烟厂的"乐依来"、龙岩卷烟厂的"梅花山"，对地产高档产品主要选择在沿海地区及城市，在高消费层、高消费场所、高档商业、大型零售企业作示范销售，然后引导和辐射省内外市场。

1994年，一些省外知名厂家（如玉溪、上海卷烟厂）受到国家局计划倾斜，产量翻番，对各省市场投放量扩大，也对福建地产烟市场造成威胁，云南的翡翠、桂花、画苑、大重九等与福建地产烟同档次产品争夺市场更加激烈，引起富健、特牌地产名优烟的集市批发价的波动和下滑。玉溪卷烟厂又在福建各地设立特约经销点，全省共有320家。5月，省局（公司）正式提出"实施名牌计划，加强有效调控，提高经济效益"的工作中心，开发培育市场销售价为20元/条以上的产品，重点创30～60元/条的牌号，并形成一定规模、批量，总体要求"精简牌号、提高档次、扩大名优、增进效益"。8月初，省局召开实施名牌计划工作座谈会，研究实施名牌计划的方案和措施。各厂家在包装装潢以及产品质量方面开展研究，加快开发名优产品及改造老产品，当时市场上翻盖包装日益受到消费者的欢迎。全省各地通过销售网点，举办产品评吸会，开展产品展销活动，扩大市场影响，巩固富健、特牌在福建市场的支柱品牌地位。

1995年，省公司成立新产品开发领导协调小组，在新产品开发培育上学习江苏、浙江的成功经验，走联产联销的新路子，通过工商联手，共创名牌。各工厂、各分县（市）公司加大中高档新产品的开发和市场培育力度，促进新产品尽快面市，与消费者见面。6月，晋江市烟草公司利用全国驰名商标"七匹狼"服装的名牌效应，以龙岩卷烟厂共同研制开发"七匹狼"高档卷烟，由晋江市烟草公司专销。通过产销联手，利用名牌创造名牌。产品一推出，与"七匹狼"服装形成优势互补，相得益彰，在这种名牌效应下，很快与消费者建立亲近感和信任感，在短短的几个月内一炮走红，为广大消费者所喜爱，"七匹狼"卷烟在市场上很快就占有生存与发展空间。为了提高"七匹狼"的知名度，引导消费，利用晋江建市三周年，泉州地改市十周年，省经济工作会议，泉州、晋江市人大和政协会议等政府活动机会，做好宣传促销，扩大影响；还做好路牌广告及利用灯箱、烟灰缸、打火机等广告品进行宣传。晋江市烟草公司还组织专门机构、专门力量，及时做好新产品的信息跟踪、反馈，与厂家一起研究营销策略，提出改进质量的方案。在销售方面，采用"特约经销"方式，实施"金牌客户工程"，选择一些较强销售能力的经销户作为第一批开拓"七匹狼"市场的经销户，利用其信息灵的优势，使"七匹狼"很快成为当地市场最紧俏的高档卷烟，并迅速辐射到福建沿海地区。

当年省公司连续推出"厦门"、"海峡"、"海堤"、"武夷山"、"金湖"、"必得福"、"古榕"等几个地产新牌号卷烟。各地把新牌号卷烟促销作为地产烟销售的重要工作来抓，对新产品的销售采取一系列措施。新产品面市，按全省统一定价销售；举办各种形式的展销会、促销会，把展销会、促销会伸入集镇乡村，扩大宣传覆盖面；各种新产品的广告、介绍材料、宣传标识等分发到门市、网点、柜台；各门市、网点有新产品的彩期广告，张贴宣传标识，吸引消费者，引导消费，培养购买欲望。三明烟草分公司制定销售地产新牌号卷烟奖惩措施，广泛开展各种形式多样的展销联销活动；7月，又与龙岩卷烟厂达成共同创销"大金湖"牌香烟的协议，10月初投放市场，受到消费者欢迎，当月就销售60箱。泉州烟草分公司专门组织人员，开展市场调查，研究制定地产烟新产品的宣传策划、营销策略，配合厂家打开新产品市场。至此，福建地产高档新产品市场开始走向稳步发展。

1996年，在省内开展新产品促销活动，培育市场新的增长点。对新产品的概念做出明确规定，主要是省内各卷烟厂已经开发或即将开发出来零售指导价在30元/条以上的为新产品，调拨价每条45元以上为高档产品，大厂每条25元以上、小厂每条23元以上为中档产品。省公司制订了中高档卷烟新产品生产销售奖励办法，商业企业中高档卷烟产品的销量占总销量5%以上给予奖励。产销区均成立新产品促销指导小组，各级领导亲自组织人员在城乡市场全面开展声势浩大、深入持久的新产品宣传促销活动。同时，发挥下伸网点辐射功能，强调凡是下伸网点，新产品要摆上柜台直接与消费者见面，让消费者看到新产品、了解新产品、接受新产品，有的促销活动扩展到乡镇零售户。晋江市烟草公司把市场作为公司的"第一科室"，策划组织营销活动，培育"七匹狼"名牌产品，及时跟踪了解市场动态，把握市场调控力度，使"七匹狼"品牌卷烟迅速成长，取得较好的经济效益。

全省各销区与厂家联手，走联产联销新路子，与生产厂家联合开发新产品。石狮市烟草公司与厦门卷烟厂联手，开发"石狮"牌卷烟，由石狮市烟草公司专销，在较短的时间内，打开销路，创出名牌，发展势头良好。惠安县烟草公司分别与畲山卷烟厂和厦门卷厂联合开发"喜来宝"、"爽爽"牌中档产品，进行市场培育。泉州分公司与漳州分公司联合专销龙岩卷烟厂的"翻盖福建"牌卷烟。三明烟草分公司与龙岩卷烟厂配合，对上年推出的"金湖"牌卷烟进行包装设计及配方的改进，推出"大金湖"牌香烟；与厦门卷烟厂合作，推出"金海"牌香烟；与畲山卷烟厂合作，推出"麒麟山"牌香烟；并对这些新产品加大宣传促销，利用"5·23"福州国际招商月、三明市"6·16"经贸洽谈会及旅港联会观光考察活动，开展宣传和促销活动，邀请中央电视台、福建电视台、福建日报等新闻媒体对活动进行专题报道，并在福州、厦门、三明市内设置路牌和灯箱广告，扩大专销牌号知名度。南平烟草分公司与龙岩卷烟厂合作开发"武夷山"牌卷烟。各地对开拓地产高档烟市场热情极高，晋江、石狮、武夷山市的政府部门先后将总经销的七匹狼、石狮、武夷山牌卷烟作为该市的"市烟"，作为政府及有关部门的接待烟，对外交往的礼品烟和旅游烟。各商店、宾馆、烟摊也争先销售，得到消费者认可。利用工商联手组成产销共同体，把名牌产品让烟草公司独家总经销，先占领地方市场，逐步辐射到全省，使省内高档品牌逐步打开局面。此后，省外中高档卷烟品牌在福建市场销量逐减，市场份额大幅减少。

1997年，省局（公司）提出当年为中高档新产品的市场培育年，目标是立支柱、上规模、创名牌、增效益。各个中高档产品维持总经销模式，以省、地、县三级烟草公司为主渠道销售，发挥网点功能，培育新产品。全省专销牌号品牌数量达到23个，省公司对这些专销牌号进行有效管理，重点培育，淘汰一批形成不了市场规模和效益的专销牌号。在全国卷烟销量普遍下降的情况下，各地根据当地市场的实际，对品牌培育工作进行全面部署，加大"七匹狼"、"石狮"、"武夷山"、特醇"乘风"、盖"沉香"、红"古田"、"蓝海堤"等八大牌号地产烟的促销；对卷烟零售户供货实行月定量，每次限量，严禁卖大户。省公司采取稳价促销措施，控制省内市场投放总量，省外拍卖、打假兑奖烟一律调出省外销售，投放省内市场的省外烟加贴卷烟标识销售。福州烟草分公司成立专销产品培育促销领导小组，定期召开经验交流会，不定期巡回检查，奖优罚劣。莆田烟草分公司抓住特醇乘风、翻盖沉香投放市场的契机，成立新产品开发促销科，借助湄洲岛举办"福建省首届旅游经贸洽谈会"的时机，举行这两个品牌的宣传促销活动，这两个品牌的销量进入全省行业前列，成为全省主销区之一。宁德烟草分公司制定奖惩办法，对专销产品"鼓浪屿"、"三沙"等牌号的市场培育进行奖罚挂钩。漳州烟草分公司利用节日和圩日在闹市、乡镇搞展销，对地产中高档新产品采取"点多，面广，量少，送货"等培育方式。南平烟草分公司以"武夷山"牌卷烟为龙头，带动地产所有新牌号卷烟销售。龙岩烟草分公司努力扩大新产品的市场覆盖面和占有率，把中高档烟的市场培育作为卷烟经营的重头戏，特醇乘风和特醇沉香成为闽西中档卷烟的主导产品，翻盖七匹狼、武夷山、虎豹在闽西，具一定的市场。新罗区烟草公司专销翻盖梅花山，势头良好，形成对云南产红梅烟市场的一定压力。三明烟草分公司与龙岩、畲山卷烟厂合作，对原有产品"大金湖"、"麒麟山"的配方和包装进行改进，两个产品的销售又有新的进展。泉州烟草分公司突出做好"七匹狼""石狮"牌卷烟市场培育和拓销工作，搞好专销前提下的代理制，扩大销售，推动这两个牌号的市场销售形成规模效益。当年在云南烟价格持续大幅下跌的情况下，省公司及时调整"七匹狼"、"石狮"供应策略，加强对经销点的销售管理，并对货源供应实行交叉轮流发货，实行小批量均衡供应，保持市场需求的均衡发展，较好地稳住市场价格；在剧烈的市场竞争中，再次巩固了名牌支柱地位，两个名牌产品异军崛起，全年"七匹狼"卷烟销售达1.55万箱，"石狮"卷烟销售达1万箱，开创了福建烟草行业创地产名牌的新局面。利用这一市场优势，抓住发展时机，针对不同消费层次需求，利用香港回归祖国之际，又推出精品红"七匹狼"和精品红"石狮"两个名牌系列高档产品投放市场，再次在市场上引起强烈的轰动效应。是年，福建地产烟市场较为稳固，形成高档产品以"七匹狼"、"石狮"、"武夷山"为主，中档产品以特醇"乘风"、盖"沉香"、红"古田"、"蓝海堤"为主。

1998年，通过产销协作，培育地产中高档烟市场，地产中高档产品规模初步形成，个别品牌正朝着创名牌的方向发展。省公司加大产品结构调整步伐，扩大专销产品规模，对专销格局进行调整，对专销牌号进行精简。调整"七匹狼"、"石狮"二个专销牌号营销方式，在保持专销单位一定利益的前提下，由卷烟厂调拨站调拨。营销方式调整后，有力地推动"七匹狼"、"石狮"这两个专销品牌迅速向全省市场扩展。省公司重点培育上规模品牌，对卷烟生产指标也向有潜力的品牌倾斜，重点是"七匹狼"、"石狮"、特醇"乘风"、盖"沉香"等四个牌号。地产中高档产品在福建市场的销量迅速上升，地产中高档产品占地产烟总销量的比重由1996年的4.24％，提高到34.71％，地产中高档产品也成为行业经济效益的主要增长点。此时，通过市场培育发展，"富健"、"特牌"也成为地产骨干产品。

1999年，优化产品结构，扩大名牌总量，重点培育"七匹狼"系列、"石狮"系列、特醇"乘风"、盖"沉香"、盖"古田"、红"沉香"等六大牌号。加强对专销牌号的管理，全省专销品号只保留红"七匹狼"、红"石狮"、"武夷山"、"鼓浪屿"、"大金湖"、盖"古田"、盖"奋发"等七个牌号。随着网络的健全，卷烟品牌培育工作逐步转向发挥网络功能作用，提高零售商户培育名优卷烟市场的积极性，不再搞经销新的专销牌号。龙岩、厦门卷烟厂分别收回对红"七匹狼"、红"石狮"的调拨经营权，改变以往的市场营销模式，与各销区建立双赢合作关系，把产品迅速铺向各区域市场。全省对地产烟9大品牌（七匹狼、盖石狮、红沉香、盖古田、盖沉香、特醇乘风、富健、特牌、红友谊）实行产销联动运行，定期收集9大品牌的生产进度、产品结构、投放节奏、市场价位及库存状况，掌握全省各时期产销动态，定期提出9大品牌全省联动指导价，来稳定市场。是年，品牌集中度进一步提高，高档烟形成"七匹狼"和"石狮"两大系列品牌，中档烟形成特醇"乘风"、"沉香"系列、盖"古田"等三个品牌。

2000年，国家局提出做大做强一批优势品牌，制定扶持培育一批优势品牌的具体措施，压缩、停产工业亏损和商业毛利率过低的牌号，从各方面推进产品结构的调整。省局抓调控、规范、优化结构，骨干品牌规模逐步扩大。主要通过卷烟销售网络功能作用，加大地产名牌产品的宣传、促销。"七匹狼"、"石狮"、特醇"乘风"、盖"沉香"、"富健"、"特牌"等名优品牌在省内市场发展壮大，形成规模化、系列化，名牌规模效应日益明显。为实现地产烟品牌市场的扎实拓展，从7月1日起全省停止一切地产烟有奖销售活动，制止让利回扣，无序竞争，制止卷烟厂对烟草公司或批发网点采取让利回扣、有奖销售等不正当促销行为。针对消费者所重视的卷烟安全性问题，龙岩、厦门卷烟厂开发了低焦油"七匹狼"（11mg）、"石狮"（8mg）和混合型"七匹狼"（9mg）、"威胜"（12mg）相继投放市场。

2001年，"七匹狼"、"石狮"跻身全国行业36个名优烟之列。8月，新"石狮"、醇"沉香"、新"乘风"、特醇"富健"等4个新牌号投放市场，各地采取与零售户签订合同的形式，控制投放节奏、保护零售价，提高批零差率，成为市场新的卖点，4个牌号累计销售14247箱。省公司调整省内市场销售格局，通过优化市场布局，发挥市场资源效应，地产烟在省内市场的销售控制在80万箱，鼓励地产烟向省外市场拓展。通过产量控制，投放策略，培育地产中高档产品和新产品，实现重点品牌升值，突出壮大"七匹狼"、"石狮"、特醇"乘风"、盖"沉香"四大品牌规模。

2002年，国家局鼓励发展全国36种名优烟市场，并下发了《关于加快卷烟产品结构调整的意见》，要求加大卷烟产品结构调整力度，进一步扶持名优品牌，适应和满足市场需要。省公司制定《扶持行业名优卷烟若干措施》，对调入的36种名优烟均制定全省统一批发价，全面进入网点销售，对全国名优烟产品进入市场的省会城市不少于30个，地级城市不少于20个，县级城市不少于10个。访销员对名优烟进行重点引导和培育，做好名优烟的入网与上柜销售。福建卷烟市场省外名优烟开始增多，其中明显增长的名优品牌有上海、浙江、湖南产名优烟，云南产名优烟有较大幅度减少。全省市场销售增长较快的名优烟牌号有"中华"、"牡丹"、沪产低焦油"双喜"、"大红鹰"、"利群"、"芙蓉王"、红"七匹狼"、红"石狮"等，明显萎缩的牌号有"红塔山"、"恭贺新禧"、"阿诗码"、"云烟"、"红梅"、"红山茶"、白"石狮"、蓝"石狮"、低焦油"七匹狼"等。新"石狮"则异军突起，其销量占名优烟总销量比重达9.2%。省公司加快卷烟产品结构调整，下发《福建省地产卷烟品牌整合实施意见》，对地产卷烟牌号进行分类排队，提出整合方案，压缩牌号、规格，提高品牌集中度，做精做强"七匹狼"、"石狮"、"乘风"、"沉香"、"富健"、"特"牌六大重点骨干品牌，暂时保留"厦门"、"武夷山"、"古田"、"三沙"、"梅花山"、"友谊"六个过渡品牌。省卷烟销售公司与龙岩卷烟厂联手研制开发新一代"金牌七匹狼"高档卷烟，填补省内地产高档烟缺少零售价200元/条的空白。年底（春节前）面市，采取全面铺开、重点培育、分期分批的市场推广策略，实行"定点、定量、定价，控点、控量、控价"的投放策略，建立有效可控的零售网点，培育、引导消费，实行全省统一零售价，并把零售价打印在卷烟条盒和小盒上，软包装最低零售价为200元/条（简称SP200），硬盒包装最低零售价为300元/条（简称SP300）。省公司组建一支品牌经理队伍，专门负责品牌开发及市场营销工作，新一代"金牌七匹狼"投放市场后，迅速在高档消费群引起较大反响，得到消费者的喜爱与认可。

2003年，制定新的市场培育策略，改变过去单纯的召开新产品推介会、品吸会及零售户座谈会的方式，利用卷烟销售网络优势培育名优卷烟，重点培育一类烟市场。通过访销员的市场营销，引导零售户宣传推介名优品牌卷烟。全省高档精品新一代"金牌七匹狼"品牌产品和厦门卷烟厂推出高档精品"吉祥石狮"品牌产品投放市场后，全省采取一系列营销手段，引导消费者对新产品的广泛认可和接受，产生良好的品牌效应。"七匹狼"SP200、SP300全年销量达到2583箱。当年，全省名优卷烟产品销量明显增长，省外名牌卷烟在福建市场销售的主要有浙江的"大红鹰"、"利群"，江苏的"南京"，安徽的"黄山"、"九华山"，上海的"中华"、"牡丹"，云南的"红梅"、"阿诗玛"等。全省累计销售全国名优烟262489万箱，比上年增长14.8%，占总销量比重23.6%，主要增长牌号是"七匹狼"、"云烟"、"石狮"、"白沙"等；"一品梅"、"利群"、"大红鹰"、"阿诗玛"等牌号略有下降；本省的高档品牌红"七匹狼"、红"石狮"省内市场销量分别比上年增长54.3%、53%。泉州市场名优烟的市场份额得到提高，"七匹狼"、"石狮"、"乘风"、"沉香"、"富健"、"特牌"六大品牌销量占总销量的84.62%，占地产烟销售的98.99%，省外名优烟主要是上海、玉溪、昆明等厂家的名优产品。

2004年，国家局提出此后几年全行业每年减少卷烟生产和销售牌号120个以上，3年内将卷烟生产牌号控制在100个左右。工商分设后，福建卷烟市场的格局发生了变化，全国性名优品牌流通更为顺畅。福建省在培育一批全国性的名优品牌上下功夫，以实现名优品牌市场信誉的提高和市场覆盖面的扩大。省公司成立福建卷烟品牌策划领导小组，负责制定全省卷烟品牌的引进、淘汰和管理，加强卷烟促销活动的管理，为培育全国性名优品牌创造良好市场环境。是年，省外高端品牌大量进入福建市场，主要有江苏的"国烟"、"苏烟"、特制"一品梅"，湖南的硬盒"芙蓉王"，上海的"大熊猫"，云南的珍品软盒"云烟"、硬盒"云烟"（印象）、软盒"玉溪"等。

2005年，国家局下发《卷烟产品百牌号目录》，实施"百牌号"战略，加快品牌整合步伐。省公司加强品牌管理与规划，制订《福建烟草商业企业关于进一步加强卷烟品牌引进、培育、退出管理意见》，从制度上规范全省卷烟品牌引入、培育与退出机制。为做精做细福建卷烟市场，充分发挥卷烟销售网络培育品牌和引导消费的功能和作用，省公司下发《福建烟草商业企业省外卷烟品牌规划指导意见》，指导全省开展品牌规划工作。按照市场导向、发展优先、整体利益、扶优扶强、合理效益、科技进步六个原则，对全省品牌进行全面规划，划分为8个品类，每一品类的卷烟单品分主导品牌、辅助品牌、补充品牌、整合品牌四个层次进行定位。通过对经营品牌的系统规划管理，建立了对工业企业品牌的科学评价体系。由此，全省卷烟品牌规格得到进一步梳理，品牌集中度有所提高，全省共有各类卷烟规格189个，比上年228个减少39个，全省百牌号卷烟（含四、五类烟）销量前十位的骨干品牌和集中度分别达到96.5%和70.6%。福建中烟加大省产烟品牌整合和切换工作。对盖"沉香"、软"富健"、特醇"乘风"、红"沉香"、盖黄"富健"、新红"乘风"、软"友谊"等产品进行整合。各地做好前期舆论导向、宣传引导，召开零售户座谈会，做好货源计划衔接，配合工厂实施，地产烟品牌整合工作达到了预期的目的。泉州烟草分公司多次组织消费者和零售户召开盖"沉香"、软"富健"向"沉香狮"、"富健狮"切换，醇"沉香"、红"沉香"、新红"乘风"向"如意狮"整合的座谈会，听取消费者和零售客户对品牌切换的意见和建议。福建省烟草公司进一步做大做强优势品牌，提出构建需求集中度较高、市场控制力强、价格梯次均衡、货源供应稳定、盈利能力合理的卷烟品牌体系。福建市场地产烟形成"七匹狼"、"石狮"两大品牌系列为主，其市场份额迅猛增长，"七匹狼"系列全年销量220853箱，比上年增长54.8%，占地产烟销量25.1%，占总销量17.21%；"石狮"系列全年销量374318箱，比上年增长335.42%，占地产烟销量42.54%，占总销量

29.16％。

2006 年，省公司按照国家局《中国卷烟品牌发展纲要》的要求，以培养"10 多个重点骨干品牌"为战略目标，培育"七匹狼"进入全国性大品牌行列。福建烟草工商协同努力，不断加强完善品牌管理，福建工业加大品牌整合力度，培育名优骨干品牌，重点做强做大"七匹狼"核心品牌。全省卷烟市场通过"七匹狼"品牌培育，帮助省内工业企业主导品牌规模由小变大。通过客户经理七匹狼营销方案竞赛活动，总结培育经验，推动工商营销互动，全面提升七匹狼主导规格的市场份额。7 月在厦门召开地产烟产销衔接会，专题研究"七匹狼"品牌培育及低档烟销售问题。福建烟草的核心品牌"七匹狼"全年累计销售达到354229 万箱，比上年增长 133363 箱，增幅达到 60.41％。是年，全省引进云烟（如意）、"红山茶"系列的软盒红山茶、"芙蓉"系列的芙蓉（佳品）和芙蓉（皇后）、"红河"系列的红河（乙软）、"红金龙"系列的红金龙（九州腾龙蓝）、甲天下（富）、硬盒庐山、硬盒将军（吉祥）和赣（精品）等 20 个牌号，先后退出"恭贺新禧"系列、"阿诗玛"系列等 16 个规格。省外烟销量排在前 10 位的品牌分别为"红梅"、上海"牡丹"、"红双喜"、"红山茶"、"云烟"、"白沙"、"中华"、"利群"、"一品梅"、"红金龙"，该品牌均为名优卷烟，前 10 位的品牌销量占省外烟总销量的比重为 59.28％。全国性大品牌在福建市场的发展空间越来越大，市场占有率在不断提高。全国统一共享品牌"大丰收"6 月投放市场，批发价为 18 元/条，由于口味、品牌等原因，销量持续不畅。

2007 年，全国具有法人资格的卷烟工业企业已减少到 31 家，全国卷烟生产牌号由 2002年的 1000 多个减少到 170 个。其中"红河"、"白沙"、"红梅"、"红金龙"、"黄果树"、"红旗渠"、"芙蓉"、"哈德门"、"红山茶"、"双喜"、"红塔山"、"云烟"、"黄山"等 13 个品牌销量超过 100 万箱。福建工业通过品牌资源整合，"石狮"品牌也纳入"七匹狼"系列产品，福建地产烟形成"一优一特"（七匹狼与金桥）品牌发展格局，重点培育"七匹狼"进入 10多个重点骨干品牌之列，并发展混合型"金桥"产品。全国知名品牌市场份额迅速提高，全国百牌号卷烟中有 64 个牌号在福建市场销售，当年在福建市场销售量排在前 10 位卷烟品牌分别为："七匹狼"、"石狮"、"牡丹"、"红梅"、"沪红双喜"、"红山茶"、"白沙"、"哈德门"、"中华"、"云烟"，累计销量为 1196070 箱，占总销量的 82.08％；与上年相比增幅较大的有哈德门（71.53％）、"七匹狼"（47.11％）、"红山茶"（35.78％）、"中华"（35.09％）；"七匹狼"品牌卷烟全省销售 52.1 万箱，比上年增 47.1％；龙岩、福州七匹狼品牌卷烟销量比重较高，分别占总销量的 46.2％、45.99％。

2008 年，省公司制订《福建烟草商业企业工商协同营销工作方案》，要求每个市公司至少要与两家工业企业开展工商协同营销运作试点，积极探索工商协同的有效方法，推广泉州品牌培育机制和营销方法，提高品牌经理、客户经理品牌培育管理水平。同时，把品牌宣传引导延伸至零售客户，统一规范全省终端资源利用，出台《卷烟零售终端"品牌形象店"建设指导意见》，在全省范围规划选择 700 家条件成熟的零售户作为工业企业品牌的宣传窗口，建立323家品牌形象店，充分利用零售效能，培育重点骨干品牌，为促进卷烟市场资源优化配置，实现优势骨干品牌做大做强。7月，省公司印发《福建烟草商业企业卷烟品牌评价体系》，指导全省商业企业做好品牌规划、品牌培育工作。当年国家局公布前20名全国性卷烟重点骨干品牌评价结果，"七匹狼"卷烟品牌跻身全国前20名重点骨干品牌。8月，省公司在全省范围内开展"七匹狼"卷烟品牌的市场咨询与调研，通过市场咨询活动，正确判断"七匹狼"品牌卷烟的市场现状，查找其发展过程中存在的问题并挖掘市场发展潜力，促进"七匹狼"品牌卷烟品质提升，品位提高。是年，全省七匹狼系列销量达到615766箱，比上年增加94658箱，幅长18.16%，占全省总销量41.22%。全国百牌号中有53个牌号在福建福建市场销售。全国性重点骨干品牌（"中华"、"云烟"、"芙蓉王"、"玉溪"、"白沙"、"红塔山"、"苏烟"、"利群"、"红河"、"黄鹤楼"、"七匹狼"、"黄山"、"南京"、"双喜"、"红双喜"、"红梅"、"娇子"、"黄果树"、"真龙"、"帝豪"）在福建市场均有销售，当年还增加"娇子"品牌的销量，支援四川灾区建设。全年全省卷烟累计销量前十位卷烟品牌分别为："七匹狼"、"石狮"、"红梅"、"牡丹"、"沪红双喜"、"哈德门"、"中华"、"红塔山"、"云烟"、"红山茶"，累计销量为1228760箱，占总销量为82.26%。省外六家重点骨干供应商山东中烟（"泰山"、"将军"、"哈德门"）、上海集团（"中华"、"红双喜"、"牡丹"）、红塔集团（"玉溪"、"红塔山"、"红梅"）、红云红河集团（"云烟"、"红山茶"、"红河"）、湖南中烟（"芙蓉王"、"白沙"）、浙江中烟（"利群"、"大红鹰"）的品牌市场较为强势，福建市场省外一类烟基本被"中华"、"芙蓉王"和"玉溪"三大品牌垄断。

第二节　价格管理

1990年，省局（公司）着手探讨卷烟价格改革，着重研究卷烟三级批发价放开及定价权限下放问题。省公司销售部门协同省烟草学会联合召开了"价改研讨会"，省地县烟草销区的领导，专家百余人参加。接着省公司先后下发了18份文件，对价改中的组织领导、定价原则、定价程序、定价管理、价改资金分配和价改专项审计等原则进行规定和部署。

1991年1月1日，福建省全面放开卷烟三级批发和零售价格。卷烟三级批发权下放给县（市）烟草公司，卷烟批发价格和零售价格，由经营单位根据进货成本、质量优劣、市场供求情况自行定价，首开了国内在全省范围内放开卷烟批发价、零售价的先河。2月，省局下发《关于加强物价管理工作的通知》，把系统内物价工作归口财务部门管理；分公司和烟叶产区的县（市）公司配备专职物价人员，销区县（市）公司设专职或兼职物价人员，负责有关财务数据上报等。各分、县（市）公司卷烟批发价定价有规定程序，首先召开定价小组会议，讨论决定变价品种、数量、价格；然后制作变价通知单，变价品种实物盘点；最后才下发变价通知单执行新价格，并将有关材料归档。3月12日，省公司成立由时任省局局长、经理的姜成康为组长，分管领导为副组长以及财价、销售、专卖、计划生产等部

（室）负责人参加的卷烟价改工作指导小组，并下设办公室。各分、县（市）公司成立与之相应的卷烟销售定价小组，负责定价的实施与管理，制订本单位价格改革文件，依照价改文件规定的集体定价、物价纪律、财务处理、例会制度开展工作。春节期间卷烟价格出现下滑，4月，省公司下发《关于批发环节实行最低保护价的通知》。实行最低保护价的品种有厦门卷烟厂生产的70mm精友谊和龙岩卷烟厂生产的70mm简装乘风，全省统一批发限价分别为5.6元/条与3.50元/条。还根据市场行情先后停产"福海"等8个牌号的产品，占当年地产烟总产量的18％，并相应扩大价格上浮产品的生产。卷烟价格改革后，搞活了全省各地生产经营，初步满足市场需要，提高了企业经济效益。地产烟主要品牌的销售价格普遍上浮。省外烟销售价格上浮的品种有云南产：嘴"云烟"，嘴"红塔山"，嘴"阿诗玛"，嘴"恭贺新禧"，嘴"红山茶"，嘴"茶花"，嘴"重九"，嘴"玉溪"嘴"石林"，嘴"蝴蝶泉"，嘴"红梅"，嘴"桂花"，嘴"画苑"，嘴"龙泉"，嘴"金版纳"，嘴"三塔"。上海产：嘴"中华"，嘴"牡丹"，嘴"双喜"。广东产：嘴"羊城"，嘴"广州"，嘴"椰树"。湖南产：嘴"白沙"，嘴"长沙"，嘴"芙蓉"。广西产：嘴"刘三姐"。贵州产：嘴"驰牌"，嘴"圣火"，嘴"红杏"。河南产：嘴"洛烟"。当年全省实现价改资金9807万元，福州烟草分公司实现价改资金773万元。泉州烟草分公司实现价改资金905万元。莆田烟草分公司实现价改资金84.9万元。

1992年，卷烟价格由统一定价改为企业自行定价后，调动了企业多创价改资金收入的积极性，价改资金70％上缴省公司，用于弥补工业的亏损和扶助烟叶生产等，30％留给商业企业。福建省烟草行业完善卷烟销售价格改革，制定了卷烟批发价定价的原则，卷烟批发价应略低于当地市场批发价格，注意毗邻地区价格的衔接；批发价一般不频繁变动，可实行多次性微调；严格实行差率控制；按国家定价衡量，上浮价增加的收入应等于或高于下浮价的损失。省公司加强价格信息反馈，建立价格调控、价格咨询、价格协调、定价报备等管理制度，对全省各销区进行价格指导，特殊情况下还进行行政干预。在处理走私卷烟方面，理顺调、批零差率关系，确定处理走私烟的最高收购价和最低调出价，完善处理走私烟的经营利润和价改资金测算，使全省烟草批发价格改革正常运行，当年实现价改资金2.01亿元。年底，国家局决定，由省公司指导龙岩、厦门、畲山、云霄、泉州等省内五家卷烟厂制定卷烟产品的出厂价格，全省有秩序地开展省内卷烟出厂价和调拨价改革。

1993年，价改正常运转，价改资金归入企业利润测算。

1994年1月22日，省局下发《关于处理走私进口卷烟和违规国产卷烟作价办法的通知》，对处理走私进口卷烟和违规国产卷烟定价作出三条规定。3月，全省卷烟市场销售平缓，地产烟有些牌号产品价格发生滑坡。省公司要求各分、县（市）公司运用价格杠杆调节市场供求，坚决制止整进整出，低价倾销；产销企业参照价格放开前的经营差率和市场情况，制订合理的调拨差率和批零差率；对紧俏产品的价格采取微调渐进方式，对平滞销但又是骨干产品，不得低于调拨价投放；严格控制与地产烟价格同档的省外烟调入。同时，监测价格走势，及时反馈市场行情，为宏观决策提供信息。

1995年3月，地产烟市场价格持续下跌，地产卷烟10个牌号市场批发价位出现下移，其中，骨干牌号84全包装"富健"和84软包"特牌"下滑至16.80元/条和13.10元/条，23个县（市）公司出现经营亏损。省公司提出两项对策，一是稳定"富健"、"特牌"为代表的地产烟市场价格；二是加强宏观调控，控制省内外卷烟的投放总量，增强市场调控能力。对卷烟价格管理制定具体措施：地产烟库存超过30天的暂停生产；15～25元/条档次的省外烟，不准调进，除滇、沪卷烟产品外，暂停省外烟计划调进；"富健"、"特牌"执行全省统一最低批发限价，价格为"富健"18元/条、"特牌"14.2元/条，各地不得下浮，不准搭配、拼盘、及欠差价的销售行为；全省设30个县（市）卷烟市场行情采集点，对"富健"、"特牌"、"简乘风"、"精友谊"等10个品种市场行情每日上报。10月，省公司又下发《关于地产烟骨干牌号实行全省统一定价的通知》，重申对"富健""特牌"的限价规定；并规定：除骨干品牌外其他品种由分公司统一定价，允许上浮、不准下浮；违反省公司统一定价规定者，严厉处分，单位领导就地免职。上半年全省卷烟产量比计划少生产31080箱，与上年同期减少42147箱。南平烟草分公司成立"卷烟价格调控中心"，负责收集信息、准确定价，牵头商商调剂，辖区内商商调剂全年达800多箱，停调省外烟2800箱，占当年省外烟调入计划的14.35％。11月6日，"富健"、"特牌"全省市场批发平均价达到17.34元/条、13.53元/条。省公司对新开发的卷烟新产品"翻盖厦门"、"盖梅花山"、"盖海峡"等实行全省统一定价，采取低价位调拨批发、高价位零售的做法。12月29日，省公司下发《关于厦门、龙岩两烟厂卷烟产品执行全省统一定价的通知》，从1996年1月1日起，厦门、龙岩两厂产品调拨价和批发价实行全省统一定价。

表6－1　　　　　1996年厦门、龙岩烟厂产品调拨价、批发价定价一览表

单位：元/条

品　名	调拨价		批发价	
	工厂意见	省公司核定	工厂意见	省公司核定
翻盖厦门	45.00	45.00	52.00	52.00
嘴海堤	25.00	25.00	26.00	26.00
翻盖特牌	17.00	17.00	17.50	17.50
软包特牌	13.50	13.50	13.65	13.65
嘴沉香	10.00	10.00	10.20	10.20
嘴友谊	9.06	9.06	9.30	9.30
精友谊	6.00	6.00	6.20	6.20
盖梅花山	55.00	55.00	60.00	60.00
翻盖海峡	25.50	25.50	26.50	26.50
嘴富健	16.60	16.60	17.55	17.55

续表 6—1

品　名	调拨价		批发价	
	工厂意见	省公司核定	工厂意见	省公司核定
嘴福建	16.60	16.60	17.00	17.00
翻盖富健	18.00	18.00	18.80	18.80
翻盖古田	18.15	18.15	19.00	19.00
嘴武夷	9.36	9.36	9.80	9.80
嘴乘风	8.10	8.10	8.46	8.46
简乘风	3.82	3.82	4.00	4.00
嘴健牌	6.70	6.70	7.00	7.00

备注：1. 嘴鹭岛由漳州烟草分公司包销，嘴采茶灯由南平建瓯市烟草公司包销，其价格由烟厂与包销单位商定，报省公司备案。

2. 表中价格均为含税价。

1996 年初，省公司加强价格调控，一方面控制地产烟产量和省外烟调入量，加强系统内调剂，地产烟的供货计划按各地市场占有率来调整，开发地产烟新品种减轻骨干牌号压力；另一方面提出省定统一价目标和具体措施，地产烟执行全省统一定价，执行"三不准"（不准搭配、拼盘、欠差价及其他形式的变相抛售）及各项价格管理纪律。2 月，"富健"、"特牌"市场批发价格达 18.50 元/条和 14.30 元/条。4 月中旬，地产烟市场批发价全面复苏上扬，走势稳中趋升，到下半年"富健"、"特牌"市场批发价达 23.2 元/条和 15.90 元/条，其他地产骨干品牌的批发价每条均上升 1.00 元。各分县（市）公司 80% 的卷烟货源通过下伸批发网点销售，按省定和分公司制定的统一批发价格销售，卷烟市场价格基本稳定。当年地产烟的价位和销售结构上移，其中，骨干牌号"富健"、"特牌"、"友谊"、"乘风"市场批发价位恢复到历史最高水平，新产品"七匹狼"批发价达 108 元/条。

1997 年，省公司批发定价与卷烟商情信息紧密结合，及时收集卷烟市场信息，做到准确定价，促进销售。莆田烟草分公司在涵江设立价格调查小组，定价小组坚持 1～2 天制定、颁发一次价格，并配备电脑、传真机等硬件设备，及时反馈市场信息。是年，地产烟骨干牌号"富健"、"特牌"全年市场批发价分别上升了 11.1% 和 8.7%。

1998 年，省公司根据国家局《卷烟价格宏观调控和管理暂行办法》的规定，由企业依法自主制定卷烟的出厂价、调拨价、批发价。6 月，全国卷烟市场价格持续下滑，福建卷烟市场也受到不同程度的影响，省公司及时做出调整，下发《关于切实做好当前卷烟销售工作的紧急通知》，要求所有货源必须 100% 通过网点按规定销售，以地区为单位，实行全地区统一联动价。决定从 6 月 1 日至 12 月 31 日，工厂所有产品不准提高调拨价（允许下调价格），保证销区利益和销售积极性。在卷烟经营方面，加强区域分治，做到量价平衡，区内余缺调剂和控制库存。7月，省公司根据国家局《卷烟定价规范》，下发《关于当前全省烟草生产经营管理的几项规定》，重申所有货源必须通过批发网点规范贴标销售，专卖部门把清理整顿市场作为管理重点。12月2日，省公司再次要求工厂对骨干产品"富健"、"特牌"不得盲目扩大生产，商业企业要控制库存，加大促销力度。是年，全省通过规范网点经营，扭转价格下滑、销量下降、库存攀升的被动局面。经过市场价格调控，当年全国卷烟销量下降3.1%，福建却增长6.3%。

1999年，全国卷烟价格呈再度下滑趋势，特别是全国名优烟。全国卷烟市场供大于求导致价格下跌，市场竞争更趋激烈，工业企业采取多种形式让利，实质是低价竞销。福建省卷烟市场也出现价格下跌趋势，就此，福建省烟草公司要求全省行业卷烟销售达到"一稳定三提高"，即"富健"、"特牌"、"乘风"、"友谊"等6大品牌市场价格要平稳，地产烟中高档产品的覆盖面、占有率和销量有较大提高。同时，转发了国家局计划司《关于坚决制止低价倾销卷烟的通知》，制订违反《卷烟定价规范》的处罚措施，并公布举报电话。福建省烟草公司还出台《关于实施卷烟产销联动实施方案》，在分公司与烟厂、分公司与分公司、分公司与所辖县（市）公司之间实行货源投放、价格调节和余缺调剂三方面的全省联动。成立以泉州烟草分公司为中心的厦产烟销售协调中心和以福州烟草分公司为中心的龙产烟销售协调中心，分别负责协调厦门卷烟厂和龙岩卷烟厂产品在全省的销售。两个销售协调中心对"七匹狼"系列、"石狮"系列、"特醇乘风"、"盖沉香"、"富健"、"特牌"等9个牌号，根据各地区市场价位、销售走势和库存情况分别与龙岩、厦门卷烟厂商定全省9个分公司9个牌号的联动批发价格。省公司销售处和两家烟厂调拨站参考两个省产烟协调中心意见，每月调整分配各地货源的品种数量等。6月21日，省公司取消该销售协调中心，产销联动中的价位调节、市场调控、余缺调剂三方面职责由工厂负责操作。下半年全国卷烟批发价继续下滑，商业企业效益下降，省公司下发《福建省烟草商业企业卷烟销售毛利率考核办法》，从8月起对全省分、县（市）公司实行卷烟销售毛利率考核。考核分销售龙岩、厦门、畲山卷烟厂卷烟，销售省外烟及销售其他卷烟等五大类。省公司对卷烟销售毛利率偏低的企业，进行跟踪调查，分析其原因，并采取措施；9月初召开全省卷烟销售工作会议，专题研究第四季度地产烟产销计划衔接；同时，转发国家局《关于坚决制止卷烟让利销售的通知》和《关于实行卷烟最低限价情况的通报》，要求高度重视卷烟价格下滑的问题，不得进行让利销售，促进价格回升。

2000年1月10日，省公司成立全省卷烟批发价格管理小组，下设办公室，全省开始实行卷烟批发最低限价。各级烟草公司、贸易中心也成立相应组织，负责本单位卷烟最低限价的实施、监督和管理。各分公司按省公司的最低限价执行，批发价格只许上浮，需要下浮批发价格必须报省公司批准；所有卷烟通过网点销售，不得卖大户及拼盘销售。省公司不定期对各地价格执行情况进行检查，对违反限价规定的单位予以相应处罚，并强调加强价格信息反馈和月报制度，各分公司对全区限价情况每月向省公司汇报两次，保障批发最低限价执行。执行卷烟最低限价后，各地卷烟实际运行价格多数高于限价，总体销势良好，地产烟大部分处于旺销状态，省外上海烟和云南烟由于货源少，市场价格也开始上升；而且各地区间相互冲击减少，市场价格更加稳定，销售工作也走向规范。

3月27日，省局（公司）决定对全省所有省内外卷烟牌号实行统一批发价，统一价格制定由省公司会同烟厂有关人员组成定价小组负责。至此，卷烟批发价格由省局（公司）定价后下达，各级烟草公司统一执行。为了确保全省统一批发价的顺利实施，省局（公司）颁发《关于加强行业内部管理规范卷烟生产经营行为的有关规定》，采取三条措施对违反卷烟统一批发价进行处罚：擅自提价或降价的除没收提价收入或赔偿降价差价外，对责任人处以同等数额的罚款并视情节给予行政处分直到开除公职。采取欠、补差价销售的，对责任人和单位领导初犯者扣半年奖金；再犯者扣全年奖金；三次以上的引咎辞职，分管领导撤销职务。各分公司对辖区内存在违价问题，按有关条款处罚。7月1日起，全省停止有奖销售活动。8月1日，省公司调整《2000年卷烟生产经营考核指标及奖励办法》将是否违反统一价规定列入生产经营重点考核内容之一，并强调省产烟调往省外的调拨价格不得低于省内调拨价，滞销卷烟应通过全省卷烟调剂中心系统内调剂，严禁采取价格补贴、虚开费用等各种形式变相降价抛售。12月7日，省局对福安市烟草公司城关第二批发部销售的"盖石狮"、"红石狮"、"白七匹狼"、"盖红乘风"等进行有奖销售和兑奖一事进行通报批评。福建省率先在全国实行统一批发价，得到国家局的肯定并在全行业进行推广。

表6—2 **2000年福建省实行卷烟统一批发价格一览表**

单位：元/条

品牌	统一批发价	品 牌	统一批发价
地产烟		省外烟	
翻盖珍品厦门	220.00	翻盖中华	290.00
翻盖石狮王	139.00	全包装中华	430.00
翻盖特醇石狮	100.00	翻盖双喜（沪）	63.00
翻盖精品红石狮	102.00	翻盖牡丹	31.00
翻盖精品丰产	55.00	全包装牡丹	29.50
翻盖石狮	75.00	全包装前门	14.50
翻盖红特	51.00	全包装精前门	8.60
翻盖红沉香	36.20	全包装凤凰	10.00
翻盖沉香	26.30	全包装飞马	14.50
翻盖蓝奋发	45.00	全包装长风	11.30
翻盖友谊	24.50	翻盖玉溪	180.00
翻盖红丰产	26.00	全包装恭贺新禧	72.00

续表 6－2

品牌	统一批发价	品　牌	统一批发价
地产烟		省外烟	
翻盖丰产	23.00	翻盖红塔山	65.00
翻盖特牌	21.50	全包装红塔山	63.00
全包装蓝海堤	20.80	84 翻盖阿诗玛	56.00
全包装鹭岛	16.50	84 全包装阿诗玛	55.00
全包装特牌	15.80	84 全包装黄红梅	35.00
全包装特制友谊	15.80	84 翻盖红云烟	57.50
全包装沉香	13.00	84 翻盖醇香云烟	51.00
全包装丰产	9.50	84 翻盖云烟	51.00
翻盖红七匹狼	128.50	84 翻盖特红山茶	35.00
翻盖扁盒七匹狼	84.00	84 翻盖红山茶	33.00
翻盖白七匹狼	65.50	84 全包装茶花	24.50
翻盖武夷山	72.00	84 翻盖柔和茶花	59.00
翻盖大金湖	64.00	84 翻盖吉庆	22.50
翻盖精品古田	150.00	84 翻盖甲红河	42.00
84 翻盖红古田	48.50	84 全包装甲红河	36.00
84 翻盖红乘风	30.00	84 全包装乙红河	22.00
84 翻盖特醇乘风	27.30	84 翻盖白沙	34.50
84 翻盖福建	24.00	84 全包装白沙	28.50
84 翻盖红梅花山	37.70	84 全包装长沙	22.00
84 翻盖特制乘风	22.50	84 翻盖芙蓉王	188.00
84 全包装富健	21.50	84 全包装银象	8.20
84 全包装福建	20.90	84 全包装龙山	8.50
84 全包装蓝乘风	14.50	84 翻盖大红鹰	145.00
84 全包装红乘风	10.00	84 翻盖利群	118.00
84 全包装采茶灯	10.00	84 翻盖双叶	13.20
84 全包装青黄兰	15.00	84 翻盖红双喜(武汉)	21.50
84 全包装白喜来宝	12.80	84 全包装芒果	9.50
84 全包装特喜来宝	13.00	84 翻盖金圣	96.00

续表 6-2

品　牌	统一批发价	品　牌	统一批发价
地产烟		省外烟	
84 翻盖红喜来宝	20.60	全包装赣叶	6.50
84 翻盖新三沙	36.00	84 翻盖红一品梅	44.00
84 翻盖红三沙	42.00	84 翻盖精品南京	175.00
84 翻盖金卡三沙	45.00	84 翻盖淡中南海	31.80
84 翻盖红麒麟山	30.00	84 全包装特醇黄果树	17.20
84 翻盖金卡红喜来宝	53.00	84 全包装白甲秀	11.00
84 翻盖金卡黄喜来宝	53.00	84 翻盖石林	34.50
84 全包装金桥	31.50	84 全包装石林	30.50
84 翻盖金桥	42.00		
84 全包装骆驼	50.00		
84 翻盖骆驼	78.00		

2001 年，福建省烟草行业对卷烟价格管理采取以规范生产经营为基础，巩固卷烟销售统一批发价。春节前后，由于地产烟生产环节增量超过销量增长，出现超计划调进，以及地产高档烟从省外回流等现象，地产骨干牌号卷烟市场价格出现较大波动，"七匹狼"、"石狮"、"乘风"、"沉香"等牌号卷烟市场价格明显低于省定统一批发价，卷烟统一批发价主导市场能力削弱。省局（公司）在严控卷烟产量的同时，对全省烟草商业企业规范经营情况进行全面效能监察。4 月 27 日，省局（公司）通报东山县、新罗区、仙游县等单位烟草公司违规违价问题。6 月 22 日，处理了福安市烟草公司违反规定降价销售"芙蓉王"、"利群"的事件。12 月，省公司组织开展规范经营和执行价格情况大检查，对违规违价案件进行处理。为巩固统一批发价，省公司把执行合理卷烟零售价作为稳住卷烟统一批发价的第一道防线，把合理的批、零收入作为卷烟零售户赖以生存的基础。先后在永安市烟草公司和漳平市烟草公司进行卷烟销售统一零售价试点工作，经过几个月的实践，得到大多数零售户肯定和好评，取得初步成效。是年，国家局强调规范卷烟调拨价格，12 月 26 日下发《关于对卷烟调拨价格进行规范的通知》，对工厂卷烟调拨价格做了具体规定，醋纤嘴棒全包装卷烟，工厂调拨价格（含增值税）每大箱不得低于 2750 元；丙纤嘴棒全包装卷烟每大箱不得低于 2250 元。醋纤嘴棒硬盒全包装卷烟，工厂调拨价不得低于 3850 元；丙纤嘴棒硬盒全包装卷烟，工厂调拨价每大箱不得低于 3350 元。卷烟生产企业通过全国卷烟交易市场

与购货方签订的卷烟交易价格及省内作为计税价格的卷烟调拨价格，凡低于以上限价水平的，一律不得再安排生产。

2002年，省公司将全省烟草行业物价管理工作职能，由财务管理处划归发展计划处。把稳定价格作为卷烟销售工作的重点，要求各单位严格执行卷烟统一批发价，对违反规定的实行重罚。对"软红乘风"、"软特"等六牌号的省内供应实行省公司统一调拨，调拨价为"软红乘风"11.7元/条、"红古田"38.8元/条、"红梅花山"30.2元/条、"软特"15.10元/条、"软特制友谊"15.10元/条、"红三沙"36.00元/条。4月后，出现卷烟统一批发价倒挂问题，特别是地产一、二类卷烟尤为明显，5—7月呈进一步扩大趋势。至7月中旬，全省"红七匹狼"市场批发均价124.00元/条，低于统一价4.50元/条，个别地方低于6.50元/条，其他卷烟也出现一定程度价格倒挂。主要是地产烟调出省外的倒流，个别销区不规范经营。7月26日，福建省烟草专卖局（公司）召开全省半年度经济运行分析会，决定从7月底到10月底，全省开展"统一价保卫战"。以"狼狮"系列产品价格为重点，调控货源、强化监管。8月起，红、白"七匹狼"，红、白"石狮"品牌卷烟市场价格开始回升，至10月达到统一价水平；"红沉香"、"特醇乘风"、"富健"等中低档烟市价也稳步上扬，特醇乘风达28.00元/条，"软红乘风"达15.00元/条，均超过统一批价价位；"新石狮"、"醇沉香"等新牌号产品市场价格虽低于统一价，但均无出现下跌情况。市场稳定后，省公司调整提高了13个牌号规格卷烟的价格，使其毛利率从原来平均12.77%提高为18.91%，商业环节增加效益近6000万元。通过卷烟销售网络规范经营，提高了市场的控制力和占有率，促进卷烟价格稳定。

2003年1月1日起，省产卷烟调拨价统一恢复到计税基价。为保证价格稳定，国家局对国产卷烟价格实行梯次化管理，全省各级烟草公司严格执行国家局《关于规范系统内卷烟价格行为的暂行规定》和《关于进一步加强烟草系统卷烟价格管理的暂行规定》的有关规定，当年卷烟市场价格相对稳定，卷烟价格管理逐步延伸至零售市场。漳州和厦门烟草分公司在辖区零售户开展统一卷烟零售价。漳州烟草分公司实施卷烟零售统一价后，据调查：全市零售户月平均毛利从300元增加到725元，增长142%，月平均毛利在1000元以上的零售户达到22.5%，99.68%的零售户支持该项工作。7月1日，省物价局、省烟草专卖局印发《卷烟零售明码标价暂行办法》，规定卷烟零售经营者从事卷烟零售业务必须按《办法》的规定，向消费者明示卷烟零售价格及相关内容的行为；卷烟零售价由各地烟草专卖局（公司）与各零售经营者自主协商确定。卷烟零售明码标价采用价目表、标价签等形式。7月17日，省局（公司）在漳州召开全省卷烟零售明码标价现场会，部署全省开展卷烟零售明码标价等工作。全省行业自主建立300家统一形象标识的卷烟零售店，引导和示范市场零售价格。国家局对福建卷烟明码标价工作高度评价，认为明码标价是对卷烟零售价格管理的一次重大突破，是以利益为纽带，与零售户结成战略伙伴关系的一项具体实践。

表 6-3　　　　　　**2003 年国家烟草专卖局划定国产卷烟价格梯次分类表**

单位：元/条

类别	调拨价		调批价		批发价		建议零售价
	不含税	含税	差额	差率(%)	不含税	含税	
一类	82.09	96.05	16.95	15	96.58	113.00	120.00
	68.29	79.90	14.10	15	80.34	94.00	100.00
	61.03	71.40	12.60	15	71.79	84.00	90.00
	54.49	63.75	11.25	15	64.10	75.00	80.00
二类	47.78	55.90	9.10	14	55.56	65.00	70.00
	44.10	51.60	8.40	14	51.28	60.00	65.00
	41.16	48.16	7.84	14	47.86	56.00	60.00
	37.49	43.86	7.14	14	43.59	51.00	55.00
	34.18	39.99	6.51	14	39.74	46.50	50.00
	30.87	36.12	5.88	14	35.90	42.00	45.00
三类	27.51	32.19	4.81	13	31.62	37.00	40.00
	26.03	30.45	4.55	13	29.91	35.00	38.00
	23.94	28.01	4.19	13	27.52	32.20	35.00
	21.94	25.67	3.84	13	25.21	29.50	32.00
	20.60	24.10	3.60	13	23.68	27.70	30.00
	19.18	22.45	3.35	13	22.05	25.80	28.00
	17.10	20.01	2.99	13	19.66	23.00	25.00
	15.02	17.57	2.63	13	17.27	20.20	22.00
四类	13.69	16.02	2.18	12	15.56	18.20	20.00
	12.34	14.43	1.97	12	14.02	16.40	18.00
	10.98	12.85	1.75	12	12.48	14.60	16.00
五类	9.80	11.47	1.33	11.60	10.94	12.80	14.00
	8.55	10.00	1.00	10.00	9.940	11.00	12.00
	7.26	8.50	0.70	8.23	7.86	9.20	10.00

　　2004 年，福建省所有卷烟货源均通过网点销售，并实行"一价制"（卷烟统一批发价）。3 月，国家局组织检查全国卷烟价格管理情况，福建、河北等三省的卷烟统一批发价工作受

到表彰，被认定为"方案周密、措施有力、效果明显"的单位。为规范卷烟价格管理，3月29日，国家局下发《关于进一步规范卷烟价格管理的通知》，重申对卷烟调拨、批发定价及价格梯次化、统一批发价等规范管理的要求。对国产卷烟价格实行目录管理，未进入国家局价格目录的卷烟牌号（规格）不得进行交易，交易价格经国家局价格管理职能部门审核不得更改。省公司强化卷烟价格监管，于5月14日下发《关于开展内部监管工作的通知》，重点检查不规范经营行为和卷烟是否按统一批发价销售等四个方面。并对零售市场价格进行指导和管理，规定对经审批超限量零售户和委托代送点客户的违价行为实行调低限量、诚信扣分和取消委托代送点的处罚。9月后，闽、赣、湘、粤、深、桂等省实行价格联动。9月3日，在湖南长沙召开卷烟价格联动预备会，确定了六省（市）统一卷烟批发价的目标、定价原则、价格联动机制、运行程序机制、实施方案等，10月1日，在六省市正式启动统一卷烟批发价格。为使价格联动顺利实施，福建省烟草公司下发《关于执行六省（市）卷烟统一批发价格的通知》，全省自10月1日起执行六省（市）统一卷烟批发价格，在零售客户开展价格联动宣传，对联动统一价后批发价格调高的品种，引导零售户调整零售价以保障合理的批零差收入；对联动统一价后调低的品种引导零售户稳定零售价，提高卷烟零售的赢利水平，特别是将红七匹狼零售价稳定在135元/条。12月9日，湖北、海南二省申请加入闽、赣等六省（市）统一价片区。2005年1月1日起正式实施八省（市）卷烟统一批发价。是年，福建省卷烟批发价格稳定，全省各销区推进卷烟明码标价，采取以客户自律为主，烟草、物价部门协助监管方式，确保零售价格到位。福建省物价局、福建省烟草专卖局印发《关于开展全省卷烟零售价格监测的通知》，指定福清市、集美区、安溪县、云霄县、漳平市等41个市、县（区）为卷烟零售价格测定点，确保批零差率8％以上。自实施卷烟零售明码标价后零售商的获利水平有一定提高，据漳州调查，全市零售户经营毛利率达9.94％，比实施明码标价前的4％，增加近6个百分点。11月，全国卷烟销售网络建设现场会在福建召开，国家局表扬了福建特别是漳州的卷烟零售明码标价工作。

2005年，福建省烟草商业企业贯彻八省（市）区域卷烟统一批发价格，为规范卷烟价格管理和维护更新全省卷烟价格目录，各分公司及时上报本地区在销卷烟价格目录和滞销退出品牌目录，严格按照"一物一码（条形码）一价"的原则整理卷烟价格目录。确定了八省（市）卷烟统一批发价定价原则，自2005年4月1日起执行新一期八省（市）卷烟统一批发价（表6-4）。11月1日又进行一次价格调整。是年，全省各地市场卷烟批发、零售价格稳定。各地创新明码标价管理方法，漳州烟草分公司除加强零售户自律、物价专卖行政监管外还运用客户星级评定、协议销售等新方法进行控量稳价，进一步落实卷烟零售明码标价。福州烟草分公司制定实施《合理定量管理细则》，全区月供量15件（含）以上零售户由2808户减至242户，全区月供量15件以下24152户，占总户数99％；合理定量促进了单个零售户的量价平衡，有效地防止低价销售。

表 6－4 　　**2005 年 4 月 1 日起执行八省（市）统一批发价价格一览表**

（福建产品）

单位：元/条

厂家	条形码	牌号规格	类别	批发价
厦门	6901028140010	硬盒厦门（珍品礼）	一	220.00
厦门	6901028139144	硬盒厦门（珍品）	一	220.00
厦门	6901028139939	吉祥软盒石狮	一	135.00
厦门	6901028139465	硬盒石狮（红）	一	95.00
厦门	6901028139076	硬盒石狮	一	75.00
厦门	6901028140256	硬盒鼓浪屿	一	90.00
厦门	6901028140546	硬盒鼓浪屿（礼盒）	一	90.00
厦门	6901028139403	硬盒沉香	三	27.00
厦门	6901028140157	特醇硬盒沉香	三	41.00
厦门	6901028139519	红硬盒沉香	三	36.80
厦门	6901028140560	硬盒石狮（超醇）	二	65.00
厦门	6901028140621	新白硬盒石狮	二	72.00
厦门	6901028140171	新硬盒石狮	二	85.00
厦门	6901028140096	特制硬盒石狮	三	43.00
厦门	6901028140348	硬盒三沙（红）	二	45.00
厦门	6901028139038	软盒特牌	四	18.00
厦门	6901028139427	软盒友谊（特制）	四	17.10
厦门	6901028140409	软盒喜来宝	四	17.00
厦门	6901028144025	金桥（混红）	二	42.00
厦门	6901028143080	软盒金桥（混 15mg）	三	30.50
厦门	6901028140676	硬盒石狮（沉香）	三	27.00
厦门	6901028140775	硬盒石狮（如意）	三	36.00
厦门	6901028140690	硬盒石狮（平安）	三	41.00
龙岩	6901028137218	硬盒七匹狼（sp500）	一	350.00
龙岩	6901028138383	七匹狼（sp300）	一	273.00
龙岩	6901028138260	七匹狼（软 sp200）	一	179.00
龙岩	6901028137539	武夷山（精品）	一	133.00
龙岩	6901028137652	白金硬盒七匹狼（白）	二	72.00
龙岩	6901028137690	硬盒七匹狼（混合 9mg）	二	46.00
龙岩	6901028137157	硬盒七匹狼（古田）	二	46.00
龙岩	6901028137553	古田（红）	二	46.00

续表 6－4

厂家	条形码	牌号规格	类别	批发价
龙岩	6901028137935	硬盒梅花山(红)	三	37.70
龙岩	6901028138130	硬盒乘风(新红)	三	32.00
龙岩	6901028137515	硬盒乘风(枣红)	三	26.00
龙岩	6901028138208	富健(特醇)	二	45.00
龙岩	6901028137010	软盒富健	三	22.10
龙岩	6901028137133	软盒乘风(枣红)	三	22.10
龙岩	6901028137270	白硬盒七匹狼	二	65.00
龙岩	6901028138086	白硬盒七匹狼(10 支)	二	65.00
龙岩	6901028137492	红硬盒七匹狼	一	125.00
龙岩	6901028137676	软盒七匹狼(软红)	一	135.00
龙岩	6901028138055	硬盒七匹狼(枣红)	一	90.00
龙岩	6901028137188	硬盒七匹狼(新枣红)	一	85.00
龙岩	6901028137058	红硬盒七匹狼(10 支)	一	125.00
龙岩	6901028137256	硬盒特醇乘风	三	28.00
龙岩	6901028137041	软盒乘风	四	14.60
龙岩	6901028138369	豪情硬盒七匹狼	三	42.00
龙岩	6901028137423	软盒石狮(富健)	三	22.10

　　2006 年 1 月，省局下发《关于进一步规范卷烟价格行为暂行规定》，要求各经营单位应严肃卷烟价格目录管理，省局物价管理部门将在国家局和八省（市）轮值省物价管理部门编制在销品牌卷烟价格目录基础上定期和不定期对新增和调整、退出品牌卷烟价格目录进行维护、编制、发布，并印发《福建省烟草专卖局在销品牌卷烟统一批发价格目录》，各经营单位不得销售无价格目录卷烟；严格按照国家局"一物一码一价"的原则整理卷烟价格目录，一个牌号规格卷烟只能对应一个卷烟条码和一个价格，条形码重复或无条形码的卷烟牌号规格不得参与交易。是年，国家局决定将中南片区与华东片区的价格联动进行合并，形成南方十二省统一批发价格区域，参加卷烟价格联动的省份有闽、赣、鄂、湘、粤、深、桂、琼、江、浙、沪、皖等，11 月初，在厦门召开第一次联动会议，建议对片区各省（区、市）局卷烟目录进行清理整合，建立健全行业卷烟价格管理监测系统和市场价格反馈与研究机制。2007 年，南方十二省价格联动，又新增和调整了一批卷烟统一批发价格。

表 6—5　　**2006 年执行南方十二省统一批发价格一览表（福建省在销品牌）**

单位：元/条

序号	厂家	条形码	牌号名称	类别	批发价
1	厦门	6901028140010	硬盒厦门（珍品礼）	一	220.00
2	厦门	6901028139144	硬盒厦门（珍品）	一	220.00
3	厦门	6901028139939	吉祥软盒石狮	一	135.00
4	厦门	6901028139465	硬盒石狮（红）	一	95.00
5	厦门	6901028140157	特醇硬盒沉香	三	41.00
6	厦门	6901028139519	红硬盒沉香	三	36.80
7	厦门	6901028140560	硬盒石狮（超醇）	二	65.00
8	厦门	6901028140621	新白硬盒石狮	二	72.00
9	厦门	6901028140096	特制硬盒石狮	三	43.00
10	厦门	6901028139038	软盒特牌	四	18.00
11	厦门	6901028143080	软盒金桥（混 15mg）	三	30.50
12	厦门	6901028140676	硬盒石狮（沉香）	三	27.00
13	厦门	6901028140775	硬盒石狮（如意）	三	36.00
14	厦门	6901028141987	石狮（硬盒红）	二	80.00
15	厦门	6901028140522	软盒石狮（吉庆）	四	18.00
16	厦门	6901028139076	新硬盒石狮	一	75.00
17	厦门	6901028139403	硬盒沉香	三	27.00
18	龙岩	6901028138260	软盒七匹狼（sp200）	一	175.00
19	龙岩	6901028137652	白金硬盒七匹狼	二	72.00
20	龙岩	6901028137157	硬盒七匹狼（古田）	二	46.00
21	龙岩	6901028138130	硬盒乘风（新红）	三	32.00
22	龙岩	6901028137515	硬盒富健（黄）	三	26.00
23	龙岩	6901028138208	硬盒富健（特醇）	二	45.00
24	龙岩	6901028137270	白硬盒七匹狼	二	65.00
25	龙岩	6901028137492	红硬盒七匹狼	一	125.00
26	龙岩	6901028137676	软盒七匹狼（软红）	一	135.00
27	龙岩	6901028138055	硬盒七匹狼（枣红）	一	85.00
28	龙岩	6901028137188	硬盒七匹狼（新枣红）	一	85.00
29	龙岩	6901028137256	硬盒特醇乘风	三	28.00
30	龙岩	6901028137041	软盒乘风	四	16.00
31	龙岩	6901028138086	白硬盒七匹狼（十支装）	二	65.00

续表 6-5

序号	厂家	条形码	牌号名称	类别	批发价
32	龙岩	6901028137058	红硬盒七匹狼（十支装）	一	125.00
33	龙岩	6901028137218	七匹狼（sp500）	一	430.00
34	龙岩	6901028137423	软盒石狮（富健）	三	22.50
35	龙岩	6901028138369	硬盒七匹狼（豪情）	二	42.00
36	龙岩	6901028137553	硬盒古田（红）	二	46.00
37	龙岩	6901028138383	硬盒七匹狼（SP300）	一	273.00
38	龙岩	6901028137935	硬盒梅花山（红）	三	37.70
39	龙岩	6901028137690	七匹狼（混合 9mg）	二	46.00
40	龙岩	6901028137539	武夷山（精品）	一	133.00
41	上海	6901028075022	软盒中华	一	530.00
42	上海	6901028075015	硬盒中华	一	370.00
43	上海	6901028075725	硬盒中华（全开式）	一	340.00
44	上海	6901028075039	硬盒中华（11mg）	一	340.00
45	上海	6901028075305	硬盒中华（11mg12 支）	一	340.00
46	上海	6901028076265	硬盒熊猫（时代版）	一	720.00
47	上海	6901028075619	沪精品硬盒红双喜	一	110.00
48	上海	6901028075145	沪硬盒红双喜（8mg）	二	70.00
49	上海	6901028075084	沪硬盒红双喜	二	62.00
50	上海	6901028075046	硬盒牡丹	三	32.00
51	上海	6901028075596	硬盒牡丹（11mg）	三	36.00
52	上海	6901028075053	软盒牡丹	三	29.00
53	上海	6901028076029	白硬盒牡丹	三	45.00
54	上海	6901028075138	软盒前门	四	16.00
55	上海	6901028075114	软盒飞马	五	13.50
56	上海	6901028076159	硬盒中华（礼盒）	一	90.00
57	上海	6901028076531	硬盒熊猫（5 盒装礼盒）100 支	一	1080.00
58	上海	6901028076197	中华（大礼盒）	一	700.00
59	北京	6901028071628	硬盒中南海	三	35.00
60	北京	6901028071772	金装硬盒中南海（8mg）	二	55.00
61	天津	6901028074451	津红硬盒前门	四	22.50
62	玉溪	6901028317177	软盒玉溪	一	190.00

续表 6—5

序号	厂家	条形码	牌号名称	类别	批发价
63	玉溪	6901028316866	硬盒玉溪	一	183.00
64	玉溪	6901028317429	金装铂金硬盒玉溪（11mg）	一	245.00
65	玉溪	6901028317733	铂金硬盒红塔山（10mg）	一	110.00
66	玉溪	6901028317467	硬盒红塔山（新）	二	82.00
67	玉溪	6901028316316	红硬盒红塔山	二	63.00
68	玉溪	6901028047364	软盒红塔山（新）	二	85.00
69	玉溪	6901028317306	红软盒红塔山	二	63.00
70	玉溪	6901028314176	硬盒红塔山（15mg 新势力）	一	88.00
71	玉溪	6901028047234	软盒恭贺新禧	二	57.00
72	玉溪	6901028047067	软盒阿诗玛	二	56.00
73	玉溪	6901028317825	硬盒铂金阿诗玛	二	70.00
74	玉溪	6901028316149	硬盒红梅	三	36.00
75	玉溪	6901028047128	黄软盒红梅	三	35.00
76	玉溪	6901028047425	白软盒红梅	三	27.00
77	玉溪	6901028316019	硬盒红塔山（12mg）	一	80.00
78	玉溪	6901028316101	硬盒恭贺新禧	二	65.00
79	玉溪	6901028314459	硬盒玉溪（和谐）	一	300.00
80	昆明	6901028310444	硬盒云烟（印象）	一	530.00
81	昆明	6901028045919	特制珍品软盒云烟	一	195.00
82	昆明	6901028046893	特制紫精品硬盒云烟	二	83.00
83	昆明	6901028045490	硬盒柔和茶花	二	59.00
84	昆明	6901028310208	紫硬盒红山茶	三	45.00
85	昆明	6901028045612	特制硬盒红山茶	三	36.00
86	昆明	6901028046084	红硬盒新品春城	三	26.00
87	昆明	6901028046770	蓝盖香格里拉	二	68.00
88	红河	6901028055376	硬盒红河（v8）	一	450.00
89	红河	6901028055390	精品软盒红河（99）	一	100.00
90	红河	6901028055369	精品硬盒红河（99）	一	105.00
91	红河	6901028055383	精品软盒红河（88）	二	80.00
92	红河	6901028055345	硬盒甲红河	二	44.00

续表 6-5

序号	厂家	条形码	牌号名称	类别	批发价
93	楚雄	6901028052870	蓝硬盒国宾	二	45.00
94	曲靖	6901028050234	硬盒福(乾坤)	二	75.00
95	曲靖	6901028050920	硬盒石林	三	35.00
96	曲靖	6901028051460	特制硬盒石林	三	43.00
97	曲靖	6901028051439	软盒精品石林	二	65.00
98	曲靖	6901028050951	蓝硬盒石林	二	60.00
99	曲靖	6901028050654	硬盒全家福	二	45.00
100	曲靖	6901028050838	石林(精品)	一	70.00
101	会泽	6901028056175	精品硬盒小熊猫	一	170.00
102	会泽	6901028056410	硬盒精制小熊猫	二	54.00
103	昭通	6901028326407	软盒钓鱼台	三	45.00
104	红塔辽宁	6901028092739	软盒人民大会堂(醇香)	二	70.00
105	红塔辽宁	6901028092180	硬盒人民大会堂(双色)	二	50.00
106	长沙	6901028192347	珍品蓝软盒白沙	一	270.00
107	长沙	6901028191111	蓝精品硬盒白沙	一	88.00
108	长沙	6901028191142	硬盒白沙	三	42.00
109	长沙	6901028191760	黑盖白沙	一	180.00
110	长沙	6901028191135	软盒白沙	三	34.50
111	长沙	6901028192682	盖白沙(和紫)	一	180.00
112	长沙	6901028191166	精品硬盒白沙	一	74.00
113	长沙	6901028192651	红软相思鸟	四	18.00
114	常德	6901028193924	蓝软盒芙蓉王	一	500.00
115	常德	6901028193863	蓝硬盒芙蓉王	一	290.00
116	常德	6901028193504	硬盒芙蓉王	一	208.00
117	常德	6901028193948	硬盒东方红	二	68.00
118	常德	6901028199308	硬盒东方红(醇香)	三	40.00
119	常德	6901028193825	黄硬盒芙蓉	四	18.00
120	常德	6901028194990	盖芙蓉王(钻石)	一	680.00
121	杭州	6901028118828	长嘴硬盒利群	一	180.00
122	杭州	6901028120708	长嘴软盒利群	一	300.00
123	杭州	6901028207089	硬盒利群(蓝天)	一	135.00
124	杭州	6901028117586	蓝软盒利群	一	150.00

续表 6—5

序号	厂家	条形码	牌号名称	类别	批发价
125	杭州	6901028118668	蓝硬盒利群	一	135.00
126	杭州	6901028118187	红硬盒利群（新版）	一	116.00
127	杭州	6901028117166	硬盒双叶（薄荷型）	四	18.00
128	杭州	6901028207027	硬盒西湖（明珠）	三	25.00
129	宁波	6901028344562	红硬盒大红鹰	一	115.00
130	宁波	6901028119726	软盒大红鹰	一	150.00
131	宁波	6901028119115	硬盒大红鹰（红新版）	一	130.00
132	宁波	6901028119443	国际硬盒五一	二	88.00
133	宁波	6901028119474	红硬盒五一	二	80.00
134	宁波	6901028345675	硬盒红上游	四	18.00
135	宁波	6901028344081	硬盒上游	三	23.00
136	南京	6901028300100	硬盒精品南京	一	170.00
137	南京	6901028300087	硬盒佳品南京	一	122.00
138	南京	6901028111089	软盒南京（珍品）	一	400.00
139	徐州	6901028114455	软盒苏烟（金砂）	一	400.00
140	徐州	6901028305624	硬盒新红杉树	三	25.00
141	徐州	6901028305549	硬盒醇红杉树（新）	三	40.00
142	淮阴	6901028309219	软盒国烟	一	400.00
143	淮阴	6901028115896	硬盒一品梅（特制）	一	176.00
144	淮阴	6901028115193	硬盒一品梅（佳品）	二	85.00
145	淮阴	6901028115285	硬盒一品梅（醇红）	三	41.00
146	淮阴	6901028115520	硬盒一品梅（佳品醇）	二	63.00
147	淮阴	6901028309455	硬盒一品梅（蓝，特佳）	一	90.00
148	南昌	6901028133487	软盒金圣	二	66.00
149	南昌	6901028134071	硬盒蓝金圣	一	90.00
150	南昌	6901028133210	软盒南方	四	13.50
151	南昌	6901028133326	仟喜南方	四	18.00
152	南昌	6901028133913	精品硬盒庐山	二	45.00
153	赣南	6901028135818	硬盒赣兰	三	26.00
154	柳州	6901028012324	软盒醇和甲天下（新）	四	18.00
155	柳州	6901028011327	硬盒甲天下（精品）	三	26.00
156	南宁	6901028013079	硬盒珍品真龙（红）	一	80.00

续表6－5

序号	厂家	条形码	牌号名称	类别	批发价
157	南宁	6901028014205	硬盒贡品真龙(黄)	一	165.00
158	南宁	6901028013314	硬盒真龙(太子)	二	68.00
159	贵阳	6901028036689	特制精品硬盒黄果树	二	85.00
160	贵阳	6901028037280	特制醇香硬盒黄果树	三	25.00
161	贵阳	6901028036801	软盒特醇黄果树	四	18.00
162	贵阳	6901028036962	硬盒佳品黄果树	三	43.00
163	遵义	6901028095716	精品软盒杪椤	三	34.00
164	遵义	6901028038546	绿硬盒杪椤	四	18.00
165	成都	6901028025560	软盒娇子(阳光)	二	85.00
166	成都	6901028024365	绿硬盒五牛(新版)	四	20.00
167	什邡	6901028028455	硬盒天下秀(特制)	三	27.00
168	重庆	6901028026109	软盒龙凤呈祥	二	85.00
169	重庆	6901028027564	硬盒龙凤呈祥(喜庆)	二	65.00
170	黔江	6901028031707	硬盒小南海(新红)	三	26.00
171	合肥	6901028122740	硬盒时代光明(红)	三	34.00
172	阜阳	6901028127332	富贵红硬盒香梅	四	22.50
173	阜阳	6901028127394	硬盒香梅(红)	四	18.00
174	阜阳	6901028127684	软盒香梅(黄)	五	13.00
175	蚌埠	6901028131094	硬盒一品黄山(蓝)	三	42.00
176	蚌埠	6901028124010	软盒黄山(新概念)	一	270.00
177	滁州	6901028128568	硬盒红三环(喜盈门)	三	25.00
178	芜湖	6901028126694	时尚银盖都宝(混合型)	二	54.00
179	芜湖	6901028132251	硬盒都宝(新)	三	26.00
180	济南	6901028148665	硬盒将军(新特醇)	三	41.00
181	济南	6901028148672	硬盒将军(国际)	二	88.00
182	青岛	6901028149020	硬盒壹枝笔(喜庆)	二	72.00
183	青岛	6901028149754	硬盒一枝笔(红)	一	180.00
184	青岛	6901028149365	硬盒哈德门(精品)	三	35.00
185	青岛	6901028149884	软盒哈德门	四	18.00
186	青州	6901028152303	软盒八喜(贵宾)	二	45.00
187	青州	6901028152686	红软盒八喜	三	22.00
188	新郑	6901028166751	硬盒金芒果(银)	三	24.00

续表6—5

序号	厂家	条形码	牌号名称	类别	批发价
189	新郑	6901028164641	硬盒红旗渠（银河之光）	三	45.00
190	新郑	6901028164412	软盒红旗渠（白）	四	18.00
191	新郑	6901028164191	硬盒红旗渠（花红）	四	22.50
192	新郑	6901028164030	硬盒红旗渠（天河之星）	二	85.00
193	新郑	6901028164870	硬盒红旗渠（黄）	三	27.00
194	新郑	6901028164740	软盒红旗渠（红）	三	22.50
195	新郑	6901028166591	芒果（绿软）	五	12.80
196	武汉	6901028180009	特制软盒黄鹤楼（珍品）	一	500.00
197	武汉	6901028180580	软盒黄鹤楼	一	155.00
198	武汉	6901028179867	红版硬盒黄鹤楼	一	180.00
199	武汉	6901028179065	软盒70mm黄鹤楼1916	一	800.00
200	武汉	6901028183116	软盒山茶	五	13.50
201	武汉	6901028180030	硬盒精品红金龙	二	72.00
202	武汉	6901028180405	软盒红金龙（九州腾龙红）	三	43.00
203	武汉	6901028180634	软盒红金龙（虹之彩）	四	18.00
204	武汉	6901028180504	硬盒红金龙（虹之彩）	三	26.00
205	武汉	6901028938402	软盒黄金龙	五	13.50
206	武汉	6901028179768	鄂软盒红双喜	四	18.00
207	武汉	6901028179096	鄂硬盒红双喜（黄）	四	22.50
208	延吉	6901028100366	硬盒长白山（红）	二	55.00
209	延吉	6901028100670	软盒长白山（红）	二	85.00
210	延吉	6901028100427	硬盒长白山（银）	二	70.00
211	宝鸡	6901028058025	硬盒猴王	三	36.00
212	汉中	6901028904674	软盒红色公主	五	16.00
213	汉中	6901028904308	硬盒公主（红）	三	23.00
214	深圳	6901028942461	珍品软盒好日子	一	130.00
215	深圳	6901028942058	硬盒好日子	二	62.00
216	梅州	6901028007436	硬盒五叶神（特醇红）	一	174.00
217	广二	6901028001687	粤软盒双喜	二	54.00
218	哈尔滨	6901028103145	软盒葡萄（红）	五	13.50
219	菲莫	7616400001023	84软包万宝路	一	125
220	菲莫	7616400001061	84软包特醇万宝路	一	125

续表 6—5

序号	厂家	条形码	牌号名称	类别	批发价
221	菲莫	7616400001047	83 硬盒万宝路	一	130
222	菲莫	7616400001085	83 硬盒特醇万宝路	一	130
223	英美	5000219022324	84 硬盒 555	一	120
224	英美	5000219022348	84 硬盒醇 555	一	125
225	英美	5000219022362	94 硬盒醇国际 555	一	150
226	英美	5000219022386	94 硬盒醇国际 555	一	150
227	英美	5000219021525	84 硬盒醇健	一	120
228	韩烟	8801116200177	100 硬盒爱喜	二	72
229	韩烟	8801116200597	100 硬盒薄荷爱喜	二	72
230	韩烟	8801116200610	100 硬盒醇爱喜	一	80
231	利是美	4030700001126	93 硬盒大卫杜夫	一	150
232	利是美	4030700001295	93 硬盒醇大卫杜夫	一	150
233	利是美	4030700001257	97 硬盒醇纤秀大卫杜夫	一	150
234	南洋	4891132011110	84 软包红双喜	二	
235	南洋	4891132011128	84 硬盒特醇红双喜	二	54
236	南洋	4891132016122	84 硬盒超醇红双喜	二	64
237	南洋	4891132016221	84 硬盒新装超醇红双喜	一	80
238	南洋	4891132016610	84 硬盒龙凤超醇红双喜	一	80
239	日烟	4902110199405	84 硬盒七星	一	130
240	日烟	4902110200903	84 硬盒特醇七星	一	130

　　2008 年，根据国家局《关于下达 2008 年进口卷烟和雪茄烟口岸拨交价格及全国统一批发价格与烟斗丝口岸拨交价格的通知》，省局对进口卷烟、进口雪茄烟统一批发价格及时更新和调整。同时下发了新增品牌卷烟统一批发价格目录，调整部分品牌统一批发价格。11月，国家局下发了《关于切实加强卷烟价格管理的通知》，规范市场价格秩序，严格控制工商企业的调拨价格和批发价格，对新开发的卷烟牌号规格，其含税调拨价格不得超过 480元/条，批发毛利率不得超过 25％，商业批发价格不得超过 640 元/条。对已上市的含税调拨价格超过 480 元/条且批发毛利率超过 25％的卷烟牌号规格，逐步将调拨价格调整到 480元/条以下并按不超过 25％的批发毛利率确定批发价格。对经营所有牌号规格卷烟的零售指导价不超过 1000 元/条。

表 6—6　　　　　**2008 年福建省新增、调整卷烟统一批发价格一览表**

单位：元/条

生产企业	条形码	卷烟名称	批发价格
新增品牌批发价格			
吉林烟草工业有限责任公司	6901028099783	长白山（神韵）	178.00
广西中烟工业公司	6901028015547	真龙（软娇子）	54.00
浙江中烟工业公司	6901028345941	雄狮（红硬）	18.00
安徽中烟工业公司	6901028225960	黄山（1993）	88.00
安徽中烟工业公司	6901028208352	王冠（200 支）	106
武汉烟草（集团）有限公司	6901028185356	黄鹤楼（软漫天游）	630.00
福建中烟工业公司	6901028141789	七匹狼（豪迈）	88.00
福建中烟工业公司	6901028141147	七匹狼（兰）	63.00
福建中烟工业公司	6901028141260	七匹狼（醇典）	178.00
福建中烟工业公司	6901028141291	金桥（英伦奶香）	88.00
福建中烟工业公司	6901028140591	金桥（红国际）	108.00
福建中烟工业公司	6901028138932	七匹狼（圣典）	540.00
福建中烟工业公司	6901028140317	七匹狼（红金）	108.00
南昌卷烟总厂	6901028134767	金圣（黑带）	135.00
山东中烟工业公司	6901028150064	一枝笔（宏图）	88.00
山东中烟工业公司	6901028156486	哈德门（王府）	63.00
湖北中烟工业公司	6901028179553	红金龙（硬特醇）	63.00
北京烟厂	6901028071475	中南海（5mg）	80.00
武汉烟草（集团）有限公司	6901028185400	黄鹤楼（软论道）	400.00
湖南中烟工业有限责任公司	6901028196697	白沙（新精品）	72.00
贵州中烟工业公司	6901028037938	贵烟（多彩）	88.00
云南玉溪红塔集团	6901028315432	红塔山（硬经典 100）	88.00
川渝中烟	6901028035835	长城 132	42.00
川渝中烟	6901028028837	天下秀（金）	36.00
川渝中烟	6901028025645	娇子（时代阳光）	72.00
江苏中烟	690102830025	南京（绿）	45.00
江苏中烟	6901028314602	威斯（兰）	95.00
江苏中烟	6901028314572	威斯（红）	95.00

续表 6—6

生产企业	条形码	卷烟名称	批发价格
批发价格调整品牌			
广西中烟	6901028011082	硬盒甲天下(富)	36.00
广西中烟	6901028015424	硬盒真龙(娇子)	45.00
贵州中烟	6901028036962	硬盒佳品黄果树	45.00
红云	6901028045490	硬盒柔和茶花(94mg)	61.00
上海	6901028075022	软盒中华(1号)	550.00
上海	6901028075022	软盒中华(2号)	550.00
上海	6901028075022	软盒中华(3号)	550.00
福建中烟	6901028138369	硬盒七匹狼(豪情)	45.00
湖北中烟	6901028180405	软盒红金龙(九州腾龙红)	45.00
湖南中烟	6901028191142	硬盒白沙	45.00
湖南中烟	6901028193504	硬盒芙蓉王	206.00

第七章　烟草专卖管理

20世纪90年代开始，福建省烟草行业抓住《中华人民共和国烟草专卖法》（下称《烟草专卖法》）、《中华人民共和国烟草专卖法实施条例》（下称《实施条例》）和《福建省烟草专卖管理办法》等法律法规实施的契机，从上自下制定配套的规章制度，开展宣传教育活动，对卷烟市场加大综合治理力度。全省的烟草专卖管理工作与卷烟销售网络建设同步进行，在卷烟销售下伸网点配备烟草专卖人员，从事卷烟市场管理。1999年，全省初建100个专卖管理所，在此基础上，健全专卖管理所的建设，对卷烟零售户实行户籍化管理。同时，进行卷烟市场整顿，提高专卖管理工作的整体水平。进入21世纪，福建省烟草行业与全国烟草行业一样，面临着市场经济带来的压力，烟草专卖管理工作逐步由权力导向型的刚性管理向规则导向型的柔性管理转变，管理中，全面实施"内管外打"（对内规范队伍管理，加强对专卖管理人员的素质教育；对外打击走私、打击假冒伪劣卷烟），制订、实施系统的专卖管理人员行为规范，对卷烟市场进行合理化布局，对卷烟零售户实行户籍化和诚信管理，烟草专卖管理工作开始从粗放型向精细化转变。2005年，开始对烟叶复烤企业实施内部专卖管理监督。之后，监管严格的长效机制日趋健全，促进了卷烟市场正常有序的发展。

第一节　政策规章

1991年，省局规定：走私卷烟由省级以上烟草专卖局指定的烟草公司统一收购，伪劣冒牌走私烟没收并公开销毁。省局每月应将罚没走私烟的数量品种，收购价格上报国家烟草专卖局；销售处理的走私烟必须加注明显标志。此后，又规定销售走私卷烟必须在指定的国营零售单位设专柜公开销售，价格不得高于寄售烟，以人民币结算。对查获的走私烟用丝束应由国家烟草专卖局按规定价收购处理。省局还在镇以上国营商店设立处理走私烟销售专柜，公开限量供应，并规定销售数量要上报省局批准。

1992年元月1日，《烟草专卖法》正式施行。省局要求从以下四个要点贯彻该法：一是烟草专卖品的界定范围，确认了烟草专卖许可证和准运证制度是烟草专卖品管理的一项重要基本制度。二是烟草专卖管理体制双重领导以上一级主管部门领导为主的原则和对烟草专卖品实行国家计划管理为主的方针。三是烟叶和烟草制品价格管理权、烟草进出口管理措施、维护消费者利益和健康的原则，烟草生产经营活动与违法的界限，烟草专卖处罚依据。四是《烟草专卖法》的施行是企业从事生产和业务经营活动的保障。10月，福建省开始实施国家烟草专卖局第二号令颁发的《烟草专卖行政处罚规定》，共20条。贯彻中，省局强调五方面：（1）烟草专卖行政主管部门查处违反《烟草专卖法》行为事件时可行使下列职权：询问违法案件当事人、嫌疑人和证人；检查违法案件当事人的财物，对其中的烟草专卖品可扣留；调查违法案件当事人的行为和有关的活动，查阅、复制、扣留违法活动有关的合同、发票、账册、单据、记录、文件、业务函电和其他资料。（2）可会同有关部门在车站、码头及交通要道对非法运输烟草专卖品的活动，依法进行检查。（3）省级以上烟草专卖行政主管部门可根据需要设立派出机构或派驻人员，依法查处重大违法案件。（4）无证批发包括：无烟草专卖批发企业许可证的单位或者个人，一次销售卷烟超过49条或者价值1000元以上的以及向领有烟草专卖零售许可证的单位和个人提供货源的。（5）违反《烟草专卖法》关于烟草专卖品生产、经营、运输、进出口管理规定者，视其情节轻重，分别给予警告、销毁、收购、罚款、没收违法烟草专卖品和违法所得、责令停产停业整顿或关闭、吊销烟草专卖许可证等处罚。

　　1993年元月，省局转发国务院颁发的七号文件《关于进一步加强烟草专卖管理的通知》，提出五条意见：一是在《实施条例》未发布前，烟草专卖行政处罚按《烟草专卖行政处罚规定》执行。二要禁止以各种名义兴办新烟厂，包括合资厂（车间）和所谓"外向型"烟厂，未经国家批准的一律取缔。卷烟工业要严格按国家计划均衡组织生产，保持供需总量基本平衡。三要坚决采取措施对盲目发展烟叶生产的势头实行控制。烟叶收购计划和烟叶种植控制指标均由国家局下达，各地要坚持"以销定购、以购定产"的原则，坚持"品种优良化、生产规范化、种植区域化"。要与烟农签订收购合同，对超计划收购的烟叶税金要全部上缴中央财政，且价格向下浮动20％。对烟叶的产品税也采取相应的措施。四要切实加强卷烟市场管理，卷烟批发市场要由国家或省级烟草部门审批，已开办的要进行清理。五要加强对专卖许可证和准运证的检查管理，查处无证经营、无证运输和非法倒卖的违法行为。查获的走私烟应由当地县以上烟草公司收购和拍卖，查获假烟应公开销毁。

　　1993年2月，省局在转发国家烟草专卖局《关于烟草制品流通中委托批发的规定》中指出：未组建烟草公司的市、县级烟草部门没有下伸批发网点的地区，可由上一级烟草公司委托国有、集体商业企业经营烟草制品批发业务。市、县级烟草必须持有省级烟草专卖局批发企业许可证；县级以下的批发网点所持的委托书由县级委托。4月，铁道部、国家经贸委、国家烟草专卖局联合发出《关于确保烟草专卖品运输的通知》。据此，福建省要求将烟草专卖品的运输纳入重点物资运输综合协调的范围，做到运输计划、配车、装车、挂运"四优先"。还要求各级烟草专卖局对烟草专卖品的运输要严格执行准运证制度。8月，省局转发经国务院同意的国家经贸委《关于调整烟叶经济政策实施方案请示的通知》的原则，采取措施控制烟叶生产、调整烟叶收购价格，调整烟叶产品税税率和开放烟叶调拨价格；并要求在加强烟叶专卖管理的同时，逐步向"以销定产、以购定产"过渡。9月，省局在贯彻国家烟草专卖局关于卷烟打私打假的有关会议精神时强调：禁止直接从走私贩私分子手里收购走私的烟草专卖品和"专供出口"而未出口的卷烟。烟草专卖部门在路上检查、市场管理中严禁以罚代法、罚过放行。如有徇私舞弊、渎职、贪赃枉法的，应受党纪国法处理。此外，省局分别下发《关于恢复烟草制品邮寄业务的通知》、《关于加强工业烟用滤嘴材料专卖管理的通知》、《关于烟草行业全民所有制工业企业转换经营机制的实施意见》和《关于走私罚没卷烟管理有关补充规定》，并先后关闭了福安赛岐、仙游枫亭两个由地方政府批准的卷烟批发市场。邮局恢复每次可邮寄卷烟或雪茄烟一件两条。对卷烟工业的烟草滤嘴材料规定由中国烟草进出口公司统一对外询价、谈判、成交，统一安排客户、分配货源并实行进口许可证管理和准运证制度等。同时，规范了罚没卷烟的质量检查、技术鉴定以及没收前送检、存放等做法。全省各卷烟工业在转换经营机制中的经营自主权、自负盈亏责任、企业变更、终止和法律责任等都做到了有章可循。

1994年1月，省局在制止带有"专供出口"字样的卷烟转国内市场销售的通知中，严令禁止各烟草生产企业将"专供出口"卷烟调给卷烟经销单位，并规定将查获的"专供出口"卷烟按走私烟处理。3月，又规定打私打假的有关案件需经所在单位审阅签署意见后，报省局审核鉴章。对假冒伪劣卷烟的鉴定，应由厂家或省级烟草质量检测站检测。假烟处理时间以2个月为限。兑奖案卷应具备现场照片、笔录、处理决定书、鉴定说明、现场记录等项内容。5月26日，中国烟草进出口总公司对下属福建进出口公司的《关于我司负责全国烟草专卖品对台贸易的报告》中，明确了由该公司具体负责全省烟草专卖品对台贸易的经营权。并对该报告明确批示："你省的烟草专卖品的进出口贸易，包括对台贸易，贵司有权经营"。是年，省局着手规范全省卷烟打私打假的问题。6月20日，省局下发《关于系统内单位购进和销售假冒商标卷烟处理的有关规定》，该规定主要有：凡属系统内单位购进假烟的，10万元以下由省局处理并报国家烟草专卖局备案；50万元以上的由国家烟草专卖局处理。对各级查获的卷烟，价值超过10万元的，必须先报国家烟草专卖局同意并凭其通知方可到厂家办理奖励事宜。是年12月12日，省局经批准下发《处理罚没走私烟定点企业（批发）名单》，全省共设省局，福鼎、闽诏2个贸易中心、9个烟草分公司共12个处理罚没走私烟定点批发企业（附录2）。12月14日，国家烟草专卖局、公安部、国家工商局和海关总署联合发布《关于严厉打击卷烟走私整顿卷烟市场的通告》。

1995年3—5月，省局在《关于扣留没收非法进口卷烟处理问题的通知》等文件中规定：（1）扣留非法进口卷烟要就地封存、没收非法进口卷烟应委托国家烟草专卖局设立和授权的卷烟拍卖行和省政府指定并经国家烟草专卖局认可的拍卖行公开拍卖。对拍卖程序，竞买人的资质、拍卖价格以及省际运输、销售标志等也进行了规定。（2）针对各地查处违法案件在手续和程序上存在的问题，省局按国家烟草专卖局《关于烟草行政执法管理机关行政处罚程序的通知》，规定了烟草专卖行政管理机关行政处罚的管辖、行政处罚、行政复议、执行、结案归档、办案纪律等八章58条内容。同时停止执行1988年5月20日国家烟草专卖局印发的《烟草专卖管理机关查处违章案件程序》。同年 8 月，省局下发《关于烟草专卖行政管理机关管辖案件的级别权限规定》，《规定》强调处罚金额在 5 万元以下或违法经营额在 20 万元以下的由县（市）级烟草专卖局负责审批处理，处罚金额在 10 万元以下或违法经营额在 50 万元以下的由地（市）烟草专卖局负责审批并报省一级烟草专卖局备案。处罚金额在 20 万元以上或违法经营额在 50 万元以上的报省级烟草专卖局审批，并报国家烟草专卖局审批或备案。案件应在立案后十日内上报。9 月，省局颁发《关于查处闽产假冒牌卷烟的奖励规定》，查获假冒闽产各牌号卷烟的，由省局及卷烟生产厂家各奖 1 元/条（次年规定由省局统一支付 2 元/条），查获一家 YJ－13、YJ－14 型号卷烟机械设备并在现场查获假冒闽产烟的，省局奖励 3 万元，其他设备奖励由烟厂自行规定奖励办法，同时宣布省局以往发布的有关文件作废。

1996 年 1 月 10 日，省局、省工商局在转发国家烟草专卖局、国家工商行政管理局《关于清理整顿卷烟批发交易市场的通知》的文件中重申：开办卷烟批发市场应按照国务院 7 号文件《关于进一步加强烟草专卖管理的通知》的规定，由国家局、省局统一定点、审批，并到当地工商行政管理部门办理市场登记手续。否则，必须坚决予以取缔，并规定对实行"卷烟打假"企业可按规定得到奖励。3 月，省局发文规范烟草制品的生产过程。28 日，省局在转发国家烟草专卖局《对违反〈烟草专卖法〉有关问题和处理决定的通知》中，要求各卷烟厂增添新设备要按级申报，经批准后向国家烟草专卖局定点厂家购买。旧的烟草机械，要列单造册申报上级主管部门，经批准后方可处理。对生产的下脚料（烟片、嘴棒、不合格的商标纸）要集中加工处理。

1997 年 4 月，在整顿卷烟进出口秩序的工作中，省局规定：严禁委托外商或外商推荐的报关、运输单位在境内运输、报关；出口单位所在地有出境海关的，严禁异地报关。对客户要建立档案，加强跟踪，实行抵押金制度。报关进出口总公司审查的合同必须先经所在省局（公司）审查。烟草系统在境外设置机构一律经国家烟草专卖局批准。7 月 3 日，《实施条例》以中华人民共和国国务院第 223 号令正式发布实施。《实施条例》共有 11 篇 70 条，将《烟草专卖法》的立法原则、精神、宗旨体现在更加具体的条文中，从烟草专卖许可证的申请、烟草专卖品的生产、销售、运输、进出口以及监督检查等方面进行细化；《实施条例》还对烟草专卖执法中遇到的难以解决的问题及时提出了明确的解释，增强了可操作性。重申烟草专卖是指国家对烟草专卖品的生产、销售和进出口业务实行垄断经营、统一管理的制度，对执法机关的执法行为作了明确规定和约束要求，对烟草执法过程中的许多程序、规范都作了明确规定。省局把它渗透到烟草专卖管理、国有资产管理、生产经营活动等方面，1998—2002 年，省政府及烟草系统在实施《烟草专卖法》和《实施条例》中，从以下四个方面制定配套制度。

一是专卖管理行为配套规定　1998 年，省局下发《关于烟草专卖行政复议机构职责范围和复议工作程序的规定（试行）》。规定了烟草行政复议机构需具备法律专业和烟草行政专卖管理知识的人员组成，其职责范围是审查烟草行政复议申请是否符合法定条件、向行政争议双方单位及有关人员调查取证复查、组织审查复议案件受委托出庭应诉、指导和监督下级应诉工作以及处理领导交办的其他有关行政复议事项等六方面工作。同时出台《福建省烟草专卖行政管理机关行政处罚案件听证程序（试行）》，其内容含总则、听证机关、听证人员、听证参与人及听证举行等 6 章 46 节内容。根据国家烟草专卖局《关于强化烟草行业内部专卖管理若干规定（试行）》，省局规定：（1）烟草专卖管理实行局长负责制。（2）持有烟草专卖许可证的烟草专卖品生产、经营、进出口企业，须按规定的品种、范围、期限生产和经营。（3）烟草行业内单位和个人不得为行业外企业或个人违法生产经营烟草专卖品提供方便和条件。（4）烟叶种植、收购、复烤、加工、保管、调拨、购销实行计划管理，按规定渠道购进、销售烟叶、复烤烟叶、烟丝。（5）创办烟叶基地由省局统一安排。（6）省际调剂烟叶由中国烟叶生产购销公司安排。（7）出口烟叶合同须经中国烟草进出口总公司审核批准。（8）持有烟草专卖许可证的烟丝厂所需烟叶，由省局负责供应。（9）烟草制品生产实行计划管理。（10）卷烟购销业务须按规定范围、渠道开展，省际的卷烟交易通过中国卷烟批发市场进行。（11）烟草公司多种经营企业一律不得从事烟草制品批发业务。（12）建立省级卷烟批发市场须经国家烟草专卖局批准，实行属地专卖管理。（13）进口卷烟业务由中国烟草进出口总公司统一负责。（14）出口卷烟由中国烟草进出口总公司按有关规定统一负责经营。（15）烟草专用机械（下称烟机）生产实行计划管理，按规定范围和渠道销售产品。（16）烟机进口、调剂、淘汰须经国家烟草专卖局批准。（17）烟机定点企业和卷烟厂应加强对技术资料和干部、职工（包括离退休人员）管理。（18）烟用滤嘴材料、卷烟纸生产企业须按规定的范围和渠道销售产品。（19）烟用滤嘴材料实行进口许可证管理。（20）依法没收的走私烟草专卖品实行拍卖制，竞买主体为有经营权的烟草公司及经国家烟草专卖局批准的烟草制品生产企业。（21）省局对调运没收走私的企业和数量实行严格控制，地市级、县级烟草公司一次性购入量最高限额分别为 500 件和 1000 件。（22）各级烟草专卖局对持有合法、有效的烟草专卖品准运证运输烟草专卖品的，应予以保护。（23）烟草专卖品准运证实行分级审批制度。按国家局《烟叶专卖管理办法（试行）》，省局对《烟草专卖法》及其《实施条例》关于烟叶种植、收购、加工和经营活动等专卖管理规定进行细化。规定了烟叶专卖管理实行分级属地方式、实行收购许可证管理；与烟叶种植者签订烟叶种植收购合同，在规定区域内按合同、国家标准及价格收购以及调度、调剂烟叶复烤厂规工、委托加工运输、进出口技术合作等。9 月，省局陆续下发《关于地产中高档卷烟加贴专卖防伪标识销售的通知》等，规定在继续搞好省外烟"贴标"销售的基础上，按时完成对地产中高档卷烟（除红七匹狼、红石狮外）实行加贴专卖防伪标识销售。对省外烟和地产中高档卷烟，保证"贴标"率达到 100%。对卷烟贴标销售工作实行法人代表负责制，把专卖防伪标识视同商品管理，做到专人负责、管理、监督和日清月结工作制度。下半年又规定了新版标识启用时间、特征；管理要求以及管用分离、专人负责、日查月结等制度，旧版标识停止使用。9月，省局转发国家烟草专卖局《关于坚决维护国家烟草专卖制度立即制止烟草市场地方封锁的通知》。要求全省行业不得制定与国家有关法律、法规和国家规章制度相抵触的规定，不得利用准运证、防伪标识和专卖标识的管理和使用来限制辖区内有经营权的烟草公司到省外采购香烟。是年，省局开始执行国家烟草专卖局第3号令《烟草专卖行政处罚程序规定》。1999年1月，省局转发国家烟草专卖局发布的《烟草专用机械专卖管理办法（试行）》，主要的内容包括10项：（1）烟机专卖管理实行分级属地管理。（2）省级烟草专卖局对辖区内的烟机生产企业派驻驻厂员。（3）取缔辖区内非法烟机经营企业。（4）烟机研制须经国家烟草专卖局批准立项。（5）烟机及其特定部件生产、经营及大修理企业须申领烟草专卖许可证。（6）关停并转烟草专卖品生产企业的烟机调拨。（7）出售、购进、转让、淘汰烟机须经国家或省级烟草专卖局批准。（8）运输烟机须持有准运证。（9）烟机进出口业务由中国烟草进出口总公司统一负责。（10）违反有关规定需接受处分。2月，省局转发国家局发布的《卷烟纸专卖管理办法》，并明确省内卷烟纸专卖管理机构和职责、卷烟纸计划管理、国产卷烟纸专卖管理、卷烟纸进口专卖管理、卷烟纸的运输等问题。是年，省局先后制定《卷烟专卖防伪标识使用管理暂行规定》、《卷烟专卖防伪标识使用统计季报表》、《卷烟专卖防伪标识定货清单》及《卷烟专卖防伪标识底版销毁清单》等规章，并规定全省专卖防伪标识由销售部门转交专卖部门负责管理，对防伪标识实行专卖局长负责制、由省局专卖管理处负责监制、发放和使用以及使用后的标识底版销毁等。并规定各级有关部门要结合市场检查、年度检查、网点建设等工作对标识的管理进行不定期检查，并规定了违规处罚制度。

二是进口卷烟监管配套规定　对特零证及进口走私烟管理方面：1997年8月20日起，省局有权审批发放特种烟草专卖经营企业许可证（零售）。1998年4月20日，省局下发《关于加强免税烟草制品专卖管理的规定》，规定：经营免税烟制品的免税店，要由省局审批并发放特种烟草专卖零售许可证，不得经营批发业务；必须在盒包、条包及箱包上加贴"免税"专门标志以及库存、存放、监督检查等有关规定，规定对非法交易摆卖进口卷烟的，一律没收并严肃处罚，防止以罚代刑。1998年5月制定《关于加强外国烟草公司驻闽机构烟草专卖管理的规定》，主要内容有：外国烟草公司在福建设立代表机构，必须向福建省有关部门提出申请，经过审查、批准、备案等程序；外国烟草公司驻闽代表机构从事与进口卷烟有关的各项经济活动，必须符合中国法律法规；外国烟草公司驻闽代表机构履行与进口卷烟相关产品介绍、信息联络、咨询和服务等职能，不得直接或以其他变相手段进行卷烟经营活动；各外国（地区）烟草公司驻闽代表机构必须服从当地烟草专卖局的检查、监督和管理；外国卷烟在闽的进口业务只能由中国烟草总公司福建进出口公司经营，其销售业务只能由福建省烟草公司经营；进口卷烟促销活动，必须事先与当地烟草专卖行政主管部门联系，并在规定的范围和地点内开展。8月，省工商局、省局联合发出《关于整顿卷烟交易市场秩序严厉打击卷烟走私贩私活动的通知》。

对外资外企卷烟生产经营管理方面：1998年5月，执行国家烟草专卖局对免税烟草制品的许可证申报、经营范围、计划审批、进货渠道、标识、存放仓库以及备案作出详细规定。1999年3月，省局在转发国家烟草专卖局、对外贸易经济合作部、国家工商行政管理局《关于加强外国烟草公司常驻代表机构管理的通知》中，规范对境外烟草公司在省内设立办事机构的管理，规范境外驻省内办事机构的广告、宣传和促销活动；并加强对免税烟的管理工作，规定凡在福建省范围内有此类机构的设立、延期或变更，必须由省外贸主管部门初审后报外经贸部并征求国家烟草专卖局意见后进行审批，已审批的要到国家烟草专卖局备案。2000年初，省局按照国务院的有关规定，对非正常进口卷烟，由海关、公安、工商行政管理和烟草专卖行政主管部门在其职责范围内依法进行处理。凡是正常进口的卷烟必须在箱包、条包和小包上印有"中国烟草总公司专卖"字样，免税店经营的卷烟必须有"中国关税未付"和国务院烟草专卖行政主管部门规定的专门标识；处理没收的非法进口卷烟在销售前，必须有烟草专卖行政主管部门在箱包和条包上加贴的"没收非法进口卷烟"的专用标识。进口卷烟（含处理没收的走私卷烟）运输，跨省的和省内的要分别持有国家和省级烟草行政主管部门开具的准运证。经营合法进口卷烟、免税烟的单位，必须持有烟草专卖行政主管部门核发的特种烟草专卖经营企业许可证，对企业、事业单位和机关、团体以及个人不规范进口卷烟行为的应给予处罚。各执法部门没收的进口卷烟，按照有关规定进行拍卖。

对外烟促销活动管理方面：2000年2月，省局规定：国外烟草公司常驻福建的代表机构开展卷烟促销活动应服从驻地烟草和工商行政管理部门的管理，不得以此开展卷烟经营活动。其业务报告应提前在当年1月15日前报告并经国家烟草专卖局批准。促销活动的礼品应在30天前报省局审批，其需要的卷烟应从省级烟草公司购入。

对中外合资卷烟生产企业管理方面：2000年7月，规定福建省中外合资企业厦门华美卷烟有限公司只能生产混合型卷烟，牌号为"骆驼"牌卷烟（83mm，软包及硬盒卷烟），"云丝顿"牌卷烟（83mm，软包及硬盒卷烟）；同时应按国家计划生产，按国产烟交纳消费税、增值税等税费。11月，省局取得对涉外饭店、宾馆、旅游景点的商场、旅游定点餐厅、县以上城镇的百货商场、购物中心、副食品商场超市、具有法人资格的商场等申请从事外国卷烟零售业务的审查，签发特种烟草专卖经营企业许可证的权力。2001年元月，经国家烟草专卖局同意，福建省可销售厦门华美卷烟有限公司生产的混合型"骆驼"牌卷烟（含83mm软包、硬盒卷烟）、混合型"云丝顿"牌卷烟（含83mm软包，硬盒卷烟），并按国产卷烟交纳消费税、增值税等税费，卷烟产品由烟草公司系统进行销售。2002年元月，省局对全省各地免税店经营的卷烟、雪茄烟加贴国家烟草专卖局规定的专门标识，对没有加贴标识的卷烟依照《烟草专卖法实施条例》第67条予以查处。

三是卷烟打私打假配套制度 1998年12月2日，省局发出《关于进一步加强打击卷烟走私工作的通知》，规定：凡境外烟草公司在闽设立办事机构的，必须由省外经贸委征得省局同意方能批准。已设立的，要进行清理整顿。一律停止保税区卷烟转口贸易。对进口卷烟实行总量控制。各执法部门没收的卷烟必须纳入专卖管理渠道，由烟草拍卖行拍卖处理。同时继续整顿国家卷烟出口秩序。对市场摆卖的非法卷烟一律没收。1999年7月，省局与省工商局联合发出《关于严厉打击制售假冒商标卷烟活动的通知》，规定卷烟批发业务企业必须经省级以上烟草专卖行政主管部门批准，并经工商行政管理部门核准登记。11月，省局发出《关于制止非法购销烟叶的紧急通知》。11月16日，省局在打击制售假冒商标卷烟行动中提出"以我为主、不等不靠"的指导思想和"斩草除根、除假务尽"的目标，要求严厉打击"假私非（非法生产）超（超产）"四种烟，并对烟草专卖管理所基础设施配套、人员配套和经费保障等硬件建设作了规定。与此同时，省局拨出资金用于对制售假冒商标卷烟活动耳目举报的奖励，并把清理整顿综合市场内的非法卷烟批发摊点和批发大户作为烟草专卖工作的重点。要求各烟厂严格执行调度令，把卷烟库存降到最低。2000年2月12日，省高级人民法院、检察院、公安厅颁发《关于依法从重从快打击制售假冒牌香烟犯罪的意见》，对卷烟制假犯罪触犯《刑法》中所涉罪名的犯罪金额计算，制假房主、采购、销售、运输、制假技术人员、对制假提供帮助、屡教不改者、知情不报的、作伪证以及司法工作人员徇私舞弊、玩忽职守情节严重等的量刑惩处办法作了规定。同月，省局大力宣传贯彻国务院批准发布的《关于严厉打击卷烟走私整顿卷烟市场的公告》，下发《关于严厉打击卷烟走私整顿卷烟市场的通知》，重申以下内容：一、机关团体、企事业单位及个人走私卷烟或非法收购、运输、邮寄、贩卖、窝藏走私卷烟和其他非正常渠道流入市场进口卷烟的，由海关、公安、工商行政管理部门依法处理，为走私、贩私活动提供藏匿、运输和邮寄等构成犯罪的应依法予以处罚。二、正常进口卷烟、处理没收非法进口卷烟、免税店经营的卷烟应印有专门标识。三、境内跨省运输或省内运输进口卷烟及走私卷烟，超过规定数量邮寄的进口卷烟，必须持烟草专卖行政主管部门开具的准运证。四、经营合法进口卷烟、免税区的单位，应持有烟草专卖行政主管部门核发的特种经营许可证。五、各执法部门没收的进口卷烟，应按规定由持有国家烟草专卖局换发的，具有此类经营品种的特种烟草专卖经营企业许可证的单位进行拍卖。六、对已成为非法集散地和销售场所的市场要坚决予以取缔。1994年10月16日，《关于严厉打击卷烟走私整顿卷烟市场的通知》予以废止。5月，省局下发《关于搞好烟叶收购问题的通知》。通知要求按省局核发的收购站点，按计划、按合同、按国家标准和国家价格政策收购烟叶，做到统一政策、统一做法，不准在毗邻县、市的边界设烟叶收购点，不准跨地区、跨边界抢购烟叶。各级烟草专卖机关在执法过程中查获的涉嫌走私案、走私违法案及违反海关监管规定的案件应交由所在地公安机关统一处理。6月，福建省规定：地方公安机关（包括公安边防部门，下同）、工商行政管理、烟草专卖部门等执法机关在执法过程中查获的涉嫌走私犯罪、走私违法以及违反海关监管规定的案件（统称涉嫌走私案件），交由所在地的海关统一处理，属于公安管辖的走私案件或者以上其他执法机关管辖的其他案件依据各自的职责权限办理以及移送走私案件的级别、程序、时间界限、移交内容、办案经费、奖金支付等 15 个问题。7 月，《福建省烟草专卖行政管理机关行政处罚及行政复议程序规定》正式出台，其内容含总则、管辖和运用、检查和立案、调查取证、听证和告知、案件审批、处罚决定、违法物品处理、行政复议、执行、结案归档以及举报奖励等共十三章七十七条，全面规范了全省烟草行政执法工作。8 月 1 日，省局对各级烟草专卖稽查执法行为提出要求：除了在卷烟打假活动期间由县级人民政府组织公安、工商、质量技术监督和烟草专卖等部门共同设立临时检查站（点）外，不得另立检查站或设卡。2001 年 3 月 19 日，省局制定《处理罚没烟草制品的管理办法》，规定：一是指定福建省烟草拍卖行为处理全省罚没及走私烟草专卖品的职能部门。二是罚没的烟草制品，均需按《福建省烟草专卖行政管理机关行政处罚及行政复议程序规定》的要求填写"卷烟质量鉴定委托书"。检测报告原件交省局专卖管理处。属"真品"的，应按规定办理有关手续。三是进入拍卖程序前，各有关单位应向省烟草拍卖行提供五个方面的相应手续。四是若同意本地的企业参与罚没走私卷烟竞买的，应符合有关条件，出具书面函件。五是凡在省内销售的罚没走私卷烟一律加贴由省局统一印制的"罚没"走私烟专用标识和当地专卖防伪标识。省内运输凭准运证和省烟草拍卖行的发票通行。12 月 3 日，省局下发《福建省打击制售假烟专项行动举报、办案规定》，规定了对举报、查获制假工具和原辅材料的集体（个人）的奖励标准。

四是市场管理配套规定 1997 年 9 月 23 日，省局要求对各级驻京办进行清理。已经建立未办手续的要补办，并规定不得擅自在京经营卷烟批发和零售业务；不得委托代理；运输卷烟时要办理准运证；重大促销活动要报批。1998 年 11 月 6 日，省局重申在 2000 年底前取缔全国所有卷烟自由批发市场的工作目标。并规定如出现新的卷烟批发市场的，当地烟草局长要引咎辞职。2000 年 1 月，省局根据国家烟草专卖局的工作部署，对烟草专卖工作提出"一要规范、二要改革、三要创新"的工作重点。2001 年 4 月 18 日，省局对全省卷烟零售户实行户籍化管理，烟草专卖管理工作以"管理到户、服务到户、宣传到户"为标志，通过建立卷烟零售户档案、分片包干、责任到人，实行长效动态管理，实现管理与服务的有机结合。省局对户籍化管理对象、内容、实施步骤以及措施进行全面的规定。6 月，国家烟草专卖局在全国启动卷烟零售户户籍化管理工作。同月，省局决定在全省范围内设立户外宣传牌。统一由省局制作光盘下发各单位，规定设置地点是国道、省道、大中小城市主要街道、进出路口和流动人口密集区域。在数量方面，每县 5～10 块。7 月，明令禁止烟草公司设置自动售烟机。12 月 12 日，省政府打击制售假烟专项行动领导小组制定《福建省涉假重点产品、重点区域、重点市场进行综合整顿和规范目标》，明确规范达标的三个条件，其一是，查处卷烟制假的案件不多于 8 起（以乡、镇为统计区域），其中 5 万元以上的案件不多于 2 起；其二是查处后再犯制售假烟的不多于 2 家；其三是在当年内使福建机械化制造假烟的势头得到基本遏制。在措施上有四个方面：一是配合政府参与制定具体的整顿和规范及限期治理的措施和目标，把"打假"工作列入近两年的工作计划。二是市、县

（区）政府要有区域内制假售假企业分布图及资料。三是做到治理一类产品，整顿一个行业，规范一个市场。四是群众举报、制假企业及举报投诉明显减少，群众对重点区域的整规结果表示满意。2002 年 2 月，省局规定：生产经营烟丝必须领取烟草专卖生产企业许可证。对无证生产烟丝的作坊作为专项清理整顿的重点。对于企业生产经营不规范、不正常，向制假窝点提供烟丝、烟叶或产品没有市场需求的、处于停产、半停产状态的，要取消其生产资格。对无烟草专卖生产企业许可证而生产烟丝的作坊，予以关停。7 月 31 日，省政府在《关于整顿和规范全省市场经济秩序工作"十五"计划》中，对开展卷烟打假专项斗争的内容有：（1）目标任务：严厉打击制售假烟、非法倒卖拼装烟机、非法经营原辅材料、非法收购烟叶行为；彻底摧毁本省境内的制造假烟窝点和销售网络，依法从严从重惩处违法犯罪分子，尽早摘除以云霄、南安为代表的制售假烟"重灾区"的"帽子"。（2）工作重点：卷烟制假重点区域为：云霄、龙海、漳浦、平和、诏安、南安、安溪、晋江、惠安、永定等县（市）。卷烟售假重点市场：城镇长途汽车站周边市场、火车站周边市场、集贸市场。假烟运输重点线路：厦门、泉州、郭坑火车站，324 国道漳州段。假烟出口重点口岸：厦门口岸、福州口岸。打击重点：为制假违法犯罪活动通风报信、充当"后台"和"保护伞"的国家机关及司法机关的工作人员；"以假养黑、以黑护假"的黑恶势力团伙；制售假烟、非法拼装倒卖烟机、非法经营原辅材料、非法收购烟叶违法犯罪活动的组织经营者；团伙案件的为首分子和重大涉假案件的在逃人员；重大暴力抗法案件的首要骨干分子。（3）整顿和规范全省卷烟市场经济秩序分三个年度安排工作。

2002 年 10 月 1 日，经省政府第 43 次常务会议审议通过的《福建省烟草专卖管理办法》（全书重要文件辑录 2）开始实施。为了使《烟草专卖法》、《实施条例》的部分条款更具有针对性和可操作性，省局经过数年的调研、论证，为省政府立法提出了参考意见和建议。《福建省烟草专卖管理办法》按照有关要求，在法定内容许可范围内，针对福建省的实际情况，着重对以下几个问题作了细化和完善：一、关于对无证经营行为的处罚问题。根据《烟草专卖法》及其《实施条例》规定，对无烟草专卖零售许可证经营零售业务违法行为的处罚主体为工商行政管理部门。虽然法律、法规未赋予烟草专卖行政主管部门对无烟草专卖零售许可证经营烟草制品零售业务违法行为的行政处罚权，但可以通过由工商行政管理部门委托烟草专卖行政主管部门代为行使。为此，在《办法》第二十三条、第三十三条对此作了相应的规定。二、关于销售非法渠道进货卷烟违法行为的处罚问题。《实施条例》虽然规定了取得烟草专卖零售许可证的企业或者个人，应当在当地的烟草专卖批发企业进货，但是对销售非法渠道进货卷烟的行为却未作规定。在《福建省烟草专卖管理办法》第十四、三十条规定取得烟草专卖零售许可证的企业或者个人，不得销售非当地烟草专卖批发企业提供的烟草制品。违反《福建省烟草专卖管理办法》第十四条规定的，由烟草专卖行政主管部门责令停止销售，依法没收违法所得，处以销售货值 20％以上 50％以下的罚款，但罚款总额最高不超过 3 万元，并可依法收购违法经营的烟草制品。三、关于打击非法生产卷烟、雪茄烟违法行为的，《福建省烟草专卖管理办法》参照最高人民法院、最高人民检察院《关于办理生产、销售伪劣商品刑事案件具体应用法律若干问题的解释》作了规定：一是从源头上对生产卷烟、雪茄烟及制售假冒卷烟行为予以控制，《福建省烟草专卖管理办法》第五条、第二十四条对烟叶的收购管理及非法收购烟叶的责任追究作了相应规定；二是从生产经营环节上加强管理，《福建省烟草专卖管理办法》在第七条、第二十六条中对生产、销售非法生产卷烟、雪茄烟或向制假者提供原辅材料，烟草专用机械、特定烟机部件、生产场所及便利条件的行为进行责任追究；三是从行政执法提高行政效率方面，《福建省烟草专卖管理办法》第十三条针对实践中在销售环节查获的少量非法生产卷烟的鉴别问题，明确了可由烟草专卖行政主管部门直接作出鉴别结论，但当事人对鉴别结论有异议的，烟草专卖行政主管部门应当送法定的烟草质量检测机构检测，这样不仅提高了行政执法的效率，同时也保障了当事人的合法权益。四、关于对非法运输烟草专卖品活动的检查问题。烟草专卖行政主管部门，可以单独或会同有关部门对违法运输烟草专卖品的活动进行检查处理。并在《福建省烟草专卖管理办法》第十九条作了相应的规定，烟草专卖行政主管部门可以根据举报或者取得证据对涉嫌非法运输烟草专卖品的车辆，依法进行检查、处理。

《福建省烟草专卖管理办法》实施后，福建省烟草系统规范烟草专卖管理工作。2002年8月29日，省政府转发省局、公安厅联合发出的《福建省烟草、公安部门关于联合打击制售假烟违法犯罪活动工作制度》，建立完善了卷烟打假工作机制。2002年11月，根据《福建省烟草专卖管理办法》的规定，省工商局与省局对委托执法的可行性达成共识，订立《关于开展委托执法取缔无证经营烟草制品零售业务的工作意见》，明确规定未取得烟草专卖零售许可证从事烟草制品零售业务的，由工商行政管理部门或者工商行政管理部门委托烟草专卖行政主管部门进行处罚。全省71个设区市（县）区的烟草行政主管部门和工商行政管理机关主要负责人签订行政执法委托书。福建省烟草系统取得工商行政管理系统的委托执法权。

2002年11月，国家烟草专卖局同意福建省在国内经营的免税卷烟雪茄烟加贴烟草专卖标识的操作方案。

2003年1月，在中国免税品（集团）总公司提出的在42个进口卷烟品牌盒包上实施加贴烟草专卖标志，并规定在当年6月后对没有加贴标识的，依照《实施条例》第67条予以查处。5月，省局经过一年试行的《罚没零散卷烟处理办法》正式实施。其内容：（一）执法机构一次罚没的单一品种、单一规格总量在100条以下（含100条）的卷烟交由省烟草拍卖行统一处理。在当地有罚没卷烟经营权的定点零售商店变卖。（二）各级烟草专卖局成立卷烟质量鉴定小组和价格审定小组。对于非法生产的卷烟，50条以上交由二级以上烟草质量监督检测部门鉴定。执法部门委托变卖罚没零散卷烟应提供《拍卖委托书》、《处罚决定书》、《真伪鉴别书》、《价格审定书》等相关手续。同年5月21日，福建省统一对非法渠道流入的地产卷烟的处理标准。对单一品种、单一规格、数量在100条（含100条）以上的非法渠道地产卷烟均交省烟草拍卖行拍卖。100 条以下的按原零散罚没卷烟管理办法的规定执行。同时，对罚没卷烟的拍卖程序、零售商店（当地海晟公司）、收购价格、批零差率以及贴罚没标识等作了统一规定。

2003 年 1 月 23 日，国家烟草专卖局和公安部在北京召开卷烟打假第一次（部级）联席会议。会议要求各级烟草、公安部门要落实联合打假工作制度，实现卷烟打假从遏制向根治转变。会议决定：（1）在福建、广东等卷烟制假重点地区组织区域性的卷烟打假行动，发挥示范作用。（2）福建等省的工作重点是深挖隐蔽的制假窝点，摧毁倒卖假烟、烟机、烟叶、印刷假烟标识的团伙。（3）开发启用跨省卷烟打假案件信息网络系统。（4）继续开展打击非法拼装倒卖烟机团伙工作。（5）协调解决对制售假烟分子追刑法律依据不足的问题。福建省烟草建立与公检法等相关执法部门打击制售假烟的长效协作机制。福建省提出要在 2004 年实现全省市场无假烟。两年后使卷烟市场净化率和市场占有率都达到 100％。4月，福建烟草系统开展对卷烟体外循环的专项治理，规定了工作目标、重点和工作制度。5月 16 日，国家烟草专卖局、公安部在联合发出的《关于严厉打击拼装倒卖烟机的犯罪活动的通知》中指出：福建、广东既是拼装倒卖烟机的重点地区，又是烟机流入的主要地区，要求两省的工作重点是健全情报网络，提高办案水平，突破大案要案；梳理有关拼装倒卖烟机案件和卷烟的制假案件，找出烟机零部件的来源。6月，省局下发《福建省烟草专卖品准运证管理细则》（以下简称《细则》），共 31 条规定。《细则》规定，凡运输烟草专卖品必须持烟草专卖品准运证，并办理发货收货的相关手续。根据国家烟草专卖局的授权和委托，省局、厦门市烟草专卖局以及龙岩、三明、南平三个烟草专卖局具有各自权限的烟草专卖品准运证的签发权。按照分级管理、属地管理的原则，省局委托各设区烟草专卖局代签发辖区内运输的卷烟、雪茄烟准运证。龙岩、三明、南平三烟区委托所属县（市）级烟草专卖局代签辖区内运输的烟丝、烟叶和复烤烟叶的准运证。并对办理准运证的条件、程序及时间限制、准运证保留期限以及处罚等作出相应规定。8月，省检察院、监察厅、公安厅、省局联合发出《关于严厉打击卷烟制假活动的通知》，强调要认真解决制售假烟案件查处工作中遇到的后台、"保护伞"问题。全省公开举报电话，设立举报信箱，接受群众来信来访，广辟案源线索。规定重大案件要由主要领导负责，抽调精兵强将，实行专案专办。对案情特别重大、情况复杂、阻力较大的案件，可采取异地用警、异地关押、异地办案的方法开展工作。烟草专卖部门要积极提供有关案情线索，并在经费方面予以必要的保障。与此同时，省局、公安厅正式建立联合打击制售假烟违法犯罪活动的工作制度。

2003 年 8 月 4—6 日，最高人民法院、最高人民检察院、公安部、国家烟草专卖局四单位在昆明召开办理假冒伪劣烟草制品等刑事案件适用法律问题座谈会。会上，就办理假冒伪劣烟草制品等刑事案件中的一些带有普遍性的具体适用法律问题进行广泛讨论并达成共识。12 月，最高人民法院、最高人民检察院、公安部、国家烟草专卖局下发《关于办理假冒伪劣烟草制品等刑事案件适用法律问题座谈会纪要》。福建省有关部门据此联合下发《关于办理假冒伪劣烟草制品等刑事案件适用法律问题的意见》。其内容主要有八个方面：（一）关于生产、销售伪劣烟草制品行为适用法律问题。关于生产伪劣烟草制品尚未销售或者尚未完全销售行为定罪量刑问题：生产、销售伪劣烟草制品，销售金额在五万元以上的，构成生产、销售伪劣产品罪。非法生产、拼装、销售烟草专用机械的行为，以生产销售烟草专用机械行为定罪处罚。伪劣烟草制品尚未销售，货值金额达到销售金额三倍（十五万元）以上的，以生产、销售伪劣产品罪（未遂）定罪处罚。没有标价的，按照同类合格产品的市场中间价格计算。货值金额难以确定的，按照国家计划委员会、最高人民法院、最高人民检察院、公安部1997年4月22日联合发布的《扣押、追缴、没收物品估价管理办法》的规定，委托指定的估价机构确定。对伪劣烟草制品尚未销售的也作了规定。（二）关于销售假冒注册商标商品罪的界定：1. 以明显低于市场价格进货的；2. 以明显低于市场价格销售的；3. 销售假冒烟用注册商标的烟草制品被发现后转移、销毁物证或者提供虚假证明、虚假情况的；4. 其他可以认定为明知的情形。（三）具有下列情形之一的，依照《刑法》定罪处罚：一是个人非法经营数额在五万元以上的，或者违法所得数额在一万元以上的；二是单位非法经营数额在五十万元以上的，或者违法所得数额在十万元以上的；三是曾因非法经营烟草制品行为受过两次以上行政处罚又非法经营的，非法经营数额在二万元以上的。（四）关于共犯问题。知道或者应当知道他人实施生产销售烟草制品的犯罪行为，仍实施下列行为之一的，应认定为共犯：1. 直接参与生产、销售假冒伪劣烟草制品或者销售假冒烟用注册商标的烟草制品或者直接参与非法经营烟草制品并在其中起主要作用的。2. 提供房屋、场地、设备、车辆、贷款、资金、账号、发票、证明、技术等设施和条件，用于帮助生产、销售、储存、运输假冒伪劣烟草制品、非法经营烟草制品的；3. 运输假冒伪劣烟草制品的。（五）国家机关工作人员参与生产经营伪劣烟草制品犯罪行为的，从重处罚。（六）同时构成生产、销售伪劣产品罪、销售假冒注册商标的商品罪、非法经营罪等的，依照处罚较重的规定定罪处罚。（七）明知是非法制售的烟草制品而予以窝藏、转移的，依照刑法以窝藏、转移赃物罪定罪处罚；事前与犯罪分子通谋的，以共同犯罪论处。（八）以暴力、威胁方法阻碍烟草场地执法人员依法执行职务的，以妨害公务罪定罪处罚。煽动群众暴力抗拒烟草专卖法律实施的，以煽动暴力抗拒法律实施罪定罪处罚。

2004年4月，省局下发《福建省卷烟促销活动管理办法》，规定：一、卷烟促销活动组织者应是持有烟草专卖生产企业许可证、烟草专卖批发企业许可证的企业及外国烟草公司的办事机构。二、促销活动实行"谁组织、谁报告"的分级报告制度。在促销活动开始前十日应向烟草专卖管理部门提交《卷烟促销报告表》一式三份。三、促销宣传品单位价值不得超过所促销卷烟的单条价值。之后，又规定从6月1日起停止投放促销卷烟。各地发放促销宣传品兑奖烟必须由厦门、龙岩卷烟厂从当地烟草专卖局指定的烟草公司零售店购买（2005年5月，又补充规定：同一县级区域以上促销活动的卷烟工业企业及代理商不能超过三家；一次促销活动时间不超过一个月）。同月，省局同时出台《福建省卷烟零售户诚信管理办法》和《福建省烟草专卖人员诚信服务工作办法》。5月，省局对零售户实行限量供货，管理好卷烟代送点和辐射户，具体做法有：根据零售户连续三个月的平均月销量确定其月供货限量，原则上月供货限量不超过 30 件；新办证的不超过 15 件（含 15 件）。对 15 件以上的要严格控制户数。对供货次数、审批程序和管理办法也作了相应规定。对卷烟辐射户的管理：一是只能设立在行政村、自然村或岛屿，被辐射户只能是处在交通不便、边远偏僻的山区、岛屿的零星小户。二是卷烟辐射户的设立必须报设区市局（分公司）批准，送省局（公司）专卖处、销售公司备案。三是对卷烟辐射户的户数，月供货限量也做了规定。7 月 1 日，省局实施《福建烟草制品零售点布局暂行规定》内容有 13 条，具体是：烟草专卖零售许可证发放实行总量控制。烟草制品零售点对综合农贸市场、专业批发市场、居民住宅小区等人口密集处，应综合考虑人口数量、消费水平等因素，统一规划设置；对车站、码头、机场等流动人口密集处，可根据日均人口流量规划设置零售点；宾馆、酒店、娱乐等特别场所，交通、通讯不便的边远地区的零售点，大中型综合商场（超市）等场所不受合理布局间距的限制。对违章建筑加油站或经营化工、油漆等有毒有害、易燃易爆物品的商店及托儿所、幼儿园、中小学校内及距离以上场所 50 米内的商店及与食杂、食品、饮食、娱乐等服务业无关的经营场所，不设烟草制品零售点。8 月 3 日，省局首次举行听证会。

2005 年初，省局调整卷烟零售户的布局，规范非法烟草专卖品销毁、烟叶收购站点、罚没收购卷烟、废次烟叶处理、准运证实物扫码以及打击非法生产经营烟用聚丙烯丝束（滤嘴棒）等工作。7 月，全省烟草系统对卷烟零售户实施双向诚信管理，分别制定《福建省零售户管理办法》和《福建省专卖人员诚信服务工作办法》。前者共有六章 24 条；在规定零售户诚信的适用范围、原则、内容的基础上，实行记分管理及违规的处罚规定。烟草专卖管理员根据《福建省卷烟零售户诚信管理办法》的规定，对卷烟零售户实行动态、个性化的管理措施。得分在 35 分（含）以上的为 A 类诚信户，得分在 34～26 分的为 B 类一般户，得分在 25 分（含）以下的 C 类警示户。烟草专卖局对各类诚信户采取不同的管理措施。后者共有六章 27 条，在规定烟草专卖管理人员的管理原则、职能分工、日常工作要求、工作内容要求和专卖诚信服务要求的基础上，参照零售户的省市县三级考核评比制度和人员进出机制进行动态管理（有些地区实行末位淘汰制）。初步形成了公平、公正、公开、动态管理、自律监督和双向诚信的卷烟市场管理机制。全省烟草于是年 7 月 11 日停止向外商投资的商业企业发放烟草专卖零售许可证。

2005 年 10 月，在贯彻国家烟草专卖局、公安部的有关指示中，省局开展重点打击制售假烟网络的活动，下发《关于做好打击制售假烟网络工作的通知》。通知规定：对卷烟制假重点地区要从生产、运输、仓储、销售多环节打击制售假烟网络；非重点地区要及时打击转移、扩散的卷烟制假活动，重点打击销售假烟网络。省局制定了《方案》并指出：一要加强组织领导，狠抓贯彻落实；各级烟草管理部门一把手要亲自抓好打击制售假烟网络的工作，确保机构、人员、经费三到位；二要与公、检、法等部门进行沟通，齐抓共管。在清理整顿市场中要加强跟踪调查，挖出网络。

2006年3月9日，省局下发《关于规范烟草专卖品销毁工作的有关规定》，统一规范烟草专卖品销毁工作。规定各地合同种植的级外烟叶收购后由相关定点单位销毁。集中销毁的烟叶、烟丝、烟末的定点单位是：厦门特雷特生物有限公司、三明市华健生物工程有限公司、龙岩三达油脂有限公司。所收购的级外烟叶及烟草专卖品等应通过招投标方式交由定点单位销毁。各定点销毁单位应自觉接受烟草专卖管理部门监督检查，要建立严格的内控制度，设立台账，规范生产经营行为。对非法倒卖烟草专卖品，擅自收购烟叶、烟丝、烟末的，取消定点销毁单位资格。待销毁专卖品的运输应开具准运证，并加盖省局准运证专用章，交承运人与货同行。设区市局要按照属地管理原则，加强对定点销毁单位销毁烟草专卖品工作的监督管理，制定管理制度，指定专人负责待销毁烟草专卖品的到货确认、销毁监管及台账核对工作。6月，《省局罚没零散卷烟处理办法》实施。该办法共有12条。主要内容有六个方面：一是罚没零散卷烟是指执法机构一次罚没的单一品种、单一规格数量在100条以下（含100条）的卷烟，一律交由省烟草拍卖行（以下简称拍卖行）按本办法统一（定向）拍（议）卖。二是罚没零散卷烟实行罚没地销售原则。有困难的应向拍卖行提出书面报告，议定拍（议）卖方法。三是各级烟草专卖局应成立卷烟真伪鉴别小组和定价小组。由局（公司）有关职能部门成员组成。属非法生产的卷烟，数量50条以内的（含50条），可由烟草专卖行政主管部门直接做出鉴别结论；当事人对鉴别结论有异议的，烟草专卖行政主管部门应当送法定的烟草质量监督检测机构检测；数量为50条以上的必须交由二级以上烟草质量监督检测部门鉴定。四是零售商店的变卖价原则上由当地烟草专卖局定价小组根据罚没零散卷烟的市场价格及质量情况确定。单一品种、单一规格数量在50条（含50条）以上的，需报省级烟草拍卖行确认。五是罚没零散卷烟属国有资产，入库前应严格检查，入库后应妥善保管，防止霉变等情况发生。六是关于结算方法及拍卖所提供的手续。11月30日，省局印发《福建省烟草执法错案追究制度（暂行）》提高烟草专卖人员的办案质量。

2006年6月，省局在转发国家烟草专卖局《关于罚没烟叶的管理办法》中规定：全省具有中国烟叶网上交易资格的会员单位可以参加由福建省烟草拍卖行举办的拍卖会，买受人购进罚没烟叶后，可以凭拍卖行出具的《烟草专卖品拍卖成交确认书》与烟叶加工企业签订委托加工烟叶合同，烟叶加工企业按合同加工。对跨县（市）运输罚没烟叶、罚没复烤烟叶的应按管理权限开具准运证。10月底，福建省烟草专卖局制定《烟草专卖执法案件移送制度》，其主要内容有八个方面：一是各级烟草专卖单位对涉嫌犯罪案件必须及时移送公安机关，同时抄送同级人民检察院及省局。二是拟移送的涉嫌犯罪案件，应在3个工作日内作出批准移送或者不批准移送的决定。批准移送的，应当在24小时内移送公安机关。三是指定2名或2名以上烟草专卖执法人员向县级（含）公安机关办理，并提交五方面材料。四是涉嫌犯罪案件应妥善保存所收集的证据。五是对不予立案的，应在收到通知书之日起 3 个工作日内提请复议。六是对公安机关不予立案的复议决定仍有异议的，应在 3 个工作日内请求人民检察院依法进行立案监督。七是移送嫌犯罪案件，应当接受人民检察院和监察机关依法实施的监督。八是发现贪污受贿或者渎职等违法行为，涉嫌构成犯罪的，应及时将案件移送人民检察院

同年，省局同意对福州市烟草专卖局在 2005 年 11 月 2 日联合打击销售假烟网络的有功人员进行奖励，奖金 6 万元，办案费 10 万元（次年莆田市局等受到奖励）。是年 11 月，龙岩、三明、南平及所在烟叶复烤企业实行派员驻厂和定点联系制度，同时对全省专卖执法岗位职责进行分解。12 月 26 日，全省省内卷烟进出口分销业务正式由福州、厦门两市烟草公司进行。但规定须按程序签订合同，凭准运证运输。11 月 30 日，为规范烟草专卖人员行政执法行为，做到严格执法，依法办案，增强行政执法人员的工作责任意识，不断提高执法水平和办案质量，切实保障公民、法人和其他组织的合法权益，根据《中华人民共和国行政处罚法》，《中华人民共和国烟草专卖法》及其有关法律法规，结合实际，省局制订《福建省烟草专卖执法错案追究制度（暂行）》。本着追究过错、错案责任，应坚持实事求是、有错必纠、责任自负的原则，严格区分主观故意与过失责任，坚持故意从严、过失从轻的原则；坚持预防和教育为主、处理为辅的原则。具有下列情形之一的，应认为是错案：证据不真实，导致违法案件行政复议撤销或行政败诉的；因适用法律错误，导致案件定性错误被有关部门撤销或行政败诉的；违反办案程序，造成案件被撤销或败诉的；在制作法律文书中发生重大错误，造成严重后果的；应撤案而不撤案或不应撤案而撤案的；应移送司法机关而未移送的。《制度》规定，过错、错案责任由造成过错、错案的人员承担。二人以上共同造成的，应分清主次、直接和间接、决策和承办，确定各自应承担的责任。受理过错、错案后，应填写《过错、错案线索登记表》，分管副局长同意立案后方可开始调查，调查结束后将调查报告、案件材料及处理建议报分管副局长审核后报局长，局长确定其是否过错、错案，提出处理意见。涉及党纪政纪处分的，按有关规定办理。

2007 年 1 月，省编委清理非常设机构的工作中保留了"省打击制售假烟违法犯罪活动专项工作领导小组办公室"。同年 5 月，省高级人民法院、检察院、公安厅、省局联合下发《关于办理烟草专卖品等案件适用法律若干问题的座谈纪要》（以下简称《纪要》）。《纪要》再次强调十个问题：其一是对一罪与数罪的认定。其二是对卷烟制假生产、销售、运输、储存环节主从犯的认定。其三是关于非法生产、使用、运输、储存烟草专用机械行为的定罪处罚问题。其四是关于生产无注册品牌烟草制品行为的定罪处罚问题。其五是关于非法经营烟草专卖品行为的定罪处罚问题。其六是关于非法经营烟草专卖品的定罪处罚问题。其七是关于缴获实物案件问题。其八是关于劳动教养问题。其九是关于涉案运输车辆，其十是关于烟草专卖品的范围。

同年 6 月，福建省全面实施对制售假烟重大案件的督办制度。规定对下列制售假冒伪劣烟草制品案件联合挂牌督办：其一是中央、部（局）领导交办的案件；其二是在全国有

影响的重大案件；其三是案情复杂、跨多省区、涉案金额巨大的制售假烟网络案件；其四是公安部、国家烟草专卖局认为有必要挂牌督办的其他重大案件。对上述重大制售假烟案件，省级公安机关和省烟草专卖局的打假工作部门可以向公安部、国家烟草专卖局打击制售假烟网络工作领导小组办公室提出书面督办申请，经公安部治安管理局同意，可以列为督办案件。被列为督办案件的，原则上不到侦查终结不予撤销督办。督办案件的侦查工作由案件发生地的公安机关负责，行政稽查工作由案发地烟草部门负责。省级公安机关和烟草打假工作部门是督办案件责任单位，部门主要负责人是督办案件的第一责任人。具体承办案件的公安机关要成立专案组。烟草部门要做好案件的移送工作，并配合公安机关、检察院、法院做好案件侦查、起诉和审判阶段的工作，提供相应的技术保障和后勤保障。对督办案件的进展情况实行定期上报制度和奖惩制度。同年11月16日，全省烟草系统实施罚没卷烟管理办法，规范了罚没烟的保管、鉴别、处理程序、处理价格、财务管理和监督检查等问题。

2007年8月1日起，全省施行福建省物价局下发的《涉案烟草物品价格鉴定管理办法（试行）》和《涉案烟草物品价格鉴定计算办法（试行）》两个文件。前者对涉案烟草物品、价格鉴定的指定机构、鉴定程序、相关资料、管理制度、鉴定期限、复核以及付费原则等作了规定。后者规定：对于生产、销售假冒伪劣烟草物品或非法销售的卷烟有标价的，按标价计算；没有标价的，按下列标准进行价格鉴定：（1）在生产销售环节查获的假冒伪劣卷烟，按照被侵权品牌系列卷烟的统一批发价格计算；不能确定侵权品牌系列的，按照被侵权品牌所有系列卷烟的平均批发价格计算。（2）在生产、销售环节查获的其他假冒卷烟，按照福建卷烟市场平均批发价格计算。（3）国产卷烟或出口回流的国产卷烟以及国外卷烟，有品牌系列的，该品牌系列卷烟的统一批发价格计算；不能确定品牌系列的，按照该品牌卷烟所有系列平均批发价格计算。（4）散支卷烟按13千克折合为成品卷烟1件（1万支）计算价格。（5）查获的烟叶的价格鉴定。按照相应等级的福建市场调拨价格计算。无法鉴定等级的，按我省执行的烟叶等级目录中所有等级烟叶的平均调拨价格计算。对查获的片烟、烟梗、梗丝、烟草薄片、烟丝价格以及烟丝加工费、烟草专卖机械等价格也作规定。

是年9月，省局转发国家烟草专卖局《罚没卷烟管理办法（试行）》，该办法共有8章35条，内容包括涉案卷烟保管、鉴别检验、处理程序、处理价格、财务管理以及监督检查等。

2008年2月13日，省局转发国家烟草专卖局《关于个人和公务人员携带卷烟的有关通知》。通知规定：个人乘坐车、船、飞机等交通工具，携带卷烟最高限量为每人次1万支（50条）。不需办理携带证明。卷烟工商企业的公务人员跨地（市）携带业务用烟，每人次不得超过5万支（250条）。超过者必须按规定向烟草专卖局办理携带证。6月23日，省局修订了《福建省卷烟促销活动管理办法》，规定：卷烟促销活动必须由取得烟草专卖批发企业许可证、烟草专卖零售许可证的卷烟经营商组成的卷烟销售网络进行，卷烟工业企业不得直接在零售终端开展促销活动。促销活动组织者为各市级烟草公司，促销活动对象为卷烟消费者，每一次促销活动时间不超过一个月。同时段在一个设区市行政区域内进行促销活动的卷烟品牌不超过三个。促销活动按照活动的范围分级报告。同年 6 月 3 日，东南片区毗邻地区烟叶收购边界协调会在南昌召开。国家局有关领导及广东、福建、湖南、广西、江西 5 省、12 个市烟草专卖局（公司）烟叶、专卖、整顿办有关人员参加会议。会议交流了整顿规范边界烟叶收购秩序的经验，并签订了《省际毗邻地区烟叶收购协议书》。会议要求省际烟叶收购做到以下五点：其一，加强合同管理，坚持合同收购；其二，严格执行国家烟叶收购政策；其三，严格自律，自觉遵守有关法律法规，加强内部监管；其四，坚持国家标准收购，加强烟叶收购过程控制；其五，加强制度建设等。

第二节　宣传教育

1991 年 6 月 29 日，全国人大常委会通过了《烟草专卖法》，并于 1992 年 1 月 1 日起实施该法。该法把 1983 年颁布的行政法规《烟草专卖条例》上升为国家法律。省政府随即出台专门文件并召开全省市长、专员会议，部署宣传工作。省局立即印发了关于学习、宣传、贯彻《烟草专卖法》的意见，在全省连续举办烟草系统各级领导干部和专卖人员的培训班、研讨会和座谈会，组织全省行业干部职工进行《烟草专卖法》知识考试和专卖知识竞赛活动。同时，把 1991 年 12 月作为《烟草专卖法》宣传月。在宣传月中，行业职工们身披"贯彻《烟草专卖法》"的绶带上街宣传。据统计，全省行业共组织宣传车 1125 台次，印发宣传手册 22 万份，开展义务法律咨询活动 3 万人次，组织培训会、座谈会 958 场次，参加人员 31 万多人次，做到参加人数、考试合格率两个 100％。宣传月还利用广播电视报纸板报等媒体开展宣传。省局在《福建日报》全文刊登《烟草专卖法》，在广播电台设"烟草之声"、在省电视台设"烟草之窗"栏目，发行了 300 套《烟草专卖法》为主要内容的幻灯片。各地联系自身的实际开展宣传工作。地（市）烟草专卖局都在当地报刊全文刊登《烟草专卖法》，并报道学习贯彻情况。全省共有跨街标语 12 万多条，共利用广播电台（站）68 家，对《烟草专卖法》宣传的栏目达 396 个，据省电视台抽样统计：全省观（听）众达 1 亿人次以上。各地基本上做到八有：街上有标语，广播有声音，游行有口号，街头有咨询，电视有图像，影前有幻灯，墙上有专栏，市面有宣传画。12 月 17 日，省人大常委会专门在福州五一广场召开宣传贯彻《烟草专卖法》的大会。省领导和各厅局领导、各地（市）县烟草专卖局长参加会议。省人大常委会副主任刘永业和省局局长姜成康分别发表重要讲话，报社、电台、电视台等新闻媒体进行现场报道。12 月 22 日，全省统一行动，举办"烟草专卖法特别宣传日"活动，省领导及福州市局有关领导和烟草职工、零售户代表共 3000 多人参加。在当地政府支持下，全省绝大部分地市举行开大会、游行、踩街、咨询等活动；许多地方还举办销毁假冒伪劣卷烟活动。各级地方政府、人大召开宣传、贯彻《烟草专卖法》

的动员会、座谈会共 100 多场，参加人数达 1 万多人，其中县以上党政领导干部有 207 人参加，乡镇以上覆盖面达 100%，村级覆盖面达 60%，全省地方政府宣传覆盖面达 70%。

1992 年 1 月 1 日，《烟草专卖法》开始实施。国务院 1983 年发布的《烟草专卖条例》同时停止执行。省局利用《烟草专卖法》正式施行及国家烟草专卖局（总公司）成立十周年纪念日的契机，在全省范围内开展大规模宣传普及《烟草专卖法》的活动；同时，对过去一些与《烟草专卖法》相抵触的规定进行一次全面清理，更新了新烟标的印刷工作，继续利用广播、电视、报刊、幻灯、宣传栏等方式广泛宣传，全省共有 31 家有线、无线电视，68 家广播电台（站）经常播放有关烟草专卖的节目。同时利用正反的典型表扬好人好事，奖励打击卷烟假冒伪劣产品活动的有功人员。省局先后在罗源、连江、石狮进行大规模销毁假冒卷烟活动，中央电视台、福建电视台等新闻单位作了专题报道。各地还同步开展"一信双无"（信得过卷烟代批点和卷烟零售商无销售走私烟、无销售假冒卷烟）活动。

1993 年 1 月，国务院颁发 7 号文件《关于进一步加强烟草专卖管理的通知》。对于禁止兴办新烟厂，控制盲目发展烟叶；加强卷烟市场管理和烟草公司转换企业经营机制等方面的专卖管理作了明确的规定。在学习宣传国务院 7 号文件时，全省烟草系统注重把学习宣传贯彻 7 号文件精神和学习宣传《烟草专卖法》相结合，与回顾烟草行业改革十年的成就相结合，与开展社会宣传相结合。省局下发专门通知，成立领导小组，下设办公室，指导基层把握学习宣传活动的重点，开展形式多样的宣传。在行业内不断形成热爱烟草专卖制度、珍惜烟草专卖制度、自觉带头执行《烟草专卖法》的氛围。

1994 年，各地在宣传《烟草专卖法》和国务院 7 号文件精神中更加注重与行业实际相结合，采取有针对性的措施，扎实解决在执行《烟草专卖法》中出现的新情况、新问题。全省普遍组织在商业网点比较集中的城镇、乡村开展现场咨询服务，回答消费者提出的问题；同时，利用电视、广播等媒体，开展答记者问和《烟草专卖法》的知识问答；在重点地区城乡开辟宣传栏，印发小册子；走访政府部门。有的地方，把解决烟草专卖的问题放在首位，开展智力竞赛等活动。

1995 年以后，公安部、监察部等四个部门联合发出《关于查处扣留没收非法进口卷烟处理问题的通告》。福建省一厅（公安厅）二院（检察院、高级法院）三局（工商、烟草、质量监督）联合发出了《关于整顿卷烟市场规范经营行为的通告》。对于两个《通告》全省各地都加大了宣传力度。许多地、市坚持常年宣传与阶段性宣传相结合，有线广播与电视播放相结合，报刊登载与墙报摘录宣传相结合。各地迅速开展《通告》分发工作。福州市局分 3 次张贴大张《通告》12000 份，发放小张《通告》8000 份。广播、电视台等每天都有烟草专卖内容。全省烟草系统有的设立了举报电话和举报信箱，专卖人员放弃节假日休息，到乡镇发放《通告》，共出动宣传车数百车次。一些地（市）烟草专卖局针对市场上流通大量假冒卷烟等问题，在商业网点较集中的地方开展现场咨询服务。三明市、南平市专门印制了《烟草专卖法规选编》小册子发到各卷烟零售户，与工商、技监等部门联合行文关于打私打假、整顿卷烟市场的"通知"。有些地、市采取不定期召开卷烟零售户法规学习座谈会。宁德、龙岩等地开展了专项活动周、活动日等活动，在县政府门口的宣传栏定期更换《烟草专卖法》和《通告》的内容。有的利用换证的机会向零售户发宣传品。各级烟草专卖局经过协调宣传取得了当地政府的支持。是年，全省对《烟草专卖法》和国务院7号文件宣传贯彻情况进行专项检查。情况表明：通过宣传学习，烟草专卖管理的地位不断提高，大部分的卷烟零售户墙上都张贴了六个部门的"通告"，85％能回答其中的主要内容和有关条款。违法违章生产经营的情况减少，卷烟大进大出、体外循环、甩货和向系统外大批量供货的现象明显减少。地方政府专卖意识有了提高，专卖工作普遍取得当地政府的支持。有些地县政府一把手亲自抓专卖，亲临第一线参与办案，鼓舞了专卖人员的士气。

1996年，全省层层建立由地方政府领导为组长的领导小组，出台由烟草部门制定，由工商、公安、质检等部门配合的宣传工作方案，做到领导重视、责任落实、任务明确、各司其职。各级烟草部门均召开了纪念《烟草专卖法》公布五周年宣传月活动。省局（公司）在福州温泉大饭店举行"福建省烟草专卖局（公司）纪念《烟草专卖法》颁布五周年座谈会"，省人大、政府、政协和有关厅局领导出席座谈会。省局领导及专卖部门负责人发表纪念文章和电视讲话。全省统一了专卖人员的着装，展示了专卖人员的精神风貌。据统计，全省共召开由各级地方政府出面、有关单位负责人参加的纪念会、座谈会、联欢会、执法守法经验交流会120多场次，参加人数13000多人次；出动宣传车360车次；九家大、中报纸刊载了纪念宣传文章；通过电影、幻灯、有线广播、电视等播放宣传片3800多场次；印发宣传材料52000多份；张贴标语1600多张，街头悬挂大型横幅1200多条，组织职工和卷烟零售户学习《烟草专卖法》11000多人次，举办《烟草专卖法》知识竞赛和法律培训、咨询41场次，参赛和受训人员2800多人次；全省烟草行业投入宣传活动经费110多万元。在社会活动的推动下，全省烟草部门开展"创建双无商店"（无销售假冒伪劣卷烟、无销售走私烟）活动；同时对已评选授匾的"双无商店"进行复查，对不能达标的限期改正，否则收回牌匾。

各级烟草部门立足当地，结合实际开展宣传教育工作。莆田市局投入4万元资金，在莆田电视台"友邻采风"中连续播放《烟草专卖法》等节目，开辟"今晚8分钟"栏目进行法律法规的系列宣传，市直56个单位参加了纪念会。福州市烟草专卖局把加大宣传力度和舆论导向、加强群众监督作为整顿市场的首要任务，安排、部署全区连续10天开展各种形式、较大规模的宣传活动，举办了大型的纪念晚会，市政府、人大、政协、执法等领导均应邀参加。市烟草专卖局特订制7000面"卷烟经营户贯彻专卖法守则"宣传牌，向经营户宣传四个方面的"严禁"，发送张贴在零售户店面明显处。免费向经营户发送《烟草专卖法规》手册。市局与61个经营户签订了"卷烟经营户贯彻《烟草专卖法》约法三章协议书"。在罗源县召开了全区创"双无"商店经验交流汇报会。宁德地区局在《烟草专卖法》宣传月中，与地委联合召开大型纪念会、座谈会18场。全区规定了统一的宣传标语横幅，在主要街道跨街悬挂大型横幅标语共计 96 条。同时发动基层供销社、各零售店、卷烟批发网点等作用，书写张贴宣传标语 2000 多张；打印分发《烟草专卖法》有关知识宣传材料 4000 多份。在《闽东日报》、《霞浦报》开辟专版宣传烟草专卖五年来取得的巨大成就。全区组织有线广播、有线电视台、电影幻灯播放《烟草专卖法》有关内容 360 多场次，时间达一周以上。各县（市）局组织宣传车，到各乡镇主要街道、公共场所巡回宣传五天，达 120 多次。行署领导在电视台发表纪念《烟草专卖法》的电视讲话。南平市烟草专卖局所辖的 10 县（市）烟草专卖局因地制宜开展灵活多样的宣传纪念活动。一是斥资 3 万元，在《闽北日报》、《闽北广播电视报》购买专版，整版刊登烟草专卖法规。同时编写印发《卷烟经营须知》、《卷烟零售户贯彻执行〈烟草专卖法〉守则》、《假冒走私卷烟的危害》等宣传品 4000 多份。二是利用广播电视连续 10 天播放宣传标语和《关于清理整顿卷烟批发交易市场的通告》。三是开展形式多样的活动。如：邵武市局制作 13 个假冒商标卷烟陈列柜，到各卷烟下伸批发网点和零售商店展示。武夷山市烟草专卖局冠名赞助了该市一年一度的龙舟竞赛。四是把零售户对《烟草专卖法》的知识竞赛的考试成绩列入"双无商店"评比的条件之一。三明市局通过在卷烟销售旺季开展卷烟市场净化周活动。所辖各县（市）烟草专卖局与各地工商、公安等有关部门密切配合、协同作战，充分利用卷烟下伸网点及正当经营户等因素，对卷烟市场进行一次大规模的清理活动。漳州市在开展各项纪念活动的同时，制作《卷烟经营守则》牌匾，分发各经营户，召开个体卷烟经营者代表恳谈会。泉州、厦门等沿海城镇针对海上走私猖獗等情况开展打私打假的宣传，加大了《烟草专卖法》的威慑力。

1997 年 7 月 3 日，《实施条例》颁布实施后，省局在福州琅岐召开工作会议和专卖工作座谈会，对如何学习、宣传、贯彻《实施条例》进行具体研究和部署。会后，省局将《实施条例》翻印成册，分发至各地（市）局，并专门成立领导小组，下设办公室，具体负责《实施条例》的学习、宣传和贯彻；同时全省推广福州市局的做法，把《实施条例》的重要部分用彩色漫画的形式图文并茂地表现出来，全省共印刷 10 多万份，发给每个卷烟经营户。为了更好地掌握《实施条例》和国家局《关于强化烟草行业内部专卖管理的若干规定（试行）》的精神，省局还特邀有关专家领导来闽给地（市）、县局（公司）的局长（经理）及有关部门负责人授课。全省对《烟草专卖法》和《实施条例》单行本做到人手一册。各级烟草专卖部门做好五方面工作。一是在省地（市）级报全文刊登《实施条例》和宣传贯彻的文章。二是各级地方政府及有关部门领导都参加了宣传贯彻的座谈会。三是召集卷烟零售户代表学习座谈。四是开展了法律咨询活动。五是对在《实施条例》颁布后违反烟草法律法规的行为全面清理，一律按《实施条例》处理，并出台《加贴专卖规定防伪标识销售实施方案》，规定要张贴到户、分期实施，以遏制系统内卖大户和区域之间的违法流通。

全省烟草系统还结合实际开展了创新性的工作，厦门市政府常务会议审议通过《厦门市烟草专卖管理办法》，并以厦门市政府第 54 号令发布实施。这是福建省地（市）首次以政府令的形式发布实施烟草专卖管理办法。南平市局实行"一把手"负责制，连续 45 天在闽北电视台播放宣传标语、法规摘要。发放宣传材料、图片 7000 多份，所辖各县（市）政府均召开了《实施条例》发布会、座谈会，分管县（市）长发表专题电视讲话，举办大型庆祝晚会，全市共召开机关部门协调会 29 场，召开卷烟经营户学习会 50 次，有线广播宣传614 场，专栏墙报 18 期，张贴宣传标语 692 幅，有线电视宣传 439 次，报刊宣传 21 次，法规识假咨询 47 场，卷烟图片宣传 67 场，印发宣传册 13150 本，宣传单 13600 份，张贴《通告》4100 张，向经营户发送《通知》、《通告》等 10600 张，悬挂横、条幅 225 幅。福州市局及所辖 8 县（市）都在城区主要街道悬挂横幅标语。有的县局全体职工分组下乡，巡回宣传。有的召开全市卷烟经销户座谈会，摘录《实施条例》主要条款分发。有的请普法办领导向经营户们讲解《实施条例》主要条款。全区共发放宣传小册子近 5 万份，张贴标语 3 万张，出动宣传车近 200 辆（次），在全区造成前所未有的声势。漳州市局全市烟草行业自上而下掀起学法热潮，市局统一领导、统一布置，形成一级抓一级、层层抓落实的局面，开展"学习月"或"学习周"活动，采取"读、议、考、赛"等形式，提高学习效果。全市印发《烟草专卖法》及《实施条例》单行本 8020 本，张挂宣传画 8000 张，召开各种座谈会25 次，电视宣传 119 次；烟草行业员工人人参与学习，上下形成一盘棋。市局随时掌握宣传贯彻动态，收集情况编写简报及时通报交流。全市召开千人大会，市委书记曹德淦宣布对 25 名卷烟打假不力或参与包庇制假的干部处理决定，产生了威慑效应。宁德地区局把宣传贯彻《实施条例》作为宣传烟草法规的重要环节。据统计，全区分发刊登《实施条例》等专卖法规的《闽东日报》达 16.2 万份，各县（市）局自行印制分发的达 2.67 万份，单独印发《实施条例》1.2 万册，召开各种座谈会 26 场次，出动宣传车 230 多车次，办墙报专刊 21 期，利用有线电视，有线广播宣传达 500 多场次，悬挂宣传条幅 107 条，并与《闽东日报》合作，开辟"消费天地"专栏，每月两期报道专卖打私查假和识别真假卷烟知识等有关内容。屏南县与该县检察院联合成立"屏南县假冒牌卷烟投诉举报中心"。"中心"提出凡在本县境内购买的福建省生产的各牌号假冒烟，消费者可持所购买假冒牌卷烟到"中心"投诉，经工作人员查证属实后，给予兑换同牌号数量的卷烟。如能举报本县境内销售假冒卷烟的窝点，可得到罚款金额 20% 的奖励。县检察院和烟草专卖局各下派 2 人佩证上岗，轮流值班。该中心成立后即接到群众举报，一举查获两处无证经营的地下批发窝点和一批假烟。泉州市局把学习贯彻《实施条例》作为当年下半年的工作重点，做好四方面工作。龙岩市政府主持召开由市政府法制科、人大法工委和公安、工商、交警、技术监督局等 18 个部门分管领导参加的会议，部署宣传贯彻工作。全市七县（市）专卖副局长、专卖办主任召开会议，强调《实施条例》的宣传贯彻要做到与《烟草专卖法》宣传、与规章制度学习、与奖惩、与打私打假"四结合"。莆田市局在《湄州日报》上连续刊登 5 次《烟草专卖法》和《实施条例》，领导带队分发有关材料，足迹遍布沿海乡镇，同时组织力量对全区 9 个专卖管理所宣传情况进行抽查。

　　1998 年以后，全省烟草系统继续贯彻执行强化专卖内管的有关规定，3 月，在全省范围开展第二个烟草专卖法律、法规及有关文件规定的学习周活动。学习内容是《烟草专卖法》及《实施条例》、《关于强化烟草行业内部专卖管理的若干规定》、《关于加强福建烟草行业内部管理的规定》和有关领导同志的讲话，各单位一把手亲自抓学习贯彻，做到时间、人员、资料三落实。在学习中，各地都结合本单位的实际，边学边整边改，把学习落到实处。6月，福州烟草专卖局组织开展学习日、学习月活动。市局分管领导亲自到场讲解有关法规，帮助干部职工理解领会《烟草专卖法》的有关内容，同时还结合现实案例进行剖析，以案析法。市局坚持每月出版一～二期《专卖工作简报》下发五区八县（市）。在学习宣传中，市局开展为期一周的真假烟识别活动，接受咨询的群众达六千余人，还派出专卖人员为256位行政执法机关工作人员进行专卖法律法规的讲解。全市还利用6次销毁假冒卷烟的机会大力宣传烟草专卖的意义，取得了全社会对实行烟草专卖的支持和理解。

全省烟草系统还通过对百日打假活动的宣传，强化对烟草专卖法律法规的宣传。省局在当年10月25日下发的《关于开展百日打假专项斗争的实施意见》中明确指出要深入开展宣传工作。仅一周时间，"百日打假"的宣传攻势在全省范围内迅速铺开，新闻媒体对这一活动进行详细的报道，卷烟打假的许多典型案件得以曝光。同时各级烟草部门公布了举报电话，有的设立重案中队。莆田、宁德还在新闻媒体刊登《举报得重奖》的公告、发放举报联系卡，大部分地（市）单位利用换发烟草专卖许可证的契机，开展宣传教育工作，做到宣传到位、舆论支持、部门协调。此后，各地继续把宣传贯彻烟草专卖法律法规作为经常化的工作纳入第三个五年普法教育的计划，做到每年进行一次测试。

1999年，加强市场管理提上议事日程，泉州市局通过广播、电视、报刊、宣传车等形式大张旗鼓开展宣传活动，并分发《卷烟经营户须知》，逐户宣传。同时，针对辖区内的卷烟经营户的经营情况，确定划分清理对象，召开经营户座谈会，做好清理整顿卷烟市场大行动之前的法律法规再教育的宣传发动工作，并对违法购进的卷烟规定处理期限。对于钉子户及屡教不改的违法经营者给予停止货源供应，直到取消其经营资格。各县（市）局从各自的实际出发，搞好宣传发动。晋江市局以"早宣传、早布置、早行动、早见效"为指导方针，根据省市的有关文件精神，出动110人次到安海、青阳等主要市场开展工作。南安市局把《卷烟经营户须知》及《通告》逐一分发至经营户手中，并着手摸清溪美、官桥、洪濑等乡镇内长期从事非法卷烟批发经营户的情况，逐一排查，确定清理对象。永春县局借用县人民会场召开了全县各乡镇卷烟经营户会议，正、副局长亲自到会传达国家四部门、福建省一厅二院三局的《公告》以及清理整顿市场的具体步骤。到会人数达154人。同时设立了举报电话，石狮、安溪、惠安、德化等县（市）局在第一阶段的清理整顿工作中，领导重视，层层抓好落实工作。

是年，省政府颁发《福建省行政执法资格认证与执法证件管理办法》。省局把贯彻这一文件精神与学习贯彻国家烟草专卖局《关于强化烟草行业内部专卖管理的若干规定》相结合，对全省专卖行政执法人员进行行政执法资格考试。全省烟草系统参加当年行政执法资格考试的人员共 445 人，占在岗的烟草执法人员总数的 95％。专业法考试 60 分以上的有 432 人；综合法考试 60 分以上的有 432 人，占参考人数的 97％。烟草系统参加考试成绩合格的有 415 人，及格率为 93.2％。专卖人员的整体水平有了提高。在此基础上，全省行业统一发放烟草专卖行政执法标志和工作服。于 11 月颁发了《福建省烟草专卖人员佩戴行政执法标志和着装风纪管理》的 22 条规定。对专卖队伍进行军事化训练、正规化管理、规范化办案。在作风上做到着装整齐，佩戴标志严肃执法、文明执法，使之成为信息灵、反应快、拉得出、打得响的执法主力军。

2000 年，全省烟草系统把专卖工作与生产经营目标考核挂钩。全省烟草专卖人员参加法律法规培训的达 1000 人次，参加知识测试的人数达 12332 人次。人数范围及成绩均创历史新高。至 11 月止，全省行业在"三五"普法中参与率达 100％。

2001 年，省局在"七一"前夕举办"纪念中国共产党成立 80 周年暨《烟草专卖法》颁布十周年'金色阳光'文艺晚会"。省领导施性谋、丘广钟及老同志黄文麟等到场观看演出。晚会的文艺节目歌颂了中国共产党的丰功伟绩和《烟草专卖法》颁布 10 年来福建烟草所取得的成就，展示了福建烟草行业职工拼搏向上的精神风貌。省局还举办了全省万名烟草职工参加的《党的知识》、《烟草专卖法》知识竞赛，举办数十场关于《烟草专卖法》的法律咨询与宣传活动。在对外宣传中，福建烟草通过报纸、电台、电视台首次对社会公布福建烟草行业组建 17 年来，共为国家创造 290 多亿的财税收入，特别是"九五"期间实现税利 168 亿元，在全省产生较大影响。全省统一设立 96629 举报监督电话，向 13 万多户卷烟经营户发放《致卷烟经营户的一封信》和各种宣传材料，树立法律法规宣传路牌 375 块。同时广泛发动群众建立卷烟打假的信息网络。

全省普遍开展了创新性的活动。泉州市局把政策宣传和疏导摆上议事日程，把烟草专卖政策交给群众，组织干部进村入户，宣传烟草专卖政策与法律法规。全市共出动数十辆宣传车下乡，制作 1000 多条跨街标语，发放 3 万多份宣传品。南平市局在市文化广场举行"庆祝《烟草专卖法》颁布十周年"大型法律法规咨询活动。《闽北日报》专版刊出宣传专刊，市局请专业艺术团体为《烟草专卖法》颁布十周年编排节目，到 10 县（市）广大城乡宣传专卖法律法规 12 场，并向全市卷烟零售户发放《禁止中小学生吸烟、不向未成年人售烟》警示牌。全市各级烟草企业在电视上宣传百余场，向全市 17000 户零售户发送宣传单（册）。在南平电视台《今晚 9 点半》新闻节目连续播放一个星期的以案说法。各县（市）烟草专卖局也开展了形式多样的法律法规宣传咨询活动。宁德市局做好五方面工作：（一）运用宣传媒体，通过点歌、出报、领导讲话等向全社会广泛宣传《烟草专卖法》颁布十周年。（二）利用各县市的新绿亮洁工程和边界通道制作大型法律宣传广告牌 5 面，灯箱广告 15 面。（三）由市人大牵头组织开展各种形式的座谈会和咨询活动。（四）将宣传重点向乡镇延伸。（五）配合户籍化片区管理，印刷宣传单，邮政商函广告、跨街横幅等教育经营户守法经营。

在宣传烟草专卖法规的同时，全省烟草专卖人员开展"内强素质、外树形象"的"素质年"教育活动，对卷烟零售户逐步推行户籍化管理，完善了专卖管理的监督机制。根据《福建省烟草专卖局稽查队伍管理规定实施细则》，加强了专卖稽查队伍在思想作风、组织纪律、依法行政、执法廉政、业务培训、业绩考核等方面的管理，在自查自纠的基础上制定了更严密细致、操作性强的规章制度。当年底，全省烟草系统开展了评选"十佳访销员"、"十佳送货员"、"十佳专卖稽查员"、"十佳烟技员"活动，把烟草行业的思想作风建设提高到新水平。

2002年7月29日，省政府第43次常务会议审议通过《福建省烟草专卖管理办法》，8月7日，由福建省省长习近平以81号令签发，10月1日正式实施。为搞好宣传教育工作，福建省局于9月29日召开新闻发布会，邀请福建日报社、福建新华分社、省市电视台、省市电台等十多家新闻媒体针对《福建省烟草专卖管理办法》有关专卖管理问题的宣传工作进行座谈。会议还通报宣传贯彻《办法》意见。会后，各新闻媒体发布有关消息。

为了更好地贯彻实施《办法》，全省各地烟草专卖局按照省局部署，分阶段开展学习宣传《办法》的活动，各级烟草专卖局一把手亲自抓，分管领导具体抓，制定了具体的实施计划。各级烟草专卖单位做到学习宣传工作有详细的内容，有明确的对象和要求。各县（市、区）局运用多种宣传形式对卷烟零售户和烟叶种植户展开宣传。如：在当地报纸和邮政商函刊登《办法》、在电视台播放《办法》、印发宣传材料、悬挂宣传标语、召开有关部门和卷烟零售户及烟叶种植户参加座谈会等方式向社会宣传，收到了很好的效果。各级局还结合宣传，开展零售点合理布局工作、打击取缔无证经营户、严厉打击制售假冒伪劣卷烟和乱渠道进货违法行为等一系列整顿和规范烟草市场经济秩序的工作，提高了市场控制力和净化率。厦门市局成立了以局长为组长的学习宣传贯彻领导小组，制订学习宣传贯彻实施方案，编印宣传材料，并把宣传重点定在执法部门，对零售户宣传做到家喻户晓。南平市局分三个阶段做好学习宣传贯彻工作。第一阶段10天为烟草行业干部职工学习阶段。各县（市）专卖副局长、专卖办主任、专管所长、内勤以及市局稽查支队全体人员共70多人集中进行培训、试题测试，总平均分达95分。第二阶段10天为对零售户和烟农的宣传、学习、贯彻阶段，分别举办烟农和零售户座谈会。第三阶段10天为社会宣传阶段。新闻媒体全文滚动播出《办法》及市县电视台发表领导讲话；《闽北时报》、《闽北广播电视报》全文刊登《办法》。据统计，全市开展法律咨询34场，有线电视宣传170场，播放法制录像5场，报刊宣传30期，墙报专栏24期，印发宣传册19800册，宣传单54850份。三明市局以局党组中心组学习讨论《办法》。专门组织各县（市）专卖副局长、专卖办主任、稽查大队长、专管所长、案件审理人员及市局全体专卖人员共127人参加以《办法》和《烟草专卖品准运证管理办法》等为内容的培训，并进行考试，优良率达100%。泉州市局组织专卖管理人员、访销员、送货员等100多人的培训班，在《泉州晚报》全文刊登《办法》和福建省局领导答记者问内容。由泉州市法制办组织召开检察院、法院、海关、边防、公安、工商、技术监督局等 20 个部门的座谈会，分管副局长到会讲话，部署《办法》在全市实施的方案。漳州市局组织各县局副局长、专卖办主任、专管所长、内勤人员等 85 人学习《办法》，结合专卖户籍化管理进行培训并考试。过后，各县局普遍举办学习《办法》讲座或报告会，做到人人掌握《办法》的基本内容；同时，以访销部、物流部、专管所为单位组织有关人员学习《办法》。龙岩市局制定了学习、宣传、贯彻《办法》的实施方案，编印了宣传材料，做到全体职工人手一份。莆田市局对《办法》考核不过关的在月考核中予以扣分，并进行补课，直到再次测试过关为止。宁德市局领导多次在县（市）局领导班子会议上要求把学习、宣传、贯彻《办法》作为当前一项最重要的工作来抓，做到精心组织、责任到人、措施有力、狠抓落实。全市局组织了各县（市）局长、副局长、专卖办主任、专管所长和市局机关全体职工 100 多人参加的培训班，经测试合格后才能投入宣传贯彻中。

是年，各级烟草专卖局还开展了"专卖管理素质年"的活动，通过行政执法自查自纠、边查边改，建立错案追究制度，促进执法行为的规范。全省专卖人员制订专卖管理三年阶段性目标，学习、宣传《办法》，突出"至诚至信、全心全意"的行业服务理念。对卷烟零售户实现从监督、处罚为主向服务和管理为主转变。在打击制售假烟与日常市场秩序监管中，强化对管理对象进入市场前、进入市场中、进入市场后违规的纠正和违法的打击。大力倡导行为规范，把零售户对依法行政的满意度作为服务理念的出发点和落脚点。

2003 年，全省烟草系统抓住"3·15"消费者宣传日和"12·4"法制宣传日，在全省再掀宣传学习《办法》的热潮。在"3·15"活动中，宁德市局会同有关部门连续三天开展《办法》等烟草法律法规宣传和识别真假烟宣传咨询活动，营造放心消费环境。全区共接受咨询 7000 多人次，发放宣传材料 3000 多份。泉州市局组织卷烟零售户进行法律法规知识竞赛。全市 9 个县（市、区）都派出了代表队参赛，207 户卷烟零售户代表全市 2.6 万户卷烟零售户到场观看比赛。省局、泉州市领导到场观看并为获奖单位颁奖。该市还在全国治假重灾区南安公开销毁假烟 6000 多件，并与工商局、消委会、个体户协会一起隆重纪念"3·15"国际消费者权益日，接受消费者投诉。龙岩烟草分公司 3 月 15 日在市街心广场开展《烟草专卖法》、《办法》的宣传，发放材料 3500 份，接受投诉、咨询数百人。重点宣传持零证取消后对卷烟零售户"四不变"政策。诏安县委副书记、政法委书记张功平组织全县有关部门在公开场所销毁一批假冒卷烟商标和材料，案值达 600 多万元。福州把捣毁的两个制假窝点作为典型，广泛宣传，起了警示教育作用。

2004 年，全省烟草系统开展"诚信管理年"活动。省局要求行业职工转变观念，执法为民，推动全省专卖管理由权力导向型的刚性管理向规则导向型的柔性管理转变，提升工作质量。同时，全省烟草系统以组建 20 周年庆典活动为契机，对外把卷烟零售户作为宣传教育的重点。在省局举办的福建烟草 20 周年纪念座谈会和庆祝大会上，全省共邀请了 140 多名卷烟零售户和烟农代表参加，并在榕组织各项活动。省局开展了"六个一"庆祝活动（一张光盘、一份礼品、一台歌舞、一本画册、一次大会等），各地烟草部门分别采取不同形式组织活动。漳州市烟草专卖局举办"金叶迎春文艺晚会"，晚会演出大型歌舞、独唱、器乐、快板书、小品、口技等节目。与此同时，通过各种形式引导行业职工和卷烟零售户依法办事、依法维权，自觉抵制、制止违反烟草专卖法律法规的行为。全省烟草宣传内容包括：《宪法》、《烟草专卖法》、《行政处罚法》、《行政复议法》、《行政诉讼法》、《行政许可法》、《实施条例》、《福建省烟草专卖管理办法》、《烟草专卖许可证管理办法》、《烟草专卖品准运证管理办法》、《烟草专卖行政处罚程序规定》，以及国家局、福建省局发布的有关专卖管理卷烟经营的规范性文件等；烟草职工对零售户"挂钩到户"，还分期分批组织零售户参加法律知识轮训，进行普法教育，全省编发《零售户必读手册》共 13 万册，建立法律竞赛题库。从 3 月起，全省专卖人员按国家有关规定收回统一的工作服与徽章。是年 3 月，省局在宣传贯彻有关法律中公开承诺 8 项便民措施：一是设立咨询台，提供烟草法律业务知识查询。二是设立投诉热线，开设"消费者投诉信箱"，受理消费者真假烟识别鉴定诉求。三是开通办证"绿色通道"。为军烈属、残疾人，孤寡老人等社会弱势群体上门办理零售许可证；并指派专人跟踪服务。四是开展网上专卖管理信息发布，申报办证等服务。五是推行限时服务。对办证、办案、情况查询实行限时办理。六是推行阳光执法，公开办理程序。处罚结果与零售户诚信等级相结合等。七是实行首问负责制。设立分管局长投诉接待日，直接受理各种投诉。实行首问责任制，局长接待制度。八是开展扶贫帮困阳光活动。这八项便民活动和阳光措施在社会上产生了良好的影响。全省烟草专卖局工作逐步实现从刚性管理逐步向柔性管理转化。

从 2004 年开始，国家取消特种烟草专卖零售许可证，卷烟零售户只要取得烟草专卖零售许可证，即可从当地烟草公司购进进口卷烟进行零售，广大消费者也可在持证零售户中便利地购买正规渠道的进口卷烟、雪茄烟。为了消除消费者的疑问，全省烟草系统向社会宣传取消该证后，烟草专卖行政主管部门将执行"四不变"政策：1. 烟草专卖制度不变，在我国现行的烟草专卖制度下，国家对烟草专卖品的生产、经营实行宏观调控，统一管理；2. 许可制度不变，从事卷烟的生产、进口、批发、零售业务必须经过烟草专卖管理部门的许可，取得生产、经营资格；3. 进货渠道不变，卷烟零售户经营国产、进口卷烟必须从当地烟草公司进货；4. 打私、打假不变，走私卷烟、假冒商标卷烟仍然是烟草专卖行政执法部门坚持打击的对象，经营此类卷烟将受到法律制裁。

6 月，省局下发《烟草专卖文明执法行为规范》，其内容共四章四十二条，以此抓好并向全社会展示烟草专卖队伍的精神风貌。在此基础上，制作了《福建省烟草专卖管理所形象标准手册》，成为全省烟草专卖管理所办公场所的布局、装饰的执行样本。在推进专卖管理所整体形象规范化建设后，全省专卖管理所统一执法标志、统一办公场所、统一文案制作、统一工作规程，展示了专卖管理部门依法行政、整齐划一的风貌。7 月 1 日，《中华人民共和国行政许可法》正式施行。福建省烟草系统把《烟草专卖法》、《实施条例》、《福建省烟草专卖管理办法》与《中华人民共和国行政许可法》紧密结合起来，烟草部门再次向卷烟零售户和消费者宣传了办理烟草专卖零售许可证的资格条件及审查审批程序，为规范今后的证件管理工作、确保行政许可行为的正确实施奠定了良好基础。龙岩市局组织人员按照行政许可法所确定的公开原则的要求，以广播、电视、宣传单、公告栏等形式将烟草专卖零售许可法律依据、实施机关、许可条件、期限等有关规定全部公开；并制作内容详细的办证流程图在办公场所公开，向社会公布申请烟草专卖许可所涉及的文书格式范本，做到行政许可的透明化，并及时按照专卖便民服务措施的要求向申请人提供咨询；零售许可的结果应向社会公布，供公众查询。同时，建立健全受理、审查、听取行政许可申请人和利害关系人意见、听证、决定等实行行政许可的具体程序和制度，加强了公平、公开、公正性。同时清理不规范的文件。12月4日，是"四五"普法规划确定的第四个"12.4"全国法制宣传日，各地普遍联合组成烟草专卖和法制宣传小组，上街开展烟草专卖法律法规宣传活动。厦门市局举办卷烟零售户、专管员、客户经理的法律知识竞赛。

2005年3月，各级烟草部门与有关部门协调，派出人员，设立接待处、咨询处，通过现场解说，解答卷烟零售客户和消费者共同关心和关注的问题，结合实际宣传烟草专卖法律法规。各地（市）烟草专卖局普遍组织宣传"健康·维权"为主题的纪念"3·15国际消费权益日"活动，邀请分管副市长发表"3·15电视讲话"。有的举办宣传"健康·维权"年主题文艺晚会；有的组织"健康·维权"3·15论坛；有的组织执法部门及有关单位开展3·15法律咨询，组织新闻媒体，开展典型案例披露和消费指导。结合宣传年主题，做到维权进社区、学校。组织消费者委员会等送法下乡宣传法律、倡导科学消费。厦门市把共建社区从3个新增至6个，通过设置社区烟草宣传专栏、开展法律知识竞赛、帮困扶优等方式，让烟草专卖入社区。参加由厦门市海防打私办组织的"厦门海防打私普法宣传教育活动月"活动，将基础性、常识性的烟草法律法规以简洁的文字，配以形象生动的"阿宝开烟店"漫画图片，制作5000份宣传小册，在全市8个人流密集的沿海敏感区域巡回分发。龙岩等市局为融洽行业与零售户、消费者的关系，围绕"公平正义、诚信友爱"的主题，开展了形式多样的消费维权宣传服务周活动。一是上街宣传，营造诚信维权氛围。该市专卖办与区局专卖办联合上街开展纪念"3·15消费者权益维护日"活动。武平、长汀、上杭等县市还结合山区特点，利用农村墟天市场人流集中的特点，将宣传活动开展到集镇市场，向广大农村零售客户、消费者、烟农宣传烟草专卖政策。全区共接待来访人员1400多人次，发放各类宣传单4000余份。二是清理市场，提高零售客户守法、诚信经营意识。根据市场的实际，制定为期15天的清理整顿卷烟市场方案，改变过去以打击为主的检查方式，采取宣传教育与查处整顿并重的方法。并向零售客户宣传一户一码、明码标价、星级评定等行业政策，传授卷烟防盗防骗知识，现场协调解决专卖管理、卷烟销售中遇到的问题。三是召开卷烟零售户座谈会，向零售户大力宣传了有关烟草专卖法律法规及近期卷烟销售政策。长汀、连城等县局向参加座谈会的零售户代表每人赠送了《零售户必读手册》、《客户园地》，其内容包括许可证管理、卷烟销售、诚信管理、烟草制品运输、真假烟识别及行政维权等知识，教育引导零售户守法经营、诚信经营及举报违法经营行为。四是通过宣传，打造诚信烟草形象。各县市设置了一个（新罗区设两个）宣传服务点，专门抽调了业务精通、口才较好的 2 名专管员、1 名客户经理到宣传服务点，披挂宣传绶带，为零售户、消费者提供真假烟识别及宣传烟草法律法规、卷烟投放政策、一户一码、星级评定等相关业务知识。龙岩市局姜林灿局长亲自到宣传点开展宣传指导。五是通过媒体扩大宣传影响力。邀请记者参加宣传周活动的报道工作。局有关部门领导介绍了"3·15"宣传周的情况并回答了记者提出的相关问题。龙岩电视台还对新罗区局销毁假烟的现场进行了全方位报道。

2005 年 5 月，全省烟草行业在参加《烟草专卖法》、《烟草专卖行政处罚程序规定》、《中华人民共和国行政处罚法》、《中华人民共和国行政复议法》等法律法规考试的 826 人中，及格 806 人，不及格 20 人，及格率 97.6%。合格者发给烟草行业专卖检查证，并可参加省政府法制办组织的行政执法资格考试。全省烟草行业参考人员 1165 名，成绩及格（60 分以上）者 1160 人，平均成绩 88.89 分，合格率为 99.6%，不及格有 5 人。

2006 年，围绕落实"五五"普法规划，促进和谐社会建设的主题，广泛告知"96629"免费举报投诉电话，向群众分发烟草专卖法律法规等宣传材料，现场接受群众咨询，回答群众提出的热点问题。龙岩市烟草专卖局对"12.4"法制宣传日活动做到早部署、早准备、早行动，举办了专卖人员和卷烟零售户的培训班。批零关系建立起了诚信加双赢的利益联盟。福州印发假烟识别宣传单、海报近 4 万份，动员全体员工担当义务宣传员，在《海峡都市报》等报刊媒体开辟专页刊登厂家声明，制作了 4 期专题片在福建电视台播放。市局林则森局长接受电视台记者专访，全市 167 个乡镇全面开展"大篷车"流动宣传站活动，制作宣传图版，在乡村街道、农贸市场、车站、码头等开展巡回宣传。同时全面启动"零售户之家"功能，各县级局建立了专卖局长、副局长、专卖办主任"三长挂片"制度，定期实地走访责任区零售户。

2007 年，烟草系统将《实施条例》渗透到专卖管理、国有资产管理、生产经营活动等各个方面，加强了配套制度的建设，不断完善烟草专卖执法的有关制度规定，强化执法监督，做到严格执法、公正执法、文明执法。对有关法律法规，不仅专卖人员做到应知应会，零售户也做到家喻户晓。据统计，共出台配套制度 100 多项。福州市从三方面做好卷烟零售户的工作：一是开展法制宣传。立足专管所"零售户之家"这一前沿阵地，采取"引进来、走出去"形式，定期组织对零售户烟草专卖法律常识培训，引导广大零售户强化守法经营意识。在"3·15"维权日、"12·4"法制宣传日等时机组织现场宣传、假烟销毁活动，扩大专卖管理影响力。还对大型连锁零售企业如永辉超市卷烟专柜员工进行了专业培训。二是丰富宣传手段。对自创品牌卷烟露头就管，印制 30 万份警示宣传单通过报纸夹页广而告之，让消费者自觉抵制。与中国维权网建立合作关系，开展"法制进社区"活动，依托网络平台宣传烟草法律法规。城北局制作多个打假识假专题宣传片在电视台分阶段滚动播出。三是突出宣传热点。借《烟草专卖许可证管理办法》颁布之机，一方面组织行业职工全员培训，准确把握 51 号令精神；另一方面，印发 2 万份要点内容宣传单，分发给每个零售户，做到家喻户晓。

2008 年 3 月，全省烟草专卖单位利用"3·15 国际消费者权益保护日"，开展形式多样的活动规范卷烟市场。漳州城区组织了咨询宣传活动，南靖、长泰召开了零售户座谈会，讲解卷烟鉴别知识以及遇到侵权时如何寻求帮助等。客户经理就消费者的兴趣爱好和消费档次、卷烟主要品牌等问题，向卷烟消费者发放调查问卷，消费者参与，现场收回有效问卷 100 多份。从 3 月中旬开始，泉州各地陆续与当地工商等部门联合开展集中宣传活动、举办行政执法图片展、发放法律法规、真假烟鉴别宣传单，并针对消费维权意识薄弱的乡镇开展重点宣传，共发放宣传单 5000 多份，接受咨询 2000 多人次。厦门市局由客户经理组成宣传队，向消费者分发《致卷烟消费者的一封信》，让消费者了解各种卷烟信息，各级烟草专卖单位在繁华路段设立咨询台宣传烟草专卖法律法规，动员和激励消费者检举制假售假，支持、配合烟草打假工作。莆田市、县（区）局联合当地工商部门，在人流量较为集中的区域设点发放宣传单，受理群众的咨询、投诉，全市发放宣传单 6300 多份，并联合相关部门销毁了 600 多件假烟。三明市局结合当地实际，开展了一系列活动，在市区组织 28 场宣传活动，分发宣传材料 10000 余份；召开有社会各界人士参加的维护卷烟消费者权益座谈会；公开销毁假冒卷烟 215 件；协办"三明市 2008 年 3·15 文艺晚会"；加强对"96629"投诉热线和专用举报投诉手机的管理。4 月 1 日，省局举办了"全省烟草专卖法律知识网络竞赛"，全省共有 12678 名烟草行业职工参加竞赛，参赛率超过 95％，平均竞赛成绩 96.7 分；还有 75771 名业外群众参加竞赛，占全省总人口的 0.22％；其中零售户 34292 人，参赛率 22.46％；烟农 14203 人，参赛率 14.3％；消费者 27276 人。业外平均参赛成绩为 94.7 分。7 月 24 日下午，在福州市公证处公证员的监督下，633 名行业内获奖者和 529 名行业外获奖者通过抽奖获得了奖品。

第三节　综合治理

一、卷烟市场

管理整顿卷烟市场是烟草专卖管理的主要工作之一，1991 年，全省着手加强对行业产供销的专卖管理。省局提出要以保护合法经营、打击非法生产经营活动来保证全省烟草行业的生产经营活动。在生产计划、对市场的卷烟投放总量、主要原辅资料的统筹安排和物资开发方面加强了调控。同时全省烟草系统首次与工商等部门联合开展市场管理工作。

从 1992 年开始，全省卷烟市场加强统一安排和调控，严格按计划投放省外烟和闽产烟。除了面向省内、省外、国外三大市场外，加大了对农村卷烟市场、边贸市场的开拓。通过边界贸易把高档产品辐射省外，实现余缺调剂、互通有无，保证市场的平衡和发展。各级烟草专卖机构"管好自家人、看好自家门"，对"烟贩子"实行打击。全省对卷烟市场采取"打击、惩办、整顿、管理、教育"相结合的方针，进行综合治理。对已发现的卷烟批发市场或假烟集散地采取取缔措施。对卷烟经营户实行凭证经营、按规定渠道进货。同时，全省加强对专卖许可证的管理，严格执行烟草专卖品准运证制度，切断假烟的流通渠道。假烟的兑奖实行按手续上报国家局批准，查获的假烟必须公开销毁，严防流入市场。

1993年，鉴于假烟、走私烟在一些市场泛滥，成为市场比较突出的实际问题，全省烟草行业对车站、码头、交通要道的卷烟市场加强了管理，配合工商等有关部门对经营假冒伪劣卷烟的零售户作出相应的行政处罚，做到发现一起、查处一起，同时做好假冒伪劣卷烟的检测和个体商户案件查处的兑奖工作。在市场清理整顿方面，重点查处无证经营卷烟、摆卖走私烟、假烟和非法渠道进货的行为，各地取缔非法大户，在交通路口设卡堵住从外地运入的卷烟货源。全省推广南平清理整顿烟草市场的经验，开展"十清、十查"活动。即：清理卷烟采购环节、货源分配、定价环节、业务洽谈、货款结账、批发环节、清仓提货、证件管理、运输环节、信息保密；清查有无计划外采购、有无集体定价、有无以烟谋私行为、有无赊账拖欠被骗、有无为无证商户提供货源、有无监守自盗、有无非法经营、非法承运和有无出卖商情等，逐步规范全省卷烟市场。与此同时，全省各级烟草部门实施卷烟生产严格执行指令性计划；烟叶收购全面推行"一证一卡三定"制度；卷烟经营从进货渠道、定价到结算、提货都纳入专卖管理的轨道。加强专卖管理工作。充分发挥全省17个烟草执法检查站的作用，许多地区配合有关部门在车站、码头建立检查站、交通要道实行24小时全天候检查和全方位监控。并与各有关部门合作，清理卷烟自由批发市场，关闭了福安赛岐、仙游枫亭两个由当地政府批准开办的卷烟批发市场。运用行政、法律、经济手段，严格执行《烟草专卖法》，维护烟草专卖国家垄断地位。经过协调，烟草专卖渠道流通正常，铁路部门把烟草专卖品纳入当地重点物资运输综合协调范围，实行运输计划、配车、装车、挂运"四优先"，邮政部门恢复了烟草及制品的邮寄业务。

1994年，烟草行业实行省外烟的计划调进，根据市场的变化适度调整品种结构，同时，严肃查处各种卷烟的非法经营活动。针对边界贸易相对薄弱等问题，宁德、南平、漳州、龙岩、三明的部分地方派出得力人员，重点管好边贸市场和当地市场。省局再三明令严禁系统内的企业做其他企业（人）的代理，严查严禁出具各类证明给外单位或个人收取管理费，从而减少卷烟的体外循环。龙岩烟草专卖局把严厉打击向系统外提供账号、介绍信、工作证、准运证等行为，把严厉打击内外勾结和三角结算等扰乱卷烟经营秩序的行为与凭证供应卷烟作为推进同有关部门联合办案的主要内容。各地采取措施，对自由批发市场和地下批发市场进行不停顿地打击。

1995年元旦、春节前后，省局组织对全省的烟草市场进行大规模"拉网式"的检查与整顿。福州市由市政府牵头召开烟草、工商、公安、海关、检察院、技术监督局等部门以及五区八县有关领导参加的加强烟草市场整顿的动员大会。该市常务副市长翁福林到会并作动员讲话，会后几家执法部门联合对福州市的卷烟经营户进行全面的检查。在台江农贸市场100多家经营卷烟零售户中，发现只有3家没有销售假冒商标卷烟。通过检查整顿，市场状况有了明显的好转。8月，省局召开压库促销紧急会议，要求各地专卖部门加大市场整顿力度，严厉打击卷烟走私和制售假冒卷烟的违法活动，各地市局仅用半个月时间就没收走私香烟543件，查缴假冒牌卷烟2516件，稳定了卷烟市场的价格。泉州市局针对晋江安海卷烟批发市场露头的情况，连续三次组织人员进行打击和整顿，将其消灭在萌芽状态中。南平地区成立由各县烟草专卖人员组成的稽查队，负责全区的市场整顿。莆田市局与该市交警配合，对可疑车辆进行检查，解决路上堵截和市场检查相结合的问题。省局及大部分地区烟草专卖部门都举办了市场管理方面的培训班。三明、龙岩、宁德采取培训与市场检查相结合的办法，把培训班学到的知识应用到实际中。4月12日，漳州出动883人次、302车次，统一检查卷烟市场，对无证经营、无证批发、乱渠道进货、非法经营走私烟、假烟的情况进行清理打击，共没收走私烟125件、假烟62件多，取缔无证经营户172家。是年，福建省颁发由国家烟草专卖局统一制作的处理罚没走私烟定点企业证照460个。在全省卷烟销售中，继续对卷烟市场采取"饥饿疗法"，继续控制省外烟在省内市场的投放。在市场管理中，突出打击地下渠道进货的个体卷烟批发户，打击走私假冒卷烟的市场销售网络。对当地烟草公司没有经营的省外烟一律视同非渠道进货，坚决予以没收、罚款。屡教不改的，吊销专卖许可证。全省开展以打击假烟为突破口的清理整顿卷烟自由批发市场活动，重点是泉州晋江安海市场和南安溪美市场。对无证批发和销售走私假冒烟的按照国家烟草专卖局、国家工商总局等四部委的联合《通告》，会同有关部门进行查处。各级烟草部门控制货源的均匀投放，防止因大户形成客观的批发市场。对已经成为走私烟假烟窝藏点、集散地的自由批发市场和卷烟委托批发市场进行整治。对大进大出、以倒卖卷烟为主要目的的取消其批发资格。对保留或新批准的委托代批点，由委托的烟草公司与被委托单位签订委托书，明确委托经营范围、委托期限及供进货渠道，写明只能在所在地的县市烟草公司进货。规定各级烟草公司不能委托个体商户代批或联营代批。同时把管理重点延伸至农村集镇、交通要道。凡是在当地有批发点的必须有专卖管理点。人员可以兼职。至当年年底，全省在所建立的699个网点（其中自建网点586）中，绝大多数设有专卖管理点。是年下半年，全省各地对卷烟市场的走私烟、假烟连续4次采取统一的打击行动。

1996年年初，全省烟草系统把取缔非法交易、整顿流通秩序、净化市场环境作为专卖管理工作的重点，做了三方面工作：一是调查摸底，有针对性地开展清理整顿工作。在3月底前普遍对当地卷烟经营户进行登记造册。地（市）县局召开卷烟经营户座谈会，向他们分发专卖法规政策的宣传材料，提出依法经营的要求。福州市局、莆田市局还与台江、涵江的一些经营户签订了"约法三章"。宁化县局组织专卖管理人员和县公司股（室）领导，建立了60多家"专卖管理联系店"。二是发挥稽查大队的作用，重点打击"钉子户"。漳州市局稽查大队组织了6次大规模的市场检查，出动721人次，在市场上查没走私烟71件、假冒烟57.4件，查处乱渠道进货的卷烟42件。宁德地区局每季度组织一次全区性的"拉网"行动，各稽查中队每月对辖区内市场组织一次检查，不但管理市场，还追根查源，拔掉了古田、寿宁、周宁等地一些制假销假的"钉子户"。莆田市局列出37个、泉州市局列出了18个属乱渠道进货的卷烟品牌印发各经营户，经常性地进行检查，使一些重点集散地的混乱现象得到扭转。福州市局稽查大队分成两个小分队，重点检查台江码头，各大超市和售假黑店，查处了38家超市、36家售假黑店，没收售假专用柜台20个。三是堵疏结合，开展创建"双无"（无走私烟、无假冒烟）商店的活动，引导零售经营户依法经营。全省两次召开烟草专卖管理工作经验交流会，总结三明烟草局抓好卷烟市场秩序、武夷山烟草加强领导巩固卷烟批发垄断权以及顺昌开展"一信双无"活动的经验。各地市局根据本地情况，制定烟草专卖管理所的工作职责、工作制度。同时，召开卷烟下伸网点专卖管理工作研讨会，下发指导性文件。全省还举办专卖管理人员骨干培训班，除了请省内有关厂家讲授如何识别假烟外，还邀请一些长期在一线有实践经验的人员上课，介绍识别假烟的实际操作和案件办理、案卷整理的有关经验。当年，全省开始对市场销售的卷烟加贴县级以上防伪标识，以杜绝假冒走私烟流入市场。南平市局深化创建"双无商店"的活动，确保"双无"商店卷烟基本品种的供应，保证常规品种不断档，并在"双无"商店经营户的《准购证》上加盖标志印章，在供货时予以优先倾斜，调动了经营户依法经营的积极性。5月，全省推广南平市局创建"双无"商店的做法，先后在福州、福鼎召开两次有关会议。截至11月底，南平、三明、福州、漳州、泉州等地（市）已建"双无"商店451家。

1997年初，国家烟草专卖局与国家工商行政管理局联合下发了《关于清理整顿卷烟批发交易市场的紧急通知》，要求全面整顿卷烟批发市场，取缔非法设立和自发形成的卷烟批发交易市场、清理整顿无证经营、无证批发和贩私售假行为。5月，省局从福建烟草市场的实际出发，采取卷烟贴标销售以规范卷烟市场。经过对"贴标"销售具备的法律因素、物质条件、管理办法及实施后将遇到的问题等进行论证，在福州琅岐召开的全省烟草工作会议上，确定了以三明、莆田、宁德为试点单位，取得经验后，于10月在全省推广。对此，省局成立专门领导小组，做到宣传工作、基础性工作、清理整顿、网络建设和指导调控"五到位"。全省通过宣传和协调，使政府、经营户和消费者认识到"贴标"销售是打击违法行为、保护合法经营的有效方法，保证了"贴标"销售的顺利进行。全省行业对市场及卷烟经营户现状进行调查摸底，克服天气异常和交通不便所带来的困难，对经营户进行全面分区划片，确定供货网点，签订供货协议和守法经营协议，发放卷烟"准购证"，使专卖部门对辖区内的经营户情况做到心中有数。各地烟草专卖部门对重点乡镇的卷烟市场进行连续不断的"拉网式"检查，拔掉"钉子户"，加大市场管理的力度。三明市局为引导经营户守法经营，推动创建"双无"商店，全市共新建"双无"商店300多户。宁德和南平市局在全区划分专卖片区，成立市场管理稽查中队，对违法经营采取不间断的打击。各地还继续新增卷烟销售网点，厦门、泉州、龙岩等地（市）局也对批发网点制订各种规章制度，确保贴标工作的进行。在此基础上，福建省局先后下发了《关于在全省实行卷烟加贴专卖防伪标识销售的决定》、《卷烟加贴专卖防伪标识销售的方案》并连续下发五期《闽烟办通报》指导基层工作。各地普遍成立了贴标、专卖管理、货源调剂、后勤等小组。至当年年底，卷烟"贴标"销售成果开始显现。宁德市局在清理净化卷烟市场加大打私打假力度方面做到了六个结合：一是教育疏导与检查处罚相结合。二是清理整顿市场与开展"双无商店"活动相结合。三是打击假冒烟与开展多种识假咨询服务相结合。四是全区集中重点打击与各县市分散常规检查相结合。五是专卖检查与业务送货相结合。六是内管与外打相结合。各地烟草市场出现"三多"（守法经营户、办理零售许可证、经营户到烟草批发卷烟多了）和"三少"（违法经营、公开贩私售假、非法渠道进货少了）；烟草专卖垄断地位、销量、价格实现"三提高"。

1998年，省局决定从当年起三年内完全取缔卷烟自由批发市场，要求各级单位一把手负全责，绝不能把卷烟自由批发交易带入21世纪。全省烟草系统首先围绕"贴标"销售，继续加大"贴标"销售的宣传力度。3月，成立"贴标"销售办公室，制定"贴标"销售目标责任制，制订考核办法、奖惩办法，同时提高标识制作的科技含量。在市场管理中，重点打击非法销售"无标识"的卷烟和假冒"标识"卷烟及走私烟等行为，结合许可证换发工作，对个体经营户进行调查摸底。全省各地以卷烟市场管理为重点，实现扩大地产中高档产品的市场规模。对此，省局采取了三条措施：一是坚决实施卷烟贴标销售。二是实行定期检查和突击抽查相结合的办法，把有效货源全部纳入网点销售，实行划片供货，按照供货面广、量少、勤送的原则划片管理，严禁大进大出和卖大户。定期不定期地查台账、经营户的档案和准购证的登记。对伪劣商标也定期进行监督。加大"贴标"力度，对违反规定者进行惩处。三是全省列出19个重点卷烟批发集散地进行重点清理。把打击"钉子户"与"拉网式"清理相结合，把卷烟销售网络建设作为战略性的工作，坚持"以我为主"建网，一些地区实行专卖人员收入与销售业绩挂钩。年底，国家烟草专卖局与国家工商行政管理局再次发出《关于整顿卷烟交易市场秩序、严厉打击卷烟走私贩私的通知》，要求卷烟个体户严格按规定渠道进货。把取缔"两江一海"（福州台江、莆田涵江、晋江安海）卷烟批发摊群作为当务之急来抓。把"堵源头"和"断后路"有机结合起来。各地确定各自的整点开展整顿，如，漳州的闽南批发商城、龙海石码、诏安的城关、泉州的南安、宁德的福安等。

1999年，全省加大力度，把卷烟市场的清理整顿作为的重中之重，协调政府和有关执法部门，采取有力措施，取缔非法卷烟批发交易场所，清理整顿市场。3月，省局作出决定，以"烟草专卖联动"为手段，清理整顿卷烟市场。从3月29日至4月9日，全省共出动4406人次，开展为期十天的卷烟市场统一大检查，各地（市）专卖副局长亲自带队，集中优势兵力，连续作战，对辖区市场进行"拉网式"清查，重点打击卷烟批发大户、乱渠道进货以及假冒烟和走私烟。全省共查处案件1985起，查获乱渠道卷烟1118件、假烟

1039件。在大检查中采取四方面措施：其一，以乡镇市场为重点，采取农村包围城市检查。仅宁德地区就检查乡镇市场39个。其二，充分发挥灵活性与机动性，对重点地区、重点市场进行反复清理。泉州市局对晋江安海、南安官桥和洪濑市场采取经营性检查与突击性检查相结合，使不法分子防不胜防。其三，实行划片管理，层层落实责任制。厦门市局以局长为第一责任人，将全市划分为5个片区，明确了片区责任人。铁路片区、边界片区，片区之间即可各自为战，亦可协同作战，交流信息，实行比、学、赶、帮，使各片区相得益彰。龙岩市局在工商的配合下，开展"百日打假"活动，采取划片包干，进行"路上堵，市场查，端大户"，制止了各种非法经营行为。其四，开展交叉检查，清除市场痼疾。4月，烟草系统抽调各地市局专卖副局长组织到各地（市）进行专卖联运联动、价格联动大检查，对全省非法乱渠道进货的重灾区泉州安海、官桥、莆田涵江、福州台江等进行重点检查。三明市局调动各县（市）局专卖力量，跨区进行交叉检查，每次检查的情况各有侧重，有的以市场管理为主，有的以专卖管理所建设为主，有的以烟叶收购为主，促进常规管理机制的高效运行。各地（市）局还充分利用许可证换发的契机，把卷烟零售户纳入规范管理的网络之中，并通过《实施条例》中有关合理布局的原则和条件，在换证工件中实行信息化管理，清理了一批转让、变更的许可证，同时对易于形成交易市场的区域实行只换证、不办新证的办法加以控制。对福州台江、西营里、火车站商贸城等重点地区，根据合理布局的原则，核减零售户的数量。漳州市局指定10名专卖管理人员用半年时间对芗城区卷烟市场采取监控、放眼线等办法，共出动1880人次，查处73起案件，罚没款达62.3万元；抽调25名专卖人员分两支队伍在诏安和漳浦不定期出击，出动4400人次，查获无证烟150件、走私烟388件、假烟1452件。

7月，省局与工商部门协调，联合下发《关于清理整顿非法卷烟批发交易场所的通知》及《通告》，要求各地烟草专卖和工商部门在全省范围内取缔以"两江一海"市场为主的非法批发交易场所，切断假烟、走私烟和乱渠道卷烟的流通渠道。省局印制了8万份《卷烟零售户须知》分发给每个卷烟零售户。同时，省局与工商部门联合下发了全省市场清理整顿卷烟市场的通告，按照取缔非法卷烟批发交易所的工作目标、方法和步骤指导全省开展工作。各级烟草部门在市场整顿中分自纠、清理整顿、巩固成果三阶段进行，采取管销结合、综合治理等措施，层层实行"贴标"和领导负责制，加快卷烟网络建设的步伐。对省局挂牌督办的综合批发市场所在地都由一把手亲自抓落实。11月9日，省局与工商局联合召开会议，部署全省清理整顿卷烟市场行动，确定全省烟草工商部门加强协作和对非法卷烟批发活动进行打击。工商部门对各类卷烟经营企业和个体工商户进行清理，并发挥全省10个有上路检查权的缉私队的作用，实行联合办案，对违法经营者依法处理直至吊销营业执照和许可证。莆田市局作为取缔工作的先行试点单位，烟草专卖人员进驻涵江市场，实行24小时监控。涵江市场的卷烟经营户从38户下降到12户，并杜绝了无证批发、非法经营的现象。福州市局与工商部门成立联合执法队和前线指挥部，临时挂牌办公。召开零售户会议进行宣传，至当年 12 月 28 日，莆田涵江批发市场宣告关闭。福州市联合执法队伍进入台江市场。

2000 年春节前，各地烟草部门协调政府和公安等部门的关系，对各自辖区内的非法批发场所逐一清理整顿，在取缔莆田涵江、晋江安海非法卷烟批发交易场所基础上开展工作。福州市局利用台江农贸市场搬迁的有利时机，彻底关闭该市台江非法卷烟批发交易场所。至此，取缔"两江一海"的非法卷烟交易摊群的专项治理活动圆满完成。漳州市开展取缔卷烟批发大户的专项整治工作，通过访查、看准购证，清理市场上摆卖的 37 种非烟草供应的杂牌烟。全市共清除 11 家批发大户的仓库，取缔 29 家批发大户，罚没款 30.2 万元。从 8 月 10 日至 10 月 1 日，全省开展重点打击非法卷烟批发大户的专项治理行动，巩固和扩大市场清理整顿成果。专项活动期间，立足于卷烟网络建设，一级抓一级，层层实行责任制，继续加大清理整顿卷烟批发交易市场的宣传力度，实行管疏结合、综合治理。全省共查处非法批发大户 143 户、捣毁窝点 119 处。各级烟草部门开展"三无"达标示范活动，加强对零售户的管理，全省范围内共建立"三无"达标示范街道（市场）81 个，市场净化率提高。全省对卷烟经营户的基本情况进行清查。全省推广三明烟草建立烟草专卖管理所的做法，首次在全省计划建立 100 个专卖管理所，实际建立 105 个（其中福州 11 个、莆田 6 个、泉州 16 个、厦门 6 个、漳州 18 个、龙岩 12 个、三明 18 个、南平 10 个、宁德 8 个），开始对市场实行户籍化管理。

2001 年 4 月，省政府将卷烟列入制假售假问题突出的重点商品。省局及时抓住这一有利的时机，成立领导机构，制订工作方案，推动整顿和规范烟草市场经济秩序工作。全省健全了清理市场的工作机构，层层签订了责任制；根据卷烟销售网点的发展，抓好专卖管理所的硬件建设，全省专卖管理所从 139 个增加到 181 个。省局统一下发专卖管理所的规章制度，提出以管理到户、服务到户、宣传到户为标准，对辖区内的卷烟经营户实行户籍化管理的工作模式。对经营户实行长期的动态管理，使专卖管理向科学化、规范化方向发展。同时，从专卖管理所的软件入手，统一了户籍化管理工作的操作规程，做到统一标准、统一布局、统一考核，实施管理与服务、教育与宣传、检查与打击相结合；做到专卖销售信息共享、专销机构分设、职能分离、统分结合、利益捆绑、同步考核。漳州市开始建立非法经营户违法经营记录，对已被处理 2 次以上的非法批发户责令停业整顿两个月，对已被处罚三次以上的零售户取消经营资格。至年底，全省有 20 多户个体批发户转行。全省继续开展专卖工作"素质年"活动，做到内强素质、外树形象。经过努力，使扰乱市场秩序的势头受到了有效遏制，卷烟市场经营秩序实现根本好转，当年全省卷烟市场查处各类违法违规案件 1.7 万起（其中 5 万元以上案件 132 起），查获假烟 4.7 万件、烟叶 827 吨，查处非法卷烟经营户 408 户，其中 107 户已被取消经营资格。

2002 年，对烟丝作坊进行了专项治理。8 月，全省已建立 210 个专卖管理所，经过"至诚至信、全心全意"的行业服务理念的宣传教育，对个体卷烟经营户实施管理与服务并举，查处与教育并重，提高了依法行政、文明执法的水平。经过大量的调研和反复的修改，《福建省烟草专卖管理办法》以省长令的形式颁布实施。省局据此与省工商局协调，在全省各级工商、烟草部门之间签订联合执法委托书，烟草行业拓宽了行政管理范围和深度。同时集中时间、集中力量整治集贸市场中的卷烟非法经营活动，清理非法批发、地下渠道，提高了全省的市场占有率；全省实施卷烟流通数码监控工程，推广专卖管理计算机四级联网系统，提高了专卖管理工作的科学性和有效性；加强内部经营行为的监督检查，查处两起内部人员送假烟的严重违法违规事件；有效监控"两烟"流向，合理配置市场资源。

2003年，在治理卷烟市场经营秩序中，全面推行卷烟零售户的户籍化管理。采取五条措施：第一，试行零售户诚信等级管理。按照"服务在先、管理在后；宣传在先、执法在后；教育在先，处罚在后"的原则，对零售户实行记分制管理，按分类情况对零售户实行不同层次的管理和服务，将零售户管理与建立客户关系有机地结合起来。经过半年的试行，零售户诚信等级管理对改进专卖管理方式、建立社会信用体系、提高零售户对专卖管理的信赖度和依存度方面显示了其优越性。第二，清理取缔无证经营户。各地与工商部门密切配合，充分行使委托执法权，依法行政，规范办案，形成了较稳妥、顺畅的工商、烟草联合执法工作联系制度，厦门市局针对火车站广场节假日人流量大、售假现象突出的特点，联合工商、技术监督等部门发出《关于整顿火车站广场经济秩序、严禁经销假冒卷烟的通知》，开展了专项整治工作。通过召开座谈会，上门宣传、媒体曝光、联合执法检查等多种形式，售假现象和游客投诉大为减少。经过专项整治，全省各地都清理、取缔了一批无证经营户，提高了市场净化程度。仅漳州市就取缔无证经营户1581户，办证率从2002年的4.9‰降至3.81‰。第三，将全省2603个宾馆、酒楼、饭店等特别消费场所纳入专卖管理，设立专门机构，实行个性化服务和管理，防止其成为假烟、走私烟、非法渠道卷烟的"避风港"，消除了专卖管理的"盲区"。第四，重点整治烟草市场乱渠道进货的现象，通过打击非法批发大户，专项清理重点牌号卷烟，为主渠道销售腾出了空间。第五，将专卖管理触角向农村市场延伸，设立了一批农村边远山区代送代销点，满足了广大农民卷烟消费需求，掌握了农村市场的控制权，扩大农村市场覆盖面。当年底，全省烟草完成了对烟机零配件定点生产厂的普查登记，对其产品的生产、流向实行监控；完成专卖管理所、专卖执法车辆外形标志设计，统一烟草专卖稽查的对外执法形象；完成烟叶收购许可证的年审工作，省际烟叶收购专卖管理协作加强。

2004年，专卖管理工作转变观念，由权力导向型的刚性管理向规则导向型的柔性管理转变。全省烟草做好三方面工作：其一是制订《福建省卷烟零售户诚信管理办法》、《福建省烟草专卖人员诚信服务工作办法》，层层组织相关培训，明确专卖管理所、队、办职责，烟草专卖诚信管理工作有章可循；从年初开始，省局共下发3个文件督促基层进行考核，使诚信管理工作落到实处。其二是按规定整合卷烟零售户布局，清理注销停业户8301户。各地结合实际，探索在农村、边远地区设立代送点、辐射户，扩大了卷烟主渠道的市场占有率，并保证了后续管理方面的监督措施。其三是深化零售户合理定量工作，规定其日供、月供量；于4月制订下发《福建省卷烟零售户限量供货和卷烟代送点及辐射户管理规定（暂行）》，通过计算机管理逐级考核该项工作的责任落实状况。其四是于5月制订《福建省卷烟促销管理办法》，在专卖部门的监督下，规范市场经营主体的促销行为。逐步建立统一、开放、有序的卷烟市场经济秩序。

2005年初，卷烟市场管理一是深化对零售户的诚信管理。了解经营情况，及时、准确收集、分析市场信息，结合片区实际定期对零售户进行诚信质量检查，主动了解零售户经营情况，倾听其呼声，帮助其解决困难，促进零售户自律。二是持续开展"合理布局"。在充分调查摸底的情况下，推进农村办证工作。厦门、泉州、三明、漳州、南平、莆田、福州的行政村有效办证覆盖率达到100%，全省新办证19382户（其中乡镇以下12961户，占新办证总数的67%）。城镇非法批发大户的下线被有效控制，大户呈自然萎缩态势。漳平等县（市）局在充分调查论证的基础上，展开合理布局规范工作，召开听证会，出台了新的零售户合理布局规划方案，将布局工作细化到街道、行政村，使布局工作更趋科学、合理。三是推进"合理供货"工作。通过《福建烟草》杂志、福建烟草网的平面宣传和一线人员进村入户的实地宣传，引导卷烟零售户理解合理供货，强化合理供货组织管理。各设区市局（分公司）结合当地实际，相继出台供货管理细则，规范对零售户的供货行为。厦门市局与营销部门共同完成了对零售户合理供货的重新核定工作，以1件为1档细分零售户的卷烟月供货量。各单位还对代订和套订行为的零售户，给予降量处理。截至12月底，全省零售户月供货量分类统计为：5件以下78095户，占总数56.93%，销量比重40.56%；5～10件40516户，占总数29.53%，销量比重32.12%；10～15件13513户，占总数9.855，销量比重15.63%；15～30件4537户，占总数3.31%，销量比重10.31%；30～50件443户，占总数0.32%，销量比重1.21%；50件以上82户，销量比重0.38%。专卖部门介入合理供货工作，明确了市场监管的针对性。同年8月，全省取消对主牌号"七匹狼"的限量供应和卷烟的喷码工作。厦门市局主动加强协调沟通，2005年1月在管委会的牵头下成立了由烟草、工商、城管、公安等部门10人组成的鼓浪屿景区行政综合执法大队，重点打击景区内贩私贩假、无诚信不文明经商、聚众赌博等各类违法、违章行为。行政综合执法大队通过建立联席会议、信息交流、联合执法、分工处理等制度，有计划、有步骤地进行市场专项清理整顿。

2006年，继续加强供货管理。各级局根据市场变化，主动调整零售户供货量，放宽了对月供货量5件以下零售户的单品种订货限量。同时强化了合理供货的动态管理。通过信息系统及时查询零售户进货情况，从源头上加强管理，使零售户定量工作更趋合理，提高了市场控制力。同时，通过信息系统综合查询功能，梳理出需要重点关注的零售户，展开针对性管理，提高了工作效率。全省市场查获各类卷烟违法案件7908起，其中走私卷烟案件477起，假冒卷烟案件4325起，非法渠道案件2565起，实现了有效监管。同时，各地实现优势互补，取缔无证经营。漳州、厦门、三明等市局主动与工商部门协作，充分发挥专卖部门执法队伍强、巡查频率高的特点进行市场检查，依托工商部门执法依据多、处罚力度大的优势进行打击处罚，有效遏制无证经营行为。加强烟草专卖品运输与市场促销管理。严格监督本省工商企业在"一号工程"中的运行状况，及时确认、处理异常情况；坚持专卖品"凡移动必开证"的原则，加强省内准运证、个人携带证的管理，落实对卷烟促销行为的监管。省局出台了《关于规范烟草专卖品销毁工作的补充通知》，规范了废弃烟叶、烟梗、烟末以及罚没烟草专卖品的销毁工作。

2007年，卷烟市场管理着重抓好规范行政许可的行为，围绕"合理布局"、"合理供货"两个重点，完善对卷烟零售户的管理与服务。主要表现在：第一，取缔无证经营。各级烟草部门抓住福建省政府出台《关于进一步完善查处无证无照经营工作机制的通知》的有利时机，和工商部门联系，按照全省取缔无证经营工作计划，构建相互信任、友好合作、优势互补、齐抓共管的工作机制，形成执法合力，抓好无证经营的取缔工作。南平市局工商就查处无证经营烟草制品违法行为委托办案形成会议纪要。并于6月1日正式签订了授权委托书，工商部门委托烟草部门查办无证零售烟草制品的简易案件，双方建立起联席会议、定期案情通报、不定期督查等工作制度，6月中旬举办了委托执法办案培训班，7月开始行使委托办案权。厦门、三明市局与工商部门建立打击无证经营长效机制，发挥各自优势。对无证零售烟草制品行为，由烟草部门先行检查，工商部门处理案件。其中厦门市由市政府出台《关于进一步加强查处无证无照经营工作的实施意见》。福州市由各县级局与同级工商部门，建立联合执法工作机制。宁德市局落实《烟草工商联合执法工作制度》，开展联席会议，健全工作联系制度、工作报告制度、宣传工作制度，多次联合开展清理无证集中行动。莆田市局与市工商局实行了定期办公、信息共享、联席会议、业绩考评等具体工作制度，并建立长效的工作机制。龙岩市局联合工商，加强对无证户的跟踪管理，适时开展市场清理整顿专项行动。漳州市局继续完善对大户的下线跟踪以及无证户的调查和登记造册工作，解决了大户向小户、无证户提供货源以及大户向小户收购卷烟的问题；实行全市稽查队联动，实行交叉检查。全省县、市、省三级基本形成了委托办案、查处分离、信息抄告、联合执法的工作格局。同时，各级局将取缔无证经营与贯彻《烟草专卖许可证管理办法》相结合，开展对外宣传活动，使广大零售户、社会各界及时了解涉及其切身利益的相关规定，并对专卖部门的行政许可行为进行监督。泉州市局做好《烟草专卖许可证管理办法》的宣传教育工作，加强烟草专卖零售许可证的管理；同时，综合运用专卖管理信息系统与客户管理系统，查询零售户进货情况，实施有效引导和管理，合理订货率提高了3个百分点。他们通过宣传教育，引导零售户诚信经营，用集中检查和走访相结合的办法开展检查，维护了卷烟市场秩序。全年共查处非法经营案件1611起，查获非法渠道卷烟2509件，有效提高了市场的调控力，全市市场净化率稳定在98%以上。第二，提高卷烟市场控制力。其一是管理方式转变提高管理效率。按照省局《福建省卷烟零售户诚信管理办法》，使守法户的诚信得分能提高获利水平。专卖管理从过去单一的行政管理变为现在行政、经济、教育的综合管理方式，提高了管理效率。其二是管理模式的转变提高了市场控制力。专卖人员了解市场、管理市场、控制市场有了抓手，通过对零售户核定供货与实际进货的比对及月供量的变动，掌握了市场经营的信息，提高了烟草管理的针对性和有效性。比如，宁德市局继续坚持限制城镇大户，大力开拓农村中小零售户的原则，通过优化合理供货调控、做好委托代送（取货点）监管，农村调查摸底，使全区农村市场得到巩固，全市共有代送点80个，定点取货点114个，80个代送点共代送客户1588户，114个取货点共包含取货户521户。

2008年省局在全行业开展了专卖管理"基层建设年"活动，着力加强市场秩序的监管。省局调整基层专卖管理所的分工，完善了市场稽查队的机动巡查和专卖管理所片区监管的工作格局，在管理终端方面，对全省客户星级标准进行修订，完善客户分类管理。针对部分零售户诚信分值与星级对应不合理以及零售户违规扣分处理滞后等问题，组织修订《福建省卷烟零售诚信管理办法》，采用明察与暗访相结合、定期与不定期相结合、重点区域与一般区域相结合的办法，加大违规经营假烟的扣分分值。加大市场净化率的考核和市场整规力度。利用夜间或休息日开展"错时"打击专项行动；由政府牵头，协调文明办，工商、城管等部门共同参与，开展以取缔无证经营为主的联合市场整规活动。同时，创新监管举措，开展特营场所管理新模式试点，加强了对礼品回收店和烟酒专卖店的专项整治。出台了《福建省卷烟零售户合理供货补充规定》，对零售户实行总量浮动管理，对不同供应类别的零售户允许一定幅度的总量浮动，同时，对零售户许可证变更后实行定量管理，通过公安部门协同宣传、烟草专卖部门协同办证、营销部门协同服务的三项协同措施，将市场监管向难管的薄弱环节延伸。开展专卖社区化管理，将专卖管理融入社区管理体系之中。1—10月份，全省查获各类违法烟草案件9460起（见表7—1），与2007年同比增加60%，开展了"我的精品街"示范终端建设竞赛活动，全省建立统一的客户培训教材库。在延伸终端方面着手围绕建立面向卷烟消费者信息收集体系、分析体系和应用体系，推广提升卷烟销售系统功能。福州市烟草专卖局下发《关于做好春节期间市场监管工作的紧急通知》、《关于对违规经营户采取暂停供货措施的通知》、《加强零售户诚信分值管理的通知》、《行使行政处罚自由裁量权实施办法》、《市场整规专项行动应急行政措施规定》等文件，组织节假日"打黄牛"、"拔钉子"和"错时检查"等全区性市场整规专项行动，对重要区域、路段和顽固售假问题户进行重点整治。基层各单位普遍开展"大篷车"走进社区和走向农村活动；各管理所发挥"客户之家"作用，对辖区零售户进行专题培训；对不接受行政处罚的违规户一律采取暂停供货等行政措施，并与诚信分值、星级状况及货源供应等挂钩。

表 7—1　　　　　　**2008 年 1—10 月全省烟草市场查处案件一览表**

设区市局	福州	厦门	莆田	三明	泉州	漳州	南平	龙岩	宁德
数量（起）	2346	334	148	198	2858	2707	140	349	380

二、烟叶市场

20世纪90年代以前，由于边界收购价格存在差异，地下烟厂抢购烟叶，产区内烟贩子活动频繁，套购、抢购、烟叶外流案件时有发生，给烟叶生产收购造成一定影响。产区各级烟草专卖局和当地政府每年都投入大量的人力、物力，采用巡回检查和在边界设卡等办法，制止烟叶外流，保证烟叶收购顺利进行。

1992年《烟草专卖法》实施，福建烟叶产区对烟叶市场的专卖管理更为规范。一是产前就签订产购合同，收购时按合同实行计划收购，不收无证无卡烟叶，不收无"一约三定"票单的烟叶；二是处理好边界烟叶流通问题，"看好自家田、收好自家烟"；三是加强市场管理，打击烟贩子活动，防止烟叶外流。1992年南平市烟草专卖局加强烤烟运输和检查站的管理，与工商局、税务局三家联合发出《关于烤烟运输问题规定的联合通知》，同时经省政府核批在武夷山市大安和浦城县庙湾两个检查站设立烟草专卖检查内容，制止烟叶套购和外流现象。

1999年5月，国家烟草专卖局印发《烟叶专卖管理办法（试行）》，共8章57条。规定烟叶种植、收购、加工和经营的专卖管理。11月，国家烟草专卖局又下发《关于加强烟草专卖管理制止非法收购和购销烟叶的紧急通知》，加强对烟叶收购的监管，严厉打击非法收购、运输烟叶行为，维护烟叶收购的正常秩序。省局加强烟叶流通环节的管理，从烟叶收购环节抓起，打击非法套购烟叶、扰乱烟叶收购秩序的烟贩。各地烟草专卖局从严治内，坚持内管外打相结合，从烟叶供货和流通渠道着手，全面整顿烟叶收购、加工、订货、调拨、进出口各环节，维护正常的烟叶流通秩序，并加强对烟农的烟草专卖法律法规、烟叶收购政策的宣传，对于烟贩子比较猖獗的永定、武平、上杭等边界县，在当地政府的支持下，配合有关行政执法部门，开展打击烟叶外流的专项斗争。

2000年，永定县烟草专卖局多形式、多渠道、全方位开展烤烟收购政策宣传工作，永定县人民政府发布《关于维护烤烟收购秩序严禁烟叶外流的通告》，法院、检察院、公安局、烟草专卖局共同发布《关于严厉打击非法经营烟叶的联合通告》，出动宣传车到各乡、镇、村巡回宣传，大造声势；组织干部、职工到农户，既当预检员，又当宣传员，耐心细致地做好宣传解释工作；同时利用电视、广播、标语等宣传媒介进行宣传；加强烤烟收购管理，维护烟叶收购秩序，打击不法烟贩的嚣张气焰。

2001年烟叶收购期间，省局组织协调，对边界纠纷较大的烟叶收购站采用互派专卖管理员的办法，加强对边界市场的管理和监督。双方互派专卖管理员进驻边界收购站点，每个收购站点派驻2人，具体是：清流县李家收购点与连城县北团收购点；宁化县曹坊罗溪收购点与长汀县馆前陈莲收购点；泰宁县龙湖收购点与邵武市大埠岗河源收购点，多年来难以解决的边界烟叶收购纠纷问题得到解决。是年武平县成立了由法院、检察院、公安局、财政局、工商局、烟草局等有关部门组成的"护税工作队"，协助烟草专卖稽查队共同制止烟叶外流及抢购、套购烟叶的不法行为，维护烤烟收购正常秩序。

2002年，国家烟草专卖局下发《规范烟叶流通秩序的规定》，共10章49条。通过规范烟叶流通秩序，完善监督制约机制，健全内部管理，规范烟叶经营行为，严厉打击各种非法经营烟叶的活动。7月，全省烟叶的生产、收购、复烤加工、调拨结算、管理查询五个信息系统实现生产经营管理四级联网运行。7月15日，国家烟草专卖局专卖司、中国烟叶生产购销公司组织在湖南省郴州市召开广东、江西、福建、湖南、广西五省区烟叶收购边界协调会，签订五省区烟叶收购边界协议，建立五省区有关烟叶收购信息交流体系，互通情况，共同打击非法烟叶收购，维护边界烟叶收购秩序。8月7日，省政府令颁布《福建省烟草专卖管理办法》，10月1日起施行。这对加强全省烟草专卖管理，依法行政，打击非法烟叶收购、非法生产与销售卷烟行为、整顿规范烟草市场经济秩序、保护消费者和经营者合法权益起到重要作用。10月，为规范全省烤烟生产经营物资管理，提升烟叶质量，省局公布实施全省烟草生产经营配套物资管理办法十二条。

2003年，国家烟草专卖局组织召开了闽、粤两省边界有关市、县协调会，双方签订了边界协议，并成立烟叶收购边界督查队，共同打击烟贩活动，稳定收购秩序。7月，省局对全省烟叶收购机构、烟草站的主评员、验级员、预检员、微机员、网管员、统计员的设置，工作要求进行全面整顿，并规范了烟草生产质量的调查、收购样品的仿制，烟叶预检、交货、质量监控、烟叶储存保管与运输、交接、质量跟踪和烟草站建设。同时，对稳定烟叶收购秩序作了四条规定：1.毗邻地区的烟草站要严格执行边界协议，做到统一收购时间，统一技术目光，正确执行烤烟国标和价格政策。必须在收购结束后凭产购合同兑现扶持政策，互不收购毗邻地区烟叶，共同维护收购秩序，对收购毗邻地区烟叶的烟草公司，将对责任人进行严肃处理。2.各级烟草公司要主动协调各级地方政府、公安等部门工作，加强烟叶专卖稽查，防止烟叶外流，打击烟贩子活动，维护烟叶收购秩序。3.烟叶收购期间，县级烟草公司要向地方政府部门请求派驻烟叶收购场秩序监督员。4.杜绝人情烟、关系烟。烟草专卖、监察部门要行使各自职能，打击烟叶收购中烟草内部员工的违纪违规和违法犯罪行为，共同维护好烟叶收购秩序，切实保护国家、烟草企业和烟农的利益。省局在泰宁召开边界收购协调会，协调解决三明、南平的边界烟叶收购问题，双方作出承诺并签订协议。三明将乐县人民政府出台《将乐县人民政府关于加强烟叶收购专卖管理的通告》，从法院、检察院、公安局、工商局、交警、烟草、林业、交通等8个部门抽调20名骨干成立烟叶收购专卖管理缉私队，8个月共派出348人次，分别到79个村宣传和巡逻，查获违法烟叶7.32吨。

2004年，烟叶收购初期，福建省先后与广东、浙江等省分别召开烟叶收购边界协调座谈会，加强边界省份的沟通和协作。经过协商，达成了一系列规范本地烟叶收购、防止烟叶外流、联合打击边界套购烟叶行为的协议，并确立了双方联席会议制度，双方根据边界烟叶问题的新变化、新动向及时进行沟通协商，稳定边界收购秩序，省际烟叶外流势头得到有效遏制。连城、武夷山等地依靠当地政府的各种行政管理力量，联合公检法等部门，合力制止烟叶外流，打击非法收购烟叶行为，规范烟叶收购流通秩序。

2005年初，全省开始对烟叶复烤企业加强专卖管理监督工作，主要是将烟叶复烤企业有无合同、超合同加工和超许可范围违法经营烟叶、违规处理烟梗废料等方面作为管理监督的重点。对于管理监督的方式，福建省局规定每半年开展一次检查。

根据《国家烟草专卖局关于对打叶复烤企业实行派员驻厂监督和定点联系制度的通知》，从2006年11月始对打叶复烤企业实行派专卖管理人员（驻厂员），监督打叶复烤企业对烟草专卖法律、法规、规章和国家局、省局有关规范生产、经营管理规定的执行情况，规范生产运行，纠正问题。主要工作任务：查询烟叶加工合同签订情况；核查代管原料情况；掌握生产投入产出情况；掌握成品调运情况；掌握废料处理情况；根据驻厂监督情况填写《烟叶加工情况统计月报表》分别报派出部门和省局专卖处、监察处。纪检监察部门确定打叶复烤企业联络员制度，掌握监管情况，查处违纪违规案件。主要工作任务：监督烟叶复烤企业在内部专卖管理监督方面制度是否健全、是否监督到位、是否执行到位、是否存在违纪违规案件；监督驻厂员是否尽职尽责，是否按规定的任务完成工作；核实驻厂员填写的所有台账；及时向派出部门汇报违纪违规案件线索及情况。

2007年，三明、龙岩、南平三烟区开展打击烟叶外流工作。永安市局在全面加强烟叶收购和流通秩序监管的同时，加强对边界乡镇青水、槐南等重点区域、重要窝点、重点烟农的监控，打击各种非法收购、贩运烟叶的行为。漳平市局通过建立健全烟农档案，对烟农实行跟踪管理，重点加强对种植面积在10亩以上和2006年烟叶合同履约率小于70%烟农的管理；同时，召集往年的贩烟户座谈会，通过宣传烟草法律法规，提高他们守法意识。上杭县局在中都、下都、稔田等边界乡镇路口设立检查站（点），24小时全天候值班。武平县局提出四项要求，一是严格纪律，严守秘密；二是烟叶收购期间取消周末、节假日；三是吃苦耐劳，技术过硬；四是通过采取稽查固定点、流动巡逻组、重点监控、群众举报、有关部门配合等多种方式打击烟叶外流。7月31日，邵武市局召开边界乡镇烟叶收购专卖管理工作协调会，并对主要的路口安排专人设卡检查。光泽县局结合当地特殊的地理位置，与江西毗邻县市开展省际边界合作。8月2日，邀请江西省抚州、黎川、资溪等县市烟草专卖局的有关负责人就加强信息互通、采取联动、联合办案等问题进行座谈并达成共识。8月，福清市烟草专卖局在福清市宏路医院附近查获一辆涉嫌无证运输烟叶的重型挂车，共查获约20吨的初烤烟叶。12月8日晚，漳州市城区局联合天宝派出所在319国道75公里处查获一个非法烟叶仓库，共查处烟叶85箱，共17吨，抓获犯罪嫌疑人1人。

2008年8月11日起，连城县局对全县烟农启用烟叶交售专卖通行证制度。要求烟农交售烟叶时，应与交售烟叶通知单、通行证同行。同时，履行"村口堵、路上查、场上（收购）对"的日常监管职能。各专管所、稽查队进行随机核查，发现违规者即启动预警机制。8月22日，福建省三大烟区贯彻国家烟草专卖局下发的《关于加强打击非法经营烟叶活动的通知》。做到四条：一要坚决打击非法收购烟叶的行为。要加强管理，强化监督检查，建立和完善举报奖励制度，广泛收集情报线索。二要加强烟叶运输环节监管，切断非法运输通道，同时解决上路检查的问题。严厉打击非法运输、仓储烟叶、烟丝活动。三要加强对违法经营烟叶案件的查处。四要加强执法部门之间、地区和部门之间的协作配合，建立健全联合打击非法经营烟叶活动的协作机制。及时交流和沟通信息，加大联合执法力度，适时开展跨区打击行动。

三、队　伍

专卖机构设置的基本情况是：1991年前，省级局设烟草专卖办公室，地（市）烟草专卖局设专卖科，县（市）烟草专卖局设专卖股。后地（市）、县（市）专卖局的专卖科、专卖股均改为专卖办公室。专卖办公室在局长领导下履行职责，其中的职能之一是会同公安机关在车站、码头及交通要道设立检查站；检查、监督烟草行业内部产供销内外贸业务中执行烟草专卖法规情况，查处烟草企业内部的违章案件。2000年，各地（市）、县（市）烟草专卖局设立烟草专卖管理稽查机构。地（市）局设立稽查大队，县（市）局设立稽查队。稽查机构与各级烟草专卖管理部门合署办公，同年，全省在市场上建立100个烟草专卖管理所。省局规定了稽查队伍的建设、业务指导和基本任务；稽查队伍要严格遵循法律、法规、依法执行公务，并受法律保护；稽查队伍的设置及职权；制度建设及人员管理；稽查人员工作纪律；保障稽查队伍所需工作经费，配备办案工具、器材和稽查人员的人身意外伤害保险。2001年省局明确规定：烟草专卖管理稽查支队隶属地（市）局专卖科，县（市）局成立专卖管理稽查大队，隶属县（市）局专卖办。同年，原地（市）级烟草专卖稽查大队更名为烟草稽查支队；原县（市）级烟草专卖稽查队更名为烟草专卖稽查大队，更名后的烟草专卖稽查机构职能不变。根据工作职责，福建省烟草专卖管理稽查总队下设直属支队。编制总队长1名、政委1名、副总队长1名。

专卖队伍的管理设有专门的制度：

1991年，针对《烟草专卖法》对内部管理提出的新要求，省局要求专卖人员更加严格廉政守纪，秉公办事，依法办案。强调各级不准把处理走私烟用来搭配国产烟销售。

从1992年开始，省局对货源投放、证照管理、业务合同、账号、支票、现金、准运证管理等进行规范，在行业内严厉查处内外勾结、过户、卖大户、卖单等违规违法行为，强化专卖管理。

1993年，全省烟草系统完成了卷烟价格改革。各级纪检监察部门和专卖人员正式参与了这项工作，初步规范了这项工作。

1995年，全省普办专卖人员培训班，加强专卖装备的添置，着手建立地（市）专卖稽查队，加强专卖队伍的思想作风建设。

1996年，针对各地专卖管理发展不平衡等问题，省局要求各地（市）局领导要首先抓好专卖管理工作和人员执法水平的提高。

1997年7月3日，《实施条例》正式发布实施，省局及时做好了相关制度配套的制度建设。8月15日，福建省局下发《关于我省烟草系统专卖管理人员配备有关问题的通知》，要求各级可按当地人口每4万人配备一名的标准充实专卖管理人员，在内部调剂确有困难的可以向社会考核招聘（招聘人员要求：25～30岁男性，1.7米以上；高中以上文化；身体健康；吃苦耐劳以及没有违法违纪记录）。

1998年9月，国家烟草专卖局发布《烟草专卖行政处罚程序规定》，共9章71条。第一章总则，第二章至第八章依次为：管辖、立案、调查取证、处罚决定、听证程序、行政复议、处罚的执行，第九章附则。该《程序规定》保留了《烟草专卖行政处罚规定》等有关章程的大部分内容，并新增加以下主要条款：（1）上级机关有权直接查处下级机关管辖的案件，也可将自己管辖的案件交下级机关查处。（2）立案须报经本行政机关负责人批准，按规定办理立案手续，由2名以上办案人员共同进行调查、取证。（3）证据有物证、书证、证人证言、询问笔录、视听资料、鉴定结论、勘验笔录7类。（4）执法人员回避制度。（5）对违法财物进行检查的，须依法进行。（6）提取物证应开具物品清单，由2名以上办案人员和2名以上见证人签字或盖章。（7）案件调查终结后，烟草专卖行政管理机关负责人应当对调查结果进行审查，分别作出处罚决定，并依法送达行政处罚决定书。（8）不得因当事人申辩而加重处罚。（9）在作出责令停产、停业及8万元以上罚款的行政处罚之前，应告知当事人有要求举行听证的权利。（10）同一个违法行为，不得给予2次以上罚款的行政处罚。（11）当事人对行政处罚决定不服的，可依法申请复议，也可依法向人民法院起诉。（12）违法经营额在50万元或100万元以上的案件，应分别报省级烟草专卖行政管理机关或国家烟草专卖行政管理机关备案。（13）当事人逾期不申请复议，也不向人民法院起诉，又不履行复议决定或处罚决定的，作出处罚决定的烟草专卖行政管理机关可以申请人民法院强制执行。同年，福建省烟草专卖人员开始参加行政执法资格考试。全省专卖人员每两年参加一次考试，考试时间为4月份，经考试合格后持省人民政府《福建省行政执法证》和标识方能上岗。

2000年，全省已有烟草稽查人员1262人（领导142人，正式工469人，招聘工651人）（见表7-2）。福建省全面规范烟草行政执法工作。专卖人员在履行检查职责时，必须有两人以上并出示证件，佩带标识；冻结、查封、扣押违法财物需开具县级以上烟草专卖局盖章的通知单；要按程序规范移交案件，严格执行立案查处及回避等手续。调查取证时要由两人以上办案，做好询问笔录、证人签名盖章、搜集证据、样品的质量鉴定、《案件终结报告》以及《案件讨论记录》等。罚款8万元以上或责令停产停业的应告知当事人有要求听证的权利。要求听证的，应在7天前将有关通知送达当事人。听证一般公开举行，记录在案，并由当事人审核签名。处罚决定应在30日内作出，需要延长的报上一级烟草专卖局批准。查获的违法物品专仓存放、专人保管，经质量检测应收购的烟草专卖品，由烟草公司收购并将收购款及时移交烟草专卖行政管理机关，没收、销毁、收购、发还的有关财物应办理相应手续。

表 7－2　　　　　　　　**2000 年全省烟草专卖管理人员汇总表**

地区＼人数	领导	正式	招聘	总数
省局	2	10	—	12
福州	18	65	60	143
莆田	4	16	45	65
泉州	18	55	90	163
龙岩	16	63	137	216
厦门	4	10	11	25
漳州	20	91	58	169
三明	22	74	113	209
南平	20	43	89	152
宁德	18	42	48	108
合计	142	469	651	1262

2001 年起，全省各地通过办培训班等形式培训干部，省局逐步规范基层的烟草专卖管理所，实施《福建省专卖管理所现阶段工作标准》，统一了全省专卖管理所的硬件建设标准并纳入考核范围。

2003 年 1 月，随着《福建省烟草专卖管理办法》实施和全国卷烟大市场的逐步建立，省局贯彻实施国家烟草专卖局关于纠正地方保护专卖执法行为的精神。逐步废除与《烟草专卖法》、《实施条例》相抵触的地方性法规规章和文件。做到"五不得"：（一）与《烟草专卖法》、《实施条例》相抵触的法规、规章不得作为专卖执法的依据。（二）不得把喷、贴在卷烟上的标识作为专卖执法处罚依据。（三）不得对省外卷烟实行歧视性专卖管理措施。（四）不得将地产烟销量同专卖人员的收入挂钩。（五）不得要求专卖管理人员从事卷烟销售及其他经营行为。同年 4 月，省局在全省行业内开展专项治理卷烟体外循环工作。其重点：一是检查工业企业卷烟生产数量是否与调拨数量、库存量一致；调出省外卷烟数量是否与出省准运证开具数量一致；省内卷烟调出数量是否与商业企业购进数量一致。二是检查商业企业购进省外卷烟数量是否与到货确认数量一致；卷烟购进数量是否与入网销售数量、库存量一致。三是检查工商企业是否存在卷烟体外循环案件。并建立举报奖励、重大案件上报、案件处理、责任追究等工作制度。国家烟草专卖局启动了打假案件信息计算机网络管理系统。

2004 年 5 月，省局下发《加强行业内部监管有关规定》的通知。要求采取有力措施解决超限量供货、卖大户等问题，加强对卷烟促销活动的管理。要加强卷烟价格的管理；严禁低于明码标价向有关单位和个人提供卷烟；加强烟草专卖准运证的管理，以及对内部违规案件实行"五个不放过"。6 月，省局发出贯彻执行《烟草专卖文明执法行为规范》的通知，要求专卖人员把文明执法作为树立烟草专卖执法良好社会形象的必然要求。要以制度建设、规范管理和业务培训为重点，以"依法行政、诚信服务"为要求，按照法定的权力和程序使用权力，通过宣传动员、学习培训、贯彻实施三个阶段进行，其内容共有包括文明执法行为标准、执法检查行为标准、案件处理行为标准、零售许可证管理标准、接待受理标准、外部监督制度、内部督查制度等4章42条规定。

2005年6月，省局转发国家烟草专卖局《关于烟草行业内部专卖管理监督实施意见》，《意见》含6章48条，规定如下。

（一）内部专卖管理监督必须遵循依法行政、责任效率和公开、公正的原则；对所有烟草专卖品生产经营行为实行事前、事中、事后全过程的专卖管理监督；要实行全员管理监督和按照属地管理原则；保护和服务合法的烟草专卖品生产经营行为。

（二）各级烟草专卖局的专卖管理部门负责具体内部专卖管理监督工作。必须接受上级烟草专卖局、同级纪检监察部门的依法监督。其主要职责有五条：一是制定内部专卖管理监督制度；二是构建统一信息平台；三是对生产经营计划的执行情况实行管理监督，查处案件；四是指导、检查、考核内部专卖管理监督工作；五是其他需要办理的内部专卖管理监督事项。

（三）内部专卖管理监督的对象：一是要抓好从事烟叶种植、收购和调拨企业专卖管理监督。二是对从事卷烟、雪茄烟、烟草薄片生产企业专卖管理监督。三是执行卷烟到货确认制度，卷烟入库必须扫码，禁止虚假确认。

（四）在措施方面：一是有权要求行业内企业提供与专卖管理监督相关的文件、资料。二是有权进入行业内企业进行检查，询问企业工作人员，查阅、复制有关的文件、资料。三是及时制止、查处违法、违规问题。四是建立完善的教育培训制度和专卖管理监督信息系统，同级专卖管理监督制度，定期检查制度，案件查处制度，案件移交制度，内部专卖管理监督报告制度，举报监督制度。

（五）各级烟草专卖局的领导班子对本辖区内部专卖管理监督工作负全面领导责任。要制定内部专卖管理监督考核办法，监督考核主要包括：内部专卖管理监督长效机制的建立、制定和落实、考核办法的制定和执行情况以及生产经营、专卖管理监督行为、培训情况等。《意见》要求把内部考核结果作为对各级领导干部业绩的评定，奖励惩处选拔任用的重要依据。

2005年12月，省局转发国家烟草专卖局《加强县级烟草专卖局专卖管理工作的意见》，文件指出：县级烟草专卖管理要遵循依法行政、提高效率和严格责任三大原则。明确县级局专卖管理职能：对外，实施市场监管，维护市场秩序。监督、检查烟草专卖法律法规及上级烟草专卖局有关政策在本行政区域的执行情况；做好烟草专卖证件管理工作；查处系统外违法违规生产经营烟草专卖品的案件。对内，一是贯彻落实内部专卖管理监督的规定和要求，制定实施本辖区内部专卖管理监督制度，建立内部专卖管理监督长效机制；二是对本辖区行业内部烟草专卖品生产经营企业进行事前、事中、事后的专卖管理监督，查处本辖区行业内部发生的违法、违规案件；三是完成上级烟草专卖局交办和其他需要由县级局办理的内部专卖管理监督事项。其基本权限是：对本县行政区域内烟草专卖管理工作负总责，拥有并行使烟草专卖行政执法管理权、行业内企业规范经营监督权、专卖行政执法管理所需合理费用开支支配权、县级局所属人员的人事管理权、稽查人员收入二次分配权等。

同年，福建省制定内部专卖管理监督考核办法，监督考核主要包括：内部专卖管理监督长效机制的建立、制定和落实、考核办法的制定和执行情况以及生产经营、专卖管理监督行为、培训情况等。要求把内部考核结果作为对各级领导干部业绩的评定、奖励惩处选拔任用的重要依据。12月，省局转发国家烟草专卖局《加强县级烟草专卖局专卖管理工作的意见》，制定实施本辖区内部专卖管理监督制度，建立内部专卖管理监督长效机制。对本辖区行业内部烟草专卖品生产经营企业进行事前、事中、事后的专卖管理监督，查处本辖区行业内部发生的违法、违规案件。

2006年3月，国家烟草专卖局颁发烟草行业内部专卖管理监督考核暂行办法。对专卖工作实行百分制评价形式。其内容共有四章八条（包括总则、考核内容、考核方式、结果通报和责任追究）。国家烟草专卖局文件下发后，省局下发三个主要的内部管理文件。其一是2006年10月下发《加强行业内部专卖管理监督工作实施细则》，共有六章三十七条。其内容含总则、机构和职责、监督对象和内容、制度和措施、过错责任追究及附则等。其二是下发《福建省烟草行业内部专卖管理监督工作实施方案》，全面部署全省专卖工作的指导思想、工作目标、组织机构、工作内容要求和具体安排。其三是下发《烟草专卖执法岗位职责分解目录》，对全省专卖执法岗位职责进行分解，其中含对专卖人员岗位设置（市、县局专卖局长、副局长、科长、稽查支队大队长、副队长、专卖办主任、专卖管理所所长、专管员等）和岗位职责作出详细规定。

2006年11月11日，省局颁布执法错案追究制度，其内容包括四方面：一、追究过错、错案责任，应坚持实事求是、有错必纠、责任自负的原则，坚持故意从严、过失从轻的原则；坚持预防和教育为主、处理为辅的原则。二、具有6种情形之一的，应认为是错案：1. 证据不真实；2. 适用法律错误；3. 违反办案程序；4. 在制作法律文书中发生重大错误，造成严重后果的；5. 应撤案而不撤案或不应撤案而撤案的；6. 应移送司法机关而未移送的。三、过错、错案责任由造成过错、错案的人员承担。二人以上共同造成的，应分清主次、直接和间接、决策和承办，确定各自应承担的责任。四、受理过错、错案后，应填写《过错、错案线索登记表》，分管副局长同意立案后方可开始调查，调查结束后将调查报告、案件材料及处理建议报分管副局长审核后报局长，局长确定其是否过错、错案，提出处理意见。

2007—2008年，为维护福建烟草市场经济秩序、维护国家和消费者利益，确保烟草行政执法向文明执法、规范执法的转变，福建省对烟草专卖行政执法提出更严的要求和更高的标准，省局结合福建省实际，经过反复修改讨论，在全国烟草行业中率先对专卖管理工作的所有环节进行全面系统的规范，编写出近10万字的《福建省烟草专卖管理工作规范》（以下简称《规范》）。《规范》是《烟草专卖法》颁布以来，对专卖管理工作进行的一次全面、系统地整理和修订，内容包括行政执法、行政许可、内部监督和综合管理四大方面；涉及销售、烟叶、人事、财务、信息等多个部门，通过对专卖行政执法、行政许可、内部管理以及专卖机构建设、人员经费管理等方面的规范，使专卖管理工作更加程序化、标准化、规范化。《规范》在总结经验的基础上，优化了专卖工作流程，使专卖工作更加贴合实际，更加具有可操作性。

表7—3 **2000年福建烟草系统专卖招聘人员情况统计表**

数量项目单位	性别		文化程度				政治面貌		年龄		
	男	女	本科以上	大专	中专	中专以下	党	团	30岁以下	30—40岁	40岁以上
福州市烟草专卖局	126	3		6	40	83	20	68	120	6	3
莆田市烟草专卖局	46			1	4	41	22	24	37	8	1
泉州市烟草专卖局	86	2		14	38	36			84	3	1
厦门市烟草专卖局	16		1	9	3	3		13	15	1	
漳州市烟草专卖局	59			4	11	44	28	14	54	5	
龙岩市烟草专卖局	129	3		16	80	36	15	46	111	18	3
三明市烟草专卖局	111	1		4	42	66	37	23	78	30	4
南平市烟草专卖局	86	1	2	12	69	4	23	32	76	11	
宁德市烟草专卖局	54	2		7	47	2	13	6	48	8	
合计	713	12	3	73	334	315	158	226	622	91	12
备注	单位统计至县(市)，合计数为全省总数。										

第四节 证件管理

烟草专卖证件有许可证、准运证等。许可证包括烟草专卖生产企业许可证、烟叶收购许可证、烟草专卖批发企业许可证（含委托代批）、烟草专卖零售许可证（含国营、集体、个体、临时）、特种烟草专卖经营企业许可证（含批发、零售）等。准运证是烟草专卖品运输途中的合法证件。许可证自发放之日起有效期为5年。凡领取烟草专卖许可证的各类企业均要接受专卖管理的年度检查（简称年检）。国家烟草专卖局负责中国烟草总公司直属的全国性公司及派出机构的年检工作。国家烟草专卖局和受其委托的省级烟草专卖局负责烟草专卖品生产企业、跨省经营的烟草贸易中心和烟草联营公司的专卖年检工作；其他经营烟草制品收购和销售业务的企业的专卖年检，由省级烟草专卖局统一安排布置。市、县年检对象主要集中于领取国营、集体和个体专卖零售许可证的经营户。年检内容是：经营户执行烟草专卖法律法规的情况，有无经销计划外烟厂产品的行为，有无参与投机倒把活动或为投机倒把活动提供方便的行为，有无经销走私、假冒伪劣卷烟，有无私自乱渠道购进货源，有无转让、租借、买卖烟草专卖许可证的行为等。年检不合格的，发证机关可以责令改正，责令暂停烟草专卖业务，进行整顿，直到取消其从事烟草专卖业务的资格。年检合格的，在许可证上加盖年检专用章或贴标签。

一、许可证管理

1992 年 1 月，根据《烟草专卖法》有关条款和国家烟草专卖局的精神，省局下发《关于换发烟草专卖生产企业许可证的通知》，要求在 1992 年 3—5 月，对从事烟草专卖品生产的企业再次核发生产许可证，同时对烟用丝束和滤嘴棒、卷烟纸、烟草专用机械定点生产企业进行调整。从是年开始，全省加强了卷烟凭证供应，实行许可证管理和准运证制度。8月和 11 月，国家烟草专卖局分别以第 1 号和第 2 号公告的方式，向社会公告已领取烟草专卖许可证的烟草专卖品生产企业及享有跨省经营卷烟、雪茄烟批发业务权的企业名称和专卖许可证号码。（附：样式）

```
                   烟草专卖生产企业许可证
                   国烟专产字第　　号

   企 业 名 称_____      主管部门_____
   负责人姓名_____      经济类型_____
   企 业 地 址_____      生产品种_____
   有效期限至　　年　　月　　日

                                      国家烟草专卖局
                                      　　年　　月　　日
```

1993 年，福建省发布《关于烟草专卖许可证管理的若干规定》，对许可证审核发放权限作了四条规定：（1）全国性经营烟草专卖品的专业公司和有烟草专卖品进出口经营权的企业，专卖许可证由国家烟草专卖局审核发放。（2）烟草专卖品生产企业、在全国范围内从事烟草制品批发业务的烟草公司、烟草贸易中心和交易市场，从事外国烟草制品和旅游外汇烟批发业务的烟草公司，专卖许可证由省级局审核，国家烟草专卖局发放。（3）在全省范围内从事烟草专卖品批发业务的烟草公司、烟草贸易中心和烟草交易市场，受烟草公司委托从事烟草制品批发业务的国有、集体商业企业，从事外国烟草制品零售和旅游外汇烟零售业务，以及在海关监管区域内经营免税的外国烟草制品零售业务的企业，由所在地烟草专卖局审查，省级烟草专卖局发放专卖许可证。（4）县级烟草专卖局或上一级烟草专卖局委托的县级工商行政管理部门审查发放辖区内的烟草专卖零售许可证。下半年，福建省进行第二次（《烟草专卖法》实施后的第一次）换发烟草专卖许可证工作。7月，结合福建省的实际情况，召开各地（市）烟草专卖局专卖办主任会议，并在《福建日报》、福建省电视台发布换证《通告》，还印制了1万份《通告》分发各地张贴。各地（市）经过调查摸底、宣传发动，于9月全面展开换发证工作。各县（市）采取分片包干、主动下乡、上门换证等得力措施，年底，全省共换发各种烟草专卖许可证52844份。其中：生产企业许可证14份，省内卷烟生产6份，烟叶复烤8份；卷烟批发（含委托代批发）企业许可证470份；卷烟零售许可证51951份，其中国营2192份、集体8235份、个体41524份；特种零售许可证409份。

1997年，省局根据国务院发布的《实施条例》，规定了许可证的申领条件：有相适应的资金、技术、设备条件及固定场所；有必要的专业人员；符合国家烟草行业的产业政策与合理布局的要求。还对违反烟草专卖许可管理制度行为作了相应规定，如：对无证生产经营烟草专卖品的，分别给予责令关闭、停产停业、公开销毁非法产品、没收违法所得和罚款的处罚；对于无证企业或个人进行烟草专卖品购销活动的，分别给予没收违法所得和罚款的处罚；对超越经营范围和地域范围的，给予责令暂停业务，没收违法所得和罚款的处罚。

1998年5月，省局转发国家局《烟草专卖许可证管理办法》，该文件增加5条新的规定：（1）烟叶、卷烟纸、滤嘴棒、烟用丝束、烟草专用机械的经营企业必须领取批发许可证。（2）申领生产许可证的企业必须适应烟草行业企业结构调整的需要。（3）企业发生破产、解散等情况时，应当在依法获得国家烟草专卖局批准之日起30日内到发证机关办理专卖许可证注销手续。（4）规定审核发放零售许可证的受理期限为30日，其他专卖许可证的受理期限均为60日。（5）对无证经营烟叶、卷烟纸、滤嘴棒、烟用丝束、烟草专用机械或持证企业将上述烟草专卖品擅自出售给无证企业或个人的，没收违法所得并处罚款；对转让、使用过期、无效专卖许可证的，处以1000元以下罚款，对不及时进行专卖许可证年检、变更、注销手续的，责令改正，拒不执行的处以1000元以下罚款。

1998年9月，全省部署第三次换发烟草专卖许可证工作，按照国家烟草专卖局的要求，福建省详细规定换发原则：第三产业企业一律不予换发批发许可证；同一地区的数个卷烟批发企业只允许一家换发批发许可证；省际的联营企业不再换发跨省经营卷烟的批发许可证；凡存在非法卷烟批发交易市场的烟草批发企业只换发临时（有效期1年）批发许可证；凡有严重违法违规行为且享有跨省经营权的烟草公司停止其资格，进行整顿合格后再核发新证；原则上不换发委托批发企业的专卖许可证。福建省局还规定：烟草专用机械经营企业只限于中国烟草机械公司领取专卖许可证，烟用丝束、滤嘴棒、卷烟纸的经营企业，只限于福建省烟草物资公司以及经国家烟草专卖局批准设立的物资经营企业领取专卖许可证，烟叶（包括复烤烟叶）的经营企业，只限于福建省及省级以上烟叶生产购销公司、经省级烟草专卖局批准的烟叶产区地（市）烟草分公司领取专卖许可证等。按照这些原则，各级烟草专卖行政主管部门结合换证工作，对卷烟批发企业进行清理整顿。在规定期限内进行换发专卖许可证的工作。10月16日，省局分别对烟草专卖批发企业许可证、烟草专卖零售许可证及特种烟草专卖经营企业许可证的换证工作、对省局审核、验收以上证件的权限作出规定；并对享有跨省经营权的烟草公司、卷烟厂调拨站以及烟用机械、烟用丝束、滤嘴棒、卷烟纸、烟叶的发证细则作了规定。如其中规定：烟草专用机械由中国烟草机械公司经营、许可证由国家局发放；烟叶丝束、滤嘴棒、卷烟纸的经营由国家批准设立的福建烟草物资公司经营；烟叶由国家局对省级及省级以上生产购销公司发放许可证，分（市）公司以上特种烟草专卖许可证由国家局换发。福建省各地（市）县烟草公司按原有规定范围发放。

1999年3月，省局规定卷烟厂、烟草专用机械直接由国家局发放有关许可证。当年三明市使用微机联网的经验在全省进行推广后，推动了全省用微机的换证工作。各级烟草专卖部门实行分片包干、上门服务，采取先城区后乡镇的顺序开展工作。城区卷烟零售户到指定地点换证，乡镇由基层专管所和网点工作人员上门服务。3月底，全部工作基本结束。5月，国家烟草专卖局发布《烟叶专卖管理办法》，规定烟叶收购实行许可证管理。10—12月，国家烟草专卖局向省局换发烟草专卖批发企业许可证和特种烟草专卖经营企业许可证。

2000年，全省对卷烟经营户的基本情况进行清查，共有烟草经营企业11家，持证卷烟零售户115047家，特种许可零售户206家，经营处理罚没走私烟户86家。全省烟草零售户平均办证率3.37‰，主要分布在城市。这次换证统一使用"1998年版"新式样的许可证。

附1：1999年2月福建省颁证的烟草经营企业（11家）

一、烟草专卖品经营企业：

1. 福建省烟草物资公司

2. 中国烟草公司福建进出口公司

二、烟叶经营企业（烟叶产区的烟草分公司）：

1. 福建省尤溪金叶发展有限公司

2. 福建省烟草公司福州分公司

3. 福建省烟草公司漳州分公司

4. 福建省烟草公司龙岩分公司

5. 福建省烟草公司三明分公司

6. 福建省烟草公司南平分公司

三、卷烟厂调拨站：

1. 龙岩卷烟厂卷烟调拨站

2. 福建省烟草公司畲山卷烟调拨站

3. 福建省烟草公司云霄卷烟调拨站

表 7－4　　　　**2002 年全省各地（市）烟草经营许可证发放情况统计表**

地区	人口总数（万）	零售					特种（进口）		特种（处理罚没走私烟）	
		小计	国有	个体	其他	占人口百分比（％）	零售	占人口百分比（％）	零售	占人口百分比（％）
福州	666	17048	353	15514	1181	0.26	74	0.0011	46	0.0007
莆田	298	7647	87	7450	110	0.26	/	/	/	/
漳州	436.14	13246	421	12825	/	0.30	14	0.0003	1	0.00002
龙岩	283	12814	50	12530	234	0.45	/	/	8	0.0002
南平	300	13777	551	13226	/	0.45	/	/	14	0.0004
厦门	129.5	4446	217	3177	1052	0.34	54	0.11417	9	0.00069
泉州	658.05	13954	474	13373	107	0.21	19	0.0002	4	0.00006
三明	269.2672	19479	731	18748	/	0.72	/	/	30	0.001
宁德	324	10535	148	10387	/	0.33	/		11	0.00034

表 7－5　　　　**2000 年福建省（地）市烟草专卖许可证情况统计表**

单位	批发许可证	零售许可证	特种许可证	
			特种卷烟零售许可证	走私烟（零售）拍卖点
福州	88	17048	74	48
莆田	35	8161	1	/
泉州	95	14279	19	4
厦门	19	4549	54	11
漳州	87	13458	16	2
三明	130	19479	28	3
南平	100	14702	14	/
龙岩	93	12836	/	8
宁德	69	10535	/	10

2000年初，国务院规定，经营合法卷烟、免税卷烟的单位，必须持有烟草专卖行政主管部门核发的特种烟草专卖经营企业许可证。11月，省局取得对涉外饭店、宾馆、旅游景点的商场、旅游定点餐厅、县以上城镇百货商场、购物中心、副食品商场超市、具有资质的商场等申请从事外国卷烟零售商店的审查及签发特种烟草专卖经营许可证的权限。

2001年，针对全省卷烟销售网络的铺开，省局开发了许可证计算机管理系统。该系统以许可证为核心，对零售户的基本信息、违法违规情况、经营情况进行管理。全省适当扩大卷烟零售许可证的发放量。当年实现零售户总数15万户，办证率为4.4％。7月，国家烟草专卖局将省局2001年12月审验合格的21个单位的许可证有效期延至2003年12月31日。这21个单位是：福建省烟草公司、福州分公司、厦门分公司、宁德分公司、莆田分公司、泉州分公司、漳州分公司、龙岩分公司、三明分公司、南平分公司、闽诏贸易中心、闽东贸易中心、武夷山贸易中心、长汀贸易中心、尤溪金叶发展有限公司（烟叶）、福州分公司（烟叶）、漳州分公司（烟叶）、龙岩分公司（烟叶）、三明分公司（烟叶）、南平分公司（烟叶）、福建省烟草物资公司（物资）。

2002年，全省专卖许可证实行年检，鉴于国家外贸管理体制改革的深化和兑现加入WTO的有关承诺，自2002年1月1日起，国家取消了包括烟草及其制品、二醋酸纤维丝束等14种商品的进口许可证管理。全省逐步撤销农村下伸网点，实行一库式配送，减少城市卷烟零售许可证的密度，缩小办证的城乡差距。农村覆盖面达76％。

表7—6　　　　**2002年3月全省烟草专卖许可证年检情况汇总表**

| 单位＼项目 | 零售许可证 | | 批发许可证 | 特种零售许可证 | | | | | | 合计 |
| | | | | 进口卷烟零售许可证 | | | 走私零售许可证 | | | |
	数量	占人口比例（‰）		系统内	系统外	小计	系统内	系统外	小计	合计
福州烟草专卖局	15893	2.6	73	9	57	66	4	24	28	94
厦门烟草专卖局	8268	3.6	17	6	38	44	6	0	6	50
宁德烟草专卖局	11137	3.5	46	0	0	0	8	0	8	8
莆田烟草专卖局	11733	4.3	30	0	0	0	0	0	0	0
泉州烟草专卖局	22160	3.4	84	17	0	17	1	0	1	18
漳州烟草专卖局	13859	3.5	73	2	2	4	9	0	9	13
龙岩烟草专卖局	11612	4.3	53	10	4	14	7	0	7	21
三明烟草专卖局	9924	3.7	106	22	3	25	0	0	0	25
南平烟草专卖局	12528	4.4	75	3	2	5	10	0	10	15
合　计	117114	3.7	557	69	106	175	45	24	69	244

2003年1月，省局将特种烟草专卖经营企业许可证的审批权委托给各（地）市烟草专卖局，对其规定发放条件、应提交的材料以及有效期限、年检、变更等内容。并确定当年为烟草专卖许可证的统一换发年。省局成立换发证工作领导小组，发出《关于换发2003版烟草专卖许可证工作的有关意见》。全省统一按照依法有序、先内后外、先城后乡、先近后远、先易后难的原则换发许可证。"2003版"烟草专卖许可证分为烟草专卖生产企业许可证、烟草专卖批发企业许可证、特种烟草专卖经营企业许可证和烟草专卖零售许可证4个种类。有6个样式：烟草专卖生产企业许可证、烟草专卖批发企业许可证、烟草专卖批发企业许可证（经营）、特种烟草专卖经营企业许可证、烟草专卖零售许可证、烟草专卖零售许可证（个体）（附式样）。"2003版"许可证底纹有"烟草专卖"的中、英文浮雕字样。

2003年，省局在进行《烟叶收购许可证》年审时，对三明、龙岩、南平、漳州市烟草专卖局（分公司）以及罗源县烟草专卖局，要求原有、新增及变更许可证的应填写审批表，由各级烟草专卖局签署意见并上报省公司烟叶购销公司和专卖处审批。同时发放新版烟草专卖检查证及胸章。

表7—7 **2003年全省新办卷烟零售许可证统计表**

地区（市）	福州	厦门	宁德	莆田	泉州	漳州	龙岩	三明	南平
新办证户数	486	271	327	68	183	104	154	139	136

从2004年开始，国家取消特种经营零售许可证制度。卷烟零售户只要取得烟草专卖零售许可证，就可以在当地烟草公司批发进口卷烟、雪茄烟进行销售。2004年初，全省换发卷烟零售许可证125432份，其中：福州23074份、莆田10381份、泉州28648份、厦门6908份、漳州17765

份、三明 9670 份、南平 10789 份、龙岩 9505 份、宁德 8692 份。

在换发新版烟草专卖许可证中，省局要求三年内卷烟零售许可证减少到 3‰，福州厦门减少到 2.5‰。福建省局遵循《行政许可法》的精神，总量控制、合理布局、方便消费、利于管理，先后出台《福建省烟草行业经济运行和专卖管理行为规范》、《福建省烟草专卖零售许可证管理办法》《福建省烟草制品零售点布局暂行规定》等文件，规范零售许可证的发放、管理。全省统一标准、统一步调，在控制总量的前提下，做到区分城乡、兼顾重点，扩大农村覆盖面。卷烟零售点实现布局合理，转变了办证城镇多农村少的局面；许可证含金量提高，卷烟零售户月获利从 872 元升到 942

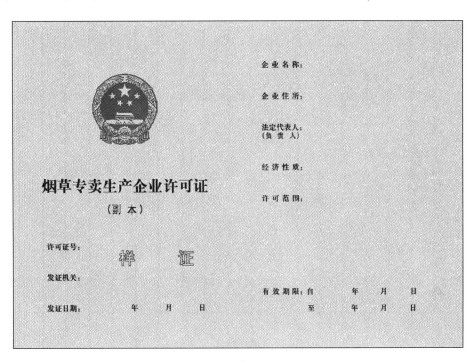

元；专卖信息化管理水平得以提升，许可证管理更加科学化。全省对 123756 户持证户换发烟草专卖零售许可证 115455 份，换证率为 93.3%，在不予换证的 8301 户零售户中，比例最大的是停业、歇业户，共 5343 户，占不予换证情形的 64.4%，其他分别是证照手续不全的占 21.3%；无固定经营场所的占 3.2%；年度内被处罚两次的占 2.1%；拒绝检查或暴力抗法的

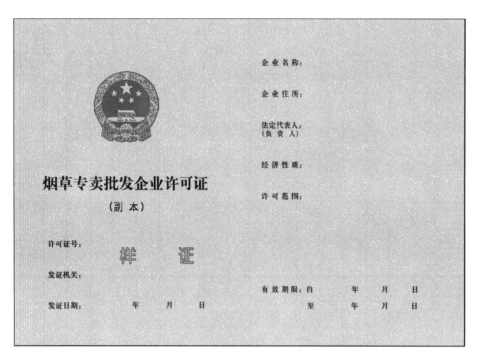

占 0.3%；经营场所在加油站、违章建筑或经营化工、有毒有害、易燃易爆物品商店的占 1.7%；另有其他情形的占 7.1%。换证工作结束后，新的许可证办理工作重新开始，截至 2004 年 9 月 14 日，全省共有零售户 127122 户，办证率 3.72‰，行政村覆盖率达到 86%，其中一年期 27873 户，占总数的 21.9%；二年期 8876 户，占总数的 7%；三年期 20949 户，占 总 数 的 16.5%；四年期 7667 户，占总数的 6%；五年期 61757 户，占总数的 48.6%。

2006 年 12 月 22 日，省局根据《中华人民共和国行政许可法》的有关规定，宣布对持证单位或个人的经营情况进行审查，审查合格的，作出准予延续的决定（原来有效期限为一年期的，有效期限至 2007 年 12 月 31 日；原来有效期限为两年和三年期的，有效期限后延至 2008 年 12 月 31 日），对于外商投资企业的烟草专卖零售许可证期限届满的，或者因其他情形审查不合格的，依法作出不予延续的决定，并告知申请人享有依法申请行政复议和提起行政诉讼的权利，收回其许可证正、副本。对于持证零售户停业、歇业但未办理相关手续且专卖许可期限届满的，注销其烟草专卖零售许可证。持证单位或个人应办理有关手续。

2007 年 3 月 7 日，国家发改委发布的《烟草专卖许可证管理办法》，内容共有 7 章 66 条正式实施，其规定：烟草专卖许可证包括烟草专卖生产企业许可证、烟草专卖批发企业许可证、特种烟草专卖经营企业许可证、烟草专卖零售许可证四类。一是从事烟草专卖品的生产、批发、零售、进出口等业务的，在规定的条件下，应依法向烟草专卖部门申请并领取烟草专卖许可证。二是申请人的申请符合法定条件的，烟草有关部门应自当日起 20 日内（或延长 10 日内）作出许可书面决定。并在 10 日内向申请人送达证件。三是烟草专卖许可证的使用人

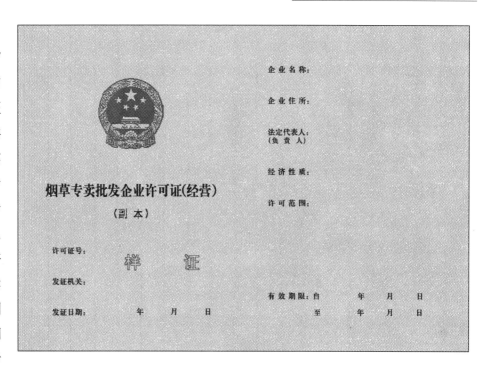

应按照该证的许可范围和有效期生产和经营烟草专卖品。有效期届满应提前 30 日向发证机关提出延续申请。四是上级烟草专卖行政管理部门可采取书面、现场等方式对下级办理烟草专卖许可证进行监督检查。同时，可以依法对持证人生产经营的烟草专卖品进行抽样检查、检验、检测和实地检查。五是申请人隐瞒、提供假材料或欺骗、贿赂等不正当手段、涂改伪造、不及时办理变更注销手续的，应分别作出处罚。该办法同时宣布 1998 年国家烟草专卖局发布的《烟草专卖许可证管理办法》废止。

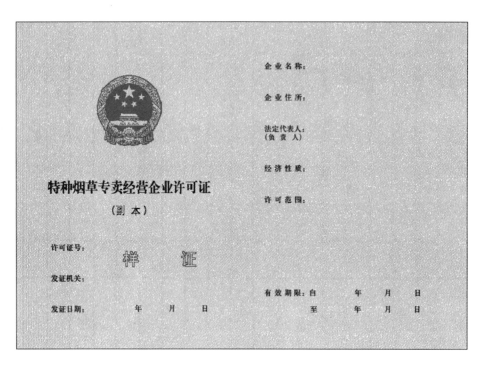

2008 年 1 月 1 日，福建省实施国家烟草专卖局颁布的《烟草专卖许可证申请与办理程序规定》。该规定共有 7 章 48 条，对申请人与实施机关、申请程序、受理审查与审批程序，注销程序和文书送达程序等作了统一规定。据此，省局把当年作为烟草专卖许可证换发年，开始了《烟草专卖法》颁布后的第三次换证的准备工作。省局要求做到"两个结合"，即换证与零售户的合理布局、优化市场资源配置相结合，换证与取缔无证经营户相结合。换证准备要组织细致的调查登记工作，掌握辖区零售户分类情况；要结合学习《行政许可法》和《烟草专卖许可证管理办法》等法律法规规章，准备宣传提纲，搞好宣传发动，为换发许可证营造工作氛围。省局根据国家烟草专卖局的部署，规定了烟草专卖许可证申请与办理程序，对申请人与实施机关申请程序、受理审查审批程序、送达等 48 条作了规定。同时规定烟草专卖许可证通过计算机网络，零售许可证采用信息化手段办理。是年，按照国家烟草专卖局《烟草专卖许可证申请与办理程序规定》，全省已全部执行新的行政许可文书，做到"一户一档"，并严格按照行政许可的程序申请受理、审批发放、监督管理许可证。由于近几年人口增长、农网拓展、无证治理等原因，卷烟零售户数量有一定增长，截至 10 月底全省卷烟零售户约 15.5 万户（系统为正常使用状态），持证率为

4.3‰。为此，省局提出要把好市场准入关，坚持依法办证，合理布局，控制规模，提高零售许可证的含金量，减少无序竞争；同时完善市场退出机制，对严重违规或多次违规的零售户按照 51 号令规定责令停业整顿，直至取消其从事烟草专卖业务的资格。在此基础上做好新版许可证换发前期工作。各地做实做细调查摸底、入户宣传、材料收集、分类建档等前期工作。并协调工商部门开展无证经营、有证无照治理工作。保证城区、乡镇所在地以及农村月供货类别在 3 件以上的零售户 100％ 达到证照相符。

附：烟草专卖许可证的种类：

根据《烟草专卖法》、《实施条例》及《烟草专卖许可证管理办法》（国家发展和改革委员会令第 51 号）等法律法规的规定，烟草专卖许可证可分为以下四类：

1. 烟草专卖生产企业许可证。烟草专卖行政主管部门根据申请人的申请，对其所具备的条件进行审查，对符合法定条件的申请人依法核发的准许其从事烟草专卖品生产业务的一种证明文书。

2. 烟草专卖批发企业许可证。烟草专卖行政主管部门根据申请人的申请，对其所具备的条件进行审查，对具备合法条件的申请人发放的准许其从事烟草专卖品批发或经营业务的一种证明文书。烟草专卖批发企业许可证包括烟草专卖批发企业许可证和烟草专卖批发企业许可证（经营）两个样式。烟草专卖批发企业许可证是准予从事卷烟、雪茄烟批发业务的证明文书；烟草专卖批发企业许可证（经营）是准予从事烟叶、复烤烟叶、烟丝、卷烟纸、滤嘴棒、烟用丝束、烟草专用机械经营业务的证明文件。

3. 特种烟草专卖经营企业许可证。烟草专卖行政主管部门根据申请人的申请，对其所

具备的条件进行审查，对具备合法条件的申请人发放的准许其从事特种烟草专卖经营业务的一种证明文书。特种烟草专卖经营最初包括特种烟草专卖批发企业许可证和特种烟草专卖零售企业许可证两类，适用于烟草专卖品进出口业务、外国烟草制品调拨业务、外国烟草制品批发业务、外国烟草制品零售业务、在海关监管区内经营免税外国烟草制品购销业务、没收的非法进口卷烟批发、零售业务。2004年1月1日，我国政府为履行加入世界贸易组织的承诺，取消了特种烟草专卖零售企业许可证。公民、法人或其他组织持烟草专卖零售许可证即可经营外国烟草制品零售业务。

4.烟草专卖零售许可证，是指烟草专卖行政主管部门或受委托的工商行政管理部门根据公民、法人或者其他组织的申请，对其所具备的条件进行审查，准许具备法定条件的申请人从事烟草制品零售业务的一种证明文书。烟草专卖零售许可证包括烟草专卖零售许可证和烟草专卖零售许可证（个体）两个样式。烟草专卖零售许可证是准予法人或其他组织从事烟草制品零售业务的证明文书；烟草专卖零售许可证（个体）是准予公民从事烟草制品零售业务的证明文书。

上述四类烟草专卖许可证中，烟草专卖生产企业许可证、烟草专卖批发企业许可证、烟草专卖批发企业许可证（经营）和特种烟草专卖经营企业许可证总称为生产经营类许可证；烟草专卖零售许可证和烟草专卖零售许可证（个体）总称为零售类许可证。

二、准运证管理

福建省于1991年12月和1992年2月，先后两次调整和变更原烟草准运证，将烟草准运证改为烟草专卖品准运证，对烟草专卖品准运证的样式、规格及代用字头等部分内容进行了统一。

1992年10月始，省局根据《烟草专卖行政处罚规定》，会同有关部门在车站、码头及交通要道对非法运输烟草专卖品的活动依法进行检查，无准运证托运、自运烟草专卖品，按照其违法运输的烟草专卖品总值20%～50%的标准处以罚款，并可以按照国家规定价格的70%或者当地市场价的70%收购违法运输的烟草专卖品。对以下情节严重的，没收违法运输的烟草专卖品和违法所得：运输烟草专卖品价格超过5万元或者运输卷烟数量超过200件的；被烟草专卖行政主管部门处罚两次（含两次）以上，屡教不改的；使用改装、伪装运输工具逃避检查的；使用过期、复印、涂改、变造、伪造等无效的准运证托运或自运烟草专卖品的等。对承运人明知是烟草专卖品而无准运证的单位、个人运输者，没收违法所得，并处以违法运输的烟草专卖品总值10%～20%的罚款。个人异地超限量携带烟草制品，按照其违法烟草制品总值20%～50%的标准处以罚款，并按国家规定的价格或者当地市场价的70%收购。

1993年，省局规定：省际烟草专卖品的运输，计划内的，仍持经国家局鉴章的合同和调出省的准运证；计划外的，须持调出省和调入省双方准运证。处理走私烟省际的调运，须持调入省和调出省级局双方开具的准运证到国家烟草专卖局办理准运手续，凭国家烟草专卖局开具的烟草专卖品准运证通行。

1994 年，根据国家烟草专卖局《烟草专卖品准运证使用管理的规定》，省局提出准运证的一次有效性，增加了烟草专卖品准运证申领条件和对签发机关的监督制约方面的内容：申办人应持有国家烟草专卖局直属的各业务主管部门及中国卷烟批发市场开具的调拨单或经上述单位鉴章的购销合同，如无上述调拨单和购销合同，申办人应有调入的省级烟草专卖局签发的准运证；调出调入方应是烟草专卖的合法经营单位；申领人合法的身份证明；烟草专卖局认为必须具备的其他证明文件。在监督检查方面规定：经办人未按本规定审查申办人提供的证明材料和办证条件签发准运证的，给予批评教育，造成严重后果的，调离工作岗位，并给予行政处分；批准人对经办人提出的不符合本规定要求的办证条件批准办证的，或者违反本规定擅自要求办证人签发准运证的，调换其领导职务，并可给予行政处分；烟草专卖局和烟草公司工作人员利用签发准运证行贿、受贿的，给予行政处分；构成犯罪的，依法追究刑事责任。国家烟草专卖局还要求各级烟草专卖局加强开具准运证工作的管理，规定准运证的开具必须由烟草专卖管理机构负责，凡是委托业务部门的一律收回；准运证签发权下放到地、市级烟草专卖局的，要定期进行检查。

1995 年 3 月和 9 月，省局根据国家烟草专卖局《关于对出口烟草专卖品国内运输问题的批复》和《关于烟叶运输问题的通知》等文件精神，对不同种类、不同情况的出口烟草专卖品省际运输问题逐一作了具体规定；并重申申领烟叶运输准运证的条件和烟叶运输必须持有合法有效的准运证。

1997 年 5 月，省局转发国家局《关于强化烟草行业内部专卖管理的若干规定（试行）》中，有 11 条内容涉及烟草专卖品准运证的规定。7 月，省局规定邮寄、异地携带烟叶、烟草制品超过国务院有关部门规定的限量一倍以上的，处以违法物品价值 20％～50％的罚款，并可按照国家规定的价格收购。

1998 年 2 月，福建省启用全国统一新版防伪准运证。国家烟草专卖局不再委托地（市）级局办理《烟草专卖品准运证》，而全部委托到省级烟草专卖局办理。省局原已取得了办理准运证的权限基本没有变动。1998 年 7 月，省局颁发关于使用福建省烟草专卖品准运证的有关规定。废除原省内烟草专卖品运输凭烟草公司发票通行的规定。并规定省内准运证的编码和专用章。在使用上，规定统一保管，专人开具，签发程序，使用范围以及重复使用，超出品牌数量、过期、涂改、复印、伪造以及未运到规定到货地销售的皆视为无证运输。

1998 年，省局对烟草专卖品准运证申领条件增加了对申办人、经办人、批准人违规、违纪甚至违法行为的处罚条款，包括调离工作岗位、给予行政处分、没收非法所得；情节严重、构成犯罪的，依法追究刑事责任。《烟草专卖品准运证管理办法》还重申对合法运输的保护及对非法运输的查处，强调运输烟草专卖品的三个重要原则：货证必须同行，运输的烟草专卖品不能使用同一运输工具的，应分别开具准运证；准运证只能一次有效使用；必须在准运证有效期限内完成运输，不能完成的，应及时到发证机关更换准运证。同年，启用新的准运证。原有的"烟草准运证"更名为"烟草专卖品准运证"。1998年以后，国家烟草专卖局对授权委托签发准运证进行调整和规范，提出统一的授权委托书，规定委托条件、授权程序、开具权限和办理要求等，提高授权委托开具准运证工作的程序化和规范化。同时，对实行计算机网络签发和管理准运证等问题制定相应的政策和管理措施。

2000年元月，省局在厦门、龙岩设立特派员办事处。规定驻厦门特派员办事处的职责是：开具厦门卷烟厂沉香香烟购销有限公司调出的卷烟、各烟草进出口公司由厦门口岸报送的进口卷烟、中国卷烟销售公司厦门调拨站调出卷烟等的准运证；协调有关厂家被假冒商标卷烟的销毁工作。规定驻龙岩特派员办事处的职责是：开具龙岩卷烟厂七匹狼卷烟购销有限公司调出卷烟的准运证；监督、检查龙岩市烟草专卖局开具调拨烟叶准运证的工作；协调有关厂家被假冒商标卷烟的销毁工作。特派员办事处归口省局专卖管理处管理，同时撤销省局驻厦门卷烟厂、龙岩卷烟厂、畲山卷烟厂、进出口公司的专卖管理办事处。

2001年，国家烟草专卖局对申办准运证统一使用申办单，原有规定的合同、调拨单等其他证明不变。3月开始，全省实行省内罚没烟运输凭省局签发的准运证和省烟草拍卖行的发票通行。同年7月，福建省对运输烟叶的准运证实行计算机网络化管理，并同时对跨省的烟叶运输正式启用2000版准运证；其他的烟草专卖品仍使用1998年版准运证。福建省局对新版准运证的样式、附加联防伪设计、启用时间以及申办、签发、使用程序作了规定。漳浦、南靖、罗源及省进出口公司由福建省局开具准运证。

2002年7月，《烟草专卖品准运证管理办法》实施。在实施中各级烟草专卖局一把手把贯彻实施《烟草专卖品准运证管理办法》列入工作日程，分管领导负责具体落实工作，贯彻实施工作实行逐级负责制，确保宣传、培训和指导实施到位，并建立分级报告制度。8月7日，省政府发布《福建省烟草专卖管理办法》，对省内运输烟草专卖品的准运证签发作出规定，跨设区的市运输烟草专卖品的准运证由省级烟草专卖行政主管部门或其授权设区市烟草专卖行政主管部门签发，跨县（市）运输烟草专卖品的准运证，由设区的市烟草专卖行政主管部门签发，县（市）行政区域内运输烟草制品应当持有当地烟草专卖批发企业出具的销售凭证，在本省行政区域内运输依法竞买的没收烟草专卖品应当持有省烟草专卖行政主管部门签发的烟草专卖品准运证才能运输；行政执法部门依法扣留、没收的非法进口境外烟草制品和专供出口国产卷烟、非法生产的烟草制品，需从查获地运往封存地的，可以凭该行政执法部门出具的"扣留凭单"运输。

2002年11月6日，根据国家烟草专卖局公告，省局有权签发运输卷烟、烟叶、烟用物资、烟机准运证。龙岩市烟草专卖局有权签发运输卷烟、烟叶准运证。厦门市烟草专卖局有权签发卷烟、烟用物资准运证。三明市烟草专卖局有权签发烟叶准运证。南平市烟草专卖局有权签发烟叶准运证。

2003年，省局颁布《福建省烟草专卖品准运证管理细则》共31条规定。根据国家烟草专卖局的授权和委托，福建省局、厦门市局以及龙岩、三明、南平三市局具有各自权限的烟草专卖品准运证的签发权。按照分级属地管理原则，福建省局委托各设区（市）局代签发辖区内运输的卷烟、雪茄烟准运证，龙岩、三明、南平三个烟区委托所属县（市）级烟草专卖局代签辖区内运输的烟丝、烟叶和复烤烟叶的准运证。年底，全省完成新版检查证徽章的制作换发工作并完成烟叶收购许可证的年审工作。同年，省局规定从7月1日起，运输烟草专卖品必须持国家局统一制作的烟草专卖品准运证。

2006年，国家烟草专卖局在《关于卷烟准运证实行统一管理的通知》中规定：自2006年7月1日零时起，卷烟准运证不分省内、省际统一纳入国家局升级后的准运证管理系统进行管理，并统一使用国家局印制下发的2006版准运证。运输工商交易卷烟、商商交易卷烟、工业企业联营加工卷烟、退货卷烟；运输进出口卷烟、罚没拍卖卷烟、手卷雪茄烟、工商企业移库卷烟、补货或置换卷烟等，应开具准运证，收货方应进行准运证信息确认。该通知对准运证申请、办理、制作以及到货确认、文档管理等也作了规定。2006年上半年未执行完的卷烟合同、出口卷烟合同，仍按原管理办法，使用原准运证管理系统执行至2006年7月31日止。国家烟草专卖局还规定对跨省运输拍卖的罚没烟叶和罚没复烤烟叶应按管理权限开具准运证。

2007年，省局对2003年的准运证管理细则补充规定：卷烟配送跨地区运输的，不开准运证，配送单随货同行，不做到货确认。省局委托宁德市局代签从宁德到福州的卷烟准运证。

2008年，省局规定：个人乘坐车、船、飞机等交通工具，跨地（市）携带卷烟最高限量为每人次一万支（50条），个人不需办理手续。卷烟工商企业的公务人员业务用烟超过个人携带最高限量的需向烟草专卖局申请办理携带证。无证或超量的参照无证运输卷烟违法行为处理。3月，省局出台规范准运证管理规定，共有两章三节内容。对运输卷烟、雪茄烟、烟丝、复烤烟叶、烟叶、卷烟纸、滤嘴棒、烟用丝束和烟草专用丝束等烟草专用品准运证管理的申请与审批、监督与管理以及责任追究等作出34条管理规范。

福建省烟草专卖品准运证

调出单位＿＿＿＿＿　调入单位＿＿＿＿＿　（闽）烟专运字　NO

名称	规格	计量单位	数量	起止点	凭证号		
					调拨单	发票	移库单
				自　　止			
				自　　止			
				自　　止			
				自　　止			
				自　　止			
				自　　止			
有效期（　）天,过期作废				运输方式：			
签发单位	（盖章）　年　月　日			备注			

福建省烟草专卖品准运证

调出单位＿＿＿＿＿ 调入单位＿＿＿＿＿ （闽）烟专运字　NO

<table>
<tr><td rowspan="11" style="writing-mode:vertical">福建省烟草专卖局（98）1500</td><td>名　称</td><td>规　格</td><td>计量单位</td><td>数量</td><td colspan="2">起止点</td><td>备注</td><td rowspan="11" style="writing-mode:vertical">第三联　随货同行</td></tr>
<tr><td></td><td></td><td></td><td></td><td>自</td><td>至</td><td></td></tr>
<tr><td></td><td></td><td></td><td></td><td>自</td><td>至</td><td></td></tr>
<tr><td></td><td></td><td></td><td></td><td>自</td><td>至</td><td></td></tr>
<tr><td></td><td></td><td></td><td></td><td>自</td><td>至</td><td></td></tr>
<tr><td></td><td></td><td></td><td></td><td>自</td><td>至</td><td></td></tr>
<tr><td></td><td></td><td></td><td></td><td>自</td><td>至</td><td></td></tr>
<tr><td colspan="7">有效期（　）天，过期作废</td></tr>
<tr><td>签发单位</td><td>（盖章）
年　月　日</td><td>承运单位</td><td colspan="4">（盖章）
年　月　日</td></tr>
</table>

说明：1.本证有效期最长为15天。使用本证明，必须货证相符。　批准人：

2.卷烟、雪茄烟以件（50件）为计量单位；烟丝、烟叶以吨（担）为单位。

3.此准运证公限于省内运输使用。　经办人：

烟草专卖品准运证申办单

开具准运证号：（　　　）至（　　　　）

<table>
<tr><td>专卖品种类</td><td colspan="2"></td><td>合同（调拨单）号</td><td colspan="2"></td></tr>
<tr><td>调出单位</td><td colspan="2"></td><td>调入单位</td><td colspan="2"></td></tr>
<tr><td rowspan="2">运输方式</td><td>直运</td><td></td><td rowspan="2">准运证份数</td><td colspan="2" rowspan="2"></td></tr>
<tr><td>联运</td><td></td></tr>
<tr><td>发货地点</td><td></td><td>到货地点</td><td>申请运输期限</td><td colspan="2">（　）天</td></tr>
<tr><td>品名</td><td>规格</td><td>数　量</td><td>品名</td><td>规格</td><td>数量</td></tr>
<tr><td></td><td></td><td></td><td></td><td></td><td></td></tr>
<tr><td>申请单位</td><td>（盖章）
负责人：
经办人：
　年　月　日</td><td colspan="2">开证单位</td><td>负责人：
经办人：
　年　月　日</td><td>备注</td></tr>
</table>

附录 1

福建省道路检查站一览表 1992 年 5 月 20 日

(闽政〔1992〕综 149 号)

检查站点名称	检查部门
1. 闽侯县峡南检查站	工商 税务 特产税 公安 交通 烟草专卖
2. 福鼎县贯岭检查站	特产税 林业 税务 交通 工商 烟草专卖
3. 古田县大桥检查站	税务 林业 交通 特产税 烟草专卖
4. 龙岩市坂寮岭检查站	交通 林业 工商 税务 烟草专卖
5. 长汀县古城检查站	工商 税务 交通 烟草专卖
6. 长汀县南山检查站	林业 烟草专卖
7. 永定县下洋检查站	林业 工商 交通 烟草专卖
8. 永定县峰市检查站	林业 烟草专卖
9. 武夷山市大安检查站	林业 税务 交通 工商 特产税 烟草专卖
10. 浦城县遍湾检查站	林业 工商 税务 特产税 交通 烟草专卖
11. 莆田苏石检查站	特产税 交通 税务 烟草专卖
12. 晋江市福浦检查站	交通 烟草专卖
13. 大田县吴山检查站	林业 税务 工商 交通 烟草专卖
14. 宁化县禾口检查站	税务 林业 交通 烟草专卖
15. 云霄县常山检查站	工商 税务 烟草专卖
16. 漳浦县大南坂检查站	税务 工商 特产税 烟草专卖
17. 平和县九峰检查站	交通 税务 特产税 林业 工商 烟草专卖

（注：共 93 个，其他略）

附录 2

福建省 12 个处理罚没走私烟定点批发企业

(1994 年 12 月)

1. 福建省烟草公司
2. 福建省福鼎烟草贸易中心
3. 福建省烟草闽诏公司贸易中心
4. 福州市烟草分公司

5. 厦门市烟草分公司

6. 漳州市烟草分公司

7. 泉州市烟草分公司

8. 龙岩市烟草分公司

9. 南平市烟草分公司

10. 三明市烟草分公司

11. 莆田市烟草分公司

12. 宁德市烟草分公司

国家烟草专卖局

附录 3

第一批烟草专卖管理所指标分配表

2000 年 5 月 8 日

地区	数量	烟草专卖管理所名称
福州市	11	福州市鼓楼、台江、马尾,连江县黄岐,福清市龙田,长乐市金峰,闽侯县青口,罗源县鉴江,永泰县嵩口,平潭县平原,闽清县坂东;
莆田市	6	莆田市城关、涵江、笏石、白沙,仙游县城关、枫亭;
泉州市	16	泉州市城东、城西、城南,晋江市安海、青阳,惠安县惠东,南安市城关、洪濑、官桥、诗山,安溪县湖头,永春县下洋、蓬壶,德化县城关,石狮市永宁,肖厝南埔;
厦门市	6	厦门市杏林、海沧、灌口、集美,同安区马巷、大同;
漳州市	13	漳浦县佛潭、杜浔,东山县西浦,长泰县岩溪,龙海市角美,诏安县四都、太平,云霄县陈岱,南靖县和溪、靖城,平和县九峰、安厚,华安县汰口;
龙岩市	12	新罗区大洋、适中,永定县富岭、下洋,上杭县城区、蛟洋,武平县十方、岩前,长汀县南山、古城,连城县庙前,漳平市象湖;
三明市	18	三明市三元、梅列,永安市城区,泰宁县城区、龙湖,将乐县城区,沙县水北、水南,尤溪县西滨,大田县城区、建设,建宁县均口,清流县城关、嵩溪,明溪县城区、沙溪,宁化县城区、石壁;
南平市	10	南平市水南,武夷山市武夷山度假区、兴田,邵武市拿口、和平,建瓯市南雅、东游,建阳县漳墩,浦城县石陂,顺昌县埔上;
宁德地区	8	宁德市霍童,霞浦县长春、牙城,福安市穆阳、赛岐,古田县鹤塘,寿宁县斜滩,福鼎市点头。

福建省烟草专卖局

（限于当年 9 月全部完成）

附录 4

福建省打击制售假烟专项行动举报、办案奖励规定

（2001 年 12 月 3 日）

为促进我省卷烟打假工作深入开展，依法惩处制售假烟犯罪分子，摧毁制售假烟组织网络，现将打击制售假烟专项行动中举报及办案奖励标准规定如下：

一、规定的奖励适用于在打击制售假烟专项行动中提供线索、检举揭发制售假烟违法犯罪活动和在侦办大要案中依法惩处制售假烟违法犯罪人员成绩显著的单位或个人。

二、在专项行动中提供线索、检举揭发制售假烟违法犯罪活动的有功单位或个人，奖励标准如下：

（一）现场查获 YJ14－23/YJ13－22 型或更先进卷接机型整机的，举报奖励金为 10000～15000 元/套；

（二）现场查获 3000 型及改进型包装机整机的，举报奖励金为 8000～12000 元/套；

（三）现场查获 BGF1000 型覆盖式薄膜包装机、YB92 条包透明纸包装机整机的，举报奖励金为 1500～2500 元/套；

（四）现场查获嘴棒成型机、开松机整机的，举报奖励金为 2000～5000 元/台；

（五）现场查获"新中国"卷烟机整机的，举报奖励金为 2000～2500 元/台；

（六）现场查获大型制丝生产线（含锅炉、炒锅、切丝机）的，举报奖励金为 2000～5000 元/条；

（七）在制假窝点和运输途中查获的假烟，举报奖励金为 10～20 元/件；

（八）查获烟叶（丝）仓库（点）的，举报奖励金为 500 元/吨；

（九）现场查获为造假印制烟标的 04、05、08 型彩印设备的，举报奖励金为 3000～5000 元/套；

（十）现场查获拼装烟机窝点的，举报奖励为 10000 元/个（窝点）。在窝点内查获拼装好的烟机整机，另加举报奖励金 12000 元/套；

（十一）因举报准确，人赃俱获的（指主犯抓获的），给予举报人的奖励金在原标准基础上增加 30％～50％；

（十二）在追逃工作中因举报准确而抓获犯罪嫌疑人（可处劳教或追究刑事责任的）的，每抓获 1 人给予举报人奖励金为 3000 元。

三、在专项行动中司法机关加大对制售假烟违法犯罪分子打击力度，成绩显著的单位奖励标准如下：

（一）给予制售假烟违法犯罪分子劳教或判处缓刑的，给予奖励金 2000～3000 元/人（视劳教或缓刑年限而定）；

（二）经检察机关批准，将制售假烟违法犯罪嫌疑人逮捕归案的，奖励金为 5000 元/人；

· 385 ·

（三）对制售假烟违法犯罪分子判处实刑的，依下列标准予以奖励：判处实刑二年以内的（含二年），奖励金为 8000 元/人；判处实刑二至七年的（含七年），奖励金为10000～15000元/人；判处实刑七至十五年的（含十五年），奖励金为 20000～25000 元/人；判处实刑十五年以的，奖励金为 30000 元/人。以上各项可与（第二）项累计并奖；

（四）在追逃工作中抓获犯罪嫌疑人，属省公司厅督捕的，奖励金为 3000 元/人。由省外公安部门协助查获的，应给予省外公安部门一定的补助；

（五）原省公安厅督办案件的，每起办结奖金为 20000 元。

四、原《福建省烟草专卖局卷烟打假补助经费使用管理规定（暂行）》（闽烟专〔2001〕9 号）在本次专项行动期间暂停使用。

五、本举报、奖励金由福建省打击制售假烟专项行动领导小组办公室统筹安排使用。

六、本规定由福建省打击制售假烟专项行动领导小组办公室负责解释。

福建省打击制售假烟专项行动领导小组

附录 5

关于开展委托执法取缔无证经营烟草制品零售业务的工作意见

2002 年 11 月 10 日

各设区市、县（市）工商行政管理局、烟草专卖局：

近年来，无证经营烟草制品零售业务的违法行为有所抬头，不仅严重扰乱了我省卷烟市场经营秩序，影响了国家和地方的财政收入，而且成为假冒伪劣卷烟流通销售的重要渠道。为了充分发挥烟草专卖管理部门在卷烟市场管理上的优势，严厉打击无证经营烟草制品零售业务违法行为，巩固整治卷烟制假工作成果。福建省人民政府在近期颁布施行的《福建省烟草专卖管理办法》中明确规定，未取得烟草专卖零售许可证，从事烟草制品零售业务的，由工商行政管理部门或者工商行政管理部门委托烟草专卖行政主管部门进行处罚。

为贯彻执行《国务院关于整顿和规范市场经济秩序的决定》和《福建省烟草专卖管理办法》，省工商行政管理局依据《福建省烟草专卖管理办法》第二十三条之规定，决定委托烟草专卖行政主管部门行使对无烟草专卖零售许可证经营烟草制品违法行为的行政处罚权。为推动这项工作，经省工商行政管理局、省烟草专卖局研究，提出工作意见如下（下称"两局工作意见"）：

一、各级工商行政管理机关和烟草专卖行政主管部门要切实加强领导，高度重视无证经营烟草制品违法行为的整治工作，把这项工作作为巩固"卷烟打假"成果，维护消费者、经营者合法权益及国家利益的重要工作，作为整顿和规范市场经济秩序，促进投资软环境建设的重要措施，加强协调，优势互补，形成合力，严厉打击无烟草专卖零售许可证经营烟草制品的违法行为，维护社会主义经济秩序。

二、全省各级工商行政管理机关以同级委托的形式，委托同级烟草专卖行政主管部门行使对无烟草专卖零售许可证经营烟草制品的违法行为的行政处罚权。各单位应按两局工作意见的要求，签订省工商局统一印制的《委托书》。规范委托行为，为顺利开展委托执法打好基础。

三、烟草专卖行政主管部门在受委托查处无烟草专卖零售许可证经营烟草制品违法行为时，必须严格依照《行政处罚法》、《工商行政管理机关行政处罚程序暂行规定》的执法程序进行，使用工商行政管理机关规范的办案文书，以委托的工商行政管理机关的名义实施行政处罚，做到名实相符，规范执法。

四、办案文书由工商行政管理机关统一制作后交烟草专卖行政主管部门。办案文书的用印除一般程序案件文书和非制式文书外，全部事先由委托方工商行政管理机关盖印。各级烟草专卖行政主管部门应建立和健全办案文书管理制度，指定专人负责各类办案文书领用、发放和核销工作的管理，并将办案文书管理制度送同级工商行政管理机关备查。办案文书使用"委"字号进行专门分类，并实行一案一卷，烟草专卖行政主管部门应在结案后一月内将案件卷宗原件移交当地工商行政管理机关，将卷宗复印件归档备查。烟草专卖行政主管部门应按工商行政管理机关的要求和格式填报案件统计报告。

五、各级烟草专卖行政主管部门与委托方工商行政管理机关应建立联席工作会议制度，加强相互间的沟通和协调，及时研究、解决工作中出现的问题。联席会议成员由委托方、受托方局领导及法制（法规）、专卖、公平交易综合执法部门的负责人组成。采取定期或不定期会议开展工作。为保证联席会议正常运转，各级工商行政管理机关与烟草专卖行政主管部门都要确定联席会议依托的工作部门与联络员，负责协调、办理因委托而产生的各项事务。工商行政管理机关的办事机构与联络员设在法制部门，烟草专卖行政主管部门的办事机构与联络员设在专卖部门。

六、工商行政管理机关应加强对烟草专卖行政主管部门行使委托权情况的监督，监督形式以事后监督为主，按工商行政管理机关现行的执法监督规定及办法组织实施。各级工商行政管理机关的法制和公平交易部门（综合执法部门）应加强对同级烟草管理机关受托执法工作的指导，协助解决执法工作中遇到的困难。日常监督由委托的工商行政管理机关负责，并列入年度执法检查计划。地市工商局除加强对本局的委托执法进行监督外，还应指导所属工商局做好委托执法及执法监督各项工作。省工商行政管理局、省烟草专卖局将根据工作进展不定期地进行检查指导。对重大案件，烟草专卖行政主管部门应及时通报同级工商行政管理机关。需听证的案件，烟草专卖行政主管部门认为必要的，可邀请工商联络员参与旁听。当事人对行政处罚不服申请行政复议的，由上一级工商行政管理机关负责复议。当事人申请行政复议或提起行政诉讼的，烟草专卖行政主管部门应积极配合，指派熟悉情况的行政执法人员与工商行政管理机关一同参与行政复议或行政诉讼。

七、上级烟草专卖行政主管部门应对下级烟草专卖行政主管部门的执法情况进行监督、检查，及时纠正执法过程中的错误，对发现的重大问题应及时与工商行政管理机关通气。

八、工商行政管理机关应组织烟草专卖行政执法人员进行培训，培训内容以工商办案程序和办案文书的使用为主，注重讲解办案中应注意的问题。烟草专卖行政主管部门要制定严格的检查和考核制度，确保行政执法合法、规范；烟草专卖行政执法人员应认真学习《工商、烟草行政执法法律法规汇编》，尽快适应行使委托权的需要。

各级工商行政管理机关和烟草专卖行政主管部门要认真落实两局工作意见，加强协调，加强监督，互相配合，形成合力，稳妥、有效地推进委托执法工作。

（福建省工商行政管理局、福建省烟草专卖局）

附录6

福建省烟草专卖品准运证管理细则

2003 年 5 月 14 日

第一条　为进一步加强烟草专卖品准运证的管理，规范烟草专卖品流通秩序，根据《中华人民共和国烟草专卖法》及其实施条例、《烟草专卖品准运证管理办法》（国家经贸委令第 31 号）、《福建省烟草专卖管理办法》（省政府令第 81 号），制定本细则。

第二条　运输卷烟、雪茄烟、烟丝、复烤烟叶、烟叶（包括再造烟叶和烟梗）、卷烟纸、滤嘴棒、烟用丝束、烟草专用机械等烟草专卖品，必须持有烟草专卖品准运证。

第三条　省烟草专卖局、设区市烟草专卖局负责烟草专卖品准运证的管理，并对办理烟草专卖品准运证的部门及其工作人员、烟草专卖品准运证的使用和管理情况进行监督检查。

第四条　经国家烟草专卖局授权，省烟草专卖局负责签发下列烟草专卖品准运证：

（一）出省和省内运输的卷烟、雪茄烟、烟丝、烟叶（包括再造烟叶和烟梗）和复烤烟叶；

（二）出省和省内运输的卷烟纸、滤嘴棒、烟用丝束和烟草专用机械。

第五条　根据国家烟草专卖局委托，厦门市烟草专卖局签发中国卷烟销售公司厦门调拨站出省和省内运输的卷烟准运证及中国烟草福建进出口有限责任公司出省和省内运输的进口卷烟准运证。

第六条　经国家烟草专卖局批准，省烟草专卖局委托龙岩、三明、南平、厦门市烟草专卖局代签本辖区出省和省内运输的烟丝、烟叶（包括再造烟叶和烟梗）和复烤烟叶准运证；龙岩市烟草专卖局签发龙岩卷烟厂出省和省内运输的卷烟准运证；厦门市烟草专卖局签发厦门卷烟厂出省和省内运输的卷烟准运证。

第七条　按照分级管理、属地管辖的原则，省烟草专卖局授权各设区市烟草专卖局签发辖区内运输的卷烟、雪茄烟准运证。龙岩、三明、南平市烟草专卖局可委托所属县（市）级烟草专卖局代签辖区内运输的烟丝、烟叶（包括再造烟叶和烟梗）和复烤烟叶准运证。

第八条　签发出省运输的烟草专卖品准运证，必须使用国家烟草专卖局统一管理的烟草专卖品准运证计算机网络管理系统。签发省内运输的烟草专卖品准运证，必须使用省烟草专卖局统一制发的烟草专卖品准运证。

第九条　各级烟草专卖局必须指定专人负责烟草专卖品准运证的签发、管理。

第十条　申请办理烟草专卖品准运证应当具备下列条件：

（一）调出方和调入方是合法的烟草专卖品生产、经营单位；

（二）申请运输的是符合法律规定的烟草专卖品

（三）申请运输的烟草专卖品具有下列合法有效的凭证之一：购销合同、合同调整协议、调拨单、购货发票、移库单；

（四）申办人持有单位证明和本人身份证等合法有效的证件。

第十一条　签发烟草专卖品准运证应当按照下列程序：

（一）对申请人提交的相关材料进行审核；

（二）符合办理烟草专卖品准运证条件的，经发证单位主管部门负责人批准后，由专人予以办理；

（三）对不符合办理烟草专卖品准运证条件的，应通知申请人，说明理由。

第十二条　各级烟草专卖局根据国家烟草专卖局烟草专卖品准运证计算机网络管理系统中储存的购销合同或者调拨单在被授权或受委托范围内签发出省的烟草专卖品准运证；根据调拨单、购销发票、移库单在被授权或受委托范围内签发省内运输的烟草专卖品准运证。

第十三条　省烟草专卖局根据省烟草拍卖行出具的发票签发拍卖成交的罚没卷烟准运证；各设区市烟草专卖局根据移出局出具的移库单签发移库的罚没卷烟准运证。

第十四条　符合办理烟草专卖品准运证条件的，发证部门在收到全部申请材料之日起1个工作日内办理完毕，将烟草专卖品准运证交付申请人。如遇计算机故障、不可抗力等特殊情况，经发证单位分管负责人批准后，可以自收到办理申请之日起3个工作日内办理，或向上级主管部门申请，由上级主管部门签发准运证。

第十五条　公路运输烟草专卖品准运证有效期限：路程在300公里以内的为2天，路程在1000公里以内的为4天，路程在1000公里以上的为15天；铁路运输烟草专卖品准运证有效期限：路程在300公里以内的为7天，路程在1000公里以内的为10天，路程在1000公里以上的为20天；航空运输烟草专卖品准运证有效期限3天；省内运输烟草专卖品准运证有效期限最长不超过3天。烟草专卖品准运证有效期限自签发之日起计算。

第十六条　因办理差错、打印错误、计算机故障等原因造成烟草专卖品准运证作废的，应在24小时内完成作废手续，并将作废的烟草专卖品准运证存档备查。

第十七条　各级烟草专卖局应当将签发烟草专卖品准运证的有关材料及烟草专卖品准运证存根存档备查，保存期为3年。

第十八条　烟草专卖品准运证是运输烟草专卖品必备的合法证件，应随货同行，证货相符，并只能在有效期限内使用1次；分车运输必须分别开证，运输方式两种以上的必须注明。运输烟草专卖品过程中，以下合法有效的凭据之一：购销合同（出口合同除外）、合同调整协议、调拨单、购货发票、移库单原件，应随货同行。进口卷烟在国内运输过程中，合同复印件应随货同行，且复印件上需注明实际运输的数量，并由中国烟草进出口（集团）公司加盖合同审核章。运输货物的规格、等级、数量、发货地和到货地以准运证的内容为准。

第十九条　因不可抗力或者意外事件致使在准运证有效期内不能完成运输的，由持证单位出具证明材料，并在准运证有效期内向原发证机关申请办理更换手续。

第二十条　烟草专卖品准运证运输烟草专卖品，货物抵达目的地时，调入方验货无误后，应及时在准运证上加盖"货已收讫"印章；省外调入的烟草专卖品准运证应上网确认，省内调入的烟草专卖品准运证应注明确认日期，确认后的准运证由收货部门存档备查，保存期3年。

第二十一条　按照"谁收货、谁确认、谁负责"的原则，收货部门指定专人负责确认事宜；专卖管理部门指定专人对到货确认工作进行监督管理，对非正常确认情况及时做出说明。

第二十二条　有下列情形之一的视为无烟草专卖品准运证运输烟草专卖品：

（一）未办理烟草专卖品准运证运输烟草专卖品的；

（二）烟草专卖品准运证没有随货同行的；

（三）重复使用烟草专卖品准运证的；

（四）证货不符，超出或者少于烟草专卖品准运证核定数量、品种或者规格的部分；

（五）使用过期、涂改、复印、传真、伪造、变造的烟草专卖品准运证的；

（六）利用隐瞒、欺骗等手段取得烟草专卖品准运证运输烟草专卖品的；

（七）运输、储存的烟草专卖品无准运证又无法提供在当地购买烟草专卖品的有效证明的；

（八）准运证核定的调入、调出单位和运达地点与实际不符的；

（九）鉴章的购销合同（出口合同除外）、合同调整协议、调拨单、购销发票、移库单原件等合法有效的凭证之一没有随货同行的；

（十）邮寄、异地携带烟叶、烟草制品超过国务院有关部门规定数量一倍以上的；

（十一）无烟草专卖品准运证运输烟草专卖品的其他行为。

第二十三条　烟草专卖品准运证运输烟草专卖品的行为，按《中华人民共和国烟草专卖法》第31条，《中华人民共和国烟草专卖法实施条例》第55条、《福建省烟草专卖管理办法》第31条的规定进行处罚。

第二十四条　本细则签发烟草专卖品准运证的机关或个人，由上级烟草专卖局视其情节轻重分别给予以下处理：

（一）通报批评，责令限期整改；

（二）取消被授权或受委托签发烟草专卖品准运证的资格；取消经办人或批准人办理或批准签发烟草专卖品准运证的资格；

（三）行政处分；

（四）涉嫌犯罪的，依法移送司法机关处理。

第二十五条　调入方未及时进行烟草专卖品到货确认，上级主管部门应对其进行通报批评，并视情节轻重责成有关单位对直接责任人和有关责任人给予行政处分。

第二十六条　申请人通过隐瞒或者欺骗等手段非法取得烟草专卖品准运证，应当由原发证机关收回或者撤销其烟草专卖品准运证，对申请人给予行政处分，涉嫌犯罪的，依法移送司法机关处理。

第二十七条　专卖执法部门及其工作人员，不得以任何理由对合法运输的烟草专卖品进行非法扣留。因烟草专卖执法人员滥用职权、非法扣留造成当事人经济损失的，应当依法赔偿，并追究直接责任人和有关负责人的行政责任，涉嫌犯罪的，依法移送司法机关处理。

第二十八条　签发烟草专卖品准运证的机关不得以任何形式收费或者变相收费。严禁买卖、转让烟草专卖品准运证。

第二十九条　使用完毕的烟草专卖品准运证存根交省烟草专卖局，换领新证。

第三十条　本细则由福建省烟草专卖局负责解释。

第三十一条　本细则自 2003 年 7 月 1 日起施行。

附录 7

福建省卷烟零售户诚信管理办法

第一章　总　则

第一条　为了建立规范统一的卷烟零售市场秩序，建立起以道德为支撑、以自律为基础、以法律为保障的诚信制度，促进卷烟零售户诚信、守法、文明经营，提高专卖人员依法行政、诚信服务水平，营造公平竞争、健康有序的诚信经营环境，保护卷烟零售户和消费者的合法权益，制定本办法。

第二条　本办法适用于全省范围内持有烟草专卖零售许可证的卷烟零售户的诚信管理。

第三条　卷烟零售户诚信管理遵循下列原则：

（一）公平、公正、公开原则。按照统一的内容和标准对卷烟零售户进行诚信管理，定期公布诚信管理情况，接受社会监督。

（二）动态管理原则。设立扣分察看期、恢复期和奖分有效期，以不断滚动、循环的方式进行记分管理，鼓励守法经营，打击非法经营。

（三）自律监督原则。鼓励零售户相互监督，诚信自律，调动卷烟零售户的积极性，共同维护卷烟市场秩序。

（四）双向诚信原则。通过卷烟零售户与专卖人员之间的双向评价，实现双向承诺、双向服务、双向监督，促进零售户自觉守法、诚信经营，提高烟草行业依法行政、诚信服务水平。

第二章　诚信管理内容

第四条　卷烟零售户诚信管理总分值设定为 40 分。

第五条　通过评估卷烟零售户守法经营情况，得出诚信管理分值，按照得分进行分类管理，并导入客户星级评定体系。

第六条　卷烟零售户违反烟草专卖法律、法规、规章的有关规定，给予相应的扣分。鼓励卷烟零售户积极参与市场监督管理，举报投诉他人违法违规行为，经核查属实的给予相应的加分。

第七条　双向承诺指烟草专卖行政主管部门与零售户达成协议，履行承诺，并按照承诺规范各自的行为。双向服务指烟草专卖行政主管部门向零售户宣传法律法规、行业政策，在证件办理、诚信管理中提供方便、快捷、公正、公开的服务；零售户向烟草公司提供市场信息、配合市场检查、检举投诉违法违规行为。双向监督指烟草专卖行政主管部门对零售户实行诚信管理，零售户对专卖人员文明执法、诚信服务等内容进行监督、评价。

第八条　各级烟草专卖行政主管部门负责本辖区内的卷烟零售户诚信管理工作。

第三章　记分管理标准

第九条　卷烟零售户违反烟草专卖法律、法规、规章及有关规定的，依照下表规定予以扣分：

序号	扣分项目＼扣分标准	查获违法违规卷烟数量（条/次）					
		1条以下	1.1～5条	5.1条以上	50条以下	51～500条	501条以上
1	销售非法生产卷烟（或非法销售国务院指定地产地销烟草制品）	5分	10分	20分			
2	销售非法进口卷烟（或专供出口卷烟）	4分	8分	15分			
3	销售非法渠道卷烟（或非法渠道购进卷烟）	2分	4分	10分			
4	无证运输卷烟	10分				15分	20分
5	无证批发卷烟	20分/次					
6	不及时办理许可证年检（或变更、停歇业）手续	10分/次					
7	拒绝、阻碍或不配合专卖执法检查的	10分/次					
8	未亮证经营的	1分/次					

第十条　卷烟零售户同时存在不同性质违法违规行为的，择重扣分；存在相同性质不同品牌非法卷烟的，其数量按合计后进行扣分。

在日常管理中，发现卷烟零售户存在本办法第九条中"拒绝、阻碍或不配合专卖执法检查的"或"未亮证经营的"，与前款合并扣分。

第十一条　卷烟零售户有下列情形之一的，按第九条规定相应条款加倍扣分，直至扣完总分值：

（一）在三个月内重复发生违法违规行为的；

（二）涉嫌违法案件，经烟草专卖行政主管部门两次书面通知后仍拒绝接受调查处理的；

（三）涉案金额巨大，达到追诉标准的。

第十二条　扣满 40 分的卷烟零售户，由烟草专卖行政主管部门发出责令整改通知书，责令其暂停卷烟经营业务，并停止卷烟供货。停业整顿期限为 15～30 天。停业整顿期间由烟草专卖行政主管部门组织被整改卷烟零售户进行有关法律法规的学习培训，经考试合格的恢复供货与经营；考试不合格的，可以申请补考一次。

第十三条　卷烟零售户有下列情形之一的，可以根据相关规定，取消其卷烟经营资格：

（一）拒不接受停业整顿处理或无正当理由逾期一个月不参加培训考试的；

（二）经考试合格恢复经营后，半年内再次发生违法违规行为的；

（三）经两次考试后仍不合格的。

第十四条　卷烟零售户举报投诉违法违规行为，经核查属实的，依照以下标准给予加分奖励：

（一）举报投诉其他卷烟零售户店堂经营违法卷烟 1～5 条的一次奖励 1 分，5.1 条以上的一次奖励 2 分。

（二）举报投诉非法运输（非法卷烟储藏窝点），查获违法卷烟 250 条以下的奖励 3 分，251 条以上 500 条以下的奖励 4 分，501 条以上的奖励 5 分。

第十五条　卷烟零售户的加分奖励累计不超过 5 分，加分后总分值不超过 40 分。

第四章　记分周期与恢复方式

第十六条　为鼓励卷烟零售户积极纠正其违法违规行为，降低对其评定星级的影响，卷烟零售户诚信管理特设察看期和恢复期。

第十七条　卷烟零售户的扣分察看期为三个月，从扣分通知书送达之日起计算。察看期间所扣分值不变，察看期满后逐月恢复 10 分，直至恢复到总分值 40 分。察看期或恢复期内再次发生违法行为的，在其当时分值的基础上扣分，新的察看期自再次扣分通知书送达之日起计算。

第十八条　卷烟零售户奖励分值的有效期为三个月，自奖励之日起计算。

第五章　双向诚信管理

第十九条　各级烟草专卖行政主管部门应建立诚信管理零售户评议制度，并负责组织落实。

（一）零售户评议主要采取召开辖区内卷烟零售户座谈会和向零售户进行问卷调查的方式进行。

（二）零售户评议应当定期进行，县级烟草专卖行政主管部门每年普查不少于两次，设区市、省级烟草专卖行政主管部门每年抽查不少于一次。

（三）评议结果应予以公布，并根据不同情况对相关人员进行奖惩。

第二十条　卷烟零售户对诚信管理过程进行以下监督：

监督专管员履行工作职责。

1. 宣传、解释烟草专卖法律法规知识和诚信管理办法、星级客户评定、一户一码等管理措施，提供真假卷烟识别等服务；

2. 教育引导卷烟零售户守法守约、诚信经营；

3. 开展卷烟零售户诚信动态管理，了解、反馈星级优惠待遇的落实情况；

4. 收集、反馈卷烟市场信息，协助卷烟零售明码标价工作的开展；

5. 烟草专卖零售许可证的受理、现场勘察、发放等管理工作。

（二）监督诚信记分管理过程。

1. 对卷烟零售户轻微违规行为进行教育、不予行政处罚的，应当场发出责令整改和扣分通知书；

2. 进行行政处罚的，送达处罚决定书的同时送达扣分通知书；

3. 移送公安机关处理的，在公安机关接收后做出扣分处理。

4. 经两次书面通知拒不接受处理的，承办部门在查扣之日起 30 日内，根据违法行为及事实做出扣分处理；

5. 扣分通知书送达时间为扣分通知书生成后两日内。

6. 每月 3 日前向社会公示辖区违规卷烟零售户的处理结果、扣分情况。

第二十一条　卷烟零售户对专管员的诚信服务质量进行如下评议。

序 号 \ 内 容	诚信服务内容	满意	基本满意	不满意
1	证件齐全,衣着整洁			
2	用语文明,态度亲和			
3	宣传法律,解答明确			
4	受理投诉,处理及时			
5	识别真假,准确无误			
6	证件办理,方便快捷			
7	诚信管理,公正公平			
8	奉公守法,廉洁自律			

对烟草专卖管理所工作人员有何意见和建议：

备注:本评议以不记名方式进行。请零售户对专卖管理所工作人员的诚信服务质量用"√"的形式予以注明。

第二十二条　卷烟零售户对诚信记分管理扣分不服提起申诉的，专卖行政主管部门应当在 3 日内做出答复。申诉期间不取消所扣分值。

第六章　附　则

第二十三条　本办法由福建省烟草专卖局负责解释。

第二十四条　本办法自二〇〇四年五月一日起施行，二〇〇三年六月一日起实行的《卷烟零售户诚信等级管理办法（试行）》同时废止。

2004 年 4 月 29 日

附录 8

福建省烟草制品零售点布局暂行规定

第一条　为合理配置烟草市场资源，规范烟草市场流通秩序，保障消费者和零售户合法权益，维护国家烟草专卖制度，根据《中华人民共和国烟草专卖法》、《中华人民共和国烟草专卖法实施条例》、《国家烟草专卖局关于核发烟草专卖零售许可证适用合理布局规定有关问题的通知》及相关规定，按照《中华人民共和国行政许可法》的要求，结合本省实际，制定本规定。

第二条　各级烟草专卖行政主管部门实施烟草专卖零售许可应遵循本规定，并按照总量控制，合理配置，方便消费，公开、公平、公正，先后有序的原则进行。

第三条　烟草专卖零售许可证发放实行总量控制。设区市零售许可证办证率合计应控制在总人口数（含流动人口，下同）的 3.6‰ 以内，乡（镇）所在地（含）以上的办证率应控制在总人口数的 4‰ 以内，乡（镇）所在地以下的办证率应控制在总人口数的 5‰ 以内。行政村办证覆盖面应达到 80% 以上。

第四条　烟草制品零售点之间应有一定间隔距离。具体间距由各级烟草专卖行政主管部门根据当地人口、交通、经济水平、消费水平、城建规划等进行确定。

第五条　各级烟草专卖行政主管部门对综合农贸市场、专业批发市场、居民住宅小区等人口密集处，应综合考虑人口数量、消费水平等因素统一规划设置零售点；对车站、码头、机构等流动人口密集处，可根据日均人口流量规划设置零售点。

第六条　以下场所可不受合理布局间距的限制：

（一）有一定规模的宾馆、酒店、娱乐等特别场所，因对内经营需要的；

（二）交通、通讯不便边远地区的零售点；

（三）大中型综合商场（超市）。

第七条　以下场所不设置烟草制品零售点：

（一）违章建筑或待拆迁建筑；

（二）加油站和经营化工、油漆等有毒有害、易燃易爆物品的商店；

（三）托儿所、幼儿园、中小学校内及距离以上场所 50 米内的商店。

与食杂、食品、饮食、娱乐等服务业无关的经营场所，原则上不予设置烟草制品零售点。

第八条 对符合法定条件的申请人，各级烟草专卖行政主管部门应当根据受理时间的先后顺序审核发放烟草专卖零售许可证。

第九条 残疾人、特困户、军烈属、下岗工人、复退军人、自主创业大学生申办烟草专卖零售许可证的，在同等条件下，可优先审核发放。

第十条 各级烟草专卖行政主管部门应根据本规定对零售点合理布局进行细化规定，并举行听证，对外公示。

第十一条 各级烟草专卖行政主管部门应实行定期评价制度，根据当地社会情势的变化适时修改本辖区合理布局规定。

第十二条 本规定由福建省烟草专卖局负责解释。

第十三条 本规定自二○○四年七月一日起施行。

附录 9

福建省烟草专卖执法错案追究制度（暂行）

2006 年 11 月 30 日

第一条 为规范烟草专卖人员行政执法行为，做到严格执法，依法办案，增强行政执法人员的工作责任意识，不断提高执法水平和办案质量，切实保障公民、法人和其他组织的合法权益，根据《中华人民共和国行政处罚法》，《中华人民共和国烟草专卖法》及其有关法律法规，结合本省实际，制定本制度。

第二条 追究过错、错案责任，应坚持实事求是、有错必纠、责任自负的原则，严格区分主观故意与过失责任，坚持故意从严、过失从轻的原则；坚持预防和教育为主、处理为辅的原则。

第三条 具有下列情形之一的，应认为是错案：

（1）证据不真实，导致违法案件行政复议撤销或行政败诉的；

（2）因适用法律错误，导致案件定性错误被有关部门撤销或行政败诉的；

（3）违反办案程序，造成案件被撤销和败诉的；

（4）在制作法律文书中发生重大错误，造成严重后果的；

（5）应撤案而不撤案或不应撤案而撤案的；

（6）应移送司法机关而未移送的。

第四条 过错、错案责任由造成过错、错案的人员承担。二人以上共同造成的，应分清主次、直接和间接、决策和承办，确定各自应承担的责任。

第五条 受理过错、错案后，应填写《过错、错案线索登记表》，分管副局长同意立案后方可开始调查，调查结束后将调查报告、案件材料及处理建议报分管副局长审核后报局长，局长确定其是否过错、错案，提出处理意见。

涉及党纪政纪处分的，按有关规定办理。

本制度自发布之日起实施。

第八章　卷烟打私打假

　　20 世纪 90 年代，福建省的卷烟流通领域管理比较混乱。根据国务院公布的材料，全国查获的走私卷烟占全国走私物资总额的 48％；福建省查获的假烟占全国查获假烟总数的 46％。对此，福建烟草行业在加强卷烟专卖管理政策宣传和卷烟市场管理的基础上，突出了打击卷烟走私和打击制售假冒伪劣卷烟（简称卷烟打私打假）的斗争。

　　1991 年，福建省仍是卷烟走私的高发区之一，卷烟走私活动十分猖獗。比如，是年 2 月 2 日，福建省海上巡逻支队到平潭县南海乡中南村查缉香烟走私案，受到攻击，海巡支队缉私人员被迫向走私人员开枪，击毙 4 人，伤 1 人。3 月，在宁德海域内捕获巴拿马籍"宝祥丸"号和在平潭县截获"慈航"号走私船。分别缴获"555"、"红塔山"、"剑牌"、"七星"、"阿诗玛"等走私烟，总价值 2500 多万元。随即，在罗源海上也抓获菲律宾走私船 6 艘，缴获各种走私卷烟 7545 件，没收走私烟款台币 136 万元、美金 15 万元。12 月，莆田武警海上缉私中队等在湄洲岛缉获走私进口的高档卷烟 1700 多件，该案为莆田建市以来查获的最大外烟走私案。仅宁德地区上半年就缉获台湾走私卷烟达 25000 余件。泉州市一年查处的倒卖走私烟案件达 602 起；没收走私外烟 12379.8 件。

　　沿海卷烟走私具有队伍庞大、次数频繁、覆盖面大；卷烟走私人员组织严密，手段狡猾，运输、通讯等设备先进以及具备低价位出售的优势等特点。因此，国务院定于是年 9 月至春节前以福建省等 6 省为重点，在沿海和边境地区开展反走私联合行动，确定"海上抓、岸边堵、陆上查、市场管"的总体作战部署，进行综合治理。国家烟草专卖局对福建等地进行了实地调查并向国务院呈报"关于打击香烟走私、整顿香烟市场情况的调查报告"，指出在福建等地对打击卷烟走私存在思想认识、海上缉私力量薄弱、陆上市场管理难度大以及执法部门间的配合不密切等方面问题。是年，省政府发出《关于缉私工作应注意的几个问题》的通知，初步解决了打击卷烟走私工作中有关执法部门、海上缉私、管辖范围、通讯联络、依法办案等方面的问题。省政府专门召开市长、专员会议，部署打击走私工作，并成立打击卷烟走私、整顿烟草市场协调小组。各地（市）、县（市）也相应成立协调小组，并进行严密分工。全省确定以海关、边防、渔政等部门为主，进行"海上抓，岸边堵"；以烟草、工商、公安等部门为主，进行"陆上查，市场管"，严把关口，杜绝走私卷烟内流。是年，省委办公厅转发了省局《关于协同有关力量打击走私和贩私外烟活动的会议纪要》，烟草系统成立由省局局长姜成康为组长的打击卷烟走私领导小组，召开全省县以上烟草部门会议，会议作出部署，在保证对走私活动猖獗的重点地区、窝点和走私卷烟的集散地集中力量，保证人员、资金的投入的情况下，向当地政府提出打击卷烟走私的实施意见，争取各级政府的支持；把走私卷烟的窝点集散地和制作假烟的地下烟厂作为打击重点，全面开展卷烟市场整顿工作，对走私卷烟坚决没收，做好走私烟的收购工作，安排好走私烟的销售（设立专柜，公开限量供应，并将销售数量上报省局），严明廉政纪律。

1992年年初，《中华人民共和国烟草专卖法》（简称《烟草专卖法》）开始施行，卷烟打假提到了突出的地位。国务院在有关文件中指出，假冒伪劣卷烟是假冒商品中最为严重的问题，过去的一年，国内外假冒国内名优烟的数量已达130多万件，占全国走私物品总额的48%。国务院要求各省要有一名负责同志亲自抓这项工作，并要求卷烟工业要加强对烟标、烟丝、滤棒等原料的管理，还要防止烟标外流。

是年元月，针对沿海春节前走私活动有所抬头的情况，全省开始实施国家烟草专卖局第二号令《烟草专卖行政处罚规定》。省烟草专卖局、工商局、公安厅等部门联合发出《进一步做好打击卷烟走私、整顿市场的工作的通知》，并集中力量连破数起大案。2月，连江县公安局在泉州湾海面查获一艘走私船，缴获境外生产的假冒名优烟红塔山4881件。在集中烧毁时，全国各主流新闻媒体全程进行报道。4月12日，福州市罗源县公安等有关部门缴获走私分子雇用洪都拉斯"永航6号"货船上的走私外烟1650件和已出售的走私烟款人民币574.9万元，美金4万元。4月28日，福建、云南两省烟草专卖局在连江县联合销毁该县公安局在泉州湾海面抓获的冒牌红塔山烟4881件。5月14日，石狮边防大队缉私队等在晋江深沪海面抓获4艘走私机帆船，查获并没收船上运载的假冒中华牌卷烟762件。

为促进卷烟打私打假工作向纵深发展，5月20日，省政府在清理整顿道路检查站的基础上，同意烟草专卖部门建立17个与有关部门联合执法的检查站（闽侯、福鼎、古田、龙岩、武夷山、浦城、莆田、晋江、大田、宁化、云霄、漳浦、平和各1个；长汀、永定各2个）。8月，福州烟草专卖局查扣台湾商人董新华等在福州台江无证销售的1795件嘴红塔山。8月3日，国家烟草专卖局与石狮市人民政府联合召开销毁假冒卷烟现场会，公开销毁由海外制造走私入境的假冒中华牌香烟765件。两次销毁假烟活动均由中央电视台、新华社等各主要新闻媒体进行宣传报道。国家法制局、上海烟草专卖局（卷烟厂）、省局以及海关、边防、财政、工商等有关部门均派员参加，以上两个现场会震动了全国，成为维护烟草专卖制度的典型。10月，为进一步推动全省卷烟打私打假工作，福建烟草系统制定了查处假烟的具体奖励政策，10月13日，莆田市烟草协调公安、武警等部门，组织起100多人的临时打假队，在仙游县枫亭镇查获希尔顿、良友等牌号的进口香烟703件，省局首次对查获这批走私烟的部门颁发3万元奖金。在打击卷烟制假售假方面，卷烟制假较严重的漳州市成立由市政府一名分管领导任组长，由工商、检察、质量监督、海关、烟草等部门领导组成的卷烟打假领导小组。下设办公室，并从此开始（至2002年）实行"被侵的卷烟厂兑现'打假'奖金、各级烟草部门兑现'打假'奖励金、从缴交的行政罚没款项中按比例返拨"等三个方面筹措卷烟"打假"经费办法。是年，云霄县有组织、有计划地进行五次卷烟打假战役，共发了四个《通告》。省局协调有关部门，出动3000多人次深入云霄等地打击制售假烟活动，11月，云霄县在城关镇下坂村查获一台从广东购进的土制卷烟机。这也是全省首次查获的制造卷烟机械。12月，云霄县烟草部门独立作战，以捣毁地下烟厂为目标，组织全县连续进行卷烟打假行动，在全县重点地区一次性捣毁卷烟制假窝点51个，缴获卷烟机21台以及一批设备，总案值375万元。年内，全省查处走私烟近3万件，案值达3亿多元。端掉制假窝点235个，查获用于制造假冒香烟的机械设备181台（套）以及一大批制造假冒香烟和原辅材料，总案值1260多万元。同时，组织大规模销毁活动4次，对构成犯罪的制假分子立案14件27人次，逮捕人犯7人，判刑5人。

1993年元月，国务院颁发了《关于进一步加强烟草专卖管理的通知》，提出烟草在农工商方面实施专卖管理的五条意见，强调要加强对专卖许可证和准运证的检查管理，查处无证经营、无证运输和非法倒卖的违法行为；强调查获的走私烟应由当地县以上烟草公司收购拍卖，假烟应公开销毁。从而规范了对走私假冒伪劣卷烟的处理。2月，省政府制定了《关于打击走私的联合行动方案》，各地市随即层层召开有关的工作会议。省局下发了严厉打击卷烟走私犯罪活动的有关通知，要求把打击卷烟走私工作当做反腐败斗争来抓，强调要本着"谁主管、谁负责"的原则，承担起"路上查、市场管"的责任，要做好走私烟的处理工作，抓好大案要案的查处。春节刚过，省局组织力量，赴云霄与当地政府沟通协调，共同制定打击方案。经过当年春节前后的几次集中打击，共没收销毁制假卷烟机械230台（套），其中，在云霄县莆美镇高塘村查获第一台"新中国"型号的卷烟机，该型号卷烟机是中华人民共和国国内首批生产的无接嘴卷烟机。云霄卷烟打假工作带动了泉州、南安等地的工作。在有关部门的配合下，全省加强了对车站、码头、交通要道来往车辆人员的检查；并配合有关部门做好对经营假冒伪劣烟商户的行政处罚和案件兑奖工作。3月1日，永泰县烟草专卖局在福州福南公路查扣广东省饶平三井洲供销社向河北泊头市烟草公司购进的富健牌香烟500件，翻盖古田香烟50件。被查扣的香烟按规定价格的70％收购，并处卷烟总值50％的罚款。4月18日，泉州鲤城区公安局在温陵路治安执勤点查扣郭某等8人运输的"555"走私外烟17件，该批走私烟属无证经营走私外烟，泉州市烟草专卖局没收处理。5月17日，福建省和漳州市烟草专卖局在打假办案过程中，发现某工商部门在提取奖金后，又擅自通过广东饶平烟草公司和无专卖权限的烟草贸易中心办理打假兑奖手续，私自前往厂家提取各品种的奖售烟1203件，造成国家财税的流失。省局通报此事并重申关于查处假冒卷烟奖励问题的规定。

是年，省局协同有关部门狠抓卷烟制假重点地区的整治，多次会同漳州市烟草专卖局到云霄县调查研究，并与云霄县委、县政府及有关部门制定治理措施。在省、市地方政府和烟草部门的重视下，云霄县在全省最早成立以县长为主任，检察、烟草、工商、质量监督等部门领导为成员的卷烟"打假"指挥部。并成立以烟草专卖局、工商行政管理局、检察院为主，公安局、技术监督局、税务局配合的综合治理工作队（90人）。于3月进驻卷烟制假严重的下坂等村，先后出动干警 1050 人次，至 10 月，共取缔制造假烟窝点 116 个，查获各种卷烟机械设备 85 台（内卷烟机 32 台，接嘴机 11 台，彩印机 8 台，切丝机 15 台，丝机 19 台），假冒成品烟 2200 件，以及大量制烟原辅材料，总案值 720 万元。省局特拨给云霄县烟草专卖局 20 万元，作为办案经费和有功单位、人员的奖金。龙岩烟草局在地委、行署的统一领导下，组织 8 次由烟草、工商、税务、政法系统、新闻媒体参加的大型游行踩街活动，并组织开展打击假冒伪劣卷烟行动，全年共查获、销毁假冒伪劣卷烟 279 件、手工制烟工具 69 套及大批原辅材料，取得前所未有的成绩。

当年福建省已查获的一万多件假冒卷烟中，大多数与云霄地下烟厂有关，其中有的是来自云霄地下烟厂制造的假烟，有的是在云霄地下烟厂包装的。12 月，省局向省政府呈报《关于云霄县制售假冒伪劣卷烟的情况及整治意见的报告》，指出：云霄已成为全国制售假烟名声较大的县。其特点有三方面：一是卷烟制假活动已趋公开化，并具有广泛性。在该县下坂、后汤、城关等地的卷烟制假重点村镇，道路两旁随处可见被丢的废烟丝、卷烟纸、滤嘴棒等原辅材料，一些建筑物旁的低矮棚屋，成了假烟生产的场所，一些村民以卷烟制假为专业，从事采购、生产、推销假烟活动；遇到查缉，不但不支持，反而群起围攻。二是集团化联系合作，产运销一条龙。过去的个体生产经营已发展至联合生产经营，形成了跨省、县分工协作的地下制售网络。其组织内有专门的采购原辅材料、机械、专业生产加工人员，专门推销运输队伍；遇到缉查时化整为零。有的又从广东揭阳县购买半成品烟运回云霄包装成箱。三是设备更新，假冒卷烟牌号高档化。是年已查获国内新型的 YJ13A 等七台，高档假冒卷烟达到以假乱真的程度。该报告还向省政府提出了卷烟打假要依靠各级政府，全方位综合治理的建议。省政府据此确定由省局牵头、其他部门配合、加大力度搞好云霄制售假烟查处工作的方案；并限期在半年内要抓出成效。

1994 年元月以后，国务院副总理李岚清主持召开了两次打私打假会议。鉴于福建查获的假烟占全国查获的假烟总数的 46%，某些地区（如：云霄、南安等）已成为全国制假的重灾区。卷烟走私制假再度抬头，走私假烟查获量也占全国首位等情况，福建省打私打假领导小组再次召开会议，研究部署打私打假的工作方案。在宣传国家烟草专卖局、公安部、国家工商行政管理局、海关总署联合发布的两个《关于严厉打击走私和制售假冒商标卷烟、整顿卷烟市场的通告》的同时，全省烟草行业开展打击走私卷烟、假冒伪劣卷烟和整顿市场的专项行动，各地根据当地的实际，确定重点渠道、重点区域、制定专项行动的具体行动方案，集中优势力量，把专项行动和常抓不懈结合起来，反复进行，连续突击。各部门各地区还加强配合，互通情况，协调行动，促进这项行动的深入。无证运输案是 1994 年在省内较为突出的案件，例如，1 月 13 日，政和县公安局查获范某从福安市赛岐镇无证运输真品卷烟 61 件案；3 月 18 日，浦城县烟草专卖局连续查获七起无证运输案。其中最大的案件是：在庙湾检查站查获江西省井冈山卷烟厂业务员刘某押送该厂生产嘴禾河 450 件售给浦城县水北街桥亭购销社，案值 9.6 万元。刘某被罚款 3.58 万元后，卷烟运回该厂；5

月 12 日，政和县公安局巡警大队查获仙游县枫亭车队无证运输 350 件假烟案；9 月 27 日和 28 日晚，浦城县烟草专卖局分别在浦城汽车修理厂内、浦城县外贸仓库内和 205 国道五里塘地段查获何某与漳州人合伙从广东潮州、福建漳州等地无证运输的 1049 件假烟案；10 月 22 日凌晨，顺昌县烟草专卖局查获当事人郑某无证运输 251 件假烟往江苏常州销售案；11 月 1 日晚，顺昌县公安局埔上交警中队查获周某无证运输假烟 473 件案。

在打假活动中，全省各地的烟草专卖人员顶住苦累，敬业工作，如 11 月 11 日午夜一时，泉州市局出动 20 多人前往南安查获一家卷烟制假窝点。第二天中午，取缔工作临近结束时又接到另一个举报。工作人员连续工作，一举端掉了另一个窝点。至此，专卖稽查人员已连续工作 25 小时。

为加强对走私烟在销售渠道、拍卖、批发、零售及运输环节的监督检查，堵住制售假烟和销售走私烟的渠道。是年，国家烟草专卖局同意在福建省设立走私烟拍卖行；并规定走私烟要通过拍卖行拍卖给定点批发单位，再由定点批发单位批给处理走私烟的零售点。12 月 9 日，省烟草拍卖行成立，福州、厦门两地设拍卖分行，负责专门拍卖全省没收的走私卷烟。全省共设 12 个处理罚没走私烟定点批发企业。与此同时，云霄县加大打击力度，成立"打假"领导小组。开展以打击卷烟制假大户为重点的打假活动，全县组织 88 人的卷烟打假专业队，一次性查获总案值 186 万元的制假烟机和原辅材料。该县的邱某、黄某在两年间从湖北、湖南购进 7.5 套（15 台）卷接机，非法经营额达 290.5 万元。云霄县据此对邱、黄两犯依法执行逮捕（2000 年 5 月 26 日，黄某获有期徒刑 2 年）。年内，漳州市当年因制售假烟被判刑的 11 人中，云霄县占 10 人。龙岩地区有关部门联合颁布《龙岩地区打击走私联合行动方案》，在报纸和电视上公布对卷烟走私贩假活动的举报电话，设立举报箱、采取措施培养耳目，并重新调整加强了长汀古城、武平岩前、龙岩坂寮岭、永定下洋和峰市等 5 个当地的烟草检查站的力量。12 月 7 日，省局会同公安、工商、海关、检察院、技术监督局等部门召开联席会议，部署在全省开展卷烟市场大检查。

1995 年，云霄、南安等县（市）成为闻名全国的卷烟制假区。由于受到"私假超（产）非（非法生产）"四种卷烟的冲击，全省市场卷烟总量失控，价位下跌，使烟草行业出现组建以来首次年税利下降的情况。就此，全省对卷烟打私打假经费进行规范管理，查获假冒云南红塔集团厂家生产的卷烟牌号的由该集团出资，查获闽产烟的由生产厂家和省局出资，并以兑奖形式组织实施。卷烟打假经费得到落实后，卷烟打假力度得以加大。从年初起，全省各级烟草等有关部门不停顿地开展卷烟百日打假、百日打私、卷烟打假（私）宣传月、打假（私）宣传周和卷烟打私打假等各种形式的专项行动，对重点地区保持高压态势，严防死守，遏制一些地区的卷烟走私制售假烟活动。元月 10 日，福建烟草颁发由国家烟草专卖局统一制作的处理罚没走私烟定点企业证照。其中福州市 70 个、厦门市 50 个、漳州市 60 个、泉州市 60 个、三明市 50 个、南平市 50 个、宁德市 50 个、龙岩市 40 个、莆田市 30 个。3 月，省政府打假办牵头召开由烟草、工商、公安、法院、检察院、技术监督局参加的卷烟打假工作会议，并决定在全省开展"查处大案要案、端窝打点，治理市场"的三大战役。接着，成立由童万亨副省长为组长，有烟草及有关部门参加的共有 27 名成员的卷烟打私领导小组，加强对全省打击走私烟工作的领导。全省统一部署，统一行动，3 月 11 日，福州市公安局防暴大队查扣贴有海关封签的 3 辆集装箱大货车，缴获进口走私卷烟 3226 件。3 月 18 日，政和县公安局巡警大队查获黄某等 3 人从云霄非法运输 180 件假烟往北京销售案。7 月 6 日，福州市烟草专卖局截获福州港迅集装箱储运有限公司承运的两个集装箱，内装进口走私香烟 1708 件，其中"555"牌香烟 858 件、希尔顿牌香烟 850 件。9 月 11 日，建阳市烟草专卖局与该市检察院、反贪局联合查获一起由永定、云霄、建瓯、建阳、武夷山等地人员购销假烟团伙案，共查缴 170.6 件假烟。除假烟被销毁外，涉案的 7 人共罚款 7.8 万多元，并吊销其中 2 个持有烟草专卖零售许可证的零售户，建阳市检察院还没收该团伙非法所得 4 万元。12 月 27 日，邵武市烟草专卖局会同城郊公安分局在中山路 122 号查获一起地下卷烟厂，收缴手工卷烟机 5 台、手工切割机 5 台和一批制造假烟的原辅材料。12 月 31 日，武夷山市公安局特警队查获王某冒充现役军人运输 162.96 件假烟案。

在扩大宣传国家烟草专卖局、公安部、海关总署、工商行政管理局等四部委联合发布《关于打击卷烟走私和打击假冒伪劣卷烟商标的公告》的同时，省、地（市）、县烟草部门层层建立抓落实的领导责任制。打假专项斗争采取抓苗头、控源头、打窝点、堵流通、查市场的办法，并利用省政府定点设置的 17 个联合检查站，堵死假烟和走私烟流入市场。省局再次规范申办查处假烟奖励的材料、程序和奖励办法，把查获 YJ—13、YJ—14 制假烟机的奖励标准统一提高到 3 万元/台，其他机械化设备 1 万元/台（套），查获闽产假烟由省级局及生产厂家各奖励 1 元/条。并在全省举办识别真假烟、走私烟培训班，向各卷烟厂派出驻厂员负责专卖准运证的管理和使用，还对走私烟拍卖收费、走私烟处理权限、烟用机械、零部件和原辅材料及商标纸等作了相应的规定。当年，仅漳州市共查处各类案件 358 起，捣毁地下烟厂 4 家，查获走私烟 2000 多万件，查获假冒卷烟 37.7 万余条，缴获制假手工机械 10 台（套），烟叶 43.5 吨，假商标、标识 1682 万张，假标识 343.3 万张，销毁历年存放的假冒卷烟 168.9 万条，上缴罚没款 275.7 万元。被列为制假重点地区的南安县共派出 450 多车次，出动 4000 多人（次）查处大案 26 起，取缔地下烟厂 9 家，查获非法经营卷烟 6.25 万条，卷烟机械 9 台（套），滤嘴棒 210 万支，假冒卷烟 25.17 万条，假冒商标、标识 100 多万张，共上缴罚没款 37.6 万元，扣押走私售假现金 55 万元。龙岩地区对市场采取"三查"措施，即查无证经营卷烟、查走私假冒卷烟、查自由批发市场，全地区共出动 4585 人次，查处卷烟制假案件 250 起，缴获假烟 8810 多件，查处卷烟走私案件 109 起，案值 22 万多元。

是年底，省局对全省 9 地（市）局，31 个县（市）局的卷烟打私打假和市场整顿进行大检查，经过对地（市）局所在地、部分县（市）及知名度较大的乡、镇和商贸比较密集区域进行听、问、查、看，从中评出全省卷烟打私打假和市场管理工作成绩显著的有 10 多个县（市）。是年全省各地都成立了专卖稽查大队，各地（市）、区局专卖部门都配备了专用车辆，许多地（市）专卖部门负责人首次配备了手提电话，在卷烟下伸网点，重点地区建立了烟草专卖管理所。三明等市局聘请乡镇执法单位的干部担任专卖协管员。

1996年，省政府撤除了各地烟草检查站，烟草专卖人员无权上路检查。为了不给卷烟走私制、售假分子造成可乘之机，烟草系统在年初再次向省政府及有关部门报送"关于云霄、南安制售假冒卷烟的情况"专题报告。各地召开有关地（市）、县领导参加的专题汇报会，部署工作。规定在重点地区要像抓计划生育和安全生产一样责任到人，一票否决。省打假办先后五次组织省烟草、公安厅、检察院、技术监督局等部门进入云霄、南安等地部署卷烟打假工作。省局和云南省公安、武警、检察、烟草、质量监督、工商等部门经常组成临时联合"打假"队，定期或不定期开赴漳州开展卷烟打假工作。国家烟草专卖局专卖司司长、副司长亲自到云霄指导打假。各地从各自的实际出发，采取措施加强这项工作。漳州市委、市人民政府从各县（市）抽调人员联合成立"打假"特别行动队（120人），由市委、市政府统一指挥，不定期奔赴实地"打窝端点"、重点打击。市烟草专卖局加大力度，积极培养耳目，扩大信息来源。云霄县县长与各乡（镇、场）长首次签订《"打假"工作责任状》。南平烟草与该市公检法联合召开各县（市）局领导参加的卷烟打私和制售假烟工作会议，实行条块结合，上下结合，强化卷烟打私打假。厦门市局与工商管理局联合清理户外广告和境外驻厦烟草机构。泉州市局出动1953人次到重点地区南安市进行卷烟打私打假，缴获制假机械42台，查获假烟2810件，走私烟4809件。龙岩地区全年共出动6495人次，全地区查处各种案件612起，没收烟叶139吨。为加大执法力度，各地均加强烟草与有关部门联合办案，莆田市烟草专卖局发现市场销售假"七匹狼"香烟后，与专销单位晋江市烟草专卖局联系，追根查源，终于将首要分子缉拿归案。省局与龙岩烟厂到松溪、建阳、石狮、南安等地联合办案，查获一批卷烟制假大案要案。

6月，烟草系统以纪念《烟草专卖法》颁布5周年活动来推动卷烟打私打假工作的开展，针对1995年烟草专卖大检查中发现的关于烟草专卖力量薄弱，卷烟打私打假措施不足、办法少、执法手段不多以及办案不规范等问题，采取措施，建立完善全省的打私打假信息流网，对"耳目"举报的违法运输信息，进行"接力"监控，防止堵截不及使其漏网。为了保证办案安全，规定原则上不组织追赶可疑车辆，接报单位如来不及组织堵截，可将有关信息通报下一站堵截。抓获卷烟制假走私分子后，"耳目"的奖金由截获单位交接兑付，余下的罚没款由堵截单位作为办案经费，兑奖烟两家对半分成。各县（市）局在重点抓好本地市场日常管理工作的同时，每月将"钉子户"和地下交易渠道的信息及时上报地（市）稽查大队，以便有重点地给予打击。各稽查大队建立辖区内卷烟批发大户的档案，及时掌握动态，保证本地市场的良好秩序。3月27日，漳州市烟草专卖局在该市公安局治安大队配合下，缴获两车从厦门运往广东的走私"万宝路"香烟1740件、价值600多万元；该走私外烟全部按规定没收。4月9日，永定县烟草专卖局在一辆货车上查获63件假"富健"

后，以此为线索追踪溯源，捣毁龙岩市区内的卷烟制假售假窝点，从中查获 64 件假"富健"、1400 公斤烟丝、1 台电动卷烟机等。5 月 5 日，建瓯市烟草专卖局查获烟贩子叶某以辣椒干为伪装，无证运输 266 件真品卷烟案。5 月 16 日，建瓯市公安局查获 3 起无证运输的假烟共计 554 件案。6 月，龙海市烟草专卖局在当地检察院配合下缉获案值 350 万元的840 件"555"牌走私烟案。6 月 27 日，漳州市烟草稽查大队在漳州海关的配合下，缴获无证运往广东的专供出口走私红塔山烟 1599 件、价值 600 多万元案。10 月 3 日，松溪县公安局查获当事人冯某等 4 人从云霄以运兔子为伪装运输 264 件假烟案。11 月初，泉州市烟草系统连续组织出动 1953 人次，对南安市的走私烟和制售假烟窝点全面实行重点打击，几天内共缴获制假烟机 42 台，查获假烟 2810 件，走私烟 4809 件。在此期间，建阳、浦城、松溪、永定等地的烟草专卖局亦会同工商、消委会、检察院等部门并肩行动，查获一大批假烟、走私外烟和无证运输案。

1997 年初，省内一些地方相继出现"暴力抗法"，1 月 31 日，福州烟草局 5 名稽查人员在闽清县检查市场时，遭到不法分子的围攻，福州市烟草专卖局领导带人筑起人墙给予保护，仍有 9 人受伤。3 月 3 日，闽清县又有一个"二进宫"的犯罪嫌疑人林某调集 200 多人围攻正在查市场的烟草专卖人员。在云霄县下坡村、阳下村突击检查中，省、地（市）、县三级联合卷烟打假队遇到"暴力抗法"。《检察日报》通过"内参"通报了下坡村、阳下村突击检查遇到"暴力抗法"情况后，漳州市委书记曹德淦在《检察日报》"内参"件上作了批示，要求云霄县委、县政府两套班子成员要做到态度坚决、旗帜鲜明、工作做细、标本兼治，务必把云霄制造假烟问题解决好。在省领导的重视下，卷烟打假工作开始围绕云霄为重点开展。漳州市有关部门建立快速反应的卷烟打假队（5～10 人）。打假队以统一卷烟打假行动为主，平时各司其职、各负其责。各县（市）全部成立"打假"领导小组，下设办公室。

是年上半年，云霄县共出动 5000 多人次、1000 多车次，对涉及制假的乡镇、村街进行全面清查和重点打击，共捣毁制假窝点 91 个，查获各类制假机械 171 台，其中大型制假机械 69 台，烟叶、烟丝包装物等原辅材料 4535 袋，总案值 1000 多万元。公安、检察机关对涉假案件立案 19 起，批捕 5 起 8 人，拘留、监居 39 人，追究刑事责任 7 人。南安市共出动1020 人次和 152 车次，捣毁制假窝点 24 个，查获各类制假机械 6 台，假冒卷烟 4056 件，以及一大批原辅材料。

7 月 3 日，《实施条例》正式发布实施。8 月 6 日，省局向国家局、省委、省政府作了《福建省上半年打击制售假冒卷烟工作情况的报告》，通报了云霄、南安制售假冒卷烟违法活动的情况，省委书记陈明义批示："依法打假，常抓不懈"；副省长施性谋作出"打击假烟要反复抓，抓反复"的指示。根据省委、省政府领导的指示，省烟草部门与有关执法部门配合，深入卷烟打假第一线协调、督促各地卷烟打假的行动。为了震慑卷烟制假的不法分子，7 月 27 日，云霄县人民检察院批准逮捕 2 名涉嫌非法经营烟机达 290 万元的犯罪嫌疑人。8 月 18 日，国家打假办、公安部、武警总队、国家烟草专卖局、国家质量监督局、国家工商局等组成卷烟联合打假队来闽打假，福建省、漳州市、云霄县三级烟草稽查队和云霄县委、县政府同步组织了有 600 多人的卷烟联合打假队、出动 60 多部车辆，共同在云霄县实施突击卷烟打假行动，此次行动共端掉 20 多个卷烟制假窝点，缴获大中型卷烟制假机械 23 台和大批原辅材料，总案值 600 多万元。该行动被中央电视台称为中华人民共和国成立以来规模最大的一次联合卷烟打假行动。8 月 28 日，由国家打假办牵头，组织国家烟草专卖局、公安部、国家工商行政管理局等七部门的联合打假队，在云霄又掀起卷烟打假高潮，中央电视台和福建电视台对本次行动给予全面及时的报道。各地（市）同步采取"打源头，端窝点"等措施，加大卷烟打假力度。9 月，漳州市委、市人民政府发布《关于加强卷烟市场管理、打击制售假冒卷烟违法活动的通告》，采取既抓卷烟制假机械又抓卷烟制假分子以及严查重罚、追究领导责任等措施，查处卷烟制假案件的源头。云霄县从县长到各有关部门领导、各乡镇负责人都立下了卷烟打假责任状，并从烟草局、打假办、公安等部门抽调人员成立专门打假队，采取集中打击与分散打击查处相结合的方法综合治理，还派工作组进驻卷烟制假重点地区，实行 24 小时监控。云霄县层层建立领导挂钩"打假"责任制，县领导挂钩乡（镇）、乡（镇）领导挂钩村（街）、村（街）干部挂钩村民小组，把挂钩领导作为挂钩点的第一责任人，公开领导责任，接受群众监督。领导挂钩责任制规定：哪个村发现卷烟制假活动，村党支部书记撤职、村主任罢免，村干部家属制售假烟，村干部免职；乡（镇）党委书记、乡（镇）长和分管卷烟打假的领导就地免职，云霄卷烟厂和云霄县烟草专卖局（公司）的干部职工为卷烟制假活动提供技术和原材料的，开除公职或除名、追究单位领导责任等。截至 10 月，省、地、县三级对云霄县共出动 8000 多人次、1000 多车次，对涉假的镇、村、场、街进行全面清查和重点打击，共捣毁制假窝点 174 处，查缴各类制假机械 349 台（大型机械 220 台）及一大批原辅材料，总案值 2680 万元。泉州市局的经警小分队，与公安部门配合，对制假地区进行重点打击。半个月内就共查获制假机械 100 台。莆田市根据群众举报，在涵江捣毁卷烟制假窝点。厦门市局在公安部门的配合下，查获制假烟机装配厂，缴获烟机及全套配件共 15 台（套）。龙岩与南平市局分别查封了一批地下手工制假工场。

10 月 7 日，根据贺国强省长对有关举报信件的批示。省打假办组织有关成员单位会同漳州市、诏安县政府组织出动 39 人，对举报点一一进行核查，共铲除卷烟制假窝点 4 个，查获制造假烟设备 6 台，印制假冒卷烟标的彩印设备 7 台，假烟 361 件和散装烟 92 件等，总案值 200 多万元。10 月 21 日，厦门市烟草专卖局在厦门险峰机床有限公司内查获 YJ14－23 卷接机 10 台（套）及一批制造卷烟的机械零配件，案值 300 多万元。现场抓获制造假烟 7 人（其中 3 人为云南昆明路南机器厂工人，2 人为湖南常德烟草工业机械厂工人）。10 月 26 日凌晨，龙海市烟草专卖局在当地检察院的配合下，截获 2 部集装箱货柜车，查获货柜车内的进口走私烟"希尔顿"1550 件、价值 230 万元。有关部门没收拍卖了两集装箱货柜的走私烟。这是当年漳州市查获的最大一起卷烟走私案。与此同时，各地（市）局加强同有关部门的协作，大力培养耳目，查处卷烟走私贩私行为。漳州市局与海关、公安签订合作备忘录，调动协作部门的积极性。福州市局在公安部门的配合下，一举查获四起走私烟案件，查获走私卷烟3918件。莆田市局在市场检查中加大力度，使涵江、枫亭等走私烟集散地日趋萎缩。各地都做到打击不停，检查不断，对走私烟见条没收、见包拆封。此外，各地（市）局及时建立健全了处理罚没走私烟的一整套规范制度。厦门市局把走私卷烟的打击和处理纳入正常工作的内容。

在打击行动中，福建烟草部门发现走私分子转而走向邮政和旅客列车通道的动向，及时堵截，12月22日，南平市烟草专卖局、南平市铁路派出所干警和南平市邮电局保卫科人员联合查获一起由福州市前屿邮电局和13个支局委托福州铁路分局46次旅客列车运输走私烟案，查获该车内93件有走私烟的邮件包裹，内装无印刷"由中国烟草总公司专卖"字样的嘴"555"牌走私烟94.72件。12月23日，省局在公安部门配合下，对福州至北京46次列车车厢、邮政汽车和福州市邮政中转站进行检查，当场查获特快专递邮寄假烟324件。这批假烟系泉州、南安、晋江、福州等市（县）邮政局收寄，经福州邮政局转运给安徽、江西、四川、桂林、辽宁、内蒙古、湖北、江苏、湖南、浙江等十几个省、市。假烟邮包用专制泡沫塑料箱伪装，箱交结口用特快专递封条封口。

1998年元月8日，国务院副总理吴邦国在听取烟草工作汇报时说：云霄造假很厉害，对全国影响大，请有关执法部门密切配合，集中力量进行重点打击，要彻底地治一下。是年初，国家烟草专卖局协调有关部门，对云霄等卷烟制假重点地区实施重点打击。2月19日，省长贺国强批示：福建省烟草行业要认真贯彻吴邦国副总理的指示精神，认真查处云霄制售假烟问题，以促进烟草市场的规范有序和烟草行业持续、快速、健康发展。2月23日，省委副书记林兆枢批示：我省一些地方制售假烟已成全国重点，并呈蔓延势头，确应引起有关地（市）和部门的高度重视。关键是有关地方的党委、政府要统一认识，树立"打假务尽"的决心，克服地方部门保护主义。建议省政府颁布有关规定，省打假办牵头组织实施，今年内务求明显成效。第二天，黄小晶副省长批示：假冒伪劣产品已严重侵蚀我们经济生活的各个领域，中央领导对此亦多次有明确的意见和指示。假烟问题应引起各级领导的高度重视，要有效地予以根治，保证社会的稳定。他对政府以及有关部门提出了三条贯彻落实的意见。

在贯彻省领导的批示中，省局协调召开由省打假办、公安厅、工商局、技术监督局、财政厅等有关执法和综合部门参加的打击制售假冒商标卷烟专题协调会。会议传达了吴邦国副总理的重要讲话。建议省政府批准有关地区现有检查站增加卷烟查假职能，并增派烟草、公安人员；继续组织力量对制假严重地区进行打击，集中力量办几个大案；并将卷烟制假重点地区的领导对打假斗争的组织是否得力列入干部考核内容；督促政法部门，按照《新刑法》，从重从快判罚制假分子。全省卷烟打私打假工作从此逐步成为政府行为。烟草专卖管理工作实行内管外打，守土有责，重点地区实行卷烟打假任务分解。在处理上。杜绝以罚代刑、降格处理的作法。卷烟打私打假逐步由依靠行政处罚向依靠刑事处罚转变，如2月，云霄张某到广东汕头市大坝镇向汤某购入58.4吨烤烟烟叶，付款31.5万元。烟叶运回云霄后，寄存在该县莆美镇阳霞村方某的住宅内，被卷烟打假队查获。案发后，烟叶被烧毁，云霄县人民法院判处张某有期徒刑2年。2月26日，漳州市市长首次与各县（市、区）长签订《"打假"工作责任状》，明确规定卷烟打假工作目标、责任范围、奖惩和责任追究办法。卷烟制假售假重点县的县长与乡（镇）长、乡（镇）长与行政村主任按照"守土有责、属地管理"原则，层层签订《"打假"工作责任书》；同时规定"打假"责任内容和考核奖惩依据，使"打假"工作村对乡负责、乡对县负责、县对市负责，建立"制假"场所业主连带责任制，明确规定：凡为"制假"分子提供方便的负连带责任，设备一律没收、工棚一律拆除。福州市局将烟草稽查大队125人划分成一个重案队、6个稽查中队18个小分队；规定各自的职责，做到职责分明、层层负责、抓好落实。特别是对小分队实行划片包干、经费包干、定期轮换、季度考核以及"查堵疏"三管齐下的方针，取得良好效果。全区稽查队员全年共出动60600人次，查案7162起，上缴财政罚没款821万多元。

3月，中纪委查处厦门市"4·20"走私案。福建省涉嫌重大走私案首犯赖昌星外逃。经查实，从1995年开始至案发的4年里，赖昌星走私集团以假转口和伪造送货物品名的手法走私香烟163万多箱，偷逃税款人民币88亿多元。其中仅1996年1月至1998年1月，赖以假转口贸易方式走私香烟133多万箱（合3325多万件）。3月15日，国家打假办率领国家烟草专卖局、武警总队、云南省玉溪地区武警大队等共63人到云霄开展卷烟打假行动。福建省、漳州市、云霄县三级烟草专卖局、漳州市和云霄县两级党委、政府给予密切配合，共出动450人、30多部车辆，对在云霄已经掌握的12个卷烟制假窝点包抄围剿，缴获卷烟制假机械13台（YJ14－23卷接机4套8台、YJ22接嘴机1台、包装机2台、嘴棒成型机2台），散支"假烟"273件、烟丝1.4吨。4月，漳州市烟草专卖局在武警官兵的协助下，对全县9个存在卷烟制假的乡（镇）24个村（街）进行"拉网式"清查，日夜进行巡逻和路面布控，形成村内打、路上堵、山上搜、地下挖的强大攻势。云陵、莆美两镇还组织机关干部对辖内重点村开展逐家逐户"地毯式"搜查活动，共查出YJ14－23卷接机9套、切丝机10台、包装机2台、烟叶烟丝289吨。

7月，烟草系统着手实施《福建省打击卷烟走私的行动方案》。《方案》分析了全省在这项工作中存在的问题，要求下一段做好四个方面工作：一是落实卷烟打私责任制；二是突出重点，开展卷烟反走私专项斗争；三是加强与海关、公安、工商、边防等执法部门的联合与配合，加强反走私的队伍建设等；四是对大案要案要一查到底、防止以罚代刑。从8月31日起，全省卷烟打私工作实施以块为主，发挥港口码头等沿海沿边交通要道工商部门和10个有上路检查权的缉私队的作用，突出"三个重点"（即突出烟草制品、重点地区和重点市场）进行整顿。在整顿中分三个阶段进行综合治理。

9月，省局在向省政府"打假领导小组"上报的《关于云霄、南安制售假冒商标卷烟活动严重回潮的情况报告》中指出：由于云霄、南安制售假烟由来已久，制假根基还没有铲除。全省除三明地区之外8个地（市）都曾查到制造假烟的窝点和机械设备。云霄宾馆长期住有各地来采购假烟的人员，每天运往省外各地的假烟约60车次（2万件）。仅宁德一天就查获从南安、云霄运往浙江、江苏等地假烟3238件。南安、云霄一些制假分子将制假窝点向交通不便的边远山区或管理薄弱的农村转移，地方黑势力开始参与卷烟制假贩假，为制假分子保驾护航。平和、漳浦民间自发形成了专门从事运输假烟的车队。当地流氓、地痞护送假烟出县（市），每车收取2000元护路费。诏安、龙海、永定等地发生黑恶势力以武力抗衡执法和哄抢被执法部门查获的制假烟机事件。9月25日，省国税局同意省局的意见；凡查处假冒闽产卷烟制品，按查获每条假冒烟2元的标准给予办案单位作为办案经费补贴，并由被侵权企业（卷烟厂）税前列入销售费用，在税前列支。

从下半年起，云霄县把每年3月作为"卷烟打假月"。活动期间，该县各级党委、政府机关部门参与卷烟打假活动，大造舆论宣传，查摆问题，开展关于"卷烟制假究竟给云霄带来什么"等大讨论，并开辟专题栏目，宣传报道典型事例，及时曝光打击卷烟制假活动的情况，录制宣传磁带广泛宣传。云霄县委、县政府号召全县党员干部以身作则，管好家属，并向所在单位签订《远离卷烟制假保证书》，营造"打假光荣、制假可耻"的社会氛围。

10月，厦门市烟草专卖局与公安部门联手在该市湖里区查获一个特大走私仓库，查扣走私烟1204件，案值360万元。紧接着，又在另一地仓库查获走私假冒"万宝路"香烟4795件；同月，宁德市烟草专卖局会同宁德地区刑警支队联手在福安市赛岐镇下老糊涂码头村捣毁一家地下制造假烟厂，查获的成品卷烟101件，滤嘴棒11箱（每箱2万支），卷烟盘纸74盘，50斤装烟丝106包，胶乳液3桶、香精4桶、烟机电动机一台，还有制假辅助材料等；11月，邵武市公安局查获两辆非法运输假烟的伪装货车，车上共有611件假烟，同月，福安市烟草专卖局连续拦截查获两起运输假烟案件，没收假冒安徽、贵州、云南等厂家的蝴蝶泉、渡江、甜蜜、迎客松等品牌卷烟计734件，以上犯罪嫌疑人均送交司法部门处理。

11月，全省开展了卷烟百日打假专项行动，颁发《关于开展百日卷烟打假专项斗争的实施意见》和《实施方案》，在广泛深入地开展宣传教育的基础上，全省各级烟草专卖局均在当地主导媒体上刊登《公告》，公布举报电话，派出工作组进驻卷烟制假重点地区，实行24小时监控，并与各级地方领导层层签订打假责任状，签订合作备忘录；层层建立卷烟打假队伍。在这项行动中，突出了"打源头、端窝点、清市场"的重点，采取集中打击和分散查处相结合的办法，加强耳目培养，扩大情报来源，做到举报一起查处一起。各级烟草部门都在人力、物力、财力上提供保障，并加大运输环节稽查力度，把卷烟打假打私与日常市场管理相结合，防止假烟蔓延。同时，对查获案件从严从速处理，依法追究刑事责任。

《福建日报》等新闻媒体对"百日打假"行动开展进行了报道。莆田等地（市）局在当地报刊上刊登《举报得重奖的公告》，发放"举报联络卡"。厦门市烟草专卖局抓获伪造印章贩运烟叶案。福州市局查获组建以来最大的假烟案。泉州市边防支队开展大规模"拉网式"打击海上香烟走私的统一行动。漳州市烟草专卖局组成联合打假队出动打假10次，捣毁地下制假窝点8个，查扣大型卷烟制假机械16台。宁德市局在不到一个月的初战中，查处走私烟案件10起，没收走私"555"牌、"希尔顿"牌香烟计402件；查处假烟案件29起，没收假烟4873件，案值1000余万元，罚没款90多万元。龙岩市抓住市场的重点，每月抽查2100户卷烟零售户。对其中2.5％左右的摆卖假烟户进行处理，从市场方面清理卷烟售假的现象。

12月，暴力抗法事件再度发生。10日，诏安县打假部门会同云南玉溪卷烟厂、云南省公安武警执法人员在该县霞葛镇上涂村查获卷烟制假机械3台（其中卷烟机、接嘴机、包装机各1台），返回途中遭当地300余名群众围堵，其中近60名歹徒强行将执法人员拖下车殴打，致使烟草部门3名打假稽查人员、1名检察院干警受伤，缴获的"制假"机械和执法人员的照相机、摄像机等被抢走，执法车辆损毁多处，围攻时间达半个多小时，直至霞葛镇党政领导和派出所干警赶到时才散开。省、市、县领导对此起案件高度重视，省委内参《八闽快讯》快速披露该事件全过程。诏安县政府当日立即成立专案组进行严肃查究。12月13日，漳州市政府以内部传真加急电报向诏安县政府发出《关于坚决打击制造、销售假冒卷烟违法活动的通知》。12月14日，被抢走的"制假"机械、车辆和执法设备已交出，主要案犯逃走。12月15日，省委副书记林兆枢批示："请漳州市、诏安县对这起围攻殴打执法人员的事件认真对待、严肃处理。重点打击犯罪分子及事件的策划者，对广大群众要加强法制教育"。在公安机关的追捕下，3名案犯落入法网，诏安县人民法院分别判处案犯有期徒刑10年、9年、8年并处罚金。

12月24日，国家烟草专卖局、国家工商局、国家技术监督局、公安部以及武警部队在省局和漳州市烟草专卖局的配合下，在云霄县的阳下、交塘、下坂、加州四个村开展卷烟打假行动，共查获各类制假烟机械69台，成品假烟1400件以及大量原辅材料，总案值1100万元。年底，漳州市委调整云霄县委领导班子。

12月，福州等市制定了《关于罚没非法进口卷烟购销管理办法》，审查审核处理罚没走私烟定点零售企业。全省停止了保税区卷烟转口贸易，对进口免税卷烟实行总量控制。根据沿海走私烟一直居查获走私物品前几位的情况，烟草系统进一步加大打击卷烟走私的力度。各级烟草部门一把手亲自挂帅，加强对境外烟草公司在省内设立办事机构的审批、注册手续。对非法交易摆卖进口卷烟的，一律没收并严肃处罚；并建立健全了处理罚没走私烟的一整套规范制度。

1999年，国家烟草专卖局拨专款1000万元作为漳州卷烟打假经费，省局追加100万元作为云霄县开展卷烟打假的经费。各级烟草专卖部门严格执行"内管外打，守土有责"的工作方针，主动出击，开展卷烟打私打假活动。年初，漳州市委书记主持召开市委常委会专题研究全市卷烟打假工作，提出"斩草除根，除假务尽"的卷烟打假目标。漳州市政府卷烟打假工作领导小组升格，由市长担任组长。该市卷烟打假领导小组正、副组长分别挂钩到"制假"重点县（市）。云霄、诏安、平和等县还层层建立领导挂钩责任制：实行县委、县人大、县政府、县政协领导直接处理卷烟制假机主与房主，确保抓人、没收机械、物品、从重处罚"四大责任"的落实。各县（市）的卷烟打假职能部门实行片区挂钩责任制。漳州市政法委社会治安综合治理办公室把卷烟打假工作列入对各县（市、区）年终社会治安综合治理考核的内容。市公检法、工商、质量监督、烟草等部门全力介入，新闻媒体参加宣传报道，营造卷烟打假氛围。2月1日，云霄县举行"全县打击制售假冒卷烟制品检查站"成立大会。3月3日，漳州市委宣布对卷烟打假采取三项措施：其一对重点县主要地段、路口设立临时检查卡，云霄、诏安、漳浦、龙海、平和等县（市）在辖区内通往"制假"的山区主要路口设立16个卷烟打假临时检查站（卡），漳州市武警支队派57名官兵和云霄县114名机关干部联合进驻检查站（卡），每天24小时进行检查。其二由工商、公安、技术监督局、烟草等部门设立专门"卷烟打假"行动队。漳州市公安局防暴大队进驻云霄。其三建立制假场所连带责任制，规定凡为制售假烟提供方便的共负连带责任。对平和县人民政府在某次卷烟打假行动中的消极态度，通过省电视台予以曝光，引起震动。4月5日，漳州市打假办、市烟草专卖局、龙海市公安、市质量监督局等部门和云南玉溪市检察院联手打击位于龙海榜山镇都边自然村的一个卷烟制假大户，缴获YJ14－23卷接机3套（6台）、成品滤嘴棒2000余箱和大批原辅材料，总案值300多万元。这是龙海市当年查获最大的一个卷烟制假窝点。随即，漳州市委、市政府组织市公安局和武警官兵90名以及漳州市、云霄县两级烟草、工商部门执法人员140名，两支队伍共230人，对云霄县火田镇西林村突击清剿，捣毁制造假烟和印制假冒卷烟商标标识的窝点11处，抓获制假人员17名，查获卷接机3套（6台）、彩印机械8台、小型"制假"配套机械12台。假冒卷烟标识6吨（约60万张）、烟丝1022包（约20吨）、滤嘴棒366件和一批原辅材料，总案值400多万元。

5月，由省打假办牵头，组织省局、技术监督局、工商局、公安厅等部门在泉州市召开由各县（市）分管领导和打假办主任参加的卷烟打假协调会，在专题研讨推动泉州市各级政府打假问题的同时，相关部门转头再扑向漳州，痛击该地区的制假不法分子，省局兵分两路，一路与省技术监督局、漳州武警支队等部门组成卷烟联合打假队，直扑卷烟制假重点地区云霄县下坎村、三斗里村、彩霞（新厝）村和彩霞（田坎）村，一举摧毁卷烟制假窝点4个，查获烟机4套（8台），查获成品烟、半成品烟2000多件及大批的卷烟盘纸、水松纸、滤嘴棒、烟丝等原辅材料，捕获犯罪嫌疑人6名。另一路扑向诏安，与该县烟草专卖局专卖执法人员会同诏安县政法委、公安局突击检查，在县农械厂内查获两家正在印制假冒卷烟商标标识的非法印刷厂。现场查封Z2108B型彩印机2台、T2108型对开胶印机1

台，PYQ202 型和 PYQ203 型平压压痕切线机各 1 台，成品假冒卷烟商标标识 893 件（446.5 万张）、各种卷烟牌号的彩色胶印底片几十张，当场抓获犯罪嫌疑人 6 名。在漳州市委、市政府的大力配合下，接连又打了几个漂亮战，7—10 月，漳州市公安、烟草等有关部门在云霄查获一家年产能力达 200 万件的地下卷烟厂。该烟厂隐藏于一家建筑工地的地下室里。假烟厂分烤烟型和混合型卷烟两个独立车间，车辆进出口采用先进的液压式装置，所有设备均在大楼建设之前安装完毕，厂主是当地一霸。在云霄县委书记亲自指挥下，卷烟打假人员花七个小时摧毁该厂。在云霄县，连续两战告捷：一是漳州市防暴大队紧急出动，在莆美镇和火田镇共捣毁 8 个制假窝点，查获 YJ14－23 卷接机组 5 套，包装机 3 套及嘴棒成型机。紧接着，云霄打假办连续作战，配合烟草部门再次出击，在该镇绥阳街、云陵镇查获同型号的卷接机组 3 台（套），包装机 2 套，嘴棒机 1 套。二是 10 月 13 日凌晨，经过漳州市委、市政府的周密部署，漳州市公安、烟草、质监、工商等部门 400 余人，调集车辆 40 部，动用部分武警部队和防暴警察，配备电警棍、催泪瓦斯和盾牌，集中突袭云霄下坂村和莆美镇一带，捣毁窝点 8 处，查获 YJ14－23 卷接机 5 套（10 台）、3000 型包装机 1 台。嘴棒成型机 2 台、彩印机 9 台和一大批原辅材料，总案值 300 多万元，全过程只用 3 个小时。

与上述行动同步，省内山区市县亦对制假走私活动不断打击，浦城县烟草专卖局查获当事人姜某、涂某从浙江杭州三堡市场购买 348 件真品卷烟无证运往建阳等地销售；建瓯市公安局南雅分局查获当事人韩某、吴某以运兔子铁丝笼为伪装，从宁德市运输 278 件假烟欲往浙江杭州销售；松溪县烟草专卖局会同该县旧县乡交管站查获无证运输走私烟案。当事人用可逆电机启动器、电热调温仪等仪器箱及车厢座垫底做伪装非法运输走私烟 13.32 件；龙岩市烟草专卖局出动 360 人和执法车辆 49 部（其中公安干警 140 人），在该市连城、庙前、永定湖雷等卷烟制假重点地区进行拉网式突击检查，共捣毁窝点 13 个，查获大批制假工具，案值 110 多万元；建瓯市南雅派出所公安干警查获走私烟草专卖品日本"三菱"公司生产的烟用丝束 11 件（计 3.9 吨）案；光泽县烟草专卖局会同该县公安部门查获无证运输 205 件真品卷烟案；宁德地区烟草局与公安部门联手在福安市阳光街鹤西路 76 号查获一起特大制售假烟原材料窝点的案件，共查获假冒上海卷烟厂"红双喜"牌散装烟支 724 箱，每箱烟支净重 33 斤，共计可制假烟 919 件；查获安徽蚌埠生产的"健友"牌滤嘴棒 274 箱，每箱 2 万支，可以生产 3288 件假烟，总案值达 350 多万元。该案抓获涉案人员 19 名，并搜出部分参与制假活动的人员名单及生产进出销售货物总账、明细账和报表。此案参与投资人共有 11 人，总投资额达 93.51 万元；南平市烟草稽查大队会同该市公安刑警支队在来舟邮政局中转仓库内查获当事人吴某等 4 人从南安托运的 109 件假烟案。

10 月，国家烟草专卖局倪益瑾局长来闽视察工作，向副省长黄小晶传达国务院有关文件精神。在省政府召开的全省打击制售非法生产假冒商标卷烟活动工作会议上，黄小晶副省长指示：要把卷烟打假作为一项严肃的政治斗争来抓，抓紧、抓实；要以块为主，条块结合，把"除假务尽，不留后患"的指导思想落实到卷烟打假工作的每一个环节，反复抓、抓反复，争取在 2000 年底之前将大规模、群众性、机械化的制假活动基本铲除；对参与、包庇、纵容制假的党员都要从重处理。会后，省公安厅、省高级人民法院、省检察院联合发出了《关于依法从重从快打击制售假冒卷烟犯罪的意见》。

11 月 6 日，代省长习近平在视察漳州及云霄后作出批示：云霄假烟屡禁不绝，反映了我省打假工作还存在着薄弱环节。打假要斩草除根，需要各方面通力协作，进行综合治理。省直有关部门和漳州市、云霄县政府要研究和采取更为有效的措施，进一步加大打假力度，彻底禁绝云霄假烟。漳州市委、市政府决定由市公安、工商、技监、纪检、烟草部门各派 10 名干部在分管副市长的带领下进驻云霄，进行为期一年的打假工作。11 月，经省政府批准，云霄盘陀岭设立"打假"检查站，检查站配员 23 人，实行军事化管理（2002 年 11 月拆除）。是年底，漳州市纪委、监察局依据《中国共产党纪律处分条例》和中共中央、国务院《关于实行党风廉政建设责任制的规定》，制定《关于对参与制售假冒卷烟违法活动的共产党员及其有关责任人员的党纪政纪处分和组织处理的意见》，把查处党员干部和有关责任人员涉假案件作为查处违法违纪案件的重点。规定：以各种形式参与卷烟制假活动或为卷烟制假活动提供场所和各种方便者；领导干部对其配偶、子女参与卷烟制假活动知情不管或为其配偶、子女卷烟制假活动提供场所和各种方便者；机关、团体、企事业单位违反规定为卷烟制假活动提供场所和各种方便的；下级党组织拒不执行上级党组织卷烟打假决定的主要责任人；领导干部对直接管理范围内或职责范围内的卷烟制假活动隐瞒不报、压制不查者；具有执纪执法职责的党和国家工作人员在卷烟打假中"护假放假"、贪污、索贿受贿、徇私舞弊者等，根据情节轻重，给予党内警告、严重警告、撤销党内职务、留党察看、开除党籍处分，需要追究政纪责任的，参照党纪处分结果给予相应的行政处分；涉嫌犯罪的，移交司法机关追究刑事责任。

是年，云霄县卷烟打假工作取得了三方面的成效：（一）大规模的制假势头已初步得到遏制。仅云霄县 1—11 月共查获制假机械 156.5 套，其中正在进行生产的只有 23 套，开工率只有 14.7%。（二）侦察手段加强。仅云霄县查获隐蔽在地下室、山洞进行生产的制假设备就占总量的 64.5%。（三）运输环节查获的假烟数量明显下降，仅为上年同期的 39.9%。在肯定三明市建立烟草专卖管理所，把卷烟打私打假的触角延伸到农村和重点乡镇经验的同时，省局肯定泉州市烟草部门根据当地卷烟制假较为分散、窝点隐蔽的特点，全区动员，注重培养耳目，主动寻找情报，加大稽查力度，当年共查获制假机械 70 台，其中绝大部分为烟草稽查部门自己查获的成果；12 月 31 日，省局增拨漳州地区卷烟打假经费 200 万元。长汀、福鼎、闽诏、武夷山等有边界贸易职能的地方制定了打击非法渠道进货的具体实施方案，加大对国道盘查工作，对与江西、广东、浙江等接壤地区的重要关口进行布控，挖掘案源，全面落实"大专卖"的措施。

2000 年，福建卷烟打私打假工作进入制度化管理，如泉州市定期由市委书记主持召开市委常委会，听取全市卷烟打假工作的汇报，分析形势，部署打击制售假烟工作，现场解决急需解决的问题。云霄县将每月第一周定为卷烟"打假周"，坚持开展每月一次卷烟"打假周"活动。县"五套班子"领导在"打假周"期间除重大特殊情况外都要深入卷烟打假第一线，组织并亲自参与卷烟打假工作；每月第二周的星期二，"制假"重点村所在乡（镇）必须向县委办、县政府办、打假办送交卷烟"打假周"工作情况书面报告，各乡（镇）、各科局必须在每月月底报告当月卷烟打假工作情况；县委、县政府督查室每月组织一次"打假"工作情况督查，及时通报情况，对弄虚作假、虚报瞒报的，一经查实，严肃处理。

　　漳州、福州、泉州等地的一些制假重点地区先后破获了一批涉全国、案值亿元的网络大案。根据省打假办公布的数字，全省一年查处的各类涉假案件案值达 5 亿多元，而查获假烟的案值达 2.4 亿元，查获假烟案值占全省涉假案件总案值的 47.9％。省局制定《全省专卖管理三年阶段性工作目标》。即：一年内使全省范围内公开化、大规模、群众性的制假势头得到有效遏制，巩固取缔非法卷烟交易场所的成果，严防死守，防止制售假烟活动死灰复燃。两年内使全省范围内的制假活动得到全面遏制，打假斗争取得决定性胜利。还要建设一支较高素质的烟草专卖稽查队伍，实现正规化管理、规范化办案。三年内巩固已取得的卷烟打假成果，使社会上的假烟问题不再突出，消除福建省是国内卷烟制假重灾区的不良影响。

　　代省长习近平视察云霄后，省政府一方面组织召开全省卷烟打假专题会议，协调各方各级力量开展卷烟打假；仅在是年春节前后，云霄县就出动 6350 人次，连续组织 95 次大规模的集中查处行动，共捣毁卷烟制假窝点 92 处，查获大型卷烟制假机械 179 台，查获成品、半成品烟 1611 件，总案值 2339 万元；逮捕涉假人员 17 人。浦城县查获跨省贩运的假烟306 件，松溪县查获用大型冷藏保温车做伪装的走私烟 129 件。建瓯县查获用滚筒纸作伪装的走私烟 94 件。另一方面组织公、检、法部门研究出台打击卷烟制售假冒商标行为的有关文件，为严惩制售假冒商标卷烟行为提供政策依据。漳州市委、市府抓责任制落实，把卷烟打假责任制的落实作为干部考核任免的主要依据。规定在云霄任职的干部所在地查获制假烟机超过 7 台的一律免职。云霄县各执法部门与上级有关部门通力协作，进行清剿大行动和歼灭战，县、乡（镇）两级联手，对"涉假"重点村进行重点整治，开展拉回式卷烟"打假"清理工作，由公安、土地、工商、民政、电力等部门联合对"涉假"地下室、山洞进行登记、核实、造册，实行分类管理，对使用权有争议的山地、田地、园地、杂地进行界定、登记、造册，实行属地管理，对月用电量超千瓦小时的非企业用户和彩印企业进行清理整顿。同时，漳州市政法委组织市法院、检察院、公安局根据《中华人民共和国刑法》、《中华人民共和国刑事诉讼法》有关条款，结合漳州市的实际，联合制定《关于依法从重从快打击制售假冒香烟犯罪的实施意见》。对于卷烟制假售假的量刑、处理等作出十条具体规定。漳州市纪委牵头组织查处诏安县部分党政领导"护假"受贿串案，全案涉及 28

人，其中处级干部 4 人、科级干部 10 人、其他 14 人，违法违纪金额 86.22 万元。4 个处级干部分别受到法律制裁或党纪政纪处理；时任官陂镇党委书记、镇长、县公安局副局长、副政委、工商局副局长等 10 名科级干部受到刑事处分，刑期多则 10 年，短则 3 年 6 个月。据查涉案人员于 1997—1999 年间，利用职务之便收受诏安县卷烟制假行贿组织"大公家"成员贿赂，直接或间接放纵、纵容卷烟制假组织和制假分子的犯罪活动。中共南安市委、市政府转变思想观念，加大卷烟打假工作力度，司法机关依法采取超常规手段，对制假分子快侦、快捕、快诉、快审、快判，改变了被动局面。

针对福建省卷烟制假活动更加隐蔽并出现向周边地区转移的新特点，福建省烟草部门调动新组建的省烟草稽查总队，开展以专项打击为主的卷烟打假活动。各地集中力量，长途奔袭，连续作战，全年共调动莆田、泉州、漳州、福州、龙岩等地烟草稽查人员 450 名，组织跨地区打假行动 11 次，捣毁制假窝点 40 个，缴获制假烟机 20 台，查获假冒卷烟 1725 件，抓获涉假嫌疑人 119 名。漳州市烟草专卖局派驻云霄的卷烟打假稽查大队一直坚持在打假的最前线。泉州烟草稽查支队不断增派力量，推动南安卷烟打假工作。各地烟草专卖管理部门密切注意辖区内的异常迹象，明察暗访，把卷烟制假活动消灭在萌芽状态。龙岩市烟草专卖局、龙岩卷烟厂拨出专款支付地方政府打假，每逢开展重大打假行动时，市局一把手都亲自带队。

11 月，福建省有关部门联合开展卷烟打假行动。该行动把打击重点放在"五重三大"上（即重点地区、重点县、重点火车站、重点港口、重点运输线；大型机械化卷接窝点、大型制丝生产线、大批量出口假烟），烟草专卖系统一把手亲自挂帅，对下级烟草专卖实行层层监督检查，并把联合行动成果列入当年专卖管理目标责任考核。11 月 11 日，省长习近平再临漳州指导打假行动，泉州市烟草、技术监督局、工商、公安等部门联合出动 1200 人次，车辆 323 车次，在全市卷烟市场进行拉网式的检查，连续端掉非法生产、加工卷烟场所 13 处，仓库 6 间；查获制假机械 9 台（套），散支卷烟 435 件以及嘴棒烟丝、盘纸等大批原辅料案。建瓯市瓯宁公安派出所查获以装运滚筒纸伪装运输 94 件走私烟案。顺昌县烟草专卖局会同县公安局查获非法运输 178 件假烟案。南平市铁路派出所在南平市火车站货场仓库内查获用编织袋，泡沫箱和保温材料等进行伪装，非法运输 51 件假烟案。浦城县烟草专卖局会同县公安局干警查获无证运输 230 件卷烟案。建瓯市公安局查获利用两辆装有豆角泡沫箱的货车进行伪装，非法运输假烟 942 件案。建阳烟草专卖局会同该县麻沙镇公安分局和回龙派出所在同一天中，分别在麻沙镇梁墩村电影坪边一所平房内和回龙路段查获两个大案：一个是刘某违法经营的 209 件卷烟案，另一个是郭某等 2 人非法运输的 393 件假烟案。

省局还专门成立销毁制假烟机领导小组，制订了《福建省销毁制假烟机管理办法》。同时，拨出 200 多万元专项资金，聘请专门人员，建立销毁制假烟机场所。全省还销毁历年有关部门查获的假冒外烟 4.63 万多件、假冒国产烟 9.62 万多件、假冒散支烟 4490 公斤。沿海各级局主动与当地公安、海关、工商等有关部门配合，采取联席会议制度，实行综合治理，在走私贩私活动严重地区形成打私合力。仅厦门市局就查获出口假冒外国品牌卷烟9510件。

12月21—24日，国家烟草专卖局会同云南省公安、检察、烟草等部门的执法人员到漳州，开展省际卷烟打假联合行动。在福建省三级烟草部门和当地党委、政府的配合下，联合行动队采取同时展开、分头行动、各个击破的方法，打击诏安、云霄、龙海等共6个乡（镇）30处卷烟制假窝点，共查获 YJ14—23 卷接机5套、嘴棒成型机2套，摧毁3条制丝生产线和烟丝仓库1个。新华社、中央电视台、法制日报社、经贸导刊社、工商时报社均派记者追踪采访报道。

省局在打击卷烟走私活动的同时，还把处理罚没走私烟作为打私的重要环节，制定《福建省罚没走私烟草制品管理办法》，指定省烟草拍卖行为处理罚没走私烟草制品的职能部门，将罚没走私卷烟的处理纳入规范的轨道。是年，省烟草拍卖行全年共拍卖走私烟58宗，拍卖数量达5376件，委托金额达1637万元，实现了省内走私烟的规范管理。

2001年，烟草系统加大《烟草专卖法》及《实施条例》的贯彻落实力度，开展以打击制售假冒商标卷烟和非法拼装，倒卖烟机违法犯罪活动为主的行动。1月3日，福建、安徽两省公安联手破获特大的假军车、假番号、假军人的销售假烟案。该案被公安部列为有组织黑社会性质的 A 级督办案件。这个售假团伙租用福建、安徽某部队撤走后留下的营区，购买军队服装、军衔，对内实行"军事化"管理，专门从事两省销售假烟的活动。经过两省有关部门的共同努力，12名冒充部队军官、战士的首犯落网。同时缴获假军车6辆、仿真手枪2支、五四式手枪子弹26发及军服肩章等。厦门市局在海沧大桥下查获两车假冒"万宝路"牌号的香烟，共计947箱总案值580万元。福安市在一家民房内查获假冒上海"红双喜"、"牡丹"的半成品烟支624箱，案值100多万元。年初，国家烟草专卖局等6个国家部、委转发国务院310号令《做好涉嫌犯罪案件移送工作的有关通知》，解决了卷烟打假中存在的以罚代刑、降格处理等问题。省政府将非法拼装烟机列入卷烟制假售假问题的重点商品，成立领导机构，落实责任制，明确打击重点以及政策落实等问题。漳州市政法委组织法院、检察院、公安局联合制定《关于依法对制售假烟违法人员劳动教养的意见》，规范证据标准，加大惩办力度。对卷烟制假人员的处理，轻者行政处罚，较重者劳动教养，达到追诉标准的则刑拘、逮捕、起诉判刑。是年，福建省共抽调60多人、筹措近2000万元的经费、辟出专门的办公场所、向公安部门收集200多条涉假线索，仅两个月的时间就毁制假窝点91处。

5月，新一届漳州市委、市政府领导班子到位，漳州市"打假"领导小组调整为7位市委、市政府领导进入卷烟打假领导小组，并将办公室迁设于市烟草专卖局。南安市对《烟草专卖法》及《实施条例》的宣传做到电视有影、广播有声、报刊连篇累牍。全市数十辆宣传车下乡，制作1000多条跨街标语，数万份宣传品散发到全市各个角落，布告贴到家家户户，电脑网络上有打假的动态。许多村（镇）举办了涉假人员家属学习班，帮助他们提高思想认识。基层干部们登门入户、讲政策、做宣传，把政策交给群众，使假烟的危害和打假的政策法规家喻户晓。龙岩市烟草专卖局与市检察院联合印发《关于加强协调配合，做好查处制售假烟违法犯罪活动的"后台"、"保护伞"案件工作的意见》，严查干部参与制假活动的行为。

5月14日零点30分，由国家打假办牵头组织在福建、广东两省开展卷烟打假"零点行动"。国家烟草专卖局、武警总部、中央电视台等66人，在福建省三级烟草稽查队和漳州市公安防暴警察的配合下，兵分两路直入云霄。在莆美镇前涂、大埔、阳霞、佳兜等村和下河乡罐头厂，共捣毁卷烟制假窝点5处，摧毁制丝生产线2条，缴获大型卷接机1套、嘴棒成型机1套、04型彩印机1台、各种"制假"配套设备14台、假烟293件，现场抓获犯罪嫌疑人6名。中央电视台首次在云霄卷烟打假现场作采访和直播。在云霄县造成巨大声势。5月23日，省、漳州市、云霄县三级烟草部门共100余名稽查人员组成联合打假队，深入云霄制假重点地区进行卷烟打假行动。共捣毁大型烟丝、生产线5条、特大卷烟手工包装机2台，查获制假锅炉5台，切丝机20台，烘干机5台，成品假烟500件，现场抓获制假分子11名。紧接着，省烟草稽查总队于5月28日、6月4日再次组织大规模联合卷烟打假行动，连续的打击，使云霄县内卷烟制假活动受到重创。鉴于一些地区假烟屡打不绝等情况。省局把卷烟打假任务和责任逐级分解，层层落实，明确各级局主要领导为第一责任人，规定第一责任人务必做到亲自指挥，亲自部署，重大行动亲自督战。全省确定打击制售假烟的重点区域是：漳州的云霄、诏安、平和、龙海；泉州的南安、安溪；龙岩的永定；打击的主要对象是：制丝窝点、卷接包窝点、彩印窝点、非法倒卖拼装烟机团伙。省局又拨出329万元作为全省46个市（县）的卷烟打假经费。

在打击制售假烟和走私分子的同时，福建亦重手打击公职人员在此方面的犯罪，例如：5月16日，福州海关与省公安厅经侦总队据"福州海关内有人内外勾结"的准确举报，成立"5·16专案组"。经过一个多月的工作，查清了福州海关通关员林某与报关员翁某勾结走私分子，将7柜假冒卷烟以福州友联工艺美术公司出口树脂工艺品等品名为名报关出口，卖给美国人沙某。该案查清后共抓获犯罪嫌疑人22人，其中批捕9人，查扣人民币293万元，冻结存款人民币74万元，美元5万元。8月23日，云霄质量监督局局长兼打假办主任方某因收受卷烟制售假烟分子95840元贿赂和放纵卷烟制假活动，被判处有期徒刑14年。8月23日，诏安县人民法院依法一审判决诏安县部分党政领导"护假"受贿串案中，利用职务之便收受贿赂，直接或间接放纵、纵容卷烟制假组织和制假分子的犯罪活动的"大公家"头目张某某判有期徒刑13年，处罚金人民币5万元；"大公家"另一头目陈某某判有期徒刑7年。"大公家"一案轰动全国。

针对犯罪分子手法不断翻新，场所越发隐蔽的现象，打假部门及时跟进打击策略和方法方式，不给犯罪者以喘息的机会，5—10月，全省打假遍地开花，建瓯市南雅公安分局查获以香蕉为伪装的贩运假烟 330 件案；政和县烟草专卖局会同县刑警大队查获利用大型冷藏车以保鲜箱为伪装无证运输 146 件走私烟案；龙岩市烟草专卖局组织 92 人、出动 13 部汽车对卷烟制假重点地区龙岩市罗陂村进行地毯式搜查。经过 4 小时搜查，捣毁制假窝点 8 个，抓获制假嫌疑人 5 人，缴获假冒名优烟 106 件，烟丝 13.5 吨，假冒商标 23 万张，滤嘴棒 24 万支等；厦门市公安、烟草等部门在该市区的一个外贸外烟仓库中缴获假冒巴西产的蜂牌、德比牌卷烟 3000 件，该案成为厦门市当年查获最大的假烟走私出口案；厦门烟草查获囤积于湖滨北路的外贸仓库内和体育路的外贸仓库内的假冒外国品牌卷烟 2995 件；南平市烟草专卖局会同延平区公安分局交警部门查获以"麦片"、"低水箱洁具"、"佳佳旺食品"等包装纸箱伪装，无证运输 206.4 件假烟案；龙岩市烟草专卖局在新罗区查获一批用废旧编织袋包装的假名优烟，共计 224 件；清流县烟草专卖局捣毁 5 家非法囤积烟叶的农户和一家制造假烟丝的地下加工厂，抓获违法当事人 5 名，扣押烟丝 3258 公斤，烟叶 940 公斤，烤烟丝机 1 台，人工打包机 1 台，切烟丝机 2 台；漳州市烟草专卖局在龙海榜山镇都边自然村捣毁"翻包"、"插支"的假烟加工厂。当场抓获 4 名工人，查获"假烟" 20 多件、假冒卷烟标识 7 万张；省治安巡警队与烟草部门联手，捣毁龙海市榜山镇田边村的 7 个制假窝点，查获烟丝 17 吨、假烟 86 件、汽车 2 部。

11 月起，漳州市公安、烟草部门定期召开"打假"联席会议，研究和解决"打假"中存在的问题。6 月，云霄县集中力量，用一个月的时间，对曾因卷烟制假被查获的工场、临时建筑进行全面彻底铲除、焚烧，共拆除铲平多年积累下来的"制假"工场和简易建筑 406处、面积达 122129 平方米，查封"涉假"房屋 105 间、面积 6837 平方米、爆破摧毁地下室21 处、面积 1490 平方米，拆除铲平楼房 9 座、面积 1392 平方米，切割爆破锅炉 90 台。11月底，经省政府批准，在诏安分水关设立"打假"检查站，检查站配员 22 人，实行军事化管理（2002 年 11 月拆除）。云霄县在"制假"频繁的地段多处设立临时检查点。（至 2002年 6 月拆除）在"打假专项行动"中，市烟草专卖局拨出 100 万元，云霄、诏安、龙海、漳浦、平和等县（市）烟草专卖局共拨出 200 万元，合计 300 万元作为全市"专项行动"的启动资金。对"打假"有功单位和人员，在物质上给予适当奖励。

11 月，公安部、国家烟草专卖局决定在全国部分重点地区开展卷烟打假专项行动，福建省被列为专项行动重点的 9 省（区）之一，云霄县被列为专项行动的重中之重。省政府分管副省长贾锡太任福建省打假专项行动领导小组组长，要求围绕"惩处罪犯、摧毁网络、端掉窝点、深挖后台"的目标，公布卷烟打假举报电话，落实 24 小时全天候值班。针对 11月省烟草稽查总队召集福州、莆田等地 40 多名稽查队员，到诏安县红星乡许寮村及南诏镇查获 3000 型包装机、透明覆盖式薄膜包装机各二台以及半成品卷烟 200 件、铝箔纸 71 件，抓获制假人员 32 名的案件，贾锡太指示要以此案为突破口，挖出幕后黑手。漳州市委、市政府确定以"惩处犯罪、摧毁网络、端窝查点、深挖后台、根除制假"为目标，全市突出云霄、漳浦、诏安、龙海、平和 5 个县（市）为重点，这 5 个重点县（市）又突出各自的重点：如云霄县突出云陵、莆美、火田等 10 个乡（镇）21 个村及其边缘地带；漳浦县突出盘陀、沙西、绥安 3 个乡（镇）；诏安县突出官陵、南诏、深湖、颜厝、隆教 5 个乡（镇）；平和县突出安厚、国强、大溪、五寨 4 个乡。漳州市委、市政府从公安部门抽调干警 59 人，分成 5 个督导组、12 个专案组，分赴 5 个重点县督导、开展打击制售假烟、非法拼装倒卖烟机团伙的专项行动。共组织卷烟打假行动 1841 次，出动人员 93774 人次，打掉制售假烟、倒卖烟机犯罪团伙 19 个、运输贩卖烟机团伙 9 个，总案金额 6200 多万元。是历年来打击假烟规模最大、力度最强的一次专项行动。大规模、机械化、公开性的"制假"窝点被彻底摧毁。

11 月，泉州市公安局在南安市华美道山镇郑某所租的仓库内查获 YB22A 卷烟包装机及 YB56 型卷烟玻璃纸包装机各一台及大量烟机机械零配件，总价值 12 万多元。同时，南安市烟草专卖局在郑某所在单位南安市机械工程制造厂查获成品、半成品烟机铸件和部分烟机铸件图纸等。公安机关对此紧抓不放，拘捕了郑某和该厂厂长、法人代表周某及非法经营主犯陈某。经过半年多艰苦突审和追踪，终于查清：该团伙从 1997 年开始，在南安、厦门、浙江瑞安、江西南昌、四川成都、湖北天门等地的七次非法购买烟机零配件，非法拼装卷烟机械牟取暴利的事实，涉及金额数千万元。为此，郑某被判刑 13 年，没收财产 50 万元，团伙其他成员、所在单位及单位负责人也受到法律的严惩。是月，南平市中级人民法院二审判处以节水配件及水果箱伪装的无证运输 351 件假烟案的万某有期徒刑 3 年，没收运输假烟及运输货车一辆。此案是南平市烟草专卖局组建以来查处违法经营卷烟案件中首例当事人被判刑的案件。12 月底，泉州市卷烟打假专项办在晋江东石的一个废品厂破获一个卷烟制假窝点，当场抓获生产和管理人员 10 人。由于在窝点外"放风"的人逃往南安报信，这个窝点的 4 个老板逃跑了。通过公安人员的技术处理，发现 4 个老板已在南安的一家大酒店紧急会面，刚刚整理完现场的公安、烟草稽查人员立即驱车数十公里，抓获 4 名出资合股制造假烟的老板。至此，这个窝点的所有涉假人员全部落网。

在卷烟专项打假行动中，省委书记先后对南安市的卷烟打假发出 10 多次批示、文件和通报。泉州市委书记多次到南安市涉假镇（村）进行调研，现场办公，对打假工作及时作出指示。要求办案部门的侦查、追捕、起诉、审判每个环节，都要及时汇报以及对有关案件坚持从重、从快的原则，并具体协调解决办案中的难题。市委成立了以市委常委、常务副市长为组长，市烟草、工商、监察、公检法等部门组成的卷烟打假领导小组，选拔一批办案经验丰富、战斗力强的公安干警，与烟草稽查大队组成了强大的办案阵容。他们既当决策者，又当指挥员，每到一地，都要视察现场，召开会议为基层鼓劲。省公安厅付镛塑副厅长对泉州、南安的打击卷烟制假大案、要案、团伙案件，随时过问进展情况，听取办案工作汇报。全市卷烟打假工作做到党政领导亲自抓，分管领导具体抓，有关部门协同抓，形成了齐抓共管的格局。泉州市委所属的 11 个县（市、区）都成立了相应的组织和机构。各县（市、区）政府主要负责人都承担起卷烟打假第一责任人的责任。南安市成立了专项行动领导小组，抽调 50 多名公安干警成立了专案组，全力以赴开展卷烟打假行动。他们还参照计划生育和安全责任管理办法，层层签订责任状，乡镇党委书记为打假第一责任，镇（村）干部实行打假包片包户制度。由于泉州市委、市政府态度坚持、措施有力、纪律严明，使卷烟打假工作得以全面深入开展。南安市委召开 40 多次书记办公会、市委常委会、市长办公会。研究部署打假工作，组成打假组、案件审理组、法制宣传组、监察组、路检组到重点乡镇开展攻坚战。省烟草稽查总队进驻泉州市，在南安开展为期半个月的联合打假行动，共捣毁制假窝点 34 个，打开南安卷烟打假的局面。在当年为期 3 个月的专项行动中，仅云霄县就抓获涉假人员 516 人，其中刑拘 19 人，监居 92 人，劳动教养 27 人，逮捕 32 人，判刑 17 人，行政处罚 405 人。南安市立案 459 件，移送案件 222 起 363 人，刑拘 284 人，批捕 202 人，判刑 145 人，劳教 10 人，省级挂牌督办的案件全部结案。全省卷烟打假专项行动结束后，两级市政府建立了卷烟打假长效机制，成立专项工作领导小组，做到打假机构不撤、人员不散、力度不减、机制不变，对南安市的卷烟打假工作始终保持高压态势。该市采取了"转奸窝点，狠抓人头，快审快判"的措施，采取超常规的做法，制定有力措施，集中优势力量，用"高压线"把制假活动置于死地。彻底摧毁了制售假烟的四大网络，至当年年底，全省因涉假问题受党纪政纪处分党员干部 35 名，其中移送司法机关处理 7 名。泉州市及南安市通过为期 9 个月的卷烟打假专项行动，以铁的手腕、铁的措施、铁的纪律，摧毁了以陈某为首的假烟销售网络；以郑某为首的拼装销售烟机团伙；以沈某为首的假烟运输网络团伙；以汪某为首的嘴棒成型机制网络团伙。并查出涉及九个省的 54 名嫌疑人。年底，泉州市宣布全市卷烟制假售假活动已从遏制向根治转变。初步扭转了过去存在的"三多三少"（打点多、抓人少；抓工人多、抓主犯少；批捕多、判刑少）的局面。漳州地区卷烟制假活动控制在部分乡镇内。全省机械化、成规模的制假活动已呈萎缩之势。

2002 年 1 月，泉州市公安局在晋江福马食品公司查获假冒伪劣"中华"、"玉溪"、"红塔山"烟 118 箱。当场抓获主犯陈某。此后，他们追踪溯源，数十次组织内查外调，进行烟质、价格鉴定，银行汇款、运输、电话记录、数十位证人证言以及犯罪嫌疑人的笔迹鉴定等，足迹走遍大江南北。终于查清了以陈某为首遍及全国 8 个省市的假烟销售网络，摧毁了盘踞在南安市最大的地下假烟销售团伙，主犯陈某被判处 5 年 3 个月有期徒刑，没收财产 13 万元。其余从犯中有 10 人被判处有期徒刑和罚款。在省政府办公厅转发《关于省烟草专卖局、省公安厅联合打击制售假烟违法犯罪活动工作制度的通知》后，公安、烟草部门建立了联合打假长效协作机制，成立卷烟联合打假队，密切合作有效推动了打假工作，仅 1 月，就打了几个胜战：武夷山市烟草专卖局会同该市公安干警查获一辆无证运输 60 多件卷烟的伪装车辆，公安机关依法对接货人李某住所搜查，查获非法渠道进货卷烟 30 多件，合计案值 15 万多元；宁德市公安边防支队破获特大香烟走私案，共缴获"555"等进口走私烟 2200 多件，案值 600 多万元，同时抓获涉案人员 18 人。省领导闻讯作出批示，要求以此案为突破口，进一步开展海上香烟反走私工作。随即，泉州烟草专卖局在南安市洪梅镇捣毁一个非法印刷假冒卷烟商标的窝点，查获台式晒版机、单色胶印机、压痕切线机各一台、丝印机2台、烫金机3台，缴获假冒卷烟商标95万多张以及大量卷烟印版、钢版等，抓获制假人员29人。烟草、公安部门携手在云霄县破获贩卖制假烟机案，刑拘8人、在惠安洛阳镇华泉彩印厂夹墙内查获10个品牌的假烟372件，抓获嫌疑人22人，查扣运输车辆5部、轿车2部。全案共批捕19人，移送起诉13人，劳教3人。经查，该制售假团伙自2001年12月以来，承担其他卷烟制售假团伙的假烟转运工作，共承运45350件假烟至全国14个省、市，总案值8000多万元。漳州市和云霄县两级公安、烟草部门出动200多名卷烟打假人员、驻军官兵与云霄2000余名干部群众联合作战，共出动汽车30多部、探测器4台，组成联合卷烟打假队分为5路出动打假。其中4路人员直指莆美大山、下坂山、杜塘水库、瓦窑水库地域，以"制假"窝点为目标、严密搜索，捣毁窝点2处、抓获卷烟制假犯罪嫌疑人2名，缴获大型卷接机1套、汽车1部、大批成品假烟及原辅材料；另1路人员配合县委、县政府拆毁卷烟制假大户用于卷烟制假的水泥结构3层楼房、面积1000多平方米。

接着，全省成立了以副省长贾锡太为组长的全省打击制售假烟专项行动领导小组，确定了漳州、泉州市的10个县（市）为卷烟打假重点地区，制定了"端窝打点、惩处罪犯、摧毁网络、深挖后台"的工作目标。省局在人财物等方面给予支持，全年提供卷烟打假经费2306.3万元，其中60%拨付到重点地区。各级烟草专卖局结合实际，采取举报重奖、设站检查、专人督导、挂牌督办、异地用警、网上追逃、办案奖励等一系列超常规措施。3月26日，中央电视台《焦点访谈》以"豪宅里的秘密"为题专题报道了石狮市永宁镇沙堤村查获卷烟走私主犯蔡某家族走私香烟案件，引起省委、省政府的重视。3月27日，省打私领导小组办公室召开紧急会议，部署打击卷烟走私工作，再次掀起卷烟打私打假高潮（该案13名被告于次年10月均以走私货物罪被判刑。其中主犯蔡某等2人被判有期徒刑14年，没收个人财产400万元，其他11人分别被判1年6个月至11年有期徒刑）。3月底，台湾人王某从台湾到云霄与当地民警张某商定贩卖假烟到台湾等事宜，并指定漳浦人谢某负责运输，指定云霄人汤某负责在国道324线上"扫路"，按指定地点交货。从2002年3月底开始，该团伙开始进行贩运假烟非法活动，至当年6月中旬，分4批将700件假冒日本"七星"牌和200件黑"大卫·杜夫"卷烟运到晋江围头或水头交货，销往台湾，案值230万元。另有174件假冒"七星"牌卷烟在贩运途中被公安、烟草部门在漳浦县查获，案值113万元；还有案值176万元的假冒"七星"牌卷烟506件，贩运至福清大真路段时被查获。该案5名犯罪嫌疑人分别被判处无期徒刑，有期徒刑14年、13年等，并处罚金345万元、200万元、180万元和300万元等。这是全国判处制售假烟仅有的几个无期徒刑案件之一，在大陆各地、台湾和海外引起强烈反响。

泉州市由政法委牵头，组织公、检、法三家统一协调，统一认识，制定统一标准；对于不构成犯罪、适用劳动教养的参与制假者也作了界定。还规定了对制售假烟者不准判缓刑。公安、烟草部门在查案中，对涉假、举报、挂牌、督办的案件坚持五不放过的原则：即案情没有查清、制假源头没有查清、假烟流向没有查清、责任者没有依法处理、该移送司法机关不移送等不放过。公诉审判机关对涉假案件的起诉、审理实行"三及时二优先"（及时审阅卷宗、讯问犯罪嫌疑人、核实证据和优先研究、审理）形成强大的政策攻势，在制售假烟不法分子周围筑起一道道高压线。6月6日，泉州市中级法院在南安市卷烟制假重镇崎峰镇和莲塘镇交界处召开公判大会，依法公开宣布逮捕5案14名犯罪嫌疑人。6月30日，南安市政法部门在这里再次召开全市打击制售假烟违法犯罪活动《公捕公判大会》。16名制售假烟的犯罪嫌疑人被宣布逮捕，1人被刑拘。至此，南安市共召开5次此类会议，共有5万多群众到场旁听。在政策感召下，全市有16名逃犯在家属的敦促下投案自首。与此同时，全省各地集中力量、捣毁窝点，破获一批刑事案件，挖出了一批"后台"和"保护伞"。6月至年底，诏安县摧毁该县建设乡月港村一个制假窝点，抓获制假人员8人，查获4105型影印机、模切机、晒板机、烘干机各一台以及发电机组等。省局、公安厅在实施重点地区卷烟打假"回头看"专项行动中，在云霄县查获大型卷烟制假机械设备YJ14－23卷烟机2套。在云霄高田村查获制假窝点仓库7处，切丝机13台，立式锅炉2台，膨胀设备2套，发电机组2台。

各地司法机关亦依法、从重、从快严惩治犯罪分子，南平市延平区人民法院以吴某等3人销售假冒注册商标商品罪，判处吴某有期徒刑2年，缓刑3年，处罚金5万元；并分别判处方某、吴某有期徒刑1年，缓刑2年和1年，各处罚金1.5万元；漳浦县将运输假烟、抗拒检查，强行冲关，撞击稽查车，致使公务车翻入水沟的黄某判处有期徒刑6年，并处罚金30万元，同案二人分别被判处有期徒刑4年6个月、2年6个月、2年，并处罚金；南安市局利用闽南"补冬"的传统节日进行蹲候，抓获了三名卷烟制假的省督在逃犯，并办理了刑拘；泉州市烟草、公安部门全面破获假烟非法运输网络案，抓获以主犯沈某为首的假烟非法运输网络的重要成员18人，主犯沈某被判刑14年，处罚金50万元，另有4人被判处10年以上有期徒刑；龙岩烟草系统向司法机关移送9起案件，其中治安拘留3人，逮捕7人，刑事拘留5人，取保候审3人，判刑7人。莆田、宁德、三明、南平市局通过市场检查进行卷烟打假，查获一批销售假烟的卷烟零售户。

7月29日，省政府以81号令颁布《福建省烟草专卖管理办法》，当年10月1日开始实施。全省卷烟打私打假工作更具规范性和可操作性。

2003年年初，中央电视台《焦点访谈》播出"云霄假烟屡打不绝"的报道，再次引起省委、省政府的重视。省政府再次召开卷烟打假专题会议，要求各级以《焦点访谈》的报道为鉴、举一反三、吸取教训、重振卷烟打假精神。2月9日，省政府督查室批转群众举报云霄某地卷烟制假活动批阅件，省局和公安厅组织了60多人的打假突击队，对举报信中列举的18个可疑点进行逐一检查并向周边扩展，共查获制假窝点26个，查获YJ14－22型卷烟机1台（套），烟丝32.8吨，假烟32.9件，嘴棒20件及进口盘纸、水松纸、滚筒及汽车等。建阳抓获在两个月内连续两次贩运假烟的嫌疑人张某（第一次弃车逃跑），判处有期徒刑 3 年，处罚金 3 万元。3 月，国家烟草专卖局杨传德副局长一行拜访省政府领导，报告了开展卷烟打假专项斗争等工作。省领导立即采取措施，要求各级各部门变压力为动力，推进卷烟打假专项斗争。5 月至 9 月间，针对一些地区卷烟打假出现松懈局面，省打假专项领导小组领导亲自出面，5 次深入泉州、漳州等地与当地党政领导交换意见，共商根治卷烟制假之策。各级烟草部门制定目标，进一步落实责任制。省局再次确定本阶段打假的重点区域为：云霄、漳浦、诏安、南安、永定，重点对象为：制丝窝点、卷接包窝点、彩印窝点、非法倒卖拼装烟机团伙及运输销售假烟团伙。省局将卷烟打假工作指标分解至各设区市局，并作为一项重要的内容纳入各单位年终专卖管理目标责任考核，奖优罚过，落实责任。漳州、泉州市局继续抽调精干的烟草稽查人员组成专职打假队伍，投入重点地区。漳州市局还专门为专职打假队伍配备了一名专职副局长，确保对打假工作的组织领导。加上原有与公安共同组建的联合打假队，两支打假队伍广泛搜集情报，深挖制售假烟活动的源头。5 月 17 日，省局出动专职卷烟打假队 12 人，队员们配备高腰防刺、防夹皮靴、强化电筒、步话机等装备，联合漳浦县烟草专卖局共出动 6 部车辆，突袭漳浦县旧镇和平冷冻厂仓库，查获假冒蜂、七星、万宝路、大卫·杜夫等品牌外烟 681 件。该批假烟全部用三层塑料袋进行特殊防水包装，准备下海运往台湾，漳浦县公安机关当场扣押涉案人员 7 人。在兑奖方面，各地亦及时落实，如石狮市烟草专卖局兑付查获走私"555"牌香烟 120 件和台湾"520"香烟 270 件，南洋"红双喜"1079.6 件案的举报奖 20 万元。

8 月，国家烟草专卖局下发《关于假冒伪劣烟草专卖品刑事案件适用法律的若干意见》，征求烟草部门的意见并形成法律文件。该意见为卷烟打假从行政处罚向刑事处罚提供了依据。全省开展行政执法机关移送涉嫌犯罪案件的自查自纠工作。各地清理出从 1997 年以后未及时移送的涉嫌刑事犯罪案件 2035 起；通过采取有效补救措施，将 2001 年以前查获的部分涉罪案件暂时归档，部分涉罪案件做出移交；2001 年以后查获的涉罪案件按照有关规定悉数移交；对事实不清、证据不足、不能正常移交的案件，由移交、接受双方单位共同签署意见，并报上级备案，消除行政执法以罚代刑的隐患。与此同时，从 2003 年开始，南安市政府对该市制假区的群众进行政策疏导，把依法打假和疏导群众合法经营结合起来。利用市区建设和科技工业园区开发的有利时机，为民营企业的发展提供优惠条件。村镇干部也努力向各方争取，使更多的人找到就业门路。

为严厉打击不法分子，省公安厅列出省督办案件 10 起，下达各地公安部门重点侦破。8—12 月，烟草、公安部门主动出击，检察院、法院做到快诉、重判，给制假分子以致命的打击。永安市人民法院以犯非法经营罪判处二次运输假烟的张某有期徒刑 3 年，并处罚金 3 万元；建阳市人民法院判处非法经营卷烟，案值达 28 万元的吕某有期徒刑 8 个月，并处罚金 3 万元，这是南平市首例因非法经营真品卷烟被判非法经营罪的案件；福鼎市公安机关刑事拘留运输假"中华"1295 件、"云烟"180 件、"彩蝶"70 件、"大鸡"337 件、"许昌"

50 件、"555" 49 件、"南京" 30 件、"白沙" 17 件、"红河" 13 件、"苏烟" 10 件，共计 1015 件的涉案人员；柘荣县公安机关刑拘利用饲料添加剂作伪装运输假冒烟 "飞马"、"大前门"、"555"、"白沙"、"红塔山"、"芙蓉王" 等品种，计 419 件，案值 120 多万元的涉案人员；省烟草稽查总队与泉州市公安局查获公安部挂牌督办的重大拼装嘴棒成型机团伙案件。查清该团伙在长达 11 年的时间里，组织生产贩卖嘴棒成型机 92 台（套），涉及广东、福建、江苏、江西、山东、湖北、辽宁、广西、湖南、浙江等 10 个省（区），总案值达 500 多万元，主犯汪某被判处有期徒刑 14 年，处罚金 50 万元，团伙中 4 人被判 10 年以上有期徒刑。云霄县公安、烟草部门实行信息共用、情报互通、发挥各自优势、形成合力，定期对火田、莆美、云陵和马铺等乡（镇）零星 "制假" 窝点进行打击，云霄县烟草专卖局和县整顿与规范市场经济秩序办公室联合，先后 2 次在该县马山开发区销毁成品假烟 6070 件、半成品假烟 11642 件，营造了卷烟打假的声势。

10 月至年底，全省开展为期三个月的驻点卷烟打假专项行动。省专项打假办公室领导率领各设区（市）烟草专卖稽查队伍进驻云霄轮番打假，采取打惩结合，侦破大案等措施；福建省公安、烟草部门联合打假队 4 次联手和漳州市烟草 "专职打假队" 一起，在两个月内共捣毁制假窝点 185 处，缴获制假烟机 28 台、制丝生产线 26 条、锅炉 17 台、假烟 3055 件、烟丝烟叶 303 吨、商标 424 万张、卷烟纸 1966 盘、嘴棒 1515 件，现场抓获涉假人员 73 名，遏制了云霄制售假烟反弹的势头。国庆节过后，针对外逃制售假烟势力潜回、"两节" 来临而出现的部分地区卷烟制假售假急剧反弹的势头，有关部门再度出击，保持打假高压态势。柘荣县查获一辆伪装海关封签运输车，从中查获散装 "红双喜" 牌烟支 124 箱（每箱 15.5 公斤）；还有假冒牌卷烟 370 件（其中：上海 "红双喜" 37 件、"中华" 24 件、"南京" 168.5 件、日本 "七星" 36 件以及 "红河"、"上海" 等假冒牌号香烟）。从是年 10 月 20 日起，漳州市中院、省高级法院对 2002 年烟草、公安厅联手破获的全省最大制售假烟案件作出一审、二审判决。漳州市以生产销售伪劣商品罪判处主犯张某某（云霄人、民警）无期徒刑，并处罚金人民币 345 万元，判处其他犯罪人员有期徒刑及罚金。斩断了长期为云霄假烟提供运输的贩假链。长乐市局与当地公安密切合作，将一批销售假烟的犯罪分子绳之以法。其他地区还广布耳目，密切监视，严防卷烟制假活动出现扩散和转移，对制假活动坚持 "一露头就打，见苗头就压"，始终保持高压态势。龙岩地区共出动 22965 人次，车辆 4001 辆次，查处案件 127 起，在全区形成高压态势。国家烟草专卖局于当年开通了打假信息网，为各地提供了信息交流平台，为卷烟打假实行联动，提高打击效果提供了科学手段。省局第四次对打击制售假烟办案有功单位实施奖励，对漳州、泉州等 9 地（市）公安部门兑现奖金 284 万元。

12 月，漳浦县组织由烟草、公安、盘陀镇政府组成的打假队，在漳浦与云霄 "三县交界地带"，查获一个 80 平方米、正在生产假烟的厂房，该厂房有用机砖砌成，高 2 米、宽 1.5 米，长 350 米的围墙，另外用机砖、槽钢、水泥板构筑的，并配有 20 平方米发电机房和烟丝仓库，形成一个成龙配套、日夜加班生产假烟的地下工厂，现场还查获 YJ14－23 型卷烟机一台，三相交流同步发电机 2 台。

2004 年元月，副省长李川到云霄县考察时提出要"对制售假烟搞三个月专项整治"的指示，并将卷烟打假工作上升到检验各级政府执政能力的高度，再次提高了各级领导对卷烟打假工作的认识。1—3 月，漳浦县公安烟草系统捣毁一个隐藏在深山老林里的地下烟厂。现场查获制假烟机一台，嘴棒 1000 件和发动机、原辅材料等。这个假烟厂位于三县交界处，具有厂房、仓库。这是云霄制假分子投资百万元刚建成的卷烟制假工厂；莆田市及仙游县烟草稽查人员在仙游县枫亭镇下宅村的一家民宅里查获 YJ14－23 型卷烟机 1 台（套）及假烟丝 74 袋，烟丝共计 1850 公斤，当事人交公安机关处理；厦门市烟草专卖局与同安区公安经侦大队共 30 多人，在同安区五里镇西洋村一农场的后山处，查获制假烟分子以养鹅场茅房为掩护的卷烟制假窝点，从中查获 YJ14 型卷接机一台，YB41 型硬盒包装机一台，成品烟 20 多件及部分原辅材料，案值逾 73 万元。

为积极争取政府及有关部门对卷烟打假工作的重视与支持，省局多次向省委、省政府领导和有关部门汇报全省卷烟打假的焦点、难点问题，同时，在全国率先提出卷烟打假要由依靠行政处罚向依靠刑事处罚转变的攻坚之策，要将卷烟打假纳入"平安福建"综合治理的内容，促进卷烟打假行政执法与刑事执法相衔接，促进卷烟打假攻坚行动的全面开展。厦门市烟草专卖局两次向厦门市人民政府专题汇报卷烟打假工作，促成市政府与各区政府签订打击制售假烟工作的责任书，实现卷烟打假由企业行为向政府行为的转变。漳州市市长何锦龙在全市卷烟打假领导小组会议上提出一方面要由漳州市公安、烟草系统组成专业打假队，长期驻扎云霄；另一方面要积极引导、扶持、鼓励群众发展正当经营，有针对性地出台一系列优惠政策，引导资金投向正当流通经营、高优农业和发展民营个体私营企业。

7 月 23 日，省委、政法委召开卷烟打假刑事执法专题研讨会，会议提出卷烟打假工作要从行政打假向依法打假转变，要运用法律手段打假，严格依法办案，严禁执法部门有案不移、以罚代刑、有案不接、有案不查、久拖不决；办理案件严禁降格处理，枉法裁判。会后，全省建立卷烟打假刑事执法联席会议机制。省烟草稽查总队与公安厅治安部队密切配合，在原来派出专卖稽查队伍驻点打假的基础上，加大力度，充实人员，整体攻坚。各有关县（市）烟草专卖局的一把手不仅在人员、经费等方面予以充分保障，有的还亲自参与打假行动。泉州市局、漳州市局致力于扩大卷烟打假战果；福州市局坚持专卖服务与营销服务并重，加快由权力导向型向规则导向型的转变。设立特情大队，通过完善举报投诉奖励机制等途径，形成全市统一的专卖信息情报网。同时，提升诚信管理水平，增强市场监控力。并在贯彻《行政许可法》时，召开卷烟零售点布局听证会，制定《福州市烟草制品零售点布局暂行规定》。使涉烟案件与上年同比减少 5082 起，案件发生率下降 30%。龙岩、三明、南平市局加强烟叶专卖管理措施，防止烟叶流向地下卷烟制假窝点。仅 3 个月时间，全省共捣毁卷烟制假窝点 491 处，查获制假烟机 475 台，缴获假烟 2.25 万件以及大批制假原辅材料。

随着打假工作的深入，制假分子亦更加狡猾，据点更加隐蔽，手段更加凶狠，虚实相间。省内各地的打假人员克服重重困难，7—10月，连破数案，如：省烟草稽查总队到制假重点地区云霄下板村，在海拔700米以上的山上找到用沙袋、泥土堵住洞口的卷烟制假窝点。制假分子用毒性极强的香蕉水洒满洞内，卷烟打假人员顶着刺鼻的香蕉水味，在40度高温下挖开隔墙的大铜板，在多人中毒中暑的情况下查获了这个深藏的制假窝点；厦门市局在同安区王里镇竹坝农场查获制假烟卷接机1台，假冒红"七匹狼"81件以及烟丝、盘纸、嘴棒等；当场抓获制假人员14人。莆田市20多名烟草稽查人员在公安部门配合下，在莆田境内104国道126公里处捣毁以民房作掩护的地下假卷烟厂，当场抓获制假分子11人，查获YJ14－23制假烟机1台（套），假冒"沉香"烟等47箱，以及烟丝等，案值81万余元；省烟草稽查总队卷烟打假队员冒着酷暑在云霄县的一山头寻找卷烟制假窝点，连续战斗近20小时，查获2台制假烟机和大批原辅材料。厦门市烟草专卖局与同安公安局经侦大队在同安莲花溪林场捣毁一处制假窝点，该窝点离地面3米深，挖掘了一条近200米长，并附有岔洞。这是个集休息室、卫生间、厨房、制假烟车间、储存室、发电室为一体的卷烟制假山洞。打假队员现场抓获4名造假嫌疑人，缴获YJ14－23卷接机1台（套），成品烟支59箱，滤嘴棒、盘纸、烟丝、乳胶等案值约66万元。在平和县吉板村，制假分子用拆桥、放水库的水、向下滚石头和鸣枪恐吓等方式阻止烟草稽查人员上山，烟草稽查队员不顾危险，泅水而过、跑步上山，终于把10多个持枪的制假分子制服，缴获一台刚安装好的卷接烟机。11月5日，福建省与漳州市两级烟草专卖局在公安部门的配合下，组成20多人的卷烟打假队，在平和与云霄交界处的偏僻处查获制假烟机和发电机各1台以及散支烟26箱。宁德烟草在福宁高速公路截获运载假烟车一辆，查获假冒"大前门"牌卷烟52件，烟支42箱以及商标等，抓获嫌疑人1个。

此后，全省继续开展重点地区卷烟打假专项行动，省公安厅，省局联合组建的卷烟打假特别行动队长期进驻漳州云霄、泉州南安等重点地区开展打假工作。他们针对国庆、春节、五一等制假活动容易反弹的特殊时期，增派力量，组织了大规模的专项治理行动，掀起一轮又一轮的打假高潮。12月7日，省烟草稽查总队单独行动，直接开赴举报地，在云霄境内查获大型制假烟机8台（套）、158件盘纸及大批制假原辅材料，同时捣毁一个特大成品假烟仓库，从中查获假冒"555"、"红塔山"、"中华"等假烟1821件。12月17日，仙游县烟草专卖局在该县大济镇尾坂村的一个果林场内查获一个生产假烟窝点，当场查获烟机1台（套）及原辅材料，总案值107万元。这是在莆田市境内极少发现的卷烟制假窝点。各级公安、烟草部门以破大案、摧团伙、捣窝点、追逃犯为目标，破获了一大批积案、隐案，全省共抓获涉案人员763人。省局稽查总队再次被公安部、国家烟草专卖局评为"全国卷烟打假先进集体"，有4名同志被评为"全国卷烟打假先进个人"。

2005年1月1日起，各级烟草专卖局与公安、工商联手，采取"市场查、路上堵、海上围"等措施，对全省卷烟市场实行拉网式检查，莆田市烟草稽查队员在市区一货运站内查到一部货车（贵 H－03622）。车上装运假"中华"、"云烟"等共计 90 件，案值 33 万元；泉州市烟草、公安部门联合打假队，在晋江市罗山镇苏内村一个建在民营工厂厂房的制假窝点内，现场查获制假机组 YJ14－23 卷接机 1 台（套），半成烟"七匹狼"、"牡丹"、"红梅"等 32 箱，以及大批原辅材料，涉案案值 64.7 万元，抓获涉案人员 12 名。泉州市烟草稽查支队在南安市水头镇曾山村红岭水库山上一个简易搭盖的地下室查获一卷烟制假窝点，当场查获 YJ14－23 卷接机 2 台（套）及大批原辅材料，抓获犯罪人员 12 名，涉案案值 121.4 万元。厦门市祥安区首次在仲昌山农场的养猪场内查获 2 台（套）卷接机和大量制假原辅材料，案值 150 万元。至 20 日，全省卷烟市场共查获假冒伪劣卷烟和走私烟 1393 件。

针对云霄卷烟制假疯狂猖獗，顶风作案现象，打假部门迎难而上，3 月初，福州、泉州、漳州市烟草专卖局联手在云霄县的一个养猪场内挖出制假分子为蒙骗执法人员所设下的"双胞胎"洞。在洞中，稽查人员查获各种卷烟机 7 台，成品烟 2534 件，案值 1050 万元。3 月 25 日，省联合打假队抽调福州、泉州、厦门等稽查队，会同漳州、漳浦县稽查人员共 60 人。在当地派出所公安干警的配合下，在漳浦县盘陀镇东林村查获 10 个假烟存放窝点，共查获假烟 2024 件，标识 319 袋。这些假烟窝点是制假分子以每间 300 元的价格寄存的。为此，房主被治安拘留 3 天，行政罚款 1 万元。公安部门继续追捕货主。4 月，省烟草稽查总队和省公安厅治安总队捣毁云霄县东厦镇与漳浦县交界处林场里的一个被制假分子称为"制假天堂"的制假窝点。这里地势险要，海拔近千米，只有一条通道，卷烟制假分子在上山的路上设置各种路障。打假队员在 7 处回字形结构的"洞中洞"中，查获卷烟机组 5 台（套）（日产量达 1000 件以上），包装机组 1 台（套）和假烟 225 件等，案值 600 多万元。接着，云霄县烟草专卖局烟草稽查人员又在另一个山顶上摧毁了一处有连接两层地下室的机关暗道，暗道洞口盖有一吨多重的钢筋混凝土的卷制假窝点。5 月，建瓯县查获从云霄运出的假烟 187 件后，组织力量追踪，3 次到漳州云霄查案，终于将 3 个犯罪嫌疑人抓获归案。6 月，福清县在城关桥南路查获 1 家"黑快递"公司。当场查获 14 件假冒国内外名牌卷烟（多为云霄生产的）和一批用真空袋包装的烟丝；据查，该公司长期为制假地区向境外递送假冒牌卷烟。6 月，闽侯县局在高速公路青口服务区查获从漳州方向贩运的假冒"中华"烟 400 件，案值 270 多万元。7 月，省公安厅、省烟草稽查总队组成 50 多人的卷烟打假队，出动 10 多部打假车辆，在漳浦沙南晨光纸塑有限公司查获制假烟机 1 台，烟支 30 箱；经过追踪，又在该制假窝点的 2 个假烟存放点查获各类假冒卷烟 1555 件。8 月，长乐市局也在公安部门配合下，在福州市台江区两住宅内破获喷假条码的窝点。厦门市局在挂有"厦门百福亨彩印有限公司"招牌的企业中破获印刷假商标的窝点、查获印刷机、大功率空调各两台及假冒"小熊猫"、"万宝路"、"苏烟"等品牌的烟标 100 多万张，当场抓获嫌疑人 9 人。9—10 月，省局和公安厅联手开展"断链行动"，共摧毁云霄县内的窝点近 1000 个、抓获制假分子 19 人、刑拘 16 人。这次行动是福建省打假历史上规模最大的一次卷烟打假专项行动。该次行动成立由省局局长杨培森任总指挥、省公安厅副厅长卢士钢、漳州市副市长谭培根、省局副局长张卉任副总指挥的指挥部，参与行动人员包括全省专卖稽查人员145人，省公安厅专案组20人，云霄、漳浦县保障人员20人，加上雇请的40位民工，总人数达225人。10月11日，由省烟草稽查总队和公安厅组成的卷烟联合打假队对云霄县云陵镇下坂村最高的山峰"三环洞"开展攻击。这个"三环洞"的第一个洞在地下三米处；第二个洞口用一米厚的钢筋水泥浇铸；第三个洞口为液压电动门。打假队用连续爆破的方法成功打开洞口，终于进入洞内，缴获大批卷烟制假设备和原辅材料。10月16日，省公安厅和省烟草专卖局经过三个月的布控和侦察，摸清了云霄县制假分子陈某等团伙的活动规律。经过精心部署，于当晚兵分四路对该团伙进行抓捕，共抓获嫌疑人11名。并缴获几十种中外高档名优卷烟共1500多件，案值1000多万元。之后，全省各级都成立起由公安、烟草部门组成的"打击假烟网络领导小组"，把卷烟打假工作从重点打击云霄等卷烟制假源头推向全面打击生产源头、打击销售网络并重的局面。

8月，省局新任局长杨培森提出要把卷烟打假作为全省烟草专卖管理的中心任务抓紧抓好。厦门、泉州、漳州、莆田等市烟草专卖局进一步推动当地各级政府与有关部门签订卷烟打假责任状，将卷烟打假工作列入年终绩效考核和"平安福建"综合治理工程，全省建立了卷烟打假联动长效机制。省局、公安厅继续组成联合打假队长驻云霄，并以此为骨干力量，抽调漳州市、云霄县和泉州市、南安市的烟草专卖稽查人员组建专职打假队伍，做到一有任务，随时出动。同时，不断创新全省联动机制、实行轮值打假、交叉行动的打假机制，保持了打假工作的连续性。各级烟草部门深化案件经营，追踪溯源，摧毁制售假烟网络。省局与公安厅把打击制售假烟网络列为卷烟打假工作的重点，多次召开打击制售假烟网络专题部署会，制定具体行动方案，采取专案攻坚，全面开展打击制售假烟网络工作。9月23—25日，国家烟草专卖局、公安部在广州市部署广东、福建、江西、湖南和湖北等5省联合打击制售假烟网络的行动。在云霄县与广东汕头等地组织1200多名执法人员分100个突击队和3个机动分队，对锁定的4个货运场地、3个假烟仓库开展打击，在云霄境内共查获假烟6407件、制假机台28台、烟丝烟叶40吨、烟用丝束4吨、抓捕制假犯罪嫌疑人138人、刑拘28人。省公安厅治安巡警总队从全省抽调20多名干警组成办案组进驻漳州市，历时230多天，攻克许多大要案。全省超过百万元的销售假烟网络重大案件共立案10起。先后有泉州"3·14"运输假烟特大网络案、厦门"3·31"运输假烟网络案和"2·2"销售假烟网络案、云霄县"5·27"特大制造水松纸案和"10·16"制售假烟网络案、龙岩"6·1"销售假烟网络案、三明"7·28"销售假烟网络案、南平"8·18"销售假烟网络案，以及福州市烟草专卖局组建以来破获的涉案金额最大、抓获人数最多、网络覆盖面最广的违法零售卷烟网络案件"11·2"销售假烟网络案等大要案相继告破。11月20日凌晨，省局组织对云霄莆美大队进行"天鹰"专项行动。出动人员130人，共摧毁91个卷烟制假窝点，查获制假烟机52台，嘴棒成型机4台，包装机、彩印机各一台（套），收缴假烟4500

件，烟叶烟丝 281 吨以及大批原辅材料。缴获运假车辆 27 台，抓获制假分子 25 人。其中有一个窝点具有数百平方米的面积和百余米长的地下通道，是历年打假行动查获的最大、最经典的制假窝点。泉州市局先后开展"春雷"和"闪电"打私行动。

在省打假办的统一协调下，省、市、县三级烟草、边防、海关、工商在石狮和晋江沿海开展为期一个月的打击卷烟走私专项行动，在设置多个监控点的基础上，采取夜间交叉巡逻的形式，控制两地海岸线，使走私船只无法靠岸，同时对岸上的仓库实行突袭，查获了大批走私卷烟，抓获了一批特大卷烟海上走私分子。12 月，晋江市有关部门破获特大卷烟走私案。从该市走私团伙头目蔡某家里查获 7 本走私账目的笔记本，从中记录了蔡某承运，张某等人走私香烟到广东的账目，其中，蔡某运输走私入境的走私香烟 20 余万箱，案值 20.8 亿元，偷逃税款 12.8 亿元大案。专案组在该团伙主要成员因年终"分红"时收网，一网打尽主要成员。经查：2003 年底开始的三年时间里，张某和邱某伙同境外走私分子邱某用 20 人组成的"股份制"组织卷烟走私。由邱某在境外组织香烟等货源，该走私团伙一般在晚上行动，组织村民分别穿上红、黄颜色的马甲，到海边搬货。红马甲负责从船上将货物搬到岸上，黄马甲则负责从岸边将走私香烟搬到小货车上，再转运到偏僻处改包装后送各地进行销售，使走私香烟零库存。该起特大香烟走私案是海关总署缉私局一级挂牌督办案件。主犯卢某等 2 人被判死刑；邱某和蔡某被判处无期徒刑，其余人员均被判处有期徒刑。

2006 年春节期间，省局在石狮、南安、惠安等沿海地区结合市场清理开展大规模打击卷烟走私专项行动。全省烟草稽查队对云霄周边制售假烟活动进行为期数月的全天候拦截打击。1 月 15 日，省局，省公安厅在云霄境内集中 300 人实施卷烟打假。打假队分成设卡和围村押点两个分队。在云霄云陵、火田、和平、下河等重点地区展开打击，共查获卷烟制假窝点 300 多个，查获卷烟制假原料 1500 吨，假烟 2600 件；YJ14－22 型烟机 3 台、五刀头切丝机 2 台、锅炉 5 个以及膨胀设备土制切丝、土制炒锅等，抓获制假分子 3 人。

5 月，福建省卷烟联合打假专案组进驻漳州，该专案组由省以及漳州市烟草专卖稽查部门、省公安厅及漳州市巡警部门的人员组成。9 月后，省局又与公安厅联合组织开展打击制售假烟的"断链行动"，在漳州云霄及其周边地区全面、持续、深入地开展对卷烟制售假活动"断原料、断生产、断运输、断网络"为主要目标的专项行动。这次行动为期 4 个多月，共投入 220 名专卖稽查人员和 20 名干警，在云霄周围设立 6 个临时检查站，共查获卷烟制假窝点、涉假民宅（仓库）1600 多个，制丝生产线 29 条、卷接机 134 台、包装成型机 15 台及其他制假设备 166 台，收缴假烟 4.6 万件、烟丝烟叶 5600 吨、假冒标识 614 万张、涉假车辆 145 台，货值达 4 亿元，抓获制假分子 165 人（已刑拘 42 人），针对以往制假窝点打得多、案犯判刑少的问题，省局与省公检法等部门联合举办涉烟案件法律适用培训班，统一行政执法与刑事执法衔接中的执法尺度。全年共刑拘涉案人员 346 人，判刑 193 人；配合、协助全国 19 个省的兄弟单位办理打假案件 85 批次，协助兄弟单位抓获涉假嫌疑犯 63

人，一定程度遏制了卷烟制假活动的反弹。福州市烟草局把卷烟打假打私纳入整规工作的议事日程，定期召开执法单位协调会，建立了"政府牵头、烟草为主、执法部门协作"的打假整规长效合作机制，坚持"常规巡查与突击检查相结合、属地管理与联动稽查相结合、专卖执法与联合执法相结合"，抓重点、治难点、除盲点。造成以点带面、纵深推进的态势。共查办各类涉烟案件 3774 起，查获违法卷烟 45.08 万条，违法金额 5 万元以上案件 47 起，移送公安部门案件 47 起，逮捕涉案人员 26 人。该市全年共组织全区性的专项行动 10 余次，重点治理了大型农贸市场、火车站、汽车站、违规钉子户和餐饮场所等，市场公开摆卖"三种烟"势头基本得到遏制。同时，破获了"5·17"、"12·12"特大制售假烟网络案件。龙岩市烟草系统与公安部门组成打击制售假烟专案组，拨出专项资金，开展打击卷烟制假网络的斗争。

全省烟草系统还将打击卷烟走私作为重点来抓，对泉州、厦门、福州等地卷烟打私工作加强调研，经常总结经验，进行业务指导，多次配合国家烟草专卖局领导专程到这几个地区指导工作。国庆节前后，省局、公安厅在重点打击云霄卷烟制假源头的同时，还从流通渠道上打击贩卖走私卷烟活动。在省烟草专卖局统一部署下，全省烟草 119 个烟草专卖稽查队、178 个专卖管理所、1900 多名专卖稽查人员积极履行市场监管职责，加大市场清理整顿力度，以客运车站、货运车站、码头为重点，查堵并举；对卷烟零售户摆卖的走私烟，一律予以没收。厦门市烟草专卖局深化与市公安部门建立长效工作机制，着重进行市场信息梳理和大案要案经营，摧毁了 1 个跨国假冒外烟运输网络。泉州市组织"飞鹰"、"海鸥"两次打击走私卷烟专项行动，共出动 600 多人次，取得重大战果。福州市烟草专卖局出动与铁路公安处刑侦大队联手，在抓获以林某、陈某为首的共有 16 名成员的卷烟售假团伙后，公安、烟草部门再次配合，召集全市 13 个烟草稽查大队对市区及所辖 8 个县（市）的 58 家涉案下线卷烟零售户进行检查，查扣了其大量的交易凭证账册和电子资料，然后出动 500 多人次，对该网络下线进行取证，成功破获了这起涉案金额达 300 多万元的卷烟售假网络案。该市还破获了"5·17"跨国走私假烟网络案，查获涉案假烟 4.5 万余件，案值 3000 多万元人民币，案件涉及国内十多个省市及境外、英国、加拿大等国，涉案人员 70 多名，到案 31 名，被列为公安部督查案件。其案值之高、涉案人员之多、网络环节之广、审理难度之大，为福州历年之冠。公安部、国家烟草专卖局通电嘉奖破获这起案件的有关单位及有功人员。南安市仅在 4 月份就组织近百次打假行动，参加人数达 5000 多人次，出动车辆 500 多辆次，查获假烟 18.6 万多件，取缔制假包装窝点 29 个。全省 1—11 月份，共出动卷烟打私 58961 人次，查获走私烟案件 427 起，缴获走私烟 882.74 万件。

是年，全省卷烟打假工作得到省内相关部门的大力支持。年内，南平市县两级法院分别判处了一批制售假烟分子，南平市中级人民法院判处运输 187 件假烟，案值 54.9 万多元的周某、张某有期徒刑 3 年，并处罚金 5 万元。这是建瓯市首例因非法购销假烟被判刑的案件。判处运输销售假烟 572.78 件，案值 248.28 万元的黄某、汤某有期徒刑 7 年。浦城县人民法院判处犯非法经营罪，案值 93.54 万元的徐某有期徒刑 6 年。邵武市人民法院以童某、李某犯非法经营罪各判处两人有期徒刑 1 年，缓刑 1 年，各处罚金 2 万元。南平市局还在军分区和该市拖拉机厂仓库内破获两个销售假烟仓库，从中牵出涉及延平、建阳、武夷山、建瓯 4 地 31 个销售点的销售假烟网络；所抓获的 45 个涉案人员中，有 6 人判刑、6 人受刑拘。福州公安机关积极配合，行动迅速，长乐机场公安在层层伪装的邮包内查获"SUPERKINGS"牌卷烟 14.7 件、"BENSON&HEDGES"牌卷烟 4 件以及"总督"牌卷烟等，共计 19.2 件，案值 8 万余元。福州市公安局配合市烟草卖场局成功破获了"5·17"特大制售假烟网络案件。罗源县公安干警截获非法承运的烟叶 532 包 1.9 吨，案值约 10 万余元。高速交警查获一台（套）尚未组装的 YJ14－22 卷烟卷接机零配件，初步鉴定价值约 44 万元。这是福州市境内首次在运输途中查获完整烟机的案件。泉州市公安局配合泉州烟草稽查支队在晋江陈埭镇连续查获两起大案。第一起是在该镇彩佳印刷厂查获已装箱的假冒帝国烟草公司卷烟成品标识 6 万张和 5 台印刷机，抓获涉案嫌疑人 12 人。第二起是在该镇西园办事处查获制假烟机 YJ14－23 卷接机组 1 台（套）、查获散装"万宝路"95 件、烟丝 1350 公斤、滤嘴棒 67 件、盘纸 18 箱，现场抓获涉案人员 7 人，案值达 33 万元。同时，泉州市局还配合公安部门，组织 40 多人的执法队伍包围泉港区南铺镇沙格村冷冻厂的一个厂房，查获用黑色塑胶薄膜袋伪装的"大卫·杜夫"、"七星"、"长寿"、"尊爵"等 9 个品牌的卷烟 1350.8 件，案值 700 多万元，主要案犯 6 人落网。泉州海关、石狮海关还与泉州市烟草专卖局联手开展"海鸥行动"，查获卷烟走私案件 9 起，缴获走私卷烟 394.28 件，总案值约 120 万元。

2007 年，福建省推动以政府为主导的卷烟打假机制建设，强化卷烟打假工作的领导，坚持在地方党委、政府的领导下开展卷烟打假工作。省领导要求各级党委政府和相关部门采取有效措施，巩固 2006 年"断链行动"的成果，防止制假反弹。省局在厦门成立闽南专卖管理特派办，组织协调厦、漳、泉地区的卷烟打假打私行动。同时，加强与地方党委、政府的沟通，通过建立汇报、专题报告、情况通报等制度，使地方党委、政府及时掌握卷烟制假售假活动和卷烟打假工作的动向，相关执法部门建立起卷烟打假责任制，加大执法力度。上半年，南平市公安局为侦破省公安厅列为省挂牌督办的运输假烟 1143.8 件，案值 500 多万元案件，组织专案组三上河南、河北，七下漳州、厦门等地，历时 11 个月，行程 3 万公里，抓获犯罪嫌疑人 5 人，公安机关网上通缉 2 人。其中 4 人被南平市人民法院以生产、销售伪劣产品罪，分别判处有期徒刑 4～12 年不等，分别处罚金 10 万～80 万元不等。建瓯市人民法院以犯销售假冒注册商标商品罪，分别判处制假非法活动涉案案值 126 万元的黄某等 3 人有期徒刑 1 年 6 个月（缓刑 2 年）、1 年（缓刑 1 年）、11 个月（缓刑 1 年）；并处罚金 12 万元至 5 万元。顺昌县对 2 名专门零售假烟的嫌疑人判处拘役 6 个月及 6 万元罚款。4 月，南安市在一个月内共组织近百次打假行动，参加人数达 5000 多人次，出动车辆 500 多辆次，查获假烟 186150 件，取缔制假包装窝点 29 个。泉州市人民法院对一个经营

4 年多，涉及全国 28 个省（市），涉案人数达 200 多人、总案值达 1500 多万元的制售假烟网络大案的 11 名主要犯罪分子分别判处 9 年 6 个月、8 年和 7 年 6 个月不等的有期徒刑，合计处罚金 535 万多元，总刑期 43 年 10 个月。武警福州市边防支队配合福州市烟草专卖局破获三级批发销售网络一个，抓获犯罪嫌疑人 49 人，其中批捕 11 人，提起公诉 25 人。该局还破获"8·31"卷烟制售假网络案查获涉案假烟 9670 件，案值 9000 多万元，全案共抓获犯罪嫌疑人 32 人，批捕 23 人，取保候审 5 人，另案处理 4 人，网上追逃 2 人。漳州市破获了蒋某等 3 人的假烟销售涉黑团伙，现场查获假烟 525.5 件。经过一年多的调查取证，查明：蒋某等 3 人纠集数十个社会人员和"两劳"人员，利用其控制的金胜、博胜、同赢三家物流公司，长期大量从事运输销售假烟活动。经过漳州市价格认证中心的评估鉴定，其涉案总金额达 2 亿多元。漳州市检察院正式对涉案的 21 名犯罪嫌疑人提起刑事诉讼。

为打牢卷烟打假基础，省局从人力、物力、法规等方面完善配套建设，会同省公、检、法、物价局等部门联合制订出台《关于办理烟草专卖品等案件适用法律若干问题的座谈纪要》、《涉案烟草物品价格鉴定管理办法》和《涉案烟草物品价格鉴定计算标准》等规范性文件，为卷烟打假提供法律依据。同时，着手在全省各设区（市）烟草专卖局组建烟草稽查支队及烟草稽查直属行动大队。每个行动大队编制 10 人，配备 2 部越野车，其中漳州市作为卷烟制售假重灾区增加编制 50 人，全区共 130 人。烟草稽查行动大队实行省烟草稽查总队和设区市烟草稽查支队双重领导体制，平时安排市场巡查，执行辖区卷烟打假任务；一旦发布卷烟打假命令时，省稽查总队即可调遣各稽查大队，开赴卷烟制售假地区，由总队统一指挥行动。省局在厦门成立闽南专卖管理特派办，组织协调厦、漳、泉地市的卷烟打假打私行动，由各市局专卖处、市烟草专卖稽查总队派员指挥，把卷烟打假指挥部前移，提高重点地区卷烟打假打私工作的针对性和时效性。7 月中旬，省局稽查总队在解放军教导大队组织了全省 100 名稽查支队队员的集训。集训队以体能训练、"网络侦破"、"打窝点"业务培训、行政执法、安全和纪律教育等为主要内容，以应对卷烟打假行动。集训后，全体人员随即赴云霄开展为期一周的卷烟打假实践，每天连续打假时间 12 个小时以上。

为突出打击重点，上半年继续在云霄开展打击行动。7 月 16—22 日，省局与公安厅再次组织卷烟打假行动，云霄县政法委、公安局、工商局、质检局等部门主动配合，人数达 240 多人。先后查处了 7 个村庄 228 个烟丝烟叶囤放窝点，查缴销毁烟丝 960 吨、成品假烟 1968 件、膨胀制丝线 9 条，案值 3000 多万元。同时，烟草等有关部门明确重点任务，强化对象上的针对性。把"打网络、打团伙、抓逃犯"作为卷烟打假的重点任务，以任务量化、下达到各级，并纳入年度绩效考核内容。全省全年破获涉假网络案 19 起，案值高达 13712 万元，刑拘 168 人，逮捕 98 人。并查获假烟的分销窝点 199 个，售假零售户 755 户。下半年起，福建开展省际打假协作，强化全国打假"一盘棋"。7—9 月，省局杨培森局长两赴广州，与广东省烟草专卖局商议下半年联合打假行动，从 9 月 17 日至 10 月 28 日，组织了《闽粤联合行动》，仅 10 月 1—15 日的"闽粤 2007 联合打假行动"，两省共出动执法人员

200多人，在云霄共摧毁卷烟制假窝点400余个，查获成品假烟5577件，烟支2570件，烟叶、烟丝、烟梗、片烟等原料60000包1220张、制假辅料滤嘴棒961件、盘纸1798盘，各类制假设备计77台（套）。此轮的《闽粤联合行动》，在云霄共查处窝点646个，查获成品假烟16500件，烟支4324件、烟叶、烟丝等原料1794吨、假烟标识402万张、滤嘴棒4097件、盘纸7386盘，各类制假设备计127台（套），其中卷接机YJ14－22型15套、八刀头切丝机8台、嘴棒成型机7台、膨胀设备21套，抓获卷烟涉假违法犯罪分子67名，刑拘14名，其中2名为省公安厅督办案件案犯。与此同时，闽浙两省烟草专卖局在浙江温州召开两省毗邻地区卷烟打假协作会议，宁德、浙江温州两个毗邻的设区（市）烟草专卖局签订了《关于建立浙江福建省毗邻地区卷烟打假协作机制的意见》，建立了地区卷烟打假协作制度。

全省全年出动300多人次，共配合、协助全国各地的公安、烟草部门办理卷烟打假案件80余批次，抓获涉假嫌疑犯60余名，其中多数为漳州地区案犯。福州市烟草专卖局针对部分违法零售户利用保险箱、暗门等更加隐蔽的藏匿手段暗中销售"三乱"烟的情况，与市公安局治安支队联合开展"芝麻开门"专项行动，共打掉藏假保险箱（柜）、暗门35个。漳州市烟草局采取一案拖一案的做法，与公安局联合出击，如11月5日，在云霄县常山农场观阳村马阳山上查获以张某为首的制假团伙，当场查获YJ14－22烟机3台、五刀头切丝机2台、3吨锅炉1台以及发电机组、大量原辅材料。随后，办案人员驱车到云霄云陵镇望江路的张某家进行搜查，共查获账本5册、账单666张。该案经漳州市价格认证中心评估后，认定涉案金额高达1.079亿元，此案是自云霄开展卷烟打假以来，在辖区内查获的最大涉假案件，共批捕27名涉案嫌疑人，抓获归案的犯罪嫌疑人14名，已逮捕的13人，另外13名犯罪嫌疑人进行网上追逃。闽侯烟草查获一辆用雨布包住的运载物的大货车，截获假烟964件。福清烟草查获一车载有704件假"中华"、"555"、"大红鹰"等18个品种的假烟。案值340万元。福州市破获三级假烟批发网络，现场查获假烟140多件和参与该案的近百户违规户，羁押涉案人员14人。泉州市烟草专卖局主动联合公安、边防、海关等部门，采取"打击卷烟走私贩私储存窝点"和"市场清理整顿"相结合的方法，遏制了卷烟走私活动反弹的苗头。据统计，该市全年共查获走私烟1088.5件，出口倒流262件。

2008年，根据国家烟草专卖局、公安部明确的卷烟打假主要任务是打击生产源头、打击原辅料供应、打击制售假烟网络、加强抓捕追逃要求，副省长李川对卷烟打假提出5点具体意见：（一）福建省与国家局联手打击烟机、原料供应；（二）要在适当时机，针对制假薄弱环节，采取窒息措施，从严打击；（三）强化情报收集，彻底打掉制售假烟网络；（四）发动基层力量，公、检、法联合打击，加强立法，用特殊的手段解决问题；（五）继续扶持地方经济发展，引导百姓守法致富，取得群众的支持。据此，省局党组提出"打疏结合"新思路，采取"长年驻点打假"新举措，在长年驻点云霄打假同时，每年支持云霄县政府100万元开展教育扶贫，让当地青少年上学读书，摆脱制假活动的毒害；每年资助云霄县 500 万元发展工业园区建设，通过增加就业、减少辍学等措施，逐步改变依靠造假富裕少数的畸形经济。

与此同时，全省深化公安烟草系统打假协作，开展打点破网工作。三明公安、烟草系统 50 余人兵分九组，一举捣毁三明市三元区郊区一个卷烟制假窝点。该窝点有近千平方米的制假工场，三面环山，后侧设有专供造假人员紧急逃跑的通道，厂门外仅有一条简易小路。执法人员分三路从山上和两侧冲入现场，共查获假冒"红塔山"、"七匹狼"等牌号的假冒烟支 240 余件和烟丝、盘纸等，缴获制假烟机 1 台（套）、柴油机两台和车辆 2 部。抓获涉嫌制假人员 17 人。这是该市首次破获的特大卷烟制假窝点。福鼎市与浙江省苍南县烟草局联手，在沈海高速宁德路段查获 1 辆贩运假烟的大货车，缴获假烟 539 件，案值 200 多万元。福州烟草破获了"4·17"跨省制售假烟网络案件，该案涉及浙江、四川、山西、青海、江苏、湖北、河北、河南、甘肃、新疆、北京等 11 个省 29 个地市，抓获张某（收货人）等 4 名涉案人员。11 月，该市闽侯县局在高速公路青口服务区路段查获"红塔山"、"娇子"、"红河"等 17 个品牌假烟共计 936 件，散装烟支 12 件，涉案金额高达 200 多万元，当场抓获 2 名涉案人员。12 月 13 日，福州城南局经过跟踪、在深圳到福州的大客车上查获假烟 16 箱。14 日，罗源县局在罗长高速路白塔路段拦截一辆用巧克力派等纸箱伪装的假冒"哈德门"卷烟 336 件，2 名涉案人员被刑拘。光泽县烟草专卖局会同公安人员查获一个下线包括光泽县、邵武市等 23 位卷烟零售户，上线包括漳州周某、邵武柯某的假烟销售网络。该网络案件涉案总货值达 103.8 万元。3 名嫌疑人因涉嫌非法经营罪被光泽县人民检察院批准依法逮捕，分别判处有期徒刑 1 年、5 年和取保候审，并处罚金 1 万至 5 万元。南平市延平区烟草专卖局和南平市公安局成立非法运输假冒伪劣卷烟专案组，兵分两路：一组赶赴天津抓捕同案犯罪嫌疑人陈某和张某；另一组调查漳州发货方动向的动态，抓获犯罪嫌疑人 4 人，其中拘 1 人，批准逮捕 1 人，取保候审 2 人。宁德烟草与边防支队联手在福宁高速路口查获假"中华"、"利群"等假烟 322 件，案值 93 万元，抓获嫌疑人 3 人。大田县抓获 1 名来自云霄的贩假分子，查获当地贩假下线户 6 户，查获假冒"七匹狼"等牌号假烟 51 箱，案值 15 万元。东山县查获一车邮寄假烟，当事人被东山县人民法院一审判处有期徒刑 2 年 6 个月，缓刑 3 年和有期徒刑 2 年，缓刑 2 年 6 个月；并各处罚金 14 万元。

为保持高压打击态势，推动以政府为主导的联合打私机制建设和各部门打私责任制的落实，福建严肃查处大要案，对一些重大案件头目予以重判，8 月 23 日，省高级人民法院判处通过海上走私卷烟等物品偷逃税款 9 亿多元的走私首犯张某、邱某死刑。再次震慑了走私犯罪分子。

年内，各设区（市）烟草专卖局选拔优秀的科级干部作为各地长驻云霄打假的带队领导，并公开向社会选拔优秀的大专以上毕业生或退伍军人，扩编直属支队。对全省新增的 80 名队员进行 15 天的封闭式集训后开赴云霄一线，与各地调来的打假骨干队员一起进行常年驻点打假。联合打假队共有 30 多部车 190 多人，由云霄县县长陈福州任联合打假队长。

打假队伍实行封闭式、准军事化、定期轮换的管理方式，各地带队领导分别与稽查总队签订了安全管理责任状，重点打击存放、中转、加工烟叶烟丝制假原料的供应环节，切断制假原料供应链，重创了制假原料供应能力、假烟生产能力。各级局积极协调当地公安部门办案并修订了《专卖经费管理办法》，明确奖励措施。全省打假出动21.8万人次，出动人次之多为历年之最。共查处制售假烟案件5564起，与2007年同比增加88%，捣毁制假窝点1874个、贩藏窝点471个，查缴卷接机127台、包装机16台、假烟105362件、烟叶烟丝6357吨、假烟标识1452万张，案值高达7亿多元；全省破获制售假烟网络案件16起。省公安厅再次抽调全省公安办案骨干22名组成专案组，驻漳州专门开展侦破制售假烟网络案件和涉假案犯抓捕追逃工作。协调指导全省各地公安机关配合开展这项工作。专案组与广东警方共同刑拘110人、逮捕45人、判刑131人。

表 8—1　　　　　　　　　**1996—2001 年福建省打私打假成果表**

项目	1996 年	1997 年	1998 年	1999 年	2000 年	2001 年	合计
查处案件(起)	4290	7565	17918	18211	22869	22181	93034
查获假烟(件)	96734	76718	112031	104190	45672	50497	485842
查获走私烟(件)	75694	45813	34569	19077	6753	5107	187013
查获烟丝、烟叶(吨)	43	171	432	460	548	935	2589
捣毁窝点(个)	110	306	240	523	445	173	1797
查获制假烟机(台)	238	679	461	500	696	277	2851
罚没款(万元)	4645	4609	4034	3730	4261	2903	24182
出动打假人数(人次)	52872	81430	233400	280768	854994	212837	1716301

表 8—2　　　　　　　　　**2001—2008 年福建省打私打假成果表**

项目	2001 年	2002 年	2003 年	2004 年	2005 年	2006 年	2007 年	2008 年	合计
查处案件(起)	22181	19325	16751	6871	7137	7908	7548	11929	99650
查获假烟(件)	50497	31820	19071.65	48727.01	84087.78	122924.5	139331.8	130789.85	627249.59
查获走私烟(件)	4051.36	2460.49	1738.99	1568.25	1326.25	983.13	698.76	1002.74	13829.97
查获出口倒流烟(件)	1320.96	968.16	1431.11	1007.46	955.89	168.94	199.31	176.9	6228.73

续表 8－2

项目	2001 年	2002 年	2003 年	2004 年	2005 年	2006 年	2007 年	2008 年	合计
查获烟丝、烟叶(吨)	935	405	898.79	2161.67	2611.97	4723.5	6385.59	8470.32	26591.84
拍卖走私烟(件)	2198.68	2137.67	2314.31	4462.86	942.07	391.44	597.11	0.01	13044.15
拍卖出口倒流烟(件)	1200	860.26	1872.56	1203.23	363.41	21.92	300.67	1.84	5823.89
捣毁窝点(个)	173	339	514	875	875	2448	2509	2530	10263
查获烟机(台)	277	377	306	646	640	596	389	212	3443
罚没款(万元)	2903	1946	1776.62	1017.31	730.21	379.05	541.92	420.24	9714.35
出动打假人数(人次)	274994	156985	163291	140919	157953	357613	243891	300908	1796554
出动打私人数(人次)	212837	144194	118172	67888	73708	65255	56339	58824	797217
销毁假烟(件)	30544.25	46770.13	12871.05	37810.57	30336.87	114876.8	118976.6	80096.89	472283.16
销毁烟机(台)	266	176	167	295	259	303	132	52	1650
判刑人数(人)	36	183	128	24	79	51	221	202	924

案例附录 1

一车烟牵出网络大案

2007 年 3 月 14 日，安溪县烟草专卖局在交警部门的配合下，在该县彭亭收费站路段截获一部白色东风轻型厢式货车（闽 CD1362），当场查获假冒红塔山、专供中华、芙蓉王等假烟 51 件，涉案案值 18.9 万多元。驾驶员陈某被扣留。在对陈某讯问时，办案人员发现其身上还藏有另一部手机，专卖人员从陈某手机的通话记录中发现其下半夜与省外各地联系十分频繁。据此，专卖人员分析此中必有重大案情。鉴于当地卷烟制假严重等情况，泉州市局将该案调到泉州市打击假烟专项办审理，并抽调烟草、公安部门的精干力量组成专案组对案件进行深入的调查。

紧接着，专案组兵分两路：一路对驾驶员陈某住宅进行搜查，取得大量运输假烟的账本账单和外省（市）收件人的地址、联系电话等。另一路则对假烟在三明的接货人开展调查。经过反复较量，专案人员用大量证据揭穿了陈某编造的谎言，终于抓获其在三明真正的接货人、该案最核心的人物郑某。郑某的交代牵出了龙岩市连城县文亨邮政支局局长谢某。原来，郑某把假烟以每件多付 10 元的邮寄费用，将陈某等人用"蚂蚁搬家"周转来的假烟通过谢某所在的邮政支局邮寄发往全国各地销售。专案组闪电般前往谢某的单位和宿舍进行搜查，共查获通过该局寄往全国 28 个省（市）的 3000 多张邮寄假烟的包裹单。与此同时，专案组乘胜追击，杀了一个回马枪，将躲藏在南安市、莆田市、三明市的假烟货主陈某等 8 人全部抓捕归案，一举捣毁了三个假烟包装点。至此，这个涉及全国 28 个省（市）、涉案人员达 213 人的"产供销"一条龙制售假烟网络被摧毁。涉案假烟 5000 余件（查实 3329 件）。总金额达 1500 多万元，

2007 年 6 月，泉州市烟草、公安部门组织 20 多人，兵分 4 路，进行跨省办案。根据龙岩文亨邮电支局的邮单及有关人员的数十份笔录口供进行千里追踪。他们在 28 个省市制作笔录、查询银行账号、调取户籍材料数百份；将在南京、大连、广汉等地的 6 个主要嫌疑人抓捕回泉州；把 6 个省市的主要下线网络交由当地司法机关继续深挖。至此"3·14"制售假烟网络案基本查清。

2008 年 7 月 8 日，南安市人民法院对该案主要罪犯作出一审判决。负责运输的驾驶员陈某和负责生产经营的王某等 11 名主要罪犯被判处 9 年 6 个月至 1 年不等的有期徒刑，并处罚金；总刑期达 43 年 10 个月，罚金总额达 535 万元人民币。2008 年底，泉州市人民法院作出终审判决，维持原判。该案成为泉州市有史以来涉烟类犯罪案件判刑人数最多、总刑期最长、罚金总额最高的案件。该案的办理在当地具有很大的震慑力，南安等地的制假分子闻讯纷纷歇业逃窜，卷烟打假工作上了一个新台阶。

案例附录 2

福州破获跨国制售假烟网络案

2005 年 10 月，福州市烟草稽查人员在侦办一起假烟案时发现：一个叫和尚的"小弟"（涉假人员）每天用微型小货车频繁到几个物流中心去接出一批批经过伪装的"货"。直觉告诉稽查人员：这些"货"是假烟。在公安等部门的支持下，稽查人员经过几个月的跟踪和专业技术监控，基本掌握了有关证据："小弟"是福州卷烟涉假团伙的成员，他长期租用两辆小货车把供货方从云霄寄来的假冒外烟接运到市内的厂房、出租房、仓库及新村杂物间等地，重新分拣、改装、打包或伪装成蜡块工艺品后，通过物流公司把假烟发往上海、北京、深圳、广州、南京、厦门、杭州、广州、武汉等地的代理商，再由代理商联系国际知名速递公司运输到英国、加拿大等国。

案情重大！2006 年 5 月 17 日，福州市公安、烟草专卖等部门对此正式立案。成立了由双方副局长任总指挥的专案组，并制定周密的行动方案。6 月 6 日，市公安、烟草专卖等部

门组织 180 人，兵分 23 路，分别在福州、上海、漳州三地同时展开抓捕行动。云霄上线供货方张某、福州主犯严某、上海某国际快递有限公司吴某等 17 人悉数被抓获。

统一抓捕行动后，6 月 9 日，省公安厅副厅长、福州市委常委到场指导。专案组分为预审、取证、抓捕、看押、综合等 5 个小组迅速开展工作。专案人员顶烈日、冒酷暑、忍饥饿，在全国各地奔走取证、蹲守抓捕、通宵突审。经过 20 多天的紧张工作，全部到案 31人，现场查获假烟 166 件，查扣运输车一部、小轿车 2 部、电脑 10 台、记账本 35 本、手机27 部、存折 8 本、银行卡 4 张，冻结存款 30 万元。6 月 22 日，省公安厅巡警总队长到场指挥；6 月 26 日，福州市检察院批捕处提前介入案件的审理；省公安厅副厅长和国家烟草专卖局有关负责人先后于 6 月 27 日和 7 月 11 日听取专题汇报并对案件做精心指导。7 月 31日，31 名到案嫌疑人中，有 23 人被批准逮捕；其他人采取监居、取保候审以及移送外地另案处理；同时，对漏网者进行网上追逃。经过审理查明：该跨国制售假烟团伙以云霄张某、福州严某和福建某国际储运有限公司经理许某为首，集产供销为一身。从 2003 年 10 月至2006 年 6 月 6 日，以每条 12 元至 14 元不等的价格，从云霄低价购进"登喜路"、"地中堡"、"奔神"、"万宝路"等国外知名品牌的假烟，再以每条 30 元至 60 元不等的运费委托代理商联系国际知名快递公司运输，并以每条 125 元至 140 元不等的价格卖给英国和加拿大的销售商。近三年来，该团伙共组织制售假烟 4600 件（23 万多条），案值 3000 万人民币。

2008 年 6 月 25 日，福州市鼓楼区人民法院一审开庭审理此案。严某等 18 名主犯，从犯分别被判处 15 年至 2 年不等的有期徒刑，并处 900 万元至 2 万元不等的罚金。总罚金3621 万元。福州市中级人民法院二审维持原判。该案案值之高，涉案人员之多，网络环节之广，审理难度之大，为福州有史以来之冠；被公安部评为全国十大精品案件之一。公安部、国家烟草专卖局通电嘉奖了有关部门和有关人员。

案例附录 3

厦门"2·28"假烟网络案侦破始末

2008 年 2 月初，厦门市烟草专卖局接举报云：一辆闽 E12072 的货车经常从云霄往厦门运载假烟。稽查人员通过调阅高速公路的通车纪录发现，这辆车出入厦门频繁，且它下高速公路口前，必有一辆越野车为其"开路"。2 月 28 日凌晨，厦门市局烟草稽查支队会同治安支队，经过彻夜的蹲守，在海沧区新阳大桥发现这两部车。在拦截闽 E12072 的货车时，两车上共下来 5 个人，手持棍棒，企图暴力抗法。开车的胡某及另一名同伙被执法人员制服之后，其他人如鸟兽散。经清点，车内共藏匿假烟 357.3 件，案值 168 万元。

在审讯中，胡某交代，他们是受另一辆越野车车主胡某的指使，将假烟运到厦门市闽通物流公司。越野车车主胡某则交代了一个重要线索：他是云霄大埔村人，真正幕后老板是云霄常山农场下云管区人张某。张某很少出面，躲在幕后遥控指挥。

随后，市局稽查和公安人员组成专案小组，对闽通物流公司展开秘密调查。执法人员发现，闽通物流公司的法定代表人林某今年 21 岁，户籍地是漳州市芗城区浦南镇元坪村外社 16 号；且闽通公司的员工大部分都是云霄人，该公司主要经营的路线是上海。于是，执法人员初步推断，林某应该只是个傀儡，闽通物流公司可能是云霄至上海的中转站。

2008 年 5 月 3 日，专案组通过技侦手段以及前期收集的信息得到一个重要的信息，张某有可能将假烟载到厦门与泉州的交界处，然后再运至厦门闽通物流公司。为此厦门市局稽查支队与公安两部门的执法人员分成 4 组，一组租用私家车在高速公路的休息站对进入厦门车辆进行监测，另外三组执法人员分别控制住进入厦门各主要高速路口的收费站。

5 月 3 日上午 11 时许，专案组发现了目标车辆，通过不断更换车辆跟踪，牢牢地"锁"定这两辆车，下午 13 时许，当闽 E 11938 驶至集美区光华路时，司机陈某下车和闽通公司的林某交接货时，执法人员立即将两人控制住。几乎在同一时间，另一组执法人员在集美区南浦路抓获涉案司机吴某。

经过审讯，基本查清了"2·28"假烟网络案的脉络。张某从 2007 年 7 月开始，勾结闽通物流公司林某等人，将假烟通过厦门闽通物流运至上海闽通物流，尔后销往全国各地。在"2·28"案发后，张某仍不放弃厦门这个中转站，他利用一名叫"阿咪"的云霄人在云霄假烟基地组织货源，并找到"包运"的中介人阿辉，通过司机吴某和陈某将假烟载到厦门交给林某。林某在接到货后，又跟上海闽通物流公司总经理林某联系，将货直接发往上海。现已查明，"2·28"假烟网络案查获假冒卷烟 915.6 件，涉案金额 530 多万元，查扣运假车三部。涉及人员 19 名，已批准逮捕 3 人，刑拘在逃 2 人，主犯张某网上通缉。

案例附录 4

宁德破获特大香烟走私案

2001 年 11 月，宁德市公安边防接到群众举报，称有一跨国走私犯罪团伙准备近期在闽东开展"业务活动"。边防成立了行动小组，制订了两套行动方案，准备随时行动。

2002 年 1 月 11 日，根据群众举报，当晚在某海域有走私物品的交易。行动领导小组副支队长作为前线指挥员带领两名精兵强将于 17 时许赶到三都边防派出所。20 时 30 分，举报人称两艘接运走私物品的船只驶进了福安途经三都澳进出东冲口的海上通道白马门，边防支队杨飞铭政委当即下达行动指令。三艘高速摩托艇离开三都码头，呈"一"字形拉开，快速驶向白马门海域。下白石边防派出所的公边艇赶往上游海上的"隘口"，拦在大桥下面，严密检查过往船只。不久，第三搜查小组发现一艘走私船。行动小组长张飞辉少校立即指挥官兵强行跳帮，将走私船控制了下来，并押送到下白石边防派出所。赛岐边防工作站、东冲边防派出所、三都边防派出所三个单位的公边艇到各自码头和港口附近执勤。盐田、溪南、甘棠、下棠等四地边防官兵则到码头布控，两个包围圈很快形成了。

第二天，行动小组召开分析会并继续严密开展搜寻第二艘走私船的行动。上午 9 点，在下白石半屿村前滩涂上，发现了走私船的目标。这是一艘新造未经申报的蓝色"三无"

铁壳船，船舱里载满了箱外标有"555"字样的进口走私香烟。船上则一个人都没有。原来，蓝色铁壳船在约定地点找不到"出路"，船上的人看到搜寻的公边艇后，决定冲滩。没想到冲滩失败，铁壳船搁浅，船上的人员只好弃船而逃。当天中午，两艘铁壳船被押到了漳港码头。经过当场清点，两艘走私船总共装运"555"香烟2200多件，案值600多万元。

经查明：该跨国走私团伙通过异地运输"搬运工"的办法，从石狮运来14名"搬运工"乘坐包车到达赛岐，在当地租用"三无船"，经过单线联系，夜幕交易，准备将大船上的"香烟"源源不断地搬到铁壳船上，再通过小挂机船将香烟分散上岸。随着两艘走私香烟大船被查获，14名"搬运工"以及其他涉案嫌疑人经公安机关追捕后，悉数落网。该案的破获受到省政府领导的表扬。

案例附录 5

在黑暗和泥泞中打假

2002年9月24日，省烟草稽查总队组织30多个由福州、厦门、三明、莆田等地烟草稽查队员组成的特别行动队前往云霄打假。黎明前，行动队从福州启程，经过300多公里的长途跋涉，直奔云霄县和平乡内洞口顶自然村。到了那里，特别行动队兵分两路，由汤总队长带队的一路比较顺利，在当日下午4点就找到制假的窝点，经过几个钟头的紧张清理，结束了战斗。由林副总队长带队的一路则没有那么幸运，当特别行动队员们汗水淋漓地爬上海拔700多米高的山头时，由于举报的方位不准确，辗转多时无法找到目标位置。因此，他们只好钻进一片片一人多高的芦苇丛中，用拉网式的办法对附近几个山头进行搜索。大家像对付往日的战役一样，抢起锄头和铲子，不停地挖，不停地找，直至下午五点多才在一条溪边的小山坳里找到制假的工棚。正当大家欣喜若狂的时候，天渐渐暗了下来，下午还是晴朗无云的天空突然变了脸，乌云密布，雷雨交加，哩哩啦啦的雨打得人睁不开眼睛。特别行动队员冒着雨，被芦苇扎破的手脚钻心地痛，雨水、血水、汗水交织在一起。

一般地说，为安全起见，特别行动队员在天黑时必须撤离山头。看着饥肠辘辘、饥寒交迫的队员在寒风中已经站立不稳，副总队长焦急地与山下的打假交接组联系，对缴获的机械及辅助材料进行交接。由于风雨交加，天黑路滑，通讯信号时通时断，时常听不清双方的呼叫，山上特别行动队员和山下交接队员两队人马都在山上迷了路。大家边走边联系，到晚上十点见面时，每个人都像雨中的老鼠一样，身上没有一块是干的，但是，他们忍饥挨饿，坚持把交接工作做完。直到与当地的有关部门交接完毕，队员们才开始撤离。

然而，上山容易下山难，风雨把队员们淋得睁不开眼，陡峭的山坡"天晴一块铜，下雨一包浓"的红泥巴路又陡又滑，队员们在下山时接二连三地摔倒，有的只能"连滚带爬"地下山，个个成了红泥鳅。直到一个多钟头后，队员们才找到停在山间小公路旁的汽车。

到了车上，浑身是泥的驾驶员手脚不听使唤，马路边的万丈深渊和不断打滑的泥浆路使人望而生畏。有关防滑的安全措施试了一次又一次，但都觉得不稳当。生命攸关，为了安全，副总队长只好调来当地烟草公司熟练的驾驶员上山来开车，这才安全地把队员送回目的地，这时东方已露出一丝鱼肚白。

这一天，超过半数的特别行动队员有较重的手臂划伤、摔伤、中暑、感冒的状况。但两路人马取得不菲的战果，共查获大型制假机械设备 YJ14－23 卷烟机械 2 套、烟丝 110 包、成品烟 15 件、原辅材料 47 件。

第九章　烟草科技

20世纪90年代后，福建烟草企业的发展从数量规模型转变为依靠科技进步的品牌、结构效益型，以提高产品质量为中心，加强重大项目的研究开发，开展科技攻关、技术创新活动，行业综合科技水平及科技贡献率得到提高。在烟草农业方面，建立了省烟草农业科学研究所（以下简称省烟科所）和龙岩、三明、南平三个分所，在品种选育、土壤改良、栽培技术、平衡施肥、病虫害防治、烘烤等方面的科研工作均取得成绩。为加快现代烟草农业建设步伐，促进福建烟叶生产整体水平和烟叶质量的提高，推广应用一大批先进实用技术，烟草农业技术整体水平位居全国前列。在卷烟工业方面，加大科研资金投入，瞄准国内、国外先进水平，加快技改步伐，以龙岩、厦门卷烟厂两家龙头企业为依托，以提高产品质量为中心，突出重点，打造特色工艺，提高产品市场适应能力。开展基础研究与应用研究，改进卷烟制丝工艺，改革卷烟配方，调整产品结构，应用先进技术，提高卷烟产品的开发研制水平，发挥技术创新对提升品牌核心竞争力的推进作用，使卷烟产品的质量得到提高，产品结构提升，低焦油卷烟、混合型卷烟开发也取得一定成效。在科技推广和学术交流方面，依托社团组织，围绕行业生产、经营任务和烟草科技的前沿课题，开展学术交流、专题调查、科普教育等活动，并将学术活动同科学论证、决策咨询、政策建议结合起来，开展前瞻性的战略研究，提出操作性和针对性较强的决策建议，帮助企业排除发展障碍，为企业经济发展提供力量支撑。

第一节　科研组织

1991年以后，省局成立科技教育处，各主产烟区均设立生产技术科，重点县公司建立了烤烟试验站，加强技术推广管理工作。各工业企业均设立技术科或新产品开发研究所，并先后设立科技管理职能部门，配备专职人员，加强科技管理工作。1995年，国家局在三明设立"中国烟草东南农业试验站"。1996年11月，省公司把三明市烟草专卖局（分公司）烟科所升格为省烟科所，并投入1400余万元，完善设施、增添设备、引进人才，成为福建省烟叶生产技术研究中心。同时，省公司还与行业内外科研院所和大专院校建立横向科研合作关系，开展烟草农业技术研究。1999年以后，工业科研以企业技术中心为主体，农业科研以省烟科所为主体。龙岩、厦门卷烟厂先后成立技术中心，均被国家局认定为行业级企业技术中心，并加强技术中心的硬件建设和各类人才的培育和引进工作，加大科研经费投入，以市场为导向，围绕提高卷烟产品质量和安全性，进行应用技术、关键技术和新产品的研究开发工作。2002年，福建烟草行业形成以省烟科所为龙头，龙岩、三明、南平三个分所为骨干，分工协作、层次分明的农业科技试验网络，并建立长期稳定的"产（烟叶产区）、学（高等院校）、研（科研单位）"联合开发网络，工商分设后，福建中烟着重对企业技术中心进行整合，提高技术中心运作效率和研发水平，整合后的福建中烟技术中心对科技活动管理的职能得到强化，成为福建中烟技术创新的主体。

一、机　构

（一）省局（公司）科技处

省局（公司）成立后，设置了科学技术部，主要负责制定全省烟草系统科技工作发展规划、科研项目安排、经费申报与分配管理，科技成果鉴定、评审与奖励管理，标准、计量管理与监督，科技情报资料与信息，计算机应用、管理以及科技咨询工作等。后改为科技处。1993年12月，省局（公司）成立教育处，专职履行全省烟草行业教育工作。1994年，省局（公司）改革科技管理机构，将原科技处、教育处合并，成立科技教育处（以下简称科教处），延续至2003年。科教处负责全省烟草行业科技教育的综合管理，负责制定全省烟草行业标准化管理工作，组织和管理重大科技开发项目，收集和编发烟草行业内外科技情报信息，促进国内外科技交流与合作，负责全省烟草行业科技成果鉴定、推广、奖励和专利的申报，负责全国烟草院校在福建招生工作，管理烟草技工学校和组织行业职工教育、进修、培训。

工商分设后，2004年省局（公司）的科技管理工作主要由省烟科所承担。2005年初，省局（公司）重新设立科技处。至2008年，科技管理工作由省烟科所和质量检测站承担；教育培训管理工作由人事劳资处承担。

（二）福建中烟科技开发处

2003年，工商分设时省局原科教处划到福建中烟，中烟公司设立科技开发处，负责福建卷烟工业系统科技活动的管理工作，职工教育培训工作归人力资源处管理。

（三）福建中烟技术中心

2006年7月，福建中烟成立福建中烟技术中心，8月1日正式运行。与科技开发处合署办公，统一管理和调配技术资源，研发和维护卷烟产品，组织科技攻关等各项技术活动。技术中心组建后，设置了综合管理部、产品市场研究部、原料研究部、工艺研究部、基础研究部等5个职能部门。2007年底，技术中心共有专业技术人员114人，其中：博士1人，硕士研究生14人，大专以上学历106人；他们中具有高级技术职称8人，中级技术职称46人。通过对龙岩、厦门工业公司技术资源的整合和优化，基本实现统一技术资源管理和调配，统一卷烟产品研发和维护，统一原料研究和资源调配，统一科技管理和科技攻关。围绕福建卷烟"一优一特"品牌发展战略，打造特色工艺，提高产品市场适应能力，加大产、学、研合作，强化内部管理，推进自主创新，开展产品开发改进及各项研究工作。2008年，完成了办公场所、实验室改造，并投入使用。9月，技术中心完成下属公司人员关系上划、机构调整、工作流程及管理制度、机制的重新梳理，下设综合管理部、科技管理部、产品研究部、工艺研究部、材料研究部、原料研究部、中心实验室、龙岩工作站等八个部门，工作职能涵盖了综合管理、科技管理、工艺研究、材料研究、产品研发与维护、产品检测、原料研究和理化检测等方面。

（四）龙岩卷烟厂技术中心

1983年，龙岩卷烟厂成立卷烟科研室。1986年，对新产品开发机构进行调整，成立技术科。1991年，技术科分设工艺科和产品开发研究室。1994年10月6日，工艺科和产品研究室合并，设置了产品开发研究所，为正科级科室，共有26人，其中大专以上学历11人。1999年4月，龙岩卷烟厂技术中心正式成立，扩大了工作职能。2000年，龙岩卷烟厂对企业的技术力量进行了重组，向技术中心倾斜，技术中心科研力量增强，共有32人，大专以上学历有19人（硕士研究生1人）；调整了技术中心的组织机构，设置：配方研究室、工艺研究室、广告策划室、理化检测室和情报研究室，并制定各研究室的工作职责。2001年8月31日，龙岩卷烟厂技术中心被国家烟草专卖局确认为行业级企业技术中心。2001年11月，"中国烟草龙岩技术中心"正式挂牌。行政隶属于龙岩卷烟厂，业务接受国家烟草专卖局科技主管部门和省局（公司）科教处指导。2002年，通过国家烟草专卖局的复评认证，综合能力排名行业级技术中心前列。2004年，调整内部机构、工作职能和人员分工，设综合管理办公室、原料研究室、工艺研究室、产品设计室、商标设计室和理化检测室。此时，技术中心有小型卷烟机、吸烟机、综合测试台、香烟自动测试装置、自动香精香料注射器、化学自动分析仪、化学分析仪、高效液相色谱仪、气质联用仪、气相色谱仪、近红外光谱分析仪、抽吸曲线分析仪、密度折光仪、电位滴定仪、烟碱蒸馏仪、一氧化碳分析仪、紫外分光光度计、酸度计、超纯水系统、氮气发生器、浓缩仪、脂肪抽提器、旋转蒸发仪、马弗炉、条形码检测仪、消化器、恒温恒湿箱、风冷恒温恒湿空调机以及具有国内先进水平的香料厨房等科研仪器设备。2005年底，技术中心共有56人，大专以上学历有41人（其中硕士研究生5人），其中：高级技术职称4人，中级技术职称20人，行业级专家2人，获全国烟草技术能手2人。

2006年7月，龙岩卷烟厂技术中心各研究室按工作职能纳入福建中烟技术中心各部管理体系。

（五）厦门卷烟厂技术中心

1991年，厦门卷烟厂设置技术科，下辖产品开发、配方、工艺等三个专业组。1992年7月，制丝车间的配香职能划入技术科。1993年，厦门卷烟厂成立工艺科，技术科现场工艺职能划入工艺科；三级站中的化验室并入技术科，进行配方原辅料常规化验和成品烟气分析。1999年4月，厦门卷烟厂开始筹建技术中心，9月正式挂牌。成立后，科研力量增强，共有 46 人，下设：综合信息策划室、产品形象设计室、工艺技术研究室、工艺技术管理室、综合管理办公室。

2001 年 10 月，技术中心通过国家烟草专卖局认证，被国家认定为行业级企业技术中心，正式成为"中国烟草厦门技术中心"，行政隶属厦门卷烟厂，业务接受国家烟草专卖局科技主管部门和省局（公司）科教处指导。2002 年通过国家烟草专卖局的复评认证，综合能力排名行业级技术中心前列。

2002 年，技术中心设立原料组，跟踪烟叶产区生态条件、生产技术、烟叶质量，研究影响烟叶特性差异的生态因素等。2003 年 4 月，技术中心职能进行调整，综合信息策划室划至营销中心，产品形象设计室的商标注册管理划至综合管理室。机构设有：综合管理办公室、原料研发组、产品研发组、辅料设计组、工艺研发组、烟叶外观质检组、打叶复烤监控组、工艺监控组、配香组、卷烟材料质检组、成品外观质检组、卷烟烟气检测组、化学分析组。2005 年，再次进行机构调整，设：综合管理室、烟叶质检室、烟叶研发室、辅料设计室、工艺研发室、工艺管理室、配方设计室、成品检验室、辅料检验室和理化检测室等。2005 年底，技术中心共有 76 人，其中：研究生 7 人、本科学历 37 人、大专生 11 人。

2006 年 7 月，厦门卷烟厂撤销技术中心建制，原技术中心整体并入中烟技术中心，纳入福建中烟技术中心管理体系。

（六）省烟科所　中国烟草东南农业试验站

1995 年国家局成立中国烟草东南农业试验站（以下简称东南试验站）设在三明烟科所，5 月 30 日中国烟草东南农业试验站正式挂牌。东南试验站纳入全国烟草农业科研试验网络，主要承担烟草农业科技攻关项目，组织开展东南三省（闽、赣、浙）区域性烟草农业科技协作及科技成果的转化，提高东南烟区的烤烟生产技术水平和烟叶质量。东南试验站与三明烟科所实行一套人马两块牌子，其行政隶属关系、级别和经费渠道不变，国家烟草专卖局主管部门从业务方向予以指导，以补助科研项目经费的方式给予支持，东南地区友邻省区的科研协作及技术推广任务采取有偿服务方式。

1996 年 11 月，三明烟科所升格为省烟科所，为省局（公司）直属的科研机构。1997 年5 月 18 日正式挂牌成立，与东南试验站合署办公，实行两块牌子一套人马，设置：育种、栽培、植保、调制 4 个研究室和化验室、办公室、情报室、图书资料室、技术推广中心、良种繁育基地、病虫害预测预报及综合防治二级站等部门，当年上海烟草集团在所内设立烟叶原料研究三室，投资 250 多万元，配备有关科研仪器设备，增强科研实力。省烟科所主要开展烟草农业技术研究，承担国家局、省局关于烤烟育种、栽培、植保、烘烤等领域的科研项目，并为烟区开展技术服务，先后在宁化、泰宁、将乐、大田、上杭、长汀、建瓯等县（市）公司建立技术示范片。开展烤烟生产技术和病虫害综合防治技术示范，组织龙岩、南平烟草分公司的烟科所、试验站开展联合攻关，建立烟草农业试验示范协作网络。与国内多所大专院校、行业内外的科研院所建立科研协作关系。1997—2002 年，先后承担了 7

个国家局科研项目、7个全国协作攻关项目和12个省局科研项目，有4个国家局项目和5个省局项目通过了成果鉴定，多项科技成果获得奖励，撰写了100多篇学术论文、研究报告，其中：40多篇在省级以上学术刊物上发表，5篇论文入选国际烟草学术会议。2001年，省烟科所科研人员20人，其中：博士1人，硕士5人，高级技术职称4人，聘请全国著名专家5人为客座研究员，试验场科研试验地40亩，场内建有一座包衣种子加工试验厂和7座不同制式的烤房。

2002年初，省烟科所迁往福州，在福州市晋安区宦溪镇亥由村设立科研基地。2003年12月25日，科研基地综合楼落成（建筑面积2100平方米）并投入使用。2004年，完成省烟科所和中国烟草东南农业试验站的异地搬迁和挂牌工作，确立省烟科所为省局（公司）直属的事业单位，负责全省烟草农业科技管理，承担全省烟草农业科研和技术开发工作，指导三明、龙岩、南平三个分所的科研工作。机构设有：办公室、科研开发部、行政事业部等3个部门，科研开发部内设烤烟遗传育种、营养与栽培、调制技术、病虫害综合防治、化学分析等5个研究室和福建省烟草病虫害预测预报及综合防治站。

2005年以后，省烟科所发挥省市两级科研力量，加大烟叶科技投入，选择一些影响福建烟叶可持续发展的代表性课题进行攻关研究，开展了福建清香型特色烟叶综合技术开发、烤烟新品种选育、烟株营养与栽培、主要病虫害预测预报和综合防治、烘烤设备与烘烤技术、烟叶自动编缝机等一系列相关研究；承担了国家局、省局等科研项目的研究开发和试验示范。2008年底，省烟科所在岗职工9人，其中博士2人、硕士5人，高级技术职称6人，中级技术职称2人。

（七）省烟科所三明分所

1987年10月，三明烟草分公司成立三明市烟科所，位于三明市梅列区陈大镇，为三明烟草分公司所属的科研和技术推广机构，烟科所与生产科合署办公。1993年12月，该所迁至莘口镇，员工14人，科研人员7人，试验田40亩，内设顾问室、科研室、情报室、试验场等。1996年升格为省烟科所。

2001年11月，成立省烟科所三明分所（以下简称省所三明分所）。为三明烟草专卖局（公司）直属科研机构，业务接受省烟科所指导。设有栽培育种室、植保室、调制室、化验室、办公室、财务室、高新技术园区及病虫害预测预报三级站。在宁化、泰宁、永安、大田等县设立烤烟试验站。该所与三明烟草分公司生产科合署办公，实行人员集中管理，统一调配使用。有员工67人，其中：大专以上学历26人，博士1人，硕士7人，高级技术职称2人，中级技术职称9人。2002年上海烟草（集团）公司在该所设立烟叶原料三室三明分室。2007年对办公和生活环境进行了重新修缮，改造试验田烟水配套设施。该所成立后至2008年，开展育种、栽培、植保、烘烤、化验等多项课题试验，获得了大量客观、翔实的试验数据，其中烤烟湿润育苗、烟田土壤改良、密集式烤房及陶火管等项目研究取得较大突破，并在生产上大面积推广使用。

（八）省烟科所龙岩分所

1988年，龙岩地区科委在原龙岩地区农业科学研究所烟草研究室基础上，成立了龙岩地区烟科所，与龙岩地区农科所合署办公，行政归龙岩地区科委主管，业务属龙岩地区烟草分公司指导。从事烤烟育种、栽培、烘烤等技术研究。省、市烟草部门每年给予一定经费补助。自主选育的品种（系）有永定一号、C2、4－4、岩杂二号、岩烟97。

2000年，龙岩市烟草分公司成立省烟科所龙岩分所（以下简称省所龙岩分所）。成立时，龙岩烟草分公司拨出专款从龙岩市烟科所移交来全部科研档案，种质资源近200份和科研后代材料800多份，调进部分科研骨干（高级农艺师1人、副研究员1人、助理研究员1人）。行政隶属于龙岩烟草分公司，业务接受省烟科所指导。科研基地位于新罗区龙门镇赤水村，组建时，基建科研大楼及附属设施（烤房、扎烟棚、包衣种子加工厂、烟叶仓库），添置设备设施，充实科技人员，租用30亩耕地用作科研试验用地。设有办公室、育种室、栽培调制室、化验室、病虫害预测预报三级站等科室，工作人员16人。其中：高级技术职称3人，中级技术职称4人；硕士3人，本科3人。2002年上海烟草（集团）公司在该所设立烟叶原料研究三室龙岩分室。长汀、上杭、连城、武平等县设有烤烟试验站。该所主要围绕烤烟育种、栽培、调制、病虫害防治等方面开展科技研究，参与东南烟区清香型烤烟生产综合技术开发研究，开展优质多抗新品种选育。自主选育的有F_1-35、F_1-38、C2等品系。2007年5月，该所相继挂牌建立"龙岩市优质烟示范基地研发中心"、"福建省农业大学资源与环境学院实践教学基地"。2008年，分别开展品种、育苗、栽培、病虫害防治、烘烤、现代农业等方面21项课题研究，其中国家局2项、省局4项、市局15项。

（九）省烟科所南平分所

1994年2月，南平烟草分公司组建成立南平烟科所，挂靠南平烟草分公司生产科管理。1998年更名为南平烟叶技术推广站。租赁南平延平区农业局大横农科所场地20年的经营使用权，开展烤烟科研工作。2002年1月，根据省局（公司）的统一部署，成立省烟科所南平分所（以下简称省所南平分所），为南平烟草分公司直属科级单位，业务接受省烟科所指导。

该所有试验田26.3亩，办公楼1050平方米，培训楼1050平方米，建立了化验室、烟叶样品室、包衣种子车间。1999年建立烟草病虫害预测预报三级站。与青州烟草研究所、合肥经济学院、福建省农业大学等单位建立了科研合作。2003年2月，邵武市烟草公司组建了邵武烟叶技术推广站；3月，松溪县烟草公司成立了烟草试验站。2005年，上海烟草（集团）公司在该所设立烟叶原料研究三室南平分室，作为邵武上海烟草基地的技术依托单位，负责基地的技术和采购烟叶样品检测工作。2005年2月，光泽县烟草公司成立烟叶生产技术试验推广站；5月，武夷山市烟草公司成立烟草农业科学试验站。2006年12月，建阳市烟草公司成立烟草农业科学试验站。2007年该所设有栽培育种室、植保室、烘烤调制室、化验分析室、科技资料室、病虫害预测预报三级站等，正式科研人员6人，其中：研究生 4 人、本科生 1 人；聘用人员 18 人，其中：烟技员 12 人、化验员 4 人、勤杂人员 2 人。2007 年 4 月，南平市烟草公司与中国烟草总公司青州烟草研究所签署 3 年合作框架协议，在南平分所建立"国家烟草改良中心东南实验站南平实验基地"。同年，福建农林大学在该所建立教学实践基地。

（十）福建省烟草质量监督检测站

1985 年，根据《产品质量监督试行办法》和国家烟草专卖局技术监督部门的有关要求，省公司向中国烟草总公司和福建省经委提出建站申请。1986 年，中国烟草总公司下发《关于福建省烟草质量监督检测站建站项目设计任务书的批复》，批准建立检测站。至此，依托省公司科技部正式开始实施建站工作，经过一年多的筹备，检测站初具规模。1988 年 3 月，通过了中国烟草总公司组织的验收，取得审查认可合格证书。1989 年 3 月，通过福建省质量技术监督局（原福建省标准计量局）组织的计量认证和审查认可授权，并获得计量认证和授权证书。检测站行政上隶属于省局（公司），并由省公司法人代表授权在检测站的业务范围内行使法人职权，独立开展产品质量监督检测工作，具备授权法人资格。检测站业务上分别受国家烟草专卖局、中国合格评定国家认可委员会、福建省质量技术监督局、国家烟草质量监督检验中心的领导和指导。

检测站为非盈利性的烟草及烟草制品专业检验机构。承检的产品有：卷烟、烟叶、滤棒（醋酸纤维滤棒、聚丙烯丝束滤棒）。具备卷烟（含卷烟产品鉴别检验）、烤烟品质检验（含烟叶鉴别检验）、烟草及烟草制品主要化学成分分析、滤棒等 45 个项目的检测能力。能够承接监督检验、市场抽查检验、仲裁检验、委托检验等多种形式的检验工作；还可承担和参与有关国家标准、行业标准的制定、修订工作及有关检测方法的研究。从 1997 年开始参加历届的卷烟烟气分析亚洲合作研究实验，受到国内外同行的好评。2004 年 4 月，通过中国合格评定国家认可委员会（原中国实验室国家认可委员会）认可评审，并获得实验室认可证书。随后根据国家烟草专卖局、福建省质量技术监督局和中国合格评定国家认可委员会的相关规定要求，通过多次监督评定、验收和复评审。

2008 年，检测站人员 11 名，其中：中级职称 6 名；总使用面积 600 平方米，实验室面积 400 平方米，其中恒温恒湿实验室 120 平方米，配备了检测仪器设备 58 台（套）；固定资产 1080 万元。

（十一）福建省烟草专卖局烟草行业特有工种职业技能鉴定站

1996 年 10 月，国家局下发了《关于建立烟草特有工种职业技能鉴定站的通知》。1997 年 11 月，经国家劳动部和国家烟草专卖局批准，省局（公司）设立福建省烟草行业特有工种职业技能鉴定站（以下简称技能鉴定站）。1998 年 4 月开始筹建，成立时该站设在龙岩卷烟厂。1999 年 5 月，在龙岩卷烟厂正式挂牌并开展工作，法定代表人宋力。

技能鉴定站设在龙岩卷烟厂期间，常务副站长、考务管理等工作人员都以龙岩卷烟厂方面的人员为主，主要从事烟草特有工种技能鉴定。随着职业技能鉴定工作的深入开展，为更好的加强对鉴定工作的领导，2003 年，技能鉴定站由龙岩卷烟厂迁到福州。2003 年 2 月 18 日完成搬迁移交工作，先后与省局职工教育培训中心、人劳处合署办公，由省公司副总经理卢金来兼任技能鉴定站站长。2005 年 5 月起，技能鉴定站独立设置，承担福建烟草工商两家特有工种职业技能鉴定工作，由省局副局长张卉兼任站长。有专职工作人员 4 人；考评员（兼）127 人，其中：国家裁判员（兼）6 人，高级考评员（兼）17 人。

技能鉴定站业务上接受国家局职业技能鉴定指导中心指导，同时接受地方劳动保障行政部门的监督、检查，承担福建省烟草行业工商企业烟草特有工种职业技能鉴定的具体工作。根据国家烟草专卖局职业技能鉴定规划、政策、标准和有关规定，组织、实施、指导、协调全省烟草行业的职业技能鉴定工作，代理发放职业资格证书。技能鉴定站成立初期劳动和社会保障部核准许可烟草行业职业（工种）鉴定范围为 11 个，2006 年扩大到 27 个。鉴定等级分为五个，一级：高级技师，二级：技师，三级：高级工，四级：中级工，五级：初级工。

截至 2008 年底，全省烟草工商企业的职业（工种）人员鉴定 15804 人次，其中：五级 7641 人次，四级 7112 人次，三级 1023 人次，二级 28 人次；获得资格证书人员 11254 人次，其中五级 6255 人，四级 4238 人，三级 748 人，二级 13 人。

表 9—1　　　　　　**2006—2008 年烟草行业职业（工种）鉴定范围表**

职业工种名称	工种代码	鉴定等级
烟叶调制工	6—13—01—01	初、中、高、技师、高级技师
烟叶分级工	6—13—01—02	初、中、高、技师、高级技师
推销员（营销师）	4—01—02—01	初、中、高、技师、高级技师
打叶复烤工	6—13—01—04	初、中、高
烟叶回潮工	6—13—01—05	初、中、高
烟叶发酵工	6—13—01—06	初、中、高
其他原烟复烤人员	6—13—01—99	初、中、高
烟叶制丝工	6—13—02—01	初、中、高
膨胀烟丝工	6—13—02—02	初、中、高
烟草薄片工	6—13—02—04	初、中、高
白肋烟处理工	6—13—02—03	初、中、高
卷烟卷接工	6—13—02—05	初、中、高
其他卷烟生产人员	6—13—02—99	初、中、高
烟用二醋片制造工	6—13—03—01	初、中、高
烟用丝束制造工	6—13—03—02	初、中、高
滤棒工	6—13—03—03	初、中、高

续表 9－1

职业工种名称	工种代码	鉴定等级
其他烟用醋酸纤维丝束滤棒制作人员	6－13－03－99	初、中、高
其他烟草及其制品加工人员	6－13－99	初、中、高
烟草检验工	6－26－01－11	初、中、高
小包烟包装工	32－016	初、中、高
透明纸包装工	32－017	初、中、高
条包烟包装工	32－018	初、中、高
听烟包装工	32－019	初、中、高
封箱工	32－020	初、中、高
烟叶保管工	32－065	初、中、高
烟机设备修理工	32－060	初、中、高、技师、高级技师
麻、烟类作物栽培工		初、中、高

（十二）福建省烟草科学技术委员会

1997 年 5 月，省局成立"福建省烟草科学技术委员会"，主任：邱胜华，副主任：宋力、黄锦江，秘书长：张玉珍，设农业组、工业组。制定了《福建省烟草专卖局（公司）科学技术委员会章程》。科学技术委员会成立后，着重加强对全省烟草行业科技工作的领导，把握科技发展方向，发挥科技人员在重大科学决策、科学研究、技术开发和科技奖励等工作中的作用，推动全省烟草行业科技进步。2002 年科学技术委员会进行调整，成立第二届福建省烟草科学技术委员会，主任：宋力，副主任：杨培森、卢金来，秘书长：吴正举。

工商分设后，2004 年福建中烟重新成立福建中烟公司科学技术委员会。2008 年，福建中烟公司科学技术委员会进行了换届改选，明确了福建中烟科学技术委员会作为福建中烟科学技术方面的最高决策机构，成立第二届福建中烟科学技术委员会，名誉主任：闫亚明，主任委员：卢金来，副主任委员：李仰佳、李跃民、陈子强、郭香灼，委员会下设秘书处，设于技术中心，主任：陈万年，副主任：傅辉。

二、队　伍

1990 年，全行业科技人员（具有职称）有 519 人，占职工总数的 6.8%，略高于全国烟草行业平均水平，其中具有高、中级技术职称的工、农业科技人员 110 人，占科技人员总数的 21.2%。1995 年，全行业共有专业技术人员 1875 人，占行业员工总数的 15%，其中：高级技术职称 47 人，中级专业技术人员 598 人，初级专业技术人员 1230 人。1999 年底，全行业有专业技术人员 2168 人，其中：高级技术职称 45 人，中级技术职称 767 人。

在烟叶产区，随着烤烟生产的发展，为使烤烟科技得到全面推广普及，各产区烟草公司不断发展壮大基层烤烟生产技术队伍。2001年，全省烟区有烟技员2093名，其中初中以上文化1315人，占62.8%。同时，烤烟科研机构和技术推广网络也在不断完善，烤烟生产科技人才不断增强。2004年底，全省建有省烟科所、三个分所和13个县级烤烟试验站，177个基础设施比较完善的烟草站。烟叶领域科技队伍中县以上科技人员有440人，其中：博士3人、硕士21人。农业专业技术人员中有高级技术职称13人，占2.95%；中级技术职称108人，占24.54%；初级技术职称175人，占39.77%；另外，还有烟技员2381人。

到2008年底，全省烟草商业企业共有各类专业科技人员1787人。

三、学术团体

1986年，省局（公司）开始筹备成立福建省烟草学会工作。经依法登记，挂靠省局（公司），接受省科协的领导和省民政厅的监督管理，为全省烟草行业非营利性具有法人地位的学术性社会团体。1987年1月9日，在福州市召开福建省烟草学会成立大会，大会通过了《福建省烟草学会章程》（共5章15条），选举产生第一届理事会。学会的宗旨是：团结和动员全省烟草行业科学技术工作者，以经济建设为中心，坚持科学技术是第一生产力的思想，在实施科教兴烟和企业可持续发展战略实践中，发挥桥梁和纽带作用；贯彻民主办会和"百花齐放，百家争鸣"的方针，弘扬"尊重知识，尊重人才"的风尚，倡导献身、创新、求实、协作的精神，推动烟草科技事业的繁荣与发展。1987年1月10日，举行福建省烟草学会第一届理事会第一次会议，会议选举出常务理事及理事长、副理事长、秘书长。福建省烟草学会成立后，着手创办《福建烟草》期刊。

1990年7月，省烟草学会漳州分会成立。1991年4月29日，省烟草学会宁德分会成立。1991年7月28日，省烟草学会龙岩卷烟厂分会成立。

1991年11月12日，省烟草学会在福州召开第二次会员代表大会，修改并通过《福建省烟草学会章程》，选举产生第二届理事会。举行第二届第一次理事会议，选举产生常务理事会、理事长、副理事长和秘书长，聘任各专业委员会主任委员。此时，会员发展到915人，其中：高级技术职称36人，中级技术职称184人，初级技术职称438人；具有大、中专学历未评职称的157人。

1992年5月，省烟草学会组织编纂《福建省志·烟草志》，1996年初出版。1993年福建省烟草学会组织编纂《福建烟草十年》画册。

1996年2月13日，福建省烟草学会第三次会员代表大会在福州召开，选举产生第三届理事会成员。据统计，会员1012人，其中：高级技术职称63人，中级技术职称400人，初级技术职称413人；具有研究生学历5人，本科学历203人，大中专学历536人。各分公司、卷烟厂均成立分会，共11个分会。

1998年4月，省烟草学会在福州召开第三届理事会第二次会议，成立青年科技工作者委员会，主任：陈顺辉，委员有 8 位博士生。是年 2 月，中国烟草学会在厦门召开第三届理事会第三次扩大会议。11 月，省烟草学会在周宁县召开山区片会暨秘书长联席会议。此后，为加强基层分会工作，增进沟通交流，省学会每年均举办秘书长联席会议。

1999 年 10 月，在邵武召开学会片区工作会和秘书长联席会，布置全省会员重新登记事宜，会员共 1071 人。2000 年 11 月，在漳州召开全省烟草学会秘书长联席会，交流和研讨全省规范经营、网络建设等课题。

2001 年 4 月，省烟草学会在厦门召开第四次会员代表大会，选出第四届理事会理事、常务理事、理事长、副理事长、秘书长、副秘书长。全省会员 1033 人，其中：高级技术职称 48 人，中级技术职称 471 人，初级技术职称 280 人；博士生 2 人，硕士研究生 18 人，本科生 213 人，大专生 401 人。10 月，在龙岩召开秘书长联席会，讨论中国烟草博物馆对福建文物搜集工作，提出 32 条收集意见。2002 年 4 月，华东片区烟草学会在武夷山召开研讨会，研讨学会改革及如何办好期刊等问题。

2006 年 8 月 25 日，省烟草学会举行第五次会员代表大会，选出第五届理事会，理事、常务理事、理事长、副理事长、秘书长、副秘书长。2003 年工商分离后，学会仍挂靠省局（公司），此次省学会新理事会成员由工商两家人员担任，共有会员 1156 人。10 月，省烟草学会在厦门省烟草职工教育培训中心举办通讯员培训班，表彰 2005—2006 年度《福建烟草》杂志优秀通讯员。2008 年，福建省民政厅和福建省科学技术协会组织对全省社团组织进行评估，省烟草学会通过了省级科技类学术性社会团体评估，被评定为"4A 级学会"单位。当年省烟草学会还获得"全国学会之星"。8 月 2 日，省烟草学会在福州召开第五届理事会第二次会议，审议并通过了《福建省烟草学会财务收支报告》、《〈福建省烟草学会团体会费标准〉议案》。审议通过了《福建省烟草学会专业委员会工作规则》、《福建省烟草学会会员管理细则》、《福建省烟草学会志愿者工作细则》，审议通过增补赵明春、孙长青两位理事。

附：省烟草学会（第 1～5 届）理事会成员

1. 福建省烟草学会第一届理事会（1987 年 1 月）

常务理事（13 名）：刘维灿、吴可怀、李承志、周文甫、林万海、林碧楠、张贵文、郑海观、祖后秀、姜成康、骆启章、唐光启、曾鸿棋。理事长：张贵文；副理事长：骆启章、姜成康、祖后秀、刘维灿；秘书长：吴可怀，副秘书长：曾鸿棋，学会办公室主任刘洪泽。学会下设工业、农业、经济三个专业学组，

2. 福建省烟草学会第二届理事会（1991 年 11 月）

常务理事（15 名）：许锡明、刘洪泽、吴可怀、邱胜华、林启发、林碧楠、张玉珍、郑训权、郑海观、祖后秀、骆启章、唐光启、曾鸿棋、谢联辉、简立桂。理事长：郑训权；副理事长：骆启章、林启发、邱胜华、祖后秀；秘书长：祖后秀（兼），1994 年 1 月后，秘书处由陈秀琴主持工作。顾问刘维灿、陈可才。荣誉理事周文甫。下设：刊物编辑委员会、

农业专业委员会、工业专业委员会、经济专业委员会。

3. 福建省烟草学会第三届理事会（1996 年 2 月）

常务理事（18 名）：卢金来、宋力、许锡明、李仰佳、张玉珍、邱胜华、陈秀琴、陈镇泉、林启发、林桂华、郑强、郑兴文、杨培森、洪浚源、赵典富、唐光启、黄锦江、谢联辉。理事长：邱胜华；副理事长：黄锦江、宋力、卢金来、林启发、陈秀琴；秘书长：陈秀琴（兼）。顾问：刘维灿、郑训权、骆启章。1997 年 1 月 17 日，省烟草学会召开第三届常务理事会。研究决定增补理事 14 人（方福再、刘添毅、黄蔚南、陈全志、陈顺辉、陈家骅、陈学铃、林述朱、杨武毅、李长鲁、诸心泉、张曰冬、黄坚、游文忠），常务理事 11 人（刘宗柳、刘添毅、张小凤、张曰冬、陈全志、陈顺辉、陈家骅、吴正举、黄坚、揭柏林、游文忠），同时成立第三届烟草学会农业、工业、专卖管理、经济流通、刊物编辑等 5 个专业委员会。12 月皮效农任副秘书长。

4. 福建省烟草学会第四届理事会（2001 年 4 月）

常务理事（29 名）：于焕海、皮效农、卢金来、叶枝榕、刘添毅、刘宗柳、许锡明、朱建国、张小凤、张曰冬、张帝赞、杨培森、吴正举、李仰佳、李跃民、邱胜华、陈秀琴、陈顺辉、陈全志、陈舜齐、陈振栋、陈镇泉、林忠、郑强、郑兴文、黄锦江、黄坚、揭柏林、赖秀清。理事长：邱胜华；副理事长：黄锦江、杨培森、卢金来、张帝赞、陈秀琴；秘书长暂时空缺；副秘书长：陈秀琴、皮效农。2003 年 1 月，叶枝榕任福建省烟草学会秘书长。2004 年 1 月，原理事长邱胜华、原副理事长卢金来、原秘书长叶枝榕三位同志辞职，省烟草学会按照学会《章程》规定，进行选举，理事长孙佳和（法人代表）；副理事长李仰佳，秘书长皮效农，副秘书长方祝平。设：专卖管理委员会、经济专业委员会、农业专业委员会、工业专业委员会、青年科技工作者委员会。

5. 福建省烟草学会第五届理事会（2006 年 8 月）

常务理事（30 名）：尤泽清、方祝平、孔祥统、王建勇、叶枝榕、江国勋、刘添毅、朱建国、陈全志、陈景华、陈顺辉、李跃民、李长鲁、张仁椒、张爱国、吴正举、何简、林师训、林建红、林芊、林则森、罗万达、郭香灼、姜林灿、唐莉娜、黄星光、黄宗淦、黄端启、游文忠、詹小强。理事长黄星光，副理事长叶枝榕，秘书长方祝平，副秘书长崔勇。2006 年 12 月增选赵明春为副秘书长。2008 年 1 月增选孙长青为副秘书长。设：专卖管理专业委员会、经济专业委员会、青年科技专业委员会、流通专业委员会、农业专业委员会、《福建烟草》期刊编辑委员会。

第二节　科技管理

1991 年，省公司根据国家局（总公司）《关于加强烟草行业科技工作的若干意见》，强调科技计划归口管理，各单位（部门）的科技活动、科技项目计划要报科技管理部门，统一下达；各科技项目都必须执行立项管理，基层单位的重大科技项目必须列入省公司科技计划，统一在省公司科技管理部门立项，各单位管理的项目也需报省公司科技管理部门备案。11月，省公司依据全国烟草科技工作会议精神，完善科技管理工作体系，明确基本职责。科技管理体系，由省公司、分公司、县公司和工业企业的科技管理部门组成。省公司负责管理全省烟草行业的重大科技成果，各基层单位负责管理本单位的全部科技成果，省公司科技部门负责全省烟草行业重大科技成果管理的日常工作，分公司、县公司指定具体部门和专人负责科技管理工作，由一名副经理主抓科技工作；工业企业建立以总工程师为首的科技管理体系，由一名副厂长主抓科技工作，并制定了各级科技管理部门的职责和基本任务。

7月，省公司依据《中华人民共和国科学技术进步奖励条例》、国家科委《关于科学技术研究成果管理的规定》、《中国烟草总公司科学技术进步奖试行办法》（1987年发布）及《中国烟草总公司关于烟草行业科学技术研究成果管理试行办法》，制定《福建省烟草公司科学技术研究成果管理试行办法》和《福建省烟草公司科学技术进步奖试行办法》，强调科技成果实行分级管理。设立全省烟草行业科学技术进步奖，奖励在各种科技岗位上为烟草行业的发展付出创造性劳动，推动烟草行业科学技术进步，提高社会、经济效益做出突出贡献或较大贡献的集体和个人。省公司设立科技进步奖评审委员会，负责评审全省烟草行业科学技术进步奖项目，每年评审一次。省局（公司）制定科学技术进步奖综合评定标准、申报程序及申报项目内容，设立科技进步一、二、三等奖。龙岩、厦门卷烟厂也制订了相应的科技管理制度，设立了厂级科技进步奖。

1992年，省局（公司）为加强对科技计划指导，规范科技管理，6月，制定了《福建省烟草公司科学技术计划管理试行办法》。该《办法》指出科技计划是烟草行业综合计划的有机组成部分，计划管理围绕包括科技发展规划、科技年度计划、重大科技攻关计划、新产品中试计划、技术引进与消化吸收计划和重大成果推广应用计划，做到研究项目统筹计划、择优安排。此后，福建省烟草科技计划管理工作基本上走向规范管理轨道。当年省局（公司）组织对全省科研项目进行评审，共评出科技进步一等奖1项，科技进步二等奖4项，科技进步三等奖9项。

1993—1995年，省局（公司）着手制定和完善一系列的科技管理办法，明确科技管理工作的任务和职责，逐步建立科技体系，在抓好各地（市）县科研所、试验站建设的同时，加强跨部门、跨学科的横向联系，走产、学、研联合的道路，主动与一些研究所、大专院校密切联系，借助他们的力量进行科学研究和科技开发。

1996年，省局（公司）制定《福建省烟草公司科技项目计划管理办法》、《福建省烟草公司成果鉴定管理办法》、《福建省烟草公司科技进步奖奖励办法》等一系列管理制度，加强对科技工作的统一管理。

1997年7月，省局（公司）印发《福建省烟草公司科学技术进步奖励条例》和《福建省烟草公司科学技术进步奖励条例实施细则》，对科技的评奖范围、申报条件、申报程序、评审标准、评审程序、奖励标准等作出了具体规定。福建烟草行业科技项目的评奖由省公司科教处负责组织和实施，由省烟草科学技术委员会负责科技进步奖项目的评审，各单位完成的科技项目，按照隶属关系逐级上报，科学技术委员会依照评审标准对申报项目进行评审，并以无记名投票方式进行评审表决，经批准的省公司科技奖的项目，在授奖前予以公布，无异议才授奖。

1998 年以后，烟草行业注重技术创新工作，省局按照国家局的要求，全面构建以市场为导向、以产品为龙头、以利润为中心、以管理为基础，技术创新、技术改造、技术引进、质量标准、人才培养紧密结合的自主创新体系，加速科研成果向现实生产力转化。科技开发工作注重技术创新，形成有自主知识产权的科技成果，在技术创新工作上做到三个结合，科技与教育结合，科技与生产相结合，行业科技力量与社会科技力量结合。

1999 年，省局加强科技攻关和成果推广项目管理，解决科技攻关力量分散、重点不突出、科技成果转化率低的问题。鼓励组织行业内外优秀科技人员和研究院所针对行业发展的急需，开展多学科综合性研究，提出解决重大关键问题的理论依据和形成未来重大新技术的科学基础。全省统一部署，确定科研开发重点，围绕"培育高品质烟叶，提高烟叶质量和开发低焦油、混合型卷烟，提高卷烟技术含量"两个重点。对科研项目做到有立项，按照"内按程序，外按合同"的原则，引入市场竞争机制，在行业内外申报项目单位中进行招标，通过专家评审，选择有竞争实力的单位来承担课题项目，集中力量和资金抓好重点项目。在项目实施中，发挥烟草科研单位的龙头作用，实行总负责人领导下的项目专家组负责制，选拔有真才实学的技术带头人，组织协调各方面力量，加强对项目、课题实施情况的检查。

2000 年以后，省公司加强科研项目管理，每年均制定科技项目计划，下达具体科研课题，组织科研攻关，进行科技成果鉴定。

2002 年，省局（公司）组织对全省科研成果进行评审，共评出科技进步一等奖 2 项，科技进步二等奖 5 项，科技进步三等奖 12 项。

2004 年，省局（公司）根据《国家烟草专卖局关于烟草行业科学研究与技术开发项目经费使用管理暂行办法》、《烟草行业重点实验建设和管理暂行办法》要求，规范和加强科学研究与技术开发项目经费的管理。为推动烟草工业科技进步和技术创新，增强卷烟产品市场竞争力，福建中烟成立技术创新工作领导小组和首届科学技术委员会；制定并发布《福建中烟工业公司科技项目管理办法》、《福建中烟工业公司科学技术奖励办法》及《奖励评审标准》等制度，促进工业科技项目管理工作的制度化、科学化、规范化。

2006 年，国家局发布《烟草行业中长期科技发展规划纲要》（2006—2020 年），提出烟草行业中长期科技发展的指导方针：坚持方向，突出重点，持续创新，支撑发展。围绕中式卷烟发展需要，确定烟草育种、烟叶原料、卷烟调香、特色工艺、减害降焦、技术装备、循环经济、数字烟草等 8 个重点领域，在重点领域中确定一批优先主题的同时，筛选出烟草基因组计划、高香气低危害烟草新品种、无公害烟叶工程、基本烟田治理工程、特色优质烟叶开发、卷烟增香保润、卷烟减害技术、中式卷烟制丝生产线、超高速卷接包机组等 9 个行业急需、基础较好的技术、产品和工程作为重大专项。福建中烟据此制定《福建中烟工业公司科技发展规划纲要》。

2007 年，福建中烟确立以项目为主体，以科技项目管理办法为控制手段的科研开发管理机制；加强人才培养，选送技术骨干参加各类专业培训和技术交流研讨，提高研发团队的素质。当年制订《福建中烟工业公司科技项目管理办法》、《福建中烟工业公司科学技术奖励办法》、《卷烟产品开发控制程序》，规范科技活动管理程序。

2008 年，省局（公司）组织对申报的科技成果进行评审，经专家评议、无记名投票、公开唱票等程序，共评出科技进步奖项目 4 项。福建中烟对科技项目管理办法进行修订和完善，并制订具体的实施细则。

第三节　科学研究

1990—2008 年，全省有 21 项科研成果获得国家局科技进步奖，37 项科研成果获省局科技进步奖，46 项获得国家专利。

一、农　业

20 世纪 90 年代以来，福建烟叶科技工作者以提高烟叶质量为中心，开展品种选育、栽培技术、病虫害防治、调制技术等各个环节的试验、研究，解决了烟叶生产技术难题。省烟科所，龙岩、三明、南平分所及产区烟草公司、试验站每年均开展一系列研究课题，同时与科研院所开展技术合作，各项科研项目取得良好进展与突破。省局（公司）及各烟叶产区重视烟叶科技成果转化，烤烟生产新技术、新成果得到不断推广应用，促进福建烟叶生产整体水平和烟叶质量的提高。

（一）良种选育与推广项目

"七五"期间（1986—1990 年），省局（公司）考察产区种植的烤烟品种，审定推广了"翠碧 1 号"品种；各产烟区通过引种试验，用调整季节的办法克服早花现象，较成功地推广了 K326、G80、G28 等外引品种，基本实现全省烤烟良种的更新换代。

1991 年以后，加强烟草育种研究工作，采用常规方法和育种新技术，选育优质抗病新品种。

1992—1993 年，福建农学院遗传育种所开展"烤烟育种"课题研究，福建农学院遗传育种所和三明、龙岩烟科所开展"烤烟杂种一代优势利用"课题研究。此外，龙岩烟科所、三明烟科所及福建农学院采用系统选育、杂交育种、外源 DNA 导入、远缘杂交，杂种优势利用等育种途径，先后选育"岩烟97"、"金烟6号"等品系和"岩杂2号"、"岩杂3号"等杂交一代组合。

1992—1994年，龙岩市农（烟）科所选育出"岩烟97"品系进行大面积的示范，1995年通过了福建省烟草品种审评委员会的农业评审。

1998—1999年，省烟科所、东南试验站，采用杂交育种和杂种优势利用相结合的途径，培育出3个烟叶外观质量和内在品质较好，青枯病抗性较强的新品系（组合），并经大田试种。

2000—2008年，省烟科所及三个分所开展多项烤烟育种研究，分别选育了 F_1-35 和 F_1-38 杂种一代，"兰玉1号"、"闽烟7号"等品种。

1. 优质烤烟新品种选育课题

1992年7月至1997年12月，龙岩烟草分公司、龙岩烟科所、漳平市烟草公司开展"烤烟 G-80 变异株的选育与示范种植"课题研究。1995年，省局（公司）对"优质烤烟新品种选育"课题进行立项，由龙岩地区烟科所承担，该所于1995年1月至1999年12月，围绕"优质、丰产、抗病、适应性广"的育种目标，开展了优质烤烟新品种的选育。2006年，省烟科所还承担国家局下达的"福建适应性烤烟新品种选育"课题项目。

2. 烤烟抗青枯病育种研究

1993年10月至1997年7月，由三明烟科所承担，福建农业大学协作开展"烤烟抗青枯病育种研究"，通过杂交育种和生物工程等手段，开展对既保持"翠碧1号"优质风味又高抗根茎病害，适应本地区种植的烤烟优质品种的研究。

1995年，国家局对"烤烟抗青枯病育种研究"进行立项，由东南试验站和中国烟草总公司青州烟草研究所共同主持，大田县烟草公司和福建农业大学遗传所协作参加，于1996年至1997年开展此项研究，课题延续至2000年。其间，对新23份引进烤烟品种进行抗青枯病鉴定及田间试种，结果为 K346、RG11 品种综合性状表现优良，在生产上逐步推广种植。

3. 翠碧1号品种改良研究

1998年省公司立项，省烟科所和三明烟草分公司共同承担，开展"翠碧1号品种改良"课题的攻关研究。针对全省主栽品种"翠碧1号"长期种植后存在抗病性下降、上等烟比率较低、不易烘烤等问题，采用多途径、多手段育种，把既能保持"翠碧1号"烟叶质量风格，同时在抗病性、易烤性及产品质量水平等方面又有较大改善作为育种目标。在系统选育、杂种一代利用和常规杂交育种三方面进行研究探索。1999年，省烟科所和三明烟草分公司分别在本所试验场及宁化、永安、大田、将乐、泰宁等5县进行"翠碧1号"田间变异株选株工作。2001年，省烟科所继续对"翠碧1号品种改良"课题开展研究。

4. 烤烟优质多抗新品种选育研究

1998年，省公司立项，由龙岩烟科所承担，1998年至2004年12月，开展该课题研究。

通过杂交、回交等育种途径，选育适合福建烟区种植的优质、多抗新品种。2001年，省烟科所还承担国家烟草专卖局协作课题"优质多抗烤烟新品种选育及配套技术研究"。

5. 烤烟杂种 F_1 的研究与利用

1998年，省公司立项，1998—2000年，省烟科所开展该研究课题。主要研究：雄性不育系的保存与转育，杂交组合田间鉴定，杂交组合青枯病抗性鉴定，雄性不育 F_1 优良组合小区比较，雄性不育 F_1 优良组合的示范等。

6. 烟草种质资源的收集、鉴定与利用

1998年，省公司立项，1998—2001年，省烟科所与龙岩烟科所承担该课题研究。主要收集经全国品种资源攻关项目鉴定的优异资源和特异资源，征集新引进的国外资源和国内新育成品种，建立福建省烟草品种资源保存体系。

2007年，省烟科所承担国家局《全国烟草种质资源平台建设》课题项目。承担15份种质编目、27份种质繁种更新、57份种质抗青枯病鉴定和16份种质品质鉴定任务。四项试验任务分别分解在省烟科所、省烟科所龙岩分所和邵武分公司承担，省烟科所开展编目试验，从播种移栽、田间管理、观察记载、留种收种到材料整理设专人负责；邵武开展青枯病鉴定；龙岩分所开展繁种更新和品质鉴定。2008年继续开展此项试验，顺利完成了试验田田间观察记载、图像拍摄和收种、烟样整理和选送、数据整理和规范录入等，进行试验总结。

7. 烤烟新品系试种试验

2003年，省烟科所在武夷山、泰宁、宁化、长汀、武平等县分别对新育成烤烟新品系K02、K03、K06、K07、K09（对照 K326）进行试种试验。

2004年，分别在邵武、武夷山、松溪、泰宁、宁化和长汀、武平等7个县对 K07 进行示范种植，多数示范农户及当地烟草技术人员对示范效果较满意，该品系整体表现较好。还在南平分所、泰宁、长汀等地进行8个烤烟新品系（品系代号 K03、F15、F16、F22、F24、F26、F28、F31）小区试验，对14个新育成品系进行了田间鉴定和留种。在邵武肖家坊镇的青枯病重病田进行9个新品系抗病鉴定。

2005年，省烟科所分别在武平、长汀、邵武、宁化、将乐、泰宁、松溪、武夷山、浦城、光泽等地开展烤烟新品系 K07 的示范试验，示范面积2300亩。还开展25个 F_1 代、11个 F_2 代、98个 F_3 代、40份 F_4 代、52份 F_5 代、36份高代品系的材料选育和21个系选单株材料的选育工作，完成16个烤烟品种的种质的雄性不育转育，配制34个杂交组合。

2007年，省烟科所选育闽烟7号（K07）通过全国烟草品种鉴定委员会审定。

2008年，省烟科所三明分所开展杂交后代选育 F_1 ～ F_6 代202份材料，共选择性状较好的单株598株，其中外引品种杂交后代 K－2 田间生长整齐，长势较强，主要经济性状表现较好，抗逆性强。

（二）烤烟栽培技术研究与开发项目

1. 烤烟集约化育苗研究与应用

1997年，省烟科所提出了《烤烟集约化育苗研究与应用》研究课题。1998年省公司立项。1998年7月至2000年12月，开展适应本地条件的烤烟集约化育苗技术研究。烤烟育苗技术经历了多次改进，推广营养袋假植育苗技术仍然存在苗床占地多、用工量大、烟苗生长不均衡、抗逆性不强、烟苗易带病等诸多问题，应用烤烟集约化育苗着力解决这些问题。该课题是应用烤烟漂浮育苗，利用本地资源，研制出理化性质稳定、适宜烟苗健壮生长的基质、营养液配方，并研制简易的剪叶器。通过对不同育苗方式烟苗生理指标的测定及移栽后烟株抗病性、抗逆性、生长发育的对比和观测，通过漂浮育苗技术培育出高茎壮苗，提出与地膜覆盖栽培模式相配套的壮苗标准。在育苗的管理形式上，总结出两种形式：一是由烟草站指定的烟技员或专业户进行集中育苗，育成烟苗按0.03～0.05元/株卖给烟农种植；二是由几户烟农集中育苗，烟技员负责技术指导，大部分中、小棚采取这种管理形式。该成果于1999年在全国烟叶生产技术研究会上进行交流。2000年2月，中国烟叶生产购销公司在三明召开全国烤烟漂浮育苗现场会，观摩了该试验成果。2000—2002年，省公司烟叶处、科教处，省烟科所，龙岩、三明、南平烟草分公司共同开展"烤烟漂浮育苗技术推广应用"项目研究。2003—2008年，全省烟区大面积推广集约化育苗。

2. 烤烟湿润育苗技术研究与应用

2003年，三明烟草分公司开展湿润育苗基质和营养液配方的研制和筛选及肥水管理方式等育苗相关技术的研究。主要研制湿润育苗基质、营养液，创新育苗肥水管理模式，减少育苗用工，解决传统托盘育苗基质易板结的问题，实现育苗材料的产业化生产和烟叶生产的集约化育苗。该研究成果利用本地资源，因地制宜地研制和筛选出烤烟湿润育苗基质配方，实现原材料的本地化供应。采取统一供应育苗基质和营养液，确保所培育烟苗无毒无病，减少大田生育前期花叶病的发生。同时，为烟叶生产提供一套较为完善的湿润育苗技术。2004—2008年，在三明烟区共推广145.8万亩；2006—2008年，在龙岩烟区共推广55万亩。2007年，该项目获国家烟草专卖局（总公司）科技进步奖三等奖。

3. 环保型烤烟育苗基质试验示范与机理研究

2007年，省烟科所龙岩分所开展"环保型烤烟育苗基质试验示范与机理研究"，为推广应用环保型基质提供技术支撑。同时，对可拆卸式镀锌管烤烟育苗大棚等育苗设施进行了研制与示范，镀锌管育苗棚结构合理，保温性能好，可拆卸，部件少，易运输、安装与保管，受到烟农的好评。

4. 福建省高级卷烟原料生产的土壤条件与施肥技术的研究

省公司和福建省农业大学土化系在1993—1996年间的合作研究项目。该课题针对福建烟区的土壤特性，探讨土壤条件与烟叶品质的关系，研究高级卷烟原料生产的土壤条件，根据烤烟营养特性与需肥规律，结合福建烟区不同土壤类型进行科学施肥，开发生产高级卷烟原料。对龙岩、三明、南平主要烟区151个烟田烤烟生长状况的跟踪调查、各种综合试验及对土样和烟叶样品的化学测定、品质分析，取得4100个数据。研究结果：不同土壤类型及其属性与烟叶质量密切相关。福建省植烟土壤大多属于黄泥田、灰泥田、乌泥田、潮沙田、紫泥田及烂泥田等。通过测定土壤类型和烟叶的总糖、总碱、糖碱比得出，宜烟的土类顺序为：紫泥田、潮沙田好于黄泥田、灰泥田，乌泥田、烂泥田较差。烟叶样品评吸结果亦表明：潮沙田、紫泥田所产烟叶的香气质通常为"好"；黄泥田的均在"中"以上，香气量和浓度均较理想。烟叶的刺激性以潮沙田、黄泥田、灰泥田的较小，化学成分较为协调。乌泥田、烂泥田生产的烟叶内在化学成分大多不理想。该课题通过省级鉴定。此外，省局（公司）还组织三明烟科所进行"菜籽饼肥对烤烟香气影响的研究"，也取得阶段性成果。

5. 东南烟区烤烟地膜覆盖免耕栽培技术研究

1993年1月至1996年7月由三明烟科所承担，主要研究南方多雨烟区烤烟地膜栽培的盖膜方式，制作程序，揭膜时间，肥料配比、肥料利用率和施肥方法，病虫害综合防治，播栽期，地膜覆盖栽培对烤烟内在质量的影响等项目开展研究。寻找东南烟区不同品种烤烟地膜覆盖栽培的最佳种植方式、最佳肥料配比和施肥方法、最佳播栽期、种植密度等，达到省工、省肥、增产、增质。项目完成后，制定了一套"三明地区烤烟地膜覆盖栽培技术规程"。

6. 南方多雨生态区不同氮素形态对烤烟产量质量影响的研究

1995年，省公司立项，由东南试验站承担，该项目从南方烟区地理位置、生态条件及栽培方式出发，对多雨烟区烤烟地膜覆盖栽培施用不同比例的硝、铵态氮后对烤烟产量、质量及内在化学成分的影响进行研究。1995—1998年，分别在省烟科所试验场、宁化、泰宁、连城、大田等地做了常规施肥与不同专用肥对比试验，经过一系列田间试验，得出最佳配比模式，为烤烟生长提供合理的氮源配比。

7. 烤烟喷施微量元素研究

1995年，省公司立项，三明烟科所开展该课题研究。针对福建烟区土壤存在土层较浅、质地较轻、养分含量低和保水保肥能力差，而烤烟生长季节雨量集中养分流失严重，加上种烟年限较长，导致部分田块出现严重缺硼、镁等营养元素症状。该项目分别在宁化、明溪、清流、永安等地进行了不同微量元素、单因子及复合因子试验。试验结果表明，烤烟施用一定量的微量元素，对提高烤烟产量、质量有一定的效果。根据研究成果，开发适合福建烟区烤烟生长的多元复合肥，并在生产中推广使用。

8. 福建春烟区土壤养分丰缺评价及烤烟专用肥研制与推广

1996年，国家局立项，由东南试验站和中科院南京土壤研究所共同承担，课题针对福建烟区烤烟施肥中存在的问题，提出通过对福建烟区植烟土壤养分的丰缺状况及其变化趋势进行研究并作出评价，提出相应的施肥对策。在此基础上研制适用于福建烟区的烤烟专用肥，并经试验后在烟区推广。2001年，该项目获国家烟草专卖局科技进步三等奖。

9. 东南烟区烟田杂草控制技术的研究

1997年，国家局立项，由东南试验站牵头开展，1997年10月确定具体实施方案，成立了由东南试验站、福建农林大学益虫室，省公司科教处，三明、南平、龙岩烟草分公司，福州市罗源县烟草公司，江西省石城县烟草公司和广东省南雄烟科所组成项目协作组。1998—1999年，协作组分别对福建的三明、南平、龙岩、罗源和江西赣州及广东的南雄、梅州烟区苗床和大田杂草种类及群落结构进行调查。查明了所属烟区烟田杂草的种类、群落结构、优势草种。采集杂草标本379份。1998—2000年，协作组连续3年在不同地理生态条件对杂草消长规律进行定点研究，研究不同杂草危害程度与烟株农艺性状、烟叶产量质量的相关性；并进行化学除草技术研究、不同地膜控草技术研究、生物控草技术研究和综合控草技术研究。2003年，该项目获国家烟草专卖局科技进步二等奖。

10. "翠碧1号"光滑（僵硬）烟成因及控制技术研究。

1997年，省公司立项。省烟科所承担，该课题通过试验的方法查明福建主栽烤烟品种"翠碧1号"光滑（僵硬）烟的成因，并制定相应的光滑烟控制技术。分别在三明的宁化、清流、明溪、永安、将乐、泰宁、大田、尤溪8个县101个农户进行试验调查。经过研究分析，淀粉含量过高是形成光滑烟（僵硬）烟的主要原因，采收成熟度不够、变黄时间太短、烘烤过程装烟太密等是导致光滑烟（僵硬）烟的主要因素。

11. 平衡施肥及新型肥料试验

1998年国家局立项，省烟科所承担，省烟科所安排不同施氮量试验，设置4个施氮水平和两个优化施氮处理，了解福建烤烟需氮和土壤供氮的规律。在永定县调查30户烟农，分析其施氮情况与最终烟叶品质的关系，同时进行烟株生长不同时期硝酸盐浓度跟踪测定，了解叶片硝酸盐浓度与施氮量及各项栽培措施的关系。2003年，省烟科所开展饼肥施用试验。在龙岩分所和长汀县进行不同施氮量及烟株施入饼肥之后生长情况。2004年，分别在上杭、长汀、宁化、建宁、邵武、浦城和南平分所等地进行道荣肥、绿珍公、富万稼肥和奥卡尼克肥等不同新型肥料试验。2005年，分别在省烟科所试验场、上杭、浦城、松溪等地施用绿珍肥对烤烟产质影响的试验。2006年，南平分所也进行平衡施肥研究。上海烟草（集团）公司立项，在南平开展"南平烟区土壤养分空间变异与养分平衡调控的研究"课题。借助地理信息系统（GIS）与统计学模型集成技术进行烟区土壤主要养分的空间变异规律研究，通过田间试验提出烤烟各主要养分的丰缺指标，南平烟区土壤主要养分丰缺程度及其分区图的绘制，为因地施肥提供科学依据，提高施肥精度，提高肥料利用效率，减少肥料对环境的污染，降低生产成本和增加农民收入，提高烟叶品质。

12. 南平烟区土壤养分空间变异与养分平衡调控的研究

2008 年，省烟科所南平分所与上海烟草（集团）公司开展《南平烟区土壤养分空间变异与养分平衡调控的研究》课题，探索南平烟区植烟土壤的氮、磷、钾的空间变异特性规律，在邵武等 6 县市各安排 30～50 亩平衡施肥示范。通过与福建农林大学合作，以南平烟区植烟土壤为研究对象，通过调查采集有代表性的植烟土壤，测定土壤中的有机质、全氮、全磷、全钾、碱解氮、速效磷、速效钾、交换性镁的含量状况，借助全球定位系统（GPS）与地理信息系统（GIS）等集成技术，研究区域耕地土壤主要养分变异函数模型，逐步建立以种烟乡（镇）为单位的土壤养分数据库及以农户为单位的施肥档案，形成根据不同主产区域、不同烤烟品种、不同土类、不同肥力土壤等情况指导各产烟区域科学配方施肥。

13. 提高闽北烟区烤烟品质的栽培与调制技术综合开发研究

1998 年，省公司立项，南平烟草分公司开展，该项目以南平分所为试验中心，各县（市）为新技术的示范推广基地。消化吸收国内外先进技术，通过边试验、边示范、边推广，在烤烟育苗、新品种引进、专用肥研制、配色膜控草、热风循环烤房改造、白云石粉改良土壤、综合农艺措施降低烟碱含量、适时成熟采收等全方位的综合研究，形成具有闽北特色的烤烟生产综合技术。三年时间，通过各项实用技术的研究推广，并在烟区大面积推广应用，取得成效有：新品种云烟 85 在南平成功推广；采取综合农艺措施有效降低全市烤烟烟碱含量；研制烤烟专用肥并成功推广；利用白云石粉有效改良植烟土壤；成功推广配色膜覆盖控草新技术；加强成熟采收，大力推广热风循环烤房，提高烟叶烘烤质量。应用综合技术的烟田，烟株生长发育良好，营养协调，株型呈腰鼓型，落黄层次分明，烤后烟叶身分适中，色泽鲜亮。

14. 提高烤烟中部叶上等烟比例及上部叶可用性综合技术研究

2000 年 1 月至 2002 年 12 月，由省烟科所、三明、龙岩、南平烟草分公司承担研究项目。针对当时烟叶生产中栽培技术方面存在的问题，主要研究：不同施肥量，不同移栽期，不同种植方式，不同打顶、留叶数，不同采收成熟度等子课题的试验，从中研究提高烤烟上等烟比例和上部叶可用的综合生产技术。

15. 福建烤烟氮素营养诊断与优化推荐施肥技术研究

2003 年国家局立项，省烟科所承担，中国农业大学资源与环境学院协作，属农业部 948 重大国际合作项目子课题。针对福建烟区的环境特点，了解和研究烤烟的生长发育规律和养分吸收规律，在此基础上，研究适合福建烟区提高烤烟品质的氮素营养调控生产技术措施。课题组进行资料收集与调查，对福建烤烟种植面积、产量，施氮量及施肥特点，气象，烤烟产值等进行收集整理。2003—2005 年，开展各项科学实验研究。主要研究项目：不同氮源对烤烟总氮和烟碱积累规律研究；改变施肥方法对烟株物质积累规律的影响研究；烟株氮营养状况进行实时监控与优化实验。经过三年的试验研究和推广示范。

2005 年省烟科所提出福建省烤烟优化推荐施肥方案，并在省烟科所试验场及长汀、上杭、松溪、浦城等县进行田间示范，效果较好。2006 年 7 月，该项目通过专家鉴定，认为：项目总体研究达到国内烟草同类研究的领先水平，在土壤矿化氮素对烟株上部叶烟碱的影响及机理研究达到国际先进水平。2007 年，省烟科所开展了《烤烟不同基因型吸氮规律研究》，探讨翠碧 1 号和 K326 两个主栽品种在福建气候条件下养分吸收规律等，为当地烤烟生产中养分管理提供参考依据。开展《不同生长素浓度对烤烟生产的影响研究》，探讨生长素降低烟碱、改善烤烟品质过程中的适宜浓度，为烤烟生产中降低烟碱产品的开发与应用提供参考依据。开展《打顶对烤烟品质的影响研究》，研究不同打顶程度对烤烟内在品质的影响，探讨打顶程度与烤烟香气物质合成之间的关系。2008 年，分别在上杭、泰宁和松溪县进行《氮素营养诊断与优化推荐施肥》示范试验。2008 年，该项目获国家烟草专卖局科技进步三等奖。

16. 以成熟度为中心配套生产技术试验示范与推广

该项目是产区、烟厂、科研单位合作承担的国家烟草专卖局重点项目。2004 年 2 月，中国烟叶公司在北京召开《以成熟度为中心的配套生产技术试验示范与推广》项目启动会议，之后印发了实施意见，对该项目进行全面部署和安排。2004—2005 年，依托青州烟草研究所、郑州烟草研究院等科研单位在云南、贵州、四川、重庆、湖北、湖南、福建、广西、江西、山东、河南、陕西、吉林和黑龙江 14 个省份的 33 个示范点全面铺开，19 家卷烟工业企业和 1 家中间商参与示范烟叶的评价和工业验证工作。福建安排南平烟草分公司与厦门卷烟厂在松溪县建立以成熟度为中心配套生产技术试验示范区。分布在松溪县渭田镇、郑墩镇、茶平乡，2004 年总面积 7250 亩，试验示范面积 2000 亩；2005 年示范面积扩大到 1 万亩，中心示范面积 5000 亩，种植品种 K326。该项目以省烟科所南平分所作为技术依托单位，在松溪示范点试验种植大户化、育苗商品化、烘烤专业化的生产管理模式，对松溪县烟叶生产技术方案进行修改，制订烟叶生产全过程检查评比方案并组织实施。开展相关技术试验研究，并对示范点的烟技员和烟农进行相关技术培训，提高了一线人员对科学施肥、成熟度的认识。南平分所还派员到松溪进行实地生产技术指导，确保生产技术方案的落实。

17. 全国部分替代进口烟叶生产示范及工业验证

2002 年国家局提出，省烟科所承担，2004—2005 年，在浦城县建立示范基地，与杭州卷烟厂技术中心合作。以提高烟叶内在品质为主攻目标，抓技术规范并落实到位，提高烟叶成熟度，突出烟叶油分，控制适当的烟碱含量，提高烟叶香气质和香气量，改善烟叶色泽，提高安全性。重点开展 3 项技术研究，推广 5 项新技术。技术研究：不同移栽方式与当地气候条件的适应性，优质烟适宜外观品质研究，浦城自然生态条件下烤烟生长发育特性研究；示范与推广新技术：漂浮育苗技术，氮素诊断与优化推荐施肥，数字显示温度计，上部叶带茎烘烤，密集式烤房。2005 年初，省烟科所科研人员根据杭州卷烟厂提出的烟叶质量存在主要问题，与南平烟草分公司和浦城县公司和杭州烟厂技术中心进行密切协商、研究分析，因地制宜制定最优化的生产技术方案，并跟踪实施。同时，根据当地生产的实际，开展相关的实验研究课题，加大技术培训力度。当年烟株表现出优质烟叶的田间长势长相，烤后烟叶香气质好、香气量足，受到国家局检查组和合作烟厂的好评。杭州卷烟厂当年在基地增加调拨 1 万担烟叶。

18. 国家级优质烟叶生产科技示范基地建设课题

国家局立项，2004 年底开始，龙岩、三明市烟草分公司分别承担该课题的示范推广及试验研究工作。该项目以保持和改善烟区的生态条件为目标，以集成运用先进生产技术和创新技术为手段，建立优质烟叶生产科技示范区。实施研究提出通过栽培避病、减少用药、加强预测预报、精准用药，规范用药行为、安全用药为核心内容的控制农药残留等主要措施。并坚持使用煤作燃料，杜绝使用柴烘烤烟叶，保护生态环境。优质烟叶生产示范区单位面积纯收益高于全省平均水平，上等烟比例 50％以上，上中等烟比例、均价高于全省平均水平，烟农收入明显增加。2008 年 5 月，该项目顺利通过国家局科教司组织的项目验收，验收委员会对项目取得的研究成果给予了高度评价，龙岩基地建设综合得分 96.3 分，三明基地建设综合得分 97.8 分，为全国通过国家局验收的优质烟叶生产科技示范基地中得分最高的一个。

（三）病虫害防治研究项目

1. 福建省烟草害虫及天敌调查研究

国家局立项，在全国烟区开展。由省公司科技部牵头，福建农学院益虫室主持，1991 年，成立福建省烟草害虫及天敌调查研究协作组。1991—1994 年，分别在三明、宁化、清流、明溪、大田、沙县、将乐、尤溪、建宁、泰宁、龙岩、永定、上杭、武平、长汀、连城、罗源、南平、邵武、松溪、浦城、云霄、南靖、漳浦等县（市）的主要烟区乡村、贮烟仓库以及厦门、龙岩、云霄、罗源卷烟厂的仓库进行烟草害虫及天敌种类普查。标本鉴定工作由福建农学院承担。1994 年，协作组基本查清福建省烟草害虫及其天敌的种类和分布情况，对所采集的标本进行鉴定。结果表明，福建省烟草害虫共有 118 种，分属 2 门、3 纲、12 目、43 科。各烟区均有发生为害较重的有：东方蝼蛄、野蛞蝓，小地老虎、烟蚜、烟青虫、绿稻蝽、斜纹夜蛾等，贮藏期的主要害虫有烟草甲、烟草粉螟、大谷盗。此外，大蟋蟀、非洲蝼蛄在闽南冬烟区发生较普遍，可造成不同程度的危害。烟草害虫天敌有 133 种（包括重寄生蜂及病原微生物），分属 5 纲、11 目、37 科。福建烟虫的捕食性天敌有 60 种，较常见捕食性天敌有：瓢虫、翅虫、步甲、大草蛉、食蚜瘿蚊、食蚜蝇、蜘蛛，寄生性天敌有烟蚜茧蜂、稻螟小黑卵蜂等，其种群数量于大田中后期进入高峰期，对烟草害虫的种群增长有一定的自然控制作用。1995 年，继续进行种类普查，重点开展烟草主要害虫的专题研究及药剂防治试验。

表 9—2　　　**1991—1994 年调查福建烟草害虫的捕食性天敌种类一览表**

科目类别	虫类
螳螂目螳螂科	1 薄翅螳螂
半翅目盲蝽科	2 黑食蚜盲蝽，3 烟盲蝽
半翅目蝽科	4 大红蝽，5 益蝽
半翅目猎蝽科	6 环足猎蝽，7 淡红猎蝽，8 八节黑猎蝽，9 彩纹猎蝽，10 黑红捕猎蝽，11 日月猎蝽，12 乌猎蝽，13 棘猎蝽，14 黄足猎蝽，15 环斑猛猎蝽
半翅目姬猎蝽科	16 小姬猎蝽
半翅目花蝽科	17 小花蝽
半翅目长蝽科	18 大眼蝉长蝽
半翅目鞘翅科	19 隐斑瓢虫，20 十五星裸瓢虫，21 七星瓢虫，22 狭臂瓢虫，23 一斑盘瓢虫，24 异色瓢虫，25 纤丽瓢虫，26 红肩瓢虫，27 八斑和瓢虫，28 双带盘瓢虫，29 六斑月瓢虫，30 稻红瓢虫，31 龟纹瓢虫，32 长突毛瓢虫
半翅目芫菁科	33 眼斑芫菁，34 大斑芫菁
半翅目虎甲科	35 中国虎甲，36 星斑虎甲，37 镜面虎甲
半翅目步甲科	38 细颈步甲，39 赤胸步甲，40 黄绿青步甲，41 青步甲，42 四斑小地甲，43 大黄绿步甲，44 头斑步甲
半翅目隐翅虫科	45 黑色隐翅虫，46 黄足蚁形隐翅虫，47 黑足蚁形隐翅虫
双翅目食蚜蝇科	48 巨斑边食蚜蝇，49 黑带食蚜蝇，50 梯斑黑食蚜蝇，51 黑盾壮食蚜蝇，52 大灰食蚜蝇，53 凹带食蚜蝇，54 短翅食蚜蝇
双翅目瘿蚊科	55 食蚜瘿蚊
脉翅目草蛉科	56 大草蛉
蜻蜓目蜻科	57 黄衣，58 直伸肖蛸，59 草间小黑蛛，60 三突花蛛

2. 乙霜青防治烟草青枯病技术研究

省公司立项，1992 年开始，由龙岩地区烟科所、龙岩烟草分公司、沙县烟草公司、永定湖雷烟草站等单位共同开展，针对福建省烟叶主产区，青枯病一般发病率 10%～30%，严重田块甚至绝收现象，经三年研究，应用 90% 乙霜青防治烟草青枯病效果显著。1992 年防治示范 76.7 亩，1993 年扩大到 3500 亩，1994 年达到 10.1 万亩，深受烟农欢迎。

3. 烤烟青枯病防治研究

国家局下达课题，1995 年 1 月至 1997 年 7 月由三明烟科所、青州烟草研究所承担，重点研制新的化学药剂和施药方法，利用基因工程技术，构建具有拮抗能力好、定殖能力强和无致病力的烟草青枯病生防工程菌株，用于防治。

4. 烟草气候斑点病防治研究

1993 年省公司立项，1994—1996 年龙岩市烟科所开展，该研究采用大气污染因素的复合、动态研究的技术路线，明确了 O_3 是该病的主要病因，指出 SO_2 和 O_3 的复合胁迫能促进该病发生。根据病害症状，按病斑类型分成三类，即白点型、褐斑型和环斑型。

5. 烟草线虫病调查和防治研究

1995 年省公司立项，福建农业大学植保系和省公司共同承担，课题开展烟草线虫种类调查鉴定，线虫和青枯病菌对烟草的复合侵染，田间施用杀线虫剂对烟草青枯病的防治作用，烟草根结线虫病的生物防治等四方面的研究。从宁化、三明、沙县、漳平、长汀、武夷山和罗源等县（市）的烟草根部和根际土壤中分离鉴定出植物寄生线虫 10 属 17 种。基本查明线虫的田间分布和不同类型烟田中的主要寄生线虫，为烟草线虫病的防治提供了科学依据。1998 年 3 月进行成果鉴定。

6. 烟草灾害性害虫小地老虎的发生规律及综合防治研究

1995 年省公司立项，福建农业大学植保系和省公司共同主持，1995—2000 年，在三明的三元、清流、宁化、明溪、永安、尤溪、大田、沙县、将乐、建宁，龙岩的永定、上杭、武平、连城、长汀，南平的松溪、邵武，漳州的漳浦、南靖，福州的罗源等地选择不同生态型、耕作制度、品种布局进行小地老虎种群消长与各生态因子之间关系的研究。掌握小地老虎在福建烟区的生活史、年发生代数及各代的发育进度、越冬等，提出小地老虎的预测预报及综合防治措施。

7. 烟草青枯病菌系分化与抗源筛选应用研究

1995 年省公司立项，该研究从烟草青枯病的发生与品种布局、栽培轮作、地势土质及小气候特点等关系入手，分析品种抗性与菌株致病力之间的关系。筛选出具有代表性的系 3、K326、烟岩 97 和红花大金元 4 个品种作为鉴别品种，并利用其鉴别青枯菌致病力的分化，结果表明烟草青枯菌存在致病力的分化，得出青枯菌可分为Ⅰ型菌系，其致病力弱，主要分布在南方黏质水田；Ⅱ型菌系，其致病力中等，主要分布在贵州省低海拔的旱地烟，广东和湖南省的旱地烟，以及福建省相当部分的砂质水田烟；Ⅲ型菌系，其致病力强，主要分布在低海拔、小盆地、山垄田、溪流沿岸，小气候闷热、阴、湿、砂的烟草连作地。在大量的田间调查和鉴定工作的基础上，提出并建立一套规范化的烟草品种抗青枯病筛选鉴定模式；以明确菌系分布规律，提出病害治理的对策，以及南方应当将抗青枯病Ⅲ型菌系作为抗病育种的主攻目标之一的科学结论，同时还展示利用病毒弱毒株系兼治花叶病和青枯病的可能性。

8. 烟草抗青枯病基因工程研究

1997 年 1 月至 1999 年 12 月，省公司烟叶处和福建农业大学植保系承担的课题项目。该研究通过基因工程技术，将抗菌肽基因（对青枯病菌有显著抑制效果）导入"翠碧 1 号"等植株体内，得到高抗烟草青枯病的转基因植株，并经农艺性状和烟叶品质选择，获得抗性稳定、经济性状良好的烟草种质资源或抗病品种，供抗病育种或生产使用，从而解决烟草青枯病的问题。

9. 烟草包衣种子无毒育苗防治花叶病配套技术研究

1997 年，省公司立项，龙岩市烟科所开展，该课题研究应用物理、化学、生物等科学，在种子消毒、育苗土壤消毒、育苗方式、大田配套防治技术、防治花叶病药剂筛选以及研制新型生物制剂等方面，系统地开展对烟草花叶病综合防治配套技术的研究。研制出防治花叶病生物制剂除病毒 9803，制定《无毒育苗综合防治烟草花叶病配套技术操作规程》。

10. 福建烟草花叶病综合防治技术研究

2000 年省公司立项，省烟科所开展，研究福建烟区的烟草病毒种群在时空上的变化，摸清福建烟区病毒病的种类及其时空变化规律并筛选最佳抗病毒剂配方，提出一套适合福建烟区的烟草花叶病综合防治措施，并试制出可以鉴别 TWV、CMV 和 PVY 的便携式早期诊断盒。

11. 烟株残体与田间病毒发生趋势

2004 年，省烟科所开展"烟株残体与田间病毒发生趋势"研究，了解烟株残体带病毒情况与田间病毒病发生之间的关系，为烟区开展烟后田间烟杆清理工作及病毒病综合防治工作提供理论依据。

12. 病虫害预测预报

1995 年国家局下达项目，由 5 省（黑龙江、山东、陕西、福建、云南）6 单位共同承担。1998 年，省公司建立烟草病虫害的预测预报网络，省烟科所设立省烟草病虫预测预报及综合防治二级站，宁化、永安、大田、泰宁、延平、邵武、松溪、永定、上杭、新罗、长汀县（市）烟草公司设立烟草病虫预测预报及综合防治三级站。重点研究主要病虫害，如病毒病、根茎病、地老虎和蚜虫等发生、流行、蔓延的特征、生态条件及其发生消长规律，分析成灾的原因，提出相应的防治对策，研究主要病虫害的监测和预测预报技术。2001 年，省局分别设永定、长汀、新罗、上杭、宁化、大田、泰宁、永安、邵武、延平、松溪等观测点，对烟草病毒病、青枯病、黑胫病、烟蚜等病虫害情况进行测报。2004 年，省烟科所印发《福建省烟草病虫害预测预报及综合防治实施方案》。统一病圃设置、病害普查方法、发病程度等，调整充实部分三级站的建设，增设了龙岩分所、建瓯为三级站。省烟科所二级站加强对农药规范使用宣传，发布病虫情报 9 期，把福建烟区频繁发生的病毒病、青枯病、黑胫病、赤星病、根黑腐病、烟蚜和斜纹夜蛾等列为重点测报对象。是年，主要以田间病虫危害诊断、防治技术为中心任务，在长汀县管前镇建立了 1000 亩的示范田，其中设立青枯病、赤星病、黑胫病、烟蚜等系统观测圃，并全面普查病虫害发生的趋势。2006 年，南平分所三级站设立邵武、松溪、建阳三个病虫预测预报点。2007 年省局在 5 万担以上的产烟县（市）建立病虫害观测站，每个站安排 1～2 名植保专业技术管理人员，2～3 名观测技术人员，配齐了培养箱、显微镜、数码相机、电脑等仪器设备。搭建福建省烟草植保专家系统平台，用于培训、服务、指导、查询、交流、在线诊断。

13. "无公害"烟叶生产技术研究及应用

2002 年，国家局立项，三明烟草分公司与中国科学技术大学共同承担，项目研究通过栽培避病、减少用药，加强预测预报、精准用药，规范用药行为、安全用药为核心内容的控制农药残留等主要措施，研究和集成了一套包括"无公害"烟叶生产环境建议标准、生产技术规程、农药和肥料使用准则等先进实用的"无公害"优质烟叶生产技术体系。通过示范应用"无公害"烟叶生产技术，与非示范片相比，烟叶病害发病率降低 9.7％，平均亩产量增加 3.74 千克，平均亩生产成本增加 4.04 元，平均亩产值增加 41.8 元，2004—2006 年累计示范面积 24.01 万亩，累计增加烟叶产值 999.44 万元。2008 年三明烟科所开展无公害课题的验收，准备验收现场和验收相关材料。于 5 月中旬通过了国家局组织项目验收，专家组对项目取得的成果给予高度评价，认为项目研究成果整体达到国内领先水平，部分达到国际先进水平。

14. 福建烟蚜抗性监测与抗性治理研究

2008 年，由省烟科所开展，课题采用"浸渍法"测定福建烟区烟蚜种群对灭多威、辛硫磷乳油、吡虫啉、氰戊菊酯乳油、高效氯氟氰菊酯及啶虫脒的抗性水平，掌握福建烟区烟蚜种群的抗性现状。对常用的灭多威、辛硫磷乳油、吡虫啉、氰戊菊酯乳油、高效氯氟氰菊酯和啶虫脒，行交互抗性的测定。研究杀虫剂连续施用和轮换施用对烟蚜种群抗药性发展的影响，结果表明连续分别施用灭多威、辛硫磷乳油、吡虫啉、氰戊菊酯乳油、高效氯氟氰菊酯和啶虫脒这 6 种杀虫剂，将导致烟蚜种群分别对这常用 6 种杀虫剂的抗药性快速增长；轮换施用灭多威→高效氯氟氰菊酯→吡虫啉这 3 种杀虫剂，则能有效延缓烟蚜种群对这三种杀虫剂的抗药性增长。

15. 青枯菌种内遗传多样性研究

2008 年，由省烟科所开展，课题从三明及南平烟区分离获得 32 个青枯菌株。从贵州省福泉分离获得 7 个青枯菌株。根据 Fegan 和 Prior 提出的青枯菌演化型分类框架，采用复合 PCR 检测体系对上述 39 个青枯菌株材及 6 个参考菌株进行了检测，明确它们的演化型分类归属。结果表明：当年分离获得的 39 个菌株均属于演化型 I。

16. 烟草青枯菌在烟草与杂草间交替寄生及土壤带菌研究

2008 年，由省烟科所开展，研究不同土壤对烟草青枯菌抑制作用测定。从上杭、连城、建阳、松溪及湖南省桂阳等烟区采集 40 份土样，进行抑菌能力测定。开展土壤对烟草青枯菌抑病作用试验，土壤对烟草青枯菌抑病作用与烟田青枯病发生的关系试验，抑菌抑病土与土壤理化特性的关系试验。

（四）烤房与烘烤技术研究项目

1. 旧烤房改造试验示范推广

1991 年，三明烟科所开展该项应用基础研究，主要是解决烘烤设备不当问题，本着为节省燃料，提高烟质，对旧小烤房存在通风排湿不畅、耗煤量大、难升温、房内温度不均、保温性能差以及旧烤房结构不规范等问题进行研究。主要研究：①烤房加热系统：炉膛、火管排列、烟囱结构。②烤房排湿系统：进风口、风道、风道上面盖层、层距、天窗结构。③烤房保温系统：墙体、门及天棚。④烤房挂烟系统：层距、底层档梁距、过桥砖距离。⑤烤房观察系统：各种观察窗大小与位置关系。1993 年冬，邀请全国烟草专家进行技术研讨论证。1994—1996 年，进行全面系统的示范推广。1994 年改造烤房 3400 余座，1995 年共改建烤房 3 万余座。

2. 东南多雨烟区（福建）优质烟烘烤设备及配套技术试验研究与推广

1992 年，国家局委托项目，东南试验站开展该课题研究，主要研究不同部位采收成熟度、编烟、装烟及用煤配比方式；以三阶段烘烤为基础吸收国内外先进烘烤工艺优点，研究适应 40 级收购标准提高烟叶香吃味的烘烤模式。根据东南烟区的特点，对烤房的供热、通风排湿，保温，挂烟，观察等五大系统进行了综合配套改造试验研究，尤其对"H"形风槽式热风洞配合倒虹下扎式火管排列改造。根据烤房内温湿度分布规律，成熟度偏低的烟叶挂倒二层，适当调整三阶段烘烤工艺，提出优质烟烘烤综合配套模式。1997 年 5 月，全国烟叶烘烤技术研讨会在三明召开，该课题经教授、专家现场评议验收，认为达到国内同类研究先进水平。截至 1997 年，改造和新建新型烤房 7 万余座，烘烤面积达 60 多万亩。1999 年，该项目获国家烟草专卖局科技进步三等奖。

3. 烤烟烘烤智能化自动控制监控系统的研究

2001 年省公司立项，省烟科所研究，经过两年的试验研究，2003 年，对烤烟烘烤智能监控系统进行改进，并在三明分所及永安、建宁、三元、宁化、大田、泰宁、将乐、明溪、武夷山等县（市）示范 58 座。2004 年，又对烤烟烘烤智能化自动控制监控系统进行改进和完善，生产 50 套样机，在三明、南平烟区 6 个点实验。是年，烤烟烘烤智能监控系统的三项专利获国家知识产权局授权。福日科光电子联合开发的烤烟数字显示温度计，示范推广2000 台，翌年，三个烟区推广烤烟数字温度 6 万多台。2005 年，对该系统继续完善，并开展生产示范。2006 年，在松溪县开展"自动化烘烤设备与技术研究"示范，取得成功。2007 年，省烟科所和信息中心联合开发的烤烟烘烤自控系统参加了省内和黑龙江两个地点国家局开展的对比试验，基本实现烤烟烘烤自控系统项目成果向产品转化。

4. 烤烟上部烟叶带杆烘烤技术研究

2000—2007 年龙岩烟草分公司自选课题（后与河南农业大学合作进行机理研究）。烤烟顶部 4～6 片叶一次性砍下，带杆编烟上烤，按烟叶三段式烘烤工艺烘烤，能有效改善烟叶外观质量，降低烟碱，烟叶各项化学成分更加协调，烟叶品质的均一性更好，提高上部烟叶的烘烤质量和可用性。2000 年首先在连城县开展对比试验。2001—2002 年在连城、长汀开展试验与示范。2003 年龙岩市 6 个县（市）开展上部烟叶带杆烘烤与分片采收的对比试验研究，并推广 12 万亩；三明、南平组织科技人员到龙岩参观该项技术，也进行试验示范推广。2004 年全省推广该项技术 27.5 万亩，其中龙岩 26 万亩、三明 1 万亩、南平 0.5 万亩。2005 全省推广至 38 万亩，2006 年达 47 万亩。2006—2007 年，与河南农业大学开展了上部烟叶带杆烘烤项目的机理研究。2007 年上部烟叶带杆烘烤成为福建烟区重点推广技术，全省推广面积 50 万亩。此项技术也在广东、江西、湖南等省推广应用。结果表明：上部叶 4～8 片叶带杆烘能改善烟叶外观质量，上等烟比例提高 10 个百分点，烟叶均价提高 0.65～0.84 元/公斤。

5. 编烟机研制

2007 年由省烟科所和福州迪特机电有限公司联合开发，研制烟叶编制机。编烟机有两种型号，一种是小型机，适合于小户使用或供单个小烤房编烟使用；另一种是大型机，有传送带输送，可以连续作业，适合于大户或在烤房群使用。5 月开始投入示范生产，基本取得成功。在研制过程中 5 项实用新型专利获得国家知识产权局授权，申请 2 项发明专利。

（五）烟草种植区划项目

2004 年国家局立项，福建省按区划项目的要求，由省烟科所牵头制定了《福建烟草种植区划研究的总体实施方案》，组织开展全国烤烟种植区划项目的研究和全面烟叶化学成分联合分析的取样。是年，完成国家烟草专卖局要求的 32 个土壤与烟叶样品取样；完成三个烟区五年（1999—2003 年）烟叶主要流向调查；26 个产烟县的社会经济状况，640 个农户的烤烟栽培技术、劳动力资源的调查与统计。10 月初举行烤烟种植区划土壤取样培训班，共 33 人参加。2005 年，国家局科教司部署全国烟草种植区划烟叶、土壤样品的取样工作，全国烤烟取样点 560 个。福建省进行了 2004 年烟叶产区流向调查和有关资料的收集，开展福建烟区生态环境和烤烟质量普查。在永定、长汀、宁化、泰宁、邵武、浦城等重点产烟县安排 9 个点田间试验，开展烟区生态条件与烤烟品质形成关系的研究，全面了解福建烟区生态资源和烟叶质量状况，建立生态资源和烟叶质量数据库。2007—2008 年完成了福建烤烟种植区划适宜性评价指标体系，形成《福建烤烟种植区划适宜性评价研究报告》，进行了 GIS 图件开发。

（六）清香型烟叶开发研究项目

1. 东南地区清香型烤烟生产综合技术开发研究

2000 年，国家局下达"东南地区清香型烤烟生产综合技术开发研究"科技项目，由龙岩烟草分公司和东南试验站共同承担。2 月，国内烟草专家苏德成、王恩沛、骆启章、陈江华、尹启生，中科院院士谢联辉等在龙岩市长汀县对项目立项进行了可行性论证。该项目以"农、工、学、研"结合，上海、武汉、颐中烟草（集团）公司，龙岩、厦门卷烟厂为工农协作，郑州烟草研究院、青州烟草所、中国科技大学经济技术学院为技术依托。实施三年，完成开发研究任务。当年，在龙岩建立东南地区清香型烟叶综合技术开发中心示范片 15000 亩。在示范区内进行云烟 85 栽培技术规范研究，提高土壤 pH 值与烤烟营养平衡施肥技术体系研究，膜上烟栽培与外注式施肥配套技术研究，增加下部叶单叶重与降低上部叶烟碱研究，烟叶成熟采收与烟叶品质关系研究，提高烟叶香气量与烟叶烘烤技术研究，及对所产烟叶进行烟叶质量评价与工业验证。2001年，示范片扩大到15万亩，继续进行上述技术研究，对所产烟叶仍进行烟叶质量评价与工业验证，并作出小结。5月，国家烟草专卖局科教司组织全国有关专家对项目的示范田和试验区进行阶段考察评议，认为项目开发主题正确，示范区域烟叶样品各项理化指标基本符合要求。2002年，根据研究成果，制定清香型烟叶开发技术规范，在龙岩烟区全面推广。5月，国家烟草专卖局科教司组织行业有关专家对项目试验、示范区进行田间现场验收，认为试验区规范程度较高，示范区烟株生产正常，施肥合理，营养状况良好，烟株分层落黄好，成熟采收和烘烤掌握较好。10月，国家烟草质量监督检验中心受国家烟草专卖局科教司委托，对项目科技示范区、新品系区试的大样烟叶进行评吸鉴定，认为清香型综合技术开发的不同品种、不同地域烟叶清香风格比较明显，具"浓香"特征的"K326"品种也表现较好的"清香"特色，项目选育的"F_1-38"、"F_1-35"品系表现出"清雅"香气，香气质及综合感官指标较好。项目组把项目系统技术拍摄成VCD科教片，并且编纂《"闽特"烟叶生产经营》生产科普材料。2003年，该项目获国家烟草专卖局科技进步二等奖。

2. 福建清香型特色烟叶综合开发

2005年，省烟科所项目启动，福建烟草工商联合开展，省烟科所为主要牵头单位和技术研发单位。与福建中烟进行研讨和交流，制订工作方案和技术方案，部署试验项目和实验地点。2006年，清香型福建特色烟叶开发围绕"优先发展、分步实施、三赢共生"三大战略，开展了清香型品种选育与筛选、配套栽培技术、清香型品种青枯病抗性鉴定和配套烘烤技术等一系列相关研究。在主产烟区选择有代表性的9个县（市）进行大田多点试验种植，并建立4.71万亩示范基地。初步筛选出"翠碧1号"、"C2"、"F_1-35"等特色品种。同时，初步明确清香型烟叶生产的生态区域。9月，福建中烟组织福建省第四届评烟委员会感官质量检验小组，在龙岩对福建清香型特色品种烟叶样品共99支进行了感官评吸，烟叶样品均表现出清香风格。2007年，在龙岩永定、上杭、长汀，三明宁化、尤溪，南平武夷山、浦城、政和等8个县（市）建立清香型烟叶开发示范片。签订清香型烟叶生产合同5270份，合同面积44623亩，其中：龙岩17250.8亩，三明21566.2亩，南平5806亩；翠碧1号面积23267亩，"F_1-35"面积17876亩，"C2"面积2592亩，"红花大金元"面积887.8亩。收购烟叶12.29万担，上等烟比例达50.14%，担烟均价565.91元。在9个县（市）开展清香型品种、栽培技术、烘烤和病虫害防治等相关的试验研究。"翠碧1号"品种烟叶成为福建清香型烟叶的典型代表。当年开展福建清香型烟叶适宜生态区普查，选取25个乡镇作为福建省烟叶质量普查取样点，为扩大清香型特色烟叶开发，进行合理布局和轮作提供依据。2008年，以"翠碧1号"品种为重点，发展福建清香型特色烟叶，清香型特色品种翠碧1号种植面积达27.5万亩，收购烟叶73.7万担。

二、工　业

1991—2008 年，主要开展了烟叶原料、卷烟材料、卷烟工艺、卷烟产品研发、减害降焦、检测分析、自动控制等项目研究。

（一）烟叶原料及打叶养护技术项目

1995 年，省局立项烟厂打叶复烤技术的应用研究项目：华美卷烟有限公司开展。1999年 6 月至 2001 年 12 月，国家局下达打叶复烤加料工艺课题，三明金叶复烤有限公司、北京长征高科技公司开展研究，项目在叶片复烤前设置加料系统，在复烤机上增设清刷系统，进行加料工艺设计，研制新型料液，对叶片加料后进行烘烤，达到改善烟叶品质，提高烟叶利用率及缩短片烟醇化时间。该项目成果应用，可降低配方成本 5%～10%。2001 年，厦门卷烟厂也启动该项目。2001 年，厦门卷烟厂技术中心完成提高梗丝可用性课题研究。2001 年，厦门卷烟厂技术中心完成省内烟叶基地跟踪评价课题研究，启动片烟醇化养护工艺技术研究。2002 年，厦门卷烟厂开展烟叶原料基地技术监控及工业可用性论证研究项目及主产烟区烟叶化学成分和工业可用性评价研究。2003 年，厦门卷烟厂开展省局下达课题烟叶原料供应体系技术规范研究：以烟叶质量作为项目研究的核心，对烟叶供应体系进行系统研究，制定一套执行性强、行之有效的技术标准和管理文件。解决烟叶调入质量与配方质量要求的矛盾，并指导整个供应体系的合理有序运行。同年厦门卷烟厂技术中心开展烟叶醇化最佳周期跟踪研究：选择具有代表性的区域和等级烟叶作为研究对象，制定醇化地点环境设置及醇化技术方案，进行醇化过程的监控。研究打叶复烤后烟叶仓储期的自然醇化过程，寻找出烟叶质量变化规律，确认烟叶自然醇化期的最佳值，为卷烟提供质量稳定的烟叶原料。2004 年 10 月至 2006 年 12 月，龙岩卷烟厂开展福建中烟下达课题烟叶在醇化过程中颜色过度转深的原因及控制措施探讨，协作单位为郑州烟草研究院。主要研究不同产地、不同品种、不同部位、不同等级烟叶多酚类物质的含量分析，测定多酚化酶、过氧化物酶活性。分析片烟醇化过程中多酚含量的变化，找出醇化过程中多酚氧化酶、过氧化物酶活性的变化规律。醇化过程中烟叶外观变化、多酚含量、多酚氧化酶、过氧化物酶活性与吸食品质的关系研究。控制烟叶在醇化过程中颜色过度转深的措施探讨，根据研究结果，从理论上提出抑制烟叶在醇化过程中过度转深的措施。2005 年 8 月至 2007 年 7 月，龙岩卷烟厂开展福建中烟下达课题原烟仓储方式研究，设 5 个处理（五种原料仓储方式）试验，分别为坎市 4♯低温库 15℃原烟仓储、坎市 4♯低温库 25℃原烟仓储、用北京厂家烟叶醇化剂密封原烟仓储、用郑州烟草研究院与龙岩卷烟厂合作开发的烟叶醇化剂密封原烟仓储和常规仓库原烟仓储。综合评价五种原烟仓储方式，提出最佳仓储方案。2006 年 1 月至 2008 年 12 月，龙岩卷烟厂开展国家局下达项目部分替代进口烟叶生产及工业验证，主要研究部分替代进口烟叶生产基地筛选及配套技术研究，烟叶质量评价体系研究，烟叶质量对比分析研究，小叶组配方模块研究，替代津巴布韦烟叶工业验证研究。2008 年根据国家局的安排与部署，福建中烟公司与相关单位在云南宜良、福建浦城、云南施甸开展"特色优质烟叶开发"项目示范点研究，完成特色优质烟叶开发项目年度总结报告，开展福建清香型特色烟叶工业验证，完成质量评价报告。2006年10月至2009年12月，福建中烟技术中心开展福建中烟下达课题混合型卷烟晾晒烟原料使用及开发相关技术研究，调研国内主要晒晾烟产地的生态条件、生产状况和质量特点，建立调研档案和数据库；建立晒晾烟质量检测体系，通过晒晾烟质量分析，结合工业可用性（特别是配伍性等）研究，探索晾晒烟品质与生态条件和生产状况的关系，重点提出晒晾烟的特征香气成分或表达式；选择不同生态和品种类型的烟区进行大田试验，提出影响晾晒烟品质和风格的主要因素及提高品质潜力的关键技术；研究福建卷烟企业混合型品牌所需晾晒烟原料的质量要求；研究晒晾烟醇化技术；发挥地方晒晾烟质量潜力，寻找降低TSNA等有害物质含量的途径，同时研究醇化的最适宜周期和醇化过程中香味物质的变化规律。2007年，福建中烟技术中心承担福建中烟下达课题复烤工艺与片烟内在质量研究，通过改变复烤机干燥温度不同工艺技术参数条件对不同等级和不同产地烟叶进行试验加工，比较各自烟叶的物理、感官与化学特性，总结出不同工艺技术条件下复烤温度对不同等级和不同产地烟叶物理、感官与化学特性的影响趋势，进而寻找其各自原料与工艺加工特性的相关性，通过试验掌握上、中、下部烟叶和产地在福建、云南、贵州等地产烟叶的加工特性，为工业企业加工烟叶提供技术数据，为实施烟叶复烤加工提供技术数据和技术支撑。2007年4月至2008年6月，福建中烟技术中心开展打叶复烤重点工序质量控制课题研究。该项目分为两大部分进行研究：叶梗分离工艺参数优化研究主要是提高叶片结构水平，使叶片结构更加符合卷烟产品的技术要求；叶片复烤工艺参数优化研究主要是提高烤后片烟含水率的均匀性，提高片烟内在质量和综合经济效益。2008年，福建中烟技术中心开展烟叶仓储和醇化技术研究，开展空调仓库与常规仓库对比试验，寻找空调仓库与常规仓库仓储醇化过程中烟叶质量变化情况。还研究片烟贮藏养护技术规范项目，开展烟叶气调防霉剂的推广研究，确定2008年需要封存的等级、数量，跟踪防霉剂在库使用情况；开展德国巴斯夫公司防虫网效果验证试验研究，小范围地进行内部烟箱和外部环境中的防虫杀虫效果验证。

（二）卷烟材料项目

2001年，厦门卷烟厂技术中心完成四类烟加胶棒应用研究。2002年，厦门卷烟厂开展卷烟辅助材料定性、定量标准体系和胶粘剂的物性探讨和定标测试课题研究。2004年2月至2005年9月，龙岩卷烟厂开展24毫米嘴棒在翻盖产品中的应用研究，研究主要内容：丝束单旦、总旦、三醋酸甘油酯的研究；卷烟样品的感官质量评价；嘴棒吸阻与整支烟支吸阻最佳比值的研究；卷烟样品的化学成分分析。进行生产验证，采用24毫米嘴棒卷制的卷烟样品与正常20毫米嘴棒卷烟配方和工艺加工条件下的卷烟产品，进行感官质量对比分析和测试，由此，完善24毫米嘴棒卷烟的加工技术方法。2004年10月至2005年10月，厦门卷烟厂开展滤棒成型工艺运行参数优化应用研究，以影响滤棒成形质量的工艺参数（辊速比、稳定辊压力、辊压力、喷嘴压力）为因子，分别选定三个水平进行正交试验，确定各因素对滤棒的吸阻和硬度的影响程度。对 2.4Y/34000 和 3.0Y/35000 两种规格丝束分别进行以工艺参数为因素的单因素试验，对正交试验结果进行验证，以确定较佳的工艺参数组合。2004 年 3 月至 2005 年 12 月，厦门卷烟厂开展卷烟"三纸一棒"计算机辅助设计技术研究，该课题经过试验，详细系统地研究卷烟辅助材料参数的改变对焦油量等烟气分析指标的影响，建立起一些数学模拟方程，直接描绘出辅助材料的改变对烟气分析指标的影响。同时，研究辅助材料的改变对感官质量的影响趋势。2005 年 8 月至 2006 年 12 月，中烟科技开发处、龙岩卷烟厂、厦门卷烟厂共同研究烟用印刷包装材料化学指标研究与控制项目，对龙岩、厦门卷烟厂使用的烟用印刷包装材料的挥发性物质进行分析，结合技术人员嗅辨、挥发性物质特性及相应的法规要求，确立烟用印刷包装材料挥发性物质残留的限量值。主要研究烟厂使用的小盒、水松纸、印刷舌头纸、印刷内衬纸等印刷包装材料挥发性残留物的测定，建立定性和定量分析方法，并确定其限量指标和限量值。建立企业卷烟材料采购、验收、存放质量控制方法。2007 年，福建中烟技术中心开展激光打孔技术的深入应用研究项目。2008 年，福建中烟技术中心开展激光打孔技术与造纸法薄片应用效果的对比试验、卷烟包装材料标识与技术规范项目、超细规格卷烟材料的开发、七匹狼和金桥系列产品降CO 辅料优化、金桥（英伦奶香）材料优化、滤棒中三醋酸甘油酯施加量均匀性的测定等项目研究，为工艺改进提供数据支持。

（三）香精香料调制技术项目

1. 香精香料调配稳定性的质量监控

2007 年 1—12 月，福建中烟技术中心龙岩工作站开展研究，课题严密监控香精香料调配的稳定性，对于稳定卷烟质量有着重要作用。该项目首先选择香精香料调配控制指标；其次针对某一卷烟牌号的香精香料，选取数十批次测定其控制指标的数值；再采用质量控制图原理确定控制指标的控制限，包括控制上限、下限；然后应用控制限对香精香料调配过程的监控；最后推广到生产厂间在产的所有牌号卷烟的香精香料的调配监控过程。

2. 卷烟增香保润技术研究与使用

2007 年，福建中烟技术中心开展研究，项目在七匹狼（金典）、七匹狼（庆典）、七匹狼（软灰）、七匹狼（红）、七匹狼（枣红新）、七匹狼（白）等产品中加大了新型保润剂的使用量，产品的烟气状态及口感特性得到改善；制订七匹狼产品"增香保润"重大专项实施方案，启动与郑州院香精香料中心合作的"植物多糖提取及卷烟应用"和"新型保润剂A 机理研究"两个项目。2008 年，围绕"增香保润"继续开展相关基础应用研究，开展新型保润剂与其他保润剂的复配组合试验，并在高档产品中进行应用。

3. 单体香料在卷烟产品中的应用研究

2007 年 3 月至 2008 年 3 月，福建中烟技术中心开展项目研究，了解、收集国内外单体香料、功能性香基，建立部分单体香料信息，选择"七匹狼"系列中的一个产品，通过单体香原料在配方中的应用，提升卷烟产品的香气风格与口味特征。龙岩卷烟厂一方面参与郑州烟草研究院烟草单体料香的评价；另一方面，开展单体香料应用研究，并取得进展。5月，开始在"七匹狼（豪情）"、"七匹狼（古田）"产品的表香上进行应用，产品改进效果明显，实现了"七匹狼"产品在单体香料应用方面的突破。9月，料香改进后的"七匹狼（豪情）"进行了车间中试。2008年继续开展单体香精香料在"七匹狼"产品中的应用研究试验。

4. 茶香物质、茶生物碱的提取及其在烟草制品中的应用

2007年3月至2008年9月，福建中烟技术中心开展研究，课题采用溶剂超声萃取（SSE）、同时蒸馏萃取（SDE）对茶叶、茶梗和烟叶、烟梗进行提取，分析茶、烟中香味物质和生物碱的组成和差异。取得相关数据后，将醇超声提取方法取得的提取液，通过加香试验初步分析茶香烟香的配伍性。对茶叶薄片（另立项）涉及的茶香成分、茶生物碱成分进行分析，结合感官评吸定量掌握茶香、茶生物碱在卷烟配方中的作用，为茶叶资源应用到卷烟配方中提供应用基础数据。对添加有茶叶提取物（或茶薄片）的卷烟烟丝和烟气进行化学分析（侧重致香成分）比较，关联并初步描述烟香、茶香从烟丝到烟气的迁移行为。

5. 植物多糖提取物及其卷烟应用

2007年6月至2008年12月，福建中烟技术中心开展研究，项目通过对植物多糖类物质提取方法研究；对多糖类提取物中的化学成分进行分析，考察多糖类提取物在卷烟中作用研究；多糖类提取物降害作用研究；多糖类提取物的安全性评价。建立一套天然植物提取小试（中试）装置，相关技术人员掌握天然植物提取及其卷烟应用技术；显著降低七匹狼卷烟产品烟气主要有害成分，在减害技术上取得新进展。

（四）烟草薄片项目

1995年，省局立项，厦门卷烟厂研究"提高烟草薄片的质量和增加使用"，1998年6月，项目通过省局科教处组织项目成果鉴定。2007年3月至2008年9月，福建中烟技术中心开展"茶叶再造薄片的开发及在卷烟产品中的应用"研究，项目参考造纸法再造烟叶的生产工艺流程，并根据茶叶特性进行相应工序及参数调整。将茶叶再造薄片单独或与烟丝混合制成卷烟，可完全或部分替代烟叶。利用了废残次茶叶即废弃茶叶生产茶叶再造薄片，使得废弃茶得到了废物利用，有利于节约资源降低成本，具有明显的社会经济效益。同时还扩大了烟用薄片的原料范围，对烟梗无刚性需求，降低了对烟梗的需求依赖，也降低了对长木纤维的需求依赖。此外，把茶香引入卷烟配方中，可以丰富卷烟的香气，使得卷烟香气更为优雅。而废残次茶叶中多种有效成分则可得到利用，应用到卷烟配方中可降低烟气对人体的危害。

（五）卷烟工艺项目

1. 金桥全加料混合型卷烟生产技术研究

1991—1993年，华美卷烟有限公司开展项目研究，经全面应用后，取得了效益。该研究成果获 1994 年国家烟草专卖局科技进步二等奖。

2. 提高梗丝使用价值研究

1991—1994 年，龙岩卷烟厂开展项目研究，通过省公司组织的成果鉴定，应用于生产，取得明显经济效益。

3. 二氧化碳膨胀烟丝技改项目

1996 年 9 月，龙岩卷烟厂上报项目，1997 年 5 月得到省局（公司）批复，并上报国家烟草专卖局，1997 年 12 月 11 日，国家经贸委委托中国国际工程咨询公司组织 8 位专家对该项目进行评估调研，同意该厂二氧化碳膨胀烟丝技改项目的规划设计与可行性研究报告。总投资概算为 1.1 亿元，建筑面积达 4860 平方米，该项目技术可降低卷烟生产烟叶消耗，提高吸烟安全性，改进卷烟吸味，优化原料烟使用档次，提高卷烟生产技术含量。

4. 膨胀烟丝生产线项目

1999 年 7 月至 2001 年 12 月，龙岩卷烟厂开展研究，项目主要利用 CO_2 作为膨胀介质来提高烟丝的膨胀率与填充值。通过调节工艺气体的温度来调节膨胀率及烟丝水分。该项目成果应用可降低产品单箱烟叶消耗约 3 公斤。

5. 膨胀烟丝工业应用课题

2001 年，国家局下达课题，该项目由中国烟草总公司郑州烟草研究院、龙岩卷烟厂共同承担，2001 年 6 月至 2003 年 6 月，课题组开展烟丝膨胀前后化学成分和感官质量的变化，适宜膨胀的烟叶品种选择，烟丝膨胀工艺技术参数对膨胀烟丝感官质量和有效利用率的影响，烟丝膨胀工艺技术参数优化等方面研究。该项目研究，建立规范化的 CO_2 膨胀工艺技术参数和质量指标，广泛应用于膨胀烟丝的生产过程。

6. 制丝工艺技术集成推广示范项目

2003 年国家局下达课题，厦门卷烟厂于 2003 年 1 月至 2004 年 6 月开展课题研究。

7. CO_2 膨胀前后烟丝香味成分变化研究

2003 年 3 月至 2005 年 3 月，龙岩卷烟厂开展研究，该研究成果得出不同产烟地区、不同生产部位的烟叶对膨胀效果的影响，为科学、合理选择膨胀原料，优化膨胀配方提供理论依据。

8. 部分制丝工艺技术应用研究

2004 年，厦门卷烟厂参加国家烟草专卖局科教司组织开展的"制丝工艺技术水平分析及提高质量的技术集成研究推广工作"的科技合作项目，国家局科教司在全国选定的七家示范企业之一。该项目包含三个子项目：RCC－HXD 工艺研究、隧道式梗丝膨胀工艺研究和干冰膨胀技术研究。

9. 中式卷烟特色工艺技术研究

国家局课题，龙岩卷烟厂、郑州烟草研究院承担。2004 年 1 月至 2005 年 12 月，开展特色工艺生产线应用技术研究。主要研究：卷烟配方烟叶原料的分组研究，加工工艺技术研究，分组加料研究，综合技术研究。在此研究的基础上，进行初步的生产验证，根据验证结果的分析评价，进行原料分组、加工工艺及分组加料方面的调整优化，达到保留卷烟原料模块优点、改进缺陷。

10. 建立分类加工平台，研究应用卷烟配方分组加工技术

2004年2月至2006年4月，龙岩卷烟厂开展研究，项目在易地技改后的工艺流程、设备型号基础上，利用 CO_2 生产线的叶片段，切丝后增设加料机和传统薄板式烘丝机，并设独立的掺配系统和加香机，叶丝生产能力达到 2400kg/h。同时，对原 6000kg/h 生产线进行部分改造，满足分类加工的要求。开展卷烟配方烟叶原料的化学成分分析及感官质量评价，卷烟配方模块组合试验，加工工艺技术，生产验证等应用研究。

11. 烟丝风送及卷制工序参数优化

2006年2—12月，龙岩卷烟厂开展研究，项目研究振槽输送与皮带输送方式对烟丝结构均匀性的影响关系，优化贮丝柜至喂丝振盘输送方式。研究弹丝辊转速对跑条烟丝结构、卷制烟支控制精度的影响，优化弹丝辊转速。研究风送风速对烟支"三丝"配方比例均匀性和卷制质量的影响关系，优化烟丝风送风速。研究平整盘劈刀凹槽深度、对数对烟支卷制质量的影响关系，优化平整盘劈刀凹槽规格。研究控制系统主要技术参数对烟支卷制质量的影响，优化卷烟机平均重量控制系统主要技术参数。

12. 白肋烟加工工艺技术应用研究

2006年6月至2007年6月，厦门卷烟厂开展研究，项目以湖北建始、重庆奉节等白肋烟的质量特点进行加料和烘培加工工艺试验，通过感官质量评吸和化学成分的分析，确定不同等级白肋烟的加工工艺条件；引入烘烤环境湿度控制的概念，通过干燥区增湿量和排湿量的控制技术，达到满足新工艺烘焙过程中的热风湿度要求。根据试验和生产验证的结果，提出初步规范化的适合生产实际的白肋烟加工技术方案。

13. 特色工艺核心参数控制技术研究

2006年6月至2007年12月，厦门卷烟厂开展研究，项目以"工序质量评价技术"的研究方法和成果为基础，选择松散回潮、筛分和加料、滚筒烘丝、气流干燥（RCC－HXD、流化床及干冰升华）四个重点工序为研究对象，通过应用在线数据采集、生产加工效果检测和数理统计分析等方法，寻找主要加工参数与核心参数的相关关系，摸清核心参数对烟片（丝）质量指标、物理质量、感官质量等的影响，筛选出每个工序最具工艺使用价值的核心参数。2008年，福建中烟技术中心继续开展"特色工艺核心参数控制技术研究"项目，建立了基于烟草加工过程中高温处理介质含湿量的测试方法，并在国内首次分析了松散回潮、筛分和加料、薄板烘丝、HXD气流干燥等重要工序主要加工参数与核心参数、加工参数与加工质量之间的关系，研究了核心参数对加工质量的影响及其大小排序，确定了适合于不同工序的核心参数。

14. 制丝生产线工艺流程改进研究

2007年，福建中烟技术中心开展研究，项目完成对制丝生产线使用现状、设备结构、性能、控制方式等方面的调研、测试与分析。开展混合型卷烟分组加工、白肋烟烘焙处理、循环加理料试验，为实施中式卷烟制丝线自主创新提供了基础理论依据。

15. 提高制丝线生产效率

2007年1—12月，龙岩卷烟工业有限公司制丝车间开展研究，项目从生产运行分析中找出影响制丝生产效率的瓶颈，对清洗加香、加料系统不占用生产时间，缩短滚筒尾料通过时间，制丝线各线段生产能力匹配等关键技术攻关。解决当前制丝线生产效率低，非生产时间占开机时间的比例高，各段生产能力不匹配等问题。发挥现有制丝线生产能力，降低能源消耗，降低工人的劳动强度。

16. 基于流化床的梗丝干燥膨化（FBD）与风力输送的研究

2007年，龙岩卷烟工业有限公司制丝车间开展研究，项目对当前采用的FBD干燥膨化的机理进行分析，结合试验对各项工艺参数进行较系统的理论研究，建立FBD干燥膨化过程中的传热传质数学模型，得出梗丝干燥膨化过程的定性描述。运用数学模型和有关实验参数，结合生产实际，对现行工艺进行优化设计，探讨产生梗丝结麻花团的各个原因。对FBD后风力输送进行分析，确定合理的风选风速与输送风速，解决梗丝在输送过程中的偏料与风选台积料问题。

17. 生产过程工艺用水试验与应用

2007年，龙岩卷烟厂开展该项试验。根据试验结果对设备进行安装改造，实现整个生产过程用水更换为纯净水，产品质量明显改进了。生产用水更换后所生产的产品风格特色更加突出，干燥感、劲头感下降较明显，综合吃味质量有较明显改善。

18. 制丝分组加工叶丝生产线关键工艺参数组合优化

2007年，福建中烟技术中心开展研究。通过进行叶丝生产线关键工艺参数组合优化试验，提升工艺技术水平，实现各分组加工牌号在叶丝生产线以较适宜的工艺参数组合进行生产，发挥原料潜质，达到配方设计要求，提高加工过程质量和成品感官质量。

19. 精品"七匹狼"卷烟专用生产线工艺设计研究

2007年4月至2008年12月，福建中烟技术中心开展研究，项目通过对精品"七匹狼"卷烟品牌风格特征和原料质量特性进行系统分析、总结，综合应用中式卷烟特色工艺生产线应用技术研究成果。通过开展专项工艺论证研究、技术考察和文献检索，选择适合精品"七匹狼"卷烟原料的加工方式、设备和控制模式。综合工艺论证研究结果，开展厂商技术合作，定制适合精品"七匹狼"卷烟品牌加工的关键工序工艺设备。通过项目开展，最终设计研究得出适合精品"七匹狼"卷烟品牌的工艺流程、加工路线、工艺布局和加工设备。

20. 分组加工在金桥混合型卷烟加工中的应用

2007年6月至2009年5月，福建中烟技术中心开展研究，项目以分组加工的研究成果为理论依据，针对"金桥"混合型卷烟原料的品质特性，选择白肋烟加料、白肋烟烘焙、叶丝干燥三个重点工段（序）为研究对象，通过应用在线数据采集、生产加工效果检测和数理统计分析等方法，考察不同加料方式、不同烘焙处理方式、不同干燥方式对烟片（丝）质量指标、物理质量、感官质量等的影响，最终选择适宜金桥混合型卷烟加工的工艺路线。

21. 烟丝结构表征方法的建立

2008 年 1—12 月，福建中烟技术中心龙岩工作站开展研究，该项目利用 YQ−2 型叶丝分选振动筛对烟丝（叶丝、梗丝和 CO_2 膨胀叶丝）样品筛分，按设定比例进行掺配，以获得不同结构的烟丝样品，再用 RetschAS400 筛分仪筛分得到不同尺寸烟丝的区间分布，建立烟丝尺寸分布特性方程，通过对方程解析得到描述烟丝结构分布规律的特征量，从而得到能够准确地描述烟丝结构离散程度及其在加工过程中尺寸分布的表征方法。

22. 加香加料批次总重控制

2008 年 1—12 月，龙岩卷烟工业有限公司制丝车间承担研究，项目对料液的保温控制影响和对加香加料批次总量的配送及施加的控制进行技术攻关。解决对加香加料进行控制时计量设备受气泡、阀门等的影响或产生漂移时引起的质量隐患。

23. 松散回潮工序固定加水控制方式试验

2008 年，福建中烟技术中心开展研究，项目解决了原有控制模式下出口烟叶含水率波动较大的突出问题，提高了产品的感官质量的稳定性。

（六）烟草机械项目

1992—1994 年，龙岩卷烟厂开展卷烟机变频调速系统的改造和推广研究项目，在 MK−95 机上首试成功，继而在莫林 8 卷烟机上推广。大部分旧莫林 8 卷烟机都得到改造，取得较大的经济效益。1992—1994 年，厦门卷烟厂完成烟支、嘴棒压降仪研究，并通过成果鉴定，该仪器采用的正压气动技术属于国内领先水平，样机性能与英国费尔创纳公司生产的 ALP475 吸阻仪的性能接近，其测量值稳定。

（七）卷烟产品研发项目

1. 混合型二代金桥产品的研究开发

2006 年 1—12 月，厦门卷烟厂研究，项目研究混合型卷烟产品叶组配方，研究混合型卷烟产品中烤烟、白肋烟及香料烟的特点和作用，研究白肋烟加料烘烤处理，香料烟掺入比例等，改进产品烟气和口感特征，创新设计包装，开发出风格独特的"金桥（国际）"中式混合型卷烟产品。

2. 七匹狼（红）产品改造

2006 年 2—12 月，龙岩卷烟厂研究，项目进行七匹狼（红）产品内在质量定位。产品研发：原料选择，优化叶组配方，应用"三纸一棒"技术对产品的相关质量指标进行有效修正，结合分组加工特点，研究单品种香精香料的功能特性对分组版块的贡献，结合产品定位的口味特点，设计出最佳的料香配方。对产品进行市场验证，持续改进。

3. "大丰收"产品研发

2006 年，国家局为了更好满足消费者需求，选择厦门、南京、常德、武汉、阜阳五家卷烟厂作为试点，共同开发、生产低价位卷烟共享品牌"大丰收"产品。厦门卷烟厂技术中心承接此项目，通过对叶组配方、香精香料配方进行组合，成功地形成完整的配方。

4. 七匹狼系列产品开发和改造（350、醇典、蓝）

2007 年，福建中烟技术中心承担开发，项目精选库存国内外优质烟叶进行优化组合，设计多组"三纸一棒"与配方进行配伍性试验，针对样本从口味、理化指标以及生产工艺等方面进行筛选、评价和优化组合，筛选香精香料，创新设计商标，使产品从内到外都适应市场需求。开发"七匹狼（醇典）"，精选库存烟叶优化组合叶组配方，采用国内外先进卷烟材料和技术，实现高焦低香，烟气细腻绵长，余味醇和舒适，具有回甜和生津的特点。紧跟时代潮流，创新设计商标，使产品从内到外都适应市场需求。改造产品叶组配方：以石狮（8mg 超醇）现有叶组配方为基础，结合市场调研结果适当调整。保证改造后的七匹狼（蓝）平稳过渡。

5. 七匹狼（红金）产品开发

2007 年，福建中烟技术中心开展研究，项目通过对国内外优质烟叶进行评价，优化组合叶组配方，设计多组"三纸一棒"与配方进行配伍性试验，确保产品的香气质、香气量及口感，并满足化学成分指标的设计要求；通过对香料样品的筛选，确定香精香料配方。根据市场需求，创新商标设计。

6. 金桥（红国际）产品的研究开发

2007 年，福建中烟技术中心开展研究，项目对消费者口味进行市场调研，确定开发产品的质量目标和风格特征，研究白肋烟加料烘烤处理，香料烟掺兑比例，优化工艺参数，目的是提高金桥产品的市场适应性，完善"金桥"产品线，全面提升国际金桥的知名度。

7. 出口金桥产品开发

2007 年，福建中烟技术中心承担，该项目通过对白肋烟加料烘烤处理，香料烟的掺入比例以及加香加料的研究，设计多组"三纸一棒"与配方进行配伍性试验，开展卷烟外观设计等产品研发，形成独特的产品风格。

8. 七匹狼超高端卷烟产品设计开发

2008 年 3—8 月，福建中烟技术中心龙岩工作站承担，主要研究内容：对卷烟纸、滤棒（异型）的选择定位；接装纸、卷烟纸各项物理指标的组合设计，包括通风稀释降焦技术的应用研究。进行叶组配方、底料配方、表香配方设计，工艺参数优化，产品商标设计与评审，产品初中试、内部评审以及部分针对消费者调研，产品内在质量与外观质量的修饰与提升。完成该产品正式生产所需香精香料、烟支材料及商标等的采购，做好投入正式生产的准备工作。

9. 七匹狼（金典）产品改造

2008 年，福建中烟技术中心龙岩工作站承担，主要研究内容：产品的市场调研，制定产品改进方案与质量目标；叶组模块分组设计及结构重组，"三纸一棒"材料组合改进与商标改进，风格定位及料香改造；制丝工艺参数优化，产品中试、评价及理化分析，产品消费者征求意见与完善。

（八）减害降焦项目

1. 低焦油低 CO 卷烟产品研制

2004 年 2 月至 2005 年 6 月，龙岩卷烟厂开展研究，项目进行低焦油低 CO 产品的市场调研，重点研究主体烟叶的选择，协调香味烟叶选择，协调劲头和浓度的烟叶选择，填充烟叶选择。在叶组结构上，研究多地区、多品种、多等级、多部位、多年份烟叶配伍性及梗丝、膨胀烟丝、薄片等对内在质量及化学成分的影响。同时，进行香精香料配方设计，辅助材料设计，商标设计，工艺参数设计。

2. 七匹狼（软灰、软红）降焦技术研究

2008 年 1—10 月，福建中烟技术中心龙岩工作站承担，主要研究内容：产品的结构分析与理化分析，制定产品降焦计划方案与质量目标；降焦技术研究，产品中试、评价及理化分析。

（九）检测分析与化学基础项目

1. 卷烟制丝过程中化学成分变化研究

2002 年，国家局课题，项目由龙岩卷烟厂、中国科技大学共同承担，2002 年 1 月至 2005 年 12 月开展，研究得出卷烟制丝过程中片烟（或烟丝）化学成分的变化规律，为卷烟加工工艺技术参数的优化、工艺控制的改进提供理论依据，由此提高产品的质量。

2. 卷烟部分化学成分与产品质量稳定性关系研究

2002 年，国家局课题，龙岩卷烟厂、中国科技大学共同承担，课题通过卷烟产品及香精香料的数据库，将化学计量学方法应用于烟草化学研究领域，构建卷烟产品质量稳定性评价方法，逐步实现卷烟生产的质量评价由感官（或物理）评价向化学成分分析的转化，为卷烟产品配方调整和工艺质量控制提供理论依据，提高产品质量稳定性。

3. 卷烟逐口抽吸过程中香味物质递送规律的研究

2005 年 4 月至 2006 年 6 月，厦门卷烟厂技术中心研究课题，研究改装吸烟机，分析测定厦门卷烟厂卷烟产品逐口抽吸过程中香味物质及其焦油的递送量；分析测定与厦门卷烟厂卷烟产品焦油量相近的国内外卷烟产品（10 种以内），进行数据统计分析，得出卷烟逐口抽吸过程中香味物质及其焦油的递送规律。

4. 应用化学计量学方法研究和测定烟叶质量表征化学成分

2005 年 4 月至 2006 年 12 月，厦门卷烟厂研究，课题应用化学计量学方法，建立与烟叶质量相关的表征化学成分指标——近红外光谱检测模型。对检测模型进行验证的基础上，

将该模型投入烟叶化学成分指标的实际测定，进行烟叶样品的质量分析。

5. 近红外光谱分析技术在烟草中的应用研究

2005年8月至2006年12月，龙岩卷烟厂、厦门卷烟厂共同研究，主要研究：烟叶样品选择和准备；烟叶一次分析数据的测定；烟叶近红外光谱数据的分析和近红外光谱模型的建立；烟叶检测模型作用、维护和应用。

6. 定向合成潜香物质有效成分烟气转移率研究

国家局项目，2006年1月至2008年12月，龙岩卷烟厂、中国科学技术大学共同开展研究，研究内容：以烟草挥发性厚料单体为目标物，选择特定取代基类型，采用相应路线合成有确定目标成分释放方向的新型潜香物质；潜香物质目标有效成分烟气转移率研究；潜香物在卷烟中作用效果评价方法研究及其产品验证；潜香物在卷烟产品上的应用。

7. 烟草中硫含量的测定——光度比浊法

国家局项目，2006年7月至2007年9月，龙岩卷烟厂开展研究，该项目基于酸性介质中硫酸根与钡离子生成白色硫酸钡悬浮颗粒的原理，建立烟草中硫含量的光度比浊法测定标准。该标准方法具有操作过程简捷、结果准确、所需仪器设备简单等优点。

8. 应用全二维气相色谱分析卷烟加香后烟用香精在生产、储存过程中转移规律的研究

2007年1月至2008年12月，福建中烟技术中心开展研究，项目建立香精分析方法，详细分析企业不同牌号卷烟烟丝所含烟用香精的特征功能性成分和含量，确定不同牌号卷烟香精的特有成分，确定质量监控指标。利用全二维气相色谱飞行时间质谱（GC×GC－TOFMS）和气—质联用仪（GC－MS）检测加香加料后所加香精有效成分在烟丝存放、风送、卷包和储存运输过程中转移规律。把企业烟用香精的转移规律等信息与配方人员沟通，使他们了解所用香料的有效成分、在烟丝中的含量及在生产运输过程中损失率的大小，为配方人员在调整和开发新产品时提供参考，对新产品开发时香精种类、含量的选择有一定的参考意义，转移率低的有效成分在配方时可以尝试结合感官评吸尝试加大添加量，反之亦然。在原来靠感官评吸来决定香精配方的传统做法的基础上提供一种新的品质监控手段。

9. 建立烟草重要致香物质分析检测平台

2007年1月至2008年12月，福建中烟技术中心开展研究，项目通过四个步骤来建立烟草重要致香物质分析检测平台：第一，选择有代表性的烟叶品种和卷烟产品，确定要分析的烟草重要致香物质；第二，采用快速微波萃取、自动索式萃取和同时蒸馏萃取三种方法同时处理代表性实验样品，将挥发性和半挥发性烟草致香物质从复杂的体系中分离出来；第三，建立全二维气相/飞行质谱、气相质谱联用及气相分析方法，对挥发性和半挥发性致香物质成分进行分析测试；第四，筛选和评估致香物质分析检测定量和定性数据，确定烟草重要致香物质分析检测程序。

10. 卷烟产品质量稳定性的近红外技术评价研究

2007年1月至2008年6月，福建中烟技术中心开展研究，项目提出了应用近红外光谱

（Nearinfrare，NIR）结合模式识别的技术以评价特色工艺卷烟产品的质量稳定性。收集龙岩卷烟厂在产七匹狼卷烟产品，测定其近红外光谱，对原始谱图进行连续小波变换（Continuous wavelet transform，CWT）以扣除背景与噪音的影响，在对 CWT 系数进行主成分分析（Principle component analysis，PCA）的基础上引入马氏距离算法建立卷烟产品质量稳定性评价模型。建立的稳定性评价标准可望有效地识别正常产品与不合格产品及用于真假烟的判别，使之成为卷烟产品质量稳定性监测工具。

11. 定向合成潜香物质有效成分烟气转移率研究

国家局项目，2008 年，福建中烟技术中心与中国科技大学合作开展研究，项目通过对苯甲醇、苯乙醇及其葡萄糖苷的卷烟样品抽吸捕集并进行检测分析，得出苯甲醇和苯乙醇的烟气转移率。分析其对应糖苷有效成分的烟气转移率，对挥发性香料单体苯甲醇、苯乙醇和苯甲醇、苯乙醇糖苷烟气转移率进行对比，对苯甲醇、苯乙醇糖苷提高有效成分的烟气转移率原因进行探讨。

12. 卷烟产品质量稳定性的近红外技术评价研究

2008 年，福建中烟技术中心开展研究，项目对龙岩工业有限公司 2006—2008 年度卷烟样品进行分牌号收集，并全部制样扫描获得了其近红外光谱，结合质量控制图给出每个牌号卷烟所对应的总糖、还原糖、烟碱、钾、氯、糖碱比、钾氯比等化学指标的质量控制范围，初步实现对卷烟产品质量稳定性的评价与控制。

（十）自动控制与信息技术项目

1. 嘴烟生产贮丝柜 PLC 电气控制改进设计

1991—1994 年，龙岩卷烟厂完成，并通过成果鉴定。整个卷烟生产线的生产能力提高 6%，断丝停机时间从月平均的 11.2 小时降低到 2.1 小时，设备运行准确可靠，提高了控制系统的抗干扰能力。

2. 卷制车间数据采集和 PLC 控制系统

1992 年，龙岩卷烟厂与福州大学联合开发完成，并通过鉴定。该项目提高卷烟车间现代化管理水平和计量科学技术水平，减少原辅材料的单耗，提高烟支合格率，为工厂计件工资，技能工资等实施提供现代科学管理手段。

3. SASIB－6000 型横包计算机控制系统研制

1994 年，福州大学自动化工程服务中心、省烟草技术开发中心研发。降低设备故障率，提高有效作业率，同时降低了原辅材料及备件费用的消耗。

4. 卷烟厂公用设施集中监控系统（能源管理中心系统）

国家局课题，2000 年 9 月至 2002 年 6 月，国家烟草专卖局计划司、中国电工设备总公司、龙岩卷烟厂共同研究，主要研究：建立多种控制系统之间的数据通路，建立统一且高可靠性的实时数据平台，建立可作为全厂 CIMS/MIS 基础的大型数据库平台，提供全厂浏览查询的网络服务平台。

5. 卷接包信息管理系统

2003 年，龙岩卷烟厂开展研究，该系统建立在卷接包设备数采系统、卷接包质检仪器数采系统和连接卷接包车间其他的控制系统（如条烟输送系统、嘴棒风送系统等）的基础上，实现对卷包生产过程、产品质量和设备运行状况的在线监控，并实现与生产调度系统（MES）整合的一个自动化信息管理系统。

6. 制丝生产过程工艺数据采集与分析系统

2004 年 3 月至 2005 年 12 月，龙岩卷烟厂开展研究，项目建立制丝线生产过程工艺数据分析系统，寻求在线生产加工技术规律性和制丝工艺与卷烟内在质量之间的规律性。通过此分析系统，使生产现场的工艺数据得以利用，相关技术人员可随时查阅各工序实时检测数据，了解各时段生产工艺情况，利用此系统计算机对现有及历史资料的大量数据进行分析和统计，寻求在线生产加工技术规律性，并作趋势分析，从而提高在线工艺加工水平。

7. 企业软件配置管理系统开发与应用

2005 年 1 月至 2006 年 3 月，龙岩卷烟厂研究，项目利用 hansky 公司的 Firefly2.9 版建立软件配置管理平台，对软件系统全部进行版本动态管理。Firefly2.9 作为新一代的配置管理工具，在软件开发过程中对资源及变更进行跟踪、控制和管理，为软件开发人员提供透明、一致、安全和实时的项目信息共享环境。Firefly 结合软件系统的开发，建立各系统软件项目的配置管理体系，建立一套适合企业的配置管理流程规范体系。

8. 基于 IT 运维管理（ITIL）综合监控体系建设

2006 年 3 月至 2007 年 11 月，龙岩卷烟厂研究，主要研究：监控操作系统和数据库；监控企业应用系统；监控存储管理和备份；对网络设备自身进行全方位监控，实现包括设备参数配置校验、安全攻击的测量和预警、不同级别业务通信流量流向统计和业务性能端到端测量等管理功能；故障自动预警；系统性能分析与预测；事件的集中报告和管理。项目研究结果，只需从一个控制台来对全局的资源进行管理，实现系统监控平台的完全无缝的整合。

9. 自动化辅料供应系统优化改造

2007 年，厦门卷烟厂开展研究，研究 STV 自动控制系统，修改有轨无人车（STV）的控制策略，确保关键业务优先执行，通过研究自动控制系统及激光无人小车的控制系统工作机制，为车间新增的机台增加物料自动配送功能。研究激光无人车定位原理及控制方式，找出调整方法以提高激光无人小车的运行定位精度，保证送料及回收准确无误，寻找适合车间现场使用的检测器，并研究检测器的使用方法，研究出适当的方式使新检测器能正确融合进激光无人控制系统，提高激光无人小车的安全性。

三、学术交流

1990 年，福建烟草行业的科技研讨活动，仍然主要以省烟草学会为载体。围绕行业的生产和经营任务，经常举办各种形式的学术活动，并将学术活动同科学论证、决策咨询、政策建议结合起来，开展前瞻性的战略研究，提出操作性和针对性较强的决策建议，帮助企业排除发展障碍，促进学术观点和成果转化为生产力，为企业经济发展提供力量支撑。省烟草学会和各专业委员会配合有关部门每年都举办各种形式的学术活动。如召开研讨会、交流会、报告会、秘书长联席会等，进行论文交流、发表、评选、出版等，并做到每年都有新形式、新经验，气氛活跃。并参与国际间学术交流。是年，省烟草学会经济学组召开"卷烟价格改革研讨会"，在调查总结福建省1988年以来卷烟价格改革成效、经验和问题的基础上，围绕卷烟销售的发展走向、改革途径及操作步骤，进行比较系统和深入研讨，为翌年福建省成功实现卷烟价格体制改革提供支持。同时，在邵武召开全省烟叶生产技术研讨会，总结福建烟叶近几年生产实践经验，探讨生产技术和烟叶发展战略，讨论制定外引品种栽培技术规范，对福建烟叶的发展提供了技术保证。

1991年，围绕烤烟外引品种的主题，省烟草学会组织来自第一线教学科研单位的40多位专家进行研讨，拟定规范福建烤烟外引品种栽培技术意见，提出扶持外引品种的措施。同年，又召开"中短期卷烟市场预测研讨会"，从不同角度探索福建省中短期卷烟市场的发展走向，并提出相应的营销对策。

1992年，省烟草学会召开"转换企业经营机制研讨会"，交流论文22篇，针对企业三项制度改革、优化产品结构及把企业推向市场等方面进行论证，提出科学合理建议。同年，省烟草学会针对全省卷烟价格改革等问题征集论文25篇，在东山县召开研讨会，对福建卷烟市场的价格策略、投放策略、目标市场、投放时间提出建议。

1993—1994年，省局（公司）组织开展多层次、多形式的学术交流活动，召集烟草行业科技人员进行座谈，围绕行业科技进步，增强行业经济发展后劲，进行研讨，提出许多建设性的意见和建议。经济专业委员会编辑出版《经济论文集》。省烟草学会、省局（公司）烟叶部、生产部、科技部等部门联合召开全省高级卷烟原料基地建设研讨会，讨论生产具有福建特色风味的高级卷烟原料基地的布局及其相应配套技术方案，交流论文24篇。对外交流活动也较活跃，工业专业委员会组织与香港亚协科技公司进行专题技术交流，畲山卷烟厂聘请国外专家来厂授课，并组织30多位专业技术人员赴香港南洋兄弟烟草公司进行综合性考察。

1995年1月，省局（公司）、省烟草学会在莆田市召开全省高料烟生产技术研讨会，对如何生产具有福建特色的高级卷烟原料课题进行研讨，并讨论修改高料烟开发方案。1995年以后，南平烟草分公司和南平烟草学会每年都组织一次烤烟生产技术研讨会，鼓励生产科研和一线人员撰写调研报告、总结和论文，开展生产技术研讨，并把论文汇编成册。

1996年，省烟草学会召开首次片区学术交流会，组织宁德、南平、三明、龙岩、漳州五地市烟草分会开展学术交流活动。围绕农业、流通、专卖等方面就下伸批发网点建设、专卖管理、地产烟新产品开发与投放、包衣种子育苗、岩烟97品种示范栽培、烘烤技术等问题展开讨论，交流论文25篇。是年1月，省烟草学会召开高料烟生产技术研讨会，科技人员撰写关于高料烟品质特征、施肥规律和技术、育苗栽培、烘烤技术等方面论文 41 篇。7 月，省烟草学会工业专业委员会在厦门召开"质量兴烟与名牌战略"研讨会，为福建省烟草行业实施名牌战略提供参考。9 月，省烟草学会与省公司烟叶处联合在三明举办"全省烤烟生产技术研讨会"，来自产区的烟叶生产、科研人员对福建烟叶生产技术上存在问题进行专题研讨，交流论文 55 篇，评出优秀论文 17 篇。11 月，华东、东北片区第一届一次烟草行业多种经营研讨会在厦门召开，围绕加强多种经营管理和建立职能体系等课题进行交流研讨。

1997—1998 年，全国烟叶产大于销，省烟草学会农业专业委员会在东山等地分别召开两次研讨会，150 多位科技人员及论文作者围绕 1998 年烟叶生产计划、种植规模、品种、政策动作、资金走向等进行深入研讨，提出以销定产、履行合同、以市场为导向、防止盲目生产的决策；改变烟叶名目繁多的价外补贴，烟叶收购价格不规范等问题，解决了 1998 年烟叶生产"软着陆"问题。省烟草学会经济流通专业委员会召开全省行业流通领域理论研讨会，就"乘风"、盖"沉香"等品牌培育、促销及卷烟销售网络建设等方面的问题展开交流研讨。省烟草学会、省公司烟叶生产处联合在永安召开烤烟生产技术研讨会，总结交流烟叶生产经验，分析国内烟叶生产动态，提出福建烟叶生产对策。

1999 年，省烟草学会对学术活动作了改革，把学术研讨和学术报告、考察活动相结合，把学术研讨与生产实践相结合，并与行业外的农学会、植保学会联合协作，全年共发表有关论文 180 多篇，出版论文专集 4 部。同时，国际学术活动、技术交流、信息交流也较为活跃，龙岩卷烟厂通过中日技术合作，工艺技术、产品质量稳步提高，低焦油、混合型产品开发取得明显成效。厦门卷烟厂通过与雷诺公司技术合作，在低焦油卷烟产品开发、卷烟产品综合降焦技术、加香加料技术和白肋烟加工工艺等方面也取得成效。

2000 年，省烟草学会经济流通委员会围绕卷烟销售网络建设、卷烟市场宏观管理、开发培育地产烟新品种、选择目标市场等问题分别召开多次研讨活动。省公司多次选派技术人员到国外参观学习，与日本烟草株式会社、美国菲莫公司、美国雷诺公司等建立技术协作关系，促进福建烟草科技水平提高。

2001 年，省公司生产处在三明召开卷烟工业管理论文及 QC 成果发布会。有 14 篇 QC 成果，9 篇管理论文、3 篇管理成果获奖。召开全省烟叶生产技术推广座谈，邀请有关专家进行学术讲座，交流各地烤烟生产技术方案及厂办基地技术方案，总结平衡施肥经验，修订全省烤烟生产技术规范。是年，省烟草学会与省公司销售处汇编出版《福建烟草卷烟销售论文集》，收编论文 80 多篇。

2003 年，省烟草职工思想政治工作研究会、省烟草学会分别组织开展行业"服务理念大家谈"、"企业文化大家谈"等活动，推动企业文化建设。8 月，省烟草学会在古田召开秘书长联席会，围绕企业发展问题进行研讨和论文交流。是年，省烟科所撰写 10 多篇研究论文和报告，7 篇在《中国烟草学报》、《中国烟草科学》、《烟草科技》和中国科协学术年会上发表，一篇在罗马尼亚召开的国际烟草合作研究（COREST）年会上宣读论文。

2004 年，省烟草学会召开秘书长联席会，针对卷烟销售网络建设问题进行研讨。举办全省烟草青年科技学术研讨会，围绕烟叶生产的技术难点及有关技术问题进行学术研讨，交流论文 23 篇，评选优秀论文，出版《福建烟草农业》科技学术论文集。福建中烟开展"品牌文章大家谈"征文活动，评选优秀论文分别在《福建烟草》杂志上发表。是年，福建中烟还围绕降焦减害，发展中式卷烟的主题，分别开展了中式卷烟理论内涵研讨会、烟草科技发展方向学术报告会、中式卷烟降焦减害发展论坛、中式卷烟配方技术研讨会、中式卷烟特色工艺研究与应用技术交流会、卷烟调香技术研究会等，学术交流活动形式多样、内容丰富，企业科技创新意识增强。

2005 年，省烟草学会召开"关爱烟农，共同发展"为主题的研讨会，配合全省开展"关爱烟农，共同发展"为主题的服务年活动，推动"关爱烟农服务年"持续发展。10—11 月，召开秘书长联席会，进行卷烟流通领域学术论文交流，评选论文 57 篇。同年还举办青年职工论坛，研讨专卖管理课题，征集专卖管理论文 63 篇，汇编出版《专卖管理论文集》。福建中烟技术中心科研人员也在有关刊物及学术研讨会上交流论文 13 篇。福建中烟技术中心鹿洪亮的论文《应用全二维气相色谱飞行时间质谱和气－质联用仪分析烟草中性化学成分》，在国际烟草科学合作研究中心（CORESTA）大会上宣读交流。

2007 年，围绕工业、商业母子公司体制改革运作的情况，对行业经营、管理、监督等问题进行研讨，征集论文 70 篇，在会上交流 15 篇，此后也汇编出版论文集。

2008 年，福建中烟与福建省烟草学会共同举办"烟草工业与科技"研讨活动，广大科技工作者围绕卷烟工业和烟叶复烤加工等技术创新领域进行深入研究，分别从各个层面探讨烟草业发展的前沿课题，共征集论文 76 篇，16 篇论文在会上交流，评选优秀论文并颁发证书。邀请郑州烟草研究院专家来闽做"科学计划项目选题与立项"专题授课。福建中烟组织参加 2008 年度 Coresta 大会、烟草行业共同实验暨检测技术研讨会、全国第二届近红外光谱会议、第 12 届离子色谱会议等研讨活动，部分论文在会议上宣读并获奖。11 月，省烟草学会在福州召开秘书长联席会暨烟草信息化学术研讨会。着重研讨信息技术在烟草行业生产、经营、管理等方面的开发应用，对促进烟草行业信息化的发展具有一定的推动作用。

四、科技情报

1990 年 12 月，省局（公司）成立福建省烟草科技情报网，并制定《福建省烟草科技情报网工作条例》，发展和选聘情报人员。省网每年组织召开信息年会，交流经验、总结工作，拟定活动计划，收集整理国内外烟草科技信息，建立全省范围的文献数据库，开展形式多样的科技、经济信息交流，推动行业科技进步和经济发展。为了适应信息量不断增加的需要，省网编辑出版《闽烟信息》，有针对性地宣传报道新技术、新工艺、新成果等科技新动态，为领导决策服务，为科研、生产和经营提供服务。1992 年，全省情报员共有 27

人。省局（公司）建立科技图书资料室，为全省烟草行业各单位提供信息和科技图书资料查询服务。此外，三明烟科所、龙岩烟科所也都建有自己的情报室或档案室，为科技人员提供资料咨询服务；各分公司及主产烟区试验站也都有兼职情报员，负责省网的信息传递工作。1994年，福建省烟草科技情报网被中国烟草总公司科教司评为科技情报工作先进单位。1998年12月，在福州召开福建省烟草科技信息网年会，对《福建省烟草科技信息网管理办法》进行修改，正式聘请科技信息网第三届信息员（每届二年）。2000年后，科技情报网工作不再运行。

表9-3　　1990—2008年获国家烟草专卖局（总公司）科技进步奖一览表

时间	项目名称	主要完成单位	主要完成人	获奖等级
1992年	烟草蚜虫生物防治	福建农学院植保系益虫研究室、省公司科技部、三明烟草分公司、宁化县烟草公司	陈家骅、许锡明、张玉珍刘明辉、官宝斌、张章华	二等奖
1993年	宁化县单晚田烤烟优质适产栽培技术综合开发研究	宁化县烟草公司	许锡明、肖英特、张仁椒、胡初雄、张仁琳	三等奖
1994年	金桥全加料混合型卷烟生产技术	华美卷烟有限公司	郑云毅、郑湖南、王汉龙、沈颂平	二等奖
1994年	烟草地膜覆盖栽培技术开发研究	青州烟草研究所、三明烟草分公司	茆寅生、王彦亭、许锡明、王彦秋、饶梓云	三等奖
1994年	全国侵染性病害调查研究	各级烟草公司和有关院校、龙岩烟科所协作		一等奖
1998年	龙岩卷烟厂计算机MIS管理信息系统	龙岩卷烟厂、中国航天工业科学技术咨询公司	俞忠东、陆庭凡、黄建秀、薛文剑、林郁、林宏	二等奖
1999年	东南多雨烟区(福建)优质烟烘烤设备及配套技术试验与推广	中国烟草东南农业试验站	许锡祥、张仁椒、许锡明、许永锋、陈汉新。	三等奖
1999年	卷烟节能、降耗、创优、增效工程	国家局科教司、龙岩卷烟厂		二等奖
1999年	1996—1998年借鉴美国"菲莫"公司烤烟种植技术研究	南平烟草分公司	杨培森、张大华、朱建国、李跃武、周泽启、李伙财、黄其华、杨全忠、李伟、徐茜、刘建阳、丁应福	三等奖

续表 9—3

时间	项目名称	主要完成单位	主要完成人	获奖等级
2000 年	闽北与"菲莫"烤烟生产技术合作与开发	南平烟草分公司	杨培森、张大华、朱建国、李跃武、周泽启	三等奖
2001 年	中美技贸合作开发优质烟叶和研究	中国烟叶生产购销公司，省公司烟叶处		三等奖
	打叶复烤工艺参数优化	郑州烟草研究院、龙岩卷烟厂	刘其聪、杨达辉、梁伟、王兵、杨斌	三等奖
	卷烟生产工序质量评价方法和研究	郑州烟草研究院、龙岩卷烟厂	刘朝贤、林平、王兵、杨达辉、黄鸿蔚	三等奖
	福建省春烟区土壤养分丰缺评价及烤烟专用肥的研制与推广	中国烟草东南试验站、中国科学院南京土壤研究所	张仁椒、朱其清、梁颂捷、林毅、许永锋	三等奖
2003 年	东南地区清香型烤烟生产综合技术开发研究	龙岩烟草分公司、中国烟草东南农业试验站	林桂华、陈顺辉、上官克攀、周冀衡、邱标仁、童旭华、王鑫	二等奖
	东南烟区烟田杂草控制技术研究	中国烟草东南农业试验站、福建农业大学益虫引进及研究室	纪成灿、陈家骅、林海、官宝斌、白万明	三等奖
	烟草集约化培育壮苗技术开发与推广	省公司		二等奖
2004 年	CO_2 膨胀烟丝工业应用	郑州烟草研究院、龙岩卷烟厂	堵劲松、陈万年、王宏生、杨斌、刘志平	三等奖
2006 年	制丝工艺技术水平分析及提高质量的技术集成研究推广	郑州烟草研究院、龙岩卷烟厂、楚雄卷烟厂、淮阴卷烟厂、常德卷烟厂、哈尔滨卷烟厂	高学林、罗登山、刘朝贤、堵劲松、王兵、姚光明、常纪恒、王宏生、梁伟、席年生、杨达辉、高中华、孙贤军、周涛、孙臻	一等奖
2007 年	烤烟湿润育苗技术研究与应用	三明市公司	刘添毅、张清明、赖禄祥、黄一兰、陈献勇、林毅、王雪仁、郑志诚、肖福生、郑功幼	三等奖
2008 年	福建烤烟氮素营养诊断与优化推荐施肥技术研究	省烟科所、中国农业大学资源与环境学院	李文卿、陈顺辉、李春俭、江荣风、张建忠、郑开强	三等奖

表 9—4　　**1990—2008 年获福建烟草专卖局（公司）科技进步奖一览表**

时间	项目名称	主要完成单位	主要完成人	获奖等级
1992 年	宁化县单晚田烤烟优质适产栽培技术综合开发研究	宁化县烟草公司	许锡明、肖英特、张仁椒、胡初雄、张仁林	一等奖
1992 年	KTC 切丝机消化	厦门卷烟厂	蔡迎雄、刘建忠、胡达仁、陈祝弼、宋允成	二等奖
1992 年	VT2500S 立式打叶机技术改造	龙岩卷烟厂	初忠田	二等奖
1992 年	MK－95/PA8－5 卷接机组变频调速拖动系统	龙岩卷烟厂	邱晓卫、陈文钦（并列）	二等奖
1992 年	多雨生态区烟稻两熟田烟草地膜覆盖栽培技术研究	三明烟草研究所、宁化县烟草公司	许锡明、谢昌发、郑志成等	二等奖
1992 年	出口"富健"卷烟的研制与应用	龙岩卷烟厂	林黎生、卢鹤兴、杨达辉、黄华	三等奖
1992 年	进口英国 MK－95/PA8－5 机组水松纸鼓轮改进	龙岩卷烟厂	唐崇武	三等奖
1992 年	单板机控制采集烟叶过磅系统	厦门卷烟厂	林志忠	三等奖
1992 年	微电脑计量管理	厦门卷烟厂	林志忠	三等奖
1992 年	可编程控制器在贮丝系统自动控制中的应用	厦门卷烟厂	许旭亮	三等奖
1992 年	MK－8/MAXⅢ 卷接机组大修及 100 改 84 的改造	厦门卷烟厂	林雷克、黄建平、许永新、李为吉	三等奖
1992 年	ER 系列激抗剂防治烟草花叶病的试验与推广	福建农学院植保系、永定县烟草公司	谢联辉、林奇英、沈书屏、沈焕梅	三等奖
1992 年	烤烟 G－80 等良种示范推广技术	永定县烟草公司	吴顺炎、吴接才、陈庆宪、沈焕梅	三等奖
1992 年	《福建烤烟》科教片	福建农学院、三明烟草分公司	江豪、张时彦、张玉珍、周维礼	三等奖
2002 年	烤烟集约化育苗研究与应用	省烟科所	吴正举、陈顺辉、黄一兰、李文卿、张玉珍、刘添毅、林毅	一等
2002 年	烟草气候斑点病防治基础研究	福建省龙岩市农科所	陈锦云、苏珍山、曾军、王阳青、骆景森	一等

续表9—4

时间	项目名称	主要完成单位	主要完成人	获奖等级
2002年	福建省高级卷烟原料生产的土壤条件与施肥技术的研究	省公司烟叶处福建农大土地与环境学系	曾鸿棋、熊德中、李春英、刘奕平	二等
2002年	金三明烤烟综合标准体系	三明烟草分公司东南烟草农业试验站	许锡明、张清明、纪成灿、赖禄祥、张仁琳、许永锋	二等
2002年	低焦油卷烟产品开发	厦门卷烟厂	王道宽、李清华、李斌、谢金栋、陈笃建、庄志雄	二等
2002年	烟草青枯病菌系分化与抗源筛选应用研究	省烟科所	方树民、纪成灿、张玉珍、许锡明、顾钢、巫升鑫	二等
2002年	翠碧1号光滑烟(僵硬)烟成因及控制技术研究	省烟科所	纪成灿、许锡祥、王胜雷、赖禄祥、郑志成、倪金应	二等
2002年	东南多雨高湿区增质节能烤房的研制与应用	省烟科所	纪成灿、许锡祥、王胜雷、许永锋、李永育	三等
2002年	提高闽北烟区烤烟品质的栽培调制技术综合开发研究	南平烟草分公司	张大华、黄端启、周泽启、徐茜、巫常标	三等
2002年	邵武烤烟综合标准化体系	邵武市烟草专卖局、邵武市技术监督局	杨茂财、陈朝阳、李跃武、邵良权、李伙财	三等
2002年	改进和完善卷烟工艺,降低烟叶消耗	厦门卷烟厂	张帝赞、洪浚源、李笑俤、刘建忠、郭立	三等
2002年	提高烟草薄片有效利用率和使用价值	厦门卷烟厂	洪浚源、李笑俤、陈添成、陈佳冰、林钰龙	三等
2002年	利用叶丝在线膨胀新工艺,保质降耗	厦门卷烟厂	李笑俤、刘建忠、王道宽、王建章、黄印亥	三等
2002年	低焦油烤烟型卷烟开发	龙岩卷烟厂	范坚强、洪祖灿、钟洪祥、廖启斌、林平	三等
2002年	低焦油混合型卷烟开发	龙岩卷烟厂	杨斌、林黎生、谢卫、陈彦翔、包可翔	三等
2002年	梗丝工艺处理提高内在质量	龙岩卷烟厂技术中心	苏振东、杨斌、俞春煌、郑灿辉、王泽腾	三等

续表 9—4

时间	项目名称	主要完成单位	主要完成人	获奖等级
2002 年	提高烟草薄片使用价值	龙岩卷烟厂技术中心	邱根录、黄鸿蔚、郭晓红、赖伟玲、郭青春	三等
2002 年	SASIB6000 型横包机微机控制系统研制	福大自动化工程服务中心生产处、龙岩卷烟厂	陈新楚、郑海观、林荣欣、刘柏祥、郑斯	三等
2002 年	MK－95 卷烟机、MAX's 接嘴机 HCF 装盘机计算机控制系统	福大自动化工程服务中心、华美卷烟有限公司生产处（烟草技术开发中心）	郑云毅、陈新楚、张小凤、吴耀亮、郑斯	三等
2008 年	烤烟上部烟叶带杆烘烤技术研究	龙岩市烟草公司及所属各县级公司	姜林灿、赖碧添、林桂华、童旭华、邱志丹、邱标仁、王鑫	一等奖
2008 年	废弃烤烟茎秆与城市泔水鸡粪堆肥资源化利用的研究	福建农林大学、省烟科所	熊德中、唐莉娜、徐志平、黄建明、邓孝棋、李放、李素兰、蔡海洋、卢晓华	二等奖
2008 年	基于 GIS 技术的南平市烤烟种植气候区划	南平市气象局、南平市烟草公司	将宗孝、季清武、徐茜、沈长华、黄廷炎、周博扬、王新旺	三等奖
2008 年	打叶复烤异味气体处理研究	福建武夷烟叶有限公司	黄宗淦、李跃武、张军、秦华、王蜂吉、廖峰、吴杭亮	三等奖

表 9—5　　**1990—2008 年福建省烟草行业获其他类科技奖项一览表**

时间	获奖项目	获奖单位	颁奖单位	获奖等级
1991 年	1991 年度烤烟生产	三明烟草分公司	省政府	科技星火三等奖
1991 年	"七五"期间科技兴烟	三明烟草研究所	国家局	先进单位
1991 年	1991 年度三明烟叶生产	三明烟草分公司	省政府	科技星火二等奖
1992 年	烤烟品种引进与良种更新	省局(公司)	省政府	科技星火二等奖
1992 年	烟草专用育苗膜（配方及工艺）	三明烟草分公司	北京市政府	科技进步三等奖
1992 年	1992 年度清流烤烟生产	清流县烟草公司	省政府	科技进步三等奖

续表 9—5

时间	获奖项目	获奖单位	颁奖单位	获奖等级
1992 年	1992 年度福建省烤烟引种与良种更新	省局（公司）、龙岩烟草分公司、三明烟草分公司、永定、宁化县烟草公司	省政府	科技星火二等奖
1992 年	1992 年度福建省优质烟栽培技术研究	省局（公司）、龙岩烟草分公司、龙岩市烟草公司、清流县烟草公司	省政府	省政府科技进步三等奖
1992 年	K326 综合标准技术研究	上杭县烟草公司	省政府	省政府科技进步三等奖
1994 年	复烤生产线计算机控制系统	宁化县烟草公司（主要完成吴景东、邱久长、郑继楚、巫卫华、卢凤林）	省政府	省政府科技进步三等奖
1994 年	烤烟优质高产工程	龙岩烟草分公司（主要完成巫卫华、卢凤林）	省政府	省政府科技进步三等奖
1995 年	烤烟 G—80 品种的栽培和烘烤技术研究	漳平市烟草公司（主要完成陈启明、苏德川、童旭华、李子信、范孔斌）	省政府	省政府科技进步三等奖
2002 年	海晟烟叶生产经营管理信息系统	厦门海晟信息技术有限公司（主要完成：谢文生、柯勇、张钰、叶燕平、杨磊）	省政府	省政府科技进步三等奖
2004 年	国家级烟叶标准化生产	长汀县烟草公司	国家局	优秀示范县
2004 年	国家级烟叶标准化生产示范县建设	兰小明、范启福、倪伟健、黎炳水（长汀），陈顺辉、林桂华（省烟科所）	国家局	突出贡献奖
2004 年	福建烟区土壤及烤烟营养测定、调控的研究与应用	熊德中、刘添毅、张仁椒、李春英、谢廷鑫	省政府	省政府科技进步三等奖

表 9—6　　**1990—2008 年福建烟草行业申请并公开的专利一览表**

专利名称	公开/公告号（专利号）	申请单位（专利权人）	发明/设计人	公开/公告日
大孢耳霉及其对蚜虫的防治	CN1068473	福建农学院、省公司	陈家骅、张玉珍、刘明晖	1993 年 2 月 3 日
MY 双炉烤房	CN2274422	省公司	刘奕平、张仁椒、许锡详、杨全忠	1998 年 2 月 18 日

续表 9—6

专利名称	公开/公告号 （专利号）	申请单位 （专利权人）	发明/设计人	公开/公告日
卷烟机组风力送丝风速稳定装置	ZL00241349.3	龙岩卷烟厂	林平、刘志平	2000 年 6 月 19 日 （申请日）
烟草薄片生产解纤加纤工艺及设备	ZL01126092.0	龙岩卷烟厂	胡荣汤	2001 年 8 月 21 日
风分机防偏料装置	ZL01208556.1	龙岩卷烟厂	姜焕元、林平	2002 年 1 月 2 日
激光预打孔水松纸上胶轮	ZL02232126.8	厦门卷烟厂	辛卫东	2003 年 3 月 12 日
衣物干燥机	CN2573537	省烟科所	纪成灿、王胜雷、郑明惠	2003 年 9 月 17 日
标贴	ZL03307225.6	龙岩卷烟厂	李跃民	2003 年 10 月 8 日
香烟包装盒（大）	ZL98329645.6	厦门卷烟厂	林其标	2004 年
香烟包装盒（小）	ZL98329646.4	厦门卷烟厂	林其标	2004 年
烟盒	ZL200330100429.0	龙岩卷烟厂	李跃民	2004 年 4 月 21 日
通风口调节装置执行机构	CN2616845	省烟科所	陈顺辉、王思影、郑明慧、王胜雷、许锡祥、谢昌发	2004 年 5 月 19 日
烟叶烘烤房	CN2626246	省烟科所	陈顺辉、王胜雷、许锡祥、郑明慧、王思影	2004 年 7 月 21 日
烟叶烘烤装置	CN2626247	省烟科所	陈顺辉、王胜雷、许锡祥、郑明慧、王思影	2004 年 7 月 21 日
排潮恒风量自动控制装置	ZL03268423.1	龙岩卷烟厂	洪伟龄、李晓刚、杨斌、谢卫	2004 年 8 月 11 日
风分除梗自动控制装置	ZL03268969.1	龙岩卷烟厂	陈河祥、邱勇杰、刘志平	2004 年 8 月 18 日
包装盒	ZL2004313517.1	厦门卷烟厂	林其标	2004 年 9 月 29 日
烟盒	ZL200430058991.6	龙岩卷烟厂	卢鹤兴	2005 年 5 月 18 日
卷烟加工加料加香系统改进装置	ZL200420053667.X	龙岩卷烟厂	李跃锋、赖成连、李晓刚	2005 年 10 月 12 日
"金叶来"牌手提便捷式变速电动剪叶机	ZL2006201659110	南平烟草分公司	周泽启	2006 年

续表 9—6

专利名称	公开/公告号（专利号）	申请单位（专利权人）	发明/设计人	公开/公告日
多喷嘴小流量香料施加装置	ZL200420099149.1	龙岩卷烟厂	洪伟龄、陈河祥、刘志平、吴忠云、江家森	2006 年 2 月 1 日
包装盒（如意）	ZL200530086692.8	厦门卷烟厂	林其标	2006 年 5 月 10 日
包装盒（新狮）	ZL200530086693.2	厦门卷烟厂	林其标	2006 年 5 月 10 日
包装盒（平安）	ZL200530086694.7	厦门卷烟厂	林其标	2006 年 5 月 31 日
卷烟加工滚筒类增温增湿装置	ZL200520082689.3	龙岩卷烟厂	李跃锋、江家森、姜焕元、刘志平、范坚强	2006 年 7 月 12 日
卷烟加工梗丝风选自动控制装置	ZL200520082690.6	龙岩卷烟厂	李跃锋、江家森、姜焕元、洪伟龄、林天勤、张伟	2006 年 7 月 12 日
烟包补偿库阻隔机械手	ZL200520082486.4	龙岩卷烟厂	邓梅东、晋宙飞、郑东文、兰标银	2006 年 7 月 19 日
块状片烟剔除装置	ZL200520084367.2	龙岩卷烟厂	陈庆平、卢琳坤、徐巧花、张伟、黄杭昌	2006 年 8 月 2 日
烟丝干燥去湿控制方法	ZL200410075788.9	龙岩卷烟厂	陈河祥、刘志平、李跃锋、洪伟龄、姜焕元	2006 年 8 月 30 日
赠券机摆臂放气装置	ZL200520082485.X	龙岩卷烟厂	邓梅东、郑东文	2006 年 9 月 6 日
环保型育苗基质及其制备方法	ZL2006100433732	龙岩烟草分公司	曾文龙	2006 年 10 月 18 日
改善打叶后叶片尺寸均匀性的方法和装置	ZL200510043381.2	龙岩卷烟厂	范坚强、江家森、李跃锋、姜焕元	2007 年 7 月 4 日
包装盒（金桥卷烟）	ZL200630148033.7	厦门卷烟厂	李克	2007 年 8 月 8 日
测定处理介质湿含量的仪器	ZL200620137415.4	厦门卷烟厂、郑州院	王道宽、王兵等	2007 年 10 月 3 日
烟叶缝扎机	ZL200710009070.3	省公司	陈顺辉、王胜雷、彭小冬、黄卫东、林永南、叶盛	2007 年 11 月 7 日
全自动编烟机	ZL200710009094.9	省公司、福建工程学院	陈顺辉、王胜雷、彭小冬、黄卫东、林永南、叶盛、宫长荣、宋朝朋	2008 年 1 月 9 日

续表 9－6

专利名称	公开/公告号 （专利号）	申请单位 （专利权人）	发明/设计人	公开/公告日
卷烟加工梗丝松散筛分装置	ZL200720006564.1	龙岩卷烟厂	李跃锋、江家森、姜焕元、李华杰、陈河祥、洪伟龄、包可翔、兰秋贵	2008 年 1 月 16 日
卷烟加工滚筒类多喷嘴自动清洁装置	ZL200720006565.6	龙岩卷烟厂	李跃锋、江家森、姜焕元、李华杰、陈河祥、洪伟龄、包可翔、兰秋贵	2008 年 1 月 16 日
一种电动窗智能传动机构	ZL200720006488.4	省局（公司）	陈顺辉、王胜雷、叶周良	2008 年 1 月 30 日
全自动编烟机	ZL200720007350.6	省公司、福建工程学院	陈顺辉、王胜雷、彭小冬、黄卫东、林永南、叶盛、宫长荣、宋朝朋	2008 年 4 月 23 日
编烟机自动控制装置	ZL200720007348.9	省公司、福建工程学院	陈顺辉、王胜雷、彭小冬、黄卫东、林永南、叶盛、宫长荣、宋朝朋	2008 年 4 月 23 日
密集式烤烟房散热装置	CN201061253	三明市公司	刘添毅、黄一兰、陈献勇、陈培栋、彭怀俊、靖军领、郑英松、邱启旺	2008 年 5 月 21 日
烤烟房内置式热风循环装置	CN201069995	三明市公司、福州兴东辉自动化科技有限公司	刘添毅、黄一兰、陈海鸣、彭怀俊	2008 年 6 月 11 日
编烟机压料装置	ZL200720007349.3	福建工程学院、省公司	彭小冬、黄卫东、林永南、叶盛、陈顺辉、王胜雷	2008 年 6 月 18 日
烟叶缝扎机	CN201081938	福建工程学院、省公司	陈顺辉、王胜雷、彭小冬、黄卫东、林永南、叶盛	2008 年 7 月 9 日
一种气流上升式烤房专用风机	CN201106571Y	南平市公司、南平市科创机电成套设备有限公司	王新旺、张诚荣、巫常标、庄文忠、张振明	2008 年 8 月 27 日

第四节　科学普及

一、科普活动

20 世纪 90 年代初期，科普活动重点在烟叶生产中进行。全省烟叶产区推广科技种烟，落实烤烟生产"三化"技术规范，推广经过审定的优良品种，淘汰劣杂品种，建立良种繁育体系；推广营养袋育苗，既培育壮苗，又提高工效；大部分烟区推广高垄单行地膜覆盖栽培及配套技术体系；烟农开始接受成熟度的观念，努力做到成熟采摘，变高温快烤为低温慢烤，提高了烟叶品质。

1993 年，三明、南平地区烟草学会根据"实际、实用、实效"的原则，开展了科技普及培训，仅三明地区就举办烟草技术培训 1000 期，受训烟农 1 万多人次。各烟叶产区烟草站派技术员到种烟村庄向农户宣传科技知识，指导烟农科学种烟。龙岩地区烟草学会采取与烟叶生产相结合的办法开展烟草农业科技宣传，抓普及推广良种、高畦单垄种植、营养袋育苗等。

1995 年，为普及科技知识，全省烟草系统开展"职工现代科技知识竞赛"活动，全省选出 12 个优秀代表队到省局参加决赛，云霄卷烟厂获一等奖。

1997 年，省烟科所研制出三明烟草专用肥配方，在三明烟区使用。此后，全省三大烟区宣传科学施肥，全面推广使用烟草专用肥，每年各地区根据土壤和烟叶化验分析，提出烟草专用肥配方，按配方组织生产各地烟草专用肥，烟农使用烟草专用肥后，解决传统施肥种类不全造成烟株营养不良的问题。

1998 年以后，全面普及推广应用新技术，全省烟区推广使用便携式烟叶移栽器，烟农减轻了劳动强度，提高了效率。在烟叶烘烤方面，推广应用烤房热风循环系统，热风循环烤房比普通烤房具有明显的提质、降耗、增效作用。龙岩烟区全面推广一次性加煤烤房；三明推广"MY 双炉烤房"，既节约燃料又减少劳力。省烟科所试验研究的烤烟直播漂浮育苗技术也取得成功，全省烟区推广这项新技术，漂浮育苗表现出防病、不早花、生长均匀、产质量增加、操作简便等优点。同时，还配套推出简易烟苗剪叶器，操作简便、剪叶整齐、卫生、效率高，受到烟农的欢迎。

2000 年以后，全省病虫害预测预报和综合防治技术体系和网络更为健全，发布中长期预报，并提出相应的综合防治意见，使福建烟区的主要病虫害基本得到控制。继续加强烟草农业科技推广网络建设，省烟科所成为烟草农业科研中心、技术推广中心、技术培训中心。并加强基层烟草试验站或烟草站建设，年产 5 万担以上的县（市）烟草公司都建立烟草农业试验站，加快新技术的引进和示范推广普及。全省烟区全面推广漂浮育苗、单垄种植、地膜覆盖栽培、专用肥使用、化学抑芽、上部叶带茎烘烤技术、三段式烘烤工艺、热风循环烤房改造等新技术。全省烟区全面推广烤烟配色膜覆盖控草栽培技术，与普通地膜覆盖栽培技术相比，此项技术控草效果可达 70％以上，并能促进烟株生长，减少田间除草和农事操作。

2005 年以后，福建烟草农业科技推广体系更加健全，省局（公司）加强烟叶基层组织管理体系建设，产区逐步向"规模化种植、集约化经营、专业化分工"发展，在改良土壤、集约育苗、病虫害防治、烤房改造等方面，大力推广先进适用技术，提高科技水平，促进烟叶生产水平的提高。同时，加快烟草农业机械的推广应用步伐，烟地起垄机、培土机、编烟机等小型农业机械得到全面推广，在育苗、覆土、喷药、编烟、运输等环节逐步实现机械作业，减少了劳动用工。

2006 年，福建省烟草学会在全省烟草工商系统发起"节约能源"科普活动，下发了《福建省烟草行业"节约能源"主题科普活动计划（2006—2007 年度）》科普计划文件，印发《"节约能源"倡议书》，下发各团体会员单位，在机关科室以及基层站所等醒目位置进行张贴，有的县（市）局发起"节约能源"签名活动，号召行业全体员工以实际行动节约能源。

2007 年。福建省烟草学会在全省烟草行业发起"科学用能，共创资源节约型烟草行业"为主题的节能减排行动。编印一套节约科普挂图 300 份，下发全省会员单位张贴，利用期刊、简报、宣传栏和网站等媒体开展节能科普宣传。全省烟草行业各单位加强节能减排管理，在卷烟生产、烟叶生产收购、卷烟配送、第三产业经营等环节提倡节能技术、推进节能技改、使用节能设备，有效控制成本，减少浪费。厦门卷烟厂异地技改后，注重环保设施建设，每年油、水、电、汽和原辅材料节能效益超过 700 万元。龙岩卷烟厂也开展大型的节能减排行动。

2008 年，福建省烟草学会组织烟叶技术专家编辑出版《福建烟叶生产技术》烟农科普图书，印发 10.4 万册，免费赠送全省烟农每户一册。据科技出版社调查，该书是福建"惠农科普"发行量最大的图书，已向省新闻出版局报请"2008 年最畅销图书"称号。在节约能源宣传活动中，福建省烟草学会分别在 6 月"节能宣传周"和 9 月 20 日全国科普日期间，开展"节约能源"科普宣传活动。还编印"节约能源"挂图 5 张/套，印刷 400 套，分发给全省烟草工商企业张贴，扩大宣传效果。

二、期刊（科普宣传物）

（一）《福建烟草》杂志

1992 年开始，《福建烟草》杂志由省局（公司）、省烟草学会联合主办，为全省行业综合性内部刊物，办刊宗旨为促进行业发展，展示行业形象。为福建烟草行业唯一的省级杂志，发行至全国烟草行业市级公司以上单位，本省烟草系统基层站、所以上单位及行业外县级以上有关部门、相关科研院校等，每期发行 8000 册。1997 年底，改为双月刊。刊登内容主要有行业重大活动、烟叶生产技术与管理、卷烟工业科技、专卖管理、工作研究、经验交流、市场调查、国外烟草译文等，文章偏重科技性、专业性。创办至 1997 年，期刊版式为小 16 开，页码多则 90 页，少则 48 页，没有固定，封面至封四为彩色，内文全部黑白印制。1997 年 3 月后，版式改为大 16 开。1998 年初开始，由季刊改为双月刊，页码基本固定为 64 页。2002 年在全国烟草行业期刊评选上，《福建烟草》杂志获得二等奖。2004 年 9 月至 2008 年，期刊为全彩色印刷。2008 年期刊调整为 72 页。2006—2008 年《福建烟草》杂志均被省科协评为"福建省科协第三届优秀科技期刊奖"。

（二）《海峡烟草》报

2002 年，漳州市烟草专卖局（分公司）创办《客户之友》内刊，是年 8 月刊发第 1 期，刊号为"（漳）新内书 022 号"，每月出版 1 期，该报为最早直接面向卷烟零售客户的行业报刊，每期发行 2 万份。共发行 12 期。2003 年《客户之友》和福州市烟草专卖局（分公司）创办的《新烟草》先后停刊，由省局统一创办《海峡烟草》报。

《海峡烟草》创办于 2003 年 6 月，由省局（公司）主办、福建省金叶文化传播有限公司承办。为全国唯一面向零售户、消费者免费发行的烟草行业报。使用铜版纸全彩精美印刷，图文并茂，为四开八版，每月出版 3 期。2005 年 5 月又增加出版《海峡烟草·烟叶版》，每月出版 1 期。主要面向烟叶产区广大烟农和烟叶生产一线的技术人员。《海峡烟草》中刊登的卷烟经营技巧，被全国烟草行业卷烟商品营销员技能鉴定教材录用。至 2008 年，累计发行 221 期（其中烟叶版 44 期），同年申请内刊号。

（三）《福建烟草营销》杂志

2004 年 5 月，由省公司卷烟销售公司创办《客户经理园地》内部资料，主要为基层卷烟销售部门员工提供工作经验交流。2007 年 1 月，改由福建省金叶文化传播有限公司承办，该园地以"打造客户经理精神家园"为办刊宗旨，展示客户经理的面貌与心声，反映客户经理丰富多彩的工作和生活，也是行内外读者观察福建烟草发展的一个窗口。2008 年 6 月 15 日改为《福建烟草营销》，从原来的 80 页增加到 184 页。将读者定位由客户经理扩展为行业内卷烟营销物流领域的所有从业人员。

第十章 信息化建设

1991年，行业内部陆续引入计算机及相关设备，主要解决办公自动化、文档信息化等初级问题，并进行计算机基础知识和计算机应用操作的培训，为下一步企业信息化应用开展做准备。1995年，随着业务的发展，为了满足业务本身的需要，建设了企业内部局域网，卷烟、烟叶经营业务，专卖，财务等部门开始了自身业务系统的建设，实现核心业务环节模拟手工操作的电子化管理，通过信息系统的开发，实施应用了用友财务软件、专卖证件管理系统、烟叶管理系统和业务进销存管理信息系统。2001年，福建烟草行业开展全省骨干网的建设并投入使用，陆续部署实施了办公自动化系统，海晟A6财务软件等，逐步实现了经营管理的电子化，并逐渐实现基于流程导向的管理模式，使核心业务系统向整体的日常工作信息化管理、流程化运作，信息技术已经成为行业生产经营管理活动中不可缺少的部分。

第一节 信息化组织

一、机 构

1995年，省公司成立计算机领导小组及办公室。

1996年，省局（公司）在综合计划处设立信息中心，计算机领导小组办公室也设在综合计划处信息中心，为计算机的应用管理机构，该机构延续至2000年。同年，龙岩卷烟厂建立计算机中心，配备相应的计算机技术人员，有管理、开发、操作及维护等岗位人员。厦门卷烟厂成立计算机开发科，配备3名计算机工程师、1名技术员。漳州烟草分公司从高校引进1名计算机专业人员，对计算机应用进行初步规划。

2001年，省局（公司）设立福建省烟草经济信息中心。福建省烟草经济信息中心是省局（公司）直属事业单位，负责全省烟草系统信息化建设的组织、规划、协调和服务工作。承担的主要职能有：研究制订全省烟草系统信息化建设发展规划和年度计划，并组织实施；制订和实施全省烟草系统计算机、数据库系统及网络通信等技术标准；负责全省烟草系统计算机信息网络系统的管理，负责省局机关计算机信息网络的开发、运行和维护工作；负责为全省烟草系统信息的采集、传输、加工、汇总和分析、预测工作，提供相关技术支持和服务；对全省烟草系统的信息化工作进行管理、监督检查和业务指导、培训。

2002 年，各设区市烟草专卖局（分公司）设立信息中心，人员编制 3～5 名。主要负责制订本地区信息化建设发展规划和年度计划，并组织实施；负责本地区计算机信息网络系统的管理、维护、安全工作；负责信息系统的信息采集、传输、加工、汇总和分析、预测工作。

2003 年，省烟草经济信息中心与新成立的福建海晟信息技术有限公司合署办公，实行一班人马两种职能，重新设置内部组织结构，优化工作流程。履行对行业信息化建设的组织、规划管理职能，并参与行业信息化项目的开发、实施与维护工作。从厦门海晟信息技术有限公司抽调 23 名技术人员，设置：信息规划部、研究开发部、技术工程部、客户服务中心、综合管理部、财务会计部。是年，厦门卷烟厂设立信息技术部。各设区市局（分公司）、卷烟厂设置系统管理员、网络管理员、数据库管理员岗位。

2004 年工商分设后，福建中烟信息化工作归在科技开发处，与省局（公司）共用一个中心机房，并配合省局负责具体的行业骨干网，网络与信息安全，小型机及服务器等硬件设备维护工作。

2006 年，省烟草经济信息中心与福建海晟信息技术有限公司分开。对信息中心的工作职能进行重新定位，前者主要承担行业信息化建设的规划、指导、监督、协调和服务工作。后者与北京中软国际信息技术有限公司合作，成立厦门中软海晟信息技术有限公司。由厦门中软海晟信息技术有限公司承担烟草行业内主要业务应用软件的开发、实施和维护工作。

2008 年，福建中烟独立设置信息中心，主要负责全省卷烟工业系统信息化建设管理和工业公司的信息系统的规划、开发、运营管理与维护等。至 2008 年底，福建烟草商业各地信息中心机构进一步健全，人员得到充实，全省各市级公司信息中心人员配备是：福州 7 人，莆田 5 人，泉州 6 人，漳州 4 人，厦门 5 人，龙岩 7 人，三明 8 人，南平 7 人，宁德 5 人。各县级分公司均配备 1～2 个系统管理员。

二、管　理

1995 年，省局（公司）印发《福建省烟草专卖局（公司）计算机自动化技术开发及推广应用项目管理办法》及《省局机关计算机管理暂行规定》，规定全省烟草行业计算机、自动化技术开发及应用遵循统一规划、统一标准、统一接口、统一协议、统一管理、分步实施的原则，做到实用、可靠、先进、经济。由省局（公司）计算机办公室负责行业内计算机、自动化技术开发及推广应用的规划编制，标准、接口、协议的规范选用制定，并组织对信息项目可行性研究的论证、管理。1997 年该管理办法又做了修订。

1996 年，省局（公司）制定《福建省烟草行业计算机应用总体规划》，提出建成一个集计算机技术与通信技术为一体，集农工商贸为一体，为管理信息与生产过程监控、生产自动化为一体的全行业的网络管理信息系统，实现信息收集、加工、传递的现代化体系。同时，对信息代码、通讯协议、数据接口等作了统一标准。

1999年，省局（公司）制定《省烟草专卖局机关计算机管理办法》，规范省局机关计算机软硬件购置、维护和调配，以此推动行业信息化建设工作统一、有序开展。

2000年，省局（公司）为规范各单位计算机网络建设，保证福建烟草行业计算机网络的统一、畅通、可靠和完整，对烟草行业网络建设的网络协议、路由协议、IP地址、域名和路由进行统一规划。同时制定《福建省卷烟销售管理信息系统管理规范》，规范全省卷烟销售信息系统管理。

2001年，省局（公司）制定《全省计算机广域网IP地址、域名方案》。为保护计算机信息系统安全，又制定《福建省烟草行业计算机信息系统安全保护管理办法》、《省局机关计算机网络使用安全管理规定》，为行业信息联网和数据共享、安全提供了技术基础标准和要求。

2002年，省局（公司）印发《福建省烟草行业计算机系统管理办法》，对安全管理，网络使用，中心主机房管理，软件、技术资料及设备管理，日常操作管理，数据管理，国际联网管理等作出了明确规定，指导和规范全省烟草行业计算机联网工作。为保障全省数据信息交流畅通，突出强调行业信息代码的统一化和标准化，加强信息代码管理，对往来单位代码、卷烟品牌代码、烟叶代码、汇总指标代码等统一由省公司信息中心进行维护，各单位设有专人负责代码工作，保护本单位所辖范围内的代码信息的正确性，使信息代码发布及时、准确。

2003年，省局（公司）加强全省行业信息化工作的管理，完善信息化工作各项制度和规定。对中心机房、技术文档、网络及应用系统运行保障、数据备份、软硬件及配件采购、系统管理员等制定了一系列管理制度。印发《福建省烟草行业信息化工作管理办法》，对信息化组织管理，项目管理，网络建设和运行管理，应用系统与信息资源管理，网络和信息安全管理，培训考核和奖惩管理等做了具体规定，保障信息化工作顺利开展，使信息化工作能服从和服务于行业中心工作。是年，全省行业计算机内联网建设严格按技术规范的要求，做到统一规划、统一标准、统一管理、分级实施，确保省局（公司）和工商企业、事业单位的计算机网络互联互通。为保证行业内联网安全运行，全省行业开展清理整顿行业内联网互联网出口。4月15日，省局（公司）宽带网吧试运营。5月18日，省局（公司）关闭163、8163电话互联网出口108个，关闭所有单机互联网出口；行业内业务都由公网收发的上行至国家局，下行至分县公司；工厂的邮件，由省局统一配置业务邮箱，登陆内网网站或登录内网邮件系统收发。

2004年工商分设后，烟草商业的信息化工作以"系统集中，资源整合，数据共享"为方向，以"数字烟草发展纲要"为指导，以服务专卖管理、卷烟销售和烟叶生产三大主业为宗旨，开展全省行业信息化建设的调研和规划。省局（公司）制定和完善行业信息化工作有关管理制度和技术规范，先后制定《计算机机房管理规定》、《计算机病毒防治管理办法》、《信息化工作人员管理规定》、《技术文档管理办法》、《介质管理办法》、《密钥和口令管理办法》、《计算机软件管理办法》、《计算机设备管理规定》、《计算机系统灾难恢复规程》等一系列制度，并汇编装订成册分发给各分公司和县级公司，保障全省各级烟草商业企业的信息化管理工作有章可循。福建中烟结合卷烟工业实际，制定并下发《福建省卷烟工业系统信息化工作管理办法》和《工业公司机关本部计算机管理制度》等规章制度，明确各下属企业的信息化工作部门职责，规定了信息化项目管理、网络建设和信息安全管理、信息资源管理等具体要求和办法，促进信息化管理工作的制度化、规范化。

2005年，省局（公司）、福建中烟按照"统一平台、统一数据库、统一网络"的要求，统一规范烟草行业信息化建设，加强行业计算机广域网络的规划、建设和管理，保证骨干网络互联互通。互联网协议地址（IP）、域名和骨干网路由协议由国家局统一规划和分配；行业内联网的骨干网络由国家局统一规划、建设和管理。建设统一技术平台主要包括信息分类编码体系、网络与安全体系、数据交换标准体系、数据中心建设体系、应用开发集成体系、运营管控考核体系等方面。

2006年，福建烟草工商企业增加行业地面骨干网建设内容，重新对自治域和IP地址进行规划和分配，对省域网、局域网和网管系统的建设提出具体要求。规范行业计算机网络建设，达到统一、畅通、可靠、安全。同时根据《国家烟草专卖局中国烟草总公司机关电子公文处理暂行办法》的要求，进一步规范行业办公自动化系统上线运行，使机关的电子公文处理更为规范、高效。是年，福建烟草工商两家均开展行业信息化"十一五"规划的制定。省局（公司）印发《福建省烟草商业企业信息化管理手册》，对信息化人员、技术文档、介质、密钥和口令、软件、设备等管理作了具体规定。同时，加强信息化工作的考核管理，从组织机构、管理制度、技术规范、信息化重点工程建设、网络建设与运行管理、网络和信息安全、信息系统运行维护、信息资源开发利用、信息化项目管理、信息化培训等10个方面在全省范围内开展大检查，提出整改措施。

2007年，省局（公司）修订和完善《福建省烟草行业信息化工作管理办法》和《福建省烟草行业信息化工作内部管理制度》，明确母子公司体制下省、市、县三级单位信息化机构设置、内部岗位设置及其相应的工作职责。制定《福建省烟草商业系统局域网建设与运行管理规范》、《福建省烟草商业系统应用系统数据标准与接口规范》、《福建省烟草商业系统数据中心建设标准与管理规范》等有关管理制度和规范，加强对行业骨干网和各城域网核心设备及运行管理，统一全省数据标准和接口规范，建立全省统一的网管平台，实现对核心设备的统一管理和监控。同时，针对电脑终端管理存在的散、乱、差的状况，加强对各局域网内用户电脑终端的管理，构建全省统一的桌面管理平台，逐级部署、分级管理和统一监控，达到单点可控、局部防范和整体安全，提高信息化管理水平。

2008年，省局（公司）完善信息化管理制度和技术规范，制定所有新上线项目的运行管理办法，逐步健全信息化基础管理体系，努力提升信息化项目管理水平。根据大宗物品采购规定、投资项目招投标管理规定以及企业投资决策、招投标决策和内部控制等制度要求，进一步规范信息化项目的运作流程，基本实现信息化项目全过程的有序、可控、合规。制定《信息化项目管理规定（试行）》，明确信息化项目管理的流程、职责和工作要求。福建中烟也组织召开行业信息化建设制度研讨会，建立和完善有关制度，制定《福建中烟工业公司信息化项目管理办法》及《福建中烟工业公司采购管理办法》，严格按制度规定，规范性地开展信息化工作。

第二节　信息化发展

一、实　施

1991—1995 年，全系统计算机的应用逐步普及和提高。卷烟工业企业都不同程度地应用信息技术进行生产工艺参数监控，开发了卷烟工艺过程数据采集，提高生产过程监控水平，并逐步向生产过程控制和管理信息系统相结合的现代化管理过渡。龙岩卷烟厂率先开发应用 LYMIS 计算机管理信息系统，实现数据网络传输与共享，该信息系统应用达到全国烟草行业领先水平。信息技术在烟叶收购、加工环节上也得以应用，龙岩地区的部分烟叶收购站采用烟叶收购计算机系统；宁化复烤厂应用计算机技术，实现复烤生产线工艺过程的自动控制。1995 年 4 月，省公司与中国航天工业科学技术咨询公司合作，成立课题组，开始省公司计算机网络管理信息系统（简称 MYMIS）的建设工作。按国家的有关标准规范和 MYMIS 软件工程的方法组织实施，整个工作分为可行性研究与总体规范、需求分析与概要设计、详细设计与编码实现、调试与测试、投入运行等五个阶段。计算机应用开始从单机使用转变为系统应用，计算机在烟草行业的生产、销售、科研、经营管理等方面发挥着作用。

1996 年，全行业已装备具有一定规模的计算机，省公司建立了机关管理信息系统，并对全省烟草行业信息化建设提出总体规划。全省行业计算机应用实行统一管理、统一规划，并为全省联网做好准备。各分公司、卷烟厂统一在省公司的指导下进行计算机网络建设。工业企业计算机管理信息系统推广龙岩卷烟厂的管理信息系统技术；分公司管理信息系统推广龙岩烟草分公司的管理信息系统技术。是年，龙岩卷烟厂建立局域网；厦门烟草分公司建立财务信息管理子系统，福建烟草进出口公司建立计算机局域网。

1997 年，在农业领域，计算机在烟叶收购中得到推广使用，基层烟叶收购实现计算机统计数据管理。部分工业企业建成计算机综合管理信息系统。5 月，福建省着手建设局域网，推进金叶信息系统工程建设。并在管理信息系统建设的基础上开展卷烟销售基层网点的计算机网络建设工作，着手建设销售网点的计算机管理。

1998 年，福建省与中国烟草总公司实现了烟叶数据传输。国家局还建立全国卷烟工业企业销售信息网络，可及时掌握和检查各卷烟工业企业销售进度情况和省际卷烟购销合同的执行情况。福建省烟草公司实现了计算机省、市、县三级联网，可及时了解和掌握全省各地卷烟销售具体情况。

1999年，省局（公司）对烟草行业信息化工作进行总体规划，行业经济信息工作全面展开，福建烟草行业经济信息工作进入发展阶段。漳州、宁德烟草分公司委托航天部204所厦门分所进行信息系统可行性研究与总体规划，建立计算机信息管理系统。全省组建了内部局域网，实现省、市、县公司与卷烟销售网点之间的四级联网，建成内网网络，与外界的通信隔离，用于烟草行业内部管理行业生产、经营活动的办公和业务网络，省公司能够直接查询到全省各卷烟销售网点的销售情况，全面掌握全省的销售动态，提高经营决策的科学性。烟草专卖管理、财务会计核算也开始应用计算机管理；烟叶实现全国统计联网；卷烟工业的信息化应用水平进一步提高。

2000年，省局（公司）加大信息化建设投资，建设计算机房，各单位全面配足所需计算机。开展计算机局域网建设，完成全省卷烟销售广域网建设。是年，建立省局机关局域网，省局机关计算机网络已连接至各处（室），下伸至全省烟草行业各分公司、卷烟厂、县公司、卷烟批发网点、烟叶收购站点，上行通过全国烟草行业卫星网与国家局网络相连，形成省级烟草行业广域网（简称"省域网"）。同时，工业统计报表也实现了联网，加速了数据采集、处理、管理和信息服务的网络，实现信息收集、加工、传递，对行业生产经营的市场预测、销售、计划、物资、财务和专卖管理等信息进行计算机辅助管理，为辅助决策支持提供准确、及时的信息服务。按国家局的规划，是年，完成省局地面卫星站（B类站）建设，实现卫星传输链路，具备电视会议、电话语音和计算机网络数据传送能力。翌年，在厦门、龙岩卷烟厂，漳州、三明、南平、宁德、莆田、泉州、龙岩分公司建设C类站，功能有数据传输、语音通信。

2001年，福建烟草行业信息化基础设施初具规模，建成省域网，计算机的各个应用管理系统全面为行业管理、生产经营服务，卷烟工业企业实现信息技术管理。

2002年，省局（公司）把信息化建设作为提升企业管理水平的支点，推进行业信息化建设步伐，开通了省公司—分公司（烟厂）—县公司的2M带宽的光纤网络，从ISDN技术到宽带网技术的跨越，实现了网络提速扩容，为各项应用系统的快速稳定运行架起了高速公路。对卷烟销售信息系统进行完善和提升，为全面实施卷烟销售大配送运行服务，委托厦门海晟信息技术有限公司开发客户关系管理系统、统计分析管理信息系统、电子结算系统、物资销售管理信息系统、电话访销系统等业务MIS系统。翌年，相继开发完成并上线运行。专卖管理信息系统运行，烟叶信息系统的完善，办公自动化系统实施，工业企业信息化建设的推进，提升了烟草行业管理水平，提高了行业工作效率。

2003年，福建烟草行业完善和提升骨干应用系统，制定信息化技术框架和标准体系，推进电子政务建设步伐，实现管理规范化向工商系统数据集成的转变，建立行业网络和信息安全防护体系。进行系统整合和扩展，系统完善和优化，实现销售、专卖、统计系统的一体化运行，建立全省行业数据中心。是年，福建省完成了烟草卫星网工程建设，完成开发并开通试运行，与国家局网站链接，实现与国家烟草专卖局卫星网的互联互通。

2004年，根据烟草商业企业建立现代卷烟营销网络需要，省公司委托福建海晟信息技术有限公司开发了福建省烟草企业应用集成系统（即福建烟草电子商务平台），包括信息查询系统（IQS）、客户经理工作站（MCS）、品牌策划支持分析系统（PPS）、基本信息管理系统（BIS）、专卖管理系统升级等子系统，并陆续在全省正式运行。为对各业务流程的整合提供技术支持，组织开发和实施人力资源管理系统（HRS）、统一客户投诉（服务）中心系统（CCS）、货源计划系统（RPS）等，同时，取得电信部门的ISP经营资格，建成行业智能应答式双向短信服务平台，运用行业短信服务系统，完成有关经营信息的自动发送和智能接收应答，为各级领导和管理人员提供及时、准确的经营信息。在三明、漳州试用了系统内IP电话网络通信系统，提高烟草系统广域网利用率。

是年，省公司全面启动烟草行业地面通信骨干网建设。烟草行业地面通信骨干网亦称为"地面骨干网"，通过租用固网运营商地面专用线路（同步数字系列－SDH）连接国家局（总公司）和各省级局（公司）、工业公司及行业内有关单位的网络。骨干网覆盖范围广泛、带宽充裕，能够为各节点的接入与应用提供强大的支撑，是烟草行业的核心网络。烟草行业地面通信骨干网络为单星型结构，分为两层：核心层（国家局核心汇接节点）和边缘层（边缘节点）。核心层通过2台Cisco7507路由器（YC－R－GJJ01、YC－R－GJJ02）与各边缘节点通过2M SDH专线连接。边缘层由设在省级局、工业公司以及行业需与国家局核心汇接节点直联的单位的各边缘节点组成。各边缘节点通过1台Cisco3725路由器与国家局核心汇接Cisco7507路由器。国家局下发《烟草行业地面通信骨干网络建设技术方案》。地面骨干网接入Cisco3725路由器和本地网络之间设置了专用防火墙进行网络隔离，保护边缘节点本地网络免受来自其他节点网络的影响。建成的烟草行业地面通信骨干网，地面骨干网通过核心节点路由设备与国家局局域网连接，通过各边缘节点路由设备与各边缘节点本地网络连接。

2005年，福建烟草建设行业信息化的电子商务、电子政务和经营决策管理三大应用体系的主体框架，形成覆盖国家局（总公司）、省级局（公司）与工业公司、工商基层企业三个应用层面的信息化建设局面，逐步实现系统集成、资源整合、信息共享。烟草商业统一部署采购ORACLE数据库产品，初步形成9个分公司数据中心加省公司数据中心的"9＋1"数据库及数据交换的标准体系。在应用系统方面，采用IBM的中间件技术架构，业务系统应用集成（EAI）基础坚实。在信息分类编码体系、网络与信息安全体系、数据中心及数据交换标准体系、应用开发集成、运营管控考核等方面均采用当前主流信息技术和符合信息技术发展方向的技术架构。统一开发部署了基本信息管理系统（BIS系统），将全省的信息分类编码形成体系，实现信息分类编码的标准化、规范化管理。5月，福建中烟完成厦门办公楼局域网建设和Internet专线以及3条电信2M SDH光纤专线的接入工作。所有应用系统服务器（OA、财务、统计、物资、防病毒等）配置与调试，外部网站的配置以及 DNS 切换，工作人员桌面 PC 机的安装调试，机关办公，信息系统运行正常。

2006 年，烟草行业地面骨干网和全省双链路广域网建成后，形成骨干网、省域网、基层网络三级网络结构，网络结构正在趋于扁平化。各烟草分公司完成设备的更换和局域网的优化，行业计算机网络已基本稳定和畅通。围绕福建烟草商业企业的各项改革与发展主题，推进了电子商务平台、电子政务平台和经营决策管理等三大应用体系的整体提升。福建中烟与微软公司合作，编写福建中烟信息系统规划，主要内容是电子商务、电子政务和经营决策管理三大体系建设。开展一号工程拓展应用，完成方案制定，福建中烟等 9 家单位被国家局列为一号工程拓展应用的试点单位。年内，福建中烟成立营销中心，营销中心与工业公司本部采用裸纤（带宽 1G）连接。根据卷烟经营业务需求，开发卷烟电子交易系统，实现与龙岩、厦门两个厂 ERP 系统、国家局电子交易系统、省局电子商务、资金结算系统的连接，省内交易业务确保先款后货流程的实现。是年，福建省工商企业均由信息中心负责边缘节点的管理与运行维护工作，确保这一信息高速公路畅通。国家局网络设备命名为：YC－R－GJJ01；省局（公司）边缘节点设备命名为：YC－R－FJ01；福建中烟边缘节点设备命名为：YC－RGY－FJ01。2006 年下半年行业卫星通讯网停止使用，全面改为地面通信骨干网。

2007 年，全省烟草商业企业应用信息化工作基本形成电子商务、电子政务和经营决策管理三大应用体系，应用信息系统已初步涵盖行业各方面的工作。随着业务的发展和管理水平的提升，信息中心会同销售、烟叶、专卖等部门对原有的涉及卷烟销售、烟叶管理、专卖管理等有关应用系统进行合理规划和结构优化，重新调整，使得系统的应用脉络更加清晰，更加符合业务发展的需要。福建中烟围绕"四个一"工程开展福建中烟数据中心建设，即建设一个省级数据中心、一个数据标准体系、一个数据交换系统、一个数据展现平台，构建福建中烟数据中心。根据营销、生产、财务等有关业务部门查询卷烟生产经营数据的需求，完成中烟信息资源管理系统的建设工作，实现计划、生产、调拨、库存、省商业公司购进、系统外销售、库存等信息资源的汇总、分析与查询功能。组织开发了样烟管理系统、费用管理与托收系统。以内部网站为平台，完成福建中烟门户及信息系统统一登录界面的部署。开展中烟工业大厦机房设计与网络建设方案的制订工作。

2008 年，为了适应全省行业应用规模不断扩大的需要，降低因原广域网设备老化而引起的网络基础不可靠的风险，推进全省广域网的扩容升级，保证以冗余的带宽链路支持各项业务的开展。推进各地新、旧网络的平稳切换，福州、厦门、莆田、泉州和漳州已经基本完成。翌年，全省完成广域网的整网切割，对改造后的网络进行深入优化和稳定工作。随着业务的发展和管理水平的提升，信息中心会同销售、烟叶、专卖、计划等部门对有关应用系统进行合理规划和结构优化，使各系统的应用脉络更加清晰，功能更加完善，更符合发展变化的需要。福建中烟针对"母子公司体制，母分公司运作"的经营管理模式，积极开展全面调查摸底工作，提出适合公司现状的信息化建设思路和建设重点。通过系统实施与下属企业生产、设备、备件相关的信息进行集成整合，实现对下属两子公司的生产指令下达、生产情况反馈、生产计划执行跟踪监控，及时掌握下属企业的产供销情况，设备、备件相关信息及设备运行管理情况。建立通畅的福建中烟与下属生产企业的生产管理信息沟通渠道，提供产销协同的管理运作平台，实现科学合理的生产计划编制、生产组合结构和合理配置企业资源，提高销售订单的响应速度，满足客户需求，降低运行成本。

二、设　施

1987 年，省公司引进（由国家烟草专卖局统一购置）一台长城牌计算机。单独建立一间计算机室，配备打印机、稳压电源。这台计算机硬盘配置只有 40 兆，没有鼠标，依靠键盘操作指令发射，由自己编制简单的统计报表程序，用于统计报表、财务报表等处理，归计划处管理。此后，又不断增加购置 286 型个人计算机。

1994 年，省局（公司）机关有微机 18 台，主要用于各种文件管理、报表处理，个别处室设计一些数据管理软件。是年，龙岩卷烟厂有微机 40 台。

1995 年，省局机关各处室、各部门均配置计算机，机关计算机应用逐步普及。并开始建设省局局域网，各部门也开发出多种类型的管理信息系统。是年，省局委托航天工业科技咨询公司，采用客户机/服务器体系、UNIX 操作系统、ORACLE 数据库及 TCP/IP 协议等技术开发省局管理信息系统，对自动化管理起到一定作用。同时，对市级分公司的管理信息系统进行试点开发。

1996 年，全省烟草行业有计算机 300 余台（套）（其中龙岩卷烟厂 100 台）。主要是微型机、工业控制机两大类，相当一部分计算机仍是单机应用。此时，已在经营管理、生产计划管理、过程监控等方面逐步开发应用计算机管理系统。是年，省局（公司）在办公楼附楼建立了交换快速以太网。省公司与分公司、工业企业之间完成通信网络布局与方案设计，建成两个基础数据库。利用电话交换网、调制解调器完成省公司与分公司、工业企业的点对点通信。各地市级分公司、县公司也建立了局域网。全省在 43 个收购站点配备了计算机（龙岩 27 个、三明 16 个），并试行计算机收购。漳州烟草分公司在市局机关各个科（室）配置计算机 16 台。

1998 年，省公司组织开发商情信息系统，实施省、市、县计算机三级联网系统，计算机运用从原来的单机模式向网络模式转变。各县（市）公司分别配备 HPVLTII266 计算机、贺氏 3316 调制解调器（MODEN）、不间断电源，通过拨号实现省公司与分公司和县公司之间的数据交换。

1999 年，全省各地卷烟销售网点均配置计算机。省公司完成全省卷烟销售广域网建设，各县（市）公司均配备服务器、交换机、存取服务器和 PC 机，组建内部局域网。县公司通过拨号的形式每天向分公司上报卷烟销售数据，由分公司集中汇总后向省公司传输，实现省、市、县公司与卷烟销售网点之间的四级联网，计算机的应用已延伸至卷烟销售网点。

2000年，全省各级单位及部门均根据需要配备计算机，领导层配备笔记本电脑。信息技术在各个部门、各个岗位的工作中得到广泛应用，行业信息化应用程度更高。国家局对烟草行业网络建设的网络协议、路由协议、IP地址、域名和路由进行统一规划。福建省烟草专卖局（公司）对计算机机房的建设提出具体要求，遵循国标GB2887—89《计算站场地技术条件》和GB9361—88《计算站场地安全要求》，建设防火、防磁、防水、防盗、防雷击、防虫等相应配套设施的计算机房。

2001年，全省行业计算机省域网采用ISDN线路连接带宽，64K。

2002年，全省省域网进行升级改造。7月，省公司向福建省电信公司租用SDH数字电路，全省9个地市级公司和厦门、龙岩卷烟厂均开通2M数字电路，采用光纤接入方式，接口为V.35。至此，全省完成2M SDH计算机骨干传输网的建设，开通省公司－分公司－县公司和卷烟厂的光纤网络，构筑全省行业计算机主干网，实现全省网络提速。是年，全省实行卷烟销售大配送运作，各单位系统配置进行升级。分公司、县公司计算机设备均配置三类服务器（数据库服务器、WEB服务器、应用服务器）和PC终端。访销员、送货员、稽查员配备PDA手持机；客户配备IC卡；访销部、专卖所、配送中心每台计算机配置FLASH卡读器。

2003年，省公司机关按A级标准完成机房建设。此后，其他地市局也按不低于B级的标准全面启动机房建设或改造工程。是年，对呼叫中心进行整合，各地区以市级分公司为单位统一设立一个电话呼叫中心。呼叫中心以计算机语音集成CTI为核心，完成订单。呼叫中心的CTI服务器硬件配置"研华"工控机和"三汇"16路语音卡。

2004年，随着行业各应用系统逐年增多，省公司又对原计算机机房进行改造，按照A级机房的标准，投资350万元，将原有机房面积拓宽至210平方米，对机房设备进行升级改造，重新规划和调整各应用系统在服务器上的分布。同时，将中烟工业公司的所有系统都整合成独立的服务器，并进行单独机柜安装和系统用户、密码的再设置，保证工商分设后工业公司应用系统正常运行。各单位均健全计算机中心机房的建设与管理，机房实行分区防护，划分核心区（放置小型机、主通信机、网络控制、通讯保密等设备）、生产区（放置PC服务器、网络服务器、通信设备、终端机等设备）、辅助区（放置供电、消防、空调等设备），机房具有消防、防雷击、防静电、防鼠害、防腐蚀、供电保护、接地保护等保护设施。是年5月，福州烟草分公司建成国家A级标准计算机机房，中心机房面积200平方米，分成5个区域（测试区、PC机服务器区、小型机与网络设备区、电源与精密空调区），各分区之间用防火玻璃隔离。翌年，其余8个地市公司也全面启动机房重建或改造工程，达到A级或B级标准。

2005年5月，福建中烟迁往厦门，设立独立计算机房。省公司对行业骨干网进行扩容，11月底，完成全省骨干网的升级改造。福建烟草商业计算机骨干网络带宽扩容到4兆，并兼具有双路由设备及双链路的冗余功能，保证各类信息数据在信息网络内快速、顺畅地流动和汇聚。在局域网建设方面，省局建成双 CISCO 6509 核心骨干交换机建设模式，保障机关核心服务和网络的稳定运行。各分公司也陆续对局域网进行升级改造。为满足烟草站、专管所和客户服务工作站业务工作需要，三明、南平、漳州、泉州等租用电信的 ADSL VPN 专线和 SDH 专线，改善驻外点与本部的网络连接，提高基层站点的办公效率和管理水平。是年，省公司将原有的 SUN 小型机进行硬件升级。各单位也先后配备高性能的小型机设备，三明、泉州、漳州、宁德、莆田等烟草分公司完成小型机升级。全省建立统一的 ORACLE 数据库，形成 9 个分公司数据中心加省公司数据中心的"9＋1"数据库及数据交换的标准体系，并采用 IBM 的中间件技术架构，为业务系统应用集成（EAI）奠定基础。

2006 年 12 月，省公司中心机房新购一台核心交换机。2007 年 3 月，完成设备的更换和局域网优化。10 月，省局（公司）、厦门、龙岩、南平市公司等 4 个单位统一采购配备高性能的小型机，支持业务系统的全面升级。2008 年，福建中烟着手中烟大厦中心机房的筹建，机房按国家 A 级标准建设，8 月正式开工，当年完成综合布线、设备的安装调试。

第三节　信息化应用

一、工业生产应用

（一）龙岩卷烟厂信息技术应用

1992 年，龙岩卷烟厂开发建设计算机管理信息系统（英文简称 LYMIS）。系统采用了客户机/服务器体系结构，网络基于 TCP/IP 通讯协议，服务器选用 UNIX 操作系统，数据库采用 ORACLE 数据库系统。

1994 年，LYMIS 系统开发成功并投入使用，微机发展到 40 台。该系统由中国航天工业技术咨询公司和龙岩卷烟厂联合开发，以微机为主体覆盖全厂生产车间、职能科室，以生产经营为主线的计算机管理信息系统。该系统的 22 个子系统通过在网上交换数据，能有机地耦合在一起，实现共享。系统采用多种数学模型，可支持辅助分析、预测和决策。6 月底，全厂局域网开通，实现从单机走向网络化。

1995 年 12 月，由国家烟草专卖局、福建省科学技术委员会、中国航天工业总公司共同组织，对龙岩卷烟厂的"计算机管理信息系统"进行鉴定。鉴定认为：开发和应用均达到国内先进水平，在烟草行业处于领先地位。LYMIS 系统以计算机网络和数据库系统为基础，通过实现生产经营过程中各类信息的收集、存贮、传递、统计、分析、综合、查询以及报表输出。包括领导决策支持、销售管理、生产管理、质量管理、财务管理、物资供应、技术管理、设备管理和综合管理等 9 个体系 30 个子系统构成。LYMIS 系统的应用，使企业决策管理水平提升，促进了生产经营效益增长。

　　1997 年 2 月，龙岩卷烟厂正式加入 INTERNET（国际互联网）。12 月，建立国际互联网站点（http：//www.lycf.com.cn），设置龙岩卷烟厂的主页。是年，LYMIS 系统的应用软件开发了编制复烤烟叶领用核算、烟叶销售收入核算、烟叶成本核算、烟叶盘盈处理、烟叶串级核算、烟叶正常库耗等程序，实现系统成功升级。

　　2000 年 2 月，龙岩卷烟厂和北京百联优力科技有限公司合作，启动 LYMIS 系统第二次升级。2001 年 4 月，LYMIS 系统进入试运行，8 月 24 日，新老系统切换成功，全厂全面使用新 LYMIS 系统。升级后的 LYMIS 系统比以前 DOS 环境下有很大改观，实现对物流、资金流和信息流的全程控制，有效地监控各项经营销售活动，及时、准确、全面地掌握购、销、存情况。是年，办公自动化系统（OA）正式开始实施，进行日常公文流转处理，实现 ISO 文件的计算机管理、电子公告、电子论坛等多项功能。2002 年，LYMIS 各子系统进行相应的修改和完善，财务子系统的资金管理增加借款、报销审核模块。计量子系统的计量备件模块在五金系统的基础上进行符合计量科要求的所有模块修改；烟叶委托加工系统的编码及测试工作；销售系统增加由大配送及成品高架库系统的运行所引起的整个流程上的系统功能变动等。

　　2000 年 7 月至 2003 年 7 月，龙岩卷烟厂实施"易地技改"。其间，先后建成自动化物流系统、制丝集控系统、动力能源集控系统、香料厨房集控系统和生产调度系统。其中，自动化物流系统于 2000 年开始设计，由昆明船舶设备集团有限公司集成，2001 年 11 月设备安装，2002 年 5 月陆续投料调试运行，2002 年 10 月项目完成，分别建立配方高架库、辅料高架库和成品高架库，系统由自动化立体仓库系统、自动输送机系统、自动导引车（AGV）系统、工业机器人作业系统、自动化物流控制系统、实时监控系统、仓库管理信息系统和调度系统等组成，实现了企业内部原料、辅料以及成品在企业内部流通过程中的全自动化控制。制丝集控系统由昆明船舶设备集团有限公司实施系统集成，2002 年底完成，实现对制丝车间 6000kg/h 大叶线、3000kg/h 小叶线、梗线、CO_2（二氧化碳）膨胀丝线、混丝线和风力送丝段的设备自动控制和过程实时监控功能。动力能源集控系统由中国电工设备总公司实施全系统集成，2003 年初验收，主要实现水、电、气、汽、油等能源数据实时采集、设备运行状态监视及故障报警、手自动控制，工艺参数设定，实时数据和历史数据趋势分析及能效分析等功能。2003 年中旬，香料厨房集控系统建成，实现香糖料等配方的自动配置和下达。为充分发挥各集控系统和自动化物流系统的优势，协调生产过程的柔性运行，2001 年，龙岩卷烟厂与昆船物流信息产业有限公司联合开发实施"龙岩卷烟厂生产调度系统（MES）"，并于 2003 年成功上线正式运行，从而实现整个卷烟生产过程的准确、高效、集中地指挥调度管理，提高生产调度管理工作的科学性和准确性，并对信息管理系统（MIS 系统）、自动化物流系统、制丝集控系统、动力能源集控系统和香料厨房集控系统等进行全面的生产信息集成，保证生产自动化系统的信息共享。

　　2003 年，LYMIS 系统开发了物流自动化、生产调度等系统的接口模块，实现与底层系统数据交换和上传。5月，领导查询系统开始运行。是年，为消除卷包车间"信息孤岛"，龙岩卷烟厂与昆明阳光基业股份有限公司合作实施卷包信息管理系统项目。

2004年，开发生产经营信息分析模型，将分析结果用于生产经营过程控制，实现动态分析，支持企业辅助决策。LYMIS系统新增电子档案管理系统、预算管理系统和绩效管理系统。同时，开发网络培训系统，主要有学习、考试、评估、竞赛、调查、交流、课件开发等7个子系统模块。翌年底建立了包括管理、销售、生产等各个方面的31个培训课程，开展人力资源管理、高级卷接修理工、高级卷烟营销员等十几个课程的培训与考核，已有两万多人次通过网络培训系统学习。

2005年3月，龙岩卷烟厂经公开招投标，确定北京联信永益公司为EAI建设合作单位。此后，该公司完成《龙岩卷烟厂信息化建设总体规划》，5月27日，经企业评审小组审核通过。6月8日，召开EAI项目启动大会，成立《龙岩卷烟厂信息化建设总体规划及系统集成（EAI）建设》项目小组。确定第一个阶段的总体目标，（EAI）项目主要是企业应用集成开发，包括IRP（信息资源规划）规划、MIS迁移、财务全面预算、CRM（客户关系管理）升级改造、OA（办公自动化）系统建设、数据仓库建设、信息仓库建设、EAI建设等内容。随后，计算机中心与北京联信永益公司对OA系统、CRM系统、财务预算系统、IRP进行多次现场调研工作，确认开发系统平台及开发范围，制订项目分期实施计划，企业信息门户框架基本定型，实现了一站式登陆。进行网络改造，经过安装调试，实现生产网络和办公网络分离及两网之间的数据通信。完成小型机的安装、ORACLE数据库安装工作，建立LYMIS与物流系统数据库备用体系，实现了备用物流系统的查询功能。建立电子档案管理系统、预算管理软件系统、绩效管理计算机系统，扩展和深化管理软件系统的功能。对生产管理和控制计算机系统进行完善。开展物流监控系统（iFIX）集成优化设计，设备报警与手机短信联动，生产调度系统流程优化等。12月1日，LYMIS系统由原来的C/S模式迁移到B/S模式，CRM、OA系统正式上线。

2006年，IRP项目体系结构基本完成，主要完成全厂业务调研和梳理业务流程、划分职能域（生产域和管理域）、建立主题数据库主题项和数据建模工作。3月1日，企业门户系统试运行上线，5月1日开始正式使用。8月，信息仓库系统和数据仓库系统相继投入试运行，12月正式运行。是年，卷包信息管理系统一期工程通过验收，实现车间生产设备、质检仪器及条码数据的采集，并将生产计划、进度安排、过程控制、质量管理、设备维护等有机地集成起来，进一步提高卷包车间生产管理水平。至2006年，全厂的计算机在用756台（含笔记本电脑），达到管理人员人手一台。

2007年，开展系统综合监控体系建设，通过采集系统各项指标数据，把握系统运行情况，对系统出现的问题能及时获取并解决。完成基于供应链的辅料订单及仓储管理系统建设，通过加强辅料在采购订单和自动化仓储方面的管理，提高数据的实时准确性，降低库存水平。完成卷包信息管理系统二期项目建设。建立项目管理信息系统，提升企业项目管理水平。完成物流高架库任务调度及改进研究，提高配方出库烟包输送可靠性。完成基于批次管理的制丝自控系统改造及生产系统服务器的改造工作。2008 年，共承担或参与的信息化技术改造项目计 22 项。完成配方出库升降机、东肖仓库出库链板伸缩机、制丝车间开包线夹抱机、制丝车间原大线纸箱开包机、卷包信息管理系统配套设备、卷包信息管理系统更换菲尼克斯工控机、一号工程工控机等设备改造。开展梦龙项目管理系统的实施、培训及系统程序升级等；完成项目全程管理系统开发的项目投资计划控制、招投标管理、合同管理、财务接口、网银接口、项目文档管理等功能模块开发等。推进精品"七匹狼"卷烟专用生产线技术改造项目全程管理系统建设，为"精品线"项目管理提供信息化支持。

（二）厦门卷烟厂信息技术应用

1988 年，厦门卷烟厂开始推广应用微机，主要用于零配件仓库管理、设备管理、工资管理、文字处理等。厂部设综合微机室，配备了 1 名计算机工程师和 2 名计算机技术员。

1991 年，建立 RWL－332 微机数据采集系统，应用于卷烟车间，核算盘纸消耗。1992 年，进行微机软件设计和调试，用于财务成本经济指标汇总及分析，生产统计报表。1993—1995 年，综合微机室开展企业微机应用方面的研究和推广，主要有：微电脑计量管理、单板机控制采集烟叶过磅系统、电脑辅助设备管理、烟叶发酵微机自动控制系统等。

1996 年，成立计算机开发科。1997 年分别开展"计算机物料管理系统"和"微电脑辅助质量管理"项目。1998 年 1 月，设计"ISO9000 文档管理系统"。

1999 年，企业信息化建设逐渐步入快速发展阶段。信息部门的管理职责和职能也不断变更。2000 年上半年，计算机开发科更名为计算机管理科，11 月，改名为计算机中心。是年，国家烟草专卖局下发《关于加强重点工业企业 MIS 推广管理工作的通知》，厦门卷烟厂开展企业计算机管理信息系统建设。9 月，MIS 系统一期工程项目正式启动。12 月，小型机 IBMRS6000 H80 主机、D40 存储系统、3570 磁带备份系统及 7044－170 开发机等设备完成安装和调试。注册 www.xmjyc.com、www.xmjyc.net 等多个国际域名。2001 年 2 月，网络布线系统工程正式展开，管理信息系统（MIS）一期工程的硬件环境初步搭建。与北京特宝科公司合作实施企业管理信息系统（MIS）一期工程，成为国家局科技教育司"卷烟制造工业企业 MIS 系统推广应用"项目，引入企业资源计划（ERP）管理思想和管理方式，完成基础数据、烟叶管理等 10 个子系统的建设，并投入运行。

2002 年，完成 MIS 系统一期工程，建成的子系统包括：基础数据管理子系统、烟叶管理子系统、设备管理子系统、辅料管理子系统、产品结构管理子系统、生产计划管理子系统、质量（烟叶质量、辅料质量）管理子系统、综合查询子系统一期项目、权限管理子系统、与用友财务软件集成和与省公司口接口、与国家局联网上报数据等。5 月，国家烟草专卖局烟草经济信息中心受国家科技教育司委托，组织专家对厦门卷烟厂 MIS 系统一期工程进行评审，认为该系统结构设计合理，系统运行基本稳定、可靠，满足工业企业管理工作的基本需要。下半年，启动了 MIS 系统二期工程。厦门卷烟厂与北京百联优立公司签订

《厦门卷烟厂企业信息系统（二期工程）》合同。二期工程主要项目：开发、扩充、实施一批应用子系统，包括工艺管理子系统、车间管理子系统、过程成品检验和质量管理子系统、卷烟销售管理子系统、卷烟成品储运管理子系统、计量管理子系统、广告品管理子系统、固定资产管理子系统、成本管理子系统、与行业上级部门的接口集成、综合查询子系统（自定义程序）、上述各子系统与用友财务软件应有的接口。对一期工程各子系统的功能完善和提升，以及由于二期工程和 MIS 与自动化系统集成所引起的一期工程当中有关子系统的功能不适应的方面进行必要的修改和提升。8 月，厦门卷烟厂着手准备易地技改项目计算机中心机房的迁移安装工作。

2003 年 5 月，厦门卷烟厂计算机中心变更为信息技术部。易地技改项目计算机中心机房装修工程竣工，达到国家制定的《电子计算机机房设计规范》。11 月，厦门卷烟厂新厂网络工程安装完成，并通过验收。海沧厂区的易地技改信息化工作基本完成，与日本大福公司、昆船公司、长沙艾特公司、北京长征高科公司分别合作建立自动化物流系统、制丝中控系统、卷接包数采系统、卷接包监控系统及备件仓库自动化货柜系统，并实现上述系统与 MIS 系统的信息集成，初步建立现代集成制造（CIMS）系统。同时，注册 12 个通用网址，即：超醇石狮、低焦油香烟、低焦油卷烟、低危害卷烟、低危害香烟、石狮卷烟、石狮香烟、沉香卷烟、厦门烟草、厦门卷烟、福建烟草、福建卷烟。

2004 年 1 月，新厂区网络系统正常运转。启动了国家烟草专卖局行业卷烟生产经营决策管理系统——厦门卷烟厂系统项目。3 月，厦门卷烟厂与北京中软国际信息技术有限公司签署合作协议，双方就对卷烟生产经营决策管理系统的运行情况进行分析，对运作流程及各环节职能、工作接口进行分析和再培训；对发现的问题提出解决方案并落实到责任部门。7 月，完成该项目的实施，并被国家局评为实施卷烟生产经营决策系统优秀单位。9 月，金桥生产中心信息化建设并入厦门卷烟厂信息系统建设范畴，并启动金桥生产中心卷烟生产经营决策管理系统项目。12 月，金桥生产中心车间管理子系统（卷包、制丝）、辅料管理子系统（金桥模块）、生产计划（金桥模块）、成品质量管理子系统（金桥模块）完成改造。开发实施生产执行系统，实现生产指挥调度和生产执行的信息化和自动化，使生产计划、制造标准（工艺、配方、质量）、执行、监控、反馈、控制等协同工作，为企业的生产、管理和质量体系提供了保障能力。是年，厦门卷烟厂注册了石狮．中国、石狮．COM、石狮．NET、沉香．中国、沉香．COM、沉香．NET 等中文域名。

2005 年，建立办公自动化系统（OA）和档案管理信息系统，实现公文流转、公共设施维修、低值易耗品等多个流程网络办公自动化，企业的档案管理也正式实现电子化。是年，以企业内部网站为依托，完成企业信息门户的初步整合，用户统一登录平台。建立网上招标、竞价、询价采购系统，合同管理系统，利用电子商务技术规范采购流程，促进采购过程的公开、公平。建立支撑分组加工的生产执行系统，实现 ERP－MES 一体化系统、制丝线管控系统以及烟叶料场大屏幕显示系统高度集成，按照生产组织需要有机地集成在一起，实现从生产计划、制造标准配套下达、执行、跟踪、控制和反馈的全程信息化管理。同时，还拓展工艺、质量管理系统；整合优化设备管理系统；与郑州烟草研究院合作，实施开发卷烟"三纸一棒"计算机辅助设计系统，并取得国家专利（国家版权局计算机软件著作权登记证书等级号：2006SR01257）；组织实施车间和金桥生产中心绩效管理系统，为企业生产制造部门提供员工业绩考核平台。信息技术部与人力资源部联合开发新考勤系统，采用指纹考勤，使员工考勤工作智能化和规范化。

2006年，启动MIS系统工艺管理系统新国标改造项目，并投入生产使用。开展海沧车间管理系统（制丝/卷包）与金桥生产中心管理系统应用整合优化和改造，完善相关生产管理模块，使企业的生产数据集中统一管理。是年，厦门卷烟厂向福州特立惠计算机有限公司购进CITRIX软件，利用www.xmjyc.net域名，建立了厦门卷烟厂远程访问接入架构应用平台。采购了ISA2004，EXCHANGE2004等微软产品，用于企业内部网络互联网管理以及企业邮局管理。

2007年，建设信息系统维护服务管理平台，提高信息服务响应水平。2月，参加CECA国家信息化测评中心组织评选的《2006年度中国企业信息化500强》活动，成为"2006年度中国企业信息化500强企业"。6月，完成辅料质量子系统的程序改进，使新辅料质量判定标准能按预定计划实行。完成网上采购系统项目开发，理顺电子设备采购流程，完成设备管理系统中电子设备采购流程模块的改造，为企业细化管理提供了有利条件。12月，完成企业管理信息系统动态归档及建立商务智能（BI）系统方案的论证，并启动了该项目的实施。

2008年，结合金桥生产线易地技改工程，组织对企业现有MIS系统进行应用现状的分析与评价，为后续MES系统的建设和MIS系统的改造作准备。组织进行数采系统、MES系统、中间件技术、网络系统建设等专项技术研讨和交流。组织开展企业应用服务器规划工作。9月，组织进行"企业战略与信息化建设规划项目"的招标评审工作，与埃森哲公司合作启动"企业战略与信息化建设规划项目"建设。12月，完成企业生产制造执行（MES）系统的标书编制工作。完成新版OA系统的采购工作，与北京中软公司合作，启动了新版OA系统建设。

二、烟叶生产收购应用

1992年，省公司科技部、龙岩烟草分公司和龙岩地区经济信息中心科研人员共同组成科研小组，借助信息技术手段，通过吸取山东、河南等地计算机收购的经验，征求基层收购部门意见，进行需求调查、分析，研究开发福建省烟叶计算机收购系统。

1993年5月开始在龙岩试行安装、调试烟叶计算机收购系统。

1994年，烟叶收购季节龙岩烟区开展烟叶计算机试点收购，并取得成功，该系统采用"MYL－5型烟叶收购计算机系统"。福建省烟草公司要求烟叶产区在有条件的收购站点也要推广应用"MYL－5型烟叶收购计算机系统"。烟叶收购计算机系统主要由电子秤、主机、打印机、电子显示屏（供烟农观看）及UPS不间断电源构成。其工作程序是：烟叶重量由电子秤自动称重并将重量输入计算机，等级及烟农代码等由操作人员从键盘输入，通过主机内已设置的程序进行数据处理，打印输出各种所需报表及发票，并将烟农交售烟叶的等级、数量、金额显示于电子显示屏上。传统的收购工作从评定等级后，经过司称—监磅—记卡—开单—复核—统计—付款等7个环节，手工操作烦琐，劳动强度很大，容易出差错，效率低，速度慢。采用烟叶收购计算机，从评定等级后只需经过过磅—记卡—付款三个过程，其他均由计算机自动完成，比传统收购方法更为简便，效率更高。

1995年，全省在龙岩、三明烟区扩大了计算机收购试点。

1996年，全省有43个收购站点开展烟叶计算机收购，其中龙岩27个，三明16个。

1997年，全省各产区把推广计算机应用作为收购手段现代化的主要措施进行规划，烟叶收购量在1万担以上的烟草站全部实行计算机收购，省公司对每个计算机收购的站点补助1万元。是年，龙岩烟区率先实现全区烟叶收购计算机联网；三明烟区也在推行烟叶收购计算机联网。烟叶收购实行计算机联网，建立计算机管理系统，完成烟农生产收购合同和烟叶交售情况的查询、收购发票打印、生产和收购统计报表汇总、生产扶持和奖励金结算等功能，并可通过电话网（或软盘）把生产、收购情况及时传送到县公司，使管理层完全拥有各站的数据资料，及时、快速、准确了解烟叶收购进展情况，对于加强烟叶收购管理，提高管理效率起到很大作用。由此，全省的烟叶收购规范化管理工作上一个新水平。

1998年下半年，烟叶统计计算机全国联网。从6月16日开始，全国烟叶计算机联网工作进入数据实验传输阶段，省公司烟叶部门与总公司实现了数据传输。此时，福建省烟叶复烤加工企业也推行计算机系统管理，建立烟叶复烤管理系统，进行原烟验收结算、清选、汇总；原烟、成品烟进出库的报表打印及结算功能，并可通过电话网（或软盘）报送县公司。

1999年，全国省级烟叶部门实现了统计联网，省级以上烟叶部门的统计工作进入电算化、网络化。

2000年，福建省着手建设全省烟叶计算机管理信息系统，落实由专人管理计算机，推广使用了烟叶收购、调拨系统应用软件，该软件由昆明金沙烟草数据设备公司开发。7月，省公司举办全省烟叶收购、调拨软件使用培训班。龙岩烟草分公司全区实现收购站、县公司联网；翌年，三明、南平烟草分公司实现县公司联网。

2001年，全省烟叶主区全面推行烟叶经营管理信息系统建设，制订具体方案，进行详细部署。省公司批准设立的固定收购站（点）都安装了烟叶生产收购经营管理信息系统，临时收购点安装收购POS机，复烤厂安装烟叶复烤、库存、调拨经营管理信息系统，6月1日试运行，6月20日正式运行。实现烟草站—县公司—分公司（省内烟厂）——省公司之间的四级联网和卷烟厂—省公司之间的二级联网，实现了全省烟叶生产、收购、复烤、调拨、库存等各环节数据信息化的网络传输与处理。这个信息网络系统，省公司和分、县（市）公司可直接查询、分析、处理辖区内的烟农档案和烟叶生产、收购、复烤、调拨以及相关资金往来的原始数据。该系统软件由厦门海晟信息技术有限公司开发，信息系统以全省烟叶经营管理为目标，系统软件包括烟叶收购机系统，烟叶生产管理系统，烟叶收购统计分析系统，烟叶生产统计分析系统，烟叶复烤管理系统，烟叶调拨管理系统，烟叶经营经理查询系统，烟叶经营辅助决策系统等8个子系统。具有涵盖面广、技术先进、方便可行等优点。是年，全省共有325个烟草站点，其中251个站点安装了烟叶经营管理信息系统，厦门海晟信息技术有限公司在龙岩、三明、南平设立办事处，负责全省烟叶系统网络的日常保修维护。全省烟叶经营管理信息系统运行后，对烟叶经营各个环节进行有效管理与监督，提升了烟叶收购信息化管理水平，得到国家局的肯定。

2002年，为确保烟叶MIS系统四级联网正常运行，加强对烟农的信息化管理，省公司下发《福建省烟叶MIS系统四级联网运行规范》，并在全省烟叶产区建立烟农户籍IC卡系统。建立烟农户籍档案，把烟农作为客户资源管理的一项基础工作，推行烟农户籍化管理。具体操作是：建立烟农档案卡，档案卡包括烟农基础资料、当年生产收购情况、历年生产收购概况等内容，每户烟农建立一张档案卡，作为烟农户籍化管理的基础档案。将烟农档案卡作为信息源输入微机，建立烟农户籍化管理系统。将烟农档案卡信息写入IC卡，实行一户一卡。烟农持卡领取物资、交售烟叶和资金结算。通过一户一卡的烟农IC卡管理，烟技员定期或不定期将生产收购信息通过POS机，写入IC卡，并传输到计算机管理系统，完成信息的采集、应用和集成。烟草站根据IC卡信息对烟农进行动态管理，烟草公司根据烟农户籍化管理系统提供的信息进行生产管理和决策，提高烟叶生产的可控能力和服务烟农水平。计算机技术为烟叶生产、收购经营管理提供很大方便。

2004年，国家局从云南、山东、福建等地开发使用的烟叶系统软件中进行挑选，向全国推广，统一使用烟叶信息管理基础软件。福建烟叶信息管理基础软件选中，被国家局收购，在全国免费推广。福建省烟叶产区的基层烟草站、县公司、分公司、卷烟工业企业、省公司均安装烟叶信息管理基础软件。实现烟叶产区分公司、卷烟工业企业、打叶复烤企业、省公司和总公司的数据联网。烟叶产区县和基层收购站同时实现计算机网络化管理。是年，对烟农的信息化管理更加规范，各烟叶产区把烟草站基本情况、烟区基本情况、烟农基本情况、烟农档案管理、合同管理、生产物资管理、烟技员管理等信息资料输入信息系统，形成烟叶生产、收购、物资供应、烟叶购销存、专卖监督和烟农档案、土地、农用物资等生产性资源融合在一起的烟农户籍化计算机系统管理，建立烟农档案和烟叶客户信息库。

2005年，省公司在全面建立烟农档案的基础上，利用信息技术进一步细分农户，实行分类指导，按烟农诚信等级进行管理。

2006年，福建省开展编码收购，对烟叶管理信息系统进行完善。全省烟区形成一个以四级联网模式（省公司、市公司、分公司和烟草站宽带联网）的网络系统，烟草站采用 C/S 模式，分公司、市公司采用 B/S 模式。烟叶管理信息系统包括基础信息管理系统、生产管理系统、收购管理系统、销售管理系统、决策分析系统、知识管理系统等 6 个子系统。系统集收购终端、POS 机于一体，系统信息采集自动化；收购资金采用在线支付，减少现金支付；数据传输采用专用纠错协议；实行 IC 卡收购，在收购过程中能识别烟农身份并与收购终端相结合实现计划收购。完善后的系统功能实现对生产、收购、销售全过程的信息化管理。是年，全省各基层烟草站基础设施更加完善，烟叶信息化水平更高，建立基层信息数据快速传输网络平台，更新完善基层信息化硬件设备，每位烟技员配备一台电脑。

2007 年，省公司开始实行烟叶原收原调。加大烟叶生产经营信息化管理相关系统的开发力度，初步建立电子合同、在线结算、专家平台、烟叶物流等信息化管理系统。完成烟叶"一打三扫"物流管理信息系统的一期建设，6 月底，在龙岩烟区试点，烟叶收购期间全省三个烟区系统正常运行，做到烟叶原收原调的全过程监管，实现烟叶收购、储运、销售符合规范经营的要求。是年，福建省作为国家局电子合同的试点单位，首次全面推广烟叶电子合同管理系统，加强对电子合同的审查、审核、变更管理，发挥电子合同在线管理的功能，实现对省、市、县、烟站总计划量的逐级控制，并对每户烟农的合同收购量进行及时了解与控制。建立烟叶收购电子结算系统，烟叶收购款实现在线支付系统（储蓄卡）支付给烟农，部分县公司还采用手机短信通知到款等方式方便烟农。2008 年，基本完成全省现代烟草农业信息平台的开发。改变九大烟叶信息系统功能单一、系统之间相互独立、信息数据难以充分共享、不能有效为现代烟叶管理提供足够支撑的现状。在烟叶管理的组织、流程和关系的基础上，进一步完善健全烟叶生产经营过程中的各烟叶业务信息系统，打通各系统之间的联系，将烟叶业务集中建设在统一平台，实现烟叶生产、收购、调拨、电子合同、生产产情分析、物流、资金在线结算、技术交流、基础建设项目管理、烟用物资管理和现代烟草农业试点管理的一体化运行。

三、卷烟销售应用

1998 年，全省基本完成卷烟销售下伸网点建设规模。随着行业信息技术的发展，卷烟销售网点开始借助信息化管理手段，为销售网络运营服务。各地卷烟销售网点开始配置计算机，起初计算机在卷烟批发网点主要用于销售开单、销售汇总查询、报表处理等。是年，福建省烟草公司委托航天部 204 所开发全省卷烟购销存信息三级联网的计算机网络系统，建设省公司、分公司、县公司卷烟销售数据联网。

1999 年 1 月 1 日起，全省卷烟进销存三级联网系统正式投入运行，全省各卷烟批发网点均配置计算机，并完成全省卷烟销售广域网建设。7 月，在福州举行全省卷烟销售计算机联网工作会，部署全省卷烟销售计算机四级联网工作，各地抓紧各销售网点计算机联网的安装、运行调试工作。卷烟销售网点建立计算机管理系统后，能对每个网点每天的销售明细、网点财务账目、单品种卷烟流向等进行跟踪，及时掌握、了解、监督全省卷烟销售进度情况，分析市场的销售动态，对卷烟销售网点实行计算机管理，进一步完善了网点规范经营，提高卷烟市场控制力。是年底，一个由省、市、县、销售网点组成的全省四级电脑联网管理系统投入运行。就此，福建省开始应用信息技术手段进行卷烟经营管理和业务决策。

2000年，全省卷烟销售实现计算机网络管理，县公司移库到各批发网点的卷烟全部采用电脑拨号下载，网点销售全部实行电脑操作，网点日报表采用拨号上传方式上报县公司。全省卷烟销售实行统一价格，省公司对统一价格管理调控采用价格由省公司销售处制定，明确卷烟销售广域网统一价格、上报数据接口，各分公司每日下载价格，县公司再从分公司下载。各分、县公司执行销售处制定的全省卷烟统一销售价。

2001年，通过计算机网络实现向国家烟草专卖局定期上报卷烟销售信息，得到国家局的充分肯定。是年，卷烟销售网络的经营模式发生了变化，提出访销配送服务，此时，全省卷烟销售信息系统的升级工作正在加紧进行，省公司销售部门、信息中心和厦门海晟信息公司开展了前期调研、编程，开发支持访销配送的配送中心管理信息系统。漳州烟草分公司对销售系统进行升级，主要支持卷烟批发环节的坐销、访销、边访边送、电话预约等销售模式，使用IC卡刷卡销售，以规范卷烟销售环节，促使专销结合有效统一。泉州烟草分公司在完成卷烟访销配送系统的开发与实施过程中，开展访销配送系统流程的调查工作，研究新模式的变化，对卷烟销售与市场管理流程进行了解分析，设计了从公司主数据库到配送中心数据库，利用手持机、IC卡等信息采集、存储和传输设备，对访销、配送中物流、资金等经营信息的管理，及时收集、传递、反馈卷烟零售户经营情况及市场动态、销售、专卖等基础信息，对卷烟销售市场进行有序的管理。

2002年，全省全面实施卷烟销售大配送运行模式，卷烟销售从多点式仓库配送到"分散访销、一库式配送"营销模式转换，销售管理信息系统进行升级。较好地支持卷烟销售从多点式配送向一库式访销配送的转换，使经营管理逐步走上规范化运行轨道。卷烟销售管理信息系统涵盖业务部门的进货、移库、开单，访销部门的访销数据采集、卷烟数量与数据下传，配送部门的送货线路分配、配货分拣，卷烟的出库、审核，县公司、分公司的数据上报等一系列紧密相关的工作环节，销售流程更加程序化。

2003年，依靠信息平台的支撑，实现卷烟销售网络高效运转。福建省经济信息中心组织厦门海晟信息技术公司开发电话访销系统，客户关系管理系统，电子结算系统，支持全省网建工作从一库式访销配送向电话订货营销模式转换，设计开发客户关系管理系统（CRM）。年底全省分、县（市）公司全部完成电话访销、客户关系管理和电子结算等信息系统安装调试工作。电话呼叫中心配备计算机，CTI服务器和耳麦电话，接入电信800客户拨打免费电话，全省各地呼叫中心系统采用统一专用800－659－9999号码。全面推行电子结算，卷烟零售户把资金存入银行，烟草公司通过银行与零售户结算货款，提高送货员的工作效率，确保货款安全。是年，通过构筑电子商务平台，工厂与销区的卷烟调拨采用网上交易方式。11月，电子商务系统与资金结算管理系统同时上线运行。电子商务系统运行使得产销双方改变了传统的电话、传真订货模式，进行网上交易，实现商流、信息流、资金流的三流合一，不仅方便产销货源衔接，增强对货源调控和管理，而且缩短交易时间，节约人工订货所发生的费用。

2004年，全省进行组织结构调整，商业企业确立以市级分公司为经营主体。建立以分公司为节点的全省统一的电子商务平台（EAI），实现系统之间的协同运作和信息共享。卷烟经营业务进行商流整合和物流整合，完成对CTI电话呼叫中心系统从县级公司向分公司整合的技术支持，通过实施WMS仓储管理系统和安装半自动化分拣设备等技术支持手段，完成对全省61个县级仓库向全省9个分公司的20个物流中心仓库的整合。8月，全省纯销区的6个分公司取消各县级公司法人资格，实现卷烟营销网络统一由市级分公司运作，全域卷烟物流、商品流、信息流等数据合并汇集统一在分公司运行；各地市公司建立中心数据库，实现全市业务数据的集中管理。初步构建起以市级分公司为经营主体的现代卷烟营销网络系统；系统支持从传统商业向现代流通转变。全省全面推行一户一码系统管理，并在大中城市稳步推进网上配货，网络运行成本费用得到有效控制。设立全省统一投诉中心，10月1日起，福建省烟草专卖局（公司）开通800－659－6666投诉热线，统一受理全省客户投诉。是年，完成了国家局省内卷烟交易平台及其配套的远程数据交换系统InfoSwith的实施。12月1日起，正式启用国家局开发的省内卷烟网上交易平台，原东软公司开发的省内卷烟网上交易软件的订单功能停止使用。各分公司建立网上卷烟交易合同、资金结算、准运证、到货确认的对账机制。并按国家局《烟草行业卷烟内部交易规则》的规定进行省内卷烟调拨业务。

2005年7月1日，福建烟草商业企业行业卷烟生产经营决策管理系统全面正式运行，各单位进行全面扫码入库和数据上报，对所有购进卷烟进行实物到货确认。7月，全省烟草商业到货扫码卷烟568302件。是年，优化和完善客户关系管理、营销配送管理、品牌策划管理、信息查询管理、货源计划管理、客户经理工作站等应用系统。省局信息中心配合省公司提出的网建十大基础工程建设，全面推行工商电子商务系统、卷烟分销网络体系等建设。在货款结算方面，省公司代表全省商业企业与中国银联签订使用中国银联无线POS机结算卷烟货款协议。无线POS机结算货款方式，使客户不再受电子结算指定银行及时间限制，为卷烟零售户提供方便，确保送货资金安全。随着全省物流整合，漳州、泉州、三明、南平分公司进行分片仓库的信息整合和集中建设。

2006年，省局信息中心与销售处配合，开展按订单组织货源的信息化支持工作。开展电话订货系统、客户经理工作站、资源计划系统、品牌策划系统等全面优化和升级。按订单组织货源系统项目，10月开始在厦门、宁德等地作试点，实施的子系统包括客户管理系统（MCS）、资源计划系统（RPS）及电话订货系统（OCS）。各单位做好实施环境的准备，配合厦门中软海晟信息技术有限公司做好系统的安装、调试和人员培训等相关工作，各地配置两台 PC 服务器，用于搭建 WEB 服务平台。10 月，还在宁德试验开发了工商协同平台，使工商之间的沟通顺畅、流程对接、计划同步、供需匹配，实现工商之间的无缝衔接。

2007 年，根据国家局对卷烟销售信息化建设的总体要求，1 月 8 日起，全省安装新的卷烟销售软件系统，启用按订单组织货源信息系统。全省开展"按订单组织货源"系统建设，在此基础上，厦门和泉州分别根据实际需求，对"按订单组织货源"系统进行提升；尤其是泉州，提出需求预测、网上订货、批零互动、工商协同等要求。

是年，省公司组织厦门中软海晟信息技术公司开发了较为完整的卷烟营销管理信息系统平台，实现对卷烟需求预测、货源组织、货源供应、品牌管理等核心业务的信息化支持。同时，根据全省物流业务架构图，开发物流管理信息系统体系平台，覆盖仓储、分拣、配送等各个业务环节，支持打破行政区域优化送货线路的物流信息化管理。11 月，全省在泉州召开网建现场会，卷烟营销管理信息系统平台和物流管理信息系统体系平台进行现场展示，此后，先在厦门、福州实施，而后在全省全面实施。

2008 年，对卷烟营销管理信息平台进行整合。根据卷烟业务创新的需要，由厦门中软海晟信息技术公司对营销平台的技术架构进行梳理，分析各类问题，寻求解决方案，重新构建一个基础牢固、拓展方便和使用灵活的卷烟营销平台。与联通公司联合，开展客户经理移动工作站开发，并在福州、南平试运行，实现客户经理对订单情况、销售情况、库存情况等信息的移动查询和客户经理移动上传工作日志、问题处理及反馈，帮助客户经理提高工作效能。由厦门中软海晟信息技术公司和中国电信公司制定全省统一语音订货系统方案，推进全省统一语音订货系统的研发。在原有卷烟物流管理平台的基础上，根据物流管理的特点和新要求，对系统进行了进一步的优化和拓展。为实现配送线路在区域内打破行政区划、均衡各线路工作量和有效降低卷烟配送成本，组织基于 GIS 的线路优化系统的开发，并在南平和宁德进行试点。

四、专卖管理应用

1999 年，计算机开始应用于烟草专卖管理，主要是与卷烟销售系统相配套，对卷烟零售许可证的管理。

2000 年，国家局开始建立准运证计算机网络化管理系统。省局对签发跨省、市运输卷烟、烟叶准运证的单位配置所需的硬件和软件，硬件配置是：微机 PⅢ/500、6.4G 以上硬盘、64 兆以上内存；56K 调制解调器；准运证专用打印机（使用 9KI5530 票据打印机）。基本软件是：中文 Windows95/98 操作系统；微软 IE4.0（Internet Explorer）浏览器软件。7月 1 日起，对跨省运输烟叶开具准运证实行计算机打印和管理，建立烟叶准运证的计算机网络化管理系统。启用新版准运证，新版准运证样式有效尺寸 245mm×178mm，两边各增加 10mm 宽度，预留有标准打印齿孔，采用无碳复写，针式打印。2001 年 1 月 1 日起，对跨省、自治区、直辖市运输卷烟的准运证实行计算机打印和管理，建立卷烟准运证的计算机网络管理系统。

2001年，建设福建省烟草专卖计算机管理信息系统（MYZMMIS）。省局委托厦门海晟信息技术有限公司统一开发建设专卖管理信息系统，该系统采用C/S架构，实现证件管理、案件管理、诚信管理、内勤管理、专销结合、文档管理等功能。建立全省各专卖管理所、县局、地（市）局和省局的专卖信息管理系统，实现上述四级单位信息管理系统联网，实现稽查、信息管理、办证、办案等计算机化，实现专销结合，户籍化管理，统计、上报、查询都通过计算机网络系统实现。该系统并入各单位已建成的计算机局域网运行，四级单位间的互联并入全省行业的计算机广域网运行。

2002年，福建省烟草专卖计算机管理信息系统在全省范围内实施。伴随着卷烟销售网络大配送系统的实施，增加IC卡的管理，用手持机检查市场，增扩"三线互控"功能等。专卖管理系统的运行，对零售户的购销情况进行有效跟踪，有目的地对市场进行检查；实行IC卡刷卡销售的地域还可对专卖市场管理人员的日常工作进行量化考核；方便对零售户的办证、审核、管理。专卖案件处理模块，采用电子化办案、按程序办案、按级按部门审核方式，案件管理更为规范。

2003年，省局对专卖管理计算机信息系统进行不断完善和提升。巩固和稳定客户档案管理、案件管理、证件管理模块运行，落实三线（访销、送货、专管）互控功能，侧重三线互控功能的有效发挥。各级专卖部门通过应用系统提供的功能，理顺管理流程，改进传统的管理手段，提高了工作效率。

2004年，根据国家局的部署，省局组织实施省内准运证系统上线运行。省局信息中心与北京成众莱恩公司（开发商）的有关技术人员协作，组织实施省内准运系统与电子商务系统、卷烟销售系统、烟叶基础软件等应用系统的数据接口；配备相关硬件设备，8月1日，省内准运证系统正式上线运行。随着行业卷烟经营模式的改变，专卖管理信息系统也进行升级，完善原有系统的功能，适应新业务的需要。当年全省13万卷烟零售户换发零售许可证，系统升级为换证工作提供了技术支持。

2006年6月，国家局将"专卖管理信息系统"移植到行业内联网运行。7月1日，对卷烟准运证计算机网络管理系统进行升级，建立"统一计划管理、统一交易平台、统一交易鉴章"的管理模式，实现准运证省际、省内全国统一管理。新版的准运证参照增值税发票的管理办法，对准运证的分发和使用纳入计算机管理。在准运证的申办流程中，增加网上申请、审核与批准和准运证本地打印等功能。随着县级公司取消法人资格后企业组织结构的变化和专卖管理工作的细化，省局信息中心与专卖管理部门配合，组织福建海晟信息技术有限公对原专卖管理信息系统进行需求调研，吸收省外单位先进做法和经验，在原有系统的基础上进行全面升级，满足专卖信息数据的全区集中管理需要。2007年3月，升级的新版专卖管理信息系统在莆田试运行。该系统包括待办工作、证件管理、案件管理、客户管理、专卖工作平台、队伍建设、促销活动管理、统计查询、系统管理等模块。对数据服务器配备性能较高的小型机、应用服务器。10月，全省全面实施新版专卖管理信息系统，由厦门中软海晟信息技术有限公司负责安装与调试。

2008年，对新版专卖管理信息系统的运行情况进行分析，及时发现问题并组织开发商对系统进行完善。为解决专卖内部监管工作存在着同级监管和下级监管难、日常监管工作复杂繁琐等问题，推进专卖内管监督管理信息系统建设，及时配备了系统所需的软硬件设施，完成一期工程。10月中旬，在省局、泉州和龙岩进行试点运行。12月，完成全省的培训和推广。该系统建设填补了专卖内管信息化的空白，改变过去烟草行业专卖内部监督管理"耗时、耗力、准确性不高、效率偏低"的被动局面；实现时时在线监管，提高监管及时有效性；优化监管工作流程，规范痕迹管理，减少手工工作量，提升了全省行业内部监督管理的工作水平。

五、财务资金管理应用

1997年，省公司启动财务管理会计电算化，各单位自行开发财务报表与核算系统，逐步实现计算机替代手工记账。至2000年，全省工商企业全面实现电算化，全省除三明、龙岩使用自己开发的财务软件外，均统一使用国家烟草专卖局指定的"用友"财务软件，全省有80％的会计人员取得电算化上岗证。2001年，福州烟草分公司与银行合作，在网点销售与零售户资金结算上试点POS机结算。

2002年，福建烟草行业财务工作推行全面预算管理和成立资金管理中心，在电子商务系统的基础上建立资金结算管理系统，并全面上线运行。2003年，通过资金结算平台，省公司增强资金调控能力，对全省工商企业的资金实现及时归集和有效调控，节省了财务费用，带来直接的经济效益。是年，福建省烟草公司提出商业系统企业财务核算软件升级建设方案，统一升级为集团化版本，即：厦门海晟信息技术有限公司开发海晟A6行业/集团网络财务管理系统（以下简称A6系统）。各单位着手财务软件由原来使用的单机版本升级到集团化版本的各项前期准备工作和集团化软件升级的具体规划。省公司对会计科目等事项进行统一规定，在厦门召开全省海晟A6财务软件应用座谈会，探讨财务数据存储方案。同时，省公司还配合国家局开发"烟叶资金监管软件"的试点运行工作。

2004年，省公司财务处与厦门海晟信息技术有限公司协作，进行A6系统的实施。制定实施计划，组织A6系统的培训工作。经前期在南平、漳州的试运行，4月，全省商业企业财务软件全面统一升级为A6系统。该系统实现财务与业务的一体化，完善行业的预算管理机制，固定资产管理、工资管理等子系统实现一体化运行。通过A6系统实现实时查询下级单位的会计数据，发挥上级单位的监控职能；以预算管理为核心，建立全面预算管理和过程控制体系；与业务系统接口，使资金流、信息流、物流和商流高效集成；业务财务数据一体化，进一步提升行业财务综合分析能力；采用的B/S结构，降低财务系统的维护成本和提高会计电算化工作效率。A6 系统建立省、市两级数据库，并对省、市两级数据库进行定时同步更新。各分公司配备两台 HP DL380 应用服务器和一台 HP DL580 数据库服务器。

2005—2006 年，在系统硬件升级的过程中进行财务数据的迁移，集中行业财务数据，便于财务数据的使用和管理。A6 系统在运行过程中，其功能和性能也进一步完善和提升，将财务软件由"核算型"向"管理型"转变，各单位财务按"稳定核算、加强分析、完善监控"的目标，在脱离与原有软件并行使用的基础上，逐步稳定财务软件的核算功能，完成会计核算账套的组织架构、基础数据的过账等工作，对集团监控、财务分析、行业报表生成等子系统的开发应用进行调研。同时，升级原有资金管理系统，完善审核环节，将企业全部银行交易明细数据下载至集团化财务管理软件，加强银行对账等方面的监控分析，加强对资金的监管。继续推广使用卷烟销售货款电子结算，就零售客户卷烟货款使用无线移动 POS 机结算与银联公司达成合作协议。

2007 年，福建烟草商业借助信息手段，及时、充分地掌握全省烟草商业系统的经营情况，实施对行业各项重大资金支付行为的有效监管，促进企业决策的科学性、运作的规范性和监督的有效性。

2008 年，福建中烟根据国家局要求开展行业统一财务会计核算软件实施。组织对全省卷烟工业系统八家直属企业和公司机关本部进行系统建设前期的全面调研，完成了国家局关于统一财务会计核算软件实施的前期阶段性调研。

六、电子政务

（一）省局（公司）办公自动化系统

2000 年，省局（公司）与航天部 204 所合作，建设省局（公司）机关管理信息系统（MIS）及办公自动化。航天部 204 所对机关各处进行系统的需求分析，完成全系统的概要设计和部分系统的前期调试工作。2002 年，省局提出统一部署建设全省行业办公自动化系统。

2003 年 11 月，省局（公司）委托福建海晟信息技术有限公司开发福建省烟草办公自动化系统（OA）。经过测试，2004 年 2 月在省局机关全面运行，包括同步实施的行业电子邮件子系统、行业域名解析系统。3 月，开始陆续在各分公司和县公司实施推广。6 月，完成全省所有烟草商业的行业办公自动化系统的推广应用。7 月 10 日起，通过全省烟草商业企业办公自动化电子公文远程传输平台，在省局（公司）与各设区市（分公司）间进行电子公文远程传输试运行。8 月起，全省行业收发公文全部通过办公自动化系统完成，并提供电子邮件功能。

2004 年，办公自动化运行公文传输系统，向国家局报送的公文均通过电子公文远程传输平台传输，取消纸质文件报送。公文远程传输系统主要包括公文发送、网络传输和公文接收三个部分。通过建立共用的数据传输通道，集成电子印章软件，实现行业安全的公文远程传输。是年，省局制订《机关电子公文处理办法》，对收文办理、发文办理、公文归档等作了具体规定。为顺利实现国家烟草专卖局公文的远程双向传输，省公司利用自身的技术力量，在省局机关中心机房安装了远程公文传输系统，为满足能从 Internet 接入行业广域网，适应远程办公需要，还通过 OpenVPN 创建行业 VPN 网关，向行业内各应用单位分发 VPN 客户端，实现公文流转的远程批阅，提高公文流转的办事效率。

2005年，行业地面通信骨干网络建成后，行业公文传输系统从卫星网和拨号网络上运行移植到地面骨干网上运行，并按国家局办公自动化网上审批系统运行要求进行升级，提高公文传输效率，完善行业办公自动化系统建设。1月1日起，全省烟草商业系统各联网单位之间的上下行公文均通过电子公文远程传输系统传输，取消纸质公文报送。厦门、三明、龙岩烟草分公司利用 OA 系统、内部网站等建立部门间信息传递通道，初步实现信息互动和协同办公。是年，国家局印发《烟草行业电子印章管理试行办法》，加强电子印章的使用管理。省局印发《全省烟草商业系统电子公文远程传输管理暂行规定》，对电子公文的远程传输、接收与发送、使用和保存，电子印章的制发与管理等作具体规定。

2006年，省局针对 OA 系统使用中存在档案管理功能不能满足需求的问题，对档案管理子系统进行全面升级。福建烟草商业各单位至2008年仍沿用该办公自动化系统。

（二）福建中烟办公自动化系统

工商分设后，2004年福建中烟的办公自动化系统从省局（公司）迁移过来，机关办公自动化系统直接投入运行。实现公文流转、呈批呈阅、会议管理、日程安排、档案管理等功能，进入无纸化办公。10月，实现移动办公，并开展办公自动化系统与国家局公文远程传输平台的接口实施项目。2005年，实现福建中烟 OA 系统与国家局公文远程传输平台的系统对接，两套系统实现互通，通过办公自动化系统能接收和发送公文到国家局。根据卷烟工业系统各下属企业的实际情况，建立与各下属企业进行 OA 系统对接方案，成功实现各下属企业从 OA 平台上接收省公司文件。厦门卷烟厂实施了企业协同办公系统（OA）和档案管理信息系统，实现集成，有效提升企业办公效率。2006年初，根据收集的 OA 系统存在的问题进行整改，完成 OA 系统升级。根据组织结构调整的需要，将营销中心、技术中心及进出口处纳入福建中烟 OA 系统，有效加强信息共享与内部沟通。至此，烟草工业系统内的上下公文流转基本实现电子化。至2008年仍沿用该系统。

（三）省局（公司）网站

2003年省局（公司）着手开展行业网站建设，至2004年2月正式开通，网址：http：// www.fj—tobacco.com。建立初期服务器空间采用租用形式。行业网站作为行业对外宣传的窗口，对行业政务信息、专卖法律法规、企业文化等进行宣传报道，设立互动栏目，增强与群众的沟通和交流。信息的发布由办公室统一把关。保持网页内容的不断更新，成为行业共享的综合信息公共平台。

2005年9月，福建烟草网站交由福建金叶文化传播有限公司运作，该公司集中网络、媒体技术力量，制作各类新闻及专题，开发各类功能，网站的内容和形式不断创新。

2006年，省局（公司）又建设行业内部网站，推动行业内部信息的沟通和互动，共享资源，由信息中心与省局办公室承办。该网站成为行业内员工浏览信息、获取知识、促进沟通、协同办公的共享平台。年底，福建烟草网全面改版，设置综合、烟叶、销售、专卖、党建、工业、国内、国际、时政、财经、生活、娱乐、体育、教育、专题、人物、文化、评论、服务、相册、博客、杂志、报纸等栏目，月访问量保持在30万人次，居全国烟草行业同类网站前列。此后至2008年，福建烟草网的栏目进行了一些改版和更新。

（四）福建中烟网站

网站的网址：http：//www.fjtic.com.cn。2004年，福建中烟与福建省电信有限公司信息产业分公司合作，建立公司外部网站，对网站的域名、内容、风格以及运作方式进行研究和设计。2004年1月18日网站正式开通，设置闽烟概貌、闽烟动态、八面来风、闽烟产品、服务中心、闽烟文化、闽烟论坛等栏目。成为全国烟草行业中第一个建成开通的工业公司网站。开通的第二天就与新浪等知名门户的搜索引擎建立了链接。2005年，科技处与办公室配合，开办企业内部网站，并投入运行，增强行业内的信息交流。至2008年，网站的栏目进行一些改版和更新。

（五）视频会议系统

2007年，国家局提出视频会议系统建设规范，省局（公司）据此对原建设方案进行修订和论证，确定了覆盖省、市、县三级视频网的范围和目标，实现与国家局视频会议系统的互联互通。根据实际需求和系统的技术特点编订详细的测试方案，并在省局、福州市局、连江、罗源、龙岩市局、上杭、漳平等7个点进行覆盖省、市、县三级联网测试。是年，福建中烟也制定并下发《福建卷烟工业系统视频会议系统技术方案》与实施要求，组织龙岩、厦门两家卷烟厂统一规划、统一采购、统一实施。完成福建中烟与下属卷烟厂的系统集成、调试等系统建设。系统运行稳定、可靠，实现双向会议、双流传输等功能，承担国家局各次电视电话会议接收与转播任务。

2008年2月，省局（公司）进行全省覆盖省、市、县三级八十多个点的部署。同时，下发《多媒体视频会议室建设技术规范》，制定有关视频会议室装修标准和使用规范，系统功能运行基本稳定。据统计，系统上线后，实现国家局召开的安全、营销等专题会议6场，省局召开的ISO培训、高级营销员培训、地震知识讲座、科学发展观高峰论坛等会议及培训9场，地市召开的各类会议及培训11场，较好的节省了会议开支，提高了会议效率。

七、经营决策系统（一号工程）

2004年，国家局组织实施"一号工程"。一期工程中，福建省烟草公司首先安排福州、厦门烟草分公司进行系统实施前的一切准备工作；同步开展其软件支撑系统WebSphere、

DB2 和 PC 服务器的采购，配合中软公司完成一期工程的实施工作。二期工程阶段，全省各分公司开展实施环境的调查摸底，向国家烟草专卖局上报实施方案和调研数据。二期实施工作由福建海晟信息技术有限公司负责。是年，福建中烟分别到龙岩、厦门两家卷烟厂研究制定适合两厂实际的"一号工程"实施策略和工作计划，并针对两厂刚完成异地技改的具体情况，多次与国家局技术支持单位沟通，制定详尽工作方案。5 月 26 日，顺利通过全国的系统联调，全面投入运行，百分之百打码，运行正常。厦门卷烟厂在国家局组织的合肥全国经验交流会上作了先进单位典型发言。二期工程厦门卷烟厂"金桥"生产中心，经过两个月的实施，也与厦门卷烟厂的卷烟生产经营决策管理实现系统集成，并投入运行。

2005 年，福建中烟成立福建中烟卷烟生产经营决策管理系统项目领导小组及其办公室，密切跟踪、检查督促龙岩、厦门卷烟厂的卷烟生产经营决策管理系统的实施进展情况。厦门、龙岩烟厂完成行业生产经营管理决策系统的验收工作。3 月，福建省商业企业"一号工程"全面进入调试运行。4 月开始，陆续组织全省的集中培训，举办工商数据采集培训班和业务部门使用培训班。7 月，正式运行该系统。9 月，进行软件系统测试和整体验收，保证行业卷烟生产经营决策管理系统的稳定可靠运行。一号工程在福建省商业企业上线后，由省局信息中心、中软海晟信息技术公司负责日常维护工作。2006 年，行业卷烟生产经营决策管理系统全面运行，支持全行业生产经营决策，也成为沟通工商之间的信息桥梁。

2007 年 5 月，根据国家局统一部署，对"一号工程"进行了全面升级和完善。"一号工程"的商业企业现场实施过程有：货物的全面清点；服务器设备的安装调试（管理机安装、通道设置、基础代码订阅）；"数码跟踪系统"的安装及部署（扫描 PC 机安装、PDA 扫描软件安装、到货单据录入、卷烟条形码扫描及回传的操作测试）；"商业数据采集系统"的安装及部署（设置角色权限、基础代码、基础网点维护、ETL 信息配置、数据查询、手工填报，数据上报测试）；信息部门系统管理员、仓库电脑操作员及数据采集人员培训。"一号工程"现场实施要求为：管理机安装调试工作全部完成，系统运行正常。"数码跟踪系统"工作正常。"商业数据采集系统"工作正常。扫描器的安装调试工作完成，各仓库扫描器可以进行连续扫码工作。完成信息部门系统管理人员、物流部仓库电脑操作人员及销售数据采集人员培训。"一号工程"实施后，通过对出库领用的件烟扫码（三扫），件码派生条码，实现打码到条，获取准确真实完整的卷烟库存和销售，完善卷烟成品物流信息。实现行业统一的条烟打码内容，实现货单关联和件条关联，使条烟具有身份识别码。配送给零售户的卷烟条包上的数据编码，为零售客户所属卷烟唯一的"身份"代码，标明卷烟出处及流通于市场的初始日期，为规范行业内部管理、加强卷烟市场专卖管理提供有效手段。

2008 年，福建中烟完成"一号工程"集团模式改造项目的部署实施。理顺卷烟调拨销售流程，实现数据流、实物流与实际经营模式的统一，解决福建中烟"母子公司体制，母分公司运作"的管理模式下，集团模式改造工商数采数据报送重复统计和数据漏报问题。通过系统的上线实施，满足数据上报及对下属卷烟生产企业生产计划监管，查询生产运营情况的要求。

八、其他项目

（一）GPS 系统项目

2005 年，三明、福州、厦门烟草分公司与福建省交通厅合作，依靠省交通厅的 GPS 平台，建立烟草 GPS 车辆卫星定位管理系统。车辆安装 GPS 终端，通过互联网及行业内广域网查看车辆运转情况，从而对车辆尤其是送货车辆进行有效监控和调度。结合储存在车载导航仪内的电子地图，通过 GPS 卫星信号确定的位置坐标与此相匹配，确定汽车在电子地图中的准确位置。GPS 车辆定位管理系统和 GIS 电子地图管理系统是为满足全省烟草商业企业物流配送和安全监管等业务需求而建设的一项系统。

GPS 系统为车辆的安全监控和调度提供了有效的技术支持，对于降低配送车辆的运行风险和提高车辆运行效率具有一定作用。2006 年，省局信息中心与安全处、销售管理处配合，推进 GPS 系统的建设。总结漳州、南平等地建设 GPS 的经验，制定全省性的 GPS 建设方案。对 GPS 全球卫星定位技术、GSM/CDMA 全球移动通讯技术、GIS 地理信息处理技术和计算机网络通信与数据处理技术进行了调研。组织福州、莆田和泉州三地人员对 8 个 GPS 厂家的 GPS 软件及车载终端进行考察和测试。GPS 系统的软硬件供应商为厦门雅迅网络股份有限公司，运营商为福建海晟信息技术有限公司。

2007 年，福建海晟信息技术有限公司开始 GIS 地理信息系统的建设，9 月，建成基于 GIS 的 GPS 平台。确定与福建联通、GPS 软硬件供应商、GIS 软件提供商和福建海晟信息等四方的运行机制和工作流程。10 月起，先后对泉州、莆田市局的物流车辆及行政车辆安装 GPS 车辆定位设备。2008 年 1 月起，在福州、南平、厦门、宁德、龙岩等地进行统一部署，并实现全省联网运行。至 2008 年底，全省纳入 GPS 监控的行政车辆 93 辆，物流车辆360 辆，专卖车辆 58 辆，共 511 辆，加强对车辆运行的过程监控。

（二）人力资源管理系统项目

2008 年 6 月，福建中烟组织开发人力资源管理信息系统（一期），根据《国家局（总公司）关于烟草行业人力资源管理信息系统建设的指导意见》，按照"统筹规划、分步实施"的原则，建设内容包括：人事管理、机关党委管理、基础数据、招聘合同管理、统计分析、数据接口等。组织开发公司对人力资源处、营销中心、技术中心等部门进行详细需求调研；审核确认系统详细设计、工作周报等项目技术文档；组织系统测试、安装、培训等。9 月，系统上线试运行，进行人员授权、使用培训等。完成福建中烟所有人事档案基础数据的采集、录入与校对工作，于 2008 年 12 月 11 日通过项目验收，并着手人力资源管理系统（二期）项目建设的需求调研，主要包括教育培训、薪酬管理、绩效考核等内容。

（三）卷烟产品协同研发管理平台项目

2008年4月，福建中烟启动该项目的建设。为适应技术中心整合后的统一工作模式，满足"单点设计、多点生产、多点办公"的需要，根据技术中心的建设需求，建设卷烟产品协同研发管理平台项目。项目建设以公司战略为指导，以产品设计为核心，以统一的科技研发与管理为基础，覆盖完整的产品开发及技术中心管理的全过程，发挥整合优势，提升公司品牌和形象。对行业内卷烟产品协同研发管理平台项目建设情况进行调研了解，并现场考察湖南中烟工业公司、长沙卷烟厂的项目建设情况。与具备开发资质的两家公司厦门维码科技有限公司和青岛海大新星计算机工程中心进行合作。完成《福建中烟卷烟产品协同研发管理平台需求说明》。11月，经福建中烟信息化领导小组批准立项，通过建设预算，项目进入采购建设阶段。

（四）CA安全认证体系项目

2008年，福建中烟编制《福建中烟工业公司CA认证体系建设计划》。依据国家局的方案，结合本省的信息化现状，调研分析福建中烟及龙岩烟草工业与厦门烟草工业的业务系统建设情况，整理完善福建中烟CA认证体系建设需求。与CA认证体系设备供应商进行技术交流，明确福建中烟CA认证体系建设实施方案及软硬件设备配置，并与企业门户及协同办公平台的集成。该体系项目已立项，并完成项目采购，进入项目建设阶段。

第四节　信息安全保护

2003年，省公司开始研究制定行业计算机网络安全规范，指导行业网络安全和信息安全工作。与北京中科网威公司合作，制作覆盖全省工商企业的网络和信息安全规划的具体实施方案，建立涵盖防火墙、入侵检测、防病毒、漏洞扫描等一整套内外部安全防护体系，保证网络和系统安全运行。省局成立防病毒软件工程实施小组，部署防病毒产品设备的分布情况及各主机操作系统和应用情况说明及提供网络拓扑结构图。举办培训班，进行现场安装、检查防病毒软件产品。各单位均有专人负责计算机病毒防范工作。全省计算机网络防病毒软件主要采用SYMANTEC的诺顿，趋势公司的防毒套件，瑞星防病毒套件。各地市烟草分公司安装百兆带宽四端口防火墙。并对计算机信息系统安装防病毒软件，及时更新病毒特征代码库，定期对系统进行病毒检查。

2004年，省局（公司）加强对网内计算机病毒的预防和控制，保护计算机信息系统安全。印发《福建省烟草商业企业计算机病毒防治管理办法》，对所有使用的计算机系统统一安装防计算机病毒软件。全省各级烟草商业企业全面部署"趋势"或"瑞星"网络防病毒软件。省局机关部署"网卫"硬件网络防火墙系统、网络入侵侦测系统和网络安全评估分析系统，各分公司部署硬件网络防火墙系统，开展对行业内联网络的健康检查，保障行业网络运行安全。

2005年，信息网络安全纳入行业安全管理体系。省公司开展全省网络安全健康检查，消除网络安全隐患，保证网络健康畅通。完成各个应用系统数据库数据的本地备份和远程灾备工程。以分公司为单位统一解决互联网出口问题，取消拨号上网等其他形式连接互联网。做好各单位的软件正版化工作。是年，以分公司为经营主体的信息化建设初步成型，各地市的应用信息系统进行调整和升级。对计算机网络和设备、应用系统、数据等方面的可靠性与安全性更加关注，探索信息化应急预案建设。部署趋势防病毒软件的版本升级，并实时对行业网中的病毒状况进行监控。各单位完成微软SUS服务器到WSUS的升级，增加WINDOWS服务器补丁的管理，重要数据进行备份，并不定时检查。是年，福建中烟搬迁到厦门办公后，建成了独立的局域网和应用系统，信息网络安全建设比较薄弱。开展网络防火墙、企业防病毒系统及VERITAS存储备份系统等信息网络安全建设，在全省行业广域网和INTERNET部署及安装调试两道防火墙，在行业地面骨干网安装防火墙设备。并完成机关SYMANTEC（赛门铁克）企业防病毒系统服务器端的部署及客户端的软件安装。机关PC机防病毒系统形成统一监控、统一管理、统一升级的运行模式，提高企业内部防病毒能力。制定存储备份系统的建设方案，完成存储备份系统软硬件的项目集成。

2006年，省局信息中心通过建章立制加大安全管理力度。各单位严格按照标准规范和工作程序开展工作，实行安全管理责任制，明确职责，落实责任。组织行业内外专家研讨、拟定桌面管理系统、数据备份与容灾系统等方案。组织专家对网络防火墙设备和SSL VPN设备进行技术论证，保证省局互联网访问的安全与高效，满足移动办公的需要。是年，福建中烟在网络边界共布置了全省行业广域网、INTERNET、行业地面骨干网三道网络防火墙。做好网络、服务器及PC机防病毒工作，对局域网内出现的恶性病毒能立即响应，迅速查找病毒源头，及时清除病毒。及时调整备份策略，部署系统运行状态及备份服务器磁盘空间的监控。构筑网络、系统、数据三道安全防线，保证信息网络安全。

2007年，省局建设桌面管理系统，构筑信息安全综合防护体系，弥补网络防火墙、网络防病毒系统的不足。8月，在省局、泉州和漳州进行了试运行，此后，全省进行统一部署，实现省局、地市局和县级局的三级管理，初步实现对桌面电脑系统运行的规范化管理和安全稳定。是年，开展全省数据存储备份系统，组织国内知名的存储备份厂家到各地市实际环境进行调研，根据"9＋1"数据的分布模式提出相应的建设方案。是年，福建中烟对INTERNET防火墙进行升级，提升边界的防护性能。对VPN的容量进行扩容，满足移动办公的需求。升级了防病毒系统，在互联网边界部署防病毒网关，加大反病毒能力，阻止病毒传播。完成对备份服务器的硬盘容量扩容，并根据业务系统的变化，调整备份策略，做好系统运行状态及备份服务器磁盘空间的监控工作。

2008年，加强全省桌面管理系统的应用工作，持续优化管理策略，完善系统功能，确保在线的电脑全部纳入管理，实现桌面电脑的运行安全和稳定。部署省局防火墙和防毒网关，加强对外网访问的控制，杜绝外网病毒的入侵。全省行业病毒监控点不断增多、管理难度加大，行业应用环境的日益复杂，各地防火墙又难以满足应用要求，由此，启动了信息安全评估和规划工作，推进了全省防病毒系统及全省防火墙系统的统一建设。福建中烟开展全省卷烟工业系统信息系统安全等级保护工作，成立信息系统安全等级保护定级工作领导小组，指导各下属企业开展信息系统定级工作。同时，对省域网、INTERNET、行业地面骨干网等网络防火墙进行日常状态的检查、审核，根据业务系统的变化，及时调整备份策略，做好系统运行状态及备份服务器磁盘空间的监控，构筑网络、系统、数据三道安全防线。

第十一章　企业管理

20世纪90年代，根据省政府《关于加快建立现代企业制度的若干意见的通知》，配合《中华人民共和国公司法》的正式实施，龙岩、厦门、云霄三家卷烟厂被确定为福建省300家转机建制试点企业之一，工业企业管理改革的步伐得以加快。福建卷烟工业开始强化生产现场管理与制度建设，实行全省统一的生产调度管理。龙岩卷烟厂率先成为全国烟草行业第四家通过ISO9000认证企业。厦门卷烟厂随后也通过烟草行业审核及第三方认证。通过开展创建管理样板车间活动，厦门卷烟厂四车间和龙岩卷烟厂制丝二车间获全国烟草行业管理样板车间称号。企业标准化建设和群众性质量管理（QC）小组活动逐步加强和普及。

21世纪初，工商企业的管理重心逐步转向以市场为导向的生产经营模式，企业的经济责任制管理得到完善；生产经营、工艺质量、设备、安全、财务、审计、统计、标准化等管理得到加强。商业系统抓"两烟"生产配备设施的建设，适度增加"三产"的建设投入，卷烟销售批发网点的建设步伐加快。卷烟工业企业以易地迁厂改造自动化、智能化设备的引进为依托，建成现代化的厂房车间，并加强对企业生产经营全过程的监控和管理。继厦门市局（公司）在商业系统中实行ISO9000质量管理系列标准之后，商业系统开始全面推行质量管理体系认证。强化内部管理监督，整顿和规范卷烟市场经济秩序，层层签订整规责任状，形成各级领导齐抓共管、专业组对口指导、相关部门密切配合、上下整体联动的内管工作格局。工业系统抓管理、求创新，实现管理理念，组织结构，管理机制，市场策略，技术品牌方面的创新，全面提升管理水平。

2006年起，福建烟草实施母子公司体制改革、建立现代企业制度。工商系统强化企业管理与监督，实行财务主管委派（异地委派）制及审计委派制，建立起适应母子公司体制下的财务管理模式、审计监督模式、内控制度模式的全方位、多层次的管理监督体系。工商企业的基础设施兴起新一轮建设，相继建成卷烟现代化物流配送中心。

第一节　生产经营管理

一、质量管理

1991—1993年，龙岩卷烟厂列入总公司贯彻ISO9000系列标准的试点单位之一。对生产质量进行全方位考核，与单箱工资奖金包干相结合。试行《产品质量考核办法》，实行管理人员与检验员分开管理考核的办法。质管科的职责从单纯的检验成品扩展为对工作质量的管理考核。并首次发布实行质量否决权（奖金否决）。厦门卷烟厂开展全面质量管理活动，带动技术、工艺、设备、供应、现场生产各项管理的深化。完善质量检测手段，车间机台安装烟支、盘纸数据采集处理系统，形成自检互检抽检为一体的质量管理体系。

1994—1995年，龙岩卷烟厂实施质量管理体系文件，突出以质量为中心的重要地位，实行质量否决制度。将质量责任层层下达，年终评价落实与车间部门奖金挂钩。同时标准化达标与ISO9002标准紧密结合，制订《质量手册》，形成一套适合企业质量体系有效运作的ISO9002标准，并通过上海质量审核中心的体系认证；厦门卷烟厂完善工艺考核指标，将制丝大片率、整丝率等纳入经济责任制考核范围；畲山卷烟厂修订制丝车间工艺指标，完善工艺条件。卷接包车间以稳定质量为主，以单项不合格次数考核机台，促进机台产品质量的提升。

1996—1998年，各卷烟工业企业开展质量宣传月活动，推行宣传贯彻ISO9000国家标准，福建省参加全国烟草行业ISO9000知识竞赛，获得华东区并列第2名。龙岩卷烟厂出台《质量事故处罚条例》，明确质量事故的处罚原则，ISO9002质量标准体系认证通过复评；厦门卷烟厂质量管理体系正式运行，配套制订《质量体系运行审核维护的考核条例》。ISO9002质量管理体系通过中国质量认证中心（CQC）厦门评审中心的认证审核，获得ISO9002：1994质量管理体系认证证书；畲山卷烟厂建立完善产品质量内控体系，严格控制18项否决项的出现，并增加卷烟成品抽检频次。

1999—2000年，厦门卷烟厂采用滚动审核的方式推进质量体系的运行改进，先后6次内审，两次第三方质量监督审核。以满足新标准，适应新机构的基本原则对质量管理体系文件全面换版，一次性地通过ISO 9001：2000换证审核。畲山卷烟厂结合开展质量管理年和敬业爱岗活动及ISO9002质量体系认证，促使质量检验从静态向动态转变。质量管理通过中国方圆委福建审核中心福州认证站ISO9002审核验证，获质量体系认证证书。

2001—2002年，龙岩、厦门卷烟厂，三明金叶复烤公司相继通过2000版ISO9000标准认证。龙岩卷烟厂重新修改《质量事故处罚条例》《工艺质量考核办法》，规定质量管理的奖惩范围与考核内容，鼓励自主管理，自我改进，实行优质优价，奖优罚劣及质量否决。厦门卷烟厂以ISO9000质量管理体系为保障，产品质量得到稳步提高。畲山卷烟厂按照ISO9002质量管理体系要求，规范产品质量的监控，严格执行质量事故责任追究制度，保持产品市场抽检合格率100％的目标。随着卷烟工业企业管理信息系统全面升级，龙岩、厦门卷烟厂在质量管理日常体系运行和维护的基础上导入ISO9004体系，建立起质量管理过程的自我评价、自我纠正、自我完善运行机制。

2003—2005年，ISO9000质量管理体系开始在福建烟草商业系统推广。厦门市局率先以过程与结果相统一为目的，建立起一套完备的质量管理体系并在分公司内执行。顺利通过 CQC 厦门评审中心认证审核，获得质量管理体系认证证书，成为福建省烟草商业首家通过 ISO9000 质量认证的企业。质量管理的推行，实现商业企业的精细管理。厦门市局对质量体系文件进行完善修改或换版，提出实施 ISO9000 质量管理创新工程，通过年度内审和管理评审，推动质量体系的持续改进和不断完善。ISO9000 全面质量管理围绕加强基础和深化改进，通过 CQC 厦门评审中心的第二次监督审核。莆田市局也开展 ISO9000 质量管理认证，导入"5S"管理、ABC 库存管理和定置管理。规范物流配送作业流程，提高业务效率与质量。漳州市局在经营管理的重点环节，建章整制，统一经营规范和管理，成功导入 ISO9001 全面质量管理体系。宁德市局通过中国质量认证中心的认证，获得质量管理体系认证证书，使全区内部管理、客户服务、专卖稽查等的制度化、规范化、科学化水平上一个新台阶。

2006 年，漳州市局在全市系统开展质量和职业健康安全管理贯标，强化流程监督，通过中国检验认证集团的现场认证审核。同年，厦门卷烟厂为提高体系运行效率，节约资源，对运行的质量管理体系、环境管理体系和职业健康安全管理体系进行整合，以 ISO9001：2000 版标准为基本模式，按照 PDCA 循环方法将环境和职业健康安全管理体系标准的要求相整合。三明金叶复烤公司强化在线人员的质量控制意识，开展"加强在线杂质控制——两个维护在岗位"主题实践活动，从原料、生产过程和人为、设备的杂质等方面实施全方位、全过程的生产质量把关与控制。

2008 年，龙岩工业公司完成制丝工艺质量信息化管理系统开发应用，通过计算机信息技术，提高质量过程控制水平。过程质量控制向原料、辅料、环境、虫情、设计及人员培训方面延伸，全力保证产品质量稳定。厦门工业公司在质量管理细节上不断完善过程控制。通过与韩国标准化协会（KSA）合作，引入六西格玛管理方法，开展 5 个专题的质量改进活动。与郑州烟草研究院合作，加大质量专项科研力度，提升品控能力。开展社会化蒸汽用于制丝生产工艺的技术参数论证与监控，保证制丝质量。是年获得中国质量协会 2008 年度实施卓越绩效模式先进企业和全国用户满意企业双重称号。

二、设备管理

1991—1992 年，卷烟工业企业在设备大中修开始应用网络技术、价值工程，缩短工期减少费用。在零配件管理应用 A、B、C 管理法和微机管理，减少资金占用率；状态检测开始应用电脑轴承分析仪、机械故障听诊器等及时掌控设备运转动态，对事前设备维修保障起了很大作用。龙岩卷烟厂抓生产第一线设备管理，在滤嘴烟生产线专门成立设备管理组，负责设备三级保养和检查考核。福建省卷烟设备管理成效开始显现，1992 年，全省设备平均有效作业率为 57.92%，比 1991 年提高 6.1 个百分点，并略高出全国平均水平 56.3% 的 1.62 个百分点。全省共有 32 台（套）MK－8 卷接机组，平均有效作业率为 58.68%，其中：厦门卷烟厂平均 68%，龙岩、云霄、畲山、泉州四个卷烟厂平均为 48.49%。福建卷烟工业选手参加华东地区和全国烟机设备操作技术比武都榜上有名。

1993年，龙岩卷烟厂建立设备例保周保值日制，推行第三班维修制及备件组件化维修。加强年保、大修管理、督促设备三级保养。建立微机备件管理系统，利用微机辅助做好备件采购并配备配件专检人员，杜绝不合格品入库。结合奖金制度，调动职工维护设备的积极性。设备有效作业率达65.68%，比1992年提高6.39%。

1994—1995年，根据总公司《烟草工业设备管理条例》，各卷烟生产企业加强设备规范化管理。龙岩卷烟厂制订《设备管理办法》、《设备管理考核办法》，理顺设备管理工作有关技术标准212种。围绕总公司设备管理达标升级要求，增加设备完好率的检查与考核内容，制订主要生产设备完好标准44种。

1996年，卷烟工业企业开展设备管理月活动，厦门卷烟厂以加强设备日常维护为重点抓设备周保，并配合车间加强督促指导检查。龙岩卷烟厂车间生产设备与科室行政实行计算机系统联网管理；畲山卷烟厂在卷接包车间试行设备维修工包机责任制，规定维修工的工资、奖金与机台维修保养和主要指标的实现情况挂钩浮动，并补充完善设备操作规程，实行定人润滑维护设备制度。通过设备管理月活动，全省卷烟工业企业的设备管理普遍加强。是年，福建省卷烟工业设备有效作业率达75%，比1995年提高1.79个百分点。龙岩、厦门卷烟厂的设备管理还受到省经贸委的表彰。

1997年，龙岩卷烟厂开展以管理有效、制度落实、设备完好为主题的管理月活动，重点强化制度落实，使设备管理更加科学化、标准化。厦门卷烟厂开展设备管理达标升级活动，抓设备完好率、有效作业率和清洁保养，整治设备的跑、冒、滴、漏等现象。畲山卷烟厂以国家设备达标升级细则为标准，修订设备操作、保养规程及润滑图表，增补设备改造申报制度和水、电、汽检查制度，车间均配备专、兼职设备管理员，设备管理通过达标考核。

1998—1999年，卷烟工业设备有效作业率突破80%大关。龙岩卷烟厂推行设备轮保制，即由集中保养改为每天对一组设备进行专门保养，保养时间延长2小时。同时充实轮保人力并在轮保中搞好设备维修。对流程和关键设备实施点检制和状态测制的预防维修，制订点检规范，明确点检部位、点检周期、点检要求与责任人，并应用计算机对点检周期、点检完成情况记录存查。而且把新工艺、新材料应用于设备维修，提高设备的维修质量和效率。厦门卷烟厂争创设备管理国家二级标准企业，对照达标升级考核细则，全方位检讨、整改设备管理中的不足加以完善提高。设备有效作业率平均达85.75%，比省公司考核指标83%高2.75个百分点。制丝设备故障率为0.85%，比考核指标2.5%降低1.65个百分点，获国家局"卷烟工业设备管理二级企业"称号。龙岩卷烟厂确立设备质量保证工艺质量，工艺质量保证产品质量的管理观念，以适应产品技术创新的需要。畲山卷烟厂抓设备管理制度的贯彻落实以及电脑网络管理，加强检查考核，以千分制考核标准进行评分，根据得分进行奖罚并督促整改，被省经贸委评为1998—1999年度福建省设备管理先进集体称号。

2001—2004年，龙岩卷烟厂以深化管理，精细维修，适应易地技改需要为主题，开展设备管理活动，制定二氧化碳及6000公斤/小时制丝线新设备的润滑、保养、点检、维修、操作等各项技术标准，并在随后的运行中不断修改完善，使其更具可操作性。各使用部门根据新设备新流程的特点和需要，制定适用于本部门的设备管理办法及新的维护规程。龙岩卷烟厂搬迁投产后推行制丝设备由保养班专门保养的制度，将原来的由当班生产人员进行例保，改为独立的专门保养人员进行保养。同时应用先进的设备管理信息技术和管理方法，制定管理目标落实整改措施。开展月设备运行效率分析，运用项目管理和目标管理的有效方法，与生产运行可靠性活动和技术合作项目紧密联系，强化部门之间配合协作，提升设备管理水平和生产能力。厦门卷烟厂引入设备管理新方法和新手段，加强设备运行管理和维护。加强专用设备、动力设备、物流设备、计量检测设备的综合管理，建立和完善各类设备规范管理，适应迁厂后的设备运行要求，使全厂设备有效作业率达到87.37%。龙岩金叶复烤有限责任公司为适应打叶复烤线更新改造的生产要求，加强生产设备的维护和管理，严格落实岗位责任制，降低设备故障率。

2005—2006年，龙岩卷烟厂运用设备管理的信息系统，持续改进，精细管理。紧跟卷烟工艺发展变化，应用无线扫描技术，实现备件实时动态管理，提高备件库管理的信息化技术水平。龙岩、厦门卷烟厂均获评为第七届全国设备管理优秀单位。三明金叶复烤有限责任公司在原有设备台账基础上根据设备管理要求，对在线所有设备重新进行盘查和编号，完善设备台账数据的完整性和合理性。并加强设备巡查和点检的力度，将机电维修人员分为跟班维修小组和白班电气、机械专业维修小组，形成既可分工作业又可相互配合的协作团队，及时跟踪设备检修质量，保障设备有效作业率。

2007年，龙岩工业公司开展设备科学管理，完成设备技术改造项目76项，提高管理过程的控制精度和柔性化生产水平。厦门工业公司根据产量计划合理安排设备的维护保养，全年设备有效作业率达87.74%。三明金叶复烤公司对设备运行的问题与故障频发点，采取质量包干、多重监控的检修和保养。完善维修标准，通过加大考核奖惩力度等措施，充分调动设备维修人员的工作积极性与主动性，提高设备有效作业率。

三、标准化建设

（一）烟草农业标准化建设

1991年前，国家局设立行业标准化工作归口管理部门，加强对行业标准化工作的组织、协调与管理，又成立信息、烟用材料和物流分技术委员会，实行年度标准制修订项目立项的专家评审制。省公司贯彻执行全国烟草标准化技术委员会审定发布的国家标准和烟草行业标准。

1995年后，按照全国烟草标准化技术委员会标准化要求，建立福建烟草行业标准体系框架，制定和发布一批标准、规程，重点组织实施烤烟标准示范区和修订完善《烤烟综合标准体系》。福建烟区烟叶生产标准化建设，按照国家烤烟等烟叶产品标准，建立个性化烟叶生产标准体系，把标准化融入产前、产中、产后的烟叶生产、经营全过程。

1996年，国家质量技术监督局联合农业部、国家局等6个部委，组织开展建立农业标准化体系和农业标准化示范区，福建三明烟区被国家局列为全国农业标准化工作基础较好的示范区之一。

1997年开始，三明烟区被列入国家级第一批烟叶标准化示范区，此后，南平烟区的邵武市、龙岩烟区的长汀县先后被列为国家级第二批、第三批烟叶标准化生产示范县（市），各地通过实施烟叶生产标准化，按照"简单、统一、协调、优选"的原则，吸取已有成熟实用技术和管理规范，通过体系设计、标准起草、征求意见、实践论证、修改完善等步骤，逐步把烟叶生产和管理经验转化为标准模式，形成以国家标准为主，行业标准、地方标准、企业标准相配套，包括烤烟产前、产中、产后全过程的烤烟综合标准体系。

2001年5月，三明分公司组织编制出版《金三明烤烟综合标准体系》，由基础标准、种子品种标准、生产技术标准、产品标准与服务标准五大部分组成，共制订企业标准47个，形成完整协调的综合系列标准，使烟叶生产经营的全过程都严格置于标准的规范和控制中。是年，全国烤烟标准化生产技术体系示范推广会在三明市召开。此后，省公司大力推广实施烟叶生产标准化，规范烟叶生产技术标准，每年均制定《福建省烤烟生产技术规范》，规范烟农技术操作，使烟叶质量和生产水平的均匀性显著提高。通过烤烟综合标准体系的制定和实施，加快漂浮育苗、湿润育苗、上部叶带茎烘烤、密集式烤房、土壤改良、平衡施肥等烟叶生产技术推广步伐。烟区开展烟农户籍化管理，加强烟农信息化管理和培训指导，也提高技术标准化的到位率。长汀、邵武县公司均编制完成《烤烟综合标准体系》。

2005年6月，长汀县公司被国家局授予国家烟叶标准化生产示范县建设优秀单位称号。

2007年，龙岩市公司编制出台《烤烟综合标准体系》。三明市公司再次修订《金三明烤烟综合标准体系》，修订后的烤烟标准体系在保持原有特色的同时，体现新的科研成果，凸显土壤改良、湿润育苗、上部叶带茎烘烤、密集式烤房等优势，具有较强的科学性、适用性和创新性；与此同时，还编制5个"无公害"烤烟生产企业标准。南平烟区被列入国家级第六批烟叶标准化示范区。

2008年，国家局制订《关于全面推进烟叶标准化生产的意见》。发挥标准化在烟叶的规模化种植、集约化经营、专业化服务和信息化管理过程中的支撑和保障作用。省局推进烟叶生产标准化，成立烟叶标准化工作领导小组，各烟叶产区也成立相应标准化工作机构，组织烟叶生产标准的修订和监督、检查与贯标。通过建立烟叶生产标准化体系，提高和规范烤烟生产的技术、服务和管理。经国家局对福建省烟叶生产标准化效果的检查评估，得到充分肯定和较高评价。为普及烟叶标准化知识，商业系统还举办全省首届烟叶标准化生产知识竞赛，并选拔4名优秀选手参加全国首届烟叶标准化生产知识竞赛，取得全国烟草行业第五名，获得优胜奖表彰。

（二）卷烟工业标准化建设

20 世纪 90 年代以后，省局（公司）全面加强工业标准化建设，建立健全科学先进的产品质量标准。重点抓好烟叶加工、混合型卷烟和辅料的标准化工作，加快行业标准的制订、修订和企业标准体系建设步伐。推动企业节能降耗、提质增效和管理的科学化和规范化。

1995 年，卷烟工业重点修订完善并实施《卷烟卷制技术条件》国家标准，龙岩卷烟厂通过 GB/TI9002－ISO9002 质量标准认证，被国家技术监督局授予国家质量认证证书。

1997 年，厦门卷烟厂进行 ISO9000 的运行准备，进行大量技术文件编制、改版和完善整改。

1999 年，厦门卷烟厂增加"辅助材料不合格品评审结论的处置跟踪规定"，修改完善多份标准化管理文件。在技术标准化上，完善辅助材料验收标准及配套的标准样品、叶组配方、香精香料配方、各牌号配套材料标准等。福建卷烟工业建立起与国际惯例接轨的标准化管理体系和运行机制。

2002 年，国家局下发加强行业标准化工作的若干意见，福建省各卷烟厂和其他工业企业的质量管理按 GB/TI9000－ISO9000《质量管理和质量保证》系列国家标准的要求建立质量标准化体系。龙岩、厦门卷烟厂推行 ISO14000、ISO10012 等国际先进标准。

随着国际标准化组织对 ISO 9000 族标准的修订和完善，2003 年 4 月，龙岩卷烟厂正式发布 ISO10012：2003《质量管理体系》国际标准，经国家标准化行政管理等部门同意转换为国家标准 GB/TI9022－2003 于 2004 年 3 月 1 日实施。

2005 年，厦门卷烟厂修订香精香料技术标准及检测方法；完成《卷烟感官质量评吸委员会管理办法》、《质量监督检测站工作条例》、《卷烟产品留样管理规定》等 3 份体系外标准的制定及颁布。6 月 17 日，《卷烟卷制技术条件》新国家标准发布，龙岩、厦门卷烟厂全面开展《卷烟》新国标宣贯和实施。

2007 年，国家局发布《烟草及烟草制品　硒的测定　原子荧光法》等 23 项行业标准。11 月，国家局和国家质量监督检验检疫总局印发《中华人民共和国境内卷烟包装标识的规定》，对卷烟的条、盒包装和标识作新规定，对健康警语提出更严格要求。福建卷烟工业按国家规定标准执行。此后，福建烟草工商企业在烟叶生产、烟草制品、烟用材料、烟草信息、烟草物流、烟草企业劳动定额定员和烟草机械等领域逐步建立起与国家局标准化中长期战略要求相适应的、系统完整的福建烟草行业标准化工作体系和标准体系。

四、开展群众性质量管理（QC）小组活动

1991 年 7 月，卷烟工业召开第五次现代化管理及群众性质量管理 QC 小组成果发布会，评出现代化管理成果 2 项，优秀 QC 成果 3 项，先进 QC 成果 6 项。推荐获评福建省级优秀 QC 成果 1 项，先进 QC 成果 2 项。其中：龙岩卷烟厂牛坑库区防霉 QC 小组被评为全国卷烟工业优秀 QC 成果一等奖，该小组被评为全国烟草行业优秀 QC 小组，为福建省第一次获

国家级 QC 小组的荣誉称号；厦门卷烟厂仓库锅炉发酵班 QC 小组获全国卷烟工业优秀 QC 成果二等奖。厦门卷烟厂获厦门市企业技术进步先进单位称号。被确定为厦门市第一批创建科技先导型企业的试点单位。

1992 年，厦门卷烟厂针对产品档次不高，单箱烟叶消耗大，零配件进口难等问题开展 QC 活动并作为重点攻关项目，有 20 个 QC 活动项目验收结项。是年，福建省卷烟工业获国家优秀 QC 成果奖 1 个，获中国烟草总公司 QC 成果优秀奖 2 个；获福建省 QC 成果优秀奖 3 个、先进奖 3 个。

1993 年 2 月，在全国卷烟工业第四次优秀 QC 成果发布会上，龙岩卷烟厂滤嘴烟一车间技术攻关 QC 小组《提高 VT2500S 立式打叶机的叶中含梗和短梗质量》和质管科管理 QC 小组《降低检验错漏检率，为提高产品质量服务》课题，同获全国卷烟工业优秀 QC 成果二等奖。7 月，在福建省卷烟工业 QC 成果暨现代化管理成果发布会上，共发布 QC 成果 7 项、现代化管理成果 4 项。评出优秀 QC 成果奖 2 项，先进 QC 成果奖 5 项，现代化管理优秀奖 1 项、先进奖 3 项。其中：厦门卷烟厂三车间 QC 小组《稳定质量，降低消耗》，获福建省卷烟工业 QC 成果优秀奖；龙岩卷烟厂质管科成品检验 QC 小组《实行单机成品检验，完善质量检验监督网络》，获福建省卷烟工业 QC 成果优秀奖。

1994 年 6 月 22 日至 7 月 7 日，省经贸委、科协、总工会、团省委、省质量协会联合举办省第十五次 QC 小组成果发布会，龙岩卷烟厂质管科返修品管理 QC 小组被推荐并荣获 1994 年国优 QC 小组；龙岩卷烟厂永定分厂降耗 QC 小组、龙岩卷烟厂质管科返修品管理 QC 小组和烟叶库区检验 QC 小组同获省优秀 QC 小组称号；龙岩卷烟厂安全 QC 小组获省先进 QC 小组荣誉。

1995—1997 年，厦门卷烟厂制丝车间 QC 小组《真空回潮机改造》项目，获全国优秀质量管理小组称号，项目组被评为烟草行业优秀 QC 小组。技改办与卷包四车间合作《改造控制系统，消除贮柜电故障》项目，被评为福建省烟草行业 1995—1996 年度 QC 成果优秀奖。制丝车间《改造加料系统，提高叶片质量》、《改造热风循环系统，提高润叶效果》；卷包车间《改造佛克（FOCKE）包装机内衬纸规格，提高经济效益》、《解决 LOGA－2 卷接机组烟支切口问题，提高烟支外观质量》等研究成果被评为福建省烟草行业 QC 成果先进奖。制丝车间《改善在线膨胀，提高烟丝填充力》项目，获全国卷烟工业优秀 QC 成果二等奖。制丝车间 QC 小组获全国烟草行业优秀 QC 小组称号。龙岩卷烟厂获全国烟草行业 1991—1996 年度技术创新先进集体称号。

1998 年，龙岩卷烟厂卷包二车间的《攻克在高速机上以丙纤嘴棒代替醋纤嘴棒的难点》、制丝一车间梗处理线的《改造梗线设备，提高梗丝填充值，降低消耗》和厦门卷烟厂制丝车间的《改善 GBC 设备，提高膨胀烟丝质量，降低生产消耗》等项目获福建省烟草行业 QC 成果优秀奖。厦门卷烟厂制丝车间的《改善叶丝在线膨胀系统，提高叶丝填充值》、《改进打叶系统，提高大中片率》、动力车间的《改进 LW－20/7 型空压机冷却系统循环水路，降低冷却水进口温度》、卷包三车间的《改善卷烟机控制系统，降低烟支组重量》、龙岩卷烟厂制丝一车间的《改造梗丝膨胀电控系统，降低梗丝膨胀故障率，提高工艺质量》、《减少烘丝干头干尾，降低消耗》和动力车间锅炉班的《高温冷凝水回收及除氧系统改造》等项目同获福建卷烟工业 QC 成果先进奖。龙岩卷烟厂卷包二车间的《攻克在高速卷接机上丙纤嘴棒的难关》项目获全国烟草行业第九次优秀 QC 小组成果一等奖。龙岩卷烟厂卷包二车间和厦门卷烟厂制丝车间 QC 小组同获 1998 年度全国烟草行业优秀 QC 小组称号。龙岩卷烟厂还被确定为全国烟草行业技术创新的 15 家试点卷烟企业之一。

1999 年 7 月，卷烟工业企业管理成果及 QC 成果发布会共发布 QC 成果 12 个和管理成果 20 个。其中：获福建卷烟工业 QC 成果一等奖 2 个、二等奖 5 个、三等奖 4 个。龙岩卷烟厂的《提高金卡商标纸在 GDX2 机组的适应性》课题获一等奖，项目通过对包装机设备的摸索和改进，提高金卡商标纸在 GDX2 包装机使用的适应性，使车速从活动前 300 包/分钟提高到 398 包/分钟，设备有效作业率从 50％升至 85％。厦门卷烟厂的《改进梗线工艺及设备，提高梗丝填充值》QC 课题，通过对制丝设备的改造和来料实施技术革新，取得成效，梗丝填充值由 4.76 立方厘米/克提高到 5.04 立方厘米/克。厦门卷烟厂《烟丝配比改造》技术革新项目，获厦门市第二届优秀发明革新一等奖。

2000 年 5 月，全省卷烟工业企业共发布 QC 成果 13 个，其中：获一等奖 2 名、二等奖 7 名、三等奖 4 名。龙岩卷烟厂卷包二车间《提高 SUPER9/PA9 水松纸切刀的使用寿命》和厦门卷烟厂三车间《改善 ZJ17 蜘蛛手及分离鼓轮烟支交接可靠性，提高有效作业率》课题同获一等奖。厦门卷烟厂有 30 多个 QC 小组活跃在生产第一线，成果创新意识强，QC成果推广活动深入人心得到普及。

2001 年 5 月，有 14 篇 QC 成果，9 篇管理论文，3 篇管理成果在卷烟工业企业 QC 成果及管理成果发布会上获奖。获福建卷烟工业 QC 成果一等奖 4 个、二等奖 9 个、三等奖 13个。厦门卷烟厂获一等奖 2 个、二等奖 9 个、三等奖 13 个。其中：一车间的《改善 SQ36切梗机运行稳定性》和质管科《浅谈 ISO9000 贯标与 QC 小组活动》项目获福建卷烟工业 QC 成果和管理论文一等奖。龙岩卷烟厂卷包车间的《提高 SUPER/PA9 卷烟布带使用寿命》和《精益化生产管理方式的探索和实践》两项并列获 QC 成果和管理成果一等奖。畲山卷烟厂制丝车间薄片线的《改善薄片线设备，提高薄片质量》和叶丝线的《减少烘后湿团叶丝，提高成品烟丝质量》分获二等奖；卷接包车间的《改装 YB92 侧向烙铁，增加称重型缺包检测装置稳定性》获三等奖；厦门卷烟厂制丝车间梗线的《改善 SQ36 切梗机运行稳定性》，获全国烟草行业第十二届 QC 成果二等奖，该小组还被命名为全国优秀质量管理小组。龙岩卷烟厂分获全国优秀 QC 小组和中国烟草总公司优秀 QC 小组称号各 1 个。

2002 年，龙岩卷烟厂有 5 个科研项目，同获省烟草行业科技进步三等奖。厦门卷烟厂二车间滤棒输送机组 QC 小组的《提高滤棒输送机组的输送效率》，获全国烟草行业第十三届优秀 QC 成果二等奖。制丝车间的《改善 SQ36 切梗机运行稳定性》技术项目，获厦门市第三届群众性优秀发明革新二等奖，厦门卷烟厂技术中心的《8毫克低焦油烤烟型翻盖超醇石狮牌卷烟产品开发》和制丝车间的《改进膨胀烟丝设备—降低水渍烟丝量》，同获厦门市技术革新三等奖；卷包车间两位高级修理工同获厦门市能工巧匠二等奖。

2003年，龙岩卷烟厂制丝车间梗线的《通过工艺适应性调整减少FBD出口梗丝结团》和厦门卷烟厂卷包车间包装机组的《减少FK350商标下纸故障维修时间》，同获全国烟草行业第十四届优秀QC成果二等奖；厦门卷烟厂卷包车间QC小组进入2003年度全国烟草行业优秀QC小组行列。厦门卷烟厂的《低焦油卷烟产品开发》、《充分利用叶丝在线膨胀新工艺，保证降耗》两个项目，获福建省烟草行业科学技术进步二等奖和三等奖。

2004年5月，厦门卷烟厂制丝车间电控QC小组的《开发制丝生产集中监控系统错牌提示》和龙岩卷烟厂卷包车间卷接设备QC小组的《RTS烟支提升输送机改造》项目，同获福建中烟QC成果一等奖；厦门卷烟厂制丝车间电控QC小组项目，获全国烟草第十五届优秀QC小组成果二等奖。制丝车间QC小组获中国质量协会轻工分会颁发的全国轻工业优秀质量管理小组称号。厦门卷烟厂的《提高烟丝料头掺配精度》、《提高浸渍烟丝的松散性和水分均匀性》、《降低PC透明纸小包包装机电故障频次》，获福建卷烟工业QC成果二等奖；《提高HXD加工质量》获福建卷烟工业QC成果三等奖。

2005年5月，福建中烟在厦门召开QC成果发布会，参加发布的QC成果有13个，其中：龙岩、厦门卷烟厂各5个，龙岩金叶复烤公司3个。评出QC成果一等奖2个，二等奖5个，三等奖6个。其中：厦门、龙岩卷烟厂获全国行业优秀QC成果三等奖各1个；厦门卷烟厂的《开发制丝线工艺质量统计系统》，获全国行业QC成果三等奖；《推行五常法全面提升现场管理品质》、《降低动力设备用电能耗》及制丝车间维修班组，分获轻工业部轻工系统优秀QC成果奖和优秀班组荣誉。

2006年，省烟草工商企业首次联合举办QC成果发布会，共有4家工业企业、2家商业企业参加，其中泉州市局作为全国唯一一支商业代表参加发布会，获二等奖。龙岩、厦门卷烟厂分别获烟草行业第十七届QC成果二等奖和三等奖。厦门卷烟厂金桥生产中心制丝班组的《降低叶片回潮机的消耗》、卷包车间QC小组的《降低GD小盒玻璃纸皱褶不合格率》，分获全国轻工系统优秀QC成果奖；卷包车间的《开发MAX滚刀毛刷全自动喷雾加油装置》与质量管理部在线检验班组的《推行5S提升卷包质检室现场管理品质》，同获全国轻工系统质量信得过班组称号。

2007年，福建中烟在厦门召开QC成果发布会，有13个QC成果参加发布。评出QC成果一等奖2个，二等奖5个，三等奖6个。其中：一项荣获全国烟草行业QC成果二等奖。龙岩工业公司制丝车间把QC活动重点放在生产线在制过程中的质量控制，完善重点环节的工艺控制参数，确立8个QC活动攻关项目。对HXD过料时烟丝出口水分不稳，通过增加自动判断处理功能的解决方法，出口水分标准偏差降低60%。该成果获福建中烟QC成果二等奖；卷包车间在成本管理上进行探索，通过生产过程的各种小革新、小发明来降低成本，取得可喜的成果。其中：5 个课题在全国烟草行业 QC 成果发布会上获奖，1 项成果获二等奖，2 个 QC 小组获全国烟草行业优秀 QC 小组称号。物流自动化 QC 小组对堆垛机故障进行归类分析，找出影响生产时间的各个因素，并从软硬件方面采取措施攻关，平均故障次数降低 30%，其《降低堆垛机故障影响生产的时间》的课题成果，获省卷烟工业系统 QC 成果一等奖；厦门工业公司装备动力部《自动导航》等两个 QC 小组被评为全国优秀 QC 小组；《持续降低叶片回潮机的烟叶消耗》等 5 个项目分获全国烟草行业、福建省和厦门市 QC 成果优秀奖。三明金叶复烤公司《降低成品烟梗装袋温度》、《规范打叶风分参数》两项目，获商业系统 QC 成果一、三等奖。

2008 年 5 月，工商系统 QC 成果发布会共发布 QC 成果 31 个，其中：工业系统 13 个，商业系统 18 个；其中：厦门工业公司《降低空压机备机启用频次》、龙岩工业公司《降低堆垛机故障影响生产的时间》两项一等奖成果，被推荐参加全国烟草行业第十九届优秀 QC 成果的评审发布。同年 7 月，厦门和龙岩工业公司两项成果，分别荣获全国烟草行业第十九届优秀 QC 成果二等奖和三等奖。

五、目标责任制

1991 年 3 月，国家财政部和国家局（总公司）下达《福建省烟草公司经营责任制承包方案》，核定 1991—1992 年度，福建省公司每年承包上缴任务数为 2690 万元，不再实行递增。承包方案实施后，省公司相应下达承包方案，规定工业企业仍延续第一轮承包方案到 1992 年，商业企业按照"包死基数，确保上缴，超收全留，欠收自补"的原则发包。经过层层分解利润承包数，省公司与全省 75 家基层烟草商业企业签订相应的经营利润承包合同。

同年底，省局（公司）提出"八五"期间实现"2215"奋斗目标。即：到 1995 年底，全省烤烟生产要求达 10 万吨（200 万担），上等烟叶比例达 20%，卷烟单箱综合效益 1500 元，全行业实现总效益 5 亿元。烤烟生产在烟叶收购等级质量基本达标、产销基本平衡的基础上，广种薄收，建立相对稳定的烟叶生产基地。卷烟工业以"2215"总目标为依据，针对卷烟供求等级结构上移的趋势，对总效益和单箱综合效益进行测算分解，层层落实分解指标，层层签订责任书，对全省 5 家卷烟厂核定包括经济效益等各项目标；卷烟销售坚持以市场为导向，以适销对路为前提，以经济效益为中心，以加强计划管理、渠道管理和价格管理为主要内容的经营目标，建立省外目标市场，实现有效的市场垄断；对各商业企业执行利润承包责任制，层层下达利润实现数，落实经营承包责任制，严格实行利润总额的考核。

1992 年，围绕"2215"的目标，省局（公司）要求生产经营各个环节都要与目标挂钩，终端与目标接轨。厦门卷烟厂年度确定一个一级目标，再把目标展开到三级。三级目标的展开还要明确责任者和完成日期，以确保厂级目标的顺利完成。龙岩卷烟厂建立企业方针目标的保证体系，以方针目标管理为主导，以质量为重点，以经济核算为手段，以设备管理为基础，按照《经济责任制》对方针目标实施情况每月一次二级考核。方针目标的定量目标值考核与经济责任制相结合，特别与质量否决、消耗、安全、工艺、设备、产量等关键性指标挂钩，实行逐月考核落实。年底，全省卷烟工业企业实行厂长任期目标责任制，并制定福建省卷烟工业企业厂长任期目标责任书。

1993年，承包任务由总公司在1992年任务的基础上进行调整，核准福建省公司当年承包基数为3500万元，所属企业的调整方案由省局（公司）核定下达。龙岩卷烟厂生产车间实行可定性经济指标承包，并明确奖惩系数。在滤嘴二、滤嘴三车间实行集体计件工资制的试点。对无法进行指标量化考核的职能部门明确任务，年终按生产工作情况发放人均承包奖。厦门卷烟厂全面改革企业内部奖金分配制度，实行经济责任制。分为生产车间责任制、科室经济责任制和科室直属班组经济责任制三个子系统。将各项指标以责任与利益挂钩的形式落实到机台，实行单箱计奖、质量否决，使机台的工作效绩与经济利益紧密挂钩。1994年后，省局（公司）每年根据《烟草行业年度生产经营责任目标考核及奖惩办法》，结合福建省的实际制定全省烟草商业企业年度责任目标考核奖励办法。

1996年，省局（公司）在卷烟工业上与各卷烟厂签订年度生产经营目标责任制，以税利、物质消耗等指标进行考核，促进企业消化原辅材料涨价因素和提高经济效益的能力，在卷烟经营上考核商业企业的地产烟销售量，控制省外卷烟在福建省内的投放量，确保供需总量紧张平衡。对地（市）分公司的年度利润下达考核指标，在烤烟生产上，对烟叶产区的生产和调拨进行考核，对宁化等9个县（市）公司的烟叶产量实行量化指标考核，重点扶持一批种植10亩、交售烟叶20担以上的种烟大户；专卖管理上对各地（市）的卷烟市场管理和打私打假实行百分制考核。

1997—1998年，制定《烟草专卖管理工作目标考核奖励办法》，把经济责任制考核办法延伸到对所属各地（市）局专卖管理工作的考核与奖励上。南平市烟草专卖局在浦城、建阳等县（市）公司试行企业分配方式的改革，实行经济责任制考核，责任目标与奖金挂钩。龙岩卷烟厂深化经济责任制的考核制度，制订目标成本责任制考核办法，完善经济责任制考核方案，建立以成本核算为中心的二级核算考核制度。通过全面的目标成本考核，使产品生产成本大幅下降。制定《方针目标管理制度》，规定企业方针目标管理程序及具体的制定、实施、检查、总结、奖惩等；学习河北省邯钢的管理经验，推行成本考核的经济责任制，完善车间和职能部门二级核算制度。对行政后勤人员月奖金实行与车间产质量相挂钩的形式。其中：与生产联系较紧密的部门月奖与车间消耗相挂钩。厦门卷烟厂制订全员营销经济责任制，将市场销售量和销售结构作为考核内容，年度销售目标按季度分解，奖金实行按月预发、季度考核，超量奖励，减量扣罚。另设置销售专项奖，对卷烟销售和市场开拓做出贡献的人员实行重奖。重新修改出台《生产车间经济责任制》，在原有考核指标的基础上增加多项考核内容，对易引起争议的考核项目作明确界定和细分。使责任制的产质耗考核指标基本与行业先进水平接轨，突出体现企业质量方针的保证和管理的覆盖面。

1999—2001 年，省局（公司）对地（市）局（分公司）实行《商业企业卷烟销售毛利率考核奖励办法》，考核综合得分与实行《1999 年度福建省烟草行业经营责任目标考核奖励办法》的局长、经理的生产经营责任奖金挂钩。采取卷烟销售毛利率按地产卷烟综合毛利率与省外卷烟综合毛利率指标进行百分制考核，考核得分的比例为 8：2。龙岩卷烟厂与上海质量管理科学研究院开展质量管理技术咨询合作，其中方针目标管理是主要内容，将方针目标与经济责任制挂钩，根据各部门全年目标完成情况实行奖惩。厦门卷烟厂调整方针目标责任方式，每月编发《主要经济技术指标完成情况通报表》和《产量、库存及主要品牌完成情况表》，做到每季度有分析、有反馈、有督促。制订并实施企业创一流目标管理体系。商业企业内部加强目标管理与考核，莆田市局连续两次获 1998—1999 年度省行业生产经营目标综合考核第一名。漳州市局加强内部目标管理，市场管理采取划片指标量化、责任考核、奖惩挂钩办法，并将每月目标实现情况进行通报，对分管领导实行政绩挂钩，末位淘汰；南平市局在专卖管理目标考核实行责任到人，分户包干的户籍式管理；福州市局制订实施《综合目标管理考核办法》，建立系统化、规范化，操作性强的考核激励机制，以考核为导向，坚持过程考核和目标考核相结合的原则。龙岩、厦门卷烟厂每年根据企业实际情况，开展企业方针目标管理，将年度总目标逐级分解到车间、班组，并及时对年度方针目标进行诊断、调整，保证年度生产经营总目标及分目标的顺利实现。

2002—2003 年，厦门卷烟厂在业务部门试行绩效管理的责任制考核，制定《销售业务部门绩效管理实施办法》，完善《卷烟销售责任制》、《易地技改工程经济责任书》、《技术中心项目考核办法》、《年度效益奖考核办法》以及《品牌技术责任制管理试行方案》和《业务招待费管理办法》等。莆田市局规范责任制管理和考核制度，促进卷烟大配送的健康运行。根据年度考核任务，制定网点经营指标及责任考核办法，对访销、物流部门各岗位的作业流程及规范运行制定量化标准管理考核奖励办法等，确保网络工作效率和运营质量。漳州市局推行"十好企业"千分制的经济责任制考核。内容涵盖网络建设、业务销售、专卖管理、财务管理、企业文化、精神文明、党风廉政建设等责任制。

2004—2005 年，福建中烟对所属卷烟企业实行《福建省卷烟工业经济运行质量考核及奖励办法》，以年度财务决算和统计报表所反映的有关指标完成情况及《办法》中有关规定为基本依据进行考核。每季度对龙岩、厦门卷烟厂的指标完成情况进行跟踪分析，年终根据国家财税法规、制度、统计口径和有关规定对各企业目标责任制完成情况进行评价、考核、奖励。

2006 年 9 月，工业系统增加实行《福建中烟营销中心绩效考核及奖励办法》，营销中心根据办法并依据相应考核目标二次分解及绩效奖金二次分配方案对部门及业务人员进行考核。福建中烟经济运行业绩考核指标总体评分为低档卷烟生产 30 分；品牌扩张 29.65 分；资源节约与成本控制水平 34 分；企业竞争能力指标 20 分；总分 113.65 分。

六、安全管理

1991—1993 年，根据省劳动厅的监察意见，卷烟工业企业按要求修订完善《工业卫生管理制度》、《特种作业管理制度》、《动火审批制度》、《临时线路审批制度》、《压力容器安全运行管理制度》、《生产设备状况检查表》等有关安全的各项管理制度。商业各企业也按规定完善制度，根据谁主管谁负责的原则层层签订安全责任状。福州市局所属分、县公司均成立安全保卫领导小组和义务消防队，与各部门订立安全保卫责任状。泉州市局推行安全奖罚承包责任制，与卷烟仓库签订安全保卫奖罚责任制，安全管理达到市创安优秀单位的标准。漳州市局在实施安全指标五个零的基础上，增加实施控制职工伤亡指标，且与企业经济效益挂钩。龙岩卷烟厂成立防火安全委员会，健全厂部、车间、班组三级防火安全网络，明确责任区和任务，并组建 134 人车间义务消防队，重新修订消防管理制度并汇编成册，增添生活区、调拨站成品库、红炭山烟叶仓库、外租仓库等近 10 万平方米的消防安全防范面积。对违反安全管理行为者除对责任人罚款外，还与车间当月奖金考核挂钩。

1994—1996 年，省局（公司）调整充实安委会成员，加强对全省烟草系统安全生产经营的领导。强化卷烟仓库安全经营管理，要求各地严格按卷烟仓储管理办法和防霉度夏规范安全管理。制定《福建省烟草系统防火安全管理细则》，规定企业法定代表人为单位防火安全的责任人，实行重大火灾事故"零"目标管理。龙岩卷烟厂建立防火管理制度和各岗位工种的防火职责，同时建立健全各项防火档案、图表、器材设施及分布台账。安全检查逐步由主要查隐患、查违章的平面式检查拓展为查思想、查设备、查违章、查宣传教育、查责任制落实的立体式拉网检查，加大检查频次，实行隐患整改跟踪考核制度，提高隐患整改率。出台《安全生产规章制度汇编》；投入 12.5 万元对龙岩牛坑烟叶库区的避雷装置和照明线路进行安全改造。强化消防工作的科学化、规范化管理，落实责任制抓整改，调整充实防火委员会成员和责任人，义务消防队员增至 274 名。畲山卷烟厂设立安全保卫科，调整安委会成员，配套完善安全保卫管理制度和设备硬件设施。漳州市局下属各市县公司均成立安委会领导小组，逐级签订安全责任制，把安全责任落实到各个部门和人员，与经济利益挂钩。对汽车驾驶员设立年度"安全奖"，辖下各县（市）公司制定灭火作战预案和应急疏散预案，成立义务消防队。

1997—1998 年，全省烟草系统实行安全事故报告制度，着重对现场管理进行安全目标量化考核。严格生产现场操作，认真实施消防细则，商业仓储按消防安全加强管理。龙岩卷烟厂将安全工作的重点转移到加强对消防、电气设备、锅炉、压力容器、危险品仓库、计算机中心、财务科等重点部位、危险部位的防范控制，经常性地组织安全大检查，隐患整改率达 97％以上。还聘请中国科技大学火灾科学国家重点实验室对所有电气线路及设备隐患进行红外线检测，及时按质全部整改。泉州市局实行创安目标管理责任制，逐级签订安全责任状，并与经济利益挂钩，年终兑现奖惩。其间，省局被评为全国烟草行业省级局安全生产先进单位；厦门、龙岩卷烟厂获评全国烟草行业安全生产先进单位。全省烟草行业有 6 位同志被授予全国烟草行业安全生产先进个人称号。

1999—2000 年，莆田市局落实安全责任制，加强安全设施建设，对重点部位加强安全防范。漳州分公司金叶大厦被评为市安全先进单位和福建省安全先进单位。畲山卷烟厂层层签订安全责任书，事故隐患整改率达 100%，被评为省经贸委安全管理先进单位和福州市夏季平安杯活动先进单位，并获省安康杯竞赛活动先进单位称号。

2001—2002 年，省局（公司）设立安全保卫处，福州、泉州市局设立安全科和安全保卫科。全省烟草行业均加强安全责任制和安全设施建设。宁德市局实行安全目标管理责任制，加大投资改善仓储设施，福鼎市、柘荣县公司的卷烟仓储安全设施达省行业先进水平。南平分公司投资 25 万元，对胜利街烟草大厦消防设施进行安全技术改造，增设火灾自动灭火系统、自动报警系统等。福州分公司投资 30 多万元，物流中心建成具有较高科技含量的电子巡更系统、安全防盗报警装置、火情自动报警装置、闭路探头全方位监控及自动录像系统等先进安防设施。同时加强车辆驾驶安全管理及使用规定，与每位驾驶员签订安全行车责任书，建立行车考核、车辆使用及安全性能评估档案和货款资金安全管理制度。推广银行卡结算制度，卷烟送货车配备保险柜，完善防盗防抢报警设施。厦门分公司成立安全工作委员会和创安办，设立专职安全员。完善和健全各种安全管理制度，制定《安全防火责任制》、《车辆安全管理制度》等，组织交通安全、消防培训和消防安全演练等。龙岩卷烟厂在烟叶库区、卷包和制丝车间配备专职的安全生产管理人员，增加 4 名消防监控人员。对各项安全生产管理规章制度进行全面补充、修订、完善和汇编并付诸实行，对厂务用车、车辆出入及停放、维修保养、驾驶员的行车安全事项及发生责任事故的处罚等作出详细的规定，建立健全驾驶员和车辆的档案，并与驾驶员签订安全行车责任状。

2003 年，省局（公司）充实调整安全生产委员会成员及工作分工，重申事故报告制度。制订福建省烟草系统工商企业安全管理工作考核及奖惩办法，首次把安全管理列入工商企业年度经济运行质量和效益考核内容。卷烟工业企业和地市烟草分公司都落实安全责任部门，县（市）级公司配备专职或兼职安全员，基本形成三级安全管理体系。商业系统普遍建立、落实车辆、现金、仓储、宾馆（酒店）等安防制度；工业系统健全和完善厂房、车间、设备、车辆、仓储、宾馆（酒店）和生产操作规程等安全制度，订立防范重、特大安全事故应急预案。厦门、漳州分公司与当地消防部门配合，举行消防安全演练。龙岩、厦门卷烟厂在易地迁厂技术改造中安装使用具有操作方便、查询快捷、技术水平高等特点的安全和消防管理系统。龙岩卷烟厂高架库安装预警式消防系统。厦门、福州分公司在全省行业率先使用 GPS 车辆监控系统并与公安局 110 指挥中心联网。南平分公司卷烟仓库安装监控、报警系统。

2004—2005 年，省局（公司）和福建中烟分别制定下达《安全生产委员会工作规则》。福建中烟成立安全生产委员会，配备一名副处长分管安全，并配备专职安全员。贯彻执行国家局《烟草行业实施〈职业安全健康管理体系〉的意见》，通过在分层次、有步骤地推进《职业安全健康管理体系》（GB/T28001），建立起预防为主、持续改进的安全管理模式。龙岩卷烟厂将职业安全健康、质量、环境保护管理体系三位一体进行贯标认证，开展一体化体系的建立和试运行，确定职业健康安全管理目标。工业系统所属各企业建立健全安全生产经营领导责任制并实行安全目标管理，安全管理纳入企业生产经营的目标管理，通过推行量化管理目标考核，并与经济效益挂钩，从制度上加大安全管理考核力度，考核办法实行百分制考评。龙岩、厦门卷烟厂取得环境管理体系（ISO14001：2004）和职业健康安全管理体系（GB/T28001：2001）认证证书。商业系统健全安全管理机构，烟叶复烤企业安全管理人员配置 2～3 人；地市级公司配 1～6 人；县级分公司配专（兼）职 1 人。贯彻执行安全生产责任制，根据商业系统实际，制定安全生产经营管理目标，省局与各直属单位签订安全生产责任书，保障责任的落实。推进《职业健康安全管理体系》建设，通过培训和试点，为全面推进体系贯标打下基础。厦门市局加大安全知识培训力度，组织防抢防暴、交通安全、消防安全等 8 次培训考试，增加防火灭火和防抢劫实战演练。宁德市局开展道路交通安全、物流安全专项整治；组织各县（市）公司安全员、基建管理员学习建筑工程的安全管理制度和进行消防安全演练，应用《各类安全应急预案》，应对台风和洪水的袭击。

2006 年，商业系统推进职业健康安全管理体系的步伐，福州、厦门、宁德分公司和武夷烟叶公司等建立职业健康安全管理体系，并通过国家认证。武夷烟叶公司将 OHS18001 职业健康安全管理体系、ISO14001 环境的认证和 ISO9001 质量管理体系三标整合，三标一体。厦门市局导入 OHSAS18000 职业健康安全管理体系，通过中国检验认证集团的现场审核。龙岩市局举办消防培训班、场地实战演练和安全知识讲座等，参训人数达 800 多人次。莆田市局层层落实安全生产责任制，创办安全管理月刊，开展安全生产月消防演练等"八个一"活动。

2007 年，工商企业强化安全责任制落实和安全队伍建设，全面完成职业健康安全管理体系的贯标，编制安全演练应急预案。福建中烟单独设立安全保卫处，贯彻落实烟草行业《生产安全事故报告和调查处理条例》。商业系统完成全省 250 多个烟叶收购站点的安全检查。福州、龙岩市局顺利通过职业健康安全管理体系审核认证；三明金叶复烤公司通过第三方综合管理体系认证。2005—2007 年连续三年，省局与各地市局（公司）签订安全生产责任书，实现"七个为零，一个控制"的安全生产的总体目标。

2008 年，商业系统安全管理以构建和谐烟草为目标，全面落实安全生产责任制，开展隐患治理年活动，重点抓车辆交通安全、"两烟"仓库、烟草站消防安全、卷烟配送现金安全、重点部位安全等专项整治和安全检查。为加强现金安全管理，增加被抢现金 5 万元以上责任事故为零目标要求，并逐级签订责任书。整理和修订安全生产规章制度和安全操作规程，对 82 个单位的生产经营环节和场所安全隐患进行全面排查，共下达隐患整改通知书 36 份，提出整改意见 90 余条。通过加强管理和隐患排查，全年顺利实现安全管理目标。福建中烟开展安全生产百日督查专项活动，推进突发公共事件应急预案的编制和演练，规范道路机动车辆交通安全管理制度。

七、多元化投资管理

20 世纪 90 年代，福建烟草多元化经营开始起步。1992 年，国家局提出实行一业为主、多种经营，大力发展第三产业。1993 年，福建省开始尝试多元化经营，11 月，厦门海晟实业公司注册成立，经营范围有五金、交电、金属材料、建筑材料、房地产等。

1994 年，厦门海晟实业公司开发建设"海沧大酒店"项目（后更名为"鼓浪湾大酒店"），并于次年底封顶，酒店定位四星级标准。1996 年 3 月，省局（公司）叫停海沧大酒店项目。工商分设后该项目转为福建中烟。

1995 年，厦门海晟实业公司出资成立厦门海晟房地产开发有限公司，先后开发"海晟花园"、"中环花园"、"海晟棕蓝海"、"海晟维多利亚"等房地产项目。

1996 年，厦门海晟实业公司尝试化工产品（如甘油，制作香皂、肥皂的原料）、烟草辅料（进口纸张）、卫生洁具、酒店用品等产品的营销，在市场中摸索经营。1997 年，业务拓展到空调、电梯、发电机组的代理、酒店设备整体解决方案、厨房设备经营及改造、照明工程设计安装、服装经营制造、烟机配件经营等范围，在市场化运作的经营理念指导下，企业规模不断壮大，此后又延揽了全市三分之二的车辆保险、航空保险的代理业务，同时还经营装饰材料、外墙涂料、屋面排水系统等产品。

2000 年，厦门海晟实业公司注资 660 万元成立厦门海晟信息技术有限公司，涉足信息技术开发领域，以开发产品化软件，为烟草行业提供信息化解决方案作为企业发展战略目标。厦门海晟信息技术有限公司成立后，与厦门新航太公司、用友软件股份有限公司合作，相继成立了福建海晟信息技术有限公司、海晟用友软件有限责任公司。自此，厦门海晟信息技术公司负责研发、开拓烟叶信息化产品；用友海晟信息公司研发、开拓 A6 财务信息化产品；福建海晟信息技术公司负责研发卷烟信息化产品。

经过几年的多元化经营，福建省烟草在多元化经营投资行为方面出现了无序化现象，暴露了盲目扩张带来的一系列问题，表现为缺乏管理、投资分散和效益不高等，其中有些问题无法在短时期内解决。省局（公司）依据国家局多元化投资有关政策，制定了相关的管理办法，加大监管力度。

进入 21 世纪，福建烟草多元化投资根据国家局部署，对多元化经营进行全面清理整顿，进入结构调整时期，清理不良资产、盘活存量资产、增强盈利能力，从随意投资走向审慎决策，由粗放管理走向集约经营转变。

2003 年 8 月，福建省金叶文化传播有限公司成立（后改名为：福建省海晟文化传媒有限公司），主要承办行业媒体《海峡烟草》（含烟叶版）、福建烟草网和《福建烟草营销》电子杂志，并开展品牌推广宣传活动。

2005 年 6 月，省局（公司）决定对厦门海晟实业公司进行增资扩股，吸纳全省 9 个地市级烟草公司的投资，将厦门海晟实业公司改制为福建海晟集团有限公司，由福建海晟集团公司统一负责全省多元化经营企业的经营管理。2006 年，经国家局批准，福建海晟集团有限公司改制更名为福建烟草海晟投资管理有限公司。

此后，福建烟草商业多元化经营实行"省局（公司）→海晟投资管理公司→多元化投资企业"的三级投资管理体制。省局（公司）作为海晟投资管理公司的出资人，是海晟投资管理公司的决策和监督机构；海晟投资管理公司为福建烟草商业多元化企业的投资和管理机构，对多元化投资企业履行股东权利；多元化投资企业承担企业生产经营责任，对出资人负责，承担国有资产保值增值的任务。海晟投资管理公司设立后，加强了法人治理结构，推动投资企业健全股东会、董事会、监事会、经理层等法人治理结构，印发了《关于做好公司法人治理工作的通知》，对各投资企业在规范法人治理结构各层级运作、定期召开董事会、监事会会议以及材料报备等方面作了明确要求，发挥董事会对企业发展目标和重大经营活动的决策作用，维护出资人的权益，接受监事会的监督。

2006 年 6 月，武夷山海晟国际大酒店管理有限责任公司成立，经营武夷海晟国际大酒店，酒店位于武夷山市，为四星级高档会议商务型酒店。11 月，海晟投资公司与中软国际信息技术有限公司联手，共同出资成立厦门中软海晟信息技术有限公司，整合厦门海晟信息技术公司、福建海晟信息技术公司原有的人才、业务和技术资源，开展烟草行业电子商务、电子政务和决策支持平台等产品的研发与推广，以全国"两烟"经营管理信息化为主要目标，服务烟草企业。

2007 年，省局（公司）依据国家局提出"严控总量、盘活存量、加强管理、提高经济效益"的多元化投资、经营和管理工作方针，对福建烟草商业多元化经营企业进行清产核资和清理整合，制定了《多元化经营企业清产核资工作方案》，由海晟投资管理公司具体负责实施。海晟投资管理公司在清产核资和清理整合过程中，对于一些资本无法增值、主营业务不适合投资公司发展方向的小企业整体退出；对扭亏无望或名存实亡的企业，依法予以注销关闭；对主营业务相同或相近的企业，对其进行内部整合，实行统一管理；对重点发展的项目，加大投资管理力度，使之成为骨干产业。在一两年时间内，海晟投资管理公司先后完成了对北京闽燕兴商贸公司、北京海晟今跃房地产开发有限公司、厦门鑫叶贸易有限公司、厦门海晟家具装饰工程有限公司、厦门闽烟贸易发展有限公司、福建省闽烟经贸有限责任公司、厦门金特房地产开发有限公司、厦门海晟华迪里昂服饰有限公司、福州芸香阁食品有限公司等企业的清理整合工作。确立了重点投资房地产、软件开发、连锁经营三大产业，金融、旅游酒店、文化传媒、茶业、物业管理等产业协同发展的投资方向。

至 2008 年底，海晟投资管理公司对外投资控股、参股经营企业 13 家，其中控股企业 10 家，分别是：厦门海晟房地产开发有限公司、福州海晟房地产开发有限公司、福建海晟连锁营销发展有限公司、武夷山海晟国际大酒店管理有限公司、武夷山市海晟通仙茶业有限责任公司、福建省海晟物业管理有限公司、福建省海晟文化传媒有限公司、厦门烟草海晟物业服务有限公司、福建海晟信息技术有限公司、厦门海晟信息技术有限公司；参股企业 3 家，分别是：兴业银行股份有限公司、厦门中软海晟信息技术有限公司、福州芸香阁酒店策划管理有限公司。是年底，福建烟草多元化经营资产总额达 28.2 亿元，累计长期投资 5.88 亿元，从业人数 1100 余人，当年实现税利 7459 万元。

第二节　财务管理

一、管理办法

1991—1992 年，烟草企业会计记账方法，统一采用"借贷记账法"。1991 年全省开始实行第二轮经营承包。是年放开卷烟零售价格和三级批发价格。省局成立价改小组，出台价改资金管理规定。

1993 年 7 月 1 日起，烟草企业财务管理实行财政部制订的分行业财务、会计制度。全省烟草工商企业按《企业财务通则》、《企业会计准则》、《工业企业财务制度》、《商品流通企业财务制度》规定，制订本企业内部财务管理办法。

1994 年 6 月，根据《企业财务通则》和《商品流通企业财务制度》，对内部财务核算范围实行部分的撤、并，制订内部财务统一管理集中核算的办法（试行）。省局（公司）部分处、室财务机构归并财价处，实行分步实施，逐步向"统一管理、集中核算、统一对外"的形式过渡。此后，全省烟草各级企业根据国家的财税制度改革，加强内部财务核算基础工作，作好新旧制度的衔接。普遍修订完善企业内部财务管理制度，初步实现内部财务管理制度化。

1995 年，省局（公司）从完善财务内部管理制度入手，加强成本费用管理，建立和完善企业财务管理办法。对会议费用的管理制订专项管理办法。商业企业重点分析费用，毛利与利润的关系，促进加强管理。工业企业重点分析销售收入，税金、成本、费用与利润的关系，按卷烟品种深入分析，通过分析增强企业效益观念，促进产品结构调整，达到以财务分析促进管理的目的。

1996 年 4 月，省局制订出台《加强企业财务管理的若干规定》，各地（市）分公司、卷烟厂完善内部管理制度，促进财务规范化、制度化。参照财政部《关于工交企业制定内部财务管理办法的指导意见》，对固定资产、流动资产、其他资产、对外投资、基本建设、成本、费用、销售收入、利润、资金筹集使用等做出明确的规定，并建立相应的管理责任制。南平分公司重点在固定资产购置、基本建设投资、成本费用控制和各项资金的合理使用上，特别是对业务招待费和对外捐赠赞助支出的控制加强制度监管。

1997年，工商企业开展全面的会计基础工作自查，各分公司对所属企业进行交叉检查，省局（公司）组织地区间互查。通过行业内开展自查和交叉互查，促进基础工作的加强。同时规范统一行业工商复位调整办法。统一工商利益调整的办法。是年全省行业开始逐步推行会计电算化，实现微机替代手工记账。厦门卷烟厂改变传统的财务事后算账为事先预测、事中控制、事后分析，定时解剖问题。把财务服务、经济核算渗透到新品开发、采购、供应、减税等各个环节，提高资金的运营效率。

1998年，试行会计电算化内部管理制度，具体包括：会计电算化岗位责任制、会计电算化操作管理制度、计算机硬软件和数据管理制度以及电算化会计档案管理制度。按照财政部的规定，制定《福建省烟草系统会计基础工作规范化和会计工作上等级的实施意见》。根据《烟草行业会计电算化管理办法》，在全省行业内推行采用经财政部审核通过的"用友"财务软件。各分公司对下属县级公司的账务处理、软件应用进行培训，提高基层财务管理的工作质量和效率，为全面甩账打下基础。是年，确定厦门卷烟厂，漳州、三明、泉州分公司四个单位为省行业会计基础工作信息联系点。全省行业共有63个单位采用计算机电子记账替代手工记账。

1999年，以《福建省会计基础工作规范化考核暂行办法》为标准对所属单位进行考核，考核评分总分为100分。年底有福州、莆田、泉州、宁德、漳州分公司、畲山卷烟厂、畲山卷烟调拨站、厦门卷烟厂等八家企业得分均为80分以上，通过省局（公司）会计基础规范化的考核验收，其中：宁德分公司考核得分最高，为87.5分。次年8月，经省会计基础工作规范化考核小组复查确认，福州分公司等8家企业，符合《福建省会计基础工作规范化考核暂行办法》的规定要求，被确认为省会计基础工作规范化单位。是年底，全省共有67户烟草企业通过省局（公司）和财政部门的会计基础工作规范化验收确认，规范化单位达到87.01％。

2000年，龙岩卷烟厂与云霄卷烟厂并账。闽诏烟草贸易中心与诏安县烟草专卖局（公司）合并后，由闽诏烟草贸易中心办理财务收支。2000—2001年，深入开展《中华人民共和国会计法》执行情况检查，自查面达到100％，各分公司对所属县（市）公司重点检查达25％。按照会计基础工作规范化标准，以财务快报、会计报表为重点，加强审核把关，使报表的及时性、完整性和准确性有较大提高，省行业会计决算获全国烟草系统评比一等奖；南平、龙岩、三明、厦门分公司、龙岩卷烟厂、省烟草物资公司等六家单位经会计基础规范化与会计等级考核验收，得分均在80分以上，被确认为省烟草系统会计基础工作规范化单位。

2002年，福建烟草行业资金管理中心正式成立，兴业银行和省农业银行为银企合作银行，全省行业 79 家单位成为管理中心成员。10 月 21 日，资金管理中心运行后，发挥对行业资金的余缺调剂功能，不但节约银行利息，加快资金周转速度，提高资金使用效益，而且还发挥强化资金预算管理功能。资金管理中心成为行业资金结算、调剂、管理和监督的一个重要枢纽，使行业财务管理监督水平得到较大提升。厦门分公司会计决算工作获评全省行业一等奖，同时被评为 1999—2001 年省烟草系统财会管理先进集体。

2003 年，财务管理以财经秩序整顿为契机，以预算、资金、费用管理为重点突出财务管理的核心作用，抓会计基础规范化、企业内部会计控制制度和会计信息质量，加强国有资产管理，促进企业组织结构调整，探索创建新型的会计核算体系和财务管理体系，为工商体制改革和提高行业整体经济效益发挥积极作用。年底，省公司和分公司分别建立会计基础工作规范化示范点，通过确立的 14 个示范点以点带面，进一步提高全省烟草会计基础工作规范化水平。省局财务部门参与福州市闽侯等五个县级公司取消法人资格试点，协调取消县级法人资格后的税收解缴、资金管理以及账务处理等提出指导意见，为全省取消县级公司法人资格后探索财务会计核算管理办法打下基础。

2004 年，全省商业系统进一步规范会计基础工作，对会计凭证、会计账簿、会计报表和会计档案等做统一标准和要求，选取莆田分公司作为会计基础规范化典型示范单位，以全面推动行业会计基础规范化。并逐步开展县级公司法人资格取消工作。取消企业法人资格后，相应设立营销部。财务管理按照资产集中、统一核算的办法，分公司与所属各县营销部统设一套账，核算销售收入及成本费用。制定《取消县级公司法人资格应遵守的七项规定》《进一步严肃财经纪律的八条规定》等相关制度。从上到下各级企业都成立投资、预算、薪酬管理委员会等决策机构。全省商业企业财务软件，统一升级为厦门海晟信息技术有限公司开发的海晟 A6 行业/集团网络财务管理系统（以下简称 A6 系统）。A6 系统的投入运行，可实时查询下级单位的会计数据，充分发挥上级单位的监控职能；以预算管理为核心，建立预算管理和过程控制体系；与业务系统接口，使资金流、信息流、物流和商流得以高效集成；业务财务数据一体化，进一步提升行业财务综合分析管理能力，大大降低财务系统的维护成本和提高会计电算化效率。福建烟草财务管理体制和统一的财务核算软件，得到国家局的充分肯定，并推广到浙江、宁夏、西藏等省（自治区）烟草行业。全省烟草商业会计核算管理在 2003—2004 年度全国烟草行业会计质量综合考评中获得优秀奖。同年，福建中烟根据《中华人民共和国会计法》、《财务会计制度》及《会计准则》等规定，制定《会计信息质量考核管理办法（试行）》。考核范围为福建卷烟工业工商企业年度财务会计决算报表、季度及月份会计报表、月份主要财务指标快报、量本利报表，以及其他上报的财务信息资料等。

2005 年，省局组织对全省烟草商业会计基础工作规范化的考核验收。同时制定《进一步清理整改账外账、小金库的意见》、《资金管理责任追究暂行规定》和《加强内部财务管理监督实施细则》、《烟草企业财务会计报表及数据信息考核办法》。深入烟叶产区调研并制定了《烟叶生产投入财务管理和核算办法的意见》，得到国家局财务司等部门的肯定。全省商业在集团化财务管理软件的运用上在全国先行一步，率先将财务软件由核算型向管理型转变，各级企业财务管理按照稳定核算、加强分析、完善监控的目标，在脱离与原有软件并行使用的基础上，逐步稳定财务软件的核算功能，顺利完成会计核算账套的组织架构、基础数据的过账等。福建中烟加强完善财务内控制度建设，制订《加强内部财务管理和审计监督的实施细则》，明确企业在预算、收入、成本费用、投资等方面的管理内容。推进预算管理，加强对龙岩、厦门卷烟厂原辅材料成本和特殊费用项目变化的管理。龙岩卷烟厂统一制订财务原始凭证、会计报表、会计账簿等的格式，重新设计内部会计控制制度体系，将企业经济活动分为9大类，针对不同类型经济活动分别设置不同的控制形式，使内部会计控制制度系统化、层次化。厦门卷烟厂启动的全面预算管理，聘请厦门所罗门财务咨询有限公司技术协助，从机构建立、沟通动员、实施、制度建设四个方面展开。成立预算管理委员会并结合费用性支出、资本性支出、收入预算，与合同管理、资金审批办法等配套制度，实行双轨制运作，取得成效并积累经验。

2006—2007年，泉州市公司试行县级分公司财务主管委派制，省公司在福州市公司等单位扩大试点后，逐步全面推行县级财务主管委派制。省公司制定《县级局（分公司）财务主管委派制试行办法》和《财务主管委派制报账稽核暂行办法》，统一调整县级分公司组织机构，在市级公司与县级分公司之间建立财务管理的纽带和桥梁，形成财务垂直管理体制，也为财务管理实施有效监督建立保障机制。国家财政部发布施行《企业财务通则》后，结合福建省实际，在企业财务管理体制上创新，构建资本权属清晰、财务关系明确、符合企业法人治理结构要求的企业财务管理体制。对福利费、补充医疗保险、补充养老保险等作明确规定，加大内控制度的执行力度，制定出台《福建省烟草行业内部控制规范》，对企业的采购与付款、销售与收款、货币资金、成本费用控制、对外投资、实物资产、授权批准、专卖管理、工程项目、担保等十项内容制定内部财务控制指引。所属企业均参照行业内部控制规范建立健全内部控制制度，规范行业经营行为。体现在母子公司体制下，各所属单位应履行的国有资产管理职责。全面推行县级财务主管委派制，加大市级公司对县级分公司的财务管理力度。按照《县级分公司财务主管委派制试行办法》，增设财务管理办公室。全省市级公司统一向县级分公司委派财务主管，通过实行财务主管例会制、重大事项报告制等，促使市县两级在财务管理、会计核算、资产管理、预算管理、内控制度等方面真正融为一体，加强对县级分公司财务会计、资金使用的日常监管。2007年，商业系统在全国烟草系统会计信息质量评比中获2006—2007年度第一名。福建中烟根据行业管理体制及业务流程的变化，对原有会计核算、资金管理、资产管理等方面的制度重新梳理，先后修订出台《差旅费报销管理规定》、《财务收支审批办法》、《国有资产管理实施细则》等财务管理制度。重点开展内控制度的完善与建设，通过加强风险防范，规范标准化流程，达到生产经营活动中的过程控制。并试行会计负责人异地委派制，对龙岩、厦门卷烟厂的财务主管进行交叉委派，强化全省工业财会税收的执行力，对加强国有资产监管和提高会计信息质量起到积极的作用。卷烟生产企业开发费用报销管理系统、预算管理系统和货款托收管理系统软件，以信息化建设为工具，提高财会管理水平。

2008年，福建中烟试行《内部控制制度》，修订完善《预算管理办法》、《财务收支审批制度》。福建烟草商业通过实行财务主管委派制，会计基础规范加强，会计信息质量提高。初步形成"预算控制，授权审批，统一核算"的财务管理模式；建立以市公司财务管理为中心的会计月度报账稽核制、重大会计事项报告制、财务主管绩效考评制等管理体制，发挥委派财务主管的职能作用，强化国有资产的经营管理，提升企业整体财务管理水平。省局在实行财务主管委派过程中着力夯实会计基础、强化财务监管、落实内控制度和建立考核机制。全省县级财务主管报告重大财务事项51起，开展报账稽核107次，发出管理建议书371份，纠正违规开支金额469.9万元，促进增收节支530万元；县级分公司三项费用率为5.07%，比上年下降0.43个百分点。

二、固定资产

1992年，福建烟草各级企业贯彻执行国家规定，凡单位价值在2000元以上或《中国烟草总公司系统财务管理试行办法》中《固定资产目录表》所列品种均纳入固定资产管理。并加强对行业固定资产管理，建立健全各项规章制度和岗位责任制。

1993年，施行新的财务会计制度。凡使用年限1年以上的房屋、建筑物、机器、机械、运输工具以及其他与生产经营有关的设备、器具、工具等属固定资产；单位价值在2000元以上，且使用年限超过两年的不属于生产经营主要设备的物品，也应列为固定资产。福建省烟草行业制定基本建设投资项目管理暂行规定，加强固定资产项目的投资管理，提高投资效益。

1994年，制定《福建省烟草公司固定资产管理办法（试行）》，规范省局（公司）本部的固定资产财务管理，明确固定资产的标准以及固定资产保管、维护、清查、建立固定资产实物账、卡、资产使用责任制和资产清查等管理制度。

1997年，根据烟草行业高度集中统一经营管理的特点，对原（1993年）制定的《基本建设投资项目管理暂行规定》进行修改，充实完善基本建设、技术改造和车辆购置等项目管理规定。

1998—1999年，龙岩卷烟厂对"七五"技改后的固定资产、在建工程，进行系统的清理，使之符合会计工作规范化和设备管理二级企业的要求，做到财务固定资产账与设备台账同步连接管理，实现固定资产账、卡、物相符。顺利通过省公司会计基础工作达标验收和国家设备管理二级企业的验收。全省基本使用用友资产管理模块，实现资产管理信息化。

2000—2003 年，全省烟草行业规范固定资产投资行为，制定《固定资产投资项目管理实施细则（试行）》，同时出台《福建省烟草公司机关固定资产管理制度》。龙岩卷烟厂重新修订《固定资产管理制度》，增补《固定资产目录》。搬迁新厂后，重新核对固定资产账目，同时完善 LYMIS 固定资产管理模块，实现固定资产数据共享。

2004—2005 年，福建中烟加强行业对外投资和固定资产投资的决算和管理，完善企业内部控制制度，成立福建中烟投资管理委员会，下属企业也成立相应机构。制定下发《对外投资管理规定（试行）》和《投资管理委员会职责》。制定《福建卷烟工业系统投资项目管理办法》，对各类投资项目的审查报批实行分级管理，对项目前期管理、投资预算和资金管理、项目实施管理、项目监督检查和责任追究等方面作出详细的规定。龙岩卷烟厂制定《技改基建工程建设管理》《招投标管理办法》《经济合同审核管理办法》《工程结算审核管理规定》等制度，加强对技改基建工程进行全面管理。商业系统加强对生产性基础设施的固定资产投资和购置的管理，建立健全固定资产投资管理委员会和职责，下属各企业设立招投标管理办公室，按照招投标管理的规定和流程，对本单位及其所属企业固定资产投资建设、购置和大宗物资采购的招投标加强全过程的管理。并开展固定资产投资项目清理，共清理项目 35 个，总建筑面积 19.45 万平方米，总投资 4.79 亿元。同年，省局制定《加强烟草商业系统固定资产投资管理暂行规定》，实现全省基建招投标、车辆购置、大宗物资采购等固定资产投资的规范管理。

2006 年 6 月，福建中烟成立投资管理处，严格执行投资项目审批权限和程序。对龙岩烟厂建设仓储项目、龙岩金叶复烤公司原烟仓库建设项目、厦门鑫叶集团公司印刷及包装工程建设等投资项目进行认真审查。卷烟工业企业重点工程项目投资管理规范，严格执行项目审批、招投标和全过程审计等制度，得到国家局的肯定。是年，省公司在母子公司体制下加强固定资产投资方面管理，严格执行有关投资项目的审批程序和权限，由海晟投资集团有限公司履行对全省多元化经营管理监督职责，制定国有资产管理规定。泉州分公司出台《基本建设管理办法》，对在建固定资产投资项目实行公开招投标；漳州分公司制定固定资产投资管理办法和实物管理办法，严格按规定程序进行购置和处置，全面开展固定资产清查，强化资产管理监督。福建烟草商业系统净资产 78.9 亿元通过上划下投，建立了总公司、省公司、市公司三级母子公司体制。行业出台《国有资产管理规定（试行）》，试行统一的国有资产管理政策。

2007 年 9 月，福建中烟开展工程投资项目专项检查，全省卷烟工业系统对固定资产投资项目及烟机设备购置进行全面自查，并在自查的基础上抓住工程项目检查重点，分别就项目审批、招投标、工程监理、过程控制、项目审计、程序监督等方面进行自查，加强管理监督。各单位固定资产投资项目共计检查 83 项，其中烟机购置 69 项，烟机大修项目 2 项，其他固定资产投资 12 项。

三、流动资金及流动资产

1991年，各企业流动资金、流动资产均按照《中国烟草总公司财务管理试行办法》中的有关规定管理。

1992年，根据《全民所有制工业企业转换经营机制条例》赋予企业的自主权和省政府有关特殊政策和灵活措施，成立省公司行业资金调剂部，11月正式成立并营业，为烟草生产和经营企业解决贷款难的问题。年底，全省行业自有流动资金达8043万元，其中：卷烟工业企业4166万元，烟草商业企业3877万元。

1993年，修订《资金调剂管理办法》，规定全省行业各单位暂时闲置的资金均实行自愿、有偿的办法存入调剂部参加调剂。调剂部发放贷款须通过国家金融部门、采取委托贷款的方式并实行有偿使用，重点支持企业生产经营临时性资金周转困难。管理办法从1994年1月1日起执行。原《福建省公司行业资金调剂部章程》同时废止。

1994年6月，制定《福建省烟草公司流动资产管理办法（试行）》，规范省局（公司）内部流动资产管理。包括现金、各种银行存款、短期投资、应收及预付款项、存货等。规定省局（公司）本部货币资金管理实行领导审批，财价处统一调度，分部门筹集、使用、管理的原则。严格控制各种预付款项，减少非经营业务往来账款结算。

1995年，各级企业加强资金管理。福州分公司制定并执行《财务制度汇编》，对资金管理做明确规定。漳州分公司充分利用待用资金，采取定期存款与短期贷款相结合的办法合理调度资金，支持县级公司解决困难并增加自身的资金效益。南平市烟草分公司加强对烟草站和下伸卷烟批发网点的资金管理。统一制订执行下伸批发网点的财务管理办法；加强对烟叶收购站的资金控制，对收购单据逐笔逐单严格审核，堵塞漏洞；对系统外进货坚持"钱来货去，钱货两清"原则，凡外单位转账，支票或汇票结算的要经银行认可入账后方可付货。龙岩卷烟厂采用缩短贷款期限，勤借勤还的办法，加速资金周转，节省利息支出。

1998年，龙岩卷烟厂逐步采用银行信用贷款加适量的银行承兑汇票及贴现筹集资金。福州分公司加强与各家银行的联系，全年从银行筹措贷款累计6000多万元，对大额资金的使用，事前参与审核定价、内部审核后开支，保证资金投向正确合理安全。莆田分公司安排暂时闲置的资金1200万元，从结算户活期存款转入定期存款，增加利息收入39.58万元，清理催收往来账款，共清理挂账款项13笔30.06万元。宁德分公司加强资金计划与管理，加大资金调控力度，公司本部共收回系统外欠款60万元，货款结算分为区内系统内、区外系统内和系统外等三种客户区别对待，杜绝三角结算，同时，通过将闲置的资金存储和从系统内调剂急需资金等办法，为企业增效益。

1999年，厦门卷烟厂加强资金的管理和成本核算，核定各部门的资金使用计划，并有检查、有反馈，严格控制非生产性资金使用。加强贷款管理，利用国家多次降息的机会，调整贷款结构，节约贷款利息1100万元。并向各车间派遣财务人员，从源头上抓资金成本核算。

2000年，以清理往来账目为突破口，全省烟草行业对各种应收款项进行全面清理，商业企业共处理坏账损失359万元。年末应收款余额比1999年末下降51.62%，同比降4.2个百分点。卷烟工业企业加强资金的筹集和调度，工业资产负债率从上年末的51.21%，下降到49.57%，同比降1.64个百分点。

2001年，卷烟销售网络不断向市场终端延伸，与零售户的资金结算呈现点多面广的特点，各级企业结合《卷烟销售网点财务管理办法》，不断探索和实践新的管理方法。福州烟草分公司加强银企合作，在城区试点银行POS机结算，降低现金结算潜在隐患。龙岩卷烟厂针对易地技改资金需求量大的问题，编制财务收支计划，对资金需求进行预测，同时，尽可能通过银行汇票融资，减轻利息负担。福建龙岩七匹狼卷烟购销有限公司并入龙岩卷烟厂核算后，开发资金管理应用程序，实现资金跟踪反馈网络化管理，使资金回笼加快，应收账款周转率提高。7月，龙岩卷烟厂加入省公司资金结算中心，扩展烟草商业融资渠道。

2002年，成立省公司资金管理中心，隶属省公司财务处，并配套《福建省烟草行业资金管理暂行规定》。对行业资金实行集中管理，强化资金安全管理和盘活行业存量资金。管理中心实行收支两条线管理方式，成员单位之间款项往来由中心结算，成员单位借贷款参照银行运作方式，实行有偿性使用原则，使福建烟草行业在省内各商业银行贷款总额由23亿元减少到零。全省卷烟销售实行零售户货款的后台扣款和银联POS机结算，减少现金结算，提高资金安全度。

2003年，实行月度资金运行分析制度，首次建立"月度现金流量预算"，并将运行质量纳入年度经济运行考核体系。行业资金管理中心通过指导、完善，逐步解决成员单位存在月度现金流量预算值偏大，质量不高，无法为行业资金的调度提供准确的数据等问题，提高现金流量预算质量水平，加强资金的集中管理。同时根据烟叶收购期间的资金筹集、使用情况，促成将烟区商业票据集中到行业资金管理中心统一贴现，拓宽融资渠道，集中调剂。管理中心全年共归集和使用资金315亿元，节约财务费用8200万元。

2004—2005年，福建中烟加强资金预算管理，成立预算管理委员会，各直属单位都成立预算管理委员会并制定预算管理委员会职责。同时印发《预算管理委员会职责》《对外担保、捐赠、赞助的若干规定（试行）》。省公司对重要货币资金支付业务，须经集体决策和审批程序，并建立责任追究制度。银行账户的开立、变更、撤销报省公司审批，并按《现金管理暂行条例》的规定严格现金开支范围。对不属于现金开支范围的业务通过银行办理转账结算。收到的货币收入及时入账，重申不得私设小金库和坐支现金。加强内控和监管，规范行业资金管理中心内部操作流程，与合作银行共同制定中心银行账户操作流程，消除和控制资金管理中心内部风险。升级原有的资金管理系统，完善审核环节，将企业全部银行交易明细数据下载至集团化财务管理软件，加强监控分析与对资金流向的监管。制定《福建烟草商业系统资金管理责任追究暂行规定》，资金的使用执行"四个严禁"：即严禁委托理财、严禁对外担保、严禁证券投资、严禁未经批准乱投资，并实行审计部门不定期的对外资金状况进行抽检，以防止资金流失。福建中烟印发加强内部财务管理和审计监督实施细则，直属各单位均建立健全资金内部管理制度和资金开支的审批办法，明确企业内部资金审批的权限，实行严格的授权批准制度。

2006—2007 年，工商系统按国家局开展专项资金检查的部署，组织财务、审计及相关部门人员对 2003—2006 年的专项资金进行自查、复查。福建中烟制定出台预算管理试行办法，对所属各单位一定时期内货币资金运行进行事前预测、事中控制、事后监督考核的管理。商业企业通过财务管理软件从合作银行直接下载数据对账，着重抓日常资金安全管理，重新修订的福建烟草商业资金管理办法，强化资金管理中心监督和内部岗位相互间控制的功能，加强对烟叶结算资金的监督；全省及时协调解决卷烟销售货款 POS 机结算问题，促进资金电子结算水平的提高。龙岩分公司试行邮储代理支付烟农烟叶收购资金办法。商业系统出台《烟草站资金管理办法（试行）》，对烟草站的人员配备、账簿设置、银行账户管理、预留印鉴管理、对账管理等方面作出具体规定，对资金收支以及建立县联社和信用社账户余额上报，建立考核检查机制及责任追究制度等，加强管理监督。

2008 年，省局制定《进一步加强卷烟物流和烟叶生产收购等基层环节资金结算管理的通知》，协调省农业银行解决卷烟零售户以及烟草送货员存款难等问题。在三明、泉州、漳州分公司进行引入邮政储蓄银行试点取得成效，推动卷烟销售后台扣款结算业务。同时完善烟叶资金在线支付系统，加强对烟用物资销售款的信息管理，保障烟用物资销售款及时回笼和安全管理。福州分公司与市邮政储蓄银行密切协作，深入推广非现金的结算；增设资金管理员加强资金日常监督，防范资金风险。

四、成本费用

1991 年，各卷烟工业企业及烟叶复烤企业按照总公司制定的《全国卷烟工业企业统一成本核算规程》及《全国烟叶复烤企业统一成本核算规程》执行。

1993 年 7 月 1 日，实行新财务制度后，工业企业的成本核算由完全成本法改为制造成本法，有关的成本核算按照新的财务制度的规定执行。商业企业财务制度改革后，商品流通费改为经营费用、管理费用、财务费用，成本核算按新制度的有关规定执行。莆田市局把商品流通费开支项目标准、范围及金额，纳入财务计划管理；对计划外的费用开支，加强管理从严控制。

1995—1996 年，福州分公司颁发《财务管理实施办法》，对经营、管理和财务三大费用作规范，明确审批权限、开支范围、开支渠道及开支标准。泉州分公司对经营性费用从严开支，对非经营性费用加大压缩。在固定资产折旧、网点租赁费和开办费增大情况下，1995年费用总水平比1994年下降0.8个百分点。畲山卷烟厂全面实行车间、科室成本费用核算办法，制订目标成本、费用定额，卷烟生产车间实行分品种单箱成本控制，动力车间重点考核煤、电、修理费等成本指标，科室重点考核资金使用、维修费用、办公费用、运费、业务招待费及材料采购价格控制，把成本分指标层层分解、细化，与岗位职责和奖金挂钩。泉州烟草分公司重新修订企业内部财务管理办法，建立健全企业招待费、办公费、修理费等项开支管理制度，并完善网点财务费用管理。

1997年，泉州分公司重新修订财务费用管理制度，建立物品购买、财物开支等申报、审批制度，对业务招待费、电话费、汽车费用等实行严格控制，建立台账分户核算，定期公布。莆田分公司明确并落实费用开支的规定，业务接待费、修理费、办公费、会议费、差旅费、财务费用均全面大幅度降低，节支达100多万元，全年费用率为2.92%。龙岩卷烟厂在动力车间试行目标成本考核，调动车间节约成本的积极性，全年节煤1200吨，总成本节约60万元。

1998年，龙岩卷烟厂开展学习"邯钢"经验活动，推行生产成本考核管理，在动力、成型车间目标成本考核试点成功的基础上，完善车间、有关职能部门二级核算制度、在生产车间全面推行目标成本考核。厦门卷烟厂通过推行目标成本管理，加强经济核算和财务分析，全年节支降耗7016万元。莆田分公司对科室电话费采取定额管理发卡控制办法，月均节约话费559.41元；对批发网点电话费、水电费按限额控制，年终清算，超额自负，节余奖励，减少企业费用1447.66元。1999年8月起，省公司对分、县公司实行卷烟销售毛利率考核。

2000—2001年，省公司加强卷烟产品的量本利分析，推动工业企业降低成本。全省卷烟工业平均单箱制造费用降低15.29元，降幅8.79%；商业企业费用水平6.48%，比计划8.07%下降1.59个百分点。全省工商企业普遍对物资采购采取招标和比质比价采购。厦门分公司根据年度方针目标对年销售、费用进行分解，实施部门为主体的二次分类预算，贯彻执行费用开支申请审批制度，加强对资金费用支出的监管力度，2002年费用率为4.46%，比计划5.43%下降0.97个百分点。宁德分公司对车辆、招待费等管理实行专项专人控制，对固定资产、低值易耗品实行比质比价购买，控制费用开支。

2003年，根据国家局《烟草企业成本费用管理办法》和《烟草企业成本费用核算规程》，规范省内行业的成本费用管理。对费用预算的考核采用总量指标，即对总费用（不含财务费用）和扣减折旧、工效挂钩工资、烟叶扶持费三项后的费用一并进行考核。省公司本部的业务招待费、办公费、会议费、差旅费等项目实行分部门核定预算限额管理。宁德分公司修订完善《烟草企业成本费用管理办法》、《结算资金管理办法》等16

项制度，实施财务规范化管理，严格控制费用开支，日常费用比上年同期减少 196 万元。宁德全区保险费实行统一招标，少支出 30％以上，其中车辆保险费降 50％。规范预算管理的操作程序，发挥预算专业组作用，明确各级预算责任人，提高财务预算质量。

2004—2005 年，商业企业实行费用等考核指标及奖励办法，费用考核指标采用全年度商品流通费用扣减财务费用、折旧、工资及相关费用、网建费用后的费用总额与上年同口径数值的比值，比值为 1 即达到指标给奖励，奖励基准分为 100 分。宁德分公司费用预算管理采用设若干预算专业组的办法，明确职责权限，指导审核全区有关费用开支的预算。通过重点抓费用预算和完善月度现金流量预算，全省商业企业费用总额扣除折旧等不可控因素外基本得到控制，卷烟销售费用率同口径比有所下降。漳州分公司建立有效的费用预算管理机制，加强日常跟踪，把预算管理作为一项重要指标纳入企业的考核，实现经营活动的事先预算、事中控制、事后监督，强化企业费用内控和监管作用。宁德分公司在预算管理上建立健全工作制度和组织机构，重新调整预算管理委员会，细化《预算管理委员会工作原则》，根据年度费用核定数对各营销部各项费用的开支全程追踪，年费用总额控制在预算内。福建中烟执行国家局低档卷烟成本费用控制指导意见，规定对生产石狮（软富健）、乘风（软枣红）、友谊（软特制）、特（软）的四、五类（出厂价 13.6～16.5 元/条和 10～13.6 元/条）低档卷烟使用简易包装、丙纤丝束等降低成本。实施《福建卷烟工业系统加强内部财务管理和审计监督实施细则》，各直属单位严格执行《会计法》、《烟草企业成本费用管理办法》和《烟草企业成本费用核算规程》，正确核算控制成本费用。2005 年，厦门卷烟厂全面预算管理试运行后，量本利指标中单箱利润、单箱成本、单箱三项费用、单箱制造费用在全国烟草行业中排名分别前进 2 位、3 位、7 位和 6 位。并降低财产保险、运输险、财务管理等费用，恢复车间设备维修费用定额管理，优化采购流程，降低备件库存额。加大宣传广告费用控制力度，加强资本性支出监控，从源头控制企业成本费用。

2006 年，商业系统在费用预算、月度现金流量预算和资本性预算上，实行行业管理。各所属企业每月将预算与实际执行情况反馈给职能部门，分析差异原因并采取相应控制措施。福建中烟营销整合后，加大压缩控制广告费、宣传费用。全年广告费、宣传费开支比上年各减少 1492 万元和 2031 万元，分别下降 12％、26.3％。福建中烟营销中心通过统一集中招投标采购广告促销品等节约资金 90 多万元。

2007 年，商业系统按照"全面规划、合理布局；整合资源、优化线路；统一标准、规范流程；降低成本、提高效率"的行业物流建设的指导方针，制定出台《卷烟物流费用核算规程和管理办法实施细则》并配套《卷烟物流费用表编表说明》，统一规范会计财务的费用核算。福州分公司将物流人财物从市公司和各分公司剥离，初步实现垂直管理。制定《福州烟草物流成本核算规程实施细则》，优化物流各环节操作流程和标准，加强送货作业定额标准管理，有效实施成本费用管理。漳州分公司强化物流精细化管理，从组织架构、人事用工、财务资产等方面实施垂直管理，注重过程管理、痕迹管理和现场管理。积极整合优化卷烟送货线路，全区送货线路从95条降低到78条，单条卷烟平均物流费用0.34元，万箱物流用工14.76人，低于全省平均物流费用水平。

2008年，省公司建立预算执行情况分析报告制度。全省商业系统费用预算实际执行率达97％，月度现金流量预算准确率接近90％，捐赠赞助额控制在预算范围内。制定《商业企业物流核算规程及管理办法实施细则》，规范物流核算口径，加强成本费用的分析，控制物流费用。福州分公司金叶物流实行人财物统一垂直管理，制定《物流预算管理实施细则》，实行协同送货制，使单件卷烟送货里程由1.3公里/件降至1.23公里/件，平均车载率从85％提高到89％。

五、税　制

（一）烟叶税

1992年，鉴于全省烟草企业调往省外烟叶所收取的生产扶持费全部返还给烟农的实际情况，省税务局同意对调往省外烟叶所收取的生产扶持费，免征批发环节营业税并入销售收入征收。

1993年，国家为避免烟叶生产盲目发展，加强对烟叶生产的宏观调控，调高烟叶收购价并取消烟叶生产扶持费，对超计划收购的烟叶税金要全部上缴中央财政。根据调整后的烟叶价格，调低烟叶产品税率（烟叶产品税由38％下调到31％），并放开烟叶调拨价格。福建省烟草行业为稳定烟叶生产，将扶持费改为奖励金并由烟草企业负担，省政府同意对烟叶生产奖励金免征农业特产税。

1994年，烟叶产品税改为农业特产税，税率仍为31％，从价计征，归地方政府，加上地方附加税，高达34.1％，是农特产品中最高的。此后至1996年，福建省烟叶收购继续实行奖励办法，对烟农交售优质烟叶给予奖励的同时对省定烟叶奖励金实行免征农业特产税，即：收购烟叶按收购单位支付给烟农的实得金额扣除省定奖励金后计征农业税。

1998年6月，国家取消对烟叶生产各种形式的价外补贴。7月，国务院调整烟叶和卷烟价格及税收政策后，烟叶农业特产税税率由31％调整为20％，同时奖励金开征农业特产税。根据省政府《关于烟叶奖励金恢复征收农业特产税问题的批复》，是年起，开始对收购烟叶的奖励金恢复征收农业特产税及其附加。全额计算后，1998—2000年分别按50％、60％、70％缴纳；50％、40％、30％留给烟草企业。留给烟草公司的部分50％用于扶持烟叶基础设施建设，用于企业职工工资和福利资金各25％。

2001年起，全额征收收购烟叶奖励金的农业特产税。省公司出台烟叶收购价格，把福建烟叶收购均价定为3.65元/斤，比1997年实际收购均价减少0.768元/斤，下降17.4％。

再次对征收烟叶特产税政策进行调整。

2003 年，中国加入世贸组织（WTO）后，承诺烟叶进口关税降至 16％，2004 年后降至 10％。2004 年，财政部、国家税务局下发通知取消除烟叶外的农业特产税。

2006 年后，省公司执行财政部、国家税务总局《烟叶若干具体问题的规定》。烟叶税实行全国统一的 20％的税率，各纳税企业不再按照应纳税额缴纳一定比例的地方附加税。为保证取消地方附加税后地方财政收入的稳定，对烟草企业支付给烟农的价外补贴，统一按烟叶收购价款的 10％计入收购金额纳税。

（二）卷烟税

1992 年，总公司在行业推进两项重要政策措施：一是调整卷烟产品税率，二是全面放开卷烟价格，以扭转卷烟工业长期存在的政策性亏损。是年 1 月 1 日起，全省行业执行国务院临时降低卷烟产品税税率的财政政策。其中：甲、乙级卷烟产品税税率降低 8％，即按计税基价的 52％征收卷烟产品税。降低后的卷烟产品税税率详见表 11－1。

表 11－1　　　　　　　**1992 年福建省临时降低卷烟产品税税率表**

单位：％

等　级	原执行税率	临时降低税率	实际执行税率
甲　级	60	8	52
乙　级	60	8	52
丙　级	56	8	48
丁　级	50	8	42
戊　级	32	0	32
雪茄烟	47	7	40

1993 年 12 月 13 日，全省烟草系统执行国务院发布的《中华人民共和国消费税暂行条例》。税率为：甲级卷烟单箱 45％，乙级卷烟单箱 40％，雪茄烟 25％，烟丝 30％；同时征收 17％的增值税。1994 年 1 月 1 日起，国务院改革地方财政包干体制，实行分税制财政管理体制。建立以增值税为主体的流转税体系，统一企业所得税制。福建省卷烟工业企业缴纳的主要税种有四种：①消费税（1993 年底前为产品税），是最大税种。1994 年至 1998 年 6 月底，执行以卷烟产品出厂价的 45％和 40％两种税率；②增值税，即产品销售增值应交的税款，税率为增值部分的 17％；③城市建设维护税，属地方税种，税率为应交消费税、增值税、营业税等税款的 70％；④教育费附加，属地方税种，费率为应交消费税、增值税税款的 1.5％，营业税的 4％。卷烟商业环节缴纳的主要税

种也有四种即：增值税、城市建设维护税、教育费附加（费率为应交增值税、营业税等税款的 4％）；社会事业发展费，属福建省人民政府出台的地方税费，费率为销售收入的 1‰。

1998 年 7 月 1 日起，依据国家规定福建省调整卷烟消费税税率，一类烟从 40％调整为 50％；二、三类烟仍维持原税率 40％不变；四类烟从 40％调整为 25％。根据调整后的税率，仅按 1998 年 1—6 月的工业销量测算，福建省卷烟工业企业一类烟要增加消费税 3787.74 万元，增加城建税及教育费附加 339.54 万元；四类烟减少消费税 740.43 万元，减少城建税及教育费附加 53.8 万元；税率调高与调低相抵后，净增加消费税 3047.31 万元，增加城建税及教育费附加 285.74 万元，卷烟工业企业税负增大。

2001 年 6 月 1 日起，国家要求卷烟工业企业以调拨价计征消费税，实行从价定率计算应纳税额的办法调整为从量定额和从价定率相结合计算应纳税额的复合计税办法。省局通过对福建产各牌号卷烟的利转税、盈亏以及整体效益的变动情况进行多方案的分析和测算，协调财税有关政策，保证卷烟税改政策的顺利落实。

2003 年，卷烟工业企业执行国家税务总局 5 号令《卷烟消费税价格信息采集和核定管理办法》，卷烟计税价按市场采集的零售价倒扣 45％后计征，因福建省部分牌号地产烟计税价格偏高，增加产品的消费税，使利转为税，影响卷烟工业的效益。

六、清产核资

1992 年 8 月，成立省局清产核资领导小组（下设办公室），负责领导和组织全省烟草系统的清产核资。选定龙岩分公司和龙岩卷烟厂作为福建省参加全国烟草行业的清产核资试点单位。1993 年 3 月起，龙岩卷烟厂开展清产核资，同时建立健全内部管理制度，制订《固定资产管理办法》、《流动资金管理办法》等管理制度。

1995 年 2 月，全国烟草系统清产核资工作结束时，经国家局清产核资领导小组审查确认验收合格的烟草企业共 391 户，其中：福建省烟草系统有 13 户，分别是厦门、云霄、畬山、泉州卷烟厂，福州、厦门、三明、莆田、南平、宁德、泉州、漳州分公司，省公司本部及直属企业单位。8 月，国家局确认全省烟草系统参加清产核资的企业共有 29 个。

1999 年，结合国家局清产核资工作方案和龙岩卷烟厂兼并云霄卷烟厂的企业组织结构调整，对云霄卷烟厂及调拨站进行清产核资，清出潜亏损失 1900 多万元。

2000 年 3 月，全省行业全面开展清产核资，主要进行资产清查和资金核实。被确定的单位是厦门、龙岩、畬山卷烟厂及调拨站。共查出各类损失 12611 万元，其中：烟叶等流动资产损失 11751 万元，固定资产 460 万元，长期投资损失 398 万元，申报处理 6371 万元，经财政部、国家局报批损失 6371 万元。厦门卷烟厂被国家局评为行业清产核资先进单位，全省行业有 3 位同志被评为清产核资先进个人。

2001 年，商业企业开展的清产核资限烟草系统财政隶属于中央财政的商业企业，包括省公司、省物资公司、各地市分公司、县（市）公司、复烤企业等单位。组成固定资产及卷烟、烟叶及农用物资、往来账、长期投资四个专业鉴定小组及省公司本部清产核资工作小组。聘请福建华兴有限责任会计师事务所等五家会计师事务所参加清产核资。全省商业企业参加清产核资的共 72 户。通过清产核资摸清商业企业的资产现状。由财政部、国家局确认的商业企业清理资产损失 4481 万元列入损益处理，并进入年度财务决算，为商业企业发展奠定良好基础。

2002 年，在全省行业开展多元化经营企业的清产核资。制定详细的清产核资工作方案、办法和计划。资产清查时间点为 2001 年 12 月 31 日。开展清产核资单位共 86 户，其中进行清理的单位 57 户，清产核资的单位 29 户。经核实向国家局申报资产损失 2658.2 万元，其中流动资产损失 1892 万元，长期投资损失 598 万元，固定资产损失 168.2 万元，共核减权益 2296.9 万元。从 2000—2002 年三年间，全省分别对 106 家的工业、商业及多元化经营企业开展清产核资，共清理出各类资产损失 1.35 亿元，其中：工业企业清理出各类资产损失 6731 万元，商业企业清理出各类资产损失 2658 万元。财政部、国家局均对福建烟草工商企业各类资产损失予以确认。

2006 年，省公司在全省范围内开展多元化经营企业清产核资，从长期投资、投资性往来款、在建工程等 9 个方面，从全省商业系统主业对外投资的多元化企业共 66 户中，确定有控股或有实际控制权的 41 户，从清理资产、负债、所有者权益等方面全面开展清产核资；对非控股的多种经营企业进行股权和收益的清理确认，明晰产权，健全手续。清理出的资产损失依据有关法规和程序由多种经营企业自行消化处理并进入年度财务决算。在清产核资的基础上，对全省多元化企业进行清退整合，海晟集团改制成为海晟投资管理有限公司，省公司将福建海晟信息、金叶文化传播、兴业银行股权等多家企业股权无偿划转给海晟投资管理公司，完成北京海晟今跃房地产、泉州天益计算机公司等 5 家单位的清算。福建中烟对主业多元化投资的 12 家企业进行资产清查。完成清产核资后经主审会计师事务所审核确认，共清理出资产净损失 60 万元。厦门卷烟厂对下属多元化企业的清产核资，清理出位于罗源县的两处闲置房产。次年，经批准对罗源县凤山镇北大路 83 号第 1～6 号店面和世纪花园 6 号楼东侧的房产进行有偿拍卖转让。

2007 年，工商系统均开展主业清产核资。商业系统主业资产的清查时间点为 2006 年 12 月 31 日。商业系统共清理出应收款项 1722 笔，账面值 17.63 亿元；应付款项 4558 项，账面值 6.10 亿元；闲置固定资产 1593 项，账面原值 3.53 亿元，净值 2.38 亿元；福建中烟主业清产核资共计清理出资产损失总额 1819.68 万元，盈亏相抵后 2660 笔，1391.64 万元。其中：龙岩卷烟厂 2361 笔，1350.41 万元；厦门卷烟厂 288 笔，29.74 万元；龙岩金叶复烤公司 11 笔，11.49 万元，所有损失企业均自列损益。

附表：

华美卷烟有限公司历年经营效益情况

项目	1988年	1989年	1990年	1991年	1992年	1993年	1994年	1995年	1996年	1997年	1998年	1999年	2000年	2001年	2002年	2003年	2004年 1~8月	累计
产量（万箱）	0.65	5.50	5.78	5.69	5.89	5.94	6.86	6.09	6.54	6.611	7.817	5.413	4.192	4.033	4.198	4.375	3.096	88.68
税收（亿元）	0.02	1.50	1.60	1.30	1.32	1.35	1.73	1.70	1.62	1.817	1.916	2.044	1.810	1.711	1.525	1.624	1.029	25.62
销量（万箱）	0.09	5.05	5.99	5.52	5.78	6.18	6.15	5.73	6.91	6.998	7.205	5.294	4.172	4.466	4.312	4.528	3.090	87.47
（其中出口量：万箱）	—	0.05	1.49	1.44	1.47	2.31	2.01	1.65	2.41	2.510	3	1	0	0.364	0.225	0.208	0.060	20.20
销售收入（亿元）	0.0352	2.4836	3.0154	2.6597	2.8386	2.9737	3.5198	3.4682	3.8491	3.9756	4.0870	3.3288	—	—	2.880	3.005	2.076	44.20
（其中创汇：万美元）	—	1483	1960	1703	1797	2078	999	791	1180	1231	1369	576	25	135	82	77	25	—
税前利润（万元）	—24	4350	4199	4206	4741	4990	11301	12059	9980	7768	7805	4593	1992	3964	4811	5334	1239	—
税后利润（万元）	—24	4350	4199	3891	4385	4616	10171	10853	8982	6568	6634	3902	1731	3237	4077	4533	1029	—
股东红利（万元）	—	3300	3422	3190	3604	3785	8340	7938	0	5415	5440	3199	1419	2654	3343	3717	874	—

第三节　审　计

省局（公司）成立审计处后，各地（市）分公司和卷烟厂先后设立审计科。1991—1995年，全省行业开展财务收支、承包经营、固定资产投资、经济效益、经济合同、企业内控制度、厂长经理离任等方面的审计，发现和纠正违反财经纪律的问题，通过内审查出的违纪金额1686万元。其中：1994年，开展财务收支审计5个单位，经理离任审计4个单位，经济效益审计4个单位，烟叶扶持费结算，烟叶收购调拨审计调查7个单位，基本建设审计2个单位。1995年底，全省有两烟生产的县（市）公司基本上都建立审计股或配专职审计员，共有专职审计人员35人。1996年，全省累计审计项目（或单位）219个，纠正违纪金额552.48万元。1998年，龙岩卷烟厂审计科获国家局审计先进集体称号。

1999年12月，制定《内部审计工作规定》和《内部审计工作程序》，规范全省烟草系统内部审计，提高行业内审工作质量。重申系统内部审计实行分级管理，逐级负责制。各级内部审计机构在单位分管领导人领导下开展工作，向单位分管领导人及上一级内部审计部门报告工作。各级内审机构均对所在单位的法人代表负责。各下属单位均制定内部审计管理制度，加强内部审计管理，规范企业行为。

2000年，全省行业共完成审计项目957个，纠正违纪金额1181.26万元，查出并纠正损失浪费58.73万元，促进增收节支6114.58万元，提出企业生产经营、内控制度以及财务管理与监督等意见建议291条。通过审计提请有关部门向司法机关移交经济案件1起，涉案人员3人；查出挪用公款1起，受到行政处分1人。

2002年，全省完成各类审计项目1196个，查出违规违纪金额1076.68万元，损失浪费金额3.20万元，提出审计建议222条，被有关单位部门采纳168条，促进增收节支金额3017.76万元。省局被国家审计署授予1999—2001年度全国内部审计先进单位称号。

2003年，工商分离后，福建中烟设置财务审计处，审计职能并入财务管理。省局（公司）在搞好经济责任、财务收支、固定资产投资、物资采购、经济合同、专项资金审计和审计调查、后续审计外，逐步开展经济效益、资产负债、内控制度、多元化经营投资审计及控股合资企业的延伸审计等。是年，共完成各类审计项目1033个，查出违规违纪金额1403万元，损失浪费金额27.3万元，提出审计建议233条，被有关单位、部门采纳172条，促进增收节支金额3145万元。

2004—2005年，省局（公司）调整充实商业系统审计力量，探索关口前移的内审机制，坚持对重大经济运转和投资项目的事前介入决策、事中介入管理、事后加强监督，审计监管职能得到强化。福建中烟根据烟草行业《开展2003、2004两个年度财务收支审计和全面落实行业审计整改工作的通知》，采用分别委托异地中介机构、同步开展审计的方式，进行财务收支审计。制定《福建卷烟工业系统加强内部财务管理和审计监督实施细则》。商业系统推出四项内部审计监督实施细则，包括：预算管理审计、资金管理审计监督、财务收支审计、固定资产投资建设审计监督。对2004年未经行业审计的单位进行全面审计并抓好整改。部分地（市）分公司开始试行同级审计。龙岩分公司被国家审计署评为2002—2004年度全国内部审计先进单位。

2006年，商业系统内部审计部门以2005年财务收支情况、内控制度建立执行情况、预算编制执行情况、专项资金使用情况四个方面为重点，开展同级审计。全省商业企业、烟叶复烤企业及控股的多元化企业经历自查、自查回头看、接受上级复查等阶段。自查、复查出各种问题金额累计2.42亿元。3月6日，工业系统制定《同级审计工作方案》，下属企业根据各自的经营特点制订详细的同级审计方案，并按照方案要求开展同级审计，被国家局确定为全国卷烟工业系统同级审计唯一的受检查单位。12月底，通过审计全省商业系统整改问题金额1.86亿元。国家局对省公司本级，福州、三明、宁德市局（公司），三明金叶复烤公司和武夷烟叶公司的重点抽查中经受检验，省局获国家局的较高评价。工业系统整改金额计1.7亿元，其中：资产管理1.3亿元，会计核算1718万元，工资福利2315万元，提出整改意见28条。

2007年，商业系统开始全面实行审计委派制。为加强母子公司体制改革后省公司作为母公司对子公司的监督，建立"双重领导、垂直管理、监督驻地、参审异地"的审计体制。建立统一的审计工作体制和机制，省局（公司）成立内部审计委员会，负责对内审工作的全面领导。审计委员会下设办公室，负责向审计委员会报告工作，对内部审计工作进行组织安排、考核评价、质量控制和责任追究。审计委员会办公室与审计处合署办公，由审计处长兼任审计委员会办公室主任。省局（公司）向各市局（公司）派驻内部审计办公室，派驻办代表省局（公司）对市局（公司）开展日常审计监督，为派驻地的审计需求提供服务。对审计派驻办的职责、权限、工作程序、奖惩等作明确规定，明确审计派驻办人员的准入条件、轮岗、交流、晋级、考核等。审计管理模式实现从分散式管理向集中式管理的转变。派驻办实行双重领导，人事调配、任免由省局审计委员会统一领导，业务方面接受审计委员会办公室的领导和考核管理，同时接受市局（公司）的日常管理，其所有费用在驻地市局（公司）列支，预算单列。针对烟叶产区业务繁多和资金流转大的特点，审计派驻办还向县级分公司派驻审计员。统一审计流程和审计文书，加强审计项目质量管理。审计委派制的建立有效地整合审计资源，突出审计重点，统一审计标准，加强审计管理，实施审计监督，为规范生产经营行为、防范企业经营风险、提高内部管理水平、实现国有资产保值增值发挥支持和保障作用。省局（公司）内部审计的创新，得到国家局的认可。

2007—2008年，商业系统审计部门共完成各类审计项目2469项，审计范围、审计质量、审计成果运用水平均明显提高，达到加强母子公司体制下行业内部治理的预期目标。组织开展经济责任审计39项（其中处级干部9人）、大额资金使用项目审计9项、大宗物资采购审计393项、固定资产投资审计174项、烟田基础设施建设项目审计567项，开展全面财务收支审计 81 项、内控审计 12 项、经济合同审计 767 项、烟用物资审计调查 18 项以及烟叶生产专业化补贴审计调查等项目，提出审计建议 1136 条，并对整改进行后续追踪审计，掌握国有资产的基本情况与经营动向，消除国有资产的安全隐患。

2008 年，省局被国家审计署授予"2005—2007 年度全国内部审计先进单位"，被国家局授予"2005—2007 年全国烟草行业内部审计先进单位"，被省总工会授予"福建省巾帼建功立业标兵岗"。南平市公司审计科被授予"2005—2007 年度全国烟草行业内部审计先进单位"。多名内审人员获得国家审计署和厅局颁发的内部审计先进个人、国家局行业内审计先进个人等表彰。

附：福建省烟草行业内部审计

福建省烟草行业内部审计主要有：财务收支审计、经济责任审计、基本建设项目审计、经济效益审计、厂长、经理离任审计、专项审计调查等。年度审计计划由企业主管领导批准后，审计部门组织实施。

财务收支审计　省局（公司）自设立审计监督管理部门后，每年都进行财务收支审计。1991 年 8 月，省审计厅对厦门卷烟厂 1990 年度财务收支进行审计，结论是财务基础工作扎实，内控制度健全。账账、账表、账实均相符；厦门分公司财会管理制度健全，费用开支审批制度较严格；税款、价改资金等应缴款项上缴及时。1992 年，厦门卷烟厂对同安县公司 1991 年度财务收支情况的审计，对厦门分公司和厦门卷烟厂的 1991 年第四季度财务收支分别进行审计。通过审计共查出违纪金额 5.06 万元，并提出 16 条改进意见。泉州市局（分公司）独立开展内部审计，完成 1991 年财务收支审计单位 6 家；1992 年度财务收支审计的 2 家；对历年潜亏挂账和有问题资金审计调查 8 家，审计覆盖面达 100%，审计后调整账务 24.18 万元。1993 年，厦门卷烟厂（市局）对同安县公司 1992 年度财务收支及厦门分公司、卷烟厂 1992 年下半年财务收支进行审计，共查出违纪金额 3.55 万元；纠正应由财政负担的烟叶扶持费 54.28 万元，为企业挽回经济损失。

1994 年，省局（公司）进行新旧会计制度衔接转换的审计，帮助和督促所属企业贯彻落实《企业财务通则》和《企业会计准则》，纠正未按规定处理的账务。全省行业开展财务收支审计有 5 家，1995 年开展财务审计达 39 家。

1997 年，国家审计署决定对烟草系统进行财务收支审计，下达审计的全国烟草企业 332 个中福建烟草有 7 个单位，分别为龙岩卷烟厂、厦门卷烟厂、厦门分公司、龙岩分公司、省烟草进出口公司、省局（公司）及省公司销售处，由省审计厅实施审计。同年 5 月 6—14 日，省审计厅对龙岩卷烟厂永定分厂 1996 年度的财务收支进行审计。

1999 年，全省行业共开展财务收支审计 53 项，查出呆坏账 139.3 万元，纠正违规违纪金额 108.31 万元。2002 年，开展财务收支审计 41 项，查出的问题全部调账纠正，同时，厦门卷烟厂，厦门、龙岩分公司等开展同级财务审计。2003 年，开展财务收支审计 54 项，提出建议 36 条。督促各企业完善内部管理，发挥内部审计"审、帮、促"的作用。

2005 年，全省烟草商业系统对未安排行业审计的单位开展 2003 年和 2004 年财务收支的延伸审计。2006—2007 年，福建中烟组织开展同级审计工作，经复查和接受国家局同级审计检查，龙岩、厦门卷烟厂均无发现重大财务收支违规事项。

2007 年 7 月，商业系统审计部门调动全省审计力量，整合审计资源，组织对 9 个市局（公司）进行为期 1 个月的审计检查，主要检查各市局（公司）2006 年度打假经费补贴、审计成果整改落实、内控制度、2007 年度上半年财务收支情况等四个方面内容。在检查重点和检查方式上有新的突破。一是不再将重心放在财务收支查错防弊上，而是将内控制度的建立、完善、执行情况作为检查的重点之一。结合行业特点针对货币资金控制、工程项目控制、费用控制、固定资产内部控制、采购与付款内部控制、销售与收款内部控制等六大控制制度设计详细的审计流程表，列出各项制度的关键控制点，对全省货币资金管理、不良资产管理、会计核算、专项资金使用等存在的问题提出 100 多条审计建议，尤其对烟草站的货币资金管理漏洞提出具体的整改意见。2008 年 8 月，商业系统继续组织 5 个审计小组对 7 个市局（公司）开展财务收支审计。

经济责任审计（厂长、经理离任审计）1991 年，全省有 73 家企业第一轮承包终结。先在南平分公司进行承包经营责任审计试点。省审计事务所对厦门卷烟厂和厦门分公司进行第一轮承包经营终结审计。省公司全面完成 73 家烟草企业的承包经营责任审计，并依据审计结论对承包经营企业给予兑现。1992 年 5 月，全省烟草企业第一轮承包经营责任审计全部结束，完成内部审计 64 个单位，查出违纪金额 239.72 万元，其中：应调增利润 149 万元，调减利润 19.51 万元。漳州分公司对全市各县（市）公司的法人代表实施离任审计。1994—1995 年全省行业经理离任审计 14 个单位。1997 年，福州市局对闽清、福清、长乐、闽侯 4 县（市）公司的经理岗位经营责任实行审计。泉州市局实施经理离任经济责任审计单位 3 个，共查出违纪违规金额 70.6 万元。1999 年，厦门卷烟厂（市局）对同安县公司原经理进行离任审计，形成离任审计报告。

2000 年，采用将企业领导人任期经济责任审计与离任审计相结合的办法，全省共完成烟草企业和控股企业领导人任期经济责任审计 9 项，查出违规违纪金额 2539.47 万元，不良资产 283 万元。2001 年，完成领导人任期经济责任审计（含离任审计）30 个。2003 年，确立"有离必审，先审后离"和任期内经济责任三年轮审一遍的目标。针对企业法人更换率较高情况，组织开展领导人离任审计，全省完成经济责任审计 34 项，查出违规违纪金额 918.86 万元，损失浪费 8.3 万元。

2006 年，泉州市局（分公司）对泉港、永春、天益物流、晋江、安溪五个县（市）局（公司）的局长、经理实施离任审计。龙岩分公司委托厦门天健华天有限责任会计师事务所福州分所对上杭县公司领导人进行经济责任审计。2007 年，商业系统对厦门、三明市局（分公司）、省烟草进出口有限公司三家单位领导人及 19 家县级局（公司）、多元化投资经营企业的负责人进行经济责任审计，其中离任审计 3 人，任期经济责任审计 19 人；福建中烟组织开展对龙岩金叶复烤公司原总经理的离任审计。

2008 年，省局（公司）开展省局拍卖行和福州、莆田市局（公司）法人代表的任期经济审计，各审计派驻办对 12 家县级分公司单位和多元化经营企业负责人开展经济责任审计。

基本建设项目审计　1994 年，全省行业首次开展基建决算送建设银行审核前的基建项目审计。省公司与福州分公司及福建省基建工程定额站配合对罗源县公司烟叶复烤厂、仓库土建工程及附属工程决算进行审计。1995 年，对 5 家企业的综合楼、职工宿舍等固定资产投资 6 个项目进行审计，审计投资额 728.62 万元，核减 60.75 万元，核减率 10% 以上。2000 年，全省烟草行业完成固定资产投资项目审计 198 项，审计金额 8212.36 万元，核减工程款 593.93 万元，核减率 7.23%。各所属企业加强基建项目的审计制度建设。龙岩卷烟厂规定基建工程项目（含零星工程）未通过审计的不结账不付款；南平市局规定投资 10 万元以上的基建项目须经审计后结算；泉州市局规定县（市）级公司基建、装修工程 10 万元以上的竣工项目决算须上报初审，由审计部门委托具有竣工决算审计资质的会计师事务所进行决算审计。龙岩市局由内审部门组织实施对县（市）局投资额 30 万元以上工程项目竣工决算审计，全年核减工程造价 177 万元。

2002 年，全省完成基建项目审计 26 项，核减额 671.90 万元，核减率 13.77%。2003 年，全省烟草基建送审项目 213 项，审计金额达 2.39 亿元，核减额 5134.25 万元，核减率 21.48%。龙岩卷烟厂审核工程结算 162 份（含零星工程），审核工程造价 1.3 亿元，在经办部门核减 1389 万元的基础上，又核减造价 1494 万元。

2005 年，商业系统开始进行烟叶生产基础设施建设，针对建设时间集中、资金量大、点多面广，容易产生监管漏洞的特点，各级审计部门将烟基建设审计监督列为年度审计重点之一。抓住工程造价结算审核和竣工财务决算审计这两个资金监管的重要环节，实行纵向分级的审计监督方式。市（局）公司委托具有资质的社会中介机构进行工程造价审核，要求审核单位按项目逐项派遣技术人员，到现场核实工程数量，查看签证，严格造价审核。在此基础上，省局（公司）出台建设项目竣工财务决算审计的相关办法，委托具有专业审计资质的社会中介机构，对各单位履行可行性研究报告、立项、设计、报批、招投标、施工现场签证、验收等程序的合规性进行审核，对综合费用列支情况进行审查，对资金的支付是否合规进行审计，确保补贴资金的合规合法使用，3 个烟区共核减工程结算金额 959 万元（不含初审核减额）。省局的做法得到国家局的认可和好评。

2006 年，省局（公司）加大固定资产投资审计力度。泉州市局（分公司）抓分公司及县（市）营销部装修工程决算，完成对泉港烟草办公综合楼、仓库工程、室内装修工程的决算，室内装修工程核减 71.20 万元，核减率达 23.71%，办公综合楼及仓库工程核减 70.83 万元，核减率 13.18%；龙岩市局委托社会中介机构对分公司本部投资的物流中心用房、电力线路等6个改造项目以及烟草站标准化改造等8个项目进行竣工决算审计，项目送审金额1171.24万元，核减金额179.57万元，核减率达15.33%；南平市局开展烟基工程项目结算委托审计，共送审工程项目895个（其中烟基项目873个），核减工程造价416.41万元，核减数平均占工程总造价1.92%。

2007年，福州市局（公司）审计派驻办完成16项工程的审核，送审金额1278万元，核减385万元，核减率30%。龙岩市局（公司）对计算机房改造工程、各县分公司的烟草站改造等11个工程项目审核，送审金额621万元，核减113万元核减率18%。漳州市局（公司）进行办公大楼装修工程等12个项目审计，送审金额261万元，核减46万元核减率18%。是年，全省烟叶生产基础设施建设工程审计核减额达1646万元，省局的做法在全国行业审计工作会议上作为典型经验介绍。

2006—2007年，福建中烟对下属各企业基建项目建设实施全过程审计跟踪监督。对福建中烟大厦、金闽公司薄片生产线、龙岩金叶复烤公司原烟仓库、龙岩卷烟厂东肖烟叶仓库等新建工程项目，聘请有工程审计资质的中介机构进行开工前审计；龙岩卷烟厂利来山庄基建工程项目，审计部门参与工程决算的审计事项。

专项审计调查　1991年9—10月，对省内5家卷烟工业企业1987年至1991年6月的潜亏挂账进行专项审计调查。1992年，对省内3个分公司1个县级公司进行1989—1991年专卖罚没、收缴办案费管理情况的专项审计调查；对32家商业企业1987—1991年的"亏损挂账、潜亏挂账、有问题资金"进行专项审计调查。此外，还组织烟叶收购、走私烟收购价利润等共31项的专项审计调查。

1994年，开展税收财务物价专项审计调查，对省内12家重点烟草企业进行重点检查。企业自查100%，自查82户企业，有违纪67户，违纪金额723.69万元，应入库469.43万元，部门重点检查27户，有违纪24户，违纪金额332.99万元，应入库149.85万元。地方检查35户。收到处理决定29户，无违纪15户，有违纪14户，违纪金额95.83万元，应入库47.38万元。

1995年，对72家企业进行应收款项的审计调查。共调查应收款项60732.45万元，发现有问题40家，有问题债权4682.12万元，其中：坏账损失1283万元。同时开展清查"小金库"，全省烟草企业82家自查有小金库9户，小金库资金59.7万元。省地两级公司组织重点检查20户企业，查出小金库2户15.33万元。同年8—9月，对漳州分公司和闽诏贸易中心进行商业经营专项审计调查。检查省外烟调入计划执行和省外烟条价10～25元控调、"商商调剂"业务开展和地产烟两个主要牌号执行最低限价情况及卷烟"卖大户"问题、下伸网点建设等。福州分公司对闽清、罗源、闽侯县公司进行应收账款专项审计调查；对挂账时间较长的呆账、坏账提出及时清理的建议。

1996年6月，对全省9个地市分、县公司及4家直属卷烟厂1995年度应收款项进行跟踪审计调查，共调查74个单位。各单位根据《福建省烟草企业应收款项审计调查情况的通报》的要求，成立应收款项清欠小组，制订清理催收办法，完善管理制度，全面开展追收外欠款。南平分公司采取专人专点、款回人回的催收责任制，应收账款回收率达93.2%。龙岩分公司清收双管齐下，在聘请高级会计师协助财会部门清理往来账目的同时，充分把握烟叶销路走俏的时机，采取灵活多变的讨账方式，加紧清收，共收回1994年度前应收款项4.04亿元，占应收款项总额的71.93%，其中：应收账款1.72亿元；预付账款1.26亿元；其他应收款1.07亿元。

1999年，开展1997—1998年的各项专项资金的审计调查。2000年，专项审计调查将国家局下达的专营利润返还款等专项资金分解下达到47个使用的单位，逐项逐笔进行跟踪审计。量上达到两个100%，即被审计单位达100%，被审专项资金9711.86万元，达到100%。

2001年，全省组成8个专项审计调查小组对9个地（市）70个单位专卖罚没、办案经费收支的内控制度、业务处理、财务核算及案件办理、查处情况等进行全面审计调查，发现并纠正不规范的行为，完善企业内部控制制度，并提出建设性的意见和建议。

2002年，商业系统开展打假经费补助资金收支情况专项审计调查。对2001年得到打假经费补助资金较多的泉州、漳州市局（分公司）及所属晋江、南安、云霄、漳浦县级公司进行抽查，对发现的问题及时向被审计单位进行反馈，并提出整改要求。顺利通过国家局的审计重点抽查，打假专卖经费收支和管理符合国家文件的规定。同时还进行四、五类卷烟亏损情况的审计调查。选取龙岩卷烟厂生产的红色软包装乘风牌卷烟作为调查对象，深入企业生产车间考察生产流程，与财务部门共同探讨，对卷烟生产成本构成和成本核算、费用分配方法进行分析、比较，应用量本利分析原理进行盈亏临界点的测算，提出降低生产成本、细化成本核算、减少亏损的意见和建议，并向国家局审计司提交专项审计调查报告。

2007年，商业系统内审部门对三个烟叶产区开展烟用物资的专项审计调查。采用抽查会计资料、盘点物资、现场检查、与烟农面对面核对等方法，在物资采购、调拨、发放、出入库手续等方面，重点查看化肥、农药、地膜等烟用物资供应工作是否规范有序，专业化服务补贴是否按合同落实面积足额发放到烟农手中，各烟草站烟用物资仓管、盘点等内控制度是否执行到位。通过开展审计调查，提出50多条审计建议，为烟叶生产提供有效的审计服务，提高烟用物资的管理水平。福建中烟根据《烟草行业加强内部财务管理和审计监督的实施意见》及《开展2005年部分专项资金和2006年度全部专项资金检查的通知》，对卷烟广告宣传费及专项资金的使用情况进行专项审计检查。

2008年，商业系统实施对南平、三明烟叶复烤企业的效益比对审计调查，从成本项目入手，选取重点影响经济活动效果的因素进行综合分析研究，找出管理中的差距，探索科学的评价体系，提出理顺管理体制、增加产量、加强管理、减少资源消耗、提高生产率的办法；开展大额资金内部控制审计，提出完善制度、加强分类、独立稽核、责任追究等加强管理的建议。

第四节　统计与基建

一、统　计

1991年，总公司先后印发《加强配备统计人员、充实统计队伍的通知》和《1991年烟草行业统计工作要点》，省公司结合福建烟草行业的具体情况提出要求和贯彻意见。

1992年10月，省内各卷烟厂的统计报表数据进行联网传输，传输时间定两天，省公司采用自动方式接收统计数据。

1996年7月，实行统计人员持证上岗制度，所属各单位严格执行省统计局颁布《统计人员持证上岗考核办法》规定，任用持有《统计证》的人员从事统计工作。南平市局针对下伸卷烟销售网点增多，统计操作难度与工作量加大的情况，加强统计基础建设，设账建卡，规范原始凭证登记、传递制度、统一统计报表的报送时间，还开展统计分析和劳动竞赛等。1997年，漳州市局统计应用计算机系统，先手工编制报表，后录入计算机系统，汇总形成全区统计报表。

1999年，根据《中华人民共和国统计法》及《统计法实施细则》，执行省公司统计报表与统计分析考核办法，统计工作每年考核一次，考核结果以通报形式在全省系统内公布。

2000年，省局明确规定统计调查计划和统计报表制度、统计基础工作、统计资料管理、统计执法监督检查、统计工作现代化工作要求，对所属地市县局（公司）加强行业统计管理。坚持季度会审汇编，及时订正统计报表数据。根据经营活动需求，搜集、整理、汇总有关数字、资料，定期对商品流转计划执行情况进行检查，建立销售月报制度，为企业经营决策编制计划提供资料。建立起符合社会主义市场经济体制的要求，具有行业特点并与管理相适应的烟草统计工作规范，增强统计的抗干扰能力。

2001年，龙岩卷烟厂实行国家统计局5000家重点企业统计联网直报制度，以联网直报方式上报统计报表，改变纸质统计报表上报的方式。2003年，龙岩卷烟厂实施易地技改搬迁，从财务部门抽调人员到卷包车间担任统计员。通过财务与统计的人员轮换，使财务人员熟悉生产及成本控制环节，既促进财务管理，又推动车间统计管理，保证新老厂过渡中统计数据的质量。漳州市局商业统计应用新开发的计算机软件，直接从烟草计算机系统内的卷烟销售报表中提取数据，自动形成商业统计报表。

2004年10月17—20日，福建中烟开展统计法贯彻情况自查，对龙岩卷烟厂统计执法进行检查。2005年7月，龙岩卷烟厂决策管理系统正式运行，企业的产、销、存数据由计算机直接提取，每个工作日（12：00点前）由统计人员网上直报国家局的统计数据服务器。决策管理系统的运用，对企业生产经营等基础数据进行一次梳理、优化，提高统计数据质量，促进和提升企业统计管理职能。

2005 年，根据国家局《建立工商、投资统计报表报送情况通报制度的通知》、《进一步规范统计数据口径的通知》、《调整四类烟统计标准的通知》等文件，省局和中烟工业公司及时调整兼并、联营加工和资产重组所牵涉的工商统计报表制度等并做出明确规定。依法统计，严格执行行业统计报表制度。工商各类统计数据的采集、加工均严格按照各种专业统计报表制度规定的统计范围、口径、计算方法进行。卷烟牌号（规格）的统计，严格以卷烟产品包装上印刷的注册商标为准。牌号整合依据国家局卷烟牌号整合的文件，登陆代码管理系统申请新的产品代码，并更换包装后进行牌号统计；商业企业按照卷烟产品包装上的注册商标如实统计。每月全面、及时、准确地报送快报、旬报、月报，并对统计资料进行分析，为各级领导宏观调控和科学决策提供依据。还组织开展统计执行情况自查和统计大检查。商业系统先后对三明、泉州、龙岩市局进行统计大检查，根据《统计工作管理办法》，对基层统计人员进行考核，促进行业各级单位重视统计，确保统计原始数据的准确可靠。工业系统强化统计法制建设，完善省级新版工业分析系统管理软件。加强统计人员的责任感，保障统计数据的真实、准确、时效性。龙岩卷烟厂将综合统计职能划归综合管理部，作为企业综合统计的职能部门，统一对外报送综合报表，协调职能部门之间的统计业务。

2006 年，福建中烟开展统计数据质量检查，龙岩卷烟厂统计数据质量顺利通过福建中烟的检查。在湖北、安徽中烟工业公司组成的检查组对统计数据质量再次进行检查的基础上，顺利通过国家局检查组的重点抽查，得到充分肯定。并受邀在全国烟草行业统计工作会议上作统计工作经验交流；厦门卷烟厂对工商数据采集系统数据进行清理核对。通过构建企业信息门户，配合全省营销和技术中心的整合，完成相关信息系统的改造迁移，顺利通过国家局的统计数据质量检查和省际信息化工作检查，被省统计局评为 2006 年度福建省工业企业联网直报工作先进单位。

2007 年，省局和福建中烟参与国家局"卷烟生产经营决策管理系统"建设，组织统计人员参加国家局工商数据采集升级应用培训。及时准确做好生产经营决策管理系统盘库校验和原始数据核对工作。继续完善工商统计分析系统管理软件，提高分析系统应用水平和质量。

二、基　建

1992 年，基建重点抓烟叶仓库建设，全年竣工烟叶仓库面积 2 万平方米。福州分公司根据城建规划要求，申请福州烟草贸易中心等项目增加基建建设规模和总投资。总投资调增 3060 万元，建筑规模达 30264 平方米。南平分公司在市中心繁华地段，购买 1 幢有 11 层建筑面积达 6000 平方米商业大楼，武夷山市省烟草商贸综合用房基建项目立项，总建筑面积为 12750 平方米，总投资 1926 万元，其中：省公司出资三分之二，南平分公司与武夷山市公司共同出资三分之一，在武夷山市南园公寓环岛北侧征用 9600 平方米土地作为项目建设用地。建设工期 18 个月。同年，省计委批准扩建龙岩、三明、南平、漳州四个地市分公司的 36 个基层烟叶收购站（点）及仓库，安排省自筹基建投资 1150 万元。龙岩、厦门、云霄三家卷烟厂都建成符合设计规范的现代化生产主车间厂房，总建筑面积达 38800 平方米。畲山卷烟厂制丝车间扩建面积 4863 平方米。泉州卷烟厂征地 6660 平方米（10 亩），建成 7000 平方米的烟叶仓库。

至 1993 年底，全省 5 家卷烟厂用地总面积达 39.65 万平方米，建筑总面积 42.16 万平方米，其中生产车间 8.82 万平方米，制丝车间 3.41 万平方米，卷接包车间 4.17 万平方米，其他车间 1.24 万平方米。新建烟叶仓库建筑面积 9.18 万平方米，在建工程 5.21 万平方米；全省复烤厂从 5 家土烤厂发展为 21 个机烤厂。烟叶收购站新改造项目达 116 个，农工商仓储建设总面积达 20.95 万平方米，其中：烟叶仓库 4.80 万平方米，卷烟仓库 4.03 万平方米，仓管业务办公用房 9.98 万平方米，其他用房 2.14 万平方米。漳州分公司基础设施建设以自筹资金、税前还贷等办法，建设包括办公营业大楼、卷烟与烟叶仓库、职工宿舍、商业网点和车库、食堂等附属设施等。福州分公司基建项目有 24 个，总投资达 6480 万元。福州烟草贸易中心及职工宿舍楼完成总体布局并通过福州市城市建设规划局、建筑设计院等有关部门的审查。其中职工住宅楼建筑面积调增至 7681 平方米，总投资 786 万元。

1994 年，福州分公司项目竣工面积达 13396 平方米，其中住宅面积 5359 平方米。至年底，福州分公司共有办公楼 6745.55 平方米，仓库 3293 平方米。组建商业网点有 20 个。商业店面 2192.95 平方米。莆田分公司金叶大厦基建项目，建筑面积 1.10 万平方米，投资 2680 万元，经莆田市规划局认定通过并转入初步设计。厦门卷烟厂购买统建房 36 套，合作建设住房 96 套，新增扩建房 28 套。

1995 年 1 月 17 日，省烟草大厦竣工，大楼位于五四路 306 号（北环中路 133 号），建筑面积 1.7 万平方米，共 21 层。是年，南平分公司新增固定资产 430 万元（邵武经理部职工宿舍、邵武复烤厂附属工程、政和卷烟仓库三项基建）。福州分公司固定资产投资项目 21 个，新增固定资产 1830 万元，下属各县（市）公司办公用房全部竣工交付使用。

至 1995 年，全省行业完成基本建设投资 6.08 亿元，新增固定资产 3.68 亿元，竣工项目 214 个，竣工建筑面积达 44.34 万平方米。其间，三明分公司卷烟仓库；福州分公司的连江县公司综合楼、闽侯县公司职工住宅楼、云霄卷烟厂主厂房土建工程等被评为省烟草系统优质基建工程。龙岩卷烟厂"八五"一期技改工程、厦门卷烟厂中央专项技改工程被推荐参加省经贸委"八五"优秀基建项目评选。全省行业竣工基建工程质量经当地质检部门评定均合格。

1996 年，福州分公司综合大楼（福州烟草贸易中心）提前封顶，建筑面积 2.16 万平方米，在建卷烟仓库 3000 平方米。南平分公司在建基建项目 6 个，建筑面积 16346 平方米，投资 1264 万元，竣工面积 1.88 万平方米。新开工项目有邵武市烟草科技综合楼，面积 1800 平方米，投资 230 万元。同年 3 月，在三明市召开全省烟草系统基建工作会议。清理

1996 年在建项目、衔接工程进展和年度投资计划需求。同时对拟开工程、商品房购置调查摸底，全省行业清理汇总项目为 63 个，经批准总建筑面积 41.32 万平方米，总投资合计 4.88 亿元。至 1995 年底累计完成投资 3.76 亿元。现场观摩三明分公司卷烟仓库优良工程与大楼工地，并学习三明分公司基建档案资料整理规范化的经验。

1997 年 1 月，福州市局（分公司）从六一北路亚太中心迁入位于华林路 38 号的烟草办公大楼，结束租借办公楼的历史。是年，福州分公司面积 5177.62 平方米的卷烟仓库及管理房投入使用，该基建项目受到国家局和福州市安全办的好评。贸易大楼（金叶酒店）工程，进入内部装修。下属各县公司先后陆续投资兴建仓库、办公楼和宿舍。南平分公司在建（含立项）基建工程项目 23 个，建筑面积 4.83 万平方米，竣工项目 14 个，建筑面积 1.80 万平方米，投资 1646.16 万元；武夷山市公司新建 1500 平方米框架结构仓库投入使用，淘汰砖木结构的旧库房。

1999 年，福州分公司基建项目 17 个，投资额 1.08 亿元，总建筑面积 4.08 万平方米。4 月，金叶大酒店工程竣工开业；南平分公司基建项目 5 个，投资额 1.49 亿元，其中邵武打叶复烤线项目完成投资 1300 万元；宁德分公司 1 号住宅楼基建项目被评为福建省优质工程。至 2000 年，全省烟草行业集中力量投资一批关系全局和长远发展的重点骨干基建项目，固定资产投资累计完成 13.7 亿元。建有烟叶收购站（点）237 个，卷烟销售批发网点 598 个，专卖管理所 128 个。建成龙岩坎市、三明打叶复烤项目；龙岩、厦门卷烟厂易地技改工程启动。龙岩卷烟厂利处山厂区联合工房，占地面积 4.62 万平方米，建筑面积 6.94 万平方米。厦门卷烟厂海沧工业区联合工房建筑面积达 5.72 万平方米。厦门卷烟厂易地迁厂技改基建工程投资额 2.91 亿元。

2002 年，全省商业实施大型基建项目有莆田金叶大厦、三明烟草大楼、厦门、福清市局办公楼，上杭、连城县公司大楼，惠安、安溪县公司综合楼等。并极力扶持基层烟叶收购站、点的基础设施建设。全年完成基本建设投资 9692.78 万元，建筑面积 8.97 万平方米，使商业企业基本解决办公场所、生活和仓储设施，逐步完善烟草专卖管理所、烟叶收购站和卷烟销售配送中心，为统一规范卷烟经营打下基础。同年 12 月 23 日，莆田市局（分公司）搬入"金叶大厦"新办公大楼。该大楼高 19 层，建筑面积 1.5 万平方米，其中 1～13 层外租酒店经营，年租金纯收入为 220 多万元。是年，省局完成本部办公大楼改造扫尾工程 590 万元，综合业务用房的改造收尾及竣工验收，省局展销楼、职工篮球场、停车棚、宿舍区大门改造等。

2003 年 9 月 29 日，总投资 8.5 亿元，占地 209 亩，建筑面积 12.5 万平方米的龙岩市新罗区乘风路 1299 号龙岩卷烟厂新厂落成，举行乔迁仪式。11 月 8 日，位于厦门市海沧新阳工业区的厦门卷烟厂新厂落成，举行易地技改搬迁仪式。工程总投资 8 亿元，占地面积 300 亩，总建筑面积 13 万平方米。12 月，省烟草科研所宦溪科研所基地落成。

2004 年 8 月 18 日，福州市局（分公司）从华林路 380 号迁至福州市六一北路 17 号办公。厦门市局鑫诚大厦完成基建投资2237.54万元，9月23日主体工程封顶，年底主体工程验收，进入外墙装修和二次装修阶段。宁德市局完成基建项目13个，投资额438万元。同年，商业系统由福州、厦门等九地市分公司和省公司职工教育培训中心共同出资购置厦门市环岛路577号阳光海岸房产，作为省公司职工教育培训中心用房。占地面积6000平方米，建筑面积3000多平方米，总购价5281.6万元。省公司和福建中烟根据各自业务开展的需要，分别在福州市湖东路208号（晓康苑）南楼1～3层购置房产，省公司购置1590平方米，福建中烟购置768平方米。

同年，根据国家局的批复，原中国烟草进出口总公司的厦门国际大厦项目划归福建中烟建设，并将"国际大厦项目"更名为"中烟工业大厦项目"。福建中烟出资60%投资额480万元合作投资组建福建中烟置业有限责任公司，并由该公司代建福建中烟工业大厦。大厦坐落在厦门市莲岳路，建筑面积5.83万平方米，占地7300平方米，投资1.78亿元。经国家局和厦门市政府批准，将原国际大厦和华厦项目合并后重新规划设计建设福建中烟工业大厦，由A栋和B栋组成，其中：A栋含办公及其辅助用房、裙房、商场、活动室、地下室；B栋含住宅及其辅助用房和物业管理房。12月25日，厦门卷烟厂四星级鼓浪湾大酒店和商品房基建项目开工建设。

2005年6月6日，南平分公司武夷山海晟国际大酒店正式营业。该酒店占地9467平方米，总建筑面积2.82万平方米，客房总数为257间（套），床位总数427张，其中特级贵宾套房（总统套房）1套。其装修共耗资1.5亿元（该酒店2006年获"国家四星级旅游饭店"称号）。2006年，龙岩分公司的龙岩鑫叶物流有限公司完成红炭山仓库的基建改造，建成仓库实用面积3000平方米，其中：配货区800平方米，仓库区2200平方米，可存放卷烟7000箱。全区完成基建项目16个，完成投资额1054万元，建筑面积1.10万平方米。竣工项目17个，完成建筑面积6.15万平方米，基本建设投资额达1.18亿元。同年7月24日，坐落在厦门湖光路66—67号厦门市局（分公司）的鑫诚大厦建成并乔迁，大厦建筑面积2.26万平方米；12月26日，金闽公司国产造纸法再造烟叶生产线建设项目在原厦门卷烟厂畲山分厂厂址建设。其中：新购置土地在原厂区向北1.73万平方米、向南（靠104国道）4340平方米。项目一期建设中建筑面积3.83万平方米。

2007年8月26日，厦门鼓浪湾酒店竣工开业。这是厦门海沧生活区首家五星级标准的滨海商务酒店，由厦门卷烟厂、厦门鑫叶集团有限公司投资建设。建筑面积达3万平方米。是年，福建中烟工业大厦累计完成投资额1.62亿元（含进出口划入4968万元），其中：2006年度完成投资3070万元；2007年度完成投资办公楼3480万元、住宅楼1850万元。

2008年，龙岩工业公司在利处山厂区北侧开工建设精品七匹狼卷烟专用生产线，占地面积23.18万平方米（348亩），建筑总面积为8.68万平方米，新建联合工房7.40万平方米。厦门工业公司在海沧厂区西侧新建金桥卷烟生产线，占地面积22.18万平方米（333亩），建筑总面积9.95万平方米，其中：联合工房6.89万平方米。是年，金闽公司位于罗源县的再造烟叶生产线技改项目，完成联合工房及公共配套工程的基建。

同年 9 月 26 日，龙岩市公司卷烟配送中心奠基开工建设，占地面积 3.49 万平方米，建筑面积 9876 平方米，总投资 9705 万元。该卷烟配送中心由数字化仓储联合工房、现代化办公楼和餐宿一体化宿舍楼组成，其中：联合工房可满足年销售 12 万箱卷烟要求。日配送卷烟达 600 箱（3000 件），年配送卷烟 12 万箱（60 万件），为全国中烟工业公司提供全方位卷烟配送优质服务。

表 11—2　　　　　　　　1990—2008 年福建烟草税利情况一览表

单位：亿元

年份	福建烟草		其中:福建商业		其中:福建工业	
	税利	其中利润	利润	税金	利润	税金
1990	7.1	0.8	—	—	—	—
1991	8.1	1.2	—	—	—	—
1992	9.5	2.5	—	—	—	—
1993	13.3	5.3	—	—	—	—
1994	15.3	4.9	—	—	—	—
1995	14	3.5	—	—	—	—
1996	18.2	5.7	—	—	—	—
1997	22.3	7.4	—	—	—	—
1998	30.9	8.7	—	—	—	—
1999	35.4	9.8	—	—	—	—
2000	48.6	18.6	—	—	—	—
2001	49.5	16.5	—	—	—	—
2002	54.9	17.3	—	—	—	—
2003	67.6	26.3	17.5	4.9	8.8	36.4
2004	83.9	36.3	25.1	6.5	11.2	41.1
2005	95	40.6	28.4	7.8	12.2	46.6
2006	115.9	50.6	35.3	10.7	15.8	54.3
2007	152.6	67.9	43.6	15.4	23.6	69.3
2008	169.7	72.3	46	17.8	26.3	79.6

注：2003 年后福建烟草工、商分设。

表 11—3

1991—2008 年福建省卷烟工业主要财务指标统计表

年份	工业总产值（现行价）（万元）	总产量（箱）	固定资产原值（万元）	固定资产净值（万元）	产品销售收入（万元）	税利总额（万元）	其中 产品销售税金及附加（万元）	其中 利润总额（补贴后）（万元）	期末流动资产合计（万元）	资产负债率（%）	所有者权益（万元）	资金利税率（总资产贡献率）（%）	工业成本费用利润率（%）	工业流动资产周转率（次）	经济效益综合指数（计划内合计%）
1991	148003.4	769285				60890	66395	-5505							
1992	174966.2	846558				72642	68587	4055							
1993	216368.5	859159				94558	77633	16925							
1994	246294.1	827522				99964	93934	6030							
1995	250480.5	813465				99155	94334	4821							
1996	238790	794105	111729	83989	238049	111262	98535	12727	150211		115663	55.52	8.67	2.1	96.63
1997	288535	814406	151122	86338	285241	138588	120290	18298	141446		126246	66.72	11.8	1.94	113.25
1998	362814	861466	154338	108532	351824	184833	153827	31006	133255	43.52	161028	75.81	17.64	2.55	148.52
1999	401478	851425	172621	115040	406369	221068	185153	35915	197566	46.88	188738	81.06	17.91	2.59	156.63
2000	463152	986199	173636	105623	462857	261526	214481	47045	271652	47.74	239784	77.86	20.85	2.08	165.07
2001	498761	1013261	201076	121500	585568	299369	240351	59018	378215	49.59	296753	74.19	20.75	1.93	159.09
2002	670307	1048055	238923	143202	654163	336343	263169	73174	373944	43.69	361258	70.09	23.07	1.79	179.34
2003	728440	1078100	316848	211933	724132	382415	289243	93172	367501	57.31	416052	73.37	26.96	2.01	151.02
2004	789757	1118838	355681	219231	795778	523449	312981	112556	404693	28.26	520164	78.65	29.69	2.09	167.44
2005	863032	1219894	346358	204941	894837	587394	355768	121706	469198	21.48	610423	85.77	29.25	2.18	190.53
2006	1003155	1274816	357016	194213	1030352	701089	417477	158117	605608	22.78	713812	88.57	34.3	1.98	207.52
2007	986254	1425531	405567	206835	1236463	928581	548066	235881	840406	21.43	811725	90.93	54.34	1.64	
2008	1434859	1540895	443641	216766	1507430	1059304	626773	262880	871865	17.19	1033778	89.46	40.53	1.79	

第五节 档案管理

一、省级单位

1991年2月，省局（公司）成立综合档案室，各类档案实行集中统一管理。档案室隶属局办公室。配备档案员1人，各处（室）兼职档案员17人，建立了档案管理网络。专职档案员经培训持证上岗，兼职档案员接受定期培训。

1994年下半年，省局（公司）对档案管理工作重新进行规划、整改、实施，成立档案管理升级工作领导小组和档案鉴定小组，由办公室具体抓落实，各处（室）兼职档案员配合并负责到期档案的鉴定销毁。先后修订《档案员岗位责任制》、《各处室兼职档案员职责》、《档案保密制度》、《库房管理制度》，增订《档案鉴定制度》、《文件材料归档制度》以及档案的查阅借阅等规章制度。在此期间，对省局（公司）机关文书档案的分类方案进行变动，由原来按年度—问题—保管期限的分类方法，改为按年度—机构—保管期限的分类方法。

1995年3月，省局（公司）对综合档案室基础设施和硬件设备进行改善，将原办公室、阅览室、库房三合一30平方米的档案室搬迁至展销楼4楼，使用面积110平方米，实行库房、办公两分开，其中库房63平方米，办公47平方米，安装密集架，使用中央空调（库房备有应急窗式空调机3台），安装自动烟雾报警器和自动消防泵、防盗报警系统，配置微机、复印机、去湿机各1台。同时，编写《福建省烟草专卖局（公司）主要任务和职责范围》、《历年供产销情况统计》、《历年主要财务指标表》、《组织史》、《荣誉录》等专题材料及档案分类大纲；同时，编制档案室文件材料汇编；建立案卷目录和全引目录，收集整理、立卷归档的档案有：文书档案886卷（其中永久30卷，长期361卷，短期225卷）；会计档案751卷；声像档案66卷；书画档案35幅。是年，参加档案法知识考试143人，占总人数的75%。8月4日，经省司法局和省档案局的检查，省局以96分通过"二五档案普法验收"。

1996年1月17日，省档案局组成考评小组，对省局（公司）的档案工作进行逐条逐项的考核，经综合考评以96.5分被评定为"省一级档案室"。

1998年1月1日，省局（公司）将《档案法》的学习纳入普法教育的规划中，应用宣传栏张贴《档案法》，并在省局范围内张挂档案法宣传画，以答卷的形式对专兼职档案员进行档案普法知识的测试。4月17—19日，华东烟草系统档案工作座谈会在福建厦门市召开。省局（公司）作为协作组副组长单位介绍了福建省烟草行业开展档案工作目标管理达标的经验。

2002年，省局（公司）实行文书立卷改革，对2001年度归档的文件材料以"件"为单位进行整理。并制定《福建省烟草专卖局（公司）机关文件材料管理实施方案（试行）》。5

月，省局（公司）综合档案室再次搬迁由展销楼 4 楼搬到 5 楼，实行办公、阅览、库房三分开，办公室 12 平方米、阅览室 20 平方米、库房 86 平方米，同样配备了符合库房安全的"八防"设施。

2003 年 4 月，省局（公司）创建福建烟草荣誉室，综合档案室将实物档案：锦旗、奖状、奖杯移交给思想政治处。11 月 21 日，福建省档案局对省局档案质量进行综合检查，省局（公司）综合档案室获"省直单位 2002 年度档案质量合格证"的验收。11 月，福建烟草实行工商分离，福建中烟成立综合档案室，配备档案员 1 名，由办公室主任主管，总经理分管。

2004 年，省局（公司）实施办公自动化系统和数字档案管理系统的建设，着眼于实现文档一体化，省局综合档案室开始使用初级版的档案管理软件。10 月，省局投资 23.5 万元，完成了数字档案信息资源管理系统的完善升级，并在全省各市公司安装使用。并印发了《省局（公司）机关声像档案管理办法》，对声像档案的归档范围、归档要求做了明确的规定和要求。是年，省档案局在省直厅局级机关档案质量检查合格的 18 个单位中，确认省局（公司）为归档文件整理方法改革示范单位。

2005 年，福建中烟划出 20 平方米的房间作为档案室使用，并配备了铁门、铁窗、铁柜、密码柜、碎纸机、除湿机、灭火器及红外监控自动报警系统，达到了档案室基础设施要求。还先后制订《福建中烟工业公司档案工作管理相关制度》、《福建中烟工业公司机关文件材料归档办法》、《福建中烟工业公司电子公文处理暂行办法》等制度。

2006 年，榕基软件公司研发的数字档案管理系统的升级版在省局（公司）试运行。10 月，省局（公司）再投资 23.5 万元，完成了数字档案信息资源管理系统的完善升级，并在全省各市公司安装使用。省局（公司）重新修订《福建省烟草商业系统档案管理规定》和《福建省烟草商业系统档案工作"十一五"规划》。前者对档案管理体制、职责、要求做出了明确规定；后者对行业档案工作提出了明确的要求和发展方向。9 月 26 日，省局（公司）再次通过"省直单位 2003—2005 年度档案质量合格证"的验收。是年，福建中烟也通过福建省档案局的档案质量合格证检查。

2007 年，省局（公司）和福建中烟为配合《档案法》颁布 20 周年，举办档案法制宣传活动，在公共场所悬挂宣传标语，在档案管理培训班增加档案法律法规课目等。年底，全系统均实现文档一体化。

2008 年 9 月，省局（公司）制订《福建省烟草商业系统档案工作突发事件应急预案》。10 月，编制了《福建省烟草专卖局（公司）机关文书档案保管期限表》，以正确界定文件材料归档范围，准确划分文书档案保管期限。11 月，省局被福建省档案局评为"福建省省直机关档案规范化管理先进单位"。是年，省局（公司）室藏档案有：文书档案 1607 卷；会计档案 4657 卷；基建档案 568 卷；声像档案 416 卷；书画档案 35 幅；专门档案 95 卷。福建中烟档案室藏有文书档案 5065 件。

二、市级局（公司）

从 1995 年开始，全省设区市级局（公司）依据《福建省内贸企业档案管理省级先进升级评分标准及考核办法》，把档案管理列入企业升级规划和年度计划，相继开展企业档案管理升级工作。成立档案管理领导小组和办公室。成立综合档案室，配备专兼职档案管理人员，建立档案管理网络，集中统一管理单位档案、文书档案、会计档案、科技档案等。各单位建立健全《企业档案管理制度》、《文件材料归档制度》、《档案人员岗位责任制》等制度，将档案保密、借阅、使用和考核办法等一系列制度纳入有关人员的岗位职责和各部门的经济责任制。从人、财、物上抓落实。设区市级局（公司）还拨出经费，购置设备。设立专门档案库房，购置复印机、传真机、吸尘器，添置铁皮档案箱，库房内安装了灭火器和温湿度计等器具；库房采取"八防"措施，达到档案的安全保管。各单位编制了《全引目录》、《案卷目录》、《专题目录》、《组织沿革》、《大事记》、《历年经济指标统计汇编》等材料。

1991—1995 年，全省烟草行业档案管理工作通过省级先进验收的单位是：南平、三明、泉州、宁德、龙岩、莆田等 6 个局（分公司）。其中：宁德、三明、莆田三地区所属县局（公司）均实现档案管理达标升级，100% 通过"省级先进档案室"的验收。1997 年龙岩局分公司所属各县公司全部通过"省级先进档案室"的验收；1999 年福州局（公司）被评为"省级先进档案室"。

1999 年以后，各单位按照"分级管理，条块结合"的原则，由当地档案行政管理部门依据《福建省企业档案管理考核办法》的标准，对档案管理已定级的企业进行复检。三明、莆田、宁德等地的烟草分公司先后通过了"省级企业档案管理单位"的等级认定。福州市局从组织管理、设施设备、基础业务建设、开发利用等方面得到巩固和加强，实现库房、办公二分开，库房 48 平方米，使用密集架 8 组，配备了空调机、计算机、复印机、照相机、防磁柜等现代化管理设备，库房达到"八防"保管要求。

2000 年 4 月，厦门局（分公司）机构分设后从 1000 平方米租用的写字楼中划出 30 平方米作为综合档案室，确定 1 名专职档案员，建立全市档案管理网络。局（公司）新建办公大楼后，专门设立档案库房和档案阅览室共 130 平方米，库房内配有 24 小时中央空调系统、除湿机、恒温器、计算机、防磁柜等专用设备，安装了手摇式密集档案柜和消防自动喷淋系统，累计投入资金 200 多万元。还制定了《档案管理制度》、《档案员岗位职责》、《档案保密管理规定》、《档案室管理规定》、《档案查阅管理规定》、《档案销毁管理规定》等规章制度。

2001 年 3 月，宁德局（公司）被宁德市档案局授予"1996—2000 年度档案工作先进单位"称号。同年 11 月，三明金叶复烤有限公司成立综合档案室，档案室隶属综合部，由公司副总分管，综合部副经理兼任档案室主任，配备 1 名专职档案员和 8 名兼职档案员，形成档案管理网络，同时，建立了一系列档案管理制度。2002 年 12 月，公司被认定为"省级档案管理单位"。

2003年，南平局（公司）实行文书立卷改革，以"件"为单位进行文书档案的整理。有档案库房120平方米，使用密集架存放档案。同年10月，福建武夷烟叶有限公司成立综合档案室，由常务副总亲自抓档案工作，并建立由各科室负责人组成的档案鉴定工作领导小组，档案室配备1名档案员，实行办公、库房、阅览三分开，库房配备密集架及达到"八防"要求的档案管理硬件设施，办公室配置了计算机、复印机等现代办公设备，建立健全一整套档案管理制度。福州市局（公司）2001—2003年连续三年获得"福州市档案业务指导先进单位"称号。

2004年，莆田局（公司）综合档案室实行三分开，并对库房装具进行改造，由铁柜更换成密集架，存放文书档案、会计档案、人事档案、基建档案等。1月，三明金叶复烤有限公司综合办公楼正式启用，专门按档案管理规定装修综合档案室，并实行三分开。库房内安装了档案密集架、防磁柜，并配备了电脑、中央空调、扫描仪、温湿度计等设备，改善了档案资料的保管条件。是年，各县局（公司）财务档案均保存在市局（公司）综合档案室。

2005年福州局（公司）获得"'十五'期间福州市档案工作先进集体"称号。

2006年5月，三明局（公司）新办公大楼启用，装修后的综合档案室实行库房、阅览、办公室三分开，达到档案管理的要求。是年，三明局（公司）室藏文书档案1790卷、科技档案96卷、会计档案3938卷、声像档案73卷；其中照片档案10册、音像档案63盘10月，依据《档案法》的规定和市档案局的要求，莆田局（公司）将文书档案共41卷（其中永久18卷，长期23卷）移交莆田市档案馆。泉州局（公司）收集、整理文书档案372卷（2437件）、科技档案46卷，基建档案35卷，设备档案11卷；会计档案3323卷；专卖违章档案3892卷；人事档案403卷。福州市局（公司）共整理文书档案1753卷（永久191卷、长期1049卷、短期455卷）；会计档案报表167卷、账簿391本、凭证2187盒；基建档案26卷；照片档案19本。

2007年，泉州局（公司）在补充和完善已有的档案管理制度的基础上，详细制订文书档案归档和不归档范围及保管期限表。做到调阅档案由分管领导亲自审批、档案管理人员陪同调阅。档案管理工作更加规范。市局（公司）腾出足够容纳20～30年的档案库房，按库房的管理标准和要求进行改造。设立的综合档案室为65平方米，实行档案库房、阅览室、办公室三分开。归档文件按规定全部采用符合质量要求及保管标准的卷皮、卷盒和装订物。根据实际需要，更新档案装具，配置密集架，以及灭火器、供火场逃生的防烟罩具，防光布、铁窗、铁门、温湿度计、防虫、防霉药品等防护设备，确保库房和案卷的安全。同时，还配置了复印机、计算机、刻录机等现代化管理设备。莆田市局（公司）室藏文书档案661卷、会计档案731卷、基建档案10卷、资料174卷。

2008年5月，省档案局认定泉州市局为"省级企业档案管理单位"。7月，龙岩市局（公司）通过龙岩市档案局的档案执法检查。8月，漳州市局（公司）成立综合档案室，藏有文书档案 1035 卷（件），会计档案 7310 卷，基建档案 263 卷，专门档案 438 卷，实物档案 119 卷，声像档案 19 卷。同年，福建烟草海晟投资管理有限公司把单位档案工作制度纳入企业管理制度中，有档案库房 20 多平方米，藏有文书档案 4945 卷（件）；会计档案 4823 卷；声像档案 21 卷；科技档案 38 卷。南平局（公司）室藏文书档案 1121 卷和 4712 件；会计档案 2416 卷；科技档案 46 卷；专门档案 77 卷。武夷烟叶有限公司共有文书档案 24 卷和 2088 件，科技档案 481 卷（其中设备档案 235 卷，基建档案 246 卷），声像档案 1 册，会计档案 1046 卷。龙岩局（公司）综合档案室库房 100 平方米，符合国家档案管理标准的要求，添置密集架，更新电脑、打印机等一系列档案管理的硬件设施。福州局（公司）藏有文书档案 593 卷和 1003 件，会计档案 6957 卷，基建档案 153 卷，照片档案 8 册、录像带 43 盒。厦门局（公司）藏有文书档案 150 卷和 465 件；会计凭证 1800 盒、账簿报表 155 册。查阅利用档案 172 人次。金叶复烤有限公司室藏文书档案 217 卷和 3459 件；设备档案 690 卷；基建档案 317 卷；产品档案 73 卷；会计档案 1716 卷；声像档案 15 卷。中国烟草进出口公司福建省公司有文书档案 203 卷和 1120 件，科技档案 5 卷，声像档案 2 卷，合同档案 43 件。

三、工业单位

1996 年起，省内各卷烟厂按照国家一级考评认定标准，进行自查，制订了具体项目内容、责任部门、执行人员、完成日期的整改计划。同时，对 1990 年以来立卷的各种类案卷按质量标准逐一检查，对资料不全及立卷填写项目不齐或不规范的案卷进行补齐或重新立卷，充实分管档案工作的领导及档案员、兼职档案员的岗位职责并补齐检索工具、科技档案总目录及分类目录等。龙岩卷烟厂还撰写《龙岩卷烟厂"八五"技改实效分析》、《创名牌是企业发展之路》、《龙岩卷烟厂环保工作专题介绍》、《龙岩卷烟厂企业档案全宗介绍》等七种档案编研资料。

（一）龙岩卷烟厂（龙岩烟草工业有限责任公司）

1999 年 7 月，经国家档案局审查批准，龙岩卷烟厂成为福建烟草系统第一个达到档案管理国家一级标准的企业。2000 年，企业把档案工作的基础建设纳入易地技改规划中，按技改项目立项实施。2003 年，建成档案室总使用面积 964 平方米，并配备中央空调、烟雾自动报警器和消防器材，以及摄像安全监控等设施；投资 46.2 万元全部更换档案装具、档案保护设施和办公等设备，档案管理设备设施实现现代化。2004 年 12 月，引进清华紫光企业档案管理计算机系统及其相关软件，对档案管理软件进行全面更新换代。经过一年多的安装调试应用，并结合企业档案管理和开发利用的需要进行进一步升级改造，使企业档案工作利用计算机信息技术已实现了海量存储、异构数据接口、全文检索、PDE 图像压缩、光盘挂接打包、图纸自动矢量化、单点登陆（SSO）等技术功能，成为福建烟草系统首家实现档案信息化企业。2007 年 5 月 24 日，国家烟草专卖局组织烟草行业优秀档案室考核组，对龙岩卷烟厂档案工作进行考核评审，龙岩卷烟厂荣获烟草行业首家企业"优秀档案室"

称号。截至 2008 年底，贮藏全厂档案 20961 卷（不含人事档案），以件为保管单位档案 9012 件，声像档案 138 卷、盘、片，实物档案 1644 件。

（二）厦门卷烟厂（厦门烟草工业有限责任公司）

厦门卷烟厂档案资料室设立于 1987 年。1988 年，档案管理工作通过省级标准验收，1990 年，达到国家二级档案管理标准，1997 年 8 月，通过国家二级档案管理合格证复检。

2000 年 4 月，局、厂、分公司分设后，厦门卷烟厂档案资料室接管组织人事科、安全保卫科长期保管的干部、工人的人事档案 2326 份。

2001 年 2 月，档案信息化建设 MIS 系统第一期工程启动，包括设备档案管理应用的设备管理子系统。档案管理实现电子化。编有机读案卷级目录 8536 条，机读文件级目录 25700 条，手工目录 84 本，包括分类目录、全引目录、卷内目录、专题目录、实物目录等。

2003 年 11 月，厦门卷烟厂完成海沧新厂区易地技改项目，档案室收藏基建档案 725 卷、设备档案 1405 卷。是年，档案室搬迁到海沧新厂区之后，档案资料室面积从原有的 130 平方米增至 460 平方米，其中库房面积从原有的 90 平方米扩大为 240 平方米，拥有先进的调温、调湿、防磁、消防、复印、扫描、缝纫等设备。

2004 年，顺利通过上级对海沧新厂区易地技改项目工程档案的验收。9 月，接收原华美卷烟有限公司会计档案、文书档案、设备档案等 2479 卷。12 月，接收原畲山卷烟厂会计档案、文书档案等 3689 卷。

2005 年 1 月，启用科易档案管理系统，集文件登记、公文处理、自动组卷、自动编目、智能检索、统计编研、原文管理、档案利用、档案鉴定、档案保管、档案统计、数据管理、用户管理、信息门类设置、实体分类维护等功能于一体，实行安全分级，通过加密处理，对用户、原文进行权限控制，确保数据的安全性，从而使档案管理正式实现电子化。4 月，全厂的人事档案管理权归组织人事科，人事档案仍然寄存在档案室。档案室的工作，由接管转为代保管。

至 2008 年，库存纸质档案 20175 卷 535 件，其中永久或长期收藏 19864 卷 415 件；照片档案 3210 张；声像档案 171 盒；电子档案（光盘）80 张；各类资料 520 册（件）；实物档案 320 个。重要人物和事件 30 多种专题档案，包括厦烟简介汇编、历年组织沿革、组织机构图、大事记、历任厂长名录、历任书记名录、历年省市劳动模范名单、高层领导成员分工汇编、部门职责、人员配备表、行业动态、历届职代会概况、制度汇编、重要文件指南、重要数据汇编、生产快报汇编、主要产品简介、科技成果汇编、老厂画卷、海沧易地技改工程概述、金桥工程简介、设备演变史、文化建设专题、领导关怀回顾专题、年鉴、烟草志（省内外行业）、烟草报、职工论文集、档案室发展简介、全宗指南、档案室基本情况年报表汇编、档案管理制度、专兼职档案员小组活动文件资料、档案工作年终上报材料、档案人员网络图、档案库房示意图等。科易档案管理系统里的机读案卷级目录有 8536 条，机读文件级目录有 25700 条，还有与目录对应的大量归档电子文件。

第十二章 机构与队伍

第一节 机 构

一、省级局（公司）

（一）工 商

1991年，福建省烟草系统省级机构名称为：福建省烟草专卖局、中国烟草总公司福建省公司［以下简称省局（公司）］。省局（公司）内设机构仍保持原有设置，人员编制为160人。2月28日，局属中国烟草进出口公司福建分公司由福州迁址厦门，在福州设办事处。4月18日，局属省烟草物资公司实行法人运作，独立核算，自负盈亏，人员由省局（公司）调配。

1992年3月，中国烟草进出口公司福建分公司更名为中国烟草福建进出口公司。6月7日，省烟草系统党的建设研究会正式成立，与省烟草职工思想政治工作研究会合署办公。8月3日，经国家局批准，省局（公司）机关内设机构设置为：办公室（含外事办公室）、专卖管理处、监察处（与纪检组合署办公）、审计处、综合计划处、人事处、教育处（与职工培训中心合署办公）、生产管理处、财务物价处（与国有资产处合署办公）、科学技术处、劳资安全处、卷烟销售处、烟叶处、物资储运处（物资储运公司）等14个行政管理部门的处（室），编制定员160人。另设烟草质量检测站和中国烟草福建进出口公司等专业公司。10月15日，省局（公司）成立全省行业资金调剂部，与省公司财务部合署办公。12月22日和30日，分别设立福建省烟草专卖局驻北京办事处和直接参与卷烟的现货和期货交易的福建省卷烟批发交易中心，

1993年3月12日，机关处（室）及直属机构行政级别从副处级升格为正处级。9月，设立投资开发部，负责全省行业投资管理。11月，在厦门市设立福建省烟草公司海晟投资实业有限责任公司，由其经营管理全省烟草行业的所有对外投资企业。

1994年12月9日，设立省烟草拍卖行，下设福州、厦门拍卖分行，负责拍卖各执法部门查处的走私卷烟。12月12日，经国家局批准，省局在全省烟草系统下设了12个相关的处理罚没走私烟定点批发企业，其中直属企业1个。

1995年4月，原"中国烟草总公司福建省公司"更名为"福建省烟草公司"（以下简称

省公司）

1996 年 8 月，成立行政接待处和综合计划处、信息中心。同月，成立体改法规处，负责指导协调全省烟草企业的改革工作，专卖管理部门的部分职能也划归该处。同年，省局（公司）从副厅级升格为正厅级，内设机构保持原有设置。

1997 年 5 月 18 日，原三明市局（公司）下设的三明烟草农业科学研究所升格为局属福建省烟草农业科学研究所。

1998 年 1 月起，省局（公司）先后设立长汀、武夷山、闽东（福鼎）烟草贸易中心，至此，直属有 4 个具有二级批发职能的边界贸易中心（包括原有的闽诏贸易中心）。5 月，成立特种职业技能鉴定站。8 月 1 日，按全国烟草行业统一规定，福建省烟草公司经理改称为福建省烟草公司总经理。

1999 年 4 月，重新调整机关处（室）设置，设置 28 个部门（含 10 个专业部门、专业公司）。5 月，行政接待工作划归办公室管理。6 月，设立再就业服务中心办公室，与劳资安全处合署办公，负责规范行业下岗分流、减员增效和再就业工程。

2000 年 1 月，成立福建省烟草专卖稽查总队，负责烟草专卖稽查工作。同步在各地（市）局成立烟草专卖稽查大队，在各县（市）局成立烟草专卖稽查队，均隶属省烟草专卖稽查总队领导。5 月，闽诏烟草贸易中心与诏安县局（公司）合并，直属省局（公司）。

2001 年 4 月，省局（公司）内设机构 11 个：办公室（含外事办公室）、发展计划处、专卖监督管理处、经济运行处（安全处）、政策法规与体制改革处、财务管理处、审计处、科技教育处、人事劳资处、监察处（与党组纪检组合署办公）、思想政治工作处（机关党委），人员编制 100 人。根据国家局规定，省局（公司）同步确定了下属专业部门、专业公司的设置、主要职责和定员，并报国家局备案。同月，原地（市）烟草专卖稽查大队更名为烟草专卖稽查支队；原县（市）级烟草专卖稽查队更名为烟草专卖稽查大队。5 月，设立厦门烟草职工培训中心。6 月，设立省卷烟销售公司和省烟叶生产购销公司。原省局（公司）卷烟销售处和烟叶处撤销。

2002 年 8 月，省局（公司）取消省烟草物资公司、综合服务公司等一批经济实体的法人资格。12 月，省局（公司）筹建驻上海办事处。

2003 年 2 月 9 日，成立省烟草资金管理中心，与财务管理处合署办公，负责统一对外融资等工作。

（二）商　业

2003 年 11 月 24 日，福建省烟草系统工商分设。新成立福建中烟工业公司，烟草系统中的工业部分与省局（公司）脱钩分离，烟草专卖管理与执法监督工作仍由商业部门负责。

2004 年 3 月，省局（公司）设立投资部。同月，撤销武夷山、长汀、闽东（福鼎）、闽诏四个烟草贸易中心和省烟草综合服务公司；同时恢复武夷山、长汀、闽东（福鼎）、闽诏四个县（市）级局（公司）。4月中旬，省局（公司）分别成立薪酬管理委员会和投资管理委员会，并调整充实预算管理委员会，加强对职工薪酬、企业投资和财务预算的管理。7月，经国家局批准，省局（公司）内设机构调整为11个职能处（室），另设6个专业部门、3个专业公司，共20个。7月27日，省局在全省烟草商业系统设立审计机构，人员统一委派。

2005年4月，省局（公司）恢复特有工种职业技能鉴定站，开展对行业内的职业技能鉴定工作。10月，设立烟草专卖内部管理办公室，与专卖监督管理处合署办公，其职责是对辖区内烟草专卖品生产企业实施内部监管。

2006年6月9日，增设投资管理部，与财务处合署办公。同月，正式成立福建省局（公司）驻上海办事处（简称驻沪办），7月，更名为福建省烟草公司驻上海代表处。11月16日，根据国家局《关于福建省烟草公司建立母子公司体制改革的实施方案的批复》，福建省烟草公司更名为中国烟草总公司福建省公司（以下简称仍为省公司）。省公司成为中国烟草总公司的全资子公司。省公司下设11个全资子公司，其中：9个设区市烟草公司、1个烟草进出口公司、1个多元化投资管理公司。

2007年4月30日，成立参与对全省烟草生产经营实行监督的监督委员会。同月，在福州、厦门、宁德、莆田、泉州、漳州等6个卷烟纯销区设立财务管理办公室，人员编制暂定3人。是年，设立审计委员会，建立"双重领导、垂直管理、监督驻地、参审异地"的审计体制。

2008年，撤销省烟草拍卖行。年底，根据国家局（总公司）《关于调整福建省烟草专卖局（公司）职能配置、机构设置和人员编制的批复》和《调整省级烟草专卖局（公司）"三定"方案的通知》，省局（公司）内设13个处（室），其中，恢复省局（公司）卷烟销售管理处和烟叶管理处，撤销省卷烟销售公司、省烟叶生产购销公司。另设8个专业部门。

（三）工　业

2003年11月，福建中烟工业公司（以下简称福建中烟）成立，其职能主要为：烟草制品生产和销售，烟草物资、烟机零配件经营及其他相关的生产经营任务。内设机构为：办公室（外事办公室）、人力资源管理处、科技开发处、生产安全管理处、财务审计处、体改法规处、市场营销管理处、物资供应处。

2004年1月，国家局按正厅级规格任命福建中烟领导班子。

2005年5月，福建中烟从福州搬迁至厦门，2月，福建中烟成立纪检监察处，与人力资源管理处合署办公，负责公司机关及下属企业的纪检监察工作。

2006年2月，福建中烟成立营销中心，与市场营销管理处合署办公，统一福建卷烟工业系统的卷烟营销工作，正式成为卷烟交易主体。6月，成立投资管理处，与财务审计处合署办公，负责福建卷烟工业系统的多元化投资经营管理工作。7月，成立技术中心，与科技开发处合署办公，统一福建卷烟工业系统的产品研发工作。10月，福建烟草进出口公司管理体制调整，部分人员划归福建中烟，福建中烟成立进出口处，负责卷烟出口、烟叶进口、辅料进出口、设备及零配件进出口、丝束进口等业务。

2007年1月，国家局批准福建中烟组建母子公司体制。7月，财务审计处分设为财务管理处和审计处，投资管理处与财务管理处合署办公。8月，成立思想政治工作处、生产管理处、安全保卫处。

2008年2月，福建中烟设立生产经营总调度室，与生产管理处合署办公，统一协调生产经营中跨单位、部门的各项协调事务。年底，福建中烟本部设有14个部门，分别为：办公室（外事办公室）、人力资源管理处、纪检监察处、思想政治工作处（机关党委、工会）、技术中心、信息中心、营销中心、生产管理处（生产经营总调度室）、安全保卫处、财务管理处（投资管理处）、审计处、体改法规处、物资供应处、进出口处。

二、市、县级局（公司）、卷烟厂

1991年，省内有福州、厦门、莆田、泉州、漳州、龙岩、三明、南平、宁德等9个地（市）局（分公司），均为副处级。下设机构与人员编制以当地人口及烟草生产经营等情况而定。地市局（分公司）下属65个正科级的县（市）局（公司）。卷烟工业有6个卷烟厂，即：两个副处级厂（龙岩、厦门卷烟厂）、三个正科级厂（云霄卷烟厂、畲山卷烟厂、泉州雪茄烟厂）及一个合资厂（中美合资华美卷烟有限公司）。是年，泉州雪茄烟厂更名为泉州卷烟厂。

1992年4月，南平烟草分公司打叶复烤厂成立。8月8日，龙岩卷烟厂在永定设打叶复烤分厂。11月，三明烟草分公司驻厦门办事处成立。12月，龙岩卷烟厂调拨站和永定打叶复烤厂成立。

1993年3月，云霄、畲山、泉州卷烟厂升格为副处级单位。龙岩、厦门卷烟厂升格为正处级单位。

1994年11月，龙岩卷烟厂驻福州办事处和驻厦门办事处成立。

1995年7月，泉州卷烟厂停产。8月，龙岩卷烟厂打叶复烤厂更名为龙岩卷烟厂打叶复烤车间。9月，龙岩烟草分公司驻厦门办事处成立。

1996年3月，三明分公司驻福州办事处成立。8月，龙岩卷烟厂永定分厂停产。

1997年6月，龙岩地区烟草专卖局（分公司）更名为龙岩市烟草专卖局（分公司），行政级别不变。原龙岩地区龙岩市烟草专卖局（分公司）更名为龙岩市新罗区烟草专卖局（公司）。原厦门市同安县烟草专卖局更名为厦门市同安区烟草专卖局（公司），后更名为厦门市烟草专卖局第一分局（分公司）。10月，泉州市局（分公司）肖厝管委会烟草专卖局（公司）成立〔后更名为泉州市泉港区局（分公司）〕。

1999年11月，龙岩卷烟厂兼并云霄卷烟厂。

2000年5月，厦门市烟草专卖局（公司）与厦门卷烟厂实行工商机构分离。厦门卷烟厂科（室）由31个精简为19个，中层干部由62名精简为45名。11月，龙岩卷烟厂驻云霄办事处成立。宁德地区烟草专卖局（分公司）更名为宁德市烟草专卖局（分公司）。年底，全省烟草系统共成立105个烟草专卖管理所。

2001年，龙岩市新罗区局（公司）烟叶复烤厂上划龙岩市烟草专卖局（分公司）管理。

2002年1月，厦门卷烟厂畲山分厂成立。

2003年4月，厦门卷烟厂畲山分厂取消卷烟生产点。11月24日，龙岩卷烟厂、厦门卷烟厂、金闽公司、龙岩金叶复烤公司划归福建中烟管辖。

2004年6月，全省卷烟纯销区县级公司法人资格全部取消。8月，厦门卷烟厂收购华美卷烟有限公司的他方股权，"金桥生产中心"在厦门湖里区华昌路华美公司原址正式挂牌成立。

2006年4月，根据《福建省烟叶产区县级烟草专卖局（营销部）职能配置、内设机构和人员编制规定（试行）》，龙岩、三明、南平市局（分公司）的烟叶产区县级公司更名为"福建省烟草公司××分公司××营销部"，原县级局保留不变，行政级别为正科级。县级局（营销部）内设机构为：综合办公室、专卖监督管理办公室（专卖稽查大队）、烟叶管理办公室、财务管理办公室、客户服务中心。上半年，省局批准南平市局（分公司）设立延平烟叶生产办公室、烟叶销售部；批准邵武设立烟叶经营部和延平区局（营销部）；批准漳州市局设立漳州市城区局（营销部）；批准宁德市局成立宁德金叶物流有限公司、宁德市局（分公司）蕉城区局（营销部）；批准三明市局设立三明城区局（营销部）；批准福州市局设立福州市城南区局（营销部）、城北区局（营销部）；批准泉州市局（分公司）设立泉州城区局（营销部）；批准莆田市局设立莆田市城区局（营销部）、秀屿区局（营销部）。11月，福建烟草商业系统全面实施母子公司体制改革，在全省设立9个设区市公司及中国烟草福建进出口有限责任公司、福建烟草海晟投资管理有限公司等11个市级全资子公司，各市公司名称变更为福建省烟草公司××市公司。分别是：福建省烟草公司福州、厦门、宁德、莆田、泉州、漳州、龙岩、南平、三明市公司。2个市级专业公司分别是：中国烟草福建进出口有限责任公司、福建烟草海晟投资管理有限公司。各设区市烟草公司基本上按县（市）级行政区划下设县（市）分公司，县（市）分公司为非企业法人。由此构建起中国烟草总公司、省公司、市级公司三级母子公司体制。

2007年11月，按国家局规定，福建省构建中国烟草总公司、福建中烟工业公司、龙岩和厦门烟草工业有限责任公司三级母子公司体制，龙岩、厦门卷烟厂分别更名改制为龙岩、厦门烟草工业有限责任公司。

2008年，全省烟草商业系统有福州、厦门、莆田、泉州、漳州、龙岩、三明、南平、宁德等9个正处级市局（公司），下辖71个正科级的县（市）局（分公司）（见图12-2）。

福建中烟机关设 14 个部门（见图 12－3）。其下属的龙岩、厦门烟草工业公司机构统一设置有：办公室（外事办公室）、党委办公室（精神文明、共青团、企业文化建设）、企业管理部、人力资源部、财务部、审计部、监察部、烟叶部、供应部、生产管理部、设备管理部、质量管理部（质量监督检测站）、技术改造办公室、信息技术部、安全保卫部、后勤管理部、制丝车间、卷包车间、动力车间。商业系统的设区市局机构统一设置有：办公室、综合计划科（督察考评中心）、安全科、专卖监督管理科、财务科、审计派驻办、人事劳资科（党委）、监察科、卷烟营销中心、信息中心、烟草学会、物流中心、稽查支队、海晟连锁、卷烟配送中心。

三、其 他

1992 年 3 月 5 日，省烟草综合服务公司成立。12 月 22 日，福建省烟康贸易公司成立（省公司机关离退休人员组建的集体所有制企业）。

1994 年 9 月 22 日，福建尤溪金叶发展有限公司成立。省烟草公司（甲方）占 52％股份，尤溪县公司占 48％（该公司 2003 年注销，资产各自收回，业务转三明金叶复烤有限公司）。

1995 年 5 月 30 日，国家局在三明烟科所设立中国烟草东南农业试验站。

1997 年 6 月 8 日，省政府批复同意福建烟草系统设立金叶股份有限公司。

1998 年 4 月 6 日，由中国烟叶生产购销公司、中国烟草进出口（集团）公司、省局（公司）、南平分公司和中国烟草福建进出口有限责任公司共同出资筹建福建省南平市烟叶发展有限责任公司（2001 年更名为福建武夷烟叶有限责任公司）。6 月 29 日，厦门鑫叶集团有限公司成立。下属成员企业有：厦门鑫叶经济发展公司、厦门鑫叶房地产开发有限公司、厦门五福贸易公司、厦门鑫叶贸易有限公司、厦门五福印务有限公司、厦门万顺包装材料有限公司、厦门白金娱乐有限公司。8 月，由省局（公司）、三明市公司、厦门卷烟厂共同出资成立福建省三明金叶复烤有限公司。

1999 年 5 月 4 日，闽烟贸易有限公司成立，性质为全民所有制，实行独立核算，自负盈亏。

2000 年 4 月 17 日，厦门沉香卷烟购销有限公司成立。同月 21 日，福建龙岩七匹狼卷烟购销有限公司成立，原龙岩卷烟厂调拨站撤销。

2001 年 5 月，省公司与华益（香港）金融财务公司合资创办泉州闽烟织造有限公司。8 月，三明、龙岩、南平烟草农业科学研究所先后更名为省烟草农业科学研究所三明、龙岩、南平分所。11 月，撤销畲山卷烟调拨站。

2002 年 9 月，省烟草综合服务公司并入闽烟贸易有限公司。

2003 年 3 月，由福建省烟草公司、龙岩卷烟厂、厦门卷烟厂三方出资在罗源畲山卷烟厂原址注册成立福建金闽再造烟叶发展有限责任公司。6 月 25 日，福建省金三明烟叶复烤有限公司与福建省三明金叶复烤有限公司机构整合，实行"两块牌子、一套人马，财务分账管理"的办法，撤销原三明市烟叶复烤厂。

2004年4月21日，福建海晟连锁营销发展有限公司成立。该公司由省公司及下属9个分公司和闽烟经贸有限公司、省烟草劳动服务公司共12家股东出资1850万元，经营范围有卷烟零售、批发日用百货、茶叶等。6月21日，中国烟草东南农业试验站正式搬迁到省烟科所宦溪科研基地。是年，龙岩卷烟厂打叶复烤分厂改制，成立龙岩金叶复烤有限责任公司。

2005年5月，全省烟叶产区三家烟叶复烤有限公司（烟叶复烤厂）陆续取消烟叶经营权。

2006年12月，福建海晟集团有限公司更名为福建烟草海晟投资管理有限公司，履行投资管理公司职能。

2008年8月，省局批复同意海晟投资公司设立福州海晟房地产开发有限公司，运作福州宗地2008－01号地块开发事宜。

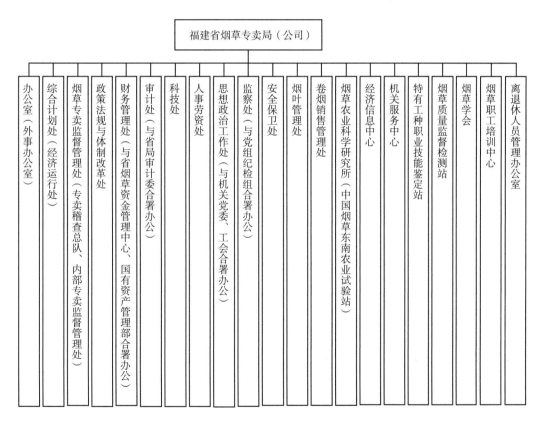

图12－1　2008年省局（公司）机关机构图

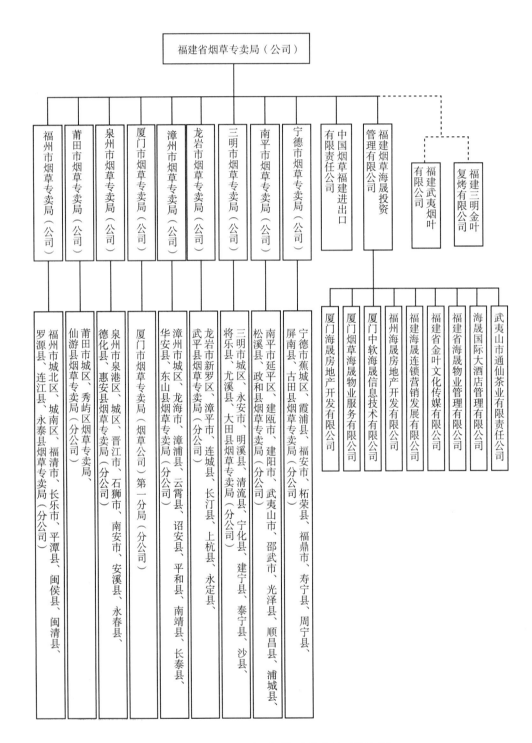

图 12—2　2008 年省局（公司）系统图

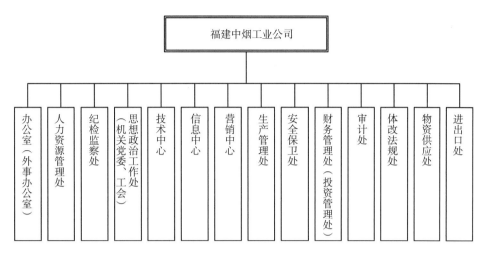

图 12—3　2008 年福建中烟工业公司内部机构图

第二节　队伍建设

一、人员结构

（一）商　业

1993 年 1 月，省局（公司）根据国家局的指示，冻结各级局（公司）机关及事业单位人员的调进。年底，省局（公司）机关人员编制为 175 人，全省烟草行业职工总数为 10617 人。

1994 年，省局（公司）通过实行"下管一级，考核两级"的做法。对全省行业干部职工队伍进行宏观调控，干部职工绝对数增加 141 人。

1995 年，工业企业和县级公司全面实行劳动合同管理制。针对全省开始建立卷烟销售网络和物流配送点等情况，全省陆续从社会聘用临时工，并首次对应届大学毕业生实行招聘制。当年，系统外调入 21 人，全系统共有在职员工 11506 人、离退休干部 541 人（其中离休干部 79 人）。

1996 年 7 月，根据上级有关精神，省局（公司）再次冻结系统外人员的调入，烟草职工队伍中固定工相对稳定，临时工、聘用工增加。商业企业外聘职工 2237 人，固定职工比上年净增 293 人。工业企业按照国家局指定的定员定额标准，实行"转岗分流、减人增效"后，人员与上年同比下降 7.3％。当年，厦门、龙岩、畬山、云霄烟厂万箱用工分别为：36 人、40 人、54 人和 94 人。商业部门把富余人员转岗到下伸网点和专卖管理岗位上，并对商业企业万箱销售用工和万担烟叶收购、复烤用工开始进行匡算。

1999 年，全省烟草行业干部职工实行全员合同制，对 107 个新招收的大、中专毕业生实行聘任制。随着用工形式的改变，卷烟纯销区网点、基层专卖管理所的聘用工、烟叶产区的聘用工、原计划内的临时工、烟区季节用工不断增加。

2000 年，省局（公司）根据国家局对烟草企业减员增效、下岗分流、实施再就业工程的要求，把重点放在工业企业、停产整顿、兼并企业和烟叶生产结构调整人员实行分流安置上；工业企业按万箱标准全面实行定员定额。全省继续建立烟草专卖管理所，从社会招聘一批专卖管理员（聘用工）。商业企业开展了定编、定员、定额工作，做好网点用工试点。

2002 年，商业企业聘用工占职工总数的 51%。

2003 年，福建烟草工商分设后，商业系统对用工体制进行改革。

2003 年末，全省烟草商业系统职工总数 9621 人（不含烟技员），其中在岗职工 4696 人，其他人员 4925 人。

2004 年末，全省烟草商业系统职工总数 7870 人（不含烟技员），其中在岗职工 3911 人，其他人员 3959 人。

2005 年末，全省烟草商业系统职工总数 15682 人，其中在册在岗职工 3834 人，聘用在岗职工 4897 人，原烟生产从业人员 6951 人。

2006 年末，全省烟草商业系统职工总数 15972 人，其中在册在岗职工 3749 人，聘用在岗职工 5072 人，烟叶生产从业人员 7151 人。

2007 年末，全省烟草商业系统职工总数 14225 人，其中在册在岗职工 3774 人，聘用在岗职工 5028 人，烟叶生产从业人员 5423 人。

2008 年末，全省烟草商业系统职工总数 14873 人，其中在册在岗职工 3769 人，聘用在岗职工 5102 人，其他从业人员 6002 人。

（二）工　业

2003 年，全省卷烟工业系统全部职工 4333 人，其中在岗职工 3146 人，大学及以上文化程度者 407 人。2004 年，全省卷烟工业系统全部职工 4320 人，其中在岗职工 3161 人，大学及以上文化程度者 499 人。2005 年，全省卷烟工业系统全部职工 4351 人，其中在岗职工 2795 人，大学及以上文化程度者 512 人。2006 年，全省卷烟工业系统全部职工 4347 人，其中在岗职工 3118 人，在岗职工中：女性 1309 人，大学及以上文化程度者 625 人。2007 年，全省卷烟工业系统全部职工 4495 人，其中在册在岗职工 2850 人，聘用在岗职工 433 人，在岗职工中大学及以上文化程度者 743 人。2008 年，全省卷烟工业系统全部职工 4848 人，其中在册在岗职工 3058 人，聘用在岗职工 577 人，在岗职工中大学及以上文化程度者 1019 人。

二、班子建设

1991 年，省局（公司）成立机关政治学习中心组，同时组织省局机关中层及以上干部围绕"社会主义代替资本主义的历史必然性"等 8 个专题，联系实际开展讨论，在"中国为什么要坚持四项基本原则"、"社会主义制度优越性"及"社会主义的前途"等重点、热点、难点上下功夫，解决深层次的思想问题，学习结束时进行开卷考试，参考人员85％以上达到优良成绩。

1992年，配齐3个地（市）局所缺的专卖副局长，选配4名地（市）局（分公司）、工厂副职（平均年龄34岁）。同时，对领导干部实行"滚动式"管理，建立后备干部制度，对后备干部采取几条培养措施，如集体研究、结合年终考核组织民主推荐；选送上级机关培养；下派挂职锻炼；交流使用外引人才、加强理论知识教育、注重现有岗位培养；建立后备干部的考核档案等。从数量、质量上加强对县局班子的宏观调控。在对省局党组管理的领导干部进行考察的基础上，对地（市）局（分公司）、工厂的班子进行逐个分析排队，从思想教育和组织措施上解决班子中不团结、不协调、干部思想意识不健康等问题；解决好新老交替问题。同时，从制度建设入手，完善各种监督措施。落实领导班子民主生活会的指导和管理制度、领导干部个人生活重大问题内部通气报告制度以及领导干部谈话制度、联席会议制度和请销假制度。

1993年5—7月，省局分别举办两期为期一周的全行业领导干部读书班。各地（市）局长、经理、工厂厂长、直属单位领导和省局中层以上干部70多人参加。当年，省局中心组成员全年脱产学习15次；中层干部脱产学习3次，党员职工坚持每月一次集中学习。

1994年，举办全省行业处级及以上领导干部读书班，学习社会主义市场经济理论，着重围绕什么是现代企业制度、现代企业制度的经营管理、加快建立现代企业制度和发展企业集团等问题进行研讨和探索。鉴于个别领导干部违法犯罪等问题，省局及各地（市）局党组把县（市）局（公司）班子建设作为头等大事来抓，通过考核方式，着重解决政治上不强，内部不团结，作风不扎实，缺乏解决自身矛盾能力和提高整体战斗力等问题。

1995年，省局先后考核泉州、三明、宁德分公司的班子，对省局党组管理的70名地（市）局（分公司）、工厂领导班子成员进行动态跟踪考核，先后与150多位同志进行详谈，并听取3个地（市）委、政府有关部门和党内外群众对班子的评价。配备了漳州、宁德市局（分公司）一把手和云霄卷烟厂党总支领导，调整了泉州卷烟厂领导班子。任命了南平、漳州、龙岩地（市）局纪检组长。省局还派员参加4个烟厂、6个地市局班子的民主生活会。12月，省局对省局机关31名中层干部任职以来的德能勤绩进行考核。同时，加强对县级领导班子的管理，规定：地（市）局任命县级局（公司）局长、经理要报省局备案，县级局（公司）领导班子成员原则上55岁改任非领导职务以及实行异地交流等。至年底，有7人退出县局（公司）领导班子，43人实行交流。

1997年8月以后，全省烟草系统实行领导干部提拔任用必须征求同级纪检监察部门意见的做法。

1998年3月开始，全省烟草系统任命干部不再实行试用制。

1999年，省局机关开展以"三讲"（讲学习、讲政治、讲正气）为主要内容的党性党风教育，重点抓好处级及以上干部的学习。9月，省局规定：省局党组管理的干部退出领导岗位后不得在行业多种经营（三产）及合资企业任职。11月，省局（公司）机关开展科级（含）以下职工考核评聘工作。当年，省局机关荣获"福建省党建工作先进单位（1998—1999年度）"称号。

2000年，省局党组对厦门烟草原"三合一"（烟厂、专卖局、分公司）的领导班子进行考核后，提出厦门烟草机构分设及领导班子配备的方案，调整了泉州、云霄两卷烟厂的领导班子。各单位按1：1比例建立后备干部队伍。

2001—2002年，重点解决三个问题：官僚主义、形式主义、作风飘浮；独断专行或软弱涣散、闹不团结和讲排场、摆阔气、大手大脚、贪图享乐的问题。按照《党政领导干部选拔任用工作暂行条例》，在干部推荐提名、考察考核、讨论决定等环节上，加大民主推荐、民意测验和民主评议力度。同时，落实领导干部个人重大事项报告制度、干部诚勉谈话制度和经济责任审计制度，做到有离必审、先审后离、先审后升。按照一级抓一级的原则，定期检查领导班子在重大问题决策、干部任免、重要建设项目的安排、大额度资金的使用等方面的情况。同时加强对年轻干部的培养，规定：新选拔进入省局党组管理的领导班子成员，原则上应是1960年以后出生、具有大专以上学历的干部；新选拔进入县（市）局班子成员年龄不得超过40岁，且应具有大专以上学历。

2003年，对泉州、南平、福州、三明、厦门、漳州等设区市局（分公司）班子进行调整充实；对9个设区市局（分公司）班子及班子成员进行年度考核。

2004年，省局下发《中共福建省烟草专卖局党组关于加强各设区市局（分公司）领导干部使用和管理若干规定的通知》对各设区市局（分公司）领导干部的文化程度、干部交流、任职回避、内部退养以及干部职务变动过程的纪律等进行明确规定。先后对宁德、莆田、南平、三明、龙岩等设区市局（分公司）领导班子进行调整充实。福建中烟工业公司制定了《福建中烟工业公司党组议事规则》，规范了议事规则和工作程序；确定党组学习中心组成员，制订了学习方案；加强领导班子民主集中制建设，组织召开了机关处级以上领导干部民主生活会，并监督下属企业开好领导班子民主生活会。

2005年，根据国家局《关于在全行业开展"四好"领导班子创建活动的意见》，福建中烟工业公司制定下发《福建中烟工业公司关于开展"四好"领导班子创建活动的实施方案》及相应《考核办法》，活动分为学习教育、调研分析、整改建制、总结完善四个阶段，把"政治素质好、经营业绩好、团结协作好、作风形象好"作为考核企业领导班子的主要内容。同时，完善和加强下属企业领导班子考察。10月，省公司、厦门市委组织部和市经发局组成联合考察组，对厦门卷烟厂领导班子成员进行全面考察，对班子成员配备方案进行了讨论分析，供领导决策参考。针对行业内个别基层领导干部出现违法违纪案件的现象，省局（公司）重申和明确党组民主集中制议事原则、领导干部交流制度、个人重大事项报告制度、干部诚勉谈话制度、经济责任审计制度等具体内容。分别对福州、莆田、南平、宁德、漳州、龙岩市局（分公司）领导班子进行调整和充实，结合干部调整，对福州、莆田、南平、龙岩、宁德 5 个市局（分公司）进行法人代表离任经济责任审计。

2006 年，省局（公司）对市局（公司）领导班子及成员进行年度考核，开展民主测评和民主推荐，同时，贯彻执行《党员领导干部述职述廉暂行规定》和《关于对党员领导干部进行诫勉谈话和函询的暂行办法》。配合审计部门做好领导干部经济责任审计工作，健全干部选拔任用工作的内部监督机制，龙岩、南平、三明市局（公司）制订出台了后备干部队伍建设管理办法，泉州市局（公司）对 45 名市局（公司）中层干部及县局（分公司）班子成员的岗位进行了交流，三明各县级局（分公司）领导班子成员 44 人中有 34 人异地交流。福建中烟工业公司继续深化"四好"领导班子争创活动，加强领导班子建设。做好下属企业领导班子配备工作。从龙岩卷烟厂考核提拔了一名副厂长，从机关派出一名正处级干部到厦门厂任调研员，一名副处级干部到厦门卷烟厂任副厂长，从下属卷烟厂提拔了二名副职到机关任正处级干部，并在机关考核提拔了 4 名处级干部。根据国家局要求，对省局贯彻《党政领导干部选拔任用工作条例》及相关规定情况进行了自查并接受了国家局检查组的检查。

2007 年，根据国家局党组要求，福建中烟工业公司完成了上一年度全省系统处级以上党员领导干部个人事项报告工作。根据工作需要并结合组织机构改革，在机关和各卷烟厂开展了处级后备干部推荐工作，全省系统先后考核提拔了 26 名处级干部（含 3 名非领导职务），调整处级干部任职岗位 8 人次，大大充实和完善了下属企业领导班子配备和机关处级干部队伍结构，调整充实力度为公司成立以来最大的一年。其中，还创新干部选拔形式，面向营销中心组织公开竞聘，选拔了两名正科级干部任市场营销管理处副处长。省局（公司）要求全省商业系统副处以上领导干部报告个人重大事项，掌握领导干部的个人重大事项情况；组织开展基层领导干部述职述廉工作，增强领导干部权力运行的透明度；继续抓好以创建"政治素质好、经营业绩好、团结协作好、作风形象好"为主要内容的"四好"领导班子建设活动。

2008 年，省局（公司）对各单位班子成员的年龄、学历、个性、工作作风、优缺点进行剖析，掌握各单位领导班子团结协调、领导能力等情况；分两期对所有处级干部进行党的十七大精神集中轮训。组织开展政工人事干部"讲党性、重品行、做表率"活动。福建中烟工业公司配合国家局和省委组织部完成了领导班子及其成员的任期考核和副厅级干部推荐工作。先后考核提拔了 2 名正处级干部和 5 名副处级干部，调整了 3 名副处级干部岗位，办理了 2 名处级干部的退休手续和 1 名处级干部的内退手续，处级干部队伍结构得到进一步优化。对处级干部的因私出国（境）护照进行统一保管。此外，根据国家局部署对下属企业贯彻落实《干部任用条例》情况进行了检查并将情况上报。

表 12—1　　　　　　**1991—2008 年省烟草系统历任领导人名表**

姓　名	性别	任职时间	职　务
黄锦江	男	1988.10—2001.5	党组成员、副经理、副总经理
姜成康	男	1988.10—1995.2	党组书记、局长、经理
邱胜华	男	1992.7—1995.2	省公司副经理、党组成员
		1995.2—2001.6	省局局长、省公司总经理、党组书记
		2001.6—2002.1	省局局长、党组书记
宋　力	男	1992.7—2001.6	省公司副经理、党组成员
		2001.6—2002.1	省公司总经理、党组副书记
		2002.1—2005.8	省局局长、省公司总经理、党组书记
杨培森	男	1996.7—2004.2	省公司副总经理、党组成员
		2005.8—	省局局长、省公司总经理、党组书记
卢金来	男	2001.6—2004.1	省公司副总经理、党组成员
		2004.1—	福建中烟总经理、党组书记
郑光孙	男	1992.7—1998.12	省局党组纪检组长、党组成员
孙佳和	男	1998.12—2005.9	省局党组纪检组长、党组成员
张　卉	男	1996.7—	省局副局长、党组成员
李仰佳	男	2001.6—2004.1	省公司副总经理、总会计师、党组成员
		2004.1—	福建中烟副总经理（兼总会计师）、党组成员
揭柏林	男	2004.12—	省公司副总经理、党组成员
李晓陆	男	2004.12—	省公司副总经理、党组成员
黄星光	男	2005.9—	省局党组纪检组长、党组成员
李跃民	男	2004.12—2007.6	福建中烟党组成员
		2007.6—	福建中烟副总经理、党组成员
陈子强	男	2007.6—	福建中烟副总经理、党组成员
张曰冬	男	2004.12—2005.9	福建中烟党组成员
郭香灼	男	2008.7—	福建中烟纪检组长、党组成员

　　注：巡视员、副巡视员为非领导职务，不列入。

三、人事制度

　　1992 年 1 月，省局（公司）处级及以上领导干部实行任期制，处级以下干部实行聘任制，党政工团正职领导干部民主选举产生。全行业实行干部交流。6 月 22 日，省局（公司）机关正式确定职务系列为七个等级：局长、副局长及副经理、中层正职、中层副职、业务主办、科员、办事员。7 月 18 日，厦门卷烟厂第七届二次职代会通过企业内部分配、干部聘任制和用工制度等三个改革方案，对人事劳工制度实行改革。是年，全行业停止从工人中择优转干部的工作。

1993年1月，全系统开展领导任期目标责任制的试点。省级局机关实行全员聘任制。1月4日，冻结各级局（公司）机关及事业单位人员的调进。特殊岗位进人须经省局报国家局批准。5月，据国家局通知，全省烟草系统女处级干部、女性高级专家（教授、正副研究员、工程、农业、经济、统计、会计、记者等女高级职称人员）实行60岁退休。

1995年初，省局（公司）实行对领导班子下管一级考核两级的做法。规定：县局（公司）一把手的任免要报省局备案、55岁者原则上改任非领导职务和实行异地交流。再次重申对系统外调进人员的冻结令。同时，全系统进行机构、人员编制和职工队伍的检查清理。8月，改革大学毕业生的招收办法，对硕士研究生、本科生实行招聘制。是年，出台《临时工管理暂行规定》，对临时工的招聘手续、管理方法、工资待遇、奖罚及解聘等作出统一规定。

1996年3月，省局（公司）允许机关内男满55周岁、女满50周岁或连续工龄25年以上的职工申请离岗内退，并对离岗内退人员的经济待遇、住房等作出规定。

1998年5月，省局（公司）对领导干部交流做出规定：交流对象是省局（公司）机关处级干部，地（市）局（分公司）、县级局（公司）领导班子成员。交流条件是正职工作满5年、副职8年以上或因工作需要的，交流范围是地区、部门、上下之间。7月，省局（公司）规定：地（市）局（分公司）在选拔配备、调整交流、任免所属县（市）局（公司）局长、经理时，应先征求省局意见，经省局同意，方可下达任免通知。

1999年初，推广三明市局（分公司）建立基层烟草专卖管理所的经验，开始陆续向社会招聘专管员。4月，对省局机关聘任中层干部作出规定：正处级干部年满58周岁，副处级干部年满56周岁，不再担任领导职务，退居二线改任非领导职务。新提任被聘为处级干部的，因违纪受处理、考核不合格、不服从工作调动等原因不再保留受聘职级的待遇等。同时，对被聘干部的经济待遇也做了规定。

2000年初，全省100个烟草专卖管理所，共向社会招聘1200名专卖管理所的稽查管理人员。4月，实行干部竞争上岗，其职位（岗位）、数量及范围，按干部管理权限，由党组（党委、经营班子）集体研究决定，原则上在省局（公司）机关副处长（含）以下，地（市）、县局（公司）、卷烟厂、进出口公司、烟科所的副职（含）以下职位（岗位）实行。竞争上岗按公布职位、公开报名、资格审查、考试、演讲答辩、民主测评、组织考察、决定任命八个程序进行。同时，实行领导干部任期制。领导班子成员每届任期五年，连任不超过两届。在同一岗位连任两届，任满10年的，应进行岗位交流或改任非领导职务。实行机关干部岗位轮换和领导干部交流、任前公示制度以及实行干部末位淘汰制等。

2001年6月30日，对在机关机构改革人员分流中的富余人员实行内部退养。凡男年满55周岁、女干部年满50周岁且工作年限满20年的；女工人45周岁且工作年限满20年的；

或工作年限满30年的，本人自愿，组织批准，可办理内部退养。因病不能坚持工作一年以上，或两年累计上班不足一年，且工作年限满10年的，办理内部退养。7月2日，省局党组管理的基层领导班子成员和省局（公司）机关处级干部，凡年满55周岁的，从现职领导岗位上退下来，改任非领导职务。

2002年6月25日，省局发文规定，处级女干部退休年龄从60岁改为55岁，女性工人退休年龄仍为50岁。9月5日开始，省局（公司）在全省行业开展学历学位的检查清理工作。对人事档案中学历、学位材料不齐全的，要求及时补齐；对将非学历教育填写为学历学位的予以纠正；弄虚作假的或不实的，要求予以说明；拒不说明情况或伪造证据的由有关部门查处。12月，省局规定：从2003年起，烟草企业烟叶生产所需要的农民临时工，季节工工资，根据当年烟叶实际的收购量，实行担烟工资、总量包干的办法。其招聘、使用和劳动报酬，保险福利等方面由各单位人事部门负责。

2003年1月，省局（公司）规定，系统内男干部年满58周岁、男性工人年满55周岁；女干部年满53周岁，女工人年满48周岁（其中处级女干部年满54周岁），应予离岗休养。5月，省局党组对县局（公司）局长、经理的选拔任用做出5条规定：①按《党政领导干部选拔任用工作条例》规定的原则、条件、程序和纪律办事。②县局（公司）局长、经理人选，必须具有大专以上学历。要特别注意从本科（含）以上学历、工作5年以上、德才兼备的干部中选拔任用。任现职的县局（公司）局长、经理达不到大专学历的，应在2005年底前达到。届时仍达不到的，应从县局（公司）局长、经理岗位调整出来。③县局（公司）局长、经理年龄不得超过50周岁。已满50周岁的，应退出领导岗位，改任非领导职务；年龄虽未达到50周岁，但在县局（公司）局长、经理岗位连续工作10年以上的，应调整到市局（分公司）机关中层岗位任职或改任非领导职务。④县人口在80万以上或烟叶年产量10万担以上的县局（公司）局长、经理的选拔任用，由市局党组研究后，上报省局人事部门，由省局人事部门组织考核，省局党组研究审批，省局人事部门下发任职通知。⑤县局（公司）局长、经理的配偶及子女不得在同一单位工作。已在同一单位工作的其中一方应调离。对不履行《劳动合同》的职工，企业可解除劳动合同，终止劳动关系。新招聘或调入机关管理岗位工作的职工，必须具有全日制本科（含）以上学历。机关各处（室）、专业部门、专业公司需补充人员时，按省局招聘办法，与全省行业应届毕业生招聘同时进行。各部门原则上不从基层单位借调人员。临时人员招聘归口人事部门负责。原则上不聘用已退休人员。职工可以在各部门、各岗位之间交流，经教育仍不服从组织安排的，给予待岗处理。待岗12个月以上按福州市职工生活最低保障线标准发给生活费。省局对职工学历教育有关办法等也作了规定。

2004年2月，省局（公司）要求设区市局（分公司）领导班子成员必须具有大专及以上学历、实行干部交流制度和任职回避制度。同时，全系统外聘工实行劳务派遣制度，由用工单位与劳务公司签订用工协议，用工单位只负责使用，不与被用工人员直接发生劳动关系。福州市局（分公司）与中国海峡人才市场正式签订人才派遣（租赁）协议，协议涉及专卖稽查、营销、后勤保障等十几个岗位，共 1160 人。南平、三明在当年也完成这项工作。4 月，省局决定在机关各处室、专业部门、专业公司实行职工内部退养制度。规定：男干部年满 58 岁，男工人年满 55 岁；女性干部（包括任处级非领导职务）年满 53 周岁，担任处级领导职务的年满 54 周岁；工人年满 48 周岁，凡属上述条件的实行内部退养。5 月，中烟工业公司下发《福建中烟工业公司机关科级以下职工职务升降暂行规定》（闽烟工〔2004〕141 号），对科级以下职工职务升降的条件、评聘程序做出明确规定。在资格条件上规定如下：（1）符合基本条件，现任副科级职务，在烟草行业内工作 4 年以上，同时符合下列资格条件之一的可聘为主任科员：①硕士研究生毕业，工作年限 6 年以上；②大学本科毕业，工作年限 8 年以上；③大学专科毕业，工作年限 10 年以上。（2）符合基本条件，现为科员，在烟草行业内工作 2 年以上，同时符合下列条件之一的可聘为副主任科员：①硕士研究生毕业，工作年限 2 年以上；②大学本科毕业，工作年限 4 年以上；③大学专科毕业，工作年限 6 年以上；④中专毕业，工作年限 8 年以上。（3）符合基本条件，在烟草行业内工作 1 年以上，同时符合下列条件之一的可聘为科员：①大学本科毕业，工作年限 1 年以上；②大学专科毕业，工作年限 3 年以上。（4）符合基本条件，大学专科毕业，工作年限 1 年以上，可聘为办事员。在评聘程序上须经过个人总结、民主测评、综合考核、审批等环节。11 月，印发《机关考勤和休假管理办法》（闽烟工〔2004〕316 号），对机关职工的考勤和休假做出规定。

2005 年 8 月，省局（公司）局长、总经理、党组书记宋某因涉嫌经济问题受处理，由国家局原计划司司长杨培森接任。

2006 年 3 月，中烟工业公司对处级领导干部改任非领导职务和内部退养制度的条件、待遇等做出规定。改任非领导职务的年龄是：男性年满 55 周岁和女性年满 53 周岁。内部退养的条件是：男性年满 58 周岁和女性年满 54 周岁。4 月，全省烟草商业系统正式执行《福建省烟叶产区县级烟草专卖局（营销部）职能配置、内设机构和人员编制规定（试行）》。同月，省局下发《福建烟草烟区商业企业组织结构调整指导意见》，明确烟叶产区县级公司取消法人资格过程中的工作机构、人事、财务和纳税、卷烟营销及烟叶生产等方面的改制原则。6 月，对所属各专业公司、专业部门、三产企业（办公地点在福州市的）聘用的短期聘用职工的招聘、培训、考核、薪酬等有关事宜作了规定。9 月 16 日，省局规定：福州金叶物流有限公司等 4 家物流有限公司实行"独立核算"，劳动工资由地方管理。9 月中旬，省公司将资产下投至各设区市公司。10 月，省公司又向国家局上报全省烟草商业系统母子公司体制改革方案和章程。10 月 9 日，成立全省烟草商业企业"定岗、定责、定员、定薪"领导小组，负责机构设置、岗位设置、岗位职责、人员编制、薪酬管理。11 月，国家局正式批准福建省烟草商业系统母子公司体制改革方案，同时批准取消龙岩、三明、南平三个烟区 25 家县级公司法人资格。至此，全省县级公司法人资格全部取消，全省烟草商业系统

"9+2"母子公司体制正式确立。

2007年2月，在全省烟草商业系统局长、经理座谈会上，省局对用工分配制度改革进行全面动员和部署，明确了"分类管理、科学设岗、明确职责、严格考核、落实报酬"的改革总体要求，并确定泉州市局（公司）、龙岩市局（公司）为改革试点单位。10月，中烟工业公司全面启动用工分配制度改革。省局下发《福建省烟草专卖局关于设区市局（公司）职能配置、机构设置和人员编制的规定》，同时，对商业系统各类岗位系列等级作了规定。11月，《关于深化全省烟草商业系统人事用工分配制度改革的意见》正式下发。

2008年初，全省烟草商业系统工作会议确定用工分配制度改革为当年的重点工作，并作专项部署。3月，省局确定武夷山市局（分公司）为县级单位绩效管理工作试点。5月初，泉州、龙岩市局（公司）改革方案获得国家局原则同意，两单位相继转入改革试运行。同时，省局启动全省烟草商业系统绩效考核制度建设工作，将泉州、龙岩、莆田、福州市局（公司）和武夷山市局（分公司）作为绩效考核制度建设试点单位。6月，中烟工业公司完成收入分配框架及配套制度的制定，为下一阶段全面推进福建卷烟工业系统用工分配制度改革，统一岗位分类、岗位等级设定、岗位晋级晋档方式和岗效工资标准，奠定了良好的基础。9月，省局修订商业系统职工内部退养制度，规定职工距法定退休年龄2年内的员工，可申请内部退养，并对办理程序、待遇、及其他事项做重新规定。同月，全省推广交流泉州、龙岩市局（公司）人事用工分配制度改革试点单位的经验，部署全面推进全省烟草商业系统用工分配制度改革工作。

四、专业技术职务评聘

1992年，省局（公司）成立职称改革领导小组，设立专门办公室，建立工程、农业（科研）、经济、政工系列的中、初级评委会。根据推进企业人事、劳动工资改革、引进竞争机制和生产经营、科研、技术改造等实际需要，对4个系列的中、初级资格的申报人员进行评审。10月26日，向国家局推荐上述4个系列申报高级职称的专业技术人员。申报上述4个系列以外的专业技术资格的，则通过行业外以考代评或委托评审的方法解决。至1993年底止，全省行业评（考）出农业、工程、科研、卫生、教育、经济、会计、统计、翻译、档案、新闻、工艺、艺术、政工系列的专业技术资格人员共1657人，其中：高级54人，中级547人，初级1056人。

1994—1997年，系统内专业技术职称评聘工作实行评聘结合，具备专业技术资格的即视同聘任，可享受相应的待遇。

2000年国家局薪酬改革方案出台后，专业技术资格评审工作照常进行，但除卷烟工业企业外，专业技术资格评上后不与聘任待遇挂钩。之后，国家局提倡开展专业技术职务聘任工作，并要求专业技术资格评审与专业技术职务聘任分开，只有经正式聘任后方可享受相应待遇。

2002 年，福建省烟草行业根据国家局《烟草系统专业技术资格评定与专业技术职务聘任办法（试行）》，制定了专业技术职务聘任工作的原则，其中明确规定"行政领导职务与专业技术职务不得同时担任"。

2003 年 11 月，全省烟草工商分离后，对原有农业（科研）、经济、政工系列的中、初级专业技术资格评审委员会进行调整，其中福建中烟工业公司成立工程系列中、初级专业技术资格评审委员会，商业公司不再保留该评委会，如有申报人员则委托中烟工业公司进行评审。省烟草商业系统保留农业（科研）系列中、初级专业技术资格评审委员会，工业公司的申报人员委托商业系统评委会进行评审。同时，由工商两家联合成立政工系列中级专业技术资格评审委员会。福建中烟同时成立综合考评推荐小组，负责对经济、会计、审计等实行专业技术考试的专业以及拟委托评审高级资格人员进行综合评议推荐。每年根据国家局下发的当年度申报专业技术资格通知，工、商系统分别组织开展全省烟草系统工程、农业（科研）、政工系列的中、初级专业技术资格评审工作，并做好科研、工程、农业、经济、会计、政工这 6 个系列高级专业技术资格的申报推荐工作。

2004 年，烟草商业系统根据"按需设岗、按岗竞聘"的原则建立专业技术职务聘任制；专业技术岗位的设置遵循"最低岗位、最少岗位、最适系列、最优结构、最佳组合、最高限额"的原则。同年 7 月，福建中烟根据国家局要求，从专业技术资格评定、专业技术岗位设置、专业技术职务聘任、专业技术职务考核四个方面制定并下发《福建卷烟工业系统专业技术资格评定与专业技术职务聘任办法》。

2005 年，龙岩卷烟厂作为国家局开展专业技术职务聘任工作的试点单位在专业技术职务聘任上进行改革，一是根据向重点岗位倾斜的原则，对需聘专业技术职务岗位设定了基本条件和方法步骤，在 171 个岗位中设置了 69 个需聘专业技术岗位，并根据工作性质设定了相应的资格要求。二是建立专业技术人员晋升通道，即在中级专业技术人员中设置了"未受聘级、一般级、副主任级、主任级"四个层级，在高级专业技术人员中设置了"未受聘级、受聘级"二个层级。同时从专业水平、科技成果和工作经验三个方面设定不同层级聘任标准，并在薪酬上提高受聘人员经济待遇。三是严格聘任程序，通过规范严密的聘任流程，保证聘任结果的公平性和公正性。四是编制岗位说明书，对受聘专业岗位从任职条件、岗位目的、沟通关系、职责范围、负责程度和考核评价等方面进行全面梳理。五是实施绩效考核，根据岗位说明书对受聘人员采取季度、年度考核，考核结果与薪酬直接挂钩。龙岩卷烟厂通过公开聘任活动，共聘任高级专业技术职务 2 人，主任级中级专业技术职务 4 人，副主任级 6 人，一般级 40 人，为福建卷烟工业系统开展专业技术职务聘任工作打开了思路，提供了经验。

2006 年，省烟科所三明分所开展科研系列专业技术职务聘任试点，三明市局（公司）在省烟科所三明分所进行试点，设置了 10 个专业技术岗位（中级、初级岗位各 5 个），通过收集各项资料和多层次访谈、分析汇编等程序进行岗位分析，制定了岗位说明书、考核办法和薪酬管理办法，明确工作职责、内容、规范、任职资格、考核标准、薪酬标准等内容。

2007年9月10日，成立省局（公司）中级综合考评推荐组，负责推荐全省商业系统工程、经济、会计（审计）等高级专业技术资格申报人员以及拟委托评审高级专业技术资格申报人员。年底，省局（公司）着手在省烟科所开展副高级以上科研人员专业技术职务聘任试点工作。人事部门在调研基础上，提出"项目为本、择优聘用、聘期考核、落实报酬"的聘任思路。

2008年，三明市局（公司）组织专业技术职务竞聘工作，聘任中级、初级专业技术职务人员各2名，聘期2年，为全省各级、各系列全面推广专业技术职务聘任提供了经验。

表12—2　　　　　　**1993—2008年全省烟草系统高级职称人名表**

（一）农业系列

项目职称系列	姓名	评定时工作单位	资格认定时间
高级农艺师	李子信	漳平县局(公司)	1993.5.29
高级农艺师	许锡明	三明市局(分公司)	1993.5.29
高级农艺师	张时彦	三明市局(分公司)	1993.5.29
高级农艺师	王材钧	龙岩地区局(分公司)	1993.5.29
高级农艺师	吴接才	永定县局(公司)	1993.5.29
高级农艺师	胡初雄	宁化县局(公司)	1993.5.29
高级农艺师	林桂华	龙岩地区局(分公司)	1994.7.7
高级农艺师	吴顺炎	永定县局(公司)	1994.7.7
高级农艺师	吴正举	省局(公司)	1997.8.22
高级农艺师	刘奕平	省局(公司)	1998.8.28
副研究员	郭企彦	龙岩烟科所	1998.7.22
高级农艺师	纪成灿	三明市局(分公司)	1999.8.2
高级农艺师	顾　钢	三明烟科所	2000.10.27
副教授	唐莉娜	省农业大学	2000.5
高级农艺师	黄光伟	龙岩烟科所	2000.5
高级农艺师	刘添毅	省局(公司)	2000.10.27
高级农艺师	曾文龙	龙岩市局(分公司)	2001.10.26
高级农艺师	陈溪明	龙岩市局(分公司)	2001.10.26
高级农艺师	李春英	省局(公司)	2002.9.18
高级农艺师	黄一兰	三明市局(分公司)	2002.9.18
高级农艺师	徐　茜	南平市局(分公司)	2004.8.3
高级农艺师	王　鑫	龙岩市局(分公司)	2005.8.23

续表 12—2

项目职称系列	姓名	评定时工作单位	资格认定时间
高级农艺师	潘建菁	三明市局(分公司)	2005.8.23
高级农艺师	巫升鑫	省烟科所	2005.8.23
高级农艺师	李文卿	省烟科所	2006.11
高级农艺师	游小春	三明市局(分公司)	2006.11
高级农艺师	周道金	龙岩市局(公司)	2007.12.6
高级农艺师	邱标仁	龙岩市局(公司)	2007.12.6
高级农艺师	赖禄祥	三明市局(公司)	2007.12.6
高级农艺师	倪金应	三明市局(公司)	2007.12.6
高级农艺师	陈朝阳	南平市局(公司)	2007.12.6
高级农艺师	童旭华	龙岩市局(公司)	2008.11.21
高级农艺师	邱志丹	龙岩市局(公司)	2008.11.21
高级农艺师	许永锋	三明市局(公司)	2008.11.21
高级农艺师	李跃武	南平市局(公司)	2008.11.21

(二)研究员

项目职称系列	姓名	评定时工作单位	资格认定时间
研究员	张玉珍	省局(公司)	1998.10
研究员	许锡明	三明市局(分公司)	2002.10.20
研究员	陈顺辉	省烟科所	2004.4

(三)工程系列

项目职称系列	姓名	评定时工作单位	资格认定时间
高级工程师	郑文洪	厦门卷烟厂	1993.6.30
高级工程师	林平平	厦门卷烟厂	1993.6.30
高级工程师	丁辉煌	厦门卷烟厂	1993.6.30
高级工程师	于仁光	厦门卷烟厂	1993.6.30
高级工程师	胡棠林	龙岩卷烟厂	1993.6.1
高级工程师	陈镇泉	龙岩卷烟厂	1993.6.1
高级工程师	洪浚源	厦门卷烟厂	1993.6.30
高级工程师	陈炳基	省局(公司)	1993.6.30
高级工程师	蔡亚兴	厦门卷烟厂	1994.9.2
高级工程师	沈颂平	华美卷烟有限公司	1994.9.2
高级工程师	陈慈生	厦门卷烟厂	1994.9.2

续表 12－2

项目职称系列	姓名	评定时工作单位	资格认定时间
高级工程师	王道宽	厦门卷烟厂	1996.10
高级工程师	郑云毅	厦门卷烟厂	1996.10
高级工程师	谢维钊	省局(公司)	1997.8.2
高级工程师	蔡迎雄	厦门卷烟厂	1998.9.24
高级工程师	王建章	厦门卷烟厂	1998.9.24
高级工程师	林 郁	龙岩卷烟厂	1998.9.24
高级工程师	林 平	龙岩卷烟厂	1999.12.1
高级工程师	温庆巍	龙岩卷烟厂	1999.11.1
高级工程师	庄吴勇	厦门卷烟厂	1999.11.30
高级工程师	蔡爱梅	省(公司)	1999.11.30
高级工程师	李跃民	龙岩卷烟厂	2000.11.1
高级工程师	林志忠	厦门卷烟厂	2000.11.21
高级工程师	王汉龙	厦门卷烟厂	2000.11.21
高级工程师	邱龙英	龙岩卷烟厂	2000.11.1
高级工程师	邱晓卫	龙岩卷烟厂	2001.11.1
高级工程师	陈文钦	龙岩卷烟厂	2001.11.15
高级工程师	黄印亥	厦门卷烟厂	2001.12.31
高级工程师	梁俐俐	厦门卷烟厂	2002.8.29
高级工程师	卢琳坤	龙岩卷烟厂	2002.8.1
高级工程师	伍达明	龙岩卷烟厂	2002.8.1
高级工程师	林荣欣	龙岩卷烟厂	2003.11.1
高级工程师	黄 华	龙岩卷烟厂	2003.11.1
高级工程师	张益兰	龙岩卷烟厂	2003.11.1
高级工程师	杨述元	厦门卷烟厂	2003.11.1
高级工程师	陈河祥	龙岩卷烟厂	2005.9.1
高级工程师	谢 卫	龙岩卷烟厂	2005.9.1
高级工程师	黄 勇	金闽公司	2005.9.13
高级工程师	钟洪祥	龙岩卷烟厂	2005.9.1
高级工程师	陈万年	龙岩卷烟厂	2006.11.1
高级工程师	范坚强	龙岩卷烟厂	2006.11.1
高级工程师	林冬梅	龙岩卷烟厂	2006.11.18
高级工程师	邓春宁	龙岩卷烟厂	2007.11.2
高级工程师	刘志平	龙岩卷烟厂	2007.11.2
高级工程师	杨 斌	龙岩卷烟厂	2007.11.2

续表12-2

项目职称系列	姓名	评定时工作单位	资格认定时间
高级工程师	罗旺春	龙岩烟草工业有限责任公司	2008.11.23
高级工程师	林天勤	龙岩烟草工业有限责任公司	2008.11.23
高级工程师	姜焕元	龙岩烟草工业有限责任公司	2008.11.23
高级工程师	舒芳誉	厦门烟草工业有限责任公司	2009.10.10
高级工程师	郑湖南	省中烟工业公司	2008.11.23
高级工程师	张宏永	省局（公司）	2008.11.23

（四）经济系列

项目职称系列	姓名	评定时工作单位	资格认定时间
高级经济师	陈大树	厦门卷烟厂	1993.5.30
高级经济师	黄锦江	省局（公司）	1993.5.30
高级经济师	唐光启	莆田市局（分公司）	1993.5.30
高级经济师	林秀枝	厦门卷烟厂	1993.5.30
高级经济师	林启发	厦门卷烟厂	1993.5.30
高级经济师	姜成康	省局（公司）	1994.8.7
高级经济师	吴墨水	三明市局（分公司）	1996.7.13
高级经济师	宋　力	省局（公司）	1996.7.13
高级经济师	郑兴文	华美卷烟有限公司	1997.7.11
高级经济师	陈秀琴	省局（公司）	1998.9.6
高级经济师	叶枝榕	福州市局（分公司）	1998.6.8
高级经济师	尤泽清	省局（公司）	1999.9.21
高级经济师	尤传能	省局（公司）	1999.9.21
高级经济师	黄永寿	南平市局（分公司）	2001.9.22
高级经济师	杨晋闽	中国烟草福建进出口公司	2001.9.22
高级经济师	吴志文	厦门烟草工业有限责任公司	2007.11.22
高级经济师	陈全志	厦门市局（公司）	2007.11.22
高级经济师	朱建国	莆田市局（公司）	2007.11.22
高级经济师	揭柏林	省局（公司）	2008.11.22

（五）高级会计师

项目职称系列	姓名	评定时工作单位	资格认定时间
高级会计师	傅荣洲	厦门卷烟厂	1993.7.18
高级会计师	何训经	罗源卷烟厂	1993.7.18
高级会计师	刘宗柳	厦门卷烟厂	1994.7.14
高级会计师	李仰佳	省局（公司）	1996.12

续表12－2

项目职称系列	姓名	评定时工作单位	资格认定时间
高级会计师	卢金来	龙岩卷烟厂	1998.3.1
高级会计师	刘友星	省局（公司）	1999.10.21
高级会计师	陈景华	省中烟工业公司	2002.8.16
高级会计师	简维华	龙岩市局（分公司）	2002.8.16
高级会计师	吴晓梅	省中烟工业公司	2004.7.21
高级会计师	吴巧华	古田县局（公司）	2006.10.27

（六）政工系列

项目职称系列	姓名	评定时工作单位	资格认定时间
高级政工师	郑训权	省局（公司）	1991.11.20
高级政工师	郑光孙	省局（公司）	1991.11.20
高级政工师	陈秀琴	省局（公司）	1991.11.20
高级政工师	吕美森	龙岩卷烟厂	1991.11.1
高级政工师	钟春祥	龙岩卷烟厂	1991.11.20
高级政工师	林锐元	龙岩卷烟厂	1991.11.1
高级政工师	彭蒂钦	厦门卷烟厂	1993.1.5
高级政工师	张曰冬	厦门卷烟厂	1994.8.16
高级政工师	张祖琳	厦门卷烟厂	1994.8.16
高级政工师	赖鞍山	龙岩卷烟厂	1996.8.1
高级政工师	郭香灼	省局（公司）	2000.8.15
高级政工师	蔡惠松	福州市局（分公司）	2002.8.7
高级政工师	陈添成	厦门市局（分公司）	2003.10.29

（七）其他系列

项目职称系列	姓名	评定时工作单位	资格认定时间
副主任医师	邱月端	龙岩卷烟厂	1995.8.7
副主任医师	陈芝强	龙岩卷烟厂	2001.4.30
副研究馆员	苏理乾	龙岩卷烟厂	2004.11.23
国家一级演员	庄德昆	厦门卷烟厂	2006.10
主任编辑	张海昌	海峡之声广播电台	1998.12

五、劳动工资

（一）商 业

1991年，省局（公司）及所属企业采取工资总额与经济效益（实现税利）挂钩，实行企业效益工资制，国家局根据福建烟草行业经济增长状况控制核定工资总额。

1994年，全省烟草工资制度引进竞争机制。3月17日，《福建省烟草专卖局（公司）岗位效益工资改革实施方案》出台，全系统进行工资制度改革，实行岗位效益工资制度。全行业推广三家烟草企业工效挂钩工资改革的经验，推行岗位效益工资制和岗位技能工资制。各地（市）（分公司）及其他直属商业企业、进出口公司实行岗位效益工资制，各工业企业（含调拨站、不含华美公司，下同）及各县级局（公司）实行岗位技能工资制。岗位效益工资由岗位工资、效益业绩工资、年功工资和特殊奖励工资四部分组成；实行易岗易薪。岗位分为管理岗位、专业技术岗位和工人岗位。岗位技能工资由基本工资及辅助工资两大部分组成，基本工资分为管理人员的职务工资、专业技术人员的技术级别工资和普通工人的三个岗位级别工资。岗位效益工资的岗位工资起点为130元，最高额控制在5倍以内；岗位技能工资的岗位工资起点为130元，最高控制额大型企业在5.5倍以内、中型企业在5倍以内、小型企业在4.5倍以内、工人岗位控制在4倍以内；省局（公司）领导及机关职工的工资标准报国家局审批。

1995年，全省行业执行省局（公司）下达的《关于调整我省烟草企业工资标准的通知》，调整员工工资标准。

1997年，省局（公司）执行国家局《烟草行业实行工资控制线试行办法》，按照企业工资总额增长低于经济效益增长、职工实际平均工资增长低于劳动生产率增长和"效率优先、兼顾公平"的原则，对各级企业实行"双控"（控制职工工资水平偏高、控制工资增长速度过快）办法，各级烟草企业工资总额严格控制在年度计划数内。每年企业按工效挂钩工资控制线内提取的工资总额结余部分留作工资储备金，滚动积累。

1998年后，省局（公司）把工资管理垂直管到县级局（公司）的办法改为下达给设区市局（分公司），再由其分解下达给所属县级局（公司）及直属企业，并报省局（公司）备案。

1999年，省内烟草行业改革工资分配制度。省局（公司）根据国家局提出的要求，分别制定工业企业、商业企业和省局（公司）机关三种工资调整方案。7月1日，除云霄卷烟厂、泉州卷烟厂暂缓调整外，全省开始实施工资调整方案。把企业支付给职工的基本工资、年功工资、效益工资、各种津贴等全部劳动报酬纳入工资总额管理，在理顺分配关系的前提下，根据加强宏观调控、理顺分配关系、注重配套改革、适当提高水平的原则，加强劳动工资的计划管理和宏观调控，拉大岗位之间的距离，并向高级管理、高技术和关键岗位倾斜；实行一岗一薪、换岗换薪、同工同酬。岗位分为管理和工人两个系列，管理岗位分为 7 类；工人岗位设置 4 类。

2001 年，省局（公司）下发《福建省烟草企业调整岗位工资标准的意见》，在 2000 年企业经济效益增长和企业具有实际支付能力的前提下，适当调整企业职工岗位工资标准。同时规定，没有工资基金储备和连续 2 年亏损的企业不调整岗位工资。

2002 年，省局（公司）对机关所辖单位的招聘工（招聘的工程师、水电维修工、大楼服务生、电话接线员、驾驶员、打字员、保安员和物业办事员等）统一工资标准。此后，省局（公司）加强对各企业单位工资总额、年度工资发放计划及各设区市局（分公司）领导班子成员工资发放的宏观调控，建立激励和约束机制；省局（公司）出台调整机关职工工资水平及发放办法和加强烟叶生产所需的农民临时工、季节工工资管理的办法。规定机关员工年工资收入参照当年的收入水平实行总额控制，除预留一部分外，其余整合在一起按月平均发放。

2004 年，省局（公司）开始在全行业试行工资年薪制最高限额的管理办法，"工效挂钩"开始推行以设区市局（分公司）为核算主体的管理体系。市局（分公司）只分解下达县级局（公司）工资总额基数，不再下达税利基数和浮动比例。年初，省局加强工资分配的宏观调控，推进收入分配制度改革。按照"效率优先、兼顾公平"的原则，完善"工效挂钩"办法。规定：各分、县公司的工资总量必须按照国家工效挂钩的规定提取，同时在发放时要留有余地。省局要求当年职工总数和工资发放量要控制在 2003 年的水平内，只能减少，不得增加。烟叶生产需使用的农民临时工、季节工的工资要严格执行省局的工资总量包干办法，不得突破。要做好企业内部分配制度改革，用好用活现有的工资基金。加强绩效考核，落实考核制度，优化职工工资收入结构，加大岗位工资比重，引导收入分配向高级管理、高技术、高技能岗位倾斜。省局还规范工资分配行为和工资发放渠道，建立动用节余工资基金的审批制度，做到以丰补歉。在取消县级公司法人资格过程中，省局还规定：冻结行业内职工的人事调动，严禁借机发放结余的工资、福利基金。各单位因工作需要必须派往三产工作的人员，应该与主业脱钩；暂时不能脱钩的，其工资（包括各种福利和社会保险）必须在主业发放。4 月 30 日，省局出台调整机关职工工资发放办法。

2005 年起，全省职工统一执行"五保一金"社会保障制度。年初，省局（公司）改革短期聘用工收入分配制度，出台《关于加强短期聘用工管理的规定》，对聘用工工资标准、福利待遇等做明确规定。同时规定 2005 年度长期合同工的工资水平原则上不能超过 2004 年度的发放水平。新增效益工资中要有较大比例用于支付短期聘用工工资。省局根据国家局有关管理办法和规定，完善分公司领导年收入管理办法。5 月，省局（公司）对全省商业系统的专卖稽查人员、卷烟营销人员、烟技员的技能工资和短期聘用职工职务补贴作出规定。

2006 年 6 月，统一省公司所属各专业公司、专业部门、三产企业聘用工的工资管理办法。聘用工工资由基本工资、技能工资、职务工资、行业工龄工资和绩效工资组成。9 月 16 日，省局规定：福州金叶物流有限公司等 4 家物流公司实行"独立核算"，劳动工资由地方管理。

2007年11月，省局（公司）启动人事用工分配制度改革，改革的主要内容是：按照"级档管理、绩效考核、动态升降"的思路，实施统一的岗位分类，搭建统一的发展平台，健全统一的考核机制，建立统一的薪酬制度，对各种身份的员工实施统一管理。在岗位管理上，将全省烟草商业系统分为管理类（含综合管理、专业管理两个序列）、专业技术类、生产操作类、业务类（含卷烟商品营销、专卖管理、物流等序列）以及服务类五类。在收入分配制度上按照分类指导、分级管理、规范有序、调控有度、按劳分配、注重公平、有效激励、严格考核的原则进行。在规范工资构成、确定岗效工资比例、设置薪酬结构、建立工资正常调整机制、建立考核体系和建立健全配套制度等方面也做相应规定。

2008年，实行员工岗位绩效工资制。把现有岗位分为管理类、专业技术类、生产操作类、业务类和服务类等5大类，管理类中的综合管理序列实行年薪制，服务类实行协议工资制，管理类中的专业管理序列、专业技术类、生产操作类和业务类均实行"一岗多档"岗位绩效工资制，建立"岗变薪变、岗不变薪也变"的宽幅薪酬制，体现"按劳分配、效率优先、兼顾公平"的薪酬分配原则，实行岗位绩效工资制的岗位类别，其工资由岗位工资、绩效工资和经国家局批准的津补贴三部分构成，原有年功工资纳入岗位工资和绩效工资范畴。在各类岗位的岗位工资与绩效工资的比例方面，专业管理岗位绩效工资的比重要高于岗位工资；专业技术类岗位的岗位工资与绩效工资的比重大体一致；生产操作、业务类岗位的岗位工资的比重高于绩效工资。在岗职工的年工资总额核定基本由每月基本工资、工龄补贴、交通补贴、住勤补贴、岗位职务补贴等以及年度目标责任制考核奖金等项构成。

表12-3　**2007年设区市局（公司）其他副处以上干部的年度薪酬比例表**

职　　务	年度薪酬与正职的比例（％）
副　　职	72
由正职领导职务改任的调研员	88
由副职领导职务提任的调研员	78
提任的调研员内退后	72
由副职领导职务改任的副调研员	65
提任的副调研员	60
提任的副调研员内退后	56

注：此表中局（公司）正职年薪比例为：100％。

（二）工业企业

2004年，福建中烟工业公司成立薪酬管理委员会，负责全省系统薪酬管理体系的宏观管理。为推动企业快速发展，提高企业生产经营管理水平，出台《各卷烟厂领导班子成员奖金管理办法（试行）》，进一步健全基层领导班子奖励和约束机制，提高基层领导班子的积极性和创造性。

2005年，福建中烟工业公司本部从福州成建制搬迁至厦门。根据厦门房价、物价和日常消费水平高的特点，结合厦门经济特区的津补贴规定标准，给职工发放特区津（补）贴、租房补贴及住房补贴，充分体现公司领导对职工异地搬迁生活的关心。

2006年，根据国家局进一步严格收入分配管理意见的通知精神，从工资管理、住房补贴、购买商业保险、规范领导收入、控制工资水平五个方面对全省工业系统收入分配进行严格管控，职工收入水平总体保持在2005年的收入标准。此外参照商业公司的具体做法，明确了处级干部改任非领导职务和内部退养的收入标准及机关退休职工的生活费补贴标准，保持职工队伍的总体稳定。

2007年，伴随着营销、技术、采购中心的成立，各子公司人员的不断整合上划，全省卷烟工业系统收入分配格局不尽合理的问题已成为困扰人力资源合理配置的瓶颈。人资处与厦门大学合作，对全省卷烟工业系统各单位的收入分配现状进行了充分调查和研究，对福建中烟工业公司收入分配框架进行了系统设计，科学合理地确定了全省卷烟工业系统各单位各层级人员的收入水平，较好解决了福建卷烟工业系统收入分配工作中存在的深层次矛盾。

2008年，全省卷烟工业系统全面推进用工分配制度改革工作。通过改革，建立薪酬管理体系，全省卷烟工业系统在工资构成、岗位工资标准、各类别高级别岗位工资收入平均水平定位原则及不同层级之间收入比例关系方面作了规范和统一，薪酬分配向基层一线岗位、关键岗位倾斜，充分发挥收入分配在人力资源配置上的导向作用。

六、职工教育

（一）学历教育

1991年，省局（公司）针对行业内职工文化素质偏低，专业技术人才偏少和全行业整体素质不平衡等情况，制定政策，鼓励职工岗位自学成才和报考成人大、中专院校。1995年底全省行业有1280人参加成人本科及大中专学习，530人获得毕业文凭。各地也采用多种途径办学、办班。三明、南平、龙岩烟草分公司分别与三明农校、龙岩农校、福建农业大学、合肥经济技术学院联合举办成人大中专教育或委托培养成人大中专生，培养基层烟草生产技术人才。1994、1995年三明烟草分公司先后二批组织95名烟技员参加三明农校成人中专农学班学习。1995年，三明烟草分公司有150人参加福建农业大学函授教育。

"九五"期间，省局（公司）提出"三四五人才工程"计划，具体是：引进、培养3名具有博士学位和40名具有硕士学位的高级管理人才和高级科技人才；培养、造就500名具有大专以上水平的高速机组操作维修的人才、烟叶基地技术骨干和开拓国内外市场的营销骨干人才。省局（公司）成立"跨世纪人才工程领导小组"，负责实施全省烟草系统跨世纪人才工程，并从函授教育和继续教育入手，抓好职工学历教育。1997 年 12 月，省局（公司）成立"合肥经济技术学院福州函授站"，招收烟草栽培、财务会计两个专业，共有 82 人参加各类函授大中专学习。1996—2000 年，全省共选送 20 多人参加研究生课程班学习，选送 18 名科技人员参加各级举办的继续教育。每年还选派学员 30～40 人到烟草大中专院校学习。在组织上，根据企业实际创新办学方式，如在函授教育重视考前辅导，提高升学率；大专班函授专业课教学依托省烟科所的专业技术实力，走产、学、研相结合的路子，提高教学成果。

2001 年 2 月，"合肥经济技术学院福州函授站"更名为"中国科学技术大学福州函授站"，开设烟草种植、财务会计两个专业函授大专班。在成人高考前，省公司在福州开办一期成人专升本考前辅导班，在永定县抚市中学开办一期成人大专考前辅导班，三明市局（分公司）举办成人大专考前辅导班，提高了升学率。是年，全省行业考取成人大专人数 40 多人，专升本 20 人。同时，省局积极选送人员参加国家局委托有关院校举办的科技管理等专业研究生班学习；协助龙岩卷烟厂办好委托厦门大学管理学院开办的工商管理研究生班。当年，全行业共有研究生课程班在读生 87 人，在校硕士研究生 3 人。

2003 年，龙岩卷烟厂与福州大学成人教育学院联合举办机电一体化成人大专班（2005 年毕业 57 人）。厦门卷烟厂于 2002 年与厦门大学联合举办为期二年的企业管理研究生班，全厂共有 51 人参加学习，2004 年有 42 人获得结业证书。与厦门大学工商管理学院联合开办专升本学历班，有 28 人经全国统考取得本科文凭。同年还选送 1 人攻读博士学位，厂领导、中层干部各 4 名攻读硕士学位。

2006 年，省局（公司）与湖南农业大学联合开展农业推广硕士专业学位研究生教育，全省共有 42 人参加学习。龙岩卷烟厂选送 2 人参加厦门大学 EMBA 学习，选送 1 人脱产攻读计算机应用与理论硕士学位，选送 3 人参加调香工程专业硕士和软件工程硕士深造。2004—2006 年，厦门卷烟厂共选送 14 人参加厦门大学 EMBA 学习。福建中烟工业公司参加硕士班在读 28 人，专升本在读学习 153 人。

2007 年，省局（公司）与厦门大学联合开展工商管理硕士（MBA）和法律硕士专业学位研究生教育，并举办了全国统一入学考试考前辅导班。经过全国统考，全省烟草商业系统 40 名员工参加 MBA 学习，8 名员工参加法律硕士专业学习。

（二）岗位培训

1991 年起，省局（公司）人事、教育部门协同配合各分、县公司、卷烟厂开展适应性培训和工人岗位培训。举办烟叶生产、财会、计划统计、营销和工厂的各类技术人员以及计算机、文秘、外语等内容的适应性培训班 70 多期，对在岗人员普遍轮训 1～3 遍。

1994 年，国家局下发《开展烟草系统供销部门业务人员全员岗位培训的通知》，省局据此开展全员岗位培训。培训主要对象为省公司、各分公司、各卷烟厂从事供应、储运、销售工作的业务人员。培训任务由省公司和分公司共同承担，两年完成，培训合格者颁发国家局《岗位培训合格证书》，作为上岗任职依据。是年，省局举办四期微机操作培训班，学习主要内容有微机基本知识、DOS 操作系统、汉字录入方法、WPS 排版系统、CCED 制表、电脑病毒防治等。培训对象为各分、县公司微机操作人员及办公室文秘人员等。

1995 年，省局（公司）开展专业工种工人技术等级培训和以岗位任职资格为重点的干部岗位培训，先后对各级单位的领导和专卖管理、财会、审计、监察、纪检、政工、供销、物资等部门的管理人员及技术工人、烟技员进行岗位培训。岗位培训实行分级负责制，省公司负责组织实施对各分、县公司、卷烟厂领导的岗位培训，其他岗位由各地分公司、县公司负责。

从 1999 年开始，省局（公司）对县局（公司）局长、经理进行工商管理专业岗位培训，由福建省经济管理干部学院组织授课，培训采用半脱产形式，以自学为主，集中面授为辅，每三个月集中面授 10 天，学习时间一年。学习内容主要有管理经济学、企业战略、公司理财、国际贸易与国际金融等，共举办三期，培训 150 人。是年，省烟草公司开办企业领导干部计算机网络继续教育培训班，选送烟草农业、卷烟工艺、配方、卷烟机械维修等技术人员参加国家局举办的继续教育培训和短期培训。

2000 年，省局（公司）出台《职工教育培训管理制度》，各地（市）分公司、卷烟厂也制定相应的管理办法，建立培训档案，制定岗前培训与持证上岗制度，把职工教育与人事管理工作结合起来。在培训的内容、形式、方法上做到"全、新、专"，全即：全员、全面、全程培训；新即：培训内容要新；专即：按照"缺什么、补什么，干什么、学什么"。突出培训内容的针对性和适应性，在培训的形式上做到灵活多样。是年，组织省内各卷烟厂、主产烟区、烟科所等单位 58 人参加"全国烤烟国家标准"第二期培训班学习。省局行业职业技能鉴定站征集并编写了省内龙岩、厦门、畲山三家卷烟厂所有工种的培训教材和考核题库。完成省内三家卷烟厂初级工的理论培训及考核，参加考试的 1298 人中有 1254 人获得技能鉴定证书。三家烟厂均举办中级工培训，参加培训达 720 多人。

2001 年，省局（公司）把培训与提高员工素质作为企业发展的一项基础性、战略性工作，每年制订培训计划，建立职工培训档案。同时，加强培训质量管理，每次培训均须考试（或考查），通过考试合格者在省局统一印制的培训证书上盖章确认。省局人事劳资处及教育培训管理部门负责干部培训的组织、协调、管理，制定具体培训计划，并组织实施。是年，龙岩、三明、南平烟区选派 40 人参加全国烟草行业第三期烟草站站长、技术人员培训班（地点在：湖南湘潭烟草学校），脱产集中培训 3 个月。合格者由国家局职业技能鉴定指导中心颁发职业资格证书和培训结业证书，并可申请参加中、高级烟叶调制工或分级工职业技能鉴定。

2002 年，三明、南平、龙岩烟区选派 38 人参加第五期全国烟草行业烟草站站长、技术人员培训。是年，省局人劳处、财务处、监察处、安全处、烟科所、烟叶公司等部门分别举办与本部门有关的业务技能学习培训班。

2003 年，省局各部门、各单位分别举办工商管理、专卖管理信息网络、市场营销、计算机应用、法律知识、烟叶烘烤分级、新会计准则等内容的培训班，培训 3540 人次。

2004 年，省局（公司）要求各部门、各单位在每年年初提出年度培训计划，做到培训工作有针对性和实用性。人事劳资处根据各部门、各单位报送计划进行综合平衡，并下达落实，培训对象主要以中高层管理人员、专业技术人员以及专卖管理、生产经营一线人员为主。同时也训练培养企业内训师队伍，通过企业内训师来培训企业员工。福建中烟成立后，采取"传帮带"、"项目研究"、"请进来、送出去"等多种形式培养人才，并指派资深研究人员负责新引进人才的培养工作，选派技术骨干到中国科技大学、郑州轻工业学院等高校和科研院所参加化学工程、烟草工程、卷烟调香方向工程、食品工程硕士研究生班学习；选派人员参加卷烟新国标培训、烟叶分级技师培训、卷烟工业企业烟叶基地人员技术培训、清香型特色烟叶综合技术开发培训。选派有关人员参加专利代理人培训、技术创新与知识产权管理培训、基础知识培训、Skalar 连续流动分析仪培训、实验室认可辅导及内审员培训等。

2005 年，省局（公司）选派三名客户经理参加中国卷烟销售公司举办的优秀客户经理培训班学习。10 月，举办首届客户经理业务技能竞赛。省局信息中心分别在福州和厦门组织多次技术培训；各地市开展县级客服中心主任、客户经理、海晟连锁店员等信息系统的应用培训，培养信息技术人才。

2006 年，省烟科所举办福建清香型烟叶开发项目技术培训。省局（公司）举办首届烟叶分级职业技能竞赛活动。福建中烟组织专业技术人员各项培训 41 次，合格率 85％。年内，全省烟草系统共举办培训班 460 个。

2007 年，省局（公司）下发了《福建省烟草商业系统教育培训工作实施办法（试行）》，明确了教育培训工作的指导思想、基本原则、管理体制等内容。8 月，下发《福建省烟草商业系统教育培训工作评价办法（试行）》，为各单位教育培训工作提供了量化或标准化指标。是年，省局（公司）举办 42 个培训班，培训 4013 人次。

2008 年，省局（公司）印发《福建省烟草专卖局（公司）教育培训管理办法（试行）》，对省局（公司）自办培训、外派培训、学历教育、培训师资管理、培训经费管理等作出具体规定。制定《福建省烤烟生产技术规范》，并组织两期为期 10 天的技术规范培训，对全省烟叶生产技术骨干、烟草站站长进行培训。年内，全省烟草商业系统共举办培训班 714 个，培训 28917 人次。

（三）政治理论学习

1990 年，省局发出《关于学习马克思主义哲学纲领的通知》，7 月，发出《关于学习社会主义纲领的通知》，举办培训班组织全体职工学习。同时，加强对全省烟草行业"双基"教育（基本国情和基本路线）的指导，教育的重点是 35 周岁以下的青年，教育面达 90％以上。

1991—1993年，除学习规定书目及有关文件外，集中听取《当前形势和十三届七中全会精神》、《关于社会主义优越性问题》、《西方和平演变的图谋与民主社会主义》、《民主社会主义与瑞典模式》等专题讲座。组织对社会主义代替资本主义的历史必然性和专心致志搞好经济建设的重要性等重大问题进行讨论。在重点学习邓小平南方视察讲话等有关精神的同时，开展以宪法为主要内容的普法教育，局机关共购买《邓小平重要讲话》等书籍数千册和多盒录像、录音带。基层各级党组织均制订学习计划。采取"请进来、拉出去"的办法，聘请有关教授专家授课。通过形势报告会、辅导报告、看录像、看电影、听录音、参观有关展览等行之有效的办法，强化对中国特色社会主义理论的学习效果。

1994—1995年，全行业重点学习《邓小平选集》第三卷，联系全省烟草行业的实际情况进行研讨，开展"增创新优势，更上一层楼"的活动。在中国共产党第十四届四中全会召开以后，省局党组及时传达贯彻，组织全体党员学习全会公报和《中共中央关于加强党的建设几个重大问题的决定》，对照要求，联系实际找差距，加强机关党组织建设。同时，在全系统进行法制教育，并要求党员干部学习中纪委二次会议以来的有关文件规定，组织"二五"普法、《烟草专卖法》、科技知识考试以及全行业科技知识竞赛。仅省局（公司）机关党员培训率达89%，副处级以上达100%。12月，理论学习被列入当年中层干部考核的内容。

1996—2000年，各级烟草单位实行每周五下午党员和机关干部学习日制度，学习内容是：江泽民总书记关于《领导干部一定要讲政治》、"七一"重要讲话和中纪委六次全会公报、党的十五次代表大会精神等。结合开展学习孔繁森、李润五、林炳熙等先进英模事迹活动，在全系统倡导"踏踏实实做人，勤勤恳恳服务"的作风。为加强全体党员的思想作风建设，完善党建制度和发挥党员先锋模范作用，省局（公司）结合创建"省级党建工作先进单位"活动开展政治学习，通过学习重点解决思想、组织、作风存在的突出问题。全系统把学习落到实处，开展"创文明处室"的评比活动，以"创文明机关，做人民公仆"为目标，突出抓好创"四优"（优良作风、优质服务、优美环境、优异业绩）活动。

2001—2003年，省局（公司）的理论学习以江泽民总书记讲话和中央及省政府的文件为主，注重通过学习加强党员的党性意识。省局（公司）共向全行业党员职工发放数千册学习书籍、材料，并出了9期宣传栏，编发5期理论学习信息，收到理论学习体会61篇。同时，开展"树立正确的权力观"专题教育活动，通过组织生活会、开展批评与自我批评、撰写心得体会等学习形式，引导党员树立正确的权力观。其间，全系统把学习"三个代表"重要思想作为各项工作的指导思想，烟草商业、工业分别进行时事政策辅导报告，并以召开座谈会、研讨会、读书班、培训班和组织考试等形式，强化学习效果。

2004年，烟草系统重点开展以"学习实践科学发展观"为主要内容的学习活动。学习内容为《加强党的执政能力建设》和《中国共产党党内监督条例（试行）》等文件，结合学习许振超、任长霞、牛玉儒等先进模范活动，商业系统开展"全员服务、挂钩到户"真情服务活动，通过办实事、办好事，把学习活动落到实处。福建中烟机关首次召开党员大会进行学习动员，成立思想政治工作研究会，制定领导班子议事规则。党团工青妇组织各类培训班、网站开展学习宣传。

2005—2008 年，省局（公司）和福建中烟开展保持共产党员先进性教育活动。"先进性教育活动"分学习动员、分析评议、整改提高三个阶段。结合行业内外正反面典型开展学习教育，提高党员的思想认识。工商两家还分别下发理论学习安排通知，举办党支部书记和党务干部学习新党章培训班，举办庆祝香港回归十周年图片展和喜迎十七大图片展，组织观看《我的长征》、《突发事件》、《赌之害》教育片，举办改革开放 30 周年图片展、我与改革开放 30 周年征文活动和演讲比赛。省局（公司）和福建中烟均下发学习实践科学发展观活动实施方案，成立领导小组及办公室。《人民日报》、《中央电视台》等 14 家中央主流媒体报道了福建烟草行业通过学习实践科学发展观，助力新农村建设，建立思想政治工作长效机制的情况。

附录：2007 年福建省烟草商业系统各类岗位序列等级表

管理类综合管理岗位序列等级表（表一）

等级	岗　位	工资制度
一	设区市局(公司)局长、经理、党组书记,进出口公司董事长、总经理	
二	调研员	
三	设区市局(公司)副局长、副经理、纪检组长,进出口公司副经理	
四	副调研员	年度薪酬管理
五	县级局(分公司)局长、经理	
六	主任科员	
七	县级局(分公司)副局长、副经理	
八	副主任科员	

管理类专业管理岗位序列等级表（表二）

等级	岗　位			工资制度
	设区市局(公司)	进出口公司	复烤厂	
一	科长	科长	科长	
二	主任科员	主任科员	主任科员	
三	副科长	副科长	副科长	岗位绩效工资制
四	副主任科员	副主任科员	副主任科员	
五	科员	科员	科员	
六	办事员	办事员	办事员	

专业技术类各岗位序列等级表 （表三）

等级	职业资格	岗位（聘任后）	工资制度
一 二	副高级	工程、农业、科研等序列相应岗位	岗位绩效工资制
三 四	中级		
五 六	初级		

生产操作类各岗位序列等级表 （表四）

等级	职业资格	岗位（聘任后）	工资制度
一	高级技师（国家职业资格一级）	1. 烟叶生产序列：包括烟草种植、烟叶分级、烟叶调制、烟草检验等岗位。 2. 打叶复烤序列：包括打叶复烤、烟叶回潮、烟叶发酵等岗位。 3. 其他通用工种序列：包括电工、车工、加工中心操作工、驾驶员等岗位。	岗位绩效工资制
二	技师（国家职业资格二级）		
三	高级技能（国家职业资格三级）		
四	中级技能（国家职业资格四级）		
五	初级技能（国家职业资格五级）		
六	无职业资格		

业务类卷烟商品营销序列岗位等级表 （表五）

等级	职业资格	岗位（聘任后）	工资制度
一	高级营销师（国家职业资格一级）	市场经理	岗位绩效工资制
二	营销师（国家职业资格二级）		
三	高级营销员（国家职业资格三级）	客户经理	
四	中级营销员（国家职业资格四级）		
五	初级营销员（国家职业资格五级）		
六	无职业资格	业务员	

业务类专卖管理岗位序列等级表 （表六）

等级	职业资格	岗位	工资制度
一	高级专卖管理师（烟草行业职业资格一级）	专卖稽查、市场管理等岗位	岗位绩效工资制
二	专卖管理师（烟草行业职业资格二级）		
三	高级专卖管理员（烟草行业职业资格三级）		
四	中级专卖管理员（烟草行业职业资格四级）		
五	初级专卖管理员（烟草行业职业资格五级）		
六	无职业资格		

业务类物流岗位序列等级表（表七）

等级	职业资格	岗位	工资制度
一	高级物流师（国家职业资格一级）	采购、储运、配货等岗位	岗位绩效工资制
二	物流师（国家职业资格二级）		
三	助理物流师（国家职业资格三级）		
四	物流员（国家职业资格四级）		
五、六	无职业资格		

服务类岗位表（表八）

岗位	工资制度
普通工	协议工资

第十三章　纪检与创建企业文明

第一节　纪检监察

一、机构与人员

1990年，省局所辖单位除云霄、畲山、泉州三所卷烟厂由指定专门人员兼管外，其余地（市）局、卷烟厂都成立了纪检组（纪委）和监察科。配备了纪检组长和专职、兼职干部。

1992年，省局规定：各级纪检监察机构只增不减，不能随意撤销；人员不足的要配齐，工作变动或退休的，退一个补一个，缺一个配一个。纪检监察干部要调离本岗位必须报省局党组批准。凡重大业务会议和经济决策，应有纪检监察负责人参加，并配备必要的办案工具。

1993年，9个地市烟草专卖局（公司），5家烟厂全部建立纪检监察专门机构并配专、兼职纪检监察人员。专职干部增加到43人，增配兼职人员85人，同时，聘请了454名廉政建设社会监督员。9月28日，省局成立党风廉政建设领导小组，下设办公室，各级基层单位亦成立相应的组织。

1996年，各地（市）烟草专卖局（分公司）配备了专职纪检组长和专职监察科长，后者兼任纪检组副组长。商业部门监察科配干部3～5名，卷烟厂2～4名。

1997年至1998年5月，省局（公司）机关成立机关纪委，各地成立相应的机构，全行业同步建立党风廉政建设信息员制度。

1999年，建立党委、纪委委员对基层的联系制度，年内，全省烟草系统共有党风廉政建设信息员31人。

2000年，全省烟草纪检监察专职人员增至60人，市、县纪检监察机构从14个增至27个。纪检监察干部建立例会、培训和轮训制度，以提高纪检监察人员的综合素质。

2001年，烟草纪检监察人员增至66人，省内共有21个纪检监察机构，兼职人员65名。同时，重新聘请了35名党风廉政建设信息员。

2002年，在50万人口以上和年产3万担以上烟叶的县（市）烟草公司配备了1名副科级专职纪检员和1名专职监察员。

2003 年 11 月工商分设以后，福建省中烟由人事部门领导并负责纪检监察工作。

2004 年，全行业重新再配设区市局纪检组长 2 人，县级专职纪检员 4 人。是年，全省专（兼）职纪检员 168 人，其中专职人员 77 人，兼职 91 人；当年交流纪检干部 30 人次。

2005 年 2 月，福建省中烟设立纪检监察处，与人力资源处合署办公，其中正、副处长由人事处正、副处长兼任，成员 2 人。至此，全行业共有专职纪检监察干部 78 人，兼职 74 人。

2006 年，各设区市局纪检组长人选由省局纪检组监察处提名，经人劳处向省局党组提出建议，由省局党组任免；监察科正副科长的人选经所在单位党组报省局纪检组监察处同意后，由所在单位党组任免；各设区市局的纪检监察机构，配备了 3～5 名专职纪检监察干部。对 50 万人口以上或生产烟叶 3 万担以上的县级局，配备 1 名副科级的专职纪检员，享受县（市）局副职待遇。

2007—2008 年，烟草商业系统结合体制改革配足配强纪检监察干部，福建中烟单独成立纪检组、监察处，其中纪检组长 1 人，副组长兼监察处长 1 人，成员 3 人。至 2008 年底，9 个设区市局（公司）及海晟投资公司等 11 家直属单位均设立了纪检监察机构。22 个 50 万以上人口和 24 个生产烟叶 3 万担以上的县（市、区）局（分公司）以及三明金叶复烤有限公司、泉州天益物流公司配备了 1 名副科级专职纪检员。龙岩、三明市局在各县级局（分公司）设立了监审办，配备 1～2 名专职监察员。烟草商业系统有专职纪检监察干部 118 人，兼职纪检监察干部 72 人。

二、廉政工作

1990—1991 年，烟草行业从建立完善制度入手抓好党风廉政建设。开展廉政试点工作。省局机关从清房工作入手，采取个人自报和组织摸底办法，对干部自建住房的建房问题进行清查。

1992 年，省局（公司）机关共制定 130 多项廉政制度，各级烟草机构共修订 1571 项制度。全省烟草系统廉政建设的重点：一是处理货源安排，基本建设、烟叶收购、专卖罚没款的违法行为等。二是规范业务活动费用。三是查处贪污受贿、内外勾结、严重违法乱纪案件。同时，根据烟草行业的实际，狠抓了"七个不得"的落实。规定：处理走私烟、罚没烟时；不得采取异地收购倒卖、出借账户等手段为单位牟取非法利润或为个人谋取私利；不得利用职便，收取个体户或烟贩的"资助"；不得兼有机关干部和企业职工双重身份（在职机关干部职工经商须办理停薪留职或辞职手续）；不得违规承包烟草专卖品生产经营活动；上级局（公司）机关的干部不得参与下属单位的集资认股，商业"回扣"要摆在明处，不得私分等。同时，层层贯彻落实廉政措施。严查经营环节的异地收购倒卖走私烟、出借账户、参与下属单位的集资认股以及商业"回扣"等现象。

1993 年，根据行业党风廉政建设规划，各级烟草单位共制订、修订制度 2031 项 13742

条。清理、废止了一批不适应改革开放和廉政建设要求的制度规定。新规定覆盖了基层各股（室）和车间。根据新规定，各部门明确廉政分工：纪检组监察部门负责监督干部廉洁自律、举报问题的梳理和案件查处工作；财务、专卖部门负责治理乱收费和治理公费出境旅游等；政工部门负责宣传工作。省局（公司）抓好县处级以上领导干部廉洁自律的自查自纠工作。全省县处级以上单位共16个，干部56人，实际参加廉洁自律自查自纠的54人，占96.4％。在自查中，无发现个人经商办企业或从事有偿中介活动和利用职权为配偶、子女和其他亲友经商办企业，提供优惠条件的，也没有发现到下属单位和其他企业单位报销应由个人支付的各种费用。自查自纠中，有人退还了公务活动中接受的少量土特产和礼品。有9位自理了通过旅游渠道公费出国（境）的考察费。各部门自行移交了接受馈赠的大件物品，并进行清理登记造册。61个县（市）局中有59个达到省局规定标准的达标验收，占总数96.7％。

1994年，省局44位处级以上干部自查率达到100％。自查围绕卷烟销售中"不执行集体定价原则、个人说了算而造成企业差价损失；卖单、跨区收购走私烟；赊账、现金交易；体外循环、截留价差、过户；第三产业经营卷烟批发业务等问题"为重点进行自查。省局（公司）机关有23位副处以上干部背靠背听取群众的评议。年内，各级烟草单位处理了一批违规违法经营人员。清理通过旅游渠道公费出国（境）80人次，退出金额22810元，纠正了占用下属单位小轿车的现象，清退了临时工押金91400元。

1995年，在卷烟流通领域开展"十清十查"活动，并以烟草行业发生的违法违纪案件为例，通过剖析案件总结发案的教训，关口前移。省局（公司）出台机关接待工作以及广告品、广告费、赞助费管理的有关规定。建立健全监督制约机制。

1996年初，省局（公司）重申领导干部汽车不能超标，房子应按省政府住房标准。是年，自查自纠范围扩大为：地（市）局（分公司）正副局长（经理）、纪检组长，进出口公司、闽诏烟草贸易中心的正副经理、各科室正副科长（主任）各县（市）局（公司）正副局长（经理）和党支部书记，龙岩、厦门卷烟厂党委正副书记、正副厂长、纪委书记、工会主席、各科室正副科长（主任）、卷烟调拨站正副站长、车间党支部书记、正副主任，云霄卷烟厂、畲山卷烟厂、泉州卷烟厂的党委（总支、支部）正副书记、正副厂长、工会主席、卷烟调拨站站长以及各县（市）烟草收购站站长、复烤厂厂长、专卖管理（检查）站站长。自查自纠的内容重点扩大为：是否存在以卷烟批供、烟叶调拨谋取私利收受回扣或好处费（钱物）；在企业生产经营的物资采购是否接受好处或回扣；在基建技改的工程和项目建设中是否收受中介费、好处费和回扣；在干部提拔任用、晋级晋升、在人员的录用和调进，是否收受礼金或好处费；在基本建设、技改项目中是否存在损公肥私等不廉洁的行为；单位群众反映的热点问题以及其他违法违纪问题。全省烟草副处级以上干部共50人，县级公司（局）级干部177人参加自查自纠，分别占86％和95％。全省烟草78个科级以上企业单位，已实行业务招待费向职代会（职工会）报告制度的有75个，占企业总数的

96.2％；已实行礼品登记制度的有68个，占企业总数的87.2％；已实行收入申报制度的有59个，占企业总数的75％。是年，业务接待费比1995年节省百余万元。全年累计协助审计项目219个，纠正违纪金额552.48万元。

1997年，省局（公司）组织对所属的工商企业开展党风廉政建设检查，发现三明市烟草公司在购买职工商住楼时没有严格控制增购住宅套数与标准，省局纪检监察处责令其作出深刻的书面检查，并在全省烟草系统内进行通报。

1998年上半年，省局和各直属单位均按要求制订党风廉政建设责任制，组织学习《纪检监察干部200个怎么办》，制定监督举报制度、党风廉政建设信息员制度和制止奢侈浪费的八项规定等制度。下半年按上级关于严格控制公款安装住宅电话及配备移动电话的规定，进行专项清理，省局机关14个单位共清理折价拍卖移动电话178部，住宅电话244部，收回资金21.064万元。同时，向5家卷烟厂和华美卷烟有限公司派出驻厂员。

1999年4月，省局（公司）发文规范行政处分的种类、具体运用、变更与解除的规定。其主要内容有：关于违反组织、人事管理类的错误；关于违反烟草专卖管理类错误，关于违反卷烟、雪茄烟、烟丝专卖管理类错误；关于违反烟草专用机械专卖管理错误；关于违反卷烟纸、滤嘴棒、烟用丝束专卖管理类错误；关于违反烟草专卖许可证、烟草专卖品准运证管理类错误、经济类、失职类错误以及其他类错误的适用等125条规定。在"三讲"（讲政治、讲学习、讲正气）教育活动中。省局机关66位处级以上的干部共摆出11个方面主要问题；全省共收到信访举报件82件，其中省局核实信访件47件，澄清事实，解脱或保护83人，挽回经济损失100多万元。省局制定了党风廉政建设责任制《实施办法》，将它纳入各级领导班子和领导干部的目标管理。全省行业99.3％的干部职工参加"行业规范"的测试，优秀率达80％以上。

2000年，全行业开展了以胡长清、成克杰等重大典型案件为反面教材的警示教育，并着手建立领导干部廉政档案。是年，三明市局领导拒收红包2.5万多元，上交礼金5000多元；漳州市局纠正了部分县公司向上级送中华烟的做法。各单位的许多领导退还了礼品礼金，补交了住宅电脑上网费用，对收受上市公司股票的也再次进行清理上缴。9月，省局（公司）采取发文件、开大会以及组织检查等措施，制止不规范的促销行为，严禁回扣、有奖销售、送车、邀请领导旅游等。各地都选择一、两个项目开展执法监察和效能监察，如：宁德市局在普查的基础上，针对职工反映最强烈的霞浦等县局在省外烟毛利率、往来款项难以收回以及截留利润等问题立项开展执法监察，挽回经济损失60多万元。龙岩卷烟厂选择设备采购和广告招投标立项开展效能监察，共为企业减少支出376万元。福州市局对红古田新品牌公司、红古田贸易公司、分公司业务科、台江、仓山、马尾经理部等6个单位（部门）进行了8次效能监察。南平市局立项整改4个单位。12月底，全省完成审计工作957个项目，已纠正违规违纪金额1180万元，查纠损失、浪费59万元，促进增收节支6100多万元。

2001年，实行党风廉政建设与生产经营管理同部署，同检查，同落实，同考核的做法，各市局领导层层签订责任状，实行责任制的层层分解。各级以发生在厦门的"420特大走私案"和行业的典型案例为反面教材，全面开展警示教育。同时，省局（公司）建立健全大宗物资的比质比价采购制度、厦门卷烟厂对易地技改1.8亿元投资进行效能监察、龙岩卷烟厂对动力中心、物流自动化系统等91个项目工程进行招投标、福州市局纪检组监察科参与监督沉香烟广告品制作、精品红古田卷烟广告品、办公室车辆采购等方面的运作、龙岩市局推行大宗物资比价采购制度、省局组织对29个单位采购的42辆汽车的6次询价评议会，通过上述工作，节约了大批资金。

2002年，对90%以上的所属县公司开展效能监察，选择2个县公司重点解决、限期纠正经营不规范、管理不到位、功能发挥不好等问题，以此推动面上的工作。对大宗物资采购和重大工程项目的招投标做到事前介入、事中参与和事后审查，保证其公开、公平、公正。对企业重大问题，做到重要决策、企（厂）情、廉政、干部任命、评选先进"五公开"。7月11日，针对龙岩、厦门两卷烟厂在产品促销中定量定额配送样烟或广告品、奖励促销和对销区超基数奖励等违规行为，省局对两卷烟厂的厂长和党委书记各扣发年度责任目标考核奖金1万元。

2003年，省局（公司）加大党风廉政建设责任制落实和责任追究力度，对管辖范围内发生严重违规违纪问题的3个单位的主要领导作了免职或岗位调整，1名县局一把手被免职，两个设区市副职受行政处分，8名正副科级干部受到行政处分。9月，全省5家卷烟厂开始对企业重大决策、生产经营方面的重大问题、涉及职工切身利益方面问题以及领导班子建设等实行公开、接受监督。全省烟草系统执行《福建省烟草行业效能（执法）监察工作规范（试行）》，全年共立项49个，发出整改建议书210份；同时，推广"阳光"工程，全系统共有1000万以上的建筑工程11个，都有纪检监察干部全过程参与。省局纪检监察部门参加招标和物品采购拍卖达32次；三明市局仅固定资产一项通过招标，费用下降300多万元。在财务自查中，发现7个单位不规范，共清理自纠金额682.8万元。

2004年，福建省中烟2004—2006年实施3年《党风廉政建设工作要点》、《考核办法》和《效能（执法）监察规范》，并对所属卷烟企业进行检查，所聘请的信息员提供信息42条，对职工参股入股情况进行清理。商业系统与省检察院联合开展了预防职务犯罪教育月活动，开展法律法规、党纪政纪教育和预防职务犯罪知识教育。同时，以反腐败、抓源头、盯住人、财、物等重点环节，纪检监察部门加强全过程的监督，配合人事部门把好推荐、考核、评议、公示等环节的选任关以及领导干部任期、任免考核和大学生招聘工作。进行财经秩序专项整顿，商业系统共补缴各项税金6424万元，职工退还企业926万元。参加机关本部招标和大件物品采购、专卖宣传品定制招投标等20多次；各级形成了较为完整的物资采购管理制度。普遍实行了企业重大事项向职代会报告、政务企务上墙公开等制度。漳州市局制作了《提请监管告知书》、《过程监管记录表》、《监管结果通知书》三种表格，把监察事项具体化、格式化。厦门市局把推进"公开、公平、公正"操作方式贯穿卷烟经营、专卖管理全过程。全省烟草商业系统在开展效能监察活动中，共立项 35 个，发出整改建议书 115 份，如：三明市局针对"稻草回田"实行烤烟种植资金补贴开展效能监察，维护烟农利益；福州市局对卷烟纸箱回收和出售管理进行效能监察，宁德市局结合财经秩序整顿工作，对《会计法》的执行进行执法监察。

2005 年，全系统把纪检监察工作与"保持共产党员先进性教育活动"相结合，在贯彻中央颁布的《建立健全教育、制度、监督并重的惩治和预防腐败体系实施纲要》中，商业系统制定了《福建省烟草商业系统构建惩治和预防腐败体系的实施意见（试行）》。三明市局局长、经理许某犯挪用巨额公款、贪污、受贿罪被揭露后，省局党组采取七个方面措施抓好教育与整改，并围绕许案的教训开展大讨论。11 月，原省局局长（总经理）宋某受贿案发后，省局党组召集省局全体职工观看警示片《贪婪的代价》，提出防范的措施和办法。针对制度方面缺失问题，省局对内部管理监督制度进行全面汇总、梳理。制定了《关于加强干部管理工作若干规定》、《福建省烟草商业企业资金管理责任追究暂行规定》、《福建省烟草商业企业财务负责人委派制试行办法》、《关于进一步清理整改账外账、"小金库"的意见》、《福建省卷烟促销管理办法》、《福建省烟草商业企业资产管理暂行规定》、《关于进一步加强管理内控的若干规定》以及《关于建立清正廉洁谈话制度的规定》等制度，加强对人、财、物等权力运行关键环节的监管。是年，共有 20 人上交礼金、有价证券等折合人民币 63628 元，其中有 3 人上交礼金（红包）共 8290 元，3 人登记上交有价证券折合人民币共 3188 元，14 人上交礼品共折合人民币 52150 元。全系统共开展诚勉谈话 10 次。省局监察处干部参加 16 次关于电脑采购、骨干网络备份链路招投标、业务用车采购、基建装修、卷烟运输仓储保险、仓库出租等招投标和软件验收过程。全省烟草商业系统共立项 44 项，发出整改意见 310 条。漳州市局发出整改建议书 24 份，提出整改建议 84 条；龙岩市局参加监督 138 项，共节约成本 452 万元；同时，到 16 个烟叶收购站，对 6 个方面 41 项制度执行情况进行督查。龙岩、厦门卷烟厂分别出台内部管理监督方案和各项管理办法。

2006 年，为推进党风廉政建设和反腐败工作，省局党组出台关于贯彻《建立健全教育、制度、监督并重的惩治和预防腐败体系实施纲要》的实施意见，要求全系统在各级领导干部中开展法律法规和党纪政纪条规教育，要把反腐倡廉教育作为党员干部培训、职工教育的重要内容，抓好落实，要对系统内违法违纪典型案例进行剖析，深化警示教育，要将反腐倡廉教育列入党风廉政建设责任制考核范围，健全和完善干部职工从业行为的规章制度。是年，全系统加大对干部选拔任用中的监督力度，加强领导干部经济责任审计、财务资金和税后利润预算管理。各级纪检监察组织以查办发生在领导机关和领导干部中滥用权力、谋取非法利益的违纪违法案件为重点，查办行业中的违纪违法案件，惩处腐败分子。在自办案件中，重点突破"两烟"流通领域中内外勾结、倒买倒卖卷烟、烟叶的案件，以及重大投资决策失误和大额资金失控造成国有资产严重流失、损失的案件；查处利用职权在烟用物资采购、工程建设招标、软件开发等问题上谋取私利的违法违纪案件；查处对干扰、阻碍办案工作，或对办案人员进行各种形式的打击报复的人和事。

年内，商业系统建立健全53项具体制度。重新修订党风廉政建设责任制考核、党员领导干部谈话制度等规定。工业企业开展反腐倡廉专题教育，组织观看反腐倡廉警示教育片，建立党风廉政建设通报制度，领导干部述职述廉制度以及诫勉谈话制度，并实行责任分解、责任考核、责任追究。省局（公司）规定，省局一把手不再直接介入、分管专卖的副局长和纪检组长不再分管或协管生产经营；对重大投资决策、大额资金使用和干部选拔使用方面按规范程序执行，建立健全资金监管系统，完善内管体系，实施跟踪。还发挥"预算委员会""薪酬委员会"和"投资委员会"的作用，凡该上会的就提交会议研究决定。是年，全省烟草系统开展专项治理商业贿赂工作。省局召开专项治理会议，成立领导机构，设立办公室，制订《治理商业贿赂工作的实施方案》。针对"两烟"生产经营、专卖管理、基建工程、物资采购、软件开发、广告宣传等环节以及多元化企业经营涉及不正当交易等问题开展自查自纠。全省烟草商业系统副科级以上干部对2001年1月以来在商务交往中接受现金、有价证券、贵重物品及其他物品等个人行为逐人填表登记。10月，省局分别对厦门、龙岩、漳州三个市局（分公司）进行检查，从中发现需要加强重点防患的环节，建立廉政建设长效机制。工业系统进行专卖管理和内部审计工作。通过工程招投标采购广告促销品，签约金额563万元，节约资金90多万元。对重点工程进行全线监督。

2007年，建立以市级公司为经营主体的经营体制。省烟草商业系统成立监督委员会，制定《监督委员会监督工作暂行办法》。商业审计工作实行派驻制，行业内审计执行"统一领导、直接管理、监督驻地、参审异地"。上半年审计项目194项，对资金控制、工程项目控制、实物资产控制、费用控制等制度执行情况检查作出评价。各市局（公司）推行县级公司财务主管委派制。省局制定《重大工程项目管理效能监察实施方案》，对重大工程合同项目立项、实施、资金管理的监督检查。对接待宣传用品、烟叶收购、调拨，物资采购等也建立健全了相关配套制度。8月，省局组织由监察处牵头、审计、体改法规、综合计划参与，特邀省局常年法律顾问、会计师配合，对"海晟·维多利亚"房地产开发工程项目进行专项监察。重点检查工程项目重大决策、项目实施过程管理、项目财务管理、项目管理岗位履职行为的合法性等内容。对其在会议议事规则、合同管理、项目实施过程管理、财务内控制度的执行管理、内部监督等方面存在的缺陷提出六条整改意见。从中总结出八条监督管理的经验和做法。根据母子公司管理体制的改革，省局（公司）分别对三个烟叶复烤企业进行检查，省局监委会还组织联合检查组对烟叶产区的烟田基本建设工程进行全面检查。对第二轮3018个烟水配套项目、12118座密集式烤房的建设质量和4.47亿元建设资金的安全进行跟踪监督。工业系统纪检监察部门介入广告宣传项目的监督50项，节约资金443.78万元，占11.5%；广告品采购项目21项，节约资金174.3万元，占12.8%，同时介入软件开发、物资运输等方面也节约大量资金。

2008年，加强了对干部任用、物资采购、广告促销、工程投资项目以及专卖品的生产加工、销售、进出口业务、烟草专用机械的购进、使用、保管、报废及烟叶生产废料等重点部位和关键环节的监督检查。全省广泛开展企业廉政文化建设，各单位还在办公室、会议室、职工阅览室、活动室、电梯间、楼道等场所，悬挂格言警句、张贴廉政宣传画、摆放廉政台历，组织党员领导干部上党课、听讲座、定期收看廉政电教片，开展廉政文化读书沙龙、廉政知识竞赛、演讲比赛、歌咏比赛活动；提倡读书思廉、歌曲颂廉、典型倡廉、警示促廉。同时，纪检监察部门介入考核提任的处级、科级干部以及大学生的招聘、选拔、录用工作。省局监督委员会开展检查监督 154 次，发出整改意见 320 条。针对直属单位对人事、重大投资项目和大额资金等制度执行情况发出整改通知书 11 份，提出整改建议 56 条。对全省 6 家烟叶烤房设备厂家进行资质审查。仅工业企业参与广告项目 25 项，节约资金 244 万元，参与广告宣传项目 40 项、节约资金 2159 万元。在民主评议行风中名列全省中央企业的前茅。各单位创新廉政管理的做法收到效果，三明市局构建廉政文化"价值、教育、制度、监督、保障"五大体系，形成了 8 项实体成果。福州、莆田、龙岩等市局把廉洁从业要求融入经营管理的运行过程，建立健全投资管理、内部控制、干部任用、执法监督、岗位问责、政务企务公开等一系列规章制度。

三、案件查处

福建省局通过自办案件，与省纪委等部门联合办案和依靠外部有关部门查案等办法，每年都查处一批经济案件。

1991－1993 年，福州市烟草分公司三角池卷烟仓库仓管员高某等三人伙同省税务局驾驶员分别将 23 件假进口健牌烟、98 件新进口健牌烟换成进口健牌烟，高某受贿金额 16975 元，被判有期徒刑五年。

1994 年，全省烟草系统共查处违法违纪案件 17 件，其中 4 件移送司法机关。

1995 年，全省烟草系统配合地方司法机关、纪检监察部门联办和自查自办 20 起案件，共查处 38 个涉案人员。其中包括 5 起"串案"、"窝案"，3 起"要案"，9 起"大案"；查处 4 个副处以上领导干部，14 个科局级干部，10 个股（站）级干部和 20 个一般干部。

1996－1998 年，全省烟草系统查处违法违纪案件 20 件，其中移送司法机关 2 件。

1999 年，全省烟草系统共收到群众信访举报件 82 件，初核 47 件，立案 15 件，处理 11 人。

2000 年，全省烟草系统共立案 15 件，处理 18 人，其中自办案件 10 起，协办案件 5 起。

2001 年，全省烟草系统共收到群众信访举报件 49 件，立案 12 件，处理 9 人。查处福州市局黄某等人涉嫌利用职便贪污卷烟暂扣款案。黄某于 2001 年 9 月因贪污罪被判处有期徒刑两年，缓期两年执行。

2002 年，全省烟草系统共收到群众信访举报件 122 件，初核 61 件，立案 16 件，受党政纪处分 14 人，移送司法机关 3 人。

2003 年，全省烟草系统共收到群众信访举报件 112 件，初核 58 件，立案 4 件，受党政纪处分 14 人，被司法机关拘留、批捕 13 人。三明市局（分公司）财务科原科长林某于 2003 年 9 月 11 日被逮捕，2005 年 8 月 3 日因贪污罪、受贿罪，数罪并罚，被判处死刑，缓期二年执行。三明市局（分公司）财务科原出纳刘某于 2003 年 9 月 11 日被逮捕，并于 2004 年 6 月 17 日因贪污罪、挪用公款罪，数罪并罚，被判处死刑，缓期两年执行。

2004 年，全省烟草商业系统共收到群众信访举报件 80 件，初核 43 件，立案 6 件，受党纪处分 6 人、政纪处分 13 人。三明市局（分公司）原局长、经理、党组书记许某于 2005 年 1 月 5 日被逮捕，并于 2008 年 5 月因贪污罪、受贿罪、挪用公款罪、滥用职权罪，数罪并罚，被判处死刑、缓期两年执行。三明市烟草分公司原副经理伍某于 2004 年 12 月 31 日被刑事拘留，2005 年 1 月 14 日被逮捕，并于 2005 年 5 月 30 日因贪污罪、受贿罪，数罪并罚，被判处有期徒刑十五年。

2005 年，全省烟草商业系统共收到群众信访举报件 194 件，初核 42 件，立案 4 件，受党纪处分 4 人，政纪处分 7 人。福建省局（公司）原局长、总经理、党组书记宋某于 2005 年 12 月 26 日被逮捕，并于 2006 年 6 月 20 日因受贿罪，被判处有期徒刑十二年。原福建省烟草公司卷烟销售公司经理陈某于 2005 年 4 月 27 日被逮捕，并于 2006 年 3 月 9 日因受贿罪，被判处有期徒刑十二年。宁德市局（分公司）原局长、经理、党组书记黄某于 2005 年 12 月 31 日被逮捕，并于 2007 年 4 月 4 日因贪污罪、受贿罪，数罪并罚，被判处有期徒刑十五年。泉州市局（分公司）原党组书记郑某于 2005 年 12 月 31 日被逮捕，并于 2007 年 1 月 10 日因贪污罪、受贿罪，数罪并罚，被判处有期徒刑十六年。

2006 年，全省烟草商业系统共收到群众信访举报件 262 件，初核 65 件，立案 2 件，受党政纪处分 23 人。原福建省烟草公司销售公司副经理尤某于 2006 年 4 月 14 日被逮捕，并于 2007 年 10 月 10 日因贪污罪、受贿罪，数罪并罚，被判处有期徒刑二十年。

2007 年，全省烟草商业系统共收到群众信访举报件 215 件，初核 66 件，立案 9 件，受党政纪处分 13 人，其中，受到开除党籍和开除公职双重处分的 3 人，开除公职 6 人，留用察看 1 人，记过处分 3 人。

2008 年，全省烟草商业系统共收到群众信访举报件 184 件，初核 54 件，立案 4 件，受党政纪处分 5 人，其中撤销党内外职务 1 人，记大过 4 人。

第二节　创建企业文明

一、行业文明建设

1991 年，全省烟草系统在福州举办首届职工文艺调演，演出的 19 个文艺节目均从基层选拔出来，以反映烟草行业职工艰苦创业为主题。各级公司均开展了以"爱祖国，爱社会主义；遵纪守法，文明卫生；计划生育，教育子女；尊老爱幼，邻里团结"为主要内容的

"五好家庭"活动。

1992年，在全行业开展妇女自尊、自爱、自信，自强的"四自"活动。在庆祝福建烟草成立十周年活动中，毛宁、蔡明、郭达等著名歌手、演员应邀与烟草系统职工代表在福州大戏院同台演出。年底，全省有25人获得省级以上思想政治工作者及精神文明先进工作者的荣誉。

1994年，省局（公司）调整精神文明建设领导小组，设立精神文明建设办公室，制订创建精神文明单位计划，并开展活动。活动形式活泼多样，与部队举行联欢，组织青年参观国家重点工程水口电站，组织职工学习交流《邓小平文选》三卷心得体会，举办卡拉OK演唱会，召开复转军人忆传统座谈会。

1995年，在全省卷烟市场遭遇组建以来首次"市场疲软、价格下跌、库存增加"的情况下，省烟草系统职工倡导艰苦奋斗，勤俭办企业的精神，以创业精神开展创建精神文明处（室）、争创文明单位活动。开展了"巾帼建功"、"岗位学雷锋，行业树新风"、"学英模、作贡献"等活动。

1996年，围绕全省《"九五"期间社会主义精神文明建设规划》，从烟草行业的实际出发制订精神文明建设计划，调整全行业精神文明建设领导小组，设立办事机构，围绕中心工作开展活动。

1997年初，省局（公司）制订《烟草系统"九五"期间精神文明建设实施意见》、《关于地（市）局（公司）、卷烟厂领导班子精神文明建设实绩考核办法》，在全系统开展"讲文明，树新风"活动，提倡文明用语，助人为乐、优质服务、优美环境。省局机关开展创建"文明处室"、"五好职工"、"五好家庭"活动，制定了《关于在省局机关评选"五好职工"、"五好家庭"的考核标准》，按百分制进行量化考核，结合年终进行评选和表彰。同时，开展"优质服务，情满人间"活动，组织人员深入基层调研和督查，选派干部到云霄县的两个贫困乡扶贫。9月，省局党组召开全省烟草系统精神文明工作会议，对两个先进集体和5个先进个人的事迹进行表彰。

1998年初，全省烟草系统开展以"一抓二争三创"（抓好领导班子建设，争当五好职工、五好家庭，创文明机关、文明单位、文明行业）为主要内容的群众性创建精神文明活动。3月下旬，省局用500分制对全省地、市局（公司）、烟厂领导班子精神文明建设进行考核，并与生产经营目标责任奖相挂钩，推动行业的精神文明建设。是年，省局被评为省直机关抗洪赈灾先进单位。全省烟草系统被评为省级文明单位的有8个、被各级党委授予"先进基层党组织"、"党建先进单位"的共30个。

1999年，以庆祝建国50周年和澳门回归活动为主线，专场开展"祖国在我心中"的演讲和"祖国的澳门"知识竞赛活动，举办澳门历史、现状、未来的知识讲座；组织以"祖国颂"为中心内容的文艺演出和联欢会。

2000年，全省烟草系统开展时事教育和科技教育。组织了"WTO专题报告"、会计法、卫生保健知识等讲座、开展了"致富思源、富而思进"的征文活动和学习党的十五届四中全会百题知识竞赛，组织参观《崇尚科学、反对迷信》展览，各级都开展了评选"五好家庭"和"新长征突击手"活动。

2001年初，全省烟草行业开展以职业道德、社会公德、家庭美德为主要内容的"三德"教育，结合行业实际，加强"至诚至信，全心全意"服务理念的宣传教育。2月，下发《公民道德建设实施纲要》的学习教育计划。3月，全省行业开展"创文明单位、做文明职工"活动，倡导立足岗位、敬业奉献。共评选出20多位"最佳专卖管理员、最佳访销员、最佳送货员"，把行业服务理念贯穿于实际工作中。先后十次组织为贫困地区、洪涝灾区捐物，为失学儿童助学和疾病职工及家属捐款等。

2002年，全省烟草系统继续围绕学习"公民道德实施纲要"，召开了专题心得交流会、讨论会、座谈会和演讲比赛。各烟草基层单位普遍建立娱乐室、棋牌室、歌舞厅、图书室和阅报室等活动设施。有条件的企业完善了篮球场、健身房和职工食堂。

2003年，围绕行业组建20周年庆典开展精神文明建设活动。漳州市局（分公司）开展"六个一"系列服务活动：每位员工挂钩1户困难卷烟经营户、每年开展1次对困难卷烟经营户送温暖活动、每年召开1次零售户代表大会、每年向卷烟经营户送1份挂历贺新年、每年给卷烟经营户送1台戏、每年组织1次零售户代表参观卷烟生产企业。省局修改了《全省行业精神文明建设工作考核标准》，使之更具可操作性。确定20个单位作为全省第四届"创文明行业、建满意窗口"文明示范点。同时，着手构建福建烟草企业文化的基本框架。3月，邀请中央党校"企业文化"课题组进行初步策划。5月，组织抗非典全民健身活动。6月，《海峡烟草》创刊首发。此后，按照省局的有关精神，漳州市局创办的内刊《客户之友》和福州市局创办的宣传品《新烟草》等先后停刊。12月26日，省局（公司）举行大型芭蕾舞晚会，由上海芭蕾舞团演出《葛蓓莉娅》和《天鹅湖》。全省烟草公司员工代表、各地选出的136位零售户和烟农代表到场观看演出。是年，全省25家基层单位被评为省精神文明单位。

2004年，工商二系统分别成立网站并开辟宣传专栏，宣传优秀党员、劳动模范、先进集体和"五四"青年标兵等。是年，龙岩卷烟厂被省委宣传部列为"福建省企业文化建设示范单位"，被中国企业文化研究会授予"全国企业文化建设实践创新奖"；厦门卷烟厂获"福建省企业工作先进单位"和"厦门市企业文化建设十佳单位"称号。工业公司实施企业文化再造工程，出版品牌文化手册《石狮传奇》和《狼》的手册。

2005年，全省烟草系统把行业精神文明建设融入"创文明行业、建满意窗口"活动中，开展"学先进、比贡献、创一流"的活动，建立统一服务规范；考核评价标准体系和检查评比奖励机制，上半年表彰了35名一线先进人物。同时，做好VI贯标工作，完善MI和BI等工作，实现企业文化的系统化、理论化和规范化。全省烟草商业系统完成《企业文化建设纲要》和《企业文化手册》等文化产品的制作。开展"诉说我身边最感人的一件事"和"石狮杯"征文演讲比赛等活动。工业系统以培育企业精神为核心，把企业文化融入政治思想工作和精神文明建设的全过程。龙岩和厦门两工业公司分别获得"全国文明单位"、"全国卓越绩效模式先进单位"称号。全系统有2位个人、1个集体被评为"全国烟草劳动模范"和"先进集体"。

2006年，烟草商业系统开展"两个维护"（维护国家利益，维护消费者利益）在岗位主题实践活动方案，开展"两个维护在岗位——听客户讲你我的故事"等专题报告会，同时，制定《福建省烟草商业系统2006年精神文明建设工作考核细则》，围绕6个方面对各设区市局（分公司）进行精神文明建设的检查考核。是年，龙岩卷烟厂入选"2006年福建300家最佳形象企业"；厦门卷烟厂获"全国用户满意企业"等称号。两厂有2人获国家局的奖项。

2007年，烟草商业系统下发2006—2008年度《精神文明创建规划》、《精神文明工作要点及考核办法》、《文明示范窗口考核评选办法》以及文明创建任务分解书，全面启动行业精神文明建设。5月15日，烟草商业系统公布20个省级文明示范窗口，省级局所辖的9个市局（分公司）及福建烟草海晟投资管理有限公司各2个，下发《企业文化建设方案》，在系统内开展企业文化理念、企业文化主题的征集活动。福建中烟提出加强全体干部职工的认同感和使命感口号，旨在形成福建卷烟工业系统的整体文化。

2008年3月，省局（公司）制订完成企业文化架构体系及创建方案、企业文化创建工作三年（2008—2010）规划；确定了"建设海西，责任烟草"的文化主题。实施铸就"企业精神、培育企业新人、塑造企业形象、提升企业实力"四项工程，建立企业文化的运行、保证、激励、传播四项机制。福建中烟召开企业文化建设项目启动大会。进行公司企业文化理念"精句"提炼征集动员。省烟草商业量化细化文明创建具体的指标，使之落实到人。全系统在基层开展创建文明单位、青年文明号、巾帼文明岗等活动。省局（公司）主办、福建中烟协办"我与改革开放三十年"为主题的职工读书演讲活动，围绕"共建海西、责任烟草"的主题，烟叶产区突出烟叶基础建设、商业突出市场服务、专卖突出市场监督、工业突出品牌提升。商业系统还从各地、市局抽调6人到省工作并赴13个直属单位及浙江、云南等地开展企业文化调研，工业系统将推进"一体化"文化建设列为重点，开展精神文明建设。12月底，省局分别获得全省第五届创建文明行业工作先进行业和全省第十届省级文明单位称号；还有34家基层单位获得第十届省级文明单位称号，6家基层单位获第五届创建文明行业工作先进单位称号。

二、公益慈善活动

1991年，对外公益活动款56万元；其中比较大的有：龙岩地区局（公司）为319国道的改造捐资和龙岩卷烟厂为当地教育及福利设施建设捐资。

1992年，捐赠方向重点在农村，项目为基层道路、桥梁等公益设施，当年捐赠共达45.7万元。其中，三明分公司支持社会治安管理费用5万元、宁德分公司支持修建104国道5万元。

随着行业经济的发展，支持公益事业的项目和数量逐步增加，1993年，对外捐赠额达248.7万元；其中，宁德分公司捐赠50万元支持修建104国道、莆田分公司捐献残疾人基金会5万元、龙岩烟厂支持国际文化节、教师节及当地医院更新设备等98.45万元。

1994年，支持公益款426万元。其中省局向老区、灾区、省革命历史纪念馆捐款70多万元（其中省局机关个人捐4.24万元），宁德分公司为希望工程捐款20万元，三明分公司捐赠给医院等单位3万元，莆田分公司为三明市抗洪救灾捐款10万元，龙岩烟厂捐助扶贫款、关心下一代基金、贫困学生助学金、改善精神病院条件等项目323万多元。

1995年，在税利下降的情况下，支持公益款仍达350万元，主要项目为，省局向长乐机场捐款12.05万元。宁德分公司支持寿宁灾区2万元，三明分公司拨款5万元支持当地妇女发展烟叶，莆田分公司捐献3万元兴建该市建科技馆。龙岩烟厂支持希望工程款、奖学金、支援西藏经费、计划生育经费及公安联防经费等107.22万多元。

1996年，捐赠公益款556.8万元；款项指向主要是，省局为灾区捐款、赠送"希望书库"图书、为周宁县下桥乡"希望小学"捐款；三明分公司向当地残疾人福利基金会捐款；宁德分公司向龙岩灾区和宁德希望工程捐款；莆田分公司向龙岩地区抗洪救灾捐款；龙岩烟厂为"8.8救灾"捐款等。

1997年，捐赠公益款502.42万元，其款项多用于基层农业基础设施、捐助失学儿童、捐助助残金及扶贫助学专项基金。主要项目为，省局拨款帮助贫困乡开展生产；南平、宁德分公司分别拨款捐资助学；三明分公司拨款支持公检法单位用于治安管理费用；龙岩烟厂拨款捐向社会福利事业和残疾人基金会及扶贫助学专项基金。

1998年，捐赠公益款744.05万元。主要项目为，省局为松溪县捐助扶贫款；为周宁县坑底中学解决师生喝水问题、为南平等地赈灾、为长江流域赈灾捐款。三明、南平、宁德分公司为长江流域和南平等地赈灾捐款以及莆田分公司为援藏捐款等。企业方面，龙岩烟厂捐赠方向为特困生、儿童基金会等；厦门烟厂捐资成立厦门市首家资助大学贫困新生的专项"奖教助学"基金，并向厦门教育基金会和长江抗洪救灾捐款。

1999年，捐赠公益款333.21万元。主项为，省局捐助扶贫救灾款29.2万元，捐赠医疗款41.52万元；教育款28.18万元；三明分公司捐助大田县山区教育专款10.5万元；宁德分公司为希望工程捐款、莆田分公司为援藏捐款等。捐赠总额中，龙岩卷烟厂捐赠失学儿童、乡村修路及希望工程基金等124万多元、厦门卷烟厂赞助基层居委会和教育基金会7万元。

2000年，捐赠公益款848.33万元。主项为，省局向贫困山村捐助扶贫救灾款；三明分公司拨款支持援藏项目；宁德分公司拨款支持山区办教育；莆田分公司拨款支持三明抗洪救灾；泉州分公司拨款实施扶贫助困工程；龙岩烟厂拨款支持闽西山村修路、支持兴建革命历史纪念馆及铁路扩建等，厦门烟厂应该市市政府要求，筹建市足球队及厦门灌口镇井城村道路维修等。

2001年，捐赠公益款3573.4万元。主要是为贫困地区、失学儿童、抗洪救灾、军事演习、贫困小学及乡村公路维修等项目捐款。其中，龙岩烟厂捐资361.2万元。厦门烟厂捐资304.5万元。

2002年，捐赠公益款1156.24万元。主要项目是，省局捐助扶贫救灾款；泉州分公司捐助德化山区扶贫项目款和扶贫基金款；宁德分公司捐赠慈善事业款；三明分公司为当地抗旱救灾捐款；龙岩烟厂捐赠援藏经费及慈善事业款；厦门烟厂捐助闽西救灾款、助学基金款及罗源县道路修建款等。

2003年底，福建烟草系统"工商分家"，是年起，商业系统对支持公益事业款项审批进行改革，实行"一把手一支笔审批"制度。

2003—2008年，烟草商业公益捐款情况为：2003年659万元，2004年870万元，2005年4589万元，2006年6799万元，2007年2774万元，2008年4443万元。工业系统的捐赠审批制度仍延续之前的财务政策，并随着企业效益的增长，对公益事业的投入，在项目和金额上均逐年递增。

表13—1　　　**1993—2008年龙岩烟草工业公司（烟厂）捐赠情况表**

单位：万元

年份	总额	年份	总额	年份	总额	年份	总额
1993	98.45	1997	47.77	2001	361.29	2005	4337.93
1994	323.3228	1998	47.17	2002	54.70	2006	3105.19
1995	107.22	1999	124.04	2003	319.23	2007	2680.20
1996	30.02	2000	410.60	2004	1127.46	2008	3001.50

表13—2　**1993—2008年龙岩烟草工业公司（烟厂）部分捐赠项目名称表**

时间	捐赠项目名称
1993	国际合唱节、永定县农村中学助学
1994	捐助贫困村小学校舍建设、中小学助学,扶持贫困村、赞助希望工程基金、救灾款、福三线公路改造金、教育经费,扶持残疾人就业和赞助省历史纪念馆修建
1995	捐赠希望工程基金、扶贫金,建希望中学教学楼、建残疾人福利会活动中心,办希望小学,助学
1996	捐赠救灾款
1997	捐赠助残金,捐助失学儿童
1998	捐助特困生、聋哑学校,为农村中学购置设备、建老师食堂,为医院购仪器,赞助兴修水利,捐赠"关心下一代基金"、"希望工程基金"、"儿童基金"及灾区捐赠
1999	扶贫、失学儿童资助、捐赠"希望工程"、山村修路
2000	捐赠残疾人活动经费、修路、助学、困难户慰问金
2001	山乡扶贫、村容村貌改造、乡村中小学、乡路维修

续表 13—2

时　间	捐赠项目名称
2002	扶贫、重建小池卓泽小学
2003	铺乡村水泥路、扶贫、捐赠见义勇为基金、拯救华南虎经费、抗洪金
2004	捐赠中小学奖励基金、特困家庭子女助学金、社区建设金、改善农村教育事业经费、生态文化经济开发金、老区人民子女上学困难扶助金、修路
2005	赞助贫困村农户技术培训费、城市埋设污水管道费、老一辈领导人故居修缮款、救灾款、扶贫款
2006	捐助农村中学综合楼建设、爱心助学工程、补助乡村道路桥梁维修改造、赞助城市排水设施建设
2007	赞助新四军成立70周年展览经费、公安局警用装备购置、爱心助学活动基金、老年人体育运动经费、福利中心建设、扶贫村基础设施建设经费、农村党员干部教育基地经费，捐赠闽西农村治理水土流失专项金，改造小学危房
2008	赞助乡村安装路灯、安装自来水、农路建设，赞助消防建设、警务站建设、乡镇基础设施建设，捐赠教育助学奖金、爱心助学款、四川地震救灾款、贵州雪灾救灾款、维修邓子恢故居及新建陈列馆和古田会议旧址维修金及助学款

表 13—3　**1998—2008 年厦门烟草工业公司（烟厂）部分捐赠项目情况表**

单位：万元

时　间	捐助名称	金　额
1998	厦门教育基金会助学、捐赠奖教助学基金、抗洪救灾金、希望工程	146
1999	捐赠教育基金	5.6
2000	捐赠维修道路款、扶贫金	25
2001	捐赠省老年人体育协会	3.5
2002	向"万人献爱心"活动捐款，闽西救灾、烟叶基地救灾款，中小学助学金，赞助"海峡共明月，相聚在厦门"中秋晚会，赞助民族中学、闽西山区道路修建、罗源师泽基金会、离退休社会管理中心	123
2003	捐赠扶贫金、教育基金、慈善款、援藏款，赞助农村道路修建和老人活动中心建设、农村学校建设。	83
2004	向红十字基金会捐款、捐赠2004年助学金、助学项目金、慈善金	30
2005	捐赠厦门教育基金会助学项目金、见义勇为金、救灾款	1039
2006	捐赠救灾款、慈善金、助学基金	530
2007	向"万人爱心"活动捐款	15
2008	捐赠四川地震救灾款、省内扶贫款及公益性捐赠	265

表 13－4　　　**2005—2008 年福建中烟部分公益性项目捐赠情况表**

单位：万元

时　间	捐助名称	金　额
2005	贫困乡村及城市困难户扶贫款	22
2006	捐赠扶贫款、贫困学生助学款、救灾款	1273
2007	向客家文化联谊会、闽西老区建设促进、厦门市教育基金会捐款,捐赠省扶贫捆绑资金、扶贫、助学款。	490
2008	捐赠省外四川、云南、西藏救灾款,捐赠省内扶贫、乡村修路造桥、"关爱助学"项目款	700

表 13－5　　　**2003—2008 年烟草商业对外捐赠赞助主要指向表**

单位：万元

时　间	项　目	金　额
2003	省公司捐赠 315 书画展	1.5
2003	福州市公司捐赠北京大学、清华大学百年对抗赛	5
2003	龙岩市公司为教师节捐款	2.28
2003	晋江等公司赞助泉州市七届运动会	3
2003	闽东贸易中心捐助福鼎市农村校舍改造	2
2003	宁德分公司捐资兴建宁德上泫村村委楼	2
2003	南安市公司捐助兴建新疆喀什老人中心	1
2003	莆田分公司捐赠扶贫款	3
2003	三明分公司赞助宁化县庙前村建沼气池	2.6
2003	厦门分公司捐款给厦门同安塘边村	10
2003	漳州分公司赞助共青团知识竞赛	1.5
2003	南平分公司捐款支持建瓯抗旱	5
2004	省公司赞助宁化县石壁镇、治平畲族乡贫困村建设	46
2004	宁德分公司赞助市妇女儿童活动中心、扶贫、灾后重建款	60
2004	南平分公司为赤门乡苦竹洋村等贫困村建设和政和县东平镇抗旱捐资	9
2004	福州分公司赞助永泰县扶贫款	10
2004	龙岩分公司赞助龙岩梅花山华南虎驯养基地建设	50
2004	莆田分公司赞助特困子女助学专项经费	1
2004	霞浦县公司赞助长春镇法华村建设	1.5
2004	漳浦县公司赞助绥安镇草埔村小学危房改造工程	1
2004	南靖县公司赞助扶贫款	1
2004	柘荣县公司赞助扶贫款	1

续表 13-5

时　间	项　目	金　额
2004	寿宁县公司赞助贫困村自来水工程建设	0.8
2004	罗源县公司赞助扶贫款	1
2004	安溪县公司赞助扶贫款	1.05
2004	龙海市公司赞助扶贫款	3
2004	福安市公司赞助市范坑中学购置课桌椅、讲台桌	1
2004	永定县公司赞助湖雷乡修路经费	3
2005	省公司赞助建宁县乡村水利建设款、赞助厦门"9·8"投资洽谈会	65
2005	南平分公司为乡村中小学购置书籍、赞助南平抗洪救灾、赞助扶持村	17.34
2005	宁德分公司为中小学购置德育书籍	0.4
2005	莆田分公司赞助贫困乡村道路建设和小学配套设施建设费	9
2005	三明分公司捐资为贫困村修路铺桥	16
2005	福州分公司赞助偏远山村修建通村公路	18.5
2005	龙岩分公司赞助新罗区龙门镇龙门道路改造	5
2005	连江县公司赞助飞石村基础设施	2
2005	清流县公司赞助李家乡古坑村公益事业	1
2005	云霄县公司赞助下河乡石屏村农村公路建设	2.5
2005	泉港区公司赞助惠屿村建设水井	2
2005	龙海市公司赞助东泗乡松浦村修桥、向灾民捐助	5
2005	德化县公司赞助桂阳乡王春村和桂阳乡的基础建设	2
2005	南安市公司赞助码头镇码四村帮扶发展计划项目	10
2005	安溪县公司赞助扶贫帮困村改善基础设施建设	5
2005	尤溪县公司赞助中仙乡修复毁损道路	2
2005	诏安县公司赞助梅州乡梅山村乡道建设	2
2005	平和县公司赞助山格镇双坑村农村公路建设	2
2005	宁化县公司赞助特殊教育学校综合楼建设、社会公益活动	10
2005	漳浦县公司赞助乡村公路建设、捐助受强热带风暴影响的灾民	4
005	古田县公司赞助巴斗村修路	1
2005	福安市公司赞助赛里村改善村道水泥路面建设	8
2005	福鼎市公司赞助硖门乡庄稼村修路	1
2005	明溪县公司赞助枫溪乡公路建设	2
2005	福清市公司赞助玉桂村道路建设	2
2006	省公司捐贫困村饮水工程、武夷山老区学校建设款	9.5
2006	龙岩分公司赞助连城县农村安装有线电视和中国闽西首届国际客属龙舟文化节、捐赠永定县救灾款、赞助长汀县河田镇、童坊镇修路教学及连城县农村医疗卫生所建设	227.3

续表 13-5

时　　间	项　　目	金　　额
2006	厦门分公司捐同安区洪塘镇塘边村扶贫款	3
2006	莆田分公司赞助荔城区农村小学建设、武警支队活动经费、秀屿区平海镇村道建设、城厢区和荔城区农村饮水工程	14
2006	漳州分公司赞助平和县国强乡梅子村小学建设、捐台风受灾县赈灾款	204
2006	三明分公司赞助宁化治平乡公路建设、宁化县治平乡坪埔村安装有线电视、永安市小陶镇八一村修桥	115
2006	南平分公司赞助新农村建设宣传栏、捐建瓯市抗洪、武夷山市、南平市、政和县、浦城县贫困村建设款	119.6
2006	宁德分公司向市扶贫基金会、灾区捐款、捐阳光助学经费、捐灾后重建款、赞助古田县农村路面改造	125
2006	福州分公司赞助永泰县长庆镇下杨村修路	4
2006	南靖县公司赞助县文明建设经费	1.5
2006	龙海市烟草营销部赞助消防经费	2
2006	福安烟草营销部赞助畲族乡修路	1.2
2006	南安烟草营销部赞助农村危桥改建和小学设施改善	6.5
2006	古田烟草营销部赞助贫困村修路	1
2006	宁化县公司赞助农村中学危房改造	2
2006	闽清烟草营销部赞助农村修路	1
2006	泉港烟草营销部捐助农村小学危墙改造	1.5
2006	龙海烟草营销部赞助农村修桥	2
2006	漳浦营销部赞助农村修路	7
2006	南靖营销部捐助灾后重建经费	2
2006	建宁县公司赞助县消防经费	3.5
2006	松溪县公司捐救灾款	75
2006	宁化县公司赞助纪念红军长征胜利 70 周年活动经费	20
2006	德化烟草营销部赞助农村饮水工程	2
2006	漳平市公司资助山村建设	50
2007	省公司赞助上杭县、松溪县、永泰县、平和县、建宁县、云霄县、长汀县扶贫资金、教育专项资金、水利水毁工程修复款	1626
2007	福州市公司捐永泰县农村建设资金、社会治安综合治理经费、市儿童福利院建设款	30

续表13—5

时　间	项　目	金　额
2007	厦门市公司赞助"为农民兄弟姐妹捐赠图书活动"、"向贫困山区中小学捐书助学献爱心活动"	70
2007	宁德市公司捐赠扶贫帮困、慰问特困户、阳光助学、部队建设、农村饮水、灾后重建资金	30
2007	莆田市公司捐赠村道建设、农村学校设施、贫困户子女教育经费	18
2007	龙岩市公司捐赠农民子女上大学经费、洪涝灾害补助资金	55
2007	三明市公司捐赠法律宣传、新农村建设、农村安装有线电视资金	15
2007	南平市公司捐赠救灾补助款	200
2007	福清分公司捐赠农村建设资金、贫困党员扶贫慰问金	6.6
2007	闽侯分公司捐赠孤寡老人、特困户慰问金	0.43
2007	长乐分公司捐赠孤寡老人、特困户慰问金	0.55
2007	平潭分公司捐赠村道修建资金	1
2007	罗源分公司捐赠扶贫攻坚村资金	1
2007	寿宁分公司捐赠新农村建设资金	1
2007	古田分公司捐赠新农村建设资金	5
2007	福鼎分公司捐赠海军部队建设经费	1
2007	霞浦分公司捐赠农村村支部党员活动室建设和小学校舍修建款	2
2007	柘荣分公司捐救灾款	1
2007	安溪分公司捐款帮助官桥镇贫困户	3
2007	东山分公司赞助前楼镇叶厝村建设	3
2007	诏安分公司捐款为农村修水泥路	2
2007	长汀分公司赞助生产基础设施建设	3.7
2007	连城分公司赞助农村学校建设	3
2007	武平分公司赞助农村建设	1.2
2007	明溪县公司捐赠新农村建设资金	1
2007	泰宁分公司赞助新农村建设资金	3
2007	浦城分公司捐赠困难党员帮扶资金	15
2008	省公司捐赠救灾、扶贫新农村建设资金	2600
2008	南平市分公司捐赠浦城县富岭镇产业发展金、扶贫金，赞助文明城市建设	80
2008	宁德市分公司赞助福安市农村发展生产金、帮助少数民族贫困生完成学业，捐"平安福鼎"、灾区捐款、"安居工程"、新农村建设、青春建功新农村活动经费	40

续表 13－5

时　间	项　目	金　额
2008	莆田市分公司捐贫困户慰问金、捐建农村图书室卫生所、向灾区捐赠、赞助社会治安综合治理	56
2008	厦门市分公司赞助农村医疗设施、向灾区捐赠、协助解决巡逻特警队经费、向红十字会捐款	370
2008	三明市分公司捐救灾金、捐助农村引水工程、超级稻高产示范片创建经费、捐赠三明市政府资金	354
2008	漳州市分公司赞助农村修建水泥路、自来水给水工程和垃圾处理场	7
2008	龙岩市分公司向灾区捐款、赞助计生工作、捐助贫困学生	43
2008	福州市公司赞助改善部队官兵文体生活基础设施款	2
2008	泉州市公司捐受灾及困难职工家庭子女上学款	1
2008	福安分公司捐资帮扶老区基点村	1
2008	永安分公司赞助公安局经费、资助特困生	27
2008	诏安分公司支持地方公益事业费	5
2008	福建武夷烟叶有限公司捐赠农村发展金	10
2008	晋江分公司捐资帮助贫困村	2
2008	平和分公司资助校园及乡村设施建设、协办福建省第二届农民电影节、第四届琯溪蜜柚节	15
2008	南靖分公司捐赠特殊教育学校建设金	2
2008	龙海分公司支持地方教育事业金	3
2008	石狮分公司赞助公安局治安大队办案费	1.5
2008	惠安分公司捐助经济薄弱村建设金	2
2008	长乐分公司赞助农村作物种植项目金	3
2008	顺昌分公司捐助灾后补助金	5
2008	古田分公司捐扶贫帮困金	1
2008	光泽县公司赞助县政府资金、改善村容村貌金	15
2008	浦城分公司赞助改善农村卫生环境金	3.6
2008	泰宁县公司赞助泰宁红军纪念园建设	5
2008	安溪分公司捐资改善贫困村基本生产生活条件	3
2008	华安分公司捐农村帮扶资金	1
2008	政和分公司赞助农业科研	5
2008	漳浦分公司赞助乡村水泥路建设	2
2008	宁化分公司赞助教学奖学金	5

第三节　企业文化建设

一、工　业

2000 年，龙岩卷烟厂把企业文化建设浓缩为"一、二、三、四、五"，即确定"一个生产经营理念"：抓创新、拓市场、争一流。树立"两个良好形象"：良好的产品形象和良好的企业形象。坚持"三个宗旨"：为消费者服务，为销区服务和为市场服务的宗旨。倡导"四种精神"：艰苦奋斗永不服输的红土地精神，一丝不苟、精益求精的创业精神，图强做大、回报社会的报国精神，团结友爱、富庶文明的时代精神。实现"五个有"：干有岗、住有房、求有帮、乐有场、老有养。

2002 年，龙岩卷烟厂确立了"团结、求实、创新、奋进"的企业精神；"艰苦奋斗、永不服输、争创一流"的优良传统；"追求卓越，回馈社会"的核心价值观；"追求卓越——实现顾客、社会、员工满意最大化"的企业宗旨；"以顾客为中心"的经营理念和"身处山区，放眼世界"的企业口号。

2004 年，企业文化建设被列入龙岩卷烟厂重点方针目标。在确立"永不服输、争创一流"的企业核心价值观的基础上，提出了改革观、发展观、学习观、危机观、质量观、人才观、成本观、营销观等八个基本观点。

2005 年 7 月开始，在福建卷烟工业系统开展"牢固树立国家利益、消费者利益至上的价值观"大讨论活动。为了选拔优秀选手参加国家局举办的"两个维护"大讨论活动演讲比赛，9 月，省公司举办了"两个维护"演讲选拔赛，选拔了 2 名选手参加了在南京举行的华东、东北片区预赛，其中龙岩卷烟厂选手在国家局组织的"两个维护"共同价值观演讲比赛决赛中获三等奖。

2006 年初，公司党组提出构建企业文化体系目标，要求各单位以《中国烟草企业文化建设纲要》为指导，以"两个至上"的价值观为核心，研究制订企业文化建设实施意见，抓好企业文化建设工程的启动、论证、咨询、提升等各项工作，广开渠道、创新形式，把企业文化建设融入企业经营管理、思想政治工作和精神文明建设的全过程。5 月，福建中烟制订下发《"两个至上"在岗位主题实践活动实施方案》和《关于开展"两个至上"在岗位专题活动的通知》，把主题实践活动分为学习动员、主题实践和总结提高三个阶段，在领导班子中开展"四好班子"争创活动，在管理人员中开展"服务之星"评选活动，在一线员工中开展标兵、先进职工、岗位能手等评选活动，在共产党员中开展"学习走在先，工作干在先，服务做在先，帮扶抢在先"的学习教育活动。在开展以"立足本职做贡献，超越自我在岗位"为主题的征文活动中，共征集文章 28 篇，评出一、二、三等奖共 10 名。还举行"做强品牌利共享，真诚携手求双赢"先进事迹报告会。

2007 年，厦门烟草工业有限责任公司构建以社会责任为核心的社会行为理念，构建和谐企业，构建和谐烟草的外部环境，领导班子成员带头在"两个至上，从我做起"主题报告会上演讲。为确保企业文化建设工作全面推进，福建中烟党组成员将与下属单位建立企业文化建设联系点，要求已初步建立企业文化架构体系的单位做好企业文化理念的传播和深植工作，改善企业文化评价体系，探索建立企业文化激励机制，发挥企业文化保证作用。尚未启动企业文化建设工程的单位，要积极与咨询公司接洽，尽快启动企业文化建设工程，年内初步建立企业文化架构体系。要着力建立企业文化评价体系，结合企业实际，运用现代管理方法，从理念识别系统、行为识别系统、视觉识别系统三方面采集评价要素，完成企业文化评价体系构建工作。要做好企业文化建设培训工作，在服务文化、品牌文化、营销文化、廉洁文化、安全文化、项目文化等方面进行培训。是年，公司党组开展"两个至上"在岗位主题实践活动，组织领导干部向员工宣讲对"两个至上"共同价值观的理解和认识，以及如何落实在岗位的具体措施。突出抓各级领导干部的率先垂范作用，各单位领导班子成员每人与基层单位建立 1 个联系点，指导、督促活动的开展。

2008 年年初，龙烟公司制定下发《企业文化传播与深植管理办法》（试行）。《办法》共分为九章四十八条，提出"一个宗旨、三期目标、七项原则"。3 月 18 日，福建中烟召开企业文化建设项目启动会，10 月，福建中烟企业文化核心理念基本架构形成，福建中烟企业文化项目进入企业文化核心理念精句提炼阶段

二、商　业

2002 年，福建烟草商业系统正式提出"至诚至信，全心全意——客户满意是我们永恒的追求"的行业服务理念。

2003 年，为提高行业和社会认知水平。成立金叶文化传播公司，创办面向全省烟农和零售客户的《海峡烟草》。

2004—2006 年，福建烟草商业以"我爱我家"为主题，开展企业文化建设，培育以"两个至上"行业共同价值观为核心的企业文化。

2007 年，省局（公司）下发《企业文化创建工作三年（2008—2010）规划》，确定"建设海西·责任烟草"文化主题。成立企业文化建设项目组，展开企业文化创建工作。

2008 年 5 月 9 日，省局（公司）开展企业文化理念征集活动，收到《企业文化理念征集表》11000 多份。5 月 29 日，省局（公司）下发《福建烟草商业企业文化架构体系及创建方案》。7 月，全省烟草商业企业文化母子融合创建模式建立；8 月 5 日，省局召开全省烟草商业企业文化座谈会，随即，省局（公司）党组专题研究加强企业文化建设并在福州召开企业文化建设工作调度会，统一各项创建工作时间进度和要求，省局局长杨培森在专题调研成果汇报交流会上对企业文化建设提出了创建目标要求。在全国"四实"企业文化暨福建烟草商业"母子文化"创新研究会上，省局（公司）纪检组长、党组成员黄星光在省烟

草大厦二楼大礼堂正式发布全省烟草商业企业文化成果。发布的企业文化成果主要有三项，分别是：第一，理念体系基本建立。即以"建设海西、责任烟草"为主旨，全面构建以"行业共同价值观"、"企业精神"、"企业经营思想"为主要内容的福建烟草商业母文化理念体系，形成了企业决策理念、企业运行理念、企业管理理念、企业行为规范等为主要内容的子公司文化理念体系。第二，母子文化深度融合。总结提炼了13个各具个性的子文化（即德、诚、实、宁，容、融、和，正、方、勤，智、精、严），并通过"成德搏进，以德载责"、"忠诚事业，以诚显责"、"精实以恒，以实履责"、"宁和致远，以宁维责"、"德容自敬，以容至责"、"融融兴业，以融传责"、"协和共进，以和系责"、"心正意诚，以正赋责"、"智圆行方，以方通责"、"勤业尽职，以勤示责"、"聚智薄发，以智明责"、"精进勤行，以精承责"、"严明敬业，以严尽责"等13个"特征凸显"的文化符号，与母公司的"责任文化"紧紧相连，使"母子文化"达到深度融合，实现了相同基因、不同个性，和而不同、兼容并蓄。第三，理论研究见成果。福建烟草商业《履责之魂》、《履责之义》、《履责之行》、《责任烟草》等多项文化成果经省局（公司）党组审定刊印。

第十四章　烟草文化

1991—2008 年，福建烟草加强企业文化建设的探索与实践，留下一批创新的文化作品。这些作品真实记述了福建烟草行业改革发展中的个体，他们是基层先进集体（个人）的代表，在业内曾广为宣传。这一时期的烟草文化内容，还有部分闽烟人创作的反映烟草专卖管理、烟草工业、农业、营销等领域文化建设风貌的歌曲、漫画与烟标。

第一节　漫画、歌曲、烟标、广告

在《烟草专卖法》、《烟草专卖实施条例》和《福建省烟草专卖管理办法》实施的过程中，福建省烟草行业运用各种宣传载体、向社会开展宣传教育活动。许多地区利用群众喜闻乐见的漫画形式宣传烟草专卖法律法规，通俗易懂。

一、漫　画

《福建省烟草专卖管理办法》宣传画

一、无证经营烟草制品零售业务的，由烟草专卖行政主管部门责令停止经营烟草制品零售业务，没收违法所得，处以违法经营货物价值20%以上50%以下的罚款，并收购非法经营的烟草制品。

二、禁止买卖、出租、出借烟草专卖许可证。

二、严厉打击非法生产、销售假冒伪劣卷烟行为

一、禁止为非法生产卷烟、雪茄烟提供原辅材料；禁止为非法生产卷烟、雪茄烟提供生产场所。

老板，这是上等的材料。

地下烟厂

货卸在这里好！

假烟

禁止为非法生产的烟草制品提供运输、仓储、保管、邮寄等便利条件。违者处以三千元以上三万元以下罚款。

二、禁止销售非法生产的烟草制品。销售非法生产的烟草制品，依法没收违法所得，处以违法销售货物价值百分之二十以上百分之五十以下的罚款。

罚款

禁止销售非法生产的烟草制品，并将非法销售的烟草制品公开销毁。

销毁假烟

三、禁止非法收购烟叶

一、烟叶由烟草公司或者其委托单位依法收购。禁止非法收购烟叶。

我统统收购。

二、非法收购烟叶的，依法没收非法收购的烟叶，可处以非法收购货物价值一倍以上二倍以下的罚款，但罚款总额最高不得超过三万元。

依法没收烟叶！

罚款

四、禁止销售非法渠道卷烟

你是销售非法渠道卷烟！

不得销售非当地烟草专卖批发企业提供的烟草制品。销售非当地烟草批发企业提供的烟草制品的，由烟草专卖行政主管部门责令停止销售，并可以依法收购违法经营的烟草制品。

罚款！

依法没收违法所得，处以销售货物价值百分之二十以上百分之五十以下罚款，

收购！

五、禁止在我省销售国务院指定的地产地销的烟草制品

物美价廉

地产地销烟公开销毁！

非法销售国务院指定的地产地销烟草制品生产企业生产的烟草制品的，处以3000元以上3万元以下罚款，并将非法销售的烟草制品公开销毁。

六、禁止无证批发烟草制品

品种繁多，批发供应。

没收违法所得！

二、由烟草专卖行政主管部门责令停止经营烟草制品批发业务，没收违法所得，

一、无烟草专卖批发企业许可证的企业或者个人，向烟草制品零售企业或者个人提供烟草制品货源的，视为无烟草专卖批发企业许可证从事烟草制品批发业务。

处以违法批发的烟草制品价值50%以上一倍以下的罚款。

七、禁止无证运输烟草专卖品

请出示准运证。

没收违法所得！

一、运输烟草专卖品的准运证应随货同行、证货相符；所运输的烟草专卖品不能使用同一运输工具的，应分别开具烟草专卖品准运证。

二、承运人非法运输烟草专卖品的，由烟草专卖行政主管部门没收违法所得，处以非法运输货物价值百分之十以上百分之二十以下的罚款。

请出示在当地购买的有效证明。

三、运输、储存的烟草专卖品无准运证又无法提供在当地购买的有效证明的，为无准运证运输烟草专卖品。

《福建省烟草专卖管理办法》宣传画

福建省烟草专卖局　编

二、行业歌曲

金 叶 风 采

（合 唱）

秋 枫 词
李式耀 曲

1=F 4/4

自豪、亲切、充满激情地

♩ = 120

啦啦 啦啦 啦　　　　啦啦 啦啦 啦

f 女齐：

金叶 是我们的名 片，　金叶是我们的气 派；　在那飘香的
金叶 是我们的光 彩，　金叶是我们的豪 迈；　在那飘香的

金叶　　　啦啦啦啦 金叶　　　啦啦啦啦 啊

金 叶 上，凝聚着我们的挚 爱。　全 心 全 意，情
金 叶 上，闪亮着我们的风 采。　金 色 网 络，联

男：

系 商家 百姓；至 诚 至 信，打 通 企业品
接 城市 乡村；美 好 蓝 图，铺 展 灿 烂 未

啦……

（混声合唱）

3 - - 1 | i. i 7 5 | 6̄ 6 - 1 | i. i 7 5 | 6̄ 3 - -
牌，　　把　清　香　撒　满　人　间，　把　温　馨　带　给　世　界；
来，　　让　香　醇　常　驻　人　间，　让　温　馨　充　满　世　界；

1 - - 1 | 5. 5 5 3 | 3̄ 5 3 - 6̇ | 5. 5 5 3 | 3̄ 2 1 - -

0 i i̇ 6 i̇ 0 0
0 5 5 4 5 0 0
0 3 3 2 3 0 0
企　业　品　牌
灿　烂　未　来

6 6̄ 6 5 4 | 3 1̄ 1 2̄ 3 2 - | 3 2̇ 7 5 6 | 6 - - (5 |
这　就　是　我　们　共　同　的　追　求，　不　变　的　情　怀。
这　就　是　我　们　永　恒　的　追　求，　不　变　的　情

1. | 2. | DS
6 - - 5 |

i i̇ i̇ 7 6 | 5̄ 3 3 5̄ 6 5 - | 5 7 2̇ 7 i̇ | i̇ - - 0 | i̇ - -
4 4̄ 4 3 2 | 1̄ 6 6 7̄ 1 7 - | 1 2 2 3̄ 3 | 3 - - 0 | 3 - - 5.

怀。　　　　　　　　　　　　　　　　　　　　　　　　金

⌐3
6 - - | 6 - 7 - | i̇ - 6 - | 3 - - - | 3 - - - | 3 0 0
怀。　　哎　　嗨　　哟　　吼　　嗨！

i̇ - - | 3 - 2. 3̄ | 5 - 6 - | i̇ - - - | i̇ - - - | i̇ 0 0
3 - - | | 3 - | 6 - - | 6 - - | 6 0 0

（中国国家交响乐团演奏、演唱）

乘风起航

1=♭A 4/4

♩=66

词：少雄、江小鱼
曲：李　杰

05│3 334 32 12·│17 653 3·05│3 334 5·1 012│3·4 432 2 —

就 让 昨天的 辉煌 成为 淡淡 的记忆　 就 让 今日的 梦 想　 随着太 阳 升 起

61·111 21 1·│65 535 23·006│44 434 4 045│6· 5 5 05

不再 沉湎于 过 去 荣耀 与奇迹　 把 坚实 的信念 铭刻 在 心 里 不

‖3 343 32·12·│17 653 3·05│33 334 511 012│3·4 432 22·2

管 明天还 有 多少 风风 和雨雨　 在 每分 每秒的 时间里 我们 同样 努 力
让 明天的 辉煌 成为 淡淡 的记忆　 就 让 今日的 梦想 随着 太阳 升 起

61·111 1·1 1│6·5 535 23·0│4·4 444 4 045│6·6 665 55 5

我们 内心的 执 着 从 不 放弃　 跨越 世纪 我们 从 头 做 起

5 — 0 345│5 — — 432│23· 3 — 456│6· 5 6 653

让一切 乘风而 来 让生命 再 创 新的力

532 2 — 001│6·6 661 i· i│7·21 i 045│6· i 7· i

量 让大 地 展开 梦 的翅 膀 就这 样 乘 风 起

1.
i — — — │（间奏） 05 ：‖ 2. i — — 345│i — — 045

航 就 航 让一切 就 就这
　　　　　　　　　　　　　　　D.S.

6· i 7· i│i — — — │i 0 0 0

样 乘 风 起 航

金叶风采

（合唱主旋律谱）

秋　枫　词
李式耀　曲

1=F　4/4

自豪地　亲切地　充满激情地

♩=120

```
3 3 0 3 2 2 3 | 1·7̇ 6̇ 0 | 6 6 0 6 5 5 6 | 5·4 3 0 | 2 6 5 4·4 |
```

金叶　是我们的名　片，　金叶　是我们的气　派；　在那飘香的
金叶　是我们的光　彩，　金叶　是我们的豪　迈；　在那飘香的

```
3·2 1 2 3 - | 2 2·3 2 1·1 | 7·6 6 - 5 | 5 - 4 5 6 | 5 - - 4 5 |
```

金　叶　上，　凝聚着我们的挚　爱。　全　心　全　意，　情
金　叶　上，　闪亮着我们的风　采。　金　色　网　络，　联

```
6 - 5 4 5 | 4 2 - 4 5 | 6 - 5 4 3 | 6̇ - - 5 5 | 5·5 4 3 2 | 3 - - 1 |
```

系　商家　百姓；　至　诚　至　信，　打造企业品　牌。　把
接　城市　乡村；　美　好　蓝　图，　铺展灿烂未　来。　让

```
i·i 7 5 | 6 7 6 - 1 | i·i 7 5 | 6 7 3 - - | 6 6 6 5 4 | 3 1 1 2 3 2 - |
```

清　香撒满人　间，　把温馨带给世　界；　这就是我们共同的追　求，
香　醇常驻人　间，　让温馨充满世　界；　这就是我们永恒的追　求，

```
3 2 7 5 6 | 6 - - 0 ‖
```

不变的情　怀。
不变的情　怀。

金 叶 情 怀

（女声独唱、伴唱）

颜庭寿 词
史宗毅 曲

1=C 2/4

亲切、富有感情地

♩=60

（女独）捧 一 叶

金 黄，我轻轻对你说，默默奉献是 我一支不老的
金 黄，我轻轻对你说，至诚至信是 我一支清亮的

歌，歌声飞 过难忘岁 月，青春点亮流香生
歌，歌声唱 遍山山水 水，绿野荡起层层金

活；歌声飞越灿烂星 空，激情牵着辉煌走 过。
波；歌声唱进千家万 户，阳光织成金色网 络。

女独
母亲的微笑告诉 我，闽江的
大地的丰收告诉 我，客户的

女高
女低
母亲的微笑告诉我，告诉我，闽江的涛声
大地的丰收告诉我，告诉我，客户的笑容

男高
男低

（吴丽娜演唱）

情到深处才完美

（男女声对唱）

赖董芳 词
李式耀 曲

1=D $\frac{1296}{888}$

♩ = 63

（★）：让我再一次靠近你，用 深情的唇来亲吻你。让 我再一次呼吸你，用

我的味道来缠绵 你。 （男）：莫再提分手， 快放下无 奈，

千丝万缕说 声离不开你， 一串串美丽， 一缕缕情 意，

男：让世上所有的完 美拥抱 你。 啊， 情 总要

★：（女声部）啊 情

付出代价些许，让 伤害敞开心，坦然 面 对； 我的 一切 将

我的一切

为你更 改，真 爱你愿你少受 一丝伤害。 情到深处才完美，

有缘长相依， 永不分离。

（金学峰、张瑶演唱）

我们是兄弟姐妹朋友

（合　唱）

金伯雄、吴曦东 词
章　绍　同 曲

1=F　4/4

♩=78

```
‖: 6/4 (1̇ - 2̇ - 3̇ · 2̇ 1̇ | 4/4 6 5 3 6 5 - | 6/4 1̇ - 2̇ - 3̇ · 2̇ 1̇ | 4/4 6 5 3 5 6 -
```

```
5 6 1̇ 6 5 3 | 2 3 2 1 6 · 1 | 1 - - -) | 5 · 6 1̇ 2̇ 3̇ 3̇ 5̇
```

1（女齐）你　的　满　意，是　我
2（男齐）你　的　微　笑，是　我

```
3̇ 2̇ 1̇ 6 1 - | 3 3 3 4 5 1 | 4 4 3 2 1 2 - | 5 · 6 1̇ 3̇ 5̇ 5̇ 3̇
```

永恒的追求，　　因为我要做你贴心的　朋友。　　你的希　望，是我
心中的锦绣，　　因为我　是你忠实的　朋友。　　你的成　功，是最

```
6̇ 5̇ 3̇ 2̇ 1̇ 6 - | 2̇ 2̇ 2̇ 2̇ 2̇ 3̇ | 5 · 5 6 2̇ 1̇ | 1̇ - - -
```

一生的守候，　因为我们风雨同　　舟。
香甜的美酒，　因为我们共同酿　　就。

（男女高）
```
3̇ 5̇ 3̇ 5̇ - | 3̇ 5̇ 5̇ 5̇ 5̇ 5̇ 5̇ 6̇ 5̇ 5 0 | 3̇ 5̇ 5̇ 5̇ 5̇ 5̇ 5̇ 5̇ 6̇ 5̇ 5 0
```

啊！　　我们是兄弟姐妹朋　友，　至诚至信能让清香长　久；
　　　　我们是兄弟姐妹朋　友，　全心全意展现金叶风　流；

（男女低）
```
1 2 5 3 - | 1 3 3 3 3 3 3 2 1 3 0 | 1 3 3 3 3 3 3 2 1 3 0
```

```
3̇ 5̇ 5̇ 5̇ 5̇ 5̇ 5̇ 5̇ 5̇ 3̇ 6 0 | 3̇ 5̇ 5̇ 5̇ 5̇ 5̇ 5̇ 5̇ 5̇ 6 0 | 5 · 6 1̇ -
```

我们是兄弟姐妹朋　友，　至诚至信能让清香长　久；　我们是
我们是兄弟姐妹朋　友，　全心全意展现金叶风　流；　我们是

```
1 3 3 3 3 3 3 2 3 4 0 | 1 3 3 3 3 3 3 2 3 4 0 | 3 · 5 6 -
```

```
5 6 1̇ 6 5 3 | 2 3 2 1 6 1 3 | 2 - - - | 5 6 1̇ 6 5 3
```

兄　弟姐　妹　兄弟姐妹朋　　友，　　奉　献爱　心，
兄　弟姐　妹　兄弟姐妹朋　　友，　　跨　越梦　想，

```
3 5 6 3 2 1 | 6 1 6 5 6 - | 7 - - - | 3 5 6 3 2 1
```

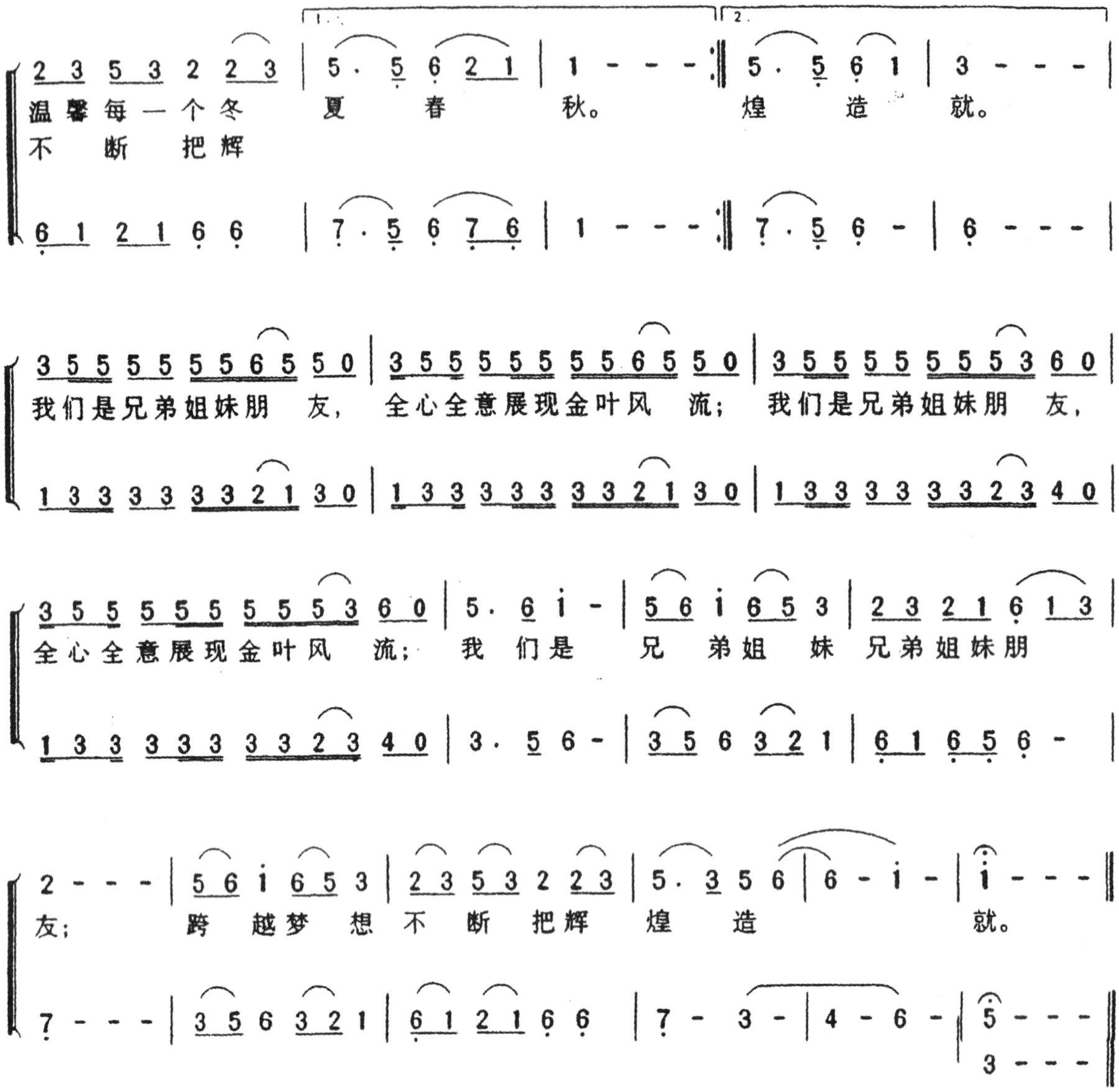
温馨每一个冬 夏 春 秋。 煌 造 就。
不 断 把辉
我们是兄弟姐妹朋 友， 全心全意展现金叶风 流； 我们是兄弟姐妹朋 友，
全心全意展现金叶风 流； 我 们是 兄 弟姐 妹 兄弟姐妹朋
友； 跨 越梦 想 不 断 把辉 煌 造 就。

厦烟之歌

集体 词
袁荣昌 曲

1=♭B 4/4 2/4 朝气蓬勃地

f
(1 2 3 4 ‖: 5·5 5·4 3- | 4·4 4 3 2- | 5·5 1 5·5 2 | 5·5·3 1 2 3 4 5·5 |

2/4　　4/4
1 5 4 3 2 | 1 1 5 1 1 1 5 1 | 3·2 1 1 6 5 6 | 5·3 3 (1 1 1 1 2 3) | 4 4 5 6·5 4 3 |
　　　　　　　　　　　　　　　mp　　　　　　　　　　子　子

1.我 们的名　字里，　　飘溢着浓　　郁的
2.特 区的历　史里，　　有我们写　　下的

2 2 - - | 3·2 1 1 1 7 1 | 7·6 6 (4 4 4 4 5 6) | 7 7 1 2·1 7 6 | 6·5 5 — — |
　　　　　　　　　　　　　　子　子

芬芳；　我们的事　　业 中　　奔涌着金　色的波　浪。
篇章；　市场的繁　　荣 中　　有我们贡　献的力　量。

1 - 1·2 | 3·3 2 1 1 7·1 | 7 6 6 — — | 7　7 · 1 | 2·2 1 7 7 6·7 |

青 春在卷烟机旁　闪　　烁；　　理 想 在　流水线上　歌
智 慧为企业带来　生　　机；　　汗 水 在　改革路上　流

P
6 5 5 - - | 4 4·5 6 — | 5·6 5 3 0 4 3 | 2 — 1 ·2 | 3·4 5 6 5·5 5 |
　　　　　　　　　　　　　　　　　　　　　　　　渐强

唱。　　我们　是　　厦 烟的建设者，为 了　　企业的腾飞腾
淌。　　我们　是　　厦 烟的建设者，为 了　　美好的明天明

1 - - 5 | 2 — — 5 | 3 — — 2 3 | 4·4 4·3 2- | 3·3 3·2 1 |
　　　　　　　　　　　　　　　　f··　> > > > >　　> > > > >

飞，　腾飞，　　腾飞，　我们奋斗开 创，　奋斗开 创
天，　明天，　　明天，　我们奋斗开 创，　奋斗开 创

>>　>>f····　　　　2放宽
7·6 5 5 - 5 2 1 (1 2 3 4 ‖ 5 2 1 — — | 1 — · — — ‖

我们奋斗 开创！　　开创！
我们奋斗

重新点燃

1=♭E $\frac{4}{4}\frac{2}{4}$

（男声独唱、伴唱）

李再雄 词

李式耀 曲

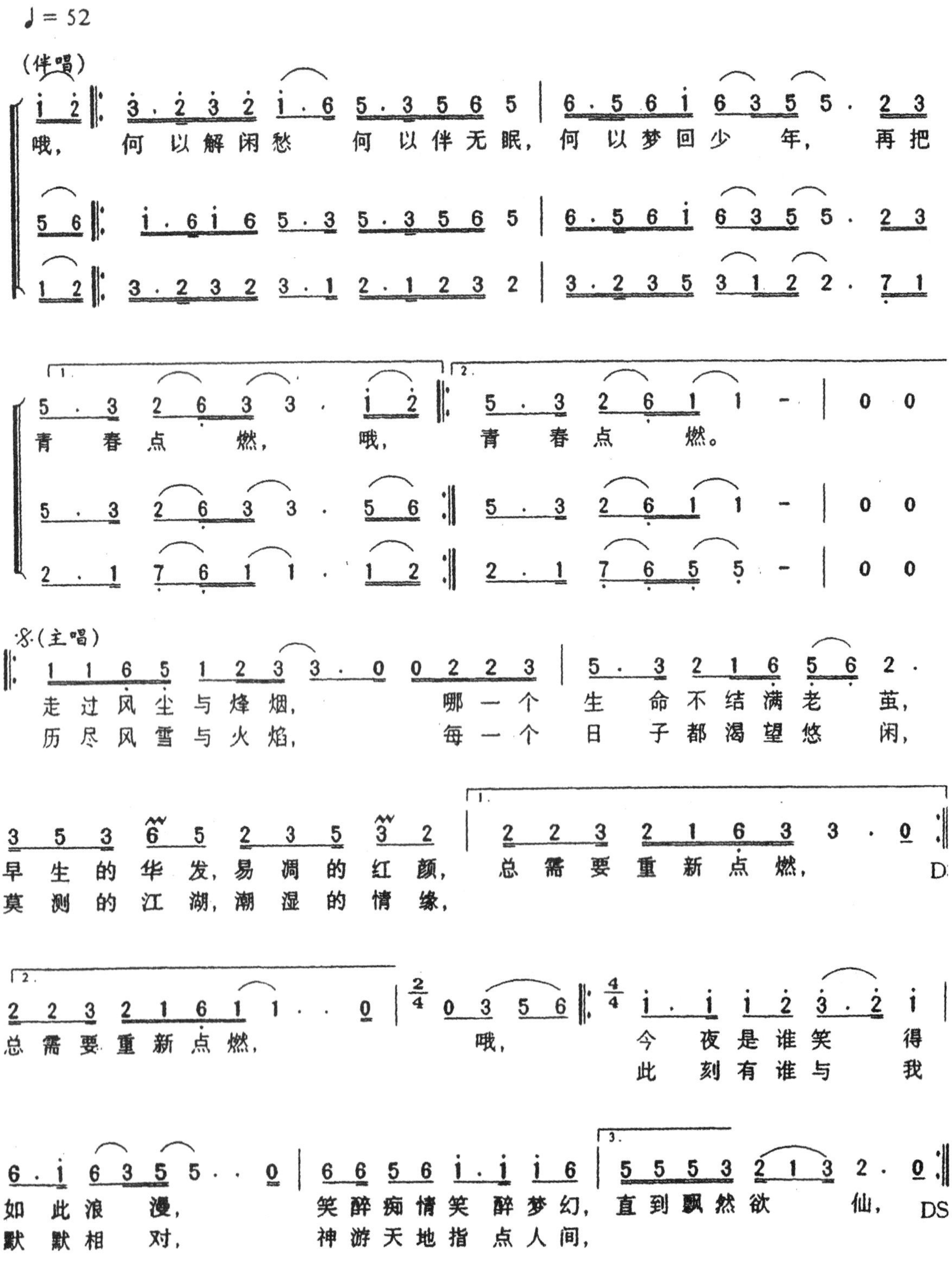

方圆天地在心间

余小明　词
郑发祥　曲

——龙岩烟草企业歌
（领唱、合唱）

1=♭A　2/4

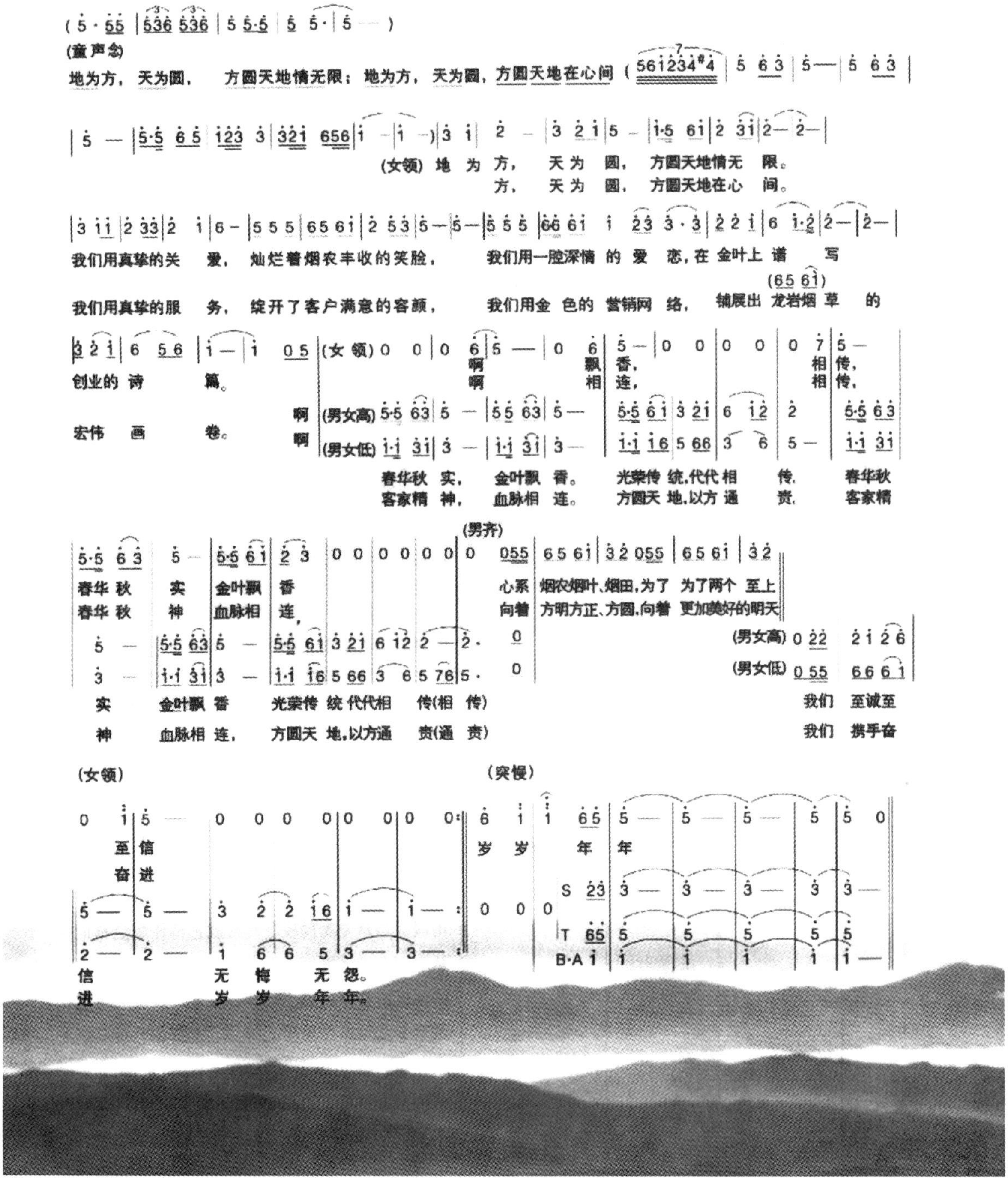

湄洲湾畔烟草人

（独唱或齐唱）

颜庭寿 朱建国 词

章绍同 曲

三、福建地产烟烟标

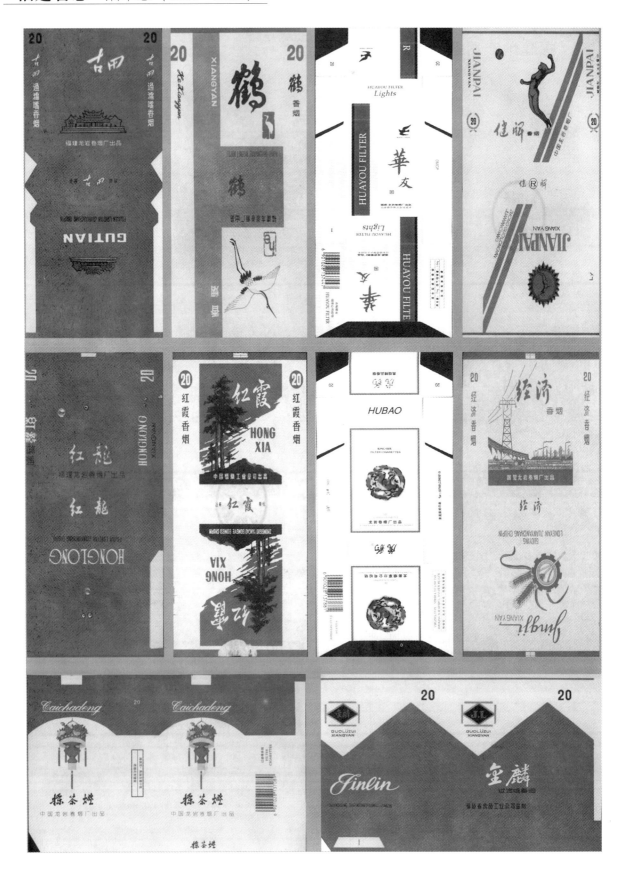

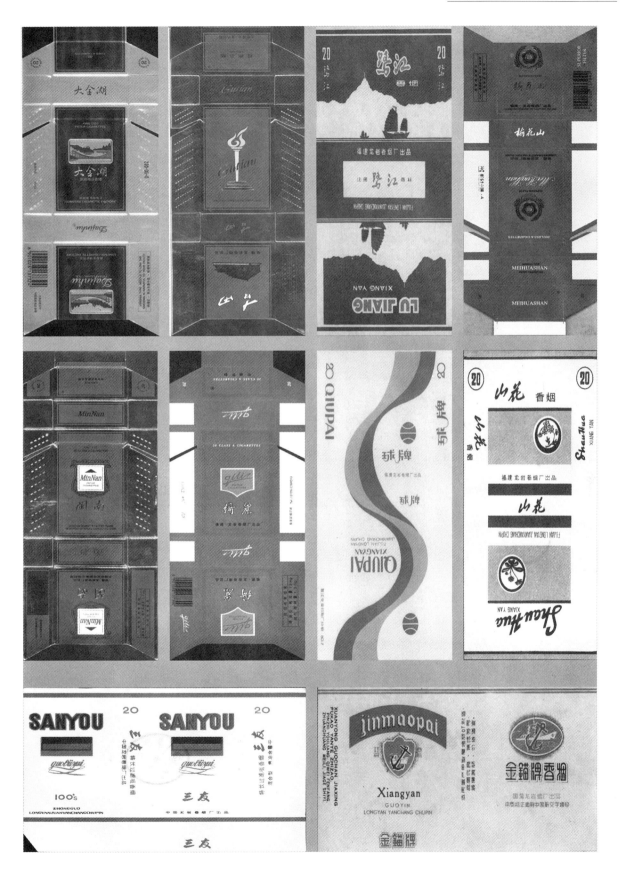

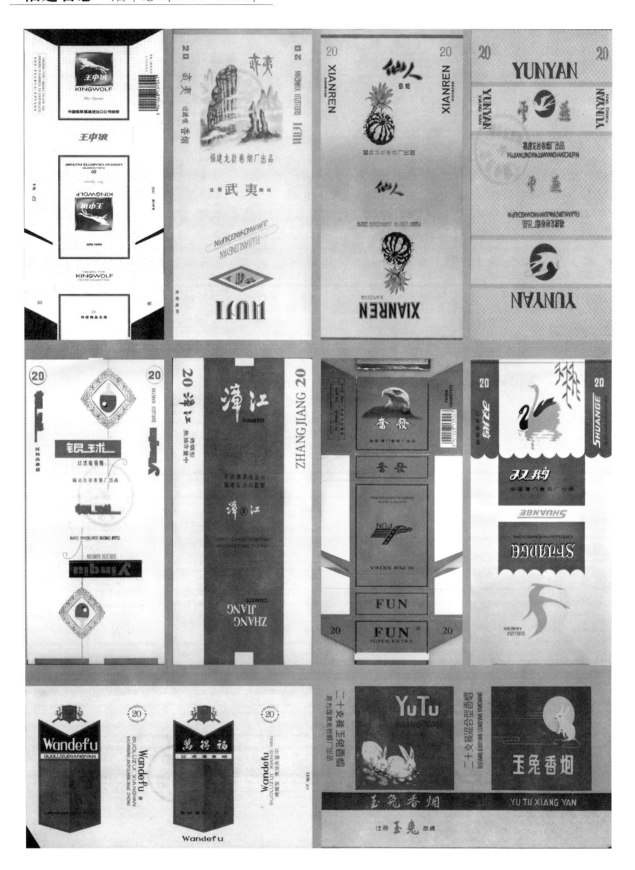

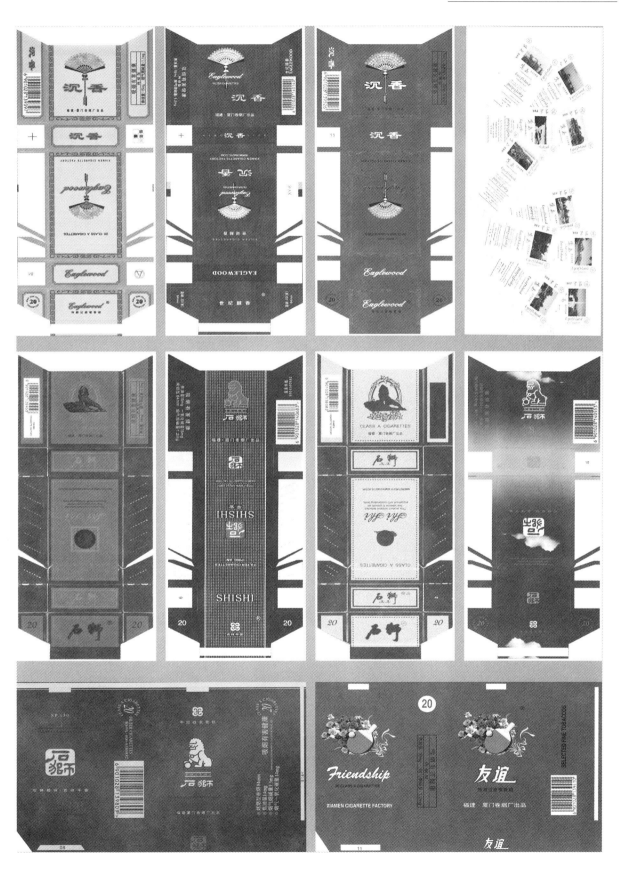

四、广告词

白七匹狼：与狼共舞，尽显英雄本色

红七匹狼：与狼共舞，共享火热豪情（勇往直前，"七匹狼"）

红古田牌：成功从古田开始

乘风牌：大浪淘沙，乘风而上

丰收牌：喜庆丰收

银球友谊牌：银球旋转，友谊花开

红霞牌：红霞满天，风云激荡

蓓蕾牌：蓓蕾含苞，新香渐起

沉香牌：缕缕"沉香"，扇扇怡人

特牌：特别自然，自然特别

蓝"石狮"牌："石狮"相伴，吉祥平安

红"石狮"牌："石狮"，男人的口味

金桥牌：国际金桥，世界的眼光

第二节　纪实文章

八闽大地的"护烟"使者

在福建烟草行业精神文明大会上，每次都有感人心扉的烟技员演讲。他们是福建烟区2000多个烟技员的杰出代表。这支长年累月默默耕耘的"护烟"使者，用辛勤的汗水浇灌理想之花，使福建的百万亩烟田由黑变绿，由绿变黄，年年如此，周而复始。他们在发展福建烟叶生产中发挥了不可替代的作用。

科技兴烟，烟技员是关键。他们用聪明才智为烟农排忧解难，成为烟农们心目中的"土专家"和"财神爷"。烟农们亲切地称赞他们为"哥们儿"。

福建的烟叶品质优良，深受厂家客户欢迎。1999年全省共收购123万担烟叶，烟叶平均等级合格率达84.5％，上等烟占40.5％，中等烟占56.7％。全年获税利3亿多元，其中利润1.6亿多元。烟农户均收入3000多元。在烟叶产业化过程中，这个独特的群体发挥了不可替代的作用。在烟叶生产中，从品种选育、移栽盖膜、施肥浇水、打顶抹杈到烘烤分级都有"土专家"烟技员层层把关。烟农只要听话，跟着种"傻瓜烟"就行。笔者所到之处，听到人们传诵着烟技员的一桩桩、一件件的佳话。在新烟区三明，20世纪80年代发动农民种烟时，农民们舍不得那"两亩水稻三分菜地"，更不敢第一个"吃螃蟹"。当地烟草公司从老烟区招聘了一支支烟技员队伍，要他们当桥梁、作纽带，发动农民种烟。起初烟技员费尽口舌，却收效甚微。后来，他们对烟草公司说，你们不是有句"喊破嗓子不如做出样子"的话吗，划一块地给我们，让我们种烟给农民看。于是，烟技员们一边奔走呼叫，一边种好"示范烟"。据说许多地方的烟技员当年种烟收入达万余元。这一下农民服了，种烟的好处传遍十里八乡。人们说，要想多赚钱，跟紧烟技员。几年下来，三明市终于发展成全省第一大烟区。在南平边远烟区松溪县，农民起初不敢种烟，一个烟技员带头种了三亩烟，实现了种烟零的突破，当年收入3000多元。第二年，该村就种了500多亩烟。在老烟区龙岩，由于市场因素，近年来烟草公司决定开发清香型优质烟，并在品种上要求统一种植K326。但烟农们说：K326种不来，还是按部就班，种产量高的吧！烟技员付出了极大的辛劳，才把烟农的"屁股"扭过来。烟技员要求在烟草基肥中同时施用硝态氮和铁态氮，但烟农却习惯施用尿素。烟技员说，烟草病虫害大多数是在苗床期感染的，因此，育苗方法对防治烟草病害很关键，烟农们起初总不那么相信……烟区几乎每项新技术的推广，烟技员都要讲得明明白白，让烟农们真心实意去接受，让烟农有利可图。一时扭不过来的，就要登门入户，把工作送上门。有一天，烟技员叶金树发现一块烟田里有几片烟叶出现黄绿不均匀的现象。经验告诉他，这是早期烟草花叶病的表现。他要求烟农立即喷洒病毒清和生理平衡剂。烟农们怕花钱，认为没那么严重。再催，还没行动。无奈之中，老叶自己掏腰包买农药把那几块田隔离起来。结果，周围烟田保住了，而那块花叶病的烟田却绝收了，那个烟农后悔不迭。四年前，邵武市与美国菲莫公司搞起烟叶技术合作基地。烟农们听说要种"外国烟"，害怕种不好，就把烟技员当保姆。不管白天晚上、刮风下雨都有人求上门来，烟技员们"袖子都快被拉断了"。几年下来，中美合作基地烟叶品质优良，供不应求，烟农从心眼里感谢这些"财神爷"；田间地头，总是与他们称兄道弟。

种烟的烘烤环节十分关键。烟农们有句口头禅：烟草烟草，全看烘烤；烤好是宝，烤砸了不如草。因此，在烟叶收成季节，许多烟技员吃不安睡不宁，不分昼夜为烟农排忧解难。一天深夜，烟技员小吴被一阵急促的敲门声惊醒，只见一位烟农气喘吁吁地告诉他自家烤房温度超过控制水平。小吴二话没说，跟着钻进温度高达40℃～50℃的烤房。经查，其主要原因是烟叶挂杆太密散热慢所致。等到动手帮助处理完毕，烟技员小吴浑身大汗淋漓，像是从河里刚捞上来的一般。新烟区烤房都是新建的，湿度大，如遇阴雨季节，极易造成烂烟。有一天深夜12点，屋外下着倾盆大雨。突然电话告急：一个烟农烤房排湿不畅。烟技员从床上跃起，马上进入烤房处理，避免了烂烟的发生。

农民很现实，当他们在科学种烟方面尝到甜头后，就把烟技员奉为上宾，言听计从。烟技员偶尔有个小病小痛没下田，四面八方的烟农都会知道。他们提着水果、稀饭到床前问寒问暖。泰宁有个烟技员在民主评议行风中因违反规定被解聘，70多名烟农联名打报告向烟草公司求情，要求把烟技员留下来。过去在烟区，乡村偶尔开个群众会，总是专门派人发通知、搞广播，敲锣喊话，群众还是姗姗来迟。但遇到烟技员讲种烟技术，烟农们不请自到，会场上总是早早挤满了人。后来，干部们聪明了，他们把群众大会都冠上了"请烟技员讲课"以吸引群众。

烟技员贡献大，收入却不高，还要承担风险、忍受委屈。他们常在河边站，就是不湿鞋，用奉献的精神画出一道亮丽的人生风景线。

烟技员绝大部分是异地就业，妻儿老小无法关照。他们工作没有节假日，不分上下班。不仅白天要日晒雨淋"办公"在田头向烟农传授技术，晚上还要上门服务。在三明和龙岩烟区，一个烟技员要管好几百户烟农，按规定在农忙季节两天要上门服务一次。这样，烟技员走家串户，起三更睡半夜便成了家常便饭。他们每月的工资只有数百元；但他们说，当自己面对漫山遍野的优质烟叶、耳听农民的感谢声、手接烟农递过的开水时，一股股暖流涌入心田，就觉得再苦再累心也甘。

宁化县烟技员张河景原有一个殷实之家，家里入股的碾米厂、饲养场和种植场等月收入达600多元。由于他会种烟，1985年村里在发展烟叶时动员他出任烟技员，工资仅有75元。家里人反对他干这份吃力不讨好的活。但张河景想：自己能致富，也是党的致富政策好。饮水思源，我怎能丢下乡亲不管？他当上烟技员后一心扑在工作上，妻子由于操劳过度从楼上摔下来，造成腰椎间骨盘突出症。松溪县有个烟技员原是村干部，出任烟技员后每月仅百来元工资。他一干10多年，硬是把一个贫瘠的山村搞成全县烤烟第一村。龙岩有位大专生受聘到异县当烟技员，女朋友看到烟农们一口一个"烟技员"把他唤来唤去，心里不是滋味，由此差一点发生婚姻的危机。还有一个烟技员的家乡遭受了百年不遇的洪灾，家里平房进水1米多高，许多财物来不及搬走。妻子捎口信叫赶回去帮忙，但面对烟田大部分被淹，如何减少重灾区的损失迫在眉睫。于是他丢下自家的事，带着一帮人挨家挨户察看灾情，深入重灾户指导抗灾自救，连续几个昼夜没有休息。洪灾往往伴随着病害，遭雨水浸泡后的烤烟最易突发毁灭性的根茎病。洪灾过后刻不容缓的是要把县公司下拨的14万元的防病药剂尽快送到烟农手中。在多处塌方的山区小道上，这个烟技员和大家一起用肩挑手提，将药剂送到全乡21个行政村，有效地防止了病害的爆发。而他自家的财产却因没有及时抢救而遭到损失。另一个烟技员看到有的烤房因雨量大而淋湿，排湿能力下降，就把家里的电风扇、排气扇拿出来架上。周围烟农也纷纷这样做，从而解决了烤房湿不畅的问题。在采访中，我们看见一位把手吊在胸前的烟技员。他是在前几天晚上帮助烟农排湿时从烤房上摔下来的，骨折后仍然在田间工作。

"常在河边站，哪有不湿鞋"。人们常用这句话来说明环境对思想的侵蚀。烟技员官不大权力不小，但他们在这个岗位上却奏出了一曲曲正气歌。烟技员李植青由于工作出色，多年来都担任烟叶收购的主评工作。收购场上的每一把烟叶，都要经过他定级后才能过磅进仓。每到收购季节，总是有人想从他那儿取得"突破"，甚至亲戚朋友也有找上门来请求"关照关照"。收购场不仅是检验烟叶品质等级的场所，也成了检测主评人的思想作风和工作态度的场所。李植青养父母家的兄弟知道他当主评，就想把烟叶拉到他的收购点去卖。他探明那位兄弟的来意后，说："兄弟，我当主评的权力是烟草公司给的，我能用这种权力收人情烟吗？请你不要为了几块昧心钱，丢了我的饭碗。"他对找上门来的人，都晓之以理，动之以情，从没给造访者开过方便之门。

烟草站是烤烟生产的基层单位。每年大量的农用物资分配和烟叶收购都成为烟农、社会关注的热点问题。多年来，在分配生产物资上，烟技员从不扣留，一切分配方案都从生产出发，由包村烟技员掌握尺度，按面积如数发放。比如：上级部门为扶持推广规范化生产而下拨的优质化肥是抢手货。一些心术不正者，更是三番五次找上门来，企图以回扣好处费来引诱烟技员，指望得到肥料，高价出售牟取暴利。但他们一次次都吃了"闭门羹"。还有，送烟叶收购款是一项责任重大要冒风险的差使。虽然山高路陡，但烟技员常常骑着摩托车，身携巨款往来奔走，其中滋味不难想象。苦点、累点算不了什么，令人担忧的是，有些地方社会治安比较乱，资金安全没有保障。每次送款，身上的压力是不言而喻的。在三明，曾有两位烟技员送款遭到歹徒枪杀。但是，烟技员们敢于冒风险，每个收购站年送货款数百万元，从没有发生过差错。

烟技员与烟农的关系有时也会有摩擦，特别在烟叶收购季节。上级要求抓好等级合格率，而烟农却希望烟叶卖价越高越好。这使烟技员常常成为"风箱里的老鼠"两边受气。他们秉公办事，经常使烟农脸色"晴转阴"。笔者所到之处，几乎没有烟技员没有挨过骂的，有时还要挨打。龙岩市一位县公司经理说，在烟叶收购季节，烟技员挨打受骂是家常便饭；烟草公司像灭火队一样，到处"救火"。烟技员骂不还口，打不还手，表现了高风亮节。南平有个烟技员受到剥衣服的人格侮辱后还坚持做好烟叶收购工作。他的事迹使知情的人感动地流下了眼泪。

烟草公司把烟技员视为一家，为提高烟技员的技术水平和解决他们的后顾之忧而绞尽脑汁。这是烟技员的动力所在。

烟叶种植技术更新很快，烟技员技术水平跟不上就会受淘汰。烟技员不可能不食人间烟火，他们有后顾之忧和七情六欲。对此，烟技员的许多要求虽然还不能完全兑现，但烟草公司努力为他们办实事，使烟技员十分感激。他们说，烟草公司为我们想得远、想得多，关照得也不错，我们虽然苦点累点，但是有奔头。

从1994年开始，三明市农校每年都培养出四五十名学生烟技员。他们是由三明市烟草公司出资，把烟技员的佼佼者选拔到这里接受中专学历教育的。这些烟技员经过文化教育，捧回中专文凭继续为当地烟叶生产服务，成为烟田里的又一支生力军。有的成为福建农业大学等高校的函授生等。到目前为止，全省烟技员中接受过学历教育的已有600多人，还有烟技员的短期培训、分级、烘烤、施肥、育苗等的单项培训；到区外、省外参观考察……每年都有数千人次。经过几年的努力，福建烟区的烟技员文化水平和技术层次都有了提高，烟技员队伍中大中专生已不再是凤毛麟角。

在每年的农闲季节，福建烟区接二连三地举办烟技员的技术大比武活动。优秀的烟技员从乡到县，从县到市，层层受到选拔，层层受到奖励。宁化县烟技员谢明海在一次技术比武中获得全市一等奖，使其信心倍增。

烟技员土生土长，祖祖辈辈与泥巴打交道。当上烟技员以后，他们也想成为"国家的人"。因此，提拔、转正、户口等问题随之而来。烟草公司将心比心，从实际出发，解除烟技员的后顾之忧。比如，绝大多数烟技员都做了社会保险，使他们老有所养；对年富力强、技术好的及时签订长期用工合同，使他们成为固定职工；表现突出的给予提拔重用。

烟技员公而忘私，在群众中起模范带头作用而成为党团员的更是不计其数。

2000 年 6 月

三明烟草有支"110"

1995 年之后，三明市局针对烟草市场的变化，率先建立 30 个基层专卖管理所。这一经验推广后，各地的专卖管理所如雨后春笋。至 2000 年，全省先后建立 120 多个基层专卖管理所。

卷烟流通体制改革的深入，"拉网式"、"扫荡式"的打击不能完全解决暴利驱使下的私假非超卷烟问题；只有把战斗堡垒建在市场上，与不法分子短兵相接，步步为营，才能较好地制止走私伪劣卷烟"春风吹又生"的态势。

三明市是福建省烟叶的最大产区。卷烟销售市场共有卷烟零售户 14335 户，卷烟销售网点 125 个。平均 2.1 万人口或 115 个零售户中就有一个卷烟销售网点。几年前，该区在全省率先实现卷烟销售网络化。接着又全面实行卷烟张贴防伪标供销售。这使全区卷烟经营户骤增，卷烟品种更杂。由于暴利的驱使，卷烟贩私制售假不法分子变幻手法，无孔不入，进行非法活动，使国家蒙受损失。据不完全统计，由于私假卷烟的进入，该区年流失税利达数千万元。1994 年 7 月，国务院颁布《关于禁止在公路上设卡（站）、乱罚款、乱没收的通知》，规定除公安、林业、交通部门经省级、部以上批准的可上路定点检查外，其他任何部门不得设置任何形式的检查点。之后，三明市的几个主要交通要道的检查站（如大田吴山、宁化等）随之解散，专卖管理"路上查"的功能也削弱了。此后一段时间，专卖管理大多依靠市场的"拉网式"和"扫荡式"的形式进行。在全区有关研讨会、经理座谈会和有关人员调查汇报会上，与会人员联系工作实际深有体会地说，烟草公司不能设检查站（卡），仅靠"打私打假年年讲"、"专项斗争月月搞"，把极有限的专卖人员和大量的时间放在奔命于"拉网式"和"扫荡式"的打击中，虽然声势大、力度大，但是已逐步显示出局限和不足。比如，随着打击力度的增强，不法分子改变策略，他们化整为零，建立"挎包队伍"走街串巷，送货上门，打起了"人海战术"，与烟草公司争夺零售户。而"拉网式"、"大扫荡"常常是"抓了乌龟跑了泥鳅"，使"漏网之鱼"逍遥在外。大家认为，"大兵团"作战缺乏主动性、灵活性和监督服务的综合性，"船大难掉头"。信息不灵，使许多地方出现了专卖工作的"盲区"，一些卷烟零售户持证，亮证率低，经营不规范问题得不到解决。还有，大规模的打击活动容易走漏风声，使不法分子望风而逃。就三明市区而言，只要三元区搞扫荡，梅列区的不法分子就会"集体大逃亡"。有一次因大规模扫荡走漏消息，几十人的队伍劳累了一天只查到几条无标烟，挫伤了专卖人员的积极性。因此大家认为，卷烟市场的变幻呼唤着专卖管理的配套。只有张开手脚，延伸触角，把"拉网"检查和常规性的市场管理结合起来，把固定的专卖人员和不固定的专卖人员（工商、公安、技术监督等执法部门）结合起来，把集中定期检查和常规不定期检查结合起来，在卷烟市场上建立战斗堡垒，才能在新形势下切实承担起为"两烟"生产保驾护航的责任。

在思想统一之后，全区层层动手，进行统一规划、分片划区狠抓落实。市局首先作出示范，对基础设施、制度建设、人员管理以及资金使用方面先走一步，要求各县（市）局参照执行，推动了面上的工作。

麻雀虽小，五脏俱全，建设专卖管理所做到资金、责权、人员三到位，实现管理方法科学化、手段现代化、人员精干化、运行规范化，建立招之即来、来之能战的"八二"部队和"烟草110"。

三明市局在创建专卖管理所过程中经历两个阶段。初期多以依托网点、烟草站为主，实行所站人员一岗双职。1995年以后，市局总结各县（市）局建所的经验，参照全国行业有关做法，逐步建立办公地点、人员、工作内容独立的"独立型"专卖管理所，做到三个到位。

投入到位。兵马未动，粮草先行。市局每年各投入60万元资金补贴购买专卖专用的汽车和电脑；各县（市）也相应投入资金，做到所长配备摩托车及手提电话，专卖管理员配有寻呼机，全区实现微机联网。笔者所到之处，见到各所电灯、电话、电脑、沙发、电风扇、热水器等办公设施一应俱全。市局所在地三元、梅列两区建立示范所，分别腾出近百平方米的房子，每处拨款10万元装饰一新，还配备了全新的交通、通讯、办公设备等。各县（市）局分别从各区的实际出发，增加了专卖所的装备。沙县、永安等在最繁华的闹市买房设所，方便了市场管理。清流县拨款为每位专卖管理员购置一部摩托车，并做到下乡有补贴，罚没有提成，奖金有倾斜，调动了专管员的积极性。明溪县协调有关部门在全省率先成立经警中队，全县16名专管员以经济警察的标准着装和装备，一振专卖管理所的雄风。将乐、泰宁、建宁等县也拨出专款，解决专管所的办公地点和各项设施，使专卖管理所成为有形象、有威慑力的烟草专卖阵地。

责权到位。专卖管理人员以行政辖区内的市场为重点，实行分片包干、责任到人；做到看好自家门，管好自家人。他们的办公场所在市场，目标是净化辖区内的卷烟市场。各所人员实行严格管理、严明纪律、办事制度公开、处罚结果公开、有关制度上墙、接受社会监督。所到之处，雪白的墙上都悬挂着各种制度和规定，比如包括擅自收购烟叶、无证运输、无证批发卷烟制品等九个方面违法行为的《烟草专卖处理条款》，还有《烟草专卖所职责》、《烟草专卖所所长职责》、《烟草专卖所专卖管理员职责》、《烟草专卖所内勤职责》以及办案纪律、办证须知等。最醒目的是办案结果公开专栏，白底黑字，将每个处理案件的时间、地点、当事人、违法事由、金额及处理结果写得明明白白，让群众监督。在内部设有包括经营企业负责人姓名、企业地址、营业执照号码、特种许可证号码、主营项目以及处罚记录的《烟草经营户档案》、《卷烟管理所工作日志》等。对外公布举报电话和专卖管理人员寻呼号码以及专卖管理所的地址，欢迎举报并24小时接受消费者的投诉。沙县、永安等局向消费者、经营户发放联系卡，与辖区内经营户迁户建立"户籍"档案（内容有姓名、许可证、电话、地址、大事记等），签订守法经营的合同，定期上门检查回访，发放宣传材料等。宁化县局通过建立5个稽查大队，对行政辖区进行分片包干管理，管住全县的烟草站及卷烟经营户，把全县"两烟"经营尽收网中。

《中华人民共和国烟草专卖法实施条例》第四条指出：设有烟草专卖行政主管部门的市、县，由市、县烟草专卖行政主管部门主管本行政区内的烟草专卖工作。因此，县（市）级以上的烟草专卖局是行政管理的法定机构，而烟草专卖管理所从法律意义上讲，只能作为派出机构和县（市）局的办事机构，不具备法人资格。因此，三明市局烟草专卖管理所的行政管理权限只能是在特定的行政区域内，保证辖区内市场的净化；对案件的处罚权限制在违法金额一万元以下，罚款额在一千元以下。如遇复杂案件或款额超过规定的应按时作出调查取证提出处理意见上报。专卖管理所做到有责有权，门门有规范、办事有制度、人人有约束。

人员到位。明溪县局局长在处理收购站与烟农的纠纷中被百余名不明真相的烟农围攻36小时。该县专卖管理员16名经警迅速赶到，经过据理力争，理顺关系，维持秩序。防止了一起恶性案件的发生。有一天，宁化县局接到举报，即将开出县界的城关往龙岩的中巴车上有三件走私烟。与龙岩市交界的曹坊专卖管理所稽查人员接到县局指示，迅速出击，仅几十分钟就截住这批走私烟。有几次，不法分子三更半夜报假案报复专卖人员，有的不法运输车中途改变方向，换牌调车。对此专卖管理人员认真负责，经常起三更睡半夜，忍饥受冻、蚊虫叮咬，虽然空手而归却从无怨言。在各个所长案头，见到的是一案一卷的大量办案卷宗，从举报、检查、立案、笔录、现场勘验、鉴定、调查单证、结论、处罚通知、上缴银行行政罚款收据……程序严密、清清楚楚。这支队伍招之即来、来之能战、战之能胜、坐下来能办案，被群众誉为没有穿军装的"八二部队"和"烟草的110"。目前，三明全区有专卖管理员209人，绝大多数是35岁以下、高中以上文化、复转军人、中共党员。三明烟草系统除了用合理解决待遇留人、用激励机制调动积极性、用准军事化约束人以外，采取自学、交叉学、对口学，请进来、拉出去学等办法强化培训，使这支队伍向着军事化、知识化、法律化迈进。一年来，全区共举办650人次行政执法资格培训班。各县（市）局也采取相应措施。清流、宁化等县请部队协助军训。建宁县举办办案听证会，请各县专卖管理员到场旁听。大田、永安则分批自办法律法规培训班，由当地法院行政庭专业人员授课。沙县、明溪、将乐、泰宁、建宁等采取对口学习的办法，提高专卖管理员执法水平。

三明城乡基层七所八站中多了一个烟草专卖管理所。专卖管理员成为一方"地保"，对两烟市场抓得住管得牢，"四两拨千斤"，烟草专卖工作不断上台阶。

近两年来。三明烟草经受市场的严峻考验，税利连年上升。1998年达2.57亿多元，

1999 年达 2.83 亿多元，增幅 10％左右。对于这成绩的取得，市局局长（经理）许锡明说，专卖工作功不可没。1999 年，全区共查处各类违法违章案件 1588 起，罚没款 158.19 万元，查获违法卷烟 596.76 件，假冒卷烟 9014.98 件，走私烟 116.6 件，取缔手工制假窝点 15 个，整顿临时烟摊 47 个。市场管理规范，经营户持证率、亮证率、进货率均达 100％，涌现出一批诚信商店。据市局分管局长申爱芹说，专卖工作成绩的取得，得益于专卖管理所的建设。专卖管理所的建立和健全，全面发挥了宣传、管理、监督、耳目和服务功能，使全区专卖工作面貌一新。

专卖管理所把办公地点设在市场，让专卖管理员面向市场，实行分片划区、定点定人、奖惩挂钩、有的放矢。其功能与基层工商所、派出所、交管站一样，既有具体目标，又了解市场信息。哪家零售户不亮证经营、哪家购买私假超非卷烟、哪家少进货多卖烟，专卖管理员都一清二楚，明明白白。即使是过去管不到的街头小巷、工厂生活区、娱乐场所、宾馆饭店、偏僻山村和县、区交接处等"盲区"，专卖人员执法的利剑也经常光顾。梅列区专卖管理所一成立就为 200 多家无证经营点补办了烟草零售许可证，全区烟草市场持证、亮证和卷烟进货率增长 15％。有一天，一个"挎包女郎"到理发店兜售假烟，正在理发的专管员巧妙周旋，将其一举抓获。一些卖假烟的个体户被请到电视台亮相。专卖管理所在辖区市场起了护警的作用，被广泛誉为"搬不动的专卖阵地"。

专卖管理所加强了烟草公司与经营户、消费者的联系，强化了服务功能。过去办证，经营户挤破门，有的还要克服山高路远、从远道而来；现在由专卖管理员统一办证、送证上门，深受欢迎。过去烟草专卖局向零售户传送法律法规通告及宣传材料，传单像天女散花，广播声嘶力竭，标语花花绿绿。有的零售户还说不知道；现在专卖管理员在短时间内就送到零售户手中，并做签收手续。山区宁化县共有 2300 多户零售户，在发放《专卖管理条例》时，专管员摩托车一响，一天内全部与零售户见面。为零售户建立"户籍档案"的沙县、永安市局，如今零售户开会只要几分钟打电话的时间。清流县局邱小华局长说，过去县局检查卷烟市场，查一次个体户骂一次；现在有了专卖管理所，既保护合法经营又打击非法活动，零售户终于理解了我们。

过去消费者买到假烟只能自认倒霉，现在可以用电话投诉专卖管理所。许多消费者把专卖管理所当成检测站，每天都有人拿着有疑问的卷烟来询问真假，卷烟投诉案件不断增多。有一天，一个消费者来电话说在三元区"大金湖"柜台买了一包假"七匹狼"烟，专卖管理人员随即找到消费者，经证实后赔礼道歉，退回烟款；并查出其余的八包假"七匹狼"烟。群众称烟草专卖管理所是"烟草的 110"。

烟草专卖管理所与基层工商所、派出所、交管站等部门既分工又合作，在培养耳目、互通信息、联手办案等方面异曲同工。专卖管理人员在管理卷烟市场中公开电话和管理员的寻呼，广发联系卡，制定举报措施，成为一方的"地保"。一旦接到举报，立即联手出动，发挥了震慑的威力，公安工商人员还为专卖人员化解风险。去年 5 月，梅列区专卖管理所在清理乱渠道进货的"摇钱树"、"均竹"等牌号卷烟时，有一家零售户迫于三家联手的压力主动上缴 42 条假红塔山。明溪县一户自恃有后台的个体户公开销售走私假冒烟，烟草专卖管理所在工商、公安部门的支持下，吊销了其营业执照，群众拍手称快。三元区有一个体户在接受检查时拿出菜刀威胁检查人员，专卖管理员在公安、工商人员的调解下化险为夷。

专卖管理所的成立进一步理顺了专卖与销售部门的关系。过去专卖、销售互不往来，好像是"警察与小偷"；卷烟市场清理打击，经常引起销售人员的误解。现在专卖与销售真正成为唇齿相依的孪生兄弟。专卖管理净化市场，为卷烟销售工作提供市场空间；个体经营户不到卷烟销售网点进货，专卖管理员上门干预；卷烟新牌号上柜率低，专卖管理员上门追查原因；卷烟送货员和专卖管理员也互通信息、互相监督。比如，三明市专销牌号"大金湖"能够在几天内上市率达 100%，其中就有专卖管理员的功劳。去年 8 月，该市卷烟销售一网点反映：原来在市场一贯走俏的"富健"烟突然走不动了。专卖管理员经过明察暗访，发现了四种同档次的乱渠道进货的卷烟，并组织进行清理，及时遏制了卷烟销量的下滑。三元区有个送货员私自购进 38 条"恭贺新禧"牌的卷烟送到个体摊点销售，专卖管理员及时发现，网点解聘了这个送货员。

2000 年 1 月

龙烟厂 一条腾飞的龙

2001 年 10 月 19 日，在福建省龙岩卷烟厂举行的建厂 50 周年新闻发布会上，国内 24 家新闻单位实地考察了该厂的生产车间。当卷接机上川流不息地流出一包包、一条条"七匹狼"、"乘风"、"富健"牌的卷烟时，对任何事情都习以为常的新闻记者神情激动。大家说，从机台上吐出来的不是香烟，而是大把大把的人民币呢！

据中国无形资产业的资深权威机构——北京北方亚事资产评估事务所的评估，"七匹狼"香烟品牌价值为人民币 24.6246 亿元，"乘风"香烟品牌价值为 6.6842 亿元，两个牌号共具 30 多亿元人民币的品牌价值。"七匹狼"、"乘风"商标品牌是一笔很大的无形资产。

然而人们不会想到，创造出这一香烟品牌的龙岩卷烟厂原先只是闽西山区的一家仅有 30 多人的无名小厂。当时，该厂厂房是一间破民房；职工住工棚、睡通铺，生活条件差自不必说，设备只有两台老掉牙的卷烟机，生产流程是手工操作。其产品只有每包 1 毛多钱的低档香烟。围绕"技术、结构、管理"这盘棋，龙烟人用了整整 50 年。50 年的时间使小孩变成了老人，龙岩卷烟厂却不断焕发出生机，不断地铸造着辉煌。50 年中，龙岩卷烟厂开发出全国名优卷烟"七匹狼"系列，开发出以"特醇乘风"为骨干的 6 个中高档乘风品牌，开发出富健、古田、武夷山等优质产品形成了七匹狼、乘风、富健高中档三大系列品牌产品。年产量从 460 箱升至 46 万箱，年销售收入从 13 万元增至 30 多亿元，利润从 0.2 万元增至 4 亿元。2000 年上缴国家税利 18 亿多元，从而列入全国行业 36 家重点发展企业、

15 家技术创新的试点企业、10 家现代企业制度的试点和 11 家全国管理创新重点企业，企业综合实力连续三年保持在全国行业的前 10 名，纳税额年年居全省之首……众多的荣誉和一系列数字，显示了龙岩卷烟厂建厂 50 年，特别是改革开放以来的变化是深刻而巨大的，说明龙烟几代人为之奋斗的目标——创全国一流的现代卷烟工业企业，正在成为现实。

技改：发展的原动力

技术创新是龙岩卷烟厂发展的灵魂。作为闽西红土地上的首批国营企业，龙岩卷烟厂受到地方政府的关爱。建厂 7 年后的 1958 年，该厂获得了 18 万平方米的土地和 40 多万元的资金，进行首次扩建。从此，龙岩卷烟厂告别了旧民房、手工作坊的生产模式。1979 年，工厂进行二次扩建，使该厂年产能力达 15 万箱，企业跻身于闽西地方骨干企业的行列。

1983 年底，时任厂领导的老邱等人准备筹资数百万元从英国某公司进口一台具有 20 世纪 80 年代国际水平的卷接机 MK－95。当消息传开时，有人提出非议，几百万元对于产量只达 15 万箱、产值 250 多万元的烟厂来说，是一个不小的负担。如果把这笔钱拿来购买国产卷接机，可以买几十台；再说还要有配套设备，企业能承受得了吗？由于投资太高，风险太大，行业内人士对此也颇有争议。有人说，买英国 20 世纪 60 年代中期水平的 MK－8 就行了，设备相对简单，符合国情和烟厂的技术水平。而具有 20 世纪 80 年代国际水平的卷烟机的性能当时在国内大烟厂还没有完全掌握，何况小厂？在种种争议面前，厂领导一班人说，干事业不能怕冒风险，要技改就是要高起点，只要看准了，对发展生产力有利，我们不怕负责任。

在省、市有关部门的支持下，英国 MK－95 机组到厂了。10 天后完成安装检查，25 天投入了生产，提前 22 天完成计划。机器有效作业率超过设计要求的 4 个百分点。与此同时，一批批具有 20 世纪 80 年代国际先进水平的配套机械设备进入厂门，共投资 1000 多万元。这种速度和胆识，连老外们都感到惊叹不已！

该厂大型技改的成功，使龙岩卷烟厂插上了翱翔的翅膀：英国 KM－95 机每分钟吐出 5000 支卷烟，超过英国 MK－8 机的 2 倍，超过国产机的 4 倍，且质量堪称一流。仅一年时间，企业创税利 3519.9 万元，创汇 250 多万美元，平均每天为国家赚回近 20 万元人民币，当年还清全部贷款。

进入"七五"以后，龙岩卷烟厂制定了一个更宏伟的技改目标：建造占地 1.4 万平方米的滤嘴车间，继续引进两台 MK－95 卷接机、5 台 MK－8 卷接机、5 台英国"超九"卷接机及其配套的意大利 SASIB6000 型包装机等，总投资达 1.2 亿多元。这次技改分四期进行，前后用五年时间。可以说，在这期间，龙岩卷烟厂每天都有人在进行技改。此后，工厂还投资 7000 多万元建立打叶复烤能力达 60 万担的打叶复烤厂。实现了全片烟生产，增设了硫化冷却床，在线膨胀设备，在烟叶、配方、设备、质量等管理上导入计算机辅助管理，使烟丝的整丝率、利用率、卷烟的香气质量有了较大的提高。全厂每年新增经济效益 1 亿多元，1990 年与 1985 年相比，产量、产值、税利、劳动生产率四项指标分别增长 42%、

90％、120％和33％。目前，工厂拥有国内一流的打叶复烤线、制丝线和具有20世纪90年代国际先进水平的卷接包设备和公共配套工程、理化检测设备等。年产能力达50万箱，资产总额达25亿多元，固定资产达12亿多元。从此，龙岩卷烟厂以雷霆万钧之势走向了全国。

2001年，龙岩卷烟厂总投资8亿元，总建筑面积12万平方米的易地技改工程已经上马，按照一次规划、分步实施、逐步到位的原则实施。这一工程将新增每小时6000公斤的制丝线，每小时1500公斤的白肋烟线，二氧化碳膨胀丝线各一条，增加国际先进的香料厨房、加香加料及生产检测装置、自动化物流系统、全智能化控制系统、计算机管理及通讯网络等，这些项目在2002年底建成之后，龙岩卷烟厂将实现年产能力60万箱，实现调拨收入40多亿元，税利总额达25亿元以上……它向人们展示出一幅幅宏伟的蓝图。

名牌：腾飞的关键

近几年来，国内卷烟厂纷纷推出自己的名牌卷烟，其价格如加温的水银柱，迅速走高。这些名牌卷烟像名牌皮鞋、名牌西装、名牌皮包一样，成了时尚的消费品和社交场所身份的象征。在卷烟名牌像雨后春笋一样破土而出的形势下，龙岩卷烟厂实施名牌计划，用短短5年的时间，使"七匹狼"、"乘风"香烟跻身名烟行列，成为福建乃至全国卷烟的最佳品牌之一。

从龙岩卷烟厂早期的"华友"牌香烟到现在的"七匹狼"香烟，价位和产量都有了上百倍的提高。然而，这条创名牌的路并不平坦，它充满艰辛与坎坷。

龙岩卷烟厂早年生产的"华友"牌等香烟都是低档烟。当时的消费水平低，在闽西的小天地内，烟草生产销大于产，低档烟有低档烟的魅力，产品供不应求。20世纪80年代初期，龙烟人顺应潮流，创出了价位较高的主干新产品——"富健"牌香烟。这一牌号在市场一炮打响，产销量年年攀升，在国内市场长盛不衰。目前这一牌号香烟销量已达17万多箱，占全厂总产量的三分之一以上。有了"富健"烟的系列牌号，该厂的产品从低档烟走入当时的中档烟的行列。

20世纪90年代初，世界烟草市场产销情况发生了重大变化，国内烟草市场扑朔迷离。经过调整，国内烟草市场产销迅速趋于平衡，总量受到控制。卷烟逐步告别了"皇帝女儿不愁嫁"的时代，市场竞争风起云涌。1995年前夕，龙岩卷烟厂发往全国的卷烟产品一车车被无情地退回来。经销商说，你们的产品没有差价，不要说一个小时的经销商会议给一千元钱，就是叫我爷爷我也不会给你卖烟。厂里送货不行、赊销不行，最后只好忍痛卖指标……严峻的市场挑战使龙烟人尝尽了没有高档烟、没有名牌烟的苦痛。

压力之下，龙岩人奋起了！1995年11月，在福建晋江撤县建市五周年庆祝会上，龙岩卷烟厂宣布该厂首支高档烟"七匹狼"隆重上市。原来，该厂与晋江烟草公司合作，经过几十次反复研制、筛选和改进，借助高档名牌时装的商标进行"借牌创牌"；以工商联手，跨地区、跨行业合作的形式成功开发这一高档名烟。伴随着"与狼共舞，方显英雄本色"

的广告词在各媒体的出现，大江南北、长城内外很快有了"七匹狼"烟的踪迹，各地经销商纷至沓来。当年销量突破一万大箱，获得税利一亿多元，比原订合同增长 10 倍，从而打破省内卷烟市场由省外高档烟一统天下的局面。经过五年的市场培育，"七匹狼"香烟成为全国十大香烟著名品牌，每年销售量达 8.1 万箱，实现税利 7 亿多元、利润 1 亿多元，分别占全厂销售总额、销售利润的 40％和 50％。

1996 年 5 月，一场以旧换新，用老牌号"乘风"牌香烟创名牌为主要内容的新一轮名牌战略实施了。经过三年的苦心经营，以特醇乘风为骨干的六个"乘风"品牌香烟在省内及华东、华南各省形成销售强势。2000 年销售量达 10.4 万箱，销售额达 4.68 亿元。这一品牌曾创造了中档烟开发当年销售量的全国纪录。

此后几年中，龙岩卷烟厂又相继开发了古田、大金湖、武夷山、梅花山等一系列具有地方特色，又有高附加值的优质卷烟产品，这些产品在"大浪淘沙"的卷烟市场中也拥有不少的消费者。

名牌战略是一项系统工程，一不能靠评，二不能靠吹，产品质量是重头戏。因为质量是基础，是产品走向市场的保证。而产品的质量并不是孤立静止的，今天市场的畅销产品，一段时间后有可能成为明日黄花。龙烟人在创名牌中以质量保名牌，做到一丝不苟、千锤百炼、精益求精。

烟叶是制约名牌卷烟质量的关键因素，优质的烟叶就像煮饭的好大米一样重要。该厂发挥地处全国著名优质烟区的优势，把闽西永定优质烟区当成烟厂的第一车间，建立伙伴关系。同时精选津巴布韦、云南烟叶进入配方，保证名牌产品的独特口味。在烟叶的打叶复烤、仓储、片烟生产、烟叶质量内审以及在烟丝整丝率、利用率和卷烟香气质量方面都创出了独特的做法，保证了烟叶的质量。比如，有一年，该厂对仓储的烟叶进行 4 次内审，查出不合格项目 229 项，经过了整改，第二年内审时不合格项目就降为 4 项。

龙岩卷烟厂高起点、严要求实施名牌的质量保证体系。比如：全国烟草行业要求烟支重量允差在 0.1 克/支。而龙岩卷烟厂则控制在 0.06 克/支以内，产品合格率保持在 100％，节能降耗等指标也处于全国领先地位。从 1994 年开始，龙岩卷烟厂推行国际质量标准 ISO9002 质量体系和 TOC 活动。先后荣获中国烟草总公司授予的"推行全面质量管理优秀企业"等称号。1995 年 11 月，"七匹狼"牌香烟问世之时，也是龙岩卷烟厂在全国行业首批通过国家质量认证中心认证的 4 家企业之一。2000 年，该厂又通过 ISO0012 计量标准论证。2001 年，该厂的卷烟生产工序质量评价方法研究和打叶复烤工艺参数优化项目双双通过全国行业的鉴定，这标志着该厂的技术质量达到国内的先进水平。

为保证质量管理体系的落实，厂里制订了严格的质量奖惩措施，做到门门有规范，人人有目标。在严把名牌质量关的同时，实行质量"一票否决"，不放过一丝一毫。有一次，制丝车间发现一丁点皮带韧带碎被混进烟丝里，尽管检验人员已经发现并作了处理，但厂里还是将之作为重大质量事故，层层追究责任，进行举一反三。还有一次，卷接包车间一位女工发现返修品中的一包次品烟掉进了飞速流转的流水线中。班长接到报告后，立即带领 10 名员工，在一大堆卷烟里逐箱逐条拆封，硬是像"大海捞针"似的找回这包次品烟。还有一次，储丝柜切换时错关，使部分"富健"烟丝混进"七匹狼"香烟的烟丝里。结果，厂里把 70 大箱的"七匹狼"烟丝全部降级处理。他们说，宁可经济受损失，也不愿使厂里的质量信誉受损害。

为提高质量水平，龙岩卷烟厂广泛与国内外同行开展技术合作与交流，以取别人之长，补自己之短。他们通过与日本烟草株式会社合作，开发低焦油产品，提高降耗技术；通过与郑州烟草研究院合作进行卷烟降焦降害，烟叶仓储技术及生物工程在卷烟工艺应用等方面的技术合作；通过与上海质量管理科学院合作，开展方针目标管理、统计技术应用等技术咨询合作等。这一系列技术合作使名牌卷烟质量上了台阶。随着贯标工作的不断深入，质量控制体系越来越完善。打叶复烤车间、烟叶库区、原辅材料管理也逐步推行了贯标，使产销及人财物环节均处于受控状态，名牌产品的质量得到提高。

管理：企业的内功

20 世纪 90 年代，卷烟原辅材料价格悄悄攀升，名优烟价格却一降再降。至 20 世纪 90 年代中期，全国 144 家卷烟厂已有 68 家亏损，亏损面达 47%。龙岩人冷静地面对这一市场挑战，他们不断改变粗放型的管理方法，从管理中练内功、找出路、应变化。

厂领导班子对全厂职工说，光有一流设备而没有一流的管理，光重视产品结构和销售环节而忽视成本管理是思想的误区。只有规范管理、追求经济效益最大化，才是企业管理的根本宗旨和经营目标。在统一思想的基础上，厂里把企业管理作为重点，建立领导班子理财、财务理财和职工群众理财的人人理财、全员理财新理念，把企业管理作为提高企业整体水平的一项综合性工作。

龙岩卷烟厂职工在闽西算是高收入的群体，工厂"蛋糕"相对比较大。针对一些管理人员把"反正厂里有钱"挂在嘴上和生产中不顾成本的现象，在做好职工思想政治工作的基础上，工厂管理工作首先从狠抓降低成本入手。

面对原辅材料不断涨价的情况，厂里采取措施，尽量消化涨价因素，首先抓好单箱烟叶的消耗。日本烟草株式会社先后 6 次来厂帮助改进工艺规程和参数；郑州烟草研究院专家对生产流程的 46 个项目作了整改，解决了打叶复烤车间整体打叶质量、制丝一车间叶含梗、梗含叶及梗线加工三个质量难题。使单箱耗烟叶水平从每箱 45 公斤降至 38 公斤以下，达到全国先进水平。仅此一项，全厂年节约成本 2000 多万元。

该厂还通过开展挖潜降耗为重点的内部经济责任制，层层分解费用管理目标责任制，加大考核力度，通过事前预算、事中控制和事后监督，降低产品的成本费用。在全厂推行以财务管理为中心的精细管理，推行车间二级核算，把目标成本、目标利润层层分解、落实到生产经营的每个环节、每个人中，从而降低了生产成本费用。

在产品成本管理中，他们着力加强采购成本的控制，建立成本考核机制，通过"三审一检"规范企业采购运作程序，通过制订采购考核指标和评价奖惩体系，堵塞漏洞。比如，通过建立烟叶入库验收制，制止不合格烟叶入库，减少工厂的损失。对某些辅料的采购实行招标形式，近年来已公开招标 100 多项，实行货比三家，大大降低了产品的成本。共节约开支 8000 多万元。

龙烟人说，千条万条，人员管理是第一条。龙岩卷烟厂现有职工 2000 多人，职工积极性的调动和高素质人才是实现企业利益最大化的关键。因此，管好企业首先要管好人、用好人。为了消化吸收新设备新技术，龙岩卷烟厂坚持引进与人才开发并举的策略，10 年来共投资 200 多万元。他们每年选送优秀人才出国考察培训或到国内各高等院校培训，每年接收大、中专毕业生数十名。目前，有 10 人攻读在职研究生，55 人完成厦门大学 MBA 课程，还派人在国外深造。他们还用技术练兵、技术攻关、岗位培训等更新知识。1999 年，龙岩卷烟厂把三名有敬业精神、懂业务、年轻化的干部充实到领导岗位。多年来，实行中层干部聘任制，选拔干部实行职工公示制，使用干部实行任期制和试用制，考核实行末位淘汰制，特殊部门、特殊人才实行竞聘制，分配上实行论功行赏制……有效地激励了企业用人机制。此外，工厂设立厂长信箱、合理化信箱、民主信箱、"每周一语"宣传栏等，使领导与职工架起"连心桥"，职工们也更自觉地替领导分忧。

民主化、科学化的管理，使龙烟充满了魅力与风采。几年来，龙烟连续 3 年被福建省委、省政府评为"文明单位"、"标兵企业"，连续 10 年被评为"福建省思想政治工作优秀企业"。1998 年荣获"全国五一劳动奖状"。2001 年，在中国共产党建党 80 周年时，该厂党委在被中共福建省委命名为"先进基层党组织"的同时，又被中央组织部表彰为"全国先进基层党组织"。

2001 年 11 月

厦烟：高档烟有了"摇篮"

初春，笔者来到位于海上花园鼓浪屿之滨的厦门卷烟厂四车间。只见明亮的车间里，工人们穿着整齐的工作服，神情专注地工作在一尘不染的机台上。"石狮"、"厦门"、"沉香"等高中档牌号香烟像涓涓流水从机台上源源流出……这个车间早在 1995 年和 1997 年就先后荣获过全国行业"先进集体"、"样板车间"等称号，在严峻的市场挑战中它重放异彩了。近年来，他们利用岗位竞聘和经济责任制两根杠杆，开动班组管理和设备管理两个轮子，构筑灵活高效的生产组织形式，成为该厂高中档产品的"摇篮"。在全省卷烟工业创管理样板车间考评中，车间总分年年居全省第一。今年，再次被国家局授予全国行业"先进集体"称号。国家局倪局长等领导在视察中高度赞扬其先进的管理模式。

当"立支柱、上规模、创名牌、增效益"成为厦门卷烟厂的主攻方向时，第四车间义无反顾地充当了"排头兵"。他们利用奖金二次分配和竞聘上岗充分调动员工的积极性，做到岗位讲效益，人人满负荷。

厦门卷烟厂曾一度遭遇经济滑坡的困境。1996 年单箱税利仅为 1313 元，比当年全国行业平均水平少 800 多元；企业全年利润仅 502 万元，仅相当于当时一个几十人的县烟草公司一年所取得的利润。1996 年底，厦门卷烟厂新的领导班子走马上任后，采取有力措施，力求从调整产品结构中寻找出路。他们把"立支柱、上规模、创名牌、增效益"作为工厂"三年追赶目标"的主攻方向。四车间站在企业的风口浪尖上，包揽了全厂高中档烟的生产任务和新产品的试制任务。然而，调整产品结构，生产高中档烟必须以市场为导向。在激烈的市场竞争中，商机就是经济效益；生产车间对市场反映稍有迟缓，就会失去市场。因此，如何跟上市场的步伐成为最重要的课题。他们把车间紧紧连接在市场上，在生产设备能力严重不足、人员短缺、技术力量薄弱的情况下，按照市场的潮起潮落和生产任务的时紧时松组织生产。1999 年春节期间，市场高中档烟脱销，该车间奋战 14 天，共生产市场适销卷烟 1.35 万大箱，创下全厂日产最高纪录。1996 年以后，第四车间每年接受中高档烟的生产任务分别为 2.3 万大箱、5.6 万大箱、11.5 万大箱和 18 万大箱，成为名副其实的高中档烟的"摇篮"

　　车间的生产任务数倍增加，生产形式更加灵活多变，但人员只有 250 人左右，不能增加。四车间向管理要效益，从改革分配制度和人事制度入手，从提高劳动生产率找出路。在职工代表大会的支持下，他们按照厂部下达给车间的目标奖总额进行二次分解。其内容包括：层层分解车间二级生产指标，将各项指标按责任和利益挂钩的形式落实到班组、机台和个人。实行单箱计奖，质量否决制度。在报酬方面，除基本工资外，将其余各项收入全部捆绑参与考核计奖。车间制订岗位考核制度，确定岗位责任系数。根据各岗位责任大小、技术难度和劳动强度等要素，合理拉开奖金计算系数差距，高的可达 1.8，低的仅为 0.5，两者相差 3.6 倍。合理拉开分配档次，使各岗位的责、权、利三者得以相对统一。同样一个人，干后勤和一线工人总收入相差 2 倍，差额达 1200 元以上。车间还把每月考核分配结果张榜公布，让职工检查监督。新的经济责任制一改过去一线人员想往后勤岗位调动，一线班组长没人手的现象；一扫过去职工出勤不出力的状况，形成人人争上岗个个挑重担的局面。过去一个人两天才能干完的事，现在不到一天就能干完。FOCKE 机组保养工李志勇等同志经常为抢修设备连续工作十几个小时；电工林栋同志脊椎受伤，住院一周后便腰绑校正皮带来到了生产现场；PROTOS 的刘群带病坚持工作等事迹至今传为佳话。

　　四车间青年人占绝大多数，大中专生占 15% 以上，是一个朝气蓬勃的车间。1995 年，厂里把它作为人事制度改革的试点，开展了别开生面的岗位竞聘试点工作。在公布竞聘职位、公开报名、资格审查的基础上，应聘者进行应试和答辩。经过民主测评和组织考核，有 8 名应聘者走上了车间领导岗位。此后，这项工作又在全车间所有岗位全面铺开。1996 年之后，由于生产任务的加重，车间人员严重不足，全车间 250 多名员工从两班制改为"四班三运转"，作业方式也从卷接和包装分开的作业方式改革为"卷包一体化"，实行一体化生产组织和协调控制。1997 年，根据生产工艺流程的需要，车间进一步规范竞聘程序和办法，开展第二轮竞聘。又有一批学有专长、管理能力强的年轻人走上车间管理和技术岗位，同时也为企业选拔干部输送了人才。1998 年，又进行了第三轮竞聘。经过三次竞聘，形成了车间人才能上能下的良性循环，车间的管理更加科学严密合理，工作效益和劳动生产率进一步提高。

经济责任制和岗位竞聘上岗两条杠杆的实施，使四车间实现了增班不增人。

生产形式的多变和牌号频繁更换，容易造成产品质量的波动。四车间把质量保证作为各项管理工作的重心，采取措施消除原辅材料波动等不利因素，实现了优质生产，为高中档产品闯市场提供前提。

市场的因素，使卷烟新产品牌号更换频繁。车间组织生产的形式也更多变，有时一天连续换几个牌号，产量增减幅度也较大。在这种情况下，生产车间如果穷于应付，产品质量就会受到影响。为使产品的质量经得起市场的检验，四车间开展模拟市场活动，进行全员质量管理。每道工序都做到质量教育到位，防范到位，责任到位，在经济利益分配上变产量分配为质量主导分配。主要做好五方面工作：一是认真推行 ISO9002 贯标认证，先后制定和完善了"质量不合格考核细则"、"换牌质量控制规范"、"工艺三级巡检制度"等 8 大类 50 项规章制度。二是在分工上，以各工序员质量管理为侧重点。比如，机台人员以过程自检、互检为主；工艺员、班长主要抓好制度落实和行为规范；技术人员重点做好设备保障和质量巡检；车间领导则侧重管理协调和理顺接口等。同时模拟市场，上一道工序把下道工序作为客户，环环相扣，层层监督，发现质量问题，分清主要责任和次要责任，实行重罚，管理人员也要负连带责任。三是坚持两周一次质量分析会，及时总结分析阶段性的质量管理情况，协调各环节工作，针对薄弱环节提出改进措施。四是开展"质量明星机台"流动红旗竞赛活动等，提高职工质量意识。五是发挥经济杠杆作用，将质量经济效益的比重由原先占总分的 40% 提高为 80%，并实行单价浮动制。同时，进一步量化维修后勤人员、管理人员的质量责任，实行不合格连带责任和三类品率单项扣罚制度、形成一套自上而下的质量风险责任制。

四车间通过建立维修人员"日保、周保、项修、点检"制度，加强对设备检测装置性能进行周期性检查、跟踪，确保设备自控功能正常发挥作用，为产品检测提供严密准确的依据。同时积极组织技术攻关，对硬件检测手段进行补充、完善。比如，针对 FK 小玻机因材料波动易出现被包的情况，设计出小玻机被包检测装置；安装了 FOCKE 机商标反装检测、折合不良检测、条玻紧缩加热以及 ZB43 机缺包检测、小玻紧缩加热等装置，改造 PROTOS 烟支直径检测器、油墨泵、烟枪系统等。针对金边水松纸、珠光水松纸容易产生漏气排头现象，开展 QC 攻关活动，杜绝了被包、掉头、折皱等质量问题。

经过三年努力，职工的思想从"重产量"向"重优质"方向转变。产品一类品率由1996 年的 94% 上升为 1999 年 99.6%，市场成品抽查合格率年年均为 100%。产品信誉在消费者心目中不断提高，车间生产的"石狮"、"沉香"系列卷烟被评为省级优等品，并推荐参加国家级评比。QC 活动取得 21 项成果，其中"解决烟支泡皱"、"改变 FOCKE 包装机内衬纸规格"等 6 项成果获省级一等奖。

设备是企业获取利润的工具。四车间像爱护眼睛一样优化设备管理，为优质高产低耗提供硬件保证。

车间生产"四班三运转"满负荷地运行，使设备维修难以正常进行。对此，四车间采取"化整为零"分解修项的办法，提高日常维修工作质量和预防性检修的水平。首先，他们建立以点检制为基础的预防性设备维修管理体制，采取境保的方式，集中有限的人力、物力，对设备进行轮批保养，做到停机不停产。同时制订设备点检标准书，实施车间、班组、个人三级点检制。运用统计分析技术，建立设备故障数据库，指导计划性检修，有效消除了设备事故的隐患。如 FOCKE 八角转盘窜动、主电机电枢烧蚀、PROTOS 刀头主传动螺丝松动等险情都得到排除。1999 年在国家局二级设备达标考核中，得到检查组的高度评价。其次是依靠自身的技术力量大搞技术创新，做到修、改结合。先后改造了 PROTOS 喷墨系统、主电机调速系统、贮丝进丝电控系统、FOCKE408 转塔等，取得 30 多项科技成果。1998 年，车间的技术人员还大胆地承担两台 ZB43 卷烟硬包装机安装调试任务。在无先例可循的情况下，他们边干边摸索，终于比设备生产厂家正常调试提前一个多月完成任务，为企业抢占市场赢得了时间。在保证设备有效作业的前提下，大力推广使用国产零配件以降低生产成本。如使用国产 PROTOS 牌子的配件节约 324 万元，使用烟枪国产化节约 63 万元，使用国产 FOCKE 转塔节约 56 万元等。由于设备性能完好，为车间优质低耗高产发挥了应有的作用。三年来，顺利完成了生产任务，产品合格率达 100%，降耗 2000 多万元（其中设备国产化节支 800 万元）。

设备保养关键在于维修队伍的建设。全车间有 8 位大中专生和 2 位本科生充实到维修队伍中去。在加强维修人员管理方面，采取在原有机台巡视制度的基础上，推行岗位绩效考评制度。从工作质量、服务意识、技术技能三方面进行综合评价，每月定期组织操作工、班组长进行评分，将结果与个人当月奖金挂钩；并规定连续三个月得分低于 85 分的，则降级使用。目前已有维修人员因此而被调离岗位。

该车间还发挥思想政治工作的优势，激发职工主人翁的责任感。车间年年荣获厂"先进车间"、"先进党支部"等称号。

2000 年 2 月

网缀八闽烟草的脊梁

从武夷山下到东海之滨，一支拥有 2000 多名烟草送货员的年轻队伍活跃在八闽大地。他们像一只只不辞辛劳的工蜂，年复一年地穿梭于 594 个网点和 12 万多个卷烟零售户之间，用心血和汗水编织着理想之梦。其送货的快捷和优质服务质量，在许多地方连供销社和个体货郎担都望尘莫及。卷烟市场几年前连做梦也不敢想的事变成了现实。对此，烟民们和零售户无不感慨万千：过去"坐等求婚"的皇帝女儿（卷烟）下嫁了，这真是"昔日王侯堂前燕，飞进寻常百姓家"。

　　卷烟流通领域中捧泥饭碗的人

　　1997年秋天，福建漳平市烟草公司办公大楼里举行着一场别开生面的活动。134名具有高中以上文化，35岁以下的优秀青年自愿应聘当送货员。他们中有国企下岗职工、有在外企打过工以及在商海中游荡过的商人。烟草公司对他们进行严格的政治考核、文化业务考试和面试。过五关斩六将，16名自带摩托车、BP机的合格者被聘为该市8个卷烟销售网点的专职送货员及专卖协管员。从此之后。原先已小有名气的漳平市烟草公司通过加强送货服务使卷烟网络建设提升了一个新的档次。他们通过摩托车访销进货、微型车定期定时定线访销送货，农村集市定点摆摊供货以及周末访销送货等办法，消灭了市场死角，卷烟的供货面、市场覆盖面都达到100％，仅半年的时间，全市市场卷烟销售量增加20％以上。

　　卷烟销售网点的关键是送货服务，送货服务的关键是送货员。而把好送货员的"入口关"成了关键中的关键。为了全面提高卷烟送货率、市场覆盖率和市场占有率，福建省在漳平经验的示范下，全省70多个分、县公司从实际出发，全面引进竞争机制，推行新一轮进货员的竞聘活动。在明确规定送货员条件的前提下，有的实行末位淘汰，有的强化公开程序，有的主动到"外资"企业及中高等专业学校、下岗人员中去选拔素质高、能力强、作风硬的精兵强将，纠正了"近亲繁殖"和关系户成堆的现象。许多地方还从烟草公司轮岗及富余人员中选拔、培训优秀人才充实到送货员队伍中。就这样，卷烟网点送货员这前所未见、前所未闻的名字逐步传入八闽大地的卷烟零售户和千千万万的烟民之中。

　　送货员绝大多数端的是泥饭碗。过去人们认为走进烟草公司的大门之后，"只要不犯法，工资要照拿"。现在不同了，烟草公司在管理中采取了激励机制和网络运行全过程的监督管理制约机制，并制订了配套措施，送货员手中再没有铁饭碗。他们除了接受一周、半月的岗前培训外，烟草公司还制定了《送货员岗位目标管理规范》、《送货员目标考核及奖励办法》，实行领导监督，分片包干，层层签订责任书。烟草公司通过定期例会、定期考评，实行全面量化考核，实行职效挂钩。做到工作有目标，做事有规范、人人有约束。

　　有了制度还不能说明问题，关键是把制度变成现实。目前，福建省许多地方已实行了送货员"结构性计件工资制"，把过去的假送货变成真送货，把"要我送货"变成"我要送货"。名目繁多的基数奖、超额奖、单项奖、促销奖像一支支强心剂，使送货员兴奋不已。他们工作时时努力，收入天天有数，为了赚合理的钱，使出浑身解数。比如，根据所送卷烟的档次、类别，结合零售户的地理位置、人口密度、路途远近等因素综合考虑，确定每条烟的送货工资，送货员以实际送货量计算工资。机关轮岗人员也按一定比例计发奖金，上不封顶，下不保底，违反制度要罚。做到多劳多得，奖罚分明。

　　送货员办事制度公开，接受卷烟零售户和消费者的监督。烟草公司设置举报电话和意见箱，消费者随时可以投诉。每月还有数次访销，听取零售户的意见。这一着，转变了烟草公司的经营作风和社会对烟草公司的看法。过去，烟草公司的人"机关上班我上班，机关下班我走人"。现在，零售户一个电话，一声招呼，不管八小时内外，不管双休日不双休日，不管所要货多货少、生人熟人、晴天雨天，摩托车照样"冒烟"。在沿海的卷烟纯销区，许多送货员因海风侵袭变成了"美国黑人"，但劲头不减。在山区，送货员翻越高山峻岭去送货，每天数十里路，不叫苦和累。送货员一人一片"领地"，由固定的人送货给零售户，久而久之，与零售户形成了伙伴关系。零售户把送货员当成真正烟草的人，当成其辖区内"不可替代的人"。漳平市有个原先在三株公司搞推销的送货员，他一上岗就熟门熟路，发扬过去的吃苦精神，把原先营销策略照搬照套，很快进入角色。同时，还带出一批送货员。随着送货量月月递增，该县的送货员工资很快从五六百元增到一千多元。龙海市有个女大学生自愿从机关到网点去。她在送货时跌了不少跤，但是，她以热情服务赢得客户的支持，仅几个月就在一个专卖人员屡遭围攻的贩假重灾区站稳了脚跟。由于观念的转变，过去从机关到网点送货，被认为是"充军"和惩罚的色彩很重；现在，一讲到轮岗和下网点送货，大家都视为当然。由于收入的倾斜，许多人争先恐后地前往。去年以来，福建省销售工作取得实质性进展，与前年同比全省卷烟销量增长 10%，市场占有率增长 18 个百分点，销售利润增长 126%，大家都说这里面有送货员的一份功劳。

烟草专营政策的代言人

送货员不仅把政策送到零售户和消费者的心坎上，而且用行动把烟草公司的承诺变为现实。过去烟草公司搞法律法规宣传，总是费了九牛二虎之力，广播电视报纸传单跨街标语……十八般武艺全都用上，但零售户、消费者还是似懂非懂，有的佯装听不懂。烟草公司送货，开始时闹出不少笑话与尴尬。龙海市有个送货员第一次为零售户送货，零售户像看大熊猫一样审视他，接着又打 110 报警电话。他们对警察说，烟草公司怎么可能来送烟？肯定有诈！福建省开始实行卷烟送货时，许多零售户对卖私假超非卷烟不以为然。他们对送货员说，烟草公司能卖的烟，我们为什么不能卖？都是共产党的烟嘛！烟草公司垄断经营还送什么货？有的甚至说，假烟也是烟，烧了太可惜，太浪费。现在，送货员在送货时带去宣传资料、广告品及烟草公司《告零售户书》，重要的通知要签收。他们不厌其烦地解释疑难，把烟草专卖专营的政策，把自己在岗前培训中的收获"贩卖"给零售户。有的地方通过召开零售户座谈会让送货员"登台表演"，使送货员硬是把自己管辖的零售户教育成守法户。边远山区的零售户对记者说，送货员就像我们的老师，专卖政策一讲便明白。我们做每件事都要问一问送货员心里才踏实。有一段时间，福建省的烟厂常到销区搞新产品推销，许多零售户说："叫送货员来我们就买。"烟厂只好请送货员送货上门。

在山区，送货员真诚地对零售户说，你们是烟草公司机构的延伸，烟草公司的第一消费者。零售户乐了，豪爽地说，烟草公司不把我们当外人，我们愿效犬马之劳。此后，市场上，哪个零售户进了私假超非烟，哪户有违章行为，"情报"源源而来。有一次，永安市面上发现卷烟零售价产生波动，一家零售户举报是几户兼营百货的卷烟零售户搞"黄花鱼搭配咸带鱼"的勾当，以卷烟进价或低于保护价的价格搭售百货批发给农村货郎担造成的。

送货员上门制止，"搭售户"矢口否认。于是，一些零售户与送货员密切配合，见到"搭售"的货出门，送货员就上前核对价格。人证物证俱在，"搭售户"只好认错改正。对于一些卷烟批发大户，送货员与零售户分工合作，有的了解"情报"，有的到大户门口"泡茶"，一个唱红脸，一个唱黑脸，异曲同工。把卷烟批发大户的一举一动看得牢牢的，许多卷烟大户因此而歇业。

2000年下半年，厦门卷烟厂、龙岩卷烟厂根据形势的需要和总公司要求，先后开发了蓝石狮、白七匹狼等低焦油卷烟投放市场。由于零售户不理解，消费者不知道，开始时困难重重。送货员抓住消费者既要抽烟、又要健康的心理，所到之处都把这两支烟的安全性挂在嘴上，还把这两个牌号的烟称为"与国际接轨"的烟，有的还自己掏钱买一包，到了零售户处先递一支，然后滔滔不绝地讲一节。接着零售户试探性地进货，照本宣科地宣传，很快打开局面。不到半年时间，这两种烟在市场上经常发生"脱销"现象，很快地在全省打开局面。

零售户和消费者的知心人

送货员天天与零售户、消费者打交道，天长日久，最知道对方的心思。他们说，零售户对我们的要求一是要按时，做到卷烟供应不断档；二是卷烟结构要合理，适销对路；三是服务态度要好，要讲究服务质量。为了追求这三个目标，送货员练就了一身好功夫，个个成为四肢发达、头脑不简单的人。在送货路上，风吹雨打日晒是家常便饭。零售户每天对送货员的到来像条件反射一样，时间一到就会左顾右盼。有时迟到一会儿，他们就会"望断秋水"。送货员为了不让零售户挂心，总是争取准时而至。他们清晨7点出门，一般都在黄昏时才能回家。如遇特殊情况，只能眼睛一睁，忙到熄灯。

送货员兼任营业员和访销员，一身三职，一心三用，服务好辖区内的100多户零售户；有时每天营业额近十万元，旺季更多。他们把零售户的要求看得高于一切，不厌其烦地把零售户所需求的品种进行组合、编号、出货、记账、开单、送货、算钱、收款……全套服务一条龙完成。有时因客户拥挤造成错账、错付、收假币等，交了不少"学费"。可对于客户偶尔算错账多给了钱，他们却能"完璧归赵"，一分不少地送回去。

冬去春来，年复一年，送货员任凭风吹雨淋，多少次汗水加雨水，全身湿透，但所带的卷烟是干的。他们多少次摔跤，有时浑身是伤，但香烟却完好无损。他们对自己近乎"苛刻"，对客户却百依百顺，有求必应。客户说，我们生意人不打"笔墨官司"，算账、记账工具你们要自带。不几天，送货员的兜里全装上了计算器、笔和纸。零售户说，我们零钱供不上，送货员就自带一"袋"零钱出门。漳平有个在离公路3公里山区开店的零售户对送货员叶东升说，我的腿不好使，你把烟送到我店里。叶东升二话不说答应了。从此，他每天送完其他人的货后，总要背着烟，步行3公里送货上门。

2000年4月

摘自《金叶情》《未了情》《中国烟草》

附录1：

1990—2008年福建省烟草行业集体专著表

书　号	书名	出版社	字数	作者	出版时间
ISBN 7－5335－0868－8/K.16	龙岩市烟草志	省科技出版社	36.8万字	龙岩局（公司）	1994.11
ISBN 7－211－02442－9	龙岩卷烟厂厂史1952—1994	福建人民出版社	25万字	龙岩卷烟厂	1995.3
ISBN 7－80122－059－5/F7	福建省志·烟草志	方志出版社	62.2万字	省局（公司）	1995.12
ISBN 7－211－02765－7	南平地区烟草志	福建人民出版社	25万字	南平市局（公司）	1997.4
ISBN 7－211－02927－7	三明市烟草志	福建人民出版社	22万字	三明市局（公司）	1997.8
ISBN 7－80562－743－6/K.16	福州市烟草志	方志出版社	21印张	福州市局（公司）	2000.11
ISBN 7－211－04002－5	龙岩卷烟厂厂史1994—2001	福建人民出版社	22.3万字	龙岩卷烟厂	2001.10
ISBN 7－80192－781－8/F.122	漳州市烟草志	方志出版社	58.5万字	漳州市局（公司）	2006.7
ISBN 7－80691－281－9	卷烟销售网络运行规范	海潮摄影艺术出版社		省公司	2006.11
IBSN 978－7－81122－027－8	卷烟营销网络建设调查研究报告	东北财经大学出版社	28.5万字	三明烟草卷烟网络建设工作组	2007.4
ISBN－7－80238－139－1/K.880	龙岩卷烟厂厂史2001—2006	方志出版社	31,5万字	龙岩卷烟厂	2007.9
IBSN 978－7－81122－200－5	烟叶生产经营绩效管理	东北财经大学出版社	19.5万字	三明烟草烟叶绩效管理课题组	2007.11
ISBN 978－7－5335－3252－9	福建烤烟生产技术	福建科技出版社	11万字	省局（公司）、省烟草学会	2008
ISBN7－80719－191－9	省烟草专卖管理学术论文集	海峡文艺出版社	38万字	省烟草学会	2008
ISBN 978－7－211－05694－1	金叶文苑	福建人民出版社	22.3万字	省烟草学会	2008.7
ISBN 7－211－02542－5	莆田市烟草志	福建人民出版社	21.3万字	莆田市局公司	1995.7

附录 2：

1990—2008 年福建省烟草个人专著表

书　　号	书名	出版社	字数	作者	出版时间
ISBN　7－80639－005－7/F.1	名烟营销	哈尔滨出版社	18 万字	黄永寿	1997
ISBN7－80640－417－1	金叶情	海峡文艺出版社	21 万字	陈秀琴	2000
ISBN 7－5335－2635－8	闽西烟叶生产技术	福建科技出版社	11.5 万字	林桂华	2001
ISBN7－80640－880－0/1.598	未了情	海峡文艺出版社	23 万字	陈秀琴	2003

附　录

一、大事记（1991—2008 年）

1991 年

1 月　省物价委员会、省公司联合发布《进一步完善卷烟销售价格管理办法》，卷烟三级批发价放开。

1 月　全省烟草系统停止工人转干部的工作。

1 月　泉州市局（公司）取得全省烟草六年税利"六连冠"；获福建省烟草系统先进单位称号。

年初　"翠碧 1 号"经过全国烟草品种审定委员会组织的现场验证，被认定为烤烟良种。

2 月 2 日　海上巡逻支队在平潭县南海乡中南村缉查香烟走私案时受到围攻，海巡支队缉私人员被迫向走私人员开枪，击毙 4 人，伤 1 人。

2 月 28 日　中国烟草进出口公司福建分公司从福州迁址厦门。

3 月　台湾久吉企业有限公司在宁化县独资创办"福建宁吉卷烟有限公司"，后因台方无开发卷烟出口的销售能力，国家局责令其关闭。

4 月 1 日　福建省烟草系统在福州举办首届职工文艺调演。

4 月 27 日　省公司决定启动烤烟生产"质量、品种、效益年"活动。

4 月　省公司下发《关于批发环节实行最低保护价的通知》，规定实行最低保护价的卷烟品牌。

4 月　省委书记陈光毅视察畲山卷烟厂，赞扬该厂对振兴少数民族地区经济所发挥的作用。

5 月 6—11 日　全国烟草系统纪检监察工作会议暨表彰先进大会在泉州召开。会议表彰 84 个全国行业纪检监察先进集体（个人），泉州、南平烟草专卖局榜上有名。

6 月　福州烟草分公司三角池卷烟仓库个别仓管人员内外勾结，以假健牌香烟以及次品烟串换库内进口"健牌"香烟（合 200 多件），得赃款 16975 元。主要责任人被判处有期徒刑 5 年。

7 月 29 日　福州、郭坑、厦门铁路烟草专卖管理所成立；行使县级烟草专卖局的办案管理权限（科级）。人员各 5～7 人，工资由烟草和铁路系统双方人员单位发放。

9 月 9 日　省局首次规定对查获制售假烟的奖励标准。即查获一家生产闽产假烟工厂的奖励 3000～5000 元，查获一家半机械化生产手工卷烟厂的奖 100 元以上或案值的 15％。奖金由省公司发给。

11 月　国家计划生育委员会主任彭珮云视察厦门卷烟厂。

是年　泉州雪茄烟厂更名为泉州卷烟厂。

1992 年

1 月 1 日　全省开始施行 1991 年 6 月 29 日通过的《中华人民共和国烟草专卖法》。国务院 1983 年 9 月发布的《烟草专卖实施条例》同时废止。

1 月 3 日　国家局同意成立地方烟厂龙岩卷烟厂永定分厂，并核发烟草专卖企业生产许可证。

1 月　省局首次实行人事制度改革，处级及以上领导干部实行任期制、处级以下干部实行聘任制、党政工团正职领导干部实行选举制、新提拔干部实行试用制。省局机关正式确定职务系列为七个等级。

年初　省局确定“八五”期间省烟草行业“2215”的工作总目标。具体是：全省烟叶收购达 200 万担，上等烟达 20％，卷烟单箱综合效益 1500 元，全省行业经济效益实现 15 亿元。

年初　省局（公司）搬进北环中路 133 号（五四北路 306 号）办公楼。

2 月 22 日　萧克将军视察龙岩卷烟厂并题词“科技兴烟”。

2 月 27 日　国务院总理李鹏视察华美卷烟有限公司，充分肯定中美合资兴办卷烟厂的模式。

2 月　国家局重新核定全国烟叶复烤厂，福建省有 8 家核定能力 15 万担的烟叶复烤厂榜上有名。

5 月 20 日　省政府同意省烟草专卖部门在全省 17 个检查站与有关部门联合执法。

7 月 18 日　厦门卷烟厂第七届二次职代会通过企业内部分配、干部聘任制和用工制度等三个改革方案，对人事劳工制度首次实行全面改革。

8 月 3 日　根据国家局的批复，省局的机构设置为 14 个附有行政业务管理部门的处（室），编制定员 160 人（不含烟草进出口公司和烟草质量检测站）。

10 月 9 日　全省烟草系统实施国家局令第二号《烟草专卖行政处罚规定》。

10 月 26 日　省局启动专业技术职务评聘工作，并将其转入正常化。

12 月 30 日　省卷烟批发交易中心成立，直接参与卷烟的现货和期货交易。

年底　全省烟草首次开展全面制定党风廉政制度工作。全局机关 22 个部（室）共制定

137 项党风廉政制度；全省烟草系统共修订 1571 项有关制度。

1993 年

1 月 全省烟草系统实行领导任期目标责任制的试点，省级局机关实行全员聘任制。

1 月 4 日 据国家局的决定，冻结各级局（公司）机关及事业单位人员的调进。特殊岗位需要的须经省级公司批准。

1 月 18 日 省烟草行业首次确定新标志图案。原使用的标志图案同时停止使用。

年初 鉴于于各地屡有烟叶超计划生产的现象，全省烟草工作会议宣布：当年全省计划收购烤烟 140 万担，种植面积 60 万亩。比 1992 年的计划分别减少 40 万担和 20 万亩。

3 月 国家局局长江明视察福建烟草。

3 月 12 日 省局（公司）机关处（室）及直属机构规格从副处级升格为正处级。

3 月中旬 主要烟区连续遭受冰雹、龙卷风、暴雨、洪水等自然灾害，21 个县（市）烟田受灾，面积达 26 万亩，烤房倒塌 793 座。

5 月 据国家局通知，全省烟草女处级干部，女高级专家（教授，正副研究员，工程、农业、经济、统计、会计、记者等女高级职称人员）退休年龄从 55 岁改为 60 岁。

7 月 22 日 龙岩卷烟厂列入全国行业 10％重点技术改造骨干企业。

8 月 省烟草系统开展烟草行业组建上划十周年庆典活动。

9 月 23 日 厦门卷烟厂列入全国行业 10％重点技术改造骨干企业。

12 月 13 日 省烟草系统执行新的《中华人民共和国消费税暂行条例》。税率为：甲级卷烟单箱（不含增值税售价 780 元）45％，乙级卷烟单箱（售价 780 元）40％，雪茄烟 25％，烟丝 30％；同时征收 17％的增值税。

是年 全国政协主席李瑞环、省委书记陈光毅、省长贾庆林先后视察厦门卷烟厂。

1994 年

1 月 龙岩卷烟厂正式生产 84mm 硬盒翻盖"梅花山"卷烟填补了福建省高档卷烟的空白。

3 月 16 日 中国老区促进会会长、原全国政协副主席杨成武参观龙岩烟厂，并题词："闽西之星"。

3 月 17 日 《福建省烟草专卖局（公司）岗位效益工资改革实施方案》出台，逐步推行岗位效益工资改革。岗位效益工资由岗位工资、效益工资和年功工资构成；推行易岗易薪制。

3 月 25 日 中国企业家协会会长袁宝华在省委常委刘金美陪同下视察龙岩卷烟厂并题词"争创一流水平"。

3 月 省领导林开钦、程序参加全省烟草工作会议。

4 月 4 日　全国人大常委会副委员长李锡铭视察厦门卷烟厂，赞赏该厂对厦门特区作出的贡献。

5—6 月　三明、龙岩、南平三大烟区，20 个县遭受暴雨、冰雹和龙卷风。其中三明地区 5 月 2 日降雨量达 260～350 毫米，受灾烟田 23.2 万亩，烤房倒塌 6960 座。全省成品烟、设备物资受损值达 5933 万元，烟叶产量减少 60 万担。

5 月 21—23 日　国际著名烟草专家、美国农业研究署顾问、国家烟草总公司高级顾问左天觉博士，视察南平烟区和三明烟区。

5 月 23 日　省长陈明义视察龙岩卷烟厂，并题词"科技兴厂，质量兴业"。

6 月 7—31 日　在第 3 届亚太国际博览会上，"梅花山"和"富健"牌卷烟获金奖，"古田"牌卷烟获银奖。

7 月 13 日　为全国烟草在 1991—1993 年三年转折时期做出突出贡献的福建、云南和上海三省（市）烟草公司受到国家局的奖励，奖金各 50 万元。

8 月 10 日　省委书记贾庆林视察龙岩卷烟厂，并题词"创名牌、争第一"。

9 月 22 日　福建烟草成立首个股份有限公司：尤溪金叶发展有限公司。该公司投资总额 1000 万元，注册资金 100 万元，甲方（省公司）认缴 52 万元，乙方（尤溪县公司）认缴 48 万元。

10 月 10 日　全国人大常委会副委员长卢嘉锡视察龙岩卷烟厂，并题词"抓科技进步，促企业发展"。

10 月 11 日　王直将军参观龙岩卷烟厂。

10 月 21 日　卢仁灿将军参观龙岩卷烟厂。

10 月 27 日　全省烟草系统正式实施《中华人民共和国广告法》中的第 18 条规定：禁止利用广播、电影、电视、报纸、期刊发布烟草广告。

11 月 9 日　由于国家计委未安排 1994 年福建省的卷烟增产计划。省局（公司）为此紧急下文，要求停止原安排 2 万箱增产计划。同时重申 5 家卷烟厂的生产计划指标是：龙岩、厦门卷烟厂各 31.5 万箱，云霄厂 4.3 万箱，畲山厂 4.5 万箱，泉州厂 1.5 万箱，永定分厂 3 万箱，共计 76.3 万箱。

12 月 12 日　全省成立省烟草拍卖行和福州、厦门两个分行，并设 12 个处理罚没走私烟定点批发企业。

1995 年

1 月 10 日　省局颁发由国家局统一制作的处理罚没走私烟特种零售许可证定点零售企业证照 460 个。

1 月 17 日　省烟草大厦举行竣工典礼。该大楼位于福州五四路 306 号（北环中路 133 号），耗资亿元，建筑面积 1.7 万平方米，共有 21 层。省领导程序、黄瑞霖、施性谋、伍洪祥、胡宏、高胡等到场祝贺。

年初 省局实行对领导班子下管一级考核两级的做法。首次规定：县局（公司）一把手的任免要报省局备案、县局（公司）领导班子成员 55 岁原则上退居二线和实行异地交流。

2 月 20 日 省局（公司）局长（经理）姜成康升任国家局副局长。省局局长（经理）、党组书记由省公司副经理、龙岩卷烟厂厂长邱胜华接任。

2 月 省局印发国家局《进一步建立和完善农村卷烟批发网络的意见》。省局（公司）将其作为当年工作重点；确定用二、三年时间完成农村卷烟批发网络建设。

4 月 中国烟草总公司福建省公司更名为福建省烟草公司。并于 1996 年元月启用新印章。

5 月 30 日 国家局在三明烟科所设立中国烟草东南农业试验站。

7 月 泉州烟厂停产，该厂 1.5 万箱卷烟生产指标收回省公司。

7 月 21 日 全省烟草行业在三明市召开农村卷烟批发网络建设工作现场会，全省全面推进卷烟批发网络建设的进程。

8 月 全省烟草系统改革大学毕业生的招收办法，对应届大学毕业生实行招聘制。

10 月 4 日 省局按照国家局的部署全面规范农村卷烟网点建设并开始进行城市卷烟网络建设。

10 月 全国烟草系统政工会议在厦门召开，全国行业各省级局领导及有关部门负责人 200 多人到会。

10 月 31 日 省局对烟草系统新闻工作实行统一管理，统一对外宣传口径。

11 月 27 日 副省长黄小晶出席在榕召开的全国卷烟生产工作会议。

11 月 28 日 龙岩卷烟厂新开发的闽产高档烟"七匹狼"（盖白）在晋江市建市 3 周年纪念大会期间上市，并由晋江市局（公司）总经销，省局赋予培育市场的特殊营销政策。

12 月 12 日 龙岩卷烟厂被国家局列入全国烟草行业 12 家现代企业制度的试点单位。

是年 全省共建卷烟销售网点 699 个，其中自建网点 586 个、联建网点 113 个。宁德、南平、三明、龙岩四个分公司拥有自建网点 374 个，占全省自建总数 64%，福州、莆田、泉州、厦门、漳州五个分公司自建网点 212 个。

年底 省烟草行业全年税利达 17.3 亿元，与 1994 年同比下降 1.5 亿元。这是福建省烟草行业组建以来，首次出现年税利下跌的状况。

1996 年

年初 省局（公司）提出"立支柱、上规模、创名牌、争效益"的产品发展方针，对"七匹狼"等一系列高档品牌闽产烟的市场开发再次给予特殊政策，当年初步实现品牌升值，重点品牌形成规模的产销目标。

2 月 9 日 省局（公司）发文，首次实行卷烟生产经营目标考核、烟叶收购、调拨目标考核和高中档烟新产品生产销售奖励办法。

2 月 11 日　福建省副省长施性谋莅临全省烟草工作会议讲话。

3 月　中美（菲莫）烤烟生产合作试验区在邵武市建立的 2500 亩示范片获得成功。

4 月　专卖管理人员统一着装。

5 月 29 日　龙岩地区烤烟新品种"岩烟 97"通过省评审委员会鉴定，后因故没有推广。

7 月　厦门卷烟厂与石狮市公司联合开发"石狮"品牌翻盖卷烟。

7 月　省局设立打假专用基金，奖励在打击制售假冒商标卷烟中有突出贡献的人员。

8 月　省局从副厅级升格为正厅级。

8 月　龙岩卷烟厂永定分厂停止卷烟生产，转产供龙岩卷烟厂和行业使用的纸箱。

9 月 6 日　由南平分公司与龙岩卷烟厂共同研制生产的"武夷山"牌香烟投放市场。

10 月 17 日　省公司在福州西湖宾馆召开全省烟草行业科技大会。省农业大学谢联辉院士等一批农业专家到会并作学术报告。

11 月 14 日　省局（公司）开展卷烟假出口骗税的自查工作。

11 月 23 日　省成立制订烟草地方法规课题组。对"福建省烟草专卖管理办法"课题进行调研、资料搜集、文字起草、组织论证以及协调、送审等工作。课题组设顾问 4 人，组长为省局局长邱胜华。

11 月 30 日　"福建省烟草专卖管理办法"课题组向省政府法制局递交制订《福建省烟草专卖管理办法》地方性法规的函。

12 月 27 日　省政府代省长贺国强视察龙岩卷烟厂。

年底　省局（公司）推广南平市局（公司）的经验，开展卷烟零售"双无商店"活动（卷烟零售商店无销售假烟、无走私烟）。

是年　厦门卷烟厂在该市的国有企业中首家推行 ISO9000 国际标准管理。

1997 年

1 月 15 日　福建省副省长施性谋莅临全省烟草工作会议讲话。

3 月　厦门市政府常务会议审议通过《厦门市烟草专卖管理办法》，以厦门市政府第 54 号令发布实施。

4 月 16 日　香港益安贸易公司向龙岩卷烟厂转让"七匹狼"注册商标（34 类）的所有权，双方签订转让协议。

4 月 23 日　省委副书记林兆枢在全省烟草系统精神文明工作会上讲话。

5 月 18 日　三明烟草农业科学研究所升格为省烟草农业科学研究所并举行挂牌仪式。

6 月 8 日　省政府批复同意设立金叶股份有限公司。

7 月 3 日　全省烟草行业全面贯彻实施《中华人民共和国烟草专卖法实施条例》。

8月 省委书记陈明义视察福建武夷烟叶有限公司。

8月 全省烟叶生产实行"市场引导、计划种植、主攻质量、调整布局"的生产方针。

9月 泉州市烟草、工商、质检、公安、检察院、国税、地税等部门联合发出《关于整顿卷烟市场秩序，进行卷烟市场标识化管理》的联合通告。

9月 三明市局（分公司）两位干部参加在法国巴黎召开的首届国际细菌性萎蔫病害大会并在会上发表学术论文。

10月 中国烟草福建进出口公司和省公司分别向国家局申请恢复卷烟进出口经营权和开通厦门口岸，得到批准。

年底 省局据举报，组织福州、南平烟草部门对福州至北京46次列车、邮政汽车和福州市邮政中转站进行检查，当场查获特快专递邮寄假烟324件。该批假烟系泉州、南安、福州等市（县）邮政局收转，经福州邮政局拟转运（寄）往安徽、江西、四川、桂林、辽宁、内蒙古、湖北、江苏、湖南、浙江等十几个省、市。

是年 全省共建立710个卷烟销售网点。平均每4.5万人拥有一个卷烟批发点。全省初步形成覆盖城乡、渠道畅通、可调控有实效的卷烟销售网络。

1998 年

1月 省局先后在长汀、武夷山、闽东（福鼎）建立烟草贸易中心。包括原有的闽诏贸易中心。

1月 漳州市政府与所属各县（市区）首次签订《漳州市打击制售假冒卷烟的工作责任状》。

年初 全省烟草系统实行减员增效，实施再就业工程。

2月 龙岩卷烟厂厂长，党委书记卢金来当选为九届全国人大代表。

2月 全省烟草系统首建党风廉政建设信息员制度。

2月26日 国家局局长倪益瑾视察福建烟草。

3月 全省颁发《关于烟草专卖行政复议机构职责范围和复议工作程序的规定》。

3月 中国工程院院士、中国烟草总公司郑州研究院名誉院长朱尊权视察龙岩烟区。

3月 福建省"4·20"走私案受到中央纪律检查委员会查处。经查实，从1995年开始至案发的4年里，该走私集团以假转口和伪造送货物品为名的手法走私香烟163万多箱（合4075多万件），偷逃税款人民币88亿多元。

3月9日 烟草行业开展"企业管理年"活动。

4月6日 由中国烟叶生产购销公司、中国烟草进出口（集团）公司、省公司、南平分公司和中国烟草福建进出口有限责任公司共同出资筹建"福建省南平市烟叶发展有限责任公司"。首次董事会决定五方出资4200万元为注册资金（后该公司正式定名为"福建武夷烟叶有限公司"）。

4 月 7 日　省长贺国强视察龙岩卷烟厂。

4 月　全省烟草专卖工作提出"三个阶段目标"，即：一年内基本健全烟草专卖机制，两年内基本健全行业内部监督制约机构，三年内基本取缔非法烟厂和各种形式的非法卷烟批发市场。

5 月　厦门卷烟厂捐资 100 万元设立厦门市首家资助贫困大学新生的专项"奖教助学"基金。

6 月 12 日　福建省北部、中部、西部普遍降大雨。据不完全统计，全省烟田受淹面积 4.8 万多亩，绝收 2.2 万多亩，烤房倒塌 1842 座，损失烟叶 6.8 万多担。直接经济损失 5577 多万元，商业损失 1530 多万元。

6 月 27 日　烟叶生产取消各种形式的价外补贴。

6 月 29 日　厦门鑫叶集团有限公司成立。

9 月 18 日　三明金叶复烤有限公司注册成立，由省公司、厦门卷烟厂、三明分公司出资组建。

9 月　实行烟类税率调整，其中甲类卷烟 50%，乙类卷烟 40%，丙类卷烟 25%，雪茄烟 25%，烟丝 30%。

9 月　省局（公司）对省内烟草工业企业首派驻厂员。

9 月　中国烟草学会在厦门召开年会。中国烟草学会的理事、全国烟草专家、论文作者以及各省级学会的专职秘书长近 200 人到会。

12 月 11 日　省局被列入省政府公布的全省具有行政处罚权的法定行政机关名单。

12 月 14 日　省局首次在省经济管理学院开办由县（市）级副局长（副经理）及以上人员参加的工商管理岗位培训班。

年底　颁发《福建省烟草专卖行政管理机关行政处罚案件听证程序》。

1999 年

1 月 4 日　烟草专卖人员再次统一行政执法标志及制服。

年初　三明市局尝试建立基层烟草专卖管理所，经推广，全省建立 100 个烟草专卖管理所。

2 月　省局（公司）制定实施《关于卷烟产销联动实施方案》。决定从 1999 年 3 月下旬起，实行在各分公司与卷烟厂、分公司与分公司、分公司与所辖县（市）公司之间实行货源投放、价格调节和余缺调剂三方面的全省联动。

7 月 1 日　省局颁发《烟草专卖防伪标识使用管理暂行规定》，同时统一发放《使用统计季报表》、《标识定货清单》和《标识底版销毁清单》等，规范了卷烟防伪标识的管理。

7 月 7 日　省局（公司）作为全国烟草行业首批 16 个试点单位之一，省级机关启动为期 3 个月的"讲政治、讲学习、讲正气"为内容的"三讲"教育活动。

7 月 27 日　省局（公司）决定在全省烟草系统推广使用国家局规定的行业形象标识。

7 月 30 日　厦门卷烟厂代替西藏林芝地区加工国家计委批给的 0.4 万箱卷烟，产品在林芝地区销售。厦门卷烟厂付给有偿转让费 450 万元。

7 月　省公司在漳平市召开全省卷烟网络建设现场会，推广漳平经验。

7 月　厦门市委书记洪永世视察厦门海沧厦门卷烟厂技改工地。

8 月 10 日　省局（公司）对"七匹狼"（盖红）、"石狮"（盖红）专销单位领导实行专项奖励。

8 月 25 日　全省烟草系统首次对分、县（市）公司实行卷烟销售毛利率考核。

10 月　云霄县烟草稽查大队副大队长黄春荣首获全国十大金叶卫士称号。

10 月　全省烟草系统首次实行业务接待费使用等事项向职工代表大会报告的制度。

11 月 6 日　习近平代省长视察漳州及云霄后作出批示：云霄假烟屡禁不绝，反映了我省打假工作还存在着薄弱环节。打假要斩草除根，需要各方面通力协作，进行综合治理，省直有关部门和漳州市、云霄县政府要研究和采取更为有效的措施，进一步加大打假力度，彻底禁绝云霄假烟。

11 月 19 日　国家局批复同意龙岩卷烟厂兼并云霄卷烟厂。

是年　南平分公司《1996—1998 年借鉴美国"菲莫"公司烤烟种植技术研究》获全国行业科技进步三等奖。

2000 年

1 月 1 日　龙岩卷烟厂、厦门卷烟厂通过与专销单位协商收回"七匹狼"（盖红）和"石狮"（盖红）的卷烟经销权。

1 月 4 日　省烟草专卖稽查总队在福州举行成立大会，同时举行着装仪式。

1 月　全省烟草系统工作会议确定：全年的工作重点是"一要规范、二要改革、三要创新"

1 月　全省恢复五类烟生产（全年五类烟生产计划 7.5 万箱）。

2 月 26 日　全国烤烟漂浮育苗技术现场观摩会在三明市召开，现场推广三明烟草分公司的有关经验。

3 月　全省实行卷烟统一批发价。

3 月　全省各地（市）分、县（市）烟草公司、各卷烟厂开展"讲政治、讲学习、讲正气"的"三讲"活动。

4 月 21 日　龙岩七匹狼卷烟购销有限公司成立。

5 月　厦门市局（公司）与厦门卷烟厂完成工商企业机构分设。

5 月 10 日　全省卷烟批发网点、卷烟零售连锁店对门面、招牌、灯箱及室内装修作统一标准，同时，统一使用省烟草行业的形象标识。

6 月 23 日　召开全省卷烟厂厂长及有关部门负责人会议，研究闽产烟降焦问题。会议决定，年底前实现两个目标：其一是实现单牌号降焦，一类、二类、三类烟焦油含量分别小于 17 毫克/支、16 毫克/支和 15 毫克/支；其二是实现卷烟厂各开发一个低焦油烤烟型卷烟产品。

7 月　全省停止卷烟有奖销售活动，将执行统一价规定列入生产经营重点考核内容之一。

7 月 7 日　龙岩卷烟厂举行易地技改工程奠基典礼。

7 月 24 日　省委书记陈明义视察龙岩卷烟厂易地技改工程。

8 月　龙岩分公司《东南地区清香型烤烟生产综合技术开发研究》项目经国家局批准立项实施（该项目荣获 2003 年度"国家局科技进步二等奖"）。

11 月 2 日　省长习近平视察省局（公司）机关。

11 月 11 日　省长习近平视察云霄县卷烟打假工作。

11 月 20 日　全国政协副主席罗豪才、张克辉视察龙岩卷烟厂。

12 月　全省卷烟流通数码监控系统启动，卷烟销售入网进行喷码处理。

12 月底　全省烟草系统完成内部审计 957 个项目，已纠正违规违纪金额 1180 万元，查纠损失浪费 59 万元，促进增收节支 6100 多万元。

下半年　省局先后收回各地（市）局对省际卷烟准运证和各县（市）局对省内卷烟准运证的签发权。授权有烟叶生产购销权的地（市）级局开具省际烟叶运输许可证，并重新换发烟叶收购许可证。

是年　邵武市烤烟中美技术合作 5 年合同期满，全市种植面积达 9116 亩，烤烟销售供不应求，成为全国烤烟中外技术合作的先进典型。

2001 年

1 月 3 日　省公司制定《2000 年—2002 年福建省卷烟销售网络建设工作的规划》。规划的目标：2002 年底以前全省烟草行业建立城市以"全面配送、访送分离、户籍管理、专销结合"的卷烟销售网络运行模式；农村以"设点为主、灵活配送、访销结合、专销一体"卷烟销售网络运行模式；全面提高卷烟市场占有率和控制力。

年初　据国务院 310 号令《关于行政执法机关做好涉嫌犯罪案件移送工作的规定》，全省烟草专卖执法管理废除"以罚代刑、降格处理"等问题。

2 月 25 日　副省长贾锡太视察龙岩卷烟厂易地技改工程。

3 月　在历时两个月的全国卷烟打假专项行动中，云霄县抓获涉假人员 516 人，其中刑拘 19 人，监居 92 人，劳动教养 27 人，逮捕 32 人，判刑 17 人，行政处罚 405 人。南安市立案 459 件，移送案件 222 起 563 人，刑拘 284 人，批捕 202 人，判刑 145 人，劳教 10 人，南安市对省级挂牌督办的案件全部结案。

3—5月 龙岩、三明、南平三市部分县（市）连续多次受冰雹和暴风雨袭击。据统计，全省受灾烟田面积22万多亩，其中绝收面积3.37万亩，严重受灾面积9.28万亩，倒塌烤房548座，受损烤房5802座，造成直接经济损失达1.28亿元。

4月27日 省局据"符合流向、方便交售、相对集中、利于管理"的原则设立烟叶收购站点，各站点均需持省局核发的《烟叶收购许可证》收购烟叶。

4月28日 省局成为省政府整顿和规范市场经济秩序专项整治工作牵头组的主要成员单位。

5月23日 常务副省长张家坤视察龙岩卷烟厂易地技改工地。

5月25日 日本烟草（香港）有限公司福州代表处撤销。

5月 经北京北方亚事资产评估事务所的评估，龙岩卷烟厂"七匹狼"品牌价值24.62亿元，"乘风"商标权价值6.68亿元。

5月 三明烟草市局（分公司）在国家工商总局注册"金三明"烟叶品牌，成为全国第一个注册的烟叶品牌。

5月 全国烤烟标准化现场会在三明召开。

6月 宋力任省公司总经理。

6月 厦门卷烟厂开发成功8毫克低焦油超醇"石狮"、"新石狮"和"醇沉香"等新产品。

6月底 莆田分公司增设南日岛、湄洲岛等6个乡镇岛屿的卷烟销售网点，结束了该市烟草公司的卷烟从未上岛的历史。

9月17日 国家财政部长项怀诚视察龙岩卷烟厂易地技改工程。

9月 省烟草农业科学研究所、中国烟草东南农业试验站由三明搬迁福州；并在龙岩、三明、南平三地设立分所。

9月 长汀县局（公司）被列入"全国第三批烟叶生产标准化示范县"，后被授予"国家级烟叶生产标准化示范县建议优秀单位"称号。

11月15日 龙岩卷烟厂承办《同一首歌——走进红土地龙岩大型演唱会》。

11月27日 省局（公司）公布全省卷烟打假举报电话（96629），并落实24小时全天候值班制。

12月8日 省委书记宋德福、省长习近平视察龙岩卷烟厂易地技改工地。

12月10日 省公司与厦门海晟信息技术有限公司签订《福建省烟草公司烟叶生产经营管理信息系统开发合同》，由省公司负责开发总费用的20%，其余费用分解到各有关单位。

12月21日 国家局批复同意《关于厦门卷烟厂兼并畲山卷烟厂实行资产重组的请示》。

12月22日 全国政协副主席张思卿视察龙岩卷烟厂。

年底 曾经是全国卷烟制假重灾区的泉州市及南安市经过9个月的卷烟打假专项行动，

摧毁了当地以陈振华为首的假烟销售网络;以郑清源为首的拼装销售烟机团伙;以沈国顺为首的假烟运输网络团伙和以汪明高为首的嘴棒成型机制网络团伙。并宣布该区的卷烟制售假活动已从遏制向根治转变。

是年　全省共抓获卷烟涉假人员 1198 人,抓获负案在逃犯罪嫌疑人 119 人。全省因涉假问题受党纪政纪处分党员干部 35 名,其中移送司法机关处理 7 名;为历年最高。

2002 年

1 月 11 日　厦门卷烟厂正式兼并畲山卷烟厂,并举行资产交接仪式。

1 月 14 日　宋力任省局(公司)局长、总经理和党组书记。

1 月 28 日　国家局批复同意注销泉州卷烟厂。

2 月　副省长贾锡太出席全省烟草工作会议。

3 月 5 日　全省烟草系统统一发布全省行业宣传理念标语和标识。其中服务理念为:至诚至信、全心全意——客户满意是我们永恒的追求。机关工作作风为:规范、高效、廉洁、服务。

3 月 26 日　中央电视台《焦点访谈》以"豪宅里的秘密"为题,报道了石狮市永宁镇沙堤村查获蔡万和家族走私香烟案件的经过,引起省委、省政府的关注,各级有关部门实行重拳打击走私烟。

3 月底至 4 月初　福建烟区遭受冰雹、暴风雨等自然灾害。据统计,全省受灾面积达 70255 亩,其中:南平市 10 个县(市)48 个乡镇共 11590 户烟农受灾,受灾面积达 46550.7 亩,烤房损毁 346 座,直接经济损失达 2192.9 万元。

4 月 1 日　"七匹狼"商标被中国商标大赛组委会评为"2001 年中国十大公众认知商标"。

5 月　漳平县卷烟农村网络建设新模式,在"全国烟草行业科技创新成果展"中参展,展出的沙盘被中国烟草博物馆收藏。

6 月中旬　南平、三明普降暴雨,13—16 日各地最高降雨量达 400 毫米,被淹烟田面积达 11170 亩,被洪水冲毁绝收的面积达 4260 亩,烤房被淹 442 座,倒塌 56 座,造成直接经济损失达 2886.2 万元。

6 月 25 日　省局发文决定:女处级干部退休年龄从 60 岁改为 55 岁(女高级专家 60 岁退休的规定也停止执行)。

6 月 25 日　省金三明烟叶复烤有限公司与福建省三明金叶复烤有限公司机构整合,实行"两块牌子、一套人马,财务分账管理"的办法,撤销原三明市烟叶复烤厂。

6 月 30 日　泉州市公安、法院在卷烟制假重镇南安市崎峰镇和莲塘镇交界处召开全市打击制售假烟违法犯罪活动的《公捕公判大会》,16 名制售假烟的犯罪嫌疑人被当场宣布逮捕。至此,南安市共召开 5 次此类会议,5 万多群众到场旁听。在政策感召下,16 名卷烟制假在逃犯投案自首。

6月 省长习近平视察厦门卷烟厂。

6月 省委书记宋德福、省委常委黄瑞霖视察三明烟区。

7月21日 全国烟草各省局局长（总经理）、卷烟厂厂长会议在福州召开。与会者参观了厦门、龙岩两卷烟厂的新厂区和莆田、漳州、泉州、厦门烟草分公司的卷烟销售网络建设。国家局局长姜成康到会讲话。

7月 国际著名烟草专家、美国农业研究署顾问、中国烟草总公司高级顾问左天觉博士视察南平烟区和三明烟区。

7月29日 省政府第43次常务会议通过《福建省烟草专卖管理办法》，并于是年8月7日以省政府第81号令发布，10月1日正式实施。

8月29日 《福建省烟草、公安部门联合打击制售假烟违法犯罪活动工作制度》颁布。

8月 省局党组颁发《关于干部人事制度改革的试行意见》。

8月 原中共中央政治局委员、全国人大常委会副委员长田纪云参观厦门卷烟厂。

9月 省局在全省行业开展学历学位的检查清理工作。

9月29日 省局召开新闻发布会，对《福建省烟草专卖管理办法》的宣传工作进行座谈。

11月5日 福建中鼎公司参加制定《全省卷烟流通数码监控系统实施管理规定》，实行全省卷烟喷码到条。

11月12日 副省长曹德淦视察龙岩卷烟厂。

12月9日 省委副书记王三运视察龙岩卷烟厂。

12月13日 龙岩卷烟厂新一代"七匹狼"两个规格（SP200、SP300）新产品投放市场。

12月19日 代省长卢展工视察龙岩卷烟厂。

12月23日 莆田市局（分公司）搬迁新办公大楼"金叶大厦"。该大楼高19层，建筑面积1.5万平方米，其中1—13层外租酒店经营，年租金纯收入为220多万元。

12月 省局制定《全省卷烟喷码管理流通的规定》。

12月 省委常委、省纪委书记林兆枢参加全省烟草纪检监察工作会议。

12月底 厦门卷烟厂完成369名退休人员进社区管理，不再负担离退休人员的贴补费用。

下半年 全省的烟草专卖管理所达120多个。

是年 全省烟草系统实施省局党组制订的《关于加强烟叶生产所需农民工、临时工、季节工的工资管理办法》。

2003 年

1 月 23 日　全省烟草工作会议提出：以实现卷烟市场结构跨越式提升为切入点，以卷烟结构提升拉动全省烟草行业整体效益的增长。

1 月　龙岩卷烟厂厂长李跃民当选为十届全国人大代表。

2 月　漳州市局（分公司）开展"六个一"系列服务活动。

3 月 12 日　副省长李川视察龙岩卷烟厂。

3 月 20 日　省局（公司）确定厦门同安区、福州闽侯县、龙岩新罗区、莆田仙游县、泉州泉港区等作为全省率先取消县级公司法人资格的试点。

3 月　厦门市委书记郑立中率市委、市政府五套班子与厦门卷烟厂领导共商企业发展大计。

4 月 1 日　漳州市烟草系统率先在全省实行卷烟零售明码标价。

4 月　省级局、设区市级局（卷烟厂）和县级局三级联动工作机制启动，开展专项治理卷烟体外循环工作。

4 月　龙岩卷烟厂打叶复烤厂改制。

5 月 8 日　省长卢展工视察武夷烟叶发展有限公司打叶复烤技改工地。

5 月　卷烟网上交易开始实行。

6 月　厦门市局（公司）实现全市客户免费拨打"800"热线；实行呼入式电话订货。

7 月 1 日　省物价局、省局联合颁发《卷烟零售明码标价暂行办法》。

7 月　全省烟草行业决定以"五个一"为主题系列活动（一本画册、一场晚会、一张光盘、一首歌曲、一份礼品），纪念福建烟草成立 20 周年。

7 月　福建省整顿闽粤边界烟叶收购程序领导小组成立。

7 月　厦门市局（分公司）获得 ISO9000 质量管理体系认证合格证书。

8 月 5 日　省委常委、省政法委书记鲍绍坤视察龙岩卷烟厂。

8 月 23 日　省委常委、组织部长李宏视察龙岩卷烟厂。

8 月　省烟草财会核算管理 A6 系统在南平市局（公司）试行，4 个月后正式在全省运行。至此，全省行业实现财务数据集中管理。

8 月　省政协主席陈明义视察武夷烟叶发展有限公司。

9 月 26 日　省长卢展工视察龙岩卷烟厂。

9 月 29 日　总投资 8.5 亿元，占地 209 亩，建筑面积 12.5 万平方米的龙岩卷烟厂新厂落成。3000 名省内外嘉宾，参加乔迁仪式。

10 月 10 日　国家局批复《福建省烟草工商管理体制改革方案》，批准福建中烟正式与省局脱钩分离。

11 月 8 日　厦门卷烟厂举行易地技改搬迁仪式。该厂经过 3 年多的建设，工程总投资 8

亿元，占地面积 300 亩，总建筑面积 13 万平方米。

11 月 9 日　原全国人大常委会副委员长布赫视察龙岩卷烟厂。

11 月 24 日　省局（公司）召开全省烟草系统工商分设大会。会议宣布福建中烟正式与省局（公司）脱钩分离。

12 月 18 日　泉州市在全省首次开展"卷烟零售户知识竞赛"，全市 9 个县（市、区）局都派出零售户代表队。并从 2.6 万户的卷烟零售户中选出 207 名代表到场观看竞赛。

12 月 25 日　福建省卷烟工业企业开始试行对打叶复烤备料、回潮、润叶、除尘、打包等 21 个环节实行定员操作管理。

12 月 27 日　福建省烟科所宦溪科研所基地落成，国家局局长姜成康一行到省烟科所视察。

12 月 28 日　省局举行福建烟草组建 20 周年庆祝大会。国家局局长姜成康、省领导贾锡太、李川到会并发表讲话。各地选出的 136 位零售户和烟农代表到场观看文艺演出。

12 月　原全国人大常委会副委员长王汉斌视察厦门卷烟厂。

年底　福清市局（公司）卷烟销售利润连续 5 年居全省各县（市）局（公司）之冠。

2004 年

1 月 1 日　取消烟草专卖特种零售许可证。

1 月 20 日　卢金来为福建中烟总经理（正厅级）。

年初　福建中烟提出"三个战略性调整"目标，重心从省内市场向省外市场调整，名优烟品牌拓展从区域品牌向全国品牌调整，企业资源整合从过度竞争向战略联盟调整。

2 月 11 日　福州局（分公司）在全省首次与中国海峡人才市场正式签订人才派遣（租赁）协议。协议涉及专卖稽查、营销、后勤保障等十几个岗位，共 1160 人。

2 月 24 日　原中纪委副书记王德英考察龙岩卷烟厂。

3 月 6 日　省局撤销闽东、闽诏、长汀、武夷山四个烟草贸易中心，恢复福鼎、诏安、长汀和武夷山四个县级烟草公司（局）。这四个县级公司承担卷烟三级批发和生产经营业务。

3 月　全省烟草开展向卷烟零售户提供无偿使用卷烟柜台活动，当年免费提供卷烟柜台 5 万个。

3 月 29 日　省烟草商业系统提出：全力打造福建卷烟营销网络十大亮点：明码标价、限量供应、商物分流、质量管理、队伍转型、连锁经营、农网创新等。

4 月 21 日　福建"海晟连锁营销发展有限公司"成立。经营范围有零售卷烟、茶叶等。

4 月 27 日　开始卷烟零售户星级评定工作。

4 月　全省烟草商业推广《卷烟零售户诚信管理办法》和《专卖人员诚信管理办法》。

4 月　省局为全省烟草专卖管理人员配备新款制服。

5 月 8 日　全省共有 20 个基层单位作为示范点，以此带动全省烟草商业系统的职业道德建设。

5 月　"金三明"牌烟叶获得"福建省名牌产品"称号。

6 月 18 日　由国家局科教司主办，厦门卷烟厂承办的全国"中式卷烟降焦减害发展论坛"在厦门举行。国家局、全国 16 家重点卷烟工业企业、36 个重点城市的烟草公司及行业内外专家 200 多人到会。会议发起《中式卷烟降焦减害》的倡议书。

6 月 21 日　中国烟草东南农业试验站异地搬迁挂牌仪式在福建省烟草科研所宦溪科研基地举行。

6 月 27 日　省烟草公司以投标形式取得兴业银行 1.33 亿多股的股权竞买（每股 3.11元），并完成交接手续；省公司正式成为兴业银行的合法股东。

6 月　卷烟纯销区县级公司法人资格全部取消。

6 月　省委常委、厦门市委书记何立峰视察厦门卷烟厂。

6 月　三明市局首次进行人事制度改革和全员竞聘上岗，454 人次参加 125 个岗位竞聘。

7 月 21 日　省公司、云南中烟工业公司联合召开建设烟叶厂办基地座谈会。会议对云南卷烟工业在闽建立烟叶厂办基地达成共识。

7 月 27 日　全省烟草商业企业及卷烟工业企业改革审计机构，人员统一委派，垂直管理。

8 月 18 日　福州市局（分公司）从华林路 380 号迁至福州六一北路 17 号。

8 月 30 日　厦门卷烟厂"金桥生产中心"在厦门湖里华昌路正式挂牌成立。

8 月　中外合资的"华美卷烟有限公司"合资合同期满，代表中方的厦门卷烟厂以 1.5亿元人民币收购了华美卷烟有限公司的他方股权。

8 月　省烟草系统制作全省统一的形象标准手册。

9 月　国际著名烟草专家、美国农业研究署顾问、中国烟草总公司高级顾问左天觉博士，视察南平烟区。

9 月 3 日　"闽、赣、湘、粤、深、桂卷烟价格联动预备会"确定六省（市）统一卷烟批发价及定价原则、价格联动机制、运行程序机制、实施方案等事项。同年 12 月 31 日获国家局批准。

10 月 26 日　福建省烟草学会首次召开青年科技工作者科技学术论文研讨会。

10 月 30 日　《福建烟草》杂志改彩版。

10 月　龙岩卷烟厂"七匹狼"卷烟包装荣获"中国名牌烟标设计金奖"。

11 月 12 日　中国企业文化研究会会长、原商业部部长胡平视察龙岩卷烟厂。

12 月　在财经秩序专项整顿中，全省烟草商业系统共补缴各项税金 6424 万元，职工退还企业 926 万元。

12 月底　历时数年的"东方醒狮"商标著作权案尘埃落定，厦门卷烟厂胜诉。

是年 龙岩、三明市局（分公司）被国家局列为全国"优质烟叶生产科技示范基地"10个基地之一。

是年 "武夷山牌"卷烟停止生产。

2005 年

1月1日 福建等八省（市）卷烟统一批发价。

1月28日 监察部副部长黄树贤视察龙岩卷烟厂。

1月28日 省局（公司）机关及所辖6个设区（市）局（公司）、福建中烟开展了为期半年的以实践"三个代表"重要思想为主要内容的保持共产党员先进性教育活动。

1月 龙岩卷烟厂"七匹狼"品牌火狼系列产品"七匹狼（白金）"、"七匹狼（软红）"、"七匹狼（枣红）"及"七匹狼（烟魁SP500）"上市。

1月 厦门市人民政府与各区（县）、乡（镇、街道）、村层层签订卷烟打假责任状。

年初 省烟草商业系统提出在全省烟叶产区开展"关爱烟农、共同发展"为主题的服务年活动，落实中央提出的"反哺农业"的政策。全省通过开展三大服务体系建设和一系列面向烟农的服务活动，把关爱烟农贯彻落实到烟叶生产的各项工作中。

年初 省委、省政府将烟叶生产列入全省农业产业化龙头项目。

3月3日 福建中烟召开卷烟品牌整合战略实施会议。龙岩、厦门卷烟厂以"品牌共享、税利同增、总体规划、分步实施"为原则，提出高、中档烟重点发展"七匹狼"品牌，中、低档烟重点发展"石狮"品牌。

3月9日 福建中烟、省公司联合颁发《福建卷烟品牌整合实施意见》，对品牌整合的目标，闽产烟高、中档产品的整合以及市场、人力、原料、信息等资源整合提出指导性意见。

3月28日至4月3日 省委书记卢展工到龙岩、三明视察烟区了解烟叶生产情况。

3月 福建烟区三次遭受霜冻、冰雹、暴雨、龙卷风的袭击。其中：3月5—6日，3个烟区遭受烟草组建以来最严重的一次特大霜冻灾害，烟苗冻死27644亩，严重受冻104258亩。

4月17日 省长黄小晶专门听取全省烟草工作的情况汇报。

4月20日 中科院院士谢联辉考察龙岩卷烟厂。

4月22日 解放军总参谋部管理保障部政委、少将曾海生视察龙岩卷烟厂。

4月29日至5月5日 全省烟区普降暴雨，烟田遭受冰雹和龙卷风袭击，局部地区最大风力11~12级，3个烟区26个县烟田受灾面积达240275亩，其中绝收面积24288亩，烤房倒塌，受损2630座。5月11—15日，全省烟叶产区再次遭受暴风雨、冰雹袭击，全省烟田受灾面积达11.7万亩，其中绝收面积1.15万亩。

4月 全省烟草工业开始品牌整合。"沉香"整合更名为"石狮沉香"；"红沉香"、"醇沉香"整合为"石狮（如意）"；"特牌"、"红友谊"整合为"石狮（吉庆）"。至此，"石狮"品牌卷烟在全国名优烟的销量排名上升 20 位。2006 年下半年，以上品牌全部纳入"七匹狼"系列产品。

4 月　全省商业系统成立整顿和规范经济秩序领导小组及专职的办公室，全面梳理汇编各项内控制度，重新明确省局预算、投资、薪酬管理委员会职责权限。

5 月 1 日　福建中烟从福州北环中路 133 号（省局所在地）搬迁到厦门市湖滨中路 24 号。

5 月 11 日　省烟草商业系统开展"树立国家利益、消费者利益至上"的价值观大讨论和系列活动。

6 月 2 日　福建中烟揭牌开业。

6 月 3 日　国家局副局长李克明在龙岩卷烟厂搬迁会上致辞。

6 月 26—27 日　省长黄小晶到三明将乐、泰宁灾区查看烟叶产区的灾情。

6 月 3 日　副省长刘德章主持召开 7 家厅局单位的会议，专门听取本省烟叶产业发展情况汇报，并现场解决问题。

6 月 6 日　武夷山海晟国际大酒店正式营业。该酒店占地 9467 平方米，总建筑面积 28207 平方米，客房总数为 257 间（套），床位总数 427 张。

6 月　省局领导 5 次带队深入抗灾一线，指导三明等烟区救灾并紧急下拨 1000 万元救灾资金。

8 月 2 日　省局（公司）局长、总经理宋某涉嫌经济犯罪受省纪检部门查处。

8 月 3 日　共青团中央书记处书记王晓视察龙岩卷烟厂。

8 月 29 日　杨培森任省局（公司）局长、总经理、党组书记。

9 月 12 日　三明金叶复烤有限公司取消烟叶经营权，确定为烟叶纯加工企业。

9 月　全省三个烟区开展以烟水配套和烤房为重点的大规模烟田基础设施建设。全省共投入 4.5 亿元。

10 月 17 日　省烟草商业系统首届客户经理业务技能竞赛在福州举行。

11 月 25 日　省人大常委会副主任张家坤视察龙岩卷烟厂。

12 月　晋江市局（公司）年利润突破亿元，成为全省首家税利超亿元的县级公司。

年底　"七匹狼"、"石狮"卷烟共调拨销售 76.4 万箱（其中"七匹狼"33.4 万箱，"石狮"43 万箱），比增 135.6％。

12 月　"七匹狼"、"石狮"品牌先后被认定为"中国驰名商标"。

下半年　省烟草商业系统 3 个设区局（分公司）和龙岩、厦门 2 个卷烟厂开展以实践"三个代表"重要思想为主要内容的保持共产党员先进性教育活动，省局和省工业公司分别下派督导组。

是年　全省烟草系统因经济问题被司法机关逮捕 10 人。

2006 年

1 月　福建中烟对 12 家多元化投资企业进行全面资产清查，并组织整改。

2 月 15 日　常务副省长刘德章视察武夷山市烟田基础设施工作。

3 月　福建中烟制订理顺国有产权的实施方案。

4 月　省烟草商业系统对省公司投资的多元化经营企业进行资产整合。

4 月　省局确定取消烟叶产区县级公司法人资格的工作机构、人事、财务和纳税、卷烟营销及烟叶生产等方面的改制原则。

5 月　福建武夷烟叶有限公司取消烟叶经营权。至此，全省三家烟叶复烤有限公司（复烤厂）均取消烟叶经营权。

5 月　省公司向中国烟草总公司上划了全省烟草商业系统的资产。

5 月中旬至 6 月中旬　福建烟区遭遇 50 年一遇的长时间阴雨、大雨、暴雨灾害，5 月降水量达 450 多毫米。6 月 7—8 日降雨量达 120 毫米。6 月 17 日晚降雨量普遍达 50 毫米以上。冲毁烟田面积 372 公顷、烤房倒塌 158 座、进水 586 座，直接经济损失达 4000 多万元。

5 月 18 日　北京市高级人民法院裁决：晋江"七匹狼"制衣有限公司的关联企业——香港益安贸易有限公司（以下简称益安公司）有关"与狼共舞 D. WOLVES 及图形"两商标的申请违反了中华人民共和国商标法的规定。因此，国家商标局、商评委不予注册的裁定合法有效。这是龙岩卷烟厂继"七匹狼 SEPTWOLVES 及奔狼图形"商标争议案件、"七匹狼烟盒"专利撤销案和"七匹狼"及"SEPTWOLVES"商标认定"中国驰名商标"案胜诉之后，再次获得两个知识产权案的胜诉。

5 月 25 日　由厦门、南京、常德、武汉、阜阳五家卷烟厂共同开发的五类烟"大丰收"在厦门卷烟厂投产。

5 月 29 日　国家局批准龙岩卷烟厂与美国菲莫公司签订"万宝路"商标许可与生产协议，"万宝路"卷烟产品在中国实现商业化生产。

6 月 6 日　福州市公安局与福州市烟草联手抓获以张某、严某为首的制售假烟犯罪团伙成员 33 人。经查，该团伙三年来贩卖假烟数量达 5000 余件，总涉案值近 3000 万元人民币。该案被公安部评为 2006 年"山鹰行动"十大精品案件之一。

6 月　"石狮"品牌系列被纳入"七匹狼"系列产品。该牌号成为闽产烟最大的优势品牌。

7 月 7 日　福建中烟完成"国际金桥"金、枣红、金典、庆典四个规格"七匹狼"等新产品开发任务。

7 月 24 日　厦门市局（分公司）乔迁至厦门湖光路 66—67 号的鑫诚大厦。该大厦历时 3 年建成，总建筑面积 2.26 万平方米。

8 月 25 日　福建省烟草学会进行换届选举。

8 月底　中国烟草总公司将省公司上划的资产下投至省公司。

8 月　福建中烟将原有渠道划入的 58.78 亿元资产投入所属企业，完成产权划转工作。

8 月　由厦门、南京、常德、武汉、阜阳五家卷烟厂共同开发的五类烟"大丰收"在龙岩卷烟厂投入生产。

9 月 15 日　省委常委、省纪委书记陈文清视察龙岩卷烟厂。

9 月初　省公司将全部资产下投至各设区（市）烟草公司。

9 月 17 日　省局与省公安厅联合在漳州云霄及其周边地区开展"断原料、断生产、断运输"为主要目标的打击制售假烟专项行动："断链行动"。

10 月　省局（公司）向国家局上报全省烟草商业系统母子公司体制改革方案和章程。11 月 15 日，国家局批复原则同意《福建省烟草公司建立母子公司体制改革的实施方案》和《中国烟草总公司福建省公司章程》。

11 月　县级公司法人资格全部取消。省公司、设区市分公司、县级公司（营销部）统一更名，烟草商业系统"9＋2"母子公司体制正式确立。

12 月　福建省生产的所有卷烟牌号与全国 198 个牌号 878 个规格的卷烟产品一起实现全国统一价格。

12 月底　全省当年烟基建设总投资 4.3 亿元，总计 12450 个项目，由烟水配套设施和烟叶调制设施等部分组成，其中仅烟水配套设施一项总投资就达 2.8 亿元，共计 2917 个项目。

是年　全省烟草工商系统共实现税利 114.85 亿元，其中利润为 50.67 亿元，分别比上年增长 20.15 亿元、10.57 亿元；全省卷烟销售达 135.71 万箱，同比上年增长 7.35 万箱，创历史最高。

2007 年

1 月 1 日　全省烟草商业开始执行国家局颁发的《烟叶收购合同暂行管理办法》。

1 月 9 日　国家局批复原则同意《福建卷烟工业企业管理体制改革的实施方案》和《福建中烟工业公司章程》。

1 月　"金桥"卷烟生产线异地技改项目完成 22.19 万平方米用地的审批手续（8 月通过国家局专家组论证，11 月获得国家局投资委员会审批）。

2 月 1 日　省烟草商业系统工作会议提出：2007 年全省行业深化改革的重点是理顺产权关系，建立母子公司体系，认真探讨在不设立董事会、监事会的情况下，加强母子公司的内部管理。

2 月 21—23 日　国家局局长姜成康在视察龙岩、厦门两卷烟厂和海晟维多利亚建设工地后指出：烟草行业的主要任务已经从"深化改革、推动重组、走向联合、共同发展"向"完善体制机制、优化资源配置、增强竞争实力、全面提升水平"转变。

3月7日 省局转发并实施国家发改委新修订的《烟草专卖许可证管理办法》。

4月3日 全省烟区在全国率先推行烤烟原收原调，一打（烟包打码）三扫〔烟叶在烟草站出库、县（市）烟草分公司进、出库时扫码〕的做法。

4月上旬 福建烟区遭受特大冰雹灾害，各烟区连续对空发射防雹火箭弹403发，有效降低了冰雹造成的损失。

4月12日 省局召开省烟草学会成立二十周年暨《福建烟草》杂志创刊二十周年纪念会。

4月30日 省局成立监督委员会，建立精神文明创建任务分解责任制和制订党风廉政建设制度、文化建设工作制度等一系列制度。

4月30日 龙岩卷烟厂在龙岩市体育中心举办中央电视台《欢乐中国行·魅力龙岩》大型歌舞晚会。

4月 厦门市烟草商业系统全面推广"按订单组织货源"。

5月15日 省烟草商业系统向社会公布20个省级文明示范窗口。

6月5—8日 国家局姜成康局长视察南平、三明烟区时首次指出：努力实现烟叶生产从传统农业向现代烟草农业转变的目标。

6月12—14日 全国烟叶基层建设暨收购工作现场会在三明召开，会议决定在"一省五市"推行烟叶原收原调工作，其中在福建全省推广。

6月 省烟草商业系统确定龙岩的长汀县、南平的武夷山市、三明市的泰宁县作为全省烟叶产区现代烟草农业的试点，探索从传统烟叶生产向现代烟草农业转变的途径。

7月 全省烟草商业在泉州、龙岩两市局开始用工分配制度改革的试点工作。

8月 厦门市局（公司）被列为全国烟草行业企业文化建设的第二批试点单位。

8月26日 作为厦门市旅游业"十大重点工程"之一的厦门鼓浪湾酒店开业。这是厦门海沧生活区首家按五星级标准建设的滨海商务酒店，由厦门卷烟厂、厦门鑫叶集团有限公司投资建设。建筑面积达3万平方米，拥有精致特色客房152间（套）。

9月10日 龙岩卷烟厂精品"七匹狼"卷烟生产线技术改造项目获国家局批复。

9月16日 福建省烟草商业系统全面推进ISO9000质量管理体系。

9月17日 省局（公司）正式启动企业文化体系建设。

10月 省局在厦门成立闽南专卖管理特派办。组织协调厦、漳、泉地区的卷烟打私打假行动。

11月5日 漳州市公安局治安支队在云霄县抓获犯罪嫌疑人罗某等人，缴获大量假烟订单、账本。经司法认定，查获的账本、账册涉案案值达1.079亿元。该案共抓获犯罪嫌疑人14人（其中股东3人），逮捕13人。

11月18日 龙岩卷烟厂举行精品"七匹狼"品牌专用线奠基典礼。该生产线投资20亿元，是全国新增的三条国际一流卷烟精品生产线之一，其生产能力为40万箱。

11 月　龙岩、厦门卷烟厂分别更名改制为龙岩、厦门烟草工业有限责任公司。

11 月 22 日　省委常委、常务副省长张昌平考察武夷烟叶公司。

11 月　《福建省烟草专卖局关于深化全省烟草系统用工分配制度改革的意见》出炉。

12 月 18 日　省委书记卢展工到三明、南平烟区，了解烟基建设和烟农生产生活状况。

12 月底　全省烟叶等级合格率经国家局检查达到 73.8%，其中，收购等级合格率达到 76.7%，工商交接等级合格率为 70.8%，居全国前列。

12 月　厦门市局（公司）的企业文化品牌被评为"厦门市行业服务品牌双十佳"荣誉称号。

年底　全省烟草通过开展"天鹰行动""断链行动""闽粤 2007 联合行动"，共捣毁卷烟制假窝点 6707 个，查获烟机 2271 台，假烟 39.5 万件，查获烟丝、烟叶 1.5 万吨。

是年　省局（公司）设立审计委员会，实行审计委派制。建立"双重领导、垂直管理、监督驻地、参审异地"的审计体制。

2008 年

1 月 21 日　省局（公司）制定了《烟草行业企业卷烟物流管理办法和核算规程》，统一全省物流核算口径；并组织实施福州对宁德古田的跨区送货。

1 月 24 日　全省烟草商业系统工作会议确定，2008 年的生产经营目标是：烟叶生产收购 260 万担；卷烟销售 150 万箱；实现税利 67 亿元，其中利润 52 亿元；费用水平比上年度有所下降。

1 月 25 日　龙岩烟草工业有限责任公司总经理赖鞍山当选为十一届全国人大代表。

1 月　全省烟草商业系统推广厦门、泉州两市烟草公司率先试行的网上订货经验。

2 月 9 日　国家局局长姜成康在视察福建时对福建烟草提出四条要求。

2 月　省局（公司）向三明、龙岩、南平三市人民政府捐款 800 万元，对受灾烟农补助 350 万元。

3 月 24 日　省局局长（总经理）杨培森在全省卷烟打假会上提出：今后卷烟打假工作要实现"三个转变"：即由有效遏制向基本根除转变，阶段性打假向长年性打假转变，单纯打假向打疏结合转变。

3 月　省局决定将 2008 年定为烟草专卖零售许可证的换发年。

3 月　福建中烟召开企业文化建设项目启动大会。

4 月 8 日　省局召开《福建省烟草跨地市行政区划送货线路规划》项目评审验收会，共有 8 个县（市）首先实现跨区配送。

4 月 10 日　省民主评议政风行风考评组正式对全省烟草商业系统 2007 年民主评议政风行风的工作进行考评，受到肯定。

4 月 18 日　省长黄小晶看望将乐县万安镇密集式烤房群建设和烟田基础设施。

5月4日 省公司颁发《卷烟零售客户服务体系规范（试行)》，对全省卷烟零售户的服务文化、内容、项目、程序、标准等进行体系化和层次化的规范。

5月 省局向社会公开招聘80名稽查队员，扩建专卖稽查总队直属支队，会同公安、云霄地方政府组成190余人的联合打假队长年驻点云霄打假。

5月29日 省局（公司）制定完成《福建烟草商业企业文化架构体系及创建方案》、《企业文化创建工作三年》（2008—2010）规划；确定"建设海西、责任烟草"的文化主题。实施"铸就企业精神、培育企业新人、塑造企业形象、提升企业实力"四项工程，建立运行、保证、激励、传播四项机制。

上半年 省局决定：对云霄卷烟制假重灾区实行"疏堵结合，综合治理"的方针，一手保持卷烟打假高压态势，继续实施长年驻云霄打假新举措；一手大力支持云霄发展地方经济。省局（公司）每年向云霄县出资100万元开展教育扶贫，出资500万元帮助建设工业园区、发展劳动密集型产业，力求通过引导投资、增加就业、减少辍学等措施，协助云霄县引导劳动力和民间资金退出制假活动。

6月 "七匹狼""石狮"品牌跻身全国行业前20名卷烟重点骨干品牌。

7月14日 龙岩工业公司生产的"万宝路（软红、软白)"卷烟下线，"万宝路"牌卷烟在中国实现本土化生产。

7月18日 全省已建立省、市、县三级现代烟草农业试点村31个、示范面积达3.3万亩，试点烟农2054户。该年度建设的4318个烟基项目全面竣工。

7月 龙岩、三明、南平三大烟区共有353套标准烟叶仿制品通过专家审核，用于指导收购及平衡等级质量。

7月底 省局（公司）下发《企业文化建设方案》，全省烟草商业企业文化母子融合创建模式建立。

8月14日 省局（公司）对制度建设、监管体系建设、机关作风建设、营销体系建设、现代烟草农业建设、市场秩序建设、信息化建设、主体能力建设、队伍建设、企业文化建设等"十项建设"实行课题制加以实施。

8月 原中央政治局常委、中纪委书记尉健行在省纪委书记梁绮萍陪同下视察福建武夷烟叶有限公司。

9月22日 全省烟草商业系统召开会议，推广、交流泉州、龙岩人事用工分配制度改革试点单位的经验，全面部署推进全省商业系统用工分配制度改革工作。

9月 省公司启动"形象终端"建设工程，在全省选择700家符合条件的卷烟零售户，出资协助其亮化店堂，安装品牌宣传标识等，将700家零售户打造成卷烟品牌形象店。

10月19日 省局机关召开"深入学习实践科学发展观"动员大会。会议围绕提高思想认识、解决突出问题、创新体制机制、促进科学发展的目标，确定了"建设海西、责任烟草"的活动主题和"全面建设严格规范、富有效率、充满活力的福建烟草商业"的实践载体。

11 月 11 日　副省长李川视察龙岩烟草工业有限责任公司。

11 月 18 日　中共中央政治局常委李长春在省委书记卢展工、省长黄小晶的陪同下，视察武夷山市星村镇黄村烟农文化站。

11 月　全省完成设区市局（公司）岗位说明书及工作流程图的制订和绩效考核指标体系。

11 月底　全省烟草商业系统形成《专业技术职务聘任工作的实施办法》。

12 月 3 日　《人民日报》、新华社、中央电视台、中央人民广播电台、《经济日报》、《光明日报》、《科技日报》、《农民日报》等中央主要媒体分赴福建烟叶产区进行采访。中央电视台《焦点访谈》栏目组在武夷山烟区采访了三天。

12 月 16 日　全省烟草系统 2008 年度卷烟商品营销职业技能竞赛在福州举行。这是全国首次烟草工商双方联办的营销技能竞赛，共有 100 名营销人员参赛，30 名选手获奖。

12 月 18 日　福建中烟在龙岩工业公司庆祝"七匹狼"卷烟品牌销量超百万箱和"七匹狼"系列销售突破 100 亿元。据悉，2008 年"七匹狼"卷烟销量达到 107 万箱，比上年增加 20 万箱，增长 23％。进入全国性卷烟重点骨干品牌评价体系名录，在全国 29 个重点骨干品牌中名列第 9 名，从而使其从区域性品牌发展成排名全国第 11 位的全国性品牌。

12 月 22 日　总投资近 25 亿元、设计生产能力 40 万箱的厦门工业公司"金桥"卷烟生产线技改工程在厦门奠基。

12 月　全省烟草商业系统已有 6 个单位成立具有法人实体的烟草物流公司。

12 月　常住云霄县的省烟草稽查总队成立七个月后，共查处云霄县及其周边制假窝点 2240 个，捣毁制丝膨胀场 92 个，烟丝、烟叶等原料 7004 吨，假烟 42438 件，盘纸、水松纸 38591 盘，YJ14－22 型卷接机 114 台，滚刀切丝机 4 台，土制切丝机 193 台以及大量包装机、真空回潮机等设备，查获的制假窝点、原料和设备占全省查获总数的 95％以上。

是年　全省共建立省、市、县三级现代烟草农业试点村 31 个，示范面积 3.3 万亩，试点烟农 2054 户。共投入资金 23.7 亿元，在龙岩、三明、南平等 27 个县（市、区）、291 个乡镇、1888 个行政村开展烟叶生产基础设施建设，累计建成水坝、沟渠、简易防洪堤等项目 1.87 万个，密集式烤房 5.1 万座。受益农田 117 万亩，基础设施建设受益农户 46.5 万多户。

二、重要文件辑录

国家烟草专卖局关于龙岩卷烟厂兼并云霄卷烟厂的批复

福建省烟草专卖局（公司）：

你局《关于龙岩厂兼并云霄卷烟厂实行资产重组的请示》（闽烟〔1999〕第14号）收悉。经研究，批复如下：

一、同意龙岩卷烟厂对云霄卷烟厂实施整体兼并，取消云霄卷烟厂法人资格，将云霄卷烟厂的国有资产划归龙岩卷烟厂，实行资产重组，按规定进行资产评估并经批准后，办理资产划转工作。

二、同意将云霄卷烟厂的4.3万箱卷烟生产计划转给龙岩卷烟厂，取消云霄卷烟厂卷烟生产点。请按双方达成的协议，依法理顺财务、人事、劳资、计划、财税、设备调剂等方面的关系。

三、你局（公司）要及时向省人民政府汇报，积极争取地方人民政府及有关部门的支持，稳妥地协调好各方面的利益关系，并将兼并工作纳入全省烟草行业组织结构调整的总体规划，统筹考虑，全面落实。要切实做好生产布局调整工作，优化资源配置，逐步集中卷烟生产，提高规模效益。

四、在龙岩卷烟厂兼并云霄卷烟厂和实行资产重组过程中，要认真做好干部职工的思想工作，妥善处理好分流人员安置、债权债务交接等工作。

五、在龙岩卷烟厂兼并云霄卷烟厂过程中，涉及设备、原辅材料等烟草专卖品的处理及烟草专卖生产企业许可证变更等，要严格依照《烟草专卖法》及其《实施条件》和国家局有关规定办理。

六、兼并工作涉及面广，政策性强。你局（公司）要制定周密的实施计划，争取地方政府的支持和帮助。加强对兼并工作的组织领导，切实抓紧落实各项具体工作，确保兼并工作顺利有序地进行。

请将兼并工作进展情况和问题及时报告国家烟草专卖局。

一九九九年十一月十九日

国家烟草专卖局关于厦门卷烟厂兼并畲山
卷烟厂实行资产重组的批复

福建省烟草专卖局：

你局《关于厦门卷烟厂兼并畲山卷烟厂实行资产重组的请示》（闽烟法〔2001〕第6号）收悉。经研究，批复如下：

一、同意厦门卷烟厂兼并畲山卷烟厂，取消畲山卷烟厂法人资格。在厦门卷烟厂易地技改项目建成前，暂时保留畲山生产点。

二、同意按规定报经有关部门批准后，将畲山卷烟厂国有资产划归厦门卷烟厂统一管理，实行资产重组。由厦门卷烟厂对合并后的国有资产承担保值增值的责任。

三、两厂合并重组后只能有厦门卷烟厂一个法人、一套内设机构，不能增加管理层次。畲山生产点的产供销、人财物，由厦门卷烟厂统一管理。

四、你局要主动向地方政府汇报，努力争取地方政府的支持，依法积极稳妥地分流安置职工，深入细致地做好职工的思想政治工作，保持社会稳定。

五、根据福建省人民政府和省经济贸易委员会的要求，两厂合并后，厦门市与福州市罗源县两地政府的既得利益由省、市、县三级财税部门负责按有关协议解决。

六、在两厂合并和资产重组过程中，凡涉及烟草专卖品的处理和烟草专卖生产许可证的变更等，要严格按照《中华人民共和国烟草专卖法》及其《实施条例》和国家烟草专卖局的有关规定办理，不得出现违反烟草专卖管理的行为。

请将合并重组和运行的情况及时报告国家烟草专卖局。

二〇〇一年十二月二十一日

国家烟草专卖局关于同意注销
泉州卷烟厂的批复

福建省烟草专卖局：

《福建省烟草专卖局关于要求注销"泉州卷烟厂"的请示》（闽烟法〔2001〕11号）收悉。经研究，同意注销泉州卷烟厂。请按有关规定尽快办理工商、财税、专卖等相关手续并妥善处理好泉州卷烟厂人员安置等事宜。

特此批复。

二〇〇二年一月二十八日

福建省烟草专卖管理办法

第一条 为加强烟草专卖管理，打击非法生产、销售假冒伪劣卷烟行为，维护市场秩序，保护消费者和经营者合法权益，根据《中华人民共和国烟草专卖法》和《中华人民共和国烟草专卖法实施条例》等有关法律、法规，结合本省实际，制定本办法。

第二条 本办法适用于本省行政区域内烟草专卖品的生产、销售、储存、运输等活动。

第三条 省、市、县（以下简称县级以上）烟草专卖行政主管部门主管本行政区域内的烟草专卖工作，受上一级烟草专卖行政主管部门和本级人民政府双重领导，以上一级烟草专卖行政主管部门领导为主。

公安、工商行政管理、质量技术监督、物价、交通、海关、铁路、民航、邮政等部门应当在各自的职责范围内，配合烟草专卖行政主管部门做好烟草专卖管理工作。

第四条 依法实行烟草专卖许可证制度。依法取得烟草专卖许可证的企业或者个人，必须按许可证规定的经营方式、经营范围、地域范围从事生产经营活动。禁止买卖、出租、出借烟草专卖许可证。

第五条 烟叶由烟草公司或者其委托单位依法收购。

禁止非法收购烟叶。

第六条 烟草制品生产企业不得向无烟草专卖批发企业许可证的企业或者个人供应卷烟、雪茄烟。

第七条 禁止非法生产卷烟、雪茄烟。

禁止非法为生产卷烟、雪茄烟提供下列材料：

（一）烟丝、烟叶、复烤烟叶、烟梗等原材料；

（二）烟草专用的香精香料、铝箔纸、水松纸、滤嘴成型纸和卷烟纸、滤嘴棒、烟用丝束等辅助材料；

（三）烟草专用机械、特定烟机部件；

（四）卷烟小包、条包等包装物。

禁止为非法生产卷烟、雪茄烟提供生产场所，或者为非法生产的烟草制品提供运输、仓储、保管、邮寄等便利条件。

第八条 县级以上烟草专卖行政主管部门应当根据当地人口、交通、经济等情况，合理布局烟草制品零售点。

烟草专卖行政主管部门不得在经营化工及油漆等有毒有害、易燃易爆物品的商店批准设立烟草制品零售点。

第九条 军烈属、残疾人申请烟草专卖零售许可证，经审查符合法定条件的，烟草专卖行政主管部门应当优先审批发证。

第十条 烟草制品批发业务由烟草公司统一经营。烟草制品批发企业不得向无烟草专卖零售许可证的企业或者个人批发烟草制品。

第十一条　无烟草专卖批发企业许可证的企业或者个人，向烟草制品零售企业或者个人提供烟草制品货源的，视为无烟草专卖批发企业许可证从事烟草制品批发业务。

第十二条　禁止销售非法生产的烟草制品。禁止非法销售国务院指定的地产地销烟草制品生产企业生产的烟草制品。

第十三条　对涉嫌非法生产的卷烟的鉴别，数量为 50 条以内的，可由烟草专卖行政主管部门直接作出鉴别结论；当事人对鉴别结论有异议的，烟草专卖行政主管部门应当送法定的烟草质量检测机构检测。

第十四条　取得烟草专卖零售许可证的企业或者个人，不得销售非当地烟草专卖批发企业提供的烟草制品。

第十五条　外国烟草公司常驻代表机构在本省行政区域内的设置、延期和变更，必须按国家有关规定办理审批手续。

外国烟草公司常驻代表机构在本省行政区域内开展卷烟促销活动的，必须经省烟草专卖行政主管部门审核后报国务院烟草专卖行政主管部门批准。

第十六条　运输烟草专卖品的准运证应随货同行、证货相符；所运输的烟草专卖品不能使用同一运输工具的，应分别开具烟草专卖品准运证。

烟草专卖品准运证按下列规定签发：

（一）跨设区的市运输烟草专卖品的准运证，由省烟草专卖行政主管部门或其授权的设区市烟草专卖行政主管部门签发；

（二）跨县（市）运输烟草专卖品的准运证，由设区的市烟草专卖行政主管部门签发。

县（市）行政区域内运输烟草制品应当持有当地烟草专卖批发企业出具的销售凭证。

第十七条　在本省行政区域内运输依法竞买的没收烟草专卖品，应当持有省烟草专卖行政主管部门签发的烟草专卖品准运证运输。

行政执法部门依法扣留、没收的非法进口境外烟草制品及专供出口国产卷烟、非法生产的烟草制品，需从查获地运往封存地的，可以凭该行政执法部门出具的"扣留凭单"运输。

第十八条　有下列情形之一的，为无准运证运输烟草专卖品：

（一）使用过期、涂改、复印、传真、伪造、变造的准运证或者重复使用准运证的；

（二）准运证核定的调入、调出单位和运达地点与实际不符的；

（三）证货不符的；

（四）运输、储存的烟草专卖品无准运证又无法提供在当地购买的有效证明的。

承运人不得非法运输烟草专卖品。

第十九条　烟草专卖行政主管部门可以单独或者会同有关部门在车站、机场、码头、港口等场所对非法运输烟草专卖品的活动，依法进行检查、处理。

烟草专卖行政主管部门可以根据举报或者取得的证据对涉嫌非法运输烟草专卖品的车

辆，依法进行检查、处理。

第二十条　烟草专卖行政主管部门在查处违反烟草专卖法律、法规、规章的案件时，可依法对涉案的烟草专卖品进行封存、扣押，对可能灭失或者以后难以取得的证据，依法进行登记保存。

第二十一条　涉嫌烟草专卖违法案件的当事人自烟草专卖行政主管部门两次书面通知后 60 日内仍不接受调查处理，也未提起行政复议或申请行政诉讼的，烟草专卖行政主管部门可以将依法封存、扣押的涉案烟草专卖品依法予以处理。

第二十二条　罚没卷烟依法必须进行拍卖的，必须委托依法指定的拍卖行拍卖，拍卖前必须在箱包上加贴省级以上烟草专卖行政主管部门规定的专门标识；零售前必须在条包上加贴省级以上烟草专卖行政主管部门规定的专门标识。

第二十三条　违反本办法第四条规定，未取得烟草专卖零售许可证，从事烟草制品零售业务的，由工商行政管理部门或者工商行政管理部门委托烟草专卖行政主管部门责令停止经营烟草制品零售业务，依法没收违法所得，处以违法经营货物价值 20% 以上 50% 以下的罚款。

第二十四条　违反本办法第五条规定，非法收购烟叶的，由烟草专卖行政主管部门依法没收非法收购的烟叶，可处以非法收购货物价值 1 倍以上 2 倍以下的罚款，但罚款总额最高不得超过 3 万元。

第二十五条　违反本办法第六条规定，烟草制品生产企业向无烟草专卖批发企业许可证的企业或者个人供应卷烟、雪茄烟的，由烟草专卖行政主管部门予以警告，并处以供货货物价值 20% 以上 50% 以下的罚款，但罚款总额最高不得超过 3 万元。

第二十六条　违反本办法第七条规定，尚未构成犯罪的，由烟草专卖行政主管部门按下列规定予以处罚：

（一）为非法生产卷烟、雪茄烟提供原辅材料、烟草专用机械、特定烟机部件等专用设备和卷烟小包、条包等外包装物的，予以警告，依法没收违法所得和上述违法物品，并处以 3000 元以上 3 万元以下的罚款；

（二）为非法生产卷烟、雪茄烟提供生产场所的，处以 3000 元以上 3 万元以下罚款；

（三）明知非法生产烟草制品的，为其提供运输、仓储、保管、邮寄等便利条件的，处以 3000 元以上 3 万元以下罚款。

第二十七条　违反本办法第八条第二款规定的，由上级烟草专卖行政主管部门责令改正，并对直接负责的主管人员和其他直接责任人依法给予行政处分。

第二十八条　违反本办法第十条规定，烟草制品批发企业向无烟草专卖零售许可证的企业或者个人批发烟草制品的，由烟草专卖行政主管部门责令改正，予以警告，并处以供货货物价值 50% 以上 1 倍以下的罚款，但罚款总额最高不得超过 3 万元。

第二十九条　违反本办法第十二条规定的，由烟草专卖行政主管部门责令停止销售，并按下列规定予以处罚：

（一）销售非法生产的烟草制品，依法没收违法所得，处以违法销售货物价值20％以上50％以下的罚款，并将非法销售的烟草制品公开销毁；

（二）非法销售国务院指定的地产地销烟草制品生产企业生产的烟草制品的，处以3000元以上3万元以下罚款，并将非法销售的烟草制品公开销毁。

第三十条　违反本办法第十四条规定，销售非当地烟草批发企业提供的烟草制品的，由烟草专卖行政主管部门责令停止销售，依法没收违法所得，处以销售货物价值20％以上50％以下的罚款，但罚款总额最高不得超过3万元，并可以依法收购违法经营的烟草制品。

第三十一条　违反本办法第十八条第二款规定，承运人非法运输烟草专卖品的，由烟草专卖行政主管部门依法没收违法所得，处以非法运输货物价值10％以上20％以下的罚款，但罚款总额最高不得超过3万元。

第三十二条　有下列情形之一的，烟草专卖行政主管部门应当收回其烟草专卖零售许可证，取消其烟草制品经营资格：

（一）经营非法生产的烟草制品的；

（二）超越烟草专卖许可证核定的经营方式、经营范围或者地域范围从事经营活动的；

（三）变造、买卖、出租、出借烟草专卖零售许可证的；

（四）拒绝烟草专卖行政主管部门依法实施检查的。

第三十三条　有下列情形之一的，除按照法律、法规和规章的规定予以处罚外，其涉案烟草制品一律由烟草专卖行政主管部门依法予以收购，收购价格按照该烟草制品市场批发价的70％计算：

（一）无烟草专卖批发企业许可证的企业从事卷烟、雪茄烟批发业务的；

（二）无烟草专卖批发企业许可证的企业或者个人为烟草专卖零售企业或者个人提供卷烟、雪茄烟的；

（三）烟草专卖零售企业或者个人在当地烟草批发企业以外进货的；

（四）无烟草专卖零售许可证的企业或者个人经营烟草制品零售业务的。

第三十四条　本办法自2002年10月1日起施行。

2002 年 8 月 7 日

福建省烟草、公安部门联合打击制售假烟
违法犯罪活动工作制度

为贯彻落实国务院整顿和规范市场经济秩序工作要求，维护国家、企业和消费者的利益，根据国家烟草专卖局、公安部的部署，2001年11月至2002年6月我省开展了打击制售假烟专项行动，并取得显著成效。为巩固专项行动成果，实现省委、省政府提出的"除

假务尽、斩草除根"的工作目标，省烟草专卖局、省公安厅结合工作实际，决定建立联合打击制售假烟违法犯罪活动工作制度。

一、工作内容

联合打假的范围：打击制售假烟和为制售假烟活动提供机器设备、原辅材料以及运输服务等违法犯罪活动。具体内容：非法生产、运输、储存、贩卖卷烟、雪茄烟；非法制造、拼装、运输、贩卖烟草专用机械及主要零部件；非法印制、运输、贩卖卷烟、雪茄烟商标标识；非法生产、运输、储存、贩卖烟丝、复烤烟叶、烟叶、卷烟纸、烟用丝束、滤嘴棒。重点打击对象：制售假烟活动的团伙及其网络，重大涉假案件的组织者及骨干分子，为制售假烟通风报信和充当后台、"保护伞"的党员、干部。

二、组织机构

原省和重点市、县"打击制售假烟专项行动领导小组"更名为"打击制售假烟专项工作领导小组"，其工作职能不变，下设联席会议办公室，由烟草专卖局专卖稽查部门和公安机关治安部门各确定1～2名联络员组成，办公地点设在烟草专卖局。

联席会议办公室的职责是贯彻落实领导小组工作部署，及时掌握本辖区制售假烟违法犯罪活动的动态、规律、特点及打击工作情况，总结推广各地工作经验，分析研究斗争策略，适时组织区域性专项整治行动，协调烟草、公安部门开展联合打假工作，并定期向上级联席会议办公室报告工作情况，负责联席会议的组织联络工作，并将联席会议研究的事项形成纪要，发送各有关部门。

三、工作制度

（一）联席会议制度

定期召开联席会议是沟通情况、分析形势、落实打假工作的重要形式。各级烟草专卖局、公安机关领导联席会议每季度召开一次，参加人员主要是同级烟草专卖局、公安机关主管打假工作的领导和烟草专卖局专卖稽查、公安机关治安部门的负责人。会议主要内容是总结阶段性工作、分析形势、研究部署下一步工作。根据工作需要，邀请同级检察院、法院、质量技术监督局、工商局等有关部门领导参加。

各级烟草专卖局专卖监督管理部门、公安机关治安部门负责人联席会议每两个月召开一次，遇有重大、紧急事项随时召开。会议主要内容是通报上级联席会议工作部署的落实情况，分析打假工作的新情况、新问题，研究重大案件的侦办工作，提出解决存在问题的措施，部署区域性联合打假行动。

各级联席会议办公室要在每月25日前将辖区工作情况综合报上一级联席会议办公室。

（二）重大案件督办制度

对涉案金额巨大、性质恶劣、情节严重的重大制售假烟和非法拼装、倒卖烟机案件以及暴力抗法案件，实行省、市公安机关挂牌督办制度，并组织力量，以追查源头、深挖团伙、摧毁网络、惩处犯罪为目标开展专案攻坚工作。对制假活动猖獗的重点地区，由省、市烟草部门和公安机关直接组织打击行动。进一步落实卷烟打假工作责任制，对制假活动打击不力的烟草、公安部门，要追究有关负责人的责任并予以通报批评。

（三）政策研究制度

针对卷烟打假工作中遇到的新情况、新问题，共同开展调查研究，积极探索新形势下打击制售假烟违法犯罪活动的新办法、新措施。对于一些打击不力、制售假烟活动长期得不到解决的地区，要专门进行调研，深入查找、分析原因，制定对策，并及时向地方党委、政府反映情况，提出工作建议。加强与检察院、法院的联系沟通，积极研究解决法律适用问题，加大追究制假售假犯罪分子刑事责任的力度。

（四）信息情报互通制度

加强信息互通工作，双方联络员在日常工作中加强联系与沟通，及时通报相关工作情况和案件线索。推进卷烟打假情报网络建设，充分发动群众，公布举报电话，拓宽情报来源渠道，做好汇总分析工作。

（五）宣传工作制度

要将宣传发动与惩处犯罪、普法教育和落实《公民道德建设实施纲要》相结合，充分利用电视、报纸等新闻媒体及张贴打假通告等形式，注重以案释法，宣传烟草专卖法律法规，提高广大群众守法意识，培养公民诚实、守信的道德操守。适时在新闻媒体上对一些典型案例和区域性专项整治情况进行专题报道，扩大社会影响，达到震慑犯罪、教育群众的目的。

四、工作职责

（一）烟草部门的主要工作

1. 充分行使《烟草专卖法》、《烟草专卖法实施条例》、《福建省烟草专卖管理办法》赋予的权力，切实履行行政管理职责，加强卷烟市场的监督管理，主动出击，坚持不懈地开展打源头、断渠道、清市场工作，整顿、规范烟草市场经营秩序；适时组织突击检查制售假烟窝点的集中统一行动；掌握、分析本地区制售假烟活动的动向，加强情报调研，及时向公安机关提供可靠的案件线索。

2. 严格执行国务院《行政执法机关移送涉嫌犯罪案件的规定》，对依法查处的生产、运输、销售假烟，非法拼装倒卖烟机等案件，符合移送标准的，及时移交公安机关，并汇总掌握总体移送情况。

3. 向公安机关通报烟草专卖管理的有关政策，提供涉案物品的检测、鉴定服务；培养工作关系，建立可靠、有效的情报网络，收集制售假烟违法犯罪活动的情报线索，提供涉嫌制假分子的名单及其涉嫌违法犯罪活动的情况。

4. 积极筹措资金，为卷烟打假工作提供必要的经费保障。各级联席办设立专门账户，严格按照《福建省打击制售假烟专项行动经费管理办法》（闽打假烟专〔2001〕2号）管理使用打假经费，并配合审计部门做好打假经费的审计工作。办案经费实行包干制（具体办法另行规定）。继续按照《福建省打击制售假烟专项行动举报、奖励办法》（闽打假烟专〔2001〕1号），对打假工作中有突出贡献的单位和个人予以奖励并为联席会议办公室提供经费保障。

（二）公安机关的主要工作

1. 按照有关规定及时受理、查处烟草部门移送的制售假烟和非法拼装倒卖烟机案件，抓捕犯罪嫌疑人并做好烟草部门提供的重大案件线索的核查工作。省公安厅治安巡警总队负责指导、协调全省打击假烟工作，督办特大案件的侦破工作，直接或牵头侦办案情特别重大、需要由省厅办理的制假案件；设区市公安局治安部门负责指导、协调本市打击假烟工作，办理案情复杂、跨县市和应当由设区市公安局直接办理的制假案件；县（市、区）公安局治安部门负责办理其他制售假烟案件，并指导基层派出所做好日常打击、防范工作。

2. 配合烟草部门开展日常的行政执法工作，保护烟草部门执法人员的人身安全，及时查处暴力阻碍执行职务案件和违法犯罪人员。

3. 加强对制售假烟和非法拼装倒卖烟机违法犯罪案件的调研工作，积极与检、法机关协调，研究解决法律适用问题。及时向纪检、监察部门通报、移交涉及党员干部参与制售假烟违法犯罪以及充当后台、"保护伞"的线索和案件。

4. 结合日常治安管理，加强重点人口、暂住人口、租赁房屋、印刷业、废品收购业的治安管理，夯实基础工作，及时发现、打击制售假烟违法犯罪活动。

各级烟草部门和公安机关要根据本工作制度，结合实际情况制定本地的协作机制，抓好各项具体工作的组织落实。

2002 年 8 月 29 日

国家烟草专卖局关于成立福建中烟
工业公司有关问题的批复

福建省烟草专卖局：

《福建省烟草专卖局关于组建福建中烟工业公司的请示》（闽烟法〔2003〕17 号）收悉。经研究，现批复如下：

一、原则同意《福建省烟草工商管理体制改革实施方案》和《福建中烟工业公司章程》，成立福建中烟工业公司。

二、福建中烟工业公司（以下简称工业公司）是在福建现有卷烟工业企业基础上，登记注册成立的国有企业。工业公司主要承担烟草制品生产和销售，烟草物资、烟机零配件经营及其他相关的生产经营业务。

工业公司注册资本为人民币 2000 万元，由中国烟草总公司出资。

三、工业公司与福建省烟草公司并列，由国家烟草专卖局（总公司）领导和管理。工业公司与福建省烟草专卖局（公司）脱钩，实行机构、职责、人员、财务"四分开"。

四、工业公司实行总经理负责制。公司领导班子成员由国家烟草专卖局（总公司）任免、考核、奖惩。

五、工业公司按照精简、统一、效能的原则，设置内部管理机构。工业公司定编55人，所需人员从省局（公司）现有人员中调配解决，不准从系统外调入人员。工业公司成立后，省局（公司）内部管理机构要作相应调整，并报国家局（总公司）审批后实施。

六、工业公司领导和管理所属卷烟工业企业，按干部管理权限任免所属企业的领导班子成员。保留卷烟工业企业的法人资格和现行运行机制。华美卷烟有限公司由工业公司管理，福建省烟草专卖局负责专卖管理和执法监督。

七、工业公司接受福建省烟草专卖局的专卖管理和执法监督。工业公司的所属企业纳税渠道维持不变。

八、工业公司组建后，要加快企业联合兼并重组整合的步伐；要深化企业改革，转换经营机制；要强化内部管理，提高经济效益。

九、组建工业公司政策性强、涉及面广，要积极争取地方政府和有关部门的支持，及时办理工商注册、税务登记、资产划转、财务调账、专卖许可证等有关手续。

十、请严格按照实施方案、公司章程和本批复的精神组织实施。

工作进展情况及遇到的问题，请及时报告国家局（总公司）。

国家烟草专卖局

二〇〇三年十月十五日

国家烟草专卖局关于同意厦门卷烟厂收购
华美卷烟有限公司他方股权的批复

福建中烟工业公司：

《福建中烟工业公司关于华美卷烟有限公司合资合同期限届满前股权转让相关事宜的请示》（闽烟工〔2004〕167号）收悉。经研究，现批复如下：

一、同意厦门卷烟厂收购日本烟草在华美卷烟有限公司（以下简称华美）50％的股份，收购厦门联发集团在华美25％的股份。

二、同意厦门卷烟厂收购华美股份后将原华美经营场所作为该厂生产"金桥"牌卷烟的生产点，同时维持原华美的年卷烟生产计划指标不变，按年度下达给你公司。

三、厦门卷烟厂收购完成后及合资期满，报国家局并商务部注销合资企业。

请你公司据此批复帮助厦门卷烟厂完成华美的股权收购工作及合资企业的注销工作。

国家烟草专卖局

二〇〇四年七月三十日

国家烟草专卖局关于福建省烟草公司
建立母子公司体制改革的批复

福建省烟草专卖局，福建省烟草公司：

《福建省烟草专卖局关于福建省烟草公司建立母子公司体制改革的实施方案的请示》（闽烟法〔2006〕11号）收悉。根据国办发〔2005〕57号文件精神，经研究，现批复如下：

一、原则同意《福建省烟草公司建立母子公司体制改革的实施方案》和《中国烟草总公司福建省公司章程》。

二、同意将福建省烟草公司更名为中国烟草总公司福建省公司。中国烟草总公司福建省公司是中国烟草总公司的全资子公司。中国烟草总公司福建省公司投资设立11个市级全资子公司。其中9个市级烟草公司，分别是福建省烟草公司福州、厦门、宁德、莆田、泉州、漳州、龙岩、南平、三明市公司；2个市级专业公司，分别是中国烟草福建进出口有限责任公司、福建烟草海晟投资管理有限公司。

三、中国烟草总公司福建省公司的出资人为中国烟草总公司。中国烟草总公司福建省公司各子公司的出资人为中国烟草总公司福建省公司。

四、同意取消福建省烟草公司长汀县公司、上杭县公司、连城县公司、永定县公司、漳平市公司、武平县公司、邵武市公司、顺昌县公司、建阳市公司、建瓯县公司、武夷山市公司、浦城县公司、光泽县公司、松溪县公司、政和县公司、尤溪县公司、明溪县公司、清流县公司、宁化县公司、永安市公司、大田县公司、沙县公司、将乐县公司、泰宁县公司、建宁县公司25家烟叶产区的县级烟草公司的企业法人资格，其全部资产、负债、权益划转到所在的市级烟草公司。上述县级烟草公司的企业法人资格取消后，在县级行政区划内设立市级烟草公司的分公司，对外称："××市烟草公司××分公司"。

五、中国烟草总公司福建省公司工商注册的经营范围为：卷烟和雪茄烟经营、烟叶生产经营、卷烟进口和烟叶出口业务、资产经营和综合管理等。主要从事资产经营和综合管理，指导、服务、协调、监管全省卷烟销售和烟叶生产经营，指导全省卷烟销售网络建设，对卷烟销售价格、品牌、库存、结构等进行宏观监测与质量监督，推广普及科学种烟技术，增强烟草自主创新能力。

六、中国烟草总公司福建省公司的领导班子和领导成员由国家烟草专卖局、中国烟草总公司负责管理。要依照国家烟草专卖局、中国烟草总公司有关规定，充分发挥投资委员会、预算委员会、薪酬委员会的作用，明确职责，规范运作，实现科学决策、民主决策、依法决策。

七、中国烟草总公司福建省公司要按照实施方案明确的公司职责，切实转变职能，对其全资企业、控股企业、参股企业和国有股权行使出资人权利，依法经营、管理和监督并承担保值增值的责任。

八、中国烟草总公司福建省公司本级要停止卷烟和烟叶经营，同时要妥善做好卷烟、烟叶供销衔接工作，实现平稳过渡。有关资产收益的分配和管理办法，按照国家烟草专卖局、中国烟草总公司的有关规定执行。

九、中国烟草总公司福建省公司要按照实施方案、公司章程和本批复及国家烟草专卖局、中国烟草总公司有关文件精神组织实施，积极争取地方人民政府和有关部门的支持，及时办理工商注册、税务登记、专卖许可证变更手续和资产划转的审批手续。注册、税务登记、专卖许可证变更手续和资产划转的审批手续。

请将工作进展情况及遇到的问题及时报国家烟草专卖局。

国家烟草专卖局

二〇〇六年十一月十五日

中国烟草总公司福建省公司章程

第一章　总　则

第一条　为确立中国烟草总公司福建省公司（以下简称公司）的法律地位和行为准则，保障公司的合法权益，规范公司的管理和运作，根据《中华人民共和国公司法》、《中华人民共和国烟草专卖法》及其实施条例等有关法律、法规，结合烟草行业特点和公司实际情况，制订本章程。

第二条　公司名称为中国烟草总公司福建省公司。

公司住所：福建省福州市北环中路 133 号，邮政编码为 350003。

第三条　公司投资设立 11 个全资子公司，全资子公司名称分别是福建省烟草公司福州、厦门、宁德、莆田、泉州、漳州、龙岩、南平、三明市公司和中国烟草福建进出口有限责任公司、福建烟草海晟投资管理有限公司。

公司投资参股福建武夷烟叶有限公司、福建省三明金叶复烤有限公司。

第四条　公司经国家烟草专卖局批准，是在原福建省烟草商业企业基础上改建的，是中国烟草总公司的全资子公司。公司在福建省工商行政管理局依法登记注册，具有独立企业法人资格，以其全部财产对公司的债务承担责任，其合法权益受国家法律保护。

第五条　公司在国家烟草专卖局、中国烟草总公司的领导下，依据国家法律、法规及行业政策自主进行生产经营管理活动，照章纳税，遵守社会公德、商业道德、诚实守信，维护国家利益和消费者利益，接受人民政府和社会公众的监督，承担社会责任。

第二章　出资人、出资方式、注册资本和经营范围

第六条　公司出资人名称：中国烟草总公司。

公司出资方式：中国烟草总公司以原公司本级及所属市级烟草公司的净资产作为出资。

第七条　公司的注册资本与国家烟草专卖局、中国烟草总公司批复的企业所有者权益中的实收资本数一致。

第八条　经国家烟草专卖局批准，公司经营范围为：卷烟和雪茄烟经营、烟叶生产经营、卷烟进口和烟叶出口业务、资产经营和综合管理等。

第三章　组织机构与管理体制

第九条　公司接受福建省烟草专卖局的专卖管理和执法监督。福建省烟草专卖局、中国烟草总公司福建省公司实行"一套机构、两块牌子"的管理体制。

第十条　公司根据烟草专卖体制特点，按照精简、统一、效能的原则，设置内部机构。

第十一条　公司建立和完善投资委员会、预算委员会、薪酬委员会，健全机构，明确职责，规范运作，严格按照程序规范决策行为，实现科学决策、民主决策、依法决策。

第十二条　根据中国共产党章程和中国共产主义青年团章程的规定，在公司中设立党、团的组织，开展党、团的活动。公司职工依法组织工会，开展工会活动，维护职工的合法权益。公司应当为党、团组织活动、工会活动提供必要条件。

第四章　主要职能、权限和义务

第十三条　公司的主要职能：

1. 执行《中华人民共和国烟草专卖法》等法律、法规及行业政策，在"统一领导、垂直管理、专卖专营"的烟草专卖体制下，组织各子公司依法开展生产经营活动，实现国有资产保值增值。

2. 依法从各子公司收取资产收益，有关资产收益的分配和管理办法，按照国家烟草专卖局、中国烟草总公司的有关规定执行。

3. 按照国家烟草专卖局、中国烟草总公司的总体规划和年度计划，制订全省烟草商业发展规划、年度目标计划，实行宏观调控，改善市场环境，保持经济运行健康发展。

4. 按照干部管理规定，选择和管理子公司经营者，建立健全激励约束机制；制定全省烟草商业企业人事管理、劳动用工和分配制度，管理各子公司机构设置，规划和组织人力资源开发。

5. 通过财务管理、预算管理、会计核算、重大事项审批，对子公司资产、重大投资和重要决策实施内部监督和风险控制；通过内部审计、监察督查等方式加强监督，保证子公司国有资产保值增值。

6. 承担国家烟草专卖局、中国烟草总公司及有关部门交办的其他工作。

第十四条　公司的主要权限：

1. 依法对各子公司行使资产收益权，有关资产收益的分配和管理办法，按照国家烟草专卖局、中国烟草总公司的有关规定执行。

2. 按照干部管理规定，选择和管理各子公司的经营者；按照法定程序和出资比例，依法对其他控股企业和参股企业履行股东权利。

3. 根据国家法律法规及行业政策，在公司职权范围内，审批各子公司财务预算、重大投资（含对外投资）、资产处置、资产抵押、内部机构设置、用工总量和工资总额，申报企业设立、合并、分立、终止和资产变动等重大事宜。

4. 组织、协调、指导和规范全省卷烟销售工作，指导全省卷烟销售网络建设。

5. 负责烟叶生产（含生产计划、物资、技术）、收购、加工与销售的管理。

6. 审批各子公司章程。

7. 对各子公司进行审计和监督。

8. 审查核定子公司的年度预算方案。

9. 根据有关规定，统一管理公司及各子公司的涉外工作。

第十五条　公司对各子公司承担以下义务：

1. 维护各子公司的独立法人地位和法人财产权，支持其依法开展经营活动。

2. 建立各子公司共有的信息网络，为各子公司提供信息技术支持和数据处理咨询，汇集、分析、发布有关经济、技术和市场信息。

3. 建立统一的资金管理平台，为各子公司财务结算提供便利。

4. 指导子公司加强人力资源管理，提高队伍素质，控制人工成本，提高劳动生产率。

第十六条　各子公司的主要职能：

1. 依据国家法律、法规及行业政策，独立行使法人财产权、经营权，确保国有资产保值增值。

2. 依据烟草专卖法律、法规及行业政策，自主进行卷烟销售和烟叶生产经营，负责统一采集订单、统一采购货源、统一配送卷烟，负责统一管理烟叶生产经营。

3. 负责企业内部管理，依据行业政策和省公司的有关规定，健全完善激励约束机制，自主选择分配方式，加强职工队伍建设。

4. 按照规定和程序组织实施投资项目。

5. 组织实施省公司制订的经营目标和计划，完成经营任务。

6. 执行国家烟草专卖局、中国烟草总公司及省公司的调控政策。

7. 承担省公司及有关部门交办的其他工作。

第十七条　各子公司的主要权限：

1. 行使国家法律、法规及行业政策规定的经营自主权。

2. 按照有关规定和程序，对中层以下负责管理人员进行任免、考核、奖惩。

3. 根据公司有关规定行使投资权和资产处置权。

4. 根据省公司的规定，在工资总额范围内自主进行分配。

5. 根据公司有关规定，实施劳动用工管理。

6. 编制财务预算方案，经省公司批准后，享有预算范围内的费用开支权。

7. 对省公司的决策、监督、管理等事项提出建议。

第十八条　各子公司的主要义务：

1. 保证国有资产安全和保值增值，及时足额上缴资产收益。

2. 执行国家法律、法规及行业政策规定，接受公司的监督和指导。

3. 接受政府、行业及省公司的审计、监督，及时上报财务、统计报表。

4. 承认并遵守本章程，执行公司决议。

第五章　公司的法定代表人

第十九条　公司设总经理1人，总经理为公司的法定代表人，由国家烟草专卖局、中国烟草总公司任免。

第二十条　公司实行总经理负责制，公司的重大问题由公司领导班子按照程序集体研究决定。

第二十一条　总经理行使下列职权：

1. 贯彻执行国家的法律、法规和方针、政策，按照国家烟草专卖局、中国烟草总公司的规定，主持公司经营管理工作，组织实施国家烟草专卖局、中国烟草总公司决定并向国家烟草专卖局、中国烟草总公司报告工作。

2. 按照干部管理规定，聘任或者解聘负责管理人员。

3. 组织制订和实施公司发展规划。

4. 根据国家烟草专卖局下达的计划，组织制订和实施公司年度经营计划和投资计划。

5. 组织制订和实施公司的年度财务预算方案，编制公司的年度财务决算方案。

6. 组织审核公司内部的利润分配方案和制订弥补亏损方案。

7. 组织拟订公司内部管理机构设置方案并报国家烟草专卖局、中国烟草总公司审批。

8. 组织制定公司基本管理制度。

9. 根据国家烟草专卖局、中国烟草总公司的劳动工资政策，制订公司员工工资分配方案；建立公司员工的激励和约束机制。

10. 国家烟草专卖局、中国烟草总公司授予的其他职权。

第六章　财务会计和审计

第二十二条　公司依照国家法律、行政法规及国务院财政部门和中国烟草总公司的规定建立本公司的财务、会计制度。

第二十三条　公司在每一会计年度终了时编制财务报告并依法经会计师事务所审计。公司的会计年度自公历1月1日起至12月31日止。

第二十四条　公司以人民币为记账本位币，根据经营需要，经批准可分别开设人民币账户和外汇账户。

第二十五条　公司按国家有关规定，建立内部审计机构，实行内部审计制度，对公司及所投资的企业的经营管理活动进行审计。

第二十六条　公司除法定的会计账册外，不得另立会计账册。对公司资产，不得以任何个人名义开立账户存储。

<h3 style="text-align:center">第七章　人力资源管理、收入分配和劳动保障</h3>

第二十七条　公司根据国家法律、法规及行业政策，结合生产经营需要，制订人力资源规划，健全和完善相关制度，对职工培训、用工总量、人工成本等进行管理和指导。

第二十八条　公司依据国家法律、法规及行业政策，按照总量控制、协调监管的原则，建立健全企业收入分配激励约束机制。

第二十九条　公司遵守国家法律、法规及行业政策，规范劳动用工制度，制订劳动保障制度，保障劳动者的合法权益。

第三十条　公司按照有关规定，发布劳动用工、工资水平、人工成本等人力资源管理信息，建立预测预警机制。

第三十一条　公司按照有关规定提取福利费和工会经费。

<h3 style="text-align:center">第八章　附　则</h3>

第三十二条　本章程经国家烟草专卖局、中国烟草总公司批准后生效。

公司根据需要可修改本章程，报国家烟草专卖局、中国烟草总公司批准后执行。

第三十三条　本章程未尽事宜，按照国家有关法律、法规及行业政策执行。

<h2 style="text-align:center">国家烟草专卖局关于福建卷烟工业
企业管理体制改革的批复</h2>

福建中烟工业公司：

《福建中烟工业公司关于福建卷烟工业企业管理体制改革的请示》（闽烟工〔2006〕371号）收悉。根据（国办发〔2005〕57号）文件精神，经研究，现批复如下：

一、原则同意《福建卷烟工业企业管理体制改革的实施方案》和《福建中烟工业公司章程》。

二、同意龙岩卷烟厂依法更名改制为龙岩烟草工业有限责任公司，原龙岩卷烟厂的债权债务关系依法由龙岩烟草工业有限责任公司承继。同意厦门卷烟厂依法更名改制为厦门烟草工业有限责任公司，原厦门卷烟厂的债权债务关系依法由厦门烟草工业有限责任公司承继。

三、福建中烟工业公司是中国烟草总公司的全资子公司，其出资人为中国烟草总公司。龙岩烟草工业有限责任公司、厦门烟草工业有限责任公司是福建中烟工业公司的全资子公司，其出资人为福建中烟工业公司。

四、福建中烟工业公司的经营范围为：烟草制品的生产、销售，烟用物资、烟机零配件的经营，烟叶进口和卷烟出口业务，与烟草制品生产销售相关的其他生产经营，多元化经营，资产经营等。

五、福建中烟工业公司的领导班子和领导成员由国家烟草专卖局、中国烟草总公司负责管理。要充分发挥投资委员会、预算委员会、薪酬委员会的作用，明确职责，规范运作，实现依法决策、科学决策、民主决策。

六、福建中烟工业公司要在现行体制条件下，加强管理，规范运作，积极探索由管理型公司向经营实体转变，建立统一的市场营销中心、生产管理中心、技术研发中心、物资采购中心，实现品牌共享，进一步优化资源配置，全面提高经营管理水平。

七、福建中烟工业公司要按照实施方案和公司章程的有关规定，负责组建龙岩烟草工业有限责任公司、厦门烟草工业有限责任公司的董事会、监事会等法人治理结构，规范运作、有效制衡、高效运行。对其全资企业、控股企业、参股企业和国有股权行使出资人权利，依法经营、管理和监督并承担保值增值的责任。在国家烟草专卖局、中国烟草总公司的宏观调控和监督管理下，福建中烟工业公司依法自主进行各项经营活动。

八、在企业改制过程中，要按照《中华人民共和国烟草专卖法》及其实施条例和国家烟草专卖局的有关规定办理烟草专卖生产许可证变更等手续，不得出现违反烟草专卖管理的行为。

九、福建中烟工业公司要按照实施方案、公司章程和本批复及国家烟草专卖局、中国烟草总公司有关文件精神认真组织实施，积极争取地方人民政府和有关部门的支持，及时办理工商注册、税务登记、专卖许可证变更手续和资产划转审批手续。

请将工作进展情况及遇到的问题及时报国家烟草专卖局。

国家烟草专卖局
二〇〇七年一月九日

福建中烟工业公司章程
第一章 总 则

第一条 为确立福建中烟工业公司（以下简称公司）的法律地位和行为准则，保障公司的合法权益，规范公司的管理和运作，根据《中华人民共和国公司法》、《中华人民共和国烟草专卖法》及其实施条例，结合烟草行业特点和公司实际情况，制订本章程。

第二条 公司名称：福建中烟工业公司。

英文名称：China Tobacco Fujian Industrial Corporation，简称：FJTIC。

公司的法定住所：福建省厦门市湖滨中路 24 号，邮编：361004。

第三条 公司依法设立龙岩烟草工业有限责任公司、厦门烟草工业有限责任公司（以下简称有限公司）2 个全资子公司。

第四条 公司经国家烟草专卖局批准，在厦门市工商行政管理局依法登记注册，是中国烟草总公司的全资子公司。公司具有独立企业法人资格，以其全部财产对公司的债务承担责任，其合法权益受国家法律保护。

第五条　公司在国家烟草专卖局、中国烟草总公司的领导下，依据国家法律、法规及行业政策自主进行生产经营管理活动，照章纳税，维护国家利益和消费者利益。

第二章　出资者、注册资本和经营范围

第六条　出资者名称及出资方式。

出资者名称：中国烟草总公司。

出资方式：中国烟草总公司以原福建中烟工业公司本级及所属卷烟工业企业的净资产作为出资。

第七条　公司注册资本与国家烟草专卖局、中国烟草总公司批复的企业所有者权益中的实收资本数一致。

第八条　公司经营范围：烟草制品的生产、销售，烟用物资、烟机零配件的经营，烟叶进口和卷烟出口业务，与烟草制品生产销售相关的其他生产经营，多元化经营，资产经营等。

第三章　组织机构与管理体制

第九条　公司设总经理1人，副总经理若干人。总经理和副总经理按照干部管理规定，由国家烟草专卖局、中国烟草总公司任免。

第十条　公司实行总经理负责制。公司的重大事项由公司领导班子按照程序集体研究决定。

第十一条　总经理是公司的法定代表人，负责公司的全面工作，行使下列职权：

1. 贯彻执行国家的法律、法规和方针、政策，按照国家烟草专卖局、中国烟草总公司的规定，主持公司的资产经营和生产经营管理工作，组织实施国家烟草专卖局、中国烟草总公司决定并向国家烟草专卖局、中国烟草总公司报告工作。

2. 按照干部管理规定，聘任或者解聘负责管理人员。

3. 根据国家烟草专卖局、中国烟草总公司的总体规划和年度计划，组织制订福建卷烟工业发展规划，组织实施公司年度经营计划和投资方案。

4. 组织制订和实施公司的年度财务预算方案，编制公司的年度财务决算方案。

5. 按照有关政策规定，组织制订公司利润分配方案和弥补亏损方案。

6. 组织拟订公司内部管理机构设置方案并报国家烟草专卖局、中国烟草总公司审批。

7. 组织制定公司的基本管理制度。

8. 组织制定公司的具体规章制度。

9. 根据国家烟草专卖局、中国烟草总公司的劳动工资政策，组织建立公司员工的激励和约束机制。

10. 公司章程和国家烟草专卖局、中国烟草总公司授予的其他职权。

第十二条　副总经理根据本章程的规定和总经理的授权，履行相应的职责，协助总经

理工作并对总经理负责。

第十三条　建立和完善投资委员会、预算委员会、薪酬委员会，明确职责，规范运作，严格按照程序规范决策行为，真正做到依法决策、科学决策、民主决策。

第十四条　以下重大事项由公司领导班子集体研究决定：

1. 公司发展战略、中长期规划和年度生产经营计划。

2. 所属有限公司组织结构调整。

3. 公司发展、资源配置、投资、分配和公司本部内部机构设置等重大决策。

4. 拟定公司章程修改方案，报国家烟草专卖局、中国烟草总公司批准。

5. 公司其他重大事项。

第十五条　根据管理和发展的需要，按照"精简、统一、效能"的原则，设置公司内部机构并在总经理的领导下开展工作。

第十六条　根据中国共产党章程的规定，在公司中设立党的组织，开展党的活动。公司职工依法组织工会，开展工会活动，维护职工的合法权益。公司应当为党组织活动、工会活动提供必要条件。

第四章　公司的主要职能和权限

第十七条　公司作为所属有限公司的出资人，依法对所属有限公司行使资产收益、重大决策、选择管理者等权利，同时依法对国有资产进行管理和监督，承担资产保值增值的责任。其主要职能是：

1. 遵守国家法律、法规及行业政策，在国家烟草专卖局、中国烟草总公司宏观调控下，监督和指导所属有限公司依法生产经营。

2. 依法行使资产收益权，有关资产收益的分配和管理办法，按照国家烟草专卖局、中国烟草总公司的有关规定执行。

3. 按照规定办理行政许可项目、非行政许可审批项目以及内部管理项目的申报手续。

4. 执行国家烟草专卖局下达的各项计划，组织所属有限公司的生产经营管理，推进技术进步，实施安全生产监督管理。

5. 负责财务会计管理和监督工作，加强对国有资产的管理，开展内部审计工作。

6. 研究制订公司发展战略、中长期发展规划，深化企业改革，组织实施企业组织结构调整。负责法制宣传和指导所属有限公司的法律事务。

7. 按照干部管理规定，依法负责向所属有限公司委派除职工代表以外的董事会、监事会成员；负责所属有限公司经理层成员的提名、考核、奖惩；管理所属有限公司的劳动工资工作，指导精神文明建设。

8. 实行"品牌共享"和"市场营销、生产管理、技术研发、物资采购"四统一，即建立公司统一的市场营销中心，全面负责卷烟营销工作；建立公司统一的生产管理中心，根据国家烟草专卖局下达的各项计划，进行产销衔接，分解下达品牌生产数量；建立公司统一的技术研发中心，整合技术资源，促进技术进步；建立公司统一的物资采购中心，科学组织物资采购，降低采购成本，保障生产需要。

9. 承担国家烟草专卖局、中国烟草总公司及有关部门交办的其他工作。

第十八条　公司的主要权限：

1. 依法对所属有限公司行使资产收益权，有关资产收益的分配和管理办法，按照国家烟草专卖局、中国烟草总公司的有关规定执行。

2. 按照干部管理规定，选择和管理所属有限公司的经理人员；按照法定程序和出资比例，向其他控股企业和参股企业行使股东权利。

3. 根据国家有关法律法规和管理权限，在公司职权范围内，审批所属有限公司财务预算、重大投资（含对外投资）、资产处置、内部机构设置、全省卷烟工业企业用工总量和工资总额计划，申报企业设立、合并、分立、终止和资产变动等重大事项。

4. 在所属有限公司统一组织品牌生产、统一组织产品销售、统一组织技术研发、统一组织物资采购，对卷烟销售价格、品牌、库存、结构等进行调控。

5. 按照程序审批所属有限公司章程。

6. 对所属有限公司进行审计和监督。

7. 根据国家有关规定，统一管理公司及所属有限公司的涉外工作。

第五章　财务会计和审计

第十九条　公司依照国家法律、行政法规和国务院财政部门的规定建立本公司的财务、会计制度。

第二十条　公司在每一会计年度终了时，按国家烟草专卖局、中国烟草总公司统一规定，编制财务会计报告并依法经会计师事务所审计。公司的会计年度自公历1月1日起至12月31日止。

第二十一条　公司按国家规定编制合并财务报告。

第二十二条　公司以人民币为记账本位币，根据经营需要，经批准可分别开设人民币账户和外汇账户。

第二十三条　公司按国家有关规定，建立内部审计机构，实行内部审计制度，对公司及所投资的企业的经营管理活动进行审计。

第二十四条　公司除法定的会计账册外，不得另立会计账册。对公司资产，不得以任何个人名义开立账户存储。

第六章　人力资源管理、收入分配和劳动保障

第二十五条　公司根据国家法律、法规及国家烟草专卖局、中国烟草总公司有关政策，结合生产经营需要，制订人力资源规划，健全和完善相关制度，对职工培训、用工总量、人工成本等进行管理和指导。

第二十六条　公司依据国家及国家烟草专卖局、中国烟草总公司有关规定，按照总量

控制、协调监管的原则，建立健全企业收入分配激励约束机制。

第二十七条 公司遵守国家法律、法规及行业有关政策，规范劳动用工制度，制定劳动保障制度，保障劳动者的合法权益。

第二十八条 公司按照有关规定，发布劳动用工、工资水平、人工成本等人力资源管理信息，建立预测预警机制。

第二十九条 公司按照有关规定提取福利费和工会经费。

第七章 附 则

第三十条 本章程经国家烟草专卖局、中国烟草总公司批准后生效。

公司根据需要可修改本章程，报国家烟草专卖局、中国烟草总公司批准后执行。

第三十一条 本章程未尽事宜，按照国家有关法律、法规及行业政策执行。

三、获省（部）级以上奖项及荣誉称号的集体和个人名表

（一）先进集体名表

年份	单　位	荣誉称号	颁发单位
1991	泉州市局党组纪检组	全国烟草纪检监察先进单位	国家局
1991	华美卷烟有限公司（84mm 金桥牌）	福建省优质产品	省政府
1991	龙岩卷烟厂（84mm 古田牌、健牌）	福建省优质产品	省政府
1991	泉州雪茄烟厂（84mm 刺桐牌）	福建省优质产品	省政府
1991	厦门卷烟厂（84mm 鹭岛牌）	福建省优质产品	省政府
1991	厦门卷烟厂财务科	全国烟草系统先进财会工作集体	国家局（总公司）
1991	泉州分公司财务科	全国烟草系统先进财会工作集体	国家局（总公司）
1991	南平分公司财务科	全国烟草系统先进财会工作集体	国家局（总公司）
1991	福鼎县公司财计股	全国烟草系统先进财会工作集体	国家局（总公司）
1991	厦门卷烟厂纪委	全国烟草纪检监察先进单位	国家局
1991	龙岩卷烟厂	福建省安全生产先进单位	省政府
1991	厦门卷烟厂	福建省级先进企业	省政府
1991	三明烟草科学研究所	“七五”期间科技兴烟工作先进单位	国家局（总公司）
1991	厦门卷烟厂	企业技术改造优秀项目	省政府
1991	龙岩卷烟厂质管科测水分攻关QC 小组	烟草行业优秀 QC 小组	总公司
1991	省局党组纪检组	全国烟草纪检监察先进单位	国家局（总公司）
1992	厦门市局（分公司）	全国烟草行业专卖管理先进单位	国家局（总公司）
1992	省公司科技部	科技进步奖（二等奖）	总公司

续表

年份	单　　位	荣誉称号	颁发单位
1992	三明烟草分公司	科技进步奖（二等奖）	总公司
1992	宁化县公司	科技进步奖（二等奖）	总公司
1992	南平地区局专卖办	全国烟草专卖管理先进集体	国家局
1992	上杭县局（公司）	全国烟叶生产先进单位	总公司
1992	三明地区局（分公司）	全国烟叶生产收购工作先进单位	总公司
1992	厦门卷烟厂	全省思想政治工作优秀企业	省委、省政府
1992	宁德地区局专卖办	全国学习"烟草专卖法"先进集体	国家局
1992	龙岩卷烟厂嘴二技术攻关 QC 小组	全国卷烟工业优秀 QC 小组	总公司
1992	龙岩卷烟厂质量管理 QC 小组	全国卷烟工业优秀 QC 小组	总公司
1992	畲山卷烟厂	1992 年度先进单位	省政府
1993	龙岩卷烟厂质管科成品检验 QC 小组	全国卷烟工业优秀 QC 小组	总公司
1993	龙岩卷烟厂嘴三设备 QC 小组	全国卷烟工业优秀 QC 小组	总公司
1993	龙岩卷烟厂嘴棒成型 QC 小组	全国卷烟工业优秀 QC 小组	总公司
1993	龙岩卷烟厂	全国烟草行业安全生产先进单位	总公司
1993	南平地区局（分公司）	全国烟草思想政治工作先进集体	国家局
1993	龙岩卷烟厂	扭亏增盈成绩显著企业	国家局（总公司）
1993	省局（公司）	全国烟草行业扭亏增盈先进单位	国家局（总公司）
1993	省局纪检监察室	全国烟草行业纠风工作先进集体	国家局
1993	厦门卷烟厂	全省思想政治工作优秀企业	省委、省政府
1993	永定县公司	烟叶生产收购先进单位	国家局（总公司）
1994	厦门卷烟厂四车间	全国烟草系统先进集体	国家局（总公司）
1994	省局（公司）	全国烟草系统思想政治工作先进集体	国家局党组

续表

年份	单　位	荣誉称号	颁发单位
1994	南平地区局(公司)	全国烟草系统思想政治工作先进集体	国家局党组
1994	三明烟草分公司	全省思想政治工作优秀企业	省委、省政府
1994	龙岩卷烟厂	福建省标兵企业	省委、省政府
1994	厦门卷烟厂	福建省创安活动五周年先进集体	省政府
1994	"富健"卷烟牌号	全国首批卷烟优秀产品	总公司
1994	省局(公司)	三年"转折"时期贡献突出单位	国家局(总公司)
1994	宁化县局(公司)	全国烟叶生产收购工作先进单位	总公司
1994	三明市烟叶复烤厂退管会	全省先进退管会	省总工会
1994	龙岩卷烟厂"富健"牌香烟	福建省第二届工业品博览会金奖	省政府
1994	"梅花山"牌香烟	福建省第二届工业品博览会金奖	省政府
1995	三明市局(分公司)	文明单位	省委、省政府
1995	龙岩卷烟厂卷包二车间	全国烟草系统先进集体	国家局(总公司)
1995	三明市局(分公司)	全国烟叶生产收购、调拨工作先进单位	国家局(总公司)
1995	宁化县局(公司)	全国烟叶生产收购工作先进单位	国家局
1995	永定县局(公司)	全国烟叶生产收购工作先进单位	国家局
1995	三明市烟叶复烤厂退管会	全国模范退休职工之家	全国总工会
1995	厦门卷烟厂	全国烟草行业安全工作先进单位	国家局(总公司)
1995	中共厦门卷烟厂党委	全省先进基层党组织	省委
1995	南平烟草分公司	全国烟草清产核资工作先进集体	国家局(总公司)
1995	厦门卷烟厂	全国烟草清产核资工作先进集体	国家局(总公司)

续表

年份	单　位	荣誉称号	颁发单位
1995	厦门卷烟厂一车间真空回潮 QC 小组	全国烟草行业优秀 QC 小组	国家局（总公司）
1995	龙岩卷烟厂安全 QC 小组	全国烟草行业优秀 QC 小组	国家局
1995	厦门卷烟厂	文明单位	省委、省政府
1995	畲山卷烟厂	文明单位	省委、省政府
1995	莆田市局	文明单位	省委、省政府
1995	龙岩卷烟厂	文明单位	省委、省政府
1995	龙岩卷烟厂	福建省标兵企业	省政府
1996	宁化县局（公司）	全国烟草职业道德建设先进集体	国家局（总公司）
1996	三明市局	全国烟叶生产收购工作先进单位	国家局
1996	宁化县	全国烟叶生产收购工作先进单位	国家局
1996	长汀县	全国烟叶生产收购工作先进单位	国家局
1996	永定县	全国烟叶生产收购工作先进单位	国家局
1996	龙岩卷烟厂	烟草行业"二五"普法先进集体	国家局
1996	龙岩卷烟厂	1995 年安全生产先进单位	国家局（总公司）
1996	龙岩卷烟厂	1993—1995 年度安全生产先进单位	省政府
1996	厦门卷烟厂	烟草行业"二五"普法先进集体	国家局
1996	龙岩卷烟厂卷包二车间设备管理 QC 小组	全国烟草行业优秀 QC 小组（二等奖）	国家局
1996	厦门卷烟厂制丝车间 QC 小组	全国烟草行业优秀 QC 小组（二等奖）	国家局
1997	厦门卷烟厂	全国烟草行业安全生产先进单位	省委、省政府
1997	中共龙岩卷烟厂党委	全省先进基层党组织	省委
1997	龙岩卷烟厂	全国行业安全生产先进单位	国家局（总公司）

续表

年份	单　位	荣誉称号	颁发单位
1997	龙岩卷烟厂	社会治安综合治理先进单位	省委、省政府
1997	厦门卷烟厂第四车间	管理样板车间	国家局
1997	龙岩卷烟厂	福建省标兵企业	省政府
1997	厦门卷烟厂	全省社会治安综合治理先进单位	省委、省政府
1997	邵武市局（公司）	文明单位	省委、省政府
1997	畲山卷烟厂	文明单位	省委、省政府
1997	龙岩市局（分公司）	全国烟叶工作先进单位	国家局（总公司）
1997	三明市局（分公司）	全国烟叶工作先进单位	国家局（总公司）
1997	宁化县局（公司）	全国烟叶工作先进单位	国家局（总公司）
1997	邵武市局（公司）	全国烟叶工作先进单位	国家局（总公司）
1997	长汀县局（公司）	全国烟叶工作先进单位	国家局（总公司）
1997	南平市局党组纪检组、监察科	全国烟草系统纪检监察先进集体	国家局党组
1997	省局（公司）	烟草行业生产经营工作先进单位	国家局（总公司）
1997	龙岩卷烟厂（富健）	全国名优卷烟	国家局
1997	华美（金桥）	全国名优卷烟	国家局
1997	龙岩卷烟厂制丝一车间烘丝 QC 小组	烟草行业优秀 QC 小组	国家局
1997	厦门卷烟厂制丝车间 QC 小组	烟草行业优秀 QC 小组	国家局
1998	厦门卷烟厂	全国烟草系统安全生产先进单位	国家局（总公司）
1998	龙岩卷烟厂制丝二车间	全国烟草行业管理样板车间	国家局（总公司）
1998	龙岩卷烟厂	全国烟草系统安全生产先进单位	国家局（总公司）
1998	龙岩卷烟厂	管理信息系统科技进步二等奖	国家局
1998	龙岩卷烟厂	全国五一劳动奖状	全国总工会
1998	厦门卷烟厂	文明单位	省委、省政府
1998	龙岩卷烟厂	文明单位	省委、省政府

续表

年份	单　　位	荣誉称号	颁发单位
1998	畲山卷烟厂	文明单位	省委、省政府
1998	莆田市局（分公司）	文明单位	省委、省政府
1998	三明市局（分公司）	文明单位	省委、省政府
1998	永定县局（公司）	文明单位	省委、省政府
1998	邵武市局（公司）	文明单位	省委、省政府
1998	三明市烟叶复烤厂	文明单位	省委、省政府
1998	龙岩卷烟厂卷包二车间卷接设备 QC 小组	烟草行业优秀 QC 小组	国家局
1998	厦门卷烟厂制丝车间 QC 小组	烟草行业优秀 QC 小组	国家局
1998	三明分公司	全国烟草技术创新先进集体	国家局
1998	龙岩卷烟厂	全国烟草技术创新先进集体	国家局
1998	省烟草质检站	全国烟草技术创新先进集体	国家局
1998	三明分公司	全国烟叶生产收购工作先进单位	国家局
1998	长汀县公司	全国烟叶生产收购工作先进单位	国家局
1998	邵武市公司	全国烟叶生产收购工作先进单位	国家局
1998	省局（公司）	烟叶生产、收购、调拨先进单位	国家局
1998	省局（公司）	烟草行业生产经营先进单位	国家局
1998	福州市局专卖科	全国烟草专卖管理工作先进集体	国家局
1998	中共龙岩卷烟厂党委	福建省先进基层党组织	省委
1998	龙岩卷烟厂	福建省五一劳动奖状	省总工会
1999	龙岩卷烟厂	企业档案管理国家一级	国家档案馆
1999	龙岩卷烟厂	烟草工业设备管理二级企业	国家局
1999	漳平市公司	全国农网运行先进单位	国家局（总公司）
1999	畲山卷烟厂	民族团结进步模范集体	省委、省政府
1999	畲山卷烟厂	福建省五一劳动奖状	省总工会
1999	厦门卷烟厂	福建省五一劳动奖状	省总工会

续表

年份	单 位	荣誉称号	颁发单位
1999	"石狮"、"沉香"牌香烟	福建省名牌产品	省政府
1999	省公司	全国卷烟销售工作先进单位	国家局
1999	省烟草质量监督监测站	全国技术监督先进单位	国家质量技术监督局
1999	龙岩卷烟厂审计科	全国烟草系统审计工作先进单位	国家局
1999	龙岩卷烟厂管理信息系统	科技进步奖(二等奖)	国家局
1999	中国烟草东南试验站	科技进步奖(三等奖)	国家局
1999	福州市局(分公司)	文明单位	省委、省政府
1999	厦门市局(分公司)	文明单位	省委、省政府
1999	莆田市局(分公司)	文明单位	省委、省政府
1999	三明市局(分公司)	文明单位	省委、省政府
1999	南平市局(分公司)	文明单位	省委、省政府
1999	畲山卷烟厂	文明单位	省委、省政府
1999	福州市局(分公司)	福建省政治思想工作先进集体	省委、省政府
1999	厦门卷烟厂	文明单位	省委、省政府
1999	华美卷烟有限公司	文明单位	省委、省政府
1999	三明市公司烟叶复烤厂	文明单位	省委、省政府
1999	清流县局(公司)	文明单位	省委、省政府
1999	宁化县局(公司)	文明单位	省委、省政府
1999	邵武市局(公司)	文明单位	省委、省政府
1999	武夷山市局(公司)	文明单位	省委、省政府
1999	永定县局(公司)	文明单位	省委、省政府
1999	武平县局(公司)	文明单位	省委、省政府
1999	漳平市局(公司)	文明单位	省委、省政府
1999	三明市局(分公司)	全国烟草行业教育工作先进单位	国家局
1999	白七匹狼、软特牌	1999年度全国名优卷烟	国家局(总公司)
1999	省局(公司)	福建省修志先进单位	省委、省政府
2000	龙岩卷烟厂	文明单位	省委、省政府
2000	龙岩卷烟厂	全国精神文明建设工作先进单位	中央精神文明建设指导委员会

续表

年份	单　位	荣誉称号	颁发单位
2000	莆田市局(分公司)	文明单位	省委、省政府
2000	畲山卷烟厂	文明单位	省委、省政府
2000	畲山卷烟厂	全省双拥共建先进单位	省委、省政府
2000	福州市局纪检组、监察科	全国烟草系统纪检监察工作先进集体	国家局
2000	厦门卷烟厂三车间卷接 QC 小组	烟草行业优秀 QC 小组	国家局
2000	龙岩卷烟厂卷包二车间卷接设备 QC 小组	烟草行业优秀 QC 小组	国家局
2000	省局(公司)办公室	全国烟草系统政务信息工作先进单位	国家局
2000	宁化县曹坊烟草站	全国先进烟叶基层站	国家局
2000	长汀县馆前烟草站	全国先进烟叶基层站	国家局
2000	漳平县公司	福建省科技进步奖(三等奖)	省政府
2000	厦门卷烟厂	全国职工模范之家	全国总工会
2000	福州市局(分公司)	文明单位	省委、省政府
2000	福州市局(分公司)	全国烟草系统纪检监察工作先进集体	国家局
2000	厦门卷烟厂	文明单位	省委、省政府
2000	七匹狼(红)、乘风(特醇)	全国卷烟优等品	国家局(总公司)
2000	省局(公司)销售处	全国卷烟销售工作先进单位	国家局(总公司)
2000	省局(公司)	福建省党建先进单位	省委
2000	福州市局纪检组监察科	全国烟草系统纪检监察工作先进单位	国家局
2000	厦门卷烟厂四车间	全国烟草系统先进集体	国家局(总公司)
2000	省局烟草职业技能鉴定站	全国烟草行业优秀技能鉴定站	国家局(总公司)
2000	漳州市局专卖科	全国卷烟打假先进集体	国家局
2001	厦门卷烟厂"石狮"牌香烟	全国卷烟行业名优产品	国家局(总公司)
2001	龙岩卷烟厂"七匹狼"品牌	全国烟草行业名优卷烟	国家局(总公司)
2001	省局(公司)	全国内部审计先进单位	国家局(总公司)

续表

年份	单　　位	荣誉称号	颁发单位
2001	龙岩卷烟厂卷包车间卷接设备布带 QC 小组	烟草行业优秀 QC 小组	国家局
2001	厦门卷烟厂一车间梗线 QC 小组	烟草行业优秀 QC 小组	国家局
2001	省公司烟叶处	科学技术进步奖（三等奖）	国家局
2001	龙岩卷烟厂	科学技术进步奖（三等奖）	国家局
2001	省局（公司）	全国烟草系统统计工作先进集体	国家局（总公司）
2001	省局（公司）财务处	全国烟草系统财务工作先进集体	国家局（总公司）
2001	三明市局（分公司）	全国烟叶生产收购先进单位	国家局（总公司）
2001	宁化县局（公司）	全国烟叶生产收购先进单位	国家局（总公司）
2001	中共福州市局总支	先进基层党组织	省委
2001	省局机关党委	先进基层党组织	省委
2001	武平县公司	全国烟叶生产收购先进单位	国家局（总公司）
2001	邵武市公司	全国烟叶生产收购先进单位	国家局（总公司）
2001	省烟草销售公司	全国销售工作三等奖	总公司
2001	龙岩市局（分公司）	福建省五一劳动奖状	省总工会
2001	中共龙岩卷烟厂党委	全国先进基层党组织	中共中央组织部
2002	省烟草职业技能鉴定站	全国烟草行业优秀技能鉴定站	总公司
2002	"乘风"（新红）、"七匹狼"（红）、"七匹狼"（白）、乘风（特醇）	全国卷烟优等品	总公司
2002	莆田分公司财务科	全国烟草系统财会工作先进集体	国家局
2002	省公司财务管理处	全国烟草系统财会工作先进集体	国家局
2002	省局党组纪检监察处	全国烟草系统纠风纪检工作先进单位	国家局
2002	省公司	全国烟叶工作先进集体	国家局（总公司）
2002	三明市局（分公司）	全国烟叶工作先进集体	国家局（总公司）
2002	龙岩市局（分公司）	全国烟叶工作先进集体	国家局（总公司）
2002	武平县公司	全国烟叶工作先进单位	国家局

续表

年份	单 位	荣誉称号	颁发单位
2002	宁化县公司	全国烟叶工作先进单位	国家局
2002	邵武市公司	全国烟叶工作先进单位	国家局
2002	厦门卷烟厂二车间滤棒输送机组 QC 小组	烟草行业优秀 QC 小组（二等奖）	国家局
2002	龙岩卷烟厂打叶复烤分厂生产部工艺 QC 小组	烟草行业优秀 QC 小组（三等奖）	国家局
2002	邵武市公司	全国优质烟叶生产示范县级公司	总公司
2002	省局稽查总队	全国卷烟打假专项行动先进集体	国家局
2002	省公司	全国烟草系统经济运行效益一等奖	国家局
2002	南靖县局（公司）	文明单位	省委、省政府
2002	龙岩卷烟厂	文明单位	省委、省政府
2002	厦门卷烟厂	文明单位	省委、省政府
2002	省局（公司）	文明单位	省委、省政府
2002	福州市局（分公司）	文明单位	省委、省政府
2002	厦门市局（分公司）	文明单位	省委、省政府
2002	莆田市局（分公司）	文明单位	省委、省政府
2002	三明市局（分公司）	文明单位	省委、省政府
2002	南平市局（分公司）	文明单位	省委、省政府
2002	清流县局（公司）	文明单位	省委、省政府
2002	宁化县局（公司）	文明单位	省委、省政府
2002	邵武市局（公司）	文明单位	省委、省政府
2002	武夷山市局（公司）	文明单位	省委、省政府
2002	武平县局（公司）	文明单位	省委、省政府
2002	漳平市局（公司）	文明单位	省委、省政府
2002	连江县局（公司）	文明单位	省委、省政府
2002	永泰县局（公司）	文明单位	省委、省政府
2002	南靖县局（公司）	文明单位	省委、省政府
2002	永安市局（公司）	文明单位	省委、省政府
2002	将乐县局（公司）	文明单位	省委、省政府

续表

年份	单 位	荣誉称号	颁发单位
2002	古田县局(公司)	文明单位	省委、省政府
2002	柘荣县局(公司)	文明单位	省委、省政府
2002	罗源县局(公司)	文明单位	省委、省政府
2002	长汀县局(公司)	文明单位	省委、省政府
2003	厦门卷烟厂	文明单位	省委、省政府
2003	畲山卷烟厂	文明单位	省委、省政府
2003	厦门卷烟厂	全国质量管理小组活动优秀企业	全国总工会
2003	省局(公司)办公室	全国烟草系统政务信息工作先进单位	国家局
2003	漳州市局	福建省整顿和规范市场经济秩序工作先单位	省政府
2003	省局专卖处	全国烟草专卖管理先进集体	国家局
2003	"古田"(红)牌香烟	全国卷烟优等品	总公司
2003	龙岩卷烟厂工会	全国模范职工之家	全国总工会
2003	莆田市局(分公司)	文明单位	省委、省政府
2003	龙岩市分公司 中国烟草东南农业试验站	科学技术进步奖(二等奖)	国家局、总公司
2003	省公司烟叶购销公司	科学技术进步奖(二等奖)	国家局、总公司
2003	中国烟草东南农业试验站	科学技术进步奖(三等奖)	国家局、总公司
2003	龙岩卷烟厂制丝车间梗线工艺QC小组	烟草行业优秀QC小组(二等奖)	国家局、总公司
2003	厦门卷烟厂卷包车间QC小组	烟草行业优秀QC小组(二等奖)	国家局、总公司
2003	邵武市局(公司)党支部	福建省先进基层党组织	省委
2003	厦门卷烟厂	全国质量效益型先进企业	国家局(总公司)
2003	省局(公司)	全国烟草系统经济运行和效益一等奖	国家局(总公司)
2003	省局管理处	全国卷烟打私先进集体	国家局
2003	省卷烟销售公司	全国销售工作(一等奖)先进单位	总公司
2003	漳州市烟草稽查支队	全国卷烟打假先进集体	国家局、公安部

续表

年份	单　位	荣誉称号	颁发单位
2003	中共厦门卷烟厂党委	福建省先进基层党组织	省委
2003	省局（公司）	福建省党建工作先进单位	省委
2004	省卷烟销售公司	全国销售工作（一等奖）先进单位	总公司
2004	龙岩卷烟厂技改办	全国烟草行业先进集体	国家局
2004	厦门市局（分公司）	全国烟草行业先进集体	国家局
2004	省烟草稽查总队	全国卷烟打假先进集体	国家局、公安部
2004	柘荣县局（公司）	福建省五一劳动奖状	省总工会
2004	厦门卷烟厂卷接包车间电工班	福建省五一劳动奖状	省总工会
2005	长汀县局（公司）	国家级烟叶标准化示范县建设优秀单位	国家局（总公司）
2005	省局烟草职业技能鉴定站	全国烟草行业优秀技能鉴定站	国家局（总公司）
2005	厦门市局（公司）	全国烟草行业先进集体	国家局
2005	"石狮"卷烟商标	中国驰名商标	国家工商总局
2005	长汀县公司	国家级烟叶标准化生产示范县建设获奖位	国家局
2005	莆田分公司财务科	全国烟草行业审计工作先进集体	国家局
2005	龙岩卷烟厂审计科	全国烟草行业审计工作先进集体	国家局
2005	福州市局（分公司）工会	省工会财会先进集体	省总工会
2005	龙岩卷烟厂	全国纳税 500 强第 33 位	国家税务总局
2005	厦门卷烟厂	全国纳税 500 强第 55 位	国家税务总局
2005	莆田市局（分公司）	全国烟草行业财会工作先进集体	国家局（总公司）
2005	福州市局（分公司）	福建省五一劳动奖状	省总工会
2005	厦门市局（分公司）	文明单位	省委、省政府
2005	泉州市局	全国卷烟打假先进集体	国家局、公安部
2005	泉州市局	全国卷烟打假样板先进集体	国家局

续表

年份	单　位	荣誉称号	颁发单位
2005	厦门卷烟厂制丝车间卷接包车间电工班 QC 小组	全国优秀质量管理小组	中国科协、团中央
2005	厦门卷烟厂动力班	全国质量信得过小组	中国科协、团中央
2005	龙岩市局(分公司)	全国内部审计先进单位	中华人民共和国审计署
2005	南平市局(分公司)	文明单位	省委、省政府
2005	邵武市局(公司)	文明单位	省委、省政府
2005	武夷山市局(公司)	文明单位	省委、省政府
2005	建阳县局(公司)	文明单位	省委、省政府
2005	浦城县局(公司)	文明单位	省委、省政府
2005	松溪县局(公司)	文明单位	省委、省政府
2005	政和县局(公司)	文明单位	省委、省政府
2006	厦门卷烟厂制丝车间	福建省五一劳动奖状	省总工会
2006	龙岩市局(分公司)	"十五"科技创新工作先进集体	国家局
2006	厦门市局(分公司)	文明单位	省委、省政府
2006	南平市局(分公司)	文明单位	省委、省政府
2006	罗源县局(公司)	文明单位	省委、省政府
2006	闽侯县局(公司)	文明单位	省委、省政府
2006	永泰县局(公司)	文明单位	省委、省政府
2006	厦门市局(公司)	福建省五一劳动奖状	省总工会
2006	南靖县局(公司)	文明单位	省委、省政府
2006	明溪县局(公司)	文明单位	省委、省政府
2006	宁化县局(公司)	文明单位	省委、省政府
2006	将乐县局(公司)	文明单位	省委、省政府
2006	浦城县局(公司)	文明单位	省委、省政府
2006	松溪县局(公司)	文明单位	省委、省政府
2006	政和县局(公司)	文明单位	省委、省政府
2006	长汀县局(公司)	文明单位	省委、省政府
2006	柘荣县局(公司)	文明单位	省委、省政府
2006	永安市局(公司)	文明单位	省委、省政府
2006	邵武市局(公司)	文明单位	省委、省政府
2006	武夷山市局(公司)	文明单位	省委、省政府
2006	建阳市局(公司)	文明单位	省委、省政府

续表

年份	单 位	荣誉称号	颁发单位
2006	漳平市局（公司）	文明单位	省委、省政府
2006	厦门市局（分公司）	全国烟草行业第四届先进集体	国家局
2006	武夷山市兴田烟草站	全省烟草商业系统"创文明行业、建满意窗口"和范点	省委、省政府
2006	邵武市和平烟草站	全省烟草商业系统"创文明行业、建满意窗口"示范点	省委、省政府
2006	厦门市局（公司）物流发展送货中心	福建省文明行业工作先进单位	省委、省政府
2006	长泰县公司城西零售店	福建省文明行业工作先进单位	省委、省政府
2006	武夷山市局兴田烟草工作站	福建省文明行业工作先进单位	省委、省政府
2006	福州市局（分公司）客户服务中心	福建省文明行业工作先进单位	省委、省政府
2006	长汀县局（公司）策武烟草站	福建省文明行业工作先进单位	省委、省政府
2006	南平市局第六党支部	全国烟草行业离退休干部先进党支部	国家局
2006	省局	全国卷烟打假工作特殊贡献奖	国家局、公安部
2007	龙岩卷烟厂	全国纳税 500 强第 42 位	国家税务总局
2007	厦门卷烟厂	全国纳税 500 强第 65 位	国家税务总局
2007	厦门卷烟厂装备动力班	全国五一劳动奖状	全国总工会
2007	三明市公司	科学技术进步奖（三等奖）	总公司
2007	厦门市局（公司）人事劳资科	全国烟草行业老干部工作先进集体	国家局
2007	福建中烟龙岩卷烟厂离退休职工管理委员会办公室	全国烟草行业老干部工作先进集体	国家局
2007	厦门卷烟厂	烟草行业优秀 QC 小组（二等奖）	总公司
2007	厦门卷烟厂	全国实施卓越绩效模式先进企业	中国质量协会
2007	厦门卷烟厂	中国制造业企业 500 强	中国企业联合会

续表

年份	单　　位	荣誉称号	颁发单位
2007	厦门卷烟厂装备动力部动力班组	全国五一劳动奖状	全国总工会
2007	晋江市局（分公司）	烟草行业优秀 QC 小组（三等奖）	总公司
2007	厦门市局（公司）	全国卷烟打假先进集体	国家局、公安部
2007	省局（公司）	全国烟草会计信息质量年度第一名	总公司
2008	省局	全国打假工作特殊贡献奖	国家局、公安部
2008	漳州市局营销中心	全国"三八"红旗集体	全国妇联
2008	龙岩烟草工业公司	2004—2007 年度全国烟草行业信息化工作先进单位	总公司
2008	省公司	全国烟叶生产基础设施建设优秀组织奖	总公司
2008	龙岩市公司	全国烟叶生产基础设施建设先进单位	总公司
2008	清流县分公司	全国烟叶生产基础设施建设先进单位	总公司
2008	武夷山市分公司	全国烟叶生产基础设施建设先进单位	总公司
2008	长汀县濯田镇安仁陈屋烟水工程	全国烟叶生产基础设施建设优质工程	总公司
2008	三明市泰宁县朱口镇音山烟水工程	全国烟叶生产基础设施建设优质工程	总公司
2008	南平市武夷山南岸村烟水工程	全国烟叶生产基础设施建设优质工程	总公司
2008	省局（公司）	全国内部审计先进单位	中华人民共和国审计署
2008	省局烟草农业科学研究所	科学技术进步奖（三等奖）	总公司
2008	中共福建中烟公司机关党委	福建省先进基层党组织	省委
2008	省局（公司）	全国企业文化优秀单位	文化部
2008	省烟草学会	全国省级学会之星	中国科协
2008	厦门烟草工业有限责任公司	全国五一劳动奖状	全国总工会
2008	省局（公司）	福建省五一劳动奖状	省总工会

续表

年份	单　位	荣誉称号	颁发单位
2008	省局(公司)财务处	全国烟草行业财会先进集体	国家局
2008	三明市局(公司)财务处	全国烟草行业财会先进集体	国家局
2008	厦门烟草工业有限公司质量管理部	全国巾帼文明岗	全国妇联
2008	厦门市局(公司)	全国烟草行业先进集体	国家局
2008	省局(公司)	平安建设先进单位	省委、省政府
2008	省局(公司)	第五届创建文明行业工作先进行业	省委、省政府
2008	省局(公司)	文明单位	省委、省政府
2008	福州市局(公司)	文明单位	省委、省政府
2008	闽侯县局(分公司)	文明单位	省委、省政府
2008	罗源县局(分公司)	文明单位	省委、省政府
2008	平潭县局(分公司)	文明单位	省委、省政府
2008	南靖县局(分公司)	文明单位	省委、省政府
2008	云霄县局(分公司)	文明单位	省委、省政府
2008	泉州市局(公司)	文明单位	省委、省政府
2008	南安市局(分公司)	文明单位	省委、省政府
2008	惠安县局(分公司)	文明单位	省委、省政府
2008	泉港区局(分公司)	文明单位	省委、省政府
2008	三明市局(公司)	文明单位	省委、省政府
2008	永安市局(分公司)	文明单位	省委、省政府
2008	沙县县局(分公司)	文明单位	省委、省政府
2008	明溪县局(分公司)	文明单位	省委、省政府
2008	清流县局(分公司)	文明单位	省委、省政府
2008	宁化县局(分公司)	文明单位	省委、省政府
2008	将乐县局(分公司)	文明单位	省委、省政府
2008	三明金叶复烤公司	文明单位	省委、省政府
2008	南平市局(公司)	文明单位	省委、省政府
2008	邵武市局(分公司)	文明单位	省委、省政府

续表

年份	单　　位	荣誉称号	颁发单位
2008	武夷山市局（分公司）	文明单位	省委、省政府
2008	建瓯市局（分公司）	文明单位	省委、省政府
2008	建阳市局（分公司）	文明单位	省委、省政府
2008	浦城县局（分公司）	文明单位	省委、省政府
2008	光泽县局（分公司）	文明单位	省委、省政府
2008	松溪县局（分公司）	文明单位	省委、省政府
2008	政和县局（分公司）	文明单位	省委、省政府
2008	龙岩市局（公司）	文明单位	省委、省政府
2008	永定县局（分公司）	文明单位	省委、省政府
2008	长汀县局（分公司）	文明单位	省委、省政府
2008	漳平市局（分公司）	文明单位	省委、省政府
2008	柘荣县局（分公司）	文明单位	省委、省政府
2008	霞浦县局（分公司）	文明单位	省委、省政府
2008	古田县局（分公司）	文明单位	省委、省政府
2008	将乐县南口烟草站	第五届创建文明行业工作先进单位	省委、省政府
2008	惠安县崇武客户服务部	第五届创建文明行业工作先进单位	省委、省政府
2008	新罗区客户服务中心	第五届创建文明行业工作先进单位	省委、省政府
2008	武夷山市南岸村烟水工程	全国烟叶生产基础设施建设先进单位	国家局（总公司）
2008	海晟连锁福州北环店	第五届创建文明行业工作先进单位	省委、省政府
2008	武夷山市分公司	全国烟叶生产基础设施建设先进单位	国家局（总公司）
2008	仙游县枫亭专卖管理所	第五届创建文明行业工作先进单位	省委、省政府
2008	漳浦县绥安客户服务部	第五届创建文明行业工作先进单位	省委、省政府
2008	武夷山市局（分公司）	福建省军民共建精神文明建设先进单位	省委、省政府、省军区

（二）先进个人名表

年份	姓名及单位	荣誉称号	颁发单位
1991	李洪喜（龙岩卷烟厂）	全国烟草系统先进会计工作者	国家局、总公司
1991	陈伯舫（龙岩分公司）	全国烟草系统先进会计工作者	国家局、总公司
1991	林建洪（大田县公司）	全国烟草系统先进会计工作者	国家局、总公司
1991	梁建荣（省公司）	全国烟草系统先进会计工作者	国家局、总公司
1991	江俊祥（龙岩卷烟厂）	福建省劳动模范	省政府
1991	江晃标（永定县局）	全国烟草行业纪检监察先进工作者	国家局
1991	申爱芹（三明市局）	全国烟草行业纪检监察先进工作者	国家局
1992	叶炉良（建阳市公司）	全国烟草系统优秀保管员	总公司
1992	谢富星（晋江市公司）	全国烟草系统优秀保管员	总公司
1992	林青（宁德分公司）	全国烟草系统优秀保管员	总公司
1992	王丽宁（厦门分公司）	全国烟草系统优秀保管员	总公司
1992	叶长青（大田县公司）	全国烟草系统优秀保管员	总公司
1992	江竹金（永定县公司）	全国烟草系统优秀保管员	总公司
1992	骆启章（省局）	全国烟草系统首批突出贡献专家	国家局
1992	陈起勇（省局）	全省优秀思想政治工作者	省委、省政府
1992	许锡明（三明分公司）	全省优秀思想政治工作者	省委、省政府
1992	程建怀（福鼎市公司）	全国烟草专卖管理先进个人	国家局
1992	蔡宏成（龙岩卷烟厂）	福建省安全生产先进工作者	省政府
1992	林芝（龙岩卷烟厂）	全国烟草工业基层管理标兵	总公司
1992	陈起勇（泉州市局）	全省优秀企业政治工作者	省委、省政府
1993	陈文栋（泉州市局）	全国烟草专卖管理先进个人	国家局
1993	刘维灿（厦门卷烟厂）	福建省劳动模范	省政府
1993	刘维灿（厦门卷烟厂）	全国五一劳动奖章	全国总工会
1993	郑强（畲山烟厂）	福建省五一劳动奖章	省总工会
1993	刘维灿（厦门卷烟厂）	全国优秀女企业家	全国妇联
1993	许锡明（三明市局）	福建省优秀思想政治工作者	省委、省政府
1993	郑强（畲山卷烟厂）	福建省优秀思想政治工作者	省委、省政府
1993	陈文栋（泉州市局）	福建省劳动模范	省政府
1993	林幼美（龙岩卷烟厂）	全国优秀质量管理工作者	总公司
1993	申爱芹（三明分公司）	全国烟草行业纠风工作先进工作者	国家局
1993	张祖琳（厦门卷烟厂）	全省思想政治工作先进工作者	省委、省政府
1993	张曰冬（厦门卷烟厂）	福建省法制教育先进工作者	省委、省政府

续表

年份	姓名及单位	荣誉称号	颁发单位
1993	梁银芳（三明烟叶复烤厂）	全省计生工作先进工作者	省政府
1993	赖鞍山（龙岩卷烟厂）	全国烟草行业优秀思想政治工作者	国家局
1993	肖玲（省局）	福建省安全生产先进工作者	省政府
1994	夏秀玲（三明市局）	全国行业科技情报先进工作者	总公司
1994	李洪喜（龙岩卷烟厂）	全国烟草系统审计先进个人	国家局
1994	林政和（福州分公司）	全国烟草行业纪检监察先进工作者	国家局
1994	林碧生（泉州市局）	全国烟草系统审计先进个人	国家局
1994	林启发（厦门卷烟厂）	福建省优秀经营者	省政府
1994	吴住居（省局）	全国烟草系统优秀教育工作者	国家局
1994	黄继军（厦门卷烟厂）	全国烟草系统优秀教育工作者	国家局
1994	赖鞍山（龙岩卷烟厂）	全国烟草行业思想政治工作先进工作者	国家局
1994	郑强（畲山卷烟厂）	全国烟草行业思想政治工作先进工作者	国家局
1994	李洪春（龙岩卷烟厂）	全国烟草系统审计先进个人	国家局
1994	邱胜华（龙岩卷烟厂）	福建省劳动模范	省政府
1994	林碧生（泉州市局）	全国烟草系统审计先进个人	国家局
1995	张河景（三明市局）	全国烟草系统劳动模范	国家局
1995	许锡明（三明分公司）	福建省优秀思想政治工作者	省委、省政府
1995	赖鞍山（龙岩卷烟厂）	福建省优秀党务工作者	省委
1995	章明望（南平分公司）	全国卷烟"打假"先进工作者	国家局
1995	张光荣（福州市局）	全国卷烟"打私"先进个人	国家局
1995	邱胜华（省局）	全国劳动模范	国务院
1995	沈焕梅（连城县局）	全国烟草系统劳动模范	国家局
1995	李仰佳（省公司）	全国烟草系统清产核资先进个人	国家局
1995	李克诚（泉州市局）	全国烟草系统清产核资先进个人	国家局
1995	蔡立（省公司）	全国烟草系统清产核资先进个人	国家局
1995	洪玉梅（省公司）	全国烟草系统清产核资先进个人	国家局
1995	李克诚（泉州分公司）	全国烟草系统清产核资先进个人	国家局
1995	吴永荣（龙岩分公司）	全国烟草系统清产核资先进个人	国家局
1995	孔跃（云霄卷烟厂）	全国烟草系统清产核资先进个人	国家局
1995	李洪喜（龙岩卷烟厂）	全国烟草系统清产核资先进个人	国家局

续表

年份	姓名及单位	荣誉称号	颁发单位
1995	陈永平（漳州分公司）	全国烟草系统清产核资先进个人	国家局
1995	陈素英（莆田分公司）	全国烟草系统清产核资先进个人	国家局
1995	陈建宏（省局）	福建省保密工作先进工作者	省委、省政府
1996	许锡明（三明市局）	福建省优秀思想政治工作者	省委、省政府
1996	李清华（厦门卷烟厂）	全国烟草职业道德建设先进个人	国家局
1996	吴墨水（三明市局）	全国烟草系统优秀教育工作者	国家局
1996	黄德荣（省公司）	全国烟草系统优秀教育工作者	国家局
1996	赖秀清（龙岩地区局）	烟草行业"二五"普法先进个人	国家局
1996	石建闽（南平市局）	烟草行业"二五"普法先进个人	国家局
1996	郑志喜（龙岩卷烟厂）	全国烟草系统优秀教育工作者	国家局
1996	吴亿钧（龙岩卷烟厂）	全国烟草职业道德建设先进个人	国家局
1996	周子旺（将乐县公司）	福建省五一劳动奖章	省总工会
1996	张帝赞（龙岩卷烟厂）	福建省安全生产先进工作者	省政府
1996	陈聪玉（龙岩卷烟厂）	全国卷烟工业优秀工会工作者	国家局
1996	陈鹏（龙岩卷烟厂）	全国烟草行业安全先进工作者	国家局
1996	林幼美（龙岩卷烟厂）	"96 烟草质量宣传月活动"ISO9000 优秀推进者	国家局
1996	吴健（厦门卷烟厂）	"96 烟草质量宣传月活动"烟草行业质量管理先进工作者	国家局
1996	李海民（龙岩卷烟厂）	"96 烟草质量宣传月活动"烟草行业质量管理先进工作者	国家局
1997	张放鸣（三明市局）	全国烟草行业纠风先进工作者	国家局
1997	庄国义（厦门市局）	全国烟草安全生产先进工作者	国家局
1997	胡初雄（宁化县公司）	福建省劳动模范	省委、省政府
1997	陈鹏（龙岩卷烟厂）	全国烟草行业安全生产先进工作者	国家局
1997	李海民（龙岩卷烟厂）	全国烟草行业质量管理先进工作者	国家局
1997	林幼美（龙岩卷烟厂）	全国烟草行业 ISO9000 系列标准优秀推进者	国家局
1997	许尧尧（罗源县公司）	福建省劳动模范	省委、省政府
1997	李建春（武夷山市公司）	福建省五一劳动奖章	省总工会
1997	吴立丹（省局）	全国烟草行业安全生产先进工作者	国家局
1997	姚奋新（畲山卷烟厂）	全国烟草行业安全生产先进工作者	国家局

续表

年份	姓名及单位	荣誉称号	颁发单位
1997	石建闽（南平市公司）	全国烟草行业专卖管理先进工作者	国家局
1997	肖玲（省局）	全国烟草行业安全生产先进工作者	国家局
1997	姜林灿（龙岩地区局）	全国烟草行业纪检监察先进个人	国家局党组
1997	蔡惠松（福州市局）	全国烟草行业纪检监察先进个人	国家局党组
1997	江国勋（漳州市局）	全国烟草行业纪检监察先进个人	国家局党组
1997	刘建忠（厦门卷烟厂）	烟草行业质量先进工作者	国家局
1997	邱龙英（龙岩卷烟厂）	烟草行业质量先进工作者	国家局
1998	黄天金（罗源县局）	全国烟草行业专卖管理先进个人	国家局
1998	张玉珍（省公司）	全国烟草技术创新先进工作者	国家局
1998	黄春荣（东山县公司）	全国烟草"十佳金叶卫士"	国家局
1998	赖鞍山（龙岩卷烟厂）	福建省精神文明建设先进工作者	省委
1998	林巧良（省局）	全国烟草行业档案管理先进工作者	国家局
1998	吕静瑶（厦门卷烟厂）	全国烟草行业档案管理先进工作者	国家局
1998	苏理乾（龙岩卷烟厂）	全国烟草行业档案管理先进工作者	国家局
1998	唐崇武（龙岩卷烟厂）	全国烟草技术能手	国家局
1998	林书玉（畬山卷烟厂）	全国烟草安全生产先进个人	国家局
1998	黄坚（畬山卷烟厂）	福建省五一劳动奖章	省总工会
1998	陈全志（厦门市局）	福建省劳动模范	省政府
1998	梁榕生（省局）	全国烟草系统先进后勤工作者	国家局
1999	江竹金（永定县局）	全国烟草系统优秀保管员	总公司
1999	叶长青（大田县局）	全国烟草系统优秀保管员	总公司
1999	赖旺才（省局）	全国烟草系统审计工作先进工作者	国家局、总公司
1999	刘战军（三明市局）	全国烟草系统审计工作先进工作者	国家局、总公司
1999	李立勇（漳平市局）	福建省精神文明先进工作者	省委、省政府
1999	黄春荣（东山县公司）	全国烟草"十佳金叶卫士"	国家局
1999	卢金来（龙岩卷烟厂）	全国五一劳动奖章	全国总工会
1999	李海民（龙岩卷烟厂）	全省优秀共产党员	省委
1999	黄坚（畬山卷烟厂）	全省优秀共产党员	省委
1999	赖鞍山（龙岩卷烟厂）	福建省党管武装好书记	省委、省军区党委
1999	黄坚（畬山卷烟厂）	福建省青年优秀共产党员	省委
2000	李克诚（泉州市局）	全国卷烟"打假"标兵	国家局
2000	李开智（莆田市局）	全国卷烟"打假"标兵	国家局

续表

年份	姓名及单位	荣誉称号	颁发单位
2000	陈宗平（省局）	全国烟草行业纪检监察先进工作者	国家局
2000	江晟（省局）	全国烟草系统政务信息工作先进个人	国家局
2000	何阳明（厦门卷烟厂）	全国烟草行业质量技术监督先进工作者	国家局
2000	陈全志（厦门卷烟厂）	福建省劳动模范	省政府
2000	黄坚（畲山卷烟厂）	福建省劳动模范	省政府
2000	叶枝榕（福州市局）	福建省劳动模范	省政府
2000	邱久长（宁化县公司）	福建省劳动模范	省政府
2000	李建春（武夷山市局）	福建省劳动模范	省政府
2000	赖永坚（厦门卷烟厂）	全国烟草行业技术能手	国家局
2000	李海民（龙岩卷烟厂）	全国烟草行业劳动模范	国家局
2000	卢金来（龙岩卷烟厂）	全国劳动模范	国务院
2000	黄春荣（东山县局）	全国烟草行业劳动模范	国家局
2001	李克诚（泉州市局）	全国卷烟打假先进标兵	国家局
2001	揭柏林（省局）	福建省五一劳动奖章	省总工会
2001	江晟（省局）	全国烟草行业政务信息先进个人	国家局
2001	林丽英（省局）	全国烟草行业财会先进工作者	国家局
2001	张曰冬（厦门卷烟厂）	全国企业优秀思想政治工作者	国家人事部
2001	张曰冬（厦门卷烟厂）	福建省五一劳动奖章	省总工会
2001	卞华（福州市局）	福建省五一劳动奖章	省总工会
2001	刘群（厦门卷烟厂）	福建省五一劳动奖章	省总工会
2001	沈其福（清流县公司）	福建省五一劳动奖章	省总工会
2001	林忠（莆田市局）	福建省五一劳动奖章	省总工会
2001	赖禄祥（三明市局）	全国烟草技术推广先进个人	国家局
2001	曹睿玄（长汀县公司）	全国烟草技术推广先进个人	国家局
2001	郭香灼（省局）	优秀党务工作者	省委
2001	蔡立（省局）	全国烟草清产核资先进个人	国家局
2001	辛平（畲山卷烟厂）	全国烟草清产核资先进个人	国家局
2002	张仁椒（省公司）	全省农村扶贫开发先进个人	省委、省政府
2002	李跃民（龙岩卷烟厂）	福建省五一劳动奖章	省总工会
2002	林金城（厦门卷烟厂）	全国烟草行业高级优秀考评员	国家局
2002	汤最仁（省局）	全国卷烟打假先进个人	国家局、公安部

续表

年份	姓名及单位	荣誉称号	颁发单位
2002	许永泰（泉州市局）	全国卷烟打假先进个人	国家局、公安部
2002	林亚头（云霄县公司）	全国卷烟打假先进个人	国家局、公安部
2002	张卉（省局）	全国卷烟打假先进个人	国家局、公安部
2002	林丽英（省公司）	全国烟草系统财会先进工作者	国家局
2002	付华珉（南平市局）	全国烟草企业清产核资先进个人	国家局
2002	姜志（龙岩卷烟厂）	全国烟草系统财会先进工作者	国家局
2002	林芳沛（厦门卷烟厂）	全国烟草系统财会先进工作者	国家局
2002	蓝志勇（厦门卷烟厂）	全国烟草技术能手	国家局
2002	林启红（龙岩卷烟厂）	全国烟草技术能手	国家局
2002	林贵芳（龙岩卷烟厂）	全国烟草行业审计工作先进工作者	国家局
2002	黄春荣（东山县局）	中国烟草十大金叶卫士	国家局
2003	李少滨（厦门卷烟厂）	全国烟叶分级技术能手	国家局
2003	姜林灿（龙岩市局）	全国烟草专卖管理先进个人	国家局
2003	林维新（省专卖稽查总队）	全国烟草专卖管理先进个人	国家局
2003	张曰冬（厦门卷烟厂）	福建省劳动模范	省政府
2003	黄其华（福建武夷烟叶有限公司）	全国行业烟叶分级技术能手	国家局
2003	吴美宏（厦门卷烟厂）	全国烟草行业优秀考评员	国家局
2003	吴玉泉（三明市局）	全国烟草行业优秀考评员	国家局
2003	陈爱红（龙岩卷烟厂）	全国烟草行业优秀考评员	国家局
2003	张汉千（龙岩卷烟厂）	全国烟草行业烟叶分级技术能手	国家局
2003	吴建兴（长汀县公司）	全国行业烟叶分级技术能手	国家局
2003	胡小汀（省局）	全国卷烟打假先进个人	国家局
2003	庄海通（厦门市局）	全国卷烟打假先进个人	国家局
2003	胡煌明（泉州市局）	全国卷烟打假先进个人	国家局
2003	侯勇（莆田市局）	全国卷烟打假先进个人	国家局
2003	林启红（龙岩卷烟厂）	全国烟草技术能手	国家局
2003	赖鞍山（龙岩卷烟厂）	福建省优秀党务工作者	省委
2003	陈聪玉（龙岩卷烟厂）	全国优秀工会工作者	全国总工会
2003	林巧良（省局）	全国烟草行业优秀档案工作者	国家局

续表

年份	姓名及单位	荣誉称号	颁发单位
2003	郑丽芳（宁德市局）	全国烟草行业优秀档案工作者	国家局
2003	林菁（龙岩卷烟厂）	全国烟草行业优秀档案工作者	国家局
2003	黄志勇（厦门卷烟厂）	全国烟草技术能手	国家局
2004	陈朝阳（光泽县公司）	全国烟草技术能手	国家局
2004	周子旺（省烟科所）	全国烟草技术能手	国家局
2004	黄建龙（龙岩卷烟厂）	全国烟草技术能手	国家局
2004	李志勇（厦门卷烟厂）	全国烟草技术能手	国家局
2004	林维新（省局）	全国卷烟打假先进个人	国家局、公安部
2004	尤泽清（厦门市局）	全国卷烟打假先进个人	国家局、公安部
2004	曾武彬（漳州市局）	全国卷烟打假先进个人	国家局、公安部
2004	李克诚（泉州市局）	全国卷烟打假先进个人	国家局、公安部
2004	林敏（省局）	全国烟草系统统计工作先进个人	国家局
2004	姚旭锋（省局）	全国烟草系统统计工作先进个人	国家局
2004	陈赛兰（省局）	全国烟草系统统计工作先进个人	国家局
2004	李跃民（龙岩卷烟厂）	福建省 2003 年度经济人物	省政府
2004	李跃民（龙岩卷烟厂）	全国五一劳动奖章	全国总工会
2004	林书玉（厦门卷烟厂）	福建省五一劳动奖章	省总工会
2004	马茂生（龙岩卷烟厂）	福建省五一劳动奖章	省总工会
2004	苗鲁闽（南平市局）	全国烟草行业优秀考评员	国家局
2004	卢清芳（龙岩卷烟厂）	全国烟草行业优秀考评员	国家局
2005	张翔（省局）	全国烟草行业优秀考评员	国家局
2005	童旭华（龙岩市局）	全国烟草行业优秀考评员	国家局
2005	黎炳水（长汀县公司）	全国烟叶科技先进个人	国家局
2005	张曰东（厦门卷烟厂）	全国烟草行业劳动模范	国家局
2005	纪任德（龙岩卷烟厂）	全国烟草行业劳动模范	国家局
2005	彭启蒙（建阳市局）	全国烟草行业劳动模范	国家局
2005	林维新（省局）	全国卷烟打假先进个人	国家局
2005	黄江榕（泉州市局）	全国烟草"四五"法制宣传先进个人	国家局
2005	何卫明（厦门市局）	全国卷烟打假先进个人	国家局
2005	卢贞英（莆田市局）	全国烟草系统财会先进工作者	国家局
2005	陈永平（漳州市公司）	全国烟草行业财会先进工作者	国家局
2005	吴晓梅（厦门卷烟厂）	全国烟草行业财会先进工作者	国家局

续表

年份	姓名及单位	荣誉称号	颁发单位
2005	陈光瑞（莆田市局）	全国烟草系统审计先进工作者	国家局
2005	兰小明（长汀县公司）	国家级烟叶标准化生产示范县建设突出贡献个人	国家局
2005	陈顺辉（省烟科所）	国家级烟叶标准化生产示范县建设突出贡献个人	国家局
2005	林桂华（省烟科所）	国家级烟叶标准化生产示范县建设突出贡献个人	国家局
2005	范启福（长汀县公司）	国家级烟叶标准化生产示范县建设突出贡献个人	国家局
2005	倪伟健（长汀县公司）	国家级烟叶标准化生产示范县建设突出贡献个人	国家局
2005	黎炳水（长汀县公司）	国家级烟叶标准化生产示范县建设突出贡献个人	国家局
2005	范启福（长汀县公司）	全国农业标准化示范区先进工作者	国家标准化管理委员会
2006	李志勇（厦门卷烟厂）	全国五一劳动奖章	全国总工会
2006	黄晓霓（厦门卷烟厂）	全国烟草行业"十五"教育培训工作先进个人	国家局
2006	游小春（三明市局）	全国烟草行业高级优秀考评员	国家局
2006	杨美华（省局）	全国烟草系统老干工作先进个人	国家局
2006	左丹娟（南平市局）	全国烟草行业优秀考评员	国家局
2006	黄建龙（龙岩卷烟厂）	全国烟草行业优秀考评员	国家局
2006	赖禄祥（三明市局）	全国烟草行业"十五"科技创新先进个人	国家局
2006	杨达辉（龙岩卷烟厂）	全国烟草行业"十五"科技创新先进个人	国家局
2006	陈东锦（莆田局）	全国烟草行业优秀考评员	国家局
2006	刘建义（泉港区局）	烟草行业先进客户经理	国家局
2006	叶天津（厦门市局）	烟草行业优秀客户经理	国家局
2006	沈玮（三明市局）	烟草行业优秀客户经理	国家局
2006	洪彩红（漳州市局）	烟草行业优秀客户经理	国家局
2006	陈全志（厦门市局）	全国烟草行业四五普法先进个人	国家局
2006	石建闽（邵武市局）	全省精神文明创建工作先进个人	省委、省政府

续表

年份	姓名及单位	荣誉称号	颁发单位
2006	周志攀（福州城区局）	全省精神文明创建工作先进个人	省委、省政府
2006	苏文灵（厦门市局）	全省精神文明创建工作先进个人	省委、省政府
2006	汤最仁（省局）	全国卷烟打假先进个人	公安部、国家局
2006	林荣欣（龙岩卷烟厂）	福建省优秀共产党员	省委
2006	刘群（厦门卷烟厂）	全国五一劳动奖章	全国总工会
2006	杨五豹（省局公司）	全国烟草系统离退休干部先进个人	国家局
2006	林亚头（云霄县局）	第九届精神文明建设单位先进工作者	省委
2007	林文贵（永安市局）	全国行业烟叶分级技术能手	国家局
2007	李秋英（武夷山市局）	全国行业烟叶分级技术能手	国家局
2007	邱桂兰（三明金叶复烤有限公司）	全国行业烟叶分级技术能手	国家局
2007	卢集东（松溪县局）	全国行业烟叶分级技术能手	国家局
2007	吴立丹（松溪县局）	福建省五一劳动奖章	省总工会
2007	沈平（长汀县局）	全国行业烟叶生产技术能手	国家局
2007	黄德涛（福州市局）	全国烟草行业老干部工作先进个人	国家局党组
2007	孙波（厦门卷烟厂）	全国烟草行业老干部工作先进个人	国家局党组
2007	朱永平（省烟草质量监检站）	全国行业卷烟鉴别技能竞赛 13 名	国家局
2007	陈跃群（漳州芗城区局）	全国行业卷烟鉴别技能竞赛 11 名	国家局
2007	郑源辉（福清市局）	全国行业卷烟鉴别技能竞赛 17 名	国家局
2007	苏龙池（龙海市局）	全国行业卷烟鉴别技能竞赛 19 名	国家局
2007	陈辉（长乐市局）	全国行业卷烟鉴别技能竞赛 18 名	国家局
2007	包可祥（龙岩卷烟厂）	全国烟草技术能手	国家局
2007	林文贵（永安市分公司）	全国烟草技术能手	国家局
2007	徐通盛（将乐县公司）	全国烟草技术能手	国家局
2007	郑东文（龙岩卷烟厂）	"红塔杯"第二届全国烟草行业烟机设备维修职技能竞赛获奖者	国家局
2007	林维新（福建烟草稽查总队）	全国卷烟打假金叶卫士	国家局、公安部
2008	郑斯（省局）	全国卷烟打假先进个人	国家局、公安部
2008	陈艳红（福州市局）	福建省五一劳动奖章	省总工会

续表

年份	姓名及单位	荣誉称号	颁发单位
2008	李春英（省局）	全国女职工建功立业标兵	全国总工会
2008	徐家忠（福州市局）	全国烟草行业财会先进个人	国家局
2008	刘丽萍（南平市局）	全国烟草行业财会先进个人	国家局
2008	张建安（漳州市局）	全国烟草行业财会先进个人	国家局
2008	张仁椒（省局）	全国烟草行业劳动模范	国家局
2008	王小凤（南安市局）	全国烟草行业劳动模范	国家局
2008	黄宗淦（南平市局）	福建省劳动模范	省委、省政府
2008	刘添毅（三明市局）	福建省劳动模范	省委、省政府
2008	方祝平（省局）	福建省第十届文明建设先进工作者	省委、省政府
2008	杨国成（武夷山市局）	福建省军民共建先进个人	省委、省政府
2008	张仁椒（省公司）	全国烟叶生产基础设施建设先进个人	总公司
2008	周子旺（省公司）	全国烟叶生产基础设施建设先进个人	总公司
2008	范启福（龙岩市公司）	全国烟叶生产基础设施建设先进个人	总公司
2008	潘建菁（三明市公司）	全国烟叶生产基础设施建设先进个人	总公司
2008	林志忠（厦门烟草工业有限责任公司）	全国烟草行业信息化工作先进个人	总公司
2008	洪玉梅（省局）	全国行业内部审计先进工作者	中华人民共和国审计署
2008	谢贤吉（三明市公司）	全省抗御雨雪冰冻灾害先进个人	省委、省政府
2008	陈观妹（将乐县南口烟草站）	福建省创建文明行业先进个人	省委、省政府
2008	刘永斌（崇武县客户部）	福建省创建文明行业先进个人	省委、省政府
2008	蔡庆阳（新罗区客户中心）	福建省创建文明行业先进个人	省委、省政府
2008	赖鞍山（龙岩卷烟厂）	全国五一劳动奖章	全国总工会

后　记

《福建省志·烟草志（1991—2008）》是根据省政府通知精神，由省烟草工、商两家共同组织编写的，其内容涵盖全省烟草产供销、人财物等方面。

2006年6月，省烟草专卖局、福建中烟工业公司成立由时任烟草商业、工业领导的杨培森和卢金来为主任的十七人编纂委员会，抽调专门人员组成编纂办公室。省局（公司）党组纪检组长、省烟草学会理事长黄星光分管并具体指导志书的编写。

自本志书启动编修以来，编辑人员克服资料缺乏、业务生疏、人员流动大等困难，采取重要章节重点突破，人员多次分工，责任到人，各司其职、及时攻坚补缺等超常规的做法，扎实推进编写的进程。编志办先后在南平、邵武等地召开研讨会，聘请行业内外的专家讲课；并在福州、厦门、龙岩等地召开各章的审稿会，步步为营抓落实。2010年，本志主要章节脱稿，3月，通过编委会一审。此后，志办留少数人承担进一步的资料收集、文字修改和材料增补、资料核对等工作。2013年4月，本志通过二审。

本志在编写过程中，得到省方志委领导及专家的精心指导和热情帮助；得到了国家烟草专卖局领导、有关部门及烟草业的老前辈、老专家的全力支持和关心、帮助。担任过本书的联络员的有：黄其升、詹家淮、李春英、连长伟、季俊、黄晓淇、苏理乾、魏文虹、张京湘、陈旭、冯声如、林巧良、林勋、游范文、王继发、王开燧、陈功、彭康强、刘积峰、罗斌、邱标仁、刘国模、陈禹希、曾艳（排名不分先后）。林勋、陈功等在照片收集及编辑方面做了大量工作。

本志书执笔撰写人员：第一章、第二章、第九章、第十章由简维政撰写；第三章、第四章、第十一章由陈学铃撰写；第五章、第六章由简维政、康庭坦撰写。第七章、第八章、第十二章、第十三章、第十四章、概述及附录由陈秀琴撰写。黄德荣参与第十二章撰写，蔡惠松参与第八章撰写，林巧良、朱宗彬分别承担档案管理和审计部分的撰写。

编　者

2013年6月